# Preußisches Privatrecht.

Auf der Grundlage des Werkes

von

Dr. Franz Förster

bearbeitet

von

Dr. M. E. Eccius.

III. Band.

Siebente Auflage.

(Vierte der neuen Bearbeitung.)

Berlin.
Druck und Verlag von Georg Reimer.
1896.

# Preußisches Privatrecht.

## Dritter Band.

## Das Sachenrecht.

# Inhaltsverzeichniß des III. Bandes.

## Drittes Buch. Die dinglichen Rechte oder das Sachenrecht.

Seite

## Zweites Kapitel. Der Erwerb des Eigenthums.

## Drittes Hauptstück.

## Die dinglichen Rechte auf eine fremde Sache.

## Zweiter Abschnitt. Besitzpfand.

---

## Bemerkung.

Von Seite 273 an hat statt der Entwürfe zum Bürgerlichen Gesetzbuch das zum Gesetz gewordene Bürgerliche Gesetzbuch selbst citirt werden können.

# Drittes Buch.

## Die dinglichen Rechte oder das Sachenrecht.

# Die dinglichen Rechte oder das Sachenrecht.

## § 156. Einleitung. Das dingliche Recht und das Recht zur Sache.

A.L.R. I. 2 §§ 124—141, I. 10 § 25, I. 19 §§ 2—6. Oben B. I. §§ 18. 23. 23a. 50. 61 Literatur s. bei § 23. Dazu Ziebarth, Realexekution und Obligation, 1865, § 15 S. 170, § 16 S. 179, § 17 S. 192, § 18 S. 215, § 19 S. 229. Eugen Fuchs, Das Wesen der Dinglichkeit, 1889.

Alles Vermögensrecht ist entweder persönlich oder dinglich. Der Begriff des dinglichen Rechts — nach der Sprechweise des Landrechts des objektiv dinglichen Rechts oder des Rechts auf die Sache — ist im allgemeinen Theil im Anschluß an den landrechtlichen Wortlaut dahin festgestellt, daß es eine Sache zum Gegenstand hat ohne Rücksicht auf die Person, bei welcher diese sich befindet[1]). Die Sache ist Gegenstand des Rechts, sie ist unmittelbar der Herrschaft des Subjekts unterworfen, ohne daß erst noch die Willensthätigkeit Anderer, ein Erfüllen oder Leisten stattfinden muß. Das Recht liegt auf der Sache, durchdringt sie derartig, daß es durch sie, so lange es nicht aufgehört hat, zu existiren, jedem Erwerber der Sache zugetragen wird, es ist eine Eigenschaft, eine causa rei[2]).

Das dingliche Recht scheint hiernach in Gemäßheit seines innersten Wesens zugleich absolut sein zu müssen, wie das persönliche Recht, das das Thun oder Verhalten eines bestimmten Verpflichteten zum Gegenstand hat, nothwendig relativ ist. Darüber aber herrscht jetzt Einverständniß, daß Ab-

[1]) Oben B. I. § 23 Anm. 4 f.

[2]) Die s. g. actiones in rem scriptae, auf welche Savigny, System B. 5 S. 24 f. hinweist, sind Obligationen, bei denen die Erstreckung der für einen bestimmten Schuldner begründeten Verpflichtung auf Personen, die bei der Begründung nicht mitwirken, durch gesetzliche Vorschrift an den Erwerb einer Sache geknüpft ist. Für das preußische Recht kommen sie nicht in Betracht, wenn auch bei der Anfechtungsklage etwas Aehnliches vorkommt. Vgl. § 114 Anm. 23. Ueber den Versuch von Paris im Falle der Prioritätsabtretung eine obligatio in rem scripta zu konstruiren s. unten § 199a Anm. 17.

solutheit und Dinglichkeit des Rechts nicht identische Begriffe sind. Nicht jedes absolute Recht ist dinglich; der Begriff greift weiter. Nicht ebenso einstimmig sind die Meinungen über den anderen Satz: jedes dingliche Recht ist absolut. Man will die Absolutheit nicht als wesentliche Eigenschaft der Dinglichkeit, sondern nur als gewöhnliche und regelmäßige Folge gelten lassen, so daß es auch dingliche Rechte gebe, die nicht absolute seien[3]). Insbesondere nimmt man Anstoß daran, daß es Fälle aus dem römischen und deutschen Recht giebt, wo im einzelnen Fall dem dinglichen Recht die absolute Verfolgbarkeit entzogen ist.

Daß es solche Fälle giebt, ist nicht zu bezweifeln. Abgesehen von der Möglichkeit, daß dem dinglichen Recht die Wirksamkeit durch ein entgegenstehendes dingliches Recht genommen wird[4]), kann schon der dinglichen Klage des römischen Rechts mit Erfolg eine exceptio doli entgegen gestellt werden, insbesondere wenn der Kläger persönlich verpflichtet ist, das zu gewähren, was er mit der dinglichen Klage entwehren will; die exceptio rei venditae et traditae greift in dieser Weise gegen die Vindikation durch. In stärkerem Maße enthält der deutsch-rechtliche Satz „Hand muß Hand wahren", wo er in Geltung steht, eine Beschränkung der Absolutheit der dinglichen Klage[5]). Ist dieser Satz in das preußische Recht auch nicht mit seinem ganzen Inhalt übergegangen, so besteht doch gegenüber dem redlichen Erwerber die dingliche Klage des Eigenthümers nur als ein Einlösungsrecht[6]). Daneben bestimmt aber das Landrecht ferner, daß, wenn zur Zeit eines mittelbaren Eigenthumserwerbs der Erwerber von dem früher entstandenen Titel eines Andern auf den Erwerb eines Rechts auf die Sache Kenntniß hat, diesem gegenüber das Eigenthum unwirksam ist[7]). Wie dieser Satz von der dinglichen Bedeutung des Rechts zur Sache, bezüglich des unbeweglichen Vermögens zur Zeit modifizirt ist, wird weiter unten zu untersuchen sein[8]). Hier wird er herangezogen, um klarzustellen, wie die Absolutheit des dinglichen Rechts durchbrochen ist. Das Immobiliarsachenrecht ist weiter dazu gelangt, für gewisse ohne Eintragung in das Grundbuch als dinglich anerkannte Rechte die Eintragung „Dritten" gegenüber zur Voraussetzung ihrer Verfolgbarkeit zu machen, so daß — vor der Eintragung — die der Natur des dinglichen

---

[3]) Vgl. im Anschluß an Savigny, System B. 5 S. 26 insbes. Wächter, Würtemb. Priv.R. II. 296 und Unger, Oesterr. Priv.R. I. 517f.

[4]) Wie die Vindikation nicht gegen den durchgreift, der ein dingliches Recht auf Innehabung der Sache hat, so kann der schlechtere Pfandgläubiger sein Pfandrecht nicht gegen den besser berechtigten geltend machen; deshalb hört das Pfandrecht ebensowenig wie das Eigenthum auf, ein dingliches Recht zu sein.

[5]) Vgl. Wächter, Würtemb. Priv.R. II. 297 Note 14. Die handelsrechtliche Bestimmung der Art. 306—308 ist eine Fortentwickelung des deutschrechtlichen Satzes: nach derselben wird aber durch die Veräußerung des Nichteigenthümers Eigenthum begründet; das ältere dingliche Recht hört also auf. Ebenso in den Fällen des A.L.R. II. 15 §§ 42. 43.

[6]) A.L.R. II. 15 §§ 25. 26. 44, I. 20 §§ 118. 119. S. unten § 180.

[7]) A.L.R. I. 10 § 25, I. 19 §§ 5. 6.

[8]) Vgl. unten Anm. 18f.

Rechts entsprechende absolute Verfolgbarkeit auf ein Mindestmaß eingeschränkt ist[9]). Ist aber hiernach auch anzuerkennen, daß das Wesen des dinglichen Rechts nicht schlechthin Verfolgbarkeit gegen alle fordert, so muß festgehalten werden, daß als Regel jedes dingliche Recht Schutz gegen jeden fordert, der sich damit in Widerspruch setzt, und daß diese Regel nur positiv gesetzliche Beschränkungen erhalten hat, die als Ausnahmevorschriften die Regel durchbrechen[10]).

Man hat indessen versucht, im modernen Vermögensrecht und insbesondere gerade im preußischen Vermögensrecht zwischen das relative (persönliche) und das absolute (dingliche) Recht ein Mittelglied einzuschieben, ein seinem Wesen nach nur relativ dingliches Recht[10a]). Ziebarth[11]) hat ausgeführt, daß eine nothwendige Folge der jetzt allgemein zulässigen Realexekution, d. h. des Rechts, dem Schuldner die Sache unmittelbar wegzunehmen, statt, wie bei den Römern, sie sich von ihm geben zu lassen und auf das Geben einen indirecten Zwang zu üben, diese sei, daß der Gläubiger schon durch den Vertrag ein unmittelbares Recht auf die Sache erlange, das wegen seiner Unmittelbarkeit ein dingliches, aber weil es noch nicht gegen Jedermann, sondern nur gegen den Schuldner und gegen denjenigen Dritten, der das Recht kennt, geltend gemacht werden kann, nur ein relatives ist. Das preußisch-rechtliche Recht zur Sache (jus ad rem) sei insbesondere als ein relativ dingliches Recht zu bezeichnen, obgleich nur eine Obligation zu Grunde liege, deren Inhalt ein dare oder tradere ist: diese

---

9) Eigenthumserwerbsgesetz vom 5. Mai 1872 § 12 Abs. 1. Hierhin gehören die Reallasten und die durch Uebergabe des Grundstücks dinglich gewordenen Gebrauchs- und Nutzungsrechte außer der Miethe und Pacht. Erstere haben mit ihrer Begründung, letztere mit dem Besitzerwerb dingliche Kraft. Aber ihr Recht ist Dritten gegenüber unwirksam, wenn es nicht eingetragen ist. Ueber den Begriff des Dritten vgl. unten § 184 Anm. 24.

10) Die vom Gesetz gegebenen Ausnahmen hindern nicht, festzuhalten, daß das dingliche Recht gegen jeden wirksam ist, der nicht durch besondere Rechtsvorschrift von dieser Wirksamkeit ausgenommen ist.

10a) Kindel in seinen kritischen Bemerkungen zu den Besitztheorien von Randa und Ihering bei Gruchot B. 22 S. 63 unterscheidet: a) das definitive und absolute Recht an der Sache, das Recht, die Sache endgiltig zu behalten, zurückzufordern oder zu fordern, so zwar, daß Niemandem ein gleiches Recht gegen den Berechtigten zusteht; b) das definitive, aber relative Recht an der Sache, das Recht, die Sache dem Gegner gegenüber endgiltig zu behalten, zurückzufordern oder zu fordern, wenn auch einem Dritten das absolute oder wenigstens ein gleiches Recht gegen den Berechtigten zusteht; c) das vorläufige Recht an der Sache, das Recht, den Besitz der Sache bis zu einer Definitiventscheidung zu behalten, zurückzufordern oder zu fordern, wenn auch dem Gegner das definitive Recht zusteht; d) bloßen Besitz, das Recht, gegen die Eigenmacht zu behalten, wenn auch dem Gegner das definitive oder vorläufige Recht zusteht. Aus solcher, von der herkömmlichen abweichenden Nomenklatur ist für die wirkliche Klärung der Begriffe wenig zu gewinnen.

11) Realexekution und Obligation §§ 14—19. Die Recension von Degenkolb in der krit. Vierteljahrschrift B. 9 S. 191fg. prüft das Werk nur vom Standpunkt des röm. R., während sein Schwerpunkt wesentlich in den Umwandlungen liegt, die das röm. R. im modernen Recht erfahren hat. Vgl. auch Hinschius, Zeitschr. II. 499 und von Brünneck, Ueber den Ursprung des s. g. jus ad rem, ein Beitrag zur Geschichte dieses Dogma. 1869. Dagegen Baron, Abhandlungen aus dem preuß. Recht. 1860. S. 132f. Vgl. auch Fuchs, Das Wesen der Dinglichkeit. S. 70.

werde absolut dinglich, wenn die Sache dem Gläubiger gegeben oder dem Schuldner zum Zweck der Besitzergreifung genommen sei. Andererseits soll nach Ziebarth ein absolutes dingliches Recht zum relativen dadurch werden, daß der Berechtigte einem Andern an der Sache ein Recht einräumt, das dieser durch Realexekution verwirklichen darf. So sei relativ-dinglich berechtigt, wer eine Sache kaufe, bis zur Uebergabe oder Besitzergreifung; so bleibe nur relativ-dinglich berechtigt der Eigenthümer dem Nießbraucher, Miether und Pächter gegenüber.

Die Argumentation Ziebarth's ist im Wesentlichen gestützt auf den Satz: der Vertrag auf Geben einer bestimmten Sache verleiht dem Gläubiger sofort das Recht, die Sache zu nehmen. Dieser Satz aber kann nicht als richtig eingeräumt werden. Die Bedeutung der im heutigen Recht geltenden Realexekution ist nicht, daß der Gläubiger die Sache nimmt, sondern daß der Gerichtsvollzieher, beziehungsweise der Richter ihm die dem Schuldner weggenommene Sache giebt. Der Gläubiger gelangt in den Besitz der Sache auch hier nur durch Geben, nicht durch eigenes Nehmen. Hiergegen wird zwar von Ziebarth eingewendet: es sei täuschender Schein, wenn man den Willen des Schuldners, der sich durch den Vertrag zum Geben verpflichtet hat, durch den Richter ergänzen lasse, denn ein ergänzter Wille sei kein Wille. Aber das Gesetz betrachtet im Vollstreckungsrecht den ergänzten Willen mannigfach als den Willen des Schuldners. Das Stadium der Zwangsvollstreckung ist ein exceptionelles, von ihm aus darf nicht auf die Natur des zu verwirklichenden Rechts geschlossen werden, das sehr wichtige Moment der rechtskräftigen Verurtheilung liegt dazwischen. Durch diese werden die gegenseitigen Rechtsbeziehungen der Parteien dahin geändert, daß nunmehr der Schuldner wollen muß, oder vielmehr, daß sein Wille nicht mehr in Betracht kommt. Das preußische Recht verlangt ausdrücklich zum mittelbaren Eigenthumserwerb, durch den das bereits vorher bestehende Recht zur Sache in ein Recht auf die Sache verwandelt wird[12]), Erledigung des Besitzes von Seiten des vorigen und Ergreifung auf Seiten des neuen Besitzers[13]) und zeigt dadurch, daß das Recht zur Sache von der Willensthätigkeit des vorigen Besitzers abhängig, daß ohne sie eine unmittelbare Einwirkung auf die Sache nicht möglich ist. Ebenso bezeichnet das Landrecht an anderer Stelle bezüglich der dinglichen Rechte an fremder Sache nicht die auf Grund des Rechts zur Sache erfolgende Besitzergreifung, sondern die Uebergabe als den Akt, wodurch das dingliche Recht entstehe[14]).

Das Recht zur Sache ist also noch kein dingliches Recht, auch nicht relativ gegenüber dem Verpflichteten des Obligationsverhältnisses. Wäre es

---

[12]) I. 2 §§ 133. 134.
[13]) I. 9 § 6.
[14]) I. 19 § 5. Gruchot B. 8 S. 603 f. Darüber, daß von einem Recht zur Sache nur in den Fällen des mittelbaren Eigenthumserwerbs mit Grund gesprochen werden kann, vgl. B. I. § 23 bei Anm. 15.

auch nur relativ ein dingliches Recht, so würde die Konsequenz erfordern, daß es auch im Konkursverfahren des Schuldners als ein dingliches Recht geltend gemacht werden könnte, wie das gegen den Eigenthümer wirksame, nur Dritten gegenüber unwirksame dingliche Recht des Ausgedingers oder Nießbrauchers dem Konkursverwalter des Eigenthümers gegenüber vollwirksam besteht und zur Eintragung gebracht werden kann[15]). Eine über das Wesen der Obligation hinaus gehende Wirksamkeit des preußischen Rechts zur Sache besteht aber insoweit, als derjenige, der zur Zeit der Begründung seines dinglichen Rechts auf die Sache das im Widerspruch stehende ältere Recht eines Andern zu derselben Sache gekannt hat, diesem ältern Recht ebenso weichen muß, als ob ihm selbst nur ein jüngeres Recht zur Sache zustände, daß also die Verwandlung des letzteren in ein Recht auf die Sache bei dieser Kollision nicht berücksichtigt wird[16]). Die Bösgläubigkeit des späteren Erwerbers, nicht eine aus der Natur des Rechts zur Sache entspringende dingliche Wirkung zwingt den letzteren zurückzutreten. Und während, wie oben schon hervorgehoben, das Recht des Obligationsberechtigten zur Sache gegenüber dem Obligationsverpflichteten, dem die Sache noch gehört, weil er sie noch nicht übergeben hat, im Konkursverfahren des letztern lediglich als persönliche Konkursforderung geltend zu machen ist, kann das ältere Recht zur Sache, mit dessen bewußter Nichtachtung der Gemeinschuldner die Sache vor der Konkurseröffnung erworben hat, auch im Konkursverfahren als das Recht geltend gemacht werden, die Sache als nicht dem Gemeinschuldner gehörig aus der Konkursmasse auszusondern[17]).

Für das Grundeigenthum hat das eben erörterte Recht zur Sache in wesentlichen Beziehungen seine Bedeutung verloren. Für den Fall der Kollision eines Eigenthumserwerbes mit einem der Erwerber bekannten älteren Recht auf Auflassung[18]) und für den Fall des Erwerbes eines eingetragenen dinglichen Rechts bei vorhandener Kenntniß eines widerstreitenden Rechts zur Sache, auch wenn die Ausübung des letztern begonnen hat[19]), ist diese Kenntniß für gleichgiltig erklärt. Es bleiben aber auch bezüglich des Grundeigenthums Kollisionen übrig, in denen die Kenntniß des Rechts zur Sache erheblich ist. Die Grenze wird dahin zu ziehen sein: Insoweit als ein Recht durch Willensakt unter Lebenden nur durch Eintragung begründet oder nur dadurch mit dinglicher Wirksamkeit gegen Dritte ausgestattet werden kann, steht die bloße Kenntniß von einem Recht auf Eintragung dem Rechtserwerb eines Dritten nicht entgegen; soweit aber ein Recht dingliche Bedeutung

---

15) Konk.Ord. §§ 35 ff. Vgl. Preuß. K.O. § 15 Abs. 3. S. unten § 184 Anm. 25. 26.

16) A.L.R. I. 10 § 25. I. 19 § 5.

17) Auf Bösgläubigkeit der Konkursgläubiger kam es hierbei schon nach älterem Recht nicht an. A. M. Ziebarth S. 214 f. Note 9.

18) Eig.Erw.Ges. v. 5. Mai 1872 § 4. Entsch. B. 76 S. 253. Strieth. B. 94 S. 347. (Rehbein II. 33.)

19) Eig.Erw.Ges. § 15.

Driten gegenüber auch ohne Eintragung erlangen kann, ist es bei der Einwirkung der Kenntniß von dem Rechte zur Sache geblieben. Einerseits wird also die Kenntniß von dem Recht auf Einräumung einer Grundgerechtigkeit, einer Pacht und Miethe, dieses Recht gegen den Dritterwerber des Grundstückes verfolgbar machen, obgleich er das Grundstück durch Auflassung erworben hat[20]). Andererseits ist die Kenntniß von dem Recht eines Andern auf Erwerb beweglicher Theile oder Pertinenzen des Grundstücks durch Uebergabe und zwar selbst bei Bestandtheilen des Grundstückes, die erst noch aus der Verbindung zu lösen sind, für den Erwerber des Grundstückes durch Auflassung verpflichtend. Er muß z. B. der ihm bekannten Pflicht des Auflassenden zur Uebergabe bestimmten noch zu schlagenden Holzes genügen[21]).

Ueber den Bildungsprozeß des dinglichen Rechts ist bereits im allgemeinen Theil gehandelt[22]). Die Theorie des A.L.R. ist durch die Reform des Immobiliarrechts nach der Richtung hin geändert worden, daß die Wirkung der Besitzergreifung hinter die Wirkung der Eintragung in das Grundbuch zurückgetreten ist[23]).

Der Gegenstand des dinglichen Rechts ist immer entweder eine körperliche Sache oder ein solches Recht, welches vermöge seiner Gebundenheit an den Raum eine sachliche Existenz hat, und deshalb der „Gegenstand eines dauernden Rechts" sein kann[24]). Denn es ist eine fernere Eigenthümlichkeit des dinglichen Rechts im Gegensatz zum persönlichen[25]), daß es nicht wie dieses seine Beendigung nothwendig in sich trägt, daß es sich nicht durch die Ausübung erschöpft, vielmehr durch die Ausübung erhalten und fortgesetzt wird[26]).

Der Inhalt des dinglichen Rechts ist verschieden je nach dem Umfang und der Art der Befugnisse, die auf die Sache zustehen. Diese Befugnisse beziehen sich auf die Ausbeutung dessen, was die Sache als Vermögensobjekt zu bieten vermag. Es ist seit der Mitte des 17. Jahrhunderts eine gangbare Eintheilung der dinglichen Rechte geworden: Besitz, Eigenthum, Servitut, Pfandrecht, Erbrecht[27]). Die neuere Theorie hat zunächst die Auffassung des

---

[20]) Vgl. hiermit gegen Förster, Grundbuchrecht S. 48, auch Dernburg I. § 186 S. 437 und Dernburg u. Hinrichs, Pr. Hyp.R. S. 375 die Ausführungen B. II. § 136 Anm. 14, auch Turnau zu § 4 S. 623 und Achilles zu § 12 des Eig.Erw.Ges. Johow, Jahrb. B. 3 S. 289.

[21]) Entsch. B. 78 S. 97, Strieth. B. 96 S. 299.

[22]) B. I. § 23.

[23]) B. I. § 23a. Unten § 172. Im Entwurf des B.G.B. ist die Rechtsentwicklung dahin weiter geführt, daß das Sachenrecht der unbeweglichen von dem der beweglichen Sachen völlig getrennt worden ist.

[24]) B. I. § 20.

[25]) B. I. §§ 61. 83. 91.

[26]) Unger a. a. O. S. 528. Dieser Satz bezieht sich aber nur auf eine solche Ausübung des dinglichen Rechts, durch welche die Sache gebraucht und genutzt wird. Verfügungen über die Substanz der Sache, z. B. ihre Veräußerung, erschöpfen, beendigen das dingliche Recht. S. unten § 190.

[27]) Die Eintheilung rührt von Hahn her (1643). S. Unger S. 523fg.

Besitzes als eines besonderen dinglichen Rechts bestritten und ihn theils aus dem Sachenrecht entweder in das Gebiet der Obligationen oder in den s. g. allgemeinen Theil verwiesen, theils an der Spitze des Sachenrechts erörtert. Das A.L.R. schließt mit ihm den allgemeinen Theil[28]). In diesem Werk wird er an der Spitze des Sachenrechts abgehandelt. Sodann ist das Erbrecht aus der Reihe der dinglichen Rechte in der neueren Wissenschaft mit gutem Grunde gestrichen. Daß es ihnen früher zugerechnet wurde, war eine Folge des jetzt überwundenen Irrthums, daß sich die Begriffe Dinglichkeit und Absolutheit decken. Die Erbrechtsklage ist, sofern sie das Erbrecht des Erben als solches verfolgt, zwar absolut aber nicht dinglich; sie ist, wenn einzelne im Nachlaß enthaltene Rechte geltend gemacht werden, nur die Voraussetzung (praejudicium), im Uebrigen aber ist die Klage auf das einzelne Nachlaßobjekt je nach der Beschaffenheit des einzelnen Rechts eine persönliche oder dingliche. Auch die Anreihung des Pfandrechts an die dinglichen Rechte ist bezweifelt worden[29]), und dieser Zweifel hat manche Berechtigung. Zunächst scheint es nach römischem Recht, das bei der Hypothek den Besitz der beweglichen und unbeweglichen Sache bei dem Eigenthümer läßt, und in Betreff der unbeweglichen Sache kein Surrogat für die Besitzergreifung entwickelt hat, an der für die Dinglichkeit wesentlichen unmittelbaren Einwirkung zu fehlen. Nach A.L.R. fällt dieses Bedenken weg, weil es an beweglichen Sachen nur Besitzpfand kennt, und bei der Hypothek und Grundschuld die Unmittelbarkeit des Rechts auf die Sache durch die Eintragung in die öffentlichen Bücher für Jedermann erkennbar macht. Sodann fehlt dem Pfandrecht, abweichend von den anderen dinglichen Rechten, die Selbständigkeit und die Dauer: es wird, wie die Obligation, durch die Ausübung gegen den dinglich Verpflichteten — abgesehen von der besonderen Regelung des Immobiliarpfands — beendigt, nicht erhalten. Aber alles dies sind doch nur, wie Unger richtig ausführt[30]), Modifikationen, Singularitäten, die den Charakter des dinglichen Rechts keineswegs aufheben. Der entscheidende Hauptpunkt ist, daß das Pfandrecht auf der Sache selbst lastet, daß es eine causa rei ist, daß die Sache also nur mit dieser Last auf dritte Personen übergeht: si fundus pignoratus venierit, manet causa pignoris, quia cum sua causa fundus transeat[31]), daß seine Verwirklichung nicht abhängt von dem Wollen oder Nichtwollen anderer Personen.

---

[28]) Vgl. B. 1 § 7 Anm. 2. Als Uebergang zur Lehre vom Eigenthum. Gruchot B. 4 S. 317f. Heydemann I. 39.

[29]) Unger I. 530fg.

[30]) A. a. O. S. 532. Die Ausführung von Fuchs, Dinglichkeitsbegriff S. 33, daß durch jede Ausübung des Rechts die Hypothek wie die Obligation beendigt, nicht erhalten werde, ist unrichtig; wird die Hypothek gegenüber dem späteren Pfandgläubiger, der ohne Aufrechthaltung der Hypothek versteigern lassen will, oder gegen den Devastanten des Grundstückes geltend gemacht, so ist von Beendigung des Rechts gewiß nicht die Rede. Nicht einmal bei Ausübung dem Eigenthümer gegenüber, da die eingelöste Hypothek als Eigenthümerhypothek fortbesteht.

[31]) l. 18 § 2 D. XIII. 7. S. unten § 190.

Da sich der Inhalt des dinglichen Rechts verschieden gestaltet, je nachdem Umfang und der Art der unmittelbaren Beherrschung der Sache, so muß sich die Klassifizirung der dinglichen Rechte hiernach richten. Der Umfang und die Art der Beherrschung ist entweder völlig unbestimmt, die Sache ist in ihrer Totalität, in Allem, was sie als Vermögensobjekt zu bieten vermag, dem Rechtssubjekt unterworfen: das Eigenthum. Oder die Sache ist nur beschränkt, nur nach gewissen Richtungen der Herrschaft eines Subjekts unterworfen. Dann ist die Sache nicht die eigene des Berechtigten, sie bleibt ihm eine fremde und dient ihm nur theilweise — so weit die Berechtigung reicht: dingliche Rechte auf eine fremde Sache. Diese lassen sich nach zwei Gruppen scheiden. Entweder ist nur der Gebrauchs- und Nutzungswerth der Sache einem Dritten zuständig, wie dies nach römischem Recht bei der Servitut, der Emphyteusis und Superficies, und nach preußischem Recht bei der Grundgerechtigkeit und bei jedem mit Besitzeinräumung verbundenen Gebrauchs- und Nutzungsrecht (Leihe, Miethe und Pacht), nach deutschem Recht bei den Reallasten der Fall ist, welche die Eigenthümlichkeit zeigen, daß nicht bloß die Sache dinglich dient, sondern auch ihr Eigenthümer persönlich zu Leistungen verpflichtet ist. Oder es ist ein Recht auf den Substanzwerth der Sache als dingliches Recht konstituirt — entweder ein Erwerbungsrecht (Näherrecht) oder ein Veräußerungsrecht (Pfand, Hypothek und Grundschuld). Es kann sich mit letzterem ein Nutzungsrecht verbinden (Antichrese), aber auch hier ist die Sache dem Berechtigten nicht in ihrer Totalität unterworfen: die Substanz darf nicht verbraucht und nicht vernichtet werden. Das System der dinglichen Rechte gliedert sich hiernach einfacher, als das der viel mannigfaltigeren persönlichen Rechte, in folgender Weise:

A. Besitz.

B. Eigenthum.

C. Dingliche Rechte auf eine fremde Sache:

Erste Gruppe. Rechte auf den Gebrauchs- und Nutzungswerth (persönliche Gebrauchsrechte, Grundgerechtigkeiten, Reallasten).

Zweite Gruppe. Rechte auf den Substanzwerth.

I. Erwerbungsrecht (Retrakt).

II. Veräußerungsrecht (Pfand, Hypothek und Grundschuld)[32].

---

[32]) Der Entwurf des B.G.B. gelangt in Folge der grundsätzlich anerkannten Verschiedenheit des Rechts an unbeweglichen und beweglichen Sachen zu folgender Gruppirung: Besitz, Allgemeine Vorschriften über Rechte an Grundstücken; Eigenthum mit Scheidung des Erwerbs an Grundstücken und beweglichen Sachen; Erbbaurecht; Dienstbarkeiten; Vorkaufsrecht; Reallasten; Hypothek, Grundschuld, Rentenschuld; Pfandrecht an beweglichen Sachen und Rechten.

# Erstes Hauptstück.

## Der Besitz.

A.L.R. I. 7. — Materialien des A.L.R. zu den Lehren vom Gewahrsam und Besitz und von der Verjährung, herausgeg. v. Simon und v. Strampff 1836, 3. B. der Zeitschr. f. wiss. Bearb. des preuß. R. S. 1—390. Studien zur Lehre vom Besitz, das. S. 602—685. Heydemann, Einleit. I. 324f. Gruchot IV. 312—340. 433 bis 493, V. 291—350. Koch, Die Lehre vom Besitz nach preuß. R. 2. A. 1839. Darstellung der Lehre vom Besitz als Kritik des v. Savigny'schen Buches, von einem preußischen Juristen, 1840. Zusammenstellung der beim Obertribunal angenommenen Grundsätze über das poss. summar. im J.M.Bl. 1854 S. 101—112 (Gr. citirt). Bornemann I. 212. Koch I. 317. Dernburg I. §§ 148ff. Fischer, Preuß. Priv.Recht §§ 32—34. — Savigny, Das R. des Besitzes, 1. A. 1803, 7. A. 1865 (nach dieser wird citirt), mit Zusätzen von Rudorff, welche S. 543f. die Literatur vollständig angeben. Hervorzuheben sind: Puchta, Rechtslex. II. 41. Bruns, Das R. des Besitzes im Mittelalter und in der Gegenwart, 1848. Derselbe, Die Besitzklagen des römischen und heutigen Rechts, 1874 und in v. Holtzendorff's Encyklopädie Bd. I., 3. Aufl., S. 382. Lenz, Das R. des Besitzes uud seine Grundlagen, 1860. Randa, Der Besitz nach österr. R. mit Berücksichtigung des gem., preuß. u. s. w. R., 1865, 2. Aufl. 1876. Büchel, Ueber die Natur des Besitzes, 1868. Jhering, Beiträge zur Lehre vom Besitz. In s. Jahrb. IX. 1 und insbesondere Ausgabe 1868, 2. Ausg. 1869. Derselbe, Ueber den Grund des Besitzschutzes, 1869. Meischeider, Besitz und Besitzschutz, 1876. R. Schmidt, Ueber die Natur des Besitzes, Rec. der Schriften von Büchel und Jhering, in der kritischen V.J.Schr. B. 12 S. 63f. Kindel bei Gruchot B. XXI. S. 411. 712 und in den folgenden Bänden. Auch: Die Grundlagen des römischen Besitzrechts, 1883. Bekker, Das Recht des Besitzes bei den Römern, 1880. Seitz, Antike und gegenwärtige Bedeutung der römischen possessio, in Grünhut Zeitschr. B. 6 S. 398 und später. Graf Pininski, Der Thatbestand des Sachbesitzerwerbs, 1885. Goldschmidt, Studien zum Besitzrecht, 1888. Bähr in Jhering's Jahrb. B. 26 S. 224. Jhering, Der Besitzwille, 1889. Kuntze, Zur Besitzlehre, 1890. Baron in Jhering's Jahrb. B. 29 S. 192. Schuppe, Das Recht des Besitzes, 1891. Klein, Sachbesitz und Ersitzung, 1891. Hirsch, Die Prinzipien des Sachbesitzerwerbs nach röm. Recht, 1892. W. Stintzing, Zur Besitzlehre, 1892. Derselbe, Der Besitz, Buch 1 und 2 1889 u. 1895. — Kierulff I. 339. Vangerow 7. Aufl. I. 347f. Arndts 189. 198f. Böcking S. 448fg. Brinz I. S. 55f. Puchta, Pand. 10. A. S. 186 §§ 122—139. Vorles. 5. A. I. 261f. Seuffert 4. A. I. 130f. Windscheid I. §§ 148f. Dernburg, Pand. §§ 169ff. Roth II. §§ 129—134. Stobbe-Lehmann, Deutsch. Privatrecht II. §§ 84ff. — Zachariä (Crome) I. §§ 154—165.

### Erstes Kapitel.

### Das Recht des Besitzes.

#### § 157. Der Begriff und die Arten des Besitzes.

Um die unmittelbare Einwirkung der Person auf das Objekt, und die allgemeine Erkennbarkeit dieser Einwirkung — die unerläßlichen Voraus=

setzungen des dinglichen Rechts — hervorzubringen, genügt nicht der Titel, das persönliche Recht zur Sache. Es ist noch eine Erwerbsart (Modus) nöthig, welche auch faktisch und Jedermann erkennbar jene Einwirkung herstellt. Dies ist die wesentliche Bedeutung des Besitzes für den Rechtserwerb im System des A.L.R. [1]). Im Folgenden aber ist zu erörtern, welche Bedeutung der Besitz an und für sich im Preußischen Recht hat.

Man hat seit Savigny's berühmter Schrift vom Standpunkt des positiven Rechts und vom Standpunkt der Rechtsphilosophie wieder die Frage erörtert, ob der Besitz ein Faktum oder ein Recht sei [2]). Die Praxis wurde von diesem Streit wenig berührt. Desto lebhafter wurde der Streit in der Theorie geführt. Welcher Unterschied zwischen der Ansicht: der Besitz sei nur ein thatsächliches Verhältniß, ein Nichtrecht, und der Behauptung: der Besitz sei das einzige Recht auf die Sache! wie viel Meinungen liegen in der Mitte zwischen diesen denkbar äußersten Grenzpunkten! [3])

---

[1]) Oben B. 1 § 23 Anm. 18f. Gruchot IV. 317f. Heydemann I. S. 39.

[2]) S. über den Stand der Frage vor Savigny: Bruns, Besitz im Mittelalter S. 252 u. a. a. St.

[3]) Savigny hat in der 6. A. in einem Zusatz zu § 6 (7. A. S. 55) ausführlich seine Grundansicht vom Besitz dargelegt: „der Besitz erscheint zunächst als die bloß faktische Herrschaft über eine Sache, und daher als ein Nichtrecht (verschieden von Unrecht), als ein rechtlich Indifferentes. Dennoch wird er gegen gewisse Verletzungen geschützt, und um dieses Schutzes willen werden Regeln aufgestellt über Erwerb und Verlust des Besitzes, gerade als ob er ein Recht wäre." Der Grund dieses Schutzes wird in der Unverletzlichkeit der Person gefunden. Es ist bekannt, daß diese Ansicht vielfache Polemik hervorgerufen hat. S. bes. Gans, Ueber die Grundlagen des Besitzes, eine Duplik, 1839. Rudorff hat in Zusatz 19 S. 576ff. eine vollständige Uebersicht des Meinungskampfes gegeben und diese mit kritischen Bemerkungen begleitet. Randa sagt S. 23: „Der Besitz ist ein Faktum, kein Recht — kein Unrecht, er geht neben dem Rechte einher"; und Windscheid (Pand. I. 148): „eine Sache besitzen heißt, sie thatsächlich in seiner Gewalt haben. Der Besitz, obgleich kein Recht, hat rechtliche Folgen". Dernburg, Pand. I. § 169: „Der Besitz ist nicht, wie manche vermeinen, Recht. Er ist vielmehr ein Phänomen, welches außerhalb des Rechts steht, wenn sich auch Rechte an denselben knüpfen." Außer Savigny gehören hierher noch besonders Puchta (Recht an der eigenen Person), Böcking S. 453), der den Besitz zum Gegenstand juristischer Bestimmungen werden läßt, wegen des Rechts der Person im Staate, auch in ihren bloß faktischen Verhältnissen nicht widerrechtlicher Weise gestört zu werden. Dagegen gehen Kierulff (S. 347fg.), Bruns (S. 486. 491) und Windscheid auf den Willen des Besitzers zurück, aber sie lassen durch diesen subjektiven Willen nur eine thatsächliche Herrschaft im Gegensatz zu einer rechtlichen erzeugt werden. Vgl. Kindel bei Gruchot B. 22 S. 560. Lenz S. 84. 86. 87 geht soweit auszuführen: „Wenn nur das Haben mit allgemeiner Anerkennung ein berechtigtes ist, so muß das Haben mit besonderem Willen ein unberechtigtes, mit anderen Worten ein Faktum sein. Der Wille ist nie etwas Faktisches, sondern das allein und überall Rechtliche. Der Besitz ist kein Faktum und auch kein Proteus von Faktum und Recht: er ist vielmehr das einzige Recht auf die Sache." Ihering (Grund des Besitzschutzes S. 45, Besitzwille S. 430) sieht den Grund des Besitzschutzes nicht im Besitz selber, sondern in dem Eigenthum: der Besitz wird geschützt im Interesse der nothwendigen Ergänzung des Eigenthumsschutzes; der Besitz ist die Thatsächlichkeit des Eigenthums, sein Schutz eine dem Eigenthümer zugedachte Beweiserleichterung, die aber nothwendigerweise auch dem Nichteigenthümer zu Gute kommt. Vgl. zur Kritik Ihering's Windscheid § 148 Anm. 6. — Kindel, der S. 199 die Literatur zusammenstellt, definirt Besitz als das Recht, durch Eigenmacht gegen Eigenmacht zu behalten. — Seitz geht darauf hinaus, ein römisches Besitzrecht

Noch mehr als der gemeinrechtliche Jurist blieb der an seine Gesetzgebung gebundene preußische dem Streite fern. Mochte man aus dem Begriff des Besitzes deduziren, daß er an sich nur eine rechtlose Thatsache sei, die erst in Folge einer Verletzung durch dritte Personen Rechtswirkung äußere oder empfange, oder von solchen begleitet werde; nach A.L.R., welches das Recht des Besitzes als solches ausdrücklich anerkennt, steht es fest, daß der Besitz an und für sich ein eigenthümliches Rechtsverhältniß ist[4]).

Soll aber diese Auffassung wissenschaftlich gerechtfertigt werden, so muß man davon absehen, daß der Besitz meist als die Wirkung oder Folge eines Rechts oder als die Voraussetzung der Ausübung eines Rechts erscheint; — denn insoweit tritt nicht seine selbständige Existenz als Recht hervor; es kommt auf den Besitz an sich an, den schon die Römer ausdrücklich nicht nur als res facti, sondern auch als res juris bezeichnen[5]), die als solche unter Rechtsregeln steht[6]). Es genügt nicht das rem corpore suo contingere, auch

---

im heutigen Sinn überhaupt zu leugnen, indem er unter possessio im alt römischen Sinn Eigenthum nach jus gentium, in der ferneren Entwickelung ein relativ (durch die actio Publiciana und durch die Interdicte) geschütztes Eigenthum versteht, — das heutige Besitzrecht sei als aus dem Gewohnheitsrecht erwachsen aufzufassen. Bekker widerspricht dem Streben, irgend eine dieser Theorien in das römische Recht hineinzutragen. — Von den Rechtsphilosophen stehen Stahl (Rechtsphilosophie S. 401) und Trendelenburg (Naturrecht S. 172) ganz auf dem Standpunkt Savigny's, auch Wirth (Spekulative Ethik II. 124 f.) sieht im Besitz für sich ein bloß faktisches Verhältniß, d. i. ein solches, worin der Wille bloß als einzelner sich äußert, ohne darin zugleich als ein allgemeiner zu gelten. Nichtsdestoweniger ist ihm der Besitz an sich ein Ausfluß des Eigenthumsrechts. Das Beste hat immer noch bis jetzt Kant gesagt (Metaphys. Anfangsgründe der Rechtslehre S. 63): „Der Rechtssatz des empirischen Besitzes ist analytisch; denn er sagt nichts mehr, als was nach dem Satze des Widerspruchs aus dem letzteren folgt, daß nämlich, wenn ich Inhaber der Sache bin, derjenige, der sie wider meine Einwilligung affizirt, das innere Meine (meine Freiheit) affizire und schmälere. Der Satz von einem empirisch rechtmäßigen Besitz geht also nicht über das Recht einer Person in Ansehung ihrer selbst hinaus", und S. 66: „der bloße physische Besitz ist schon ein Recht in der Sache, obzwar freilich noch nicht hinreichend, sie als das Meine anzusehen . . . der physische Besitz hat die Präsumtion für sich und gilt komparativ für einen rechtlichen." Das war vor Savigny geschrieben. Vergl. auch Ahrens, Encyklop. S. 638 f. und die Uebersicht der verschiedenen Ansichten über die Natur des Besitzes bei Gruchot IV. 312 f.

[4]) I. 7 § 134. Striethorst B. 50 S. 137 ist der Besitz als ein „Rechtsverhältniß im weiteren Sinn" bezeichnet. Daß der Besitz ein Rechtsverhältniß im Sinne des § 231 C.P.O. ist, daß also eine Feststellungsklage deshalb zulässig ist, wird in den Motiven zur C.P.O. S. 184 unter Bezugnahme auf Bruns, Besitzklagen S. 1—7, ausdrücklich betont und ist unbestritten geblieben. Vgl. unten § 162.

[5]) Die res facti ist ausgedrückt in l. 1 pr. 3. 4, l. 29 D. XLI. 2, l. 19 D. IV. 6, l. 1 § 15 D. XLVII. 4. Die res juris in l. 23 pr. l. 44, pr. l. 49, pr. § 1 D. XLI. 2, l. 2 § 38 D. XLIII. 8, l. 2 D. XLIII. 7, l. 10 C. VII. 32.

[6]) Nur eine rechtsfähige Person kann Besitz erwerben, nur eine dem Rechtsverkehr zugängliche Sache kann besessen werden. l. 3 § 17, l. 23 § 2 l. 30 §§ 1. 3. 4, l. 49 § 1 D. XLI. 2. Ein feines kasuistisches Detail bezieht sich auf den Erwerb und Verlust des Besitzes. Richtig bemerkt Lenz S. 96, daß dies Alles nicht zu der Auffassung passe, daß der Besitz nur ein rechtloses Faktum sei, denn ein solches kann man nicht erwerben und verlieren, es kann nur entstehen und in seinen Folgen wieder verschwinden. — Es ist ferner anerkannt, daß man den Besitz an der eigenen Sache kaufen, miethen, daß man ihn kondiziren kann (Seuff. XIX. 152), er ist also wie andere Rechte ein Gegenstand des Rechtsverkehrs. l. 34 § 4. D. XVIII. 1, l. 28. 37 D. XLI. 2, l. 25 pr. D. XLVII. 2, l. 15 § 1 D. XII. 6. Lenz S. 92 f.

heißt es: ignoranti non acquiritur possessio; es wird ein propositum, eine affectio tenendi, possidendi verlangt[7]). In welchem Sinn diese Voraussetzung des juristischen Besitzes zu verstehen ist, darauf ist unten zurückzukommen. Hier wo es sich um den inneren Grund der Behandlung des Besitzes als Recht handelt, ist nur erheblich, daß außer dem äußerlichen Haben einer Sache, um dieses nur faktische Verhältniß zum Rechtsverhältniß zu erheben, eine bestimmte Richtung des Willens erfordert wird. Die Person muß die Sache haben und behalten, ihrer Machtsphäre unterwerfen und in dieser erhalten wollen. Der Wille ist also hier, wie sonst, der rechterzeugende Faktor, aber nur der Wille, der thatsächlich als Macht die Sache ergreift. Nicht die unmittelbare Einwirkung auf die Sache, sondern der Wille, der sich in dieser ausdrückt oder sich in sie nochmals hinein legt, ist der Grund des Besitzrechts[8]). Die Rechtsordnung mußte ein solches Verhältniß als ein Rechtsverhältniß anerkennen und schützen; denn obschon der subjektive besondere Wille nur insofern die Kraft hat, Recht zu erzeugen, als er sich in Uebereinstimmung mit der objektiven Rechtsordnung befindet, so muß doch diese Uebereinstimmung so lange als vorhanden angenommen werden, als nicht das Gegentheil, der Widerspruch zwischen beiden erwiesen ist. Das A.L.R. sagt sogar: die allgemeine Vermuthung streitet für die Redlichkeit, ja sogar für die Rechtmäßigkeit des Besitzes[9]), daß Jemand unrechtmäßig besitze, dessen muß er überführt werden. Aber dies greift bereits in die Frage des Rechts zum Besitz hinüber. Zunächst bleibt diese Frage, — also die Möglichkeit, den Besitz als unrechtmäßig darzulegen und darzulegen, daß ein anderes Verhältniß von der Rechtsordnung gefordert werde, außer Betracht. Wer die Macht über die Sache hat, wird lediglich, weil dem so ist, geschützt, wenn nicht die Art, wie er die Macht erworben hat, gerade dem andern Theil gegenüber als unzulässige Verletzung der für diesen schon früher begründeten Macht über die Sache erscheint. Also selbst der unredliche Besitzer ist Besitzer, und auch der fehlerhaft erworbene Besitz ist jedem Dritten gegenüber Besitz, nur nicht im Verhältniß zu dem, gegen den die fehlerhafte Besitznahme stattgefunden. Auch das unbewußte Haben einer Sache begründet

---

7) l. 3 §§ 1. 3. 12, l. 8 § 1, l. 18 § 3, l. 20. 22. 32 § 2, l. 41. 46 D. XLI. 2, l. 41 D. XII. 1, l. 3 C. VII. 32 u. a. St.

8) S. die bei Gruchot IV. 316 abgedruckte Aeußerung von Göschel, Zerstreute Bl. I. 362. 373 f. — Wenn Kindel bei Gruchot B. 22 S. 560 ausführt, hiernach würde sich schließlich das Subjekt seine eigenen Gesetze machen, so übersieht er, daß der Wille des Subjekts nach den obigen Ausführungen nur bei bestimmten realen Voraussetzungen, und soweit das Gesetz ihn als solchen anerkennt, rechterzeugender Faktor ist. Die thatsächliche Gesellschaftsordnung, die gegebene Vertheilung der Sachgüter, welche Dernburg, Pandekten I. § 170 a. E. als Grund des Besitzschutzes bezeichnet, giebt keine Antwort auf die Frage, wann sind Sachgüter thatsächlich vertheilt? Wenn auch beim Streit um den Besitz Wille gegen Wille steht, so ist der mit dem Haben der Sache verbundene, in die Sache hineingelegte Wille, die Macht über die Sache das, was den Schutz finden soll.

9) I. 7 §§ 18. 179.

die Möglichkeit, seinen Willen auf die Sache wirksam zu richten. Diese Möglichkeit darf nicht gewaltsam zerstört werden. So wird auch der bloße Gewahrsam geschützt, wenn eigenmächtig dem Habenden der Entschluß, die Sache haben zu wollen, vereitelt werden soll[9a]).

Aber auch der gewollte Gewahrsam hat als Rechtsverhältniß eine Unvollkommenheit, in der seine Eigenartigkeit liegt.

Einerseits zeigt er eine Verwandtschaft mit dem dinglichen Recht. Der die Sache durchdringende Wille fordert rechtlichen Schutz; aber das unmittelbare Verhältniß des Besitzes zur Sache ist doch ein anderes als beim dinglichen Recht. Das Besitzrecht besteht nicht durch sich selbst für die Zukunft fort; es bleibt gebunden an das Fortbestehen des thatsächlichen Verhältnisses der unmittelbaren und ausschließlichen Einwirkung. Wenn diese aufhört, wirkt es nicht mehr gegen andere Personen: der Besitzwille ist dann aus der Sache wieder heraus, weil er sich in ihr nicht mehr zu verwirklichen mächtig ist. Es fehlt mithin dem Besitz diejenige Eigenschaft eines Rechts, wonach dieses fortbesteht, auch wenn ihm sein reales Element entzogen ist[10]). Der Besitzer hört auf, Besitzer zu sein, nicht bloß, wenn er den Besitz aufgiebt, sondern auch, wenn die Sache infolge eines sie selbst und ihre Substanz betreffenden Ereignisses aus seinem Gewahrsam gekommen und in die Machtsphäre eines Andern gelangt ist[11]). Wenn es heißt: „aus dem Verlust der Gewahrsam folgt noch nicht der Verlust des Besitzes[12])", so bedeutet dies nicht, daß der Besitz auch ohne Gewahrsam als ideales Rechtsverhältniß erhalten bleibt, sondern nur, daß vermöge des Besitzrechts der verlorene Gewahrsam wieder ergriffen oder erzwungen werden kann, wenn die Sache nicht fehlerfrei an einen Andern gekommen ist, und wenn deshalb kein Anderer seinen gleichberechtigten Besitzwillen in sie gelegt hat. Der Besitz wird nicht gegen jeden Verlust, sondern nur gegen einen solchen Eingriff geschützt, der von einem formell unrechten, daher nicht Recht erzeugenden subjektiven Willen ausgeht, gegen Gewalt, List und Vertrauensbruch. In anderer Weise ist eine Verletzung des Besitzrechts nicht denkbar[13]).

Hiernach ist zu sagen: der Besitz hat den Charakter eines Rechts, weil der Besitzer besitzen will; er ist aber kein obligatorisches Recht, weil der Wille des Besitzers die Sache unmittelbar durchdringt; er ist auch noch kein wirkliches dingliches Recht, weil er gebunden ist an den Fortbestand seiner that-

---

9a) Vgl. unten bei Anm. 28.

10) Nach preuß. R. ist dies übrigens in geringerem Grade der Fall, als nach röm. R. der vollständige Besitz besteht neben dem unvollständigen, der fehlerhafte Besitzer ist nur Dritten gegenüber Besitzer.

11) I. 7 § 116. S. unten § 161 bei Anm. 26fg.

12) I. 7 § 112. S. hierüber unten § 161 bei Anm. 15fg.

13) Die Besitzklagen erhalten insoweit die Natur von Deliktsklagen (vgl. unten § 162 Anm. 34), wenn auch festzuhalten ist, daß sie sich von den eigentlichen Deliktsklagen dadurch unterscheiden, daß sie nicht eine Entschädigung, sondern nur die Herstellung und Sicherung des Besitzes zum Gegenstande haben.

sächlichen Grundlage, und daher der Wirkung gegen jeden Dritten entbehrt, wenn ihm diese Grundlage entzogen ist. Er steht indessen doch näher dem dinglichen, als dem obligatorischen Recht, er hat die dem obligatorischen Recht fehlende Fähigkeit, sich zum vollen dinglichen Recht zu entwickeln. Auch vom Standpunkt des preußischen Rechts aus wird er am richtigsten als vermuthetes dingliches Recht aufgefaßt. Von Andern ist er als beginnendes, potenzielles Eigenthum bezeichnet worden. Diese Bezeichnungen sind nicht passend, da es nicht immer die Bestimmung des Besitzes ist, eine Aeußerung schon vorhandenen Eigenthums zu sein [14]), oder Eigenthum zu werden; aber sie drücken doch aus: daß aus dem Besitz Eigenthum werden kann, daß er eine Vorstufe, eine Voraussetzung für das dingliche Recht ist.

Das im A.L.R., wie schon bemerkt, ausdrücklich anerkannte Rechtsverhältniß, das Recht des Besitzes wird dadurch begründet, daß man eine Sache in der Absicht, darüber für sich selbst zu verfügen, unmittelbar oder durch einen Stellvertretreter in seinen Gewahrsam nimmt [15]). Hierin bringt das Gesetz zum Ausdruck, daß der Besitz nur ein Recht ist, weil der Besitzer neben dem Gewahrsam die Absicht hat, über die Sache für sich selbst zu verfügen, d. h. im eigenen Interesse darauf körperlich einzuwirken, eine Absicht, die er kraft des Gewahrsams an der Sache bethätigen kann. Obschon der Streit über die Natur des Besitzes schon in älterer Zeit geführt worden, so war es doch grade zur Zeit der Redaktion des A.L.R. darüber still. Was seit Savigny eine Lebensfrage für Recht und Rechtswissenschaft zu werden schien, wurde damals „als eine bloße Schulfrage" bei Seite geschoben [16]). Es ist daher nicht auffällig, daß die Redaktoren die Frage, ob Recht oder Thatsache, nicht umständlich erörterten, sondern, beherrscht von den damaligen Vorstellungen, über diese „bloße Schulfrage" hinweggingen. Gelegentliche Aeußerungen, die durch die Materialien bekannt geworden, zeigen, daß der Besitz, abgesehen davon, daß er als „Ausübung eines Rechts" oder als

---

[14]) l. 12 § 1 D. XI. 2. Nihil commune habet proprietas cum possessione l. 1 § 2 D. XLIII. 17. Separata esse debet proprietas a possessione. Böcking S. 449 bei Note 4. In anderen Stellen findet sich aber auch die Auffassung, daß der Besitz anfangendes Eigenthum sei l. 1 § 1 D. XLI. 2, l. 20 § 2 D. XLI. 1. Man kann für den Besitz als vermuthetes Eigenthum die Parallele der vermutheten Vollmacht verwerthen. Bei dieser wird von dem wirklichen Vorhandensein der Vollmacht zunächst abgesehen, wie bei dem Besitz vom wirklichen Vorhandensein des Rechts. An gewisse zur Zeit thatsächlich bestehende Verhältnisse knüpft sich die Befugniß zur Vornahme von Stellvertretungshandlungen in der Weise, daß der vermuthet Bevollmächtigte vorläufig thatsächlich zugelassen werden muß, auf die Gefahr, daß sein Thun später als unberechtigt erkannt werde. So begründet der Besitz als vermuthetes Eigenthum einen vorläufigen thatsächlichen und rechtlichen Schutz auf die Gefahr hin, daß sich demnächst herausstelle, daß ein endgiltiges Recht auf solchen Schutz in Wahrheit nicht bestand.

[15]) I. 7 § 3.

[16]) Westphal, System des röm. R. über die Arten der Sachen, Besitz, Eigenthum und Verjährung, 1788. S. 35. Höpfner, Komm. §§ 280. 281 erwähnt keiner Kontroverse, sondern ist ohne Zweifel über das jus possessionis, welches er als eigene Gattung neben das jus in re und das jus ad rem stellt. Vergl. Windscheid § 148 Anm. 6 und Kindel bei Gruchot B. 22 S. 50 ff.

„Ausübung des Eigenthumsrechts" (Tevenar)[17]) auftritt, als „allgemeine Quelle von Sachenrechten" (Svarez)[18]), als „eine interimistische Legitimation zu einer Sache" (Tevenar)[19]), als „ein Mittel zum Erwerb des Eigenthums oder als ein Zwischenzustand, welcher die rechtliche Vermuthung des Eigenthums wirke" (Goßler)[20]) angesehen wurde. Man zweifelte nicht daran, daß aus dem facto s. statu possessionis Rechte entspringen und trennte hiernach die Rechte und Pflichten, die dem Besitzer zukommen, quia possidet[21]), — das Recht des Besitzes — von denjenigen Rechtsfolgen, die aus dem Titel entstehen, auf den sich der Besitz gründet — dem Recht zum Besitze. Hiernach ist im Wesentlichen der 7. Titel redigirt. Es umfassen die §§ 1—160 das erstere, die §§ 161—250 das letztere: nur einzelne Bestimmungen, die eigentlich dem letzteren angehören, sind dem ersteren untermischt[22]).

Es ist eine nahe liegende Frage, ob die Redaktoren des A.L.R. da, wo sie bei dem Besitz vom römischen Recht abwichen, dem deutschen Recht gefolgt sind. Daß dies mit Bewußtsein, mit klarer Einsicht geschehen, kann gewiß nicht behauptet werden. Ueberhaupt ist die Frage nicht ganz richtig gestellt. Römisches und deutsches Recht haben seit der Rezeption nicht neben einander gestanden, sondern sie sind in einander geflossen. Die Rezeption ist ein Mischungsprozeß, das gemeine Recht enthält römische, kanonische und deutschrechtliche Elemente vermischt, und die Redaktoren des A.L.R. haben nicht beliebig wählen können, ob sie dem römischen oder deutschen Recht folgen wollten. Im Allgemeinen kann man nur sagen, daß die Redaktoren, indem sie sich dem vorhandenen Rechtszustand anschlossen[23]), dabei römische, deutsche und kanonische Elemente aufnahmen. Man nahm allgemeiner als im römischen Recht Besitz an, wo ein unmittelbares körperliches Verhältniß zur Sache vorhanden ist, und dehnte den Besitz an Rechten weiter aus. Diese Erweiterungen lassen sich auf das deutsche und auf das kanonische Recht zurückführen. Auf das letztere, namentlich die große Ausdehnung des Besitzes an Rechten, auf das erstere, dem die scharfe Umgrenzung des Eigenthumsbegriffs, wie solche das römische Recht hat, unbekannt war, die allge-

---

17) Mat. S. 116.
18) Mat. S. 111.
19) Mat. S. 116.
20) Mat. S. 201. 207. 277. 283.
21) Mat. S. 111.
22) Heydemann S. 325 Note 604. Aus dem ersten Theil des 7. Titels gehören zum jus possidendi die §§ 10—42. 135. In den §§ 134—136 wird der Gegensatz zwischen dem jus possessionis und dem jus possidendi scharf dahin ausgedrückt: die Rechte des Besitzes hängen von der Beschaffenheit des Besitzes ab, das Recht zum Besitz von der Beschaffenheit des Titels, auf welchen sich der Besitz gründet. Bei der Redaktion des A.L.R. hat namentlich Goßler dem widersprochen, das jus possidendi in diesen Titel einzumischen. Mat. S. 277.
23) Koch, Komm. Note* zu § 1, I. 7. Vergl. die Urtheile über den Werth der Redaktion des A.L.R. über den Besitz von Koch, Bes. S. 7. Bruns, S. 431. Baron Abh. S. 22.

meinere Annahme eines Besitzes[24]). Auch die Besitzklagen hatten im Mittelalter eine große Umwandlung erfahren; das A.L.R. hat auch hier die verworrenen gemeinrechtlichen Gestaltungen zu einem einfacheren Abschluß gebracht.

Zum Begriff des Besitzes gehören zwei wesentliche Momente: ein objektives oder körperliches, das physische Vermögen, auf eine Sache mit Ausschließung Anderer einzuwirken, oder, wie sich das A.L.R. ungenau ausdrückt über diese zu verfügen; ein subjektives oder geistiges: diese Einwirkung oder Verfügung vorzunehmen für sich selbst, die Absicht, die Einwirkung in dieser Richtung zu üben. Jenes objektive Requisit erfordert nicht eine wirkliche Bethätigung der Herrschaft in ihrem ganzen möglichen Umfang: vielmehr genügt ein solches Machtverhältniß, daß es jede beliebige Aeußerung der Herrschaft jederzeit hervorrufen kann. Die Willensrichtung muß der thatsächlichen Aeußerung entsprechen, sie in sich begreifen[25]). Geht die Willensrichtung dahin, nicht für sich selbst, sondern für einen Andern, in dessen Namen, also als dessen Stellvertreter über die Sache zu verfügen, so ist dies nicht Besitz, sondern bloße Innehabung, Haben im Gewahrsam[26]). Auch dies ist ein Rechtsverhältniß, weil die Sache immer noch vom Willen des Inhabers durchdrungen und beherrscht ist[27]). So lange es aber an einer Durchdringung der Sache mit einem Willen fehlt, und nichts vorhanden ist, als das körperliche Verhältniß zu ihr, da ist dieser Gewahrsam kein fertiges Rechtsverhältniß; aber das Gesetz will dennoch, daß dem, der eine Sache so hat, nicht gewaltsam die Möglichkeit entzogen werde, sein Verhältniß zur Sache zu dem gewollten Rechtsverhältniß des Besitzers auszugestalten, und deshalb wird Schutz gegen Gewalt auch dem, der nur in diesem Sinne Inhaber der Sache ist, gewährt. Obgleich er zur Zeit der Gewalt noch nicht den Willen hatte zu besitzen, wird er gegenüber dem gewaltsam Handelnden so angesehen, als ob er den nachher gefaßten Willen bereits zur Zeit der eigenmächtigen Störung des Gewahrsams hatte[28]). So ist denn im A.L.R. wie im römischen Recht zwar ein Gegensatz von possessio und detentio, Besitz und Gewahrsam anerkannt, aber die Grenzlinie zwischen beiden Begriffen ist selbständig gelegt. Der Begriff des Besitzes und in Folge dessen seine Verwendung im Gebiete des Rechts ist im A.L.R. weiter, weil die

---

24) Bruns, Bes. im Mittelalter S. 315. 316. 328. 329. 338. Heydemann S. 325.
25) l. 3 § 1 D. XLI. 2. Entsch. B. 55 S. 208. Rehbein I. 628.
26) I. 7 § 2, l. 9. 18 pr. D. XLI. 2. Das Landrecht sagt „die Gewahrsam", in der neueren Rechtsprache, namentlich der Reichsgesetzgebung, ist Gewahrsam zu einem Worte männlichen Geschlechts geworden, und diese Sprechweise ist deshalb auch hier angenommen.
27) Mater. S. 177 zu §§ 1—5.
28) I. 7 §§ 1. 43. 138. Mater. S. 113. 603 f. Vgl. Jecklin bei Gruchot B. 32 S. 252. Der hier geführte Nachweis, daß das Landrecht auch dem unbewußt eine Sache Inhabenden gegen Gewalt Schutz gewährt, ist als treffend anzuerkennen. Frühere Ansichten über § 138 f. außer in den früheren Ausgaben dieses Buchs bei Schröter, civ. Verf. I. 12. Gruchot B. 4. 321 f. Baron, Abh. S. 13.

Willensrichtung allgemeiner gefaßt ist; überall, wo ein eigennütziger Wille zu besitzen vorhanden, ist Besitz vorhanden, für den Gewahrsam bleibt nur das stellvertretende Innehaben. Geht man von der durch Savigny zur Herrschaft gelangten Theorie aus, und erkennt man das Wesen des juristischen Besitzes im Besitz mit dem animus domini, so tritt hier ein erheblicher Unterschied von dem römischen Recht hervor. Vom Standpunkt der neueren Theorie Iherings, nach welcher jeder gewollte Gewahrsam Rechtsschutz genießt, oder Dernburgs, der juristischen Besitz auch nach gemeinem Recht für den annimmt, welcher die Sache für sich inne hat, verschwindet oder mindert sich der Gegensatz des Landrechts[28a]).

Das Landrecht theilt den Besitz nach verschiedenen Eintheilungsgründen in verschiedene Arten: nach dem Gegenstand in Sachenbesitz und Rechtsbesitz[29]); nach der Willensrichtung in vollständigen und unvollständigen Besitz; nach dem Bewußtsein wird von dem redlichen nicht nur, wie im gemeinen Recht der unredliche, sondern daneben als dritte Kategorie der unrechtfertige Besitz unterschieden.

Diese Eintheilungen und der dadurch bedingte Sprachgebrauch weichen von dem römischen Recht ab. Der Gegensatz des Sachen- und Rechtsbesitzes entspricht der possessio und quasi-possessio nicht genau, denn der Besitz an Rechten wird im A.L.R. als ein wirklicher Besitz aufgefaßt[30]). Der Gegensatz von vollständigem und unvollständigem Besitz besteht darin, daß der vollständige Besitzer die Sache oder das Recht als sein eigen besitzt, possessio mit dem animus domini; der unvollständige Besitzer hat den Gegenstand als fremdes Eigenthum, aber mit der Absicht darüber für sich selbst zu verfügen, in Gewahrsam[30a]). Ob diese Unterscheidung im römischen Recht in dem von Savigny aufgestellten Begriff eines s. g. abgeleiteten Besitzes[31]), der in

---

[28a]) Nach dem Entwurf des B.G.B., der in erster Lesung Inhabung und Besitz mit animus domini in seinen Wirkungen unterschied, wird in seiner jetzigen Fassung Besitz durch die Erlangung der thatsächlichen Gewalt über die körperliche Sache erworben; aber soweit diese Gewalt nur für einen Andern und in einem Abhängigkeitsverhältniß ausgeübt wird, ist nur der Besitzer, dessen Weisungen befolgt werden müssen. Neben dem hiernach anerkannten Besitz des Nießbrauchers, Pfandgläubigers, Pächters, Miethers, Verwahrers u. s. w. besitzt der, dem gegenüber dieser Besitz zeitlich begrenzt ist, mittelbar. Wer die Sache als ihm gehörend besitzt, ist Eigenbesitzer. Entw. II. §§ 777. 778. 790. 793; Reichstagsvorlage §§ 838. 839. 852. 856. Vgl. insbesondere auch Bekker in Ihering's Jahrb. B. 34 S. 1. Da nicht bloß die gewollte Macht, sondern jedes thatsächlich vorhandene dem Bewußtsein und dem Wollen fremde Gewaltsverhältniß zur Sache als Besitz geschützt wird, sind die im Text gegegebenen Erörterungen über den Willen als Grundlage der Anerkennung des Besitzschutzes dem künftigen Recht fremd. Hier ist der innere Grund nur die friedliche Erhaltung des Bestehenden.

[29]) Ueber und gegen den Rechtsbesitz vgl. Savigny § 12, Randa § 2, Windscheid I. § 151. S. unten § 159.

[30]) Heydemann S. 329. Koch, Bes. S. 108.

[30a]) I. 7 §§ 6. 7.

[31]) Savigny S. 282 §§ 23—25. Der abgeleitete Besitz entsteht nach S. durch eine Uebertragung des jus possessionis auf einen Andern, der, weil das Eigenthum nicht mit übertragen ist, den animus domini nicht haben kann, also bei dem Emphyteuta, beim Pfandgläubiger. Andere rechnen noch andere Fälle hierher, so Vangerow den

den Grenzen des positiven Rechts anzuerkennen sei[32]), einen Anklang hat, kann dahin gestellt bleiben. Im preußischen Recht ist der unvollständige Besitz ein neben den vollständigen Besitz gestellter allgemeiner Begriff, der auch da Anwendung findet, wo die bis in die neueste Zeit herrschende Auffassung des römischen Rechts keinen Besitz anerkennt, beim Nutzungsberechtigten, beim Miether und Leiher[33]). Neben dem unvollständigen Besitz besteht der vollständige, wenn auch der letztere für die Dauer des unvollständigen zu einem idealen Rechtsverhältniß geworden ist, daß sich nur als Anspruch äußern kann[34]). Der Gegensatz von redlichem, unredlichem unrechtfertigen Besitz, von dem im § 163 näher zu handeln sein wird, gehört nicht dem Recht des Besitzes, sondern dem Recht zum Besitze an. Er ist deshalb erst später zu besprechen.

Die viel umstrittene Unterscheidung, die das römische Recht zwischen civilis und naturalis possessio machte, ist nicht in das preußische Recht übergegangen, obschon Svarez der Meinung war, daß der vollständige und unvollständige Besitz diesem Gegensatz entspreche[35]).

An einzelnen Stellen finden sich ferner im A.L.R. und in der A.G.O. noch andere auf Eintheilungen deutende Ausdrücke „wirklicher Besitz", „Naturalbesitz", „eingetragener Besitz"; der erste drückt in der Regel den Gegensatz zum bloßen Gewahrsam oder zu der noch nicht thatsächlich gewordenen Beherrschung der Sache[36]), der zweite den Gegensatz zum Besitzrecht ohne Gewahrsam[37]) aus, und der letztere bezieht sich auf den in die Grundbücher eingetragenen Besitz[38]), an dessen Stelle jetzt das eingetragene Eigenthum

---

Superfiziar, den Sequester. Gegen die Annahme eines abgeleiteten Besitzes haben sich Kierulff (I. 352), Böcking (Pand. I. S. 451 f.), Lenz (S. 104) und Andere erklärt. Eine ausführliche Erörterung mit dem Ergebniß, daß es sich im römischen Recht um positive Satzungen handelt, für welche ein einheitliches Prinzip nicht aufgefunden werden kann, giebt Meischeider § 3. Bei Ihering und Dernburg fallen die dem abgeleiteten Besitz zugewiesenen Fälle unter den Begriff des juristischen Besitzes.

32) Savigny S. 282. 283.

33) Vgl. § 160 Anm. 14.

34) I. 7 § 124. Entsch. B. 48 S. 47 f. Ebenso erkennt nach dem, was in Anm. 28a gesagt ist, der Entwurf des B.G.B. den „mittelbaren" Besitz dessen an, dem die Sache vom Nießbraucher, Pächter, Miether u. s. w. herauszugeben ist.

35) Mat. 113. 118. 175. Der Sache nach schon bei Berger, Oecon. jur. II. cap. 1 nr. 2.

36) Wirklicher Besitz: I. 7 § 43 (Gegensatz vom Gewahrsam). I. 7 § 54, I. 9 § 646 (der thatsächlich ergriffene Besitz). Ebenso I. 21 § 2. I. 15 § 11 (Gegensatz zum Inhaber). I. 17 § 73 (der Gegensatz zum dinglichen Anspruch auf die Sache). I. 18 § 18 (in gleichem Sinne). A.G.O. I. 14 § 8 (Entsetzung aus dem wirklichen Besitze). Ueberall hat das Wort wirklich die Bedeutung des Thatsächlichen, Realen, im Gegensatz zum Gedachten, Symbolischen, Fingirten. So auch, wo von wirklicher Uebergabe die Rede ist, I. 10 § 1. Heydemann S. 353 Note 672.

37) Naturalbesitz und Naturalgewahrsam (letzteres nur ein Pleonasmus); I. 12 § 453, I. 20 §§ 105. 107. 109. 275. Naturalübergabe so viel als körperliche: I. 11 § 475, I. 20 § 276. Heydemann S. 328 Note 614.

38) Eingetragener Besitz I. 10 §§ 7. 9. 11, II. 17 § 27. In § 86 ist dafür „bürgerlicher Besitz" gesagt. Heydemann das. Der Ausdruck Civilbesitzer kommt im Gesetzbuch nicht vor, wurde aber von der Praxis häufig für den eingetragenen Eigenthümer gebraucht. Koch S. 53. 54.

getreten ist[39]). Daß im gemeinen Leben das Wort Besitz oft zur Bezeichnung von Eigenthum oder Vermögen gebraucht wird, würde nicht besonderer Erwähnung bedürfen; aber auch das A.L.R. hat sich von diesem Sprachgebrauch nicht freigehalten[40]). „Titulirter Besitz" ist derjenige, der auf einem giltigen besonderen Rechtsgrunde beruht[41]). Der oft gebrauchte Ausdruck „juristischer Besitz" ist nicht technisch[42]); er wird in verschiedener Bedeutung angewendet. Bald bezeichnet man damit den vollständigen titulirten (usucapionsfähigen) Besitz, bald das ohne Gewahrsam fortdauernde Besitzrecht, und in den gemeinrechtlichen Schriften auch den Besitz mit rechtlichen Folgen, also im Gegensatz zu der detentio.

Endlich ist daran zu erinnern, daß die gemeinrechtliche Doktrin als fingirten Besitz Fälle bezeichnet, wo die Gesetze Jemanden als Besitzer behandeln, obgleich er es in Wirklichkeit nicht ist und nicht sein will, die prozessualischen Fiktionen für die Stellung dessen: qui dolo desiit possidere und qui liti se obtulit. Das Landrecht berücksichtigt diese Fälle, ohne jedoch einen Besitz zu fingiren[43]).

Es bleibt im Hinblick auf das geltende Reichsrecht noch zu erörtern, welchen Charakter der in der Civilprozeßordnung geordnete „Besitz" des Gerichtsvollziehers hat. Handelt es sich um einen Zwang, der zur Uebergabe einer Sache nöthigen soll, so hat der Gerichtsvollzieher dem Schuldner die Sache fortzunehmen und sie dem Gläubiger zu übergeben[44]). Das Gesetz sagt nicht, daß, wie die Pfändung von Geld zur Beitreibung einer Geldforderung als Zahlung gilt[45]), schon die Wegnahme der Sache durch den Gerichtsvollzieher den Verpflichteten befreit. Doch wird man berechtigt sein, in entsprechender Anwendung der betreffenden Vorschrift den formell legitimirten Gerichtsvollzieher als Vertreter des Gläubigers anzusehen, gleichviel

---

39) Ges. betr. den Eigenthumserwerb vom 5. Mai 1872 §§ 1. 5.

40) Vergl. I. 12 §§ 41. 42. 452. 453. 454, I. 18 § 681, I. 19 §§ 7. 8, I. 20 § 404. Ueber einen gleichen Sprachgebrauch bei den Römern s. Savigny S. 104. Seitz bei Grünhut B. 6 S. 398 ff. geht sogar soweit, anzunehmen, daß die Römer überhaupt unter possessio Eigenthum verstanden haben.

41) I. 7 §§ 8. 135. Der vollständige titulirte Besitz entspricht dem Usukapionsbesitz bei den Römern. Mater. S. 11 § 16, S. 49 § 468 („rechtsförmlicher Besitzer"; dieser Ausdruck war nicht ungeschickt gewählt, konnte aber nicht durch „rechtmäßiger" ersetzt werden, wie Svarez vorschlug). Mater. S. 117. 119 oben S. 211 § 7 S. 349 § 8.

42) Das A.L.R. kennt ihn nicht, er kommt nur bei den Schriftstellern und in der Praxis vor.

43) I. 15 §§ 12—15. Das A.L.R. betrachtet den falschen Besitzer (qui lite se obtulit) und den dolosen Veräußerer (qui dolo desiit possidere) nicht als fingirte Besitzer, sie haften dem Vindikationskläger nicht für Herausgabe der Sache, sondern für das Interesse. Hiernach ist auch der Satz dolus pro possessione est (l. 131. 157 § 1 de R. J.) im preuß. R. nicht anerkannt. Vergl. l. 25. 26. 27 pr. D. VI. 1, l. 45 D. V. 3, l. 27 § 3 D. VI. 1, l. 20 § 6, l. 25 § 2 D. V. 3. Koch, Bes. S. 103 f.

44) C.P.O. § 769. Wenn man dieser Auslegung beipflichtet, so bleibt anzuerkennen, daß die Ausdrucksweise der C.P.O. eine ungenaue ist. Der bloße Wortlaut der Bestimmung scheint dahin zu führen, daß erst durch den Gesammtakt der Wegnahme und Uebergabe die Befreiung des Schuldners eintritt.

45) C.P.O. § 716.

ob er wirklich zur Zwangsvollstreckung beauftragt war oder nicht[46]. Das Innehaben des Gerichtsvollziehers bis zu der ungenau im Gesetz als Uebergabe bezeichneten Ablieferung an den Gläubiger ist hiernach ein Innehaben für den Gläubiger. Sehr zweifelhaft ist die Bedeutung des Besitzes, den der Gerichtsvollzieher bei der Pfändung körperlicher Sachen erlangt[47]. Ein eigentlicher Besitz im Sinne des Landrechts ist es gewiß nicht. Daß es auch kein Innehaben in Vertretung des Gläubigers ist, daß also nicht dieser durch den Gerichtsvollzieher besitzt, ist bereits anderweit erörtert[48]. Was hier Besitz genannt ist, läßt sich nur als ein der Sequestration ähnlicher obrigkeitlicher Gewahrsam auffassen, ein Innehaben im Interesse des Gläubigers und Schuldners, durch welches der Besitz des letzteren nicht aufgehoben oder unterbrochen wird.

## § 158. Das Subjekt des Besitzes.

I. Das römische Recht verlangt zum Besitz die allgemeine Fähigkeit des Besitzers, Vermögen für sich zu haben; gewaltunterworfene Personen, Hauskinder (und Sklaven) konnten nur detiniren[1]. Das steht im heutigen Recht anders: Hauskinder sind nicht rechtsunfähig[2], folglich auch nicht besitzunfähig. Aber da zum Besitzerwerb eine Aeußerung des Willens gehört, so fragt sich weiter, ob Personen, die handlungsunfähig sind, Besitz erwerben können: Kinder, Unmündige, Wahnsinnige. Nach römischem Recht ist der Beitritt des Vormundes zum Besitzerwerb nöthig, gerade weil sie affectionem tenendi non habent[3]. Es soll also der Vormund den dem Bevormundeten fehlenden Besitzwillen ergänzen. Aber es ist dem praktischen Sinn der Römer nicht entgangen, daß der Wille zu besitzen sich früher entwickelt und geringe Gefahr in sich schließt; sie haben daher den Pupillen gestattet, Besitz zu erwerben, si ejus aetatis sint, ut intellectum habeant, wenn sie wissen können, was sie wollen[4]. Das ist eine im einzelnen Fall zu beantwortende,

---

[46] Dies folgt aus C.P.O. §§ 675. 676 und der hier ausgesprochenen Ermächtigung, Zahlung oder „sonstige Leistungen" in Empfang zu nehmen.

[47] C.P.O. § 712.

[48] Vgl. B. II. § 141 Anm. 17. 33. Auch vom Standpunkt des Plenarbeschlusses des Reichsgerichts aus kann, wie a. a. O. bereits erwähnt, der Besitz des Gerichtsvollziehers nicht als ein in Stellvertretung des Gläubigers ausgeübter Besitz aufgefaßt werden. S. auch unten § 161 Anm. 50.

[1] l. 24, l. 30 § 3, l. 49 § 1 D. XLI. 2, l. 23. 118 de R. J. Savigny § 9 S. 126f. Der Satz galt nicht in Betreff des peculium castrense, l. 4 § 1 D. XLI. 3, im späteren Recht überhaupt nicht mehr vom peculium adventitium; so daß es heute nur eine Erwerbsunfähigkeit aus dem Vermögen des Vaters giebt. § 1 J. II. 9.

[2] Oben B. I. § 19 zu 3 § 26. — A.L.R. II. 2 §§ 123. 124. 125. Rechtsunfähig und daher auch besitzunfähig sind aber Mönche und Nonnen nach abgelegtem Gelübde. A.L.R. II. 11 § 1200. Vgl. c. 6 X. III. 5. Sie werden regelmäßig den Gewahrsam für die Korporation üben, der sie angehören.

[3] l. 1 § 3 D. XLI. 2.

[4] l. 1 § 3 D. XLI. 3. Vergl. hierzu l. 3. 13. 32 § 2 eod. l. 3 C. VII. 32. Denzinger im Arch. f. civ. Pr. B. 31 S. 268f. 425f. Puchta, Kl. Schr. Nr. 19. Lenz S. 159, welcher die l. 1 § 3 auch auf Kinder unter 7 Jahren für anwendbar hält, si intellectum

faktische Frage. Das A.L.R. läßt Kinder und Geisteskranke nicht Besitz erwerben, es kann aber bei Geschenken nicht nur ihr gesetzlicher Vertreter, sondern jeder Dritte ihren fehlenden Willen ergänzen und für sie auch den Besitz ergreifen[5]). Da Unmündige insoweit für willensfähig erachtet werden, als sie durch ihre Handlungen Vortheile erlangen wollen, so können sie auch Besitz erwerben[6]).

II. Die Ausschließlichkeit, welche im Wesen des Besitzes liegt, macht den gleichzeitigen Besitz Mehrerer in der Art, daß jeder die Sache ganz besitzt, unmöglich. Plures eandem rem in solidum possidere non possunt[7]). Aber wie schon die römischen Juristen sich die Frage aufgeworfen haben, ob nicht neben der justa possessio des Einen die injusta possessio des Andern an demselben Objekt, ob nicht der Besitz des Eigenthümers neben dem des Prekaristen fortdauere, endlich ob nicht neben der naturalis die civilis possessio möglich sei[8]), so ist nach A.L.R. zweifellos, daß jedenfalls neben dem unvollständigen Besitz der vollständige an der Sache bestehen bleibt[9]). In der That aber ist diese Erscheinung nicht geeignet, jenen Satz einzuschränken, denn was bei dem justus possessor, bei dem rogatus, bei dem civilis possessor, bei dem vollständigen Besitzer zurückbleibt, ist zwar nicht der Gewahrsam, den vielmehr der injustus, der naturalis possessor, der precario rogans und der unvollständige Besitzer ausschließlich erlangt haben, sondern das Klagerecht, die Möglichkeit, den Besitz wieder zu erlangen und damit ihren Besitzwillen wieder im Objekt zu verwirklichen[10]). Der bei dem vollständigen Be-

---

habeant. Meischeider S. 201 f. — Vgl. den bei der Umgestaltung dieser Materie durch die 2. Kommission gestrichenen § 800 des Entwurf I. des B.G.B. Nach der jetzigen Gestalt der Vorlage genießt auch die für den Handlungsunfähigen begründete thatsächliche Gewalt über die Sache Besitzschutz.

5) I. 4 § 20, I. 11 § 1060 (oben B. II. § 122 bei Anm. 43). I. 7 §§ 44. „So weit jemand seinen Willen zu erklären unfähig ist, so weit kann er durch sich selbst keinen Besitz erlangen." — Aus I. 4 § 20 folgt, daß Kinder unter 7 Jahren immer unfähig sind, Besitz zu erwerben, selbst wenn sie in ihrer Willensfähigkeit vorgeschritten wären. Mat. S. 10. 11. Nach S. 132 fehlte der jetzige § 44 im ersten Entwurf zwischen §§ 36. 37 S. 205. 230. 231. 233. 256 und S. 48. Vgl. hierüber noch Bornemann I. 244 f. und Kühne in der jurist. Wochenschr. 1844, S. 181 f. 197 f. Heydemann S. 349 erklärt das „so weit" aus I. 4 § 21 durch „insofern".

6) I. 4 § 21. Ganz unabhängig davon ist die Frage, ob der Besitz wieder zurück gegeben werden muß, weil die mit dem Besitzerwerb korrespondirende Pflicht nicht wirksam übernommen ist.

7) l. 5 § 15 D. XIII. 6, l. 3 § 5 D. XLI. 2. Savigny § 11 S. 170 ff. Koch S. 116. Randa S. 153 f. A.L.R. I. 7 § 1 „mit Ausschließung Anderer" ist ein Moment im Begriff des Besitzes. Im Pfandrecht wird auf die Frage zurückzukommen sein, ob es möglich ist, daß mehrere Personen dieselbe Sache durch denselben Stellvertreter als Faustpfand in Besitz nehmen. Bei der Anschlußpfändung kommt diese Frage nicht in Betracht, da der Gerichtsvollzieher nicht als Stellvertreter des Gläubigers, sondern Kraft seines Amtes in Besitz nimmt und dem Gläubiger, für den gepfändet ist, Pfandbesitz nicht zukommt. Vergl. den Schluß des vorigen Paragraphen. Ueber den Fall der Beamtenkaution vergl. § 154 Anm. 52.

8) Ueber diese Kontroverse der röm. Juristen s. Savigny a. a. O. Lenz S. 135 f. Meischeider S. 86. Kniep, Vacuo possessio S. 182.

9) I. 7 §§ 124. 169. Koch S. 117.

10) Mit Recht sagt Lenz S. 136 Note 1: „Das Nähere gehört in die Interdiktenlehre." Vgl. v. d. Hagen, über den nach l. 15 § 4 de prec. stattfindenden Besitz des pre-

sitzer zurückgebliebene Wille, die Sache als eigen zu besitzen, wird durch den Willen des unvollständigen Besitzers nicht aufgehoben, kollidirt nicht mit ihm, sondern kann neben ihm bestehen. Den Gewahrsam setzt der unvollständige Besitzer, obschon er aus eigenem Recht und für sich, zum eigenen Besten besitzt, doch insoweit für den vollständigen Besitzer fort, als er die Sache nicht als seine eigene, sondern als eine fremde inne hat; und insofern ist er der Stellvertreter des vollständigen Besitzers, der dadurch auch in der Rechtslage bleibt, durch Ersitzung das Eigenthum zu erwerben[11]).

Der an der Spitze gestellte Grundsatz von der Unvereinbarkeit des gleichartigen Besitzes Mehrerer, wird auch nicht dadurch beeinträchtigt, daß das Recht Formen der Uebergabe kennt, die eine Kollision möglich erscheinen lassen, indem dieselbe Sache gleichzeitig in verschiedener Weise Mehreren übergeben werden kann, dem Einen körperlich, dem Andern symbolisch oder Beiden symbolisch[12]). Aber im ersten Fall verschafft nur die körperliche Uebergabe den Besitz, die symbolische ist bedeutungslos, in dem zweiten Fall besitzt derjenige, der nachmals die Sache wirklich körperlich ergriffen hat[13]).

III. Trotzdem ist ein Mitbesitz Mehrerer an derselben Sache denkbar: (compossessio pro indiviso)[14]). Die Sache bleibt hier ungetheilt, aber jeder legt seinen Besitzwillen nur soweit in die Sache, als ihm durch den gleichen Besitzwillen des Andern noch Raum frei gelassen, keiner ergreift mit seinem Willen die ganze Sache für sich allein; vielmehr geht der Wille eines jeden dahin, die Besitzvortheile mit den andern gemeinsam zu haben[15]). Der thatsächliche Gewahrsam kann hierbei, wenn die verschiedenen Mitbesitzer dieselbe Möglichkeit der unmittelbaren Einwirkung auf die Sache haben, von allen oder auch nur von dem einen oder andern geübt werden, wenn dieser nach seinem und des Mitbesitzers Willen den Gewahrsam zugleich für diesen ausüben soll. Das Besitzrecht jedes Einzelnen ist beschränkt durch das des Andern, ohne daß die Sache in Theile zerlegt ist. Und weil zum Wollen auch das Wissen, das klare Bewußtsein, wie weit man einwirken darf, gehört, so ist ein ideeller Mitbesitz nur dann möglich, wenn Jeder weiß, daß

---

cario rogans und des rogatus. 1840 und Rudorff, Zusätze zu Sav. Nr. 49 S. 627 fg. Randa S. 154.

[11]) Er kann für den Eigenthümer nicht Besitz erwerben (unten § 160 bei Note 119), und dieser durch ihn den Besitz nicht verlieren (unten § 161 bei Note 82 fg. und A.L.R. I. 7 § 103).

[12]) Oder durch Willenserklärung. Strieth. B. 48 S. 21.

[13]) I. 7 §§ 74—76. Koch S. 118 f. Lenz, Studien und Kritiken S. 205 ff. Gruchot B. 4 S. 491 f. Heydemann S. 359. Die symbolische Uebergabe ist eben keine Art des Besitzerwerbes, wenn die eigene Apprehension fehlt (s. unten § 160 Note 62). Goßler (Mater. S. 242 a. E.) monirt mit Recht: „Das Symbolum wird ein Nichts, wenn die Wahrheit fehlt, und für denjenigen, welcher eine Sache wirklich in seiner Gewahrsam hat, spricht die That selbst."

[14]) I. 7 §§ 24 ff. Koch S. 125. Sav. § 11 S. 170. 171. Windscheid § 152 unter 3, Baron, Gesammtrechtsverhältnisse S. 85 fg. Randa S. 155 f., bes. S. 165 f. l. 26 D. XLI. 2. — Vgl. Entwurf des B.G.B. I. §§ 799. 817, II. § 788, Reichstagsvorlage § 851.

[15]) Strieth. B. 4 S. 225. Vgl. auch R.G. Entsch. B. 13 S. 179.

er durch den Antheil der Anderen beschränkt wird[16]). Der Besitz verschiedener Personen an einzelnen Theilen einer zerstückten Sache (compossessio pro diviso) ist nicht Mitbesitz, denn jeder besitzt seine besondere Sache, und auf die übrigen bezieht sich sein Besitz nicht[17]). Auch das A.L.R. kennt einen gemeinschaftlichen Besitz im Sinne eines Mitbesitzes an einer als gemeinschaftlich angesehenen Sache[18]), also einen Mitbesitz Mehrerer nach Antheilen an der Sache oder an einer die Sache in sich schließenden Sachgesammtheit[19]). Ist der Umfang der Antheile nicht ausdrücklich geregelt, so wird die Gleichheit der Antheile vermuthet[20]). Der Genuß der Erträgnisse des Besitzes ist zu theilen; hierauf geht der Besitzwille der Mitbesitzer. Aber Verfügungen über den Besitz der gemeinschaftlichen Sache können die Besitzer nur in Gemeinschaft vornehmen[21]). Auch der Gewahrsam muß ein gemeinschaftlicher sein. Nur wo dies nicht möglich, soll der, welchem der größte Antheil gebührt, oder bei durchweg gleichen Antheilen, der, welcher die bessere Sicherheit bieten kann, sonst der durch das Loos bestimmte Mitbesitzer die Sache verwahren[22]).

---

16) l. 32 § 2 D. XLI. 3. Lenz S. 117. Rudorff zu Puchta, 5. A. B. 1 S. 486f. und zu Sav. Zus. 79 S. 650. Es ist gemeinrechtlich streitig, ob das Bewußtsein eines bestimmten Antheils nöthig ist, oder ob genügt, daß man weiß, daß man mit bestimmten Anderen zusammen die Sache besitzt. Vgl. Windscheid § 152 N. 12. Böcking S. 459 N. 11*. Vgl. auch l. 26 D. eod. Böcking S. 459 N. 11. Meischeider S. 218. Ein Besitz an einem Antheil ohne wirklichen Mitbesitz Anderer (Windscheid § 152 Anm. 9) ist mit Steinlechner (Das Wesen der juris communio II. 17) als unmöglich abzulehnen. Vgl. unten § 160 Anm. 26.

17) Ein Besitz pro partibus divisis ist nur bei Grundstücken (pro regionibus) denkbar, und auch hier kann nur uneigentlich davon gesprochen werden, weil jede certa regio ein Grundstück für sich ist. Bei Häusern und beweglichen Sachen ist nach gemeinem Recht ein Mitbesitz pro diviso undenkbar. Stockwerke oder einzelne Zimmer sind ebenso wenig selbständige Sachen, wie das Haus getrennt vom Grund und Boden. l. 8 D. VI. 1. Sav. § 22 S. 260. Oblig.R. I. S. 317. Lenz S. 138. Randa S. 156. 157f. A. M. Meischeider S. 222. Nach preußischem Recht ist z. B. beim Miethen eines Zimmers ein unvollständiger Besitz daran anzuerkennen. Hierüber sowie bezüglich der Frage, ob ein besonderer Besitz an den trennbaren natürlichen Erzeugnissen des Grundes und Bodens möglich ist, s. unten § 160 Anm. 27—32. Der Entwurf des B.G.B. I. § 816, II. § 787, Reichstagsvorl. § 850 erkennt einen Besitz auch an Theilen einer Sache, insbesondere an abgesonderten Wohnräumen oder anderen Räumen an.

18) I. 7 §§ 24. 25. 88. 89.

19) Ueber Redlichkeit und Unredlichkeit des Mitbesitzes vgl. § 163 bei Anm. 27f.

20) Arg. I. 17 § 2. Dadurch ist der in der l. 32 § 2 D. XLI. 3 ausgesprochene Grundsatz klar gestellt. Daß zu völlig unbestimmten Theilen auch nach preußischem Recht ein Mitbesitz nicht stattfindet, ist vom Obertribunal (Entsch. B. 66 S. 90. Rehbein I. S. 632) anerkannt. Aber auch derjenige Mitbesitzer kennt die Grenzen seines Mitbesitzes zur Genüge, der weiß, daß er über einen bestimmten Antheil an der Sache überhaupt nicht und über das Ganze nur in Gemeinschaft mit seinen Mitbesitzern verfügen kann, z. B. der Miterbe, der in Gemeinschaft mit seinen Miterben eine Sache als Nachlaßsache in Besitz genommen hat, und dem vor der Theilung des Nachlasses ein bestimmter Antheil an der Sache nicht zugeschrieben werden kann, die Sozien einer Sozietät, für die Besitz erworben ist, und von denen ebenfalls der Einzelne nicht über eine Quote, die vielmehr nur alle gemeinsam über das Ganze disponiren können. Vgl. Göppert, Beiträge z. Lehre v. Miteigenthum, S. 99, auch Silberschlag in der pr. Anw.Z. 1865, S. 817f. und Dernburg § 150 Anm. 11; siehe auch § 160 bei Anm. 26.

21) I. 17 § 10.

22) I. 17 §§ 25—28.

IV. Juristische Personen, Korporationen, Stiftungen sind besitzfähig[23]). Ihr Besitz ist nicht Mitbesitz: die ideale Personeneinheit besitzt allein, der ihr fehlende Besitzwille wird von ihren Organen ergänzt. Wie später zu zeigen sein wird[24]), hat das A.L.R. den Mitbesitz und den Korporationsbesitz nicht scharf aus einander gehalten, was seine Erklärung theils darin findet, daß sich im deutschen Recht das Verhältniß der juristischen Einheit zu den durch diese Einheit verbundenen mehreren Personen sehr mannigfach gestaltet hat, theils in der wiederholt hervortretenden Annahme der Redaktoren, daß bei allen Gemeinschaften, also auch bei der durch den Mitbesitz an einer von Natur untheilbaren Sache eine Einheit unter den Mitbesitzern entstehe[25]).

## § 159. Der Gegenstand des Besitzes.

Das preußische Recht sieht sowohl Sachen wie Rechte als Gegenstände des Besitzes an. Auf Sachen in dem engeren Sinne, räumlich begrenzte, d. h. Körper, bewegliche und unbewegliche[1]), beschränkte das römische Recht den Besitz als nur an ihnen möglich, mit dem weiteren Verlangen, daß die Sache fähig sein muß, besessen zu werden, d. h. daß sie nicht dem Rechtsverkehr entzogen ist[2]). Das preußische Recht schweigt hierüber, aber auch hier ist die gleiche Regel anzunehmen. Sachen, die von Natur dem Verkehr unzugänglich sind, weil sich an ihnen eine ausschließliche Benutzung durch Einzelne nicht denken läßt[3]), scheiden von selbst aus. Ist ferner gesetzlich

---

[23]) Und zwar utilitatis causa. l. 1 § 22, l. 2 D. LXI. 2. Savigny S. 317. Koch S. 70. 159.

[24]) Unten § 163 insbesondere bei Anm. 33f.

[25]) Heydemann S. 342 Note 642, wo die Ansichten von Goßler und Svarez mitgetheilt sind. S. auch Mater. S. 221. Gruchot B. 4. 338.

[1]) l. 3 pr. D. XLI. 2, l. 4 § 27 D. XLI. 3. Savigny S. 191. Pomponius in der l. 30 pr. D. XLI. 3 unterscheidet drei Arten von Körpern: corpus unitum, ut homo, lignum, lapis, corpus connexum, ut aedificium, navis, armarium, corpora uni nomini subjecta, veluti populus, grex, legio. Bei einem Inbegriff ist nicht dieser als Ganzes, sondern die einzelnen Stücke sind die Gegenstände des Besitzes. l. 30 § 2 D. XLI. 3. S. dazu Windscheid I. § 137, § 152 Anm. 2, und dagegen Baron, Gesammtrechtsverhältnisse S. 41ff. Ueber die verschiedenen Arten von Mobilien, die interessante Erörterung von Lenz S. 120ff. und über den besonderen Besitz von Bestandtheilen einer beweglichen Sache oder anders als nach der Grundstücksfläche getheilten Bestandtheilen von Grundstücken vgl. § 160 Anm. 21. Wie weit ein Theil der Erdoberfläche abgegrenzt, als selbständiges Grundstück, besessen wird, beruht nur in der Absicht des Besitzers: si fundi animo eum habuimus in der l. 60 pr. de V. S. Lenz S. 130f.

[2]) l. 23 §§ 1. 3 D. XLI. 2, l. 15 D. XLI. 3. Ausgeschlossen waren also res divini juris (l. 30 § 1 D. XLI. 2), res publicae, omnium communes (l. 3 § 17, l. 30 § 3 eod.). Nach Entwurf des B.G.B. § 798 ist Besitz einer Sache nur soweit möglich, wie Eigenthum daran möglich ist.

[3]) Oben B. I. § 21 unter 5. Luft, fließendes Wasser, Meer l. 2 D. I. 8. Seuffert VII. 144. Aber der Besitz eines Grundstücks erstreckt sich auf die darüber befindlichen Lufträume, und stehendes, gefrorenes oder gestautes Wasser kann Gegenstand des Besitzes sein. Randa S. 98. Vgl. unten § 168. Fischerei im Meere ist nicht Gegenstand des Besitzes. Entsch. B. 53 S. 14f.

der Besitz gewisser Gegenstände überhaupt oder außerhalb eines bestimmten Personenkreises für unzulässig erklärt, so kann darüber hinaus ein Besitzschutz nicht statt finden[3a]). Dagegen sind Sachen, die nur durch das positive Recht (Gesetz) dem Gemeingebrauch bestimmt und deshalb dem Verkehr entzogen sind, oder bei denen die Verkehrsentziehung auf bloßer Privatverfügung beruht, sehr wohl möglicher Gegenstand eines Besitzes[4]).

Wichtiger ist die Erörterung, welche Rechte besessen werden können[5]). Die Bestimmungen des A.L.R. müssen aus dem damaligen gemeinen Recht, welches sich vom römischen Recht erheblich entfernt hatte, erklärt werden. Das A.L.R. stellt den Besitz an Rechten ganz parallel dem Sachenbesitz; der körperlichen Einwirkung auf die Sache entspricht hier die Ausübung des Rechts, und die Richtung des Willens bestimmt, ob man nur Inhaber oder

---

[3a]) Es muß nur wirklich der Besitz verboten sein. Wer verschossene Eisenmunition gegen K.O. vom 23. Juli 1833 an den Schießplätzen oder in deren Umgebung sich aneignet, delinquirt, — aber an anderen Orten befindliche und noch nicht gebrauchte Munition unterliegt der Vorschrift nicht. Der Gegenstand schließt also den Besitz nicht aus. Wer solche Munition an sich bringt, wird also je nach den Umständen ein unredlicher oder redlicher Besitzer.

[4]) Vgl. Koch, Bes. S. 107. Förster führte dagegen aus: „Abgesehen von den Fällen, wo das Gesetz den Besitz bestimmter Sachen den Privatpersonen verbietet — — so kann auch bei solchen Sachen ein Gewahrsam im technischen Sinn, ein Innehaben für einen Andern, nicht gedacht werden. Ein Innehaben für sich selbst (Besitz) ist aber gewiß unzulässig. Man kann sich dafür auf § 581 I. 9 berufen. Vorausgesetzt wird freilich, daß die Verkehrsentziehung erkennbar ist. Vergl. z. B. Entsch. B. 51 S. 105 oben." Wie B. I. § 21 Anm. 21. 22 ausgeführt, finden sich alle hier in Rede stehenden Gegenstände im Eigenthum des Staats, der Gemeinde, der Kirchen, und diesen muß jedenfalls auch Besitz zugeschrieben werden. Ausgeschlossen ist nur, die Gegenstände dem Gemeingebrauch oder dem Gebrauch im Dienst der Religion zu entziehen. Darauf beruht dann weiter der Ausschluß der Ersitzung. § 581 I. 9. Zulässig sind Rechte an den fraglichen Sachen, welche den Gemeingebrauch nicht ausschließen. Daher findet auch der Besitz an Grundgerechtigkeiten, welche eine öffentliche Sache zum Gegenstand haben, Schutz (R.G. bei Gruchot B. 24 S. 96). Im Uebrigen kann über die Qualität der Sache als einer öffentlichen Streit bestehen; ausgehend hiervon hat schon die gemeinrechtliche Praxis (Seuffert IX. 159) Besitzschutz eines Anderen als des Staats, der Gemeinde oder Kirche zugelassen. In der That muß für diesen Schutz genügen, daß die Sache nach ihrer natürlichen Beschaffenheit Gegenstand des Eigenthums sein kann.

[5]) Savigny S. 190 § 12, S. 472f. §§ 44—47. Duncker in der Zeitschr. f. deutsches Recht B. 2 S. 26ff. Bruns S. 77. 86. 119. 128. 185—219. 328. 475. Randa S. 235fg. — Koch S. 107f. Heydemann I. 329fg. und die Aufsätze von Baron und Korte bei Gruchot B. 5 S. 79 und 101. Gruchot B. 5 S. 291. Gegen den Rechtsbesitz überhaupt Windscheid § 163. „Der Ausdruck ist wenig entsprechend; man sagt, ein Recht werde besessen und meint damit, daß derjenige Willensinhalt, welcher, rechtlich anerkannt, dieses Recht ausmachen würde, thatsächliche Geltung habe." Der Entwurf des B.G.B. kennt im Allgemeinen keinen Besitz an Rechten, bei der Ausübung von Rechten, die mit der Innehabung von Sachen verbunden ist, findet der Schutz des Sachbesitzes statt; nur bei eingetragenen Grunddienstbarkeiten wird dem Besitzer des herrschenden Grundstücks Besitzschutz gewährt, ebenso bei eingetragenen beschränkten persönlichen Dienstbarkeiten dem als Berechtigten Eingetragenen, jedoch nur soweit die Ausübung innerhalb eines Jahres vor der Störung dargethan wird, Entw. I. §§ 979. 1049, II. §§ 939. 999, Reichstagsvorlage §§ 1013. 1073. Außerdem formulirt das Einführungsgesetz bis zur Anlegung der Grundbücher einen begrenzten Besitzschutz der durch Anlagen kenntlichen Grundgerechtigkeit. Darüber hinaus sind gewisse landesrechtliche Ermächtigungen im Einführungsgesetz ausgesprochen.

unvollständiger oder vollständiger Besitzer des Rechts ist[6]). Der Begriff des Gewahrsams ist nicht anwendbar[7]). Ein Rechtsbesitz ist auch steter Begleiter des unvollständigen Sachenbesitzes: „Der unvollständige Besitzer der Sache ist vollständiger Besitzer des Rechts „dessen er darüber sich anmaßt““, d. h. das er an der Sache ausübt[8]).

Im römischen Recht ist eine Erweiterung des Besitzes über den Kreis der besitzbaren Sache, eine juris oder quasi possessio nur zugelassen bei der Servitut, der Emphyteusis und Superfizies[9]). Dies wird auch noch von den Glossatoren festgehalten[10]). Aber es sind zunächst im kanonischen Recht, durch die kirchlichen Verhältnisse hervorgerufen, bedeutend erweiterte Anwendungen des Rechtsbesitzes ausgebildet, bei denen zum Theil eine Beziehung auf eine Sache nicht mehr vorhanden war, zum Theil nur ein Zusammenhang mit einem bestimmten Bezirk, einer Ortschaft bestand. Aus dem deutschen Rechte sind sodann Fälle des Besitzes von Rechten hinzugefügt, die dem römischen Recht fremd waren und bei denen wieder eine unmittelbare Beziehung auf Grundstücke hervortritt. Durch die Untersuchungen von Duncker und Bruns ist diese Entwickelung dogmengeschichtlich aufgeklärt. Gegenstände des Besitzes waren hiernach geworden: die kirchlichen Hoheitsrechte, die kirchlichen Aemter und Würden, die damit verknüpften Benefizien und Pfründen, die Patronats- und kirchlichen Präsentationsrechte, selbst persönliche Zustandsrechte, die Regalien und Zehnten[11]). Die Verschiedenheit dieser Fälle zeigt, daß das kanonische Recht bei allen Rechten Besitz annahm, die eine fortdauernde Ausübung und damit auch eine Störung und Entsetzung der Ausübung möglich erscheinen lassen, ohne daß ein sachliches Element als Unterlage erfordert wurde. Aus dem deutschen Recht kam hinzu der Besitz an solchen Rechten, die auf Grund und Boden radizirt waren, bei denen eine Gewere am Gute angenommen wurde: das Erbzinsrecht und das Lehn. In allmählicher Erweiterung wurden alle diejenigen Rechte, welche Gegenstand einer Verleihung waren, Gegenstände des Besitzes: das Herzogthum, die Grafschaft, die Gerichtsbarkeit, die Regalien und Zölle und an

---

6) I. 7 §§ 4. 5.

7) Mater. 202. 205. Studien S. 604.

8) I. 7 § 9. Studien 605. Mater. 213.

9) l. 4 § 27 D. XLI. 3 quia nec possideri intelligitur jus incorporale. Der Rechtsbesitz war den Römern nur ein uneigentlicher Besitz, eine quasi possessio. Savigny S. 192. Puchta im Rechtslexikon B. 2 S. 66f. Bruns, Bes. im Mittelalter, S. 77.

10) Bruns a. a. O. S. 119fg. Rogerius: incorporalia proprie possideri non possunt, sed quasi possessio ex juris civilis interpretatione in his recepta est. Akkursius: Incorporalia, ut servitutes, improprie quis dicitur possidere, et magis improprie creditor jus quod habet in debito, impropriissime, cum ipse debitor dicitur hoc jus possidere. Doch zeigen sich schon einzelne Einwirkungen der Auffassung des kanonischen Rechts, z. B. bei Pillius Besitzschutz für Pachtzinsen. Bruns 121f.

11) S. bes. Bruns a. a. O. S. 185f., 237f., wo zahlreiche Quellenbelege beigebracht sind. Mit Recht bemerkt er S. 329 Note 1 gegen Duncker, daß die Auffassung des kanon. Rechts nicht aus dem deutschen herzuleiten ist. — Streitig blieb, ob auch das gegenseitige Recht der Ehegatten Gegenstand des Besitzes sei. In den Dekretalen ist dies wiederholt behauptet. Bruns S. 191fg.

den Besitz des Rechts auf Zehnten schloß sich der Besitz des Rechts auf Grundzinsen, auf Dienste, bei denen allen eine Beziehung zu einem bestimmten Gute, mit welchem das Recht dinglich verbunden war, bestand, der Besitz der Reallasten[12]). In dieser Ausdehnung ist nach der Rezeption des römischen Rechts der Rechtsbesitz festgehalten worden, insbesondere war er auch bei den Personenrechten (den jura status) unbestritten, ohne daß in der Praxis oder durch wissenschaftliche Erörterungen eine festere Begrenzung oder eine tiefere Einsicht in das Wesen dieses Besitzes und seines Verhältnisses zum Sachenbesitz gewonnen worden wäre[13]). Ja man kam zuweilen zu geradezu absurden Erstreckungen des Besitzbegriffs[14]). In die Gesetzgebungen des 18. Jahrhunderts aber ging diese Unbestimmtheit über. Auch an „allen unkörperlichen Dingen, ohne Unterschied von realia und personalia“ wurde im bayrischen Landrecht Besitz angenommen und die römische Unterscheidung zwischen possessio und quasi possessio ausdrücklich verworfen[15]).

So ist es erklärlich, daß auch dem A.L.R. eine klare Grenzbestimmung für den Umfang des Besitzes an Rechten fehlt. Daraus hat sich die Kontroverse entwickelt, ob nach dem Landrecht alle Rechte, insbesondere auch die persönlichen, die Obligationen, als Gegenstände des Besitzes gedacht werden können. Die Kontroverse war schon früher vorhanden. Wie als feststehend angenommen wurde, daß die dinglich radizirten Forderungsrechte, die als Ausfluß der Belastung der Grundstücke mit einer Reallast gegen den jeweiligen Eigenthümer des Grundstücks geltend zu machen waren, mit der Reallast-Berechtigung selbst besessen wurden[16]), so zeigte sich die Geneigtheit, wenigstens solche Obligationen als Gegenstände des Besitzes aufzufassen, welche eine von Zeit zu Zeit wiederholte Erfüllung verlangen: quando habet obligatio multiplices praestationes[17]). Der Streit dauerte in der gemeinrechtlichen Praxis fort, ohne wesentlich von der Stelle zu rücken[18]). Erst als man im 19. Jahrhundert tiefer in das Wesen der Rechte und das Verständniß der Quellen vordrang, gewann die Ueberzeugung allgemeine Anerkennung, daß Obligationen nicht besessen werden können. Im heutigen gemeinen Recht wird die Annahme eines solchen Besitzes durchgängig verworfen[19]). Das

12) Bruns S. 328 § 38.
13) Bruns S. 383.
14) Hommel, Rhaps. obs. 489 (Hausarzt). Duncker S. 30.
15) Bruns S. 425. Oesterr. Ges.B. § 311 „unkörperliche Sachen“. Bruns S. 456. Randa S. 235. Doch ist hier die Voraussetzung, daß sie einen Gegenstand des rechtlichen Verkehrs bilden, der Rechtsbesitz beschränkt sich daher auf Vermögensrechte. Code art. 2228. Bruns S. 442.
16) Bruns S. 214. Reallasten, Zehntrechte u. s. w.
17) Bruns S. 242 fg.
18) Bruns S. 408.
19) Bruns S. 420 f. Puchta, Rechtslex. S. 68. Wenn aber auch Obligationen nicht als Gegenstand des Besitzes angesehen werden, so darf doch andererseits der Rechtsbesitz nicht beschränkt werden auf solche Rechte, welche in einer Beziehung zu Grund und Boden stehen. Entscheidend ist vielmehr der Umstand, ob das Recht durch eine oder durch wiederholte Erfüllung sich erschöpft und lösbar ist — dann kann es nicht Besitz-

Landrecht erwähnt Besitz außer bei dinglichen Rechten und Rechten, die mit dem Besitz einer Sache verbunden sind, ausdrücklich bei Regalien, bei Bannrechten, bei Zehnten und beim Patronatrecht[19a]); aber am Eingang des 7. Tit. nennt es unterschiedslos „Rechte" als Gegenstand des Besitzes, und andere Stellen scheinen zu sagen, daß alle Rechte als Gegenstand des Besitzes und Eigenthums angenommen worden[20]). Daneben klassifizirt das Landrecht bei den Bestimmungen über den Erwerb des Besitzes an Rechten diese nach drei Gruppen. Es nennt: affirmative, negative, Untersagungsrechte[21]). Es fragt sich also, ob diese Klassifizirung eine erschöpfende Eintheilung aller besitzbaren Rechte ist, und ob, wenn dies zu bejahen, die Obligationen unter eine dieser Kategorien gebracht werden können, ob sie insbesondere unter die der affirmativen Rechte gehören.

Für erschöpfend ist die Eintheilung zu halten. Es giebt keine besitzbaren Rechte außerhalb dieser Kategorien[22]). Dafür spricht schon, daß es sonst im 7. Titel an einer Bestimmung darüber fehlen würde, wie der Besitz an anderen Rechten erworben werde. Zwar wird auch bei dem Adel[23]), also einem Personenzustandsrecht, einmal von Besitz gesprochen, und es würde schwierig sein, denselben unter eine jener Kategorien zu bringen. In der That aber hat jener einmalige Ausdruck keine praktische Bedeutung. Persönliche Zustände sind überhaupt nicht sowohl Rechte, als vielmehr Voraussetzungen von Rechten[24]).

Das affirmative Recht ist der Anspruch, daß eine Handlung „als fortdauernde Schuldigkeit" geleistet werde. Auch Obligationen sind Rechte

---

objekt sein — oder ob es in der Erfüllung und durch sie dauert, d. h. eine Beendigung nicht in sich selbst trägt — dann kann es Besitzobjekt sein, z. B. die Zwangs- und Bannrechte.

[19a]) II. 14 §§ 26. 35, I. 23 § 6, II. 11 §§ 861. 863 § 576. Entsch. B. 35 S. 388. Rehbein I. 654.

[20]) I. 7 §§ 1—8 §§ 77—79, I. 8 §§ 1. 2, I. 15 §§ 3—5. In I. 2 §§ 1—3 werden auch die Rechte zu den Sachen gerechnet. Vergl. darüber oben B. I. § 20. Heydemann S. 330f.

[21]) I. 7 §§ 80. 81. 86. Heydemann S. 360 „unter dem gemeinsamen Gesichtspunkte der Richtung ihrer Ausübung gegen einen Andern".

[22]) Korte 112fg. Auch Heydemann a. a. O. hält die Eintheilung für vollständig: „sämmtliche hier in Frage kommende Rechte". A. M. Entsch. B. 24 S. 392. Rehbein I. 651. Entsch. B. 48 S. 4. Striethorst B. 47 S. 79.

[23]) A.L.R. II. 9 §§ 18. 19. Das A.L.R. erkennt abgesehen hiervon in folgenden Fällen (s. Korte S. 108fg., Heydemann S. 330f.) Rechte als Besitzobjekte an: der unvollständige Besitzer einer Sache besitzt das Recht zu diesem unvollständigen Besitze vollständig I. 7 §§ 6. 9. Ferner: Faustpfand, I. 20 §§ 71. 104. 116. Die Gebrauchs- und Nutzungsrechte (Nießbrauch I. 21 §§ 1. 2, Erbpacht §§ 187. 188, Kommodat § 229, Pacht und Miethe § 258, Kulturnutzung § 626 das.). „Kapitalien und andere nutzbare Rechte" I. 7 §§ 192. 232, Nachlaß I. 9 §§ 495—498, I. 12 § 242f., I. 17 § 159f., II. 18 § 842, Servituten I. 22 § 14, Gerechtigkeiten I. 23 § 6, Reallasten (Dienste, Zinsen, Zehnten) II. 7 §§ 463. 487. 494. 484, II. 11 §§ 815. 865. 870, Pfründen II. 11 § 115f. Parochie II. 11 § 442, Patronat II. 11 §§ 576. 605, Regalien II. 14 §§ 26. 29. 30. 32. 34, II. 15 § 138, II. 16 § 106, Recht der Steuerfreiheit II. 14 § 80, Gerichtsbarkeit II. 17 §§ 24. 29, II. 11 § 816.

[24]) Randa S. 236. 237. Auch nimmt das A.L.R. einen Besitz an Familienrechten nicht an. A. M. Arndts in der krit. Vierteljahrschr. VIII. 380.

auf eine als Schuld des Verpflichteten anzusehende Leistung[25]). Jener Begriff aber steht offenbar mit dem engeren Begriff von Sache in Zusammenhang. „Dasjenige, was eine Selbständigkeit hat, vermöge deren es der Gegenstand eines dauernden Rechtes sein kann“[26]). Gerade dieses Kriterium fehlt bei der Obligation, auch bei derjenigen, die mehrfache Erfüllungen verlangt. Wie die Obligation sich überhaupt durch die Erfüllung verzehrt, während das besitzbare Recht gerade durch die Erfüllung seine Dauer und die Reichhaltigkeit seines sich nicht erschöpfenden Inhalts zeigen soll, so ist auch bei wiederkehrenden obligatorischen Leistungen jede einzelne Erfüllung die Vernichtung einer Theilobligation: nur der Rechtsgrund bleibt, aber er ist doch nicht in dem Sinne dauernd, daß die Obligation dadurch ein selbständiges besitzbares Rechtsobjekt würde. Im Wesen jeder Obligation liegt, daß sie einer Lösung bedarf[27]), und dies Wesen der Obligation fällt selbst dann nicht weg, wenn die Obligation ihrem Zweck nach länger dauernde, in der Erfüllung sich wiederholende Verpflichtungen erzeugt. Ihre Dauer ist immer nur länger oder kürzer, sie besitzen niemals eine Fortdauer, die ihre Beendigung ausschließt[28]). Eine solche Fortdauer und eine dadurch bewirkte Selbständigkeit des Rechts ist nur da vorhanden, wo entweder die Verpflichtung zu einer Leistung, unabhängig von dem Wechsel in der Person des Verpflichteten, auf eine unbewegliche Sache gelegt und an deren Existenz gebunden ist — wie bei den Reallasten[29]) —, oder, wo das Recht an ein bestimmtes territoriales Gebiet, an einen Bezirk gebunden ist — wie z. B. Zollgerechtigkeiten[30]). Förster nahm auch einen Besitz an eigentlichen Obligationen da an, wo die Person des Verpflichteten ihrem Wesen nach eine fortdauernde Existenz hat, wie Gemeinden und Korporationen und die Verpflichtung so

---

25) Die Handlung des Verpflichteten muß der eigentliche Inhalt des Rechts sein. Entsch. B. 34 S. 81. Strieth. B. 23 S. 163.

26) I. 2 § 3. Oben B. I. § 20.

27) Oben B. I. § 91.

28) Daher sind auch wiederkehrende Forderungen, die erst mit dem Tode des Berechtigten endigen, z. B. Beamtengehalte, oder solche, die durch Kündigung lösbar sind, nicht Gegenstände des Besitzes. In der gemeinrechtl. Praxis ist dies gleichwohl zuweilen angenommen. Seuffert I. 61, III. 99, XIII. 32. Siehe auch unten § 162 Note 71. Vgl. hiermit übereinstimmend die ältere sächs. Praxis bei Emminghauß, Sächs. Pand. S. 420 Nr. 29 und daselbst S. 421 Nr. 24 „ewige Lasten“.

29) Sie waren nach deutschem Recht Gegenstand einer Gewere. Bruns S. 331. Korte S. 119. Stobbe § 102, III. R.A.L., I. 9 § 509, I. 11 §§ 175. 178. 183. 185, I. 21 §§ 87. 292. 414. 495, II. 7 § 248. Ablös.-Ges. v. 2. März 1850 § 6. Der unvollständige Besitz des Leihers, Miethers, Pächters ist Sachbesitz, Mat. S. 209. 210. 213, nicht Rechtsbesitz, und der diesen unvollständigen Sachbesitz begleitende vollständige Rechtsbesitz ist nicht das Pachtrecht, sondern das aus der Uebergabe der Sache folgende Recht zum Sachbesitze, und dies ist im landrechtlichen Ausdruck ein negatives Recht. S. unten Note 42. So sagt richtig das O.Trib. Entsch. B. 27 S. 315: „Der Pächter ist unvollständiger Besitzer des Grundstücks.“ Arndts in der Rezension von Randa (Krit. Vierteljahrschrift VIII. 386) verkennt dies. Koch Note zu I. 7 § 131 behauptet: der Pächter sei als unvollständiger Besitzer nur Inhaber der Sache, aber wirklicher (?) Besitzer des Pachtrechts, der Gegenstand des Gewahrsams und der Gegenstand des Besitzes des Pächters seien ganz verschiedene Dinge!

30) Korte S. 134 § 14.

lange dauern soll, wie die Person des Verpflichteten und die Praxis hat sich dem angeschlossen[31]). Ueber deren Berechtigung zu streiten, wird jetzt kaum noch lohnen[32]).

Abgesehen von diesem aus dem Wesen der affirmativen Rechte entnommenen Grunde sprechen noch andere Argumente gegen die Ansicht, daß persönliche Rechte besessen werden können. Zunächst wird sie widerlegt durch die systematische Bedeutung, welche die Obligation im A.L.R. hat, wonach sie nicht als ein selbständiger Bestandtheil des Vermögens, sondern nur als das Mittel zur Erlangung oder Sicherung von Vermögensobjekten in Betracht kommt[33]). Es ist aber auch eine ausschließliche, unmittelbare Einwirkung auf die Obligation selbst, die durch das Eindrängen einer dritten Person gestört oder entzogen werden könnte, nicht denkbar; das Klagerecht, das die Obligation gegen den Schuldner gewährt, bleibt vielmehr immer erhalten; die Obligation kann nicht anders verletzt werden, als durch die Nichterfüllung des Schuldners[34]). Man kann von den Obligationen auch gar nicht sagen, daß sie einen „ausschließenden Nutzen" gewähren[35]), denn die Obligation, das ideelle Band zwischen zwei Personen, gewährt an sich keinen Nutzen, diesen erzeugt erst ihre Erfüllung[36]). Aber gerade hier kommt in Betracht, daß die Grenzbestimmung des Landrechts, wie oben gesagt worden ist, ebenso wie die der damaligen Praxis des gemeinen Rechts keine klar bewußte war. So erklärt sich der im Landrecht an verschiedenen Stellen erwähnte Besitz eines Kapitals, bei dem nicht sowohl an den Besitz der Forderung und an einen Schutz dieses Besitzes gedacht ist, als daß der Schuldner im Obligationsverhältniß nach der Seite der Unredlichkeit mit einem unredlichen Besitzer als der unredliche Besitzer des Kapitals in Parallele ge-

---

31) Vgl. die in B. I. § 46 Anm. 38 citirten Entsch. des Obertribunals und des Reichsgerichts. Uebereinstimmend Bruns S. 483. Korte S. 134 § 13. So auch in der gemeinrechtlichen Praxis. Seuffert VII. 269, IX. 126, XIII. 32, XVI. 5. Wochenblatt für merkwürdige Rechtsfälle, 1863. S. 249. Dagegen Windscheid II. § 464 Anm. 4. 5.

32) Auch solche Obligationen gehen, soweit sie geltend gemacht und getilgt sind, unter. Es fehlt also die dauernde sachliche Unterlage, die das Landrecht fordert, die causa perpertua oder perennis nach dem Ausdruck von Koch zu I. 7 § 80. Das Obertribunal interpretirte „fortdauernd" im Gegensatz zu „gelegentlich" oder „vorübergehend". — Vgl. Entsch. B. 35 S. 15, Striethorst B. 47 S. 79a. Aber der Sinn der fortdauernden Verbindlichkeit, die das Recht als einer dauernden körperlichen Sache ähnlich erscheinen läßt, kann doch nur sein, daß das Recht eine durch Lösung unzerstörbare, dauernde Grundlage hat.

33) Oben B. I. §§ 23. 61.

34) Bruns S. 214, der jedoch S. 481 f. einen Besitz bei Obligationen mit wiederkehrenden Leistungen annimmt, die entweder an dauernde personenrechtliche Verhältnisse geknüpft oder dauernd auf Sachen, namentlich Immobilien radicirt sind. Puchta, Rechtslex. S. 68.

35) Was I. 8 § 2 von dem Objekt des Eigenthums gesagt ist, gilt auch vom Objekt des Besitzes.

36) Baron bei Gruchot B. 5. 100 weist noch darauf hin, daß es ein ungewöhnlicher Sprachgebrauch wäre, darin, daß der Gläubiger die Leistung erwartet, in Empfang nimmt, eine Ausübung des Rechts zu finden.

stellt wird[37]); ebenso wird das sonst an den Besitz einer fremden Sache geknüpfte Retentionsrecht auf den Besitzer d. h. Schuldner eines Kapitals übertragen. Die Allgemeinheit, mit der im A.L.R. das Wort Besitz und Eigenthum gebraucht wird, beweist nichts für die Möglichkeit des Besitzes oder Eigenthums an Obligationen, erklärt sich vielmehr aus dem vielfach fühlbaren Mangel an einer sichern und bestimmten Verwendung der juristischen Kunstausdrücke. Daß aber endlich das besonders blendende Argument, die Ersitzung einer Darlehnsforderung durch die zehn- und dreißigjährige Entrichtung von Zinsen, nicht zur Annahme eines Forderungsbesitzes und einer wirklichen Ersetzung sichern kann, wurde schon an einem früheren Orte gezeigt[38]). Nach alle dem müssen die Obligationen von den Besitzgegenständen auch nach preußischem Recht ausgeschieden werden, wenn auch zuzugeben ist, daß sich die Redaktoren der Grenzscheidung nicht sicher bewußt gewesen sind[39]). Die Praxis hat im Wesentlichen dem praktischen Erfolge nach den richtigen Standpunkt festgehalten, und sich durch die Unbestimmtheit der Ausdrücke im Gesetzbuch nicht zu einer schrankenlosen Ausdehnung des Rechtsbesitzes verleiten lassen[40]). Auch in der Theorie schweigt jetzt die Kontroverse[41]).

---

37) A.L.R. I. 7 §§ 192. 232. Vgl. unten § 165 Anm. 49. Randa S. 265f. Korte S. 139. Arndts (Krit. Vierteljahrschr. VIII. 387) will vom Standpunkt der neueren Gesetzgebungen doch noch an verzinslichen kündbaren Kapitalien Besitz annehmen. Zwischen dem unkündbaren Rentenrecht und dem verzinsbaren kündbaren Darlehen besteht der wesentliche Unterschied, daß bei jenem keine Kapitalsforderung existirt, wohl aber bei diesem; daher kann dort das nur durch den dauernd wiederkehrenden Zins repräsentirte Recht Gegenstand des Besitzes sein, bei dem Darlehen aber besteht das Recht nicht bloß in dem Anspruch auf wiederkehrende Zinszahlungen, sondern auf Rückzahlung eines hingegebenen Kapitals, und es fragt sich, ob dieser persönliche Anspruch Gegenstand des Besitzes sein kann. Das aber ist zu leugnen. — Der Besitz einer Summe in I. 7 §§ 67. 68 ist Sachbesitz.

37a) I. 20 § 542. Vgl. oben B. I. § 110 Anm. 20.

38) Oben B. I. § 46 Anm. 35. Korte 112.

39) Mater. S. 115. 215 bei Ba. Ueber den Rechtszustand bei der Redaktion s. Heydemann I. 330 in der Note. Baron bei Gruchot V. 97fg.

40) Ueber die Praxis, die sich zwar nicht frei gehalten hat von der Ansicht, daß nach A.L.R. Besitz an Obligationen stattfinde, die aber auch die Anwendung der Besitzklagen auf obligatorische Rechtsverhältnisse möglichst eingeschränkt hat, s. die reichhaltigen Nachweisungen bei Heydemann I. 338f. Der Standpunkt tritt besonders klar hervor in Entsch. B. 24 S. 396f. — Man ist sogar in der Versagung des Besitzschutzes bei affirmativen Rechten zu weit gegangen. S. unten § 162. Aber festzuhalten ist, daß die Nichterfüllung einer vertragsmäßigen Verpflichtung niemals eine Besitzklage begründet. Präj. 503. J.M.Bl. 1854 S. 101 Nr. 3.

41) Die Ansicht, daß nach preuß. R. Obligationen Besitzobjekte seien, war in der älteren Literatur u. A. vertreten von Schepers, in der jur. Wochenschrift 1839 S. 21. Grävell, Besitz S. 253. Bornemann I. 233 (der jedoch die possessorischen Klagen wenigstens bei denjenigen Obligationen versagt, welche sich durch ihre Ausübung endigen), Löher, System des A.L.R. S. 74f. 98f. — Koch S. 115 verneinte, weil Gegenstand des Besitzes nur solche Rechte sein könnten, bei welchen sich eine gewaltsame, heimliche oder bittweise Störung der Ausübung denken lasse. Hiergegen bemerkt aber mit Recht Baron bei Gruchot B. 5 S. 99, daß diese Ansicht nicht das innere Wesen des Besitzes erfasse, sondern aus einem äußerlichen Momente ihre Begründung nehme. Heydemann S. 332f. betonte Fortdauer und Konsistenz des Rechts, möge es immerhin auch an sich obligatorischer Natur sein, eine abstrakte Grenze brauche nicht gezogen zu werden. Am meisten prinzipiell hat die Frage Korte in dem gediegenen Aufsatz

Dem negativen Recht entspricht die Verpflichtung, die Vornahme einer Handlung, der man ohne diese Gebundenheit widersprechen konnte, ferner zu leiden. Im Bereich der Dienstbarkeiten fällt hiernach der Begriff mit dem römisch-rechtlichen Begriff der affirmativen Servitut zusammen[42]). Dem Untersagungsrecht endlich entspricht die Pflicht zur Unterlassung einer Handlung, die man vorzunehmen sonst berechtigt wäre. Vom römisch-rechtlichen Standpunkt des Servitutenrechts fällt hiermit zusammen der Begriff der negativen Servitut[43]). Hier schließt sich also das Landrecht bekannten Rechtsinstituten des gemeinen Rechts an, wenn es ihnen auch ihre hergebrachten Bezeichnungen nicht belassen hat[44]).

## § 160. Der Erwerb und der Anfang des Besitzes.

I. Im Allgemeinen[1]). Zum Erwerb des Besitzes gehört nach preußischem wie nach gemeinem Recht ein innerliches und ein äußerliches Moment. Die Römer haben dies bekanntlich so ausgedrückt: adipiscimur possessionem corpore et animo, neque per se animo aut per se corpore[2]). Seit Savigny wird gelehrt: aller Erwerb des Besitzes beruht auf einem körperlichen Handeln (corpus oder factum), von einem bestimmten Wollen (animus) begleitet, oder — wie es an einer anderen Stelle bei ihm heißt —: zu der körperlichen Handlung muß ein bestimmtes Wollen hinzukommen[3]). Beide Momente stehen nicht getrennt neben einander[4]), fallen vielmehr in Eins zusam-

---

bei Gruchot B. 5 aufgefaßt. Dagegen hat wieder unterschiedslos alle obligatorischen Berechtigungen als Besitzobjekte angesehen Rubo bei Gruchot, B. 9 S. 527 fg.

42) Korte S. 135. Außer den affirmativen Servituten sind negative Rechte: der Pfandbesitz, die dinglichen Gebrauchs- und Nutzungsrechte (oben Note 29). Nach einer Seite kann man auch die Gewerbsberechtigungen, die alten Zwangs- und Bannrechte hierher zählen, insofern Andere die ausschließliche Ausübung des Gewerbes durch den Berechtigten sich gefallen lassen müssen.

43) Korte S. 187. Nach der anderen Seite gehören hierher die in der vor. Note erwähnten Gewerbsberechtigungen, indem dem Berechtigten gegenüber alle Anderen von dem Betriebe des Gewerbes Abstand nehmen müssen. Wenn das O.Trib. Entsch. B. 24 S. 392 f. sagt, das R. zum Gewerbebetrieb sei weder ein affirmatives, noch ein Untersagungs-, noch ein negatives R., sondern „ein absolutes Vermögensrecht, das sich in einer wiederholten Thätigkeit des Berechtigten äußere", so ist damit eine juristische Erklärung nicht gegeben. Daß Exklusivberechtigungen Untersagungsrechte sind, ist anerkannt im Präj. 913 Samml. I. 23. Ueber Auffassung der Bergbauberechtigung, soweit der Grundeigenthümer von dem Berechtigten ausgeschlossen wird, als Untersagungsrecht vergl. Striethorst B. 2 S. 48, B. 18 S. 303.

44) Wie die Redaktoren zu den Bezeichnungen der drei Kategorien gekommen, erhellt aus den Materialien nicht.

1) Sav. S. 205 fg. (2. Abschn.). Lenz S. 100 (1. Hauptstück). Randa §§ 10—20 (II. Abschn.). Leo Graf Pininski, Der Thatbestand des Sachbesitzerwerbs. B. I. Hölder in Krit. Vierteljahrschr. B. 10. Heydemann I. 348 f. Gruchot B. 4 S. 443 f. Kindel bei Gruchot B. 22 S. 537, B. 23 S. 56. Dernburg I. §§ 151 ff.

2) l. 3 § 1, l. 8 D. XLI. 2, l. 153 de R. J.

3) Sav. S. 205. 246 u. S. 213: corpus heißt die äußere Begebenheit im Gegensatz der inneren Thatsache (animus). Der Entwurf des B.G.B. in seiner jetzigen Fassung scheidet nicht ein inneres und äußeres Moment, sondern versteht unter Besitz die „thatsächliche Gewalt über eine Sache". Reichstagsvorl. § 838 ff.

4) S. hiergegen bes. Lenz S. 97—99.

men: das bestimmte Wollen äußert sich in der körperlichen Handlung, es verwirklicht sich in dieser, es ist ohne diese nicht vorhanden. Der Wille ohne Verwirklichung ist bloßes Begehren oder Wunsch[5]). In der wissenschaftlichen Betrachtung ist trotzdem die innere und äußere Seite gesondert zu erfassen[6]).

II. Der Besitzwille. Das A.L.R. sagt: wer eine Sache in der Absicht, darüber für sich selbst zu verfügen, in seine Gewahrsam nimmt, wird Besitzer genannt[7]). Es ist bereits im § 157 darauf hingewiesen, wie diese Richtung des Willens von der durch Savigny vertretenen Auffassung des römischen Rechts abweicht, nach welcher Besitzer nur der ist, wer die Sache in der Absicht ergreift, sie als seine eigene zu haben[8]). Bereits von Förster ist darauf hingewiesen, daß der von Savigny erfundene Ausdruck animus domini nicht quellenmäßig ist, daß die ψυχῆ δεσπόζοντος in der Paraphrase des Theophilus nicht die Uebersetzung mit animus domini, sondern nur die Uebertragung in animus dominantis, also die Absicht, die Sache für sich zu beherrschen[9]), rechtfertigt, und daß die Quellen selbst auch nur von dem animus possidentis sprechen[10]), und damit nicht gesagt ist, daß die Absicht durchaus darauf gerichtet sein muß, die Sachen als Eigenthümer zu beherrschen. In neuester Zeit sind denn auch Ihering und in anderer Begrenzung Dernburg zu einer weiteren, dem preußischen Recht nahe kommenden Auffassung des Besitzwillens zurückgekommen[10a]), die in der gemeinrechtlichen Theorie vor Savigny vorherrschte und auch die landrechtliche Rechtsbildung beeinflußt hat[11]). Nach dieser Theorie wie nach Landrecht ge-

---

[5]) Lenz S. 99. „Unser Wollen bleibt ein bloßer Wunsch, wenn wir uns des Objekts nicht bemächtigen: ist das Objekt unseres Willens eine körperlich willenslose Sache, so wird sie von unserem Willen gleichsam beseelt, und dieser findet in ihr seine Verkörperung." Auch S. 168. 171.

[6]) Bis zum Eintritt des Besitzwillens ist der Gewahrsam noch nicht das zum Besitze nöthige corpus, er wird es erst in dem Augenblick, wo man es will, und das frühere Vorhandensein des Gewahrsams erübrigt nur einen besonderen neuen Ergreifungsakt.

[7]) I. 7 § 3. Nach dem österr. G.-B. 3 309: wer die Sache mit dem Willen, sie als die seinige zu behalten, inne hat. Auch im sächs. G.-B. § 186 animus domini. Nach dem Reichstagsentwurf des B.G.B. § 856 ist, wer die Sache als ihm gehörend besitzt, Eigenbesitzer

[8]) Sav. S. 110. 128 f. 246. Ihm sind hierin die meisten neueren gefolgt; z. B. Bruns S. 3. 467 ff. Puchta, Rechtslex. S. 47. Windscheid I. § 149. Randa S. 130. Der Grund, weßhalb nur ein animus domini (nicht eine opinio dominii, Sav. S. 20. 280) den Besitz erzeuge, wird darin gefunden, daß die ganze Sache für jede Einwirkung vom Willen ergriffen sein muß, und sobald der Wille sich nur auf gewisse Arten der Einwirkung beschränkt, immer noch im Uebrigen ein Moment bloßer Stellvertretung vorliegt. So namentlich Bruns, der deßhalb auch die Kategorie des unvollständigen Besitzes nach A.L.R. verwirft.

[9]) Theoph. in § 4 J. II. 9 und § 5 J. IV. 15. Kierulff S. 352. Arndts § 135. Böcking, Pand. § 123 Note 7. Lenz S. 100. Vgl. auch Brinz, Pand. I. S. 63 und insbesondere Meischeider, Besitz § 3.

[10]) l. 41 D. XII. 1, l. 1 §§ 3. 20, l. 18 § 3, l. 46, l. 32. 2. D. XLI. 2 u. a. St.

[10a]) Ihering, Der Besitzwille. Dernburg, Pand. § 172.

[11]) Bruns S. 387. Höpfner, Komment. § 281 (4. A. 1793. S. 243 a. E. f.). Die Auffassung Savigny's würde auch auf viele deutschrechtliche Besitzverhältnisse ganz unanwendbar gewesen sein, z. B. Lehn, Erbpacht, u. a. Bluntschli, Deutsches Pr.R. S. 150 (3. A.). Vergl. auch Löher, System des pr. L.R. S. 99 fg. und Gruchot B. 4 S. 329 f.

nügte die Absicht, die Sache in eigenem Interesse zu haben, ohne daß dieses Interesse sich gerade in dem Willen, Eigenthümer zu sein, ausdrücken muß. Eine solche allgemeinere Richtung des Willens als Grundlage des rechtlich anerkannten Besitzes entspricht auch der deutschen Rechtsauffassung[12]); sie ermöglichte es, alle Beziehungen der Person zu der von ihr innegehabten Sache, die der Person eine unmittelbare Einwirkung gestatten, auch wenn sie im römischen Recht nur als Detentionsfälle angesehen werden, übereinstimmend mit den deutschen Rechtsgrundsätzen über die Gewere, als Besitzfälle zu beurtheilen[13]).

Indem das A.L.R. jeden Besitzer nennt, der die Sache für sich hat, wenn er dies weiß und will, scheidet es dennoch nach der Energie dieses Willens den Besitz selbst in zwei Arten: wer die Sache nur für sich haben will, aber die Absicht, Eigenthümer zu sein, ausschließt, weil er anerkennt, daß das Eigenthum an der Sache einem Andern zusteht, heißt unvollständiger Besitzer[14]); wer die Sache als Eigenthümer haben will, ist vollständiger Besitzer[15]). Auf einem andern Gebiet steht die Frage, ob der so gewollte Besitz rechtmäßig ist, oder ob das Eigenthum in der That einem Andern zusteht, und ob der Besitzer weiß oder nicht weiß, daß ein Andrer Eigenthum beansprucht, und ob er diesen Anspruch als unbegründet ansieht oder nur nicht anerkennen will. Svarez war ursprünglich nicht einverstanden mit dieser Terminologie: er wollte die Ausdrücke Civil- und Naturalbesitz beibehalten, auch um das Mißverständniß zu vermeiden, daß durch die neuen Bezeichnungen die Vollständigkeit oder Unvollständigkeit im äußern Umfang des Besitzes gemeint sein könnte[16]). Ihre trotzdem erfolgte Annahme war um so mehr sachgemäß, als die römischen Ausdrücke possessio civilis und naturalis keine Bedeutung haben, die unbestritten feststeht[17]).

Dieselbe Scheidung, wie bei dem Sachenbesitz, tritt bei dem Rechtsbesitz ein: wer das Recht als eigenes ausübt, erwirbt den vollständigen, wer es nur für sich ausübt und ausüben will, ohne es als eigenes anzusehen, erwirbt den unvollständigen Besitz daran[18]).

---

12) Gaupp, Die Zukunft des deutschen Rechts. S. 18. 50. Die Redaktoren haben angenommen, daß in ihrer Begriffsbildung vom röm. Recht abgewichen werde. Dies geht aber aus den Materialien (S. 112) hervor, ebenso aber auch, daß über die Herleitung dieser Abweichung aus deutschem Recht ihnen ein Bewußtsein nicht beiwohnte.

13) Oben B. II. § 136 bei Note 16.

14) I. 7 § 6.

15) I. 7 § 7.

16) Mater. 113. 118. Auch Tevenar bemerkte: „der Ausdruck „vollständiger Besitz“ ist eine etwas schwankende Benennung. Nach dem Sprachgebrauch ist der Besitz vollständig, wenn sich solcher über die ganze Sache, über alle Theile und alle Pertinenzstücke erstreckt.“ S. 124.

17) S. oben § 157 Note 36. Koch S. 48 macht darauf aufmerksam, daß der Ausdruck possessio plena und semiplena schon in der Summa des Placentinus vorkomme. Aber hier liegt der Unterschied zwischen beiden in der Usukapionsfähigkeit. Summa in Cod. tit. de poss., ed. Mogunt. 1536 p. 332. 333. S. auch Savigny S. 139 f.

18) I. 7 §§ 5—7.

Der Besitzwille muß von dem klaren Bewußtsein begleitet sein, in bestimmter Weise die Sache zu beherrschen[19]). Eine solche Herrschaft ist aber nur denkbar, sofern der Gegenstand der beherrscht sein soll, eine selbständige Existenz hat. Daß man eine solche für sich bestehende Sache ganz für sich selbst oder nur in Gemeinschaft mit Anderen beherrschen und deshalb auch besitzen kann, und daß insofern die Willensrichtung den Alleinbesitz und den Mitbesitz scheidet, hat bereits Erwähnung gefunden[20]). Auf einen reellen Theil einer zusammengesetzten Sache kann sich der Besitzerwerbwille regelmäßig nicht beziehen, da dem einzelnen Theile während seiner Verbindung mit den anderen Theilen der Sache die Selbständigkeit fehlt, durch welche allein die ausschließliche Einwirkung des Willens auf den Theil ermöglicht wird[21]). Indessen greift hier die Möglichkeit ein, die Sache inne zu haben,

---

19) l. 3 § 3 D. XLI. 2. Si thesaurum in fundo meo positum sciam; continuo me possidere, simulatque possidendi affectum habuero . . . is enim qui nescit, non possidet. Ueber die Willensfähigkeit des Erwerbers vgl. B. I. §§ 191. 26. Ueber den Fall der Stellvertretung s. unter IV. dieses Paragraphen.

20) Oben § 158 Anm. 14 f. Savigny S. 261. Entsch. B. 62 S. 276.

21) Förster führte aus: „Der reelle Theil, der als ein Ganzes besessen wird, muß eine selbständige Existenz haben, ein Besitz an einem reellen Theil ist daher undenkbar, wenn dieser nur in seinem Ganzen existirt. Bei beweglichen Sachen ist dies durch sich selbst klar. l. 8 D. VI. 1. Erst nach der Zerlegung können die abgesonderten Theile Besitzobjekte werden. Lenz S. 137. Randa § 18 S. 169." Indessen kann auch eine bewegliche zerlegbare Sache, die aus mehreren Stücken zusammengesetzt ist, gewiß in der Weise besessen werden, daß der Inhaber ein Stück in vollständigem, ein anderes in unvollständigem Besitz und damit für einen Andern inne hat, z. B. einen Wagen mit einem von einem Andern geliehenen Rade. Vgl. Meischeider, Besitz § 43 a. E. Dann besitzt also der Andere das Rad, obgleich es im Gewahrsam des Wagenbesitzers mit dem Wagen verbunden ist. Bei Grundstücken ist das partes fundi petere oder possidere eine Täuschung, weil jede certa regio, jeder certus locus fundi selbst wieder ein selbständiges Grundstück ist. Certus locus ex fundo. l. 26 D. XLI. 2 und l. 1 § 1 D. VIII. 4. Oben § 159 Anm. 1. Lenz S. 138. Sav. S. 260 nimmt nur die Möglichkeit des Besitzes an einem reellen Theil des Grundstücks an. Daß Grundstücke regelmäßig nur durch Theilung der Grundfläche, Häuser also nicht horizontal getheilt werden können (l. 6 § 1 D. VII. 4), erkennt als Regel auch die preußische Rechtsprechung an. Vergl. Strieth. B. 36 S. 231. Jedenfalls kann man aber dem Miether eines Stockwerkes oder einer einzelnen Stube den unvollständigen Besitz an diesem Theil eines Gebäudes nicht bestreiten. Der Entwurf I. des B.G.B. § 798 Abs. 2 leugnete einen von dem Besitz einer Sache selbst verschiedenen Besitz an wesentlichen Bestandtheilen, gewährte aber doch in § 816 Besitzschutz für den Fall des Besitzes an einem Theil einer Sache, insbesondere an abgesonderten Wohn- oder Wirthschaftsräumen eines Gebäudes. Die erste Bestimmung ist in Entwurf II. gestrichen. Die andere Bestimmung ist in Entwurf II. als § 787, Reichstagsvorlage § 850 aufgenommen. Soweit also eine thatsächliche Gewalt über einen Theil einer Sache denkbar ist, die selbst in der thatsächlichen Gewalt eines Andern ist, steht hiernach der Annahme des Besitzes an einem ungelösten Theil nichts entgegen. Praktisch wird das für bewegliche Sachen wohl nur bei dem als mittelbarer Besitz fortdauernden Besitz an einem früher besonderen, nachmals zum Theil einer anderen Sache gewordenen Gegenstand vorkommen können, und auch hier nur bei lösbaren Theilen. Bei Grundstücken wird der Besitz sich auf einen bestimmten Raum eines Gebäudes beschränken können. Daß man Reichstagsvorlage § 850 auch dahin deuten müßte, daß man einen einzelnen Baum in einem Garten, einen Balken in einem Hause, einen Apfel auf einem Baum in besonderen Besitz haben kann, ohne das Grundstück selbst zu besitzen, ist wohl nicht anzunehmen. Nach Landrecht ist, wer das Grundstück oder ein Stück desselben in seinen Gewahrsam bekommt mit dem Recht, die Frucht oder einen einzelnen Baum davon zu trennen, schon Besitzer der Frucht und des Baums. S. unten Anm. 27 u. ff.

gerade um einen lösbaren Theil derselben für sich, einen anderen Theil für einen Anderen zu besitzen; auch kann ein Nutzungsrecht an einer unbeweglichen Sache in der Weise begründet sein, daß damit ein unvollständiger Besitz an einem Stück der Sache verbunden ist, das nicht in vollständigem Besitz stehen könnte, weil das Recht ein vom Grund und Boden gelöstes Eigenthum und damit in Verbindung stehenden Dingen gar nicht oder nur in einer hier nicht vorliegenden Begrenzung anerkennt. Bezieht sich aber der Besitzwille auf das Ganze einer zusammengesetzten Sache, so kommen die einzelnen Theile, solange die Verbindung dauert, nicht als besondere Sachen in Betracht[22]).

III. Der Erwerbsakt. Der Besitzwille verwirklicht sich durch eine Handlung, welche die Sache thatsächlich der Gewalt des Besitzergreifers unterwirft[23]). Diese Handlung ist das corpus, das äußere Moment des Erwerbsakts[24]); sie muß geeignet sein, dem wollenden Subjekt die thatsächliche Herrschaft über die Sache wirklich zu verschaffen, so daß nunmehr die Möglichkeit gegeben ist, unmittelbar unter Ausschließung aller anderen Personen auf die Sache einzuwirken[25]).

Bereits erwähnt ist, daß hierzu die Sache selbst objektiv geeignet sein muß, ergriffen zu werden; sie muß genau bestimmt, ausgesondert, erkennbar sein. Sie darf namentlich auch nach preußischem Recht nicht mit anderen Sachen, auf welche sich der Besitzwille nicht bezieht, untrennbar verbunden sein[26]). Die Sache muß eine selbständige Existenz haben, vermöge deren sie fähig ist, Gegenstand des dauernden Besitzrechts zu sein. Ein Theil einer

---

[22]) l. 30 pr. D. XLI. 2, l. 8 D. XLIII. 24, l. 2 § 6 D. XLI. 4, l. 7 § 1 D. X. 4. Gruchot B. 4 S. 457 fg. Eine Uebersicht der verschiedenen Meinungen giebt Vangerow l. § 204 Anm. 2 und Windscheid § 152 Anm. 5 u. 6. Der Besitz der besonderen Sache, die mit einer anderen in Verbindung gebracht ist, hört schon nach römischem Recht für den Erwerb der Sache durch Ersitzung nicht auf. Vgl. l. 30 § 1 D. XLI. 3. Es machen aber hier besondere Schwierigkeiten die römisch rechtlichen Vorschriften über das tignum junctum. Vom Standpunkt des preußischen Rechts aus ist nicht zu bezweifeln, daß der Ersitzung auch an der mit einem Grundstück verbundenen Sache diese Verbindung nicht entgegensteht, wenn nur der Besitz vor der Verbindung begonnen hat.

[23]) Ueber konkludente Besitzhandlung s. Seuffert II. 134. (Das Bestellen eines Ackers und der bloße Fruchtgenuß können Besitzhandlungen darstellen, aber ebenso gut Aeußerungen eines anderen Verhältnisses sein.)

[24]) Sav. § 14 S. 206 fg.

[25]) Sav. S. 210 f. Der Ausschluß Anderer ist auch nach preußischem Recht nicht von einer dauernden Uebermacht Anderen gegenüber, sondern nur so zu verstehen, daß nach dem Bewußtsein des Besitzergreifenden gegenwärtig keine fremde Macht die seine ausschließt. Windscheid § 153 Anm. 4. Die Nothwendigkeit, daß die Handlung eine solche sei, welche „unmittelbar und gegenwärtig“ die Möglichkeit der Einwirkung auf die Sache begründet (Savigny), ist zur Zeit in mannigfacher Weise bestritten. Vgl. Windscheid § 153 Anm. 8. Jedenfalls muß die Handlung geeignet sein, in dem Handelnden das Bewußtsein zu begründen, daß die Sache jetzt seiner unmittelbaren Einwirkung so unterworfen ist, daß kein Hinderniß irgend welcher Art wirksam entgegen treten wird. Vgl. Entwurf des B.G.B. § 803 Abs. 2. Reichstagsvorl. § 839 Abs. 2.

[26]) I. 7 §§ 46. 47. Vgl. oben Anm. 19 f. Aus §§ 46 ff. ist auch herzuleiten, daß ein Mitbesitz mit dem Willen Miteigenthümer zu sein nicht denkbar ist, ohne daß durch ein juristisches Ereigniß entweder Antheile von bestimmter Höhe an der Sache geschaffen sind, und daß wer Mitbesitz erlangen will, sich dieses Verhältnisses bewußt ist, oder

zusammengesetzten Sache kann nicht eher Objekt einer selbständigen Erwerbshandlung werden, als bis er ausgesondert ist, es sei denn, daß eine zusammengesetzte Sache in die Gewalt des Handelnden gerade zum Zweck der Aussonderung des Bestandtheils, auf den sich der Besitzwille richtet, gebracht wird, und daß die Aussonderung nun jederzeit nach dem Willen des Inhabers erfolgen kann [27]). Mit der letztern Erstreckung des Erwerbsakts völlig im Einklang ist das Rechtsverhältniß des Nutzungsberechtigten zu den Früchten des Grundstückes, an dem er nutzungsberechtigt ist [28]). Diese erwirbt er zu eigen schon bei ihrer Entstehung, also vor ihrer Absonderung [29]). Der Nutzungsberechtigte ist nach preußischem Recht schon vor Entstehung der Frucht unvollständiger Besitzer des Grundes und Bodens. Deshalb braucht das preußische Recht, um für ihn das Eigenthum an den Früchten des Bodens zu begründen, keinen besonderen Besitzergreifungsakt vorzuschreiben. Wenn auch die noch stehenden Früchte mit dem Boden in organischer Verbindung sind und zur Substanz gehören [30]), die dem Nutzungsberechtigten nicht gehört, so werden sie doch von ihm inne gehabt, weil er den Boden in unvollstän-

daß ein Mitbesitz in der Weise gewollt ist, daß die mehreren nur gemeinsam zur ganzen Hand über die Sache verfügen können, ohne daß ein Antheil fest stünde, über welchen der einzelne als ihm zustehend verfügen kann. Entsch. B. 66 S. 90. Rehbein I. 632 und dazu § 158 Anm. 20.

27) S. oben Anm. 21. 22. Noch mit dem Boden zusammenhängende Früchte sind ein unselbständiger organisch mit dem Boden verbundener Theil seiner Substanz, nach gemeinem Recht können sie daher vor der Absonderung nicht selbständige Besitzobjekte sein. l. 44 D. VI. 1, l. 40 D. XIX. 1. A. M. Meischeider, Besitz S. 108f. Vgl. Randa, Besitz S. 380, Stackfeld-Pflüger, Ueber Besitz und Ersitzung von Theilen einer Sache. Straßburg 1886. Aber der Besitz des preußischen Pächters an den ihm zuwachsenden Früchten ist Eigenthumsbesitz, und die C.P.O. § 714 ermöglicht Pfändung (also Besitzergreifung) der Früchte auf dem Halm. Die Wolle auf dem Schaf ist dagegen kein selbständiger Gegenstand des Gewahrsams. Entsch. B. 48 S. 8f. Dem im Text ausgesprochenen Rechtssatz widerspricht nicht, daß man auf fremdem Grund und Boden ein Gebäude besitzen oder daß man Bäume und Holzungen auf fremdem Boden im Eigenthum haben kann (§§ 472. 473 I. 20, §§ 199. 200. 243 I. 22), denn das Gebäude wird mit dem Grund und Boden besessen, z. B. vom Pächter, der sich auf dem gepachteten Grundstück ein Gebäude errichtet hat, und das Eigenthum von Bäumen auf fremdem Boden hat nur die Bedeutung einer Grundgerechtigkeit. S. hierüber unten § 187 a. E. In diesen Fällen verbindet sich mit dem unvollständigen Besitz des Grundstücks die ausschließliche Apprehensionsmöglichkeit bezüglich der damit verbundenen Gegenstände für den Fall der Trennung derselben, des Abbruchs des Gebäudes, der Fällung des Baums, ebenso der Trennung der Früchte vom Grundstück. Das Reichsgericht Entsch. B. 34 S. 176 hat angenommen, daß eine in ein Haus eingemauerte (also einen Theil des Hauses bildende) Maschine dem Miether des Hauses, der also dessen unvollständiger Besitzer war, durch brevi manu traditio ohne Lösung von dem Hause mit der Wirkung übergeben werden könne, daß der bisherige Miether nun an der Maschine vollständigen Besitz hat; anscheinend ist hieraus in dem nicht vollständig abgedruckten Urtheil die bedenkliche Folgerung gezogen, daß der Zuschlag des Grundstückes in nothwendiger Versteigerung den Grundstückserwerber nicht zugleich zum Eigenthümer der von dem Hause nicht getrennten Maschine gemacht habe.

28) A. A. Gruchot, Beiträge B. 4 S. 461f.

29) A.L.R. I. 9 § 221 (vgl. I. 7 § 189fg.). Unten § 165 Note 1—3. Daß dieser Satz altdeutsches Recht ist, s. Stobbe, Beiträge zur Gesch. des deutschen R. S. 67.

30) A.L.R. I. 2 § 43. Der Begriff von Zubehör und Pertinenz paßt gar nicht auf stehende Bäume. Das Gegentheil hat das O.Trib. angenommen (J.M.Bl. 1854 S. 104fg.).

digem Besitz hat. Vermöge dieses Besitzes hat er die Möglichkeit der ausschließlichen Einwirkung auf jene.

Während es in dem letztgedachten Fall eines besonderen Besitzergreifungsakts nicht bedarf, kann aber auch, wie schon hervorgehoben ist, die Besitzergreifung an einem zu lösenden Bestandtheil z. B. den Bäumen und Früchten eines Grundstücks ohne vorgängigen unvollständigen Besitz des Ganzen durch dessen zeitweilige Besitznahme behufs der Lösung wirksam erfolgen. Insbesondere können so Bäume und Früchte durch Uebergabe des Grundes und Bodens unter die Aufsicht des Erwerbers erworben werden[30a]). Die Praxis neigt aber dazu, gerade bei Bäumen eine Möglichkeit der Besitzergreifung auch ohne Uebergabe des Bodens, mit dem sie verbunden sind, anzunehmen. Das Obertribunal hat entschieden, daß selbständiger Besitz an stehenden Bäumen schon durch den Anschlag mit dem Forsthammer erlangt werde[31]). Förster bekämpfte diese Entscheidung, weil der Anschlag zwar ein Symbol, d. h. eine bildliche Willensäußerung, aber eine für die s. g. symbolische Uebergabe nach den Grundsätzen des A.L.R. unwirksame Willensäußerung sei, da die symbolische Handlung nicht von der Beschaffenheit sei, daß der körperlichen Besitznehmung, d. h. der Absonderung vom Boden, ferner nichts im Wege stehe; es könnten ihr vielmehr noch allerlei Hindernisse entgegengestellt werden. Aber Hindernisse, welche überwunden werden können, ohne daß es einer Mitwirkung eines Andern bedarf, sind kein Hinderniß dafür, eine Besitzergreifung als geschehen anzusehen. Die Entscheidung beruht indessen nur darauf, daß die Bäume, welche zum Zwecke der Uebergabe von dem Erwerber angeschlagen werden, so anzusehen sind, als seien sie durch diesen Akt zu selbständigen beweglichen Sachen gemacht, so daß sie Gegenstände eines selbständigen Besitzes sein könnten, aber ein Rechtssatz, dahin gehend, daß eine für den Verkehr genügende, erkennbare Bezeichnung der ausscheidbaren Bestandtheile eines Grundstückes, diese zu selbständigen beweglichen Sachen mache, läßt sich nicht annehmen, und deshalb ist die Richtigkeit des Spruchs zweifelhaft. Jedenfalls muß der Satz, um anerkannt zu werden, anders begründet werden[32]).

---

30a) I. 11 §§ 585. 586. Striethorst B. 30 S. 106.

31) Entsch. B. 11 S. 201 fg. Rehbein I. 632. Bei Strieth. B. 65 S. 99. 230 ist ausgeführt, daß eine Uebergabe durch constitutum possessorium an stehenden Früchten ohne Uebergabe des Grund und Bodens, so lange nicht eine symbolische Uebergabe (erkennbare Ausscheidung der Frucht aus dem Grundstück als etwas davon Verschiedenen) vorangegangen ist, unmöglich sei. Vergl. ferner widersprechend Striethorst B. 54 S. 132.

32) Svarez (Mater. S. 133) meinte: „die bloße Bezeichnung ohne Widerspruch, z. B. bei Bäumen im Walde, ist noch keine Besitzergreifung. Wenn sie aber auf vorhergegangene Anweisung geschieht, so geht allerdings der Besitz über.“ Das kann nur heißen, wenn der veräußernde Eigenthümer in die Bezeichnung einwilligt, so soll ihm gegenüber durch die Bezeichnung eine Verselbständigung der Bäume und damit auch die Uebergabe als erfolgt angenommen werden, er darf nun der wirklichen Besitzergreifung kein Hinderniß mehr entgegenstellen. Aber darum liegt in der Bezeichnung diese Besitzergreifung noch nicht. Bornemann I. 254, ebenso Dernburg I.

An der bestimmten, besonderen Sache muß der Besitz ergriffen werden. „Ohne Besitzergreifung kann keine Art des Besitzes erlangt werden[33]).“

Die Besitzergreifung ist nach der Definition des A.L.R. die äußere Handlung, durch welche eine körperliche Sache in die Gewalt des Besitzers ge=

---

§ 152 A. 11, Meischeider S. 222 sind der Ansicht des O.Trib. beigetreten. Auch das Reichsgericht bei Gruchot B. 38 S. 946. Hier wird der Möglichkeit superfiziarischen Eigenthums die rechtliche Möglichkeit superfiziarischen Besitzes zur Seite gestellt, und noch in anderer Weise versucht, eine vom Obertribunal abweichende Konstruktion zu gewinnen. Koch, Kommentar Note zu § 47 will sie durch br. m. traditio (richtiger constitutum possessorium) rechtfertigen. Jedoch s. noch seine Note zu § 193. Förster argumentirte gegen das Obertribunal: die Bestimmung des § 586 I. 11 sei singulär. Entsch. B. 48 S. 12 bezeichne diese Vorschrift passend als Surrogat für die noch nicht mögliche Uebergabe. Ferner § 199 I. 22 sei nur eine Beweisregel. Wenn aber aus § 200 I. 22 hervorzugehen scheine, daß der Eigenthümer des Bodens und der der stehenden Bäume verschiedene Personen sein können, so schwinde auch dieses Argument, weil sich ein solches Verhältniß in eine Holzungsservitut am Boden auflöst. Die l. 40 D. XIX. 1 entscheide richtig; der Käufer stehender Bäume kann sie nicht vindiziren, weil sie noch nicht corpora a fundo separata geworden; der Käufer hat nur die a. emti. Das hätte in dem vom O.Trib. entschiedenen Fall auch angenommen werden sollen, oder eine a. doli gegen den dritten Erwerber des Grundstücks wegen seiner Kenntniß des Verkaufs.“ Gegen die Ansicht des O.Trib. ist auch das Erk. im Arnsb. Archiv B. 9 S. 533. Piners das. B. 8 S. 459. Lenz, Studien und Kritiken S. 198f. Gruchot B. 4. 463. Eine vermittelnde Ansicht ist von Kühne (jurist. Wochenschr. 1844 S. 664f.) aufgestellt. Der Satz des Obertribunals kann nur aus § 586 I. 11 begründet werden. Die Uebergabe des stehenden Baumes, welcher pars fundi und als selbständige Sache eine erst noch erhoffte Sache ist, kann danach zweifellos dadurch geschehen, daß der Theil des Grundstücks, in welchem der Baum wurzelt, mit dem Recht den Baum abzuholzen, in den unvollständigen Besitz oder wenigstens in die custodia des Erwerbers gegeben wird. Ein solches Abkommen läßt sich aber in dem auf Aufforderung des Uebergebenden erfolgenden Anschlagen finden. Einigen gesetzlichen Anhalt gewährte dem Spruch des Obertribunals auch A.G.O. I. 50 § 491 N. 5, wonach der Kaufpreis eines zur Zeit der Konkurseröffnung bereits angeschlagenen Baumes schlechthin zur Gemeinmasse und nicht zur Immobiliarmasse fließen sollte. In gleicher Weise schließt sich die Begründung des Besitzes des Gerichtsvollziehers an stehenden Früchten, die er pfändet, wie bei der Pfändung anderer Sachen, die im Gewahrsam des Schuldners belassen werden, an die Anbringung von Zeichen, welche die Pfändung ersichtlich machen, an (C.P.O. §§ 712. 714). Die vorstehenden Ausführungen handeln nur vom Besitzerwerb und dem dadurch begründeten Besitzschutz. Eine andere Frage ist, ob durch solchen Besitz ein Eigenthum an dem Baum begründet wird, das auch einem Dritterwerber des Grundstückes gegenüber von Bestand ist. Was hierüber in den früheren Auflagen gesagt ist, kann nicht festgehalten werden. Wohl konnte vor der Gesetzgebung von 1872 ein solches getrenntes, durch Veräußerung des Grundstücks nicht zerstörbares Eigenthum am angeschlagenen Baum angenommen werden, so lange der Eigenthumserwerb durch Besitz vermittelt wurde. Durch Auflassung wird das Eigenthum am Grundstück mit allen Theilen erworben und der nicht abgetrennte Baum hat nicht aufgehört, Theil des Grundstücks zu sein; ebenso ergreifen eingetragene dingliche Rechte das Grundstück mit allen Theilen, und ein dem Dritterwerber gegenüber wirksames Recht auf Entnahme des Baums wäre, — wie abweichend von den früheren Auflagen zu betonen ist, — ein Recht auf Nutzung des Grundstücks, das gegenüber dem Dritterwerber heute nur durch Eintragung Bestand erhält. — Wird über das Vermögen des Grundstückseigenthümers Konkurs eröffnet, nachdem Bäume auf dem Grundstück durch Anschlag mit dem Hammer übergeben sind, so kommen die Grundsätze des Immobiliarerwerbgesetzes nicht in Betracht. Die Konkursmasse ist kein Dritterwerber. Hier ist also das Aussonderungsrecht des Baumerwerbers gegenüber der Konkursmasse wirksam. Die oben angezogene Entscheidung des Reichsgerichts (Gruchot B. 38 S. 946) ist deshalb für den dort behandelten Fall im Ergebniß durchaus zu billigen.

[33]) I. 7 § 48.

langt[34]). Diese Definition enthält nichts darüber, was im einzelnen Fall geschehen sein muß, um die Gewalt des Erwerbers darüber zu begründen. Es wird weder vorgeschrieben, daß die unbewegliche Sache betreten werden, noch daß die bewegliche angefaßt sein muß[35]), sondern nur, daß sie in die Gewalt dessen gebracht sein muß, der den Besitz daran erlangen will. „In die Gewalt" oder „in den Gewahrsam"; dem Handelnden und jedem Anderen muß guter Grund gegeben sein, anzunehmen, daß jener fortan die Möglichkeit hat, selbst darauf einwirken zu können und jede hindernde Einwirkung einer dritten Person auszuschließen[36]). Danach ist hier Gewahrsam soviel wie custodia[37]), und kann sich je nach der verschiedenen Natur der Besitzobjekte selbst sehr verschieden gestalten: bald werden Anstalten nöthig sein, um den Gegenstand in Sicherheit zu bringen, der nach allgemeiner Ansicht der Bewachung bedarf; bald wird das körperliche Anfassen der Sache dazu dienen, oder auch nur die Gegenwart bei der Sache, oder eine Bezeichnung mit Merkmalen, die den Besitzwillen erkennbar machen. Die römischen Rechtsquellen liefern hierüber ein interessantes Detail, das freilich den Auslegern auch viel Stoff zu abweichenden Erklärung gegeben hat[38]). Im All-

---

[34]) I. 7 § 50. Das entspricht der herrschenden Ansicht der gemeinrechtlichen Theorie. Ihering, Besitzwille, faßt die Apprehension nicht als den Akt, durch welchen die Gewalt über die Sache wirklich begründet wird, sondern nur als einen Akt, durch welchen der Besitzerwerber seinen Willen, sich die Sache anzueignen, durch Behandlung derselben, wie sie vom Eigenthümer behandelt zu werden pflegt, kund thut. Vgl. auch Graf Pininski, Thatbestand des Sachbesitzerwerbs, S. 160.

[35]) Wie die ältere Doktrin vor Savigny annahm. S. Savigny S. 207 f. l. 1 § 21 D. XLI. 2. Non est enim corpore et actu necesse, apprehendere, sed oculis et affectu; und l. 3 § 1 D. eod. non utique ita accipiendum est, ut qui fundum possidere velit, omnes glebas circumambulet, sed sufficit, quamlibet partem ejus fundi introire, dum mente et cogitatione hac sit, uti totum fundum usque ad terminos velit possidere.

[36]) Vgl. oben Anm. 25. Kierulff S. 378. Lenz S. 171, „daß wir die Objekte haben und behalten können; es dürfe kein Hinderniß vorhanden sein, wodurch es unserem Besitzwillen unmöglich gemacht würde, sich ihnen gegenüber dauernd durchzusetzen". Randa S. 103. 105. — I. 7 § 51 sagt daher richtig: „zur Besitzergreifung ist jede Handlung hinreichend, welche den neuen Besitzer in den Stand setzt, die Sache selbst oder durch Andere zu gebrauchen und darüber zu verfügen." Vergl. J.M.Bbl. 1854 S. 105 Nr. 16d. Entsch. B. 46 S. 46.

[37]) B. 3 §§ 13. 14 D. XLI. 2. Lenz S. 184. Baron in Ihering's Jahrb. B. 4 §§ 3—9, B. 7 S. 83.

[38]) Besonders zweifelhaft ist, was als Besitzergreifungsakt bei Grundstücken anzusehen ist, die frei und offen da liegen, und bei denen der Ergreifungsakt kein bleibendes Zeichen der begründeten Gewalt hinterläßt. Hier bestimmte l. 3 § 1, l. 18 § 2 D. XLI. 2 in mea turre demonstret; es genügt also bei der Tradition eine solche Nähe (die turris steht auf dem Nachbargrundstück), daß dem Betreten des Grundstücks kein weiteres Hinderniß entgegensteht (s. g. longa manu traditio), Seuffert XII. 5, XIII. 296. Lenz S. 180 f. führt aus: die Nähe bei dem Grundstück sei nöthig, damit der Erwerber sich von der Lage und dem Umfang des Grundstücks durch eigne Anschauung unterrichten könne. Andre halten die Nähe für wichtig, weil sie die Möglichkeit der Einwirkung darbietet. S. Baron, Jahrb. B. 4 S. 44. Die Nothwendigkeit der custodia trete nur bei beweglichen Sachen hervor. Das corpus bestehe also darin, daß die Sache in eine solche Lage gebracht werde, daß sie der Besitzerwerber selbst oder durch Dritte in Obhut nehmen kann. Daß Grundstücke einseitig nur durch eine wirkliche, die Gewalt des Erwerbers über das Grundstück zeigende Handlung in Besitz

gemeinen bleibt es immer eine thatsächliche Frage[39]), ob durch die Handlung des Erwerbers die Sache in eine solche Lage gebracht worden ist, daß ihr Gewahrsam, ihre Verwahrung für jenen gesichert, daß er dadurch in den Stand gesetzt ist, auf die Sache selbst oder durch Andere unmittelbar einzuwirken, sie für seine Zwecke zu gebrauchen. Dies ist auch insbesondere bei der Besitzergreifung durch Bezeichnung der Sache festzuhalten. Das Zeichen ist werthlos, wenn die gesicherte Möglichkeit der Einwirkung auf die Sache fehlt[40]).

An sich kann die bloße Thatsache der Besitzergreifung nur das berühren, was wirklich und sichtbar zu dem Handelnden in das eben angegebene Verhältniß gebracht ist. Von Besitznahme eines Inbegriffs als eines Ganzen läßt sich nur reden, wenn der durch die Handlung dargelegte Wille des Erwerbenden darauf hinaus ging, seine Gewalt über das Ganze zu begründen. Erhellt dies aus dem Ergreifungsakt, so genügt, daß einzelne Stücke des Inbegriffs von der Handlung betroffen sind: es ist nicht nöthig, daß jede einzelne Sache ergriffen werde — aber die nicht ergriffene darf sich nicht im „wirklichen" Besitze eines Andern befinden[41]). Uebrigens gilt dies nur vom

---

genommen werden können, ist zweifellos. Die erhobene Frage bezieht sich also nur auf die Uebergabe. Darauf ist unten Anm. 59 ff. zurückzukommen. Einzelne Beispiele der Besitzergreifung beweglicher Sachen heben die Rechtsquellen hervor: wenn die Sache vor den Erwerber hingelegt wird, damit er sie ergreife: l. 1 § 21, l. 51 D. eod. l. 79 D. XLVI. 3, wenn sie in sein Haus gebracht wird: l. 18 § 2 D. eod., wenn der Schlüssel zu dem Raume, wo sich die Sache befindet, in der unmittelbaren Nähe des Raumes übergeben wird: l. 1 § 21 D. eod. l. 9 § 6 D. XLI. 1, vgl. mit l. 74 D. XVIII. 1. Savigny S. 223. Lenz S. 199. Bestellung eines Wächters: l. 51 D. XLI. 2. Lenz S. 188 fg. Bei Sachen, die ihrer Größe oder Schwere wegen nicht fortgetragen werden können, wie Säulen (daher „säulenartige Sachen" bei Lenz S. 208), genügt nach l. 1 § 21 D. XLI. 2: si in praesenti consenserit, d. h. die unmittelbare Gegenwart vertritt die Stelle des Ergreifens. Es bedarf bei ihnen nicht besonderer Vorkehrungen zu einer custodia. Solche Sachen nehmen wegen ihrer schweren Beweglichkeit eine Art Mittelstellung ein zwischen Grundstücken und beweglichen Sachen. Savigny S. 217 fg. will diese Sachen nur als Beispiel annehmen, und den Satz, daß unmittelbare Gegenwart bei der Sache zum corpus genüge, auf alle Sachen ausdehnen. Dagegen mit Recht Lenz S. 205 f. Der Besitz an Thieren wird nur ergriffen, wenn man sie gezähmt, oder wenn man sie gefangen hat und bewacht. l. 3 §§ 14. 15 D. XLI. 2 vivariis includere, in piscinas conjicere, in silvis circumseptis. Savigny S. 343. Lenz S. 262 f. Baron S. 68 f. — Eine Bezeichnung der Sache (Signiren, Anschlagen, Besiegeln u. dergl.) für sich allein bewirkt nicht den Besitzerwerb, wenn nach der Natur und Beschaffenheit der Sache andere Maßregeln nothwendig erscheinen, um die Sache in den Gewahrsam zu nehmen und in ihm zu erhalten. Bei jenen säulenartigen Sachen kann die Bezeichnung genügen. Lenz S. 209 l. 14 § 1, l. 1 § 2 D. XVIII. 6.

[39]) Ea res enim facti, non juris est. l. 1 § 3. 4. D. XLI. 2. So ist z. B. der Besitz eines Grundstücks auch dann ergriffen, wenn mit der Richtung des animus auf das Ganze und bei vorhandenem Vermögen, auf das Ganze einzuwirken, einzelne Theile bepflanzt werden. J.M.Bl. 1854 Nr. 16 d. S. 105. Entsch. B. 46 S. 46.

[40]) l. 7 §§ 56. 57. Nach § 55 reicht die Bezeichnung hin, den animus bei dem Erwerbsakt zu konstatiren, wenn sich die Sache nicht im Besitz eines Andern befindet, also eine Besitzerledigung nicht voranzugehen braucht. Das noch fehlende corpus wird aber durch die Bezeichnung nicht ersetzt. Koch S. 134. Gruchot B. 4 S. 468. Anpflanzung auf einer im Fluß entstandenen Insel als Beweis der Okkupation. Entsch. B. 46 S. 45 f.

[41]) l. 7 §§ 53. 54. Der § 49 l. 7 gehört nicht in die Lehre vom Besitz, sondern handelt

Besitzerwerb, nicht vom dauernden Besitz. Nach dem Erwerb kann nicht von einem Besitz des Inbegriffs als solchen, sondern nur von einem Besitz der einzelnen Sachen die Rede sein, der durch Besitznehmen des Inbegriffs als solchen erlangt ist. Wer den Besitz einer Sache ergreift, mit der eine andre als Pertinenz verbunden ist, hat durch Ergreifung der Hauptsache auch die Pertinenz in Besitz genommen[42]) — also ohne sie selbst ergreifen zu müssen. Aber auch hier besteht die Voraussetzung, daß die Pertinenz zur Zeit als die Hauptsache in Besitz genommen wurde, sich nicht im „wirklichen" Besitz eines Andern befand[43]). Diese Bezeichnung „wirklicher Besitz" ist nicht technisch, der Ausdruck wird im A.L.R. an verschiedenen Stellen verschieden gebraucht[44]). Man hat die Bestimmung hier dahin auszulegen, daß dabei regelmäßig vollständiger Besitz eines Andern vorausgesetzt ist. Der Umstand, daß ein einzelnes Stück oder eine Pertinenz von einem Dritten unvollständig besessen wird, kann kein Hinderniß sein, die Ergreifung des Inbegriffs oder der Hauptsache darauf zu erstrecken[45]). Das vollständige Besitzrecht besteht ja neben dem unvollständigen Besitz an derselben Sache; und deshalb kann auch der vollständige Besitz an einer Pertinenz, trotz des unvollständigen Besitzes, den ein Dritter daran hat, mit der Ergreifung der Hauptsache erworben werden. Aber wo an der Hauptsache und ihrer Pertinenz unvollständiger Besitz erworben werden soll, da hindert der Umstand, daß die Pertinenz sich bereits im unvollständigen Besitz eines Dritten befindet, den Besitzerwerb daran auf Grund der Apprehension der Hauptsache. Also: der vollständige Besitz des Dritten an der Pertinenz hindert den Erwerb des vollständigen und unvollständigen Besitzes daran; der unvollständige Besitz des Dritten an der Pertinenz hindert nicht den Erwerb des vollständigen, wohl aber den Erwerb des unvollständigen Besitzes; in dem letzteren Fall ist also auch der unvollständige Besitz ein „wirklicher" im Sinn des § 54[46]).

Die Voraussetzung der einseitigen Besitzergreifung ist die Besitzlosig-

---

von der Succession in das Recht über einen Inbegriff. Vgl. über den Besitzerwerb an einem Inbegriff Gruchot B. 5 S. 465f. Heydemann I. 351.

[42]) Förster bezog dies nur auf körperliche Sachen unter Bezugnahme auf Striethorst B. 48 S. 16. Abweichend Entsch. B. 42 S. 43, B. 82 S. 1 und Dernburg I. § 153 Anm. 7. Vergl. aber auch Entsch. B. 72 S. 268. Zu einer einschränkenden Auslegung würde ein ausreichender Grund nicht vorhanden sein; übrigens führt für subjektiv dingliche Rechte, die mit dem Besitz eines Grundstücks verbunden sind, I. 7 § 77 zu demselben Ergebniß. Vergl. deshalb unten Anm. 82.

[43]) I. 7 §§ 52. 54 J.M.Bl. 1854 S. 104 Nr. 15c.

[44]) S. oben § 157 a. E. bei Note 37.

[45]) Entsch. B. 23 S. 69. Rehbein I. 630. Striethorst B. 40 S. 40. Abweichend Strieth. B. 67 S. 278.

[46]) Koch, Komm. zu § 54 versteht wirklichen Besitz im Gegensatz zu Gewahrsam. Als Gegensatz des wirklichen Besitzes ist der Besitz zu verstehen, bei welchem der Besitzer nicht durch den Inhaber der Hauptsache oder des Inbegriffs vertreten wird, also insbesondere der Fall, wenn der Besitz nur durch ein Konstitut auf den Erwerber übertragen ist, während der Gewahrsam bei demjenigen geblieben ist, aus dessen Hand jetzt der Inbegriff oder die Hauptsache genommen wird.

keit der Sache (vacua possessio)[47]). Sie liegt vor bei der s. g. ursprünglichen Besitzergreifung. Das ist der Fall, wenn die Sache noch nicht oder nicht mehr von einem Andern besessen oder der Besitz des Andern durch fehlerlose Besitzergreifung ohne den Willen des Andern aufgehoben wird[48]). Hier ist der Besitzwille des Ergreifenden immer der des vollständigen Besitzers. Findet sich aber die Sache im Besitz eines Andern, so muß dieser sich vor dem Erwerber zurückziehen, er muß seinen Besitz zu Gunsten des Erwerbers erledigen. Der Besitzerwerb fördert hier Uebergabe[49]).

Die Definition der Uebergabe im A.L.R. ist charakteristisch: der bisherige Besitzer entschlägt sich der Sache zum Vortheil des Andern, und dieser ergreift den erledigten Besitz[50]). Ob die Uebergabe als Vertrag zu bezeichnen, ist sowohl für das gemeine wie für das preußische Recht streitig[51]). Förster sprach sich dagegen aus, bezeichnete die Akte der Erledigung und Ergreifung des Besitzes als getrennte Akte. „Erwerbsakt sei die einseitige Ergreifung des Besitzes und das Weichen des bisherigen Besitzers sei hierfür nur eine negative Voraussetzung. Wenn das Gesetz dabei bestimme, daß die Erledigung stattgefunden haben müsse „zum Vortheil des Andern", so begründe dies nur den Schein eines Vertrages. Denn daß der Besitz zum Vortheil, zu Gunsten eines Andern aufgegeben wird, sei für den Besitzerwerb nichts juristisch Wesentliches. Die Absicht oder ein Uebereinkommen darüber könne fehlen, und doch setze das bloße Aufgeben des älteren Besitzes den Erwerber in die Lage, den Besitz ergreifen zu können[52]). Daß der Erledigung des Besitzes ein Vertrag zu Grunde liegen könne, dessen Erfüllung

---

47) In vacuam possessionem intrare, ire, inducere, mittere aliquem, vacuam possessionem tradere, relinquere, occupare.

48) I. 7 §§ 55. 56, I. 9 §§ 9. 14. Gruchot B. 4 S. 468. Entsch. B. 46 S. 45f. Der Fall, wenn der bisherige Besitz durch gewaltsame oder heimliche Thätigkeit des Besitzerwerbes zerstört wird, begründet nach preußischem Recht keinen Besitz. S. unten Anm. 140ff. Vgl. Entwurf des B.G.B. § 802.

49) Lenz, Studien und Kritiken S. 165f. und Besitz S. 56f. Gruchot B. 4 S. 469, B. 8 S. 402. Puchta, Rechtsler. II. 55. Scheurl, Beiträge zur Bearbeitung des röm. R. 1853 Nr. VIII. S. 190f. Pagenstecher, Die röm. Lehre vom Eigenthum II. 193f. Ziebarth, Realexekution und Obligation S. 233.

50) I. 7 § 58. Gruchot B. 8. 409. Die bloße Erklärung, die Uebergabe sei vollzogen, kann, wenn ihr die Wirklichkeit nicht entspricht, den Besitzerwerb nicht begründen oder Dritten gegenüber nicht beweisen. Arnsb. Arch. B. 4 S. 491, B. 15 S. 84. Striethorst B. 5 S. 261, B. 9 S. 39, B. 11 S. 119, B. 12 S. 281, B. 15 S. 76, B. 20 S. 253, B. 26 S. 71, B. 38 S. 260. — Gruchot B. 4 S. 471f., Heydemann S. 380. Vgl. Entwurf des B.G.B. Reichstagsvorlage § 839 Abs. 2, wonach die Einigung des bisherigen Besitzers und des Erwerbers zum Besitzerwerbe genügt, — aber auch nur dann genügt, wenn der Erwerber in der Lage ist, die Gewalt über die Sache auszuüben.

51) Koch, Priv. R. I. S. 459. Komm. Note zu § 58 d. T. Ebenso Savigny, System III. S. 312. Unger, Oesterr. Pr. R. II. S. 170. Sintenis, Civil. I. S. 480 bejahen. Dagegen Hellfeld, Jur. for. § 580. Gesterding, Eigenthum S. 125f. Sell, Ueber bedingte Tradition, 1839 S. 8. Lenz, Puchta, Scheurl, Pagenstecher a. a. O. Siebenhaar in den Dresdner Annalen, N.F. B. 6 S. 6f. Vgl. Exner, Lehre vom Rechtserwerb durch Tradition S. 5ff. Biermann, Traditio ficta. 1891.

52) Aber kann man dann von Uebergabe reden?

sie sei, solle zwar nicht geleugnet werden, aber dieser Vertrag sei ein abgesondertes Rechtsgeschäft, die causa der Erledigung, die Uebergabe selbst werde dadurch nicht Vertrag." Das Letzte ist gewiß richtig[53]). Aber durch bloße Erledigung des Besitzes würde der zur Uebergabe der Sache Verpflichtete seine Schuldigkeit doch nicht erfüllen, wenn er den Besitz so erledigte, daß ihn jeder ergreifen kann. Die Besitzerledigung findet vielmehr bei der Uebergabe zum ausschließlichen Vortheil dessen statt, dem übergeben werden soll, der Besitz soll nur für diesen, nicht aber auch einem Andern gegenüber als erledigt angesehen werden. Dies setzt eine ausdrückliche oder stillschweigende Einigung voraus, und dieser von der causa traditionis verschiedenen Einigung kann die Natur eines Vertrages nach preußischem Recht nicht abgesprochen werden[53a]).

Mit der Frage nach der Vertragsnatur wurde von Förster die davon unabhängige Frage in Zusammenhang gebracht: giebt es eine Succession in den Besitz? Auch dies ist bestritten[54]). Stellt man sich auf den Standpunkt, daß der Besitz eine bloße Thatsache, so ist der Gedanke einer Succession nothwendig abzuweisen, weil nur in ein Recht, nicht in eine Thatsache Nachfolge denkbar ist[55]). Aber auch wenn man den Besitz als Rechtsverhältniß im Sinne der obigen Ausführungen auffaßt, so ist festzuhalten, daß das Recht des Besitzes aufhört, sobald sich der Wille von der Sache trennt. Demnach wird der bisherige Besitz durch Uebertragung beendigt[56]),

---

53) Die Tradition des Besitzes ist regelmäßig nicht für sich allein der von den Betheiligten verfolgte Zweck, vielmehr soll dadurch zugleich eine Rechtsübertragung ins Werk gesetzt werden. Insofern setzt sie regelmäßig ein anderes Rechtsgeschäft voraus, welches den Kreis der Rechte, welche durch die Besitzesübergabe übertragen werden sollen, bestimmt, z. B. ob Eigenthum, ob Pfandrecht. Die Succession in das Recht ist hiernach nicht Folge der Tradition an sich, sondern ihrer causa, regelmäßig des zu Grunde liegenden Geschäfts. l. 31 D. XLI. 1. Vergl. Ihering, Geist des Röm. Rechts II. 461. Pagenstecher II. S. 195. Zu trennen von der Frage, ob die Tradition ein Vertrag, ist die Frage, ob in der Tradition zur Eigenthumsbegründung ein besonderer „Eigenthumsübertragungsvertrag" liege. Vergl. hierzu unten § 178 Anm. 4. — Wenn im Text die Vertragsnatur der Uebergabe betont wird, so darf durchaus nicht die Folgerung gezogen werden, daß die Kraft der Willenserklärung von Beobachtung der Formvorschriften des Landrechts über Verträge abhängig sei, da es sich nicht um einen noch zu erfüllenden obligatorischen Vertrag, sondern um eine Einigung handelt, die gleichzeitig thatsächlich abgemacht wird und nur hierin ihren Ausdruck finden kann. S. B. I. § 79 Anm. 60 a. E. Die Formvorschriften gewinnen aber Bedeutung bei dem constitutum possessorium und der br. manu traditio. Vergl. unten Anm. 74 und 126.

53a) Vgl. auch R.G. Entsch. in Strafsachen. B. 2 S. 188.

54) Randa, S. 145fg. Brinz, Pand. § 138 und in Bekker's Jahrb. III. 16f., ebenso Esmarch, Vacuae possessionis traditio nehmen Succession an. Vgl. dazu Windscheid § 154 Anm. 10, aber auch Seligsohn bei Gruchot B. 26 S. 316. 593. S. unten § 162 Anm. 52. 55. 60.

55) Randa S. 146. Gruchot B. 8 S. 122 Note 2. Ueber accessio possessionis s. unten § 177.

56) Lenz, Bes. S. 173. Oben § 157 S. 15. Das Obertribunal verneint Universalsuccession in den Besitz (s. darüber unten § 162 Note 54), nimmt aber Singularsuccession an (Entsch. B. 42 S. 46). Aus I. 7 § 40 läßt sich diese nicht deduziren, wenn darin auch das Wort „Nachfolger" steht, und die Versicherung, daß es sich bei der Singularsuccession anders verhalte, als bei der Universalsuccession, leuchte von selbst ein, beweist natürlich nichts.

und in der Hand des Erwerbers entsteht ein selbständig neuer[57]). Der bisherige Besitzer weicht nur, er will nicht mehr Besitzer sein; ob und in welchem Umfange der neue Besitzer besitzen will, hängt allein von seinem eigenen Willen ab. Ebenso wenig überträgt sich die Unredlichkeit des Ersten oder die Fehlerhaftigkeit seines Besitzes auf den s. g. Nachfolger[58]). Von einer Succession kann nur in Bezug auf das Recht die Rede sein, und in dieser Beziehung knüpft sie sich an die causa traditionis.

Es ist bereits an anderer Stelle davon die Rede gewesen, daß zwar die

---

[57]) Hieran knüpfte Förster mit dem Citat: l. 21 § 1 D. XLI. 1 den Satz: „Daraus erklärt sich, daß bei der sog. Besitzesübergabe die Rechtsregel: niemand kann mehr Recht übertragen, als er selbst hatte, gar keine Anwendung findet." Der Satz könnte dahin verstanden werden, daß man auch von einer Tradition reden könnte, wenn Jemand eine gar nicht von ihm besessene Sache übergeben zu wollen erklärt, und demnächst der Andere wirklich den Besitz der Sache erlangt. Dann hat letzterer sie eben okkuppirt, nicht übergeben erhalten. Es hat keine Besitzerledigung zu seinen Gunsten stattgefunden. Insbesondere hat also auch Jemand, der eine bewegliche Sache weder besitzt noch auch im Gewahrsam hat, und der trotzdem durch ein constitutum possessorium erklärt, die Sache fortan als Detentor für einen Andern innehaben zu wollen, sicherlich einen wirksamen Rechtsakt nicht vorgenommen. Es fragt sich aber weiter: Kann Jemand, der eine Sache nur inne hat, nicht wirklich besitzt, durch Uebergabe den Besitzerwerb eines Andern herbeiführen? Mit Rücksicht darauf, daß I. 7 §§ 58. 71 ausdrücklich nur von einer Uebergabe durch den Besitzer sprechen, hat dies das Reichsgericht (bei Gruchot B. 25 S. 718) geleugnet. Aber damit wäre die Möglichkeit einer Uebergabe durch den bloßen Inhaber auch dann geleugnet, wenn der Empfänger ebenfalls nur Inhaber werden soll; und an dieser Möglichkeit ist doch nicht zu zweifeln. Aber auch wenn durch solche Uebergabe der Besitz des Empfängers entstehen soll, obgleich der Uebergebende nur Gewahrsam hatte, wirkt die Uebergabe zunächst dahin, daß der bisherige Gewahrsam erledigt wird. Der Besitz des von dem Inhaber Vertretenen aber hört solchen Falls auf, weil der Erwerber mit dem animus des Besitzerwerbs die Sache fehlerfrei apprehendirt. I. 7 § 122. Weiß der Erwerber, daß der andere Theil bloßer Inhaber war, so kann er gewiß durch die Uebergabe nicht mehr als Innehabung, keinen Besitz erlangen; denn ihm ist der Besitz des Vertretenen durch die Handlung des Inhabers nicht erledigt, er kann also die Sache nicht als ihm gegenüber besitzfrei geworden in seine Gewalt bringen: aber wenn er den Inhaber für den vollständigen Besitzer hält, so ist seine Inbesitznahme auf Grund der Uebergabe ein fehlerfreier Besitzerwerb, der den älteren Besitz durch sein Bestehen zerstört. So giebt auch das Landrecht I. 15 §§ 25 ff. ausdrücklich dem Erwerber, dem von dem bloßen Detentor übergeben ist, den Schutz des redlichen Besitzers gegen die Klage aus dem Recht zum Besitz. Von einer solchen fehlerfreien Apprehension kann aber im Falle das constitutum possessorium nicht die Rede sein, da hier der Besitzerwerb auf dem Stellvertretungsakt des unredlichen Constituenten beruht. Deshalb möchte dem Reichsgericht bezüglich des Constituts zuzustimmen sein. Das R.G. hat übrigens vom Standpunkt des gemeinen Rechts aus angenommen, daß der bloße Detentor durch possessorisches Konstitut wirksam Besitz desjenigen begründe, dem gegenüber er das Konstitut erkläre. R.G. Entsch. B. 19 S. 239. Dagegen stand der Entwurf des B.G.B. I. § 805 auf dem Standpunkt, daß ein Konstitut nur bei einer in der Innhabung des Besitzers befindlichen Sache möglich ist. Für das Recht des Reichstagsentwurfs fällt das Konstitut als Besitzerwerb unter die Regel des § 838 Abs. 2. Im Uebrigen kommt es als besonderes Institut nur für die Eigenthumsübergabe in Betracht, setzt also einen in Besitz befindlichen Eigenthümer voraus, der kraft eines zwischen ihm und dem Erwerber begründeten Rechtsverhältnisses für den Erwerber den mittelbaren Besitz im Sinne des § 852 erlangt. Reichstagsvorlage § 914. — Vergl. auch Striethorst B. 76 S. 368 und Kindel bei Gruchot B. 23 S. 92.

[58]) I. 7 §§ 40—42. S. hierzu Gruchot B. 4 S. 339. Nach gemeinem Recht überträgt sich die mala fides bei der Universalsuccession, aber nicht bei der Singularsuccession. Nach kanon. Recht setzt sich die bona fides des Autors bei dem Successor nur fort, wenn nicht bei diesem mala fides supervenit.

Eigenthumsübergabe als bedingt erfolgend gedacht werden könne, daß aber das thatsächliche Haben oder Besitzen einer Sache nicht als suspensiv bedingt gedacht werden könne; die Besitzübergabe lasse ihrer Natur nach eine Bedingung nicht zu. Unter einer auflösenden Bedingung kann nach positiver Bestimmung des Landrechts die Uebergabe des Besitzes erfolgen, der Eintritt der auflösenden Bedingung beendigt dann den Besitz[58a]). Das ist mit dem Wesen des Besitzes nicht im Widerspruch. Ebenso ist zwar eine auflösende Frist denkbar, nicht aber eine Uebergabe, die erst nach Ablauf einer Frist den Besitz des Empfangenden begründen soll.

Die Uebergabe kann ins Werk gesetzt werden 1. körperlich[59]). Der regelmäßige Hergang bei dieser einfachsten und natürlichsten Gestaltung der Uebergabe ist das unmittelbare Geben beweglicher Sachen aus der Hand in die Hand. Es genügt aber nicht die durch die Willenserklärung der Besitzerledigung begründete Möglichkeit über die Sache zu verfügen, von dieser Möglichkeit muß durch eigene Thätigkeit Gebrauch gemacht sein[59a]). Von diesem Hergang ist rechtlich der Fall nicht verschieden, wenn der bisherige Besitzer die Erklärung, sich des Besitzes zu entschlagen, so abgiebt, daß er den Erwerber ermächtigt und in den Stand setzt, ohne seine weitere Zuziehung den Besitz zu ergreifen, sofern die entsprechende Besitzergreifung folgt.

---

[58a]) I. 7 §§ 131. 132. Vgl. zu Obigem B. I. § 36 Anm. 60. Bei l. 38 § 1 D. XLI. 1 ist zweifelhaft, ob die Stelle nur von Suspension des Eigenthumsübergang handelt.

[59]) I. 7 § 61. Die Reichstagsvorlage des Entwurfs des B.G.B. hat die in den früheren Entwürfen für den Besitzerwerb enthaltene Gegenüberstellung der Fälle des körperlichen Besitzerwerbs, der brevi manu traditio und des constitutum aufgegeben, und geht auf letztere, wie schon in Anm. 57 gesagt, nur für den Eigenthumserwerb durch Uebergabe ein. Für den Besitz verlangt er nur „Erlangung der thatsächlichen Gewalt", wie immer sie begründet ist. Förster fand im Gegensatz zu § 61 in § 59 die Anerkennung einer von der körperlichen Uebergabe verschiedenen Uebergabe durch ausdrückliche Willenserklärung. Vergl. dazu Präj. 528 Entsch. B. 9 S. 170. Aus § 59 ist nur herzuleiten, daß bei der körperlichen Uebergabe nicht nothwendig beide Theile re praesente handeln: Nicht bloß dann wird die Uebergabe als vollzogen angesehen, wenn die Sache nach Abrede von dem bisherigen Besitzer in Abwesenheit des Erwerbers in dessen Behausung oder in einen unter seinem Verschluß stehenden Kasten gelegt ist, sondern überhaupt dann, wenn der Erwerber so, daß der sofortigen körperlichen Besitznahme nichts entgegen steht, ermächtigt ist, sich in den Besitz der Sache zu setzen. Dies wird, wie schon oben in Anm. 38 gezeigt, insbesondere bei Grundstücken wichtig, namentlich bei solchen, die nicht mit Gebäuden besetzt sind. Auch der Besitz der Erdscholle läßt keine dauernde Spur zurück, es ist in Wahrheit nichts mehr als ein Zeichen der wirklich hergestellten thatsächlichen Beziehung. Die Tradition entbehrt hier, wie Bähr gelegentlich geäußert hat, vielfach aller Realität. Vergl. unten § 178 Anm. 32a. Der Eigenthumsübertragungsakt der Auflassung begründet nicht den Besitz des Grundstücks Strieth. B. 100 S. 12. Aber dadurch wird nicht ausgeschlossen, daß in der Auflassung zugleich die Willenseinigung der Besitzübertragung zum Ausdruck gebracht wird, und daß die darauf hin erfolgende einseitige Besitznehmung, wenn auf Grund des sie wirklich zulassenden Willens des bisherigen Besitzers geschehen, die Uebergabe zur Vollendung bringt. — Eine Sache kann an Mehrere zum Mitbesitz durch körperliche Hingebung übergeben werden; will der Besitzer einem Andern Mitbesitz an einem ideellen Theil einräumen, so geschieht dies durch Willenserklärung, wenn er selbst, durch Uebergabe, wenn der Andere zugleich als sein Vertreter die Sache innehaben soll. Strieth. B. 52 S. 248.

[59a]) Entsch. B. 9 S. 179. Rehbein I. 625. Kein Besitzerwerb ohne eigene Handlung des Erwerbers oder seines Vertreters. Strieth. B. 26 S. 71.

Das Landrecht faßt im Zusammenhang mit dem Ergreifen des Besitzes die ihr zu Grunde liegende Besitzerledigung, mag sie ausdrücklich oder stillschweigend erfolgen, als körperliche Uebergabe. Ihr Gegensatz ist die symbolische. Als Fall der erstern erscheint es auch, wenn der Besitz durch eine wirksame Verordnung des Gerichts oder einer andern zuständigen Behörde zu Gunsten eines Andern für erledigt erklärt wird[60]).

2. Als symbolische Uebergabe bezeichnet das A.L.R. eine Uebergabe durch willkürlich gewählte Zeichen, welche hinlänglich andeuten, daß der Besitz einerseits erledigt, andererseits ergriffen worden[61]). Hierin ist aber nichts von einem Symbol enthalten[62]); das Zeichen ist nur das Beweismittel für die erfolgte Erledigung und Ergreifung, deshalb wird auch vor-

---

[60]) I. 7 § 60. Nach § 32 A. 2 des Enteignungsgesetzes vom 11. Juni 1874 schließt die Enteignungserklärung, insofern dabei nichts Anderes vorbehalten ist, die Einweisung in den Besitz in sich. Im Zwangsvollstreckungsverfahren wird eine bewegliche Sache, deren Herausgabe zu erzwingen ist, dem Schuldner vom Gerichtsvollzieher weggenommen, um dann von ihm dem Gläubiger übergeben zu werden. Vgl. oben § 157 Anm. 44.

[61]) I. 7 §§ 62—65. Gruchot B. 4 S. 474 f. Also auf der einen Seite die Absicht, sich der Sache und jeglicher Disposition darüber zu entschlagen, und auf der andern, die Sache behufs freier Verfügung darüber zu ergreifen. Entsch. B. 50 S. 54 fg., B. 54 S. 24.

[62]) Daß es keinen rein symbolischen Besitzerwerb geben kann, ist seit Savigny (S. 206 f. § 14) allgemein angenommen. Das A.L.R. war von der damaligen Doktrin, diese von deutsch-rechtlichen Anschauungen beeinflußt. Dabei ist aber zu beachten, daß in der deutschen Gewere die Begriffe Eigenthum und Besitz nicht scharf getrennt waren, daß daher, wenn auch symbolisch Grundstücke übertragen wurden, daraus nichts dafür folgt, daß durch ein Symbol der vom Eigenthum verschiedene Besitz übertragen werden kann. Unter einer symbolischen Uebertragung kann nur eine solche verstanden werden, bei welcher irgend einem Zeichen oder einer Handlung bildlich die Wirkung beigelegt wird, die Vollziehung eines Rechtsakts darzustellen. Wenn ein Zweig, ein Stück Rasen, oder ein Stein dem Käufer vor Gericht übergeben wurde, und dadurch bildlich versinnlicht werden sollte, daß das Grundstück oder das Haus selbst übergeben sei, so war dies eine symbolische Handlung. Wenn aber die Schlüssel zum Waarenlager eingehändigt werden, so werden nicht bildlich die Waaren als übergeben erachtet, sondern der Empfänger der Schlüssel hat dadurch wirklich die Möglichkeit erhalten, die verschlossenen Waaren in seine Gewalt zu bekommen. Denn, wie Sav. S. 223 ironisch sagt, es giebt noch einen anderen Gebrauch der Schlüssel, der fast noch häufiger als jener ist (nämlich als Symbol zu dienen): etwas aufzuschließen, was verschlossen ist. Man sieht hieraus, daß die symbolische Uebergabe, wie sie das A.L.R. enthält, gar keine solche ist, und daß I. 7 § 64 in den Worten „daß der körperlichen Besitznehmung ferner nichts im Wege stehe" das Korrektiv für den falschen Namen enthält. Aus demselben Grund ist die Aushändigung des Konossements über Waaren auf dem Transport keine symbolische Uebergabe des Besitzes und die Verpfändung von Waaren durch Uebergabe der Schlüssel ebenso wenig ein symbolischer Akt. I. 20 § 338. Vergl. Entsch. B. 11 S. 206, B. 13 S. 247, B. 53 S. 26 über symbolische Uebergabe des unvollständigen Pfandbesitzes. Unten § 197. Das O.-Trib. sieht in der Aushändigung des Ladescheins eine symbolische Besitzübertragung der Waare. Präj. 698. Samml. I. 23. S. dagegen Koch, Komm. Note 34 zu I. 7 § 65. Gruchot B. 4 S. 482. Die Materialien zeigen, daß die Redaktoren mehr am Namen als an dem Begriff des Symbols gehangen haben, und wenn Goßler sagte, das Symbolum wird ein Nichts, wenn die Wahrheit fehlt, so zeigt sich darin deutlich die falsche Vorstellung von Symbol, welches eben nur ein Bildliches ist. Die Redaktoren sind dabei geblieben, daß die Uebergabe eine wirkliche Thatsache, nicht bloß eine bildliche Vorstellung sein soll. Damit ist aber das Zeichen zum Beweismittel herabgedrückt. Mat. S. 239. 242. 246 f. Vergl. für preuß. R. Koch S. 132 f. Lenz, St. und Kr. S. 184 f. Gruchot B. 4 S. 473 f. Heydemann S. 354 f. — Randa S. 118.

ausgesetzt, daß der Erwerber auf die Sache schon unmittelbar einwirken kann[63]). Wenn der Schlüssel zum Waarenlager eingehändigt wird, so sind dadurch die Waaren in den Gewahrsam (custodia) des Erwerbers gelangt, der Schlüssel ist hier nicht bloß Symbol[64]). Das A.L.R. sagt nicht ausdrücklich, daß die Einhändigung des Schlüssels bei dem Behältniß geschehen müsse, aber die Sache muß so liegen, daß „der körperlichen Besitznehmung ferner nichts im Wege stehen darf" [65]).

3. Das A.L.R. stellt neben die besprochenen Formen der Tradition die Uebergabe durch Anweisung. Dabei wird vorausgesetzt, daß der bisherige Besitzer seinen Besitz durch einen stellvertretenden Inhaber ausübte. Dann kann dieser Inhaber mit Erfolg angewiesen werden, den Besitz im Namen eines neuen Besitzers fortzusetzen[66]). Der letztere erwirbt den Besitz, wenn er die ihm bekannt gemachte Anweisung annimmt[66a]). Der Inhaber wird ihm aber erst verantwortlich, sobald auch er den Auftrag empfangen hat[67]). Auf die Zustimmung des bisherigen Inhabers kommt es nicht an.

---

[63]) I. 7 § 65.

[64]) Die feine Bemerkung Heydemann's S. 355 Note 680: das „so können Waaren" u. s. w. in § 65 entspreche dem ita in l. 74 D. XVIII. 1, d. h. es sei dadurch ausgedrückt, daß nur so die Waaren durch Aushändigung der Schlüssel als übergeben anzusehen sind, wenn dies apud horrea geschehen, d. h. wenn der körperlichen Besitznahme ferner nichts im Wege steht (§ 64), läßt sich aus den Materialien nicht nachweisen. Das So steht im Kircheisen'schen Entwurf § 613 (S. 78), Svarez will den Satz beginnen mit Wenn. Es scheint daher der Gebrauch des Wortes So kein absichtlicher gewesen zu sein. Trotzdem kann das So im Sinne von ita, unter Zurückbeziehung auf § 64, ausgelegt werden, und durch diese Interpretation gewinnt jedenfalls der § 65 einen richtigen Sinn. A. M. Lenz, St. u. K. S. 188f., der es im Sinn von z. B. nehmen will. Aus gemeinrechtlicher Praxis: Seuffert III. 5. — Jedenfalls ist die Uebergabe durch Einhändigung der Schlüssel nicht der einzige Fall der symbolischen Uebergabe. Insbesondere kann in der Aushändigung cedirter (nicht an Ordre lautender) Konossements (also außerhalb der Bestimmungen in H.G.B. Art. 317. 374. 649), ebenso von Lager- oder Ladescheinen Uebergabe liegen.

[65]) I. 7 § 64. l. 74 D. XVIII. 1. Savigny S. 225. Koch S. 133. S. vorige Note. Das Recht erkennt an, daß der nur durch Symbole oder durch Anweisung begründete Besitz gegenüber dem wirklichen Haben der Sache nicht aufkommt; nur gegenüber dem Tradenten selbst, der Inhaber des Gewahrsams geblieben ist, wirkt die symbolische Uebergabe. Ist Jemandem der Besitz trotz vorgängiger Uebergabe durch Zeichen an einen Andern körperlich übergeben, so ist nur jener der Besitzer, und selbst unter mehreren Prätendenten des Besitzes auf Grund symbolischer Uebergabe oder der Uebergabe durch Anweisung entscheidet nicht die Priorität der Tradition, sondern das bessere Recht zum Besitz. I. 7 §§ 74—76.

[66]) Förster faßte die Anweisung als Uebergabe durch Willenserklärung. Das Gesetz scheidet sie von dieser.

[66a]) Die bloße Anweisung an den Stellvertreter ohne Uebereinkunft zwischen Geber und Empfänger ist keine wirksame Uebergabe. R.G. bei Gruchot B. 36 S. 951. Der Entwurf des B.G.B. (Reichstagsvorl. § 855) läßt den mittelbaren Besitz (des durch Nießbraucher, Pfandgläubiger, Pächter, Miether, Verwahrer, Vertretenen) durch Abtretung des Anspruchs auf Herausgabe der Sache übertragen. Entwurf I. § 804 kannte eine Uebergabe durch Anweisung, die wirkungslos werden sollte, wenn der Inhaber der Sache unverzüglich widerspreche.

[67]) I. 7 §§ 66—69. Lenz, Studien und Kritiken S. 195. Gruchot B. 4 S. 483. Heydemann I. 356. Koch S. 181. Es ist nach A.L.R. nicht erforderlich, daß der angewiesene Inhaber nunmehr für den Erwerber detiniren will. Es genügt, daß er Repräsentant des Anweisenden ist; und es muß der Wille erklärt sein, daß der Inhaber

Dieser kann auch nicht ohne das Einverständniß dessen, für den er besitzt, einen Anderen zum Besitzer machen, indem er erklärt, nun für ihn besitzen zu wollen, wie er nicht eigenmächtig sich selbst zum Besitzer machen oder seinen unvollständigen Besitz in vollständigen verwandeln kann. Nemo sibi causam possessionis mutare potest[68]). In der Annahme der Anweisung liegt der Apprehensionsakt des Erwerbers, in der an ihn erfolgenden Aushändigung der Anweisung und in deren Annahme durch ihn ist die für die Tradition erforderliche Willenseinigung enthalten[68a]).

4. **Die Uebergabe durch bloße Willensäußerung**[69]) erscheint in der doppelten Gestalt: α. Der bisherige Besitzer erklärt, daß er seinem Detentor nunmehr das Besitzrecht einräume[70]). Dies heißt Uebergabe zu kurzer

---

nunmehr als Vertreter des Erwerbers inne haben solle. Es genügt also nicht ein Extraditionsschein, welcher sich nach seinem Inhalt als bloße Legitimation desjenigen, der den Besitz erwerben soll, zum Empfang darstellt. Entsch. d. R.G. B. 5 S. 185. Hierüber geht nur die handelsrechtliche Lehre von den Orderkonnossementen u. dgl. hinaus. — Es genügt, wenn der neue Besitzer die Anweisung angenommen hat; ihre Vorzeigung an den Inhaber, überhaupt die Benachrichtigung des letzteren ist nicht nöthig. Entsch. B. 12 S. 182 (Rehbein I. 637). Erkenntniß des A.G.Hamm, bei Gruchot 486. Strieth. B. 14 S. 45 (Sequester). R.O.H.G. B. 11 S. 24. Unter Inhaber ist auch der unvollständige Besitzer zu verstehen. Lenz S. 486. In Entsch. B. 54 S. 60 (Striethorst B. 60 S. 73f., Rehbein I. 641) ist ausgeführt, es sei unverkennbar, daß der Gesetzgeber an die Aushändigung einer schriftlichen Anweisung gedacht habe. In der That kann die bloße Mittheilung des Erwerbers von der mündlich ertheilten Anweisung den Inhaber nicht verpflichten; die Anweisung muß ihm urkundlich zugehen oder sie muß wenigstens direkt mündlich gegen ihn erklärt sein. Auch wird der Inhaber bei Gegenständen über 150 Mark durch eine ihm gegenüber mündlich erklärte Anweisung nicht gebunden. Strieth. B. 82 S. 349 (Rehbein I. 638). Hat er sich aber auf Grund des irgend wie erklärten Willens, also unter Zustimmung des bisherigen Besitzers, mit dem neuen Besitzer in eine Abrede eingelassen, statt seiner besitzen zu wollen, so ist der Besitz des letztern entstanden. Strieth. B. 85 S. 210. — Ueber den Fall der Kollision des Besitzerwerbs durch Anweisung mit sonstigem Besitzerwerb vgl. Anm. 65.

68) l. 7 § 69. Heydemann I. 359. Gruchot B. 4 S. 487. Rechtsprüche I. 31. Rechtsf. III. 313. l. 3 § 19 D. XLI. 2, l. 2 § 1 D. XLI. 5. Der Grund des Besitzes, der die Art des Besitzrechts bedingt, kann vom Besitzer selbst und eigenmächtig in der Folge nicht geändert (d. h. in seinem Interesse verbessert) werden. Vergl. Nettelbladt, Introd. in jurispr. posit. § 827. — Sav. S. 84 und Zus. 26. 27 S. 597f. Puchta, Rechtslexikon II. 55f. Abweichende Ansichten über diese Regel haben aufgestellt: Schirmer in der Zeitschr. f. Civ.R. u. Pr. XI. 423, Baron bei Gerber und Jhering VII. 156, welcher sie nicht auf den Detentor beziehen will. S. gegen ihn Rudorff bei Sav. S. 599 und Randa S. 143 Note 6 mit Bezug auf l. 2 § 1 D. XLI. 5. Letzterer erklärt die Regel dahin, daß der Besitzwille allein noch nicht hinreichte, den Besitz zu einem rechtmäßigen zu machen. S. noch unten § 161 bei Note 69. Vergl. auch Siebenhaar und Siegmann, Komm. z. sächs. Ges.B. zu § 195 B. 1 S. 198f.

68a) R.G. Entsch. B. 22 S. 333.

69) So faßt die Fälle das Marginale, nicht der Text zu § 70 zusammen. Die gemeinrechtliche Doktrin erklärt seit Savigny das constitutum possessorium als Besitzerwerb durch Stellvertreter. Vgl. übrigens Kindel bei Gruchot B. 23 S. 84ff. und bezüglich der Begrenzung unten Anm. 75.

70) l. 7 § 70; l. 9 § 5 D. XLI. 1, l. 62 pr. D. XXI. 2, l. 9 § 9 D. XII. 1, l. 3 § 20 D. XLI. 2. Lenz, St. u. Kr. S. 190. Gruchot B. 4 S. 487f. Sav. 243. Ein Beisp. Entsch. B. 44 S. 42 (Verwandlung der Detention in Pfandbesitz durch Erklärung des Eigenthümers). Bei der br. m. traditio ist das corpus schon vorhanden und der animus tritt später hinzu. S. oben Anm. 6. Darum wäre aber auch br. m. trad. in dem Fall Entsch. B. 46 S. 39 anzunehmen gewesen. S. hierüber R. Koch, Deutsche Ger.-Zeit. 1862. S. 231. Ueber die Stellung des Entwurfs des B.G.B. s. oben Anm. 57. 59.

Hand, brevi mani traditio. Sie verlangt eine „rechtsbeständige" Erklärung. Dasselbe gilt ß. von dem Fall des constitutum possessorium: der bisherige Besitzer erklärt, daß er nunmehr für einen Andern nur Inhaber sein will[71]). Die Erklärung des Besitzers, daß er den bisherigen Inhaber zum Besitzer mache, kann diese Wirkung nur hervorbringen, wenn der letztere einverstanden ist, nicht wenn er den Besitzerwerb ablehnt, und ebenso ist nicht die einseitige Erklärung des Besitzers, für einen Andern detiniren zu wollen, sondern nur die gegenüber diesem Andern in seinem Einverständniß abgegebene Erklärung geeignet, rechtliche Folgen hervorzubringen. Der Ausdruck „rechtsbeständig", „rechtsgiltig" in §§ 70. 71 deutet zunächst auf diesen Austausch der Erklärungen[72]). Die Apprehension des Besitzes liegt in der Annahme. Erst diese macht die Erklärung des Tradenten für diesen verbindlich. Was die Form anlangt, so ist in einem Plenarbeschluß des Obertribunals ausgesprochen, daß der rechtsbeständige Abschluß des Konstituts formgerechten Abschluß des Nebengeschäfts voraussetze, durch welches oder

---

[71]) I. 7 §§ 71—73. Koch S. 181f. Lenz S. 190f. Gruchot B. 4 S. 489. Heydemann S. 357. Sav. S. 318f. § 27. Puchta, Rechtslex. II. 62. l. 18 pr. D. XLI. 2. Vgl. Entwurf des B.G.B. § 805. „Das constitutum possessorium bildet den vollkommenen Gegensatz zu der br. m. traditio: bei dieser wird der animus alteri in den sibi, bei jenem der sibi in den alteri possidendi umgewandelt." Böcking I. 464 Note 46. Nach Entsch. B. 48 S. 8 kann dem const. nur bei bereits erfolgter körperlicher Trennung von Theilen einer Sache die Wirkung des Besitzüberganges beigemessen werden; wenn aber die Möglichkeit nicht zu leugnen ist, daß Jemand in der von ihm als Eigenthümer besessenen Sache einen löslichen Bestandtheil als unvollständiger Besitzer inne hat, so wird man auch die Zulässigkeit eines const. poss. in solchem Fall nicht bestreiten können. Vgl. oben Anm. 21. — Das const. setzt voraus, daß der Konstituent über den Besitz verfügen kann. Vgl. oben Anm. 57 am Schluß. Vgl. Entsch. B. 48 S. 8. — Kann der Besitzer auch dann, wenn er nicht den Gewahrsam der Sache hat, wenn dieser vielmehr für ihn durch einen Andern ausgeübt wird, durch Konstitut übergeben? Für das gemeine Recht ist die bejahende Antwort unbedenklich. Vgl. Randa, Besitz S. 461. Für das preußische Recht macht der Wortlaut des § 71 „die Sache nunmehr für einen Andern in Gewahrsam halten" Schwierigkeit. Aber es handelt sich dabei nur um die Willenserklärung, das was dem bisherigen Besitzer an thatsächlicher Macht zusteht, fortan nur für den Erwerber zu üben, nicht um den wirklichen Gewahrsam. Deshalb hat das Reichsgericht Entsch. B. 11 S. 52 die Frage bejaht. — Das const. steht übrigens der Naturalübergabe, wenn es auf deren Rechtswirkungen ankommt, nicht überall gleich. Durch Konst. kann namentlich ein Faustpfand nicht begründet werden. Vgl. ferner bezüglich des Handelsrechts Goldschmidt Zeitschr. B. 9 S. 15, Handelsrecht § 80 und gegen Dernburg I. § 188 Anm. 14 R.G. Entsch. B. 27 S. 26. — Nicht zu billigen war es aber, wenn das Obertribunal die Besitzübergabe durch Konstitut der Besitzübergabe durch Zeichen und Anweisung darin gleichstellte, daß sie für die Frage der Besitzbegründung selbst hinter der körperlichen Tradition zurückstehe und den Vorschriften von I. 7 §§ 74—76 (vgl. oben Anm. 65) unterliege. Vgl. Strieth. B. 48 S. 13, Entsch. B. 83 S. 1 (Rehbein I. 649). Mit Recht hat sich das Reichsgericht hiergegen ausgesprochen. Gruchot B. 24 S. 408. R.G. Entsch. B. 1 S. 131.

[72]) Förster hielt die Willenserklärungen der br. m. traditio und des const. poss. für einseitige und formlose: mit Rücksicht auf die Entstehungsgeschichte (vgl. Studien in der Zeitschr. v. Simon und Strampff, B. 3 S. 610 Nr. 15) sei anzunehmen, daß die Worte „rechtsbeständig, rechtsgiltig" aus Versehen stehen geblieben seien, nachdem die ursprünglich beabsichtigte Schriftform bei der Redaktion aufgegeben worden sei. Das Reichsgericht bei Gruchot B. 31 S. 397 verlangt nur Aeußerung des Besitzwillens dessen, dem brevi manu tradirt ist, wenn auch „nicht unbedingt" eine förmliche Acceptation gegenüber dem Tradenten. Vgl. jetzt v. Grimm bei Gruchot B. 39 S. 42.

in Anschluß an welches das danach derselben Form zu unterstellende Konstitut erklärt werde[73]). Das Reichsgericht hat dieser Ausführung mit dem Hinzufügen zugestimmt, daß in dem mündlichen Abschluß eines Vertrages, nach welchem die verkaufte Sache dem Verkäufer zur Verwahrung belassen werde, das reale — die nach der Objektshöhe erforderliche Schriftform ersetzende — Moment nicht enthalten sei, daß also in solchen Fällen die Schriftform nicht entbehrt werden könne[74]).

Als Beispiele des constitutum erwähnt das A.L.R. im Anschluß an das römische Recht nur solche Fälle, in welchen sich in der Fortsetzung des Gewahrsams ein Rechtsverhältniß äußert: der bisherige Eigenthümer erklärt, er behalte sich zum Besten eines Andern nur noch den Nießbrauch vor, oder er leiht, pachtet oder miethet sein bisheriges Grundstück von einem Andern, an den er es veräußert hat[75]). Ein solches rechtsverbindliches Nebengeschäft ist also nothwendige Voraussetzung eines rechtsbeständigen Konstituts[76]), das

---

73) Entsch. B. 26 S. 1. (Strieth. B. 14 S. 329. J.M.Bl. 1855 S. 23 Pl.Beschl. Rehbein I. S. 643.) Koch, Komm. Note zu § 73 zum Theil abweichend von Obertrib.-Entsch. B. 29 S. 9.

74) Vgl. Entsch. d. R.G. B. 1 S. 392. Vom R.O.H.G. (B. 24 S. 253) ist die Frage aufgeworfen, ob das auftragsmäßige Bezeichnen bestimmter im Gewahrsam des Verkäufers bleibender Effekten mit dem Namen des beauftragenden Käufers als rechtsgiltige Erklärung eines constitutum angesehen werden könne. Insofern es auf eine schriftliche Erklärung gegenüber dem Erwerber nicht ankommt, wird man eine konkludente Willenseinigung über ein Konstitut als vorhanden ansehen dürfen; ist aber die Form erforderlich, so kann die stillschweigende Einigung nicht genügen. — Die Praxis neigt darüber hinaus im handelsrechtlichen Verkehr zur Annahme einer wirksamen Uebergabe ohne Austausch von Erklärungen, wenn der Besitzer in Vertretung des Erwerbers Handlungen vornimmt, durch welche des letzteren thatsächliche Gewalt über die Sache hervortreten soll.

75) I. 7 §§ 72. 73. — l. 28, l. 35 § 5 C. VIII. 54, l. 77 D. VI. 1. Seuffert VI. 310. Vgl. Präj. 701. Samml. I. 23. Entsch. B. 23 S. 79. Strieth. B. 12 201, B. 21 262. Gruchot B. 1 S. 101. Leihen der verkauften beweglichen Sache, Präj. 701. Samml. I. 23; der Veräußerungsvertrag muß aber vorhergegangen sein. Entsch. B. 19 S. 364 f. Diesen Satz hat jedoch das O.Trib. Entsch. B. 33 S. 34. Strieth. B. 21 S. 262 nur für den Uebergang des Eigenthums durch Konstitut festgehalten; durch Pachten des eigenen Grundstücks ohne vorangegangene Veräußerung soll der Verpächter vollständigen Besitz erwerben. Mit Recht dagegen Koch, Komm. zu § 7 und Gierse in der preuß. Anw.-Zeit. 1862 S. 321 f. Wer sein eigenes Grundstück, ohne es zu veräußern, von einem Andern pachtet, wird nicht unvollständiger Pachtbesitzer und veräußert nicht den vollständigen Besitz an den Verpächter, vielmehr nihil actum est, es ist ein juristisch unmögliches Geschäft. Oben B. II. § 136 bei Note 23. Auch ist (Strieth. B. 25 S. 186 f.) vom O.Trib. angenommen worden, daß dadurch, daß ein Erbpächter das Grundstück vom Gutsherrn in Zeitpacht nimmt, ersterer sein erbliches Recht nicht verliert, mithin kann der Gutsherr auch dadurch nicht den vollständigen, usukapionsfähigen Besitz erlangen. Daß eine Veräußerung nothwendig vorausgesetzt ist, folgt aus dem Worte „bisheriger“ in I. 7 §§ 72. 73. Die Sache ist dadurch nicht in eine bessere Lage gekommen, daß später das O.Trib. (Strieth. B. 40 S. 19) es für eine quaestio facti erklärt hat, ob der Abschluß eines Pachtvertrags durch constit. poss. den vollständigen Besitz auf den Verpächter übertrage. Vergl. noch Strieth. B 20 S. 167, wonach der Verzicht des früheren Erbpächters, der durch die spätere Gesetzgebung Eigenthümer geworden, auf sein Eigenthum gegenüber dem Gutsherrn Letzterem keinen Titel zum Uebergang des Eigenthums auf ihn gewährt.

76) Vergl. R.G. bei Gruchot B. 37 S. 118 und für das gemeine Recht R.G. Entsch. B. 5 S. 181, auch Behrend in den Verh. des XV. deutschen Juristentags B. I. S. 72. Abweichend Bähr, Urtheile des R.G. S. 67 und in Ihering's Jahrb. B. 26 S. 327 f.,

übrigens mit dem Erfolg der Besitzübertragung nur von demjenigen erklärt werden kann, der wirklich im Besitz und also wirklich in der Lage ist, in Vertretung des neuen Besitzers den Gewahrsam zu halten[77]. Denn in Wahrheit wird auch nach preußischem Recht bei dem constit. poss. der Besitz durch einen Stellvertreter erworben, dessen Vertretungsbefugniß auf der Zustimmung des Erwerbers beruht, zu dessen Gunsten das constitutum erklärt wird.

IV. Der Besitzerwerb an Rechten[78]. „Rechte, welche mit dem Besitz einer Sache verbunden sind, werden mit der Sache zugleich übergeben[79].“ Aus diesem Satze folgt einmal: der Besitz eines Rechts an einer Sache wird erworben, wenn man die Sache selbst übergeben erhält, also der vollständige Besitz des Pachtrechts, des Nießbrauchsrechts mit dem Ergreifen des unvollständigen Besitzes der zu nutzenden Sache. Aber der Satz bedeutet auch, daß der Besitz eines subjektiv dinglichen Rechts durch Uebergabe der berechtigten Sache (des herrschenden Grundstücks) erworben wird. Dies erscheint unbedenklich, wenn das Recht eine dauernde Herrichtung in der verpflichteten Sache voraussetzt (Balkentragen, Ueberbau u. s. w.), weil die Existenz der Herrichtung den Inhalt des Besitzrechts erschöpft, d. h. die Möglichkeit der Ausübung mit deren Wirklichkeit zusammenfällt[80]. Wo der Besitz der berechtigten Sache nur die Möglichkeit darbietet, das mit ihr verbundene Recht gegen das verpflichtete Grundstück auszuüben, wo also nur die Mög-

---

sowie (abweichend von früheren Ausgaben) Windscheid § 155 Anm. 8b und Dernburg Pand. I. § 181 Anm. 5. Vgl. auch R.O.H.G. B. 25 S. 250. Das Reichsgericht fordert in dem gemeinrechtlichen Urtheil als Grundlage des Konstituts ein Rechtsverhältniß, kraft dessen der Tradent, der den körperlichen Besitz übertragen hat, die Rückgabe zu fordern berechtigt sein würde. Damit harmonirt nicht, daß die Abrede einer Verwahrung als genügende Grundlage eines rechtsbeständigen Konstituts angesehen wird, obgleich der Abschluß eines pactum de deponendo dem Tradenten, der die Sache körperlich übergeben, aber daneben die künftige Verwahrung versprochen hat, kein Recht giebt, die Uebergabe der Sache zur Verwahrung zu fordern. Vgl. B. II. § 139 Anm. 8. Trotzdem wird man ein Konstitut auf Grund der übernommenen Verwahrungspflicht gewiß als wirksam ansehen müssen. Aber die bloße Erklärung für den Andern inne haben zu wollen, ohne Bezeichnung des Detentionsgrunds würde nicht in sich selbst die Norm tragen, durch welche der Konstituent gegenüber dem Erwerber eine Pflicht übernimmt, die Sache in seiner Vertretung zu halten und dem Erwerber abzuliefern. Für letztere Pflicht insbesondere müßte auf das obligatorische Verhältniß zurückgegangen werden, das durch die Tradition gelöst sein soll. Auch der Entwurf des B.G.B. I. § 805 verlangte ein Rechtsverhältniß, nach welchem der bisherige Besitzer befugt und verpflichtet ist, die Sache als Inhaber zu behalten. Die Reichstagsvorlage, die vom Konstitut, wie schon hervorgehoben, nur bei der Eigenthumsübergabe handelt, erklärt im § 914 als Uebergabeakt die Begründung eines Verhältnisses, durch das der Erwerber mittelbaren Besitz erlangt, der bisherige Eigenthümer also zum Nießbraucher, Pfandgläubiger, Miether, Pächter oder Verwahrer wird.

77) Vgl. oben Anm. 57.

78) Koch S. 146. Gruchot B. 5 S. 291 f. Heydemann I. 359. Korte bei Gruchot B. 5 S. 101 f. — Savigny §§ 44—47 S. 472 f. Puchta, Rechtslex. II. 66 f. Bruns S. 475 f. Randa §§ 24—31 S. 235 fg. Ueber den Standpunkt des B.G.B. vergl. oben § 159 Anm. 5.

79) I. 7 § 77; l. 3 pr. D. VII. 1.

80) Randa S. 288. Bruns S. 476. l. 32 § 1 D. VIII. 2 natura enim servitutum ea est, ut possideri non possint, sed intelligatur possessionem earum habere qui aedes (das berechtigte Haus, Böcking I. 469 Note 3) possidet.

lichkeit der Ausübung begründet ist, noch nicht die Ausübung selbst stattgefunden hat[81]), erklärt sich der Satz daraus, daß zum Besitzerwerb wie bei der körperlichen Sache nicht nothwendig das körperliche Ergreifen, sondern nur ein solches Verhältniß zum Gegenstand des Besitzes erforderlich ist, daß die thatsächliche Herrschaft ohne Weiteres geübt werden kann. Die Praxis des preußischen Rechts bezweifelt nicht, daß durch die Besitzergreifung der Sache (des berechtigten Grundstücks) zugleich — auch ohne Ausübung — der Besitz des Rechts erworben ist[82]).

Der Besitz anderer Rechte, die von dem Besitz einer Sache nicht abhängen, wird nur durch ihre Ausübung erworben[83]). Die Ausübung entspricht der körperlichen Ergreifung des Sachbesitzes (corpus). Sie muß geschehen mit der Absicht, das Recht als Recht für sich auszuüben[84]), und das Recht muß nach seinem wirklichen (stofflichen) Inhalt ausgeübt werden[85]). Selbstverständliche Voraussetzung ist hiernach, daß das Recht als solches möglich ist, wenn es auch nicht wirklich besteht[86]). Einmalige Ausübung des dauernden Rechts genügt schon[87]). Enthält das Recht Nebenbefugnisse,

---

[81]) l. 20 D. VIII. 1 usum juris pro traditione possessionis accipiendum esse. l. 3 § 2, l. 5 § 3 D. XLIII. 19. Nur die Fortdauer des Besitzes an diskontinuirlichen Rechten ist nicht an fortgesetzte Ausübung gebunden. l. 10 D. VIII. 5. Wirkliche Ausübung erfordern zum Erwerb: Böcking I. 474, Brinz I. S. 80 a. E., Randa S. 287 Note 1. Bossert, Das Wesen des Servitutenbesitzes nach röm. Recht. 1883. Mit der Möglichkeit der Ausübung begnügen sich schon nach röm. Recht Unterholzner, Verjähr. II. 166. Bruns S. 475. Sintenis I. S. 588 Note 36. Windscheid I. § 163 Note 5. Randa S. 302 will als Ausnahme bei dem Nießbrauch die Möglichkeit der Ausübung für hinreichend erachten wegen l. 3 pr. VII. 1 (induxerit, eumve patiatur), aber das Ergreifen des körperlichen Besitzes, nachdem der Nießbraucher mit der erklärten Absicht der Nutznießung in das Grundstück eingeführt worden, ist selbst schon ein Akt der Ausübung des Nießbrauchrechts. Dasselbe gilt im preuß. Recht vom Besitz des Pachtrechts, wenn die Pachtsache in Besitz genommen ist.

[82]) Entsch. B. 42 S. 46. Striethorst B. 37 S. 34. Abweichend freilich Entsch. B. 22 S. 304, B. 57 S. 343. S. aber insbes. Entsch. B. 82 S. 265 (Rehbein I. 661). In Entsch. B. 82 S. 1 wird die Uebereinstimmung mit dem allgemeinen Satz des § 52 hervorgehoben, daß wer den Besitz der Hauptsache ergreife, damit zugleich alle Pertinenzstücke in Besitz genommen habe. In der That muß dieser Satz, auch wenn man die fraglichen Rechte nicht als bloße Pertinenzen ansieht, die Bestimmung des § 77 innerlich rechtfertigen. Natürlich kann von einer Anwendung des § 77 dann nicht die Rede sein, wenn das Recht nicht schon zur Zeit des Besitzerwerbs mit der Sache, deren Besitz erworben ist, verbunden war, Entsch. B. 45 S. 115 (Rehbein I. 656). Vgl. Anm. 90.

[83]) l. 7 §§ 4. 5. 7. 8. Zeitschr. f. wiss. Bearb. des preuß. Rechts B. 3 S. 611 fg. l. 20 D. VIII. 1. Insbesondere giebt ertheilte Erlaubniß zur Ausübung noch nicht den Rechtsbesitz, auch nicht die Aushändigung einer Urkunde über das Recht. Eine ungeschickte Anwendung des § 78 auf Forderungsrechte s. in Entscheid. B. 13 S. 190, B. 20 S. 128.

[84]) l. 7 § 5, l. 1 § 11, l. 7 (tanquam id suo jure faceret) D. XLIII. 19, l. 22 (quasi debita), l. 25 (suo jure uti) D. VIII. 6. Randa S. 270. Studien S. 604. Animus juris, nicht opinio juris. Beides verwechselt Gruchot B. 5 S. 298.

[85]) Der Inhalt des Rechts muß durch die Ausübung verwirklicht werden. Randa S. 288. Aber nicht nothwendig Erschöpfung des Inhalts, z. B. Striethorst B. 48 S. 16. Entsch. B. 41 S. 360. Strieth. B. 32 S. 62.

[86]) Randa S. 294.

[87]) Savigny S. 480. 485. Randa S. 289. 291. Mevius, Decis. VIII. 63. Entsch. B. 50 S. 68.

oder, wie das A.L.R. sich ausdrückt, „Theile, welche aus dem Begriff von selbst folgen", so bedarf es, analog wie bei dem Besitzerwerb der Pertinenzen, keiner besonderen Ausübung dieser Theile, um ihren Besitz zu erwerben[88]). Die Ausübung des Rechts ist nach der oben angegebenen Eintheilung der Rechte verschieden: Der Besitz eines affirmativen Rechts (Reallasten, z. B. radizirte Renten, Auszug) wird erworben, wenn die Handlung, die von einem Andern als fortdauernde Schuldigkeit gefordert ist, auf Grund solcher Forderung von diesem wirklich geleistet wird[89]). Es genügt hiernach nicht die bloße Anerkennung des Rechts oder das bloße Versprechen der Leistung von Seiten des Verpflichteten. Auch wird der Besitz nicht durch den das Recht begründenden Vertrag erworben. Das Recht muß als Schuldigkeit gefordert und darauf hin in demselben Umfang und in derselben Art geleistet sein[90]).

Der Besitz eines negativen Rechts (die affirmativen Servituten, quae in patiendo consistunt, Weide-, Wege-, Wasserservituten u. s. w.) ist erworben, wenn eine Handlung als fortdauernd zustehendes Recht wirklich vorgenommen wird, der der Andere widersprechen konnte, aber nicht widersprochen hat[91]). Daraus folgt: Zum Besitzerwerb des Rechts muß die Sache, an der die Handlung vorgenommen wird, für den Handelnden eine fremde

---

[88]) I. 7 § 79. Randa S. 293. Entsch. B. 47 S. 73. Strieth. B. 49 S. 101, B. 64 S. 157 (der § 79 bezieht sich auf den qualitativen Umfang des besessenen Rechts, nicht auf die räumliche Ausdehnung des Rechtsbesitzes).

[89]) I. 7 § 80. Korte S. 117. Gruchot B. 5 S. 292. Heydemann I. 361. Randa § 30 S. 331 fg.

[90]) Man kommt also zwar nach § 77 in den Besitz der als subjektiv dingliches Recht bestehenden Reallast, wenn man das berechtigte Grundstück erwirbt (cf. oben Anm. 82), aber in den Besitz einer noch nicht bestehenden, erst gleichzeitig mit dem Erwerb des Grundstücks zu konstituirenden Reallast nur durch wirkliche Leistung des Verpflichteten Entsch. B. 45 S. 115 (Rehbein I. S. 656). Solche liegt aber auch dann vor, wenn die Leistung durch Abrechnung geschieht, oder wenn unter Anerkennung der Pflicht Befristung oder Erlaß einer einzelnen Leistung erbeten und gewährt wird (§ 654 I. 9). Duncker, Die Lehre v. d. Reallasten S. 99 f. und in der Zeitschr. f. deutsches R. II. 61 f. Einmalige Leistung genügt. Mevius, Decis. VIII. 63. Es kommt nicht nur der Wille des Berechtigten, die Leistung als Recht zu fordern, sondern auch der Wille des Verpflichteten, die Leistung als Pflicht vorzunehmen, in Betracht. Eigenthümlich ist hierbei die Stellung, welche das Landrecht dem Pächter einräumt, und von der Anm. 147 näher zu sprechen sein wird. Randa S. 334. Eine andere Frage ist, ob bewiesen werden muß, daß die Handlung als Schuldigkeit gefordert worden, oder ob nicht eine Berufung auf die Vermuthung aus I. 7 § 107 zulässig oder wenigstens der Beweis der Leistung als Schuldigkeit aus der Leistung selbst zu entnehmen ist: Schles. Arch. B. 5 S. 136. Entsch. B. 45 S. 115, B. 49 S. 63, B. 61 S. 40. Striethorst B. 33 S. 51.

[91]) I. 7 §§ 81—85. Entsch. B. 58 S. 43. Korte S. 135. Gruchot S. 295. Heydemann S. 361. Randa S. 301 fg. Die Ausübung in der Meinung des Rechts ist nicht besonders nachzuweisen, vielmehr kann hier der animus juris jedenfalls aus den Umständen gefolgert werden. I. 7 § 82. Arnsb. Arch. XIV. 595. Strieth. B. 6 S. 37, B. 27 S. 179, B. 31 S. 40. Präj. 215. Samml. I. 251. R.G. bei Gruchot B. 32 S. 928. Aber es ist nöthig, daß das Recht als ein dem Handelnden selbst zustehendes ausgeübt worden ist, also ungenügend wenn die Handlung als eine allgemeine, Jedermann gestattete vorgenommen ist. Strieth. B. 82 S. 265. (Rehbein I. 661). Ueber die Bedeutung des Worts „fortdauernd" vgl. oben § 159 Note 28.

sein[92]), und gerade die Handlung, welche den Inhalt der Berechtigung bilden soll, muß wirklich vorgenommen sein. Die durch den Besitz der Sache, worauf sie sich bezieht, dargebotene Möglichkeit der Vornahme reicht nicht aus, wo nicht der unvollständige Besitz gerade zum Zwecke der Ausübung des Rechts begründet ist, wie bei dem Nießbrauch und der Pacht oder Miethe[93]). Besitzer wird man auch hier nicht durch den das Recht begründenden Vertrag oder durch ein Zugeständniß des Verpflichteten[94]). Der Verpflichtete (der die Handlung in Zukunft leiden soll) muß ferner in der Lage gewesen sein, zu widersprechen, die Vornahme der Handlung muß ihm also bekannt geworden sein[95]), was nach gemeinem Recht streitig ist und von den meisten Neueren verneint wird[96]). In der preußischen Praxis ist das Erforderniß dauernd festgehalten[97]). Der Widerspruch muß endlich gegen den Handelnden selbst bei der ersten Erwerbshandlung oder sofort auf frischer That oder, nachdem die Kenntniß erlangt worden, erklärt werden, sonst hindert er nicht mehr den schon durch die erste Ausübung vollendeten Besitzerwerb[98]).

Der Besitz eines Untersagungsrecht (negative Servituten, quae in non faciendo consistunt, auf Licht, freie Aussicht u. s. w.) wird erworben, wenn in der Absicht einer Rechtsausübung die Vornahme einer Handlung der an sich dazu berechtigten Personen verboten und deshalb von ihr unter-

---

[92]) Rechtsf. III. 307. Entsch. B. 22 S. 340. Strieth. VI. 40. Daran schließt sich, aber es fällt damit nicht zusammen, die Streitfrage, ob der Besitz einer Servitut gegen ein fremdes Grundstück erworben werden kann, wenn das Recht in der irrthümlichen Annahme ausgeübt worden, das Grundstück sei das eigene. Ein näheres Eingehen muß bis zur Lehre vom Erwerb der Servituten verschoben bleiben. Unten § 187 bei Anm. 63. 64.

[93]) Das folgt direkt aus I. 7 § 81 „unternimmt". S. oben Note 81, namentlich auch über die l. 3 pr. D. VII. 1. Animus juris (nicht opinio juris, s. oben Note 84): l. 1 § 6, l. 7 D. XLIII. 19, l. 25 D. XIII. 6. Strieth. B. 22 S. 215c S. 219. Entsch. B. 37 S. 170f.

[94]) Randa S. 303. Unten § 187 Note 29. 30.

[95]) I. 7 § 81 „widersprechen konnte". Strieth. B. 64 S. 1. Gruchot B. 8 S. 50 interpretirt konnte im Sinn von durfte. A. M. Randa S. 305, weil auch der heimlich, also fehlerhaft erworbene Besitz Besitz sei. Das ist aber nach Landrecht derjenigen Person gegenüber nicht richtig, gegen die der Fehler begangen worden. Der Verpflichtete muß der Handlung haben widersprechen können, denn sonst konnte ihm gegenüber der Besitz nicht erworben werden. Vergl. § 313 österr. G.B. Was muß der Besitzkläger beweisen? Nach Entsch. B. 18 S. 183 (Rehbein I. 665) und Strieth. B. 29 S. 143, B. 47 S. 194, B. 64 S. 243: Umstände, aus denen die Kenntniß des Verpflichteten zu folgern; auch nach dem Erk. des O.Trib. bei Gruchot B. 5 S. 297 genügt nicht einfach Berufung auf die Vermuthung gegen Heimlichkeit und Prekarium. Ebenso Entsch. B. 58 S. 40, Striethorst B. 87 S. 159.

[96]) In der älteren Praxis wurde scientia und patientia verlangt, im Anschluß an l. 2 C. III. 34. Mevius IX. 165. Die Neuern verlangen weder Wissen noch Dulden. Sav. S. 480. Albert, Ueber den Besitz unkörperlicher Sachen S. 129f. Aus der vorlandrechtlichen Gesetzgebung s. das Edikt v. 1718 bei Heydemann S. 362 Anm. 706. Vergl. Gruchot B. 8 S. 47f., B. 5 S. 296f. und Schultzenstein bei Gruchot B. 18 S. 768.

[97]) Entsch. B. 18 S. 183 II. Strieth. B. 27 S. 64, B. 29 S. 143, B. 64 S. 1. J.M.Bl. 1854 S. 103 Nr. 8.

[98]) I. 7 §§ 83. 84. 85. Mat. S. 24. 74. J.M.Bl. 1844 S. 105 a. E. Entsch. B. 47 S. 82. Späterer Widerspruch macht den fehlerfrei erworbenen Besitz nicht zu einem fehlerhaften. Das. B. 50 S. 68. Vergl. l. 1 § 12, l. 2 D. XLIII. 19. Savigny S. 480. 486.

lassen wird[99]). Auch hier muß das Verbot in der Absicht erfolgen, dadurch ein Recht für sich auszuüben[100]). Während bei dem negativen Recht der Widerspruch von dem Verpflichteten ausgeht, um den Besitzerwerb zu hindern, geht bei dem Untersagungsrecht der Widerspruch von dem Berechtigten aus, um den Besitz zu erwerben. Das Verbot kann mündlich oder durch Handlungen ausgedrückt werden[101]). Das bloße Unterlassen ohne vorangegangenes Verbot genügt nicht zum Besitzerwerb[102]), auch muß gerade diejenige Handlung, gegen welche das Verbot gerichtet worden, und gerade in dem Umfang, wie er sich in dem Verbot ausgedrückt hat, unterlassen sein[103]). Um die Unterlassung zu konstatiren, bedarf es keines längeren Zeitraums. Sie kann im Abstehen von der schon begonnenen Handlung oder in einfacher Nichtvornahme derselben bestehen[104]). Eine Eigenthümlichkeit bei dem Besitzerwerb eines Untersagungsrechts zeigt sich aber darin, daß er schon durch die Willenserklärung dessen, der verpflichtet werden soll, ohne Weiteres begründet[105]), und daß durch ein rechtskräftiges Urtheil, das ein negatives Recht abgesprochen hat, der Besitz des diesem entsprechenden Untersagungsrechts erworben wird[106]).

Es bleibt, weil bei dem Rechtsbesitz dem Berechtigten ein Verpflichteter gegenübersteht, der regelmäßig durch das Recht in seinem Eigenthum belastet wird, die Frage übrig, wie er erworben wird gegen mehrere Mitbesitzer oder Miteigenthümer. Das A.L.R. giebt folgende Regeln: Einzelne von mehreren Mitbesitzern können durch ihre Handlungen, Duldungen und Unterlassungen nur auf ihre Antheile einem Andern das Besitzrecht einräumen. Das Besitzrecht am Ganzen wird erworben, wenn alle bisherigen Mitbesitzer handeln, dulden, unterlassen. Kein Einzelner kann durch sein Handeln und Dulden den anderen Mitbesitzern etwas vergeben[107]).

---

99) I. 7 §§ 86. 87. Korte S. 137f. Gruchot B. 5 S. 301f. Heydemann S. 362. Randa S. 312f. Puchta, Rechtslex. II. 70. Seuffert VI. 15, XIV. 13.

100) l. 45 D. XXXIX. 2.

101) Randa S. 316 z. B. durch Verschließen eines Brunnens, der die Benutzung der Andern ausschließen soll. Entsch. B. 33 S. 80 (Rehbein I. 670).

102) Randa S. 314. Wenn der Eigenthümer freiwillig etwas zu thun unterläßt, so kann daraus ein Dritter kein Untersagungsrecht gegen ihn herleiten. Entsch. 37 S. 51. Strieth. B. 28 S. 112, B. 32 S. 57 B. 40 S. 78.

103) Randa S. 319.

104) Randa S. 320 Note 17. Das Präj. 913 (Samml. I. 23) verlangt den „Hinzutritt einer Handlung des Verpflichteten" im Gegensatz zu einer bloßen Willenserklärung desselben.

105) I. 7 § 87 Präj. 913. Samml. I. 23. Heydem. I. 362 Note 707.

106) J.M.Bl. 1854 S. 104 Nr. 12. Strieth. B. 2 S. 49f., B. 18 S. 305, B. 26 S. 111, B. 28 S. 116, B. 41 S. 188. Entsch. B. 41 S. 59 (Rehbein I. 671). Strieth. B. 41 S. 188, B, 83 S. 315. Offenbar unrichtig ist, daß gegen ein solches Judikat nicht ein neues negatives Recht erworben werden kann. S. gegen diese Ansicht des O.Trib. Koch, Komm. Note zu § 87.

107) I. 7 §§ 88. 89. Simon und v. Strampff, Mater. S. 146. Gruchot B. 5 S. 303f.. der richtig darauf hinweist, daß §§ 88 und 89 im Grunde dasselbe sagen. Heydem. I. 363.

Soll gegen eine juristische Person, insbesondere eine Korporation oder Gemeinde, der Besitz eines Rechts erworben werden, so muß bei dem affirmativen Recht die Handlung in verfassungsmäßiger Weise (auf Grund eines statutenmäßigen Beschlusses) von denjenigen Organen geleistet sein, welche die juristische Person verpflichten können[108]), die Duldung dagegen (bei dem negativen Recht) und die Unterlassung (bei dem Untersagungsrecht) muß zwar von der Gesammtheit der Mitglieder geübt sein[109]), aber die Kenntniß ihrer Repräsentanten von dem Verbot, welchem Folge geleistet, oder von der vorgenommenen Handlung, welcher hätte widersprochen werden müssen, reicht aus, um die Gemeinde selbst zum Widerspruch oder zur Zuwiderhandlung zu verpflichten, wenn der Besitzerwerb abgewendet werden soll[110]).

V. Der Besitzerwerb durch Stellvertreter[111]). Possessionem acquirimus animo et corpore, animo utique nostro, corpore vel nostro vel alieno[112]). Es ist hiernach zulässig, daß die Erwerbshandlung (corpus) durch einen Andern in Vertretung des Erwerbers vorgenommen wird. Der Satz bezieht sich nur auf die freie Stellvertretung; bei der nothwendigen wird nothwendig auch der Erwerbswille ergänzt, und die Erwerbshandlung des gesetzlichen Vertreters gilt als die des Vertretenen[113]).

1) Die freie Stellvertretung. Das A.L.R. bestimmt: „Nur insofern Rechte durch die Verträge eines Andern erlangt werden können, kann auch der Besitz durch die Handlung eines Andern erworben werden[114])". Aus dem Wortlaut dieser Vorschrift folgt, daß der Stellvertreter entweder bevollmächtigt sein, oder daß die ohne Auftrag in Stellvertretung vorgenommene Erwerbshandlung demnächst genehmigt werden muß. Danach kommt es auch im preußischen Recht auf den eigenen Besitzwillen des Prinzipals an.

---

108) I. 7 §§ 90. 91. Simon und v. Strampff, Studien S. 615 f. Mater. S. 71 f. Gruchot B. 5 S. 304, wo auch Citate der älteren gemeinrechtlichen Praxis. Heydemann S. 363. Wenn die handelnden Vertreter nicht autorisirt waren, so genügt, daß die Mitglieder Kenntniß hatten und nicht widersprochen haben. Strieth. B. 95 S. 78.

109) Strieth. B. 11 S. 176. Gegen Gruchot's Widerspruch B. 5 S. 305. 306 darf eingewendet werden, daß der Besitz eines Kirchenstuhls doch wohl nur als Besitz des Rechts aufgefaßt werden kann, den Stuhl zu benutzen; dem Sachbesitz fehlt die Absonderung der Sache (Theil eines Ganzen). Strieth. B. 62 S. 228. Oben S. 41. So auch Böhmer, Jus paroch. l. c. 2. Leyser XXII. 4. Glück II. 430. Seuffert VI. 420, XI. 272.

110) I. 7 §§ 92—95. Strieth. B. 11 S. 176.

111) Koch S. 176. Heydemann I. 349. Gruchot B. 4 S. 435 fg. — Savigny § 26 S. 304 f. Puchta, Rechtslex. II. 59. Randa S. 186 f., 339 f. L. Hauser, Stellvertretung im Besitz 1871. Kindel bei Gruchot B. 23 S. 579. 785. Siegmund Schloßmann, Besitzerwerb durch Dritte 1881. Mitteis Stellvertretung S. 51.

112) Paull. S. R. V. 2 § 1. l. 3 § 12 D. XLI. 2, l. 53 D. XLI. 1, l. 8 C. VII. 32.

113) Kuntze, Die Oblig. und Singularsucc. 1856. S. 271.

114) I. 7 § 45. Vgl. Entwurf des B.G.B. I. § 801, in der Reichstagsvorlage gestrichen, vgl. als Reichstagsvorl. §§ 160 ff. Stellvertretung ohne Auftrag ist Geschäftsführung; die Grundsätze von dieser, nicht, wie Förster sagte, von den Verträgen zu Gunsten Dritter, greifen ein.

Der Fall des Vollmachtsauftrags bietet keinen Zweifel. Ist der Auftrag speziell auf den Besitzerwerb gerichtet, so will schon der Vertretene den bestimmten Erwerb; der Vertretungshandlung des Bevollmächtigten bedarf es aber bei der thatsächlichen Ergreifung, die er in der Absicht vornehmen muß, den Besitz seinem Machtgeber zu erwerben[115]. Aber auch das Generalmandat genügt. Es ist jetzt in der gemeinrechtlichen und preußischen Praxis die herrschende Ansicht, daß auch die Thätigkeit eines Generalbevollmächtigten genügt, um dem Machtgeber den Besitz zu erwerben, ohne daß letzterer spezielle Kenntniß von dem Besitzerwerb zu haben braucht, wenn nur in der Ertheilung der Generalvollmacht die Ermächtigung zu solchen Handlungen, also der Wille auch dahin enthalten ist, das, was der Bevollmächtigte mit dem Willen der Vertretung ergreifen wird, zu besitzen[116]. Aus gleichem Grunde erwirbt der Verwalter für den Herrn den Besitz, wenngleich dieser davon noch nicht Kenntniß hat[117], und vermöge positiver gesetzlicher Vorschrift auch der Nießbraucher, der kraft seines vollständigen Nutzungsrechts den Eigenthümer vertritt[118]. Dagegen kann durch bloße Miether und Pächter ohne besonderen Auftrag ein neuer Besitz für den Eigenthümer nicht erworben werden, da ihr Vertragsverhältniß die Ermächtigung dazu nicht begründet, wenn auch bezüglich des gepachteten Objektes der Pächter oder Miether als unvollständiger Besitzer und in so weit als

---

[115] Savigny S. 312. l. 34 § 1, l. 49 § 2 D. XLI. 2, l. 1 C. VII. 32. Die Usukapion beginnt aber nach röm. Recht erst mit der erhaltenen Kenntniß von der Ergreifung l. 47 D. XLI. 3, l. 49 § 2 D. XLI. 2. Seuffert XII. 231. Matthiä, Kontrov.-Lex. I. S. 115 bei Nr. VI.

[116] Savigny S. 316 bestreitet, daß der procurator universorum bonorum Besitz erwerben kann ohne speziellen Auftrag hierzu, und zwar auf Grund der l. 42 § 1 D. XLI. 2. Aber die Worte si sua sponte emerit bilden nicht den Gegensatz des allgemeinen Auftrags zum speziellen, sondern es ist der Gegensatz ausgedrückt zwischen einem Kauf für den Auftraggeber und in eignem Namen. Die Glosse hat den Generalmandatar dem Spezialmandatar gleichgestellt. Ebenso Donellus, Comment. V. c. 8 § 10. Vinnius, Comment. in instit. II. c. 9 § 6. Stryck, Us. med. XLI. tit. 2 § 5. Pufendorf, Observ. I. 8. Vergl. Unterholzner (Krit. Zeitschr. f. Rechtswiss. IV. 387), Puchta (Kleine Schr. Nr. 32), der jedoch zwischen dem generellen und universellen Mandat (proc. omnium bonorum) unterscheidet und bei dem letzteren ein spezielles Mandat erfordert. Rechtsl. II. 61. S. ferner insbesondere Bremer in der Zeitschr. f. C.-R. und Proz. B. 11 S. 211 f., B. 17 S. 193 f. Randa S. 197 a. E. f. Windscheid § 155 Anm. 9. Dagegen sind Koch S. 178, Kierulff S. 380, Schirmer in d. Zeitschr. für Civ.-R. u. Pr. B. 14 Nr. 3 S. 169. Brinz I. S. 519. Die Praxis ist fest in der Gleichstellung des speziellen und generellen Mandats. Seuffert II. 135, IV. 205, V. 106, VIII. 231, X. 134. Matthiä, Kontrov.-Lex. I. 116 f. Präj. 4. 5. 6. Das A.L.R. verlangt zum Besitzerwerb nicht Spezialvollmacht. Vergl. I. 13 §§ 99—109. Koch S. 180 f. Und aus der preuß. Praxis: Strieth. B. 26 S. 117, B. 32 S. 199 und Entsch. B. 22 S. 321 f. Strieth. B. 5 S. 156 (Pl.B.), wo der Satz auch für gemeines R. deduzirt ist. Besonders ist hier der Besitzerwerb von Prädialservituten durch Gutsverwalter, Hirten und Schäfer hervorzuheben, auf welche Fälle sich jene Entscheidungen beziehen. Arnsb. Arch. B. 14 S. 641. Vergl. l. 1 §§ 7. 11, l. 3 § 1 D. XLIX. 19, l. 6 pr. l. 20. 24 D. VIII. 6.

[117] S. vorige Note. Seuffert II. 135, VIII. 231.

[118] I. 21 § 98. Unten § 161 bes. Note 88. Entsch. B. 44 S. 127. Strieth. B. 45 S. 105.

Stellvertreter des vollständigen Besitzers angesehen wird[119]). Einen Auftrag zur Besitzergreifung hat indessen die Praxis auch darin gefunden, daß ein Vermiether eines Grundstücks zugleich die Ausübung eines von ihm noch gar nicht besessenen Rechts vermiethete[120]).

Nach den Grundsätzen des A.L.R. über die Geschäftsführung ohne Auftrag ist zum Besitzerwerb durch einen solchen Geschäftsführer nöthig, daß der Vertretene nachträglich den Ergreifungsakt genehmigt, hierdurch wird nachträglich festgestellt, daß der Erwerb dem Willen des Vertretenen entspricht[121]). Darin stimmt das preußische Recht mit dem gemeinen überein. Nöthig ist also auch hier, daß der Vertreter für den Vertretenen und statt seiner apprehendirt hat, daß er für die Apprehension willensfähig war und auch den Willen hatte, den Akt für den Vertretenen vorzunehmen, und daß nun der Vertretene erkennbar werden läßt, daß er den Erwerb weiß und will[122]). Der Vertretene übt auch in diesem Fall nicht eine bloße äußerliche Handlung, sondern eine Handlung von bestimmter juristischer Wirkung, die sich nicht denken läßt ohne den gerade diese Wirkung bestimmenden Willen[124]). Hiernach genügt es nicht, daß Handlungen, welche Jemand in eignem Interesse vornimmt, auch im Interesse einer anderen Person liegen, um bei hinzukommender Genehmigung Besitz für letztere zu begründen[125]).

Wenn diese Tradition, wie oben ausgeführt worden, nicht durch zufälliges Zusammentreffen zweier einseitiger Akte, der Besitzerledigung und der Besitzergreifung, wirksam wird, vielmehr nur als Willeneinigung über Aufhebung des bisherigen Besitzes zu Gunsten des Erwerbers den Besitzerwerb begründet, so kann regelmäßig durch Tradition eines Stellvertreters ein Be-

---

[119]) Strieth. B. 24 S. 69, B. 29 S. 209. Rechtsfälle III. 251 Nr. 2. Entsch. B. 44 S. 123 (Rehbein I. 672) und der Rechtsfall bei Gruchot B. 4 S. 444 fg. Randa S. 199.

[120]) Entsch. B. 18 S. 157. Gruchot B. 4 S. 445.

[121]) Vgl. oben B. 2 § 149.

[122]) Gruchot B. 4 S. 446. Entsch. B. 50 S. 44. Striethorst B. 49 S. 359. Rehbein I. 675. Die Genehmigung wirkt rückwärts. Koch, S. 180. Oben B. 1 § 42 Anm. 34. l. 24 D. III. 5. Sav. S. 315 a. E. f. Randa S. 197.

[123]) l. 1 §§ 9. 10. 19. 20 D. XLI. 2. Seuffert X. 130. In Betreff der Treulosigkeit des Mandatars s. l. 37 § 6 D. XLI. 1.

[124]) Koch S. 176. Randa S. 197 f. 200 f. Jhering, Jahrb. B. 1 S. 287. Schenrl, das. B. 2 S. 20 f. Die Handlung des Vertreters muß in ihrer Totalität, sowohl für als gegen den Prinzipal in Betracht kommen. Daher wird durch eine Handlung des Vertreters, die er vi, clam, precario vorgenommen, für seinen Machtgeber der Besitz nicht erworben. J.M.Bl. 1854 S. 107 Nr. 29. Strieth. B. 3 S. 353.

[125]) Bei Seuffert II. 11, XIV. 212 wird für Mahlgäste, die zur Mühle einen Weg benutzt haben, ausgeführt: „dieses Fahren sei gar nicht als ein reines (?) factum alienum, sondern als ein solches zu betrachten, welches im Interesse des Mühlenbesitzers geschehen ist“ (Holzkäufer im Verhältniß zum Waldeigenthümer). Das. III. 11. Aehnlich sind hier Schankgäste, wo auch die Vornahme der Handlung zugleich im Interesse des Wirths betont wird. Es kommt hier, was wohl zwischen den Zeilen dieser Judikate zu lesen ist, darauf an, daß in der Thätigkeit die Absicht lag, den Zugang auf Grund eines Rechts desjenigen, zu dem gegangen wurde, auszuüben. Abweichend Langenn und Kori, Erört. prakt. Rechtsfragen I. 332. (Gruchot B. 4 S. 439 f.)

sitzerwerb zu Gunsten des Vertretenen nur dann begründet werden, wenn der Empfänger den Willen, für den bestimmten Machtgeber Besitz zu ergreifen, zu erkennen gegeben hat. Eine dahin gehende Erklärung liegt auch in der einfachen Annahme, wenn der Uebergebende ausdrücklich erklärt hat, ihm als Vertreter zu übergeben. Wird abgesehen von diesem Fall vom Empfänger die Uebergabe entgegengenommen, ohne daß er den Willen für einen Andern zu erwerben erkennbar macht, so kann sein die äußere Handlung leitender Wille nicht anders aufgefaßt werden, als dahin, daß er die Gewalt über die Sache zunächst für sich erlangen will, wenn auch mit der Absicht, demnächst den Besitz dem andern zu Gute kommen zu lassen, ihn ihm zu übertragen. Dazu bedarf es dann aber eines neuen Aktes der Besitzübertragung. Als genügend ist aber anzusehen, wenn der Empfänger durch sein Verhalten auch nur anzeigt, daß er für einen Andern Besitz erwerben will, den er nicht näher bezeichnet, und wenn darauf hin die Uebergabe statt findet, ohne daß der Uebergebende auf Kenntniß der Person dessen, den jener vertritt, Werth legt. Dann muß eine Besitzerledigung zu Gunsten des nicht bezeichneten Vertretenen und Besitzerwerb in Vertretung angenommen werden[126]).

Schon das neuere gemeine Recht hat grundsätzlich die Stellvertretung im Rechtsverkehr ganz allgemein als zulässig anerkannt, ohne daß der Ver=

---

[126]) Förster wollte das Wissen des Tradenten nur bezüglich des Eigenthumsübergangs auf den Vertretenen als erheblich anerkennen, und auch hier nur in beschränktem Maße. Vergl. auch Scheurl Beitr. B. I. S. 208, Randa S. 203 (2. Ausg. S. 425), Arndts § 145 Anm. 3, Bremer, Zeitschr. f. Civilrecht und Prozeß B. 20 S. 43, Vangerow § 311 Anm. 1, Puchta, Pand. § 148, Kl. civ. Schriften Nr. 32. S. auch Meischeider S. 273. Hauser, Stellvertretung im Besitz S. 18. Vergl. R.G. Entsch. B. 11 S. 128. Dernburg (B. I. § 154 Anm. 4) nimmt zwar für den Fall, daß der Tradent erklärt, die Sache dem Empfänger für einen Andern zu übergeben, während der Empfänger die unausgesprochene Absicht hat, für sich zu erwerben, nach der von ihm als maßgebend angesehenen l. 13 D. XXXIX. 5 im Anschluß an Bremer, Zeitschr. f. C. u. Pr. N. F. B. 20 S. 25 an, daß nicht Besitz des Empfängers, sondern des Vetretenen begründet werde: aber wenn A die Sache dem B übergiebt in der Meinung, daß B sie für sich selbst erwerben solle, während B stillschweigend — im Einverständniß mit C — die Absicht hat, für C zu erwerben, nimmt er Besitz des C an. Ja selbst wenn B in Wahrheit den Besitz für sich erwerben will, oder er ist dem C obligatorisch verpflichtet, für ihn zu erwerben, so gilt ihm der Besitz des C als begründet. Eine abweichende Ansicht soll der Untreue Thür und Thor öffnen! Der Grund dafür, daß der Wille für einen Andern, und nicht selbst durch die Uebergabe den Besitz zu erwerben, dem Uebergebenden kenntlich gemacht sein muß, um den Besitzerwerb des Vertretenen annehmen zu können, liegt darin, daß der Besitz durch Tradition nur zu Gunsten dessen erledigt wird, dem tradirt werden soll, ferner darin, daß auch als Wille des Empfängers bei der Tradition das angenommen werden muß, was er in die Erscheinung treten läßt, das Handeln im eigenen Namen, endlich darin, daß der einmal für ihn begründete Besitz nicht durch einen rein innerlichen Akt auf den Vertretenen übertragen werden kann. Vgl. auch Ihering Jahrb. I. 319, Pagenstecher, Eigenthum II. S. 204. Windscheid, Pand. § 155 Anm. 7. Seuffert V. 112. 253, X. 134, XII. 122, XV. 100, XXX. 8. — Die oben citirten Schriftsteller gehen davon aus, daß der Tradent regelmäßig den Willen habe, an den zu übergeben, für den der Empfänger erwerben wolle. Wo sich ein solches Einverständniß als wirklich vorhanden und äußerlich geworden annehmen läßt, besteht Willenseinigung. Eine Vermuthung dafür läßt sich aber nicht begründen.

treter eine von dem Vertretenen abhängige Person zu sein braucht[127]). Hiernach fällt das Interesse der Frage weg, warum die Römer, welche solche Vertretung für unmöglich erachteten, sie dennoch utilitatis causa bei dem Besitzerwerb gestatteten[128]), und man ist nicht mehr genöthigt zu untersuchen, ob der Grund davon in dem Wesen des Besitzes als eines nur thatsächlichen Verhältnisses liege.

2) Während bei der freien Stellvertretung der Wille des Vertretenen das entscheidende Moment für den Besitzerwerb bleibt, und dieser Wille nicht durch den eines Andern ersetzt werden kann, stellt sich dies naturgemäß anders bei der nothwendigen Vertretung, bei Personen, die nicht willensfähig sind. Hier ist es Sache des Vertreters durch seinen Willen den der vertretenen Persönlichkeit fehlenden Willen zu ergänzen: danach ist zweifellos, daß z. B. Unmündige und Geisteskranke durch ihre Vormünder und Pfleger nach deren Willen Besitz erwerben. Wie es dazu keines Auftrags bedarf, so ist auch die Kenntniß des Bevormundeten von dem Besitzerwerb gleichgiltig[129]). Das Gleiche muß im Allgemeinen von den juristischen Personen gelten[130]). Nach der Natur und Verfassung der einzelnen juristischen Personen, die erst später eingehend erörtert werden kann, entscheidet sich, wer als der Willensträger der juristischen Person anzusehen ist, und ob dem einzelnen handelnden Organ auch diese Funktion zukommt oder ob das handelnde Organ nur die Stellung eines Beauftragten hat, der nach dem anderweit sich bildenden Willen der juristischen Person, wenn auch vielleicht mit sehr freier Verwaltungsbefugniß thätig ist[131]). Um für die juristische Person den Besitz zu erwerben, müssen zunächst die dabei thätigen Personen mit dem Willen, es für jene zu thun, den Besitz ergreifen[132]). Auch wenn der Wille des Handelnden für die Willensbestimmung der Korporation nicht maßgebend ist, bedarf er eines besonderen, durch einen statutenmäßigen Beschluß geäußerten Auftrags nicht, wenn die Besitzergreifungshandlung unmittelbar in den Umkreis der Thätigkeit gehört, die er als Beamter oder An-

---

127) Oben B. I. § 42 unter 2. B. II. § 141 bei V.

128) Paull. S. R. V. 2 § 2. l. 1. C. VII. 32. Savigny S. 311. 313.

129) Oben § 158 bei Note 5. 6. 7.

130) Studien in Simon u. Strampff's Zeitschr. B. 3 S. 609 Nr. 13. Dem A.L.R. fehlt eine Bestimmung hierüber, sie wird nicht, wie Goßler meinte, durch die §§ 26 ff. I. 7 ersetzt. Centralblatt 1839 Sp. 733 ff. Striethorst B. 31 S. 40 f. Koch S. 160 f. Bornemann I. 245. Heydemann S. 349. Gruchot B. 4 S. 447 fg. Randa S. 188 fg.

131) Nur für die Gemeinden und Korporationen enthält der siebente Titel einige Bestimmungen, welche entsprechend den Vorschriften des Korporationsrechts „die Mehrheit der Mitglieder“ (§ 26) als das regelmäßige Willensorgan festhalten, das ersetzt oder vertreten werden kann durch die „Repräsentanten“ § 32, während die „Vorsteher und Beamten § 34 nur als Beauftragte erscheinen, deren Thätigkeit sich als freiwillige Stellvertretung charakterisirt. Vgl. auch l. 1 § 22, l. 2 D. XLI. 2, l. 14 D. L. 1. Matthiä, Kontrov.-Lex. I. S. 120 f. (bei Gruchot S. 447 a. E. f.). Rechtspr. B. 4 S. 297 Centralbl. 1842 Sp. 151. Strieth. B. 31 S. 40 d. Ueber die Frage, wann ein solcher Besitzerwerb redlich oder unredlich ist, s. unten § 163 a. E.

132) Besitzergreifung der Vertreter des Fiskus, Strieth. B. 52 S. 27.

gestellter der Korporation zu üben hatte, dann erscheint er vermöge seines Verhältnisses zu der juristischen Person als beauftragt und also berechtigt und befähigt, für sie die Apprehension vorzunehmen[133]). Dagegen muß die Apprehension von dem Willensorgan der juristischen Person beschlossen werden, wenn der Handelnde nicht schon eine solche allgemeine Ermächtigung hat, welche den Besitzerwerb in sich schließt. Dieser Beschluß gilt dann als Besitzwille der Korporation[134]). Das alles ergiebt sich schon aus allgemeinen Gesichtspunkten. Das A.L.R. hat aber daneben die besondere Bestimmung, daß für eine Gemeinde der Besitz auch durch Handlung sämmtlicher Mitglieder der Gemeinde, in deren Uebereinstimmung sich der Wille der Gemeinde kund thut, unmittelbar ergriffen werden kann[135]).

Nach alledem läßt sich der Umfang der Rechtsregel ignoranti non acquiritur possessio[136]), die A.L.R. so ausdrückt: „Niemand kann ohne oder wider seinen Willen wirklicher Besitzer einer Sache werden"[137]) dahin bestimmen, daß sie keine Beziehung auf die Vertretung willensunfähiger Personen hat und sich auf die Fälle freier Stellvertretung beschränkt. Aber auch hier heißt der Satz nicht, daß der Erwerber Kenntniß von der Ausführung des aufgetragenen Erwerbsakts durch den Vertreter erlangt haben muß[138]), und auch nicht, daß der einzelne Erwerbsakt speziell aufgetragen sein muß,

---

133) Pl.-Beschl. Entsch. B. 22 S. 321. Rehbein I. 679. Der Hirt erwarb hier Besitz für die Gemeinde wie ein anderer Mandatar für den Vertretenen.

134) Koch, bes. S. 159f.

135) I. 7 §§ 26f. Strieth. B. 31 S. 40d. Voigtel in der pr. Anw.-Z. 1865 S. 215. An und für sich sind sämmtliche Mitglieder der Gemeinde oder die Mehrheit nicht die Gemeinde selbst (Randa S. 190 Note 5). Streng genommen kann nur die Apprehension (corpus) durch alle oder einzelne Mitglieder vorgenommen werden, der Besitzwille müßte sich durch einen Beschluß des Willensorgans, im Zweifel also der Gemeinde selbst präzisiren. Aber wenn alle Gemeindeglieder oder auch nur die Mehrheit derselben für die Gemeinde handeln, so wird hier ein ausdrücklich gefaßter Beschluß als entbehrlich erachtet. Dagegen kann, abgesehen hiervon, durch Handlungen einzelner Gemeindeglieder, ohne solchen Beschluß der Besitz nicht erworben werden. Koch S. 160f. (Die Bemerkung von Randa S. 192 Note 5b zu dem von Koch S. 161 mitgetheilten Rechtsfall trifft insofern nicht zu, als die Benutzung des Thorwegs durch die Mitglieder der Stadtgemeinde nicht auf Grund eines verfassungsmäßigen Willensentschlusses ihrer Vertreter erfolgt war.) Die gemeinrechtliche Praxis läßt bei dem Besitzerwerb an res, quae in cummuni usu habentur, durch die einzelnen Gemeindeglieder auch den animus vertreten. S. die von Gruchot mitgetheilte Entsch. Seuffert IX. 255. Ebenso Plen.-Beschl. Präj. 1126. Entsch. B. 8 S. 3 (Rehbein I. 677). Vergl. hierüber Koch, Beurth. S. 524 und Komment. Note zu § 34. Piners im Arnsb. Arch. B. 8 S. 452f. Sommer das. B. 11 S. 237. Brandis das. B. 12 S. 247f. Rechtsfälle B. II. S. 94. Daß alle oder die Mehrheit der Mitglieder den Besitz mit der Absicht für die Gemeinde zu handeln ergriffen haben, wird sich nicht leicht feststellen lassen: es kommt auf die vom Richter im einzelnen Fall zu würdigenden thatsächlichen Momente an. Fehlt jene Absicht, so kann von einem Besitzerwerb für die Gemeinde nicht die Rede sein. R.G. bei Gruchot B. 25 S. 717. Handlungen von Nichtgemeindemitgliedern können nicht in Betracht kommen. Entsch. B. 53 S. 16f.

136) Sav. S. 307. Lenz S. 118.

137) I. 7 § 43.

138) l. 1 C. VII. 32. Entsch. B. 22 S. 329f. cf. Anm. 133.

wenn nur der allgemein ertheilte Auftrag die Legitimation zu Besitzerwerbshandlungen mit umfaßt[139]).

VI. Der Besitzerwerb wird nach preußischem Recht gehindert durch Fehler der Erwerbshandlung[140]). Die Erwerbshandluug darf nicht mit Gewalt oder Betrug, auch nicht heimlich unternommen werden, es darf nicht eine Gefälligkeit des Besitzers gemißbraucht werden[141]). Sonst entsteht nicht etwa bloß eine possessio injusta, sondern im Verhältniß zum bisherigen Besitzer, demgegenüber der Fehler vorliegt, wird überhaupt kein Besitz begründet. Die Fehler hemmen aber den Erwerb des Besitzrechts nur dem gegenüber, dem durch solche Handlungen der Besitz entzogen ist; jeder dritten Person gegenüber giebt auch der fehlerhafte Besitzerwerb das Besitzrecht, und wer vom fehlerhaften Erwerber den Besitz fehlerlos erworben, gilt selbst nicht auch als ein fehlerhafter Besitzer[142]). Daß ein Anderer ein besseres Recht zum Besitz hat,

---

[139]) Oben bei Note 116.

[140]) Bornemann I. 81. Koch, Bes. S. 31 fg., 268 fg. Strohn, Z. L. v. Besitz in Strieth. B. 18 S. 343 f. Baron, Abh. Nr. 1. Heydemann I. 363. 375 f. Gruchot B. 5 S. 306 f. — Savigny § 11 S. 177 fg. § 39 S. 419, § 40 S. 421, § 41 S. 452, § 42 S. 458. Randa S. 78 f.

[141]) I. 7 §§ 96. 97. 98. 106. Zu den drei Besitzfehlern des röm. R. vi, clam, precario, fügt das A.L.R. noch als vierten den Betrug hinzu, der nicht nur in Anwendung auf den Rechtsbesitz — sondern auch bei dem Sachbesitz vorkommen kann. Studien S. 618 Nr. 23. Koch, Bes. S. 34. Bornem. I. 232. Heydemann I. 365 Note 715. Entsch. B. 35 S. 17 f. Der Entwurf des B.G.B. I. § 818, II. § 780, Reichstagsvorl. § 843 Abs. 2 bezeichnet als fehlerhaft den durch verbotene Eigenmacht erlangten Besitz und den Besitz des Erben desjenigen, dessen Besitz fehlerhaft war.

[142]) Im gemeinen R. ist dieser Satz unbestritten. l. 53 D. XLI. 2 adversus extraneos vitiosa possessio prodesse solet. l. 1 § 9, l. 2 D. XLIII. 17 justa enim an injusta adversus cetero possessio sit, in hoc interdicto nihil refert: qualiscunque enim possessor hoc ipso, quod possessor est, plus juris habet quam ille, qui non possidet. l. 1 § 30 D. XLIII. 16. Qui a me vi possidebat, si ab alio dejiciatur, habet interdictum. Das römische Recht geht aber noch einen Schritt weiter: der Dejicient ist auch dem Dejektus gegenüber Besitzer, nur ist seine possessio eine injusta und er unterliegt nachher dem Interdikt. — Im Gebiete des preuß. R. dagegen ist die Wirksamkeit des fehlerhaften Besitzerwerbs im Verhältniß zu Dritten, wenn auch nicht in der Praxis (Strieth. B. 11 S. 89 (J.M.Bl. 1854 S. 106 Nr. 26. Rehbein I. 684). Präj. 1158 Samml. I. 23. Strieth. B. 17 S. 316. Entsch. B. 35 S. 20, R.G. Entsch. B. 34 S. 422), so doch bei den Schriftstellern streitig gewesen. Die Veranlassung zu der Kontroverse liegt in dem Wortlaut der §§ 96—98. 106: daß der Besitz durch Handlungen der Art „niemals erlangt", „im rechtlichen Sinn nicht erworben und fortgesetzt werde", daß „kein Besitzrecht (jus possessionis, Strohn a. a. O. 350 f.) entstehe", und in der Aeußerung von Svarez (Mater. S. 147), daß solche Handlungen keinen Besitz wirken. (Vergl. die Note 140 Citirten — und Hinschius, Zeitschr. II. 501 f.) Auf die Aeußerung von Svarez ist aber kein Gewicht zu legen, weil er unmittelbar beifügt: „der Besitz einer Sache ist ein fortdauernder Zustand, wobei der Besitzer geschützt werden muß, ohne Rücksicht auf die Art, wie er zu seinem Besitze gelangt ist. Possideo quia possideo." Ebenso wenig kommt darauf an, daß das angebliche sittliche Prinzip des A.L.R. gegen den Satz spreche. Nicht entscheidend ferner ist, daß der Besitz im A.L.R. als ein Rechtsverhältniß aufgefaßt wird, und der Satz dem Rechte nicht entspreche. Auch den Römern ist das jus possessionis nicht entgangen, und sie haben sich vor diesem Satz nicht gescheut, da der Besitz als Aeußerung der subjektiven Macht über die Sache wirksam ist, so ergiebt sich, daß ein Fehler in der Begründung dieser Macht nur für den in Betracht kommt, gegen den der Fehler vorliegt. S. oben § 157. Besitzer wird Dritten gegenüber auch der, welcher vi, clam, precario ergriffen, und deshalb hat er, was das A.L.R. anerkennt, die Interdikte,

macht die Besitzergreifung nicht zu einer fehlerhaften und schließt die Geltendmachung des Rechts aus dem Besitz (im Possessorium) nicht aus[143]).

Der Begriff der Gewalt umfaßt jede eigenmächtige dem fortdauernden Besitzwillen des bisherigen Besitzers widersprechende Handlung. Was unter Betrug zu verstehen, ist in sich selbst klar[144]). Heimlich ist eine Handlung, die dem Besitzer oder dessen Stellvertreter trotz voller Achtsamkeit (ohne sein mäßiges Versehen) unbekannt bleiben konnte[145]). Die Absicht der Verheimlichung wird aus den Umständen geschlossen; ist sie klar, so wird dadurch, daß der Andere von der Handlung Kenntniß erlangt hat, der Erwerbsfehler nicht beseitigt[146]). Im Zusammenhang mit der Lehre von der Verheimlichung des Besitzerwerbs bespricht das A.L.R. noch den besondern Fall, daß der Besitz eines affirmativen Rechts nicht gegen den Eigenthümer erworben werden kann, wenn die Aufforderung zur Leistung nur an seinen Pächter, dem eine Befugniß, über die Sache selbst zu verfügen, nicht zusteht, gerichtet war, auch wenn dann der Pächter der Aufforderung entsprochen, der Eigenthümer selbst aber ohne mäßiges Versehen keine Kenntniß erlangt hat[147]). Unter der entsprechenden Voraussetzung wird aus der Duldung des Pächters oder aus dem erfolgreichen Verbot an ihn auch der Erwerb des negativen oder Untersagungsrechts gegen den Eigenthümer nicht hergeleitet werden können[148]).

---

gegen die dem Dritten die exc. vitiosae possessionis nicht dient. Etwas anderes ist, ob aus einem fehlerhaft ergriffenen Besitz das Eigenthum oder das dingliche Recht erworben werden kann, ob er zur Usukapion tauglich ist. Vergl. Baron S. 29. 30. Die Konsequenz der Behauptung, daß der fehlerhaft ergriffene Besitz auch Dritten gegenüber kein Besitzrecht begründe, oder nicht Besitz sei, würde dahin führen, die Klagen aus dem Besitz ganz zu beseitigen, da immer auf die Rechtsfrage zurückgegangen werden müßte. Strohn S. 353 nimmt einen Besitz als Recht im Gegensatz des Besitzes als bloßes Faktum an, und folgert aus I. 7 §§ 96ff., daß jene Handlungen den rechtlichen Bestandtheil des Besitzes im weiteren Sinne des Wortes nicht entstehen lassen; aber das Richtige ist: der Besitz als Faktum ist auch Recht, und dieses Besitzrecht wird durch die Interdikte geschützt.

143) Strieth. B. 51 S. 127 (Rehbein I. S. 685).

144) Vergl. Präj. 1565. Samml. I. S. 252. Entsch. B. 35 S. 17.

145) I. 7 § 99. l. 6 pr. D. XLI. 2, l. 3 § 7 D. XLIII. 24. So auch in der gemeinrechtlichen Praxis. Mevius, Decis. VII. 170. Das O.Trib. bezieht diesen Satz nur auf heimlichen Besitzerwerb, nicht auf heimliche Besitzstörung. Unten § 162 bei Note 40. Wer unter dem Stellvertreter in § 99 gemeint ist, darüber vgl. unten § 161 bei Note 82 fg.

146) I. 7 § 100. Die Erwerbshandlung muß sich als eine heimliche charakterisiren. Ist diese öffentlich vorgenommen und nur die späteren Ausübungshandlungen sind verheimlicht, so ist der Besitz nicht fehlerhaft erworben. l. 40 § 2 D. XLI. 2. Vgl. über die Beweislast oben Anm. 95.

147) I. 7 §§ 103—105. Streng genommen müßte man sagen, daß in diesem Fall der Eigenthümer, dem gegenüber der Besitz des affirmativen Rechts doch begründet sein soll, durch die Handlung seines Pächters überhaupt nicht berührt werden kann. Die Handlung des Pächters, die der Verpächter ohne Widerspruch hat geschehen lassen, obwohl sie hätte zu seiner Kenntniß gelangen sollen, gilt kraft der positiven Bestimmung als Handlung des Eigenthümers.

148) Dies ist kontrovers. S. Koch, Bes. S. 226 gegen die Gesetzrevisoren und Studien S. 618, wo die §§ 103f. auf affirmative Rechte beschränkt werden. Heydemann I. 363 nimmt Letzteres auch an, „weil die Handlungen und Leistungen des Pächters dem

Der Begriff des Prekariums ist schon früher im Verhältniß zum Leihvertrag erörtert[149]). Es muß besonders bewiesen werden, daß ein Besitz aus Freundschaft oder Gefälligkeit und nicht in Folge einer Verpflichtung eingeräumt worden; aber aus persönlichen Verhältnissen oder aus den Umständen des einzelnen Falles kann sich ein hinreichender Grund für thatsächliche Annahme eines Prekariums ergeben[150]). Die eingreifenden Bestimmungen des Landrechts sind nicht als Rechtsvermuthungen anzusehen, welche die Beweislast bestimmen; sie handeln vielmehr von thatsächlichen Indizien[151]).

VII. Der Besitzerwerb bezeichnet den Anfang des Besitzes und also auch des Besitzrechts. Der Besitzerwerb muß zur Annahme des Besitzanfangs vollendet sein, und wenn hierzu mehrere Handlungen gehören, müssen sie sämmtlich vorgenommen sein; eine Zurückziehung giebt es dabei nicht[152]). Welches der Inhalt der mit dem Besitzerwerb begründeten Rechtsstellung ist, wird im § 162 näher zu erörtern sein, den Anfang des Besitzes festzustellen, ist aber von praktischer Wichtigkeit insbesondere für die Ersitzung[153]).

## § 161. Die Fortdauer und der Verlust des Besitzes.

I. Allgemeines[1]). Im Wesen jedes Rechts liegt die Kontinuität seiner Existenz, d. h. das entstandene Recht besteht unverändert fort bis zum

---

Eigenthümer leicht unbekannt bleiben und besonders nachtheilig werden können". Warum aber nicht auch die Duldungen und Unterlassungen des Pächters? Das Entscheidende ist einerseits, daß der Pächter kein Verfügungsrecht über die Substanz hat, andererseits, daß der Eigenthümer keine Kenntniß erlangt hat. I. 7 § 104, I. 9 § 514. Entsch. B. 8 S. 262, B. 18 S. 183. Strieth. B. 7 S. 223. Dagegen ist trotz der Kenntniß des Eigenthümers der Anfang der Verjährung gegen den Pächter als gehindert erachtet, das. B. 30 S. 235, während wieder das. B. 37 S. 233 angenommen ist, daß der Satz, gegen den Pächter könne eine Verjährung zum Nachtheil des Verpächters nicht anfangen, auf der Vermuthung beruhe, daß Letzterer von der Beeinträchtigung keine Kenntniß erlangt habe.

[149]) B. II. § 135 Anm. 46. l. 2 § 3 D. XLIII. 25, l. 3 eod. Paull. S. R. V. 6 § 11. Gruchot B. 5 S. 310. 311.

[150]) I. 7 §§ 107. 108. In § 106 ist das Prekarium, welches in der widerruflichen Ausübung eines Rechtsinhalts besteht, nicht definirt. S. Gruchot B. 5 S. 312. 313. Beispiele für und gegen die Vermuthung eines Prekariums s. bei Gruchot B. 10 S. 314f. Strieth. B. 42 S. 41, B. 53 S. 215. Ueber die Bedeutung von nachtheilig in § 107 Rechtsf. B. 3 S. 478.

[151]) Anders noch die vierte Ausgabe; der Satz des Texts gilt auch von § 107; denn eine Vermuthung, welche durch andere besondere Vermuthungen aus unbestimmten persönlichen Verhältnissen oder sonstigen Umständen gehoben werden kann, hat nicht einen Rechtscharakter, sondern ist thatsächlicher Natur. Die Bestimmungen der §§ 107. 108 kommen deshalb als Rechtsvorschriften nicht mehr in Betracht. Ueber den Beweis des Prekariums vgl. noch Entsch. B. 18 S. 183. — Strieth. B. 60 S. 104, B. 65 S. 71.

[152]) I. 7 §§ 109. 110. Vergl. I. 9 §§ 9. 10. 128. Mater. 268. 366. Gruchot B. 5 S. 317. Bei affirmativen Rechten ist der Anfang die erste wirkliche Leistung. Entsch. B. 17 S. 136.

[153]) Z. B. Entsch. B. 17 S. 136. Unten § 177.

[1]) Koch, Bes. III. Absch. §§ 16—23 S. 187ff. Bornemann I. S. 258 § 61. Heydemann I. 366f. Gruchot B. 5 S. 318f. Dernburg I. § 155. — Savigny §§ 29 bis 33 S. 328—375. Puchta, Rechtslex. II. S. 63—66. Kierulff I. S. 390. Lenz S. 211—262. Randa §§ 21—23, S. 210—235, §§ 32—36 S. 342—384. Ihering, Grund des Besitzschutzes S. 209f.

Eintritt einer Thatsache, die es ändert oder vernichtet[2]). Auch der Besitz dauert so lange, bis er verloren geht[3]); selbst wenn man ihn als ein nur thatsächliches Verhältniß auffaßt, ist anzuerkennen, daß die eingetretene Thatsache so lange fortwirkt, bis durch neue entgegenwirkende Thatsachen dieses Fortwirken unmöglich gemacht wird. Im Wesen des Besitzes liegt es aber, daß er an das thatsächliche Fortbestehen der gewollten Herrschaft über die Sache geknüpft ist[4]). So ergiebt sich der Satz: der Besitz dauert fort, so lange der Besitzwille sich im Objekt bethätigen will und kann; er hört auf oder geht verloren, sobald sich der Wille im Objekt nicht mehr verwirklichen will oder kann. Dieser Satz ist für das römische Recht unbestreitbar; es kennt keine ideale Fortdauer des Besitzes, wenn die reale Grundlage aufgehoben ist[5]). Der römischrechtliche Satz, daß der abwesende Grundbesitzer, auch wenn ein Anderer gewaltsam in das Grundstück eingedrungen, seinen Besitz fortsetzt, bis er Kenntniß von der Entsetzung erhalten und sich dabei beruhigt hat, ist eine einzeln stehende Singularität[6]). Sonst geht nach römischem Recht stets der Besitz verloren, wenn die thatsächliche Einwirkung unmöglich geworden ist, mag auch ein Anderer nur fehlerhaft die Sache an sich genommen haben[7]).

Aber so rein ist der Satz in das preußische Recht nicht übergegangen; zwischen der Zeit der römischen Juristen und der Redaktion des A.L.R. liegt die lange Periode, in der sich deutsche und römische Elemente stritten und mischten. Während den Römern ein solo animo retinere possessionem un-

---

[2]) Oben B. I. § 24.

[3]) Savigny S. 328. Heydemann I. 366 Note 721. Vgl. Entwurf des B.G.B., Reichstagsvorlage § 840. Für den Besitzprozeß folgt daraus aber nicht der Satz: Hodie possessor olim possessor; ebensowenig für die Passivlegitimation des Beklagten im Vindikationsstreit.

[4]) Oben § 157 Anm. 8f.

[5]) Wenn die Möglichkeit der physischen Herrschaft dem Willen entzogen ist, dieser also nicht mehr auf die Sache einwirken kann, so ist der Besitz verloren, der Wille, der ihm den Charakter des Rechts aufdrückt, ist gegenstandslos geworden, und damit selbst als solcher vernichtet. Sav. S. 329. l. 44 § 2 D. XLI. 2.

[6]) l. 3 §§ 7. 8, l. 7. 25 § 2, l. 17 pr. l. 46 D. XLI. 2. Sav. S. 348f. Kierulff S. 394 Note. Delbrück, Dingl. Klage S. 108. Bruns, in Bekker u. Muther Jahrb. B. 4 S. 46f. Lenz S. 239. Windscheid I. § 156 Anm. 3f. besonders 8. Den neueren Gesetzbüchern ist dieser Satz unbekannt, Randa S. 226. Dem Landrecht selbstverständlich, weil die Grundlage fehlt, daß durch gewaltsame Besitzentsetzung Besitz begründet wird. Striethorst B. 51 S. 127 d. e. Da bei unbeweglichen Sachen durch Invasion eine räumliche Veränderung nicht vor sich geht, so kann man sagen, daß die Invasion an sich allein noch nicht den Besitz entziehe, weil die Möglichkeit der Wiedererlangung geblieben ist; der Besitz ist erst verloren, wenn der Entsetzte die Wiedererlangung aufgiebt, d. h. die Invasion erfahren hat und sich dabei beruhigt. Das letztere Moment ist hierbei wesentlich.

[7]) Von einem animo retinere possessionem sprechen die Quellen nur bei vorübergehender Unterbrechung des thatsächlichen Verhältnisses zur Sache. l. 3 § 11 D. XLI. 2 (Abwesenheit certis temporibus). l. 1 25 D. XLIII. 16. Dagegen wird der Besitz verloren, wenn ein Anderer die Sache mit dem Besitzwillen ergreift, sei es fehlerhaft oder fehlerfrei. l. 1 §§ 24. 45. 47 D. XLIII. 16, l. 4 § 22, l. 33 § 2 D. XLI. 3 (Dejektion aus Grundstücken). l. 3 § 17 D. XLI. 2 (bauernde Ueberschwemmung). l. 3 § 18, l. 15 D. eod. (bewegliche Sachen, welche entwendet sind).

bekannt war[8]), kannte ein solches das deutsche Recht in seiner juristischen Gewere[9]). Es ist wahr, der Begriff der letzteren ist immer noch unklar. Eins aber ist gewiß; juristische Gewere hatte, wer früher besessen, den Besitz wider seinen Willen verloren und wegen des früheren Besitzes noch berechtigt geblieben war, ihn wieder zu fordern[10]). Es war hierdurch die Möglichkeit für die Auffassung gegeben, der wider Willen entzogene Besitz werde durch den Willen allein fortgesetzt. In der That findet sich auch bei den Glossatoren und von da in der späteren Jurisprudenz ein Gegensatz von natürlichem (realem) und juristischem (idealem) Besitz[11]), die dabei als naturalis oder civilis possessio bezeichnet werden, wobei diese Ausdrücke eine ganz andere Verwendung erhalten, als bei den Römern, bei denen die civilis possessio nicht ohne den natürlichen Bestandtheil gedacht wurde[12]). Die deutschen Juristen des 16. und 17. Jahrhunderts zweifelten nicht, daß trotz dem Verlust des natürlichen Besitzes der juristische Besitz animo fortdauern könne[13]). Ein Anderes sei der Verlust des Gewahrsams, ein Anderes der Verlust des Besitzes. Dieser Auffassung scheint sich das A.L.R. anzuschließen: der Gewahrsam (das unmittelbare körperliche Verhältniß zur Sache) geht zwar verloren, sobald das physische Vermögen, über die Sache zu verfügen, aufhört[14]), aber aus dem Verlust des Gewahrsams folgt noch nicht der Verlust des Besitzes[15]). Jener Verlust kann auch diesen Verlust nach sich ziehen: aber es ist nicht immer der Fall. Der Besitz besteht so lange, bis die geschehene Aufhebung deutlich erhellet[16]).

---

[8]) Vgl. vor. Anm., auch Delbrück, Dingl. Klage S. 104, Bruns in den Jahrb. des gem. R. B. 3 S. 38, B. 6 S. 38.

[9]) Delbrück, Dingliche Klage 1857 § 11 S. 65 fg.

[10]) Albrecht (Gewere S. 31) versteht unter juristischer Gewere das Verhältniß dessen, der nicht besitzt, aber eine dingliche Klage hat; Gaupp a. a. O. S. 106: wenn Jemandem, der faktisch nicht besitzt, ein Gewere an der Sache zugeschrieben wird, so sei darunter sein Recht an der Sache zu verstehen; Delbrück S. 68 versteht unter juristischer Gewere den Rechtsschutz, den man durch die Gewere hat, und der sich im Beweisrecht durch eigenen Eid und Eideshelfer äußert. Der frühere Besitzer hat das Beweisrecht. (Vergl. auch denselben in der Zeitschr. f. deutsches R. B. 14 S. 207 fg.) Nach Heusler, Die Gewere, entsprach die deutschrechtliche Gewere der römischen possessio; der durch Gewalt Entsetzte wurde aber des Besitzes nicht verlustig, der Besitz dauerte fort (§ 20). Abweichend Stobbe. D. Priv. R. § 73 Anm. 2 ff., Stobbe-Lehmann §§ 85. 86.

[11]) Vgl. Bruns in Bekker und Muther Jahrb. B. 4 Abschnitt V., bes. S. 35 ff. 46, ferner S. 86 (über den Einfluß des Begriffs der Gewere auf den Begriff des Besitzes in Deutschland seit der Reception).

[12]) Die Dogmengeschichte s. bei Delbrück a. a. O. S. 101 fg. Der Civilbesitz erscheint bei den Glossatoren als ein fingirter Besitz gegenüber dem wirklichen Naturalbesitz, und ganz unvermittelt stehen z. B. bei Azo die Gegensätze: solo corpore non amittitur possessio (was gewiß ganz unrömisch) und: amittitur possessio, si fuit surrepta res mobilis (S. 105). Auch Bruns a. a. O. S. 35.

[13]) Delbrück S. 127 ff. 134 ff. S. auch Gruchot B. 5 S. 322.

[14]) I. 7 § 111.

[15]) I. 7 § 112 d. T. Oesterr. G.B. § 352.

[16]) I. 7 § 113. Entsch. B. 53 S. 27 a. E. Bruns in Bekker und Muther Jahrb. B. 4 S. 104 sieht in diesem Satz die Präsumtion des Placentinus für die Fortdauer des Besitzes (S. 57).

Aufgehoben wird der Besitz unzweifelhaft durch einen erklärten Entschluß, nicht mehr besitzen zu wollen[17]); sowie ferner, wenn die unmittelbare Einwirkung auf die Sache in Folge eines sie selbst oder ihre Substanz treffenden Ereignisses unmöglich geworden ist, also insbesondere bei fehlerfreier Besitzergreifung durch einen Andern oder bei Untergang der Sache[18]). Der Besitz wird dagegen nicht verloren, wenn man trotz des fehlenden Gewahrsams noch besitzen will, wenn kein Anderer Besitz erworben hat, und die Wiedererlangung des Gewahrsams nicht substanziell unmöglich geworden. Als Folgerung hieraus hat Svarez ausgesprochen, der Besitz bleibe gegenüber der fehlerhaften Ergreifung eines Dritten selbst dann erhalten, wenn die Sache von einem unbekannten Diebe gestohlen und deshalb die Wiedererlangung unmöglich ist[19]). Ob diese Folgerung richtig, ist zweifelhaft. Koch hält sie für absurd[20]), Bornemann vertheidigt sie[21]), andere suchen sie auf irgend eine Weise zu erklären[22]). Es scheint der Ausschließlichkeit des Besitzes zu widersprechen, daß der Dieb die Sache besitzt[23]), und der frühere Besitz trotzdem fortdauern soll. Der Versuch, dies dahin zu erklären, daß das Gesetz den Dieb zum Inhaber, d. h. zum Stellvertreter des Besitzers macht[24]), dreht den unzweifelhaften Willen des Diebs, über die Sache für sich zu verfügen, in das gerade Gegentheil um! Nach den Materialien haben Klein, der Entwurf von Kircheisen und der gedruckte Entwurf daran festgehalten, daß der Besitz sich nicht durch die bloße Absicht fortsetzen lasse, daß er verloren sei, wenn die Einwirkung auf die Sache durch eine Begebenheit oder durch die Handlnng eines Dritten unmöglich geworden. Es wurde nicht unterschieden, ob diese Handlung fehlerhaft oder fehlerfrei sei[25]). Das ist der rein römische Standpunkt; die gestohlene Sache wird vom Bestohlenen nicht mehr besessen. Aber Svarez hielt die Auffassung fest: „ich habe den Besitz meiner Uhr nicht verloren, die mir ein unbekannter Spitzbube gestohlen!" Nach ihm sollte nur fehlerfreie Besitzergreifung den früheren Besitz vernichten[26]) und dabei ist es, wie schon im vorigen Paragraphen unter VI

---

17) I. 7 § 117. Vgl. Entwurf des B.G.B. Reichstagsvorl. § 840.

18) I. 7 § 116. Vgl. Entwurf des B.G.B. ebenda.

19) Mater. S. 275 Nr. 3, S. 276 Nr. 6 I. 7 § 122.

20) Besitz S. 195 fg. 200. 217. Kommentar Note zu I. 7 § 116.

21) Civ.R. I. S. 260 fg.

22) Gruchot B. 5 S. 329 sieht in § 122 nur eine vom röm. R. abweichende Konsequenz aus §§ 96—108. (S. darüber oben S. 58 f. Note 142). Heydemann S. 368 meint, zwischen § 116 und § 122 bestehe kein Konflikt, weil es sich in § 122 nicht um ein substantielles, sondern nur um ein räumliches Hinderniß handelt. S. auch Savigny, Oblig.-Recht B. 2 S. 162 f.

23) Was wenigstens gegen dritte anzunehmen ist.

24) Baron, Abhandl. S. 25. 26 (als eine obligatio ex lege). Es wird § 122 aus I. 7 § 137 erklärt. S. auch S. 44.

25) Klein, Mater. S. 29 § 145. (Dagegen wieder § 162 S. 31 bürgerlicher Besitz im Gegensatz zum körperlichen, wie bei den Glossatoren.) Kircheisen, Mater. S. 83 § 642. Gedruckter Entwurf § 78. 79. Mater. S. 269.

26) Mater. S. 275. 276.

hervorgehoben worden ist, für das Verhältniß zum fehlerhaften Erwerber im Landrecht geblieben.

Daß Zerstörung der besessenen Sache der Substanz nach den Besitz aufhebt, bedarf keiner nähern Auseinandersetzung[27]). Fraglich nach den oben mitgetheilten Bemerkungen von Svarez aber praktisch ohne Interesse ist, ob dasselbe angenommen werden muß, wenn z. B. neben Zerstörung des Gewahrsams z. B. durch Entwendung die Sache von dem unentdeckten Dieb an einen unbekannten Ort in unbekannter Ferne gebracht wird, ob also aus der Unmöglichkeit der Wiedererlangung der Untergang des Besitzes folgt[28]). Das Landrecht sieht, wie schon dargelegt, denjenigen, der mittels einer fehlerhaften Handlung Besitz ergreift, zwar Dritten gegenüber als Besitzer an, nicht aber gegenüber dem früheren Besitzer, und giebt dem letzteren im Verhältniß zu dem fehlerhaften Besitzer nicht ein Klagerecht auf Wiedererlangung des Besitzes, sondern ein Klagerecht aus fortdauerndem Besitz[29]). Hierin zeigt sich, daß der landrechtliche Begriff des Besitzes mehr als im römischen Recht sich von dem körperlichen Moment losgesagt hat. Praktisch folgt daraus nur, daß der Bestohlene gegen den Dieb aus dem Besitz klagen kann, und daß auch im Interesse der Usukapion die Zwischenzeit als Besitz angesehen wird.

Zu dem Wollen und Können fügt das A.L.R. noch ein Dürfen. Der Besitz dauert so lange, als der Wille im Objekt sich verwirklichen darf, er hört auf und verwandelt sich in ein stellvertretendes Innehaben, sobald dieses Dürfen aufhört[30]). Dies findet seine Erklärung darin, daß das preußische Recht Besitz auf Zeit und mit dem Willen, die Sache als eine fremde zu haben, als unvollständigen Besitz anerkennt. Dieser muß mit dem Untergang des dabei zu Grunde liegenden Rechts, das im vollständigen Besitz des Inhabers der Sache steht, seinen Charakter verlieren[31]).

II. Die Fortdauer. Es ist der Satz entwickelt, daß der Besitz so lange fortdauert, als der Besitzwille sich im Objekt verwirklichen will, kann und darf. Dieser Satz bedarf noch näherer Bestimmung. Beim Erwerb mußte der Wille und seine Bethätigung in dem Augenblick der Ergreifung zusammenfallen, Eins sind. Bei der Fortdauer können beide Momente auseinanderfallen[32]). Der erworbene Besitz dauert fort, wenn auch nachher der Besitzer unfähig wird zu wollen. Das ist keine Regelwidrigkeit, und widerspricht nicht dem

---

[27]) Daß Entwendung kein die Substanz der Sache berührendes Ereigniß ist, betont gewiß mit Recht Bornemann, Civilrecht B. 1 S. 260.

[28]) Wie Förster annahm. Derselbe bezeichnete hiernach als einzigen Unterschied des preußischen vom römischen Recht, daß die fehlerhafte Besitzergreifung den Besitz dann nicht entziehe, wenn und solange die Wiederergreifung möglich sei. Vergl. gegen Förster Seligsohn bei Gruchot B. 26 S. 324.

[29]) Ueber die exceptio vitiosae possessionis vgl. unten § 162 Anm. 86 ff.

[30]) I. 7 §§ 131—133. Die Verwandlung in Detention tritt ex lege ein. Der Detentor kann von demjenigen, in dessen Namen er fortan besitzt, jederzeit entsetzt werden. I. 7 §§ 144. 145.

[31]) Miether, Kommodatar.

[32]) Randa S. 210 Note 2a.

Begriff des Besitzes[33]). Das römische und preußische Recht stimmen hier überein[34]). Der bei dem Erwerb vorhanden gewesene Willensentschluß wirkt bei der Fortdauer der äußern unmittelbaren und ausschließlichen Beziehung zur Sache fort, bis er durch einen entgegenstehenden Willensentschluß beseitigt worden, und einen solchen kann der inzwischen willensunfähig gewordene Besitzer nicht mehr fassen[35]). Weil er nicht mehr nicht zu besitzen sich entschließen kann, deshalb bleibt ihm der Besitz[36]). Ferner: durch bloßes vorübergehendes Nichtwollen, oder durch eine momentane Unterbrechung der Verwirklichung des Wollens geht der Besitz nicht verloren[37]). Wer schläft, wer abwesend ist, wer die bewegliche Sache selbst oder den Ort vergessen, wo sie sich befindet, wer sie verlegt hat, setzt den Besitz fort, so lange die Sache in einem Raum sich befindet, über den er die thatsächliche Gewalt übt, oder so lange es noch möglich bleibt, sie wieder zu ergreifen, zu finden oder wieder zu erlangen[38]). So dauert auch der vollständige Besitz fort, wenn der unvollständige Besitz einem Andern eingeräumt worden[39]), weil auch hier die Trennung von der körperlichen Einwirkung nur eine zeitweilige ist.

Auch die Fortdauer des Rechtsbesitzes bedarf nicht der ununterbrochenen Ausübung des Rechts[40]), und eintretende Willensunfähigkeit nimmt auch hier nicht den Besitz[41]). Die Nichtausübung eines Rechts in rechtsverjährender Zeit kann freilich das Recht selbst zerstören, und dann fällt mit dem Untergang des besessenen Rechts auch der Besitz in sich zusammen[42]). Das Recht muß

---

33) Wie Randa S. 212 Note 5 behauptet. S. Savigny S. 355.

34) l. 27. 29. D. XLI. 2, l. 4 § 3, l. 44 § 6 D. XLI. 3. — I. 7 §§ 114. 115. Oesterr. G.B. § 352. Sächs. G.B. § 211.

35) In dem Eintritt der Willensunfähigkeit liegt kein in contrarium actum. l. 153 de R. J. Ein Entschluß kann nur durch einen Entschluß aufgehoben werden. Die Quellen betonen daher das nolle possidere. l. 3 § 6, l. 17 § 1, l. 27 D. XLI. 2 quia furiosus non potest desinere animo possidere. Diesen Aussprüchen gegenüber kann den Worten utilitate suadente in l. 44 § 6 D. XLI. 3, auf welche sich Randa beruft, kein Gewicht beigelegt werden. Solo corpore aber, z. B. durch Dejektion, durch Untergang der Sache verliert natürlich auch der furiosus den Besitz. Vangerow § 207 Anm. 1 S. 430 (6. A.).

36) Glosse zu l. 1 § 3 D. XLI. 2 licet enim desinat habere animum possidendi, non tamen habet animum non possidendi.

37) Denn auch hierin liegt noch kein in contrarium actum. Savigny S. 329. 339. 354. l. 3 § 13 D. XLI. 2 quatenus, si velimus, naturalem possessionem nancisci possimus.

38) Beispiele: l. 3 § 11 D. XLI. 2, l. 1 § 25 D. XLIII. 16, l. 44 pr. D. XLI. 2, l. 3 § 13, l. 13 pr., l. 15, l. 25 pr. D. eod. Zahme Thiere werden so lange besessen, als sie den animus revertendi nicht ablegen (vgl. Goltdammer, Arch. f. Strafr. B. 11 S. 363), wilde Thiere, so lange sie in einem Gewahrsam gehalten sind, der ihre Ergreifung möglich macht. l. 3 §§ 13—17 D. XLI. 2, l. 3 § 2, l. 4. 5 pr., §§ 4. 5 D. XLI. 1.

39) I. 7 § 124. Gruchot B. 5 S. 332. Der Ehemann hat aus seinem Nießbrauchsrecht unvollständigen Besitz am Grundstück der Frau, die letztere setzt ihren vollständigen Besitz fort. Entsch. B. 48 S. 47.

40) I. 7 § 130. Randa S. 342 Note 1a.

41) I. 7 § 115. Oben Note 35.

42) I. 7 § 130, welcher den Satz ausspricht, daß der einmal erlangte Besitz eines Rechts durch die unterlassene fernere Ausübung desselben in der Regel noch nicht verloren geht, citirt dabei Tit. 9 Abschn. 9, wo die Verjährung abgehandelt wird, und giebt

daher wirklich, wenn auch nicht bei jeder Gelegenheit ausgeübt werden, um den Besitz zu erhalten[43]).

III. **Der Verlust** a. **des Sachenbesitzes** tritt ein, wenn das Wollen sich in ein Nichtwollen oder das Können sich in ein Nichtkönnen verwandelt hat[44]). Nach preußischem Recht tritt, wie schon erwähnt, noch ein Verlustgrund hinzu, wenn der Besitzer nicht mehr besitzen darf — eine Entziehung des Besitzes durch das Gesetz.

1. **Das Nichtwollen** muß, um als solches zu gelten, sich gegen das Objekt bethätigen, es muß ein nolle possidere sein[45]). Der bisherige Besitzer giebt freiwillig und absichtlich die Einwirkung auf die Sache auf, er löst sein unmittelbares Verhältniß zu ihr. Der Wille wird aus der Sache herausgezogen[46]). Das muß „deutlich erhellen"[47]). Das Nichtwollen setzt daher nicht allein Verfügungsrecht über die Sache voraus, sondern es erfordert auch ein bestimmtes Kundmachen durch Worte oder Handlungen[48]). Solange der Gewahrsam (custodia) noch fortdauert, die Sache noch die Merkmale des Besitzwillens trägt, kann auf Grund des bloßen veränderten Wil-

---

dadurch zu erkennen, daß durch die Verjährung nicht allein das Recht selbst, sondern auch der Besitz des Rechts aufhört. Koch S. 210. Die Verjährung des Rechts macht den Besitz des Rechts gegenstandlos, der Fall ist der gleiche mit dem Verlust des Besitzes durch Untergang der Sache. Savigny S. 474f. Koch a. a. O. sieht darin, daß die Nichtausübung während der Verjährungszeit den Besitz entzieht, eine interpretatio voluntatis, d. h. aus der Nichtausübung soll geschlossen werden, daß der bisherige Besitzer nicht mehr besitzen will, daß er den Besitz animo aufgegeben. Aber Verjährung wirkt gegen den Willen des Berechtigten oder Besitzers, sie beruht nicht auf der Vermuthung eines Verzichts. Vgl. auch Entsch. B. 57 S. 12. Rehbein I. 695. Oesterr. G.B. § 351. Randa S. 348f.

[43]) Bei solchen diskontinuirlichen Rechten, die nur bei gewissen Gelegenheiten ausgeübt werden können, wirkt jede einzelne Nichtausübung bei vorhandener Gelegenheit als Unterbrechung der Ersitzung des Rechts. I. 9 § 651. Das verstand Förster mit Koch zu § 130 (vgl. auch Entsch. B. 17 S. 6) von einem Aufhören des Besitzes auch an dem erworbenen Recht, der bei einer neuen Gelegenheit neu ergriffen werden müsse. Es liegt aber kein Grund vor, den von der Regel abweichenden Satz über seinen Wortlaut hinaus auf den Besitz des wohl begründeten Rechts zu erstrecken. Als Inhalt der Bestimmung ist allein festzuhalten, daß, wenn zwischen der dreimaligen Ausübung des § 649 I. 9 eine unbenutzte Gelegenheit liegt, die früheren Ausübungsfälle für die Ersitzung beseitigt sind. Entsch. B. 42 S. 46. Striethorst B. 37 S. 34.

[44]) l. 153 de R. J. (l. 8 D. XLI. 2). Vgl. zur Auslegung. Savigny (S. 331—338). Kierulff (S. 390f., S. 212f.). Randa S. 214 Note 4. Windscheid I. § 156 Note 1. Der Entw. des B.G.B. in der Fassung der Reichstagsvorlage § 840 beschränkt sich darauf, zu bestimmen, daß der Besitz dadurch beendigt wird, daß der Besitzer die thatsächliche Gewalt über die Sache aufgiebt oder auf andere Weise (dauernd) verliert.

[45]) Als in contrarium actum l. 153 de R. J. Vergl. auch l. 3 § 6 D. XLI. 2, l. 17 § 1 D. eod. constituit nolle possidere. Savigny S. 355. Lenz S. 221f. I. 7 § 117. Dieser § erzeugt den Schein, als müsse der durch Worte oder Handlungen deutlich an den Tag gelegte Entschluß von einem Aufgeben des Gewahrsams begleitet sein. Es kann aber auch (z. B. bei dem constitutum possessorium) der Gewahrsam bei dem bisherigen Besitzer bleiben. Die Worte sollen nur sagen, daß das Wollen durch ein entsprechendes Handeln, welches z. B. bei der Dereliktion ein Aufgeben des Gewahrsams ist, begleitet sein muß. Gruchot B. 5 S. 327f. Koch, Komm. zu § 117 und Besitz S. 207f.

[46]) Oben § 160 unter II.

[47]) I. 7 §§ 113. 117.

[48]) I. 7 §§ 118. 117 d. T.

lens der Besitz nicht als aufgegeben betrachtet werden[49]). Aufgegeben aber ist er z. B. bei der Preisgebung und der Uebergabe[50]).

2. Das Nichtkönnen besteht darin, daß die Einwirkung auf die Sache dem Besitzer unmöglich wird. Zunächst wenn die Sache substanziell (materiell) eine seine Einwirkung ausschließende Veränderung erleidet (Untergang, Verbindung und Vermischung mit anderen Sachen)[51]); sodann wenn das räumliche Verhältniß des Besitzers zu ihr so verändert wird, daß eine Herrschaft über sie nicht mehr ausgeübt oder wiederhergestellt werden kann (die Sache sinkt in einen Abgrund)[52]); endlich wenn ein Anderer den Besitz der Sache fehlerfrei erwirbt[53]). Der Besitz dieses Erwerbers ist nämlich, wenn wirklich entstanden, ebenso wie es der des früheren Besitzers war, seinem Wesen nach ausschließend[54]). Zeitweilige Hindernisse der Besitzausübung zerstören den Besitz nicht[54a]).

3. Das Nichtdürfen. Der bisherige unvollständige Besitzer darf nicht

---

[49]) §§ 119—121. Koch, Bes. S. 209 f.

[50]) I. 7 § 123. „Soweit Jemand seinen Besitz einem Andern überträgt, hat er ihn für sich selbst verloren." Die früheren Ausgaben erkannten hier unter Bezugnahme auf den Streit der gemeinrechtlichen Doktrin über die Auslegung, beziehungsweise Geltung der widersprechenden l. 34 pr. XLI. 2 und der l. 18 § 1 eod. für das preußische Recht mit Gruchot B. 5 S. 331 an, daß in Gemäßheit der ersten Ulpianischen Stelle das Aufgeben des Besitzes seitens des Tradenten in der irrigen Voraussetzung, daß der Andere den Besitz ergreifen werde, unwirksam sei, der Irrthum den Besitzverlust hindere. Hierin zeigt sich die in dieser Ausgabe festgehaltene Vertragsnatur der bei der Tradition verlangten Willenseinigung. Ueber die gemeinrechtliche Kontroverse vgl. Windscheid § 156 Anm. 10. Darüber, daß auch die Fortnahme einer herauszugebenden Sache durch den Gerichtsvollzieher den Besitz des Gläubigers begründet und also den Besitz des Schuldners aufhebt, vgl. oben § 157 Anm. 44 ff. Durch die eben daselbst besprochene Pfändung (C.P.O. § 712) und den sequestrationsähnlichen Gewahrsam des Gerichtsvollziehers wird der Besitz des Schuldners nicht unterbrochen, insbesondere wird die Ersitzung trotz einer Pfändung fortgehen können; erst wenn es zum Pfandverkauf und zum Zuschlag kommt, endet der Besitz des Schuldners.

[51]) I. 7 § 116. l. 3 § 17, l. 30 §§ 3. 4 D. XLI. 2. Thibaut im Archi f. civ. Prax. VII. 79 f. In Entsch. B. 50 S. 57 ist hiernach angenommen, daß der Miether eines abgebrochenen Hauses possessorisch nicht Wiederherstellung des Hauses und damit des Besitzes fordern kann. Umgekehrt ist in Entsch. B. 68 S. 116, Strieth. B. 86 S. 337, Rehbein I. 690 ausgeführt, daß in der Zerstörung einer Grenzmauer Störung im Grundbesitz zu finden, und Herstellung der Mauer zu fordern sei. Das wird auch für den Miethsbesitz anzunehmen sein, sofern der Zerstörende ein Anderer als der Vermiether ist. Bezüglich des Vermiethers aber kommt in Betracht, daß ihm gegenüber der possessorische Schutz des Miethers ein beschränkter ist.

[52]) Beispiele: Ueberschwemmung des Grundstücks l. 3 § 17 D. XLI. 2, bei beweglichen Sachen l. 3 § 13, l. 13 pr. l. 15, l. 25 pr. D. eod. Entscheidend bleibt immer der Umstand, ob es noch möglich oder unmöglich ist, die Einwirkung auf die Sache wieder zu erlangen. Wichtig ist hierbei auch der Begriff der custodia im objektiven Sinn. l. 3 § 13 cit. Savigny S. 340 f. Lenz S. 250 f., namentlich in Beziehung auf Thiere.

[53]) I. 7 § 122. Endlich gehört hierher der Fall des Todes des Besitzers, da das Besitzverhältniß nicht vererblich ist. Vgl. Entsch. B. 18 S. 3 Plen.-Beschl. Vgl. § 160 Anm. 56, § 162 Anm. 55. Wird der Besitz durch einen Stellvertreter geübt, der ihn für den Erben fortsetzt, so gilt dieser natürlich ohne weiteren Erwerbungsakt als Besitzer. Der Entw. des B.G.B. (Reichstagsvorl. § 841) läßt den Besitz durch den Tod des Besitzers nicht erlöschen, sondern auf die Erben übergehen.

[54]) Oben § 157 und § 158 unter II.

[54a]) Entw. des B.G.B. (Reichstagsvorl.) § 840 Abs. 2.

weiter besitzen, wenn ihm der Besitz nur auf Zeit oder unter einer auflösenden Bedingung eingeräumt war und der Zeitpunkt oder die Bedingung eingetreten ist[55]). Der unvollständige Besitz, auf den sich dies allein bezieht, ist ohne den gleichzeitigen vollständigen Besitz eines Rechts an der Sache nicht denkbar. Ist also dieses letztere Recht durch Zeitablauf untergegangen, so hört der bei dem früheren unvollständigen Besitzer zurückgebliebene Gewahrsam auf unvollständiger Besitz zu sein; er ist zum bloßen Gewahrsam im Namen des vollständigen Besitzers geworden und kann rechtlich nur für diesen in seiner Vertretung, nicht aber für den Inhaber selbst ausgeübt werden[56]).

b. Der Rechtsbesitz geht dem entsprechend verloren, wenn der Besitzer das Recht nicht mehr ausüben will, kann oder darf. Die „bloße" Nichtausübung, die nicht aus dem Willen, den Besitz aufzugeben, entspringt, entzieht den Besitz nicht[57]), wenn auch die Fortdauer der Unterlassung den Verlust des Rechts selbst durch Verjährung bewirken kann[58]). Natürlich geht der Besitz eines Rechts, dessen Ausübung an den Besitz einer Sache geknüpft ist, mit dem Besitz der Sache verloren, da dann das Recht gar nicht selbständig in Frage kommt. Ebenso fällt der Besitz eines Rechts fort, wenn dessen Ausübung unmöglich geworden ist[59]). Im Uebrigen gilt als Grundsatz, daß

---

[55]) I. 7 §§ 131. 132. Koch S. 212. J.M.Bl. 1857 S. 107 Nr. 34. Baron, Abh. S. 28f. Soll der Gewahrsam dann wieder in Besitz übergehen, so ist nach I. 7 § 133 eine neue fehlerfreie Besitzergreifung nöthig. Vgl. auch Entsch. B. 44 S. 44, Strieth. B. 52 S. 91.

[56]) Vgl. I. 21 §§ 332. 333. J.M.Bl. 1854 S. 107 Nr. 33.

[57]) I. 7 §§ 130. 113. 129. Das Nichtwollen muß auch hier als solches, als Entschluß nicht mehr auszuüben erklärt sein. l. 8 D. XLI. 2. Oesterr. G.B. § 351.

[58]) Oben Anm. 42. Randa S. 346f. und § 34 S. 348f. Ueber den Besitzverlust an diskontinuirlichen Rechten s. oben Anm. 43. Dernburg I. § 162 Anm. 5 will den Rechtsbesitz verloren gehen lassen, wenn die Ausübung unterblieben ist, obgleich sie „nach den thatsächlichen Verhältnissen zu erwarten gewesen wäre" oder wie er sich jetzt ausdrückt, wenn die Ausübung des Rechts lange Zeit unterblieben ist. Durch diesen aus den Gesetzen nicht zu begründenden Satz entgeht er nicht der von ihm als „kaum civilistisch" bezeichneten Konstruktion, daß die Verjährung durch Nichtgebrauch laufe, obgleich der Besitz des Rechts fortbestehe. Die Verjährung läuft außer dem besondern Fall des § 543 I. 9 von dem Ende der letzten Ausübung, nicht erst von dem ersten versäumten Fall, an dem die Versäumniß „nicht zu erwarten gewesen wäre"? In der letzten Ausgabe glaubt D. seinem Satz dadurch eine Stütze zu geben, daß er meint, ein jüngster ruhiger Besitz oder eine Störung „zur Ungebühr" könne doch bei einem 29 Jahr nicht geübten Recht nicht angenommen werden, und daß er jeden Richter einen ganz verbohrten Richter nennt, der nicht der Ansicht ist, daß bei solcher Sachlage nicht anzuwenden ist, was in der Regel allerdings Platz greife. Da könnte man fragen: wie denn nach 28 oder 27 Jahren? Wie nach 2 Jahren oder nach 1 Jahre der Nichtausübung? Wann beginnt die Verbohrtheit und wo steckt sie? Aber die Hauptsache ist: die Zulässigkeit der Besitzklage des jüngsten Besitzers ist doch nicht die einzige Wirkung des fortdauernden Besitzes, — und Dernburg selbst entnimmt aus dem Beweis, daß ein unständiges nur gelegentlich zu übendes Recht in mehr als 40jahrigen Zwischenräumen thatsächlich dreimal (vielleicht mit über 40jährigem Zwischenraum) geübt ist, der Rechtserwerb durch Ersitzung. (§ 178 Anm. 12), wie er für die ordentliche Ersitzung den Beweis der Rechtsübung in dreißig Jahren als durchgreifend ansehen muß, selbst wenn dazwischen eine nicht zu zählende Reihe von 29 Jahren unterlassener Rechtsübung gelegen hat. (§ 175 Anm. 6.) Also Ersitzungen auf Grund von Besitz, der aufgehört hat?

[59]) I. 7 § 116. Randa § 35 S. 356f. Es muß eine dauernde Unmöglichkeit der Aus-

der Besitz eines Rechts verloren ist, sobald der Verpflichtete den Besitz der Freiheit von dem Recht erlangt hat[60]), also bei einem affirmativen Recht, wenn die geforderte Leistung der Handlung mit Erfolg verweigert[61]), bei einem negativen, wenn der zum Dulden Verpflichtete die Vornahme der Handlung dem Besitzer mit Erfolg untersagt[62]), bei einem Untersagungsrecht, wenn der Verpflichtete die Handlung, die er unterlassen sollte, wirklich vorgenommen hat[63]). Nur eine ungeschickte Ausdrucksweise ist es, wenn es im I. 7 §§ 127, 128 heißt, daß der Besitz eines negativen und eines Untersagungsrechts verloren gehe, sobald der Andre sich in den Besitz des „entgegenstehenden Untersagungs- und negativen Rechts" gesetzt habe, denn in Wahrheit macht der bisher Verpflichtete sein Eigenthum nur von der Last der affirmativen und negativen Servitut frei, aber er erwirbt nicht gegen den bisherigen Besitzer ein besonderes entgegenstehendes Besitzrecht[64]). — Endlich darf der Rechtsbesitz wie der Sachenbesitz nicht fortgesetzt werden, wenn die Zeit, auf die er eingeräumt worden, abgelaufen, oder die Bedingung eingetreten ist, an die seine Beendigung geknüpft war[65]). Wird dennoch die thatsächliche Uebung des Rechts fortgesetzt, so ist es nicht mehr der eingeräumte Besitz des alten jetzt weggefallenen Rechts, sondern Ausübung und allenfalls Besitzergreifung eines neuen Rechts.

IV. Der Besitz, der durch Stellvertreter sogar erworben werden kann, wird auch durch solche fortgesetzt; es fragt sich aber, in wiefern das Ver-

---

übung eingetreten sein, z. B. die Quelle versiegt, aus der Wasser geleitet worden, die zur Ausübung nöthige Vorrichtung geht zu Grunde und kann nicht wiederhergestellt werden, Real-Bannrechte werden gesetzlich aufgehoben. Vgl. Anm. 51.

[60]) Svarez in den Mater. S. 276 e. „Der Besitz der Rechte wird verloren, wenn der Andere den Besitz des entgegenstehenden Rechts erwirbt."

[61]) I. 7 § 126. Verweigerung der Leistung und Beruhigung dabei ist erfordert. Die bloße Weigerung ist nur Störung. Duncker, Zeitschr. f. deutsches R. II. 78 f. hält dies nicht für richtig, und will die Unterlassung mit der Absicht, sich von der Pflicht zu befreien, genügen lassen. „Eine Beruhigung von Seiten des bisherigen Besitzers kann deshalb nicht verlangt werden, weil durch das Verweigern der Leistung das ganze faktische Verhältniß zerstört wird." Das österr. G.B. § 351 verlangt nur die Erklärung, nicht mehr leisten zu wollen. Randa S. 373 Note 40 und S. 376 Note 47 macht darauf aufmerksam, daß, wenn Beruhigung verlangt wird, dies ein animo retinere possessionem sei, wie in der älteren jurist. Lit. angenommen worden, und daß die Frage, wann Beruhigung anzunehmen sei, ein Heer unlösbarer Zweifel schaffe. Dagegen auch Heerwart in der Zeitschr. f. C.R. u. Pr. XII. 313 f. Bruns S. 210 f., ferner S. 123 f. 280 f. 384. — § 126 d. T. ist nicht bei der Ersitzung anwendbar. Strieth. B. 2 S. 205 und nicht auf den Verlust des Rechts durch Nichtgebrach. Das. B. 8 S. 269.

[62]) I. i7 § 127. Vergl. Entsch. B. 44 S. 23, B. 57 S. 12 f. Rehbein I. 695. Strieth. B. 32 S. 199, B. 38 S. 227. Auch hier muß dauernde Verhinderung der Handlung, nicht vorübergehende Erschwerung vorliegen. Ob der Widerspruch wörtlich oder thatsächlich geäußert worden, ist an sich gleichgiltig. Randa S. 364 f. Aber wenn das dem Verbot gleich zu achtende Hinderniß sofort beseitigt wird, nachdem der Besitzer von demselben Kenntniß erlangt hat, so ist der Besitz nicht aufgehoben.

[63]) I. 7 § 128. Randa S. 365.

[64]) Vergl. hierüber Randa S. 364 Note 20, S. 365 Note 22, S. 367 f. Koch, Komm. Note 79 zu § 127, der mit Recht die in dem Erk. des O.Trib. (Arnsb. Arch. 4 S. 107) entschiedene Kontroverse für gegenstandslos erklärt.

[65]) I. 7 §§ 131—133. Entsch. B. 44 S. 44. J.M.Bl. 1854 S. 107 Nr. 33. Strieth. B. 52 S. 90. Oben § 159 Note 29. Baron, Abh. S. 28 f.

halten des Stellvertreters zum Verlust des Besitzes führen kann[66]). Davon ist nicht die Rede, so lange der Besitzwille des Vertretenen nicht aufgegeben ist, und so lange die Macht über die Sache durch den Vertreter thatsächlich ausgeübt wird[67]). Es sind zwei Fälle zu unterscheiden[68]).

a. Verlust an den Vertreter kann nur mit dem Willen des Vertretenen ohne Aenderung der thatsächlichen Verhältnisse eintreten. Eine bloße Willensänderung des Vertreters ist unerheblich[69]), der Vertreter erwirbt dadurch nicht den Besitz für sich. Ist das thatsächliche Verhalten des Vertreters ein solches, daß es dem Vertretenen unmöglich wird, die unmittelbare Einwirkung auf die Sache wieder zu erlangen, so tritt Besitzverlust ein, aber der Verlust wird dann durch die Unmöglichkeit, die Sache wieder zu erlangen, bestimmt (corpore amittitur)[70]). Das römische Recht läßt den Repräsentanten den Besitz erwerben, wenn er die Absicht für sich zu besitzen faßt und eine ausreichende Ergreifungshandlung vornimmt, da ja auch der fehlerhafte Besitzerwerb hier Besitz begründet[71]); das preußische Recht leugnet von seinem Standpunkte aus folgerichtig den eigenmächtigen Besitzerwerb des Vertreters in in solchem Fall.

b. Verlust durch das Verhalten des Vertreters tritt durch solche Ereignisse ein, die auch, wenn die Sache in der Hand des Vertretenen ge-

---

66) Koch, Bes. S. 213f. Gruchot B. 5 S. 344. — Savigny, § 33 S. 361. Puchta, Rechtslex. II. 65. Randa, § 23 S. 228, § 36 S. 383.

67) Koch, Bes. S. 213. Der Vertreter muß Inhaber der Sache bleiben, das Recht für den Vertretenen ausüben. I. 7 §§ 111. 4. Der Pächter, der das vom Verpächter in Besitz genommene Wegerecht ausübt, setzt den Besitz des Verpächters für diesen fort. Entsch. B. 27 S. 310. Rehbein I. 693. Ohne Einfluß auf die Fortdauer des Besitzes ist der Umstand, daß das Rechtsverhältniß, auf dem die Vertretung beruht, aufgehört hat, z. B. das Mandat durch Kündigung, das Kommodat durch Eintritt des Endtermins, l. 60 § 1, D. XIX. 2, l. 20 D. XLI. 2. Desgleichen wenn der Repräsentant willensunfähig wird, l. 25 § 1, D. XLI. 2, oder wenn der Repräsentant nicht mehr für den Vertretenen, sondern fortan für einen Dritten besitzen will, l. 32 § 1 D. XLI. 2, oder wenn der Vertreter dejicirt wird, der Vertretene aber im Grundstück bleibt, l. 1 § 45 D. XLIII. 16. Die Fortdauer des Besitzes durch den Stellvertreter hängt nur davon ab, daß der Vertretene noch besitzen will, und der Vertreter den Gewahrsam behält. Ueber die Frage, ob der Besitz fortdauert oder verloren geht, wenn der Repräsentant fortan in eignem Namen besitzen will, s. unten bei Note 69.

68) Savigny S. 363.

69) I. 7 §§ 69. 125: nemo sibi causam possessionis mutare potest. Sav. S. 364f. Dagegen Randa S. 234, weil jene Regel nur auf die Rechtmäßigkeit des Besitzes sich beziehe (causa = Rechtsgrund, Titel). Bei der Vieldeutigkeit des Worts causa ist jedoch eine Polemik hierüber sehr erschwert; auch der Besitzwille als Grund des Besitzrechts kann durch causa bezeichnet werden. Seuffert, Pand. I. 137. Dem preußischen R. bleibt eine solche Kontroverse fern, § 69 ist zweifellos. Oben § 160 bei Anm. 66ff.

70) A. M. Koch S. 215. Vgl. über röm. Recht Dernburg, Pand. § 183 Anm. 3.

71) Wenn der Depositar oder Kommodatar bloß die Rückgabe weigert, so enthält dies noch nicht den Entschluß zu besitzen und nicht den Verlust des bisherigen Besitzers l. 20 D. XLI. 2, l. 1 § 2, l. 67 pr. D. XLVII. 2, l. 3 § 18, welcher l. 47 D. XLI. 2 widerspricht Sav. a. a. O. Puchta S. 66. Dagegen Randa S. 232 Note 10, der mit Anderen nur eine Aeußerung des animus sibi possidendi vom Repräsentanten verlangt. Vgl. bes. Schirmer und Witte in der Zeitschr. f. C.R. und Pr. R. F. XI. 398. 467. 476 XVIII. 293f.

wesen wäre, ihm den Gewahrsam entzogen hätten[72]); also wenn der Gewahrsam des Repräsentanten **wider** seinen Willen unwiederbringlich zerstört ist, sei es durch substanzielle oder räumliche Veränderung der Sache[73]). Es fragt sich aber, ob auch der veränderte Besitzwille des Repräsentanten den Besitz zerstört[74]). Geht sein Wille einfach auf Aufgeben des Besitzes, Preisgeben der Sache, so wirkt dies nicht weiter, als wenn der Besitzer die Sache, ohne den Besitz aufzugeben, zeitweilig außer seiner Gewalt gelassen hat[75]). Der Wille des Repräsentanten zerstört hier also den Besitz nicht. Dieser geht erst unter, wenn sich aus der Preisgebung ein Zustand entwickelt hat, bei dem der Vertretene außer Stande gesetzt ist, seine Macht über die Sache wieder geltend zu machen. Anders steht es aber, wenn der Repräsentant die Sache einem Dritten untreu übergeben hat. Letzterer kann, wie bereits oben hervorgehoben ist, den Besitz solchenfalls als frei geworden fehlerlos ergreifen, und so auch durch die Uebergabe seitens des bloßen Inhabers Besitz erlangen[75a]), und durch diesen neuen Besitz wird der des Vertretenen vernichtet[76]). War der Besitzerwerb des Erwerbers fehlerhaft, so besteht relativ ihm gegenüber die Möglichkeit der Geltendmachung des bisherigen Besitzes, wenn er auch Dritten gegenüber die Besitzrechte hat[77]). So folgerichtig nach preußischem Recht; nach römischem ist durch Justinian anders entschieden[78]).

Endlich ist es klar, daß, wenn der Besitz gegen den Repräsentanten fehlerhaft begründet worden, der Erwerb auch dem Vertretenen gegenüber als fehlerhaft erscheint. Insbesondere gilt eine gewaltsame Entsetzung des Repräsentanten als gewaltsame Entsetzung des Vertretenen; der Dritte muß also dem früheren Besitzer weichen[79]). Zu Zweifeln aber könnte Anlaß geben, ob der Erwerb als heimlich anzusehen sei, wenn die Ergreifung des Besitzes dem bisherigen Besitzer nur durch die Sorglosigkeit oder Unachtsamkeit seiner Stellvertreter unbekannt geblieben ist. Das Landrecht verneint dies[80]); die schuldhafte Sorglosigkeit des Repräsentanten wird also gerade so angesehen,

---

72) Savigny S. 367f. l. 1 § 22 D. XLIII. 16.
73) I. 7 § 116. Darüber daß hierunter auch die räumliche Veränderung fällt, s. oben Anm. 52.
74) Koch S. 217fg. — Savigny S. 369f. Randa S. 230.
75) Arg. I. 7 § 116.
75a) Oben § 160 Anm. 57.
76) I. 7 § 122. Vgl. § 160 Anm. 57.
77) Vgl. oben bei Anm. 29.
78) Nach l. 12 C. VII. 32 soll der Besitz durch die Untreue des Vertreters nicht verloren gehen, bis der Vertretene Kenntniß erhalten und sich beruhigt hat. Dernburg, Pand. § 183 Anm. 6 sieht hierin für den Fall der Uebergabe durch den Vertreter mit Recht eine Inkonsequenz, ein Verlassen des realen Besitzbodens. Ueber die Ausdehnung der Anwendbarkeit dieses Gesetzes herrscht denn auch Zweifel, ob es sich nur auf den Fall der Dereliktion oder auch der Tradition, ob nur auf Immobilien oder auch auf Mobilien beziehe. S. die Uebersicht bei Randa S. 230 Note 7. Windscheid I. § 157 Anm. 4.
79) Oben Anm. 29.
80) I. 7 § 99.

als wenn dem Besitzer selbst die Thatsache der Besitzergreifung des Andern durch eigene Schuld unbekannt bleibt. Wenn aber schon Sorglosigkeit des Stellvertreters dem früheren Besitzer entgegen steht, so wird ihm die volle Kenntniß des Stellvertreters im Besitz erst recht entgegen gehalten werden müssen. Indessen war Förster anderer Ansicht[81]). Hieran knüpft sich aber die weitere Frage, wer im Sinne der angezogenen Bestimmung als Stellvertreter des Besitzers anzusehen ist[82]). In gewissem Sinne kann man ja so jeden Inhaber bezeichnen, der „für einen Andern, in dessen Namen" die Sache hat[83]); Stellvertreter wäre dann jedenfalls auch der Pächter, der Nießbraucher, denn sie sind nur Detentoren[84]); nach preußischem Recht haben sie zwar eigenen, unvollständigen Besitz, aber man wird sie nicht minder als im römischen Recht als Vertreter des vollständigen Besitzers in dessen Besitz bezeichnen müssen[85]). Nun setzt aber das Gesetz ausdrücklich neben die oben wiedergegebene Bestimmung eine besondere Vorschrift über die Rechtsstellung des Pächters bei Begründung des Besitzes an einem affirmativen Rechte[86]) und bestimmt ferner, daß nur soweit dem Pächter die Befugniß, „über die Sache selbst zu verfügen", beigelegt worden, aus seinen Handlungen oder Leistungen ein Besitzrecht gegen den Eigenthümer von dem Dritten erworben werden kann[87]). Es ergiebt sich hieraus, daß die Verfügung über die Sache selbst, da sie keine aus dem Pachtverhältniß hervorgehende Befugniß ist, dem Pächter besonders beigelegt sein muß; er muß also als Stellvertreter besonders bestellt worden sein, die Pflicht einer Bewahrung der Rechtsstellung des Verpächters als Besitzer besonders übernommen haben. Ohne solche Unterscheidungen hat § 99 jedenfalls Beziehung auf alle Stellvertreter, die vom Besitzer zur Vertretung im Besitz Auftrag erhalten haben; dazu gehören auch die Verwalter[88]).

---

[81]) Unter Bezugnahme auf Koch, S. 219f. führte er aus: „Sorglosigkeit, Unachtsamkeit bedeutet Versehen (culpa), die Vorschrift findet daher keine Anwendung auf den Fall, wenn die Besitzergreifung eines Dritten absichtlich vom Stellvertreter dem Besitzer verschwiegen; es ist nur gesagt, daß, wenn die Ergreifungshandlung dem Stellvertreter selbst aus seinem Versehen unbekannt geblieben, so soll von dem Dritten der Besitz fehlerfrei (nicht heimlich) erworben sein."

[82]) Koch, Besitz S. 221fg.

[83]) I. 7 § 2.

[84]) l. 25 § 1, l. 30 § 6 D. XLI. 2.

[85]) Oben § 157 Note 29.

[86]) I. 7 § 103. Vgl. § 160 Anm. 147. Dem Pächter aber wird man den Nießbraucher gleichstellen, überhaupt in § 105 den Ausdruck des Prinzips finden müssen, daß der unvollständige Besitzer für das im Text behandelte Verhältniß den vollständigen nicht ohne Weiteres vertritt.

[87]) I. 7 § 105. Mit Recht folgert Koch gegen die Gesetzrevisoren, daß die Erwähnung des affirmativen Rechts den Satz, daß durch Handlungen (also auch Unterlassungen, Duldungen) des Pächters überhaupt kein Besitz gegen den Eigenthümer erworben werde, nicht in Beziehung auf den Besitz affirmativer Rechte einschränke. S. 225f. S. oben § 160 bei Note 148.

[88]) Der Verwalter ist Stellvertreter des Herrn. Oben B. II. § 142 im Eingang und bei bei Anm. 18. Daß dies auch die Ansicht der Redaktoren war, geht theils daraus hervor, daß ursprünglich in § 105 neben dem Pächter der Verwalter genannt und dieser

## § 162. Der Inhalt des Besitzrechts. Die Besitzklage.

Ist der Besitz ein Recht, so muß dieses Recht einen Inhalt haben[1]). Worin sollte der Inhalt des Besitzrechts bestehen? ist zweifelnd von denjenigen gefragt worden, welche den Besitz als ein Nichtrecht, als eine nur thatsächliche Beziehung der Person zur Sache auffassen[2]). Hierauf wird geantwortet: der Inhalt des Besitzrechts besteht in der Befugniß des Besitzers, ungestört auf die Sache in seinem Interesse einzuwirken, sie sich dienstbar zu machen. Der Umfang dieses Inhalts ist bei dem vollständigen Besitz ein andrer als bei dem unvollständigen. „Die Rechte des Besitzes hängen von der Beschaffenheit des Besitzes ab[3])." Der vollständige Besitzer ist berechtigt, wie ein Eigenthümer die Sache sich zu unterwerfen, aber das Recht des von ihm verschiedenen Eigenthümers und jedes andere „bessere" Recht auf die Sache muß von ihm anerkannt werden; der Besitz muß dem Recht weichen, sobald es ihm gegenüber geltend gemcht wird. Bis zu diesem Moment hat der Besitzer die Sache „wie seine eigne"; sein Verhältniß zu ihr ist nicht bloß ein Können, sondern auch ein Dürfen. Dieser Rechtsinhalt wird durch Klagen geschützt, die nicht aus äußeren Gründen, um der Person oder um der öffentlichen Ordnung willen, dem Besitz beigelegt, sondern ihm ebenso immanent sind, wie jedem andern Rechte seine Klage[4]).

Der bloße Gewahrsam ohne das Wissen und den Willen des Inhabers begründet nur Schutz gegen eigenmächtige Störung[5]). Erst von der erlangten Kenntniß des Innehabens beginnt aber die Pflicht, die Sache für den

dann gestrichen worden, theils aus § 521 I. 9, und §§ 90. 91 I. 21, wonach nicht gegen den Pächter und Nießbraucher, wohl aber gegen den Verwalter Verjährung angefangen werden kann. Mater. S. 267. 365f. 568fg. und Svarez, Schlußvortr. bei Kamptz, — Jahrb. B. 41 S. 64. Vgl. auch Entsch. B. 18 S. 183. Koch, Komm. zu I. 7 § 107. Dagegen sieht das A.L.R. den Nießbraucher zum Vortheil des Eigenthümers als dessen Stellvertreter an. Er kann für ihn Verjährungsbesitz anfangen. § 98 I. 21. Vgl. Strieth. B. 45 S. 105. Entsch. B. 44 S. 127, vorausgesetzt, daß das dienende Grundstück ein dem Eigenthümer gegenüber fremdes ist. Strieth. B. 22 S. 12a. Aus § 434 I. 21 geht auch hervor, daß bei der Landgüterpacht der Pächter als Stellvertreter des Eigenthümers, als dessen Verwalter angesehen werden soll. S. oben B. II. § 136 Note 292. Entsch. B. 27 S. 316 a. E. f. Strieth. B. 22 S. 17, B. 26 S. 116. Aus diesen, ihrer Natur nach positiven Bestimmungen darf aber der Rückschluß nicht gezogen werden, daß Pächter auch zum Nachtheil des Eigenthümers seine Vertreter sind. Koch S. 226.

1) Baron, Abhandl. S. 17 Note 24.

2) Randa S. 26.

3) I. 7 § 136.

4) Die Klage ist Inhalt des Rechts, zu dessen Schutz sie gegeben. S. oben B. I. § 50 Anm. 6.

5) Anders die älteren Auflagen mit Förster unter Bezugnahme auf Baron, Abh. S. 17, Bruns S. 466f.; sie standen auf dem durch Jecklin bei Gruchot B. 32 S. 252 erfolgreich widerlegten Standpunkt, der bloße Gewahrsam sei für das Recht indifferent, sei ohne Rechtsinhalt. Vgl. oben § 157 Anm. 28. Das Landrecht giebt demjenigen, aus dessen Raum eine ohne seine Kenntniß darin befindliche Sache fortgenommen ist, die Klage auf Rückgabe, sofern der Fortnehmende nicht der Besitzer der Sache selbst ist I. 7 § 146. 162. Der nachher gefaßte Entschluß, die Sache zu haben,

Besitzer zu bewahren[6]); der Inhaber hat dann gegen Dritte, aber nicht gegen den, in dessen Namen er besitzt, die Besitzklage[7]), eine Rechtsansicht, die schon in der gemeinrechtlichen Praxis Vertretung hatte. Sie ist also nicht von den Redaktoren des A.L.R. willkürlich erfunden[8]). Rechte auf die Sache gewährt die bloße Detention sonst nicht[9]).

Man hat in der älteren gemeinrechtlichen Theorie eine Art Register von allerlei Besitzrechten aufgestellt[10]), und das A.L.R. ist dieser Richtung gefolgt[11]). Abgesehen von dem Interdiktenschutz zählte man auf: das Recht zur Selbsthilfe, die Ersitzung, den Fruchterwerb bei gutgläubigem Besitz, die Vermuthung für Rechtmäßigkeit und Redlichkeit des Besitzes, die Freiheit des Besitzers von Angabe seines Titels, den Vorzug des Besitzers gegen jeden, der nicht ein besseres Recht nachweisen kann, das Retentionsrecht, die publizianische Klage. Von diesen Rechtswirkungen müssen zunächst diejenigen ausgeschieden werden, die keinen Zusammenhang mit dem Recht des Besitzes haben, sondern Folgen des Rechts zum Besitze sind, weil bei ihnen nicht der Besitz als solcher, sondern daneben der Titel, auf den er sich gründet, die Quelle der Rechtswirkung ist. Hierher gehören die Berechtigung des Besitzers zur Usukapion, für die der Besitz eine, aber nicht die alleinige Voraussetzung ist, und gemeinrechtlich die publizianische Klage[12]). Andere von den aufgeführten Rechten sind in der That Folgerungen oder Aeußerungen

---

wird dem Dritten gegenüber so angesehen, als wäre er schon bei der eigenmächtigen Inbesitznahme durch diesen vorhanden gewesen.

[6]) I. 7 § 137.

[7]) I. 7 §§ 141. 146. Gegen denjenigen, in dessen Namen der bloße Inhaber die Sache verwahrt, hat er niemals die possessorische Klage, selbst wenn jener ihm die Sache mit unerlaubter Gewalt weggenommen. Entsch. B. 50 S. 75. Mater. S. 283f. § 144 gilt aber nur für den, in dessen Namen der Inhaber den Gewahrsam hat. Entsch. B. 46 S. 49. Striethorst B. 42 S. 222. Dagegen Strohn in Strieth. B. 18 S. 357.

[8]) Vgl. oben § 157 Anm. 28a.

[9]) Sie ist der römischen naturalis possessio nicht, wie Baron, Abh. S. 16. 17fg. annimmt, gleichzustellen.

[10]) Vergl. Höpfner, Komm. § 283.

[11]) I. 7 § 134, §§ 137ff. Koch S. 55fg. Savigny ist der erste Hauptgegner dieser Register. Bes. § 3 S. 32fg. Er erkennt als Wirkungen des Besitzes nur an Usukapion und Interdikte. Neuerdings hat man auch diese beiden Wirkungen streichen wollen — so daß schließlich der Besitz wirkungslos wäre. So streichen die Usukapion Puchta, P. § 132. Rechtslex. II. 44. Böcking I. 457; den Interdiktenschutz aber Kierulff S. 400. Sintenis I. S. 441f. Note 14. 15, weil der Grund der Interdikte ein Delikt sei. Das ist auch konsequent, wenn der Besitz als Nichtrecht aufgefaßt wird, welches nur aus äußeren Gründen geschützt werde. Vgl. auch Randa § 6 Nr. 3, Meischeider S. 26. 27. — Das A.L.R. zählt als Wirkungen auf: Selbsthilfe §§ 142. 143), Ersitzung (§§ 503. 579 I. 9), Fruchterwerb des redlichen Besitzers (§§ 189. 190), Vermuthung für Redlichkeit und Rechtmäßigkeit (§§ 18. 179), Freiheit des Besitzers von Angabe seines Titels (§ 180), Freiheit des Besitzers von der Beweislast (A.L.R. I. 7 § 161 A.G.O. I. 31 § 19), entsprechend der l. 128 de R. J. in pari causa possessor potior haberi debet, Retentionsrecht (I. 20 § 536), die Publicianische Klage für den vorigen Besitzer (§ 161), außerdem die Interdikte für den Inhaber und Besitzer (§§ 141. 146. 147). Vgl. Baron, Abh. S. 17 Note 24.

[12]) Puchta, Rechtslex. II. 44. Böcking I. 457. Savigny, S. 34f. (über die Public.). Koch S. 63 sieht die Usukapion „als wirkliche eigenthümliche Wirkung des Besitzes" an, dagegen S. 294fg. die Publiciana als dem Recht zum Besitze angehörig.

des eigentlichen Rechtsinhalts des Besitzes als des Rechts, die Sache für sich zu haben, sie in eignem Interesse sich zu unterwerfen: hierhin gehört der Fruchterwerb, das Retentionsrecht, die Selbsthilfe, die Interdikte. Andere endlich sind nur Aeußerungen des Prinzips selbst, aus dem sich der Besitz als Recht herleitet: daß der durch thatsächliches Haben verwirklichte subjektive Wille rechterzeugend ist, bis ihm ein anderer subjektiver Wille als besser berechtigt entgegentritt. Darum gilt der Besitz so lange als mit der Rechtsordnung in Einklang (Vermuthung für die Rechtmäßigkeit und Redlichkeit): darum genießt der Besitzer den Vortheil, von der Beweislast frei zu sein, d. h. abwarten zu können, daß der Gegner sein stärkeres Recht nachweise, und obzusiegen um seines Besitzes willen, wenn ein solcher Nachweis nicht gelungen[13]). Einzelne dieser s. g. Besitzrechte sind nicht einmal ausschließliche Eigenthümlichkeiten des Besitzes; die Selbsthilfe (als Selbstvertheidigung) ist auch sonst noch zulässig[14]), und die Freiheit von der Beweislast folgt aus dem allgemeinen Grundsatz, daß demjenigen der Beweis obliegt, der eine rechtbegründende Behauptung aufstellt, nicht demjenigen, der eine solche Behauptung nur abwehrt[15]). Endlich das Retentionsrecht knüpft sich schon an die bloße Inhabung, es ist nicht ein Recht, die Sache für sich zu haben, sondern sie zurückzuhalten, ein Gegenrecht gegen den Anspruch auf Herausgabe der Sache, zur Sicherung einer Forderung, eine Anwendung der Einrede der Arglist (exceptio doli)[16]). So zerfällt das Register der einzelnen Besitzrechte. Mit gleich gutem Grunde könnte man von jedem Recht die einzelnen Vortheile, die es darbietet, herausnehmen und als besondere Rechte dieses Rechts aufzählen[17]).

Die Besitzklagen[18]) schützen das Recht des Besitzes, den Besitz als solchen, um seiner selbst willen[19]). Die geschichtliche Entwickelung, die das Institut der possessorischen Interdikte im römischen Recht, dann im Mittelalter bei den Italienern und später nach der Reception erfahren hat[20]) kann hier nicht näher dargelegt werden. Für die Erforschung des gegenwärtigen Rechtszustands aber ist es von ganz besonderer Erheblichkeit, sich das Verhältniß der prozessualischen Bestimmungen der Allgemeinen Gerichtsordnung

---

13) Oben § 157 Anm. 8.
14) Koch S. 62. Sav. S. 37. Oben B. I. § 49. — I. 7 §§ 142. 143.
15) Oben B. I. § 54 Anm. 8. Koch S. 99f. Sav. S. 36.
16) Oben B. I. § 110. Koch S. 100. Savigny S. 38.
17) Bezeichnend ist, daß diese „Rechte" des Besitzes in der älteren Doktrin als beatitudines oder commoda possessionis angesehen wurden. Man brachte es auf die respektable Zahl von 72 solcher commoda! Randa S. 54 Note 3.
18) Koch, Bes. S. 232—302. Zusammenstellung im J.M.Bl. 1854 S. 101—112. (Gr. mit der Nr. citirt). Förster, Klage und Einrede. S. 267fg. Bornemann I. 266fg. Heydemann I. 370fg. Gruchot B. 5 S. 348fg. 467fg. Bruns, Die Besitzklage des röm. und heut. Rechts. — Nach franz. R. (Code 2279) wird der Besitz an beweglichen Sachen nicht durch Klagen geschützt, die Besitzklagen beziehen sich nur auf Grundstücke und Dienstbarkeiten an solchen. Zachariä I. 466fg. 477.
19) Oben B. I. § 50 Anm. 29 über das Verhältniß der possessorischen zur petitorischen Klage.
20) S. hierüber bes. die Werke von Bruns und Delbrück dingl. Klage.

zu den materiell rechtlichen Vorschriften des Landrechts klar zu machen. Die letzteren wollen — wie unten näher auszuführen sein wird — den ruhig bestehenden Besitz gegen jeden eigenmächtigen Eingriff eines Andern schlechthin schützen, ohne Rücksicht auf ein besseres Recht desjenigen, der den Eingriff verübt hat[21]). Dagegen stellte die allgemeine Gerichtsordnung für die Verhandlung eines auf den Besitz gestützten Anspruchs als Regel den Satz auf, daß neben den Thatsachen, welche zur Entscheidung der Frage des Besitzes gehören, auch die Thatsachen zu erörtern seien, welche die Entscheidung über das Recht begründen, und daß demgemäß die Entscheidung eines solchen Rechtsstreits im ordentlichen Prozesse nicht auf die Frage des Besitzes beschränkt, sondern vielmehr ganz ebenso, als ob petitorisch geklagt wäre, dazu bestimmt sei, die Frage des Rechts unter Berücksichtigung der Folgen des Besitzes endgiltig zu erledigen. Anders wurde nur der Fall behandelt, wenn der Anspruch in den Formen des possessorium summariissimum geltend gemacht wird[22]). Das possessorium summariissimum aber gewährte den von dem materiellen Recht in Aussicht gestellten Schutz nur unter erheblichen Beschränkungen. Abgesehen davon, daß statt der eigenmächtigen Besitzentsetzung, als Anlaß der Klage nur eine Besitzentsetzung, welche heimlich oder gewaltsamer Weise erfolgt ist, bezeichnet wird[23]), sollten auch heimliche und gewaltsame Handlungen die Klage nur dann begründen, wenn sie „neuerlich" geschehen sind[24]). Das Verfahren beanspruchte Liquidität der geltend gemachten Thatsachen durch sofort zu erbringende Beweise[25]). Es endete mit einem Urtheil, das nach der ursprünglichen Bestimmung des Gesetzes schlechthin unanfechtbar sein sollte, das aber auch, nachdem seine Anfechtbarkeit durch

---

[21]) I. 7 §§ 146 ff.

[22]) A.G.O. I. 5 § 27. Die A.G.O. beseitigt also das ordinarium des gemeinen Prozeßrechts. Schon aus dem Cod. Frid. March. von 1748 IV. 3 § 3 und dem Corp. jur. Frid. v. 1781 II. 7 § 18 geht die Tendenz hervor, nicht blos das interdictum retinendae und recuperandae possessionis (die Spolienklage) auf die eine Prozeßart des summarium zu verweisen, sondern auch, das ordinarium als petitorische Klage aufzufassen.

[23]) A.G.O. I. 31 § 1. Es war indessen streitig, ob die Klage nicht auch auf ein Prekarium oder auf listige Besitzentsetzung gegründet werden könne (vgl. Koch, Besitz S. 289, auch Förster neigte dieser Ansicht zu) — aber die Praxis hat sich dagegen ausgesprochen (Entsch. B. 14 S. 173, Plen.-Beschl.); dagegen wird jede eigenmächtige Besitznahme als gewaltsam aufgefaßt. Präj. 1565. S. unten Anm. 39.

[24]) Ob der Eingriff als ein neuerlicher anzuerkennen, war aus den Umständen zu entnehmen. Das Gesetz giebt keine bestimmte Frist, enthält keine Verjährungsnorm und schließt nur Geltendmachung älterer Störungen von dem Verfahren und damit von den Vortheilen des nur in diesem Verfahren zu erwirkenden Besitzschutzes aus. Gr. 43. Entsch. B. 14 S. 169 (Rehbein I. 723). In diesem Plenarbeschluß wird gerade darauf Gewicht gelegt, daß es keinen Sinn hätte, wegen einer Jahre lang ungerügt gebliebenen Entsetzung ein „Provisorium" festzustellen; und das sei doch der Charakter des preußischen Besitzprozesses, „dann hat sich ein Zustand gebildet, der füglich fortbestehen kann, bis er im ordinären Prozeßwege seine definitive Erledigung findet". Dieser ordinäre Prozeßweg aber ist nicht ein possessorium ordinarium, sondern der zur definitiven Entscheidung führende, wenn auch vielleicht nur auf den Besitz gegründete Prozeß über das bessere Recht. Vergl. Entsch. B. 41 S. 72, B. 44 S. 83. Striethorst B. 10 S. 257, B. 20 S. 47, B. 32 S. 553, B. 38 S. 236.

[25]) A.G.O. I. 31 §§ 3. 9. 10. 13.

Nichtigkeitsbeschwerde feststand, nur die Bedeutung eines Interimistikums beanspruchte, dessen Geltung bei der Entscheidung über die Hauptsache, d. h. im petitorischen Prozeß, dergestalt in Frage gestellt wurde, daß es Pflicht des Richters war, schon in dem ersten hier ergehenden Urtheil das Erforderliche festzusetzen, wenn er eine Aenderung des interimistischen Zustands für erforderlich ansah[26]).

Die deutsche Civilprozeßordnung kennt keine besondere Prozeßart für die Verfolgung der Ansprüche aus dem Besitz. Das possessorium summariissimum des preußischen Rechts ist also beseitigt, mit demselben sind die an die Prozeßform geknüpften Schranken der Verfolgung der Ansprüche aus dem Besitz gefallen[27]). Insbesondere gilt dies von den Bestimmungen über Liquidität der Thatsachen und von der Pflicht des Richters das nur interimistisch wirkende Urtheil von Amtswegen eventuell durch ein anderes Interimistikum im Prozesse über das Recht zu ersetzen. Aber auch die Bestimmung der A.G.O., nach welcher nur neuerliche Störungen im possessorium geltend zu machen sind, muß gleich der Liquidität der Thatsachen als eine an die Prozeßform geknüpfte Schranke der Verfolgung angesehen werden. Dagegen hat die Civilprozeßordnung mit der Beseitigung der exceptionellen Prozeßform und ihrer Regeln nicht den materiellen Schutz beseitigt, welchen das L.R. dem jüngsten Besitz unter Ausschließung der Frage nach dem Recht zum Besitz gewährt.

Auch jetzt kann also, unter Ausschließung einer aus dem Rechte zum

---

26) A.G.O. I. 31 § 18. Die spätere Aenderung der Gesetzgebung, welche Anfechtbarkeit des Urtheils durch Rekurs und Nichtigkeitsbeschwerde begründete, hat in dem letzteren Satz nichts geändert.

27) Dies Ziel hatte sich schon der Preußische Entwurf einer Prozeßordnung von 1864 gesetzt. Vgl. Motive dazu S. 209. — Dernburg I. § 158 kleidet seine Ansicht in die Worte, daß „nach der materiellen Seite" das summariissimum fortdauert, daß auch heute nur der Besitz, welcher sich nach älterem Recht zur Geltendmachung im summariissimum qualifizirte, einen selbständigen Besitzschutz hat. Aber warum die Vorschrift, daß der nach dem Landrecht I. 7 § 154 zu schützende bis zur Störung ruhige (jüngste) Besitz in der Form des summariissimum nicht zu schützen ist, wenn er selbst oder die Störung nicht durch liquide Beweise klargestellt werden kann, eine prozessualische, dagegen die Vorschrift, daß nur die als neuerlich erwiesene Störung jene Prozeßform rechtfertigt, eine materiell rechtliche sein soll, wird von Dernburg nicht dargelegt, letzteres vielmehr ohne Weiteres vorausgesetzt. Falsch ist auch, daß der „jüngste" Besitz eine besondere Voraussetzung des summariissimum gewesen. Auch wenn im Ordinarium aus dem Besitz geklagt wurde, war dies der letzte, ruhige Besitz, die Klage war grundlos, wenn der Beklagte den Besitz für sich selbst in Anspruch nehmen oder den jüngsten Besitz des Klägers sonst leugnen konnte, weil ein anderer nach ihm besessen hat. Der letzte Besitz ist deshalb materielle Voraussetzung aller Ansprüche aus dem Besitz. Rehbein I. 723, jetzt auch Rehbein und Reincke zu § 154 cit. haben sich dem Text angeschlossen. A. M. Fischer S. 175. Daß eine Einschränkung des Besitzschutzes im Sinne des „neuerlich" de lege ferenda wünschenswerth ist, läßt sich nicht verkennen. So will auch der Entwurf des B.G.B. § 824, Reichstagsvorlage § 848, auch §§ 845. 846, den von ihm geregelten Besitzschutz nicht gegen Handlungen gewähren, die über ein Jahr zurückliegen. Er gewährt den Besitzschutz gegen verbotene Eigenmacht durch das Recht gewaltsamer Abwehr und eigenmächtiger Wiederentsetzung, zugleich durch Klagerecht gegen den fehlerhaft Besitzenden oder eigenmächtig im Besitz Störenden, sofern der klagende Besitzer nicht selbst von dem, den er in Anspruch nimmt, deshalb verklagt werden kann, weil er fehlerhaft besitze.

Besitz herzunehmenden Vertheidigung des Beklagten[28]), auf Grund des Besitzes Klage erhoben werden; aber da die besondere Prozeßform fortgefallen ist, und da der wider Willen verloren gegangene Besitz, wie im § 164 darzulegen, zugleich das bessere Recht zum Besitz gegen den zeitigen Inhaber giebt, falls dieser nicht ein Recht zum Besitz darlegt, so daß solcher Besitz auch die Klage auf Anerkennung und Schutz des besseren Rechts zum Besitz begründen kann, so muß jetzt prozessualisch eine bestimmte Erklärung des Klägers gefordert werden, ob er die Besitzklage oder die Rechtsklage erheben will[28a]). Auch im erstern Fall ist der Rechtsstreit zwar unter Ausschluß der materiellen Vertheidigung aus dem Recht zum Besitz, aber in den Formen des ordentlichen Verfahrens zu betreiben, die für jede etwa erforderliche Abkürzung Raum lassen.

Der jüngste Besitz wird geschützt gegen Störung und Entsetzung[29]).

a. Zur Begründuug der Klage gehört, daß sich Kläger im jüngsten Besitz, d. h. wirklich[30]) unmittelbar vor der erfolgten Störung oder Ent-

---

[28]) Daraus, daß der Besitzklage nicht eine Einrede aus dem Rechte zum Besitz entgegen gestellt werden kann, ergiebt sich zugleich die Unzulässigkeit einer petitorischen Widerklage über denselben Gegenstand, da der petitorische Anspruch weder mit der Besitzklage, noch mit einem zulässigen Vertheidigungsmittel dagegen in rechtlichem Zusammenhange steht. C.P.O. § 33. R.G. Entsch. B. 23 S. 397. Wäre eine Widerklage aus dem Rechte zum Besitz zulässig, so läge es in jedem Besitzprozeß in der Macht des Beklagten, die Vorschrift des Gesetzes, daß der Besitz um seiner selbst willen geschützt werden soll, illusorisch zu machen, indem er durch Erhebung der Widerklage den Kläger nöthigte auf das Recht zum Besitz einzugehen. Einer besonderen Hervorhebung bedurfte hiernach in der Civilprozeßordnung nur die Beschränkung des Klägers, daß er mit der Besitzklage die petitorische nicht kumuliren darf. Vgl. oben B. I. § 50 Anm. 29. — Die C.P.O. erwähnt Besitzklagen außer in § 232 auch in § 25, verbindet aber hier mit dem Worte einen weiteren Sinn, wonach es auch die Rechtsmittel zur Erlangung des Besitzes umfaßt.

[28a]) Das kann aus der Formulirung des Antrags mit genügender Deutlichkeit hervorgehen. Ist es aber nicht der Fall, so wird es Pflicht des Richters sein, bei der Verhandlung eine unzweideutige Erklärung zu fordern. Bleibt der Kläger unklar und unbestimmt, so ist die Klage keine genügende Grundlage einer materiellen Entscheidung und muß wegen Unbestimmtheit ihrer Grundlage (nach dem alten Ausdruck als obskur und inept) ohne materielle Entscheidung verworfen werden.

[29]) I. 7 §§ 141—150, I. 1 § 4 D. XLIII. 17. Vgl. Entwurf des B.G.B., Reichstagsvorlage §§ 845. 846. Die mit Koch S. 237 gegen Bornemann I. S. 266f. für das preuß. R. anzuerkennende Möglichkeit theoretischer Trennung des interd. recuper. und retinend. poss. hat keine praktische Bedeutung. Entsch. B. 14 S. 164f. „Beides sind nur Arten der Turbation, dem Grade nach verschieden." Heydemann I. 371. Schon in der italienischen Doktrin und später in Deutschland ist der Gegensatz von Turbation und Dejektion sehr verwischt. S. Bruns, Jahrb. B. 4 S. 49f. 66f. 94.

[30]) I. 7 § 154. Gruchot B. 5 S. 486f. Heydemann I. 372 Note 746. Der Nachweis des Rechts kann die Besitzklage nicht begründen, Entsch. B. 35 S. 17. Rehbein I. 701, ebensowenig Eintragung im Grundbuch Gr. 15b. Rechtsfälle B. 2 S. 195. Strieth. B. 23 S. 257. Dagegen Tradition, auch wenn der schriftlich zu schließende Vertrag nur mündlich geschlossen. Gr. 10. 11. Entsch. B. 17 S. 276. Strieth. B. 3 S. 173, B. 4 S. 132, B. 88 S. 323. Erbanfall giebt nicht wirklichen Besitz. Gr. 14. Entsch. B. 18 S. 3. Unten Note 54. Die Ausübung oder Unterlassung eines s. g. Rechts der natürlichen Freiheit, res merae facultatis, erzeugt keinen Besitzstand für einen Dritten. Gr. 6. Der Besitz, welcher zur Zeit der Turbation bereits rechtskräftig abgesprochen war, ist kein Besitz. Entsch. B. 38 S. 384. Striethorst B. 29 S. 50. — Insbesondere kommt bei diesem Punkt in Betracht, daß eine Besitzübergabe,

setzung im **ruhigen** Besitz der Sache oder des Rechts befunden habe. Der Ausdruck „Besitz“ umfaßt hier Gewahrsam; in wieweit der bloße Inhaber klagen kann, ist unten näher darzulegen. „Ruhiger“ Besitz heißt nicht rechtmäßiger, auf den Titel zum Besitz kommt es bei diesen Klagen nicht an; sondern der Ausdruck verlangt nur, daß bisher der Besitzer nicht gestört, sein Besitz nicht angefochten worden ist[31]). Ob der Besitz „unmittelbar“ vor der Turbation noch bestanden hat, ist nach den thatsächlichen Umständen zu entscheiden, ohne daß aus der Thatsache des in einer früheren Zeit erlangten Besitzes in Verbindung mit dem mangelnden Nachweis eingetretenen Besitzverlusts mit Nothwendigkeit die Fortdauer des Besitzes gefolgert werden müßte[32]). Der Umfang des Klagerechts ist bedingt durch den Umfang des besessenen Gegenstandes, daher ist eine bestimmte Angabe darüber erforderlich. Wer das Maß seines bisherigen Besitzes überschreitet und nur hieran gehindert wird, genießt nicht den possessorischen Schutz[33]).

---

die bloß durch Anweisung oder Zeichen erfolgt ist, gegenüber der an einen Andern erfolgten körperlichen Uebergabe nicht als geschehen gilt, insoweit es sich um das Recht des Besitzes handelt (I. 7 § 74). Vgl. Entsch. B. 54 S. 62. Gegen Ausdehnung dieses Satzes auch auf den Fall einer Kollision der Uebergabe durch Konstitut und körperliche Uebergabe in der Praxis des Obertribunals (Striethorst B. 48 S. 21, Entsch. B. 83 S. 1) vgl. Entsch. d. R.G. B. 1 S. 131 und oben § 160, Anm. 65. 68. 71.

31) Gr. 28. 15. Rechtsf. B. 4 S. 353. Entsch. B. 35 S. 21 oben. Schwebt zur Zeit der Störung bereits ein Possessorienprozeß unter den Parteien, so ist der Besitzstand kein ruhiger. R.G. bei Gruchot B. 24 S. 427.

32) Gr. 18. Entsch. B. 17 S. 3 Pl.-Beschl. (Rehbein I. 703). Strieth. B. 10 S. 259, B. 20 S. 82, B. 23 S. 257 (auch bei Untersagungsrechten). Der Beweis wird sich also auf den früheren Erwerb des Besitzes oder auf die der Turbation vorangegangenen Besitzhandlungen, wenn diese auch schon ältere sind, gründen dürfen. (Seuffert B. 8 Nr. 232, B. 14 Nr. 8, Savigny S. 388 f.) Der Satz „olim possessor hodie possessor“ wirkt also auch für die Besitzklage (vgl. oben § 161 Anm. 3) jedenfalls nicht als zwingende Rechtsnorm, sondern hat höchstens die Bedeutung eines Beweisgrundes. Im Besitzprozeß wird der Schluß aus früheren Besitzhandlungen auf gegenwärtigen Besitz jedenfalls dann ausgeschlossen, wenn der Beklagte neuere ruhige Besitzhandlungen aufzuweisen hat (Emminghauß, sächs. Pand. 420 Nr. 30 (Jena), Nr. 31), oder wenn sonstige thatsächliche Momente der Fortdauer des Besitzes bis zur Turbation widersprechen. Vergl. noch den Aufsatz von Schütz in der jurist. Wochenschrift, 1848, S. 273. Auch bei dem Besitz eines Rechts ist nicht nothwendig nachzuweisen, daß es in jüngster Zeit ausgeübt worden, es darf aber nicht in neuerer Zeit der Besitz durch eine ändernde Thatsache aufgehoben worden sein. Entsch. B. 46 S. 55. Schles. Arch. V. 83. Ueber den abweichenden Standpunkt Dernburg's I. § 162 Anm. 5 f. oben § 161 Anm. 58. — Die Berufung auf die Vermuthung für Freiheit des Eigenthums von Belastungen beweist nicht einen jüngsten Besitzstand zu Gunsten des Eigenthümers. Striethorst B. 10 S. 257 und Gruchot B. 5 S. 489 f., dessen Gegenbemerkung S. 491 nicht durchgreift. Vergl. noch Emminghauß a. a. O. S. 420 Nr. 32, S. 426 Nr. 36. — Pauli S. R. V. 11 § 2 probatio traditae vel non traditae possessionis non tam in jure, quam in facto consistit: ideoque sufficit ad probationem, si rem corporaliter teneant.

33) Gr. 17. Entsch. B. 36 S. 29. Striethorst B. 24 S. 242, B. 38 S. 258. Schutz eines Theils des Besitzrechts: Striethorst B. 40 S. 34. Entsch. B. 41 S. 34. Wer wegen gestörten Sachbesitzes klagt, kann wegen des nach den vorgebrachten Thatsachen in Wahrheit vorliegenden Rechtsbesitzes geschützt werden. Entsch. B. 44 S. 26. Striethorst B. 38 S. 227 c. Unzulässig ist es, eine rechtskräftig abgewiesene Klage wegen Störung des Sachbesitzes nachträglich in der Weise zu begründen, daß es in Wahrheit dabei um Störung des Rechtsbesitzes sich handle. Entsch. B. 43 S. 359. Es ist nicht nöthig, daß man Handlungen nachweist, die eine fortdauernde Beherrschung

Die Klage hat ferner die Störung oder Entsetzung des Besitzstandes darzulegen. Die Besitzstörung oder Entsetzung muß eine verschuldete sein; als solche erscheint aber im Allgemeinen jeder eigenmächtige Eingriff in den Besitzstand, wodurch dieser beeinträchtigt oder ganz aufgehoben wird[34]).

---

nach dem ganzen möglichen Umfang des einmal erworbenen Besitzes darthun, auch eine theilweise Ausübung des Besitzes reicht hin, den Besitz in seinem ganzen Umfang zu erhalten, wenn nur die Möglichkeit vorhanden ist, die ganze Herrschaft zu verwirklichen. Entsch. B. 55 S. 213.

[34]) Vergl. Entwurf des B.G.B. §§ 814—824, Entw. II. §§ 780—788, Reichstagsvorlage §§ 842—850. Präj. 1565. Samml. I. 24. 252. Entscheid. B. 34 S. 84, B. 36 S. 29, B. 46 S. 55. l. 15 D. XLIII. 16, l. 15 § 1 D. XLIII. 24. Seuffert V. 23, VIII. 49. 51. Also immer wird eine Handlung des Beklagten vorausgesetzt, nicht ein von seinem Willen unabhängiges Ereigniß. Seuffert IX. 34. Ein schuldhafter Eingriff liegt nicht nur bei Kenntniß des fremden Besitzes, sondern auch bei verschuldeter Unkenntniß vor. Dabei ist davon auszugehen, daß der Handelnde sich darum zu kümmern hat, ob seine Handlung nicht in fremden Besitz eingreift. Darüber, welche Handlungen als Besitzstörung anzusehen sind, s. unten bei Anm. 44 ff. Dernburg I. § 158 bei Anm. 19 leugnet die Nothwendigkeit einer schuldhaften Handlung als Voraussetzung der Klage, wenngleich er jetzt anerkennt, daß das Landrecht in den Worten „Ungebühr, Gewalt, List, bittweise, heimlich" ein schuldhaftes Verhalten fordert. Auch im Zulassen eines störenden Zustands kann eine Schuld liegen, was D. jetzt ebenfalls nicht nur anerkennt, sondern ausdrücklich betont. Nach ihm ist es ein dringendes praktisches Bedürfniß eine Besitzklage im Sinne der Besitzstandsregulirung zuzulassen, wenn der Beklagte „unbefugt", aber ohne daß ihm „subjektiv" eine Schuld zur Last fällt, den Besitz des Klägers verletzt hat. In seiner Polemik gegen mich ergeht sich D. hierbei in seiner Weise, indem er beklagt, daß eine andere Methode, als Worte des Gesetzes zu deuten oder zu mißdeuten über meinen Horizont gehe. Nun — ich will daran festhalten, daß das Gesetz — freilich nicht die Worte, sondern das Gesetz in dem durch den gesammten Rechtsinhalt erkannten Verständniß die bessere Grundlage für Rechtspflege ist, als vage subjektive Worte von praktischem Bedürfniß. Daß Dernburg den Satz festhalten wird, daß eine Besitzklage gegen jeden unbefugten Eingriff zulässig sein muß, glaube ich nicht. Wollte ich fragen: Soll denn wirklich der Beklagte im Besitzprozeß sich mit seiner Befugniß zum Eingriff vertheidigen können, oder soll der Kläger darlegen müssen, der Eingriff war unbefugt? Heißt das nicht in den Besitzprozeß die Frage des Rechts hineinziehen; ich zweifle nicht daran, daß Dernburg sagen würde, das habe er nicht gemeint. Aber was meint er denn mit „unbefugt"? Befugt auf Grund des eignen Besitzes des Handelnden kann er nach dem Zusammenhang nicht meinen. Dem praktischen Bedürfniß ist m. E. damit nur gedient, daß ein thatsächlich erfolgter Eingriff in fremden Besitzstand, der unabsichtlich geschehen ist und den der Eingreifende aufrecht zu halten nicht willens ist, keinen Anlaß zur Klage geben darf. Wer aber erkennt, daß durch das auf ihn zurückzuführende Vorkommniß in den fremden Besitzstand eingegriffen ist, daß er durch sein Verhalten ohne den Willen des Besitzers ihm die Sache entzogen oder ihn im Besitz gestört hat, und dann doch an dem Eingriff festhält, ist gewiß in Schuld. Vgl. über die Nothwendigkeit dieser Voraussetzung der Klage Entsch. B. 18 S. 18. Strieth. B. 6 S. 249, B. 40 S. 29, B. 51 S. 131. Jeder Eingriff in einen ruhigen Besitzstand ist als schuldhaft anzusehen, wenn nicht nachgewiesen wird, daß die Handlung ohne die Absicht der Störung vorgenommen sei, oder daß der Besitzstand ohne Verschulden unbekannt war. Strieth. B. 81 S. 253. (Rehbein I. S. 711); R.G. bei Gruchot B. 32 S. 885. Diese Argumentation läuft nicht, wie Dernburg meint, auf eine Präsumtion von Schuld hinaus, mit der die Praxis sich zu retten suche, sondern sie ist eine Anwendung des Satzes, daß es besonderer Rechtfertigung bedarf, wenn man eine Handlung nicht als so gewollt ansehen soll, wie sie in die Erscheinung getreten ist. In dem reichsgerichtlich entschiedenen Fall hat das Reichsgericht mit Recht in einer gewollten Einwirkung auf eine Sache, bei welcher der Handelnde auch nicht einmal versucht hat, seine Unkenntniß von dem Besitz des Klägers zu entschuldigen, als eine schuldhafte Besitzverletzung angesehen. — Die Besitzklage ist aber deshalb, weil sie eine schuldhafte Verletzung des Besitzes voraussetzt, nicht nach allen Richtungen eine De-

Es muß der Eingriff in den Besitzstand beabsichtigt, d. h. der Wille des Störers gegen den Besitz gerichtet gewesen sein[35]), und es muß die dadurch bewirkte Verletzung fortdauern, oder es muß wenigstens ihre Fortdauer oder Wiederholung zu befürchten sein[36]). Der Eingriff muß zur Ungebühr geschehen sein; die gesetzlichen Fälle dieser Ungebühr sind: mit Gewalt, mit List, heimlich, bittweise[37]). Diese Besitzfehler sind oben schon bei der Lehre vom Besitzerwerb erwähnt worden[38]).

Es bedarf hier nur noch einiger Bemerkungen. Einmal: Gewalt ist jeder erkennbare, eigenmächtige Eingriff in den Besitzstand eines Anderen[39]); die Gewalt, die zum Schutz des eigenen Besitzstands oder zur Wiedererlangung des gewaltsam entzogenen Besitzes geübt wird, begründet keine Klage, ist vielmehr erlaubt[39a]). Die Zweifel darüber, ob jeder eigenmächtige Eingriff in einen fremden Besitzstand als gewaltsam bezeichnet werden kann, sind wegen der Hinzufügung der List ohne Erheblichkeit. Der Besitzerwerb gilt als heimlich, wenn er dem bisherigen Besitzer oder dessen Stellvertreter, ohne daß ihnen Sorglosigkeit und Unachtsamkeit zur Last fällt, unbekannt geblieben ist, und wenn zugleich von dem Erwerber Mittel ergriffen sind, welche geeignet waren, seine Thätigkeit zu verbergen, so daß sie den Schluß auf die Absicht der Verheimlichung begründen[40]). Nach der Ansicht des

liktsklage, sie geht namentlich nicht auf Schadensersatz, sondern nur auf Herstellung den früheren Zustands. Vgl. Anm. 82.

35) Gruchot B. 5 S. 467. Seuffert I. 60. R.G. bei Gruchot B. 24 S. 423.

36) I. 7 §§ 151. 152. Bornemann S. 270. Strieth. B. 6 S. 294. Es kann sich nur um Beseitigung dessen handeln, was noch jetzt als Wirkung der Handlung vorhanden ist, — bei der Entsetzung Wiederherstellung des Besitzes, bei der Störung Sicherung gegen Wiederholung.

37) I. 7 §§ 146—148. Eine Handlung, welche äußerlich eine Besitzstörung enthält, gilt so lange mit Recht als ungebührlich, bis der Beklagte darlegt, daß ihm die Absicht gefehlt habe, den Besitz des Klägers auszuschließen oder einzuschränken. Strieth. B. 81 S. 253 (Rehbein I. 711). Was sich als der Ausfluß eines Rechts darstellt, ist nicht als Besitzstörung anzusehen. Gr. 36 (Benutzung des Leinpfades); Strieth. B. 4 S. 5 (Anstrich eines Kirchenstuhls, durch den Kirchenvorstand angeordnet). Insofern greift also auch in den Besitzprozeß der Nachweis des Rechts, aber nicht des Rechts zum Besitz, sondern das Recht aus bestehendem Besitz ein. S. unten Anm. 47. Vergl. hierzu noch B. 37 S. 58, B. 49 S. 201 (Reparatur der Servituteinrichtung und Betreten des Grundstücks zu diesem Zweck), B. 48 S. 144 (Exmissionsklage gegen den Aftermiether). Vergl. noch B. 36 S. 182, B. 31 S. 288, B. 46 S. 28, B. 42 S. 26. Entsch. B. 41 S. 353, B. 46 S. 53. Dagegen kann trotz polizeilichen Baukonsenses eine Bauausführung den Besitz stören. Strieth. B. 61 S. 175. Die Thatsache, daß dem Beklagten die Sache noch nicht übergeben worden, beweist an sich noch nicht, daß er sie vi, clam, prec. ergriffen habe. Schles. Arch. V. 402. Strieth. B. 51 S. 127.

38) § 160 unter VI. Im röm. R. kamen die Besitzfehler nur als Fundamtnt des interd. recuper. poss. vor, das preuß. R. (I. 7 § 150) dehnt sie auch auf das interd. retin. poss. aus.

39) Präj. 1565, Samml. I. 24. 252. B. 44 S. 51 f. Bei der gewaltsamen Störung muß in die bisherige Machtsphäre des Klägers übergegriffen sein; es reicht nicht hin, daß der Beklagte durch Handlungen in seinem eigenen Rechtsbereiche der Ausübung des von einem Andern behaupteten Befugnisses indirekt schadet. Wochenbl. f. merkw. Rechtsfälle 1846 S. 251, 1849 S. 317. Vgl. unten Anm. 66.

39a) I. 7 §§ 142. 143. Vergl. Entwurf des B.G.B. § 815, Entw. II. § 781, Reichstagsvorl. § 843.

40) I. 7 §§ 99. 100. Ueber die Heimlichkeit gegen einen Stellvertreter s. oben § 161 unter

Obertribunals sollte aber diese Bestimmung des Begriffs nur auf den Fehler des Besitzerwerbs anzuwenden sein; zur Begründung der possessorischen Klage wurde dagegen schon für genügend erachtet, daß die Entsetzung oder Störung überhaupt dem Besitzer unbekannt geblieben[41]). Das soll daraus folgen, daß § 147 I. 7 A.L.R. und § 1 I. 31 A.G.O. nicht auf §§ 99. 100 I. 7 zurückweisen. Aber diese Ansicht hat keinen Anhalt in dem Gesetz, da vielmehr in den §§ 99. 100 im Allgemeinen der Begriff der Heimlichkeit gegeben worden ist, und daher bei § 147 keine Veranlassung mehr war, diesen schon feststehenden Begriff nochmals näher zu bestimmen; sie widerspricht auch der gemeinrechtlichen Praxis durchaus, ohne daß irgend ersichtlich ist, daß das Landrecht vom gemeinen Recht hat abweichen wollen[42]). Der Begriff des Prekariums endlich ist, daß eine Sache Jemandem ohne Bestimmung eines Zwecks, einer Art oder einer Zeit des Gebrauchs zum Gebrauch überlassen wird. Der Empfänger wird nur Inhaber. Wenn er dann nicht sofort zu jeder Zeit bereit ist, die Sache zurückzugeben, so verletzt er den Besitzstand dessen, von dem er sie erhalten hat, durch einen Vertrauensbruch[43]).

Der Begriff der Besitzentsetzung bedarf keiner Erläuterung. Eine Besitzstörung kann durch alle möglichen, in den Besitzstand eingreifenden Handlungen geübt werden[44]); es kommt dabei auch nicht darauf an, ob die

---

IV. War der Besitz eines Rechts nicht heimlich, also fehlerfrei ergriffen, so wird er nicht dadurch zum heimlichen, daß die weitere Ausübung des Rechts in einer nicht sichtbaren Weise erfolgt (z. B. beim Bauen in der Tiefe), Strieth. B. 61 S. 173, selbst nicht, wenn man sie absichtlich verheimlicht. l. 40 § 2 D. XLI. 2. Heimlichkeit ist auch bei der Besitzstörung denkbar. Gegen Koch (Pr.R. I. 383) Adamczyck in der preuß. Anw.-Z. 1862 S. 301.

41) Gr. 24. Entsch. B. 44 S. 33. Strieth. B. 38 S. 236.

42) Koch, Note zu I. 7 § 100. Eine erhebliche praktische Bedeutung hat die oben erörterte Differenz nach Ansicht des Herausgebers wohl kaum. Ist die dem Besitzer verborgen gebliebene Handlung so vorgenommen, daß er sie sehen konnte, so wird sie, wenn nicht heimlich, eigenmächtig und also nach dem obigen weiten Begriff gewaltsam sein.

43) I. 21 § 231. Entsch. B. 44 S. 34 f. Strieth. B. 24 S. 351. Oben B. II. § 135 a. E. und § 160 S. 62. In der Stellung des prekären Inhabers findet sich jeder, der für einen Andern die Sache inne hat und auf Erfordern sie nicht herausgiebt, auch der unvollständige Besitzer, dessen Besitz sich durch Zeitablauf in bloße Innehabung umgewandelt hat. Der Besitzer hat diesem gegenüber nicht bloß das Recht der Selbsthilfe, sondern auch die possessorische Klage. Entsch. B. 44 S. 34.

44) D. h. der Besitz kann gestört werden entweder durch eine Handlung, die unmittelbar in den Besitzstand eingreift, oder auch dadurch, daß die Besitzhandlung des Klägers nur gehindert wird. Gruchot B. 5 S. 483. Präj. 1565. Samml. I. S. 24. 252. Gr. 35. Rechtsfälle I. 178, III. 363. Strieth. I. 346, IX. 217, B. 44 S. 51. Beispiele von Besitzstörung: Entsch. B. 44 S. 34 (Zurückbehalten des Gewahrsams von Seiten des Inhabers); B. 46 S. 55 (Vertiefung oder Terrassirung eines Wegs); Arnsb. Arch. B. 7 S. 286 (Erschwerung der Ausübung einer Servitut); Strieth. B. 12 S. 95 (die vom Pächter dem Verpächter versagte Betretung des Grundstücks); B. 18 S. 164 Sperrung eines Weges (Seuffert XII. 7), ebenso B. 23 S. 271 (Verschließung eines Schlagbaums) und B. 51 S. 131; B. 18 S. 23 (Störung des Besitzstandes eines Miethers durch den Vermiether nur durch Handlungen, die in das Gebrauchsrecht unmittelbar eingreifen); B. 32 S. 62 (Bohrversuche des Eigenthümers zum Nachtheil des Bergbauberechtigten); B. 33 S. 208 (Erhöhung der Schütze einer Schleuse, durch welche der Betrieb eines Hammerwerks gehindert wird); B. 47 S. 320 (Grenzabschreitung auf einem fremden Grundstück); B. 49 S. 191 (Grenzverrückung, nach gemeinem Recht); B. 51 S. 89 (Anlegung eines Stauwerks zum Nachtheil der oberen Grundbesitzer);

Störung die unmittelbare oder mittelbare Folge der Handlung ist[45]), die störende Handlung muß aber die unmittelbare ausschließliche Macht über die Sache wirklich verletzt haben. Nicht ausreichend sind also bloße Pfändungen und Protestationen, welche die Besitzhandlung des Besitzers in Wahrheit nicht gehindert haben, also erfolglos geblieben sind, Drohungen die nicht sofort verwirklicht werden, sondern erst auf künftige Thätlichkeiten hinweisen, die Anstellung einer Klage oder eine bloße Denunziation[46]). Die Behauptung, daß der Störende zur Vornahme der Handlung befugt gewesen, macht geltend, daß der Handelnde in einem solchen Besitzverhältniß zur Sache selbst stand, daß er so handeln konnte, und daß in seiner Handlung eine verbotene Eigenmacht nicht lag. Die Behauptung muß insoweit in Betracht gezogen werden, nur darf die Behauptung nicht mit der Geltendmachung des Rechts zum Besitz zusammenfallen, dessen Berücksichtigung dem Possessorienprozeß widerspricht[47]).

---

B. 52 S. 83 (Vorrücken eines Gebäudes über die Grenze); B. 52 S. 53 (Anlegung eines ein Bassin verunreinigenden Grabens). Keine Störung liegt vor, wenn ohne Schaden die Sache wieder in den vorigen Stand versetzt worden ist und die Besorgniß der Wiederholung nicht besteht. Gruchot B. 9 S. 68. Dann kann nur eine Schadensersatzklage wegen geschmälerter Nutzung während der Störung angestellt werden.

[45]) Strieth. B. 46 S. 126, B. 20 S. 145 (Handlungen, die künftig und nothwendig nachtheilig werden, auch schon vor dem Eintritt dieser objektiv vorauszusehender Folge, z. B. wenn in Folge der Handlung eine Ueberschwemmung, der Einsturz eines Gebäudes droht). Entsch. B. 78 S. 288, Strieth. B. 51 S. 89. Dagegen nach B. 46 S. 126 nicht Handlungen, die nur in Folge äußerer Umstände nachtheilig werden.

[46]) Gr. 19. 20. 39. 40. Präj. 1252. Samml. I. S. 24. Arnsb. Archiv B. 9 S. 419. Strieth. B. 6 S. 30, B. 12 S. 164, B. 17 S. 23, B. 47 S. 79c. Rechtsf. I. 71, III. 272. Nicht bloß mögliche Beunruhigung. Reskript v. 8. Juni 1832. Ergänz. I. 228 Nr. 13. (5. A.) Bedrohung mit unmittelbarer Mißhandlung ist als Störung angesehen. Entsch. B. 32 S. 34. Strieth. B. 20 S. 189. Auch eine Denunziation beunruhigt, d. h. stört, wenn durch dieselbe ein Strafverfahren herbeigeführt ist, insbesondere wenn nun die Freisprechung und damit der weitere ruhige Besitz vom dem Ausgang der Possessorienklage abhängt. Entsch. B. 35 S. 21. Strieth. B. 70 S. 297. Vergl. Förster S. 276 gegen Koch, Bes. S. 266f. S. auch R.G. bei Gruchot B. 24 S. 960. Die gemeinrechtliche Praxis geht zum Theil, in Folge der großen Ausdehnung des Begriffs des Spoliums, weiter und hält wörtliches Bestreiten, eine controversia de possessione für ausreichend. Siehe Citate bei Gruchot B. 1 S. 484. Emminghauß, Sächs. Pand. S. 422 Nr. 40. Matthiä, Kontrov.-Lex. I. 125. Präj. XX. 1 (Erwirkung eines Subhastationstermins). Vergl. ferner Seuffert VIII. 221, XVII. 45. Auch für das preuß. Recht wollen Koch in Komm. zu § 150 und Dernburg I. § 158 bei Anm. 17 und 18 in der bloßen mündlichen Androhung eines Eingriffs eine Störung finden. Der Grund D.'s, daß eine Möglichkeit gegeben werden müsse, das zwischen zwei Personen streitige, wenn auch thatsächlich noch nicht gestörte Besitzverhältniß richterlich festzustellen, führt nicht zur Zulassung der Klage wegen gestörten Besitzes, sondern zu einer Präjudizialklage, einer Klage auf Feststellung des Besitzes. Für eine kondemnatorische Untersagung späterer Störungen bei Strafe fehlt es in solchen Fällen an dem begründenden Anlaß. Vgl. darüber unten bei Anm. 116.

[47]) Vgl. oben Anm. 37 Entsch. B. 25 S. 1 (Rehbein I. 714). Strieth. B. 4 S. 5, B. 11 S. 176, B. 30 S. 276, B. 36 S. 198, B. 40 S. 78, B. 44 S. 15. 23. Die aus dem Recht des Beklagten zum Besitz zu entnehmenden Einreden sind ausgeschlossen, und die Grenzen der beiderseitigen Rechte können im Besitzprozeß nicht festgestellt werden. Entsch. B. 64 S. 16 (Rehbein I. 708). Vgl. Anm. 50 und R.G. bei Gruchot B. 24 S. 426. Vgl. Entwurf des B.G.B. § 822, Entw. II. § 785, Reichstagsvorlage § 847.

b. **Kläger** ist derjenige, dem der Besitz oder Gewahrsam entzogen oder gestört worden ist[48]). Dem bloßen Inhaber ist der Besitzschutz nur gegen denjenigen versagt, in dessen Namen er inne hat[49]), der unvollständige Besitzer kann sich aber, so lange sein unvollständiger Besitz dauert, auch gegen den vollständigen Besitzer mit der Klage schützen[50]). Der **Mitbesitzer** klagt für sich allein, soweit sein ideelles Mitbesitzrecht reicht, und dieses von einer dritten Person verletzt worden ist; sein Klagerecht geht auch gegen seinen Mitbesitzer, der ihn von der thatsächlich bestehenden Art der Mitbenutzung ausschließen will, — aber nicht, wenn die verletzende Natur der störenden Handlungen nicht aus dem ruhigen Besitzstand des Verletzten selbst, sondern nur aus einer Ausmittelung des Rechtsumfangs zu ersehen ist, weil diese Rechtsfrage nicht in den Possessorienprozeß gehört[51]).

Unstreitig ist der **Erbe** des Verletzten zur **Fortführung** der vom Erblasser bereits angestellten Besitzklage berechtigt[52]). Es fragt sich aber weiter, ob er die Klage auch wegen einer Störung oder Entsetzung, die noch seinen

---

[48]) Auch der unredliche und fehlerhafte Besitzer hat gegen Dritte die Besitzklagen. Gegen die Studien zu d. Materialien S. 618, Bornemann I. 267 Note 3 nehmen dies an Koch, Bes. S. 34f., Rönne in Kleins System des pr. Civilrechts B. 1 S. 119 Note 1. Heydemann I. S. 376, und die Praxis: Arnsb. Arch. B. 9 S. 419. Strieth. B. 11 S. 89. Dagegen ist in Entsch. B. 34 S. 78, Strieth. B. 23 S. 226 und pr. Anw.-Zeit. 1865 S. 219 dem offenbar unredlichen Besitzer der Besitzschutz versagt, sogar bei mala fides superveniens; dies ist aber bedenklich, denn wenn die Unredlichkeit auch noch so offenbar ist, so würde die Versagung des Besitzschutzes sich doch immer nur auf eine Prüfung des Rechts zum Besitze gründen. Röser in der pr. Anm.-Z. 1863 S. 356 III. Aus diesem Grunde kann auch der von Förster nicht bekämpfte Satz, daß ein durch strafbare oder gesetzlich verbotene Handlungen ergriffener Besitz nicht geschützt werde, Gr. 22. 23. Rechtsfälle B. 1 S. 171, nicht gebilligt werden. Auch der unrechtfertige Besitzer hat die Possessorienklage. Enscheid. B. 34 S. 78. Striethorst B. 23 S. 226.

[49]) I. 7 §§ 141. 144. 145. 146. 147. 150. Gr. 1. Oben bei Anm. 7. Der Inhaber darf nicht possessorisch gegen denjenigen klagen, in dessen Namen er inne hat, also auch nicht der Ehemann gegen die Frau, die ihm den Gewahrsam des vorbehaltenen Vermögens entzogen hat. Strieth. B. 59 S. 323.

[50]) I. 7 §§ 169. 170. Oben B. II. § 136 Anm. 17. Der Besitzprozeß ist nicht dazu da, zu einer Feststellung zu gelangen, welchen Umfang das Recht des unvollständigen Besitzers (Miethers) gegen den vollständigen vertragsmäßig hat; aber ein unmittelbarer Eingriff des Vermiethers in die bisher ruhige thatsächliche Nutzung des Miethers ist abzuwehren. Strieth. B. 91 S. 328 (Rehbein I. 709). Der vollständige Besitzer kann auch wegen Besitzstörungen, die der ihn in seinem Besitz vertretende unvollständige Besitzer erleidet, possessorisch klagen. Strieth. B. 16 S. 84.

[51]) I. 17 §§ 4. 25f. Striethorst B. 6 S. 180, B. 34 S. 48 (auch bei Seuffert XIV. 37). Entsch. B. 18 S. 248. Auch nach gem. R. hat der Miteigenthümer gegen seinen Miteigenthümer die possessorischen Interdikte. l. 12 D. X. 3. Heuser, Annalen B. 14 S. 234f. und 246f. Vgl. insbes. Entscheid. B. 39 S. 53 (Rehbein I. 705). Vgl. auch Witte, Interd. uti possidetis S. 107. Dagegen jedoch Seuffert XVII. 47 (nicht das interdictum uti possidetis). Vergl. Buff im Arch. f. prakt. R.W. N. F. B. 3 S. 113. Ist einem Miteigenthümer thatsächlich der Gewahrsam eines begrenzten Theils der Sache eingeräumt, so hat er diesen als alleiniger Inhaber, nicht als Mitbesitzer, er wird also Schutz auch gegen den Mitbesitzer beanspruchen können. — Der Entwurf des B.G.B. § 817, Entw. II. § 788, Reichstagsvorl. § 850 versagt den Besitzschutz, soweit es sich um die Grenzen des dem Einzelnen zustehenden Gebrauchs handelt.

[52]) I. 7 § 149. Strieth. B. 41 S. 241. Gruchot B. 5 S. 479f.

Erblasser betroffen, anstellen kann. Die gemeinrechtliche Praxis bejaht dies, obgleich es nicht unbestritten geblieben ist, und man zwischen dem interdictum recuperandae und retinendae possessionis hat unterscheiden wollen[53]). Bei der allgemeinen Fassung von I. 7 § 149 ist für das preußische Recht die Frage zu bejahen[54]). Anders liegt die Sache, wenn die Besitzstörung oder Entsetzung nach dem Anfall, jedoch vor der Besitznahme der Erbschaft stattgefunden hat. Hier ist kein Anspruch aus der Besitzstörung, kein Klagerecht des Erblassers zu vererben; denn nicht der Besitz des Erblassers ist gestört worden. Das Obertribunal hat durch Plenarbeschluß in diesem Fall dem Erben den Besitzschutz versagt und auf die Rechtsklage verwiesen[55]), und diese Auffassung muß gegen die dagegen erhobenen Angriffe als richtig aufrecht erhalten werden[56]). Die Erbschaft, d. h. das Eigenthum alles dessen, was zum Nachlaß gehört, erwirbt der Erbe nach preußischem Recht durch den Anfall[57]), dies ist auch der Sinn der altdeutschen Regel: der Todte erbet den Lebendigen[58]). Daraus folgt aber nicht, daß der Erbe auch ohne Weiteres den Besitz der Erbschaftssachen erlangt. Durch den Tod des Erblassers sind die Erbschaftssachen besitzlos geworden, eine Fortsetzung des beendigten Besitzes findet nicht statt. Der Besitz des Erben ist ein neuer, der erst ergriffen werden muß. Durch eine vor seiner Besitznahme erfolgte Störung ist daher wohl sein Recht zum Besitze verletzt, welches er petitorisch verfolgen muß, nicht aber das Recht des Besitzes, das er noch nicht er-

---

[53]) Gruchot B. 5 S. 480.

[54]) Der für den Erblasser entstandene Anspruch ist so, wie er für ihn bestand, vererblich. So auch Gruchot B. 5 S. 481, der noch auf die accessio possessionis hinweist, die aber wohl unter einem andern Gesichtspunkt steht. Das Nähere hierüber bei der Ersitzung unter § 177 Anm. 87.

[55]) Präj. 1190. „Die Besitzstörungsklage setzt voraus, daß der Erbe, wenngleich derselbe ohne besondere Besitzergreifung in alle Rechte des Erblassers tritt, sich selbst, für seine Person, faktisch im Besitz, in welchem er gestört sein will, befunden habe." Demnächst Pl.Beschl. Entsch. B. 18 S. 3 (Gr. 14) (Rehbein I. S. 687). B. 42 S. 43. Striethorst B. 37 S. 34a, B. 47 S. 306.

[56]) Strohn bei Striethorst B. 18 S. 349. Daniels, Lehrbuch I. 218. (1. A.) I. 98 (2. A.). Seligsohn bei Gruchot B. 26 S. 315. Vgl. auch Cosack, Besitz des Erben 1877. Preiser, Die Vererblichkeit des Besitzes nach preußischem Recht. 1892 Inaug.-Diss. Welche Bedeutung der altdeutsche Grundsatz hatte: der Todte erbt den Lebendigen, ob hierbei auf den Begriff der Gewere zurückgegangen werden kann, der Besitz und Recht nicht streng scheidet, kann heute dahin gestellt bleiben. Die preußische Praxis argumentirt daraus, daß die Fortdauer des Besitzes gebunden ist an ein thatsächliches Verhältniß der Person zur Sache, daß mit der Lösung des Letzteren auch jene aufhört, mithin der Erbe neu den Besitz ergreifen muß und eine Entziehung der Sache aus dem Nachlaß vor der Besitzergreifung des Erben nicht dessen Besitz verletzt. Jedenfalls ist dies der durch Plenar-Entscheidung des Obertribunals (Entsch. B. 18 S. 1) festgestellte Standpunkt. Vergl. noch Heydemann I. 351 f. Gruchot B. 5 S. 482. Koch, Bes. 183 f. Erbrecht § 7. Abweichend Dernburg I. § 155. Anm. 13. Fischer S. 173. 176, Vgl. auch Förster a. a. O. S. 173 A. 10. Ueber die Auffassung vom Standpunkt des römischen Rechts Mühlenbruch in der Fortsetzung von Glück, B. 43 S. 77 fg. Der Entwurf des B.G.B., Reichstagsvorl. § 841 läßt den Besitz auf den Erben übergehen.

[57]) I. 9 § 367.

[58]) Delbrück, Dingl. Klage S. 294 f.

langt hat. — Wenn festgehalten wird, daß auch bei der Uebergabe der Sache keine Succession in den Besitz, sondern die Neubegründuug eines Besitzes stattfindet[59]), so muß folgerecht ferner auch dem Singularfolger die Besitzklage wegen Entsetzung oder wegen Störungen, die sein Autor erlitten hat, versagt werden[60]).

Beklagter ist neben demjenigen, der die Verletzung selbst verübt hat[61]), der Theilnehmer an dieser That[62]). War die Handlung nicht in eigener Angelegenheit oder in eigenem Interesse, sondern im Namen eines Andern, sei es in dessen Auftrag, sei es auch nur mit seiner auch nur stillschweigenden Genehmigung unternommen, so muß die Klage gegen den Auftraggeber selbst gerichtet werden[63]). Dagegen ist ein Arbeitgeber wegen der ohne seinen Auftrag von seinen Arbeitern verübten Besitzverletzungen nicht verantwortlich[64]). Die Besitzklage geht auch gegen die Erben des Entsetzenden[65]). Unstatthaft ist es, gegen Polizei- oder Verwaltungsbehörden, um deren zur Wahrung des öffentlichen Interesses ergangene Anordnungen umzustoßen,

---

59) Oben § 160 Anm. 54.

60) Gelegentlich hat das Obertrib. in Entsch. B. 42 S. 43. Strieth. B. 37 S. 34b eine abweichende Ansicht geäußert, diese aber in Entscheid B. 72 S. 268 aufgegeben.

61) Wer das Besitzrecht verletzt hat, kann sich durch Entäußerung des eigenmächtig in Besitz genommenen Gegenstandes oder des Grundstücks, in dessen Interesse er die Störung vorgenommen hat, oder durch Beseitigung der störenden Anlage, deren Wiederholung in seiner Macht steht, nicht von der Possessorienklage befreien, Entsch. B. 70 S. 324. Striethorst B. 29 S. 319. R.G. bei Gruchot B. 24 S. 425. Gegen den Singularsuccessor kann nicht geklagt werden. Gruchot B. 5 S. 478f.

62) I. 7 §§ 148. 150.

63) Oben B. I. § 90 Anm. 45. Unten Note 94. Pl.Beschl. Entsch. B. 18 S. 11, der die ältere Praxis bestätigt hat und zugleich klarstellt, daß es sich dabei nicht um nominatio auctoris, sondern um Leugnung der Passivlegitimation handelt. S. Rehbein I. 717. (Rechtsfälle B. 3 S. 362, B. 4 S. 110.) Vergl. Gr. 41 Entsch. B. 35 S. 387, B. 78 S. 313. Striethorst B. 24 S. 125. Ferner das. B. 8 S. 83, B. 21 S. 50. Die im Pl.Beschl. zur Geltung gekommene Ansicht weicht von den allgemeinen Grundsätzen, wonach bei unerlaubten Handlungen Machtgeber und Beauftragter haften, ab. I. 7 §§ 148. 150, I. 6 §§ 50f. und I. 17 § 40 A.G.O. Sie beruht darauf, daß es sich hier nicht um den Ersatz des Schadens, sondern um Wiederherstellung des Besitzstandes handelt. „Der ganzen Natur der Sachlage nach kann diese Klage nur gegen die Person dessen gerichtet werden, welcher den früheren Zustand wiederherstellen und Sicherung wegen künftiger Störung gewähren kann, namentlich auch bei der Entsetzung nur gegen den, der für sich den Besitz ergriffen hat." Wenn I. 17 § 40 A.G.O. demjenigen, der als Inhaber einer Sache im Namen eines Andern aus der Sache ein Spolium begeht, nicht nur die Nomination des Besitzers versagt, sondern ihn selbst für verantwortlich erklärt, so ist zu beachten, daß nicht erhellt, daß der Inhaber beauftragt war, das Spolium zu verüben. Gegen den Pl.Beschl. Koch, Komm. Note zu I. 6 § 46 und zu I. 7 § 148 als „zu weit gehend", ähnlich Dernburg I. § 158 Anm. 21. Im römischen Recht geht das Interdikt gegen den dominus und procurator. l. 1 §§ 12. 13. 14 D. XLIII. 16. Seuffert IV. 228, XII. 85, XIV. 236.

64) Gr. 42.

65) I. 7 § 148. Zu einer Einschränkung, die Förster dem röm. Recht entnahm — Pauli S. R. V. 6 § 12 „si in ea manserit". l. 1 § 48, l. 3 pr. D. XLIII. 16 (in factum actio in id, quod ad heredes pervenit). l. 1 C. VIII. 4 — daß nämlich der Erbe nur unter der Voraussetzung, daß er die Entsetzung oder Störung fortsetze, also selbst den Besitz verletze, in Anspruch genommen werden könne, bietet das preuß. Recht nach Ansicht des Herausgebers keinen Anlaß. Es kommt, — wie gegenüber dem störenden Erblasser selbst — darauf an, ob die Störung objektiv fortdauert, oder ob Wiederholung zu erwarten ist.

possessorisch zu klagen[66]); wenn dagegen ein Beamter des Fiskus oder ein Gemeindebeamter nicht in Ausübung eines Hoheitsrechts, sondern auf Grund eines behaupteten Eigenthums oder Besitzes den Besitz eines Andern stört, so findet gegen ihn, beziehungsweise gegen den Fiskus oder die Gemeinde die possessorische Klage statt[67]).

---

[66]) Förster a. a. O. S. 87. 88. Gr. 46. Seuffert I. 113. Der einzelne Verwaltungsbeamte kann nur bei Ueberschreitung seiner Amtspflicht wegen Besitzstörung verklagt werden, es findet aber auch hier (vergl. oben B. II. § 154 Anm. 20) die Erhebung des Konflikts bezüglich der Vorfrage, ob eine Ueberschreitung anzunehmen ist, statt. Hat der Beamte im Auftrage einer vorgesetzten Behörde gehandelt, so fehlt für die Klage gegen ihn zugleich die Passivlegitimation. Entsch. B. 34 S. 83. R.G. bei Gruchot B. 24 S. 93. Vergl. Seuffert XVII. 155. Ob ein Gerichtsvollzieher, der wissentlich gesetzwidrig eine Sache pfändet, die sich im Gewahrsam eines Anderen als des Vollstreckungsschuldners findet, nicht nur im Aufsichtswege, sondern auch im Wege der gerichtlichen Klage in Anspruch genommmen werden kann, wird dahin gestellt bleiben können. Jedenfalls wird der Anspruch nicht dadurch berührt, daß bezüglich der Frage der Pflichtwidrigkeit ein Konflikt erhoben werden könnte (§ 7 G. v. 13. Febr. 1854), oder daß der Gerichtsvollzieher ein Handeln im Auftrage vorschützen konnte, weil eine Verantwortlichkeit des Auftraggebers nur für das eintritt, was der Gerichtsvollzieher in gesetzmäßiger Ausführung des Auftrags thut. Vergl. B. II. § 141 Anm. 17. 32, § 154 Anm. 3. Die possessorische Interventionsklage in der Zwangsvollstreckungs ist also auch in dem einzigen Fall, in welchem sie von v. Glasenapp bei Gruchot B. 24 S. 256 Anm. 14 statuirt wird, zu leugnen. Darüber, daß es gegenüber der gesetzmäßigen Pfändung eine auf den Besitz gestützte Interventionsklage gegen den Gläubiger nicht giebt, vgl. v. Glasenapp a. a. O. S. 257, auch Kühne ebenda B. 23 S. 497. Olshausen, Einsprüche in der Exekutionsinstanz S. 33. A. M. Westerburg bei Gruchot B. 23 S. 870. Verneinend auch Voß ebenda S. 232, der aber von einer bedenklichen Auffassung des § 690 C.P.O. ausgeht. Bejahend vom Standpunkt der gemeinrechtlichen actio spolii R.G.Entsch. B. 14 S. 365. Die Bejahung beachtet nicht die Zwangslage des Gerichtsvollziehers, der in den zahllosen Zweifelfällen eines streitigen oder zweifelhaften Besitzes durch sein Amt genöthigt wird, Stellung dazu zu nehmen, ob gerade der Vollstreckungsschuldner im Besitz ist, beachtet auch nicht, daß der die eigenmächtige Entsetzung rügende Inhaber die Nichtbetretung des Weges der Beschwerde an das Vollstreckungsgericht sich selbst zur Last legen muß, — daß ferner der Gläubiger als Auftraggeber nur soweit aus dem Spolium haften kann, als der Gerichtsvollzieher selbst haften könnte, und daß praktisch ein Widerspruch, bei dem es offen bliebe, daß dem obsiegend Widersprechenden gegenüber trotz des Obsiegs im possessorischen Spolienstreit die Pfändung in petitorio aufrecht erhalten werden könnte, so daß also der Widerspruch materiell die Sache nicht erledigte, im Sinne der C.P.O. undenkbar ist. — In anderen Fällen hat das Reichsgericht die Klage des Besitzers, ohne dessen Zustimmung die Pfändung erfolgt ist, als Klage auf Feststellung der Nichtigkeit der Pfändung zugelassen, da solche wirksam nur gegen den Vollstreckungsschuldner als Besitzer oder bei Zustimmung des Besitzers erfolgen könne. Aber es ist bedenklich, neben der Einwendung bei dem Vollstreckungsrichter deshalb ein Klagerecht anzunehmen. Das Gesetz weist die Entscheidung dem Vollstreckungsrichter zu, wie moderne Gesetze sonst die Entscheidung darüber, ob ein Beamter, der nach eigner Prüfung über das Vorhandensein der Voraussetzungen seiner Thätigkeit entscheiden soll, und entschieden hat, nur der Kognition einer vorgesetzten Behörde unterstellen, ohne Zulassung des Rechtswegs über Nichtigkeit wegen irriger Beurtheilung der thatsächlichen Verhältnisse. Würde im Civilprozeß die Klage auf Nichtigkeitserklärung zwar für zulässig erachtet, aber aus materiellem Grund rechtskräftig zurückgewiesen, so müßte doch noch der Vollstreckungsrichter, der bei seiner Prüfung annimmt, daß der Gerichtsvollzieher ohne Zustimmung des den Gewahrsam Habenden gepfändet hat, die Pfändung aufheben. — Jedenfalls giebt es auch keine Besitzklage gegen einen Zwangsverwalter, der im Auftrage des Gerichts ein Grundstück zum Zwecke der Zwangsverwaltung in Besitz nimmt. R.G. bei Gruchot B. 33 S. 1109.

[67]) Entsch. B. 51 S. 103f. Strieth. B. 53 S. 295. Entsch. B. 78 S. 239 (Rehbein I. 715). Vgl. über die Begrenzung Gr. 45; ferner Nr. 1—5 der V. vom 26. Dez. 1808 und dazu Rechtsf. B. 1 S. 183. Entsch. B. 34 S. 83.

c. Was den Gegenstand des Besitzes betrifft, so verlangt die Klage aus dem Sachbesitz keine besondere Bemerkung. Bezüglich des Rechtsbesitzes aber ist zu erörtern, ob auch bei affirmativen Rechten der Besitz possessorisch geschützt werden kann[68]). In der älteren Praxis war nicht ohne Widerspruch angenommen, daß auch die persönlichen affirmativen Rechte den possessorischen Schutz genießen[69]). Das Obertribunal aber hat sich dahin ausgesprochen: der Schutz im Besitz affirmativer Rechte, sie mögen dingliche oder persönliche, fortlaufend oder nur unter gewissen Verhältnissen wiederkehrend ausgeübt sein, kann im possessorischen Wege nicht beansprucht werden[70]). Hält man daran fest, was oben ausgeführt worden ist[71]), daß alle persönlichen Rechte, selbst wenn sie auf wiederholte, aber doch lösbare Leistungen gerichtet sind, regelmäßig nicht zu den besitzbaren Rechten gehören, so verliert die Kontroverse an Umfang und Bedeutuug. Aber auch darüber hinaus ist mit dem Obertribunal die Besitzklage bei solchen obligatorischen Rechten[72]) zu versagen; auch hat das Recht auf die einzelne Leistung selbst

---

[68]) Der Streit in der gemeinrechtlichen Praxis und Theorie, ob die Interdikte auch auf den Rechtsbesitz Anwendung finden können, ist dem preuß. R. fremd. Vgl. Pfeiffer, Prakt. Ausführ. VII. 417ff. Vangerow I. § 355 Anm. 2 S. 779. Windscheid, Pand. I. § 164. Wieweit der Entwurf des B.G.B. den Besitzschutz auf den Rechtsbesitz ausgedehnt, darüber vgl. oben § 159 Anm. 5. Ueber das Possessorium des Servitutberechtigten gegen den Eigenthümer s. Entsch. B. 64 S. 16.

[69]) Rechtspr. B. 2 S. 393. O.L.G. Paderborn ließ die possessorische Klage zu bei einer legirten unkündbaren Jahresrente, sich auf den Standpunkt der gemeinrechtlichen Praxis und Theorie zur Zeit der Redaktion des A.L.R. berufend, deren Grundsätze aufzuheben nicht beabsichtigt worden sei. Dabei ist auch S. 401 ausgeführt, daß der Anspruch auf Wiederholung der Verzinsung eines Kapitals kein dauerndes Recht im Sinn von I. 7 § 80 sei. In der Weigerung der Wiederholung der Handlung, wenn der Besitz des Rechts einmal begründet ist, wird eine gewaltthätige Störung des Besitzstandes gefunden. Dagegen das. S. 408f. entschied das Kammergericht, daß der possessorische Prozeß nur bei stattgehabter Verletzung dinglicher Rechte eingeleitet werden dürfe. (Es handelte sich um eine Pension.)

[70]) Entsch. B. 10 S. 97 (Rehbein I. 699). Gr. 2. (Ebenso schon 1836: Arnsb. Archiv B. 4 S. 217, und 1841: Jurist. Wochenschr. 1841 S. 882), weil das bloße Unterlassen einer Erfüllung keine Besitzstörung sei, und die bloße Beruhigung des Berechtigten hinreichen würde, ihn des Besitzes zu entsetzen, „eine Folgerung, welche das Gesetz nicht hingestellt haben könnte, wenn sie jenes Unterlassen als einen vitiösen, insbesondere gewaltthätigen Akt anerkannte". Vergl. noch Strieth. B. 23 S. 163 B. 47 S. 79. Die ältere Literatur war für Zulässigkeit der possessorischen Klage, aber allerdings in der weiten Ausdehnung auf alle persönlichen Rechte (Merkel, Grävell, Schepers in der jur. Wochenschr. 1839 S. 21f.). Bornemann I. 296f. läßt sie zu bei affirmativen Rechten, welche „nicht willkürlich konstituirt worden, sondern eine geschichtliche Basis haben, und kraft deren ganze Klassen von Einwohnern zu gewissen Leistungen verpflichtet sind" (S. 301). Im Uebrigen tritt er der Ansicht des O.Trib. bei. Desgl. Schwarck in der jur. Wochenschr. 1837 S. 657. Koch, Bes. S. 234f. polemisirt dagegen, die Besitzklagen bei obligatorischen, auch in wiederkehrenden Leistungen bestehenden Rechten anzuwenden, und läßt sie nur zu bei Rechten, bei denen sich eine Störung, vi, clam, precario denken lasse. Zu solchen rechnet er aber S. 211 die radizirten Reallasten, Zehnten. Vgl. auch Komm. Note zu § 80. Förster, Kl. u. Einr. S. 282, und bes. Korte bei Gruchot B. 5 S. 144f., der sich gegen die Ansicht des O.-Trib. erklärt hat.

[71]) § 159 Anm. 25f.

[72]) Vgl. Präj. 503. Samml. I. 252. Richtig ist hiernach dem Dienstboten oder Privatförster wegen entzogenen Gehalts die Besitzklage nicht gegeben, zumal wenn das Ver-

bei den Reallasten einen lediglich obligatorischen Charakter[73]), und der Schuldner stört durch Versagung der Leistung nicht den Besitz[74]). Der Gläubiger mag also sein obligatorisches Recht verfolgen. Andernfalls wird nicht bezweifelt, daß die Reallast selbst ein Gegenstand des Besitzes ist[75]). Sofern es denkbar ist, daß ein dritter vi, clam, precario in das thatsächlich ausgeübte Recht eingreift, ist possessorischer Schutz nicht zu versagen. Bei Störungen im Besitz von negativen und Untersagungs-Rechten ist der Gebrauch der Besitzklagen preußischrechtlich nicht zu bezweifeln[76]).

d. Der Anspruch geht auch bei der Klage wegen Entsetzung, weil durch eine solche der Besitz im rechtlichen Sinne nicht entzogen war, nur auf Wiederherstellung des Gewahrsams über die Sache oder auf Wiedereinsetzung in die Ausübung des Rechts[77]); bei der Klage wegen Störung geht er auf Wiederherstellung des biserigen thatsächlichen Zustands und auf Untersagung fernerer Störung mit Androhung der nach § 775 C.P.O. zulässigen Strafe[78]).

---

hältniß durch Kündigung lösbar war. Präj. 1290. Entsch. B. 17 S. 507 a. E. Schles. Arch. V. 109. Auch dem lebenslänglich, also unkündbar angestellten öffenlichen und Privatbeamten wird der possessorische Schutz versagt werden müssen, weil doch jedenfalls sein Tod das Rechtsverhältniß endigt. Anders bei Seuffert III. 99 l. 61. Oben § 159 Note 28. — Den Besitz des Patronatsrechts schützt das O.-Trib. possessorisch, wenn auch einzelne seiner Befugnisse affirmative Rechte sind. Entsch. B. 35 S. 384 fg. Strieth. B. 24 S. 125 fg., ebenso das Recht auf die fortdauernde Verwaltung einer Schule, J.-M.-Bl. 1859 S. 162.

[73]) S. unten § 188.

[74]) Einen possessorischen Schutz auch gegen den Schuldner hat die Sonderbestimmung in II. 7 §§ 463. 487. Vgl. auch Reichsabsch. v. 1930 § 62: So ordnen und wollen wir, daß ein Jeder geistlichs oder weltlichs Stands bei ihren Renten, Gülten, Zinsen, Zehnten, Rechten und Gerechtigkeiten bleiben, keiner den andern deß alles entsetzen, verhindern, betrüben. Dunker in der Zeitschr. f. deutsches R. II. 96 f. Bruns S. 203 f. 374 f. 383 f. 404. Aus der neueren gemeinrechtlichen Praxis: Seuffert VII. 42. 43, XVI. 175, XVII. 46, XVIII. 250, XIX. 151.

[75]) Das affirmative Recht ist Gegenstand der Ersitzung. Vergl. unten § 188 Anm. 26. Beschl. Entsch. B. 17 S. 10, wo S. 12 gesagt ist: „der Grund für die Unzulässigkeit der possessorischen Klage bei affirmativen Rechten ist nicht sowohl in der mangelhaften, unvollkommenen Natur des Besitzes an solchen Rechten, als vielmehr darin zu finden, daß gewaltthätige Handlungen gegen einen solchen Besitz nicht möglich sind". S. auch Strieth. B. 33 S. 51.

[76]) Präj. 1358. Samml. I. 252. Entsch. B. 34 S. 81. Strieth. B. 23 S. 163. Rechte auf Gewerbebetrieb, Entsch. B. 24 S. 392. Personalservituten, Entsch. B. 32 S. 40. Strieth. B. 20 S. 291. Erbpachtrecht, Entsch. B. 43 S. 61. Strieth. B. 36 S. 320. Possessorienklage des Miethers gegen den Vermiether, Entsch. B. 35 S. 14. Strieth. B. 23 S. 268. Wenn der Umfang oder die Ausdehnung des Rechtsbesitzes zweifelhaft oder streitig sind, so kann darüber nicht im Possessorienprozeß entschieden werden; der Besitzprozeß verlangt Zweifellosigkeit über den Umfang des Besitzrechts. Gr. 5. Entsch. B. 25 S. 3. J.-M.-Bl. 1851 S. 383 a. E. Vgl. oben Anm. 50. Dazu Koch, Komm. zu I. 7 § 81. Strieth. B. 12 S. 21, B. 18 S. 323, B. 20 S. 22, B. 37 S. 135.

[77]) I. 7 §§ 112. 146. Förster S. 284. Ebenso Entwurf des B.G.B. § 819 Abs. 1, II. § 783, Reichstagsvorl. § 845. Wenn während des Prozesses Veränderungen mit der Sache vorgenommen werden, die den Besitz aufheben, so kann nicht Wiederherstellung des Besitzes beantragt werden, sondern es bleibt nur eine Entschädigungsklage aus dem verletzten Rechte möglich. Entsch. B. 50 S. 57 f.

[78]) I. 7 §§ 150. 151. Vgl. Entwurf des B.G.B. § 820 Abs. 1. Entw. II. § 784, Reichstagsvorl. § 846. Wiederherstellung des thatsächlichen Zustands nach Analogie des § 146. Vergl. Entsch. B. 80 S. 207, B. 81 S. 253. — Statt im Urtheil kann die

Auch kann ein der Unterlassungspflicht zuwider handelnder Schuldner auf Antrag des Gläubigers zur Bestellung einer Sicherheit für den durch fernere Zuwiderhandlung entstehenden Schaden verurtheilt werden[79]). Bei affirmativen Rechten kann nach Obigem ein Besitzschutz nicht gegen den Schuldner vorkommen; eventuell würde nach den allgemeinen Grundsätzen des Civilprozeßrechts die Leistung, die im Besitzprozeß zugesprochen wäre, mit allen rechtlichen Zwangsmitteln erzwingbar sein[80]). Dem Erben des Störers neben Wiederherstellung des früheren Besitzstandes eine fernere Störung zu untersagen, hielt Förster für grundlos, weil der Erbe nicht persönlich der Störer gewesen sei[81]). Dennoch wird es weder unzulässig noch ohne ein praktisches Interesse für den Besitzer sein, wenigstens dann nicht, wenn der Erbe in die Verhältnisse eingetreten ist, aus denen der Erblasser den Anlaß zur Störung entnommen hatte, wenn also auch von ihm weitere Störungen zu besorgen sind. Der Ersatz des Schadens darf mit der Besitzklage nicht beantragt werden. Die Grundlage einer Forderung auf Schadensersatz, die eine endgiltige Leistung festsetzen soll und keinen rein provisorischen Charakter hat, könnte nur der in der Entsetzung oder Störung liegende Eingriff in das Recht zum Besitze sein[82]).

---

Strafandrohung auch später erfolgen. Die Strafe ist nicht mehr, wie nach Landrecht, lediglich eine Geldstrafe, es kann auch Haft angedroht werden. Die Androhung erfolgt auf Antrag, nicht mehr wie im älteren Recht (Strieth. B. 18 S. 164) von Amtswegen. Daß aber von dem Antrag des Klägers abhänge, ob Geldstrafe oder Haft gedroht oder verhängt werden soll, — wie v. Wilmowski-Levy, Petersen und Seuffert lehren — ist gewiß nicht richtig. Die Strafe des Gesetzes, Geldstrafe oder Haft, ist auf Antrag anzudrohen, und innerhalb des gesetzlichen Maßes hat der Richter, wenn trotz der Androhung die Zuwiderhandlung stattfindet, auf Antrag durch Urtheil die angemessene Strafe zu bestimmen.

79) C.P.O. § 775 Abs. 3. Vgl. I. 7 § 152. Cautio de non amplius turbando. J.R.A. 1654 § 162. Gruchot B. 5 S. 485.

80) Förster S. 285.

81) Koch, Klagen und Einreden I. 147 a. E.

82) A.G.O. I. 31 § 17 bestimmt, daß Schadensersatz nicht im possessorium beansprucht werden könne, sondern zu besonderem Verfahren zu verweisen sei. In diesem besonderen Verfahren aber war nach A.G.O. I. 5 § 27 auf das Recht zum Besitz zurückzugehen. Danach war klar, daß Schadensersatz nur auf Grund einer Rechtsverletzung zugebilligt werden konnte. Während des Besitzprozesses war nur möglich, künftigen Schadensersatz durch eine Kaution sichern zu lassen, wenn sonst Gefahr des Verlusts dargelegt wurde, also eine Art Arrest. A.L.R. I. 7 § 153. Ein positiver Ausspruch, daß auf Grund der Verletzung des Besitzes Schadensersatz gefordert werden könnte, ist nicht vorhanden. Man wird deshalb auch jetzt den Anspruch auf Schadensersatz, wenn er nicht auf Verletzung des Rechts zum Besitz als eines eigenen Vermögensrechts gegründet wird, ablehnen müssen. Rechtsp. B. 3 S. 243. Gruchot B. 5 S. 455, B. 9 S. 242. Daraus folgt zugleich, daß C.P.O. § 232 für das preußische Recht Kumulation der nur auf Verletzung des besseren Rechts zum Besitz zu gründenden Entschädigungsklage und der Besitzklage ausschließt. A.M. ohne Begründung aus preußisch-rechtlichen Vorschriften, Dernburg I. § 159, aber jetzt in der Weise, daß er eine Klage aus schuldhafter Verletzung des Besitzes auf Schadensersatz zuläßt. Würde er dies so meinen, daß der Beklagte sich damit vertheidigen kann, daß der Besitz ein unberechtigter, die sich daran knüpfende Rechtspräsumtion zu widerlegen sei, so würde keine Differenz zwischen ihm und mir bestehen. Das wäre aber keine Klage aus dem verletzten Besitz, sondern aus dem nach dem System des Landrechts kraft des Besitzes zu vermuthenden Rechts. Daß in dieser Weise eine Klage begründet werden kann, ist schon oben B. I.

e. Die verneinende Vertheidigung des Beklagten[83]) richtet sich naturgemäß direkt gegen die Voraussetzungen der Klage: daß sich Kläger überhaupt nicht im Besitze oder gegenüber dem Beklagten nicht im ausschließlichen, sondern nur im Mitbesitze befinde[84]), daß sein Besitz unmittelbar vor der zur Ungebühr stattgehabten Störung oder Entsetzung nicht bestanden habe. Daraus, daß eine Störung, wie oben ausgeführt, als solche nur anzuerkennen ist, wenn die Handlung des Beklagten absichtlich gegen den Besitz des Klägers gerichtet war, daß also, wo eine solche Absicht nicht nachweisbar ist, der Schutz durch die Besitzklage unzulässig ist, folgt nicht, daß die störende Handlung ihren Charakter als solche schon dadurch verliert, daß Beklagter im Prozeß einräumt, ohne Befugniß die Handlung vorgenommen zu haben. Die Absicht zu stören fällt übrigens nicht zusammen mit der Absicht, selbst den Besitz zu ergreifen[85]).

Eine Einrede gegen die Besitzklage muß dem Recht des Besitzes entnommen sein und kann nicht aus dem Recht zum Besitz hergeleitet werden[86]): es kommt also vor allem in Betracht die Einrede des fehlerhaften Besitzerwerbs. Die Praxis hat, wie bereits erwähnt, die §§ 96—98 des siebenten Titels dahin ausgelegt, daß das A.L.R. demjenigen, der den Besitz fehlerhaft ergriffen, den Schutz nicht überhaupt entzieht, sondern daß nur der Besitz desjenigen Klägers nicht geschützt wird, der ihn dem Beklagten fehlerhaft entzogen hat[87]), sie faßt die Einrede in Uebereinstimmung mit dem gemeinen Recht auf als eine exceptio vitiosae possessionis ab adversario[88]). Die

---

§ 89 Anm. 17 ausgeführt. Der Entwurf des B.G.B. kennt keinen Schadensersatzanspruch aus verletztem Besitz. Das röm. Recht läßt einen Schadensanspruch aus der schuldhaften Verletzung des Besitzes hervorgehen, aber das Bedenken hiergegen, daß der bloße Besitz keinen Vermögenswerth hat, ist nicht unbemerkt geblieben. Vgl. unter Anderen Jhering, Jahrb. 9 S. 81 Anm. 101, Brinz, Pandekten § 124. S. auch Seuffert I. 60.

83) Förster S. 285.

84) Diese Ausführung ist, wenn überhaupt erheblich, nur Verneinung, so daß dem Kläger die Beweislast bleibt, s. Savigny S. 406.

85) Gr. 38. Strieth. B. 6 S. 294, B. 40 S. 294, B. 61 S. 323 und die Gründe in Entsch. B. 18 S. 18. Zur Entsetzung gehört aber auch die Absicht des eignen Besitzerwerbs. Strieth. B. 40 S. 294.

86) Vergl. oben Anm. 28. Entsch. B. 37 S. 51, B. 38 S. 388. Strieth. B. 17 S. 312. B. 44 S. 120. Seuffert III. 288. l. 1 §§ 2. 3 D. XLIII. 24. Mevius, Decis. IV. 173, VIII. 323. Berger, Oec. jur. III. 6. c. 3 Nota 4.

87) Oben § 160 unten VI. Heydemann S. 375. „In der Praxis hat die in der Sache selbst und im praktischen Bedürfnisse tiefbegründete Ansicht den Sieg davon getragen, daß der Einwand der fehlerhaften Besitzergreifung nur vor demjenigen, welchem der Besitz auf solche fehlerhafte Art entzogen worden ist, erhoben werden kann.“ Es hat also auch derjenige gegen Dritte den Besitzschutz, der den Besitz fehlerhaft erworben hat. Oben Note 47.

88) Savigny S. 410. 420. Albert, Ueber den Besitz unkörperlicher Sachen, S. 107 f. l. 1 § 9, l. 2, l. 3 § 10 D. XLIII. 17, l. 53 D. XLI. 2, l. 17 D. XLIII. 26 § 4, J. IV. 15. Daraus folgt ferner, daß nicht dem Kläger der Beweis obliegt, daß sein Besitz fehlerfrei gewesen, sondern dem Beklagten, daß der Besitz des Klägers ihm gegenüber ein fehlerhafter. Strieth. B. 53 S. 167. Seuffert X. 73. Es kommt auch nur darauf an, daß der Besitz fehlerhaft erworben: ob der fehlerlos erworbene später fehlerhaft ausgeübt wird, ist einflußlos. Entsch. B. 50 S. 68. Seuffert XIX. 46.

Einrede darf also auch gegen den fehlerfreien Singularnachfolger eines fehlerhaften Erwerbers nicht gebraucht werden[89]). Nur die Fehlerhaftigkeit des Besitzes ist einredeweise geltend zu machen, nicht auch die Unrechtmäßigkeit desselben; deren Erörterung ist in dem possessorischen Prozesse unstatthaft[90]). Das gemeine Recht kann nach seiner Auffassung des Besitzes die Einrede der vitiosa ab adversario possessio nur bei der Besitzstörung zulassen, nicht bei der Entsetzung[91]): nach preußischem Recht ist sie ohne Unterscheidung der beiden Fälle anwendbar[92]).

Wie bei der Einrede des fehlerhaften Erwerbs die äußere Erscheinung des Besitzstandes zwar zugegeben, aber seine innere Wahrheit in Abrede gestellt wird, ebenso geschieht dies, wenn der Besitzerwerb deshalb bestritten wird, weil der Kläger bei Vornahme derjenigen Handlung, die als Ergreifungsakt erscheint, nicht die Absicht gehabt hat, den Besitz zu ergreifen, wenn also behauptet wird, daß der animus zum corpus gefehlt hat. Hier wird die Klage als unbegründet dargestellt, — aber die Darlegung der Umstände, aus denen die Folgerung zu ziehen ist, muß vom Beklagten bewirkt werden, da die äußerliche Handlung im Zweifel als der Ausdruck der inneren Absicht erscheint[93]).

Der Beklagte leugnet seine Passivlegitimation wie schon dargelegt, nach der Auffassung der Praxis durch die Behauptung, die Besitzverletzung im Auftrage eines Andern und für diesen vorgenommen zu haben[94]). Aus dem Umstand, daß er inzwischen aufgehört hat, zu besitzen, kann ein wegen Besitzentsetzung in Anspruch genommener Beklagter keinen Einwand entnehmen[94a]). Auch auf den eignen Besitzstand kann er sich nur dann stützen, wenn er den Besitz vom Kläger fehlerfrei überkommen hat; Thatsachen aber, die erst nach der durch die Klage gerügten Störung eingetreten sind, können dabei nicht in Betracht

---

89) Vgl. Entwurf des B.G.B. § 818, Entw. II § 780, Reichstagsvorl. § 842. Danach ist der Besitzfehler des Besitzvorgängers nur gegen den Erben und gegen den geltend zu machen, der beim Besitzerwerb den Besitzfehler des Vorgängers gekannt hat.

90) Gr. 28. Vgl. Entwurf des B.G.B. I. § 822, II. § 785, Reichstagsvorl. § 847.

91) Justinian hat die Einrede gegen das Interdikt de vi verworfen. § 6 J. IV. 15. Savigny S. 447. 448. Bei dem interd. de prec. ist sie überhaupt undenkbar. Das. S. 463. Nach dem Grundsatz spoliatus ante omnia restituendus konnte derjenige, der den Kläger entsetzt hatte, die Einrede nicht gebrauchen. Indem das A.L.R. auch in diesem Fall die Einrede gestattet, hat es die weite Anwendung der Spolienklage abgewiesen, und es folgt weiter daraus die abstrakte Gleichstellung der interd. retin und recuper. poss.

92) I. 7 § 150. Vgl. A.G.O. I. 31 § 14. Das folgt konsequent aus der Bestimmung, daß die Besitzfehler (der zur Ungebühr geschehene Eingriff) auch bei der Besitzstörungsklage zur Begründung der Klage gehören. Oben Anm. 38.

93) Präj. 215. Samml. I. 251. Gr. 7. Rechtsfälle II. 29. Entsch. B. 35 S. 17, B. 44 S. 27. Strieth. B. 6 S. 39, B. 23 S. 271, B. 38 S. 231.

94) S. oben Anm. 63 u. 65. Beklagter muß, um von der gegen ihn gerichteten Klage frei zu kommen, behaupten und beweisen, daß er im Auftrag und nur im Interesse eines Anderen die Besitzverletzung vorgenommen habe. S. Strieth. B. 8 S. 83, B. 21 S. 50. Entsch. B. 18 S. 11 (Rehbein I. 717).

94a) Entsch. B. 70 S. 324 (Rehbein I. 720). Strieth. B. 29 S. 319.

kommen[95]). Der Beweis der Einwilligung in die Störung beseitigt die Annahme der Ungebühr, auch wenn Kläger nur mündlich eingewilligt hat[96]). Von der Einrede eines Zurückbehaltungsrechts kann nicht die Rede sein: wird aber die störende oder entsetzende Handlung auf ein solches Recht zurückgeführt, so leugnet Beklagter eben eine schuldhafte Störung[97]). Ist eine petitorische Klage schon vor der Erhebung des Besitzstreits zu Ende geführt, oder geschieht dies während des letzteren, so kann im Besitzprozeß nicht abweichend entschieden werden; insofern erledigt also die Entscheidung des Streits über das Recht materiell auch den Besitzstreit[97a]). Was endlich die Einrede der Verjährung betrifft, so fehlt über sie dem A.L.R. eine ausdrückliche Bestimmung. Bei der Redaktion des materiellen Rechtsbuchs ging man nicht auf den Vorschlag ein, eine kurze Frist festzustellen[98]). Hieraus folgerten Bornemann und die ältere Praxis des Obertribunals[99]), daß es bei der 30jährigen Verjährung geblieben sei. Von der späteren Praxis des Obertribunals wurde aber angenommen[100]), daß die Einrede der Verjährung nach preußischem Recht gegen die Besitzklage der Allgemeinen Gerichtsordnung überhaupt nicht in Frage komme. „Neuerlich" mußte ja die Entsetzung stattgefunden haben, um im possessorium summariissimum geltend gemacht zu werden. War dies zur Zeit der Klageanstellung nicht anzunehmen, was der freien thatsächlichen Prüfung des Richters unterlag, so wurde die Besitzklage zurückgewiesen. Es blieb dann nur die petitorische Klage auf Schadensersatz

[95]) Gr. 44. Strieth. B. 1 S. 354. Fehlerfreier Erwerb des alleinigen oder des Mitbesitzes: Gr. 13.

[96]) Entsch. B. 34 S. 84. Strieth. B. 18 S. 49, B. 46 S. 28.

[97]) Entsch. B. 46 S. 49fg. Strieth. B. 42 S. 222. Denn eine Handlung, die sich als Ausfluß eines Rechts darstellt, ist keine Besitzstörung. Dagegen auch nicht I. 7 § 144, weil der Inhaber vom Besitzer nur dann entsetzt werden kann, wenn er den Gewahrsam nur für letzteren übt. Oben Note 36. Ueber das Retentionsrecht B. I. § 119.

[97a]) Petitorium absorbet possessorium. S. oben B. I. § 50 Anm. 29. Vgl. Entwurf des B.G.B. § 823, Entw. II. § 786, Reichstagsvorl. § 848 Abs. 2.

[98]) Nach röm. Recht verjährt das interd. uti poss. in einem Jahr, ebenso das Interdikt de vi (und de clandestina poss.), jedoch mit der Einschränkung, daß die Einrede der Verjährung nicht gebraucht werden durfte, wenn sich der Beklagte durch die Entsetzung bereichert hatte (in id, quod ad eum pervenit), bei dem interd. de prec. aber mußte die Einrede wegfallen, cum enim nonnunquam in longum tempus precarium concedatur, absurdum est dicere, interdictum locum non habere post annum. Daneben kommt hier noch das id, quod ad eum pervenit in Betracht. l. 1 pr. D. XLIII. 17, l. 1 pr. D. XLIII. 16, l. 8 § 7 D. XLIII. 26. Savigny S. 411. 420 (im heutigen R. auch bei dem interd. utrubi, weil es mit uti possid. vereinigt worden) 450. 451. 463. Im neueren Recht ist bei dem prec. die 30jährige Verjährung gestattet. Vgl. Seuffert VII. 270, XIII. 315. Svarez in der revis. monitor. äußerte auf die Anregung, eine kürzere Frist festzusetzen (Mat. S. 280f. zu § 103, S. 281 zu § 105, vergl. die Stud. zu den Mat. des Landrechts S. 624): wenn man erwäge, daß die Spolienklage doch nur gegen den Spolianten und dessen Erben stattfinde, gegen einen dritten redlichen Besitzer aber nicht zulässig sei, so verschwinde die scheinbare Nothwendigkeit einer kurzen Präskription, und es bleibe kein Grund mehr übrig, dem Spolianten durch einen geringen Zeitraum eine Schutzwehr zu verschaffen, welche ihm die bisherigen Gesetze nicht einräumen. Mater. S. 285. Aus diesen Worten folgt, daß die Redaktoren eine kürzere Verjährung nicht wollten.

[99]) Bornemann I. S. 268. Entsch. B. 11 S. 212 (s. auch B. 14 S. 160).

[100]) Plen.-Beschl. Entsch. B. 14 S. 159fg. Gr. 43. Heydemann I. S. 372f. 384f.

oder auf Restitution der Sache übrig[101]). Die Beschränkung hing also mit der Form des Besitzprozesses zusammen; der außerhalb dieser Form geltend gemachte Besitz aber hatte den Charakter des vermutheten Rechts, ihm gegenüber war jede Vertheidigung mit dem Recht zum Besitz oder dem bessern Recht zum Besitz durchgreifend. Die Beseitigung des besonderen Besitzprozesses durch die Civilprozeßordnung hat die Geltendmachung der Besitzklage hiernach von der Schranke, daß die Störung eine neuerliche gewesen sein müsse, gelöst[102]), und man wird jetzt die 30jährige Verjährung als zutreffend anerkennen müssen[103]). Besonders vorgeschrieben ist, daß der entsetzte Pächter nur binnen sechs Monaten auf Wiedereinräumung des Grundstücks klagen kann[104]). Auch dies ist keine Verjährung, sondern eine von Amtswegen zu beachtende Fristbestimmung, wonach das Wiedereinräumungsrecht nur innerhalb des Fristenlaufs besteht. Die Bestimmung muß trotz ihrer Stellung in der Allgemeinen Gerichtsordnung noch jetzt angewendet werden.

f. Nach preußischem Recht kann das materielle Urtheil regelmäßig nur entweder den Kläger abweisen oder den Beklagten verurtheilen. Aber das Gesetz bestimmt „wenn der letzte ruhige Besitzstand zweifelhaft, so hängt die Verfügung, wie es mit der streitigen Sache bis zur näheren Erörterung der gegenseitigen Rechte zum Besitze gehalten werden solle, vom richterlichen Ermessen ab“[105]). Der Richter kann also hier auch dem Kläger den Besitz ab-, und dem Beklagten zusprechen, ja er kann, wenn für keine dieser beiden Möglichkeiten hinreichende Gründe vorliegen, die Sache gerichtlich verwahren lassen[106]). Eine solche interimistische Regulirung setzte zwar eine Anrufung des Richters durch Klage voraus, erfolgte aber dann unabhängig von Partei-Anträgen. Das Verfahren hat seine geschichtliche Grundlage in dem gemeinrechtlichen Summariissimum, doch mit dem erheblichen

---

101) Vgl. oben bei Anm. 24 ff.

102) S. oben Anm. 27. Eine andere Frage ist, ob die Beschränkung des Besitzstreits auf neuerliche Störung oder Entsetzung nicht innere Gründe für sich hat. Der a. a. O. bezeichneten Regelung des Entwurfs des B.G.B. ist, wie schon angedeutet, zuzustimmen.

103) Nach altem Sachsenrecht mußte die Besitzstörung innerhalb Jahresfrist gerügt werden. Emminghauß, Sächs. Pand. S. 422 Nr. 41. Nach jetzigem sächs. R. (Ges.B. § 210) verjähren die Besitzklagen in einem Jahre, die Entschädigungsforderung in 3 Jahren, die Einreden des fehlerhaften Besitzes in einem Jahre. Koch, Besitz S. 285 will noch in § 80 II. 14 A.L.R. eine Spezialvorschrift des Landrechts über Verjährung einer Besitzklage des Fiskus im Falle der Verweigerung der Zahlung allgemeiner Abgaben finden, — von einer solchen Besitzklage ist dort nicht die Rede.

104) Später soll er nur Schadloshaltung fordern können. A.G.O. I. 44 § 44. Die Vorschrift enthält nicht wie die, daß nur neuerliche Besitzstörungen das possessorium begründen, eine Sondervorschrift als Voraussetzung einer Prozeßform; sie ist als ein materieller Rechtssatz von der Beseitigung der Prozeßform des Titel 31 der Prozeßordnung unberührt geblieben.

105) I. 7 §§ 155—160. „Das richterliche Ermessen erhält hier einige Fingerzeige.“ Heydemann I. 373. S. auch Bruns im Jahrb. B. 4 S. 106. Daß die interd. retinend. poss. duplicia waren, s. Savigny S. 403 f. Ueber den Begriff: zweifelhafter Besitzstand siehe Schles. Arch. B. 5 S. 394. — Nach dem Sachsensp. III. 21 soll der Besitz in solchem Fall getheilt werden.

106) Auch gemeinrechtlich. Seuffert B. 6 Nr. 95. Dies ist z. B. der Fall in I. 7 §§ 75. 76.

Unterschiede, daß dieses vorläufig über den Besitzstand entschied und daß ihm der ordentliche Besitzprozeß folgte, während nach A.L.R. die interimistische Regulirung so lange gilt, bis über das Recht zum Besitze, also petitorisch entschieden wird[107]). Die Civilprozeßordnung hat in den eben dargelegten Bestimmungen des materiellen Rechts nichts geändert. Wenn beim Abschluß eines Besitzprozesses der Richter den Besitzstand zweifelhaft findet, so ist er danach auch jetzt nicht zur Abweisung des Klägers genöthigt, vielmehr kann er in den Grenzen des Gesetzes durch sein Urtheil eine Bestimmung treffen, die bis zur Entscheidung über das Recht zum Besitze zu gelten hat.

g. Die Civilprozeßordnung hat eine weitere den Fall des Besitzstreits umfassende Möglichkeit des richterlichen Eingreifens begründet. Das Gericht ist zu einer einstweiligen Verfügung in Bezug auf ein streitiges Rechtsverhältniß befugt, sofern diese Regelung insbesondere bei dauernden Rechtsverhältnissen zur Abwendung wesentlicher Nachtheile oder zur Verhütung drohender Gewalt oder aus andern Gründen nöthig erscheint[108]). Daß der streitige Besitz zu den von dieser Bestimmung betroffenen streitigen Rechtsverhältnissen gehört, ist zweifellos[109]), ebenso daß die erlassene einstweilige Verfügung das materielle Besitzrecht nicht ändert, den Besitz nicht aufhebt oder an einen Andern überträgt[110]). Der regelmäßige Verlauf ist, daß der Besitzprozeß bereits anhängig ist oder demnächst anhängig gemacht wird[111]). Mit der im Besitzprozeß erfolgenden Entscheidung des Besitzstreits verliert die einstweilige Verfügung ihre Bedeutung, nach dieser Entscheidung kann — da kein Besitzstreit mehr besteht, — eine solche Verfügung nicht mehr erlassen werden. Es kann sich dann nur noch darum handeln, ob vielleicht auf Grund des Rechts zum Besitz und des darauf zu gründenden Anspruchs auf Herausgabe der Sache aus dem Besitz eine einstweilige Verfügung in dem Sinne erlassen werden soll, daß dadurch die Verwirklichung des fraglichen Rechts gegen Einwirkung des Besitzers auf den Streitgegenstand gesichert werde[112]). Im Einverständniß beider Theile kann es auch dahin kommen, daß eine vor der Rechtshängigkeit des Besitzstreits erlassene einstweilige Verfügung bis zur

---

[107]) Koch, Bes. S. 254 f. 271 d. Heydemann S. 373. Gruchot V. 492. Mater. S. 282. 285 Nr. 6 S. 372. Delbrück, Dingl. Klage S. 118.

[108]) C.P.O. § 819. Man kann mit gutem Grund sagen, daß die einstweilige Verfügung das possessorium summariissimum ersetze oder als entbehrlich erweise, aber durchaus verkehrt ist, in der einstweiligen Verfügung ein possessorisches Rechtsmittel zu sehen, eine Prozeßform, in welcher das Recht des Besitzes geltend gemacht, der Streit über den Besitz entschieden werde.

[109]) Hierüber besteht Einstimmigkeit. Ausdrücklich erwähnt wird in der hier fraglichen Beziehung der Besitz in dem Protok. der norddeutschen Kommission B. 3 S. 1242.

[110]) Der Richter hat bei der Verfügung auch nicht den jüngsten Besitz zu berücksichtigen, sondern die Frage, wie sich am besten die zu besorgenden Nachtheile abwenden lassen.

[111]) Es ist streitig, ob die einstweilige Verfügung nicht die Anhängigkeit des Rechtsstreits voraussetzt. Aus dem Ausdruck „streitiges Rechtsverhältniß" in § 819 läßt sich aber nicht entnehmen, daß die nach § 815 sonst entsprechend anzuwendende Bestimmung des § 806 unanwendbar sein soll.

[112]) Also nach § 814 C.P.O.

Entscheidung über das Recht zum Besitz aufrecht erhalten wird. Aber auch derjenige, gegen den die einstweilige Verfügung erwirkt ist, hat es in seiner Macht die Aufhebung herbeizuführen, wenn der Besitzprozeß nicht anhängig gemacht wird[113]).

h. Das gemeinrechtliche interdictum uti possidetis gilt auch abgesehen von der Benutzung zur Zurückweisung eines thatsächlichen Eingriffs in den Besitzstand als dazu bestimmt, den für die Beklagtenrolle im Eigenthumsprozeß erheblichen Streit, wer Besitzer sei, präjudiziell zu entscheiden[114]). Für das preußische Recht wird man die Zulässigkeit eines Präjudizium zu dem gleichen Zweck nicht begründen können[115]). Auch hier greift aber gegenwärtig die reichsgesetzlich dargebotene Feststellungsklage ein, sobald rechtliches Interesse an der sofortigen Feststellung des streitigen Rechtsverhältnisses klar gelegt werden kann[116]). Ein solches Interesse wird aber in Folge der mannigfachen Verwickelungen des Lebens in so verschiedenen Fällen angenommen werden können, daß sich darüber Bestimmteres nicht sagen läßt.

i. Das römische Recht bezeichnet den Besitz als möglichen Gegenstand einer Zurückforderung im ordentlichen Prozesse, es kennt abgesehen von den Interdikten eine condictio possessionis[117]). Hier ist also der Besitz nicht Grund, sondern Objekt des Anspruchs, als ein besonderer vom Eigenthum verschiedener Vermögenswerth wird er gefordert, und dieser Vermögenswerth war für die condemnatio pecuniaria nach dem Interesse des Klägers am Besitz besonders zu schätzen. Nach preußischem Recht wird vom Gebenden oder Zahlenden das Gegebene oder Gezahlte, gleichviel ob er es in Eigenthum oder bloßen Besitz gehabt hat, in natura kondizirt, sofern ein Kondiktionsgrund vorhanden ist. Es besteht deshalb keine Besonderheit für den Fall, daß nur der Besitz dem Kondizirenden zustand. Jedenfalls gehört die Möglichkeit einer Kondiktion des Besitzes nicht zu den Ansprüchen, welche aus dem Besitz erwachsen[118]).

---

[113]) Wenn er zuvor in Gemäßheit der §§ 806. 815 C.P.O. die Anordnung erwirkt hat, daß der Gegner die Hauptsache, d. h. die Klage aus dem streitigen Rechtsverhältniß, also hier die Besitzklage binnen einer zu bestimmenden Frist geltend mache. Bei Nichtbefolgung dieser Anordnung kann er die Aufhebung der einstweiligen Verfügung fordern.

[114]) Jhering, Grund des Besitzschutzes S. 72ff. Bruns, Besitzklagen S. 2. 31. Es fragt sich sogar, ob dies nicht die ursprüngliche Funktion des Interdikts gewesen ist. Vgl. Windscheid § 159 Anm. 11.

[115]) Vgl. jedoch Koch, Anleitung zur preuß. Prozeßpraxis S. 98ff.

[116]) C.P.O. § 231. S. oben B. I. S. 256 und vgl. § 157 Anm. 4.

[117]) L. 2 D. XIII. 3 B. 4 § 2, XII. 1, l. 19 § 2, XLIII. 26, l. 25 pr. XLVII. 2, l. 1 § 4 XLIII. 17. Vgl. Bruns, Besitzklagen S. 200.

[118]) R.O.H.G. B. 22 S. 296.

## Zweites Kapitel.

# Das Recht zum Besitze.

## § 163. Das bessere Recht zum Besitze.

„Von dem Rechte zum Besitze ist das Recht des Besitzes verschieden[1].“ Das Recht zum Besitz bestimmt sich durch Zweierlei: durch Redlichkeit und Titel, also durch Momente, welche außerhalb des Besitzes selbst liegen. Diese Momente sind nicht Bedingungen seines Erwerbs, sie qualifiziren den Besitz nach der Rechtsseite hin[2]). Die Redlichkeit schon begründet nach preußischem Recht ein besseres Recht zum Besitze gegenüber dem unredlichen, der Titel begründet ein besseres Recht gegenüber dem titellosen Besitz.

Die Redlichkeit (bona fides) ist ein negativer Begriff: der Besitzwille muß bei Ergreifung des Besitzes frei sein von dem Bewußtsein, daß einer andern Person auf das Objekt ein besseres Recht zusteht[3]). Diesem negativen Begriff steht der positive der Unredlichkeit gegenüber: das Bewußtsein davon, daß man eine Sache in Besitz nimmt, auf welche einer anderen Person ein besseres Recht zusteht[4]). Der Besitzerwerber selbst, oder wer als

---

[1]) I. 7 § 134.

[2]) Randa, S. 140 f.

[3]) Unterholzner, Verjährung B. 1 §§ 91—121 (2. A. S. 305 f.), Möllenthiel, Ueber die Natur des guten Glaubens bei der Verjährung, 1820. Savigny, System B. 3 S. 372, B. 5 S. 326 fg. l. 109 de V. S. qui ignoravit eam rem alienam esse. Gruchot B. 4 S. 332 f. Heydemann I. 339. Dernburg I. § 149. Das A.L.R. giebt keine Definition des redlichen Besitzes. Im Register zum A.L.R. ist aber gesagt: „der Besitz ist redlich, wenn der Besitzer nach den ihm bekannten Thatsachen seinen Besitz für rechtmäßig halten mußte.“ Die bona fides ist also bedingt durch das Wissen von Thatsachen, welche geeignet wären, den Besitz zum rechtmäßigen zu machen, oder durch entschuldbaren Irrthum über solche Thatsachen. Mit Recht ist behauptet (Simon, Rechtsp. I. 429), zur bona fides sei nicht die Ueberzeugung, daß man Eigenthümer (oder rechtmäßiger Besitzer) geworden, nothwendig, sondern man dürfe nur nichts von einem fremden Eigenthum (oder einem fremden besseren Recht) auf die Sache wissen. Daß man einen Titel für seinen Besitz nicht angeben kann, macht nicht schon den Besitz zu einem unredlichen, wie andererseits man nicht schon deshalb, weil man einen solchen angeben kann und zu haben glaubt, redlicher Besitzer ist. Weil aber die bona fides eine bloße Verneinung ist, so folgt, daß ihre Existenz nicht Gegenstand eines Beweises sein kann; es muß vielmehr dem Besitzer nachgewiesen werden, daß er unredlich besitze. Dies drückt das A.L.R. so aus: die Vermuthung spreche für die Redlichkeit und Rechtmäßigkeit des Besitzes, und deshalb sei der Besitzer den Titel seines Besitzes anzugeben und nachzuweisen nicht schuldig. I. 7 §§ 18. 179. 180. Vergl. über den Begriff der bona fides, die für die Ersitzung und das Grundbuchrecht von besonderer Bedeutung ist, die Streitschriften von Wächter 1871 und Bruns 1872 und Förster, Grundbuchrecht S. 54 f. S. oben Band I. § 23a Anm. 13 f., unten § 177 unter II. A. c.

[4]) I. 7 § 11. Die Unredlichkeit ist eine positive Eigenschaft, eine Anmaßung wider besseres Wissen. Rechtspr. I. 429. Arnsb. Arch. VIII. 666. Entsch. B. 27 S. 217. Gruchot B. 4 a. a. O. Heydemann I. 336 f. l. 38 D. XLI. 3 qui intelligit alienum se possidere. Vergl. I. 7 § 229, I. 10 §§ 10. 24, I. 11 § 159, I. 19 § 5. Wissen und Nichtwissen bilden die Scheidung von Unredlichkeit und Redlichkeit. Mater. S. 200. Daher macht die Ungiltigkeit des Vertrages, auf Grund dessen der Besitz ergriffen worden, an sich den Besitz noch nicht zu einem unredlichen. Strieth. B. 8 S. 104. Und der mißlungene Nachweis des Titels zum Besitz begründet ebensowenig die Annahme der Unredlichkeit. R.G. bei Gruchot B. 37 S. 122. Daneben stellt das A.L.R. allerdings

gesetzlicher Vertreter, Vormund, Pfleger für den Vertretenen Besitz erwirbt, muß frei sein von einem solchen Bewußtsein[5]). Die Redlichkeit und Unredlichkeit eines freiwilligen Stellvertreters bei dem Erwerb kann weder nützen noch schaden[6]). Ebensowenig wird dem zeitigen Besitzer die Redlichkeit oder Unredlichkeit eines Vorbesitzers (Autors, Erblassers) angerechnet[7]). Die Unredlichkeit hindert an sich nicht die Besitzergreifung, quoniam

auch den nicht entschuldbaren Irrthum der Unredlichkeit gleich und fingirt sogar Unredlichkeit, ohne daß ein Wissen vorliegt (§§ 13. 14. 15. 222. Koch, Komm. Note zu § 11). Vgl. Anm. 18.

5) I. 7 § 13. Heydemann I. 340.

6) I. 7 §§ 21. 22. Strieth. B. 11 S. 206. Mater. 126. 127. 219. 352 f. Heydemann I. 340. Das pr. R. stimmt hier mit dem gemeinen überein. Koch, Besitz S. 177. Der freie Stellvertreter vertritt nicht den Willen. Oben § 160 bei Note 113. Ein willkürlicher Satz, für den bezüglich des preußischen Rechts auch der Schein einer Begründung fehlt, ist es, wenn Dernburg I. § 154 früher im Falle einer generellen Vollmacht die Redlichkeit oder Unredlichkeit des Vertreters als maßgebend ansehen wollte. Nach seiner Behauptung handelt es sich hierbei freilich um eine „aus dem Wesen der Rechtsinstitution fließende grundsätzliche und evidente Rechtswahrheit". Aus der Einwirkung des Bewußtseins des Vertreters beim Rechtsgeschäft auf die Rechtsstellung des Vertretenen läßt sich aber eine Folge für die Frage der Redlichkeit des Besitzes nicht herleiten, vgl. B. I. § 74 Anm. 15. Warum der Kaufmann der den besonderen Auftrag des Erwerbs eines Inhaberpapiers bestimmter Art gegeben hat, und für den der Beauftragte dann wissentlich ein gestohlenes Papier erwirbt, redlicher Besitzer sein soll, der Kaufmann dagegen, für den ein Prokurist auf Grund seiner allgemeinen Vollmacht mit gleicher Wissenschaft das Papier erwirbt, unredlicher Besitzer wird, das einzusehen, muß man nach Dernburg's Aeußerung in seiner vierten Auflage den Vorzug einer „praktischen gesunden Rechtsanschauung haben, was nicht Jedermanns Sache ist". Der Herausgeber gesteht zu, daß er sich diese Rechtsanschauung nicht aneignen kann, und auch Dernburg hält sie jetzt nicht fest, — trotz der früheren hohen Werte. Er stellt jetzt im Anschluß an Mitteis den Satz auf, daß sich die Redlichkeit oder Unredlichkeit nach der Person dessen richtet, dem das den Besitzerwerb vermittelnde Rechtsgeschäft seine konkrete Gestaltung vornehmlich verdanke. Danach würde sich der Satz also jetzt auf die Fälle beschränken, in denen dem Besitzerwerb ein Rechtsgeschäft des Vertreters zu Grunde liegt; ausgeschlossen wäre er, wenn der Besitzerwerb auf Grund eines Rechtsgeschäfts des Vertretenen durch einen Vertreter stattfindet, und der Fall eines Besitzerwerbs, der ohne die Grundlagen eines darauf gerichteten Rechtsgeschäfts stattfindet, würde noch nach seiner Lösung bei Dernburg fragen müssen. Man hält sich nicht an einen Paragraphen, sondern man ist dem gesammten Inhalt eines kodifizirten Rechts treu, wenn man subjektiver Willkür, die dem Gesetz widerspricht, auch auf die Gefahr entgegentritt, aus der Form der Entgegnung nachher ersehen zu müssen, daß abweichende Meinungen als Kränkungen aufgefaßt werden, die nur durch die Anpreisung der eignen geistigen Ueberlegenheit zu beseitigen sind. Die Rechtsstellung des Vertretenen zu dem Dritten, mit dem der Vertretene kontrahirt, wird von dem Wissen und Nichtwissen des Vertreters nothwendig beeinflußt. Warum aber der Umstand, daß mein Vertreter beim Abschluß des Geschäfts über eine Sache mit dem A wußte oder wissen mußte, daß B Rechte auf die Sache habe, meinen Besitz gegenüber B zu einem unredlichen machen muß, ist nicht abzusehen, der Inhalt des Geschäfts zwischen meinem Vertreter und A in der Art seiner konkreten Gestaltung muß für ein Verhältniß zu B völlig gleichgiltig erscheinen. Vgl. auch Anm. 30. Das Reichsgericht hat angenommen, daß der Erwerb eines Pfandbriefs durch den ein für alle Mal zu solchem Erwerb beauftragten Kassirer eines Bankiers für diesen ein dem unredlichen gleich zu achtender unvorsichtiger Besitzerwerb ist, wenn der Bankier keine Anordnung getroffen hatte, in Folge deren der ihm angezeigte Verlust des Papiers beim Erwerb beachtet werden mußte. R.G. bei Gruchot B. 28 S. 446, — es läßt also auch insoweit die Unredlichkeit des Prinzipals durchgreifen. Bei willensunfähigen Personen aber kommt es auf die Redlichkeit und Unredlichkeit des erwerbenden Vertreters an. Strieth. B. 49 S. 19.

7) I. 7 §§ 40—42. Gruchot B. 4 S. 339. Abweichend vom römischen Recht, welches

in summa possessionis non multum interest, juste quis an injuste possideat[8]), aber der unredliche Besitzer muß nach preußischem Recht dem weichen, dessen besseres Recht er kennt[9]). Dagegen ist unrichtig, daß der Mangel der Redlichkeit so wesentlich sei, daß mit ihm keine Besitzerwerbung möglich ist[10]).

Die Begriffe redlich und rechtmäßig sind nicht identisch[11]). Der unredliche Besitz ist immer unrechtmäßig, aber auch der redliche Besitz ist unrechtmäßig, wenn der Besitzer das ihm mangelnde Recht nur nicht kennt und nicht kennen muß. Der objektiv rechtmäßige Besitz beruht auf einem giltigen Titel oder Recht zu besitzen. Titel zum Besitz sind die Erwerbsgründe des Eigenthums, der Gebrauchs- und Nutzungsrechte. Besitztitel, die nicht zugleich solche Rechtserwerbsgründe wären, giebt es nicht[12]). Der redliche Besitzer, dem kein giltiger Titel zur Seite steht, hat objektiv unrechtmäßigen Besitz; er irrt über die Giltigkeit seines Titels. Der unredliche Besitz ist subjektiv und objektiv unrechtmäßig: eine nur subjektive Unrechtmäßigkeit ist nicht denkbar[13]). In diesem Sinne bestimmt das A.L.R.: „die Rechtmäßigkeit oder Unrechtmäßigkeit des Besitzes hängt von der Beschaffenheit und Giltigkeit des Titels ab, auf welchen das Recht zu besitzen sich gründet“[14]).

---

die mala fides des Erblassers auf den Erben überträgt — andererseits aber auch die bona fides des Erblassers fortwirken läßt und die mala fides des Erben nicht achtet. § 12 J. II. 6, l. 43 pr. D. XLI. 3, l. 2 § 19 D. XLI. 4, l. 11. 15 pr. D. XLIV. 3, l. 11 C. VII. 32. Im römischen Recht wird nur darauf gesehen, ob initium possessionis bona s. mala fide gewesen. Das kanon. Recht verlangte die Fortdauer der bona fides während der ganzen Besitzzeit. Fiel sie später weg, so hörte auch die bonae fidei possessio auf, eine solche zu sein. Daraus folgt, worauf Gruchot B. 4 S. 339 richtig hinweist, daß der Erbe, welcher mala fide besitzen würde, die bona fides seines Erblassers nicht fortsetzen kann, und es wird umgekehrt vom A.LtR. gefolgert, daß die mala fides des Erblassers sich nicht auf den gutgläubigen Erben überträgt, nicht über den Tod fortwirkt, was an sich nicht aus dem kanonischen Rechte folgt. Bornemann I. 490 (Note) erklärt die landrechtliche Auffassung aus dem Umstande, daß im preuß. R. die Personeneinheit zwischen Erblasser und Erben nicht angenommen sei.

8) l. 3 § 5 D. XLI. 2.

9) I. 7 § 178. Das österr. G.B. § 345 nennt den unredlichen und unrechtmäßigen Besitz unecht, wenn er vi, clam, precario ergriffen worden.

10) Wie Koch, Bes. S. 172 behauptet.

11) Mater. S. 117. 219.

12) Randa S. 142.

13) Der rechtmäßige Besitz kann nie ein unredlicher, aber er kann fehlerhaft ergriffen sein, z. B. wenn ein Legatar die vermachte Sache eigenmächtig in Besitz nimmt (I. 12 § 311).

14) I. 7 § 10. v. Glasenapp bei Gruchot B. 24 S. 268 versucht darzulegen, daß das Landrecht unter rechtmäßigem Besitz nicht den wirklich berechtigten, sondern den auf einem „an sich“ giltigen Besitztitel beruhenden Besitz verstehe, und es ist zuzugeben, daß an einigen Stellen der Materialien der Ausdruck in diesem Sinne gebraucht ist. Aber das Landrecht selbst ergiebt diesen Sinn nicht. Auch wird man die Aeußerung von Svarez (Simon und Strampff, Materialien, S. 117) daß rechtmäßiger Besitzer nur der wahre Eigenthümer sei, dahin zu ergänzen haben, daß es auch einen rechtmäßigen unvollständigen Besitz giebt. Die Vermuthung der Rechtmäßigkeit des Besitzes wird in I. 7 § 187 mit den Worten „eine für die Rechtmäßigkeit des Besitztitels streitende Vermuthung“ umschrieben; rechtmäßig ist der auf wirklich rechtmäßigem Besitztitel beruhende Besitz.

„Wer es weiß, daß er aus keinem giltigen Titel besitze, der heißt ein unredlicher Besitzer[15]." Wer nicht weiß, daß er aus einem ungiltigen Titel besitzt, dessen Besitz ist zwar ein (objektiv) unrechtmäßiger, aber er kann trotzdem ein redlicher sein. Dies hängt davon ab, ob sein Irrthum über den Titel thatsächlich oder rechtlich, entschuldbar oder nicht entschuldbar ist[16]. Nur Irrthum in Thatsachen, wenn er entschuldbar ist, d. h. wenn er nicht in einem mäßigen Versehen des Erwerbers seine Quelle hat, läßt den unrechtmäßigen Besitz redlich sein[17]. Wer bei dem Erwerbsakt den gewöhnlichen Grad von Aufmerksamkeit nicht anwendet, also solche Umstände außer Acht läßt, welche in ihm Zweifel an der Giltigkeit seines Titels hervorrufen mußten, wird, wenn sich dessen Unrechtmäßigkeit herausstellt, einem unredlichen Besitzer gleich geachtet[18].

Entstehen erst nach dem Besitzerwerb Zweifel über den Titel, so kann dadurch die bei dem Erwerb vorhanden gewesene Redlichkeit nicht mehr zerstört werden: vielmehr kann in diesem Fall nur eine Ueberführung von der Unrechtmäßigkeit die Redlichkeit in Unredlichkeit verwandeln[19]. Dies ist die dem römischen Rechte fremde, aus dem kanonischen in das gemeine deutsche und von da in das preußische Recht übergegangene s. g. mala fides superveniens (nachfolgende Unredlichkeit)[20]. Erst von dem Moment der Ueberzeugung an wird der Besitz ein unredlicher. Um aber der oft zweifelhaften Fixirung dieses Zeitpunkts aus dem Wege zu gehen, ist verordnet, daß wenn ein früherer Eintritt der Unredlichkeit nicht ausgemittelt werden kann, der Tag der Klagebehändigung, jetzt also der Klageerhebung, als der Beginn

---

15) I. 7 § 11.

16) Simon und von Strampff, Studien S. 605. Mater. 217. 220f.

17) I. 11 § 13. Mater. S. 217. 220f.

18) I. 7 § 15. Der unentschuldbar über die Giltigkeit seines Titels irrende Besitzer ist nicht in mala fide, aber das Gesetz behandelt ihn so, wie einen unredlichen Besitzer, es erachtet ihn diesem gleich. I. 11 § 161. Koch, Bes. S. 49f. Heydemann S. 337f. Ob es an der gehörigen Aufmerksamkeit gefehlt hat, ist eine thatsächliche Frage. Strieth. B. 8 S. 75, B. 37 S. 212. Savigny, Oblig.-R. B. 2 S. 157f. l. 44 § 4 D. XLI. 3, l. 7 § 2 D. XLI. 4. Savigny S. 151 Note t. Beispiele bieten fahrlässiger Ankauf gestohlenen Guts, Okkupation von Sachen, die, weil sie noch mit Zeichen des Eigenthums versehen sind, nicht als preisgegeben gelten können. I. 7 §§ 19. 20. Vgl. 120. 121. Studien S. 606. Bornemann I. 265. Heydemann S. 340. Marcinowski in der pr. Anw.-Z. 1863 S. 37. S. S. ferner Entsch. B. 46 S. 126, bes. 129f. Strieth. B. 45 S. 70. Arnsb. Arch. B. 13 S. 187. 194. 204f. 214f.

19) I. 7 §§ 16. 17. Vgl. I. 7 § 27, I. 9 §§ 611. 663, I. 15 § 53. Ueber I. 7 § 16 vgl. R.O.H.G. B. 3 Nr. 79. R.G. Entsch. B. 16 S. 219. Wenn die Zweifel erst nach vollendetem Erwerb hervortreten, so hat der Besitzer nicht mehr die Verpflichtung, die Zweifelsgründe zu prüfen und zu untersuchen. Er kann abwarten, daß ihm die Ungiltigkeit seines Titels nachgewiesen wird: erst von diesem Moment tritt die Unredlichkeit ein. Der Besitzer ist nur für einen unredlichen zu achten, d. h. für einen solchen, der es weiß, daß er unrechtmäßig besitzt (conscientia rei alienae), er wird einem solchen nicht bloß gleich geachtet. Möllenthiel, Die Natur des guten Glaubens, S. 117f.

20) Cap. ult. X. II. 26 ut qui praescribit, in nulla temporis parte rei habeat conscientiam alienae. Unterholzner, Verjährungslehre § 98 (2. A. S. 329f.), Savigny, System III. 399, V. 328. Vergl. Materialien S. 57. 125f. 217f. 219f. 351.

der Unredlichkeit angesehen werden soll [21]) — eine Fiktion, die dem römischen Recht unbekannt ist [22]).

Rechtsirrthum entschuldigt nicht [23]); wer also aus Unwissenheit des objektiven Rechts sich in der Rechtmäßigkeit seines Erwerbs, insbesondere in der Giltigkeit seines Besitztitels irrt, ist einem unredlichen Besitzer gleich zu achten, d. h. es treffen ihn dieselben Nachtheile gegenüber dem besser Berechtigten, die eine Folge der Unredlichkeit sind [24]). Weil aber doch zwischen dem Wissen der Widerrechtlichkeit und dem Irrthum über das Recht ein innerer Unterschied nicht wegzuleugnen ist, so wurde der im Recht irrende Besitzer von den Redaktoren zur Unterscheidung vom unredlichen als unrechtfertiger bezeichnet und in einzelnen Beziehungen einer milderen Beurtheilung unterworfen, als der mit Bewußtsein unredliche Besitzer [25]). Diese dem römischen Recht unbekannte Zwischenkategorie zwischen einem redlichen und unredlichen Besitz ist praktisch von geringer Bedeutuug, weil die ihr zugewendete mildere Beurtheilung unwesentliche Unterschiede von den Folgen der Unredlichkeit aufstellt [26]).

Das Moment der Unredlichkeit kann seiner subjektiven Natur wegen über das Subjekt nicht hinausgreifen. Aus dieser Erwägung ergeben sich zwei weitere Fragen: wie ist es, wenn nur der eine oder der andere von Mitbesitzern unredlich ist, und wie kann bei juristischen Personen von Unredlichkeit die Rede sein?

---

21) I. 7 § 222. Die Anwendung dieses § setzt voraus, daß der Besitzer sofort und bedingungslos zu räumen verpflichtet ist, und daß es sich nur darum handelt, den Anfangspunkt der Unredlichkeit zu finden. Wenn aber die Räumungspflicht nicht bedingungslos ist, z. B. nur gegen eine Leistung des Andern gefordert werden kann, darf der Anfang der Unredlichkeit nicht nach § 222 bestimmt werden. Gruchot B. 5 S. 528. Strieth. B. 54 S. 241. — § 222 entspricht der l. 25 § 7 D. V. 3, doch s. hierüber Savigny, System B. 6 S. 85 f. — Oesterr. Ges.-B. § 338 ebenso.

22) Nur s. g. Zweckmäßigkeitsgründe haben zu diesem übrigens auch in der gemeinrechtlichen Praxis häufig angenommenen Satze geführt. Der Satz fingirt Unredlichkeit. Förster, Kl. n. Einr. S. 120. Mater. S. 321 f. 329 f. Heydemann I. 397. Gruchot B. 5 S. 527. Koch, Komm. Note 17a zu § 222. Savigny, System B. 6 S. 96 fg. Seuffert XV. 4. Glück B. 8 S. 230. Da eine Fiktion vorliegt, so rechtfertigt sich die Praxis, die ihn möglichst einschränkend interpretirt. Einmal, die Fiktion wirkt nur für den anhängig gemachten Rechtsstreit, es muß in diesem wirklich zur Verurtheilung des Beklagten in Folge der angestellten Klage kommen, auch wenn sie erst in 3. Instanz erfolgt, Mater. S. 321. Gruchot B. 5 S. 528. Ist das nicht der Fall, wird der Prozeß in anderer Weise erledigt, so hat die Klagezustellung keine Rechtswirkung mehr. Sodann, nur die Erhebung einer Klage, keine andere Zustellung im Laufe des Prozesses, auch keine außergerichtliche Handlung, z. B. Pfändung, hat dieselbe Wirkung. Präj. 1798 (Samml. I. S. 41). Entsch. B. 20 S. 106 f. Im Uebrigen aber enthält § 222 eine allgemeine Regel, er ist nicht auf die Rückforderung einer körperlichen Sache eingeschränkt. Strieth. B. 12 S. 157.

23) Oben B. I § 30 Anm. 7.

24) I. 7 § 12, l. 32 § 1. D. XLI. 3. Dies gilt auch von demjenigen, der zur Zeit ein Grundstück nicht durch Auflassung, sondern durch Uebergabe als Eigenthümer erworben zu haben glaubt. Vgl. unten § 177 Anm. 15 § 180 Anm. 82.

25) I. 7 § 14. Vergl. Mater. S. 216 f. 220. 350 f. (Urheber dieser Kategorie ist Klein.) Strieth. B. 51 S. 26. — Dem Entwurf des B.G.B. unbekannt.

26) Vergl. auch Gans, Beiträge zur Revision der preuß. Gesetzgebung, S. 23 f. Juristische Wochenschrift 1848 Sp. 146 fg.

Bei dem Mitbesitz (zu Antheilen) vertritt jeder Einzelne seine Unredlichkeit für seinen Antheil [27]). Dem redlichen Mitbesitzer soll aber, so heißt es weiter, aus der Unredlichkeit seines Mitbesitzers zum Schaden eines Dritten kein Vortheil zufallen [28]). Die Bestimmung verdankt ihre Entstehung der Rücksicht auf den Fall der unter Miterben noch nicht getheilten Erbschaft sowie auf den Fall, wenn der Besitz für eine Sozietät erworben ist. Da hier von dem einzelnen Mitbesitzer nicht ein Antheil in dem Sinne besessen wird, daß er über diesen verfügen kann, da vielmehr aus dem Wesen dieser Gemeinschaften folgt, daß jede Verfügung des einzelnen Mitbesitzers über einen Besitzantheil eine Verletzung des Rechts der Gemeinschaft enthalten würde, und daß nur über das Ganze zu Gunsten der Gemeinschaft und nur durch gemeinsame Willensthätigkeit verfügt werden kann, so kann von einem bestimmten redlich besessenen Antheil eines einzelnen Sozius nicht die Rede sein. Es kommt vielmehr bei dieser Art des Mitbesitzes für jeden Fall, in welchem der Besitz mala fide von einem Sozius für die Sozietät, von einem Miterben für die Gemeinschaft erworben ist, in Frage, ob die Unredlichkeit des Erwerbers bezüglich des Ganzen zu Gunsten der redlichen Sozien außer Betracht bleiben kann. Dies verneint die Bestimmung [29]).

Von den juristischen Personen werden die Stiftungen bei dem Besitzerwerb nicht besonders behandelt. Da diese nur als verwaltete Vermögensmassen erscheinen, bei denen der Verwalter die Stellung des gesetzlichen Vertreters hat, so kann ein unredlicher Besitz nur bei Unredlichkeit dieses dem Vormund gleich stehenden gesetzlichen Vertreters vorkommen. Bei den Korporationen und Gemeinden unterscheidet das A.L.R.: a. die juristische Personeneinheit als solche hat den Besitz an der Substanz, so daß ihr auch die Nutzungen der Sache zukommen. Der

---

[27]) I. 7 § 24.

[28]) I. 7 § 25.

[29]) Ueber die Entstehungsgeschichte vergl. Materialien S. 127. 221. 226 ff. Bornemann I. S. 487. Ueber den Mitbesitz in dem angegebenen Fall s. oben § 158 Anm. 20. Koch, Besitz S. 68 f. Kommentar Note zu § 25 d. T. Gruchot B. 4 S. 336 f. Heydemann I. 341 f. und die früheren Auflagen dieses Buches bezeichnen § 25 als unverständlich. Förster machte für die Verwerfung des § 25 geltend, daß dadurch die Selbständigkeit des Mitbesitzes des Einzelnen beseitigt würde. Die Auffassung der Mitbesitzer zu ideellen Theilen als einer societas und dieser als einer moralischen Einheit sei unbegründet. Diese Ausführungeu zeigen, daß Förster nur an den Mitbesitz zu bestimmten ideellen Theilen, über die der Mitbesitzer frei verfügen kann, bezüglich deren er also selbständig dasteht, gedacht hat. Wenn aber anerkannt werden muß, daß der Besitz der durch eine Sozietät verbundenen Sozien (auch der Miterben vor getheilter Erbschaft) kein solcher Mitbesitz der einzelnen Sache zu bestimmenden ideellen Theilen ist, daß vielmehr der Besitz der Mehreren ebenso wie ihre Rechtsverfügung in der Weise begrenzt ist und nur so besteht, daß eine gemeinsame Einwirkung mit Ausschließung Anderer, aber auch mit Ausschließung der Einwirkung jedes einzelnen von ihnen auf einen besonderen Besitzantheil stattfindet, so wird man die im § 25 gegebene Lösung der Frage, daß der Besitz an der ganzen Sache als unredlich anzusehen sei, wenn einer bei dem Erwerb unredlich ist, als innerlich begründet anerkennen müssen. Im Ergebniß einverstanden Studien z. d. Mat. S. 606. Ueber die Entstehung der §§ 24. 25 s. Mater. S. 127 § 26 S. 221. 226. 227. 353.

Besitz gilt hier dem Dritten gegenüber als unredlich, wenn bei dem Erwerbungsakt die Hälfte der Mitglieder, oder die Hälfte der Repräsentanten, „welche gleichsam die Gemeinde im verjüngten Maßstabe sind“ [30]), — je nachdem der Besitz nach dem Willen der Mitglieder selbst oder nach dem der verfassungsmäßigen Repräsentanten ergriffen worden ist — unredlich war. Der Besitz gilt dem Dritten gegenüber als redlich, wenn nur die Minderzahl der erwerbenden Mitglieder oder Repräsentanten unredlich war. Die unredlichen Mitglieder sind aber zum Schadenersatz persönlich verpflichtet, und zwar dem Dritten, wenn dieser den Besitz nicht als unredlich anfechten kann, weil die unredlichen Mitglieder nicht die Hälfte der Zahl überschreiten; den redlichen Mitgliedern, wenn diese die Minderzahl bildeten und deshalb der Besitz von dem Dritten der Gemeinde entzogen wird [31]). Besitzerwerb für die Gemeinde durch solche, die nicht eigentliche Willensorgane der Gemeinde sind, durch ihre Vorsteher oder Beamten ist Erwerb durch Stellvertreter; ihre Unredlichkeit schadet nicht, wenn die Gemeinde redlich ist, ihre Redlichkeit nutzt aber auch nicht bei Unredlichkeit der Gemeinde [32]). Diese Bestimmungen bieten der praktischen Anwendung keine Schwierigkeit.

b. Die Personeneinheit besitzt die Substanz, die einzelnen Mitglieder erhalten die Nutzungen. Das A.L.R. verordnet [33]): Die

---

[30]) Heydemann S. 345. Oben § 160 Anm. 131. Darüber daß die Korporation nach der Auffassung des Landrechts einen von dem Willen der einzelnen Mitglieder verschiedenen Gesammtwillen hat, der schuldhaft und fehlerhaft sein kann, vergl. unten B. IV. § 282 unter VIII. — Nicht auf die bona fides der als bevollmächtigte Stellvertreter das corpus possessionis erlangenden Mitglieder oder Beamten, sondern auf die fides derjenigen, die durch ihren Willen den Willen der künstlichen Person darstellen, der Mitglieder selbst, oder der Repräsentanten, kommt es an. Das entspricht dem Prinzip der in I. 7 § 34 in Bezug genommenen §§ 21. 22, freilich nicht der in Anm. 6 erwähnten früher von Dernburg betonten fundamentalen und evidenten Rechtswahrheit, auch nicht dem jetzt von Dernburg betonten Satz, daß das Wissen des Vertreters beim Besitzerwerb entscheide, wenn er das konkrete Rechtsgeschäft, auf Grund dessen erworben wird, ausgestaltet. Dernburg I. § 154 Anm. 16. 17. verläßt hier seine oben und Anm. 6 erwiesene Theorie. Beim Besitzerwerb von Korporationen giebt er zu, daß nur daß Wissen der Mehrheit ihrer „Repräsentanten“ — nicht das Wissen ihres gewillkürten Vertreters beim Besitzerwerb über die Redlichkeit entscheidet.

[31]) I. 7. §§ 26—33. (In § 26 bedeutet „unrechtfertig“ „unredlich“. Mater. S. 350. 353. Studien S. 608. Reskript vom 29. Dezember 1837 in Jahrb. B. 5 S. 469.) Koch, Bes. S. 73f. Gruchot B. 4 S. 337f. Heydemann I. 343f. Es handelt sich hier von dem Korporationsvermögen, dem patrimonium universitatis, in Städten Kämmereivermögen genannt, welches „zur Bestreitung der Lasten und Ausgaben der Land- und Stadtgemeinden bestimmt ist“, Deklaration vom 26. Juni 1847, Ges.S. S. 327. Hier ist von Mitbesitz nicht die Rede. S. oben § 158 bei IV. Heydemann S. 344 Note 643. Mater. S. 131. 132. 224. 227. 228. 353. Die mala fides superveniens findet auch hier Anwendung. I. 7. § 27.

[32]) I. 7. § 34. Mater. S. 229 bei Nr. 6.

[33]) I. 7. §§ 35—39. Diese §§ handeln von den s. g. res universitatis, „von demjenigen Theile des Vermögens einer Gemeinde, dessen Nutzungen den einzelnen Gemeindemitgliedern oder Einwohnern vermöge dieser ihrer Eigenschaft zukommen (das Gemeindemitgliedervermögen, in Städten Bürgervermögen genannt)“. Dekl. vom 26. Juli 1847. Ges.S. S. 327.

Unredlichkeit des Substanzbesitzes hängt ab von der Unredlichkeit der juristischen Person als solcher, und diese wird, wie vorhin angegeben, festgestellt. Die Rechtsstellung der einzelnen Mitglieder bezüglich der Nutzungen hängt von ihrer Redlichkeit oder Unredlichkeit ab[34]). Die in die vierte Auflage übergegangene Polemik Försters gegen diese Bestimmung kann nicht aufrecht erhalten werden[35]). Da die Gemeinde keine Früchte gezogen hat, so kann sich der obligatorische Anspruch des besser Berechtigten auf Fruchtersatz auch im Falle der Unredlichkeit des Substanzbesitzes nicht gegen die Gemeinde richten. Das Landrecht verweist deshalb den Berechtigten, dem die Sache herausgegeben werden muß, wegen der Früchte an die Gemeindeglieder; in erster Linie sollen aber nur die unredlichen Gemeindeglieder, diese aber wegen aller Früchte aufkommen, auch wegen der nicht von ihnen, sondern von den redlichen Gliedern gezogenen; nur wenn die unredlichen den Ersatz nicht leisten können, findet ein Anspruch gegen die redlichen statt, der sich aber auf die von jedem einzelnen wirklich gezogenen Vortheile beschränkt[36]). Ist der Substanzbesitz der Gemeinde redlich, so daß die Gemeinde Herausgabe der von ihr ersessenen Sache weigern kann, oder daß sie bei eigener Nutzung zwar die Sache aber nicht die gezogenen Früchte herauszugeben haben würde, so kann sich der Berechtigte doch an die Nutzungen der unredlichen Mitglieder halten, und er tritt für die künftigen Nutzungen, sofern die Gemeinde die Sache behält, an Stelle ihrer unredlichen Mitglieder als Nutzungsberechtigter[37]).

---

34) I. 7. § 35.

35) Förster schloß sich hier an Koch, Besitz an, welcher auf S. 77—78 die angeblichen Abnormitäten dieser Bestimmungen folgendermaßen resümirt: erstlich werde ein Mitbesitz angenommen, wo keiner vorhanden; zweitens werde der Rechtssatz vom Fruchterwerb redlicher Besitzer verletzt (I. 6. § 189): drittens werde der Eigenthümer mit der Rückforderung der Substanz und der Nutzungen an verschiedene Personen gewiesen und dadurch seine Rechtsverfolgung wesentlich erschwert, an die Gemeinde, an die unredlichen und endlich in subsidium an die redlichen Mitglieder der Gemeinde. Vergl. noch Komm. zu § 37. — Schon in der vierten Auflage ist darauf hingewiesen, daß zwar das Landrecht die Verbindlichkeit zum Ersatz von Nutzungen im Uebrigen aus dem gemeinrechtlichen Standpunkt der omnis causa ansehe, daß aber die Bestimmungen über das römische Recht hinaus ihren Grund darin finden, daß die Pflicht, wegen Unredlichkeit außer der an den besser Berechtigten herauszugebenden Sache etwas anderes zu leisten, einen selbständigen obligationsrechtlichen Charakter hat.

36) I. 7. § 37. Svarez sah die Sache so an, daß es sich hier um die Beseitigung einer Kollision handele, bei der es als billig erscheine, eine Ausnahme von dem Satz, „daß der bonae fidei possessor die Nutzungen behalte, zu Gunsten des Eigenthümers zu machen, mit dessen Schaden die Mitglieder der unredlichen Kommune reicher geworden sind". Mat. S. 228. 335. — Die subsidiarische Erstattungspflicht der Redlichen ist begrenzt durch die wirklich ihnen zugefallene Bereicherung, d. h. sie müssen die noch vorhandenen Früchte herausgeben, die genossenen ersetzen; und wegen der zufällig verlorenen können sie sich auf I. 13 § 266 berufen; aus dem Wortlaut des I. 7 § 37 läßt sich nicht folgern, daß sie nur die noch vorhandene Bereicherung herauszugeben haben. Heydemann I. S. 346 Note 648. Studien S. 609. Bornemann I. 241.

37) I. 7. §§ 38. 39. Im österr. Ges.-B. § 337 ist bestimmt: der Besitz einer Gemeinde wird nach der Redlichkeit oder Unredlichkeit der im Namen der Mitglieder handelnden Machthaber beurtheilt. Immer müssen jedoch die unredlichen sowohl den redlichen Mitgliedern, als dem Eigenthümer den Schaden ersetzen.

**Das bessere Recht zum Besitz macht sich als Klagerecht gegen den minder berechtigten Besitzer geltend; die Bedeutung der Redlichkeit oder Unredlichkeit tritt ferner hervor bei der Bemessung des Umfangs der auf Grund des besseren Rechts zum Besitze zu erhebenden Ansprüche bei der Räumung des Besitzes.**

## § 164. Die Klage aus dem besseren Recht zum Besitze.

Wie im § 162 erörtert worden, wird das Recht des Besitzes ohne weitere Beachtung seines rechtlichen Ursprungs geschützt gegen Gewalt, listige und heimliche Entziehung und Vertrauensbruch, dieser Schutz wird jedoch nur dem jüngsten Besitz und nur gegen den Entziehenden selbst gewährt[1]). Der Besitz muß aber dem Recht weichen, insbesondere also dem erwiesenen Eigenthum und dem wohl begründeten dinglichen Nutzungsrecht. Aber die Rechtsentwicklung ist hierüber hinausgegangen.

Das römische Recht giebt dem Usukapionsbesitzer, d. h. dem redlichen, titulirten Besitzer, der sich in der Lage befindet, seinen Besitz durch Fortsetzung in Eigenthum zu verwandeln, die actio Publiciana[2]). Diese beruhte auf der Fiktion, daß die noch laufende Ersitzung schon vollendet sei; der praktische Erfolg aber war, daß der Kläger, auch wenn er sich auf Eigenthum stützen konnte, statt des schwierigen Beweises des Eigenthumserwerbs mit dem leichteren Beweis des Usukapionsbesitzes zu seinem Ziele kam. Die Klage schützt also den wirklichen Eigenthümer, indem es für genügend erachtet wird, wenn er seinen Titel und gutgläubigen Besitz darthut, aber sie schützt auch den Nichteigenthümer, der die Sache zu ersitzen in der Lage ist[3]). An die Usukapion knüpft sie an, weil die Vindikation den Beweis des Eigenthumserwerbs fordert, und die Ersitzung die am leichtesten erweisbare Erwerbsart ist. Aber sie beruht auf einer Unwahrheit, auf der Fiktion, die nicht vollendete Ersitzung sei vollendet, sie ist ein künstliches, ein „erfundenes"

---

[1]) Oben § 162 bei Anm. 18f.

[2]) Ueber die a. Publiciana vergl. besonders Deurer in Gerber und Ihering, Jahrb. B. 1 S. 224f. Delbrück, Dingliche Klage §§ 3. 4 S. 9—26. Pagenstecher, Lehre vom Eigenthum, III. 193f. Bruns bei Bekker und Muther B. 4 S. 8f. bei II. Roth II. § 151. Huschke, das Recht der publicianischen Klage. 1874.

[3]) Ob die Publiciana zunächst darauf abzielte, den Eigenthümer zu schützen, wie Förster mit Delbrück S. 14fg. annahm (vergl. auch Bethmann-Hollweg, Civilprozeß 2. B. 1865 S. 309f., Jeß in Ihering Jahrb. B. 18 S. 208ff.), oder ob die Klage zunächst dem Nichteigenthümer als bonae fidei possessor nützen sollte (vergl. Bruns, Jahrb. B. 4 S. 11fg., Ziebarth, Realexekution S. 274f., auch Dankwardt, Nationalökon. u. Jurisprud., Heft 3 S. 53f.), ist hier nicht näher zu erörtern. Der klar vorliegende Ausgangspunkt des Prätors war, wie Delbrück S. 10 richtig bemerkt, jedenfalls die Fiktion der vollendeten Usukapion. Mit Recht sagt Goldschmidt in s. Zeitschr f. Handelsrecht B. 8 S. 238: „Ueberhaupt aber sind die Ersitzung, wie die a. Publiciana darin zweischneidig, daß sie zwar den verliehenen Besitz gegen Anfechtung und Entziehung schützen, gleichzeitig jedoch denselben dadurch gefährden, daß sie dem Eigenthümer den Beweis seines Eigenthums und damit die Rechtsverfolgung gegen jeden Dritten, oder doch die letztere erleichtern."

Institut[4]), das sich aus dem Organismus des Rechtssystems nicht entwickeln läßt. Wenngleich sie vom Beweis des absoluten Eigenthums absieht, und sich mit einem relativ besseren Verhältniß des Klägers zur Sache begnügt, so hat das römische Recht hierin doch nicht ein allen Streit um das Haben von Sachen regelndes Prinzip erkannt; es berücksichtigt jenes relative Verhältniß nur als Ausnahme[5]). Gerade weil der volle Beweis des Eigenthums oft nicht durchführbar ist, bedient es sich der künstlichen Stütze durch jene Fiktion, die den Zusammenhang mit dem absoluten Beweise herstellen soll.

Anders war die Auffassung im deutschen Recht[6]). Der Beweis des Eigenthums war hier nicht ein Beweis des Erwerbs, der seiner Natur nach ein absoluter sein muß, wenn man nicht mit einer Fiktion hilft, sondern der Beweis des Zustandes, daß man die Sache bisher als Eigenthum besessen hat[7]). Hier war nicht sowohl die Frage, ob das Eigenthum aus einem juristisch vollgiltigen Erwerbsakt entsprungen, als vielmehr ob das Eigenthum in seiner äußeren Erscheinung, in der unangefochtenen Beherrschung der Sache bisher vorhanden gewesen, das entscheidende Moment. Der Kläger mußte durch seinen Eid mit Eidhelfern bekräftigen, daß er die Sache besessen und wider seinen Willen verloren habe[8]). Wie sie erworben sei, und ob daraus das Recht des Eigenthums wirklich folge, wurde nicht weiter untersucht. Aber auch der Beklagte konnte, wenn er Umstände nachgewiesen, die sein Eigenthum begründeten, dasselbe beschwören. Welche Partei nun den Eid zu leisten habe, d. h. welcher das Beweisrecht gebühre, darüber mußte der Richter auf Grund der thatsächlichen Umstände erkennen, aus denen das stärkere Recht für die eine oder andere Partei folgte. Damit war der Beweis des Rechts an der Sache grundsätzlich ein relativer: für wen aus den Umständen das bessere Recht sich ergab, der war näher zum Beweise, d. h. zum Eide.

Was aber als das bessere Recht angesehen worden, läßt sich allgemein

---

4) l. 3. 4 J. IV. 6. inventa est a praetore, und zwar weil es hart und unbillig sei, daß der Kläger, der den absoluten Beweis seines Eigenthumserwerbs nicht führen kann, einem Beklagten gegenüber unterliegen soll, licet nullum jus habeat l. 5. pr. in f. D. VII. 6. Deurer S. 225. Gajus IV. 36 fingitur rem usucepisse. Delbrück S. 10. 11, wo auch Wächters und Iherings Versuche, die Fiktion leiblich zu machen, als unzureichend nachgewiesen sind. Ueber den Fall, wenn schon jetzt klar ist, daß die Usukapion nicht vollendet werden könne (mala fides superveniens), vgl. Windscheid § 199 Anm. 8.

5) Der Charakter des Relativen spricht sich deutlich aus in l. ult. D. VI. 2 sed ut is, qui bona fide emit, potius rem habeat. Auch bei den Römern zeigte sich schon eine Neigung, die in der Publiciana ausgedrückte Relavität mehr auszudehnen, indem gewissen Beklagten gegenüber vom Titel abgesehen wurde, z. B. l. 8 D. VI. 2 (wenn der Preis nicht bezahlt worden, so konnte die usucapio pro emtore eigentlich nicht beginnen), bei der a. metus causa, bei der a. de vi. Pagenstecher S. 224f.

6) Delbrück §§ 5—14 S. 26—80. Bruns a. a. O. S. 21 fg.

7) Planck, in der Zeitschr. f. deutsches Recht B. 10 S. 271. Homeyer, Richtsteig S. 449. Delbrück S. 71. 93. Ziebarth S. 293 fg.

8) Bruns a. a. O. S. 32.

nicht bestimmen[9]). Es ist von Delbrück behauptet worden, das deutsche Recht habe den Konflikt zwischen einem ehemaligen und einem gegenwärtigen Besitzer dadurch geschlichtet, daß der ehemalige dem gegenwärtigen vorgezogen werde, und auf diesen Satz ist die Annahme einer Klage aus älterem Besitz gegründet worden, die in der späteren Rechtsentwickelung zwar vielfach verkannt worden, aber trotzdem nie ganz habe verdrängt werden können und werth sei, im heutigen praktischen Recht als „dingliche Klage des deutschen Rechts" wieder aufs Neue ins Leben gerufen zu werden[10]). Aber daß der ältere Besitz als solcher ein stärkerer sei, ist weder aus den deutschen Rechtsquellen erweislich[11]), noch auch der Natur der Sache zu entnehmen, vielmehr

---

[9]) Vergl. hierüber die Ausführungen a. a. O. S. 22fg.

[10]) Delbrück, Dingliche Klage des deutschen Rechts, 1857, S. 37. 40fg. (Vergl. auch den vorangegangenen Aufsatz desselben Verf. in der Zeitschr. f. deutsches R. B. 14 und Nachträge dazu bei Ihering B. 10 S. 110.) Diese interessante Schrift hat in der juristischen Literatur eine ziemlich lebhafte Bewegung veranlaßt, die sich meist ablehnend gegen ihre Resultate verhält. S. Maaßen in Bekker und Muther, Jahrb. B. 2 S. 443. Bruns das. B. 4 S. 1f. Sintenis in den Blättern f. Rechtspflege in Thüringen und Anhalt. B. 5 S. 182f. und Civilrecht, 2. A., I. 470f. Note 24, S. 531 Note 2. Bluntschli in der kritischen Ueberschau B. 6 S. 189. Pagenstecher, Röm. Lehre vom Eigenthum III. 207f. 222f. Kuntze in Holzschuher, 3. A., B. 2 S. 50 und Vorrede zu B. 3. Windscheid, Pand. I. § 162 Note 8. Rudorff zu Puchta's Vorl. I. § 133 und zur 7. A. von Savigny's Besitz, Zusätze 175. 183. Andererseits im Wesentlichen beistimmend, Gruchot B. 5 S. 495f. an mehreren Stellen und besonders Ziebarth, Realexek. und Oblig. S. 257f.; Beweise für die Existenz eines solchen deutsch-rechtlichen Klagerechts beibringend Rüttimann in der Zeitschr. f. schweizerisches R. B. 8 S. 1f. und Friedlieb, Abhandl. aus dem schleswigholstein. R., 1864, Nr. 1, also von den äußersten Marken deutscher Nationalität. Vgl. auch Meischeider, Besitz S. 127f. — Heimbach hat im Rechtslexikon B. 13 S. 208 vorgezogen, die Delbrück'sche Schrift abzuschreiben. Vom deutsch-rechtlichen Standpunkt vgl. Bluntschli S. 223, Stobbe II. §§ 73. 77.

[11]) Die Hauptstellen, auf die Delbrück seine Theorie von der Klage aus älterem Besitz baut, ist c. 9 licet causam X. II. 19 (S. 117fg.). Das c. licet causam ist in dem Aufsatz von Maaßen S. 457f. und Bruns S. 60. 70 a. E. 74. 96 bei Nr. 1 S. 103b und dessen Besitz S. 182 abweichend interpretirt worden. Die Differenz besteht darin: Delbrück sieht in dem c. die Entscheidung auf eine petitorische Klage auf Grund des nachgewiesenen älteren Besitzes. Ihm tritt Ziebarth S. 291 bei, obwohl er die Stelle nicht für klar beweisend hält. Maaßen und Bruns behaupten, in der Stelle sei nur von dem possessorium (ordinarium) die Rede und die Entscheidung beruhe nicht auf älterem, sondern auf nachgewiesenem längerem Besitz, auf den Titel aber sei nur zurückgegangen, weil eine Kollision zwischen sich widersprechenden Zeugenaussagen habe entschieden werden müssen. Es muß der letzteren Auslegung der Vorzug gegeben werden. Delbrück stützt sich besonders auf die Worte de jure ad se spectare und maxime cum justum titulum non ostendant, um den petitorischen Charakter zu erweisen. Aber die ersteren Worte sind nur als Parteibehauptung in dem c. referirt und können auch nur die Bedeutung haben, daß dadurch die Kirche ihre Legitimation zur Klage hat illustriren wollen; die letzteren deuten durch das maxime darauf hin, daß in dem justus titulus nicht das entscheidende, sondern nur ein unterstützendes Moment gefunden werden sollte; es fehlt auch in der ganzen Stelle eine Angabe, welchen titulus die Kirche für sich in Anspruch genommen hat, und nichts weist darauf hin, daß der Titel ein Gegenstand der Prozeßinstruktion gewesen, wie er es bei der petitorischen Klage doch hätte sein müssen. Dagegen sprechen aber sehr entschieden die Hinweisungen auf das interd. U. P., ferner die Worte possessorium judicium, quo tantummodo actum est, sowie, daß der ganze Beweis sich nur auf die Ausübung von Besitzhandlungen erstreckte, besonders aber der possessorische Klageantrag: a vi turbativa s. inquietiva super praemissis commun. Favent prohiberi und die ebenfalls possesso-

muß diese auf einen Vorzug des jüngeren Besitzes hinführen, vorausgesetzt natürlich, daß dieser nicht aus besonderen Umständen, z. B. wegen der Fehlerhaftigkeit seiner Entstehung, wegen Unredlichkeit als der schwächere erscheint [12]). Hiernach kann die Delbrück'sche Lehre als deutschrechtlich nicht anerkannt werden [13]).

Aus dem älteren deutschen Recht hat das preußische das Moment der

---

rische Sentenz: prohibentes, ut neque per se neque per alios super his praesumat, ecclesiam molestare. Endlich ist auch nicht der ältere Besitz der Kirche als solcher entscheidend gegewesen, sondern sie hat gewonnen, weil sie Besitzhandlungen seit 60 Jahren, die Stadt nur seit 50 Jahren nachgewiesen. Daß aber beide Theile zu gleicher Zeit Besitzhandlungen vorgenommen, kann hier nicht auffällig sein, weil es sich um einen Rechtsbesitz, nicht um einen Sachenbesitz gehandelt hat. Die ganze Entscheidung ist ein ängstliches Abwägen zwischen zahlreichen gegenüberstehenden Zeugenaussagen, und daß dabei außer der Prüfung des Gewichts der einzelnen Zeugen auch noch eines justus titulus Erwähnung geschieht, das könnte auch noch heute einem Gericht in einem possessorischen Prozesse passiren. Die Stelle könnte für Delbrücks Ansicht nur dann einen unbestreitbaren gesetzlichen Anhalt (S. 121) bieten, wenn anderweitig erwiesen wäre, daß schon damals (1207) das interd. U. P., als possessorium ordinarium einen petitorischen Charakter gehabt habe; aus ihr selbst aber kann dies nicht deduzirt werden. — Neben die Klage aus älterem Besitz stellt Delbrück (S. 259 a. E.) als Art der selben Gattung eine Klage aus Verlust wider Willen, und will diese an C. C. C. Art. 208 anknüpfen (S. 206f. 260). Mit ihm hält Ziebarth S. 279. 297 die Stelle für beweisend; auch dagegen hat sich Bruns erklärt a. a. O. S. 80fg. Es ist aber richtig, daß in Art. 208 von der Civilklage des Bestohlenen die Rede ist; der Kläger hat sein Eigenthum genugsam bewiesen (wie, ist nicht gesagt), aber er hat nicht den Verlust wider Willen (daß ihm die Sache gestohlen) beweisen können, ebenso wenig hat der Beklagte den Titel seines Erwerbs vom Kläger her erwiesen, deshalb soll dem Kläger der Eid über die Thatsache des Diebstahls anvertraut werden. Dann erhält er sein wider Willen verlorenes Eigenthum zurück. Das ist also die Klage des Eigenthümers aus Verlust wider Willen. Ob der Beklagte der dritte, redliche Besitzer der gestohlenen Sache ist, geht aus der Stelle direkt nicht hervor, Es scheinen dieser Annahme sogar die Worte „von dem kleger bracht" zu widersprechen. Delbrück (S. 211) will wegen des schwankenden damaligen Sprachgebrauchs auf das Wort eygenschafft kein Gewicht legen; es könne darunter auch Besitz verstanden werden. Allein das Wort steht doch einmal in der Stelle. Daß dem Kläger neben dem Beweis des Eigenthums noch der der Entwendung abverlangt wird, erklärt sich einmal aus der relativen Natur des deutschen Eigenthumsbeweises, sodann doch aber auch aus der Regel: Hand wahre Hand, wenn dieselbe auch vielleicht damals nicht mehr gemeinrechtlich gegolten hat. Die Stelle entspricht dem Bamberger Stadtrecht XIII. 110 und der deutschen Vindikation, und ist insofern für das preußische Recht interessant, weil sich die Gestalt, die im A.L.R. die Publiciana erhalten, daran anknüpfen läßt: Klage aus Verlust wider Willen A.L.R. I. 15. §§ 1. 2, I. 7. § 184. Delbrück S. 257. Dagegen kennt das preußische Recht, wie weiter in diesem § gezeigt wird, nicht die Klage aus älterem Besitz.

[12]) Die Behauptung, daß der ältere Besitz besser sei als der jüngere, erscheint offenbar als die schwächste Seite in Delbrücks Argumentation (vergl. S. 274fg.). Gegen ihn Bruns S. 5—8. Pagenstecher III. 223. Ziebarth S. 263. 269, welcher den Satz: der ältere Besitz geht dem jüngeren vor, durch den andern ersetzt: der redliche Besitz geht dem unredlichen vor, was freilich unbestreitbar ist (I. 7 § 178). Eine solche Klage verlangt aber nicht bloß den Nachweis des älteren Besitzes des Klägers, sondern auch den Nachweis der Unredlichkeit des Beklagten. — Zu bemerken ist noch, daß Delbrück S. 33 und 71 ausdrücklich das Eigenthum als Fundament seiner dinglichen Klage des deutschen Rechts betont, während er S. 276 den ehemaligen Besitz als solchen als Fundament annimmt, worin ein Widerspruch liegt, der sich aber wohl dadurch beseitigt, daß, wie S. 277 gesagt ist, die Klage ihren inneren Motiven nach aus vermuthetem Eigenthum, ihrer juristischen Konstruktion nach aus ehemaligem Besitz entspringt.

[13]) Vgl. die Literaturnachweise in Anm. 12.

Relativität entnommen. Der relativ besser Berechtigte soll im Streit obsiegen [14]). Daß dieser Grundsatz schon in der Praxis des gemeinen Rechts nachzuweisen ist, muß, wie schon gesagt, als eine höchst zweifelhafte Behauptung bezeichnet werden [15]); im preußischen Recht ist der Satz unzweifelhaft anerkannt: „Gegen den, welcher den Besitz einer Sache oder eines Rechts weder durch Gewalt, noch heimlich, mit List, oder bloß bittweise überkommen hat, (d. h. also gegen den fehlerfreien Besitzer) kann der vorige Besitzer auf Wiederherstellung des Besitzes nur in sofern mit Erfolg klagen, als er ein besseres Recht zum Besitze nachzuweisen hat [16]).“

Die Klage ist eine dingliche; man kann sie eine erweiterte Publiciana nennen, oder als dingliche Klage des deutschen Rechts bezeichnen [17]). Der

[14]) Delbrück S. 73f. 80fg. — Zur Lehre von der Besitzklage (a. public.) des preuß. R. Koch, in der pr. Anw.-Z. 1864 S. 387f. 393f. v. Brünneck, Ueber die Kollision mehrerer vollständiger redlicher Besitzer und die actio public. nach preuß. A.L.R. bei Gruchot B. 11 S. 840fg. v. Glasenapp bei Gruchot B. 24 S. 266. Dernburg I. § 249.

[15]) Die Schriftsteller über römisches R. halten fest daran, daß der relative Eigenthumsbeweis nur durch Anlehnung an fingirte Usukapion geführt werden kann, daß also die röm. publiciana unverändert geblieben sei. Vgl. oben Anm. 4 am Ende.

[16]) I. 7 § 161. Auch die Klage aus dem vitiös gestörten Besitz wurde, wenn sie nicht als possessorium summariissimum angestellt war, nach § 27 I. 5 A.G.O. im Sinne der Instruktionsmaxime des alten preußischen Prozesses die Grundlage eines Rechtsstreits, in welchem endgiltig zu befinden war, welcher von beiden Theilen besser berechtigt war zu besitzen.

[17]) Ihre geschichtliche Entwickelung zeigt, daß dem int. U. P. (dem possessorium ordinarium) erweiterte rekuperatorische Wirkung gegen Dritte selbst gutgläubige Besitzer beigelegt wurde. Dabei hat offenbar die große Ausdehnung der Spolienklage mitgewirkt. Schon durch P. Innocenz III. und K. Friedrich II. wurde die Klage gegen Dritte gegeben, Delbrück S. 156fg. Bruns a. a. O. S. 33; dies ist später beibehalten worden. Das. S. 68f. Damit konnte leicht das Klagerecht aus einem possessorischen in ein petitorisches übergehen, und die Unterscheidung des poss. ordin. von der a. publiciana an Umfang und Bestimmtheit verlieren. Vieles blieb in diesem Umwandlungsprozeß freilich unklar und schwankend. Daß die Angabe des Titels pro coloranda possessione gefordert wurde, daß petitorische Einreden (exc. dominii, Einrede des Titels) bald zugelassen, bald verworfen wurden, zeigt eben nur das Schwanken. Delbrück und Bruns gehen in ihren Ansichten hier ganz auseinander. Ersterer (s. bes. § 21, §§ 22. 24. 25. 31. 34. 53, wo das Resultat mitgetheilt wird) behauptet, die Entwickelung sei ein Uebergang des poss. ordin. in das Petitorium gewesen, und dies müsse auch jetzt festgehalten werden. Letzterer S. 63fg. Abschn. VII. S. 85, Abschn. X. namentl. S. 88f über das 17. Jahrh. S. 95fg. führt aus, daß trotz der Wirkung gegen Dritte das poss. ordin. das interd. U. P. geblieben, dieses nur erweitert worden sei, und daß der possessorische Charakter auch für das heutige Recht gelte, trotz der Zulassung gegen Dritte, aber mit Abweisung aller petitorischen Einreden. Ziebarth S. 270f. tritt auf Delbrück's Seite für den petitorischen Charakter der Klage (s. auch daselbst S. 284. 290). Gewiß aber hat jene Entwickelung im A.L.R. ihren Abschluß dahin erhalten, daß das poss. ordinarium verschwunden und die rekuperatorische, gegen Dritte gerichtete Klage einen petitorischen Charakter empfangen hat. Sie ist eine Klage aus dem besseren Recht zum Besitze. Es ist unrichtig, die Klage aus § 161 als possessorische aufzufassen, jedenfalls fand auf sie § 27 I. 5 A.G.O. Anwendung. Oben § 162 Anm. 22. Eine erweiterte Publiciana ist sie insofern, als nicht mehr, wie nach R. R., der usukapionsfähige Titel verlangt wird, sich ihrer auch der Inhaber und der unvollständige Besitzer bedienen kann. Koch, Komm. Note zu § 161 a. E. Franklin bei Gruchot B. 5 S. 22. Heydemann I. 386f. R. Koch a. a. O. Der Entwurf des B.G.B. § 945, Entw. II. § 919, Reichstagsvorl. § 991 giebt dem älteren Besitzer beweglicher Sachen, der nicht beim Besitzerwerb bösgläubig war, auch nicht den Besitz

beklagte gegenwärtige Inhaber oder Besitzer soll dem Kläger weichen, weil er dessen dingliche Rechtsstellung zur Sache als die bessere, und deshalb als gegen ihn, den Beklagten, wirksam anerkennen muß. Was die Rechtsstellung zur besseren macht, wird sogleich näher zu untersuchen sein[18]).

Das Relative, was im Begriff des bessern Rechts liegt, führt nicht zurück auf ein relatives dingliches Recht. Das bessere Recht, welches im Streit als solches erkannt wird, ist immer das seiner Natur nach absolute dingliche Recht. Ein solches Recht wird nur als dargethan angenommen, wenn sich im Verhältniß der Parteien der Kläger als der besser berechtigte erwiesen hat. So entsteht eine Stufenreihe, als deren abschließendes Ende die Möglichkeit dasteht, daß einer der beiden Theile den Nachweis wirklichen Eigenthumserwerbs erbringe.

Das A.L.R. hat diese Stufenreihe in folgender Weise aufgestellt: Zunächst weicht der unredliche Besitzer immer dem redlichen[19]). Hier kommt es nicht auf den Titel des Besitzes, sondern nur auf das Bewußtsein, auf das Vorhandensein des guten Glaubens an. Obgleich auch objektiv unrechtmäßig, geht der redliche Besitz dem unredlichen vor. Sodann, überall die Redlichkeit vorausgesetzt[20]): das Recht des Inhabers, der für sich nichts geltend zu machen hat, als daß er den Gewahrsam der Sache gehabt und daß die Sache diesem Gewahrsam entkommen ist, erscheint zwar schwächer als das Recht eines Jeden, der eine Befugniß zum Besitz nachweisen kann, es ist aber stärker als die Rechtsstellung dessen, der ohne allen Rechtsgrund[21]) die Sache zur Zeit in Gewahrsam hat. Der Inhaber kann sie zurückfordern[22]). Er weicht dagegen als Beklagter immer demjenigen, von

---

aufgegeben hat, die Klage auf Herausgabe gegen den späteren unredlichen Besitzer, — beim Nachweis, daß ihm die Sache gestohlen, oder ohne seinen Willen abhanden gekommen, hat er den Anspruch auch gegen den gutgläubigen Besitzer, nicht aber auch gegen den, der ohne bösen Glauben die Sache zum Zweck des Eigenthumserwerbs übergeben erhalten hat, da dieser Eigenthümer geworden ist.

18) S. unten bei Anm. 19ff. 29. 32.

19) I. 7 § 178. Vergl. auch I. 10 § 25, I. 19 § 5. Der Kläger hat die Unredlichkeit des Beklagten nachzuweisen, dieser Nachweis ist Gegenbeweis gegen die Vermuthung der Redlichkeit des beklagtischen Besitzes. Vgl. Wächter, Die bona fides S. 44. Der Beweis geht auf Kenntniß von dem besseren Rechte zur Zeit des Besitzerwerbs. Der Umstand, daß das Gesetz sowohl für Rechtmäßigkeit, als auch für Redlichkeit präsumiren läßt, darf nicht zu dem Schluß führen, daß ein rechtmäßiger Besitz dennoch unredlich sein könnte, sondern hat die Bedeutung, daß auch, wenn die Vermuthung der Rechtmäßigkeit widerlegt werden kann, der erwiesen unrechtmäßige Besitz präsumtiv immer noch als redlich anzusehen ist. Die letztere Vermuthung wird aber durch die stärkere Vermuthung der Freiheit der Personen und des Eigenthums überwunden. §§ 179—183. Davon das Nähere bei der Negatorienklage.

20) I. 7 § 177.

21) Die älteren Auflagen bemerken hierzu: d. h. fehlerhaft oder eigenmächtig ergriffen. Bruns, Jahrb. B. 4 S. 100. Ziebarth S. 261. Vgl. hierzu Anm. 22.

22) I. 7 §§ 162. 163. Förster wollte diese Bestimmungen nur von demjenigen Inhaber verstehen, den I. 7 § 2 definirt, der für einen Andern besitzen will. Dazu nöthigt der Wortlaut in keiner Weise. Gerade § 163 enthält vielmehr nach der Auffassung des Herausgebers den eigentlichen, nachher näher ausgeführten, prinzipiellen Ausdruck

dem er die Sache in Gewahrsam erhalten, sowie demjenigen, der sich gegen ihn als letzten zum Besitz befugten Besitzer legitimirt[23]). Bei zweifelhaft gebliebener Legitimation kann er sich durch Hinterlegung der Sache befreien[24]). Was vom Inhaber gilt, findet natürlich auch auf den wahren Besitzer Anwendung[25]), der vorige Besitzer, der die Sache wider seinen Willen aus dem Besitz verloren hat, kann sie von demjenigen zurückfordern, der sie ohne allen Rechtsgrund in Besitz hat. Daraus folgt nicht, daß des Beklagten jüngerer Besitz als solcher der schlechtere ist; vielmehr ersetzt nur der Nachweis, daß der ältere Besitz dem Besitzer ohne seinen Willen verloren gegangen ist, den Nachweis eines besseren Rechts zum Besitze[26]), sofern der Beklagte keinen Rechtsgrund seines Besitzes darlegt. Es ist also nicht richtig, daß der Kläger genug gethan hat, wenn er beweist, daß er die Sache besessen hat[27]). Dem Beklagten als gegenwärtigem Besitzer steht die Vermuthung der Rechtmäßigkeit zur Seite[28]), und er kann daher abwarten, daß ihm sein schwächeres

---

für das der actio Publiciana entsprechende Rechtsmittel des preußischen Rechts. Vgl. Anm. 32. Dem Satz, daß Jemand, der für einen Andern detinirt, die Sache von demjenigen zurückfordern kann, der sie ohne Rechtsgrund besitzt, würde eine praktische Bedeutung nicht beigemessen werden können, denn dem Beklagten steht ja immer die Vermuthung der Rechtmäßigkeit seines Besitzes zur Seite, und diese Vermuthung könnte, wenn man von dem Folgenden absieht und namentlich die in Anm. 32 dargelegte Auffassung des § 163 nicht theilt, direkt nur durch den Nachweis des eigenen wirklichen Rechts oder des Rechts dessen, für den der Kläger detinirte, erbracht werden. Deshalb gelangte auch F. in der vorangehenden Anm. dazu, als einen, der ohne allen Rechtsgrund besitzt, den zu bezeichnen, der den Besitz fehlerhaft ergriffen hat. Gegen diesen aber wird schon der Besitz, beziehungsweise der Gewahrsam geschützt (s. oben § 162), nicht erst das bessere Recht zum Besitz. Ein technischer Begriff „bloßer Inhaber" kann aus § 2 nicht entnommen werden. Vgl. übrigens Koch, Besitz S. 297.

[23]) I. 7 §§ 163. 164. 167. Seinem Autor kann er die Sache zurückgeben, selbst wenn derselbe widerrechtlich den Besitz der Sache erlangt hat. Gruchot B. 5 S. 498. I. 7 § 140, I. 9 § 60, I. 14 §§ 69. 70 beziehen sich auf die Intervention des besser Berechtigten.

[24]) I. 7 § 168.

[25]) Delbrück a. a. O. S. 233.

[26]) Der sonst erforderlich ist. I. 7 § 161. Strieth. B. 8 S. 8.

[27]) Wie Delbrück S. 235 behauptete. Vergl. Strieth. B. 4 S. 150, B. 81 S. 357. (Rehbein I. 734. 735.) — Der § 162 setzt mit den Worten „seiner Gewahrsam entkommene Sache" einen wider den Willen des Inhabers verlorenen Gewahrsam voraus. Förster, der § 162 nicht so verstand, führte aus, bei dem Inhaber in fremdem Namen bedürfe es keines Nachweises des Verlustes wider Willen, weil sich dieser von selbst verstehe. Der Besitzer könne freiwillig seinen Besitz an einen Andern übertragen; der Inhaber nach I. 7 § 2 könne aber den Gewahrsam an einen Andern nur wider seinen Willen verlieren, weil er für den Autor detinire und darin allein seine Pflicht und sein Recht liege. Nach Ansicht des Herausgebers folgt hieraus nur, daß der Inhaber in fremdem Namen aus freiem Willen den Gewahrsam nie aufgeben sollte, eine thatsächliche Unmöglichkeit aber folgt daraus nicht. Das Verhältniß der §§ 161. 162 zu einander ist dies: daß der frühere Besitzer und der frühere Inhaber die Klage aus Verlust wider Willen in gleicher Weise erhalten haben, aber keineswegs haben Beide eine Klage bloß aus früherem Besitz oder früherem Gewahrsam. Zum Verständniß beider §§ gehören I. 15 §§ 1. 2. 34.

[28]) I. 7 § 179. Delbrück meint S. 235, daß die Vermuthung für beide, für den ehemaligen und jetzigen Besitzer, mithin für keinen spreche. Das ist gewiß unrichtig; der ehemalige Besitzer ist eben nicht mehr Besitzer und kann sich bei der Rückforderungsklage nicht auf § 179 berufen, für ihn kann nur noch möglicher Weise ein Recht zum Besitze geltend gemacht werden, wenn er den Besitz wider seinen Willen verloren hat. S. auch Ziebarth S. 268. Savigny, Oblig.-R. B. 2 S. 157. v. Glasenapp bei Gruchot

Recht dargethan werde. Zur Widerlegung jener Vermuthung genügt aber, daß Kläger beweist, daß er den Besitz fehlerhaft oder doch ohne seinen Willen verloren hat[29]). Wenn Kläger diesen Beweis führt, gilt der Besitz des Beklagten als der schwächere, bis Beklagter den Rechtsgrund seines Besitzes darlegt[30]), und er gilt selbst als unredlich, wenn er sich der Angabe seines Titels entzieht[31]).

Der vormalige Besitzer widerlegt aber die Vermuthung, welche für das Ueberwiegen der Rechtmäßigkeit des Besitzes des Beklagten spricht, auch dadurch, daß er darlegt, er selbst habe den später verlorenen Besitz auf Grund eines Titels erlangt. Dem titulirten vormaligen Besitzer gegenüber greift nämlich die bloße Vermuthung rechtmäßigen Besitzes zu Gunsten

---

B. 24 S. 267. Aus § 34 I. 15, wo ein Beweis des Klägers erfordert wird, daß die Sache seinem „rechtmäßigen" Besitz ohne seinen Willen entnommen sei, folgt nicht, daß Kläger einen besonderen Beweis der Rechtmäßigkeit erbringen müßte. So lange Jemand Besitzer ist, steht ihm die Vermuthung der Rechtmäßigkeit zur Seite, also ist jeder Verlust des Besitzes ohne Willen der Verlust eines präsumtiv rechtmäßigen Besitzes. v. Glasenapp bei Gruchot B. 24 S. 274, der das Gegentheil lehrt, fügt doch hinzu, daß, wenn der Beklagte seinen Titel nicht angiebt, der Kläger ohne Darlegung seines Titels obsiegt, Kläger hat also auch nach ihm in diesem Fall die Rechtmäßigkeit nicht besonders zu beweisen. A. M. v. Brünneck a. a. O. S. 857.

29) I. 7 § 184 (fehlerhaft), I. 15 §§ 1. 2. 34 (wider Willen).

30) I. 7 § 184. I. 15 §§ 33. 34. 27. Savigny, Oblig.-R. B. 2 S. 161 fg. Die Dogmengeschichte der Einrede des Titels s. bei Delbrück S. 260 fg. Es ist als zweifelhaft erachtet, ob der Beklagte seinen Titel nur anzugeben brauche, so daß die Widerlegung seiner rechtlichen Wirksamkeit dem Gegenbeweis des Klägers zufiele, oder ob der Beklagte seinen Titel beweisen muß. Bruns im Jahrb. S. 104. 108 behauptet ersteres, Delbrück S. 237 in Uebereinstimmung mit der preuß. Praxis letzteres. Vgl. Striethorst B. 11 S. 207 c (wo es § 37 I. 15 heißen muß). Nach den Mater. S. 293. 294. 537 scheint freilich nur eine „bestimmte Angabe auctoris" gemeint zu sein, mit Rücksicht auf den jetzigen I. 9 § 856; auch Savigny, Oblig.-R. II. 162 verlangt nur bescheinigte Angabe; im Prozeß muß aber nach allgemeinen Grundsätzen der Excipient seine thatsächliche Behauptung beweisen. Der Ausdruck angeben sagt nicht, daß für die Angabe dem Beklagten die Beweislast abgenommen und auf die Schultern des Klägers gewälzt werden soll, die ihm noch dazu durch eine unbestimmte Angabe völlig unmöglich gemacht werden kann. Daher erscheint nur die Ansicht als richtig, die vom Beklagten nicht bloß die Angabe, sondern auch den Beweis seines Titels verlangt. Der alte Instruktionsprozeß gestattete dem Richter, auch ohne daß Beklagter mit der Einrede des titulirten Besitzes hervortrat, im Prozeß von dem Besitzer die Angabe seines Besitztitels zu fordern mit der Wirkung, daß der Weigernde für einen unredlichen Besitzer erachtet wurde. I. 7 § 185 und I. 15 § 39. Als der preußische Prozeß die Untersuchungsmaxime aufgab, konnte ein solches gerichtliches Befragen nicht mehr vorkommen. Eine richterliche Auflage unter dem Präjudiz, daß der Schweigende für einen unredlichen Besitzer erachtet werden möchte, wie Ziebarth, Realexekution S. 304 und nach ihm Dernburg I. § 249 Anm. 9 statuiren, war gewiß nicht zulässig. Der Prozeß der Civilprozeßordnung steht auf keinem andern Standpunkt. Das richterliche Fragerecht (C.P.O. §§ 130. 131. 464) bezweckt eine Aufklärung des Vorgebrachten, schließt aber ein Hineintragen thatsächlichen Materials durch richterliche Willkür aus, und die freie Würdigung des Verhandelten durch den Richter müßte jedes Präjudiz, das an eine Frage geknüpft wird, verwerfen. Jedenfalls ist die Angabe des Titels für den Gegner, der sie als Geständniß annimmt, wichtig, weil sie ihm den Nachweis unredlichen Erwerbs ermöglicht.

31) I. 7 § 186, I. 15 § 39. Er ist dann possessor pro possessore und gilt dem praedo gleich. l. 12. 13 pr. l. 16 § 4 D. V. 3. Wenn dagegen der beklagte Besitzer seinen Titel nur nicht angeben kann, so muß er zwar die Sache unentgeltlich herausgeben, aber nicht mit den Verpflichtungen eines unredlichen Besitzers. I. 15 § 37. Delbrück S. 236 sieht hierin ohne Grund Ungenauigkeit der Redaktion.

des Beklagten nicht durch[32]). Dieser muß vielmehr zur Vertheidigung sein eigenes Recht zum Besitze begründen. Kommt es dann aber auf eine Entscheidung darüber an, wer von den beiden Theilen, die ein vermeintliches Recht auf den Besitz gegen einander geltend machen, der besser berechtigte sei, so ist als Regel entscheidend, daß zu Gunsten des gegenwärtigen Besitzers nach Angabe seines Besitztitels auch die Vermuthung für dessen Rechtmäßigkeit streitet[33]). Der klagende frühere Besitzer muß also die wirkliche Rechtmäßigkeit seines Besitzes darlegen. Nachgewiesenes Eigenthum ist stärker als die Vermuthung für den gegenwärtigen titulirten Besitz[33a]). Nur für den Fall, daß der Titel des Beklagten auf denselben Autor zurückführt, wie der des Klägers, siegt bei beweglichen Sachen derjenige ob, der den Besitz zuerst ohne Kenntniß eines älteren Titels des anderen erlangt hat[34]).

In der vorstehend angegebenen Weise regeln sich die Kollisionsfälle des vollständigen Besitzes[35]). In der Kollision mit einem unvollständigen

---

[32]) Das Recht dessen, der eine Befugniß zum Besitz nachweist, ist nach I. 7 § 163 schlechthin stärker, als das des Inhabers, mag demselben immerhin die Vermuthung der Rechtmäßigkeit zur Seite stehen. Zwischen ihm und dem Kläger ist der bessere Titel, das bessere Recht zum Besitz entscheidend. Vgl. namentlich v. Glasenapp bei Gruchot B. 24 S. 276ff.

[33]) I. 7 § 187. Dieser Satz wird v. Glasenapp a. a. O. außer Acht gelassen. Derselbe will mit Koch, Besitz S. 301, Delbrück, Dingliche Klage S. 239, Ziebarth, Realexekution S. 301, Plathner, Geist des pr. R. II. 179, den älteren titulirten Besitzer schlechthin gegen den jüngeren siegen lassen. Der Satz, daß der titulirte Besitz ein dingliches Recht sei, für dessen Fortbestehen bis zum erwiesenen Untergang die Vermuthung spreche, ist nicht zuzugeben. Vgl. Anm. 27. Der Besitz auf Grund eines Titels entspricht vielleicht dem wirklichen Recht, vielleicht auch nicht. Eine Vermuthung auf diesem Gebiete giebt nur § 187. Vgl. v. Brünneck bei Gruchot B. 11 S. 642. Strieth. B. 81 S. 357.

[33a]) Dieser Satz wird durch die Bestimmung durchbrochen, nach welcher der redliche entgeltliche Erwerber nur der Einlösung der Sache unterworfen ist. Vgl. unten § 180 E. Der redliche entgeltliche Erwerber muß deshalb bis zur Einlösung als besser zur Sache berechtigt angesehen werden, als der Eigenthümer. Er wird folgeweise die seinem Gewahrsam wider seinen Willen entnommene Sache auch von dem Eigenthümer zurückfordern können, wenn dieser nicht zur Einlösung bereit ist. A. M. Rehbein B. I. S. 734. Der Gegengrund Rehbein's, daß der Eigenthümer, der fehlerlos den dem redlichen Besitzer verloren gegangenen Besitz an sich nimmt, dadurch nicht nur Gewahrsam, sondern unter Zerstörung des Besitzes des Anderen wirklichen Besitz erlange, trifft die obige Argumentation nicht. Wenn der klagende Eigenthümer ohne Einlösung gegen den entgeltlichen redlichen Erwerber nicht durchdringen kann, so erweist sich sein Recht als das relativ schwächere Recht zum Besitz. Das bleibt es auch, wenn der Besitzer wider seinen Willen die Sache verloren hat. Man denke, daß dem dritten Finder der Sache gegenüber sowohl der Eigenthümer als der letzte redliche entgeltliche Erwerber, der die Sache verloren hatte, Ansprüche erheben. Soll dann der Eigenthümer die Sache ohne Einlösung behalten, wenn der Finder sie ihm gegeben hat? Oder muß er der Klage des entgeltlichen Erwerbers, die nicht auf Einlösung, sondern nur auf Herausgabe gerichtet sein kann, weichen, falls er nicht die Einlösung vorzieht?

[34]) I. 10 §§ 21—23. Die Bestimmungen werden häufig nur von der Kollision mehrerer Titel für den Fall, daß keiner oder nur einer (§ 23) den Besitz erlangt hat, verstanden; der Wortlaut der §§ 21. 22 umfaßt aber auch den Fall, daß beide den Besitz erlangt hatten, und nun die relative Stärke ihrer Titel zu beurtheilen ist.

[35]) Die §§ 175. 176 des siebenten Titels, die aussprechen, daß der vollständige Besitzer nur dem wahren Eigenthümer zu weichen schuldig ist und gegen Andere die Rechte des Eigenthümers hat, finden durch die folgenden Paragraphen, deren Inhalt in den vorangehenden Erläuterungen Besprechung gefunden hat, ihre nähere Bestimmung. Der

Besitzer geht dieser, solange sein Besitzrecht dauert, dem Andern, von dem er es ableitet, auch wenn dies der Eigenthümer ist, vor. Er kann nicht nur gegen dritte Personen[35a]), sondern auch gegen den, als dessen Sache er den Gegenstand besitzt, sowie gegen dessen Rechtsnachfolger, auf Wiederherstellung seines Besitzes klagen[36]). Darauf beruht der schon besprochene Satz, daß der Kauf nicht die Miethe bricht[37]). Der unvollständige Besitzer weicht dem Eigenthümer und vollständigen Besitzer, wenn sein Autor diesem als vollständiger Besitzer weichen müßte, sei es daß sein Recht von vorn herein ein schlechteres gewesen oder daß sein von vorn herein beschränktes Recht inzwischen erloschen ist[38]). — Der Inhaber und der unvollständige Besitzer haben ein abgeleitetes Recht; daraus folgt: wenn gegen sie ein Dritter klagt, so müssen sie ihren Autor nennen und den Kläger an diesen verweisen, sonst machen sie sich dem Dritten und dem Autor verantwortlich[39]).

---

Satz ist also für die gegenwärtig behandelte Lehre nicht als etwas Besonderes neben die vorangehenden zu stellen. Indessen ist auch in der Praxis zuweilen die Ansicht hervorgetreten, daß die Paragraphen einen besonderen Rechtsinhalt haben, und ist dann untersucht worden, was hier unter vollständigem Besitz verstanden werde. Vgl. Arnsb. Arch. B. 16 S. 167; Strieth. B. 18 S. 326, B. 34 S. 135; Savigny, Obl.-R. II. S. 153; Röser in der pr. Anw.-Zeit. III. 1864 S. 41; Entsch. B. 40 S. 58, B. 66 S. 7. Eine besondere Bedeutung ist dem Satz noch dahin zugeschrieben worden, daß der vollständige Besitzer die actio negatoria hat. Vgl. dazu unten § 181 Anm. 24.

35a) Auch sein Besitz ist ein vermuthlich rechtmäßiger. I. 7 § 179. Strieth. B. 2 S. 329 (Rehbein I. 731).

36) I. 7 §§ 169. 170. 173. Also auch der unvollständige Besitzer hat nach preuß. Recht die a. Publiciana. Heydemann I. 388: „der unbeschränkte Vorzug des unvollständigen Besitzers und die objektive Selbständigkeit seines Anspruchs gegen Jeden sind gerade in der abgeleiteten Natur seines Rechts nothwendig begründet. Eben darauf beruht aber auch umgekehrt die Hinfälligkeit seines Rechts mit dem materiellen Untergange des Rechts seines Ertheilers (§§ 171. 172)." Es ist übrigens bestritten worden, daß der unvollständige Besitzer die Publiciana habe. Man wollte in den §§ 169. 170 nur ein remedium spolii finden. Für die Public. Koch, Bes. S. 302, weil das Recht des unvollständigen Besitzers (Nutznießers, Pächters, Kommodatars) ein dingliches sei. I. 15 § 2 giebt ein Rückforderungsrecht dem Besitzer auch gegen den Eigenthümer. Darunter kann aber nur ein unvollständiger Besitzer verstanden werden, denn der vollständige Besitzer hat gegen den Eigenthümer die Klage nur in dem am Schlusse der Anm. 33 bezeichneten Ausnahmefall.

37) I. 7 § 173, I. 21 § 358. Oben B. II. § 136 Anm. 73.

38) I. 7 §§ 171. 172. Beispiele: Entsch. B. 25 S. 138, B. 33 S. 383, B. 35 S. 74, B. 36 S. 52. Gruchot B. 5 S. 500 f. behauptet, daß der redliche unvollständige Besitzer bei dem Wegfall des Rechts seines Autors dem Eigenthümer nicht zu weichen brauche. Das kann nach dem Wortlaut des § 171 nicht zugegeben werden; es widerspricht dem auch § 177, aus welchem folgt, daß in § 171 der redliche unvollständige Besitz gerade vorausgesetzt ist. Aus I. 20 § 80 kann das Gegentheil nicht hergeleitet werden, weil dieser § nur eine Konsequenz aus I. 15 §§ 25. 26 ist. Der Vindikant erkennt nicht das Pfandrecht des Gläubigers an, sonst könnte er ja nicht vindiziren, er soll nur Erstattung leisten, weil angenommen wird, daß der Pfandbesitz durch einen lästigen Vertrag erworben sei. R.G. Entsch. B. 22 S. 271.

39) I. 7 §§ 165. 166. 174. C.P.O. § 73, Förster, Kl. u. Einr. S. 47. Die Verantwortlichkeit gegen den Kläger (den „Ansprechenden") ist nicht mit Förster als „inhaltlos und nur der damaligen gemeinrechtlichen Praxis (Glück B. 8 S. 196. Gruchot B. 5 S. 499, B. 17 S. 1) entnommen" zu bezeichnen, bedeutet vielmehr, daß der nicht nominirende Inhaber durch Unterlassung der Nomination passiv legitimirt wird, als ob er für sich selbst besäße. Auch gegen den nominirenden Beklagten geht der Prozeß fort, wenn der Benannte die Behauptung des Beklagten bestreitet, oder sich nicht erklärt, oder nur als Intervenient auftritt, zur Uebernahme des Prozesses aber nicht bereit ist.

## § 165. Obligatorische Ansprüche des zur Herausgabe Verpflichteten und gegen denselben.

Sell, Versuche B. 1 S. 129fg. Leist, Civilist. Studien, H. 2 S. 11—60. Witte, Die Bereicherungsklagen S. 1f. Jacobi, Der Rechtsbegriff der Bereicherung in Gerber und Ihering, Jahrb. B. 4 S. 159f. 193. 239. Derselbe, Die nützliche Verwendung nach dem A.L.R. S. 83f. F. Fabricius, Dissert. inaug. de impensis sec. jus Rom. Vratisl. 1861. — Glück B. 8 § 587 S. 212, § 588 S. 220, § 589 S. 248, §§ 560. 591 S. 252. 264, § 592 S. 301. Gesterding, Lehre v. Eigenthum S. 373f. Pagenstecher, Die röm. Lehre v. Eigenthum B. 3 S. 160fg. — Heydemann I. 391fg. Gruchot B. 5 S. 514fg. Plathner in der jurist. Wochenschr. 1848 S. 390f.

Der Anspruch auf Herausgabe der Sache oder auf Räumung des Besitzes auf Grund des bessern Rechts zur Sache ist ein dinglicher; der erhobene Anspruch macht also die Sache zu einer streitigen, res litigiosa, so daß auch ein Rechtsnachfolger des Beklagten aus besonderem Rechtstitel regelmäßig das Urtheil gegen sich gelten lassen, seiner Vollstreckung sich unterwerfen muß [1]). Aber dinglich ergreift der Anspruch die Sache nur in ihrem gegenwärtigen Zustand. Aus Veränderungen, die die Sache während der Zeit des Besitzes erfahren hat, und auf Grund des zeitweiligen Entbehrens der Nutzungen der Sache während des fremden Besitzes können sich obligatorische Rechtsansprüche des zum Besitz besser Berechtigten ergeben, die durchgreifen, wenn der beklagte Besitzer nicht redlicher Besitzer gewesen ist oder von der Zeit ab, von der er nicht mehr als redlicher Besitzer angesehen werden kann. Dingliche Natur haben diese Ansprüche jedenfalls nur, soweit die während unredlichen Besitzes gezogenen Früchte noch zur Zeit der zugestellten Klage bei dem Besitzer vorhanden sind oder nachher entstehen; abgesehen hiervon haftet er rein obligatorisch [1a]). Es kann andererseits für den Besitzer aus Auf-

---

[1]) C.P.O. § 236. Nur in Ansehung der Sache selbst ist die ergehende Entscheidung gegen den Rechtsnachfolger wirksam und vollstreckbar.

[1a]) Die Haftung des mit der dinglichen Klage Verfolgten für omnis causa ergab im ältern römischen Recht, so lange die Kondemnation nur auf Geld ging, eine Schätzung des Streitgegenstands unter Hinzurechnung der omnis causa. Welche Rechtssätze für das gemeine Recht nach Eintritt der Möglichkeit einer Verurtheilung zur realen Leistung anzunehmen sind und wie sich das heutige praktische Recht stellt, insbesondere soweit es sich um Leistungen handelt, die officio judicis tantummodo debentur, ist in der gemeinrechtlichen Literatur ebenso ungenügend erörtert, wie das Verhältniß der omnis causa zur res litigiosa unklar ist. Der Streit darüber, ob der gutgläubige Besitzer das Eigenthum der Früchte erwirbt, die er doch dem Vindikanten, soweit sie bei Erhebung der Klage existiren, herausgeben muß, wird erörtert. Zuweilen tritt wohl auch der Satz hervor, daß solchen Falls eine selbständige Klage auf die Früchte nicht durchgreift, daß also die existirenden Früchte nur als Nebenleistung neben Herausgabe der Sache gefordert werden können, und daß beim Untergang der Hauptsache vor der Klagezustellung, die Klage auf die Früchte abgewiesen werden muß. Daß aber ein gemeinrechtlicher Schriftsteller, vom Standpunkt des Eigenthumserwerbs des bonae fidei possessor an den Früchten ausgehend, überlegt hätte, wie sich nach eröffnetem Konkurse über das Vermögen des gutgläubigen Besitzers der Eigenthümer zu den bei der Konkurseröffnung vorhandenen oder während des Konkurses entstehenden Früchten verhält, — daß er

wendungen, durch die die Sache verbessert worden ist, ein Erstattungsanspruch gegen den besser Berechtigten erwachsen sein. Auch für das Maß des letzteren ist der Umstand entscheidend, ob der Besitz ein redlicher oder unredlicher gewesen ist. Die Ansprüche dieser Art treten bei der eigentlichen Eigenthumsklage in derselben Weise hervor, wie bei der Klage aus dem besseren Recht zum Besitz. Als allen dinglichen Klagen zur Seite tretend werden sie hier abgehandelt.

Ein obligatorischer Anspruch kann auch gegen den ehemaligen Besitzer vorhanden sein, der die Sache selbst nicht mehr hat. Auf ihn ist im § 180 zurückzukommen. Hier handelt es sich nur um die gemeinrechtlich als omnis causa bezeichneten, neben der Sache zu fordernden Leistungen. Rechtlicher Grund dieser Verbindlichkeit des unredlichen oder als unredlich anzusehenden Besitzers ist theils das dingliche Recht des Klägers auch an diesen Gegenständen, theils die Bereicherung, theils das schuldhafte Eingreifen in die Rechtssphäre des Klägers. Die Erstattungsansprüche des räumenden Besitzers beruhen auf dem Rechtsgedanken der Bereicherung. Das römische Recht gewährt für diese Erstattungsansprüche keine Klage, von dem Gedanken ausgehend, daß der Besitzer bei den Verwendungen nur für sich selbst thätig gewesen ist, daß er nicht für einen Andern ein diesen verpflichtendes Geschäft besorgt hat[2]). Nur durch Wegnahme beziehungsweise durch Retention (also durch exceptio doli) konnte er sich seine Befriedigung sichern[3]). Im gemeinen Recht hat man ihm jedoch eine Klage gewährt, wobei man sich freilich in Verlegenheit befand, wie man sie rechtlich charakterisiren sollte, ob als Zurückforderung einer nicht geschuldeten Leistung, indem man mehr zurückgegeben, als wozu man verpflichtet gewesen, während die Verwendungen doch

---

regelmäßig weder ihre Aussonderung fordern, noch ihretwegen einen obligatorischen Anspruch als Konkursgläubiger erheben kann, — daß ihm letzteres aber für die bei der Konkurseröffnung vorhandenen Früchte zusteht, sofern vorher bereits die dingliche Klage dem spätern Gemeinschuldner zugestellt war, — das alles ist mir nirgend begegnet, so sehr es dem praktischen Recht angehört. Daß vom Standpunkt des römischen Rechts res litigiosa nur die Hauptsache, nicht die Gegenstände der omnis causa sind, läßt sich nicht bezweifeln. Ebenso wird sich nicht bezweifeln lassen, daß wenn heute ein Klageanspruch ausdrücklich auf eine bestimmte vom bösgläubigen Besitzer gezogene noch in seinem Besitz befindliche Frucht gerichtet oder neben dem auf die Hauptsache gerichteten Anspruch mit erhoben wird, die bestimmte Frucht litigiös wird. Aber werden auch bei einem Anspruch auf Herausgabe der Sache „mit den davon gezogenen Früchten“ diese im Antrag nicht bestimmt bezeichneten Früchte litigiös, werden eventuell auch die noch zu ziehenden, die während des Rechtsstreits oder nachher entstehenden Früchte litigiös, auch die Früchte der Früchte u. s. w. In welcher Schätzung sind die Gegenstände der omnis causa, soweit sie nicht in natura herausgegeben werden können, zu restituiren? Welcher Zeitpunkt ist entscheidend? Wie sind Früchte zu restituiren, wenn dagegen Impensen geltend gemacht sind? Diese Fragen werden auch im Verkehr unter der Herrschaft des künftigen Reichsrechts theilweise von Belang bleiben, und es wird festzuhalten sein, daß nur auf den nach der Civilprozeßordnung bezeichneten bestimmten Gegenstand der dinglichen Klage die civilprozessualen Grundsätze über den Streitgegenstand (res litigiosa) angewendet werden können.

[2]) l. 14. § 1. D. X. 3 quia niminem mihi obligare volui. l. 33. D. XII. 6. l. 14. D. XLIV. 4. l. 48. D. VI. 1.

[3]) Vergl. die Stellen in der vorigen Note, bes. l. 48. D. VI. 1.

nicht hingegeben worden, sondern nur die Erstattungsforderung versäumt ist, — oder ob als eine Klage aus der Geschäftsführung, während der Besitzer doch nur sein eigenes Geschäft hat besorgen wollen[4]). Die Ansichten über die Zulässigkeit eines solchen Klagerechts sind daher immer bestritten geblieben, und auch bei manchem der Neueren besteht die Meinung, daß es dem räumenden Besitzer zu versagen sei[5]). Das preußische Recht nimmt keine klare Stellung zu der Frage. Förster vertrat an dieser Stelle die Ansicht, daß der älteren Auffassung der gemeinrechtlichen Praxis entsprechend das preußische Recht dem Besitzer außer der Retentionseinrede auch eine Klage gebe, deren Fundament der redliche Besitz sei, und deren Umfang sich nach den Grundsätzen über den Ersatz bei der Geschäftsführung für dritte Personen bemesse. An anderer Stelle wurde der entgegengesetzte Satz vertreten[6]). Jedenfalls wird man ein soweit gehendes Klagerecht, wie aus der erstern Ansicht folgt, nicht aufrecht erhalten können. Erst wenn der Berechtigte die Sache zurückerhält oder erhalten hat, also nicht auf dem bloßen Fundament der Verwendung während redlichen Besitzes, sondern auf der Grundlage des Habens der mit den Mitteln des redlichen Besitzers verbesserten Sache und in Höhe der sonach aus dem Vermögen des redlichen Besitzers erlangten Bereicherung findet der Anspruch statt; den so beschränkten Anspruch aber wird man allerdings, da das Landrecht nichts anderes bestimmt, als einen durch Klage verfolgbaren bezeichnen müssen. Von der Rechtsstellung des unredlichen Besitzers ist unten zu handeln[7]). — Nicht blos für den Fall der dinglichen Klage finden diese Grundsätze mit ihrem im Folgenden näher dargestellten Ausbau Anwendung.

---

[4]) Glück B. 8 S. 309. Es spielt hier auch die actio in factum wegen Bereicherung eine Rolle. Malblanc Dig. VI. 1. § 405 und p. II. § 515. Oben B. 2 § 148 Note 46. Das Klagerecht wollten zulassen Harprecht, comm. ad Inst. II. p. 388. Westphal, System §§ 433. 434. Dagegen waren aber die angesehensten Juristen: Donellus, Noodt, Vinnius, Faber, Cocceji u. A. S. Fabricius diss. p. 88 seq.

[5]) Das Klagerecht wird z. B. vertreten von Sell a. a. O., Seuffert, Pand. 4. A. I. S. 198 Note 17.

[6]) Förster citirte hier Jacobi, nützl. Verw. S. 85 Nr. 3. Fabricius l. c. p. 89 n. 16. Die Stelle, an der die andere Ansicht vertreten wurde, war B. II. § 149 Anm. 25. Die praktische Erheblichkeit der Frage, ob der Anspruch nur durch Einrede zu verfolgen ist, liegt darin, daß bei ihrer Bejahung der Berechtigte nicht genöthigt werden darf, die verbesserte Sache mit der Pflicht des Ersatzes der Impensen zu übernehmen, daß er, statt sie mit der Ersatzpflicht zu nehmen, sie dem Besitzer belassen kann, und daß er, wenn ihm ohne Geltendmachung der Impensen herausgegeben ist, nachträglich nicht schlechter stehen kann. Aber wenn das Recht dem früheren Besitzer nur insoweit die Klage giebt, als der Berechtigte wirklich bereichert worden ist, liegt in der Klage keine Härte. Vgl. auch B. II. § 149 Anm. 21. Auch den Anspruch aus Verwendungen eines Vorbesitzers wird der zur Herausgabe der Sache verpflichtete Besitzer dann und insoweit erheben können, als sich annehmen läßt, daß er als Nachfolger in den Besitz der Sache in das ganze dem Vorbesitzer zustehende Rechtsverhältniß zur Sache eingetreten ist, wenn er also zu dem Besitzvorgänger in einem Successionsverhältniß steht. Vgl. in beiden Beziehungen den Entwurf des B.G.B. §§ 936—938.

[7]) S. Anm. 52. Nach römischem R. hat er nur das jus tollendi, nicht die Retention. l. 7. § 12. D. XLI. 1. l. 37. D. VI. 1. l. 5. C. III. 32 (bei der hered. pet. eine Singularität in l. 38. D. V. 3). Vangerow I. § 329 Anm. 1. Auch nach preuß. R. hat er das Ret. R. nicht. Oben B. I. § 110 Anm. 12. 32.

Vielfach hat auch in Obligationsverhältnissen, insbesondere bei Eigenthumsübertragungen auf Grund nichtiger oder aufgehobener Verträge nicht nur die Restitution, sondern Restitution mit den Pflichten des unredlichen Besitzers statt zu finden, oder es ist bestimmt, daß der Restituirende mit der Rechtsstellung eines redlichen Besitzers restituirt.

A. Stellung des vollständigen redlichen Besitzers[8]).

a. Die Sache selbst wird zurückgegeben in dem Zustand, wie sie sich zur Zeit der Räumung wirklich befindet, also mit allem natürlichen ungetrennten Zuwachs[9]). Ein im Grundstück vom Besitzer gefundener Schatz ist keine Accession und keine Nutzung, sondern eine besondere Sache, und es muß daher die Frage, wem der Schatz, beziehungsweise der Antheil des Eigenthümers daran von Rechtswegen zugefallen ist, ohne Rücksicht darauf entschieden werden, daß die Sache, worin der Schatz gefunden ist, sich im redlichen Besitz eines Andern befindet. Ist dieser in den Besitz des Schatzes gelangt, so wird ihn der Eigenthümer als besondere Sache herausfordern können, nicht als Theil der zurückzugebenden Hauptsache, regelmäßig also in dem Zustand, in welchem er sich noch wirklich bei dem Besitzer befindet[10]).

b. Die gezogenen Nutzungen und die genossenen Früchte behält der redliche Besitzer als Eigenthum, das preußische Recht macht keinen Unterschied, ob sie schon verzehrt oder noch vorhanden sind[11]). Weder für verzehrte noch für versäumte Früchte ist Ersatz zu leisten[12]). Unzweifelhaft

---

[8]) Als solcher wird z. B. auch behandelt, wer auf Grund eines Todeserklärungsurtheils eine Erbschaft in Besitz genommen, dem Verschollenen gegenüber, II. 18. § 848, unter Umständen, wer nach der Präklusion der Erben die Erbschaft in Besitz genommen hat, gegenüber dem wahren Erben, I. 9. § 497. Nach Grundbuchrecht ist nicht ausgeschlossen, daß Jemand als vollständiger redlicher Besitzer das Grundstück dem Eigenthümer herauszugeben hat. Es kommt dies z. B. auch in dem Falle vor, wenn Jemand im redlichen Glauben an die Richtigkeit des Grundbuchs unentgeltlich von dem eingetragenen Nichteigenthümer die Auflassung erhalten hat. Ein solcher weicht dem wahren Eigenthümer, hat ihm aber das Grundstück und die Nutzungen nach Maßgabe von I. 7. §§ 188 fg. zurückzugeben. Vergl. Levy bei Behrend, Zeitschr. B. 6 S. 599.

[9]) I. 7. § 188. Glück B. 8 S. 248 fg. Der Satz modifizirt sich, insoweit nach den folgenden Bestimmungen ein Recht zur Wegnahme und Trennung besonders begründet ist. — Ob mit der Sache andere thatsächlich für ihren Gebrauch bestimmte Zubehörstücke herausgefordert werden können, hängt davon ab, ob auch bezüglich ihrer ein Recht des Klägers dargethan werden kann: lediglich aus dem Grunde, weil Beklagter sie als Pertinenz benutzt hat, gebühren sie dem Kläger nicht.

[10]) I. 9. §§ 82 ff. Gruchot B. 5 S. 515 f.

[11]) I. 7. § 189. Vgl. Entwurf des B.G.B. I. § 900, II. § 870, Reichstagsvorl. § 939. Daß dieser § nicht anwendbar ist auf das Verhältniß des Benefizialerben zu den Erbschaftsgläubigern, vergl. I. 9. §§ 443. 444, versteht sich von selbst, da der Benefizialerbe überhaupt nicht die fruchttragende Sache einem besser Berechtigten herauszugeben, vielmehr den Gläubigern gegenüber die Pflichten eines Verwalters hat. Svarez freilich hatte ihm die Früchte lassen wollen. Ges.-Rev. XVI. 29—31. Entsch. B. 11 S. 472 f. Koch, Bes. S. 63 f. Gruchot B. 5 S. 514. Heydemann I. 391. Bornemann I. 278 f.

[12]) I. 7. § 190. Auch der unredliche Erbe des redlichen Besitzers ist nicht verpflichtet, die von letzterem gewonnenen und in seinem Nachlaß befindlichen Früchte herauszugeben. Gruchot B. 5 S. 516.

gelten als gezogen oder genossen Civilfrüchte vom Tage der Fälligkeit, Naturalfrüchte von beweglichen Sachen, also Thieren, vom Moment der Absonderung[13]). Zweifelhaft aber ist, ob bei Naturalfrüchten von unbeweglichen Sachen das Ziehen oder Gewinnen das Entscheidende ist. An einer Stelle ist nämlich gesagt, daß die Früchte gleich bei ihrem Entstehen das Eigenthum desjenigen sind, welcher das Nutzungsrecht der Sache hat[14]). Aber das Gesetzbuch sagt nicht, daß der vollständige redliche Besitzer ein solcher Nutzungsberechtigter ist[15]). Das Obertribunal[16]) hat ausgeführt, daß der Fruchterwerb des vollständigen redlichen Besitzers gegenüber dem Eigenthümer eingeschränkter sei als der des Nutzungsberechtigten insofern jener die Früchte nicht schon bei ihrer Entstehung, sondern erst durch die Separation erwerbe, oder daß er bloß von der Herausgabe oder Erstattung der gezogenen und genossenen Früchte an dem Eigenthümer entbunden werde; anderen, nicht berechtigten Dritten gegenüber sei indessen auch der redliche vollständige Besitzer als ein Nutzungsberechtigter anzusehen und erwerbe die Früchte schon mit ihrer Entstehung. Koch nahm im Gegensatz zum Obertribunal Gleichstellung des Nutzungsberechtigten und des redlichen Besitzers an[17]), so daß auch letzterer an den unabgesonderten, aber schon entstandenen Früchten Eigenthum habe.

Dieser letzteren Ansicht muß der Vorzug gegeben werden. Das Landrecht bestimmt ausdrücklich, daß bei Grundbesitz eine Theilung der Nutzungen des letzten Wirthschaftsjahrs, in dem der redliche Besitz sich in unredlichen gewandelt hat nach den Grundsätzen vom Nießbrauch eintreten soll[18]). Diese Auseinandersetzung des Besitzers und Eigenthümers über die Früchte des letzten Jahres würde vom Standpunkt des Obertribunals grundlos sein. Gerade weil das römische Recht den Fruchterwerb an die Separation knüpfte, konnte es mit diesem Moment abschneiden und bedurfte keiner Regeln über eine Theilung oder Auseinandersetzung. Diese werden aber nöthig, wenn der Erwerb nicht durch die Separation, sondern durch den längeren, nicht auf einen Zeitpunkt zu fixirenden Prozeß der Entstehung sich vollzieht[19]). Die Theilung des letzten Jahres bezieht sich auf alle Früchte des Jahres, also auch auf die im Endmoment der Redlichkeit noch stehenden und hängenden Früchte. Nach der Ansicht des Obertribunals müßten diese dem

---

13) I. 7. §§ 191. 193. 194. Bei den Früchten von beweglichen Sachen stimmt also das A.L.R. mit röm. R. Gruchot B. 5 S. 519.

14) I. 9. § 221. Vergl. oben B. II. § 136 Anm. 326 und B. III. § 160 Anm. 29, § 173 Nr. 1.

15) Vergl. l. 25. § 1. D. XXII. 1 praeterea, cum ad fructuarium pertineant fructus a quolibet sati, quanto magis hoc in bonae fidei possessoribus recipendum est, qui plus juris in percipiendis fructibus habent.

16) Strieth. B. 10 S. 201 fg.

17) Komment. zu I. 9. § 221.

18) I. 7. §§ 197—201.

19) Vergl. die von Svarez in der Schlußrevision (Jahrb. B. 41 S. 8 Nr. 2. S. 9 ad 2) gegebene Motivirung der Abweichung des pr. R. vom röm.

Eigenthümer allein zufallen. In der Bestimmung, daß die Theilung nach den Grundsätzen des Nießbrauchs geschehen soll, ist hiernach die Gleichstellung beider Kategorien auch dem Eigenthümer gegenüber zum Ausdruck gebracht. Das A.L.R. hat so die Kontroversen des gemeinen Rechts über den Fruchterwerb des gutgläubigen Besitzers in der diesem günstigsten Weise entschieden[20]). Die Auseinandersetzung zwischen dem redlichen Besitzer und dem

[20]) Zur Zeit der Redaktion des A.L.R. wurde über den Fruchterwerb des redlichen Besitzers im Wesentlichen angenommen, daß fructus pendentes nicht dem b. f. poss. gehören, der Erwerb vielmehr erst durch die Separation eintrete, dieser Erwerb aber sei Eigenthumserwerb, dem Eigenthümer habe der b. f. p. wegen der konsumirten Früchte nichts zu leisten, ihm aber die exstantes herauszugeben (ersteres vertheidigte Madihn, diss. de b. f. poss. sing. a. restit. fructuum perceptorum immuni 1754; letzteres Vinnius, sel. quaest l. 26. Walch, controv. p. 112. Müller ad Leyserum obs. 244. Höpfner, Komment. § 332). Es war streitig ob der b. f. p. nicht wegen der konsumirten Früchte soweit Ersatz leisten müsse, als er dadurch reicher geworden (so Struvius syntagm. XVI. 54; Stryk, us. mod. VI. 1. § 12. Dagegen Leyser sp. 99. m. 4. Wernher, l. 318. Cocceji, jus controv. VI. 1. qu. 9). Endlich wollten einige Rechtslehrer nur die fructus industriales dem b. f. p. pro cultura et cura überlassen, aber nicht fr. naturales, so Bachoven ad tit. J. II. 1. § 35. Huber, prael. n. 16 ad. tit. D. VI. 1. — Die Redaktoren des A.L.R. haben, wie aus Svarez' (der früher anderer Ansicht gewesen, Mater. S. 302. 303, während Goßler als der Urheber der jetzigen Bestimmungen des A.L.R. anzusehen ist, Mater. S. 295. S. 627. 628) Motivirung bei der Schlußrevision (Jahrb. B. 41 S. 8) hervorgeht, wesentlich aus Utilitätsgründen, die römischen Zweifel durchgeschnitten. S. Heydemann I. 391 Note 796. Es konnte aber für diese Abweichungen vom röm. Recht eine andere Quelle, nämlich das alte deutsche R., angeführt werden, dem unbewußt gefolgt worden ist. Dieses sprach dem die Frucht zu, der gesäet hat, und kannte nicht den Grundsatz solo cedit, quod solo implantatur. Heimbach, die Lehre v. d. Frucht S. 282. Stobbe, Beiträge z. Gesch. des deutschen R. 1865 S. 67. Bluntschli 3. A. S. 216. Beseler 2. A. S. 331. — Seit Savigny (Bes. § 22a. S. 277 der 7. A.) erhielt die Kontroverse über den Fruchterwerb des b. f. p. insofern eine andere Wendung, als nach ihm an den Früchten nach der Absonderung nur eine neue b. f. possessio beginnen soll, die eine dreijährige Usukapion gewähre und auf die in der Hand des Dritten die Eigenschaft der res furtiva oder vi possessa nicht übergehe. Es wurde nunmehr der Eigenthumserwerb des b. f. p. bestritten. Zwischenmeinungen haben Andere aufgestellt (s. Vangerow I. § 326 Anm. 2 Nr. 2). Jetzt ist die bei den Meisten herrschende Ansicht die von Backe, bonae fidei possessor quemadmodum fructus suos faciat, 1825 vertheidigte, wonach der b. f. p. an allen Früchten (industr. und natur.) mit der Separation Eigenthum erwirbt, daß er aber dem Vindikanten die exstantes und zwar officio judicis herausgeben muß. Janke, der Fruchterwerb des redl. Bes. und des Pfandgläubigers, 1862, geht wieder auf den Unterschied von bonitarischem und quiritarischem Eigenthum zurück. S. bes. S. 169f. Windscheid, Pand. I. § 186 findet die Schwäche der herrschenden Ansicht darin, daß sie die Pflicht, die exstantes herauszugeben, nicht erklärt. Daß dies officio judicis geschehen muß, erklärt offenbar nichts. W. selbst legt dem b. f. p. nur Verzehrungsbefugniß bei, diese sei ungenau als Eigenthum angesehen worden. Gegen ihn Pagenstecher, Eigenthum, B. 2 S. 101 Note 2. Göppert, über die organischen Erzeugnisse, 1869 S. 320fg. gibt dem b. f. poss. Usukapionsbesitz. Die Hauptstellen sind: § 35. J. II. i. l. 48. D. XLI. 1. l. 4. § 19. D. XLI. 3. l. 21. § 1 l. 28. 45. § 1. D. XXII. 1. Das preuß. R. weicht also von dem gemeinen darin ab, daß ersteres den Erwerb der Naturalfrüchte von Grundstücken an die Entstehung, statt an die Separation knüpft und die exstantes nicht ristituiren läßt. Koch, Bes. S. 63f. Komm. zu § 221. I. 9 steht auf dem Standpunkt Savigny's und tadelt von diesem aus das A.L.R. — Nach Code 549. 550 erwirbt der redliche Besitzer cum animo domini die Früchte. Oesterr. G.-B. § 330. Sächs. G.-B. §§ 244. 245. Der Entwurf des B.G.B. Reichstagsvorl. §§ 939—941 (vergl. I. §§ 900—902, II. §§ 870—872) läßt den gutgläubigen Eigenbesitzer an den Erzeugnissen der Sache, sofern nicht ein Anderer vermöge eines Rechts an der Sache zum Fruchtbezug berechtigt ist, mit der Trennung Eigenthum erwerben und schließt insoweit einen Anspruch des Eigenthümers aus.

Eigenthümer in Betreff der letztjährigen natürlichen Früchte und Nutzungen aus dem Grundbesitz besteht in einer verhältnißmäßigen Theilung. Diese beruht auf dem Gedanken, daß für das letzte Jahr eine Gemeinschaft des bisher redlichen Besitzers und des Eigenthümers an allen Nutzungen des Jahres besteht und daß aus dieser Gemeinschaft auch die Lasten des nutzbaren Grundbesitzes zu tragen waren.

Das Landrecht unterscheidet hiernach[21]): 1. Es handelt sich um Herausgabe einer Sache, die nicht unter die zu 2 und 3 aufgeführten Kategorien gehört. Hier gilt der Satz: Der Besitzer behält alle Früchte, die er während des redlichen Besitzes gezogen hat, insbesondere bei beweglichen nutzbaren Sachen, alle in dieser Zeit von ihnen getrennten Früchte. Er braucht dem Kläger; auch wenn er diese Früchte oder Vortheile daraus noch nach eingetretener Unredlichkeit besitzt, nichts herauszugeben[21a]). Hat er aber Nutzungen, welche erst später fällig werden, vorweg während der Zeit seines redlichen Besitzes erhoben, so muß er sie, insoweit sie erst nach dem Beginn der Unredlichkeit fällig wurden, herausgeben[21b]). Diese Bestimmung ist nur auf das Entgelt für Benutzung vermietheter beweglicher Sachen zu beziehen. Werden solche Civilfrüchte für eine Zeit, in welcher der Besitz noch ein redlicher war, erst nach Eintritt der Unredlichkeit fällig, so müssen sie dem Kläger vollständig herausgegeben werden. 2. Anders wenn es sich um ein herauszugebendes zinsbares Kapital, z. B. ein Inhaberpapier oder um ein herauszugebendes nutzbares Recht, nicht um eine körperliche bewegliche Sache handelt. Hier gehören die Zinsen und Nutzungen, soweit sie auf die Zeit des redlichen Besitzes zu rechnen sind, dem redlichen Besitzer, soweit sie für die Zeit des unredlichen Besitzers anwachsen, ohne Rücksicht auf die Zeit ihrer Fälligkeit dem besser zur Sache berechtigten Kläger[22]). 3. Von nutzbaren Grundstücken, städtischen und ländlichen[23]), behält der bisherige Besitzer alle

---

[21]) Die folgende Darstellung weicht von derjenigen Försters, die in die ersten vom jetzigen Herausgeber besorgten Ausgaben übernommen ist, ab.

[21a]) I. 7. §§ 189. 193.

[21b]) So Bornemann I. 284, Temme, Lehrbuch I. 247. Abweichend Koch, Bes. S. 88, die Gesetzrev., Heydemann I. 393b und die älteren Auflagen dieses Buches. Sie wollen das „insoweit" dahin deuten, daß zu unterscheiden sei, wieweit die Civilfrucht auf die Zeit des redlichen und unredlichen Besitzes zu rechnen sei. Dies wäre richtig, wenn I. 7 § 192 als eine Bestimmung für alle Civilfrüchte, auch für den Miethszins herauszugebender körperlicher Sachen zu verstehen und danach anzunehmen wäre, daß auch der nach Beginn der Unredlichkeit fällige Miethszins ratarisch für die Zeit seines redlichen Besitzes von dem Besitzer beansprucht werden könnte. § 192 bezieht sich aber nur auf Kapitalien und nutzbare Rechte, nicht auf körperliche Sachen, für die eine Nutzungsentschädigung zu geben. Aber bei den in Anm. 23 darzulegenden Umfang der Ausnahme des § 195 ist die ganze Bestimmung, obgleich Hauptregel, von praktisch geringer Tragweite.

[22]) I. 7 § 192. Vergl. auch Entsch. B. 48 S. 296ff. S. unten § 186 Anm. 124.

[23]) I. 7 § 195 sagt: Landgüter, Häuser und andere nutzbare Grundstücke. In Folge der Auffassung, daß § 192 eine Regel für alle Civilfrüchte enthalte, haben Koch zu I. 7 § 195 und die früheren Auflagen die Bestimmung einschränkend dahin ausgelegt, daß sie auf Häuser nur anzuwenden sei, wenn sie mit Landwirthschaft verbunden seien. Dagegen schon Heydemann I. 394d. Die Bestimmung umfaßt allen nutzbaren Immobiliarbesitz, also auch städtische Miethshäuser.

Nutzungen (Naturalfrüchte) der Vorjahre, wogegen er die Lasten und Abgaben aus dieser Zeit tragen muß, wenn sie noch rückständig sind[24]); die Nutzungen des „letzten Wirthschaftsjahres"[25]) fallen nach dem Verhältniß der Dauer der Redlichkeit in diesem Jahr dem Besitzer und Eigenthümer zu[26]). Will letzterer die hiernach auf seinen Antheil treffenden Kosten und Lasten nicht übernehmen oder erstatten, so kann er die sämmtlichen Nutzungen des letzten Jahres dem Besitzer lassen[27]). Als Kosten darf aber der Besitzer das nicht berechnen, was er von den gewonnenen Früchten der Vorjahre in die Wirthschaft verwendet hat[28]). Sind die im letzten Jahre während des redlichen Besitzes getrennten Früchte nicht mehr in Natur vorhanden, so muß ihr Geldwerth in die ausgleichende Berechnung kommen.

c. Nothwendige Verwendungen sind diejenigen, die zur Erhaltung der Sache, zur Abwendung von Schaden gemacht werden, nützliche sind solche, durch die die Sache im Substanz- oder Ertragswerth verbessert werden soll, Verwendungen zum Vergnügen solche, die die Sache zieren, ohne ihren Werth zu heben[29]). 1. Die nothwendigen Verwendungen zur Erhaltung der Substanz erstattet der Eigenthümer dem Besitzer, wenn sie in baaren Auslagen oder in Naturalleistungen bestanden haben, die nicht aus der Wirthschaft des Jahres gewonnen sind, und soweit dadurch der Vortheil des Eigenthümers befördert worden ist[30]); die Anstalten zur Abwendung künftiger Gefahren, wenn sie zweckentsprechend (nützlich) und bei der Räumung des Besitzes noch vorhanden sind[31]). Derartige Aufwendungen werden aber nicht erstattet, wenn

---

[24]) I. 7 §§ 195. 196.

[25]) I. 7 §§ 197—199. Das Wirthschaftsjahr beginnt mit dem 1. Juli. Diese Bestimmung bezieht sich nur auf die Auseinandersetzung zwischen dem Eigenthümer und dem vollständigen, redlichen Besitzer, nicht auf den unvollständigen (Nießbraucher I. 21 § 171, Pächter, Entsch. B. 31 S. 420. Oben B. 2 § 136 Anm. 133). Auch nicht auf Pfarrauseinandersetzungen in den ehem. Kön. sächs. Landestheilen. Ges. v. 10. Mai 1855. — Der Begriff des letzten Wirthschaftsjahres setzt einen mehr als einjährigen Besitz voraus. Entsch. B. 39 S. 48 f.

[26]) I. 7 §§ 200. 201 nach den Grundsätzen bei dem Nießbrauch I. 21 §§ 143—175. Vergl. unten § 186 bei Note 118 f.

[27]) I. 7 § 202.

[28]) I. 7 § 203.

[29]) Ueber diese Begriffe s. bes. Leist, Civil. Studien, Heft 2 S. 18. 27. 47. 50, S. 30. 58. Fabricius, Diss. cit. §§ 4. 5. 7, l. 1 pr. D. XXV. 1 necessariae: quae, si factae non sint, res aut peritura aut deterior futura sit. l. 79 pr. de V. S., utiles: quae rem meliorem faciunt, quae promercales sunt, l. 5 § 3, l. 10 D. XXV. 1 voluptuosae, quae rem duntaxat ornant. l. 79 § 2 de V. S., l. 10 D. XXV. 1. Ulp. fragm. VI. §§ 15. 16. 17.

[30]) I. 7 §§ 212. 214. Das römische Recht, welches die gezogenen noch vorhandenen Früchte herausgeben ließ, hatte die beschränkende Vorschrift nicht, daß nothwendige Verwendungen, die aus den Wirthschaftserträgnissen des letzten Jahres gewonnen sind, nicht zu ersetzen seien. Als Verwendungen werden auch die Versicherungsgelder einer noch laufenden Versicherung angesehen. Gruchot B. 5 S. 523. Wenn derselbe S. 524 Erstattung eines etwa vom Besitzer, der die Sache verloren hat, gezahlten Finderlohns zulassen will, so ist dies zu verneinen, da das Verlieren doch nur den Besitzer, nicht die Sache getroffen hat. Ueber die Beförderung des Vortheils des Eigenthümers s. Strieth. B. 56 S. 36.

[31]) I. 7 § 217.

sie aus der Sache selbst oder aus den Nutzungen des laufenden Jahrs gemacht worden sind oder hätten gemacht werden können[32]). Auch ist nicht zu ersetzen, was erfolglos für die Erhaltung eines einzelnen Stücks aus einem Inbegriff oder eines Zubehörstücks verwendet ist[33]). 2. Die **nützlichen** Verwendungen, durch die eine Verbesserung bewirkt worden ist, die noch vorhanden ist, oder in Folge deren solche Besserung doch mit Sicherheit nach dem natürlichen Laufe zu erwarten ist, werden dem Besitzer nach den im Folgenden dargelegten Grundsätzen bis zur Höhe des aufgewendeten Kostenbetrages erstattet[34]). Die Erstattung fällt auch hier weg, wenn die Verbesserung durch Naturalleistungen bewirkt worden, die aus der Sache gewonnen sind[35]). Wenn der **Nutzungsertrag** verbessert ist, so besteht die Erstattung höchstens in dem Betrage des nach landüblichen Zinsen berechneten Kapitalwerths der Verbesserung[36]). Wenn der **Kaufwerth** der Substanz erhöht worden, so muß ausgemittelt werden, welchen gemeinen Werth die Substanz vor und nach der Verbesserung (zur Zeit der Abtretung) hatte, und nicht mehr als die Differenz zwischen beiden Werthen wird erstattet[37]). 3. Bei den Verwendungen zum **Vergnügen** gilt der Grundsatz des römischen Rechts: will der Eigenthümer sie nicht vergüten, so darf der Besitzer die Verbesserung wegnehmen, soweit dies ohne Beschädigung der Substanz oder unter völliger Herstellung des früheren Zustands geschehen kann (jus tollendi)[38]).

---

32) I. 7 §§ 214. 216. Beispiel: bei einem Arbeitspferde übersteigt der Nutzen die Erhaltungskosten, letztere also hat der Eigenthümer nicht zu ersetzen. Entsch. B. 19 S. 82. Strieth. B. 26 S. 126, B. 35 S. 69, B. 48 S. 169. Will der Besitzer dennoch Erstattung der Futterkosten, so muß er behaupten und beweisen, daß er das Pferd nicht habe brauchen **können**. Strieth. B. 56 S. 36, l. 30 §. 1 D. XXI. 1. Aus der gemeinrechtlichen Praxis Seuffert XI. 211. — Der Entwurf des B.G.B. Reichstagsvorl. § 978 (vgl. Entw. I. § 936, II. 908) gewährt dem redlichen Besitzer Ersatz der nothwendigen Verwendungen, nimmt aber, für die Zeit, für welche dem redlichen Besitzer die Nutzungen verbleiben, die gewöhnlichen Erhaltungskosten aus. Zu den nothwendigen Verwendungen werden auch die Aufwendungen zur Bestreitung von Lasten mit einer der eben dargelegten entsprechenden Unterscheidung gerechnet (§ 979).

33) I. 7 § 215, weil der Vortheil des Eigenthümers hier nicht befördert worden. § 212. Gruchot B. 5 S. 524.

34) I. 7 §§ 204—209. Erk. des O.-Trib. bei Gruchot B. 5 S. 521. — Vergl. auch II. 1 § 591. Entsprechend Entwurf des B.G.B. Reichstagsvorl. § 980 (vgl. Entw. I. § 936, II. § 908). Ueber Verwendungen zum Zwecke des Bezugs von Früchten während des im Gange befindlichen Wirthschaftsjahrs, die zur Zeit der Herausgabe eines herauszugebenden landwirthschaftlichen Guts noch nicht getrennt sind, vergl. Reichstagsentwurf § 982.

35) I. 7 § 209. Koch, Komm. Note dazu. Naturalverwendungen also, welche nicht aus der Sache genommen, werden bei der Erstattung berechnet. Mater. S. 167.

36) I. 7 § 206. Z. B. der jährliche Ertrag ist in Folge der Verbesserung um 100 erhöhet. Hiernach besteht der Kapitalswerth der Verbesserung in der Summe, welcher 100 als 5 Proz. entsprechen d. i. 2000; und diese sind höchstens zu erstatten.

37) I. 7 §§ 207. 208. Mehr wird nicht erstattet, selbst dann nicht, wenn die bei der Melioration gemachte Aufwendung mehr Kosten verursacht hat. — Die Unterscheidung zwischen Erhöhung des Ertrags und des Kaufwerths rührt von Svarez her. Mater. S. 165 f.

38) I. 7 §§ 210. 211, l. 38 D. VI. 1, l. 9 D. XXV. 9, l. 3 § 4 D. XV. 3, l. 32 § 5 D. XXVI 7, l. 5 C. III. 32. Ohne Herstellung des früheren Zustands, oder mindestens das Erbieten der Herstellung findet die Wegnahme nicht statt. Strieth. B. 33 S. 180 f.

d. **Bei Verschlechterungen der Sache** vertritt der redliche Besitzer grobes Versehen[39]); eine unbegreifliche Bestimmung, weil der vollständige Besitzer die Sache als eigene hat, mithin für Versehen ebenso wenig wie ein Eigenthümer haften kann. Die Redaktoren haben für diesen Satz keinen Anhalt in der damaligen Theorie und Praxis gehabt, vielmehr galt damals und gilt heute im gemeinen Recht unbestritten, daß der redliche Besitzer nicht für Versehen haftet[40]).

e. **Die gewöhnlichen Lasten und Abgaben** werden mit dem Fruchtgenuß kompensirt[41]).

f. Dagegen verpflichtet das A.L.R. den Eigenthümer oder sonstigen besser Berechtigten — abweichend vom gemeinen Recht[42]), aber anknüpfend an deutsche Rechtsgewohnheiten, — dem zurückgebenden redlichen Besitzer den **Erwerbspreis** der Sache zu erstatten, sie bei ihm einzulösen[43]). Darüber das Nähere bei Erörterung der Vindikation[44]).

g. **Die Kosten der Räumung** trägt der zurückempfangende Eigenthümer[45]).

---

(Rehbein III. 791). Auch dann nicht, wenn der Eigenthümer Vergütung leisten will. I. 7 § 210. Daraus, daß bei der Zurückgabe die Sache in den früheren Stand gesetzt werden muß, wenn das Wegnahmerecht geübt werden soll, ist in den früheren Auflagen hergeleitet, daß regelmäßig nach der Zurückgabe ein Anspruch, die Wegnahme zu gestatten, nicht mehr erhoben werden kann, wenigstens dann nicht, wenn bei der Zurücknahme der Sache das Recht auf Wegnahme nicht besonders vorbehalten ist. Die Praxis hat ebenfalls in dem eben angezogenen Urtheil auf das Bedenken hingewiesen ob man von dem in jenem Fall betheiligten Verwalter im Konkurse des Nießbrauchers die Wiederherstellung erwarten könne, aber doch in anderen Fällen den Satz angenommen, daß das Wegnahmerecht nach der Rückgabe geübt werden könne, soweit nicht bei der Rückgabe darauf verzichtet sei. Vgl. Entsch. B. 55 S. 66. Strieth. B. 60 S. 264 (Rehbein III. S. 841); R.G. bei Gruchot B. 34 S. 1000. Ebenso Dernburg § 248 bei Anm. 11. Daß dies der Billigkeit entspricht, ist anzuerkennen. — Der Entwurf des B.G.B. Reichstagsvorlage § 981 (vgl. Entw. I. § 936, II. § 910) begründet ein Wegnahmerecht nur wegen Sachen, die als Bestandtheil mit herauszugebenden Sachen verbunden sind, ohne zu unterscheiden, ob die Verbindung nützlich war oder nur der Annehmlichkeit des Besitzers diente, schließt aber den Anspruch aus 1) wenn die Verbindung der gewöhnlichen Erhaltung der Sache während der Zeit diente, für die dem Herausgebenden die Früchte verbleiben, 2) wenn die Abtrennung für den Abtrennenden keinen Nutzen hat oder wenn ihm der Werth des Bestandtheils nach der Trennung ersetzt wird.

39) I. 7 § 219. Vergl. Mater. S. 318 f. 320. 385.

40) S. z. B. Höpfner, Komment. Ausg. 4 v. 1793 S. 248. § 283 Nr. 6. Ueber I. 7 § 219 vergl. Temme in der jur. Wochenschr. 1835 S. 433. Gans, Beiträge zur Revision S. 27. Gruchot B. 5 S. 326 f. (der wohl ohne Grund annimmt, daß sich dieser § nur auf den gänzlichen Untergang der Sache bezieht, was auch nicht aus § 177 des ersten Entwurfs folgt), Heydemann I. 396, Koch, Komm. zu § 219. Bornemann II. 157.

41) I. 7 § 218; l. 10 D. de R. J. Vgl. Anm. 32 a. E.

42) l. 3. 23 C. III. 32 außer bei negotiorium gestio l. 6 § 8 D. III. 5, l. 11 C. II. 19, oder wenn der Preis in das Vermögen des Vindikanten gekommen ist. l. 14. 16 C. V. 71. Glück B. 8 S. 216. Fabricius, Diss. cit. p. 29.

43) I. 15 § 26, I. 7 § 221. Vergl. I. 9 § 199, I. 20 § 80.

44) Unten § 180 bei Anm. 81—84. S. auch oben § 164 Anm. 33a.

45) I. 7 § 220. Zu den hier gedachten Kosten gehören, wenn die Räumung durch Zwangsvollstreckung zu erzwingen ist, nicht auch die Kosten der Zwangsvollstreckung. Dies erkennt jetzt auch Dernburg I. § 250 Anm. 12 an, der früher von Kosten der „Vollziehungsmaßregeln" sprach.

B. **Stellung des vollständigen unredlichen Besitzers**, und zwar

a. des **eigentlich unredlichen**, der das Bewußtsein seiner Unredlichkeit hat. Dieser restituirt die Sache mit allen vorhandenen Früchten und Nutzungen, er ersetzt mit landüblichen Zinsen vom Tage der rechtskräftigen Verurtheilung den Werth der verzehrten oder veräußerten Früchte und derjenigen, die nach Ortsgebrauch wirthschaftlich hätten gewonnen werden können[46]. Der Ersatz wird berechnet nach dem mittleren Marktpreis; ist bei Veräußerung der Früchte ein höherer Preis erzielt, so ist dieser zu erstatten[47]. Der Besitzer muß über die Gewinnung der Früchte Rechnung legen, und bringt dabei die entrichteten Lasten und Abgaben, die auch der Eigenthümer hätte erlegen müssen, und die ortsüblichen wirthschaftlichen Gewinnungskosten in Abzug, welche letztere — wenn sie durch Belege nicht bewiesen werden können — durch Sachverständige bemessen werden[48]. Ein unredlich besessenes Kapital wird mit den höchsten gesetzmäßigen Zinsen zurückgezahlt[49]. Es wird ferner dem Eigenthümer oder rechtmäßigem Besitzer Alles ersetzt, was er durch Vorenthaltung des Besitzes verloren hat, geringes Versehen vertreten, und selbst zufälliger Verlust vergütet, wenn nicht ausgemittelt werden kann, daß der Zufall die Sache auch im Besitz des Berechtigten getroffen hätte[50].

---

[46] I. 7 §§ 223. 224. 229. 230. 231. Ueber die fructus percipiendi s. Entsch. B. 28 S. 58. Strieth. B. 13 S. 261. Mater. S. 322—325. 330f. Studien S. 633 Nr. 43. § 2 J. IV. 17, § 35 J. II. 1, l. 62 pr. § 1, l. 64 D. VI. 1, l. 75 de V. S., l. 22 C. III. 32, l. 3 C. IV. 9, l. 2 C. VII. 51, l. 4 C. VIII. 4. Als Grundlage der Ersatzklage mit obligationsrechtlichem Charakter ist die in I. 7 § 137 anerkannte Pflicht anzusehen, die Sache zum Besten desjenigen zu erhalten, dem der Besitz gebührt. Die Pflicht steigert sich für den, der das Bewußtsein fremden Rechts hat, dahin, die Sache wirthschaftlich zu benutzen. Verletzung dieser Pflicht erzeugt die pekuniäre Ersatzverbindlichkeit. Zu § 224 s. Gruchot B. 5 S. 529. § 230 schließt sich an den damaligen Gerichtsgebrauch an. Mevii decis. III. 373, VI. 182. Ueber § 231 s. Glück B. 8 S. 268, abweichend das röm. R. l. 15 D. XXII. 1. — Der Entwurf des B.G.B. Reichstagvorl. §§ 974 (vgl. Entw. I. §§ 931 ff., II. § 904) verpflichtet den unredlichen Besitzer die während der Unredlichkeit gezogenen Nutzungen (die wegen seiner Unredlichkeit nicht in sein Eigenthum fallen) herauszugeben und ihm Schadenersatz für Nutzungen zu leisten, die er bei ordnungsmäßiger Wirthschaft hätte ziehen können, soweit ihm ein Verschulden an dem Nichtziehen zur Last fällt, ferner ist er verantwortlich, sofern die Sache in Folge seines Verschuldens verschlechtert wird, untergeht oder sonst nicht herausgegeben werden kann.

[47] I. 7 § 225. (Mater. S. 172. 230.) I. 7 §§ 226. 227. 228. Strieth. B. 27 S. 144. Die Perzipienden werden nicht nach den Perzepten, sondern selbständig berechnet. Strieth. B. 5 S. 254.

[48] I. 7 §§ 233. 234. 235, I. 13 § 256, I. 14 § 166, l. 46 D. XXII. 1, l. 36 § 5 D. V. 3. — Plen. Entsch. B. 49 S. 21 (Rehbein II. 788).

[49] I. 7 § 232. Ueber Besitz eines „Kapitals" vgl. § 159 Anm. 37. Statt höchster gesetzmäßiger Zinsen nach Aufhebung der Zinsbeschränkungen immer noch ohne weiteren Nachweis landesübliche.

[50] I. 7 § 244. (Gruchot B. 5 S. 535). I. 7 §§ 240. 241. Es ist eine Einrede des zur Rechenschaft verpflichteten unredlichen Besitzers, daß der Zufall die Sache auch bei dem Eigenthümer getroffen hätte. Mater. S. 328. Dem eigentlich unredlichen Besitzer, auf den sich § 241 bezieht, wird in § 242 noch ein schwererer Grad der Unredlichkeit gegenübergestellt: der Besitzer, der durch eine strafrechtlich verbotene Handlung den Besitz ergriffen hat. Diesem ist die Einrede aus § 241 versagt. Mater. S. 328. 329. 332.

Auch die Kosten der Rückgabe hat der unredliche Besitzer zu tragen[51]). Nothwendige Verwendungen (Erhaltungskosten) werden ihm aber erstattet, jedoch dann nicht, wenn er sie durch geringes Versehen verschuldet hat. Verbesserungen nimmt er weg, wenn dies ohne Zerstörung der Sache geschehen kann, und der Eigenthümer keine Vergütung gewähren will[52]).

b. Der fingirt unredliche Besitzer, der in Folge der Klagebehändigung oder wegen unentschuldbaren thatsächlichen Irrthums als ein unredlicher angesehen wird[53]), restituirt im Wesentlichen ebenso wie der „wirklich" oder „eigentlich" unredliche und hat die gleichen Erstattungsansprüche; aber er hat für die versäumten Früchte und für zufällige Verschlechterungen keine Verantwortung und haftet nur für mäßiges Versehen[54]).

c. Der unrechtfertige Besitzer, welcher sich im rechtlichen Irrthum über die Rechtmäßigkeit seines Besitzes befindet, wird bei der Rückleistung in sofern milder beurtheilt, als er die versäumten Früchte nicht ersetzt, das Kapital nur mit landüblichen Zinsen zahlt, bei Verschlechterungen nur mäßiges

---

388f. Auch nach röm. R. l. 47 pr., l. 51 pr. D. XLVII. 2, l. 1 C. II. 20, l. 2 C. IV. 8. Doch ist die heutige Praxis bestritten, Vangerow III. 223 (6. A.), mit Rücksicht auf l. 14 § 11 D. IV. 2. — Die Belastung mit Hypotheken ist eine Verschlimmerung nach I. 7 § 240. Strieth. B. 42 S. 99. — Vergl. noch § 3 J. IV. 17, l. 13. 20 D. VI. 1, l. 91 pr. D. XLV. 1, l. 47 pr., l. 52 D. V. 3. In der l. 15 § 3 D. VI. 1 macht Ulpian den m. f. poss. für den Zufall verantwortlich, wenn der Eigenthümer die Sache vor Eintritt des Zufalls hätte verkaufen können. Dieser Satz ist in das preuß. R. nicht übergegangen. Der Entwurf des B.G.B. läßt den unredlichen Besitzer als solchen nicht weiter haften als in Anm. 46 dargelegt, hat er aber den Besitz durch verbotene Eigenmacht oder durch eine strafbare Handlung erlangt, so soll er aus dieser unerlaubten Handlungsweise auf Schadenersatz haften. Reichstagsvorl. § 977 (Entw. I. § 794. 930, Entw. II. § 907).

[51]) I. 7 § 243.

[52]) I. 7 §§ 236—238. Vgl. oben Anm. 38. Uebereinstimmend das röm. R. l. 38. 39 § 1 D. V. 3, l. 37 D. VI. 1, l. 5 C. III. 32. Code 548. — Anwendungen der Restitutionspflicht des unredlichen Besitzers: I. 5 §§ 353. 398, I. 9 § 497, I. 11 §§ 25. 159 bis 163. 168. 237. 1167, I. 12 § 310, I. 14 § 72, I. 15 § 16 qui dolo desiit possidere) 20, I. 16 § 18, I. 20 §§ 91. 149. 642, I. 21 §§ 172. 332, II. 1 §§ 546. 881, II. 18 § 590). Zusammengestellt von Heydemann I. 396 Note 818. Nach dem Entwurf des B.G.B. besteht für den unredlichen Besitzer und für den redlichen Besitzer nach der Klagezustellung nur bei nothwendigen Verwendungen und auch hier nur nach den Grundsätzen von der Geschäftsführung ein Ersatzanspruch. Reichstagsvorl. § 978 (vgl. I. § 936, II. § 908).

[53]) Oben § 163 Anm. 22. Vgl. Entwurf des B.G.B. Reichstagsvorl. §§ 971. 973 (vgl. Entw. I. § 933, II. §§ 901. 903).

[54]) I. 7 §§ 323—228. 232—240. 243. 244, I. 15 §§ 12ff. Vgl. Entsch. B. 47 S. 282, B. 67 S. 84, R.G. Entsch. B. 11 S. 298. R.G. bei Gruchot B. 28 S. 449. — Es ist hier nicht alles unbestritten. 1. Ob der fingirt unredliche Besitzer eines Kapitals ebenso wie der wirklich unredliche höchste oder nur landesübliche Zinsen zu zahlen hat (Koch zu I. 7 § 232) ist jetzt nicht mehr von praktischer Erheblichkeit. Vergl. B. I. § 51 Anm. 25 und oben Anm. 49. — 2. § 240 bezieht sich nur auf den eigentlich unredlichen Besitzer, der fingirte vertritt also, wie der unrechtfertige, nur mäßiges Versehen. Dagegen Heydemann I. 400 bei d. — 3. Gruchot B. 5 S. 534 will den fingirt unredlichen Besitzer von den Räumungskosten freisprechen, aber § 243 sagt: „jeder unredliche Besitzer". — 4. Das O.-Trib. hat durch Pl.-Beschl. (Entsch. B. 49 S. 21. Strieth. B. 50 S. 46. Rehbein II. 788) angenommen, daß auch der fingirt unredliche Besitzer für die Zeit von Insinuation der Klage Rechnung legen muß. S. darüber oben B. I. § 48 Nr. 2. Hinschius in der pr. Anw.-Z. 1864 S. 47. — Keine Anwendung auf den fingirt unredlichen Besitzer haben die §§ 229 - 231. 241.

Versehen vertritt, und ihm Verbesserungen, die nicht fortgenommen werden können, soweit vergütet werden müssen, als sich sonst der Eigenthümer mit seinem Schaden bereichern würde[55]).

C. Stellung des unvollständigen Besitzers.

a. Ist ein redlicher unvollständiger Besitzer vom Eigenthümer in Anspruch genommen, so muß er diesem leisten, was und wie er demjenigen zurückzuleisten verpflichtet ist, von dem er sein Besitzrecht ableitet. Hat er Veränderungen an der Sache vorgenommen, zu denen ihn sein Titel nicht berechtigte, so wird er dem Eigenthümer gegenüber als unrechtfertiger Besitzer angesehen, d. h. er vertritt mäßiges Versehen, aber der Eigenthümer darf sich nicht mit seinem offenbaren Schaden bereichern[56]).

b. Der unredliche haftet dem Eigenthümer wie der vollständige unredliche, mit der Maßgabe, daß sich der Eigenthümer zunächst an den etwa dazwischen stehenden vollständigen unredlichen Besitzer halten muß[57]). Für den Umfang der Haftung des unrechtfertigen unvollständigen Besitzers fehlt es an abweichenden Vorschriften, und die Bestimmungen über den engeren Umfang der Haftung des unrechtfertigen vollständigen Besitzers gestatten entsprechende Anwendung nicht. Es wird daher der unrechtfertige unvollständige Besitzer insbesondere für versäumte Früchte wie ein unredlicher haften[58]).

---

[55]) I. 7 §§ 229. 232. 239. 240. 241. Entsch. B. 28 S. 58 (Rehbein II. 779). Strieth. B. 84 S. 121 (Rehbein II. 785). Er muß auch unentgeltlich die Sache herausgeben. Strieth. B. 61 S. 166c (Pflicht zur Rechnungslegung Entsch. B. 52 S. 1). — Dagegen hat er nicht nur possessorischen Schutz (cf. oben § 162 Anm. 30ff.) Entsch. B. 34 S. 78, Strieth. B. 23 S. 226, sondern kann, wie die Praxis annimmt, in 30 Jahren ersitzen. Entsch. B. 16 S. 524. Vgl. hierüber Strieth. B. 2 S. 361c, B. 23 S. 227, B. 32 S. 134. Entsch. B. 27 S. 219, B. 34 S. 80. Arnsb. Arch. B. 3 S. 217 B. 14 S. 561. Unten § 177 bei Note 39 und 116. — Anwendungen in I. 5 § 158, I. 9 § 497. — Dem Entwurf des B.G.B. ist die Kategorie fremd.

[56]) I. 7 §§ 245—247. 269. Es ist also vorausgesetzt, daß der unvollständige Besitzer sein Recht redlich von einer anderen Person als dem Eigenthümer herleitet, daß zwischen diesem und jenem ein vollständiger Besitzer stehe, dessen Unredlichkeit dem redlichen unvollständigen nicht schadet. — Nach I. 20 § 81 hat der Pfandgläubiger, der b. f. eine fremde Sache als Pfand empfangen, gegen den Eigenthümer die Rechte eines redlichen Besitzers, aber doch nur die des unvollständigen. Die Stellung des mittelbaren Besitzers nach dem Entwurf ist im § 975 der Reichstagsvorlage geregelt. Vgl. Entw. I. § 932, II. § 905.

[57]) I. 7 §§ 248. 249. Der unredliche vollständige Besitzer haftet also zunächst dem Eigenthümer, der unredliche unvollständige aushilfsweise. Mat. S. 334. Koch, Komm. zu § 249. Die Unredlichkeit des unvollständigen Besitzers muß gegen den Eigenthümer vorhanden sein. A. M. die Gesetzrevisoren XVI. 47.

[58]) R.G. bei Gruchot B. 25 S. 720.

# Zweites Hauptstück.

## Das Eigenthum.

A.L.R. I. 8 §§ 1—10 (mit Anschluß der §§ 350—499. I. 9 Erbschaftserwerb). I. 15. I. 17 §§ 1—114. I. 18 §§ 1—12. — Gruchot B. 6 S. 90—135. 253—314. 419—461. 567—624. VII. 82—138. 259—303. 402—443. 610—623. VIII. 92—147. 262—299. 402—474. 560—610. Heydemann I. 402—452. II. 1fg. Bornemann II. S. 1. Koch, Priv.-R. I. 419. Dernburg I. §§ 181ff. 215ff. Fischer §§ 182ff. — Westphal, System des röm. Rechts über die Arten der Sachen, Eigenthum und Verjährung. 1791. Gesterding, Ausführliche Darstellung der Lehre vom Eigenthum. 1817. Zirkler im Rechtslexikon B. 4 S. 141—169. 1844. Sell, Die röm. Lehre vom Eigenthum (1. Bd. der röm. Lehre der dinglichen Rechte ohne Sachenrechte), 1852. Schmid, Handb. des gegenw. geltenden gem. deutschen bürgerlichen Rechts. B. 1. 1847. Pagenstecher, Die römische Lehre v. Eigenthum. 3. Abthl. 1857—1859. Leist, Civilist. Studien, 3. H. über die Natur des Eigenthums. 1859. Girtanner, Die Rechtsstellung der Sache und der Eigenthumsbegriff, in Gerber und Ihering, Jahrb. 3. S. 58—298. 1859. Duncker, Ueber dominium directum und utile, in der Zeitschr. f. deutsches R. B. 2 S. 177f. Derselbe, Das Gesammteigenthum. 1843. Baron, Die Gesammtrechtsverhältnisse im röm. R. 1864. Göppert, Beiträge zur Lehre vom Miteigenthum. 1864. Boas, Z. B. v. Miteigenthum. 1864. — Vangerow, 7. A. I. S. 539f. Arndts, §§ 130f. Böcking, Pand. B. 2 S. 6fg. Brinz I. S. 178f. Puchta, Pand. §§ 144f. Vorles. I. 315f. Seuffert 4. A. I. S. 152. Sintenis 2. A. I. S. 472fg. Schmidt, Handbuch des gegenwärtig geltenden gemeinen Rechts, B. I. Windscheid I. §§ 167ff. — Beseler 2. A. 290—313. Bluntschli 3. A. 153—225. Gerber 8. A. 181—253. Stobbe II. §§ 78ff. Roth, Bair. Civ.-R. II. §§ 118fg. Randa, Das Eigenthumsrecht nach österreichischem Recht. 1884. — Zachariä (Crome) I. §§ 166ff.

### Erstes Kapitel.

### Der Begriff des Eigenthums.

### § 166. Begriffsbestimmung.

Das A.L.R. sagt: „Eigenthümer heißt derjenige, welcher befugt ist, über die Substanz einer Sache oder eines Rechts, mit Ausschließung Anderer, aus eigener Macht, durch sich selbst oder einen Dritten zu verfügen"[1]). Diese Definition, etwas schwerfällig gefaßt[2]), war damals im Gange[3]), sie

---

[1]) I. 8 § 1. Oesterr. G.B. § 354. Das sächs. G.B. § 217 definirt: das Eigenthum gewährt das Recht der vollständigen und ausschließlichen Herrschaft über eine Sache.

[2]) Schwerfällig ist die Wendung: „durch sich selbst oder einen Dritten", die sich in § 1 des Entwurfs noch nicht findet. Dagegen kann Heydemann (S. 402 Note 842) darin nicht beigestimmt werden, daß die Herbeiziehung der Substanz inkorrekt sei; dieser Begriff ist vielmehr wesentlich in der Definition (nächste Note).

[3]) Vgl. z. B. Hellfeld, Princ. jur. § 877. Höpfner, Komm. 4. A. 1793 S. 151. Glück, B. 8 S. 36. Gesterding (1817) S. 3f. Das österr. G.B. § 354 sagt: „Als

legt den Nachdruck auf die Verfügung über die Substanz, d. h. nicht auf die Dienste, die die Sache bietet, nicht auf die Nutzungen, die aus ihr erzeugt werden. Die Sache selbst in ihrer Wesenheit ist der Verfügung unterworfen, sie ist ganz und vollständig von ihm beherrscht. — Man hat Manches gegen diese Definition eingewendet. Zunächst von dem Gesichtspunkt der historischen Entwicklung des Eigenthumsbegriffs, daß sie nicht anwendbar sei auf die Fälle des sogenannten getheilten Eigenthums, weil in diesen die Verfügung über die Substanz dauernd gehindert werde durch das anderen Personen zustehende Recht an der Nutzung[4]). Doch solche geschichtlichen Erscheinungen, selbst wenn sie wirklich anerkannt werden müssen[5]), können den Begriff nach dem geltenden Recht nicht ändern, und erscheinen ebensowenig, wie die Ausstellung, daß die Begriffsbestimmung nicht auf die Fälle passe, iu denen das Eigenthum durch dingliche Rechte beschränkt ist[6]), von Gewicht; denn die Beschränkung trifft nicht das Recht der Beherrschung als solches, sie kollidirt mit dem Eigenthum und mindert zeitweise einzelne Aeußerungen, sie begründet keine Aenderung des Rechts in seinem Wesen, sondern ein Verhältniß, mit dessen Wegfall sich von selbst die ausschließende Kraft des Rechts der Verfügung über die Substanz herstellt. So wenig die Obligationen die Freiheit der Person aufheben, so wenig zerstören die dinglichen Lasten das Wesen des Eigenthums[7]).

Also: das Eigenthum ist dasjenige Rechtsverhältniß, nach welchem die

ein Recht betrachtet, ist Eigenthum das Befugniß, mit der Substanz und den Nutzungen einer Sache nach Willkür zu schalten und jeden Andern davon auszuschließen". Die Neueren haben den Begriff der Substanz fallen lassen, und dafür in verschiedenen Ausdrücken von totaler und absoluter oder willkürlicher Herrschaft gesprochen. S. bei Gruchot B. 6 S. 91fg. mehrere der neueren Definitionen, denen noch zuzusetzen ist die Windscheid's § 167. „Das Eigenthum ist dasjenige Recht, welches an sich den Willen des Berechtigten entscheidend für die Sache in der Gesammtheit ihrer Beziehungen macht." Von anderer Seite wird darauf Gewicht gelegt, daß das Eigenthum, auch wenn es beschränkt ist, die Fähigkeit und das Bestreben besitzt, sich zu konsolidiren, zur unbeschränkten Macht über die Sache immer wieder heranzuwachsen. Dernburg I. § 181. Diese Eigenschaft ist gewiß vorhanden. Randa, Eigenthumsrecht § 1: Die rechtliche Möglichkeit relativ vollster, unmittelbarer Herrschaft. Lehmann in Stobbes deutsches Privatrecht B. 2 § 94: das alle Beziehungen umfassende Herrschaftsrecht über eine Sache. Ahrens, Encyklopädie S. 677f. hat für die Definition wieder den Begriff der Substanz betont. S. 602. Und in der That ist dieser mit Förster allein als geeignet zu achten, die mancherlei Einwendungen zu beseitigen, die der sonst herrschenden Definition entgegengestellt werden. Zwar giebt auch das Pfandrecht und das Näherrecht eine Herrschaft über die Substanz, — aber diese Rechte können nur unter Heranziehung des Eigenthümers ausgeübt werden. Daß der Begriff der Substanz nicht bloß auf Körper anzuwenden ist, wie Unger II. 526 behauptet, daß er vielmehr auch auf Rechte (nur nicht auf rein obligatorische) Anwendung findet, hat Ahrens a. a. O. Note 2 ausgeführt. Der Entwurf des B.G.B. Reichstagsvorl. § 887 (vgl. I. § 848, II. § 818) beschreibt das Recht des Eigenthümers dahin, daß er, — soweit nicht das Gesetz oder Rechte Dritter entgegenstehen — mit der Sache nach Belieben verfahren und andere von jeder Einwirkung ausschließen kann.

4) Zirkler im Rechtslex. a. a. O. S. 145f.

5) Darüber unten § 167.

6) Böcking a. a. O. S. 8f. Girtanner a. a. O. S. 70fg.

7) Zirkler a. a. O. S. 150.

Sache substanziell und mit Ausschließung Anderer der Herrschaft der Person unterworfen ist. Auch beim Besitz durchdringt, wie gezeigt wurde[8]), der Wille des Besitzers die Sache, der Wille des vollständigen Besitzers insbesondere ergreift sie substanziell und total. Aber dieser nur subjektive Einzelwille, dessen Uebereinstimmung mit dem objektiven, allgemeinen Willen nur vorläufig angenommen wird, begründet nur einen vorläufigen Schutz. Die Dauer der Rechtsbeziehung ist an die Dauer der thatsächlichen Beherrschung gebunden, er hört auf, ein Recht zu sein, sobald jene vorausgesetzte Uebereinstimmung sich als nicht vorhanden erweist. Bei dem Eigenthum dagegen befindet sich der subjektive Wille im Einklang mit der objektiven Rechtsordnung. Das Eigenthum existirt überhaupt nur, wenn dieser wirklich vorhanden ist. Darum überdauert es die thatsächliche Trennung der Sache vom Subjekt, seine Existenz bedarf nicht noch der Stütze in der ununterbrochenen Möglichkeit, die Sache zu beherrschen. Was bei dem (vollständigen) Besitz vermuthet wird, der Einklang mit der Rechtsordnung, ist bei dem Eigenthum wirklich.

Man hat erörtert[9]), ob das Eigenthum ein Institut des positiven Rechts sei, oder ob es nicht vielmehr allem Recht vorangehe und von diesem nur formelle Anerkennung und weitere Gestaltung empfange. Diese Erörterung muß resultatlos bleiben, wenn dabei ganz unhistorisch an eine vorrechtliche Zeit gedacht wird, wo das Zusammenleben der Menschen nur ein Aggregat Einzelner, nicht Volks- oder Staatsorganismus gewesen sei. Niemals aber hat jemand behauptet, daß das Eigenthum willkürlich von einem Gesetzgeber erfunden und eingeführt worden sei, wie etwa z. B. die Mancipation oder eine andere nur formale Einrichtung im Recht, sondern es ist, wie nie verkannt worden, ein überall gegebenes Lebensverhältniß, welches auf ethischem Grunde ruht und deshalb in jeder, auch der ältesten denkbaren Rechtsordnung Anerkennung erhalten hat. Gewiß ist ferner die menschliche Arbeit ein wesentliches Moment in der ethischen Begründung des Eigenthums, aber sie ist nicht, wie wohl behauptet worden, ihr ausschließlicher Grund. Ein Recht des Einen gegen alle Andern, ein **Dürfen** nicht bloß ein Können, ist das Eigenthum nur durch die Rechtsordnung und kraft ihrer[10]).

Aus dem Begriff des Eigenthums sind folgende Momente hervorzuheben:

---

[8]) Oben § 157 Anm. 8.

[9]) Leist, Civil. Studien, H. 3 bes. S. 46. Auch schon im älteren Naturrecht. S. Gros S. 149. Gesterding S. 54 fg.

[10]) Vgl. J. U. Wirth, Spekulative Eth. B. 2 1843 S. 106 fg. Zirkler S. 165 und die Rezensionen der Schrift von Leist: Windscheid in der krit. Vierteljahrschrift B. 1 S. 294 f. Kuntze in Schletters Jahrb. B. 6 S. 1 f. Wirth sagt mit Recht: „wenn, was nicht geleugnet werden kann, das Eigenthum im Staat einen größeren Umfang gewinnt, die konkreten mannigfaltigen Formen seines Begriffs, das Grundeigenthum, das Kunstprodukt mit seinen vielen Arten, das Geistesprodukt erst innerhalb des Staates entstehen können, so muß auch der Begriff des Eigenthums ein Ausfluß des Staatsbegriffs sein . . . mit dem Entstehen des Eigenthums ist auch der Staat im Werden begriffen."

Das Eigenthum ist ausschließlich: die Sache gehört ihrer Substanz nach nur dieser Person, keine andere hat das gleiche Recht auf sie, der Wille des Eigenthümers durchdringt sie so vollständig, daß kein Raum mehr in ihr ist für den Willen eines andern Subjekts. Das Eigenthum ist seinem Wesen nach untheilbar; es lassen sich die in ihm liegenden Befugnisse nicht dauernd abtrennen und verschiedenen Personen zutheilen[11]); der Eigenthümer verfügt über die Sache frei und unbeschränkt, bis zur substanziellen Vernichtung derselben. Dingliche Rechte Anderer an der Sache beruhen auf der Einräumung des Eigenthümers. Mit ihrer Beendigung tritt ohne Rückerwerb der unzerstörbare Grund, das Eigenthum in seiner vollen Freiheit von selbst wieder hervor (jus recadentiae)[12]). Das Eigenthum konsolidirt sich wieder, und zwar in gleicher Weise, wenn das dingliche Recht des Andern aus andern Gründen, wie wenn es um deshalb wegfällt, weil der Eigenthümer Rechtsnachfolger des dinglich Berechtigten oder dieser Rechtsnachfolger des Eigenthümers geworden ist. In diesen Fällen muß der Untergang des dinglichen Rechts deshalb stattfinden, weil der Eigenthümer die darin liegenden Befugnisse schon als Eigenthümer hat und nur als Eigenthümer üben kann[12a]). Das Eigenthum ist beständig; es giebt kein Eigenthum, dessen Dauer von vornherein an eine zeitliche Schranke geknüpft wäre; das Recht, künftig Eigenthümer zu werden, setzt noch einen späteren Erwerbsakt voraus. Ein resolutiv bedingter Eigenthumserwerb kann indessen ein widerrufliches Eigenthum mit einer schon gegenwärtigen Beschränkung des Eigenthümers zu Gunsten des eventuell Berechtigten hervorbringen, die aber nur insofern Wirkungen hat, als sie dem Dritten bekannt oder bei Grundstücken in das Grundbuch eingetragen ist[13]).

---

[11]) Die dinglichen Rechte auf fremde Sachen haben einzelne Civilisten, so z. B. Puchta § 145 u. A. als eine Herausnahme oder Abtrennung von Befugnissen, die an sich im Eigenthum liegen, charakterisirt. Das dingliche Recht aber nimmt nichts aus dem Eigenthum heraus, es lagert sich auf das Eigenthum und hindert daher, so weit es reicht, die Ausübung des Eigenthums, aber die Befugniß zur Ausübung bleibt in diesem, und macht sich sofort wieder geltend, wenn das dingliche Recht aufhört. Es ist daher auch korrekter zu sagen: das Eigenthum wird durch dingliche Rechte belastet, als: es wird durch sie eingeschränkt. Ahrens a. a. O. S. 675. Das Oesterr. G.B. § 358 sagt richtig, daß die Beschränkungen die Vollständigkeit des Eigenthums nicht aufheben.

[12]) Böcking II. S. 11: „das Eigenthumsrecht kehrt zu seiner positiven und negativen Unbestimmtheit zurück (wird frei), sobald und soweit jene es beschränkenden Rechte der Nichteigenthümer an der Sache wieder aufhören", und S. 12 Note 27: „das Eigenthumsrecht strebt, wieder ganz zu sich selbst zu kommen, das es ausschließende selbst auszuschließen; das Gelingen des Strebens nach Konsolidation ist die Recadenz." S. unten § 184 bei Note 2. Die Quellen sprechen von regredi ad proprietatem, reverti, redire. § 4 J. II. 4, l. 3 § 2, § 54 D. VII. 1, l. 3 §§ 1. 2 D. VII. 2, l. 3 pr. C. III. 33 u. a. St. Pagenstecher I. S. 7 § 7 (Elastizität des Eigenthums).

[12a]) Hier findet keine Vereinigung von Recht und Pflicht, Forderung und Schuld in einer Person statt, keine Konfusion (oben B. I. § 96), sondern das dingliche Recht als solches verschwindet, weil es nur als Recht an einer fremden Sache denkbar ist.

[13]) Vgl. I. 4 §§ 115. 116, I. 11 §§ 261—265. Eig.Erw.Ges. vom 5. Mai 1872 § 11. Ein bedingtes (widerrufliches) Grundeigenthum ist nur beim Erwerb durch letztwillige Verfügung denkbar. Ueber den Eigenthumserwerb durch Auflassung auf Grund eines be-

Da das Eigenthum das umfassendste und intensivste Vermögensrecht ist, so hat der gemeine Sprachgebrauch die Worte Eigenthum und Vermögen vielfach verwechselt, so daß es ein Eigenthum am Eigenthum zu geben scheint. Auch die juristische Sprache hat sich hiervon nicht freigehalten[14]). Namentlich ist dies beim A.L.R. bemerkbar; darauf wird unten bei Erörterung der Gegenstände des Eigenthums näher eingegangen werden müssen[15]).

Das A.L.R. stellt das Eigenthum in Anerkennung seiner umfassenden hohen Bedeutung in den Mittelpunkt des Systems des Vermögensrechts und bezieht darauf alle anderen Vermögensrechte[16]). So nahe liegend diese Auffassung sein mag, und so sehr sie scheinbar eine Berechtigung in sich trägt, so hat sie doch den Nachtheil, daß sie die anderen Rechte nicht um ihrer selbst willen erkennen läßt. Mit dem 7. Titel schließt der allgemeine, mit dem 8. beginnt der besondere Theil des landrechtlichen Systems[17]).

## § 167. Geschichtliches vom Eigenthum.

Schmidt, Der pinzipielle Unterschied zw. röm. und deutschem R. I. 1853 S. 217fg. Ihering, Geist des röm. R. II. S. 222fg. Puchta, Institutionen 6. A. B. 3 S. 516fg. — Arnold, Zur Geschichte des Eigenthums in den deutschen Städten. 1861. — Stobbe, Miteigenthum und gesammte Hand, in der Zeitschr. f. Rechtsgeschichte B. 4 S. 207fg. Zöpfl, 3. A. 1858 S. 704fg. Beseler, 2. A. S. 290f. Bluntschli, 3. A. S. 153f. Gerber, 8. A. S. 181fg.

Das Eigenthum des römischen Rechts zeigt eine unversehrte Festhaltung der Momente der Ausschließlichkeit, Untheilbarkeit und Freiheit. Nur ein Institut kennt das ältere römische Recht, welches das Eigenthum belastet, also seiner Freiheit entgegentritt — die Servituten. Von ihnen haben die Personalservituten nur eine vorübergehende Existenz, sie erlöschen mit dem Tode des Berechtigen; die Realservituten belasten zwar dauernd das Grund-

---

dingten Vertrages vgl. oben B. II. § 124 Anm. 106. Vgl. überhaupt B. I. § 36, B. II. § 124 und unten § 169, wo unter den Einschränkungen des Eigenthümers bezüglich der Verfügung über seine Sache insbesondeere auch der Fall des resolutiv bedingten Eigenthums zu besprechen sein wird.

[14]) S. z. B. österr. G.B. § 353: „Alles, was Jemandem zugehört, alle seine körperlichen und unkörperlichen Sachen, heißen sein Eigenthum.“ Dies geht noch weiter als A.L.R. I. 8 § 2, welcher doch noch das Moment der Ausschließlichkeit und in Verbindung mit § 1 das des Substantiellen enthält. Daß deshalb Forderungen nicht hierher gerechnet werden dürfen, darüber unten § 168. S. Unger I. 524. Zirkler S. 142. Puchta, Institut B. 2 § 231 Nota a.

[15]) Unten § 168. Auch die römischen Rechtsquellen sind nicht ganz frei von diesem vulgären Sprachgebrauch; es werden nämlich auch die dinglichen Rechte als Gegenstände des Eigenthums bezeichnet: dominium ususfructus, dominium servitutis. Diese werden auch im A.L.R. als Eigenthumsobjekte aufgefaßt. Unbestimmter ist der Ausdruck dominium hereditatis. Sonst wird der Begriff des Vermögens ausgedrückt durch: in bonis nostris, meum et tuum, pertinere ad aliq. S. Gruchot B. 6 S. 94fg.

[16]) Oben B. I. § 7.

[17]) A. M. Heydemann I. 40, der den 8. Tit. noch zum allgemeinen Theil rechnet. Aber Svarez bei Siewert I. S. 3fg. bezeichnet nur die 7 ersten Titel als „allgemeine Wahrheiten“.

stück, aber sie sind in Maß und Inhalt eingeschränkt auf das Bedürfniß des berechtigten Grundstücks und beeinträchtigen danach die Freiheit des Grundeigenthümers, dem die Ausübung derselben Befugnisse neben dem Servitutberechtigten in der Regel nicht entzogen ist, verhältnißmäßig wenig [1]). Das im Eigenthum enthaltene Streben nach Beseitigung der Beschränkungen wird also durch solche Belastung niemals dauernd ausgeschlossen oder beseitigt. Das Eigenthum ist zwar durch das dingliche Recht zeitweilig in bestimmter Weise beschränkt, tritt aber beim Wegfall dieser Rechte immer wieder in seiner Freiheit hervor [2]). Deshalb ist auch die Vindikation unbeschränkt, mag dem Eigenthümer ein gut- oder schlechtgläubiger Besitzer gegenüberstehen, mag dieser die Sache entgeltlich oder unentgeltlich an sich gebracht haben [3]). Das spätere römische Recht hat zwar in der Superfizies und Emphyteuse zwei Institute in sich aufgenommen, die den Eigenthümer dauernder einschränkten und ihm mehr entzogen, als man früher mit der Freiheit seines Rechts verträglich erachtet hatte. Jedoch war die Anwendung beider eine sehr beschränkte. Die Emphyteuse, regelmäßig ein Pachtrecht an Gütern des Kaisers, des Staats, der Gemeinden und Kirchen, war im Privatverkehr wahrscheinlich von seltenster Uebung [4]); die Superfizies entspricht ebenfalls einem dauernden Miethrecht an dem, was auf dem Grund und Boden errichtet ist [5]). Weil aber beide Verhältnisse von längerer Dauer waren, als dies bei Pacht und Miethsverträgen zu sein pflegte, erhielten sie eine Aehnlichkeit mit den dinglichen Rechten, und es wurde angenommen, daß diese Pächter, soweit das Recht des Eigenthümers von ihnen zurückgedrängt wurde, quasi domini in fundo morantur [6]), sie hatten auch die Klagerechte des Eigenthümers als angewandte (utiles) [7]). Diese zwitterhaften Institute sind seit der Rezeption vornehmlich benutzt worden, um Regeln zu bieten für ähnliche Verhältnisse des deutschen Rechts, während die römisch-rechtlichen Institute selbst sich praktisch nicht erhalten haben [8]).

Es ist wohl behauptet worden, daß dem älteren deutschen Recht der Begriff des Eigenthums noch unbekannt gewesen, daß er wenigstens in ihm

---

[1]) Pagenstecher I. S. 5fg. Ihering II. S. 234f.

[2]) Ihering II. S. 239.

[3]) l. 9 D. VI. 1. Ubi rem meam invenio, ibi vindico. Nec ad rem pertinebit, ex qua causa possideat: ubi enim probavi rem meam esse, necesse, habet possessor restituere qui non objecit aliquam exceptionem.

[4]) Arndts im Rechtslex. III. 849. Zeitschr. für Civil-R. u. Proz. N.F. B. 3 S. 245. Vangerow I. 789f. § 358. Sintenis I. 538 § 55 Note 2. Im justin. R. ist ager vectigalis und emphyteuticarius identisch. Die Emphyteuse ist eine locatio in perpetuum: ein vererbliches und veräußerliches Pachtrecht, also, obschon in seinen materiellen Wirkungen dem dominium nahe gerückt, doch nur ein jus in re aliena. Thibaut, Versuche II. Nr. 3.

[5]) Sintenis a. a. O. l. 1 pr. § 3 D. XLIII. 18. Auch hier liegt der Unterschied von der locatio wesentlich in der unbeschränkten Dauer des Rechts, non ad tempus, non ad modicum tempus.

[6]) l. 3 § 7 D. XLIII. 17.

[7]) l. 1 § 1 D. XLIII. 8, l. 1 § 1 D. VI. 3.

[8]) Pagenstecher I. S. 10f. Zirkler I. a. S. S. 164. Gerber S. 184 Note 4.

noch keine bestimmte Umgrenzung erhalten habe. Diese Behauptung ist unrichtig [9]). Jedenfalls gab es ein Eigenthum an der Fahrniß schon zu den Zeiten, für die man am Eigenthum des einzelnen Gemeindegenossen an Aeckern zweifeln kann [10]). Der Begriff des Eigenthums tritt jedenfalls bereits im kleinen Kaiserrecht klar hervor: wellichem man god hat gegebin eygen gut, der sal wissen, daz he med syme gude mag thun waz he well [11]). Die Bezeichnung „Eigenschaft" findet sich in Urkunden des 13., „Eigenthum" in Urkunden des 14. Jahrhunderts, in den älteren, lateinisch geschriebenen Quellen sowohl dominium als proprietas [12]). Darin aber liegt zunächst der große Unterschied vom römischen Rechte, daß im deutschen die Rechte, durch die das Eigenthum an Grundstücken beschränkt oder belastet werden konnte, viel zahlreicher und mannichfaltiger, ihrem Inhalt nach weiter greifend, ihrer Zeitdauer nach unbegrenzter waren [13]), daß auch die Verhältnisse des öffentlichen Rechts stärker auf die Freiheit des Grundeigenthums einwirkten [14]). Daher kam es, daß bei einzelnen Instituten das dem Eigenthümer übrig bleibende Recht fast inhaltlos erscheinen mußte. Hierher gehören das Lehn- und die erblichen Besitzrechte nach Hofrecht. Sodann war in Deutschland das Veräußerungsrecht des Eigenthümers nicht so frei wie bei den Römern: die Erben hatten einen Einspruch, Güter konnten für alle späteren Generationen durch Unveräußerlichkeit und Untheilbarkeit dem freien Verkehr entzogen werden (Stammgüter und Familienfideikommisse). Auch die Vindikation beweglicher Sachen war gebunden durch die Regel „Hand wahre Hand" oder durch das Erforderniß der Einlösung. Besonders aber boten die Rechtsbeziehungen der Mitglieder der alten Realgemeinden zu dem Gemeindevermögen Verhältnisse dar, die dem römischen Recht völlig unbekannt waren. Das Wesen dieser Realgemeinden bestand darin, daß ihnen Grundstücke (Gemeindegüter, Almenden) zustanden, die nicht im Interesse der Gesammtheit und von dieser genutzt werden konnten, vielmehr dazu bestimmt waren, von den einzelnen Gemeindegliedern in bestimmter, zum Theil sehr umfassender Weise genutzt zu werden. Diesem Nutzungszweck mußten sie ungetheilt erhalten bleiben. Die Vortheile des Eigenthums standen hiernach den einzelnen Betheiligten kraft Sonderrechts zu. Die Mitglieder waren es auch, die durch gemeinsame Willensthätigkeit, zuweilen durch Beschlüsse der Mehrheit über das Gemeindevermögen verfügten. So hatte es den Anschein, als ob sie die Eigenthümer wären. Aber es standen ihnen keine bestimmten Antheile zu, wie bei dem römischen Condominium, und sie durften den Anspruch auf Theilung nicht erheben. Gerade dies faßte man als ein deutsch-

---

[9]) Gerber S. 181. Duncker in der Zeitschrift für deutsches R. B. 2 S. 187 f. Arnold a. a. O. S. 14 fg. Stobbe-Lehmann II. § 94 Anm. 3.
[10]) Stobbe B. II. § 78.
[11]) II. 90.
[12]) Die Nachweisungen bei Duncker und Arnold.
[13]) Bluntschli S. 257.
[14]) Arnold a. a. O. S. 8 fg.

rechtliches Gesammteigenthum der Mitglieder auf[15]). Dazu kamen noch andere Gesammtrechtsverhältnisse: die Gütergemeinschaft der Eheleute, Sammtbelehnungen, Ganerbschaften, Erbverbrüderungen, Markgenossenschaften, u. dgl. m. Bei allen diesen Instituten kann zweifelhaft erscheinen, wer das Eigenthum habe, und ob dieses überhaupt noch den Charakter der Ausschließlichkeit und Freiheit zeige[16]).

Der Gegensatz dieser Bildungen, die theoretisch noch nicht begriffen waren, gegen das einfache, sicher konstruirte römische Eigenthum ist einleuchtend und mußte bei der Rezeption sich geltend machen. Die **gemeinrechtliche Doktrin** hat die ihr dadurch entgegengestellten Schwierigkeiten zu lösen versucht. Einzelne Institute, die im Widerspruch mit dem Eigenthumsbegriff nach den Grundsätzen des römischen Rechts zu stehen schienen, verloren die gemeinrechtliche Giltigkeit: so die Beschränkungen der Vindikation durch die Regel „Hand wahre Hand" und durch Einlösung, das Einspruchsrecht der nächsten Erben bei Veräußerungen; andere wurden als Eigenthümlichkeiten des deutschen Rechts bewahrt, wie die Familienfideikommisse und Stammgüter, bei denen dies um so leichter anging, als sie auf bestimmte Personenkreise beschränkt waren; andere wurden den römischen Rechtsregeln ohne Schwierigkeiten unterworfen, so die viel zahlreicheren Grundgerechtigkeiten den Regeln der Servitut. Mehr Schwierigkeit machte dies bei den Reallasten, weil die persönliche Leistung des Belasteten den Grundsätzen der römischen Servitut widersprach, und man erfand deshalb, unter analoger Anwendnng römischer Regeln, die Kategorie der deutschrechtlichen Servituten, quae in faciendo consistunt. Die meisten Schwierigkeiten boten aber diejenigen Rechtsverhältnisse, die so tief in das Eigenthum eingriffen, daß es als reales Recht nicht mehr zu bestehen schien, und diejenigen gemeinschaftlichen Berechtigungen, die sich unter die Regeln des römischen Miteigenthums nicht unterordnen lassen wollten. Die Doktrin half sich durch die Aufstellung zweier neuer Rechtsinstitute, des **getheilten Eigenthums** und des **Gesammteigenthums**.

Die Theilung in ein **Ober-** und ein **nutzbares Eigenthum** (dominium directum und utile)[17]) stammt schon aus den Zeiten der Glossatoren.

[15]) **Bluntschli** S. 156fg. **Dunker**, Gesammteigenthum S. 152. **Renaud**, die Gemeindenutzungen, insbesondere die Realgemeinderechte. 1845.

[16]) Vgl. auch **Stobbe**, Miteigenthum und gesammte Hand, in der Zeitschrift für Rechtsgeschichte, B. 4 S. 214fg. Alle solche Verhältnisse sind beeinflußt von einer engeren Verbindung, in der die betheiligten Personen mit einander stehen, z. B. Gemeindeverband, Familie, Belehnung, und diese persönliche Vereinigung drückt sich in Beziehung auf das Vermögensrecht darin aus, daß dieses nur nach Außen abgeschlossen erscheint, zwischen den verbundenen Personen aber eine Grenze des Antheils der einen gegenüber dem der anderen nicht ersichtlich ist. Das übrigens dem deutschen Recht ein Miteigenthum nach Quoten bekannt gewesen, hat **Stobbe** a. a. O. S. 224f. nachgewiesen. Vgl. **Stobbe-Lehmann** B. II. § 97.

[17]) S. hierüber bes. **Duncker**, Ueber dominium directum und utile in der Zeitschr. f. deutsches R. B. 2 S. 177fg. **Roth**, Bair. Civ.R. II. § 119. **Gerber** § 77. **Beseler** § 82. **Stobbe, Lehmann** II. § 96.

Daß der Emphyteuta und der Superfiziar bei den Römern die utilis vindicatio hatten, bot die Veranlassung zu der Annahme, daß sie auch ein utile dominium (nutzbares Eigenthum oder Untereigenthum) gehabt, dem das Recht des Herrn als nuda proprietas oder dominium directum (Obereigenthum) gegenüberstand[18]). Diese Kategorien wurden übertragen auf das Lehen und die bäuerlichen erblichen Besitzrechte (Erbleihe, Erbzinsgut), partikularrechtlich auch auf das Recht der Familie am Stammgut und Fideikommiß gegenüber dem zeitigen Besitzer[19]). Der Lehnsherr, der Gutsherr, die Gesammtheit der Familienmitglieder hatten hiernach das Obereigenthum, der Vasall, der Zinspflichtige, der Fideikommißbesitzer das nutzbare Eigenthum[20]). Die Reichsgesetzgebung des alten deutschen Reichs und die Landesgesetzgebungen haben diese Theorie angenommen[21]). Sie beruht auf dem Mißverständniß, daß der utilis vindicatio ein utile dominium entspreche, während bei den Römern sowohl Emphyteuse als Superfizies nur dingliche Rechte an einer fremden Sache (jura in re) sind.

Jüngeren Datums ist die Idee des Gesammteigenthums[22]). Zuerst erscheint sie — so weit es bis jetzt nachgewiesen — im 17. Jahrhundert, spezieller als allgemeines Rechtsinstitut begründet wurde sie sogar erst gegen Ende des 18. Jahrhunderts[23]). Das Gesammteigenthum soll ein dominium plurium in solidum sein, welches sich von dem römischen Miteigenthum dadurch unterscheide, daß der Einzelne nicht auf eine ideelle Quote der Sache beschränkt ist, sondern trotz und neben dem Recht der Andern die ganze Sache beherrscht. Bei ihm soll sowohl die Gesammtheit wie die Einzelnen Eigenthum haben. Diesem Gesammteigenthum wurden jene deutschen gemeinschaftlichen Rechtsverhältnisse untergeordnet.

Der Streit, ob das getheilte und das Gesammteigenthum als Rechtsinstitute zu verwerfen seien, ist hier nicht näher zu erörtern[24]). Aber wenn der

---

18) Gl. ad l. 1. 2 D. XXXVII. 1, l. 2 D. XLIII. 18, l. D. VI. 3, l. 3 D. XLI. 3, l. 1 C. X. 15. Pagenstecher I. S. 11 fg.

19) Pagenstecher S. 15. Beseler S. 294 Note 11.

20) Arnold a. a. O. S. 59 folgert aus zwei Urkunden, daß schon das ältere deutsche Recht die Auffassung eines getheilten Eigenthums gehabt habe. Aber der in beiden Urkunden vorkommende Gegensatz von proprietas und hereditas leitet nur darauf, daß neben dem Eigenthum ein Anderer ein erbliches dingliches Recht hat.

21) J. P. O. II. § 12, XV. § 3 G.G.O. v. 1521. Tit. 32 § 2. Bair. Landr. II. 2 § 2 IV. 7. 18. Bairisches Fideikommißedikt vom Oesterr. G.B. §§ 357—359.

22) Dunker, Das Gesammteigenthum 1843. Göppert, Z. Lehre vom Miteigenthum. 1864 S. 3—13. Roth, Bair. Civ.R. II. § 120. Stobbe, Lehmann B. II. § 97.

23) Zuerst in Anwendung auf eheliches Güterrecht bei Justus Veracius, Libell. consuet. princip. Bamb. 1681 bei Duncker S. 5. Hofacker, Princ. jur. civil. 1794 II. 909. 910 begründet das Dogma ausführlicher. Nach ihm haben es angenommen Runde, Danz, Glück. Zuerst entschieden angegriffen von Hasse, Beiträge zur Revision der bisherigen Theorie von der ehel. G.G. 1808 §§ 10—23. Die Naturrechtslehrer des 18. Jahrh. haben es nicht anerkannt. S. die Nachweisungen bei Göppert S. 5. 6.

24) Gerber S. 183 f. gegen die Theorie des getheilten und Gesammteigenthums. Beseler II. § 83, Bluntschli S. 173. 158, Walter, Deutsches Priv.R. § 132 dafür. Stobbe, Lehmann II. §§ 97. 98; Rothe, Bayer. Civilrecht II. S. 47. Dunckers beide erwähnte Monographien sind gegen beide Dogmen gerichtet.

Begriff des Eigenthums festgehalten wird, so kann die Antwort nicht zweifelhaft sein. Am allerwenigsten lassen sie sich durch die Bemerkung halten, daß sie Besonderheiten des deutschen oder des modernen Rechts überhaupt seien, oder daß man, wenn sie aufgegeben werden, den positiven Rechtsstoff willkürlich verkürze[25]). Wichtiger freilich wäre es, wenn dadurch die unbefangene Würdigung selbständiger Rechtsinstitute gefährdet würde. Allein auch dies muß verneint werden. Wie die Theorie vom Ober- und Untereigenthum in einem offenbaren Mißverständniß der römischen Quellen ihren Ursprung hat, so ist es auch nicht gelungen, dieses Institut mit besonderen Regeln zu bekleiden[26]). Es tritt immer nur ein weitgreifendes dingliches Recht gegenüber dem Eigenthum hervor; und dies zeigt sich insbesondere darin, daß ihm die Eigenschaft der Konsolidation fehlt, daß es nicht von selbst in volles Eigenthum übergehen kann, vielmehr das Obereigenthum von selbst freies und unbeschränktes Eigenthum wird, wenn es wegfällt[27]). Dem widerspricht nicht, daß in neueren Gesetzen, welche das Institut aufgehoben haben, das volle freie Eigenthum dem dinglich Berechtigten beigelegt, und das Obereigenthum für erloschen erklärt worden ist[28]), denn diesen legislatorischen Akten liegen andere Erwägungen und Rücksichten zu Grunde, und es ist an sich erklärlich, daß man demjenigen das Eigenthum gab, der bisher schon alle realen Befugnisse desselben besessen hatte. Nicht blos dem römischen Recht widerspricht diese Theilung, sondern dem Begriff des Eigenthums überhaupt,

---

[25]) Wie dies Beseler § 83 a. E. behauptet. Mit Recht bemerkt Jhering II. 232: „Man hat dem System der Beschränkung des Eigenthums eine vortheilhafte Seite abzugewinnen gewußt, indem man den Gesichtspunkt einer hier stattfindenden reicheren Entwicklung des Eigenthumsbegriffs geltend machte. Gewiß; in demselben Sinne in welchem ein Mediziner eine recht gefährliche Krankheit höchst interessant finden kann."

[26]) Bluntschli a. a. O. S. 173 wollte das getheilte Eigenthum durch die Duplizität des römischen ex jure Quiritium und in bonis rechtfertigen. Dabei liegt aber eine ganz falsche Auffassung des letzteren Gegensatzes zu Grunde. Hier war das Eigenthum nicht gespalten, wie es nach der Theorie vom getheilten Eigenthum der Fall sein soll, sondern es war ein Gegensatz des objektiven Eigenthumsrechts, ein Ankämpfen des naturalen Charakters des Eigenthums gegen den Formalismus des alten Civilrechts, und daß neben dem Naturaleigenthümer (in bonis habens) noch ein quiritarischer vorkommt, hat nur darin seinen Grund, daß der Prätor nur indirekt, nicht direkt das Civilrecht beiseitigen, nur seine materiellen Wirkungen zurückdrängen, es aber nicht formell aufheben konnte. In Wahrheit war neben dem quiritarischen der Naturaleigenthümer alleiniger Eigenthümer. S. Böcking II. S. 13fg. Puchta, Institutionen. 6. A. B. 3 S. 522 Note b. Windscheid I. § 169a Anm. 9. Siebenhaar und Siegmann, Komment. zum sächs. G.B. I. 218.

[27]) Duncker in der angef. Zeitschr. S. 203fg., der die Konsolidation (Recadenz) mit Recht als den eigentlichen Prüfstein dafür anerkennt, ob das s. g. dominium utile Eigenthum oder jus in re aliena sei. Ohne Grund leugnet Bluntschli § 60d S. 176 die Konsolidation in der Person des dom. directus. Aber Beseler a. a. O. Note 15 erkennt sie an und bleibt trotzdem bei dem Dogma des getheilten Eigenthums stehen.

[28]) Diese legislatorischen Akte, welche das Recht des Lehnsherrn, des Erbzinsherrn, des Erbverpächters aufgehoben und das Recht des Vasallen, des Erbzinsmannes, des Erbpächters in volles, freies Eigenthum verwandelt haben, sind nur dem Zuge der historischen Entwickelung dieser Rechtsinstitute gefolgt. S. hierüber Arnold a. a. O. den Abschnitt 6 S. 258fg.

und solche Nachwirkungen der Gewere, in denen noch unentschieden die Begriffe des Eigenthums und Besitzes zusammenliegen, müssen vom heutigen Recht zurückgewiesen werden.

Fast noch stärker steht das Gesammteigenthum im Widerspruch mit dem Begriff des Eigenthums[29]). Es giebt in der That Rechtsverhältnisse, bei denen das Eine anzuerkennen ist, daß dem einzelnen Miteigenthümer ein bestimmter, seiner freien Verfügung unterliegender Antheil nicht zusteht, daß vielmehr über die Sache nur zur gesammten Hand oder nach einer besonderen Regelung des einzelnen Instituts durch den einen Betheiligten als Vertreter Aller oder kraft gemeinsamer besonders geregelter Beschlüsse verfügt werden kann. Diese Verhältnisse sind es, auf die man den Begriff des Gesammteigenthums angewendet hat. Sie sind aber in mannigfach verschiedener Weise zu konstruiren[30]).

Ob und wie nun beide Dogmen auf die Redaktion des A.L.R. eingewirkt haben, wird später zur Sprache kommen.

## § 168. Das Subjekt und der Gegenstand des Eigenthums.

I. Das Subjekt. Jede rechtsfähige Person kann Eigenthümer sein. Das A.L.R. kennt jedoch noch gesetzliche Ausschließungen einzelner Personenklassen vom Eigenthumserwerb an gewissen Arten von Grundstücken und gewisse Arten von Rechten, deren Ausübung eine besondere persönliche Eigenschaft erfordert[1]). Hier hat das neuere Recht wesentlich geändert. Zuerst hob das Edikt vom 9. Oktober 1807 das Verbot des Erwerbs von Rittergütern durch Nichtadlige auf und gab den Güterverkehr frei[2]). Auch die beschränkenden Bestimmungen über die Erwerbsfähigkeit solcher Personen, die durch ihre Religionssatzungen den ganzen Umfang ihrer Bürgerpflichten zu

---

[29]) Daß die Gesammtverhältnisse des deutschen Rechts, namentlich z. B. die Almende, welche Veranlassung zur Annahme des deutschen Gesammteigenthums gegeben haben, im Vergleich mit dem römischen Miteigenthum Besonderheiten zeigen, die den Römern unbekannt waren, wie die in der Untheilbarkeit des Objekts oder Unveräußerlichkeit der Antheile sich ausdrückende größere Gebundenheit des Einzelnen an die Gesammtheit soll nicht geleugnet werden. Aber sie rechtfertigen nicht ein solches, aller Logik widerstrebendes Dogma. Zerstört worden ist es wesentlich durch ein tieferes Eindringen in das Wesen der einzelnen Rechtsinstitute, welche man unter dem Gesammteigenthum zusammengefaßt hat. S. auch Gerber S. 187 § 78 Note 19.

[30]) Ganerbschaften. Duncker, Gesammteigenthum. S. 145, Erbverbrüderungen. Duncker a. a. O. S. 138f., das Recht der Familie an dem Stammgut oder Fideikommiß. Duncker S. 115f., die Gesammtbelehnung. Derselbe S. 80f. Markgenossenschaften; Almende. Duncker a. a. O. S. 125f. Gerber in der Zeitschr. f. D.R. u. Pr. B. 12 S. 208f. (N. F.), v. Maurer, Geschichte der Markenverfassung, Theurich und, Die Gau- und Markverfassung. Gierke, Das deutsche Genossenschaftsrecht I. S. 60. 585, II. S. 194. Die Vergabungen von Todeswegen. Albrecht, Gewere S. 192. Duncker S. 57fg. — Ueber das Prinzip der ehelichen Gütergemeinschaft kann nur im Familienrecht gehandelt werden; es bedarf weiterer Ausführung.

[1]) A.L.R. II. 9 §§ 37fg. I. 8 §§ 6—8.

[2]) § 1 d. Ed. v. 9. Okt. 1807.

erfüllen verhindert waren, sind mit der Aufhebung der Freiheit der Mennoniten von der Militärpflicht antiquirt[3]). Von Bestand ist im Wesentlichen nur noch die Unfähigkeit ausländischer Korporationen ohne landesherrliche Genehmigung Grundstücke zu erwerben[4]). — Dagegen kennt auch das heutige Recht noch einige relative Verbote oder Beschränkungen des Eigenthumserwerbs durch Rechtsgeschäft im öffentlichen Interesse; sie sind schon oben bei der Lehre vom Kauf erwähnt worden[5]). Dazu ist noch zu bemerken, daß die Bergbeamten des Staats, deren Frauen und unter väterlicher Gewalt stehenden Kinder im Verwaltungsbezirke der ersteren Bergwerke oder Kuxe durch Muthung überhaupt nicht, und durch andere Rechtsgeschäfte nicht ohne Genehmigung des Handelsministers erwerben dürfen[6]).

II. Der Gegenstand. „Alles, was einen ausschließenden Nutzen gewähren kann, ist ein Gegenstand des Eigenthums[7])." Diese weitgefaßte und unbestimmte Vorschrift, die ihrem Wortlaut nach nur solche Objekte dem Eigenthum entzieht, welche vermöge ihrer Natur nur einen allgemeinen Gebrauch gestatten, wie die Luft, das fließende Wasser, das Meer, oder welche vermöge positiver Gesetze des Staats von dem Privatverkehr ausgenommen sind (was übrigens, wie vorsorglich bemerkt wird, nicht vermuthet werden soll, d. h. im einzelnen Fall von demjenigen bewiesen werden muß, der die Verkehrsentziehung behauptet)[8]) — erregt in Verbindung mit den Worten der Definition des Eigenthums als der Befugniß, über die Substanz einer Sache oder eines Rechts zu verfügen[9]), den Gedanken, daß außer den Körpern, an welchen allein das römische Recht Eigenthum gestattete, alle Rechte, auch die persönlichen, die Obligationen, Gegenstand des Eigenthums sein können. Wäre diese Ansicht richtig, so hätte der Begriff Eigenthum seine

---

[3]) Oben B. II. § 124 Anm. 25.

[4]) G. v. 4. Mai 1846. G. v. 23. Febr. 1870 § 4. A. Erlaß v. 14. Febr. 1882. G.S. S. 18. Die Unfähigkeit besteht auch für Korporationen, die in anderen deutschen Staaten bestehen, da Art. 3 der Reichsverf. hierbei nicht eingreift. Die reichsgesetzliche Anerkennung der Persönlichkeit gewisser juristischer Personen, wie der Genossenschaften und Aktiengesellschaften kann diese nicht von der landesgesetzlichen Beschränkung der Grunderwerbsfähigkeit befreien. Vgl. Johow, Jahrb. B. 8 S. 146. A. M. früher Dernburg I. § 225 Anm. 10. — Darüber, daß Vorschriften, wonach inländische juristische Personen der Zustimmung der Aufsichtsinstanz zu Grundstückserwerbungen bedürfen, nicht hierher gehören, vgl. B. II. § 124 Anm. 25.

[5]) Oben B. II. § 124 Note 25. 26.

[6]) Berggesetz von 1865 § 195 (G.S. S. 745). Ueber das ältere R. s. Heydemann S. 405.

[7]) I. 8 § 2. Oesterr. G.B. § 354: „Alles, was Jemandem zugehört, alle seine körperlichen und unkörperlichen Sachen." Der Entwurf des B.G.B. Reichstagsvorl. § 887 beschränkt den Eigenthumsbegriff auf Sachen, d. h. nach § 86 körperliche Gegenstände. Eine Urkunde, die nur die Bestimmung hat, ein Rechtsgeschäft zu beurkunden, kann vom Gesetz als Mittel benutzt werden, Rechte an dem beurkundeten Recht zu begründen. Aber sie darf nicht als ein selbständiger Verkehrsgegenstand behandelt werden. Vgl. unten Anm. 27.

[8]) I. 8 §§ 3—5. Z. B. sind Gemeindewege nicht Gegenstand des Privateigenthums. Strieth. B. 29 S. 285.

[9]) I. 8 § 1. Vergl. I. 16 § 6: „Das Eigenthum von Sachen und Rechten." I. 17 § 1. „Eigenthumsrecht über eine Sache oder ein Recht."

technische Bedeutung verloren. Es handelt sich aber hier nur um eine zwar für das ganze System des Landrechts erhebliche, für die Ausgestaltung des Eigenthumsrechts selbst aber mit Folgerungen nicht ausgestattete Ungenauigkeit des Ausdrucks [10]).

Nur solche Rechte, die substanziell sind und einen ausschließlichen Nutzen gewähren, können Eigenthumsobjekte sein. Die Obligationen sind weder substanzielle Rechte, weil sie nur formale Macht über den Willen der verpflichteten Person begründet, noch gewähren sie an sich einen ausschließlichen Nutzen. Alles, was früher gegen die Möglichkeit eines Besitzes an Obligationen ausgeführt wurde, gilt auch gegen die Möglichkeit eines Eigenthums an ihnen, und es kann hier darauf zurückverwiesen werden [11]). Wenn Svarez selbst als Gegenstände des Eigenthums außer den körperlichen Sachen Gerechtsame bezeichnet [12]), so sind darunter jedenfalls nicht die Obligationen, sondern die dauernden Rechte, die Gerechtigkeiten zu verstehen, die wegen ihrer objektiven und substanziellen Existenz auch besessen werden können [13]).

Nur insoweit muß anerkannt werden, daß das preußische Recht die Zahl der Eigenthumsobjekte gegenüber dem römischen Recht, das nur körperliche Sachen als solche ansieht, vermehrt hat. Aber auch hier ist die Verwendung des Eigenthumsbegriffes eine übertragene. Rechte an fremden Sachen kann man wohl ersitzen, durch Besitzklagen und durch Rechtsklagen schützen, aber das eine Hauptkriterium des Eigenthums, daß es durch bloßen Nichtgebrauch nicht verloren geht, daß es lediglich im Belieben des Eigenthümers liegt, ob er sein Eigenthum gebrauchen will oder nicht, fehlt ihnen [14]). Sie gehen durch bloßen Nichtgebrauch unter, ohne daß es einer Ersitzung der Freiheit (usucapio libertatis) von Seiten der verpflichteten oder belasteten

---

[10]) Zuweit geht auch Göppert, Z. L. v. Miteigenthum, 1864 S. 18 und Franklin bei Gruchot B. 5 S. 13. Unter den älteren gemeinrechtlichen Schriftstellern war es eine ausgemachte Sache, daß der Begriff des A.L.R. vom Eigenthum ein ganz diffuser sei. Auch in der Praxis begegnet man häufig dieser Auffassung; vgl. z. B. Entsch. B. 35 S. 387, B. 42 S. 94, B. 56 S. 125. Strieth. B. 47 S. 80, B. 62 S. 164. Wenn behauptet wird, das Eigenthum an Forderungen werde dadurch bewiesen, daß die Cession im 11. Titel als ein Titel zum Erwerb des Eigenthums durch Verträge (das O.-Trib. setzt B. 56 S. 127 hinzu: unter Lebendigen!) stehe, so ist dies Argument sehr schwach. Ebenso unklar ist die Ausführung bei Strieth. B. 69 S. 273: Obligationen, über die schriftliche Urkunden existiren, an denen ein Sachbesitz möglich ist, können Gegenstand eines dem Eigenthum adäquaten Besitzes cum animo sibi habendi sein! Als ob aus dem Besitz der Urkunde der Besitz der Forderung folge und was ist ein „dem Eigenthum adäquater Besitz"?

[11]) Oben § 159. Die Befugniß desjenigen, mit dessen Gelde ein Darlehn gegeben worden, die Darlehnsobligation für sich in Anspruch zu nehmen — vergl. §§ 665. 666. I. 11 und oben B. II. § 137 Anm. 65 — hat allerdings etwas der Vindikation Aehnliches. — Inhaberpapiere — vergl. B. I. § 64 S. 415 — kommen zunächst nicht als Forderungsrechte, sondern als körperliche Sachen in Betracht und sind als solche Gegenstand des Eigenthums.

[12]) Bei Siewert, H. 1 S. 4. 5.

[13]) Vgl. oben B. II. § 22. Koch, Priv.-R. B. I. S. 657 fg.

[14]) I. 9 § 504, I. 21 § 92.

Person bedarf[15]). Bei einigen fehlt auch regelmäßig die Veräußerungsbefugniß[16]).

Zu den Eigenthumsobjekten sind nach dem System des A.L.R. zu rechnen: die im neueren Recht aufgehobene Jagdgerechtigkeit[17]) und andere auf dem Rechte des Staats an den kleinen Regalien beruhende, vom Staat verliehene oder ihm gegenüber erworbene Gerechtsame, die sogenannten selbständigen, d. h. von dem Besitz eines Grundstücks unabhängigen, den Immobilien zugerechneten Gerechtigkeiten[18]) und das unten näher zu besprechende Bergwerkseigenthum[19]). Hierzu kommen andere Gerechtigkeiten des öffentlichen Rechts[20]), die Gewerbeberechtigungen[21]), die jetzt theils aufgehobenen, theils für ablösbar erklärten alten Zwangs- und Bannrechte[22]), und das durch geistige Produktion begründete Urheberrecht oder Verlagsrecht und die anderen in Zusammenhang damit erörterten Berechtigungen[23]), Rechte, die dem römischen Recht fremd waren. In allen diesen Fällen handelt es sich um Berechtigungen, die dem Eigenthum insofern wesentlich verwandt sind, als sie ausschließliche Befugnisse der Berechtigten enthalten, auch nicht das Bestehen einer andern privatrechtlichen Beziehung zur Grundlage haben. Dagegen ist es sachlich und sprachlich ungenau, auch das dingliche Gebrauchs- und Nutzungsrecht an einer fremden Sache[24]), die Grunddienstbarkeit[25]), die Reallast[26]) als Gegenstände des Eigenthums zu bezeichnen. Aus solchen Ungenauigkeiten des Ausdrucks sind keine Rechtskonsequenzen zu ziehen, und Widerspruch ist besonders dagegen zu erheben, daß die Praxis des preußischen Obertribunals den Begriff des Eigenthums sogar auf Hypothekenforderungen übertragen hat, mit der Konsequenz, daß die ungiltig cedirte oder auf den

---

15) I. 19 § 29, I. 21 § 184, I. 22 § 50.

16) Der Nießbrauch kann nur der Ausübung nach, nicht dem Rechte nach veräußert werden; Grundgerechtigkeiten sind nicht veräußerlich. Unten § 185 bei III. g.

17) S. unten § 171 a. E.

18) Vgl. B. I. § 21 Anm. 45 und unten § 198 Anm. 3. S. A.L.R. II. 15 §§ 51. 88. 90; 229. 230.

19) S. unten Anm. 49 ff.

20) Koch, Pr.-R. I. 652 § 391. Das Patronatrecht, A.L.R. II. 11 §§ 568 f., die nach Beschränkung des Postregals (Ges. v. 5. Juni 1852, Reichspostgesetz v. 28. Oktober 1871) nicht mehr erhebliche Transportgerechtigkeit durch Privatpost, Ed. v. 10. Novbr. 1810. § 20, oder Eisenbahn, Ges. v. 3. Novbr. 1838.

21) Reichs-Gewerbeordnung v. 21. Juni 1869 § 7. Koch, Pr.-R. I. 672 fg. Apothekenprivilegien werden seit 1810 nicht mehr ertheilt, die älteren bestehen noch (Koch I. 681 fg.). Ueber Abdeckereiberechtigungen vgl. Ges. v. 17. Dez. 1872.

22) Die Zwangs- und Bannrechte sind theils mit, theils ohne Entschädigung aufgehoben, theils für ablösbar erklärt. Sie können durch Verjährung nicht mehr erworben, durch Verträge oder andere Rechtstitel nicht auf länger als 10 Jahr begründet werden. § 7 der Deutschen Gewerbe-Ordn. von 1869. Sie unterliegen einschränkender Auslegung: z. B. ist in dem Zwangsrecht, die Zubereitung gewisser Bedürfnisse an anderer Stelle zu untersagen nicht auch das Recht gefunden, die Anschaffung dieser Bedürfnisse von Anderen zu verbieten. Entsch. B. 74 S. 206.

23) S. oben B. II. §§ 134. 153.

24) A.L.R. I. 21. Die Erbpachtgerechtigkeit ist aufgehoben.

25) A.L.R. I. 22. Auch im römischen Recht wird von einem dominium servitutis gesprochen. S. oben § 166 bei Note 15.

26) Unten § 188.

Namen eines Nichtberechtigten geschriebene Hypothek nach den Grundsätzen der Eigenthumsklage vindizirt werden könne[27]).

Das Ergebniß dieser Erörterung ist, daß auch nach preußischem Recht das Eigenthum im technisch-juristischen Sinn nicht gleichbedeutend mit Vermögen ist. Nur bestimmte Vermögensstücke stehen im Eigenthum. Die einzelnen Bestimmungen des A.L.R. über den Erwerb des Eigenthums beziehen sich fast durchaus nur auf das eigentliche Sacheneigenthum, und es darf nicht irre führen, daß das Wort Eigenthum an einzelnen Stellen figürlich in einer weiteren Bedeutung gebraucht wird[28]).

Gegenstand des Eigenthums kann nur die einzelne, konkret bestimmte Sache sein. Die hierzu erforderliche Abscheidung des einzelnen bestimmten Grundstückes aus der Erdfläche führt zum Begriff der Grenze. Auch die bewegliche körperliche Sache bedarf, um Eigenthumsobjekt zu sein, der individuellen Bestimmtheit[29]). Flüssige Körper können solche Bestimmtheit nur durch Einschließung in feste Körper erlangen. Nicht das Begriffsganze, der Inbegriff, sondern die einzelnen darin enthaltenen körperlichen Stücke sind denkbare Gegenstände des Eigenthums (quot capita tot dominia)[30]). Die Zusammensetzung einer Sache aus mehreren, bisher verschiedenen Eigenthümern gehöri-

---

27) Entsch. B. 42 S. 94, B. 56 S. 121 f. Strieth. B. 62 S. 164. Wenn das O.-Trib. annahm, daß, weil Pfandbriefe und Inhaberpapiere vindizirt werden können, der Vindikation der Hypothekenforderung nichts entgegenstehe, so beruht dies auf einer Verwechslung der Urkunde mit der Forderung. Dem Hypothekengläubiger ist ganz ausreichend mit der Klage gegen den Cessionar auf Herausgabe des Hypotheken-Instruments als zur Forderung gehörig gedient; hat er ferner ein rechtskräftiges Erkenntniß erwirkt, durch das die Cession für ungiltig erklärt worden, so bedarf er nichts weiter, um die Eintragung der Cession zu annulliren. Einer Rückcession (wenn solche überhaupt durch eine Vindikation erreicht werden kann) und Aushändigung der Urkunde über die ungiltige Cession selbst ist unnöthig. Ganz dasselbe gilt auch von der Grundschuld, obgleich ihre Existenz nicht an die Existenz einer durch sie gesicherten Forderung gebunden ist. Auch wenn der Schein-Cessionar inzwischen die Hypothek weiter cedirt oder zur Löschung gebracht hat, läßt sich die Ausdehnung der Sätze von der dinglichen Klage durch Analogie rechtfertigen. Regelmäßig wird, wenn ein Interesse dazu begründet ist, ein unbefugter Forderungsprätendent zur Anerkennung des Gläubigerrechts des wahren Gläubigers verurtheilt werden können, und wo dies ausgeschlossen, z. B. die Forderung gelöscht ist, wird aus dem Haben ohne Grund, unter Umständen aus schuldhafter Vermögensbeschädigung zu klagen sein. Vergl. auch § 99 Anm. 10, § 159 Anm. 16 ff. — Daß auch der Hypothekenbrief kein Gegenstand der Vindikation und nicht selbständiger Gegenstand dinglicher Rechte sein kann, darüber vergl. unten § 197 Anm. 11. S. auch B. I. § 99 Anm. 156c. Der entgegenstehenden Annahme Försters von der Vindikabilität der Urkunden über Hypothekenforderungen als selbständiger Vermögensgegenstände ist freilich das Reichsgericht bei Gruchot B. 26 S. 995, B. 30 S. 424 beigetreten. Es ist unlogisch eine Eigenthumsklage an einer Urkunde anzunehmen, wenn man nicht zugleich annimmt, daß ein von dem Forderungsrecht unabhängiges Eigenthum an der Urkunde denkbar ist, und wenn man nicht eine von der Forderungscession unabhängige rechtsgeschäftliche Uebertragung des Eigenthums daran als rechtlich möglich betrachtet.

28) Oben B. I. §. 7 a. E.

29) Zirkler im Rechtslexikon S. 151. Pagenstecher I. 32. Auch bei fungibelen Sachen kann die Einschließung in einen anderen Körper zur Individualisirung dienen, aber sie können auch in anderer Weise individualisirt werden. Ihre Natur fordert nicht schlechthin dazu die Einschließung.

30) Zirkler a. a. O. S. 152. Oben B. I. § 21 Anm. 2.

gen Bestandtheilen kann, je nachdem die Verbindung lösbar ist oder nicht, zu Eigenthumsveränderungen und anderen rechtlichen Beziehungen führen, die im Fortgang des Werks näher zu erörtern sein werden[31]).

Davon daß das Immobiliareigenthum vom preußischen Recht in mannigfacher Weise anders ausgestattet ist als das Mobiliareigenthum, und daß dieser anderen Ausgestaltung namentlich die Grundbuchgesetzgebung dient, ist bereits im allgemeinen Theil die Rede gewesen[32]).

Das Eigenthum am Grundstück[33]) erstreckt sich auf alles, was auf dem Grund und Boden wächst oder gebaut ist[34]) — soweit nicht Anderen in Folge eines Veräußerungsakts des Eigenthümers oder durch das Gesetz ein Recht auf die Frucht vor ihrer Trennung vom Boden oder ein Recht auf einen darüber befindlichen Bau eingeräumt worden ist[35]). Häuser können verschiedenen Personen nur nach Theilen in vertikaler Richtung als Sondereigenthum gehören. Bei horizontaler Theilung liegt immer ein dingliches Gebrauchsrecht oder eine Grundgerechtigkeit (Realservitut) oder eine superfiziarische Berechtigung des einen gegen den anderen vor[36]). Die ver-

---

[31]) Unten § 176.

[32]) B. I. § 23a. Der Entwurf des B.G.B. scheidet das Immobiliensachenrecht von dem sonstigen Sachenrecht, indem er (Entw. I. §§ 828—847, II. §§ 794—817, Reichstagsvorlage §§ 857—888) allgemeine Vorschriften über Rechte an Grundstücken zusammenstellt und im Entw. I. §§ 886—873, II. §§ 838—841, Reichstagsvorl. §§ 909—912 eine Erörterung des Erwerbs des Grundeigenthums der Darstellung des Erwerbs von Eigenthum an beweglichen Sachen gegenüberstellt.

[33]) Hesse bei Ihering. Jahrb. B. 6 S. 391 f.

[34]) Quod solo implantatum est, solo cedit. l. 25 pr. D. XXII. 1, l. 7 § 13, l. 26 § 2 D. XLI. 1, l. 61 § 8 D. XLVII. 2, l. 11 C. III. 32. Quod solo inaedificatur, solo cedit § 30. J. II. l. 1. 7 § 10, l. 28 D. XLI. 1, l. 28 C. III. 32. Der erste Satz erleidet nach A.L.R. eine Modifikation, wenn dem Eigenthümer ein Nutzungsberechtigter gegenübersteht (s. § 221 I. 9, oben § 165, unten § 173 I.), und der zweite, wenn Dritte auf fremdem Grund und Boden gebaut haben, oder wenn fremde Materialien verbaut worden sind. Davon unten § 176. Vergl. über Gebäude, Gebäudetheile und Bodenerzeugnisse als wesentliche Grundstücksbestandtheile Entwurf des B.G.B. Reichstagsvorl. §§ 90. 91, vgl. Entw. I. §§ 783—785, II. §§ 77e—77f.

[35]) Oben B. I. § 108, B. II. § 136 bei Anm. 326, unten § 173. A.L.R. I. 9 § 221. Ueber Inädifikationen des Pächters oben B. II. § 136 Anm. 333, überhaupt des Besitzers § 176 unten III. bei Anm. 33. — Der § 199 I. 22 schließt von dem Eigenthum an den Bäumen eines Waldes auf das Eigenthum am Grund und Boden. Die Superfizies wird in I. 22 §§ 243 fg. als Grundgerechtigkeit behandelt. S. hierüber unten § 185 a. E. Ueber die Inädifikation nach preußischem Recht und die sich dabei ergebenden Rechtsverhältnisse vgl. § 176 III. Vgl. Entw. des B.G.B. Reichstagsvorl. § 91, Bauwerke, „die in Ausübung eines Rechts an einem fremden Grundstück von dem Berechtigten" — oder sonst zu einem vorübergehenden Zwecke — mit dem Grund und Boden verbunden sind.

[36]) S. hierüber Gruchot B. 6 S. 103 fg. Pagenstecher I. 34. Zaun im Arch. f. civ. Pr. B. 43 S. 224 fg. Emminghauß im Arch. für prakt. R.-W. B. 2 S. 45 f. Unger I. 415. Bluntschli § 57 S. 154. Kuntze in Holzschuher 3. A. B. 2 S. 102. Seuffert IV. 101, VI. 152, IX. 264, XIV. 10, XVIII. 242. l. 28 D. XLI. 1, l. 2 C. III. 32 l. 47 D. XXXIX. 2, l. 3 § 7 D. XLIII. 17. — Ueber preuß. Recht Centralblatt 1842 S. 574. Plathner in der jur. Wochenschrift. 1847 S. 370. — Nach franz. R. ist Eigenthum an einzelnen Stockwerken anerkannt. Code 664. Der Entwurf des B.G.B. Reichstagsvorl. § 998 verneint die Zulässigkeit eines Erbbaurechts an einzelnen Stockwerken.

tikale Trennung vermag ein Kreidestrich so gut wie eine Scheidewand herzustellen[37]).

Das fließende Wasser kann nicht Gegenstand des Eigenthums sein; aber soweit es in einer bestimmten räumlichen Begrenzung fließt, ist ein Recht daran mit einer gewissen Ausschließlichkeit möglich, soweit nicht wie bei den öffentlichen Flüssen die Bestimmung zum Gemeingebrauch überwiegt[38]). Daher sagt man, daß der Grundbesitzer an dem in einem natürlichen Bett fließenden Wasser (flumen privatum) innerhalb der Grenzen seines Grundstücks, und wenn das gegenüberliegende Grundstück einen anderen Eigenthümer hat, bis in die halbe Breite des Flusses Eigenthum habe[39]). Dieses Eigenthum ist aber bezüglich der vorüberfließenden Welle nichts weiter als ein Benutzungsrecht, es kann daher nur uneigentlich so genannt werden. Das Benutzungsrecht beruht aber auf dem Eigenthum am Flußbett. Wasser, das nicht in einem Bett gesammelt abfließt, sprudelnde Quellen oder Niederschläge gehören dem Grundeigenthümer; er kann dies Wasser sammeln und dem unteren Besitzer entziehen[40]). Bei stehenden Wassern (Teiche, Seen ohne Abfluß) entsteht und besteht Privateigenthum, wie an den vom Wasser nicht bedeckten Flächen. Ist die Entstehung des Eigenthumsrechts sonst nicht darzulegen, und greifen nicht provinzialrechtliche Bestimmungen ein, die dem Fiscus ein Recht geben, so gehört ein See dem Grundbesitzer, von dessen Besitz er umschlossen wird, beziehungsweise den mehreren Anliegern nach der Ausdehnung des Uferbesitzes bis zur Mitte[41]). Die „von Natur" schiffbaren Ströme (flumina publica) sind dem Privateigenthum entzogen[42]). Wenn ein Fluß im Interesse des gemeinen Wohls schiffbar gemacht wird, so verliert der Grundeigenthümer nicht sein Eigenthum am Fluß, wird aber für die beeinträchtigte

[37]) Pagenstecher I. 34. Vergl. auch Entsch. B. 53 S. 7.

[38]) Gruchot B. 4 S. 255fg., wo weitere Nachweisungen. Die aqua profluens ist communis omnium. § 1 J. II. 1, l. 2 § 1 D. I. 8. Wochenbl. f. merkw. Rechtsf. 1854 S. 194f. Vgl. über die außer Verkehr stehenden Sachen im Allgemeinen oben B. I. § 21 Anm. 21.

[39]) A.L.R. II. 15 §§ 39fg., I. 9. § 265. Ges. über die Benutzung der Privatflüsse v. 28. Febr. 1843. Entsch. B. 15. S. 361f., B. 27. S. 46. Strieth. B. 25 S. 142a. R.G. bei Gruchot B. 27 S. 148, B. 75 S. 15.

[40]) Striethorst B. 4 S. 211, B. 35 S. 311, B. 49 S. 56. Ebenso nach röm. R. l. 1 §§ 11. 21 D. XXXIX. 3, l. 11 pr. D. XLIII. 24, l. 6. 10 C. III. 34. Seuffert I. 5, X. 227. 261, XII. 246, XVIII. 7, XIX. 118. Gruchot B. 6 S. 274f. Würt. Arch. B. 9 S. 54f. Wegen des Schutzes gegen Einführung ungehöriger Substanzen (z. B. schädigender Fabrikwässer) vergl. R.G. Entsch. B. 16 S. 178.

[41]) A.L.R. I. 9 §§ 176. 267. 268. Entsch. B. 15 S. 361, B. 52 S. 38f., B. 64 S. 34. Seuffert XI. 16. Strieth. B. 71 S. 335, B. 87 S. 134. R.G. Entsch. B. 3 S. 245.

[42]) Sie sind nach A.L.R. II. 14 § 21 „gemeines Eigenthum des Staats", dem als Regal die Nutzungen daran zustehen (II. 15 § 38). Dieses „gemeine Eigenthum" begründet aber kein ausschließliches Recht an Allem, was sich im Flußbett befindet, z. B. den Felsen. Vielmehr unterliegen diese, soweit das strompolizeilich zulässig ist, der Okkupation, allerdings auch der des Fiskus. Entsch. d. R.G. B. 5 S. 258. Nur soweit die Schiffbarkeit des Flusses reicht, ist er öffentlich. Pl.Beschl. Präj. 2748. Entsch. B. 58 S. 1. (Hierdurch ist das Präjudiz 2253. Strieth. B. 1 S. 131 aufgehoben.) Vgl. Seuffert IX. 258, XIV. 201. Vgl. oben B. I. § 21 Anm. 21.

Ausübung desselben vom Staate vollständig entschädigt[43]). Die Ufer und was ihnen sich ansetzt, gehören dem Grundeigenthümer auch an den Strömen, welche von Natur schiffbar sind[44]); wieweit ihm noch darüber hinaus ein Aneignungsrecht zusteht, ist im § 173 zu erörtern. Insoweit hiernach von einem Eigenthum an Flüssen, Bächen und Gräben zu reden ist, erleidet dies, wie später zu besprechen sein wird, mannigfache Einschränkungen im Interesse der Eigenthümer der neben und tiefer liegenden Grundstücke.

Das Eigenthum an einem Grundstück erstreckt sich — wie die gemeinrechtliche Doktrin zu sagen pflegt — auch auf die Luftsäule darüber. Das heißt nicht, daß der Luftinhalt eines durch mathematische Flächen begrenzten Raumes Gegenstand des Eigenthums ist, sondern nur, daß der Eigenthümer des Grundstücks jeden Andern von lästigen Einwirkungen in diesen Luftraum, soweit letzterer zur Benutzung des Grundstücks nach irgend einer Richtung nothwendig ist, abhalten kann (coelum liberum esse debet). Dies ist der Inhalt des „Märchens von der Luftsäule“[44a]).

Das Eigenthum am Grundstück erstreckt sich abwärts in das Innere desselben. Dieser Satz des römischen Rechts steht auch im preußischen in zweifelloser Anwendung[45]), er modifizirte sich aber abgesehen vom Schatz[46]) durch die Vorschriften des Landrechts, nach denen gewisse Mineralien kraft des Bergregals ausschließlich vom Staat oder von dem gewonnen werden konnten, dem das Recht darauf vom Regalinhaber verliehen war[47]). Nach

---

[43]) A.L.R. II. 15 §§ 38. 40. 41. 43. Noch weniger verliert der Anlieger das Privateigenthum des Ufers dadurch, daß dasselbe in Folge einer natürlichen oder künstlichen Steigerung des Höchstwasserprofils zu einem Theile des Flußbettes wird. A. M. Dernburg I. § 237 Anm. 5.

[44]) A.L.R. II. 15 §§ 55. 56.

[44a]) l. 1 pr. D. VIII. 2, l. 22 § 4 D. XLIII. 24. Gesterding, Nachforschungen B. 3 S. 447. Unger I. 363 Note 5. Werenberg bei Gerber und Jhering B. 6 S. 16fg. Jhering das. S. 85. Hesse das. S. 393. Das österr. G.B. § 297 sieht den Luftraum als Pertinenz des Grundstücks an. Der Entwurf des B.G.B. I. § 849, II. § 819, Reichstagsvorl. § 889 erkennt das Recht auf den Raum über der Oberfläche in den Grenzen des Texts an. In der preuß. Praxis ist das Recht auf den Luftraum anerkannt. Strieth. B. 44 S. 237 vergl. hiermit B. 4 S. 225. Hinüberführen von Baulichkeiten in diesen Luftraum kann nur als Grundgerechtigkeit beansprucht werden. Entsch. B. 78 S. 212. Das Fahren eines Luftballons durch den Luftraum über den Grund und Boden wird man als Eigenthumsverletzung nicht ansehen können; dagegen möchte der Draht einer Telephonleitung, die in der von Nachbarhäusern erreichbaren Höhe über ein Grundstück geführt wird, auch wenn sie die hier befindlichen Baulichkeiten nicht berührt, als unberechtigter Eingriff zurückgewiesen werden können, weil das dauernde Vorhandensein des Drahts in erreichbarer Höhe über dem Grundstück als Beschränkung des Eigenthums angesehen werden muß, wie das Hineinragen eines Erkers.

[45]) l. 13 § 1 D. VIII. 4, l. 18 pr. D. XXIII. 5, l. 7 §§ 13. 14 D. XXIV. 3. Vgl. Sachsensp. I. 35. — Werenberg bei Gerber und Jhering B. 6 S. 23. Jhering daselbst S. 91 § 57 Abs. 2 Allg. Bergges. v. 24. Juni 1865. — Vgl. Entwurf des B.G.B. an der in Anm. 44a bezeichneten Stelle.

[46]) I. 9 §§ 94. 97—99. S. unten § 175.

[47]) A.L.R. II. 16 §§ 6. 69—480. Dazu Brassert, Das Bergrecht des allgemeinen preußischen Landrechts in seinen Materialien, 1861. Das System des Bergregals erstreckt sich insofern auch noch in die Gegenwart, als § 250 des allg. Berggesetzes v. 24. Juni 1865 die Rechte der früher reichsunmittelbaren Standesherren, sowie derjenigen, welchen

dem gegenwärtig in Preußen geltenden Rechte des Allgemeinen Berggesetzes vom 24. Juni 1865[48]) findet er in dem Grundsatze von der Bergbaufreiheit seine Begrenzung. Danach gehören die im Gesetze bezeichneten Mineralien[49]) nicht dem Eigenthümer des Grundes und Bodens, unter dem sie sich befinden; es giebt vielmehr ein besonderes Gewinnungsrecht des an bestimmter Stelle befindlichen bestimmten Minerals, und dem so Berechtigten allein steht die Befugniß zu, sich das Mineral durch Okkupation anzueignen. Dieses Gewinnungsrecht ist also ein ausschließliches, auch gegenüber dem Grundeigenthümer. Es wird von der Gesetzgebung als Bergwerkseigenthum bezeichnet. Seiner rechtlichen Natur nach kann es nicht als eine Beschränkung des Grundeigenthums aufgefaßt werden[50]); denn das Grundeigenthum erfaßt die fraglichen Mineralien trotz ihres Zusammenhangs mit dem Fundus überhaupt nicht; und dem Grundeigenthümer steht eine Verfügung darüber auch dann nicht zu, wenn kein Bergwerkseigenthum begründet ist. Die Mineralien sind deshalb als herrenlos zu bezeichnen, unterscheiden sich aber von anderen

---

auf Grund besonderer Rechtstitel das Bergregal für gewisse Bezirke allgemein oder bezüglich bestimmter Mineralien zusteht, aufrecht erhalten hat. Vgl. Achenbach in der Zeitschr. für Bergrecht B. 6 S. 441.

[48]) Berggesetz v. 24. Juni 1865. Kommentar dazu von Huyssen, Koch, Wachler, Oppenhoff, Klostermann, Buße und Arndt. Ferner Klostermann, Lehrbuch des preuß. Bergrechts 1871. Achenbach, Das gemeine deutsche Bergrecht B. I. 1871. v. Gerber § 95. Stobbe § 143. Dernburg B. I. §§ 258 ff. Klostermann bei Gruchot B. 21 S. 245 ff., B. 22 S. 300. Brassert und Achenbach, Zeitschrift für Bergrecht seit 1860. Die Grundsätze des preußischen Berggesetzes sind fast in ganz Deutschland von der Gesetzgebung angenommen worden. Der Entwurf des B.G.B. aber läßt die landesrechtliche Regelung des Bergrechts unbeachtet.

[49]) Die dem Bergbau vorbehaltenen Mineralien bezeichnet § 1 des Berggesetzes, provinzialrechtliche Abweichungen enthalten §§ 210—214. Im wesentlichen sind aufgeführt Metalle, Alaun- und Vitriolerze, Kohlen und Graphit, Salze und Soolquellen. Andere Steinarten, z. B. Edelsteine, die A.L.R. II. 16 § 70 aufführte, sind weggefallen.

[50]) So Achenbach S. 108. 237 ff. Stobbe § 143 zu 5. Es ist zwar zuzugeben, daß § 1 des Berggesetzes die in Rede stehenden Mineralien nur von dem „Verfügungsrecht" des Grundeigenthümers ausschließt; aber ganz abgesehen von der landrechtlichen Definition des Eigenthümers muß behauptet werden, daß ein Eigenthum, das nach dem Gesetz dauernd und grundsätzlich das Verfügungsrecht nicht in sich schließt, etwas sich selbst widersprechendes sein würde. Welche Eigenthumsbefugnisse sollte denn der Grundstückseigenthümer an den Mineralien haben? — Eine wirkliche bloße Beschränkung des Grundeigenthums ist es dagegen, wenn in den ehemals königlich sächsischen Landestheilen, die § 212 des Berggesetzes bezeichnet, der Grundeigenthümer, dem hier das Recht zur Gewinnung der unter seinem Fundus befindlichen Steine und Braunkohlen als Ausfluß seines Eigenthums zusteht, für einen Anderen eine „Kohlenabbaugerechtigkeit" begründet. Diese hat sonach den Charakter eines Gebrauchs- und Nutzungsrechts an einer fremden Sache. In der Gesetzgebung ist aber dieser Charakter nicht festgehalten, vielmehr ist sie in dem Gesetz vom 22. Februar 1869 (G.S. S. 401) als ein besonderes selbständiges Recht anerkannt, und in ihrer Begründung an besondere Formen gebunden. Die Kohlenabbaugerechtigkeit kann nämlich danach als eine selbständige Gerechtigkeit, die wie Bergwerkeigenthum in das Grundbuch besonders eingetragen wird, und auf die eine Reihe von Bestimmungen des Berggesetzes Anwendung findet, von dem Grundeigenthum abgetrennt werden. Die Abtrennung selbst geschieht nicht durch Auflassung, sondern durch eine gerichtliche oder notarielle Erklärung. Vgl. § 68 des Eig.Erw.Ges. v. 5. Mai 1872. Entsch. B. 76 S. 180, B. 78 S. 78, B. 79 S. 56. Strieth. B. 96 S. 172.

herrenlosen Sachen dadurch, daß sie regelmäßig nur der Okkupation des Bergwerkseigenthümers unterliegen.

Vor Verleihung des Bergwerkseigenthums kann der Finder sich derartige Mineralien nur dann aneignen, wenn sie zufällig oder beim berechtigten Aufsuchen des Minerals — Schürfen — gefördert sind[51]). Schürfen darf der Grundbesitzer; er muß das Schürfen auch jedem gestatten, der zu seiner Entschädigung bereit ist. Erfolgt darüber keine Einigung, so wird die Erlaubniß vorbehaltlich des Rechtsweges unter vorläufiger Feststellung der Entschädigung vom Oberbergamt ertheilt[52]). Wer ein Mineral auf der natürlichen Ablagerung gefunden hat, kann auf Grund des Fundes bei dem Oberbergamt das Gesuch um Verleihung des Bergwerkseigenthums in bestimmten Felde, — die Muthung, — anbringen[53]), und nach gehöriger Wahl und Bezeichnung des Feldes[54]) erfolgt die Verleihung in Gemäßheit der Muthung[55]), wenn angenommen wird, daß das Mineral wirklich auf seiner natürlichen Lagerungsstätte gefunden sei und wenn nicht ein besseres Recht entgegen steht[56]).

---

[51]) Berggeſ. § 11. Dem zufälligen Finder, auch wenn er Grundeigenthümer ist, wird nicht ausdrücklich im Gesetz das Recht zugeschrieben, das Eigenthum der gefundenen Mineralien durch Okkupation zu erwerben, und die begrenzte Bestimmung des § 11 scheint sogar entgegen zu stehen. Vgl. Oppenhoff, Berggesetz Anm. 10 zu § 1. Indessen sind solche vom Fundus gelöste, beweglich gewordene Mineralien die auch nicht in einer Halde von Neuem mit dem Grund und Boden verbunden sind, nicht als den Bestimmungen des § 2 des Berggesetzes unterworfen anzusehen. Es wird sich hiernach rechtfertigen, derartige gelöste Mineralien als Gegenstände der freien Okkupation zu betrachten.

[52]) Der Rechtsweg bleibt vorbehalten sowohl zur Ausführung, daß das Schürfen unzulässig ist, weil bereits ein Bergwerkseigenthum bestehe, als wegen der Höhe der Entschädigung. Im letzteren Fall wirkt das Beschreiten des Rechtsweges nicht aufschiebend. Berggeſ. § 9. — Die Erlaubniß ertheilt der Grundbesitzer, der in seiner Nutzung durch Schürfen gestört wird, also auch der Nießbraucher, der Pächter für die Dauer seiner Nutzung, nicht bloß der Eigenthümer. Der Nutzungsberechtigte ist in jährlichen Vorauszahlungen für die entzogene Nutzung zu entschädigen. Außerdem ist für Werthverminderung Ersatz zu leisten und dafür auf Erfordern Sicherheit zu bestellen. Der Grundeigenthümer kann unter Umständen fordern, daß der Schürfer den Grund und Boden eigenthümlich erwerbe (Berggeſ. §§ 5—9). Gegen den Wortlaut des Gesetzes will Dernburg § 261 Anm. 5 die Schürfer wegen Ertheilung der Schürferlaubniß stets an den Grundeigenthümer verweisen. Es handelt sich aber bei der Einigung nicht um Begründung eines dinglichen Rechts am Grundstück. Natürlich wirkt die Einigung mit dem Nutzungsberechtigten nicht über die Dauer seines Rechts hinaus. Aber andrerseits kann auch eine vom Eigenthümer ertheilte Erlaubniß das dingliche Recht des Nutzungsberechtigten nicht mindern und ihn nicht nöthigen, sich die Verwüstung seines Ackers durch den Schürfenden gefallen zu lassen.

[53]) Berggeſ. §§ 12—21. Ueber das Recht des Muthenden vergl. R.G. Entsch. B. 21 S. 225.

[54]) Die Feldstreckung (§ 18) muß binnen sechs Wochen nach der Muthung erfolgen, sonst ist die Muthung ungiltig.

[55]) Ueber die Verleihung ist eine dem § 34 entsprechende Verleihungsurkunde auszufertigen.

[56]) Das bessere Recht kann außer in bereits begründetem Bergwerkseigenthum in früherer Muthung oder auch nur in früherem Funde bestehen, insofern der Fund des Grundeigenthümers oder eines Bergwerksbesitzers im eigenen Grubengebäude oder eines solchen, der auf Grund ertheilter Genehmigung geschürft hat, der Muthung, die nach dem Funde eingelegt ist, vorgeht, wenn auf Grund jenes Fundes binnen einer Woche nach dem Tage der Entdeckung gemuthet wird. (Berggeſ. § 24.) — Die Verleihung geschieht nach einer in den §§ 28 ff. näher geordneten Verhandlung, bei der den Besserberechtigten Gelegenheit gegeben ist, ihren Einspruch zu begründen.

Auch nach Erlangung des Bergwerkseigenthums hören die in ihrer natürlichen Ablagerung befindlichen Mineralien nicht auf, herrenlos zu sein, sie werden erst durch Gewinnung Eigenthum des Gewinnungsberechtigten. Die Auffassung des Bergwerkseigenthums als eines neben dem Grundeigenthum bestehenden Sacheigenthums an den mit dem Boden in Zusammenhang befindlichen Mineralien oder seiner Lagerstätten innerhalb des verliehenen Feldes[57]) findet im Gesetze keine genügende Begründung. Als Hauptinhalt des Bergwerkseigenthums bezeichnet das Gesetz vielmehr die ausschließliche Befugniß zur Aufsuchung und Gewinnung des Minerals, und in dieser Befugniß, an die sich eine Reihe anderer das Grundeigenthum beschränkender Befugnisse, insbesondere das Recht anschließt, die zu jenem Zwecke erforderlichen Vorrichtungen unter und über Tage zu treffen, ist das Wesen des Bergwerkseigenthums zu finden[58]). Als Zubehör dieser Berechtigung erscheinen die zum Zwecke der Ausübung des Rechts beschafften unbeweglichen und beweglichen Gegenstände[59]).

Dem Bergwerkseigenthum selbst giebt das Recht die Eigenschaft einer unbeweglichen Sache. Nach seiner Begründung ist der Erwerber von Amtswegen zur Eintragung des neubegründeten Immobile, des Bergwerkseigenthums, in das Grundbuch anzuhalten[60]). Da das Bergwerkseigenthum hierdurch zur Grundlage eines gesetzlich anerkannten Realkredits wird, so trifft das Gesetz Fürsorge dafür, daß im Falle der Entstehung hypothekarischer Rechte das in den Verkehr getretene Recht nicht einfach durch Verzicht des Berechtigten oder durch Nichtausübung in Wegfall kommen kann. Zwar wird das Bergwerkseigenthum unter Voraussetzung der künftigen Ausübung verliehen und kann im Falle unterlassener Ausübung entzogen werden, wie auch ein Verzicht darauf statthaft ist. In solchen Fällen ist aber zunächst dem Realberechtigten in gesetzlicher Frist Gelegenheit zu geben, das Bergwerkseigenthum zur nothwendigen Veräußerung zu bringen. Ist die Entziehung des Bergwerkseigenthums in Frage, so kann auch der bisherige Eigenthümer die Zwangsversteigerung beantragen. Die Aufhebung erfolgt durch

---

57) Es ist dies die Auffassung von Klostermann Anm. 3 zu § 1 und Anm. 106 zu § 50 des Berggesetzes. Wäre dieselbe richtig, so würde man in der widerrechtlichen Aneignung von Mineralien eines verliehenen Bergwerks ohne Rücksicht darauf, ob es sich dabei um bereits gewonnene Materialien handelte, gegen die Bestimmungen des Gesetzes vom 26. März 1856 (G.S. S. 203) Diebstahl oder Unterschlagung finden müssen.

58) Insoweit ist Achenbach (vgl. die Anm. 50 citirten Stellen) beizutreten. Vgl. auch v. Gerber § 95, Oppenhoff Anm. 314 zu § 50 des Bergges. und Dernburg I. § 260.

59) Ueber das Zubehör vgl. Achenbach § 81 S. 263.

60) Eig.Erw.Ges. v. 5. Mai 1872 § 68 Nr. 1 Abs. 2. Entsch. B. 71 S. 292. Für die Zwangsmittel sind die §§ 55. 56 der Grundbuchordnung maßgebend. Der Zwang findet ebenso, wie bei der ersten Neubegründung des Bergwerkseigenthums auch statt bei substantiellen Aenderungen desselben durch Konsolidation, Theilung oder Vertauschung von Grubenfeldern und Feldestheilen, Akte, die sämmtlich nur unter Mitwirkung der Bergbehörde stattfinden können.

Beschluß des Oberbergamts[61]). Für Schließung des Blatts der aufgehobenen Gerechtigkeit im Grundbuch hat das Gesetz keine besondere Sorge getragen. Von der eigenthümlichen Ausgestaltung des Rechtsverhältnisses Mehrerer, die an einem Bergwerk betheiligt sind, wird in anderem Zusammenhang zu handeln sein[62]).

## § 169. Inhalt und Beschränkungen des Eigenthums im Allgemeinen.

Das Eigenthum ist das zwar beschränkbare aber soweit Beschränkungen nicht besonders begründet sind, volle und absolute rechtliche Herrschaftsverhältniß über die Sache, besteht also nicht in einem Aggregat verschiedener Berechtigungen, ist vielmehr alles Recht über die Sache, sein Inhalt ist unbestimmbar[1]). Die einzelnen Aeußerungen dieses Herrschaftsverhältnisses kommen also nicht als selbständige Befugnisse in Betracht, aber für jede dieser Aeußerungen sind Einschränkungen denkbar, und insofern ist es nicht ohne Erheblichkeit, sie auch in ihrer Vereinzelung wissenschaftlich zu begreifen. Das A.L.R. hat sich der zur Zeit seiner Entstehung herrschenden Theorie, die einzelne Befugnisse aufzählte, angeschlossen. Es sagt: zum vollen Eigenthum gehört das Recht, die Sache zu besitzen, zu gebrauchen, sich ihrer zu begeben[2]). Das volle Eigenthum ist dasselbe, mag es einem Einzelnen, einer Mehrheit von Personen, oder einer juristischen Person zustehen. Auch bei dem Miteigenthum zu bestimmten Antheilen ist jeder Einzelne Sondereigenthümer seines Antheils[3]). Gegenüber dem vollen steht das getheilte Eigenthum, wenn dem einen nur die Substanz (die Proprietät), dem Andern an der Substanz das Miteigenthum und daneben ausschließlich das Gebrauchsrecht und Nutzungsrecht zusteht[4]). Keiner von ihnen hat das volle Eigenthum[5]).

Die Rechte, die sich als Inhalt des Eigenthums aufzählen lassen, können sämmtlich auf eines der beiden in seinem Begriff liegenden Elemente zurückgeführt werden: auf das positive oder dispositive, die unmittelbare Einwirkung auf und die Verfügung über die Sache, — und auf das negative oder exklusive, die Macht, jeden Anderen von einer Einwirkung oder Verfügung auszuschließen[6]). Je nachdem das eine oder andere Element be-

[61]) Vgl. Bergges. §§ 156 ff.

[62]) S. § 182.

[1]) I. 8 § 12 „alle Vortheile, welche die Sache gewähren kann". Vgl. Entwurf des B.G.B. § 848.

[2]) I. 8 § 9.

[3]) I. 8 § 14 I. 17 § 1. Die nähere Entwickelung des Begriffs „gemeinschaftliches Eigenthum" s. unten § 182.

[4]) I. 8 §§ 16. 19. 20.

[5]) Oben § 167 bei Anm. 17. unten § 183.

[6]) Gesterding S. 13. Gruchot B. 6 S. 100. Trotz der Exclusivität findet an vielen im Eigenthum stehenden Sachen ein gewisser Gemeingebrauch statt. Davon ist schon B. I. § 21 Anm. 21 und oben § 168 Anm. 38 ff. bezüglich der Privatflüsse die Rede gewesen. Im Wald und Feld ist freilich außer der freien Luft dem Gemeingebrauch nach dem Feld- und Forstpolizeigesetz vom 1. April 1880 nicht mehr viel übrig geblieben.

schränkt ist, ergeben sich daraus verschiedene dingliche Beziehungen. Von den Einschränkungen des Eigenthümers in der positiven Verfügung über seine Sache muß sogleich eingehender gesprochen werden; der Ausschließlichkeit seines Verfügungsrechts tritt neben dem sich eng an diese Einschränkungen anschließenden Vorkaufs- und Wiederkaufsrecht insbesondere das Pfandrecht entgegen. Von den Beschränkungen in der Befugniß zum Besitz und zur Nutzung berühren das positive Element die Untersagungsrechte des preußischen Rechts, insbesondere also, nach der gemeinrechtlichen Sprechweise, die negativen Realservituten, während die affirmativen Realservituten und die persönlichen Nutzungsrechte an fremden Sachen den Eigenthümer nöthigen, neben der eigenen Einwirkung auf die Sache die eines Anderen zu dulden.

A. Wenn von Einschränkungen des Eigenthümers als solchen in der Verfügung über seine Sache gesprochen wird, muß man sich vor einer Verwechselung mit den aus mangelhafter Handlungsfähigkeit der Person des Eigenthümers erwachsenen Bestimmungen über die Nothwendigkeit einer Vertretung dieser Person oder über das Erforderniß der zustimmenden Willenserklärung einer anderen Person oder einer Behörde, ohne die der Wille des Handelnden nicht als gebunden angesehen wird, hüten[7]). Die Vorschriften, hierüber nähern sich zwar den hier zu erörternden Eigenthumsbeschränkungen wenigstens in den Fällen, in denen dem Willen des sonst Handlungsfähigen nur bei der Verfügung über gewisse Arten von Sachen eine Schranke gesetzt ist; aber die rechtliche Behandlung ist eine andere. Verfügungsbeschränkungen sind diejenigen Schranken, welche bei vollkommener Handlungsfähigkeit des Eigenthümers ihn dennoch in der Verfügung über die einzelne ihm gehörige Sache behindern. Die Grundlage hierfür kann nach der landrechtlichen Vorschrift das Gesetz oder eine den Eigenthümer verpflichtende Privaterklärung bilden[8]). Daneben steht die Einwirkung richterlicher Verfügungen gemäß den Grundsätzen des Prozeßrechts.

1. Gesetzliche Einschränkungen. Sachen, die dem Verkehr gesetzlich entzogen sind, ohne daß ihre natürliche Beschaffenheit es hindert, daß sie überhaupt Gegenstand eines Rechts sind, stehen, wie bereits an anderem Orte hervorgehoben ist, nach dem System des Landrechts, im Eigenthum des Staats, der Gemeinde oder der Kirche oder Religionsgesellschaft[9]). Aber sie

---

[7]) Vgl. oben B. I. §§ 26. 27.

[8]) I. 4 §§ 15—19. Der Entwurf des B.G.B. reiht an die Vorschrift von der Nichtigkeit eines gegen gesetzliche Vorschrift verstoßenden Rechtsgeschäfts die Bestimmung, daß ein den Schutz bestimmter Personen bezweckendes gesetzliches Veräußerungsverbot, eine zuwiderlaufende Verfügung diesen Personen gegenüber unwirksam macht, daß aber dieses Verbot in seiner Tragweite durch die Bestimmungen über den Erwerb durch Handlungen eines Nichtberechtigten modifizirt wird, und daß ebenso gerichtliche oder von Behörden innerhalb ihrer Zuständigkeit erlassene Veräußerungsverbote wirken. Der rechtsgeschäftliche Ausschluß der Verfügung über ein veräußerliches Recht wird für unwirksam erklärt. Reichstagsvorlage §§ 131—133 (vgl. Entw. I. §§ 107. 796, II. §§ 101. 102. 102a).

[9]) Oben B. I. § 21 Anmerkung 21.

unterliegen keiner Veräußerung oder Belastung, die dem Gemeingebrauch hinderlich sein würde, um dessen willen die Sache außer dem Verkehr steht. Das Gesetz entzieht ferner Sachen, die einem Lehns-Nexus unterworfen[10]) oder Gegenstand eines Familienfideikommisses[11]) sind, der Substanz nach regelmäßig der Verfügung des zeitigen Berechtigten. Abgesehen hiervon giebt es ein gesetzlich beschränktes Eigenthum nur, insoweit das Gesetz ein bedingtes Eigenthum anerkennt. Ein solches kann aber wenigstens bei Grundstücken nur in der Weise enstehen, daß der Erwerb auf einer bedingten oder betagten letztwilligen Verfügung beruht oder von einer solchen beeinflußt wird. Insbesondere ist also das Eigenthum des Erben, der die Sache an einen Substituten herausgeben muß, ein resolutiv bedingtes und deshalb beschränktes[12]). Durch Eigenthumsübertragung unter Lebenden kann ein bedingtes Eigenthum an Grundstücken nicht begründet werden[13]).

2. Richterliche Einschränkungen. Durch richterliche Anordnung (einstweilige Verfügung) kann für die Dauer eines Rechtsstreits eine Veräußerung, Theilung oder Belastung einer Sache überhaupt für zeitweilig unzulässig erklärt werden[14]), oder es kann eine derartige Verfügung ausgeschlossen werden, insofern sie einem Gläubiger, der eine Beschlagnahme des Grundstücks erwirkt hat[15]), oder den Konkursgläu-

---

[10]) I. 18 §§ 187 ff. Vgl. die unten § 183 Anm. 23 citirten Gesetze. Die römischrechtlichen Verbote der Veräußerung ligitioser Sachen und legirter Gegenstände kennt das preußische Recht nicht.

[11]) II. 4 §§ 78 ff. Ges. v. 15. Febr. 1840. S. unten § 242.

[12]) Hierauf ist näher erst im Erbrecht einzugehen. Der besonderen Hervorhebung bedarf schon hier die Interpretationsregel, daß im Ausschluß der Verfügung über ein hinterlassenes Grundstück regelmäßig eine fideikommissarische Substitution des Intestaterben des Honorirten gefunden werden soll. § 534 I. 12.

[13]) Eine bedingte Auflassung ist unmöglich. Ist der Titel zum Eigenthumserwerb ein resolutiv bedingter, so wird der Rückerwerb des Grundstücks nicht anders als durch Eintragung einer Vormerkung zur Erhaltung des bedingten Rechts auf Rückauflassung gesichert werden können. — Auch bei dem Eigenthumserwerb durch Tradition ergiebt das Landrecht keinen ausdrücklichen Anhalt für die Möglichkeit der im gemeinen Recht angenommenen bedingten Tradition. Der bedingte Titel, welcher der Tradition zu Grunde liegt, begründet nur ein Rückerwerbsrecht. Vgl. hierüber oben B. II. § 126.

[14]) C.P.O. § 817 (A.G.O. I. 29 § 83). Oben B. I. § 48 unter 6. Vgl. v. Meibom, Der Immobiliararrest 1888. Nach dem älteren Recht konnte auch zum Zwecke der Arrestlegung auf ein Grundstück wegen einer persönlichen Schuld des Eigenthümers der Richter an diesen ein Verfügungsverbot erlassen und um dessen Eintragung — (verschieden von der Vormerkung der Hypothek) — requiriren. Vgl. Entsch. B. 8 S. 57 R.G. Entsch. B. 3 S. 315, B. 5 S. 296. Abweichend Entsch. B. 35 S. 211, Strieth. B. 73 S. 178, Dernburg I. § 322. Das Gesetz betr. die Zwangsvollstreckung in das unbewegliche Vermögen vom 13. Juli 1883 § 10 hat in Uebertragung der Grundsätze der Civilprozeßordnung § 810 bei Vollstreckung eines Arrestes in unbewegliches Vermögen Eintragung einer Vormerkung mit dinglicher Wirkung vorgesehen.

[15]) Immob.-Vollstr.-Ges. vom 13. Juli 1883 §§ 16 f. 139 ff. Im ältern Recht wirkte die Einleitung der Subhastation als Veräußerungsverbot zu Gunsten aller Subhastations-Interessenten. Subh.-Ordn. v. 15. März 1869 § 9. Die Einleitung einer Administration A.G.O. I. 24 §§ 117 ff. wirkte als Beschlagnahme der Nutzungen. Wie weit die Beschlagnahme durch Subhastationseinleitung die Verfügung des Eigenthümers einschränkte, war nicht klar gesagt. Da ihm die Verwaltung belassen wird, so mußte ihm die für die Bedürfnisse der Wirthschaft erforderliche Veräußerung von Früchten,

digern[16]) nachtheilig sein würde. Die Wirkung der Eintragung dieser Verfügungsbeschränkung durch Sperrvermerke im Grundbuch ist bereits erwähnt[17]).

3. Einschränkungen zufolge verpflichtender Willenserklärungen. Der Eigenthümer kann durch Willenserklärungen, die ihn verpflichten, sei es, daß er sie selbst abgegeben, sei es, daß ihm dadurch sein Erblasser eine Pflicht aufgelegt hat, in der Verfügung über die Sache beschränkt sein. Die mannigfachen obligatorischen Verpflichtungen, welche die Sache zum Gegenstande haben und ein Recht zur Sache begründen, Recht auf Eigenthumsübertragung, auf Auflassung, auf Einräumung eines dinglichen Rechts, Vorkaufsrecht, Wiederkaufsrecht u. dergl. enthielten nach der landrechtlichen Auffassung eine solche Beschränkung. Der Inhalt der Verpflichtung kann aber auch ein rein negativer sein, also dahin gehen, daß sich der Eigenthümer gewisser Verfügungen enthalte, sei es dauernd, sei es auf Zeit. Besondere Vorschriften, die die bindende Kraft von Willenserklärungen dieses Inhalts regeln, giebt es nicht. Die Verbindlichkeit hängt also von allgemeinen Grundsätzen ab. Nach diesen aber läßt sich nicht annehmen, daß ein selbständiger Vertrag, durch den Jemand sich ohne weitere causa einem Andern einfach dazu verpflichtet, nicht über eine ihm gehörige Sache zu verfügen, auf Giltigkeit Anspruch machen darf, ebensowenig das als einziger Vertragsinhalt gegebene Versprechen, nicht ohne Zustimmung eines Anderen über die Sache zu verfügen. Der Giltigkeit solcher Verträge würde das mangelnde Interesse des Promissars[18]), im zweiten Fall auch der Umstand entgegen stehen, daß durch einen solchen Vertrag eine partielle Vormundschaft eingeführt werden würde. Begründung einer solchen unterliegt aber nicht der Vertragswillkür. Ein Verzicht auf die im Eigenthum begründete Verfügungsbefugniß kann also vertragsmäßig nur im Anschluß an ein sonstiges Rechtsverhältniß gedacht werden, aus dem sich ein Interesse des Promissars ergiebt, und es ist ihm stets nur die relative Bedeutung zuzuschreiben, daß die Rechtsstellung des Promissars in jenem anderen Rechtsverhältniß nicht durch Verfügungen des Promittenten über die Sache beeinträchtigt werden dürfe[19]). Auch in dieser

---

abhängigen Inventarstücken, Mastvieh u. dergl. frei stehen. Auch die Einziehung beziehungsweise Cession der Miethszinsen. Indessen geht die Rechtsprechung darüber mannigfach auseinander. Vgl. Entsch. B. 48 S. 139, B. 50 S. 198, B. 51 S. 218, Strieth. B. 84 S. 8, — aber auch Strieth. B. 86 S. 269, R.G. bei Gruchot B. 26 S. 1144. Im Immobiliar-Vollstr.-Ges. v. 13. Juli 1883 §§ 16. 140 ist die Wirkung der Beschlagnahme genau präzisirt.

16) R.K.O. §§ 5. 6. 106. 108.

17) Oben B. I. § 48 unter 8.

18) I. 5 § 70.

19) Z. B.: Gegen die Uebernahme der Vorarbeiten der Parzellirung eines Grundstückes hat sich Jemand das Recht bedungen zu verlangen, daß der Eigenthümer die zu vermessenden Stücke dem ihn in gewisser Zeit zuzuführenden Abnehmern gegen bestimmte Preise überlasse; der Eigenthümer verzichtet bis dahin auf jede Veräußerung und Verpfändung des Grundstücks, um so den Anderen zu sichern, daß das von ihm ausgearbeitete Parzellirungsprojekt auch durchführbar sein werde. Oder ein Miether, der das Interesse hat, nicht mit anderen Personen als dem Vermiether selbst zu thun zu

Beziehung giebt es aber noch eine weitere ausdrückliche Beschränkung des Vertragsrechts. Die Verbindlichkeit, die der Grundstückseigenthümer gegen einen Hypotheken- oder Grundschuldgläubiger übernimmt, sich der weiteren Belastung des Grundstücks zu enthalten, ist nichtig[20]). — Wenn nach letzwilliger Verfügung die Sache dem Erben oder Legatar mit der Auflage zugefallen ist, sich aller Verfügungen über die Sache oder bestimmter Verfügungen zu enthalten, und wenn diese Anordnung nicht als Anordnung einer Substitution zu Gunsten der Intestaterben des Bedachten gedeutet werden kann[21]), so hat sie die rechtliche Natur eines Modus. Ist kein Anderer dabei interessirt, so besteht deshalb regelmäßig die Beschränkung nicht[22]). Eine weiter gehende, absolut wirkende Beschränkung kann aber nach den im Erbrecht darzulegenden Bestimmungen über die Enterbung in guter Absicht vorkommen, und die Praxis neigt dazu, jede absolute Verfügungsbeschränkung, die letztwillig angeordnet und unter den Schutz eines Testamentsvollstreckers gestellt ist, als wirksam anzuerkennen, ohne daß Dritte vorhanden sind, deren Rechtsstellung gewahrt werden soll und denen gegenüber eine nur relative Unwirksamkeit in Frage kommen könnte[22a]). Die nicht selten in Testamenten vorkommende Bestimmung, daß ein Nießbrauch so weit gehen solle, daß der Nießbraucher auch die volle Verfügung über die Sache habe, macht den angeblichen Nießbraucher in Wahrheit zum Eigenthümer, ist also keine Eigenthumsbeschränkung.

Bisher ist nur von der Rechtsstellung des Eigenthümers selbst die Rede gewesen. Das Landrecht ließ aber diese Einschränkungen auch dinglich, gegen Dritte wirksam werden. Ist der Eigenthümer gesetzlich eingeschränkt, so stand dies dritten Personen entgegen, soweit diese nicht durch den guten Glauben ihres Erwerbs, d. h. wegen Unkenntniß der Thatsachen, auf welchen die Beschränkung beruht, in dem eingeräumten Recht geschützt wurden. Für Grundstücke führte dies dahin, daß, wenn die Verfügungsbeschränkung oder die sie begründenden Umstände weder in das Hypothekenbuch eingetragen, noch dem Dritterwerber bekannt waren, der verbotene Erwerb trotz der Ver-

zu bekommen, läßt sich für die Dauer des Vertrags zusichern, daß das Grundstück nicht veräußert werden werde; die Kommission zur Beförderung deutscher Ansiedelungen in Posen verkauft auf Grund des öffentlichen Interesses daran, die Kolonistenstellen in deutscher Hand und als leistungsfähig zu erhalten, überhaupt oder für die Dauer einer Belastung zu Gunsten des Fiscus mit der Einschränkung, daß der Erwerber die Stelle nicht ohne Genehmigung veräußern, daß er sie nicht zertheilen darf u. s. w. In gleicher Weise ist jetzt allgemein für den Fall des Verkaufs eines Grundstücks gegen Rente die Möglichkeit anerkannt, daß der Erwerber vertragsmäßig in seiner Befugniß dahin beschränkt wird, daß die Zulässigkeit einer Zertheilung oder der Abveräußerung von Theilen von der Zustimmung des Rentenberechtigten abhängen soll. Ges. v. 27. Juni 1890 § 3. Bei Rentenbankrenten nach dem Ges. v. 7. Juli 1891 ist die gleiche Eigenthumsbeschränkung dahin, daß jene Akte nur mit Zustimmung der Generalkommission erfolgen können, nach § 4 des Gesetzes eine gesetzliche.

[20]) Eig.Erw.Ges. v. 5. Mai 1872. § 48. Vgl. A.L.R. I. 20 § 439.

[21]) S. oben Anm. 12.

[22]) I. 12 §§ 508—512.

[22a]) Vgl. unten im Erbrecht besonders B. IV. § 451 Anm. 30.

fügungsbeschränkung stattfand; derselbe Satz galt aber auch von richterlichen und von auf Willenserklärungen beruhenden Beschränkungen. In letzterer Beziehung griffen theils die Grundsätze von der relativen Wirksamkeit des Rechts zur Sache gegen den davon unterrichteten Erwerber der Sache oder eines Rechts daran ein, theils hatte das Landrecht durch ausdrückliche Vorschrift die Wirksamkeit der Eintragung einer Beschränkung gegenüber den davon nicht unterrichteten Dritten geordnet[23]). Das neue Grundbuchrecht hat, wie an anderer Stelle erörtert ist, der Kenntniß des Erwerbers eines dinglichen Rechts, dessen Erwerb durch Eintragung in das Grundbuch begründet wird, von einem entgegenstehenden Recht zur Sache die Erheblichkeit entzogen[24]). Wenn es also übereinstimmend mit dem älteren Recht bestimmt, daß Beschränkungen des Eigenthumsrechts an dem Grundstück Rechtswirkung gegen Dritte nur erlangen, wenn diese die Beschränkungen gekannt haben, oder wenn letztere in das Grundbuch eingetragen sind[25]), so muß dies dahin gedeutet werden, daß es die auf Willenserklärungen beruhenden Einschränkungen des Eigenthümers nicht mitbetrifft[26]). Diese können also gegenwärtig nur durch Eintragung dingliche Bedeutung erlangen. Dagegen bezieht sich die Bestimmung sowohl auf die gesetzlichen als auf die richterlichen Beschränkungen, soweit den letzteren nicht für ein anhängiges Verfahren prozeßrechtlich eine noch weiter gehende Wirkung gegeben ist[27]).

[23]) I. 4 §§ 17. 19.

[24]) Eig.Erw.Ges. v. 5. Mai 1872 §§ 4. 15. Oben § 156 Anm. 25.

[25]) Eig.Erw.Ges. v. 5. Mai 1872 § 11.

[26]) Der obligatorischen Verpflichtung, Verfügungen bezüglich der Sache zu unterlassen, kann unmöglich eine weitergehende Kraft beiwohnen, als der Pflicht, die Sache zu übereignen, Recht auf Auflassung, Vorkaufs-, Wiederkaufsrecht, die ja die Verbindlichkeit einschließen, die Sache an keinen Andern zu veräußern. Der Ausdruck des § 11 des Eig.-Erw.Ges. „Beschränkungen des Eigenthumsrechts" bedeutet hiernach etwas anderes als der Ausdruck in § 73 Grundbuchordnung „Beschränkungen des Verfügungsrechts des Eigenthümers". Man hat diesen letzteren ausschließlich von den obligatorischen Verpflichtungen, sich einer Verfügung zu enthalten, zu verstehen, dann verschwindet die sonst anzunehmende Antinomie zwischen den beiden Bestimmungen. Für solche persönliche Einschränkungen, soweit sie am 1. Oktober 1872 bestanden, war die relative dingliche Wirksamkeit gegen den davon unterrichteten Dritten bis zum 1. Oktober 1873 aufrecht erhalten, seit diesem Tage aber haben sie nur noch, wenn sie eingetragen sind, dingliche Wirksamkeit. — Daß man auch, wenn man die Antinomie anerkennt, dem § 11 den Vorzug geben müsse, führen aus Strützki bei Gruchot B. 17 S. 767, Achilles zu § 11 Eig.Erw.Ges., Dernburg u. Hinrichs I. S. 395. Aus der Praxis vgl. Entsch. B. 73 S. 182, B. 74 S. 250, B. 80 S. 156, Strieth. B. 91 S. 159. R.G. bei Gruchot B. 26 S. 1119. R.G. Entsch. B. 7 S. 253, B. 18 S. 294.

[27]) Bezüglich der gesetzlichen besteht im Ganzen Einmüthigkeit. Dagegen ist, wie die in voriger Anm. angezogenen Erkenntnisse beweisen, eine Neigung vorhanden, von den richterlichen Beschränkungen ganz abzusehen. Nur Beschränkungen, die aus der Qualität des Eigenthums (als Lehn, Familienfideikommiß, bedingtes Eigenthum) hervorgehen, sollen in § 11 gemeint sein. Man muß dann annehmen, daß das Eigenthumserwerbgesetz davon ausgeht, daß durch richterliche Verordnung eine schlechthin gegen Dritte wirksame persönliche Unfähigkeit des Eigenthümers zu Veräußerungsakten bewirkt wird. Denn zu der umgekehrten Ansicht, daß der Dritte bei Bekanntschaft mit der richterlichen Verordnung, welche die nicht eingetragene Einschränkung anordnet,

Durch Verfügung eines in dieser Weise eingeschränkten Eigenthümers kann also ein von der Einschränkung unterrichteter Dritter auch dann keinen Vortheil erwerben, wenn das Grundbuch von der Einschränkung nichts enthält.

Insofern hiernach die Eintragung der Einschränkung in das Grundbuch von Erheblichkeit ist,* bedarf es noch einiger Worte über die Art und Weise, wie sie herbeigeführt wird. Für die Eintragung der Familienfideikommißeigenschaft hat die Fideikommißbehörde Sorge zu tragen[28]), während bei Lehngütern das Gesetz anscheinend, da neue Privatlehen nicht begründet werden können, davon ausgeht, daß die Lehnseigenschaft aller Lehnsgüter bereits aus dem alten Hypothekenbuch erhellt. Bezüglich der Beschränkungen

Rechte erwerbe, wird man gewiß nicht gelangen können. Aus der Betheiligung an einer strafbaren Handlung (§ 137 R.Strgb.) können keine Rechte erwachsen. Von einer persönlichen Unfähigkeit kann aber auch nicht gesprochen werden, es handelt sich um eine Einschränkung des Eigenthümers in der Verfügung über die bestimmte Sache. Soweit nicht positive Bestimmungen des Prozeßrechts eingreifen, muß auch hier derjenige, der sich auf den Glauben des Grundbuchs mit dem als unbeschränkt eingetragenen Eigenthümer eingelassen hat, eine unanfechtbare Rechtsstellung erhalten. Eine solche positive Bestimmung bestand aber für das Subhastationsverfahren, das erst mit der Kaufgelderverteilung sein Ende erreichte. Nach § 60 Nr. 1 Subh.Ordn. erlangte in diesem Verfahren der nicht eingetragene Antragsteller vor demjenigen Befriedigung, für den nach der Einleitung des Verfahrens eine Hypothek eingetragen ist. Dabei war kein Unterschied gemacht, ob letzterer zur Zeit der Begründung der Hypothek Kenntniß von der Beschlagnahme hatte oder nicht. So mit Recht das Obertribunal Entsch. B. 80 S. 152, Striethorst B. 97 S. 221. A. M. Dernburg I. dritte Aufl. § 347 Anm. 7. Achilles zu § 26 Eig.Erw.Ges. Beide beachteten nicht die nach § 9 Subh.Ordn. für die Dauer des Verfahrens eintretende Litigiosität. In dem Gesetz betr. Zwangsvollstr. in unbewegl. Verm. ist diese Litigiosität aufgegeben, aber die Beschlagnahme begründet zu Gunsten des betreibenden Gläubigers eine Verfügungsbeschränkung, und die Berufung auf guten Glauben dagegen ist schon vor der Eintragung des Einleitungsbeschlusses ausgeschlossen, wenn der Dritte zur Zeit seines Erwerbs die Beschlagnahme oder den Versteigerungsantrag kannte, oder wenn für die Forderung des betreibenden Gläubigers das Grundstück schon vor dem zu Gunsten des Dritten eintretenden Eigenthumswechsel dinglich verhaftet war. §§ 17. 18. 30. 143. — Nach dem älteren Konkursrecht traten die gleichen Wirkungen der Beschlagnahme des Grundstücks zwar noch nicht mit der das Verfügungsrecht des Gemeinschuldners beseitigenden Konkurseröffnung (§ 4 Konk.O. von 1855), aber mit der Besitzentsetzung des Gemeinschuldners, der Beschlagnahme der Einkünfte oder der Eintragung der Konkurseröffnung in das Hypothekenbuch ein (§ 150). Das geltende Konkursrecht betrachtet die Zwangsversteigerung nicht als nothwendige Folge der Eröffnung des Konkursverfahrens und läßt die Folge der letzteren, daß Verfügungen des Gemeinschuldners den Gläubigern gegenüber nichtig sind, bezüglich der Grundstücke nur insofern eintreten, als nicht zur Herbeiführung dieser Wirkung landesgesetzlich die Eintragung in das Grundbuch erforderlich ist. § 106 K.O. § 15 Ausführ.Ges. z. K.O. v. 6. März 1879. Vgl. Motive dazu und oben B. I. § 102 Anm. 21. Schlechthin ausgeschlossen ist reichsgesetzlich nur die Wirkung der nach dem Moment der Konkurseröffnung vorgenommenen Eintragung einer Hypothek gegen die Gläubiger (§ 12 K.O.). Dagegen begründet die Konkursordnung keine Handlungsunfähigkeit. Alle Handlungen des Gemeinschuldners sind für und gegen ihn selbst vollwirksam; nur objektiv das zur Konkursmasse gehörige Vermögen sollen sie zum Nachtheil der Konkursgläubiger nicht berühren, und dieser Satz, der für bewegliche Sachen schlechthin gilt, ohne Rücksicht auf abweichende Rechtssätze des Landrechts, findet auf Grundstücke nach K.O. § 106 nur Anwendung, soweit nach Landesrecht nicht die Konkurseröffnung einzutragen ist. Danach ist dieselbe eine nach § 11 des Eigenthumserwerbsgesetzes zu beurtheilende Verfügungsbeschränkung. Eine Auflassung des Gemeinschuldners, dessen Konkurs das Grundbuch nicht ergiebt, an den gutgläubigen Dritten wird hiernach diesen zum Eigenthümer machen. A. M. Rehbein II. 40.

[28]) Gr.B.O. v. 5. Mai 1872 § 74.

durch letztwillige Verfügungen ordnet das Gesetz ohne Unterscheidung der bedingten Zuwendung und der mit einem Modus belasteten Zuwendung an, daß Eintragung von Amtswegen nicht stattfinde[29]). Die Eintragung der Beschränkung kann also in diesem Falle ebenso wie in dem Falle, wenn die Beschränkung vertragsmäßig begründet ist, nur auf Bewilligung des eingetragenen Eigenthümers erfolgen. Dagegen schreibt das Gesetz nirgends vor, daß in Folge der Bewilligung jeder beliebige vom Eigenthümer formulirte Einschränkungsvermerk in das Grundbuch eingetragen werden kann und soll. Dahin ist das Konsensprinzip nicht zu verstehen[30]). Die Prüfung der rechtlichen Entstehung des einzutragenden Rechts ist freilich dem Grundbuchrichter entzogen, aber nicht die Prüfung der Frage, ob das, was eingetragen werden soll, eintragungsfähig ist. Nur zufolge des Ersuchens einer zuständigen Behörde kann hiernach einfach eingetragen werden, daß ein bestimmter Eigenthümer nicht berechtigt ist, gewisse Verfügungen vorzunehmen. Wie die Fideikommißqualität, so wird eine testamentarische Substitution als solche, die auf einer persönlichen Verpflichtung des Eigenthümers beruhende Einschränkung als persönliche Verpflichtnng mit der näheren Angabe, wodurch

---

[29]) Eig.Erw.Ges. v. 5. Mai 1872 § 14, Gr.B.O. § 54. Eine hiervon verschiedene Frage ist die, ob der Grundbuchrichter die Eintragung des durch eine letztwillige Verfügung legitimirten Erben als Eigenthümer ohne gleichzeitige Eintragung der aus der Verfügung sich ergebenden Beschränkungen vorzunehmen hat. Die positive Bestimmung des Gesetzes schließt an sich nur die im früheren Recht (§ 28 Ges. v. 24. Mai 1853) gebotene Eintragung der Beschränkungen von Amts wegen aus; Dernburg und Hinrichs I. S. 396 und Achilles zu § 54 Gr.B.O. halten es deshalb noch jetzt für zulässig und geboten, die Eintragung des Eigenthümers abzulehnen, der nicht gleichzeitig die Eintragung der Einschränkungen betreibt. Aus § 5 des Eigenthumserwerbsgesetzes und § 51 Abs. 2 der Grundbuchordnung ist aber zu entnehmen, daß wer sich als Erbe legitimirt, das Recht auf sofortige Eintragung hat. Die Bestimmung des § 54 Grb.O. muß dahin verstanden werden, daß die offizielle Fürsorge schlechthin ausgeschlossen sein soll; und das Gesetz hat doch auch einen guten Grund. Es ist ja möglich, daß der scheinbare Substitut sehr wohl einsieht, daß er kein Recht hat, er giebt deshalb dem Erben auch gar keinen Anlaß zu einer Klage, aber der Grundbuchrichter spielt seinen Vormund, weigert die Eintragung, und der Eigenthümer, dem Niemand mit dem Anspruch auf Einschränkung gegenüber steht, kann in Folge des Eigensinns der Grundbuchbehörde nicht zur Verfügung über sein Eigenthum gelangen. Das sieht anders aus, wenn man an minderjährige Substituten denkt, aber rechtzeitige Bestellung von Pflegern und Vormündern, die dem Dritten, dem der Eigenthümer unter Verletzung der Substitution ein Recht einräumen will, von der bedingten Natur des Eigenthums Kenntniß geben, kann die Gefahr abwenden. — Handelt es sich um ein fideicommissum ejus quod supererit, so ist die Eintragung der Beschränkung, die doch nur gegen Verfügungen auf den Glauben des Grundbuchs, also unter Lebenden sichern soll, nur wegen der Schenkung von Bedeutung. Vgl. Turnau I. S. 223, Bahlmann S. 344.

[30]) Eig.Erw.Ges. § 13, Gr.B.O. § 46. Die Prüfung der Eintragungsbewilligung begreift nothwendig die Frage, ob das, was danach eingetragen werden soll, unter den obwaltenden Umständen eingetragen werden kann. Die einfache Eintragung „X kann das Grundstück nicht veräußern und nicht verpfänden", läßt denjenigen, der sich aus dem Grundbuch soll unterrichten können, das Rechtsverhältniß gar nicht erkennen; die Eintragung muß sagen, worauf dieses Nichtkönnen beruht, insbesondere ob eine angebliche obligatorische Pflicht zu Grunde liegt, die durch die Eintragung dingliche Kraft erlangen soll. Wie sogleich darzustellen ist, wird auch die Stellung des Grundbuchrichters den verschiedenen Grundlagen der Einschränkung gegenüber eine ganz verschiedene.

sie begründet ist, eingetragen. Bloße Unverbindlichkeit der einzutragenden Einschränkung darf indessen nicht zur Ablehnung der auf Grund des Konsenses beantragten Eintragung führen[31]); eine Ablehnung ist nur begründet, wenn die einzutragende Beschränkung nach ihrem Inhalt unzulässig ist[31a]).

Mit Rücksicht hierauf ist aber auch die Bedeutung einer eingetragenen Einschränkung und deren Einwirkung auf die Möglichkeit der Begründung eines entgegenstehenden dinglichen Rechts in den verschiedenen Fällen eine verschiedene[32]). Die gesetzliche Einschränkung hindert die Disposition schlechthin, und der Grundbuchrichter muß also die eingetragene Einschränkung in der Weise beachten, daß er einer die Einschränkung verletzenden Disposition die Eintragung versagt. Dieselbe Bedeutung hat das absolute Dispositionsverbot durch Privatverfügung, insbesondere letztwillige Verfügung, insoweit eine solche als rechtlich zuläßig anzusehen ist. Eine Verfügungsbeschränkung, die auf Grund einer einstweiligen Verfügung eingetragen ist, kann niemals als absolut wirksam angesehen werden, so daß sie für Grundbucheintragungen hinderlich wäre. Sie kann ihrer Natur nach nur zu Gunsten der anderen Prozeßpartei wirken und fällt mit dessen Recht in sich zusammen. Die entgegen stehende Verfügung ist dann also nur relativ unwirksam[32a]). Es gilt hier dasselbe, was für eine Verfügungsbeschränkung, die auf Grund der obligatorischen Pflicht eingetragen ist, sich einer zum Nachtheil der Berechtigten gereichenden Verfügung oder jeder Verfügung zu enthalten. Und von den gerichtlichen Beschränkungen wirkt ebenso die Eintragung des Vermerks über eine beantragte Zwangsversteigerung oder Zwangsverwaltung. Anders wirkt die Eintragung des Vermerks über Konkurseröffnung. Hier ist das Verfügungsrecht zu Gunsten der Gläubiger auf den Konkursverwalter übertragen. Die Eintragung hindert deshalb jede Disposition des Gemeinschuldners mit der Möglichkeit grundbuchmäßiger Eintragung. Auch eine Judizialhypothek oder die Einleitung der Zwangsversteigerung oder Verwaltung auf Grund eines nur gegen den Kridar vollstreckbaren Titels ist nach der Konkurseröffnung unmöglich[32b]). Bei nur relativer Wirk-

---

31) G.B.O. § 46 Abs. 2.

31a) In der vierten Auflage ist gelehrt, der Grundbuchrichter werde auch die dem Hypothekengläubiger gegenüber übernommene Verbindlichkeit, das Grundstück nicht weiter zu belasten, eintragen müssen, obgleich das Gesetz die Abrede nichtig nenne. Die wahre Bedeutung von Eig.Erw.Ges. § 48 geht aber doch wohl dahin, daß die Beschränkung unzulässig, also nicht eintragungsfähig sein soll, und das wirkt über den Wortlaut hinaus, auch wenn die Beschränkung auf Testament beruht oder durch Urtheil festgesetzt ist.

32) Das Kammergericht (Entsch. des K.G. B. I. S. 125. 126) hat sich hierüber in widersprechenden, nach der Ansicht des Herausgebers den Kern der Sache verfehlenden Entscheidungen ausgelassen.

32a) Die abweichenden Sätze der vorigen Ausgabe waren im Text zu verbessern. Vgl. Johow, Entsch. des Kammergerichts B. 12 S. 79.

32b) Der dingliche vor dem Konkurs in den Gegenstand des dinglichen Rechts vollstreckbar gewordene Anspruch ist auch gegen den Konkursverwalter vollstreckbar, wie er ohne weiteres gegen ihn aufgenommen werden kann.

samkeit einer eingetragenen Verfügungsbeschränkung ist den Interessenten zu überlassen, ihre gegenseitige Rechtsstellung wahrzunehmen. Insbesondere ergiebt sich danach, daß die Eintragung einer solchen Beschränkung niemals ein Hinderniß bietet, die Zwangsvollstreckung in das Grundstück zuzulassen, also eine Hypothek auf Grund einer gegen den Eigenthümer vollstreckbaren Urkunde einzutragen und den Zwangsverkauf einzuleiten. Der dadurch Verletzte muß seine Gerechtsame durch die in der Zwangsvollstreckungsinstanz zulässigen Klagen geltend machen [33]). Beschränkungen, die nur zu Gunsten bestimmter Personen wirksam sind, verlieren ihre Einwirkung, soweit die letzteren einer Verfügung zugestimmt haben [33a]).

B. Um das positive Element im Gebrauchsrecht des Eigenthümers recht ausdrücklich zu bezeichnen, hebt das A.L.R. noch hervor, daß der Eigenthümer von dem Gebrauch seiner Sache, soweit es die Gesetze nicht ausdrücklich verordnen, Niemandem Rechenschaft zu geben schuldig ist [34]). Aber der Gebrauch darf doch kein Mißbrauch sein, d. h. kein solcher, durch den nur die Kränkung oder Beschädigung eines Andern beabsichtigt wird, bei dem also nur diese Beschädigung, nicht der eigene Nutzen Zweck und Ziel ist. Mehr als das Verbot chikanöser Rechtsausübung [35]) ist in diesem Satz nicht zu finden, der Eigenthümer wird dadurch, daß seine Einwirkung auf seine Sache für einen Andern schädlich ist, nicht an der in seinem Interesse liegenden Benutzung gehindert [36]). Der Gebrauch des Eigenthums des Einen darf nur nicht zu einem körperlichen Eindringen in den Eigenthumskreis des Andern, zum Ueberschreiten der Grenzen des Eigenthums führen. Darauf beruht die Rechtfertigung des Schutzes gegen Eindringen von Rauch, Hitze, Qualm, Gerüchen oder schädlichen Substanzen in das Grundstück oder auch nur in die Luftsäule anderer Eigenthümer, mag dies Eindringen die Folge künstlicher Vorrichtungen sein oder durch die natürliche Luftbewegung bewirkt werden [37]). Hierbei ist fraglich, ob der Schutz auch gegen herübertönenden Lärm zu gewähren ist [38]), und ob wegen Bodenerschütterungen, wenn sie

---

33) Vgl. hierzu B. I. § 21 Anm. 25. Nach der oben im Text vertretenen Ansicht wird in allen Fällen, in denen gegen den die Zwangsvollstreckung betreibenden Gläubiger nicht geltend gemacht werden kann, daß die auf einer letztwilligen Verfügung oder einem Vertrage beruhende eingetragene Einschränkung des Eigenthümers in Wahrheit verpflichtend begründet worden ist, der Zwangsvollstreckung Fortgang zu lassen sein.

33a) Entsch. d. R.G. B. 14 S. 278, B. 16 S. 185.

34) I. 8 § 13.

35) I. 8 §§ 27. 28. Z. B. Neidbau. Vgl. Stobbe § 86 Anm. 20. Auch R.G. bei Gruchot B. 32 S. 942. Vgl. die weitergehende Bestimmung im Bürgerlichen Gesetzbuch (§ 220a der Reichstagsbeschlüsse) und darüber Jakubezky bei Gruchot B. 40 S. 591.

36) Vgl. z. B. I. 8 § 130. S. Entsch. B. 77 S. 347, Strieth. B. 83 S. 154. Das B.G.B. giebt (nach § 889 der Reichstagsvorlage) eine Begrenzung in der Abwehr von Eingriffen Dritter, wenn diese zur Abwendung einer gegenwärtigen Gefahr nothwendig und von überwiegendem Interesse sind. Erweiterter Begriff des Nothstands. Vgl. oben B. I. § 89 Anm. 23. Vgl. übrigens auch unten § 171 Anm. 6.

37) Vgl. unten § 181 Anm. 17.

38) Seuffert, VII. 123. Hesse S. 62. Hier ist an die s. g. unleidlichen Gewerbe nach lüb. R. III. 12 A. 12 zu erinnern. Bornemann, Rechtsfälle v. Greifswald. 1832 S. 28. 37. 45. 68. Dem preuß. R. ist diese Beschränkung des Gewerbebetriebs unbe-

wiederkehren, ein Anspruch auf Unterlassung oder nur eine Entschädigungspflicht herzuleiten ist[39]).

Wenn der Inhalt des Eigenthums alles umfaßt, was mit der Sache geschehen kann, so ist doch das Gebrauchsrecht des Eigenthümers, insbesondere des Eigenthümers eines Grundstücks keineswegs unbegrenzt[40]). Grenzen hat ein Grundstück nothwendig, weil der Mensch nicht allein lebt, sondern neben Anderen und in einer größeren Gemeinschaft. Einestheils berühren sich die Rechtssphären der neben einander lebenden Menschen, andererseits stoßen höhere, allgemeinere Interessen mit denen des Privateigenthums zusammen. Durch dieses Berühren und an einander Stoßen wird das Eigenthum des Einzelnen nicht in seinem Inhalt beschränkt, aber seine Ausdehnung wird zurückgedrängt, es werden ihm positive Grenzen gesteckt. Nur so weit als diese reichen, erkennt die Rechtsordnung den Gebrauch des Eigenthums als Recht an[40a]). Es entstehen durch diese allgemeinen, jedem Eigenthum gleicher Art gezogenen Grenzen nicht dingliche Rechte auf die fremde Sache. Wenn man hier von gesetzlichen Einschränkungen oder gesetzlichen Servituten spricht, so darf man sie um des Ausdrucks willen nicht schlechthin in eine parallele Stellung zu den durch Willkür begründeten Einschränkungen, den dinglichen Rechten, bringen, die nur auf besonderem Erwerbe beruhen und in den Eigenthumskreis hineingreifen[41]). Richtiger ist deshalb von gesetzlichen Begrenzungen des Grundeigenthums zu sprechen. Sie beruhen darauf,

---

kannt, und in den Städten des lübischen Rechts durch die neuere Gewerbegesetzgebung aufgehoben. Plen.-Beschl. Entsch. B. 7 S. 170.

39) Die Pflicht zum Schadenersatz ist landrechtlich aus I. 8 § 28 und I. 6 § 37 herzuleiten. Strieth. B. 32 S. 172.

40) Hesse bei Ihering B. 6 S. 382.

40a) R.G. bei Gruchot B. 34 S. 883.

41) Windscheid I. § 169 Note 2 behauptet, das Recht an fremder Sache sei eine mögliche Form der gesetzlichen Eigenthumsbeschränkung, er hat aber dazu kein erläuterndes Beispiel gegeben und daher den Sinn dieser Worte unklar gelassen. Dingliches Recht ist überflüssig, wo die gesetzliche Einschränkung schon gewährt, was jenes gewähren soll. Mit Recht hebt Windscheid hervor, daß der gesetzliche Nießbrauch des Vaters (und Ehemanns) nicht zu den hier gemeinten Einschränkungen gehören, er ist ein dem Vater und Ehemann als solchem zukommendes Recht. Auch die gesetzliche Verpflichtung, dem Nachbargrundstück einen Nothweg zu gestatten, gehört nicht hierher; sie ist eine Verpflichtung für den Nachbar ein dingliches Recht zu konstruiren. Wenn Bekker (in J. und Muthers Jahrb. B. 2 S. 151f. S. 109f.) den Unterschied zwischen der gesetzlichen Beschränkung oder Begrenzung des Eigenthums und der gesetzlichen Servitut oder dem durch Gesetz geschaffenen dinglichen Recht darein setzt, daß bei ersterer das Eigenthum von vornherein in seiner Existenz, bei letzterer dagegen in Folge einer besonderen Thatsache und nur einem bestimmten Subjekt gegenüber beschränkt sei, so kann ihm zwar im Wesentlichen beigetreten werden, aber nicht dem Zusatz, daß eine gesetzliche Servitut auch dann vorliegen könne, wenn das Recht des Subjekts nur obligatorischen Schutz genieße. Auch hat er, worauf Windscheid a. a. O. ebenfalls hinweist, die einzelnen Fälle nicht immer richtig unter die beiden Kategorien vertheilt. — Der Unterschied zwischen den gesetzlichen Einschränkungen des Eigenthums und den Servituten läßt sich auch so bestimmen: wenn eine Servitut wegfällt, so konsolidirt sich das Eigenthum, wenn aber eine gesetzliche Einschränkung wegfällt, findet nicht Konsolidation, sondern Erweiterung des Eigenthums statt. Daher erlischt die Servitut durch bloßen Nichtgebrauch, ohne daß der Eigenthümer etwas erwirbt, dagegen muß der gesetzlichen Einschränkung gegenüber der Eigenthümer die Freiheit durch Ersitzung erwerben.

daß die Theilung der Erdoberfläche eine ideelle ist, die den natürlichen Zusammenhang des Bodens und der Luft darüber nicht aufhebt, so daß das Herüber- und Hinüberwirken nicht ausgeschlossen werden kann, und somit das Bedürfniß nach einer gesetzlichen Grenzbestimmung sich aufdrängt[42]).

Die Grenzbestimmungen theilen sich in zwei Kategorien, je nachdem sie im Interesse des Nachbarn oder im Interesse des gemeinen Wesens gegeben sind. Wenn sie mehr als das Nothwendige festsetzten, würden sie das Eigenthum ungebührlich einengen. Sie bestehen meist in der Verpflichtung entweder etwas zu unterlassen oder zu leiden, und in diesen Fällen zieht das Gesetz aus dem Schein einer Verwandtschaft mit den Servituten die Folgerung, zum Theil die von den letzteren geltenden Grundsätze wirklich herüber zu ziehen[43]). In einigen Fällen entsteht eine Verpflichtung, etwas zu thun, diese aber liegt immer außerhalb des Privatrechtsgebiets und gehört dem Gebiet polizeilicher Anordnungen an[44]). Das römische Recht hat sehr wenig solcher allgemeinen Begrenzungen des Eigenthumskreises, es überließ mehr der Konstituirung von Servituten. Viel zahlreicher treten sie in Deutschland, namentlich in den Stadtrechten, wie z. B. dem lübischen, auf, und das preußische Recht hat sich hierin der Entwickelung dieser Verhältnisse in Deutschland angeschlossen. Bei Auslegung der betreffenden Bestimmungen muß davon ausgegangen werden, daß die Vorschriften strikt zu Gunsten des freien Gebrauchs des Eigenthums zu interpretiren sind[45]). Das Einzelne in den beiden folgenden §§.

## § 170. Gesetzliche Begrenzungen des Eigenthumsrechts an Grundstücken zum Besten des Nachbarn.

A.L.R. I. 8 §§ 99—189. 191, I. 22 §§ 1. 2. Gruchot VI. S. 253—314. Heydemann I. 418f. Dernburg I. §§ 220. 221. 251ff. Fischer § 35. — Spangenberg im Arch. f. civ. Praxis B. 9 S. 265, 1826. Hesse, Die Rechtsverhältnisse zwischen Grundstücksnachbarn, 1859. Bekker in s. und Muthers Jahrb. B. 5 S. 147. Werenberg in Gerber und Jhering Jahrb. B. 6 S. 1f. Jhering, das. S. 81f. Hesse, das. S. 379f. Schelhaß, Das Nachbarrecht, 1863. Hoffmann im Arch.

---

[42]) Hesse bei Jhering B. 6 S. 383f.

[43]) Auf eine solche Verwandtschaft weist I. 8 § 191 in bestimmter Beziehung ausdrücklich hin. Aus der Praxis vgl. Entsch. B. 70 S. 103, Strieth. B. 90 S. 148. Eine Verletzung der gesetzlichen Begrenzung erzeugt nicht ein obligatorisches auf die Person des Verletzenden beschränktes Verhältniß, sondern wirkt subjektiv und objektiv dinglich, so daß der verletzende Zustand beseitigt werden muß, folgeweise auch ein Besitznachfolger zur Beseitigung von Anlagen als verpflichtet erachtet wird, die der Besitzvorgänger hätte unterlassen sollen. Vgl. § 170 Anm. 21 a. E.

[44]) Eine Ausnahme macht die Pflicht, Scheidungen zwischen städtischen Grundstücken zu unterhalten. I. 8 § 152fg. Unten § 170 bei Nr. 15. Es verhält sich mit dieser Ausnahme ebenso, wie im römischen R. mit der Pflicht, die Mauer zu erhalten, auf der ein Balken liegt (servitus oneris ferendi). Windscheid I. § 211a Note 3.

[45]) R.G. Entsch. B. 5 S. 230.

f. prakt. R.W. N.F. B. 1 S. 241f. 1864. Mages in der allg. österr. Ger.-Zeit. 1871 Nr. 6—18. Roth, Bair. Civ.R. II. §§ 121. 122. Windscheid I. § 169. — Zachariä (Crome) I. §§ 167ff.

Die Grenzen, welche das positive Recht dem Eigenthum an Grundstücken im Interesse des Nachbarn, d. h. des angrenzenden Grundbesitzers[1]), gesetzt hat, gehören durchaus dem Privatrecht an[2]). Daraus folgt einmal, daß sie durch die Willkür der betreffenden Parteien und durch Ersitzung beseitigt oder modifizirt werden können[3]); sodann, daß eine Verletzung dieser Grenzen durch den Berechtigten prozessualisch verfolgbar ist. Das römische Recht bot als vorbereitende und im Voraus die Entschädigung sichernde Rechtsmittel die operis novi nuntiatio und cautio damni infecti[4]). Außerdem trat die Negatorienklage ein und das Interdikt wegen Besitzstörung: man konnte sich auch durch Selbsthilfe schützen[5]). Nach preußischem Recht ist die Klage wegen Besitzstörung und die Eigenthumfreiheitsklage zulässig[6]). In einzelnen Fällen muß das Klagerecht durch sofortige Erhebung von Widerspruch (Protestation) erhalten werden[6a]). Störungen des nachbarlichen Interesses können möglicher Weise zugleich öffentliche Interessen, z. B. die der Landeskultur verletzen. Dann ist die Regelung zunächst der Verwaltungsinstanz mit Beschränkung des Rechtswegs überlassen. Dies tritt besonders auf dem Gebiet des Wasserrechts hervor.

Wie am Schluß des vorigen § gesagt, äußern sich die Begrenzungen des Eigenthumsrechts an Grundstücken wesentlich nach den beiden Richtungen, daß der Eigenthümer entweder etwas unterlassen oder etwas dulden muß. Hieran kann die wissenschaftliche Betrachtung anknüpfen, wenngleich einzelne Beschränkungen nach beiden Richtungen in einem inneren Zusammenhang stehen.

---

[1]) Strieth. B. 61 S. 26.

[2]) Strieth. a. a. O. Unter einem andern Gesichtspunkt, nämlich dem der polizeilichen Fürsorge im allgemeinen Interesse stehen die Anlagen gewisser gewerblicher Einrichtungen, die der Prüfung bedürfen, ob sie den bestehenden bau-, feuer- und gesundheitspolizeilichen Vorschriften entsprechen, Ges. v. 1. Juli 1861. Ges.S. S. 749.

[3]) I. 8 § 191. Die Beseitigung einer gesetzlichen Eigenthumsbeschränkung hat den Charakter der Begründung einer Grundgerechtigkeit zu Gunsten des befreiten Grundstücks. Vgl. R.G. bei Gruchot B. 36 S. 967. Beispiele aus der Praxis: Präj. 1480 (Samml. I. 28). Entsch. B. 21 S. 401, B. 44 S. 62. Rechtsfälle IV. 210. Strieth. B. 5 S. 105, B. 10 S. 278, B. 11 S. 62, B. 22 S. 321, B. 26 S. 61, B. 31 S. 50, B. 40 S. 33. 270.

[4]) Hesse bei Jhering VI. 415. 419 und in s. Schrift, Die Rechtsverhältnisse S. 1f. Burkhardt in Glücks Pandekten Bücher 39 und 40 B. 2.

[5]) Hesse a. a. O. VI. 411. Interdictum quod vi aut clam. Hesse a. a. O. S. 414. Unter Umständen auch die a. injuriarum, legis Aquiliae. Das. 416, 417, oder besondere Klagen, z. B. a. aquae pluviae arcendae. Hesse, Rechtsverh. S. 184f.

[6]) Das Recht verjährt wegen seiner durch I. 8 § 191 gesetzlich anerkannten Servitutenähnlichkeit durch dreißigjährigen Nichtgebrauch, non usus. Entsch. B. 44 S. 59.

[6a]) Vermöge der aus I. 8 § 191 sich ergebenden Anwendbarkeit von I. 22 § 43 geht das Recht verloren, wenn der Berechtigte wissentlich geschehen läßt, daß eine Anlage oder Einrichtung auf dem Nachbargrundstück gemacht wird, die die Ausübung des Rechts unmöglich macht. Vgl. unten § 187 Anm. 77.

a. **Unterlassungspflichten.** 1. **An natürlichen Privatflüssen,** wohin auch Bäche und abfließende Seen gehören, durfte nach A.L.R. nichts vorgenommen werden, was zum Nachtheil der Nachbarn und Uferbewohner den Abfluß gehemmt oder verändert hätte[7]. Doch konnte ein Recht dazu, wie durch Verträge und Privilegien, auch durch Ersitzung erworben werden[8]. Die neuere Gesetzgebung hat dagegen den Gebrauch der Wasserkraft den anliegenden Grundeigenthümern freigegeben, sie gestattet Hemmungen und Veränderungen des Wasserlaufs bis auf ein gewisses Maß: Stauungen nämlich dürfen nicht über die Grenzen des eigenen Grundstücks zurückwirken, dürfen also nicht für fremde Grundstücke Ueberschwemmungen und Versumpfungen verursachen; und Ableitungen müssen noch innerhalb der Grenzen in das natürliche Bett zurückgeleitet werden[9]. Die Wasserkraft gehört dem Grund-

---

[7] A.L.R. I. 8. § 99. Ueber Wasserrecht: Lette und Rönne, Landeskulturgesetzgebung II. 2 S. 569. Scheele, Das preuß. Wasserrecht. 1860. Nieberding, Wasserrecht und Wasserpolizei im preuß. Staate. 1866. Baumert, Unzulänglichkeit der Wassergesetze. 1876. Brückner u. Hirths Annalen. 1877 S. 21 ff. Neubauer, Zusammenstellung des in Deutschland geltenden Wasserrechts. 1881. — Pözl in der krit. Vierteljahrschr. B. 1 S. 23 fg. Sonst außer den Kompendien über deutsches Privatrecht noch bes. Elvers in der Themis. N. F. B. 1 S. 413 fg. Hesse a. a. O. S. 184 fg., und in Iherings Jahrb. B. 7 S. 179. S. auch die Uebersicht der Quellen, Literatur und Praxis bei Gruchot VI. 253 fg. Der Entwurf des D. B.G.B. überläßt die Ordnung des Wasserrechts dem Landesrecht. — Zum Begriff des natürlichen Privatflusses gehört, daß er in einem bestimmt begrenzten Bett abfließt. Es kann daher eine Quelle, wo sie entspringt, gefaßt und zu einem geschlossenen Gewässer gemacht werden. Strieth. B. 4 S. 211, B. 49 S. 56, B. 53 S. 193, B. 80 S. 198, B. 97 S. 273. Unterirdische Wasseradern, die einer Quelle Wasser zuführen, können abgeleitet werden. R.G. Entsch. B. 16 S. 229. Die Praxis hat übrigens in § 99 nicht das Verbot vorübergehender Stauungen und Ableitungen gefunden (Präj. 1092 v. J. 1842. Samml. I. 25), und dadurch dem Gesetz von 1843 vorgearbeitet. Vgl. hierzu Arnsberger Archiv B. 8 S. 296. Strieth. B. 49 S. 56, B. 82 S. 49.

[8] Präj. 1783. Samml. I. 25. Strieth. B. 61 S. 161.

[9] Ges. v. 28. Febr. 1843. §§ 1. 13. Plen.-Beschl. Entsch. B. 27 S. 23 (auch bei Seuffert X. 9), B. 34 S. 90 fg., B. 60 S. 33. (Die Ableitung darf nicht eher vorgenommen werden, als bis die Anstalten für die Zurückleitung getroffen sind.) Strieth. B. 11 S. 6, B. 22 S. 178, B. 48 S. 211, B. 49 S. 156. Ueber Hemmungen und Verunreinigungen des Wassers: §§ 3—6 des Ges. Die Wahrung des öffentlichen Interesses dabei (Erhaltung des Bedarfs an Wasser, erhebliche Belästigung des Publikums, freier Ablauf des Wassers) ist Sache der Polizei (des Bezirksausschusses nach § 13 Zuständigkeitsgesetz v. 1. August 1883); das schloß aber nicht aus, daß die darin liegende Verletzung von Privatrechten im Wege des bürgerlichen Prozesses verfolgt wurde. Vergl. Entsch. B. 70 S. 351, R.G. Entsch. B. 2 S. 208. Es ist überhaupt zu bemerken, daß das Ges. v. 28. Febr. 1843 das privatrechtliche Verhältniß der Adjacenten im Wesentlichen unberührt läßt, es disponirt nur über die Zulässigkeit des polizeilichen Einschreitens. Das. B. 53 S. 335, B. 60 S. 82. Nieberding, Wasserrecht S. 142. 149. Jetzt ist über Widersprüche gegen eine Bewässerungsanlage des Uferbesitzers im Verwaltungsstreitverfahren, einschließlich des Anspruchs auf Entschädigung, endgiltig zu entscheiden. Zuständ. Ges. §§ 74—80. Gegen die Beschränkungen des Gesetzes ist Ersitzung des Rechts zulässig, das Wasser nicht zurückzuleiten. Strieth. B. 61 S. 135. 161, B. 95 S. 321, Entsch. B. 77 S. 283. Die Ersitzung ist selbst dann ausgeschlossen, wenn die unterlassene Zurückleitung kulturschädlich ist, R.G. Entsch. B. 4 S. 282, wo das R.G. die Richtigkeit eines in der vorigen Ausgabe (B. I. S. 167 Anm. 9) im Sinne des Reichsgerichts bereits aufgegebenen Förster'schen Satzes nachträglich zu bekämpfen Anlaß nimmt. Ueber das Klagerecht des unteren Besitzers vergl. auch noch Entsch. B. 60 S. 30. Strieth. B. 98 S. 49.

besitzer, soweit sein Grundstück reicht, und zwar gegen den Nachbar an der gegenüberliegenden Seite bis zur Hälfte der Flußbreite[10]). Das Recht auf diese Wasserkraft verliert er nur, wenn ein Anderer gegen ihn ein Untersagungsrecht erworben hat[11]). Den Besitzern von Mühlen und Triebwerken, die bei Publikation des Gesetzes vom 28. Februar 1843 schon bestanden, ist gegen neue Anlagen ein Widerspruch gestattet, wenn sie ein auf speziellem Rechtstitel (Vertrag, Verjährung, Verleihung) beruhendes Recht zur Benutzung der ganzen Wasserkraft oder eines bestimmten Theils derselben haben, oder wenn durch die neue Anlage der Betrieb im bisherigen Umfang ihrer Benutzung beeinträchtigt wird[12]).

Das A.L.R. hatte in Uebereinstimmung mit dem römischen Recht dem Eigenthümer zum Besten des Nachbarn nicht die Verpflichtung auferlegt, den natürlichen Abfluß der Gewässer durch Reinigung des Bettes oder in anderer Weise zu unterhalten[13]), die neuere Gesetzgebung aber hat bei natürlichen Privatflüssen, ähnlich wie bei den künstlichen Wasserläufen unter eingreifender Beaufsichtigung und Einwirkung der Polizeibehörden dem Eigenthümer zur Pflicht gemacht, insoweit den Fluß zu räumen, als es zur Verschaffung der Vorflut für das obere Grundstück nothwendig ist[14]).

2. Bei künstlichen Wasserwegen (Gräben, Kanälen, Röhrenleitungen) genügt nicht, daß man ihren Abfluß nicht hemme oder verändere, sondern es muß der Eigenthümer des Grabens oder bei gemeinsamen Grenzgräben jeder Eigenthümer bis in die Mitte den ordentlichen und gewöhnlichen Ablauf erhalten[15]). Die Aufgaben, welche zu 1 und 2 den Eigen-

---

10) Pl.-Beschl. Entsch. B. 27 S. 23. Ohne Rücksicht darauf, zu welchem Zweck er das Wasser benutzen will. Strieth. B. 39 S. 31. Ueber den Fall, wenn das an beiden Ufern belegene Grundstück an einem früher als am andern sein Ende erreicht, vergl. Entsch. B. 27 S. 23, Strieth. B. 12 S. 337. Wenn das gegenüberliegende Grundstück ein ausländisches ist: Entsch. B. 78 S. 307, Strieth. B. 96 S. 362.

11) Strieth. B. 31 S. 364a.

12) Ges. v. 28. Febr. 1843. §§ 16. 17. Entsch. B. 35 S. 173fg. Strieth. B. 39 S. 31. 44. 49. 89. 170. R.G. bei Gruchot B. 31 S. 418. Vergl. § 246 II. 15. A.L.R. Die Frage, ob durch die Anlage das zum Betrieb im bisherigen Umfang erforderliche Wasser entzogen wird, allein kann zur verwaltungsgerichtlichen Entscheidung mit Ausschluß des Rechtswegs gebracht werden. G. v. 28. Febr. 1843 § 23. Streitigkeiten der Interessenten darüber, ob die Höhe des Wasserstandes in rechtsverbindlicher und deutlicher Weise bestimmt sei, sind jetzt dem Verwaltungsstreitverfahren zugewiesen, unter Umständen mit vorläufiger Feststellung durch den Kreisausschuß. Zuständigkeitsgesetz v. 1. August 1883 § 67. (Abweichend Kompetenzgesetz vom 26. Juni 1876 § 99, vgl. Entsch. B. 17 S. 73.)

13) l. 1 § 23, l. 2 § 6 D. XXXIX. 3. Böhmer, doctr. de actt. II. 1 § 7. Elvers a. a. O. S. 125. Entsch. B. 10 S. 245. Strieth. B. 22 S. 272, B. 30 S. 55.

14) Ges. v. 28. Februar 1843 § 7. Heydemann S. 420. Nieberding a. a. O. S. 40. Vergl. II. 15 §§ 233ff. Hier wirkt das Interesse des gemeinen Wohls ein. Beim Streit über die Verpflichtung findet das Verwaltungsstreitverfahren gegenüber der anordnenden Wasserpolizeibehörde, beziehungsweise unter den Betheiligten statt. Zuständigkeitsgesetz v. 1. August 1883 § 65 (§ 98 Komp.Ges. v. 26. Juli 1876 behielt den Rechtsweg vor).

15) I. 8 §§ 100. 101. Gesetz vom 15. November 1811 § 10 (Ges.-S. S. 352). Strieth. B. 59 S. 271. Entsch. B. 71 S. 7. So auch im röm. und gemeinen Recht l. 2 §§ 2. 4. D. XXXIX. 3. Elvers a. a. O. Ueber den Begriff des künstlichen Wasserwegs vgl.

thümern gestellt sind, können vielfach am besten im Wege der korporativen Vereinigung der Interessenten erreicht werden, was deshalb die Gesetzgebung begünstigt [16]).

3. Raine, mögen sie zum Pflugrecht (Anwende) oder als Wege benutzt werden, dürfen als im Miteigenthum der Nachbarn stehend, nicht von dem Einen einseitig geschmälert oder verändert werden [17]).

4. Die Winkel oder kleineren Zwischenräume der Häuser sind im Zweifel Miteigenthum beider Hausbesitzer [17a]), — aber auch wenn sie dem Einen allein gehören, was daraus geschlossen wird, daß nur dieser die Traufe dahin fallen läßt oder Gossen, Privete oder offene d. h. unvergitterte und unverstabte) Fenster darin hat, darf er nicht die Röhre eines Windofens dorthinein führen [18]).

---

Entsch. B. 10 S. 254 f. (Rehbein I. 760). Rechtsfälle B. 4 S. 85 f. Schles. Arch. B. 5 S. 133. Strieth. B. 22 S. 274 b, B. 25 S. 142 b, B. 27 S. 64, B. 30 S. 55, B. 44 S. 137, B. 59 S. 271, B. 81 S. 318, B. 86 S. 254. — Der § 100 bezieht sich nur auf die Erhaltung vorhandener künstlicher Ableitungen, er gewährt kein Recht auf die Anlegung neuer Gräben oder auf Wiederherstellung eines ohne Widerspruch eingegangenen Grabens in bestimmter Richtung. Entsch. B. 43 S. 69. Vergl. übrigens Anm. 55 a. E. Ueber den Begriff des ordentlichen und gewöhnlichen Wasserlaufs s. Entsch. B. 53 S. 29. Der § 100 begründet ein thatsächliches Dienstbarkeitsverhältniß zwischen den anliegendenden Grundstücken, vermöge dessen der obere Besitzer verpflichtet ist, den Graben, soweit er über sein Grundstück geht, zu dulden, ja in Stand zu halten. R.G. bei Gruchot B. 30 S. 936. — I. 8 § 101 ist ausgeschlossen, wenn der Grenzgraben nur von dem einen Nachbar auf seinem eigenen Grund und Boden angelegt worden ist; dann hat nur dieser die Unterhaltungspflicht. Entsch. B. 47 S. 83. Der Unterhaltungspflichtige kann polizeilich zur Räumung angehalten werden. § 10 Ges. v. 15. November 1811 (G.-S. S. 352). Wegen der Zulässigkeit des Rechtsweges bei Geltendmachung der Verbindlichkeit oder eines daraus erwachsenen Rechts auf Schadenersatz s. Entsch. B. 66 S. 263. Strieth. B. 84 S. 361, B. 92 S. 309. Jetzt greift auch hier bezüglich der Feststellung der öffentlichrechtlichen Verbindlichkeit zur Räumung der Gräben Verwaltungsstreitverfahren nach Zuständigkeitsges. v. 1. Aug. 1883 § 66 ein.

16) Jetzt Ges. betr. die Bildung von Wassergenossenschaften v. 1. April 1879.

17) I. 8 §§ 118. 119. Wenn man die Bestimmung in I. 17 § 366 mit in Betracht zieht, wonach die eigentliche Grenzlinie die Mitte des Grenzrains oder Grenzgrabens ist, ergiebt sich, daß hier nicht lediglich eine Folgerung aus dem Miteigenthum gezogen wird; die an und für sich bis zur Mitte dem einzelnen Anwohner gehörige Grenzfläche ist durch die Widmung zu diesem Gemeinsamkeitszweck in der Weise gemeinsam geworden und durch das Mitnutzungsrecht des Nachbarn belastet, daß die einseitige Aenderung unzulässig ist. In demselben Sinn ist das Miteigenthum zu 4 und 11 zu verstehen; es ist kein Miteigenthum zu ideellen Antheilen mit Verfügungsrecht des Miteigenthümers über seinen Antheil. Der Raum entbehrt der rechtlichen Selbständigkeit und ist untrennbares Zubehör der angrenzenden Grundstücke. Für die Anwendung des Satzes auch auf Grenzraine, die als Weg benutzt werden: Strieth. B. 27 S. 11. Gegen Dritte ist jeder Einzelne zur Ausschließung berechtigt. Präj. 541. Samml. I. 25. Auch gemeinrechtlich wird Miteigenthum am Raine angenommen. Gruchot B. 6 S. 279. Zu Nr. 3, 4 und 11 vgl. Entwurf des B.G.B. § 854. Entw. II. §§ 834, 835, Reichstagsvorl. §§ 905. 906.

17a) I. 8 § 120. Die Frage, ob ein Zwischenraum als Winkel anzusehen, ist eine thatsächliche. Bei Bejahung derselben ist aus § 120 auch Dritten gegenüber die Vermuthung für das Miteigenthum der Nachbarn wirksam. R.G. Entsch. B. 8 S. 199. Ueber die Natur dieses Miteigenthums vgl. R.G. bei Gruchot B. 27 S. 914.

18) I. 8 §§ 120—122. Der Winkel oder Zwischenraum muß ein kleiner sein, aber es ist nicht nöthig, daß er höchstens 3 Fuß breit sei, es kommt auf die Umstände des Falls an. Strieth. B. 16 S. 171. Entsch. B. 70 S. 317 (Rehbein I. 773). — Ausschließung der Klage auf Theilung des Zwischenraums (vgl. Anm. 17): Strieth. B. 22

5. Bauwerke, die über die Grenze hinüberragen (Erker, Altane, Wetterdächer), oder von denen die Traufe auf des Nachbars Grund und Boden fällt, greifen in des Nachbarn Eigenthum ein und sind deshalb zurückzuweisen. Als Eigenthumsbeschränkung ist aber anzusehen, daß derjenige, der an der Grenze bauen will, verpflichtet ist, davon dem Nachbar Anzeige zu machen. Unterläßt er dies, so muß er, selbst bei einer unwissentlichen Grenzüberschreitung, und obgleich der Nachbar Kunde von dem Bau hatte und nicht widersprochen hat, mit seinem Bau zurückrücken und Schadensersatz leisten. Andererseits ist der benachrichtigte Eigenthümer bei unterlassenem Widerspruch der Gefahr einer Kürzung seines Eigenthums ausgesetzt, unterliegt also ebenfalls einer Beschränkung[19]).

6. Bäume oder Weinreben an Geländern dürfen nicht so angelegt werden, daß sie selbst oder das Geländer die Wand des Nachbarhauses berühren[20]).

7. Neue Schweineställe, Kloaken, Dünger- und Lohgruben und andere den Gebäuden schädliche Anstalten müssen von den vorhandenen Baulichkeiten des Nachbarn und von seinen Bäumen 3 Fuß, gleich 0,94 Meter, entfernt bleiben, auch müssen dieselben nicht nur an den Seiten aufgemauert, sondern auf gemauertem Grund errichtet werden[21]).

---

S. 318 (Rehbein I. 775). B. 79 S. 253. Entsch. B. 34 S. 142. Gruchot B. 1 S. 67. 259. Ueber einseitige Benutzung des Zwischenraums: Strieth. B. 57 S. 131. Auf Ersitzung des Alleineigenthums wendet Strieth. B. 3 S. 97 die Regel des § 660 I. 9 an, § 120 soll aber nur „in der Regel", d. h. wenn kein ordentlicher Erwerb darzulegen ist, Anwendung finden. Ueber offene Fenster I. 8 § 121 im Gegensatz zu I. 8 § 138 f. Koch, Komm. zu § 121. Heydemann S. 430 Note 922. Grein, Baurecht S. 73. — Ueber gemeines R. f. Gruchot B. 6 S. 279 f. Stölzel, Arch. f. pr. R.-W. N. F. IV. 3. — Entw. des B.G.B. wie Anm. 16.

[19]) Vgl. zu I. 8 §§ 123. 189, l. 5 § 10 D. XXXIX. 1, l. 29 § 1 D. IX. 2. Gruchot B. 6 S. 282 und das, was in den vorigen Paragraphen vom Gegenstand und Inhalt des Eigenthums gesagt ist. S. auch § 168 Anm. 33. Ueber die Folgen, welche das Bauen an der Grenze im Falle der Anzeige oder einer vorgängigen Genehmigung der Baulinie (I. 9 §§ 340—342) für den Eigenthumswechsel hat, wird am Ende des § 176 gehandelt. Vgl. Entwurf des B.G.B. §§ 857—859, Entw. II. §§ 826—828, Reichstagsvorl. §§ 896—899.

[20]) I. 8 § 124, l. 1 §§ 2. 3 D. XLIII. 27.

[21]) I. 8 §§ 125—127. Diese Bestimmungen schließen sich an älteres deutsches Recht an. Sachsensp. II. 51 § 1. Sächs. Weichbild Art. 122. Lüb. R. III. 12 Art. 10. Glück B. 10 S. 136 f. Nach römischem Recht war die Anlage hart an der Grenze unverwehrt, der Nachbar konnte nur Abwendung etwaigen Schadens (cautio damni infecti) verlangen. l. 17 § 2 D. VIII. 5. Seuffert VII. 281. — Die Interpretation der §§ 125 bis 127 ist vielfach streitig. Heydemann I. S. 341. Zu bemerken ist: das Gebäude des Nachbarn muß bereits vorhanden sein. Neue Rechtsf. B. 4 S. 246. Entsch. B. 30 S. 27. Strieth. B. 25 S. 291 (Rehbein I. 778). Ebenso der Baum. Schädliche Anstalten sind solche, die an sich schädlich werden können; daß sie schon schädlich geworden, ist nicht erfordert. Strieth. B. 22 S. 134, B. 32 S. 174. Entsch. B. 17 S. 118. Andere Anlagen I. 8 § 125 giebt nur Beispiele. Es brauchen nicht bauliche Anlagen zu sein, Kalkaufschüttungen, Entsch. B. 9 S. 191 (Rehbein I. 776), nach derselben Entscheidung Wasserbehälter; überdeckte Kanäle, Koch, Komm. Note zu § 125, offene Miststätten, Arnsb. Arch. B. 6 S. 531; bewegliche, wenn auch bodenfest gemachte Anlagen, die keine eigentlichen Gebäude sind, Entsch. B. 11 S. 191. Strieth. B. 22 S. 133. Holzstöße Strieth. B. 74 S. 321. Nicht Eisenbahn-Anlagen, Strieth.

8. **Rinnen und Kanäle** auf und in der Erde, durch welche Wasser abläuft, bleiben einen Werkschuh (0,31 Meter) entfernt von der Wand des Nachbarn[22]).

9. Der **Brunnen** des Nachbarn darf nicht durch Anlagen verunreinigt oder unbrauchbar gemacht werden, und ein neuer Brunnen darf nicht näher als 3 Fuß von der Grenze angelegt werden, in dieser Entfernung aber selbst dann, wenn dadurch dem Nachbarn das Wasser ganz oder zum Theil entzogen wird[23]).

10. Daß Niemand **unter dem Grunde des Nachbarn graben** darf[24]), wird ausdrücklich hervorgehoben, ist aber keine Eigenthumsbeschränkung, sondern folgt aus dem Eigenthum des Nachbarn an dem, was sich unter der Oberfläche des Grundstücks befindet.

11. Eine gemeinschaftliche **Scheidewand** kann zwar jeder bis in die Hälfte der Dicke brauchen, auf diese Hälfte auch höher bauen, aber Wandschränke oder andere Vertiefungen darf er nur anlegen, wenn sie dem Gebäude nicht nachtheilig sind, und nicht an Stellen, wo sich schon auf der

---

B. 32 S. 172. **Benachbarte Gebäude** aller Art genießen den Schutz, also auch Ställe, Remisen. **Mauern**: nicht gemeinschaftliche, Strieth. B. 32 S. 133. **Drei Fuß**, das Landrecht braucht synonym die Ausdrücke „rheinischer Fuß" und „Werkschuh". Die Stärke der Umfassungsmauer der Anstalt wird mitgemessen. Entsch. B. 17 S. 118. — **Wenigstens 3 Fuß**. Förster erläuterte dies unter Berufung auf Koch, Komm. zu § 126, Bornemann II. 137 dahin, daß bei weiter wirkender Schädlichkeit die Anlage noch weiter zurücktreten müsse, — der Herausgeber glaubt dies nicht aufrecht erhalten zu können. Die Ausmauerung wird im § 126 schlechthin vorgeschrieben. Deshalb ist im Text im Anschluß an Entsch. B. 75 S. 11 (Rehbein I. 781), die Einschränkung Försters, daß nur bei einer Nähe älterer Gebäude in der Entfernung unter 3 Fuß die Ausmauerung verlangt werden könne, aufgegeben. Zur bloßen Chikane, ohne eigenes Interesse kann aber, wie das angezogene Erkenntniß mit Recht hervorhebt, der Nachbar die Ausmauerung nicht verlangen. — Streitig ist ferner, ob durch Verjährung diese Beschränkungen beseitigt werden können. Die ältere Praxis nahm es an, Strieth. B. 11 S. 58, jurist. Wochenschr. 1848 Sp. 415 Anm. 929; die neuere verneint es, weil der Beschränkung auch sanitätspolizeiliche Rücksichten zu Grunde liegen. Entsch. B. 29 S. 56. Strieth. B. 22 S. 136, B. 31 S. 47. — Der im § 169 Anm. 43 hervorgehobene Satz, daß die Klage sich objektiv dinglich gegen den zeitigen Eigenthümer des durch seinen Zustand verletzenden Grundstücks richtet, wird für die hier besprochene Regel bei Strieth. B. 28 S. 202 in einem Fall anerkannt, in dem der Vorbesitzer, von dem die Anlagen gemacht sind, beide Grundstücke einheitlich besessen hatte, ohne daß auf die hieraus zu entnehmenden Bedenken eingegangen wird. Vgl. Gruchot B. 6 S. 286, auch Entsch. B. 47 S. 89 (Rehbein I. 788). — Zu Nr. 7—10 vgl. Entwurf des B.G.B. § 864, Entw. II. §§ 821. 822, Reichstagsvorl. §§ 891. 892.

[22]) I. 8 § 128. Entsch. B. 17 S. 119. Strieth. B. 40 S. 350. Auch hier von der inneren Wandseite der Rinne gemessen.

[23]) I. 8 §§ 129—131. Strieth. B. 16 S. 96, B. 91 S. 60. l. 1 § 12 D. XXXIX. 3. Seuffert XVIII. 12. Die Bestimmung des § 129 findet auch Anwendung, wenn die Anlage auf einem nicht unmittelbar benachbarten Grundstücke gemacht ist. Aber als eine unerlaubte Anlage ist es nicht anzusehen, wenn das unterirdische dem Brunnen des Nachbarn zufließende Wasser durch eine Anlage abgeschnitten wird. RG. bei Gruchot B. 27 S. 912. In erster Beziehung abweichend R.G. bei Gruchot B. 26 S. 937.

[24]) I. 8 § 132. Eine Anlage in der Tiefe des eigenen Grundstücks, z. B. ein Tunnel, der dem Nachbar das Brunnenwasser entzieht, macht nicht ohne Weiteres verantwortlich. Entsch. B. 79 S. 133. Vgl. Anm. 23. Der Bergwerksbesitzer hat aber für allen durch den Bergbau hervorgerufenen Schaden vollen Ersatz zu leisten, auch wenn die schädliche Wirkung nach der Seite hin, nicht bloß in vertikaler Richtung hervorgetreten ist. Bergges. v. 24. Juni 1865 § 148.

anderen Seite dergleichen befinden; ohne Einwilligung des Nachbarn kann er auch Oefen und Feuerheerde an der gemeinschaftlichen Wand ebensowenig wie an einer Wand des Nachbarn anlegen[25]). Gemauerte Schornsteine können an der gemeinsamen Mauer hinauflaufen[26]).

12. Neue Gebäude dürfen nur 3 Werkschuh (0,94 Meter) von dem schon vorhandenen älteren Gebäude des Nachbarn, und wenn das Nachbargrundstück unbebaut ist, nur 1½ Werkschuh von der Grenze desselben errichtet werden[27]).

---

[25]) I. 8 §§ 133. 135. 136. Entsch. B. 38 S. 49. Strieth. B. 26 S. 191 (Rehbein I. 782). Bl. f. Rechtsanw. in Baiern. B. 29 S. 271. Nach Entsch. B. 48 S. 23 (Rehbein I. 783) soll man dagegen nicht auf die Hälfte der Mauer ein neues Gebäude stützen können, weil §§ 139. 140 entgegenstehen: wenn aber das eigene Grundstück schon in der gemeinsamen Mauer seinen Anfang genommen hat, möchte diese von Förster gebilligte Entscheidung keine Billigung verdienen. Vgl. auch Bl. für Rechtsanw. in Baiern. B. 29 S. 269. Ueber gemeinschaftliche Unterhaltung der Brandmauer s. R. Koch in der Anw.-Z. IV. Sp. 337 f. Mit Recht führt Dernburg I. § 215 Anm. 15 diese von der sonstigen Regelung des Miteigenthums abweichenden Sätze darauf zurück, daß das Eigenthum jedes Nachbarn bis zur halben Dicke der Mauer geht, aber zu Gunsten des Nachbarn mit einer Servitut, richtiger mit einer gesetzlichen Eigenthumsbeschränkung beschwert ist, kraft deren die Mauer für den gemeinsamen Zweck erhalten werden muß. Das entspricht dem, was oben Anm. 17 für Grenzraine ausgeführt ist. Das Obertribunal hat bei Strieth. B. 100 S. 74 Miteigenthum pro indiviso angenommen. Dann würde auch nach Wegnahme der Mauer der Fundus, auf dem sie gestanden hat, bis zur Theilung ein gemeinsamer bleiben, während nach der hier eintretenden Ansicht die Mitte der Mauer die wahre Grenzlinie ist.

[26]) I. 8 § 134.

[27]) I. 8 §§ 139. 140. Jus interstitii. Wenn dem Nachbar sonst Fenster verbaut, Licht und Luft entzogen würde, kann unter Umständen (cf. 13) ein weiteres Zurückbleiben gefordert werden. Der Zwischenraum muß bleiben, sofern nicht lokale polizeiliche Verordnungen anderes bestimmen: Heydemann I. 439. Strieth. B. 47 S. 93. Möglichkeit der letzteren auch im Falle des § 140. Entsch. B. 52 S. 28. Für Berlin Strieth. B. 88 S. 71. Begriff des Gebäudes: Die §§ 142. 145 brauchen den Ausdruck „Bau". Vom Standpunkt des in diesem § behandelten Lichtrechts muß es als gleichgiltig erscheinen, ob der verdunkelnde Bau lediglich aus einer undurchsichtigen Mauer besteht, oder ob sich an denselben ein umschlossener Raum anschließt. Die Praxis hat aber auch bei §§ 139. 140 den Ausdruck meist in letzterem Sinne gebeutet, zum Theil unter der Zufügung, daß der umschlossene Raum ein Behältniß zum Aufenthalt von Menschen oder Vieh oder zur Aufbewahrung beweglicher Gegenstände darstellen müsse. Vergl. Entsch. B. 13 S. 27 (Rehbein I. 792). Entsch. B. 36 S. 32 (Rehbein I. 797). Strieth. B. 48 S. 240. R.G. bei Gruchot B. 24 S. 961. Insbesondere sind danach Zäune, Scheidemauern, Planken nicht als Gebäude angesehen, Entsch. B. 33 S. 53 (Rehbein I. 797); R.G. bei Gruchot B. 32 S. 943; abweichend betrachtet eine Mauer als Gebäude Strieth. B. 35 S. 48. Vgl. Arnsb. Arch. B. 10 S. 62 f. Arnsb. Monatsschrift I. 74. S. auch Bubäus im Rechtslex. B. 4 S. 450, Gruchot B. 6 S. 297. Zu bemerken ist hierbei, daß es gewiß richtig ist, Eigenthumsbeschränkungen einschränkend auszulegen. Aber in erster Linie ist doch festzuhalten, daß der Sinn entscheidet, den ein Ausdruck, hier der Ausdruck „Gebäude", nach dem vernünftigen Zusammenhang hat. Danach ist hier an einen Bau zu denken, der geignet ist, Licht und Luft vom Nachbargrundstück fern zu halten. Daß der Ausdruck in anderem Zusammenhang nicht alle hierzu geeigneten Bauten umfaßt, darf nicht abhalten, ihn hier nach dem vernünftigen Zusammenhang zu deuten. Begriff des Neubaues: Entsch. B. 13 S. 28 (Plen.Besch.). B. 16 S. 520, B. 42 S. 51, B. 49 S. 99. Strieth. B. 5 S. 55, B. 27 S. 281, B. 35 S. 196, B. 66 S. 314. Wird bei Wiedererrichtung eines alten Gebäudes näher an die Grenze herangebaut, so kann nur auf Beseitigung dieses Theils des Neubaus geklagt werden. Entsch. B. 81 S. 21. Vgl. Gruchot B. 4 S. 80, B. 6 S. 299 f. Begriff des unbebauten Platzes: Präj. 448. B. I. S. 27. Nicht eine Dorfstraße, obgleich sie im Eigenthum der Gemeinde steht. Höherbau ist kein Neubau. Entsch. B. 49 S. 99, B. 71 S. 146. In § 140 ist der Abstand von der Eigenthumsgrenze gemeint. Strieth. B. 23 S. 194. Präj. 780a. Samml. I. S. 27. Die Ent-

Das Eigenthum und die Gebrauchsbefugniß an dem dadurch entstehenden Zwischenraum wird nicht geändert[28]).

13. Das römische und gemeine Recht beschränkt den Eigenthümer im Interesse des Nachbarn nicht gesetzlich in der Möglichkeit, seinem Gebäude Licht und Luft zuzuführen, oder darin, durch Bauten auf seinem Grundstück dem Nachbar Licht zu entziehen, wenn nicht der Nachbar dazu für sich eine Servitut besonders erworben hat[29]). Desto reicher sind hierüber in Deutschland statutarische und lokale Vorschriften, und aus ihnen hat das A.L.R. eine Reihe von nicht überall klaren Vorschriften entnommen[30]). Die Praxis hat sich deshalb vielfach mit ihnen beschäftigen müssen und es fehlt nicht an widersprechenden Entscheidungen. Nach dem Vorgang von Heydemann werden hierbei zwei Fälle unterschieden:

---

fernung von 3 Werkschuh muß in der ganzen Höhenausdehnung inne gehalten werden, nur Dachausladungen dürfen weiter reichen. Präj. 780b. Samml. I. 27. Entsch. B. 23 S. 46. Strieth. B. 5 S. 98. Entsch. B. 36 S. 32. Strieth. B. 27 S. 57, B. 28 S. 86. Arnsb. Arch. B. 12 S. 343. Ueber die Abmessung der Entfernung: Strieth. B. 10 S. 249, B. 28 S. 86, B. 61 S. 353. War die Grenze streitig oder ungewiß, so muß nach Feststellung derselben der Bauende doch zur Zurückrückung auf den danach sich ergebenden Entfernungspunkt verurtheilt werden. Strieth. B. 23 S. 194. R.G. bei Gruchot B. 24 S. 962. Wenn der Nachbar wissentlich den Näherbau geschehen läßt, so verliert er seinen Widerspruch. Präj. 1480. Samml. I. 28. Vgl. oben Anm. 6a. Durch Vertrag kann Näherbau bewilligt werden. Gruchot VIII. 79. Seuffert V. 141 bei 1. Der Entwurf des B.G.B. hat diese und die folgenden Beschränkungen nicht angenommen, aber dem Landesrecht überlassen, das Eigenthum zu Gunsten des Nachbarn noch anderen Beschränkungen zu unterwerfen.

[28]) I. 8 § 147.

[29]) Das röm. R. geht bei Regelung der nachbarlichen Verhältnisse von dem Grundsatz der Freiheit beider Theile aus. Jeder Hausbesitzer kann also nach seinem Belieben Fenster anlegen, muß sich aber gefallen lassen, daß der Nachbar ihm die Fenster verbaut. Windscheid, Pand. I. § 169 Anm. 2—6. Gruchot B. 6 S. 293. A. M. jedoch Stölzel, Arch. f. civ. Praxis B. 52 S. 206.

[30]) Es kommt für das preuß. R. bes. das lübische R. in Betracht, III. 12 Art. 13, wonach neue Fenster nicht angelegt werden dürfen ohne der Nachbarn Willen und Vergünstigung. Die Praxis hat angenommen, daß der Nachbar eine vernünftige Ursache zum Widerspruch haben muß. Mevius ad h. l. Stein, Abhandlung aus dem lübischen R. B. 3 § 227. Bornemann, Rechtsfälle von Greifswald, 1832, S. 89. 90. 93. Wilmowski Lüb.R. in Pommern §§ 17 ff. Strieth. B. 39 S. 183. App.G. Greifswald in S. Holm w. Düwall. H. V. 252. Preuß. Anw.Z. 1864, B. 3 S. 119. Noch näher scheint der Zusammenhang der landrechtlichen Bestimmungen mit der Frankfurter Reformation Th. 8 Tit. 7 §§ 3 bis 10. In Hessen hat der Nachbar dem an der Grenze bauenden Nachbarn gegenüber das Recht zu verlangen, daß er in seiner Wand keine oder nicht offene Fenster anlegt. Nicht offene Fenster müssen vergittert sein und können jederzeit verbaut werden. Wer das Recht, offene Fenster zu haben, erlangt hat, kann dagegen fordern, daß der Nachbar mit einem Bau drei Fuß entfernt bleibe und nicht gegenüber den offenen Fenstern eigene Fenster anlege. Hessische Bauordnung von 1784. Wie dieses Recht erworben wird, sagt das Gesetz nicht. Die Praxis sieht ein zehnjähriges Haben der offenen Fenster ohne das Verlangen der Vergitterung als ausreichenden Erwerb an. S. dazu Stölzel in Mittheilungen aus der Rechtspflege im Gebiet des vormaligen Kurfürstenthums Hessen. B. 2 S. 275. Vgl. zu den landr. Best.: Heydemann I. 436. Gruchot B. 6 S. 294. Die Entstehungsgeschichte der §§ des A.L.R. s. bei Bornemann II. § 117 S. 138 und in Entsch. B. 64 S. 31. Vgl. Fahne, Fenster- und Lichtrecht, 1835. Jurist. Wochenschr. 1839. S. 109 ff. Hesse, Rechtsverhältnisse der Grundstücksnachbarn II. S. 294. Stölzel im Arch. f. civ. Prax. B. 52 S. 206. Stobbe § 86. — Paris, Kritik der herrschenden Lehre vom Fensterrecht 1879 und bei Gruchot B. 24 S. 67.

a. Der Eigenthümer will seinem Gebäude Licht und Aussicht oder Luft verschaffen. Die der natürlichen Freiheit des Eigenthums entsprechende Befugniß, Oeffnungen oder Fenster anzubringen, wird dadurch, daß diese eine Aussicht über die nachbarlichen Gebäude gewähren, nicht ausgeschlossen[31]). Wenn aber das Gebäude hart an der Grenze des Hofes oder Gartens, d. h. des offenen zum Hause des Nachbarn gehörigen Raumes steht, so sollen neue Fenster oder Oeffnungen, wo es die Umstände gestatten, d. h. der Raum hoch genug dazu ist, 6 Fuß über dem Boden des Zimmers oder Behältnisses angebracht, immer aber mit einem Drahtgitter oder mit eisernen Stäben versehen werden, die nicht weiter als 2 Zoll auseinander stehen dürfen[32]). Dies bezieht sich nicht auf den Fall, wenn in der ein niedrigeres Nachbarhaus überragenden Mauer, also so daß sich unmittelbar darunter kein freier Raum, sondern ein Gebäude des Nachbarn findet, ein Fenster angebracht wird[33]).

b. Der Eigenthümer darf dem Gebäude des Nachbarn Licht

---

[31]) I. 8 § 137. Ein Eingriff in das Nachbar-Eigenthum wäre aber die Anlegung von Fenstern, die sich nach außen öffnen. Entsch. B. 19 S. 104 (Rehbein I. 785).

[32]) I. 8 § 138. Strieth. B. 64 S. 108. Hierher gehören auch Oeffnungen zur Beförderung des Luftzuges Strieth. B. 24 S. 33. Die Beschränkungen der §§ 139. 138 sollen nicht bloß die durch die Aussicht herbeigeführten Belästigungen verringern, sondern auch gegen andere Belästigungen, z. B. Ausgießen, schützen. Entsch. B. 19 S. 104f. (Rehbein I. 785). Das Gebäude, und zwar die Mauer oder Wand desselben, in welcher die Oeffnung angebracht werden soll, muß mit ihrem Fundament unmittelbar auf der Grenze stehen. Präj. 975b. Samml. I. S. 26. Entsch. B. 27 S. 42, B. 68 S. 357. Strieth. B. 23 S. 142a, B. 61 S. 26. Die Bestimmung setzt voraus, daß Oeffnungen und Fenster bisher noch nicht vorhanden gewesen sind, es muß sich um neu angelegte Fenster handeln, die auch in einem früheren Bau nicht vorhanden waren. Strieth. B. 25 S. 300, B. 65 S. 309. Das s. g. Fensterfutter oder die Zarge wird bei der Messung der 6′ nicht in Anschlag gebracht. Strieth. B. 10 S. 309. Nur wenn die Mauer an Hof oder Garten stößt. Strieth. B. 23 S. 162, B. 24 S. 32, B. 92 S. 164 (Rehbein I. 789). R.G. bei Gruchot B. 25 S. 429. Der Nachbar kann auch eine juristische Person sein. Strieth. B. 12 S. 312. Die Worte: „wo es die Umstände gestatten" bedeuten nicht nur, daß der Raum gerade noch so hoch sein muß, sondern auch, daß in den Raum noch genügende d. h. seiner Bestimmung entsprechende Beleuchtung fällt. Strieth. B. 23 S. 142, B. 55 S. 216, B. 99 S. 166. Arnsb. Arch. B. 10 S. 71. Jurist. Wochenschrift 1842, Sp. 280. R.G. Entsch. B. 5 S. 299. Abweichend Striethorst B. 65 S. 318. Ist zwischen beiden Häusern ein Zwischenraum (I. 8 § 120), so bleibt I. 8 § 138 ausgeschlossen. Strieth. B. 18 S. 159. Hat derselbe Eigenthümer beide Grundstücke zur Zeit der Anlegung des Fensters besessen, so ist die Anlegung ohne die Beschränkungen nachmals nicht in Frage zu stellen, wenn die Grundstücke verschiedene Eigenthümer erhalten haben. Entsch. B. 47 S. 89 (Rehbein I. 788). Ob außer ausdrücklicher Einwilligung des Nachbarn (Strieth. B. 40 S. 32) ein stillschweigendes Geschehenlassen der Anlegung den § 138 ausschließt, entscheidet sich zwar nach I. 8 § 191 aus I. 22 § 43, aber es kommt in Betracht, daß das bloße Unvergittertsein der Fenster keine Anlage ist, die dem Verlangen der Vergitterung entgegensteht, für das sie vielmehr erst den Anlaß bildet. Strieth. B. 40 S. 32. Entsch. B. 21 S. 401 ist angenommen, daß I. 22 § 43 auf den unterlassenen Widerspruch gegen Anlegung eines Fensters nicht anzuwenden sei. Vgl. R.G.Entsch. B. 4 S. 255. R.G. bei Gruchot B. 33 S. 998. — Siehe übrigens § 187 Anm. 78. — Das Recht, die Vergitterung zu verlangen, geht auch nicht durch Nichtgebrauch verloren; es kann höchstens das entgegenstehende Weigerungsrecht ersessen sein. R.G. bei Gruchot B. 26 S. 939.

[33]) Präj. 975a. Samml. I. 26. Strieth. B. 92 S. 164.

und Luft in gewissem Maße nicht entziehen. Das Bauen in die Höhe ist nämlich in der Nähe des nachbarlichen Gebäudes insofern begrenzt, als, wenn die Fenster des Nachbarn schon seit wenigstens 10 Jahren bestehen und der innere Raum nur von dieser Seite sein Licht empfängt[34]), der neue Bau[35]) ohne Rücksicht auf das Maß der eingetretenen Verdunkelung

[34]) I. 8 §§ 142ff. Die von dem Reichsgericht gebilligte Rechtsprechung des Obertribunals (vgl. außer vielen anderen Entsch. B. 45 S. 67 und R.G. Entsch. B. 2 S. 196, B. 32 S. 188), welcher Heydemann B. I. S. 439, Förster in den früheren Auflagen dieses Buchs und Dernburg I. § 221 Nr. 2 zustimmen, findet in §§ 142ff. zunächst den Hauptgegensatz: Sind die Fenster schon seit 10 Jahren vorhanden (§§ 142. 143), sind sie noch nicht so lange vorhanden (§ 144). Innerhalb der ersten Alternative treten sich die Fälle gegenüber: die Behältnisse haben nur von dieser Seite Licht, das Gebäude hat noch von anderer Seite Licht. Das Wort „Gebäude" wird hierbei als synonym mit „Behältniß" gedeutet. In genauerem Anschluß an den Wortlaut findet Paris bei Gruchot B. 24 S. 67, daß § 143 mit den Worten „in diesem Falle" den ganzen Inhalt des § 142 in sich aufnehme, also auch die Voraussetzung, daß das einzelne Behältniß nur von dieser Seite Licht habe. Er sieht die Bedeutung des § 143 darin, daß das im § 142 bestimmte Recht sich abschwäche, wenn das ganze Gebäude von einer anderen Seite Licht habe, so daß eine Möglichkeit der Benutzung des Gebäudes trotz des Lichtausschlusses von dieser Seite und in diesem Behältniß bleibt. Dieser Auslegung steht entgegen, daß der Hauptgegensatz des § 144 dann hätte lauten müssen: Sind die Fenster nicht seit 10 Jahren vorhanden, oder hat das Behältniß noch nach einer anderen Seite Licht, so ist der Bauende bloß an die in § 139 bestimmte Entfernung gebunden. Hiernach wird man dem Reichsgericht beistimmen müssen, obgleich die Interpretation des Wortes Gebäude gleich Behältniß sehr gezwungen ist. — Anerkannt wird von der Praxis, daß es bei dem ergänzenden Licht von der anderen Seite her nicht darauf ankomme, ob es dem Raum unmittelbar oder mittelbar zugeführt werde, wenn es nur hinreichend für den Zweck des Raumes sei. Entsch. B. 80 S. 273. Strieth. B. 87 S. 21. R.G. Entsch. B. 2 S. 199. — An die Stelle des Ausdrucks „von dieser Seite her" setzten ältere Ausgaben dieses Buches ohne nähere Begründung die Worte: „durch diese" jetzt zu verbauenden Fenster. Wird das Gesetz so verstanden, so sind andere unverbaute Fenster desselben Behältnisses, die nach derselben Front hin belegen sind, unter dem Begriff „von anderer Seite her" einbegriffen. Die entgegengesetzte Auffassung, welche unter Seite eine Wand versteht, die mit der verbauten Seite einen Winkel bildet, liefert zwar das unbefriedigende Ergebniß, daß der durch mehrere unverbaute Fenster nach derselben Front hin vollständig erhellte Raum anders behandelt wird, als der, welcher Seitenlicht hat; aber die Praxis hat sich doch gegenüber dem Gesetz auf diesen Standpunkt gestellt. Strieth. B. 93 S. 353 und R.G. bei Gruchot B. 30 S. 938, B. 36 S. 961. Die Frage: welcher Winkel ist erforderlich? genügt ein stumpfer, vielleicht der ganz unmerkliche von 179,9 Grad, oder fordert der Begriff Seite mindestens einen rechten Winkel? bietet ferner Schwierigkeiten; aber dem Reichsgericht ist darin Recht zu geben, daß die Bestimmungen bei keiner Auslegung ganz befriedigen. — Ein letzter Zweifel besteht darin, ob es erforderlich ist, daß der Raum von anderer Seite bereits Licht habe, oder ob es genüge, wenn ihm durch Anlage neuer Fenster Licht geschafft werden kann. Für die letztere Ansicht neben Paris a. a. O. Dernburg. Betont wird dabei das Wort von Svarez: „wenn der Nachbar sich auf andere Weise helfen könne". Für die erstere entscheidet aber der Wortlaut des Gesetzes, Heydemann I. 444 und die Praxis: Entsch. B. 80 S. 267. Strieth. B. 99 S. 230. — Als Fenster, die den Schutz zu beanspruchen haben, sind alle Oeffnungen zum Zwecke der Erhellung anzusehen (vgl. Striethorst B. 90 S. 181), also nicht bloße Luftlöcher; weshalb aber Flur- und Treppenfenster ausgeschlossen sein sollen (Striethorst B. 37 S. 245), wird der nicht verstehen, der annimmt, daß es auch bei derartigen Räumen nicht wünschenswerth sei, daß die Hausbewohner gegeneinander laufen oder sich den Hals brechen. So auch R.G. bei Gruchot B. 30 S. 939.

[35]) Ueber den Begriff Neubau oben Anm. 21. Da es bei dem Lichtrecht nicht auf das Fundament des neuen Hauses, sondern auf den Theil des Oberbaus ankommt, der das Licht ausschließt, so ist abweichend von Anm. 27 auch Erhöhung eines alten Gebäudes, die auf das Licht wirkt, Neubau, ebenso der Wiederaufbau eines alten Gebäudes in einer lästigeren Weise. Vgl. Entsch. B. 13 S. 27. Rehbein I. 792, B. 42 S. 51.

soweit zurücktreten muß, daß der Nachbar aus dem ungeöffneten Fenster des ersten Stockwerks (zu ebener Erde), oder wenn das Gebäude noch von einer anderen Seite Licht empfängt, aus dem ungeöffneten Fenster des zweiten Stockwerks (eine Treppe hoch)[36]) in irgend welcher Stellung vertikal den Himmel erblicken kann (jus prospectus coeli)[37]). Bei Fenstern, die noch nicht 10 Jahre

---

Strieth. B. 95 S. 331. R.G. Entsch. B. 2 S. 196. Wird aber ein altes Gebäude gerade so lichtausschließend wieder aufgebaut, wie das früher vorhandene, so finden §§ 142 ff. keine Anwendung. — Ist eine gemeinschaftliche Grenzmauer einseitig unter Oeffnung von Fenstern erhöht, so kann der Nachbar auf der anderen Hälfte derselben ebenfalls höher bauen, selbst wenn er dadurch 10jährige Fenster verbaut. Bl. f. Rechtsanwendung in Baiern B. 29 S. 269. Entsch. B. 49 S. 99 (Rehbein I. 804). Das O.Trib. hat eine analoge Anwendung auf Lichtentziehung durch bewegliche Sachen, z. B. einen großen Holzhaufen, verworfen. Entsch. B. 45 S. 72. Strieth. B. 95 S. 331. Das ist irrationell.

[36]) Ueber den Fall, daß sich im unteren Stockwerke keine Fenster befinden, vgl. Entsch. B. 45 S. 68, B. 64 S. 26 (Rehbein I. 808); Striethorst B. 21 S. 44, B. 22 S. 162, B. 79 S. 113; ferner über den Fall, wenn das Haus überhaupt nur ein Stockwerk hat: Entsch. B. 72 S. 95.

[37]) I. 8 §§ 141—143. Dernburg a. a. O. tritt dafür ein, daß das Gesetz von einem Mann mittlerer Größe in gewöhnlicher Stellung zu verstehen sei. Der Plenarbeschluß des O.Trib. Entsch. B. 5 S. 166 (Rehbein I. 806), erklärte für genügend, das der Ausblick in irgend einer Stellung geschehen könne, Strieth. B. 21 S. 44, B. 22 S. 162, B. 65 S. 256, B. 80 S. 200, R.G. bei Gruchot B. 24 S. 483, B. 36 S. 964. In R.G. Entsch. B. 32 S. 194 wird die Möglichkeit verlangt, in aufrechter Stellung aus irgend einer Scheibe des Fensters den Himmel zu erblicken; hierbei sei ein Mensch mittlerer Größe vorausgesetzt. — Der Anforderung, den Neubau zurückzurücken, wird durch einen Lichtschacht genügt. Entsch. B. 78 S. 16. Auch genügt unter Umständen eine solche Erniedrigung des Neubaus, daß der Himmel wieder erblickt werden kann. Die dem Gesetz gemäß erfolgende Verurtheilung zum Zurückrücken schließt nicht aus, daß der damit zum Ausdruck gebrachten Pflicht auf andere Weise durch Herstellung eines die Lichtminderung ausschließenden Zustands genügt werde. R.G. bei Gruchot B. 30 S. 941. — Ein lebhafter Streit besteht über die rechtliche Natur des Fensterrechts. Koch im Kommentar zu § 142 faßt dasselbe als ein auf stillschweigender Einwilligung des 10 Jahre schweigenden Nachbarn beruhendes Servitutenrecht, Fahne und Stölzel sehen schon in der Anlegung von Fenstern einen Eingriff in das Eigenthum des Nachbarn, eine Besitzergreifung des Licht- und Luftraums desselben, die durch Zeitablauf den Rechtscharakter annehme. Ohne nähere Erörterung endlich dessen, was durch die Anlegung des Fensters in Besitz genommen werde, ja mit ausdrücklicher Ausschließung jedes Besitzschutzes des Fensterinhabers vor Ablauf der zehnjährigen Zeit hat die Praxis des preußischen Rechts unter dem Beifall von Förster in den früheren Auflagen dieses Buchs und von Dernburg in dem Fensterrecht ein durch zehnjährige Ersitzung zu erwerbendes Untersagungsrechts des Höherbauens gegen den Nachbarn gefunden. Vergl. Entsch. B. 51 S. 69 (Rehbein I. S. 800). Dernburg erkennt an, daß dabei von Titel und bona fides in Wahrheit auch von Besitz nicht die Rede sei. Den Stölzel'schen Lichtraum kennt das Landrecht nicht als möglichen Gegenstand des Besitzes, das Obertribunal hat deshalb mit Recht den Besitz eines negativen Fensterrechts geleugnet; Strieth. B. 98 S. 248; und: wie der Besitz eines Untersagungsrechts erworben wird, bestimmen I. 7 §§ 86. 87. Es genügt dazu nicht Anlegung eines Fensters. Die Ausschließung des Besitzschutzes steht deshalb auch in der Praxis unbestritten fest. Vgl. Entsch. B. 37 S. 51, B. 77 S. 150 (Rehbein I. 802). Strieth. B. 28 S. 112. Das Ungewöhnliche dieser Ersitzung geht also soweit, daß sie etwa dem Lichtenberg'schen Messer ohne Klinge, dem der Griff fehlt, entsprechen würde. Der Herausgeber kann hiernach nur der Anschauung von Paris a. a. O. beitreten. Es handelt sich, wie auch die Stellung der Bestimmungen im 8. Titel ergiebt, um eine gesetzliche Eigenthumsbeschränkung, deren Wirksamkeit im Gesetz an die thatsächliche Voraussetzung zehnjährigen Bestehens der Fenster geknüpft ist. Recht und Besitz entstehen erst mit dem Ablauf der 10 Jahre. Diese aber sind keine Verjährungszeit. Das Gesetz will das Licht eines Raumes schützen, der unter solchen Umständen eingerichtet worden ist,

bestehen, hat der Nachbar diesen Anspruch nicht, sondern muß sich mit der allgemeinen Vorschrift über den Abstand der Neubauten von seiner Grenze begnügen[38]).

14. Neue Thüren darf der Eigenthümer wider den Willen des Nachbarn unmittelbar an dessen Grund und Boden nicht anbringen[39]).

15. Scheidungen an dem Grundstück des Nachbarn (Zäune, Planken, Mauern, Scheidewände) müssen, wenn sie errichtet werden, was Sache des freien Beliebens ist, so eingerichtet werden, daß sie die Grenze nicht überschreiten, den Nachbar im Gebrauch seines Eigenthums nicht hindern, und zwischen Höfen nicht unter 6, zwischen Gärten nicht unter 5 Fuß hoch sind[40]). Befriedigungen in der freien Feldflur sind nur zulässig, wenn dadurch nicht Grundgerechtigkeiten beeinträchtigt werden[41]). Die Unterhaltung der letzteren Befriedigung steht in der freien Willkür des Eigenthümers, wenn derselbe nicht mit einer Verpflichtung besonders belastet ist. Einmal an-

---

daß der Nachbar 10 Jahre lang nicht in der Lage war, kein praktisches Bedürfniß hatte, etwas davor zu bauen. Eine Klage in der Zwischenzeit zur Abwendung des Erwerbs wäre unzulässig, da es sich weder um Verjährung noch Ersitzung handelt. Nur das wirkliche Bauen hindert den Erwerb. — Von diesem Standpunkt aus zu bekämpfen ist es, daß das Obertribunal eine Protestation des Nachbarn zur Erhaltung des Rechts des Vorbaus, als Verjährung unterbrechend, durchgreifen läßt. Entsch. B. 51 S. 69 (Rehbein I. S. 800). Dagegen spricht auch schon die Entstehungsgeschichte. Der ursprüngliche Entwurf wollte das Recht nach dreijährigem Bestand der Fenster entstehen, aber die Entstehung durch Protestation abwehren lassen. Mit der Verlängerung der Frist ist zugleich die Protestation fallen gelassen. Ebenso wenig steht der Begründung der gesetzlichen Beschränkung durch Zeitablauf mala fides des Fensterinhabers, der mündlich erklärt hat, es könne jederzeit höher gebaut werden, entgegen (Strieth. B. 98 S. 18). Ein mündlicher Verzicht ist bedeutungslos. Nach I. 22 § 43 kann neben dem ausdrücklichen (schriftlichen) Verzicht nur das stillschweigende Geschehenlassen der hindernden Anlegung rechtzerstörend eingreifen. Vgl. unten § 187 Anm. 78. In letzterer Beziehung ist festzuhalten, daß gegen den Neubau sofort protestirt werden muß, sobald erhellt, daß durch ihn das Licht verbaut werde. Strieth. B. 28 S. 112. Entsch. B. 46 S. 68. Die bloße Furcht ohne die sichere Erkenntniß, daß der Neubau das Licht vereiteln werde, nöthigt nicht zur Klage, und wenn die Erkenntniß erst nach Vollendung des Baus gewonnen wird, so besteht kein Zwang zu sofortiger Klage. Andererseits genügt aber auch nicht ein vor dem Beginn des Baus erfolgter Widerspruch, dem begonnenen Bau muß widersprochen sein. R.G. bei Gruchot B. 29 S. 823.

38) I. 8 § 144. In diesem Fall kommt nichts darauf an, ob der Raum nur von der Nachbarseite oder noch von anderer Seite Licht empfängt. Entsch. B. 45 S. 68f. Der Nachbar muß dann, um sich gegen den Bau zu schützen, eine Servitut erwerben die im zweifelhaften Fall aus § 142 interpretirt werden soll. I. 8 §§ 145. 146. Vergl. auch R.G. bei Gruchot B. 24 S. 432. — In Berlin kommen §§ 141 bis 143 nicht in Betracht. Entsch. B. 45 S. 73. R.G. bei Gruchot B. 29 S. 677.

39) I. 8 S. 148. Die Verlegung einer vorhanden gewesenen Thür ist gestattet. Strieth. B. 15 S. 95. Ob der Nachbar, wie die fr. Auflagen mit Strieth. B. 23 S. 142c. annehmen, zur Erhaltung seines Rechts sofort zu widersprechen hat, oder ob die Beseitigung verlangt werden kann, wenn er nur nicht eingewilligt hat, Strieth. B. 12 S. 315. Entsch. B. 76 S. 108, entscheidet sich nach dem, was § 187 Anm. 57 zu erörtern ist. Unmittelbar heißt hart an der Grenze. Das. B. 23 S. 142a. Ist ein Zwischenraum vorhanden, so ist § 148 nicht anwendbar. Das. B. 18 S. 159. Neu ist eine Thür, die statt einer Durchfahrt oder an einer anderen Stelle angelegt wird. Das. B. 59 S. 345. Vgl. auch Arnsb. jur. Monatschr. I. 470.

40) I. 8 §§ 149. 150. 169. Strieth. B. 35 S. 49f., B. 58 S. 260. Gruchot B. 4 S. 83.

41) I. 8 § 151.

gelegte Scheidungen außer der freien Flur dagegen hat der Eigenthümer zu unterhalten[42]). Dies ist eine ihm vom Gesetz auferlegte Verpflichtung, welche dem Nachbarn das Recht giebt, die Unterhaltung zu fordern. Unterhaltung ist nicht bloß Ausbesserung, sondern auch Erneuerung der verfallenen Scheidung[43]). Eigenthümer ist, wer sie angelegt hat[44]). Ist das Eigenthum in dieser Weise nicht erweislich, so soll derjenige als Eigenthümer und zur Unterhaltung verpflichtet gelten, auf dessen Seite die Stiele, Ständer oder Pfosten der Planken und Staketen oder die Vertiefungen (Blenden) sich befinden und die aufgelegten Bedachungsplatten der Scheidemauer überstehen[45]). Gemeinschaftliches Eigenthum sind Planken, bei denen die Bretter in die Mitte der Stiele eingefalzt sind, Scheidewände, in denen keine oder auf beiden Seiten Blenden sich befinden, und nach beiden Seiten die Platten überlaufen[46]). Zäune und Wellerwände, die Merkmale für das Eigenthum nicht zeigen, muß in der Regel jeder Besitzer eines städtischen Grundstücks rechts vor seinem Haupteingang bauen, d. h. wenn sie verfallen, wiederherstellen[47]) und unterhalten. Eine spätere Verlegung des Haupteingangs verändert die einmal begründete Verpflichtung nicht, und wer ein Gebäude, das bisher den Zaun ersetzt hat, wegnimmt, muß an dessen Stelle einen Zaun setzen und erhalten[48]). Wenn der neu anbauende Nachbar Hof und Garten schließen will, so hat er den rechts von seinem Haupteingang schon vorhandenen Zaun seines

---

[42]) I. 8 §§ 152. 153. Vergl. über Zaunrecht Kayser bei Gruchot B. 19 S. 705. Präj. Nr. 253, Strieth. B. 2 S. 218 (Rehbein I. 811). Entsch. B. 59 S. 45, B. 74 S. 253. R.G. Entsch. B. 2 S. 214 (auch bei Gruchot B. 25 S. 430); Entsch. B. 81 S. 155 leugnen die Verbindlichkeit eines Besitzers in der freien Flur, den nach der Seite des angrenzenden Stadtgrundstücks angelegten Zaun zu unterhalten.

[43]) Die Anlegung ist fakultativ, die Wiederherstellung und Unterhaltung aber ist durch das Gesetz geboten. Die Praxis hat geschwankt und sich jetzt durch Plen.-Beschl. v. 4. Juni 1860 Entsch. B. 43 S. 1 (Rehbein I. 831) für diese Auffassung entschieden. Der Beschl. bezieht sich zwar auf § 162, es gilt aber dasselbe von allen anderen Scheidungen. Strieth. B. 38 S. 181. S. auch Heydemann S. 446 f. Koch, Komm. zu § 162. Bei Befriedigungen in der freien Feldflur ist auch die Erhaltung fakultativ. Präj. 235. Samml. I. 29. Vgl. Strieth. B. 69 S. 243.

[44]) I. 8 § 152.

[45]) I. 8 §§ 154. 156. 159. 161. Diese Merkmale sind nur beispielsweise hervorgehoben, aber wo sie vorhanden, sind sie entscheidend. Entsch. B. 52 S. 30 f. Strieth. B. 28 S. 43. Strebefeiler oder die rauhe Seite einer Mauer sind nicht entscheidende Merkmale für das Eigenthum. Das. B. 30 S. 117, Arnsb. Arch. B. 10 S. 64. Blenden bieten eine Vermuthung auch bei Scheidemauern zwischen Gebäuden. Entsch. B. 9 S. 200 II. Strieth. B. 97 S. 29.

[46]) I. 8 §§ 157. 158. 160. 161.

[47]) Entsch. B. 43 S. 1 (Pl.-Beschl.) (Rehbein I. 831). Strieth. B. 38 S. 181. Heydemann S. 449. Abweichende Gewohnheiten oder Observanzen sollen sich gegen den Grundsatz des § 162 bilden können, Entsch. B. 58 S. 47 (weil § 162 nur die Regel angiebt, von welcher Ausnahmen statthaft erscheinen). Der § 162 ist unanwendbar bei Gärten und Dörfern. Entsch. B. 74 S. 253 (Rehbein I. 816).

[48]) I. 8 §§ 162—164. Zäune und Wellerwände sind Beispiele für solche Scheidungen, die nach ihrer Beschaffenheit Vermuthungen für das Eigenthum nicht darbieten. Heydemann S. 448 Note 973. In der Unterhaltungspflicht ändert auch nichts, wenn der Eigenthümer (die Stadt) den Platz in eine öffentliche Straße verwandelt. Entsch. B. 74 S. 189.

Nachbarn zu unterhalten[49]). Rück- und Querzäune und alle Scheidungen, deren einseitiges Eigenthum nicht ermittelt werden kann, sind von den Anwohnern gemeinschaftlich zu unterhalten[50]). Statt einer vorhandenen hölzernen Scheidung darf jeder Nachbar lebendige Hecken $1^1/_2$ Fuß von der Grenze so anlegen, daß ihr Auswuchs und ihre Wurzeln nicht über diese reichen. Der Nachbar kann durch eine solche lediglich von ihm zu erhaltende Hecke auch eine frühere gemeinschaftliche hölzerne Scheidung ersetzen; will er aber die Hecke genau an die Stelle des Zaunes setzen, so bedarf er der Zustimmung des Nachbarn[51]).

16. Bodenerhöhungen müssen 3 Fuß von der Grenzscheidung zurückbleiben; der Nachbar verliert den Anspruch auf Beseitigung der Anlage, wenn er sie ohne ausdrücklichen Widerspruch geschehen läßt, und kann dann nur noch Schadenersatz fordern[52]).

17. Bodenvertiefungen (Gräben und dergleichen) müssen ebenfalls 3 Fuß von der Verzäunung zurückbleiben. Als Eigenthümer des Grabens und unterhaltungspflichtig gilt derjenige, auf dessen Seite sich der Aufwurf befindet[53]).

18. In der Nähe einer vor der Verordnung vom 18. November 1819 errichteten Windmühle dürfen nicht Bäume angepflanzt werden, die der Mühle den Wind entziehen können[54]).

b. Duldungspflichten. 1. Gegen das durch Niederschläge entstandene

---

49) I. 8 §§ 165. 166.

50) I. 8 §§ 167. 168.

51) I. 8 §§ 170—184. Die Einschränkungen sind durch Verjährung sowie durch Einwilligung zu beseitigen. Entsch. B. 44 S. 59. Strieth. B. 40 S. 269. Die $1^1/_2$ Fuß werden bei einem Raine nicht von dessen Mitte, sondern von dessen Rande berechnet. Rechtsfälle B. 3 S. 98.

52) I. 8 §§ 185. 186. Gruchot B. 7 S. 108. Der § 185 ist nicht ein Polizeigesetz im Sinne des I. 6 § 26, die Ueberschreitung der Entfernung daher keine unerlaubte Handlung im Sinn des § 25 I. 6. Strieth. B. 59 S. 63. Widerspricht der Nachbar nicht, so kann er später nicht auf Beseitigung der Anlage, sondern nur noch auf Entschädigung klagen. Entsch. B. 43 S. 78. Strieth. B. 11 S. 164. Die Erlaubniß aus dem Grundstück des Nachbars Boden wegzuführen, giebt nicht das Recht, das eigene Grundstück gegen §§ 185. 186 zu erhöhen. Strieth. B. 10 S. 276.

53) I. 8 §§ 187. 188. Strieth. B. 60 S. 136. Die gemeinrechtliche Praxis versagt die negatorische Klage, obgleich die Grube dem Erdreich des Nachbarn die Festigkeit nimmt. Auch die landrechtliche Praxis engt die Anwendung der Vorschrift nach dem Wortlaut ein. Ist das Nachbargrundstück ohne Verzäunung, so findet diese Einschränkung nicht statt. Strieth. B. 1 S. 94. Ueber den Begriff der Vertiefung s. Entsch. B. 17 S. 115 (Rehbein I. 820). — Vgl. übrigens noch die Bestimmung des § 367 Nr. 14 Str.G.B. und über deren civilrechtliche Bedeutung R.G. Entsch. B. 6 S. 260. Vgl. Entwurf des B.G.B. Reichstagsvorl. § 893.

54) II. 15 § 247. Dazu Pl.Beschl. Entsch. B. 17 S. 36. Es ist nicht gemeint, daß die Bäume schon bei der Anpflanzung den Wind entziehen. Nach V.O. vom 18. Novbr. 1819 (G.S. S. 250) findet § 247 auf Mühlen keine Anwendung, die nach diesem Zeitraum errichtet worden sind. Streitig ist, ob § 247 sich auch auf die Errichtung von Gebäuden in der Nähe der Windmühlen bezieht. Die Analogie spricht dafür. Dagegen der Pl.Beschl. Entsch. B. 5 S. 67. S. Koch, Beurtheil. S. 335 und Komment. zu diesem §. Die Bestimmung war ein Anklang an die l. 14 § 1 C. III. 34, welche die gemeinrechtliche Praxis auch auf andere Anlagen als Tennen bezieht. Vergl. Pufendorf, Observ. IV. 232. Seuffert XVI. 98.

wild ablaufende Regen- und Schneewasser darf sich zwar jeder Eigenthümer decken[54a]), aber nicht dadurch, daß dem oberen ländlichen Grundstück die Entwässerung unmöglich wird. Der untere Eigenthümer muß also das abfließende Wasser aufnehmen, dem oberen die Vorflut gestatten[55]). Die letztere Bestimmung des A.L.R. ist durch neuere Gesetzgebung modifizirt[56]). Der obere Eigenthümer ist berechtigt, gegen vollständige Entschädigung Gräben durch fremden Boden auf und unter der Erde (Drains) zu ziehen, wenn dies zur Entwässerung nothwendig oder der Kultur vortheilhaft ist,

---

[54a]) I. 8 § 102. Vgl. Entwurf des B.G.B. § 856, der die abweichenden landesrechtlichen Bestimmungen unberührt läßt.

[55]) Literatur: vgl. Anm. 7. Gruchot B. 6 S. 268fg. Heydemann I. 421f. Scheele §§ 24f. Nach röm. Recht mußte das tieferliegende ländliche Grundstück das natürlich ablaufende Wasser aufnehmen: die actio aquae pluviae arcendae sicherte gegen Aenderungen tit. D. XXXIX. 3. Nachweisungen aus der gemeinrechtl. Praxis bei Gruchot a. a. O. Seuffert X. 259. Insofern das Landrecht I. 8 § 102 dem tieferliegenden Besitzer gestattete, sich gegen das ablaufende Wasser „zu decken", wich es vom röm. Recht ab; aber insofern § 107 den obern Besitzer von der Herstellung von Anstalten zur Ableitung entband, stimmte es mit dem röm. R., das gegen diesen die a. aquae pluv. arcendae nicht gab, wenn er nicht durch eigenmächtiges Handeln dem natürlichen Abfluß eine schädliche Richtung gegeben hat (opere facto, l. 1 § 15 D. h. t., dieses opus factum mußte die Ursache zur Immission des Wassers in das tiefere Grundstück sein, qua aliter fluat, quam natura soleret). Nach preuß. R., dessen Bestimmungen wie die des gem. Rechts sich nicht auf Häuser und Höfe beziehen (Entsch. B. 40 S. 33 (Rehbein I. 770). Strieth. B. 37 S. 335, B. 40 S. 116) ist der obere Besitzer berechtigt zu Vorkehrungen oder Anlagen, die den Ablauf ändern. Entsch. B. 51 S. 56f. Ueber die Begründung einer Klage auf Verschaffen der Vorflut vergl. Entsch. B. 63 S. 68 (Rehbein I. 768). Vgl. Wochenschr. für merkw. Rechtsf. 1855 S. 124f. Seuffert V. 141 bei 2. Nach dem Zuständigkeitsgesetz vom 1. Aug. 1883 § 68 hat der Richter nicht mehr über die Entschädigung, auch nicht über die Art der Ausführung zu entscheiden, sondern nur noch über die Verpflichtung zur Beschaffung der Vorflut. Alles andere ist in dem durch §§ 15ff. des Ed. v. 15. Nov. 1811 geordneten schiedsrichterlichen Verfahren zu entscheiden. — Eine Entschädigungspflicht des oberen gegen den unteren Besitzer für den durch das wild ablaufende Wasser angerichteten Schaden existirt weder nach gemeinem noch nach preuß. R. Hesse a. a. O. S. 185. Seuffert I. 318. Strieth. B. 37 S. 322. — Auch ein Recht des oberen Besitzers darauf, daß der untere den Zufluß abwehre, existirt nicht. Strieth. B. 22 S. 272. Ebensowenig hat der untere ein Recht darauf, daß der wilde Zufluß auf sein Grundstück fortdauere, der obere kann vielmehr den Abfluß hindern. Seuffert I. 5. Strieth. B. 97 S. 273. Künstlicher Wasserzufluß — z. B. aus Bergwerken — kann abgewehrt werden, auch wenn die Zuführung indirekt stattfindet und das Wasser unschädlich ist. Das Recht dazu hat auch der Eigenthümer eines Privatflusses, dem der Zufluß zugeführt wird. Brassert, Zeitschr. f. Bergrecht. B. 21 S. 249. R.G. Entsch. B. 2 S. 208 und bei Gruchot B. 29 S. 873. Ist der Wasserlauf kein wilder, sondern ein künstlicher (vgl. oben unter 2), durch den aber das Wasser seinen ordentlichen Abfluß hat, so kommt es nicht darauf an, wie lange er besteht, der obere kann den Abfluß dann nicht mehr verändern. Entsch. B. 53 S. 29. Striethorst B. 100 S. 78 (Rehbein I. 765).

[56]) An Stelle von I. 8 §§ 103ff. trat Ges. v. 15. November 1811. G.S. S. 352 wegen des Wasserstaues bei Mühlen und Verschaffung der Vorflut; Ges. v. 23. Januar 1846 betr. das Aufgebotsverfahren für Entwässerungsanlagen; G.S. S. 26; Ges. v. 11. Mai 1853. G.S. S. 182, betr. (in Art. 3) die Anwendung der Vorflutgesetze auf unterirdische Wasserableitungen. S. auch Ges. betr. die Bildung von Wassergenossenschaften vom 1. April 1879 (G.S. S. 297). Durch diese Gesetze sind die §§ 103 bis 105. 117 modifizirt, die §§ 106—109. 113—116 aufgehoben; die §§ 110—112 gehören nicht in diese Materie. Heydemann S. 423.

um Niederschläge, Teiche und stehende Seen abzuleiten[57]). Die Nothwendigkeit oder Nützlichkeit wird amtlich ermittelt, ebenso wird die Ausführung der Anlage behördlich beaufsichtigt[58]). Der Rechtsweg ist nur zulässig, wenn zwischen den Betheiligten Streit über den Umfang der dabei zur Ausgleichung zu bringenden Rechte entsteht[59]). Die Entschädigung wird durch Schiedsrichter festgesetzt[60]). Die Entwässerung ist wie die Bewässerung zur Zeit vielfach das Ziel genossenschaftlicher Bildungen[61]).

2. Das Hammerschlags-, Schaufelschlags- und Leiterrecht, dem die Pflicht des Grundstücksbesitzers entspricht, dem Nachbar zu gestatten sein Grundstück zu betreten, um ein Bauwerk oder eine Scheidung zu bessern, oder den Graben zu reinigen und zu dem ersteren Zwecke Gerüste aufzurichten, hat im Landrecht nur bezüglich der Ausbesserung eines Plankenzauns von der Seite, von der die Bretter angeschlagen sind, positive Anerkennung gefunden[62]).

3. Das Pflugrecht oder die Anwende, d. h. die Verpflichtung des Eigenthümers, dem Nachbarn zu gestatten, daß er auf seinem Grundstück den Pflug wende, ist im A.L.R. in dieser Weise nicht aufgenommen, weil der Rain, auf welchem die Pflugwendung erfolgt, als gemeinschaftliches Eigenthum angesehen wird[63]).

4. Das Betretungsrecht. Der Eigenthümer darf seinen Bienenschwarm auf dem Grundstück des Nachbarn verfolgen und einfangen[64]), ebenso dort die Fische einfangen, welche bei großem Wasser oder einem Dammbruch

---

57) Vorflutges. §§ 13—15. Ges. v. 11. Mai 1853 Art. 3. Koch, R. d. F. B. 3 S. 128. Entsch. B. 36 S. 39.

58) §§ 15—19 Vorfl.Ges. Eigenmächtige Anstalten werden als unbefugter Eingriff in das Eigenthum mit der Eigenthumfreiheitsklage abgelehnt. Entsch. B. 66 S. 263. Aber auch auf Grund eines Rechts zur Nutzung eines Sees kann der Berechtigte der polizeilich zugelassenen Senkung des Wasserspiegels im Rechtswege nicht widersprechen. Entsch. B. 70 S. 240 (Rehbein I. 771). Die Zuständigkeit der Verwaltungsbehörde regelt zur Zeit Zust.Ges. v. 1. August 1883 §§ 65 f. 67. 68 ff. Vgl. §§ 100 bis 106 des Ges. v. 26. Juli 1876.

59) Vorfl.Ges. § 20.

60) Vorfl.Ges. §§ 21—23. Ueber diese „Schiedsrichter" vgl. B. I. § 49a. Anm. 8.

61) S. oben Anm. 16.

62) I. 8 § 155. Dennoch wurde das Recht von Förster als ein generelles bezeichnet unter Berufung auf Schles. Arch. B. 4 S. 196. Entsch. B. 10 S. 252. In Entsch. B. 60 S. 24 (Strieth. B. 71 S. 351, Rehbein I. 758) hat das Obertribunal analoge Ausdehnung des § 155 abgelehnt. Dem wird um so mehr beizustimmen sein, als eine generelle gemeinrechtliche Ausdehnung oder Zurückführung auf altdeutsches Recht als widerlegt angesehen werden muß. Vgl. Hesse, Rechtsverh. der Grundstücksnachbarn. B. II. S. 222. Gerber § 86 Anm. 4. — Eine ganz verschiedene Frage ist, ob im einzelnen Fall die Einräumung eines solchen Rechts gegen Entschädigung als nothwendige Servitut gefordert werden kann. Vergl. Entsch. B. 51 S. 223. Strieth. B. 97 S. 21. Ueber den Schaufelschlag, der bei der Grabenräumung vorkommt, s. l. 11 § 1 D. VIII. 4. Seuffert II. 145. Wochenbl. f. merkw. Rechtsf. 1845 S. 247. Bluntschli S. 238 Nr. 4.

63) I. 8 § 118. Gegen Schelhaß a. a. O. S. 11 Note 7. Gemeinschaftlich in dem oben Anm. 17 angenommenen Sinn, daß keiner der beiden Anwohner dem andern solche Benutzung entziehen kann.

64) I. 9 § 122.

ausgetreten sind[65]), darf auch vom Grundstücke des Nachbarn den vom Sturm umgeworfenen Baum wegschaffen[66]). In allen diesen Fällen hat der Nachbar Ersatz des ihm durch die Betretung, Einfangung oder Wegschaffung entstandenen Schadens zu beanspruchen[67]).

Die im römischen Recht vorkommenden nachbarlichen Befugnisse: daß eine Ausweichung der Mauer in den Luftraum des Nachbarn, wenn sie nicht mehr als ½ Fuß beträgt, geduldet werden muß[68]), daß der Nachbar je am dritten Tage seine über der Grenze herabgefallenen Früchte auflesen darf[69]) und daß das Abhauen überragender Aeste nur bis auf 15 Fuß Höhe verlangt werden kann[70]), sind dem A.L.R. unbekannt[71]).

## § 171. Gesetzliche Begrenzungen des Eigenthumsrechts an Grundstücken im Interesse des gemeinen Wesens.

A.L.R. I. 8 §§ 33—98. 190. Heydemann I. 412f. Gruchot B. 6 S. 126f. — Roth, Bair. Civ.-R. II. §§ 123—128.

In anderem Zusammenhange[1]) ist davon gehandelt, daß der Eigenthümer zum Wohle des gemeinen Wesens der Zwangsenteignung oder auch der zwangsweisen Duldung einer Eigenthumsbeschränkung nach Maßgabe des Gesetzes unterworfen werden kann. Der Eintritt dieser Möglichkeit setzt bei Grundstücken voraus, daß ein bestimmtes Unternehmen vom Staat besonders als die Zwangsenteignung begründend anerkannt wird. Ohne eine solche besondere Anerkennung als nothwendig hinzustellen, betrachtet der Staat, wie ebenfalls bereits hervorgehoben ist[2]), das Aufsuchen der dem Bergbau unterliegenden Mineralien als etwas so gemeinnütziges, daß er den Grundbesitzer nöthigt, gegen Entschädigung das Schürfen zu gestatten, ebenso aber nöthigt er ihn, die für den dauernden Betrieb des Bergbaus nothwendige Nutzung der erforderlichen Theile des Grundbesitzes gegen eine

---

65) I. 9 § 178. Ueber die §§ 180ff. s. Entsch. B. 57 S. 20. Die entsprechende Jagdfolge (I. 9 §§ 130ff.) ist durch § 4 Jagdpolizeiges. vom 31. October 1848 beseitigt.

66) I. 9 §§ 293—296.

67) I. 9 §§ 123. 296. 297. Gruchot B. 7 I. 132. Der Entwurf des B.G.B. § 867, Entw. II. §§ 788. 918, Reichstagsvorl. §§ 851. 989, regelt ein Betretungsrecht zum Aufsuchen und Heben beweglicher auf dem Grundstück befindlicher dem Andern gehöriger Sachen.

68) I. 17 pr. D. VIII. 5. S. jedoch oben Anm. 19 und unten § 176 a. E. wegen der Folgen einer Grenzüberschreitung beim Bauen an der Grenze.

69) Interd. de glande legenda. D. XLIII. 28.

70) Interd. de arboribus caedendis. D. XLIII. 27.

71) S. unten § 173 bei II. 7. Das A.L.R. hat aus dem alten deutschen R. das s. g. Ueberfalls- und Ueberhangsrecht aufgenommen, das sich vielfach in Deutschland erhalten hat. Sachsensp. II. 52. Stryck, Usus mod. XLIII. 28 § 1. Seuffert XVII. 7. Kayser bei Gruchot B. 21 S. 69. Stobbe B. 2 S. 94.

1) Oben B. II. § 131. Der Entwurf des Einführungsgesetzes z. B.G.B. Reichstagsvorl. Art. 108ff. überweist die ganze Materie öffentlich rechtlicher Belastung des Grundbesitzes dem Landesrecht.

2) Oben § 168 Anm. 52ff.

jährlich im Voraus zu entrichtende Entschädigung sich gefallen zu lassen[3]). Bei länger als dreijähriger Nutzungsentziehung, oder wenn bei der Rückgewähr der Werth des Grundbesitzes sich als vermindert herausstellt und der Grundbesitzer nicht mit Entschädigung hierfür zufrieden ist, kann er verlangen, daß der Bergwerksunternehmer das Eigenthum des Grundstücks erwerbe. Abgesehen hiervon aber giebt es gesetzliche Begrenzungen der Benutzung des Privateigenthums, die ohne Rücksicht auf ein bestimmtes gemeinnütziges Unternehmen im Interesse des gemeinen Wohls, aus Rücksichten der Landesvertheidigung, der Besserung der Landeskultur oder anderer Zweige der polizeilichen Fürsorge angeordnet sind. Dieselben liegen außerhalb der Sphäre des Privatrechts, und ihre Regelung ist regelmäßig eine administrative[4]). Es kann daher eine Befreiung von solchen Begrenzungen weder durch Willenserklärungen noch durch Ersitzung erworben werden[5]). Auch wenn die Benutzung eines Grundstücks durch administrative Einwirkung ohne gesetzliche Grundlage oder unter ihrer Ueberschreitung eingeschränkt wird, so ist dagegen eine Civilklage nicht gegeben, wohl aber findet deshalb ein Entschädigungsanspruch statt[6]). Uebrigens äußert sich die Begrenzung des Eigenthums aus Gründen des öffentlichen Wohles nicht bloß darin, daß der Eigenthümer etwas dulden oder unterlassen, sondern unter Umständen auch darin, daß er etwas thun muß (z. B. die Unterhaltung des Hauses im baulichen Stande). Der Staat untersagt die Zerstörung oder Vernichtung des Eigenthumsobjekts, wenn dessen Erhaltung für das Gemeinwohl von erheblichem Nutzen ist, und er befiehlt dem Eigenthümer die Benutzung der Sache, wenn diese für das Gemeinwohl erforderlich erscheint[7]).

Im Interesse der Landesvertheidigung ist reichsgesetzlich die Um-

---

[3]) Berggeſ. v. 24. Juni 1865 §§ 135 ff.

[4]) Heydemann S. 412. — Der Entwurf des B.G.B. hat diese Beschränkungen nicht allgemein zu regeln unternommen.

[5]) I. 8 § 190.

[6]) Einl. §§ 74. 75, I. 8 §§ 30. 31. Insbesondere auch wenn polizeilich nicht im einzelnen Fall, sondern generell durch Polizeiverordnung eine nach den Gesetzen erlaubte Einrichtung verboten wird. Strieth. B. 86 S. 81 (Rehbein I. 746). Entschädigung für die wegen Feuergefährlichkeit des benachbarten Eisenbahnbetriebs polizeilich untersagte Bebauung eines Grundstücks. R.G. bei Gruchot B. 27 S. 438; für eine zum Schutz eines Nationaldenkmals erlassene Baubeschränkung. R.G. bei Gruchot B. 26 S. 936. Aus Gründen des öffentlichen Wohls kann der Eigenthümer auch nicht genöthigt werden, auf seine Kosten Einrichtungen zu treffen, die einen der Allgemeinheit drohenden Schaden für die Zukunft abwehren sollen, z. B. Einrichtungen zur Beseitigung einer für die Erhaltung der Gesundheit der Einwohner eines Orts aus Gründen der Polizeihygiene. Entsch. des O.Trib. B. 43 S. 15. Vgl. aber den etwas anders liegenden Fall. Entsch. B. 78 S. 8. Vergl. oben B. I § 18 Anm. 16, § 90 Anm. 5.

[7]) I. 8 §§ 33. 34. Vgl. unten Nr. 1, ferner K.O. v. 20. Juni 1833 (Stadtmauern). Berggesetz vom 24. Juni 1865. §§ 65. 156 (Bergwerksbetrieb). Die Pflicht der Eisenbahnunternehmer zur Herstellung der Eisenbahn und zur Instandhaltung der Bahn ist nicht als Eigenthumsbeschränkung anzusehen: die Genehmigung des Unternehmens ist hier an gesetzliche Bestimmungen geknüpft. Eisenbahngeſ. v. 3. November 1838 §§ 21. 24, Reichsverfassung Art. 43.

gebung von Festungen bestimmten Benutzungsbeschränkungen unterworfen, die sich nach der Nähe der Befestigungswerke abstufen [8]). Ferner hat das öffentliche Interesse der Landesvermessung zu der Bestimmung geführt, daß sich jeder Grundstücksbesitzer die Vermessungsarbeiten auf den mit Gebäuden nicht besetzten und zu Höfen oder Gärten nicht benutzten Theilen seines Grundstücks gegen Vergütung des etwa zugefügten Schadens gefallen lassen muß [9]). Mehrere beschränkende Vorschriften des A.L.R. sind durch die neuere Gesetzgebung beseitigt, nämlich diejenigen, die sich auf die Bewirthschaftung und Benutzung der Wälder bezogen [10]), im Wesentlichen auch diejenigen, die gegen den Verfall ländlicher Grundstücke gerichtet waren [11]). In neuerer Zeit ist aber das öffentliche Interesse an der Erhaltung und Pflege des vorhandenen Waldbesitzes die Grundlage einer Reihe neuer gesetzlicher Beschränkungen geworden. Insofern vorhandeue Holzungen in den östlichen Provinzen des Staats Gemeinden oder öffentlichen Anstalten einschließlich der Kirche und milder Stiftungen gehören, und insofern solche Holzungen im ganzen Staat im Eigenthum realer Genossenschaften oder überhaupt im Miteigenthum Mehrerer ohne nachweisbaren privatrechtlichen Ursprung dieses Verhältnisses stehen, ist es regelmäßig ausgeschlossen, die Grundstücke zu anderen Zwecken zu bestimmen, und die Nutzung der Holzungen muß nach forstwirthschaftlichen Grundsätzen geordnet werden [12]). Zur Abwendung von Gefahren für Landeskultur und Schiffahrt kann ferner jeder Besitz, auch der Privatbesitz, gegen Entschädigung durch die Betheiligten zwangsweise durch ein Regulativ des Waldschutzgerichts der Ausführung von Waldkulturen oder von sonstigen Schutzanlagen sowie anderen Benutzungsbeschränkungen unterworfen werden [13]). Auch ist es zulässig, die einzelnen Besitzer von Waldflächen im Interesse forstgemäßer Benutzunz zu Waldgenossenschaften zwangsweise zu vereinigen [14]). Im Interesse der Landeskultur können ferner widersprechende Eigenthümer zu betheiligender Grund-

---

[8]) Reichs-Rayongesetz v. 21. Dezember 1871. Für die neu eintretenden Beschränkungen auf Grund des Gesetzes gewährt das Reich Entschädigung nach Maßgabe der §§ 34 ff.

[9]) Gesetz betr. die Errichtung und Erhaltung von Marksteinen ꝛc. v. 7. October 1865 (G.S. S. 1033) §§ 1. 2.

[10]) I. 8 §§ 83—85. Durch §§ 1. 4. 6. 7 des Edikts v. 9. Okt. 1807 und § 4 des Edikts v. 14. Sept. 1811.

[11]) I. 8 §§ 60—64. Durch das Edikt v. 14. Sept. 1811. Gesetzrevision XIII. 55. Heydemann S. 415. A. M. Koch, Pr.-R. I. S. 434 Note 6. Komm. zu I. 8 § 64. Das Reichsgericht nimmt an, daß durch § 60 die Anwendung der zunächst für Städte gegebenen Vorschriften in I. 8 §§ 36 ff. auf ländliche Gebäude begründet und diese noch jetzt anzuwenden seien. R.G. bei Gruchot B. 34 S. 880.

[12]) Ges. betr. die Verwaltung der den Gemeinden und öffentlichen Anstalten gehörigen Holzungen in den Provinzen Preußen, Brandenburg, Pommern, Posen, Schlesien und Sachsen vom 14. August 1876 (G.S. S. 373). Ges. über gemeinschaftliche Holzungen vom 14. März 1881 (G.S. S. 261). Vergl. für Westphalen Ver. v. 24. Dezember 1816.

[13]) Gesetz betr. Schutzwaldungen und Waldgenossenschaften vom 6. Juli 1875 (G.S. S. 416).

[14]) Ges. v. 6. Juli 1875 §§ 23—39.

stücke zum Eintritt in die Genossenschaften zum Zwecke der Ent- und Bewässerung von Grundstücken gezwungen werden[15]), wie gleiche Genossenschaften (Deichverbände) zur Anlage von Deichen und für dazu gehörige Sicherungs- und Meliorationszwecke zwangsweise gebildet werden können, während die Erhaltung bestehender Deiche auch ohne solche Organisation den Eigenthümern der betheiligten Grundstücke obliegt[16]). Im Interesse der Stromregulirung öffentlicher Flüsse sind endlich die Uferbesitzer besonderen Eigenthumsbeschränkungen zu Gunsten der Strombauverwaltung unterworfen[16a]).

Es bleiben nur noch übrig die Bauordnungen für Gebäude in Städten und wenige Vorschriften, die sich auf Wasserleitungen und Wasserbauten an öffentlichen Flüssen beziehen. In das Detail der Bauvorschriften kann hier nicht eingegangen werden[17]). Hervorzuheben ist indessen, daß in Städten und ländlichen Ortschaften von dem Gemeindevorstand unter Zustimmung der Ortspolizeibehörde Baufluchtlinien festgesetzt, auch unter Genehmigung des Bezirksraths Ortsstatuten erlassen werden können, welche die Zulässigkeit der Bebauung einschränken[18]).

Im Uebrigen müssen folgende Bemerkungen genügen. 1. Wenn der Eigenthümer zur Gefährdung des Publikums sein an Straßen oder Plätze einer Stadt stoßendes Gebäude verfallen läßt, so ist die Polizeibehörde äußersten Falls berechtigt, den gerichtlichen Verkauf des Gebäudes unter der Verpflichtung seiner Herstellung zu beantragen. Dieser Verkauf erfolgt in den Formen der Zwangsversteigerung[19]). — 2. Jeder Hauseigenthümer hat

---

[15]) Früher Ges. über Benutzung der Privatflüsse v. 28. Febr. 1843 §§ 56—59 in Verb. mit Ges. v. 23. Jan. 1846, jetzt Ges. betr. die Bildung von Wassergenossenschaften v. 1. April 1879 (G.S. S. 297), §§ 65 ff.

[16]) Ges. über das Deichwesen v. 28. Jan. 1848 (G.S. S. 54). Unter § 188 Anm. 49.

[16a]) Ges. betreffend die Befugnisse der Strombauverwaltung gegenüber den Uferbesitzern an öffentlichen Flüssen vom 20. August 1883 (G.S. S. 333).

[17]) I. 8 §§ 35—82. Vgl. R.G. bei Gruchot B. 35 S. 117.

[18]) Ges. betr. die Anlegung und Veränderung von Straßen und Plätzen in Städten und ländl. Ortsch. v. 2. Juli 1875 (G.S. S. 561). § 13 des Gesetzes begrenzt die Fälle, in denen der beschränkte Eigenthümer Entschädigung verlangen kann. Die bloße Beschränkung der Baufreiheit genügt dazu nicht. Entsch. B. 80 S. 34 (Rehbein I. 748). R.G. Entsch. B. 5 S. 214. Das Gesetz hat keine rückwirkende Kraft. Entsch. B. 82 S. 126. R.G. Entsch. B. 6 S. 295. Außerhalb der Ortschaften ist ferner die polizeiliche Ertheilung der Bauerlaubniß erst nach vorgängiger Genehmigung der Anlegung einer neuen Feuerstelle durch die zuständige Behörde (Kreisausschuß) zulässig, wenn die Feuerstelle innerhalb 75 Meter von einer 100 Hektare großen Waldung angelegt werden soll. Feld- und Forstpolizeigesetz v. 1. April 1880 §§ 47 bis 52. In den östlichen Provinzen darf endlich ein Grundstück außerhalb einer im Zusammenhang gebauten Ortschaft nicht ohne besondere Genehmigung mit Wohnhäusern besetzt oder gar als Kolonie eingerichtet werden. Gesetz v. 25. August 1876 (G.S. S. 405) §§ 12 ff.

[19]) I. 8 §§ 40—59. Immob.Vollst.Ges. v. 13. Juli 1883 § 180 Nr. 4 und § 187, vergl. Subh.Ordn. v. 15. März 1869 § 5 Abs. 1. Koch, Pr.-R. I. S. 424 Note 5. Gruchot IV. 130. Der nothwendigen Subhastation muß eine polizeiliche Aufforderung zur Wiederherstellung des Gebäudes vorangehen, Strieth. B. 8 S. 358, aber nicht Klage und Verurtheilung. Das Immobiliarvollstreckungsgesetz hat die Vorschriften des Landrechts nur dahin geändert, daß die Gebote der Gläubiger innerhalb eines einzuleitenden Zwangsversteigerungsverfahrens erfolgen müssen. — § 60 ist im Gesetz erwähnt,

die Pflicht, den Bürgersteig, d. h. den Raum zwischen dem städtischen Gebäude und dem Straßendamm, im Straßenpflaster zu unterhalten, kann ihn aber dafür auch unter der Voraussetzung benutzen, daß dadurch keine Verengung, Verunstaltung oder Verunreinigung der Passage verursacht wird[20]). — 3. Der Eigenthümer des an einem öffentlichen (schiffbaren) Flusse gelegenen Grundstücks muß den Schiffern den Leinpfad gestatten[21]). — 4. Der Eigenthümer einer Wassermühle oder einer sonstigen Stauungsanlage muß sich gefallen lassen, daß ihm die Höhe des Wasserstandes durch einen Merkpfahl zugemessen wird[22]). — 5. Ueber Zertheilungen der Grundstücke schweigt das A.L.R. Beengende Bestimmungen waren aber in provinzialrechtlicher Geltung. Durch das Edikt vom 9. Oktober 1807 § IV., durch das Edikt vom 14. September 1811 § 1 und durch die Verfassungsurkunde vom 31. Januar 1850 Art. 42 ist die Theilbarkeit des Grundeigenthums grundsätzlich ausgesprochen, namentlich hat das letztere Gesetz die durch das Gesetz vom 3. Januar 1845 wieder eingeführten Beschränkungen dieser Befugnisse beseitigt. Aber bei der Bestimmung der Verfassungsurkunde ist es nicht geblieben. Es ist jedoch nicht erforderlich, die Irrgänge der neueren Gesetze[23]) näher darzulegen, da das neueste Gesetz die Hemmnisse, welche durch erschwerte Vertragsform den Parcellirungen entgegengestellt worden waren, wieder beseitigt hat[24]). — 6. Das neuere Recht hat noch eine gesetzliche Einschränkung des Eigenthums im Interesse des gemeinen Wohls aufgestellt. Durch das Gesetz vom 31. Oktober 1848 ist das Jagdrecht auf

---

weil dessen Weglassen eine gesetzliche Entscheidung der Frage enthalten hatte, ob §§ 60 ff. noch gelten. Diese sollten vermieden werden. Nach dem in Anm. 11 angezogenen Urtheil des Reichsgerichts begründet § 60 noch jetzt die Anwendbarkeit von §§ 36 ff. auf ländliche Grundstücke.

[20]) I. 8 §§ 81. 78. Heydemann S. 415. Gegen die Annahme gesetzlicher Unterhaltungspflicht: Hinschius bei Behrend Zeitschr. B. 5 S. 282. Vergl. Entsch. B. 62 S. 36, B. 67 S. 54, B. 68 S. 112, Striethorst B. 97 S. 299. Der Bürgersteig ist nicht Eigenthum des Adjazenten, sondern Theil der öffentlichen Straße. Entsch. B. 43 S. 23. Ueber den Begriff des Bürgersteigs s. Entsch. B. 62 S. 371. Strieth. B. 77 S. 142. Von einem solchen kann nur in Städten, nicht in Dörfen die Rede sein. R.G. bei Gruchot B. 24 S. 505. Die Unterhaltungspflicht kann durch Polizeiverordnung näher geregelt werden. Strieth. B. 86 S. 81 (Rehbein I. 746), Strieth. B. 97 S. 299 (Rehbein I. 752). Berliner Regulativ v. 31. Dezember 1838, vergl. G. v. 2. Juli 1875 § 15 Abs. 4. Das Nutzungsrecht am Bürgersteige kann im öffentlichen Interesse nicht ohne Entschädigung geschmälert werden. R.G. Entsch. B. 7 S. 213.

[21]) I. 8 § 98, II. 15 § 57. Entsch. B. 17 S. 374.

[22]) Ges. v. 15. Novbr. 1811 §§ 1 fg. Vgl. oben § 170 Anm. 12.

[23]) Art. 42 der Verf.-Urk. ist geändert durch das Gesetz v. 14. April 1856. Das Gesetz vom 3. Jan. 1845 ist theils geändert, theils ergänzt durch die Gesetze vom 24. Febr. 1850 und 24. Mai 1853. Außerdem die Gesetze über die Veräußerung von einzelnen Parzellen und die Zertheilung kleiner Grundstücke vom 13. April 1841, 3. März 1850, 27. Juni 1860.

[24]) Ges. v. 5. Mai 1870 über die Form der Verträge, durch welche Grundstücke getheilt werden. Ueber Untheilbarkeit von Forsten vergl. die in Anm. 12. 13 citirten Gesetze. Wegen der Vertheilung öffentlicher Lasten bei Parzellirungen vergl. das Gesetz vom 25. August 1876 (G.S. S. 405).

fremdem Grund und Boden als selbständiges dingliches Recht aufgehoben. Der Eigenthümer des Grundstücks ist nunmehr der allein Jagdberechtigte; das Jagdrecht ist in das Eigenthum zurückgefallen, letzteres hat sich nach dieser Richtung konsolidirt[25]). Aber das Gesetz vom 7. März 1850 hat die Ausübung der jedem Grundbesitzer auf seinem Grund und Boden zustehenden Jagd eingeschränkt. Nur auf Besitzungen von zusammenhängenden 300 Morgen Größe, in dauernd und vollständig eingefriedigten Grundstücken, und auf Seen, auf zur Fischerei eingerichteten Teichen und auf Inseln, die Ein Besitzthum bilden, ist sie unbeschränkt geblieben. Dagegen müssen mehr als Drei Miteigenthümer solcher Besitzungen die Ausübung entweder einem von ihnen oder einem angestellten Jäger übertragen, und Besitzungen, die jenen Erfordernissen der Größe oder Abgeschlossenheit nicht entsprechen, müssen zu größeren Jagdbezirken vereinigt werden. Wenn die Eigenthümer dieser vereinigten Grundstücke die Jagd nicht gänzlich ruhen lassen wollen, dürfen sie dieselbe nur durch einen angestellten Jäger ausüben, oder sie müssen sie im Wege des Meistgebots oder aus freier Hand auf mindestens 3 Jahr und längstens 12 Jahr und höchstens an drei Personen verpachten. Die Pachtgelder werden von der Gemeindebehörde unter die Eigenthümer der vereinigten Grundstücke vertheilt. Außerdem ist noch Besonderes über Grundstücke bestimmt, die von einem über 3000 zusammenhängende Morgen großen Walde eingeschlossen werden, und manche polizeiliche Maßregel für zulässig erklärt. Insbesondere kann den Jagdberechtigten die Schonung von Damm- und Rothwild, wenn dieses wiederholt Wildschaden verursacht hat, untersagt werden, und Schwarzwild darf nur so gehegt werden, daß es nicht ausbrechen kann[25a]). Für das Privatrecht interessirt im Uebrigen nur, daß durch das Jagdpolizeigesetz die Ausübung der Jagd auf dem eignen Grundstück erheblich eingeschränkt worden ist. In ähnlicher Weise soll die Fischerei auf einem Binnengewässer, die einer Gemeinde zusteht, nur durch Verpachtung genutzt werden können, und die den Besitzern der an ein nicht geschlossenes Gewässer anstoßenden Grundstücke ausschließlich zustehende Fischerei kann auf Antrag eines Betheiligten bei Unvereinbarkeit des selbständigen Fischereibetriebs der einzelnen Anlieger mit wirthschaftlicher Fischereinutzurg gemeinsamer Bewirthschaftung und Nutzung zwangsweise unterstellt werden[26]).

---

[25]) Die Ausübung der Jagd ist Ausfluß des Eigenthums (Entsch. B. 60 S. 302). Als Pertinenz des Grundeigenthums läßt sich die Jagdberechtigung nicht bezeichnen, weil sie nicht mehr selbständig bestehen kann.

[25a]) Wildschadengesetz v. 11. Juli 1891 §§ 12. 14.

[26]) Fischereigesetz v. 30. Mai 1874 §§ 6—8. 10.

## Zweites Kapitel.
# Der Erwerb des Eigenthums.

A.L.R. I. 9. 10. Gesetz über den Eigenthumserwerb und die dingliche Belastung der Grundstücke vom 5. Mai 1872. Gruchot VI. 419f. 567f., VII. 82. 259. 402. 560, VIII. 92. 262. 402. 560. Bornemann II. S. 3—131. Koch, Pr.R. I. 444—446. Dernburg I. §§ 226ff. Fischer § 36. Förster, Grundbuchrecht S. 72fg. Dalcke bei Gruchot B. 17 S. 454, Achilles ebenda B. 21 S. 1. Heidenfeld, Pr. Immobiliarrecht. 1873. S. 13ff. Dernburg und Hinrichs, Preuß. Hypothekenrecht B. I. S. 276ff. Stobbe bei Ihering B. 12 S. 137. — Gesterding, S. 61—308. Pagenstecher II. S. 1—356. Leist, Civil. Studien H. 3 S. 65f. Arndts S. 212 §§ 144fg. Böcking II. 53f. Brinz I. 191f. Puchta, Pand. §§ 124ff. §§ 147f. Vorl. I. S. 323. Seuffert I. S. 160f. Sintenis I. 479f. Vangerow I. 561f. Windscheid I. § 170. Roth, Bair. Civ.-R. II. §§ 135—147.

## § 172. Allgemeines über die Erwerbsarten.

Der Eigenthumserwerb vollzieht sich auf Grund der Thatsachen, durch die eine Sache oder ein Recht — soweit letzteres Eigenthumsobjekt zu sein fähig ist[1]) — der vollen und ausschließlichen Herrschaft einer bestimmten Person unterworfen, durch die also bewirkt wird, daß nunmehr die Sache oder das Recht der Person gehört. Die Thatsache muß kraft der Rechtsvorschrift diese Wirkung haben. Die ältere Theorie, aus der das A.L.R. erwachsen ist, hat unterschieden zwischen dem Grunde, welcher der Thatsache die Kraft dieser Wirkung beilege, und der Vollziehung dieser Thatsache, der äußeren Handlung, welche die Möglichkeit zur Wirklichkeit mache. Jener Grund aber wurde in mißverständlicher Auffassung der römischrechtlichen causa in dem der Tradition vorangegangenen Rechtsgeschäft gefunden. So unterscheidet das Gesetz zwischen Titel und der als Modus bezeichnet äußeren Handlung[2]). Ueber beide ist bereits früher gesprochen und hervorgehoben, daß die im Gebiete des Sachenrechts wesentliche Erkennbarkeit des Rechts, dieses wesentliche Moment der Dinglichkeit, mit dem Modus zusammenhängt[3]).

Allgemein richtig ist auch nach preußischem Recht nur der Satz: die äußere Handlung muß in sich die Eigenschaft oder die Kraft haben, den Eigenthumserwerb zu bewirken, und diese Eigenschaft oder Kraft hat sie, wenn in ihr diejenigen thatsächlichen Voraussetzungen gegeben sind, welche

---

[1]) Oben § 168 unter II.

[2]) S. die bei Gruchot VI. 419f. Citirten: Berger, Daries, Wolff bis auf Gesterding.

[3]) I. 9 §§ 1. 2. Oben B. I. § 23 a. E. Nach französischem Recht ist der abgeschlossene Vertrag Titel und Modus zugleich, es bedarf nicht noch der Tradition oder einer äußeren Feierlichkeit. Code 711. 938. 1138. 1583.

die Rechtsordnung als Erwerbsgründe anerkennt. Diese Voraussetzungen sind verschieden. War die Sache noch nicht im Eigenthum einer anderen Person, oder ist sie es nicht mehr, so hat die äußere Handlung in sich selbst die Kraft, den Erwerb zu wirken. War die Sache bisher im Eigenthum einer anderen Person, so muß eine Thatsache eintreten, die dieses Eigenthum aufhebt, und diese kann wiederum sehr verschieden sein, je nachdem die Aufhebung des Eigenthums ohne (gegen) den Willen oder mit dem Willen des Eigenthümers geschieht. Hiernach wird von der gemeinrechtlichen Doktrin der ursprüngliche und der abgeleitete Erwerb unterschieden. Diese Eintheilung ist nicht identisch mit derjenigen, die das A.L.R. aufstellt in unmittelbare und mittelbare Erwerbsarten. Eine unmittelbare Erwerbsart ist vorhanden, wenn zum Titel nur noch Besitzergreifung erfordert wird, eine mittelbare, wenn das Eigenthum nur durch Mitwirkung des bisherigen Eigenthümers erlangt wird, nach Landrecht also durch Besitzerledigung, welche die Besitzergreifung des Erwerbers wirksam macht[4]). Der Begriff des abgeleiteten Erwerbs greift also weiter, als der des mittelbaren. Abgeleitet ist der Erwerb immer, wenn die Sache schon Eigenthumsobjekt eines Anderen war, und in dieses Eigenthum vom Erwerber succedirt wird; abgeleitet ist also beispielsweise auch der Erwerb durch Vererbung, aber solcher Erwerb ist nach Landrecht trotzdem unmittelbar[5]).

Der abgeleitete Erwerb wird als Succession bezeichnet, wenn der Eintritt in das Rechtsverhältniß eines Anderen in der Art statt findet, daß das Rechtsverhältniß objektiv dasselbe bleibt, nur eine andere subjektive Beziehung erhält. Abgeleiteter Erwerb ist es aber auch, wenn auf Grund einer bestehenden Rechtsbeziehung ein ganz neues Recht begründet wird, Verpfändung, Bestellung eines Nutzungsrechts durch den Eigenthümer. Bei der Succession wird das Eigenthum des A. jetzt das Eigenthum des B., die Forderung des A. wird die Forderung des B,, das gesammte Vermögen des A. als Ganzes wird das Vermögen des B. Succession beruht hiernach auf

---

[4]) I. 9 §§ 5. 6.

[5]) Ebenso ist der Zuschlag beim gerichtlichen Verkauf nicht (wie Förster annahm) ein Fall des mittelbaren, sondern des unmittelbaren Eigenthumserwerbs, weil dazu die Besitzerledigung nicht wesentlich ist. Aber er ist nach preußischem Recht auch ursprünglicher Erwerb, weil es gleichgiltig ist, ob der Vollstreckungsschuldner Eigenthümer war, und weil der wahre Eigenthümer durch den Zuschlag ausgeschlossen wird. Die Ersitzung — auch die auf einen Titel gegründete, — kann ebenfalls nur als originäre und unmittelbare Erwerbsart aufgefaßt werden. Eine eigenthümliche Art des ursprünglichen Erwerbes bilden neben dem gerichtlichen Zuschlag die Fälle des Kaufs vom Fiscus und von Gildenkaufleuten, denen sich die allgemeine handelsrechtliche Vorschrift im H.G.B. Art. 306 anschließt. Vgl. § 178 Anm. 16. Die Veräußerung giebt dem Erwerber das Eigenthum unabhängig von jedem früheren Recht des Tradenten, und insofern entsteht das Eigenthum in der Person des Erwerbers ursprünglich. Wenn der Tradent nicht der Eigenthümer war, so liegt auch nicht Besitzerledigung durch den vorigen Eigenthümer vor (§ 3 I. 40); immerhin bedarf es der Uebergabe. S. Hauser im Arch. f. Wechselrecht von Siebenhaar, B. 16 S. 258 a. E. f.

[6]) Savigny, System B. 3 S. 8 fg. Unger, Oesterr. Priv.R. II. S. 16 fg.

der Annahme, daß die Rechtsverhältnisse ein objektives Dasein haben und vermöge dieser Objektivität, man kann bildlich sagen Körperlichkeit ihrer Existenz, die Eigenschaft der Uebertragbarkeit besitzen[7]). Wenn nun auch ebenso, wie die Möglichkeit einer Succession in Forderung — wovon oben gehandelt ist[8]), — auch Succession in Sachenrechte angefochten ist[9]), weil das Recht nur durch den Willen des Erwerbers geschaffen werden könne, so daß anzunehmen sei, der frühere Herr der Sache gebe nur sein eigenes Recht auf, entäußere sich des Objekts, und spontan ergreife dann der Nachfolger die Sache, das Recht sich selbst neu schaffend, so widerlegt sich doch diese Auffassung schon dadurch, daß in den Fällen der Succession das bestehende Recht in seiner konkreten Ausgestaltung mit allen bestehenden Einschränkungen übergeht, ohne daß der spontane Erwerbungswille von diesen Eigenschaften abstehen darf. Deshalb bedarf auch jede Succession eines sie vermittelnden juristischen Verhältnisses[10]). Bei bloß zeitlicher Aufeinanderfolge des Akts der Entäußerung und der Erwerbung ist von Succession nicht die Rede[11]) und die Erwerbung kann von den bestehenden Beschränkungen des Eigenthums absehen[12]).

Die Succession ist entweder Singular- oder Universalsuccession. Die letztere ist der grundlegende Begriff des Erbrechts, sie unterscheidet sich von jeder nicht bloß durch das anders geartete Objekt oder durch den Umfang der Nachfolge, sondern hat in sich noch andere Momente, die hier nicht

---

7) Savigny S. 9: „fortdauernde Identität des Rechtsverhältnisses".

8) Oben B. I. § 99 im Eingang.

9) Lenz, Das R. des Besitzes, S. 45fg. Neuner, Wesen und Arten der Privatrechtsverhältnisse, 1866 S. 166f. meint, es werde nur der in einem Dürfen bestehende Stoff des Rechts übertragen, in dem Nachfolger entstehe aber ein neues Recht. Vgl. auch Exner, Der Rechtserwerb durch Tradition nach österr. und gemeinem R. 1867 S. 1f.

10) Puchta, Pand. § 47: Succession ist der Eintritt in das Recht eines Andern vermöge eines juristischen Verhältnisses, das zwischen beiden besteht, und den Uebergang des Rechts begründet. Unger S. 17: „Daß der Nachfolger kraft eines besonderen zwischen ihm und dem Vorbesitzer bestehenden juristischen Verhältnisses an die Stelle desselben tritt." Es ist also eine Verbindung der Personen des Vorgängers und Nachfolgers. Anders ist der Gedanke bei Savigny S. 9. 10 ausgedrückt: „es müsse zwischen beiden Rechtsverhältnissen eine solche innere Verbindung wahrzunehmen sein, wodurch sie als ein einziges nur in verschiedenen Personen fortdauerndes Rechtsverhältniß erscheinen", und: „das Wesen dieser Verbindnng ist darin zu setzen, daß das spätere Rechtsverhältniß auf das erste gegründet, von ihm abgeleitet, also auch durch dasselbe bedingt und von ihm abhängig ist." Sav. scheint also zwei Rechtsverhältnisse anzunehmen, ein begründendes und ein abgeleitetes, die nur als eines erscheinen. Dies ist aber keine fortdauernde „Identität" und widerspricht dem Begriff der Succession, bei der das Recht substanziell erhalten bleibt und nur auf ein anderes Subjekt übertragen wird vermöge eines diese Uebertragung bewirkenden und vermittelnden Rechtsaktes. Der letztere ist das Band zwischen dem Veräußerer und Erwerber, welches das Eigenthum von jenem zu diesem überleitet. Nicht das Rechtsverhältniß ist in der Person des Erwerbers ein abgeleitetes oder abhängiges, sondern der Erwerb ist ein abgeleiteter.

11) Unger S. 17.

12) Nicht Successionserwerb ist es, wenn eine derelinquirte Sache sofort okkupirt wird, auch nicht der Erwerb durch Usukapion. Koch, Priv.-R. II. S. 717 Note 2.

erörtert werden können. Die Singularsuccession (Einzelrechtsfolge) ist die Rechtsnachfolge in ein oder mehrere Rechtsverhältnisse als einzelne, also im Gebiet des Sachenrechts die Rechtsnachfolge in das Eigenthum einzelner Sachen oder in einzelne Rechte[13]). Bei der Singularsuccession ist der bisherige Eigenthümer der Urheber (Autor)[14]) des Erwerbs, und daraus ergeben sich für den Erwerber bestimmte Pflichten. Der Uebergang des Eigenthums muß durch den Willen des bisherigen Eigenthümers vermittelt werden: das Recht wird veräußert[15]).

Nach der Theorie des A.L.R. ist der regelmäßige Modus des Eigenthumserwerbs die Besitzergreifuung[16]). Von dieser Regel giebt es aber Ausnahmen[17]), Fälle, in denen das Gesetz den Eigenthumserwerb an andere Thatsachen knüpft. Hierhin gehören insbesondere der Erwerb durch Vererbung, der sich im Augenblick des Todes des Eblassers von selbst vollzieht[18]), der Erwerb durch richterlichen Zuschlag im Fall des gerichtlichen Verkaufs, d. h. des Verkaufs gepfändeter Sachen durch den Gerichtsvollzieher und bei der Zwangsversteigerung[19]), und der Erwerb durch Finden eines Schatzes[20]). Auch die Begründung des aus der Gütergemeinschaft fließenden Rechts ist unabhängig von der Besitzübertragung. Wie es sich erklärt, wird erst im Eherecht zu untersuchen sein. Von der neueren Gesetzgebung hinzugefügt ist der Eigenthumsübergang an Landabfindungen im Falle einer Gemeinheitstheilung oder Zusammenlegung, der sich an die Bestätigung des Rezesses knüpft, freilich nach der neuesten Regelung auch schon vorher durch Besitzübertragung und Ausführung des endgiltig festgesetzten Auseinandersetzungsplans ins Werk gesetzt werden kann[21]), ferner der Eigenthumsüber-

---

[13]) Savigny S. 12f. Unger S. 19. Die Quellenausdrücke sind: in rem succedere (l. 3 § 1 D. XXI. 3, l. 1 § 13 D. XLIII. 3), in singularum rerum dominium succedere (l. 37 D. XXIX. 2).

[14]) Puchta, Pand. 10. A. S. 72 § 47.

[15]) Oben B. I. § 18 Anm. 28. 29. Eine gesetzliche Singularsuccession begründet das Reichsgesetz v. 25. Mai 1873 durch die Anordnung, daß der Reichsfiskus an Stelle des Landesfiskus tritt.

[16]) I. 9 § 3. Gruchot B. 6 S. 424.

[17]) I. 9 § 4. Fälle, wo die Gesetze die Erwerbung des Eigenthums schon mit einer gewissen Begebenheit oder Willensäußerung allein ausdrücklich verbinden.

[18]) I. 9 § 367. Analog die in Anm. 15 erwähnte Succession. Das Eigenthum an der legirten Sache wird nach § 288 I. 12 zwar auch schon mit dem Todestage des Erblassers erworben, aber der Legatar darf sich nicht eigenmächtig in den Besitz setzen, soll vielmehr die Uebergabe vom Erben verlangen. § 311 das. Die früheren Ausgaben nennen deshalb den Erwerb des Legatars unter Berufung auf Bornemann IV. 80. Koch, Komm. zu I. 12 § 288. Baron, Abh. 97. (S. auch Koch, Uebergang der Forderungsrechte, S. 154f. Strieth. B. 21 S. 240, gegen Gruchot, Beitr. B. 2 S. 63. Erbrecht I. 556 und Hinschius, Anw.Z. 1862 S. 2f.) einen mittelbaren. Der Herausgeber kann sich dieser Auffassung nicht anschließen. Das Eigenthum des Legatars an der ihm zugewendeten Sache des Erblassers beruht nicht auf der Uebergabe, wie denn auch der Grundstückserwerb des Legatars nicht durch Auflassung seitens des Erben vermittelt wird (Grundbuchordnung § 53). Das Nähere wird erst im Erbrecht zu erörtern sein.

[19]) I. 11 § 342. Oben B. II. § 130 unter II.

[20]) I. 9 § 82. Entsch. B. 54 S. 36 fg. Unten § 175 bei Note 50.

[21]) Vgl. § 202. Ver. v. 20. Juni 1817 (G.S. S. 161). § 1 Ges. betr. Berichtigung des

gang im Falle der Enteignung von Grundstücken[22]). Mit einigem Anschein könnte man noch den Fruchterwerb des Nutzungsberechtigten hierher rechnen, weil der Erwerb mit der Entstehung der Frucht zusammenfällt; aber nur scheinbar, weil der Nutzungsberechtigte schon unvollständiger Besitzer des Grundstücks ist, die Frucht also während eines vorhandenen Besitzes entsteht. Aus demselben Grunde ist es keine Ausnahme, wenn Anspülungen und ein verlassenes Flußbett ohne Besitzergreifung erworben werden, weil sich auch hier der Erwerb in dem Kreise eines schon vorhandenen Besitzes vollzieht. Keine Ausnahme ist ferner der Alleinerwerb an bisher gemeinschaftlich besessenen Sachen durch die Entscheidung des Looses[23]), und ebenso wenig der käufliche Erwerb einer Erbschaft; letzterer besteht in Cession des Erbrechts, ist also nicht Verkauf von Sachen[24]).

Eine grundsätzliche Verschiedenheit des Eigenthumrerwerbs an beweglichen und unbeweglichen Sachen (Grundstücken, Gerechtigkeiten), wie solche in konsequenter Ausgestaltung der Rechtsentwickelung der Entwurf des Deutschen Bürgerlichen Gesetzbuchs bei seinen Bestimmungen zu Grunde legt, war dem A.L.R. noch völlig fremd. Auch für unbewegliche Sachen galt als Regel, daß die mittelbare Erwerbung des Eigenthums außer dem dazu nöthigen Titel die wirkliche Uebergabe erfordere. Aber es sollte zu der Besitznahme noch das Moment der Berichtigung des Besitztitels im Hypothekenbuch hinzukommen. Erst wenn diese geschehen, sollte der Erwerber in allen mit einem Dritten über das Grundstück geschlossenen Verhandlungen als der Eigenthümer angesehen werden[25]), oder, wie in der älteren Hypothekenordnung von 1783 schärfer gesagt war: „Derjenige, für welchen solchergestalt der titulus possessionis auf ein Grundstück berichtigt worden, ist für den wahren und alleinigen Eigenthümer anzusehen[26])“. Gleichwohl war nicht die Berichtigung des Besitztitels, sondern die Uebergabe der Akt, durch den das Eigenthum erworben wurde, und die Praxis hat diesen Grundsatz — abgesehen von einigen älteren Schwankungen — festgehalten[27]). Wer

---

Grundsteuerkatasters rc. vom 26. Juni 1875 (G.S. S. 325. S. oben B. I. § 22a Anm. 30.

[22]) Vgl. oben B. II. § 131.

[23]) I. 9 §§ 221. 227. 270; I. 11 § 573. Vgl. auch unten § 173 unter II. Baron, Abh. S. 93f. Auf den Erwerb von Grundeigenthum findet der letztere Satz nicht mehr Anwendung. § 1 des E.E.Ges. v. 5. Mai 1872 und unten § 182 unter Nr. 6.

[24]) I. 11 § 474, B. I. § 21 Anm. 4, § 98 Anm. 18, B. II. § 129 B., B. 4 § 277.

[25]) I. 10 § 7. Beiläufig sei hier bemerkt, daß die Eintragung des Eigenthums an einem Seeschiff in das Schiffsregister nach dem H.G.B. Art. 435 nicht die Bedeutung der privatrechtlichen Beurkundung des Eigenthums, sondern den öffentlichen Zweck der Feststellung der Nationalität des Schiffs hat. Vergl. Hauser in Siebenhaar Arch. f. Wechselrecht B. 16 S. 260.

[26]) II. § 92.

[27]) Oben B. I. § 23 Anm. 20. Unten § 178 Anm. 1. In den älteren Reskripten vom 24. August 1784 (Edikten-Samml. 1784. Kol. 2909 und 2914) und vom 26. Mai 1804 (neues Archiv B. 3 S. 486. Rabe B. 8 S. 69) war die Auffassung enthalten, daß nicht

auf Grund eines Veräußerungstitels die Uebergabe erhalten hatte, war auch ohne Eintragung der wahre, natürliche Eigenthümer, die Berichtigung des Besitztitels hatte also nur die Bedeutung, ihn als Eigenthümer Dritten gegenüber zu legitimiren. Darum mußte auch für die Berichtigung der Nachweis der erfolgten Uebergabe beigebracht werden: „wer über ein Grundstück vor Gericht Verfügungen treffen will, der muß sein darauf erlangtes Eigenthumsrecht dem Richter der Sache nachweisen und dasselbe (d. h. das erlangte, bereits erworbene Eigenthum) in dem Hypothekenbuch vermerken lassen[28])“. Aber um die Angabe des Eigenthümers im Hypothekenbuch im Einklang zu erhalten mit der wirklichen Sachlage, wurde nach dem A.L.R. jeder neue Erwerber gezwungen, seinen Besitztitel berichtigen zu lassen[29]). Diesen Zwang hat man später suspendirt[30]), und dadurch ist der Zustand herbeigeführt worden, daß das Hypothekenbuch niemals mit Sicherheit, sondern nur zufällig eine richtige Auskunft über das Eigenthum gab: in zahlreichen Fällen war eine andere Person Eigenthümer, als der Eingetragene; der öffentliche Glaube des Hypothekenbuchs in seiner ersten Rubrik war vernichtet[31]).

Diesem unleugbaren Uebelstande hat das Gesetz vom 5. Mai 1872 über den Eigenthumserwerb abhelfen sollen. Im Anschluß an neuere deutsche Gesetzgebungen[32]) und an das ältere deutsche Recht[33]) hat es die Traditionstheorie aufgegeben und durch die Eintragungs- oder Auflassungstheorie ersetzt: im Falle der freiwilligen Veräußerung vollzieht sich der Eigenthumserwerb nicht mehr durch die Uebergabe, sondern durch die auf Grund der Auflassung erfolgende Eintragung des Eigenthümers im Grundbuch[34]). Die Uebergabe verleiht jetzt nur den Besitz, der, wenn er ohne Auflassung Eigenthumsbesitz sein soll, ein ungerechtfertigter ist. Erst durch die Eintragung wird der Erwerber Eigenthümer; der Veräußerungsvertrag und die Uebergabe haben nicht mehr diese Wirkung. Dadurch ist der Zwiespalt, den das Nebeneinander eines wahren und fingirten Eigenthümers erzeugen mußte, von denen der Erstere das Grundstück veräußern, aber nicht belasten, der Letztere es zwar belasten, aber nicht veräußern konnte, in den

---

die Besitzergreifung, sondern die Besitztitelberichtigung das entscheidende Moment sei, diese Ansicht ist jedoch in späteren Reskripten v. 19. Juni 1816, 27. Mai 1819, 26. März 1834 (v. Kamptz B. 8 S. 53, B. 13 S. 303, B. 43 S. 203) fallen gelassen.

28) I. 10 § 6 in Verbindung mit § 1 vgl. mit I. 11 § 125.

29) I. 10 §§ 12—14.

30) Kab.-Ordre v. 31. Oktober 1831.

31) Förster, Grundbuchrecht S. 45.

32) Vgl. Gruchot B. 8 S. 562, wo viel Material aus den neueren Gesetzgebungen mitgetheilt ist. Stobbe und Achilles a. a. O. Preuß. Gesetzentw. über Grundeigenth. u. Hyp.R. 1869, S. 29 f. 37 f. Preuß. Entwurf v. 1864, S. 32 f.

33) Stobbe bei Jhering u. Unger B. 12 S. 247 weist in sehr dankenswerther Weise nach, daß die Auflassungstheorie des neuesten preuß. Rechts nicht ein absolut Neues, willkürlich Erfundenes ist, sondern ihre Anknüpfung und historische Berechtigung in der deutschen Rechtsentwickelung hat.

34) Gesetz über den Eigenthumserwerb v. 5. Mai 1872 §§ 1. 2.

meisten Fällen aufgehoben[34a]). Wie dieses Rechtsinstitut der Auflassung rechtlich zu konstruiren ist, und in welchem Verhältniß die Auflassung zum Veräußerungsvertrag, dem Titel, steht, wird später ausführlich zu erörtern sein[35]).

Ohne Auflassung und Eintragung im Grundbuch wird noch jetzt Grundeigenthum erworben außerhalb des Falls der freiwilligen Veräußerung. Hierher gehört der Erwerb im Erbgang, durch Abschluß einer gütergemeinschaftlichen Ehe, durch Enteignung, durch gerichtlichen Zuschlag bei der Zwangsversteigerung, durch Bestätigung des Rezesses bei Landabfindungen zum Zweck der Ablösung von Reallasten und der Ausführung von Gemeinheitstheilungen oder Verkoppelungen[36]). Schon oben ist darauf hingewiesen, daß für den letzteren Fall gegenwärtig auch der Besitzeinweisnng in Ausführung des Auseinandersetzungsplans die Wirkung der Begründung des Eigenthums beigelegt ist[37]). In allen diesen Fällen, die hier nur als Beispiele aufgeführt werden, hat die Gesetzgebung Fürsorge dafür getroffen, daß der Erwerber nicht außerhalb des Grundbuchs bleibe, indem er, solange er als Eigenthümer noch nicht eingetragen ist, das Grundstück weder auflassen noch belasten kann[38]). Gegen die widerrechtliche Ausbeutung der Eintragung eines früheren Eigenthümers, dessen Eigenthum aufgehört hat, ist theils dadurch, daß die Eintragung des neuen Eigenthümers von Amtswegen herbeigeführt werden soll, zum Theil sogar der bevorstehende Eigenthumswechsel im Voraus ersichtlich gemacht wird, theils dadurch gesorgt, daß den Interessenten die Wege geebnet sind, auf denen sie zur Eintragung ihres Rechts gelangen können[39]).

Die Unklarheit, welche die Theorie des A.L.R. vom Eigenthumserwerb an Grundstücken in Folge des Bestrebens beherrschte, die Tradition als Erwerbsakt festzuhalten und zugleich der Eintragung eine rechtliche Bedeutung beizulegen, die zur Sicherung des Verkehrs neben dem materiellen Eigenthum ein formales schaffen mußte, hatte die Nothwendigkeit herbeigeführt, kasuistisch die Fälle der Kollisionen zu schlichten, die zwischen zwei Prä-

---

[34a]) Ein solcher Zwiespalt kann noch bestehen in den sogleich zu erwähnenden Fällen eines nicht auf freiwilliger Veräußerung beruhenden Eigenthumswechsels; aber auch bei der Eintragung auf Grund einer Auflassung kann ein Zwiespalt eintreten, insofern die Eintragung oder die Auflassung nichtig ist, und demgemäß die Eintragung durch Vindikation angefochten werden kann.

[35]) Unten § 178.

[36]) Förster, Grundbuchrecht S. 96 fg. Oben Anm. 18 sowie B. I. § 23 Anm. 26—30.

[37]) Ges. v. 26. Juni 1875 § 1.

[38]) Eig-Erw.Ges. v. 5. Mai 1872 §§ 5. 19. Ueber die ausnahmsweis eintretende Befugniß der Miterben zu Auflassungen (§ 5 cit. Abs. 2) wird bei der Erörterung der Rechtsstellung der Miterben zurückzukommen sein. Vgl. zunächst Förster, Grundbuchrecht S. 97.

[39]) Für die Enteignung vgl. insbes. § 33 Enteign.Ges. vom 11. Juni 1874, bei der Zwangsversteigerung Immob.Vollstr.Ges. v. 13. Juli 1883 § 124, für die Abfindungsländereien § 202 Ver. v. 20. Juni 1817, § 37 Ges. v. 8. Febr. 1867, §§ 3. 4 Ges. v. 26. Juni 1875. Bezüglich der Erben und Legatare vgl. Grundbuchordnung §§ 51. 54, und bezüglich der Gütergemeinschaft ebenda § 50.

tendenten des Erwerbs eines Grundstücks eintreten können, wenn diese ihren Titel entweder beide von dem eingetragenen Eigenthümer oder beide von dem nicht eingetragenen Eigenthümer, oder wenn der eine in dem nicht eingetragenen wahren, der andere in dem eingetragenen nicht wahren Eigenthümer seinen Autor hat. Diese im 10. Titel, Theil 1 des A.L.R. enthaltenen Bestimmungen, die der Auslegung viel Schwierigkeit gemacht haben, entbehren jetzt zum Theil des rechtlichen Interesses. Da das Gesetz vom 5. Mai 1872 nur den eingetragenen Eigenthümer als berechtigt zur Auflassung und Belastung des Grundstücks ansieht, so kann derjenige, der seinen Titel von dem eingetragenen Eigenthümer erhalten hat, mit Niemand mehr in Kollision gerathen, der seinen Titel von einer nicht eingetragenen Person ableitet. In diesem Fall entstehen nur persönliche Beziehungen zwischen den Kontrahenten, die zu einem dinglichen Recht am Grundstück nicht führen können. Ebenso kann derjenige Erwerber, dem die Auflassung ertheilt worden ist, nicht von einem Anderen beunruhigt werden, der nur einen Titel zur Auflassung erhalten hat, mag dieser Titel älter oder neuer sein[40]). Bei dem Erwerb **beweglicher** Sachen sind aber Kollisionen zwischen älterem und jüngerem Titel denkbar[41]). **Derjenige** Titel ist der bessere, der sich vom wahren Eigenthümer herschreibt, und wenn mehrere kollidirende Titel von demselben Autor ertheilt sind, entscheidet die frühere Entstehung. Aber der jüngere Berechtigte geht dem älteren Berechtigen vor, wenn ihm die Sache übergeben worden[42]), also sein Titel zum dinglichen Recht geworden ist, und er bei der Uebergabe den älteren Titel des Andern nicht gekannt hat[43]).

Für die nachfolgende Erörterung wird folgende Eintheilung aufgestellt, welche den bereits im zweiten Bande erörterten Eigenthumserwerb durch gerichtlichen Zuschlag und den erst im vierten Band zu erörternden Eigenthumserwerb des Erben und Vermächtnißnehmers außer Betracht läßt.

---

[40]) Gesetz über den Eigenthumserwerb v. 5. Mai 1872 § 4. **Förster**, Grundbuchrecht S. 46 fg. Oben B. I. S. 144. — Die Aenderungen, die durch jenes Gesetz die Einleitungsparagraphen des 9. Titels und der 10. Titel I. A.L.R. erlitten haben, sind in legislativer Form ersichtlich gemacht bei **Förster**, Grundbuchrecht S. 91 fg.

[41]) I. 10 §§ 21. 22. **Gruchot** a. a. O. S. 597 f. Diese Bestimmungen entscheiden auch, wenn der Erwerb löslicher Substanztheile oder Pertinenzen einer unbeweglichen Sache als beweglich mit dem Erwerb des Grundeigenthums in Kollision kommt. Entsch. B. 78 S. 95, **Strieth.** B. 96 S. 168. Bei Kollisionen mehrerer Hypothekengläubiger finden die Bestimmungen keine Anwendung. **Strieth.** B. 18 S. 66 Eig.-Erw.-Ges. v. 5. Mai 1872 §§ 17. 64. Sie werden aber angewendet bei der Kollision mehrerer Cessionare derselben Hypothek. Vgl. B. I. § 99 Anm. 156c. Daß es ferner der Regel nach unrichtig ist, wenn die Bestimmung auf den Fall der Kollision mehrerer Cessionen einer und derselben Forderung angewendet wird, als ob hier der Besitz des Dokuments entscheidend wäre (Entsch. B. 4 S. 71), ist B. I. § 99 Anm. 155 dargelegt.

[42]) I. 10 § 23. Der § 23 ist eine Ausnahme von § 22. Darüber, daß der Uebergabe durch Anweisung und durch Zeichen (nicht auch der Uebergabe durch Konstitut) die volle Bedeutung der Uebergabe im Kollisionsfall fehlt, vgl. oben § 160 Anm. 65. 68 und 71.

[43]) I. 10 §§ 24. 25. Oben § 156 Anm. 16.

A. Der Erwerb herrenloser Sachen
1) die gleichzeitig in ihrer derzeitigen Form neu entstehen: Frucht, An- und Zuwüchse;
2) die schon bestanden haben, ohne im Eigenthum zu stehen, oder die ihren Eigenthümer verloren haben.

Der Erwerb ist hier stets ein unmittelbarer und ursprünglicher; in den Fällen zu 1 wird er regelmäßig ohne Besitzergreifung begründet: das Gesetz knüpft den Eigenthumserwerb an das Entstehen der Sache in ihrer derzeitigen Form.

B. Der Erwerb an fremden Sachen (Fund, Schatz, Beute, mechanische Accession (Verbindung), Verarbeitung, Bau auf fremdem Boden und mit fremdem Material, Ersitzung); — alles Fälle des unmittelbaren und ursprünglichen Erwerbs — sodann Tradition und Auflassung, — Fälle des mittelbaren und regelmäßig auch abgeleiteten Erwerbs.

## A. Eigenthumserwerb herrenloser Sachen.

### § 173. 1. Neuentstehende Sachen.

Neu entstehende Sachen erwachsen nicht aus dem Nichts, können vielmehr nur durch Stoffwandlung hervorgebracht werden. Die Stoffwandlung auf natürlichem Wege wirkt hier entweder von Innen heraus (Entstehung der Frucht), oder von Außen heran (An- und Zuwachs).

Sollen solche neue Sachen mit ihrer Entstehung oder ihrer räumlichen Veränderung und gerade auf Grund derselben in den Eigenthumskreis einer bestimmten Person gehören, so setzt dies voraus, daß ihre Entstehung oder Raumänderung in Beziehung zu einer Sache erfolgt, zu der diese Person bereits in einem bestimmten Rechtsverhältniß steht[1]). Regelmäßig wird als solches Eigenthum vorausgesetzt, bezüglich des Fruchterwerbs kommen aber auch andere Besitzverhältnisse in Betracht.

I. Der Erwerb der Frucht[1a]). Bereits bei der Lehre vom Recht zum Besitze[2]) ist ausgeführt, daß das A.L.R. hierbei den Standpunkt des römischen Rechts verlassen hat. Beide Rechte stimmen zwar darin überein, daß der Eigenthumserwerb an der Frucht für den Eigenthümer des Grundes und Bodens oder des Mutterthieres nicht durch Besitzergreifung bedingt ist, sondern in dem einen[3]) wie in dem andern Fall ohne Weiteres eintritt, sobald die Frucht als besondere Sache entsteht. Aber während nach römischem

---

1) Vgl. Entwurf des B.G.B. § 898.

1a) Gruchot VII. 87fg. Pagenstecher II. 93fg. v. Scheurl, Beiträge I. Nr. 11. Windscheid I. § 168. Göppert, Ueber die organischen Erzeugnisse, 1869. — Ueber den Begriff der Frucht s. B. I. § 21 Anm. 26.

2) Oben § 165 Anm. 20.

3) A.L.R. I. 9 § 221. — l. 44 D. VI. 1, l. 25 pr. D. XXII. 1, l. 61 § 8 XLVII. 2.

Rechte auch für den Eigenthümer und redlichen Besitzer vom Erwerb der Frucht erst im Augenblick ihres Entstehens als selbständiger Sache (der Separation) die Rede ist[4]), und während hier ein anderer Nutzungsberechtigter, der dem Eigenthümer so gegenübersteht, daß er ihn vom Eigenthumserwerb ausschließt, die auf dem fremden Boden erzeugte Frucht nur durch ihre Perception, also durch einen Akt der Besitzergreifung erwirbt[5]), gehört nach A.L.R. die Frucht dem Nutzungsberechtigten und dem redlichen Besitzer von ihrer Entstehung an, also noch, während sie mit dem fremden Boden zusammenhängt[6]). Der Besitz an letzterem, den der Nutzungsberechtigte (auch der Pächter) als unvollständiger Besitzer hat, ergreift auch sofort die entstehende Frucht: darum bedarf es zu ihrem Erwerb nicht noch einer besonderen Besitzergreifung.. Der Titel zum Erwerb der Frucht liegt in dem Nutzungsrecht oder Besitzrecht am Grundstück; der Modus in der Entstehung im besessenen Objekt[7]).

II. An- und Zuwüchse, d. h. Sachen, die von außen her mit einer anderen Sache verbunden werden[8]), insofern eine solche Verbindung auf natürlichem Wege entsteht[9]), erwirbt, sobald die Verbindung sich vollendet hat, der Eigenthümer der Hauptsache[10]).

---

[4]) A.L.R. I. 7 § 194. — §§ 19. 37 J. II. 1, l. 2. 6 D. XLI. 1. Der Dünger vom Thier ist erworben, sobald er geworfen ist. Pagenstecher II. 98 f. Ueber die Entschädigungsobligation, die im Falle der Befruchtung eines Thieres durch das Thier eines anderen Eigenthümers entsteht, vgl. den Text unter 8.

[5]) Ob hierbei trotz § 36 J. II. 1 noch ein Unterschied zwischen dem obligatorisch und dinglich Berechtigten zu machen, so daß der erstere (Pächter) die Frucht nur durch eine Tradition des Verpächters erwirbt, welche in der Zulassung der Perzeption gefunden wird, l. 9 D. XIX. 2, während der Erwerb des Nießbrauchers als dinglich Berechtigten nicht vom Willen des Eigenthümers abhängt, l. 9 pr. D. VII. 1, so daß die Klage des ersteren gegen den die Früchte entziehenden Verpächter nur auf Entschädigung, die des letzteren auf Herausgabe der Frucht geht (l. 24 § 4 D. XIX 2), ist für das Verständniß des preuß. Rechts gleichgiltig. Vergl. den Entwurf des B.G.B. §§ 898 bis 901, Entw. II. §§ 868—872, Reichstagsvorl. §§ 937—941.

[6]) I. 9 § 221, I. 7 § 189. Ueber das Verhältniß beider §§ zu einander s. oben § 165 Anm. 11 ff. Gesetzrevisor XIII. S. 107. Bornemann II. 34 f. Vgl. auch Strieth. B. 55 S. 25 (Rehbein I. 862). Dem Entwurf des B.G.B. ist das mit dem Boden zusammenhängende Bodenerzeugniß wesentlicher Bestandtheil des Grundstücks.

[7]) A. M. Gruchot B. 4 S. 461. S. hierüber oben § 160 bei Anm. 28 und § 172 hinter Anm. 22. Ueber Modifikation des Fruchterwerbs im Fall der Ausübung des Ueberhangsrechts s. unten bei Anm. 45.

[8]) I. 9 § 222. „Vermehrungen und Verbesserungen einer Sache, die, sei es durch Natur oder Kunst, von außen her bewirkt werden, heißen An- und Zuwüchse." S. oben B. I. § 21 unter 7a. Das ist der Begriff der Accession, der die natürlichen oder künstlichen, d. h. durch menschliche Thätigkeit bewirkten Verbindungen oder Erweiterungen des Objekts umfaßt, während die Verdeutschung des A.L.R. eigentlich nur die natürlichen bezeichnet. Der Ausdruck Accession stützt sich auf § 26 J. II. 1, l. 4 pr. D. XXXIII. 9. Gruchot B. 7 S. 94 f. (s. hier die Citate aus Nettelbladt und Hofacker). Oesterr. G.-B. §§ 404 fg. Pagenstecher II. 128. Wächter, im Rechtslex. I. Art. Accession. Vergl. Bechmann, Zur Lehre vom Eigenthumserwerb durch Accession, 1867.

[9]) Ueber die mechanischen Accessionen s. unten § 176. Indessen wird des Zusammenhanges wegen im Folgenden auch von willkürlich herbeigeführten Uferveränderungen gehandelt.

[10]) L. 7 § 2 D. XLI. 1. Vergl. Entwurf des B.G.B. § 786, bei der zweiten Berathung gestrichen, und § 890, II. § 861, Reichstagsvorl. § 930.

Hierher rechnet das A.L.R. folgende Fälle:

1. Anspülungen fremder Bodenbestandtheile an das eigene Grundstück (Alluvionen) erwirbt der Eigenthümer des Ufers, wo sie sich angesetzt haben, ohne besondere Besitzergreifung[11]). Ebenso anwachsende Erdzungen und Halbinseln[12]). Auch wenn sich dieser Anwuchs der Breite nach über die Mitte des Flusses erstreckt, hat der gegenüberliegende Uferbesitzer kein Erwerbrecht[13]). Aber wenn sich der Anwuchs der Länge nach über die Eigenthumsgrenze des Ufers ausdehnt, erwirbt der Nachbar den überragenden Theil[14]). Er verliert diesen Erwerb, wenn er drei Jahre lang gestattet, daß derjenige, an dessen Ufer die Ansetzung begonnen, diese über seine Grenze hinaus nicht nur in Besitz nimmt, sondern nutzt[15]). Anspülungen dürfen von den Uferbesitzern nicht künstlich befördert werden[16]), auch findet eine

---

[11]) I. 9 §§ 225. 227, II. 15 § 56. Pagenstecher S. 130. M. in der deutschen Gerichtszeit. 1866, Heft 3 S. 267. Das Bett des öffentlichen Flusses ist wie der Fluß selbst res nullius. R.G.Entsch. B. 3 S. 232. Vgl. auch B. 4 S. 258. Wegen der unmerkbaren Allmählichkeit des Anspülens ist Besitzergreifung unmöglich. Strieth. B. 52 S. 188. Entsch. B. 38 S. 52, l. 7 § 1 D. XLI. 1 incrementum latens. § 20 J. II. 1. Gaj. II. 70. Erst wenn die Anspülung das Erdreich über den mittleren Wasserspiegel erhöht hat, ist die Alluvion vollendet, der Eigenthumserwerb begründet. Strieth. B. 71 S. 239 (Rehbein I. S. 852). — Hindert ein öffentlicher Weg, der am Ufer hinläuft, den Erwerb der Alluvion für den hinter dem Weg liegenden Grundbesitzer? Nach röm. Recht nicht (nach l. 38 D. XLI. 1, Pagenstecher II. 135), nach preuß. Recht aber fällt die Alluvion dem Uferbesitzer zu, dem auch bei öffentlichen Flüssen nach II. 15 § 55 das Ufer gehört; Uferbesitzer aber ist, wenn am Ufer ein Weg hinführt, nicht jener Grundbesitzer, sondern die Gemeinde oder der Staat. — Alluvion ist in der Praxis nicht auf Flüsse und Ströme beschränkt, sondern auch auf Anspülungen im Haff erstreckt. Entsch. B. 28 S. 312. Strieth. B. 13 S. 290 (Rehbein I. S. 850), während in andern Beziehungen die Haffe als Binnenmeere angesehen werden. Entsch. B. 71 S. 223. Lacus et stagna schließen Alluvionserwerb aus. l. 12 pr. D. XLI. 1, l. 24 § 3 D. XXXIX. 3. Ebenso nach preußischem Recht, weil der Boden des Teichs oder Sees bereits im Privateigenthum steht, das ein anderes als das des anliegenden Grundstücks sein kann. Vgl. die cit. Entsch. In Oldenburg (Varel) erwirbt die Alluvionen des Meeres der Staat. Seuffert V. 110. Das B.G.B. überläßt nach Art. 63 der Reichstagsvorl. des Einführungsges. die Materie zu 1 bis 4 des Paragraphen dem Landesrecht.

[12]) I. 9 § 226.

[13]) I. 9 § 228.

[14]) I. 9 §§ 232. 233. 234. Gruchot B. 7 S. 101 zu § 233. Abweichend vom röm. Recht. Pagenstecher S. 131.

[15]) I. 9 § 235. Entsch. B. 51 S. 80f. Strieth. B. 51 S. 334 (Rehbein I. 853). Die Verjährung beginnt nicht mit dem Anfang der Alluvion, sondern mit dem Anfang der Benutzung. Auch gegen den Fiskus. Entsch. B. 6 S. 245.

[16]) I. 9 § 237, II. 15 § 62. Nach röm. R. hindert dies nicht den Erwerb der Alluvion. Seuffert XII. 309. Der Strombauverwaltung steht es zu, künstliche Anlandungen herbeizuführen; an und für sich erwirbt der Ufereigenthümer auch an solchen „Anlandungen" das Eigenthum, aber er muß den Besitz und die Nutzung der Strombauverwaltung belassen, bis diese nach genügender Befestigung der Anlandung oder unter Verzicht darauf die Besitznahme genehmigt. Dies Recht des Staats ist dem polizeilichen Schutz überlassen. Eine civilrechtliche im Rechtsweg zu schützende Befugniß ist es nicht. R.G. Entsch. B. 33 S. 331. Die Genehmigung kann unter Umständen gegen Entschädigung des Fiskus erstritten werden. Ges. v. 20. August 1883 §§ 5. 6. Der Strombauverwaltung steht es zu, die Benutzung von Anlandungen zu untersagen, Ges. v. 20. August 1883 § 7, und Anlandungen ebenso wie andere Ufertheile gegen Entschädigung wieder abzutreiben. § 8. Vergl. unter Nr. 3 und 4 dieses Paragraphen.

Bepflanzung und Befestigung der Anspülung nur insofern statt, als durch die Anspülung der Wasserlauf nicht gehindert wird; unter Berücksichtigung der wasserpolizeilichen Vorschriften aber darf jeder Uferbesitzer die ihm nachtheilige Verbreiterung des gegenüberliegenden Ufers und das Ausreißen des Stromes am eigenen Ufer verhindern[17]). Das an der Anspülung, der Erdzunge oder Halbinsel erworbene Eigenthum geht nicht verloren, wenn später der Anwuchs durch das Wasser von dem Ufer wieder getrennt wird[18]).

2. **Abgerissenes Land** (Avulsion) bleibt dem bisherigen Eigenthümer, wenn es seine erkennbare Individualität behält und binnen Jahresfrist zurückgenommen wird[19]). Er kann also nicht das angeschwemmte Stück Land, da wo es hingetragen ist, belassen und dort als sein Eigenthum in Besitz nehmen, den früheren Bewohner von dem Strome abschneidend. Gegenstand der Vindikation ist lediglich die angeschwemmte Erde mit dem was darin ist. Nach Jahresfrist darf derjenige Grundeigenthümer, an dessen Ufer das abgerissene Land sich angelegt hat oder auf dessen Boden es geworfen worden ist, es sich durch Besitzergreifung aneignen[20]).

3. **Die Insel**, d. h. eine solche Erderhebung in dem Bette eines öffentlichen oder Privatflusses[21]), die bei gewöhnlichem, d. h. mittlerem Wasserstande mit einem Nachen umfahren werden kann, wird durch wirkliche Besitzergreifung von dem oder den Eigenthümern der zunächst liegenden Ufer erworben[22]). Der vom Ufer durch Einbiegungen des Flusses getrennte Erd-

---

Durch diese Vorschriften sind die Bestimmungen in I. 9 § 263 für öffentliche Flüsse modifizirt. Bezüglich ihrer Anwendbarkeit auf Privatflüsse vergl. **Striethorst** B. 65 S. 26.

[17]) I. 9 §§ 229—231. 237—241, § 63 II. 15. S. tit. de ripa munienda, XLIII. 15 und l. 1 C. VII 41. Gesetzrev. XIII. 109. **Bornemann** II. 29 Note 1.

[18]) I. 9 § 236.

[19]) I. 9 § 223. **Gruchot** B. 7 S. 96 f., l. 7 § 2 D. XLI. 1, l. 9 § 2 D. XXXIX. 2, § 21 J. II. 1. Das preuß. R. weicht hiernach vom römischen darin ab, daß nach ersterem vindizirt werden kann binnen 1 Jahr, selbst wenn ein Zusammenwachsen stattgefunden hat, nach röm. R. aber die Vindikation wegfällt, wenn die Stücke zusammengewachsen sind, mag dies kürzere Zeit als ein Jahr oder länger gedauert haben. Mit welchem Recht **Pagenstecher** S. 131 das Institut der Avulsion im A.L.R. überhaupt für antiquirt erklärt, ist nicht zu ersehen. Oesterr. G.-B. § 412. Code a. 599. — Der Eigenthümer des Grundes, auf den das Erdstück geworfen, kann dessen Wegnahme nicht durch Klage erzwingen. A. M. **Scheele** Wasserrecht, S. 122, der I. 9 § 295 analog heranziehen will. l. 9 § 1 D. XXXIX. 2 spricht nur davon, daß, **wenn** der Eigenthümer der aufgeschwemmten Sache diese wegnimmt, er den durch sie verursachten Schaden ersetzen muß.

[20]) I. 9 § 224. Der vorige Eigenthümer ist vom Okkupanten nicht zu entschädigen. Das ist im gemeinen R. streitig, wird aber auch hier richtiger verneint. **Gruchot** B. 7 S. 98, und die dort Note 3 Citirten.

[21]) D. XLI. 1. **Henrici** z. L. vom Inselerwerb, in **Ihering** und **Unger**, Jahrb. B. 13 S. 57 fg. Die im A.L.R. II. 15 § 67 hervorgehobene Möglichkeit, daß provinzialrechtlich dem Fiskus ein ausschließliches Okkupationsrecht an Inseln vorbehalten werde, scheint in keiner Provinz wirklich geworden zu sein. Vgl. Ostpreuß. Prov.R. Zus. 16. Westpreuß. Prov.R. § 4. Entsch. B. 46 S. 41. Magdeburg, **Strieth.** B. 81 S. 73, in Brandenburg; Entsch. B. 51 S. 77. Pommern.

[22]) I. 9 §§ 242. 244. 246. Dämme und Deiche, die den Anlieger vom Fluß trennen, gel-

fleck ist keine neue entstehende Insel, durch die Umströmung wird das Eigenthum desselben nicht geändert[22]). Nicht ohne Schwierigkeit ist bei dem Inselerwerb zu bestimmen, welchen Theil jeder Uferbesitzer in Besitz nehmen darf. Nach römischem Recht entscheidet dies eine durch die Mitte des Flusses gezogene Linie. Schneidet diese Linie die Insel, so fallen die dadurch abgeschnittenen Theile derselben je dem gegenüberliegenden Uferbesitzer, oder wenn die Insel sich über die Uferbreite vor mehreren angrenzenden Grundstücken erstreckt, jedem ihrer Eigenthümer so weit zu, als die Insel längs seines Ufers sich ausdehnt. Wird die Insel von dieser Linie nicht durchschnitten, so gehört sie demjenigen ganz, dem sie zunächst liegt[24]). Nach dem A.L.R. wird die Linie anders gezogen: sie folgt nicht der Mitte des Flusses in seinen Krümmungen, sondern sie verbindet in gerader Richtung die Mittelpunkte zweier Querlinien, welche die Endpunkte der Insel berührend, von dem einen zu dem andern der gegenüberliegenden Ufer gezogen werden[25]). Dadurch kann es kommen, daß der nächstliegende Uferbesitzer den kleinsten Theil erhält[26]). Benachbarte Uferbesitzer erwerben den Theil der Insel, der durch die Mittellinie und eine von der Ufergrenze auf diese senkrecht gezogene Querlinie abgeschnitten wird[27]). Eine andere Abweichung der Theorie des A.L.R. vom römischen Recht zeigt sich darin, daß das Landrecht zum Erwerb

---

ten hierbei als nicht vorhanden. R.G. bei Gruchot B. 38 S. 953. Ueber die Bedeutung der Worte „gewöhnlichen Wasserstand“ vgl. R.G. bei Gruchot B. 24 S. 964. R.G. Entsch. B. 2 S. 316. Die l. 30 § 2 D. XLI. 1 hat drei Entstehungsursachen für eine Insel, von denen das A.L.R. nur die dritte erwähnt: cum paullatim colluendo locum eminentem supra alveum fecit et eum alluendo auxit. Pagenstecher S. 131 fg. Alluvionen an die Insel fallen dem zu, dem der Theil der Insel gehört, wo sie sich ansetzen. l. 56 pr. D. XLI. 1. Entsch. B. 38 S. 52. Neue Inseln zwischen der Insel und dem Ufer werden nach gleichen Grundsätzen erworben, der Inselbesitzer ist hier der eine Uferbesitzer. Gruchot B. 7 S. 105, l. 65 § 3 D. XLI. 1. — Die für das deutsche R. behauptete Regalität der Insel im öffentlichen Fluß (Voet XLI. 1 Nr. 17. Leyser XXV. 4. Dagegen Höpfner § 313 S. 275, 4. A.) erkennt das gemeine preuß. R. nach § 244 I. 9 nicht an, der § 67 II. 15 verweist in dieser Beziehung ausdrücklich auf die Provinzialrechte. Vergl. aber Ostpreuß. Prov.R. Zus. 16, Westpreuß. Prov.R. § 4 und Gesetz v. 4. August 1865 Art. 3. I. Nr. 2. S. auch Strieth. B. 84 S. 73. Inseln im Meere unterliegen nach § 22 J. II. 1, l. 7 § 3 XLI. 1 freier Okkupation; innerhalb der preußischen Machtsphäre findet auf sie, wie auf andere unbewegliche Güter, auf die noch Niemand ein Recht erlangt hat, § 3 II. 16 Anwendung.

[23]) I. 9 § 243, Konsequenz aus § 236. Auch nach röm. R. l. 7 § 4, l. 30 § 2 D. XLI. 2, l. 1 § 10 D. XLIII. 12 § 23 J. II. 1. Vgl. Sachsensp. II. 56 § 2.

[24]) § 22 J. II. 1, l. 7 § 3, l. 29 D. XLI. 1. Ebenso Sachsensp. II. 56 § 3. Höpfner, Komment. 4. A. § 309 S. 273. Gesterding S. 204. Pagenstecher S. 132. Gegen die Annahme, daß eine Mittellinie entscheide, erklärt sich Henrici a. a. O. S. 82.

[25]) I. 9 §§ 247—252.

[26]) Bornemann II. 30 fg., wo auch die Materialien mitgetheilt sind. Gruchot VII. 106 f. Scheele, Wasserrecht, S. 129 fg. Bei der geraden Richtung der Mittellinie kann es auch, wenn der Fluß eine starke Biegung macht, kommen, daß sie die Insel gar nicht trifft, sondern über das Ufergrundstück läuft. Doch man denke bei solchen Rechtsregeln an die Worte in l. 51 § 2 D. IX. 2. Multa jure civili contra rationem disputandi pro utilitate communi recepta esse, innumerabilibus rebus probari potest: unum interim posuisse contentus ero.

[27]) I. 9 §§ 251. 252. Daß die Querlinie senkrecht auf die Mittellinie fallen muß, ist auch römisches Recht. Gaj. II. 72. Pagenstecher S. 132.

die Besitzergreifung erfordert, daß mithin die Insel erst noch okkupirt werden muß; dies wurde von der damaligen naturrechtlichen Doktrin angenommen[28]). Weiter bestimmt das A.L.R., daß der eine von den zum Erwerb der Insel berechtigten Uferbesitzern in Gemäßheit einer Zueignungsverfügung der Staatsverwaltungsbehörde sie ganz in Besitz nehmen kann, nachdem er die anderen mit seinem Vorhaben bekannt gemacht und zu einer Erklärung durch die Verwaltungsbehörde des Staats vergeblich hat auffordern lassen, ob sie sich ihres Erwerbsrecht bedienen wollen[29]). Ein Uferbesitzer, der auch ohne jene Staatsgenehmigung drei Jahre lang die ganze Insel ruhig besessen und benutzt, hat sie den andern Uferbesitzern gegenüber durch Ersitzung erworben[30]). — Inseln wie Ufertheile, mögen sie natürlich oder durch Anlandung entstanden sein, können im Interesse der Strombauverwaltung beseitigt werden, aber immer nur gegen Entschädigung. Die landrechtliche Bestimmung, daß dieser Schutz die Inseln und Anspülungen in öffentlichen Flüssen[31]) erst nach fünfzigjährigem Besitz trifft, ist aufgehoben[32]).

4. Das natürlich zugelandete und verlassene Flußbett erwirbt der angrenzende Uferbesitzer, so weit sein Ufer reicht und bis in die Mitte des Bettes, ohne Besitzergreifung[33]). Die Mitte wird hier wie bei der Insel

---

[28]) Daries § 471 bei Gruchot VII. 106.

[29]) I. 9 §§ 254. 255. Die Verwaltungsbehörde prüft, ob es im gemeinen Kulturinteresse liegt, dem einen Uferbesitzer die ganze Insel zuzueignen, wenn die anderen sie unbebaut lassen. I. 9 § 256. Vgl. Bornemann II. 33 Note 1. Förster scheint die Bestimmungen des Landrechts dahin aufgefaßt zu haben, daß der einzelne Uferbesitzer ohne Zustimmung der Verwaltungsbehörde, also ohne Weiteres das Okkupationsrecht hat, und daß daneben ein besonderes Ueberweisungsrecht des Staats besteht.

[30]) I. 9 § 257. Vgl. oben Anm. 15. Strieth. B. 31 S. 325. Auch gegen den Fiskus, Entsch. B. 6 S. 245. Der § 254 findet in diesem Erwerbsfall keine Anwendung Entsch. das. S. 249. Koch, Beurth. S. 436. Komment. Note zu § 257.

[31]) Für Privatflüsse gilt I. 9 § 261. Vergl. II. 15 §§ 39 ff. Das Unternehmen setzt bei Privatflüssen eine dem Gesetz v. 11. Juni 1874 entsprechend erfolgte Enteignung voraus. I. 9 § 262 bestimmt, daß Entschädigung von den Flußnachbarn geleistet werden muß, wenn auf ihren Antrag und zu ihrem Vortheil die Beseitigung vom Staate veranlaßt worden ist; dazu ist der Staat aber jetzt nicht mehr in der Lage, da Enteignungen nur aus Gründen des öffentlichen Wohls zulässig sind. § 1 des Enteignungsgesetzes. Der § 262 ist also gegenstandslos. Ueber Räumung und anderweitige Regulirung von Privatflüssen im Interesse der Landeskultur vgl. Ges. v. 28. Febr. 1843 und Ges. v. 1. April 1879.

[32]) I. 9 §§ 258—260 sind durch §§ 8. 9 des Gesetzes betr. die Befugnisse der Strombauverwaltung vom 20. August 1883 ersetzt, die ohne Unterscheidung der Zeit des Bestehens Entschädigung zusichern.

[33]) I. 9 §§ 263. 265. 270 II. 15 § 68. — l. 7 § 5 D. XLI. 1. Gruchot VIII. 212. Die Zulandung muß durch die Wirkung von Naturkräften entstanden sein. Entsch. B. 60 S. 44 (Rehbein I. 857). R.G. bei Gruchot B. 29 S. 680, B. 30 S. 945. R.G. Entsch. B. 28 S. 209. Auch wenn der zurückgetretene Fluß ein nicht im Eigenthum eines Einzelnen stehender Privatfluß gewesen. Strieth. B. 65 S. 26. Ist bei einem abgelassenen Landsee das Eigenthumsverhältniß nicht klar, so richtet sich das Verhältniß des Eigenthums der Adjacenten nach denselben Grundsätzen. Entsch. B. 52 S. 38 (Rehbein I. 860). Vorübergehende Ueberströmungen bewirken keine Veränderung des Eigenthums § 272. Dazu Striethorst B. 51 S. 157, l. 7 § 6 D. XLI. I, l. 1 § 9 D. XLIII. 12, § 24 J. II. 1. Ueber den Begriff von Flußbett und Ufer s. Strieth. B. 51 S. 157, Scheele, Wasserrecht, S. 90. Ob im Fall des § 270 Besitzergreifung erforderlich, ist streitig. Es verneinen Heydemann S. 51 und das O.-Trib. Entsch.

bestimmt[34]). Wird das Bett künstlich verengt oder trocken gelegt, was bei öffentlichen Flüssen nur vom Staat oder unter staatlicher Genehmigung geschehen kann, so hatte der Uferbesitzer nach Landrecht nur das nächste Recht, sich den Grund und Boden bis zur Hälfte durch Besitznehmung zuzueignen, wenn er aber von diesem Rechte Gebrauch machte, so mußte er nach Verhältniß seines Antheils zu den Arbeiten und Kosten der Ausführung beitragen, d. h. demjenigen, der diese Kosten aufgewendet hat, ersetzen[35]). Das geltende Recht hat die Anlandungen auch in diesem Fall ohne Besitzergreifung dem anliegenden Uferbesitzer zugewiesen[35a]). Der Aufwendende wird bei öffentlichen Flüssen regelmäßig die staatliche Strombauverwaltung sein. Für den Fall, daß dem Strom vermitelst eines Durchstichs ein ganz anderer Lauf angewiesen ist, fällt dem Staat das Eigenthum des verlassenen Betts unter der Verpflichtung zu, die Anwohner des alten Stromlaufs zu entschädigen[36]). Das Bett abgelassener Landseen bleibt den bisherigen Eigenthümern[37]). Entschädigt werden aus dem gewonnenen Lande oder dessen Werth diejenigen, die nutzbare Rechte am See gehabt haben, und diejenigen, die den künstlichen angelegten neuen Lauf des Flusses an ihrem Eigenthum verloren haben[38]).

In den bisher erörterten Fällen sind Stücke einer unbeweglichen Sache einer unbeweglichen an- oder zugewachsen. Es können ferner bewegliche Sachen einer unbeweglichen natürlich zuwachsen. Hierher gehört:

5. Durch Säen und Pflanzen in fremdem Boden erwirbt dessen Eigenthümer oder Nutzungsberechtigter das Eigenthum am fremden Samen und an der fremden Pflanze, sobald ersterer ausgesäet ist und letztere Wurzel gefaßt hat[39]). Erwachsen daraus Früchte, so sollen dem Eigenthümer der Samen und die Pflanz- und Bestellungskosten ersetzt werden,

---

B. 56 S. 35. Strieth. B. 62 S. 109fg. Es bejahen Bornemann II. 57. Koch, § 248. Gruchot VII. 113. Dernburg I. § 237 Anm. 17. Doch in § 270 bezieht sich das soweit nur auf den Umfang, nicht auf die Art des Erwerbs. Auch das röm. Recht verlangt nicht Besitzergreifung. Vgl. noch Entsch. B. 15 S. 361f., B. 52 S. 40f. Striethorst B. 81 S. 73. M. in der Deutschen Gerichtszeitung 1866. Heft 3 S. 267.

34) I. 9 § 266.

35) I. 9 §§ 263. 264. Strieth. B. 62 S. 112. In Entsch. B. 37 S. 71 ist dargelegt, daß das Okkupationsrecht nicht durch Leistung des Beitrages bedingt ist, daß vielmehr letztere aus der Ausübung des ersteren folgt.

35a) Vergl. oben Anm. 16, wo auch auf die gesetzliche Beschränkung des so begründeten Eigenthums und auf die Unzulässigkeit eigenmächtiger Besitzergreifung hingewiesen ist.

36) II. 15 §§ 70ff. Dagegen ist nicht Eigenthum des Fiskus anzunehmen, wenn ein Anderer, z. B. eine dazu mit Expropriationsrecht ausgestattete Eisenbahngesellschaft, den Durchstich vorgenommen hat. Entsch. B. 45 S. 351 (Rehbein I. 859).

37) I. 9 §§ 267. 268, l. 24 § 3 D. XXXIX. 3. Seuffert XI. 16. Der Nutzungsberechtigte muß entschädigt werden. § 269.

38) I. 9 § 271, II. 15 § 69. Nach § 273 erwirbt das wieder verlassene Flußbett derjenige, der die Entschädigung geleistet hat.

39) I. 9 § 275. Jakobi, nützliche Verwendung S. 93. Solo cedit, quod solo implantatur. §§ 31. 32. J. II. 1, l. 7 § 13, l. 9, l. 26 § 2 D. XLI., l. 5 § 3, l. 53 D. VI. 1, l. 11 D. III. 32. Girtanner bei Gerber und Jhering III. 172. Vgl. Entw. d. B.G.B.

und zwar die erweislich verwendeten im Fall redlicher Bestellung, die nach der lokalen Betriebsart wirthschaftlich verwendeten bei unredlicher Bestellung[40]). Will der nutzungsberechtigte Herr des Grundes und Bodens Samen oder Pflanze sich nicht aneignen, vielmehr den Boden anderweit nutzen, so hat der Besteller nur ein Wegnahmerecht, soweit dessen Ausübung ohne Beschädigung des Grundstücks möglich ist. Will der Nutzungsberechtigte die Frucht sich nicht aneignen, sie vielmehr dem Besteller überlassen, so hat ihn letzterer für die entzogene Nutzung des Bodens zu entschädigen[41]). Die Vorschriften für die Auseinandersetzung des redlichen oder unredlichen Besitzers und Eigenthümers erleiden hierdurch keine Aenderung[42]).

6. Wer in das eigene Grundstück fremden Samen ausstreut oder fremde Pflanzen einsetzt, erwirbt zwar auch daran und an den dadurch erzeugten Früchten das Eigenthum, aber er muß Samen und Pflanze dem Eigenthümer vergüten und im Fall des Betrugs (der Unredlichkeit) ihm den entgangenen Vortheil ersetzen[43]).

7. Der Baum an der Grenze gehört dem, auf dessen Grund und Boden der Stamm aus der Erde kommt, der Baum auf der Grenze ist Miteigenthum der Nachbarn[44]). Ueberhangende Früchte, d. h. solche, die der Eigenthümer des Baumes nicht einsammeln kann, ohne den Boden des Nachbars zu betreten, darf Letzterer (Eigenthümer oder Nutzungsberechtigter) sich aneignen, da er duldet, daß die Wurzeln unter seinem Boden fortlaufen oder die Zweige über die Grenze hangen[45]). Der Eigenthümer des Baums darf in diesem Fall die überhangenden Früchte nicht in seine Grenze herüberziehen, wenn er auch die Zweige selbst von seinem Grundstück her

---

§ 784 zu Nr. 5. 6 des Paragr. Entw. II. § 77c, Reichstagsvorl. § 90. Daß auch der Nutzungsberechtigte Samen und Pflanze erwirbt, ist eine Konsequenz aus I. 9 § 221 und eine Abweichung vom röm. R. A. M. Gruchot B. 7 S. 116.

[40]) I. 9 §§ 276—278. Jakobi bei Gerber und Ihering IV. 249f. und nützliche Verwend. S. 93f. Wenn durch den Wind Same auf fremden Grund getrieben wird und aufgeht, so ist dessen Eigenthümer nicht zu entschädigen. Gruchot B. 7 S. 119.

[41]) I. 9 §§ 279—281. Bornem. II. 35.

[42]) I. 9 § 282. Plathner, Geist II. 211. Vgl. auch über den Fall einer Ueberlassung durch formungiltigen Vertrag Strieth. B. 55 S. 32, B. 60 S. 270.

[43]) I. 9 §§ 283. 284, l. 25 pr. D. XII. 1.

[44]) I. 9 §§ 285. 286. Gruchot B. 7 S. 119f. Pagenstecher II. 145. Girtanner bei Gerber und Ihering III. 285, l. 6 § 2 D. XLVII. 7 § 31 J. II. 1. So lange der Baum steht, ist er nach röm. R. getheilt durch eine auf der Grenzlinie stehende Fläche; ist der Baum gefällt, so tritt das Miteigenthum pro indiviso hervor, weil nun die Theilungsfläche nicht mehr vorhanden ist. l. 19 pr. D. X. 3. Hesse, Rechtsverh. zw. Grundstücks-Nachbarn II. 2 S. 187. Nach A.L.R. ist der Baum noch stehend schon Miteigenthum pro indiviso. Gruchot S. 122. Vgl. damit Entwurf des B.G.B. § 855, II. § 836, Reichstagsvorl. § 907.

[45]) I. 9 § 289. Entsch. B. 30 S. 431 bes. 433f. Das ist das aus dem alten deutschen Recht aufgenommene Ueberfalls- und Ueberhangsrecht, das sich vielfach in Deutschland gegen das römische Recht erhalten hat. Sachsensp. II. 52. Sächs. Weichb. 128 § 1 nach der Ausgabe von Daniels und Gruben. S. Kayser bei Gruchot B. 21 S. 69, wo auch Literaturnachweisungen. Vgl. § 170 Anm. 71.

abzuhauen befugt ist[46]). Aber auch der Nachbar ist berechtigt, die in sein Gebiet hineinragenden Wurzeln und Zweige abzuschlagen, also Selbsthilfe zu üben, hat aber dann das Holz dem Eigenthümer auszuliefern[47]). Früchte des Baumes, die durch die Gewalt des Windes über die Grenze getrieben werden, eignet sich der Nachbar an, aber nicht den umgebrochenen Baum[48]).

8. Es bleibt der letzte Fall des natürlichen An- und Zuwachses, wenn durch die Verbindung einer beweglichen Sache mit einer beweglichen organisch eine neue Sache entsteht: die Befruchtung fremder Thiere[49]). Das junge Thier erwirbt der Eigenthümer des Mutterthieres[50]). Dieser wird, wenn die Befruchtung mit seinem Willen geschehen ist, dem Eigenthümer des männlichen Thieres zu einer Vergütung verpflichtet, deren Höhe sich durch lokale Gewohnheiten bestimmt[51]). Ob sonst einer dem anderen einen Ersatz zu leisten hat, entscheidet sich nach den allgemeinen Grundsätzen der Entschädigungs-Obligation[52]). Insbesondere werden auch dritte Personen, welche die Befruchtung herbeiführen, wenn daraus Schaden entsteht, den Eigenthümern beider Thiere nach diesen Grundsätzen verpflichtet[53]).

## § 174. 2. Eigenthumserwerb an Sachen, die keinen Eigenthümer haben.

I. Durch ursprüngliche Besitznehmung wird eine bisher herrenlose Sache ergriffen[1]). Wer eine solche Sache „wirklich" in seine Gewalt bringt, erwirbt das Eigenthum daran: es genügt also nicht die bloße Absicht

---

[46]) I. 9 § 290.

[47]) I. 9 §§ 287. 288. 291. Gruchot VII. S. 127. Nach römischem R. behielt der Nachbar das Holz. l. 1. 2 D. XLIII. 27, er durfte aber nur die Aeste, nicht die Wurzeln abschlagen. Zur Beseitigung der letzteren diente ihm die negatoria actio. Hesse a. a. O. S. 194f. Das interd. de arboribus caedendis kennt das preuß. R. nicht. Entsch. B. 30 S. 431. Strieth. B. 16 S. 255. Gruchot B. 2 S. 77. In Entsch. B. 30 S. 431 (Rehbein I. 862) ist dem Nachbarn die Befugniß abgesprochen, statt der Selbsthilfe auf Wegnahme der überhängenden Zweige zu klagen, weil die besondere Regelung des Landrechts dem Eigenthümer nur das Recht, nicht die Pflicht hierzu gebe. Derselben Meinung Kayser bei Gruchot B. 21 S. 79. A. M. Gierse in der Arnsb. jur. Monatsschrift I. 54. 348 und die früheren Ausgaben dieses Buchs.

[48]) I. 9 §§ 292—297. Die §§ 295—297 regeln zugleich die Schadenersatzpflicht, indem sie sie auf den bei dem Wegholen entstandenen Schaden beschränken, dagegen für den durch den Fall des Baums verursachten Schaden die Verantwortlichkeit leugnen, sofern nicht eine Schuld des Eigenthümers vorliegt. Vgl. Gruchot B. 7 S. 132. Oben § 170 Anm. 66. Die Bestimmungen sind analog angewendet auf einen Fall, wo ein Kahn durch Zufall in einem öffentlichen Fluß versunken war. Gruchot B. 2 S. 81. Der § 292 schließt das interd. de glande legenda aus. Der umgebrochene Baum muß vom Eigenthümer weggeschafft werden, sobald es der Nachbar verlangt; thut er es nicht, so ist der Baum von ihm derelinquirt. Gruchot B. 7 S. 129. 130f.

[49]) I. 9 §§ 324—326. Gruchot VII. 280f.

[50]) Pagenstecher II. 95 § 3 S. 98, § 7 l. 5 § 2 D. VI. 1.

[51]) I. 9 § 325. Das s. g. Sprunggeld.

[52]) Oben B. I. §§ 89. 90. l. 52 § 20 D. XLVII. 2.

[53]) Koch, Komm. zu § 326.

[1]) I. 9 §§ 7. 12 J. II. 1. l. 3 D. XLI. 1. Oesterr. G.B. § 381. Entwurf des B.G.B. I. § 903, II. § 873, Reichstagsvorl. § 942.

oder das Bestreben, sich die Sache anzueignen[2]). Niemand, der nicht selbst schon ein Recht auf die Sache oder zur Sache erworben hat, darf die Besitzergreifung untersagen, oder die zu deren Zweck gemachten Anstalten durch unerlaubte Handlungen stören oder den Okkupanten durch Einschränkungen der persönlichen Freiheit vom Erwerb abhalten[3]). Gewisse Sachen sind aber dem Staat vorbehalten, dürfen also nur von ihm, nicht von Privatpersonen okkupirt werden: nämlich Grundstücke und erblose Verlassenschaften[4]). Bei anderen Sachen besteht ein ausschließliches Okkupationsrecht auf Grund besonderer Gerechtsame (Bergwerke) oder auf Grund eines Eigenthumsverhältnisses zu den Grundstücken oder auf dem sie sich finden. Von solchem ausschließlichen Okkupationsrecht der Eigenthümer der an einem Fluß anliegenden Grundstücke ist im vorigen Paragraphen die Rede gewesen, andere derartige Rechte werden weiter unten besprochen werden. Ein Standrecht ist dem römischen und preußischen Recht unbekannt[5]).

Zur ursprünglichen Besitznehmung gehört an sich der Thierfang[6]), d. h. die Besitznehmung wilder, ungezähmter Thiere, oder solcher, die in die Wildheit zurückgekehrt sind, indem sie die Gewohnheit an den ihnen vom Herrn bestimmten Ort zurückzukehren abgelegt haben, d. h. also die Besitznehmung solcher Thiere, die noch nicht, oder nicht mehr im Privateigenthum stehen[7]). Der Thierfang ist auch frei, insoweit es sich um wilde, nicht

---

[2]) I. 9 §§ 9. 10. Dies war gemeinrechtlich nicht unbestritten. Das A.L.R. schließt sich an Leyser, sp. 439 m. 2. 3. Voet, XLI. 1 § 9 und Hurt ad Pufendorf, Jus nat. IV. c. 6 not. 2 an. Dagegen Bachov ad Treutl. II. 20 th. 2 II. Cocceji, Jus controv. XLI. 1 qu. 1, Berger, Oecon. jur. II. 2 § 12 not. 1, auch Wolff, Jus natur. II. 1 § 36, welche ein apprehendere oculis für ausreichend erachten. Die Neueren seit Gesterding S. 69 f. verwerfen diese Ansicht. Vergl. Entsch. B. 62 S. 276.

[3]) I. 9 §§ 11—13. Bornem. II. S. 8 Note 4. Gruchot VI. 432. An einer herrenlosen Sache kann Niemand ein Recht zur Sache erlangen? Vor der Besitzergreifung hat er noch gar kein Recht. Aber das A.L.R. versagt dem Störenden das Recht der Okkupation und schützt relativ in dieser Weise schon denjenigen, der auch nur Anstalten zur Okkupation gemacht hat. Gegen den Störer geht eine actio doli auf Herausgabe der Sache, die er nicht durch Behauptung eigenen Eigenthumserwerbs durch Besitznahme abwehren kann.

[4]) I. 9 § 8, II. 16 §§ 1—4. 8 fg. 16 fg. Bezüglich der Grundstücke greift jedoch das Weichbildrecht der Städte ein, kraft dessen der damit beliehenen Gemeinde salvo dominio civium privato das Eigenthum des Flurbezirks verliehen ist. Vergl. Rechtssprüche B. I. S. 238. Ueber das schlesische Auenrecht s. Entsch. B. 42 S. 359. — Der § 5 II. 16 ist durch die Beseitigung des Jagdregals (vgl. unten Anm. 8) aufgehoben. Auch das ausschließliche Okkupationsrecht des Staats an unterirdischen Naturschätzen besteht seit dem Ges. über das Bergrecht v. 24. Juni 1865 § 3 nicht mehr, und dadurch ist § 6 II. 16 aufgehoben. Vergl. oben § 168. Wegen des Bernsteins vgl. Ostpreuß. Prov.R. Zus. 228. Dazu: Ges. v. 22. Febr. 1867. (G.S. S. 272); Westpreuß. Prov.R. §§ 73 ff. Ges. v. 4. August 1865.

[5]) l. 58 D. XLI. 1 u. a. St. Die authent. navigia zu l. 18 C. VI. 2 und die spätere deutsche Reichsgesetzgebung C. C. C. 218. Reichs-Absch. von 1559 § 35. Böcking II. S. 174 Note 15. A.L.R. II. 15 §§ 81 ff. S. jetzt Strandungsordnung vom 17. Mai 1874 (R.G.Bl. S. 73), unten § 175 Anm. 32 f.

[6]) I. 9 §§ 107—126. 170—192; Gruchot B. 6 S. 597 fg. Oesterr. G.B. § 383 f.

[7]) I. 9 §§ 107—110 § 12 J. II. 1, l. 1 § 1 D. XLI. 1. Vgl. Entwurf des B.G.B. I. § 905, Entwurf II. § 875, Reichstagsvorl. § 944. Das Jagdrecht schließt das aus. Einf.Ges. Entwurf Reichstagsvorl. Art. 67. v. Brünneck, Das heutige deutsche Jagd-

jagdbare Thiere handelt[7a]). Als jagdbar aber wird von provinzialrechtlichen Besonderheiten abgesehen, vierfüßiges Wild und Geflügel angesehen, insofern es zur Speise gebraucht zu werden pflegt. Die Ausübung der Jagd führt das Landrecht unter den Regalien auf, und an den Begriff des Jagdregals schloß sich die Jagdgerechtigkeit als das selbständige dingliche Recht in einem bestimmten Bezirk, auch wenn der Grund und Boden einem Andern gehörte, die Jagd auszuüben. Dieses Recht, und mit ihm ein großer Theil der Vorschriften des A.L.R. ist durch das Gesetz vom 31. Oktober 1848 aufgehoben, das dem Eigenthümer des Grundes und Bodens im Prinzip das ausschließliche Jagdrecht zuweist. Daran schließt sich das Gesetz vom 7. März 1850, das aus polizeilichen Gesichtspunkten die Ausübung der Jagd auf eignem Grund und Boden gewissen Beschränkungen unterwirft[8]).

---

recht und der Eigenthumserwerb an widerrechtl. erlegtem Wild, im Arch. f. civil. Pr. B. 48 S. 80 f. Derselbe, Das Wesen des Rechts an der Jagd und der Fischerei nach deutschem und preuß. R. in Gruchot's Beiträgen B. 16 S. 182. Dalcke, Das preuß. Jagdrecht. Das Thier ist gefangen, wenn man es in seine custodia gebracht hat. I. 9 §§ 128. 129. Ist dies von einem Andern als dem Jagdberechtigten widerrechtlich geschehen, so soll nach v. Brünneck's Ausführungen (bes. auch Diss. de dominio ferarum, quae illicite capiuntur Hal. 1862, vergl. auch Windscheid § 184 Anm. 5b) dadurch Eigenthum des Jagdberechtigten an dem okkupirten Thier begründet werden. Vergl. auch Gerber Pr.R. § 92 Note 3. Schütze bei Bekker und Muther sp. 61. A. M. Bluntschli S. 214 a. a. O. Gruchot B. 6 S. 606. Vergl. S. 616. Aus I. 9 § 115 und G. v. 7. März 1850 § 24, die von Förster für die v. Brünneck'sche Ansicht angezogen werden, möchte nichts Bestimmtes herzuleiten sein. Wenn das Wild in Besitz genommen ist, kann es nur in das Eigenthum des ausschließlich Berechtigten, niemals eines Anderen fallen. Daß der Wilddieb nicht Eigenthümer wird, ist also gewiß. Auch wird er verpflichtet sein, sich die Aneignung des Wilds durch den Jagdberechtigten gefallen zu lassen und hierzu das Wild herauszugeben. Und in derselben Lage ist jeder unredliche Dritterwerber. Dies Recht der ausschließlichen Aneignung ist nach preußischem Recht bereits als ein Vermögensrecht anzusehen, in das widerrechtlich eingegriffen werden kann, und dem gegenüber jeder widerrechtliche Eingriff zur Restitution und zum Schadensersatz verpflichtet. Ebenso muß, wenn das Wild nicht mehr herausgegeben werden kann, Ersatz geleistet werden, weil die Okkupation vereitelt ist. Weiteres aber ist abzulehnen, wahres Eigenthum, kann nicht vor der erfolgten Aneignungshandlung angenommen werden. Ueber das Fangen in Schlingen, Gruben und dergl. s. Gruchot B. 6 S. 614. Ueber den animus revertendi § 15 J. II. 1, l. 8 § 1 D. X. 2.

7a) A.L.R. I. 9 §§ 127 ff., II. §§ 30 ff.

8) Von der Jagdgerechtigkeit handelten II. 16 §§ 30 ff. Ueber jagdbare Thiere vergl. II. 16 § 31. Dazu Goltammer Archiv B. 7 S. 695, B. 11 S. 205. Entsch. B. 34 S. 355. S. auch Fischereigesetz vom 30. Mai 1874 § 45, wo eine relative Nichtjagdbarkeit zum Theil sonst jagdbarer Thiere ausgesprochen ist. Vgl. R.G. Entsch. in Strafsachen B. 8 S. 71. Raubthiere z. B. Wölfe und Bären sind regelmäßig nicht jagdbar. — Das Ges. v. 31. Okt. 1848 (G.S. S. 343) hat A.L.R. I. 9 §§ 127. 130—169 aufgehoben. Die Beschränkungen der Jagdausübung des Grundbesitzers durch das Jagdpolizeigesetz vom 7. März 1850 (G.S. S. 165) [vgl. dazu jetzt Zuständigkeitsgesetz vom 1. August 1883 §§ 103—108, sowie Wildschadengesetz vom 11. Juli 1891] fallen in die Kategorie der gesetzlichen Einschränkungen des Eigenthums aus Gründen des gemeinen Wohls. S. darüber oben § 171. Vgl. auch über Aufhebung besonderer Jagdverbote: Entsch. B. 73 S. 72. Rehbein I. 829. Ueber Befugniß des Jagdberechtigten (Jagdpächters) zum Betreten bestellter Grundstücke des Jagdbezirks: Entsch. B. 83 S. 185. Rehbein I. 830. Die §§ 128. 129 gelten noch: das angeschossene Thier ist noch nicht erworben, auch das getödtete Thier nur dann, wenn es in die Gewalt des Tödtenden gekommen ist. Gesterding S. 76 f. A. M. Pagenstecher II. 57 f. Note 1, dem sich Gruchot B. 6 S. 613 anschließt.

Wenn der Fang eines Thieres, das an und für sich von jedem gefangen werden kann, auf fremdem Grund und Boden ohne Erlaubniß des Eigenthümers ausgeübt wird, so muß diesem auf sein Verlangen das gefangene Thier, obgleich es nicht dem Jagdrecht unterliegt, unentgeltlich ausgeliefert werden [9]).

Tauben sind Gegenstand des freien Fanges nicht bloß, wenn sie sich im Zustande natürlicher Freiheit befinden, sondern auch, wenn sie von Jemand gehalten werden, der dazu nicht berechtigt ist [10]). Berechtigt ist wenn die Provinzialrechte nichts anderes bestimmen, wer tragbare Aecker in der Feldflur als Eigenthümer oder Nutzungsberechtigter besitzt [11]).

Schwärmende Bienen darf der Eigenthümer auf fremden Grund und Boden verfolgen und dort einfangen, muß aber dadurch verursachten Schaden ersetzen [12]). Giebt er die Verfolgung auf, so fängt den Schwarm rechtmäßig der Eigenthümer des Grundstücks, auf dem er sich befindet [13]).

Fische in geschlossenen Privatgewässern (Teichen, Hältern, Seen) gehören dem Grundeigenthümer, und er darf sie, wenn sie in Folge eines Dammbruches oder bei großem Wasser übergetreten sind, selbst auf fremdem Grund wieder einfangen und herausfordern [14]). Im Meere einschließlich der

---

9) I. 9 §§ 115. 116. Gruchot B. 6 S. 603. Uebereinstimmend mit der gemeinrechtlichen Praxis (Voet XLI. 1 Nr. 4. Leyser M. 440. 5), aber abweichend vom röm. R. § 12 J. II. 1. Vgl. Anm. 7.

10) I. 9 § 111. Feldpolizeiordn. v. 1. Nov. 1847 § 40, eine civilrechtliche Vorschrift, die noch jetzt (trotz der Nichtaufnehmung in das Gesetz v. 1. April 1880) in Geltung steht. S. auch Einf.Ges. z. B.G.B. Art. 69. Ueber die Zuständigkeit zu statutarischer Bestimmung der Zulässigkeit des Fangs der dem Berechtigten gehörigen Tauben in der Saat- u. Erntezeit vgl. Kreisordnung v. 13. Dez. 1872 § 135 IV.; Zuständigkeitsgesetz v. 1. August 1883 §§ 7 ff. 24 ff. Nach römischer Ansicht haben Tauben und Pfauen feram naturam, obschon sie revolare solent, § 15 J. II. 1, sie können also von Jedem gefangen werden.

11) I. 9 §§ 112. 113. So bei Leyser sp. 440 m. 5. Berger, Oecon. jur. II. 2 c. 10 not. 2. Struben, Rechtl. Bed. 1 Nr. 223. S. Gruchot B. 6 S. 602. Auch der Berechtigte kann in der Saat- und Erndtezeit durch Gemeindebeschluß dahin beschränkt werden, daß er die Tauben nicht frei umherfliegen lassen darf, widrigenfalls sie frei gefangen werden können. Feldpolizeiordnung § 40 Abs 2. Dabei war Genehmigung der Regierung vorgesehen. Modifizirt durch die demnächst aufgehobenen Bestimmungen in Kreisordnung § 135 IV. 3 und Ges. v. 26. Juli 1876 § 81. Vgl. jetzt Zust.Ges. v. 1. August 1883 §§ 7. 24.

12) I. 9 §§ 122. 123. Oben § 170 unter B. Apium quoque natura fera, nach § 14 J. II. 1, aber examen, donec in conspectu tuo est, eousque intelligitur esse tuum, nec difficilis ejus persecutio. Das alte deutsche Recht erklärt die Biene für wild und versagt die Verfolgung. Sächs. Weichb. 119. Gruchot B. 6 S. 610. Vgl. den Entwurf des B.G.B. §§ 906—909, Entw. II. §§ 876—879, Reichstagsvorl. §§ 945—948.

13) I. 9 § 124. Der Grundeigenthümer kann den Schwarm auch von einem Anderen okkupiren lassen.

14) I. 9 §§ 176—179 (vergl. § 4 Fischereigesetz vom 30. Mai 1874 G.S. S. 197). Jurist. Zeit. 1832 S. 803 f. 876 f. Gruchot B. 6 S. 620. Bis in Flüsse und Ströme oder in solche Gewässer, in denen ein Dritter das Recht zu fischen hat, darf die Verfolgung nicht fortgesetzt werden, wenn nicht die ausgetretenen Fische sichere Unterscheidungsmerkmale haben. § 179. Fische, die aus Bächen, Flüssen oder andern uneingeschlossenen Gewässern ausgetreten sind, dürfen nicht verfolgt werden. §§ 180—182. Berger, Oecon. jur. II. 2 c. 9 not. 2. Leyser 502. 8. Ueber Lachen s. Gruchot B. 6 S. 622.

Küstengewässer ist der Fischfang frei[14a]). In anderen öffentlichen Gewässern ist der Fischfang, wo nicht Provinzialgesetze etwas anderes bestimmen, Regal. Wer hier die Fischereigerechtigkeit erworben hat, was durch ein Privilegium oder durch Ersitzung geschehen sein kann, ist in der Regel ausschließlich zum Fischfang berechtigt, soweit sein Recht reicht[15]). In Privatflüssen steht der Fischfang den Uferbesitzern bis zu der im Zweifel in der Mitte des Flusses befindlichen Grenze zu[16]). Dasselbe muß von Landseeen angenommen werden, die nicht ganz innerhalb des Eigenthums desselben Besitzers belegen sind. Hat an Privatflüssen oder solchen Seeen ein Dritter eine Fischereigerechtigkeit, so schließt diese den Uferbesitzer regelmäßig nicht aus[17]).

II. **Besitznehmung verlassener Sachen.** Verlassene Grundstücke erwirbt der Staat[18]). Verlassene bewegliche Sachen erwirbt, wer sie in Besitz nimmt, wenn er fähig ist, Eigenthum zu erwerben[19]). Verlassen ist die Sache nur dann, wenn ihr bisheriger Eigenthümer feiwillig und absichtlich ihren Besitz aufgiebt, um sich des Eigenthums zu entschlagen. Die Absicht kann ausdrücklich oder durch Handlungen ausgedrückt werden[20]). Wer

---

Strieth. B. 62 S. 114. Ob ein Gewässer ein geschlossenes ist, wird auf dem im Ges. v. 1. August 1883 § 102 bestimmten Wege entschieden. Der Entwurf des Einf.Ges. z. B.G.B. verweist die Fischerei in das Landesrecht. Reichstagsvorl. Art. 67.

[14a]) Entsch. B. 53 S. 12 (Rehbein I. 840).

[15]) I. 9 § 170, II. 15 §§ 73. 74. Entsch. B. 30 S. 184 fg. Gruchot B. 6 S. 617 f. Ueber Ersitzung der Fischereigerechtigkeit in öffentlichen Flüssen das. B. 8 S. 209. Was Gegenstand der Fischerei ist, sagt Fischereigesetz §§ 2. 45. Der Berechtigte kann den Nichtberechtigten durch Klage auf Grund der Ausschließlichkeit seiner Berechtigung in Anspruch nehmen, actio negatoria. Entsch. B. 57 S. 20 (Rehbein I. 843). — Die Klage wird nicht ausgeschlossen dadurch, daß der Fiscus das Recht der Fischerei an einer Stromstrecke verpachtet hat. R.G. Entsch. B. 12 S. 192. Die Ausübung der Fischereiberechtigung hat eine Regelung für den ganzen Staat gefunden in dem Fischereigesetz vom 30. Mai 1874 (G.S. S. 297) und dem dasselbe ergänzenden Gesetz v. 30. März 1880 (G.S. S. 228). Diese Regelung umfaßt auch die Küstenfischerei. Der freie Fischfang ist für die Binnenfischerei beseitigt. Wo er bisher galt, soll die politische Gemeinde fischereiberechtigt sein (§ 7). Diese ist auch berechtigt, wenn die Fischerei für die Mitglieder der Gemeinde bisher frei war (§ 6), anders wenn sie den einzelnen Gemeindegliedern in begrenztem Umfang zustand (Entsch. B. 81 S. 95, Strieth. B. 98 S. 86). Die Art der Gemeinbenutzung ist geordnet (§ 8). Das Gesetz begünstigt die Bildung von Fischereigenossenschaften §§ 9 ff. Fischereipolizeiliche Vorschriften §§ 21 ff. regeln den Fang. Beschränkungen oder Aufhebung des Rechts auf bestimmte Fangweisen kann gegen Entschädigung aufgelegt werden (§§ 5 f.). — Den Rechtsregeln bezüglich des Fischfangs unterliegt auch die Okkupation anderer nutzbarer Wasserthiere, soweit sie nicht Gegenstand des Jagdrechts sind.

[16]) II. 15 § 74. Präj. 1628a. (Samml. I. S. 30.) Entsch. B. 15 S. 361 (Rehbein I. 841).

[17]) Präj. 1628b. (Samml. I. S. 30.) Präj. 517 (Samml. I. S. 212). Schles. Arch. B. 3 S. 99. 106. Arnsb. Arch. B. 15 S. 649. Entsch. B. 30 S. 184, B. 64 S. 34. Gruchot B. 6 S. 618. Scheele, Wasserrecht, S. 84. Zu bemerken ist, daß nach Ges. v. 2. März 1850 Art. 1. 12 Fischereirechte an Privatgewässern nicht mehr ersessen werden können. Das Fischereirecht an Privatgewässern bleibt bestehen, wenn der Privatfluß in einen öffentlichen verwandelt, schiffbar gemacht wird. Auch in solchem Falle ist Ersitzung gegen den Berechtigten ausgeschlossen. Entsch. B. 70 S. 64.

[18]) I. 9 § 15, II. 16 §§ 12—14. Vgl. oben Anm. 4 und über die Frage, wann Dereliction anzunehmen und wie sie grundbuchmäßig zu behandeln ist, unten § 179 Anm. 17 ff. — Vgl. Entwurf des B.G.B. Reichstagsvorl. §§ 943—944 und für Grundstücke 912.

[19]) I. 9 § 14. Gruchot VI. 433. l. 1. 2 pr. D. XLI. 7 § 47 J. II. 1, l. 43 § 5 D. XLVI. 2.

[20]) I. 9 § 16. Strieth. B. 8 S. 181a. Nur der besitzende Eigenthümer einer Sache kann

durch äußere Umstände genöthigt wird, die Sache widerwillig im Stich zu lassen, bleibt ihr Eigenthümer[21]). Ein hilflos verlassenes krankes Thier erwirbt aber auch in diesem Fall, wer es verpflegt und herstellt[22]).

III. Besitznehmung preisgegebener Sachen. Eine Sache preisgeben heißt, sie mit der Absicht auswerfen, daß, wer sie in Besitz nimmt, ihr Eigenthümer werden soll[23]). Ist die Sache jedermann preisgegeben, so ist das nur ein anderer Ausdruck für das Verlassen oder Aufgeben (Derelinquiren) der Sache; die Sache ist dann herrenlos, der Erwerb ist also Okkupation[24]). Die Preisgebung kann aber zum Besten bestimmter Personen erfolgen: dann sind Andere von dem Erwerb ausgeschlossen[25]). Hat dennoch ein solcher die Sache ergriffen, so fordert sie der vorige Eigenthümer von ihm zurück[26]). Diese Klage ist die Vindikation, denn die Preisgebung hat die Sache dem Beklagten gegenüber nicht zur herrenlosen gemacht[27]).

## B. Eigenthumserwerb an fremden Sachen.

### § 175. Der Fund und die Beute.

I. Der Fund[1]). Daß eine Sache, die der Eigenthümer verloren hat[2]), von einem Dritten gefunden wird, kann das Recht des Eigenthümers

---

sie derelinquiren. § 47 J. II. 1. 2 § 1 D. XLI. 7. Pagenstecher II. 126. Hat der Miteigenthümer derelinquirt, so erlangt der Okkupant nur Usukapionsbesitz. l. 4 D. XLI. 7. Wenn der Erwerber nicht weiß, ob die Sache vom Eigenthümer absichtlich verlassen, so gilt sie als gefundene, und es treten die Vorschriften I. 9 §§ 19 fg. ein. Gruchot VI. 434 fg. Von einer Willenserklärung des Derelinquenten gegen einen Dritten handelt es sich in § 16 nicht. Ein Theil der Sache kann nicht derelinquirt werden. l. 3 D. XLI. 7.

21) I. 9 § 17. I. 9 § 8, l. 44. 58 D. XLI. 1, l. 13 pr. D. XLI. 2, l. 2 § 8, l. 8 D. XIV. 2, l. 43 § 11 D. XLVII. 2. Hierher gehört, das, was in Seenoth ausgeworfen ist. Vgl. Strandungsordnung v. 17. Mai 1874 (R.G.Bl. S. 73).

22) I. 9 § 18. Gruchot VI. 439. l. 2 C. VIII. 52.

23) I. 9 § 343. Gruchot VII. 299. Ob der jactus missilium als Dereliktion oder Tradition aufzufassen, ist bestritten.

24) I. 9 § 344.

25) I. 9 §§ 345. 346. In diesem Fall schließt sich das A.L.R. der Traditionstheorie der jactus missilium an. Der Entwurf des B.G.B. hat keine besondere Vorschrift.

26) I. 9 § 347.

27) Koch, Priv.-R. I. 445.

1) I. 9 §§ 19—73. Ausführ.-Ges. z. d. C.P.O. vom 24. März 1879 (G.S. S. 281) § 23. Oesterr.-B. §§ 388 f. Gans in s. Beiträgen z. Revis. der Gesetzgebung, 1830 S. 18. Jur. Zeit. 1835 S. 1063. Arnsb. Arch. B. 11 S. 96. Gruchot VI. 442 ff. — Sell, Versuche im Gebiet des Civilrechts, 1833 Nr. 6. Besonders Delbrück bei Gerber und Jhering III. 1 fg. (1859). Ihm schließen sich an Hillebrand, deutsches Pr.-R. 2. A. 1865 § 51. Schütze im Archiv für prakt. R.-W. N. F. II. S. 154, bes. S. 376 Note 125. Gegen ihn Sintenis I. 488 § 50 Note 4. Windscheid I. § 814 Note 7. Ries, de inventione rerum casu amissarum. Berol. 1869. Gimmerthal im Arch. f. civ. Prax. B. 52 S. 521. Dr. Eck, Dr. Daube und Dr. Bonitz in Verh. des XVI. d. Juristentages B. I. S. 41. 65. 170. 1882. Wenig zutreffend sind die Auseinandersetzungen von Wandersleben bei Gruchot B. 25 S. 872.

2) Ueber den Begriff des Verlierens s. Delbrück S. 19 fg. 25.

nicht ändern, denn das Verlieren entzieht wohl den Gewahrsam, aber nicht das Eigenthum. Darum darf der Finder, wenn er die Sache an sich nimmt, dies nur in der Absicht thun, sie dem Herrn zurückzugeben und für ihn aufzubewahren. Dies ist der Standpunkt des römischen Rechts[3]), und der gleiche Grundsatz ist vom A.L.R. an die Spitze gestellt. „Wer eine verlorene Sache findet, ist dieselbe dem Eigenthümer zurückzugeben schuldig[4]).“ Um den unbekannten Eigenthümer zu ermitteln, wird ein Aufgebotsverfahren vorgeschrieben, das sich an das ältere deutsche Recht anlehnt. Nach diesem nämlich mußte der Fund der Obrigkeit angezeigt werden, die unter Innehaltung bestimmter Fristen ein Aufgebot zu erlassen hatte[5]). Meldete sich der Eigenthümer, so erhielt er die Sache vom Finder zurück, mußte diesem aber ein s. g. Fundgeld, d. h. ein Entgelt dafür, daß er inzwischen die Sache für ihn aufbewahrt habe, entrichten[6]). Meldete sich der Verlierer nicht, so erhielt nach altem sächsischen Recht der Finder $^1/_3$, der Richter $^2/_3$[7]). Ohne auf die mancherlei partikulären Abweichungen, die in Betreff der Fristen, des Fundgeldes und des Antheils an der Sache vorkommen, einzugehen, ist noch zu bemerken, daß anstatt des Richters und Finders hie und da die Ortsarmen oder Anstalten zu milden Zwecken die ganze Sache oder einen Antheil an ihr erhalten sollten[8]). In den gemeinrechtlichen Schriften hat sich die Nothwendigkeit eines Aufgebots bald Anerkennung verschafft[9]), auch wurde vielfach vertheidigt, daß der Finder einen Anspruch auf die Sache habe[10]), aber gegen das Fundgeld eiferten die Romanisten, weil es nicht anständig sei[11]). Zu einem gemeinrechtlichen Abschluß ist die Lehre nicht gelangt[12]), dagegen ist das Fundrecht in den einzelnen Gesetzgebungen weiter entwickelt[13]).

---

[3]) § 48 J. II. 1, l. 67 D. VI. 1, l. 31 § 1 D. XLI. 1, l. 3 § 13 D. XLI. 2. Delbrück S. 6f. Arch. f. pr. R.-W. N. F. III. 55. Auch die Naturrechtslehrer erkannten das Finden nicht als Erwerbsart an. Daries, § 466. Wolff, § 261. Aus der Praxis Seuffert IV. 9. Der Verlierer hat auch eine actio ad exhibendum zum Nachsuchen auf fremdem Grundstück gegen Kautionsleistung. l. 15 D. X. 4. Seuffert IV. 10. 11.

[4]) I. 9 § 19. Ebenso Entwurf des B.G.B. §§ 910ff., II. §§ 880ff., Reichstagsvorlage §§ 949ff.

[5]) Delbrück S. 9fg., wo die Quellenbelege, S. 25f. Das Finden und Aufheben ist ein Inverwahrungnehmen für den unbekannten Eigenthümer und begründet die Pflicht der Ablieferung, ist also mit Recht als negotiorum gestio zu bezeichnen. — Vgl. Entwurf des B.G.B. a. a. O.

[6]) Die Forderung eines Fundgeldes ist vom Schwabensp. (Laßb. 347) verworfen, dem Sachsensp. II. 37 unbekannt, aber im Görlitzer Landr. 47 § 10, Kulmer R. III. 1 c. 2 und sonst anerkannt. Delbrück S. 12.

[7]) Sachsensp. II. 37. Vermehrter Sachsensp. (Ortloff) IV. 9 § 8. Delbr. S. 13.

[8]) Delbrück S. 13. 17. 18.

[9]) Schon bei den italienischen Juristen seit der Glosse heuretra zu l. 43 § 9 de furtis (47. 2). Delbrück S. 14. 17f.

[10]) Delbrück S. 17.

[11]) Im Anschluß an l. 43 § 9 D. XLVII. 2. Delbrück S. 17fg. Anerkannt ist der Anspruch von Voet, Hart, Justin Müller.

[12]) Sintenius und Windscheid a. a. O. Seuffert IV. 9. Arch. f. prakt. R.-W. N. F. B. 3 S. 55. Ersterer verneint auch das Bedürfniß zur Feststellung einer gemeinrechtlichen Theorie.

[13]) Außer dem A.L.R. in §§ 388—394 des österr. G.B. u. a. Delbr. S. 18fg.

Das A.L.R. verpflichtet den Finder, den Fund der nächsten Obrigkeit **anzuzeigen**[14]). Dem Richter sollte ferner die Sache zur **Aufbewahrung** angeboten werden; er sollte sie in Obsicht nehmen, konnte dies aber auch in der Weise **ausführen**, daß er die fernere Aufbewahrung dem Finder anvertraute, wenn dieser unverdächtig und sicher war. Diese Bestimmung ist jetzt aufgehoben[15]). Die Sache bleibt in der Hand des Finders, wenn dieser sich nicht durch Hinterlegung von der Pflicht der Aufbewahrung frei macht. Die dauernde Bewahrung der Sache selbst würde aber bei Gegenständen, die dem Verderben oder der Gefahr ausgesetzt sind, im Werth verringert zu werden oder sich durch die Kosten der Bewahrung oder Erhaltung aufzuzehren, ohne jeden Nutzen sein. Deshalb kann in Fällen dieser Art der öffentliche **Verkauf** der Sache gerichtlich angeordnet werden. Auch diese Anordnung erfolgte früher von Amtswegen, während es jetzt dazu eines Antrages des Finders bedarf. Das Kaufgeld tritt dann an die Stelle der Fundsache[16]). Das Landrecht bezeichnet den Finder, so lange er die Sache

---

[14]) I. 9 §§ 20. 22. Im § 21 wird die Obrigkeit als „Gerichtsobrigkeit" bezeichnet, und es ist nicht zu bezweifeln, daß im Sinne des Landrechts unter dem Ausdruck das Gericht zu verstehen war. Bei der fortschreitenden Trennung der Verwaltung von der Justiz mußte aber in Frage kommen, ob nicht die Polizei an Stelle des Gerichts zu treten habe (vergl. schon Min.-Reskr. v. 12. Oktober 1872. Jahrb. B. 1. S. 260); dies ist jedenfalls zu bejahen, seitdem die Aufbewahrungspflicht des Gerichts beseitigt ist (vgl. die folgende Anm.). So geht denn auch das Reglement des Ministers des Innern, die polizeiliche Behandlung der Fundsachen betreffend, vom 21. April 1882 (M.Bl. f. d. i. Verw. 1882 S. 88) davon aus, daß die §§ 20. 22 von einer Anzeige an die Polizeibehörde sprechen. Sollte die Anzeige — (ohne weiteren Antrag) — jetzt noch bei einem Amtsgericht gemacht werden, so wird sie am richtigsten an die Polizeibehörde abgegeben. Nach Entwurf des B.G.B. Anzeige an den bekannten Empfangsberechtigten, sonst an die Polizeibehörde. Der letztern bedarf es nicht bei geringwerthigen Sachen (unter 3 Mark).

[15]) Sie war enthalten in I. 9 §§ 23 ff. Der Grund, aus dem § 23 Ausführ.-Ges. zur C.P.O. die Vorschrift aufhob, lag in der großen Belästigung der Gerichte durch die Bewahrung meist werthloser Sachen. Wenn das Gesetz sogar das Aufgebot von einem Antrage abhängig machte, bestand kein Anlaß mehr zu dieser für den Finder selbst oft gleich unangenehmen Belästigung. Die Motive des Gesetzes verweisen für den Fall, daß der Finder sich von der Verbindlichkeit, die er gegen den Verlierer dadurch kontrahirt hat, daß er die Sache in seinen Gewahrsam nimmt, befreien will, auf die Hinterlegung. Dem gegenüber ist geltend gemacht, daß die gerichtliche Hinterlegung nicht immer kostenlos erfolgt, und daß viele Finder mit der Sache überhaupt nicht weiter befaßt sein und nur das Gefundene in sichere Hand bringen wollen. Dem hiernach bestehenden Bedürfniß begegnet § 3 des Reglements des Min. des Innern vom 21. April 1882 (vergl. vor. Anm.) durch die Anordnung, daß die Polizeibehörde sich der Verwahrung gefundener Sachen auf Antrag des Finders zu unterziehen hat. Im Falle des Verdachts einer Fundunterschlagung greift ferner die Beschlagnahme nach §§ 94. 98 Str.P.O. ein.

[16]) I. 9 §§ 27. 28. 30. Ausf.G. z. C.P.O. § 23 Abs. 3. Der Entwurf des B.G.B. weist die Anordnungen der Polizeibehörde zu, was gewiß de lege ferenda zweckmäßig ist. — Die auf Erhaltung der Sache verwendeten Auslagen kann der Finder sofort aus dem Kaufgeld entnehmen. Das in der vor. Anm. zitirte Reglement des Ministers des Innern legt den Verkauf der Fundsache, die an die Polizeibehörde abgeliefert ist, in den Fällen des Gesetzes, denen der wohl innerhalb der gesetzlichen Bestimmungen liegende Fall hinzugefügt wird, wenn die Sache nirgend in geeigneter oder sicherer Weise untergebracht werden kann, in die Hand der Polizeibehörde, — ohne Gerichtsanordnung. Das entspricht nicht dem Gesetze, und sowohl der Finder als der Eigen-

unter Beobachtung der landrechtlichen Bestimmungen in seinem Gewahrsam hat, als redlichen, aber unvollständigen Besitzer. Hierin liegt eine Abweichung von dem Begriff des unvollständigen Besitzes, da dieser die Absicht, die Sache für sich selbst zu haben, erfordert, der Finder sie aber für den Eigenthümer bewahrt, mithin eigentlich nur Inhaber sein kann[17]).

Nach der ferneren Vorschrift des Landrechts mußte, wenn es nicht gelang, in den der Anzeige folgenden acht Tagen den Verlierer zu ermitteln, vom Richter in jedem Fall ein öffentliches **Aufgebot** erlassen werden, dessen Fristen und Förmlichkeiten das Gesetz genau vorschrieb. Das Verfahren endete, wenn sich der Verlierer nicht meldete, mit dem Zuschlag an den Finder, oder für den Fall, daß der Werth der gefundenen Sache über 300 Mark beträgt, an den Finder und die Ortsarmenkasse[18]). Diesem Zuschlage war nach dem Wortlaut des Gesetzes die Bedeutung beigelegt, daß der Finder und die Armenkasse dadurch das Eigenthum der Sache erlangten[19]). Das geltende Recht hat das Aufgebot von Amtswegen aufgegeben. Das den Vorschriften der Civilprozeßordnung unterliegende

---

thümer würden Entschädigungsansprüche erheben können, wenn in Folge dessen der Verkauf zu Unrecht in einem Fall stattgefunden hat, in welchem das Gesetz ihn nicht sanktionirt. Auch der nach I. 9 § 19 mit der Pflicht zur Rückgabe an den Eigenthümer belastete Finder — und das ist das erheblichste Bedenken gegen die Bestimmung des Reglements — möchte in solchem Fall nicht von der Verantwortlichkeit gegen den Verlierer frei sein, ebensowenig wie wenn er selbst in einem vom Gesetz nicht gebilligten Fall verkauft hat. Der Gerichtsbeschluß aber entbindet ihn von jeder Verantwortung. Dernburg I. § 232 Anm. 20 folgert die Zulässigkeit eines Verkaufs der Polizeibehörde aus dem Gesichtspunkt der negotiorum gestio und der praktischen Vernunft, der es denn also nicht entspricht, daß das Landrecht den Finder an die Schranken eines Gerichtsbeschlusses gewiesen hat. Gesetze müssen aber befolgt werden, auch wenn sie der praktischen Vernunft eines Auslegers widersprechen, die nicht die Kraft hat, das, was das Gesetz dem Gericht zuschreibt, der Polizei in die Hand zu geben. Die Polizeibehörde oder deren einzelne Beamten würden sich auch weigern, in ihrer Thätigkeit nach dem civilrechtlichen Verhältniß der Geschäftsführung beurtheilt und verantwortlich gemacht zu werden.

17) I. 9 §§ 23—26 in Vergleich mit I. 7 §§ 2. 3. Der Finder hat nicht die Nutzungen. Gruchot B. 6 S. 446.

18) I. 9 §§ 31—48.

19) I. 9 § 49. Ob hierin der Gedanke des Gesetzes zum richtigen Ausdruck gekommen, war streitig. Gans (a. a. O. S. 18) hatte die Bestimmung mit Rücksicht auf die Stellung des Abschnitts in dem Titel von dem unmittelbaren Erwerb getadelt. Bornemann (B. 2 S. 15) legte dem Zuschlag die Bedeutung bei, daß er der letzte Akt derjenigen Operation sei, welche die Hindernisse, die dem Erwerb des Finders entgegen stehen, beseitigen und die Herrenlosigkeit der Sache feststellen sollen, so daß also der Zuschlag den Titel gebe zu dem bereits vorangegangenen, in der Ergreifung liegenden Modus. Koch, Pr.R. I. 466 sah in dem Zuschlag nur den Ausspruch über die Dereliktion, er sei nicht Erwerbsart. Umgekehrt führte Gruchot B. 6 S. 442. 451 aus, das Finden gebe nur Gelegenheit zum Eigenthumserwerb, diesen vermittele der Zuschlag. Förster trat Bornemann in der Weise bei, daß ausgeführt wurde, die Ergreifung gebe dem Finder das Eigenthum erst dann, wenn der Zuschlag hinzukomme, weil der Modus ohne den Titel das Eigenthum nicht geben könne. — Die Entstehung des Miteigenthums der Ortsarmenkasse wurde durch alle diese Erörterungen theoretisch nicht aufgeklärt. — Mit der Annahme der Rechtskraft des Zuschlagserkenntnisses als der Grundlage des Eigenthumserwerbs standen die Spezialbestimmungen der §§ 50 bis 54 in Widerspruch, nach denen eine öffentliche Bekanntmachung des Verlustes seitens des Verlierers die Eigenthum begründende Kraft des Urtheils ausschloß.

Aufgebot setzt den Antrag des Finders voraus[20]), und das Aufgebotsverfahren endet mit dem Ausspruch des Gerichts, daß der unbekannte Verlierer oder Eigenthümer, der sich nicht gemeldet hat mit jedem weiteren Rechte als dem auf Herausgabe des durch den Fund erlangten, zur Zeit der Erhebung des Anspruchs noch vorhandenen Vortheils ausgeschlossen wird. Der landrechtliche Zuschlag der Fundsache ist aufgehoben. Das für den Antragsteller und nur für ihn wirksame Erkenntniß bringt dem Finder, der bisher nach dem Ausdruck des Landrechts unvollständiger Besitzer oder richtiger Inhaber für den unbekannten Verlierer gewesen ist, in die Lage das Eigenthum des Verlierers als erledigt ansehen zu dürfen, er darf jetzt für sich besitzen wollen, und der Entschluß dazu macht ihn, da das Eigenthum ihm gegenüber erledigt ist und er die Sache in seinem Gewahrsam hat, nicht nur zum vollständigen Besitzer, sondern zum Eigenthümer der Sache[21]). Er kann also jetzt rechtlich darüber verfügen. Verschenkt er sie, so hat der sich später

---

20) Ausf.Ges. z. C.P.O. § 23 Abs. 1. Der Ausdruck „Antrag eines Betheiligten" ist gewählt, weil beim Schatz auch der Eigenthümer aufgebotsberechtigt ist. Beim Funde giebt es keinen andern Betheiligten als den Finder selbst. Das Recht der Ortsarmenkasse ist zu einem obligatorischen Anspruch gegen den Finder geworden. Ein selbständiges Recht der Ortsarmenkasse zum Aufgebotsantrag gegen den Willen des Finders läßt sich auch bei Gegenständen im Werthe von über 300 Mark nicht annehmen; überläßt aber der Finder der Ortsarmenkasse die Sache zum Aufgebot, so wird man sie als berechtigt ansehen können, das Aufgebot zu beantragen. — De lege ferenda ist mehrfach (vgl. die oben citirten Aufsätze in den Verhandlungen des deutschen Juristentages) eine Regelung des Fundrechts ohne gerichtliches Aufgebot empfohlen. Dieser Empfehlung ist der Entwurf gefolgt. Eck leitet die Zuläsigkeit eines Eigenthumserwerbs des Finders nach gehöriget polizeilicher Bekanntmachung des Fundes aus dem altdeutschen Rechtsgedanken des Instituts der Verschweigung her. — Ohne gesetzliche Grundlagen sind zur Zeit noch die Aenderungen des mehrfach citirten Reglements des Ministers des Innern vom 21. April 1882, die an eine polizeiliche öffentliche Aufforderung zur Geltendmachung der Rechte bei Gegenständen unter 300 Mark für den Fall, daß der Finder nicht auf Ueberlassung der Sache Anspruch macht, die Folge knüpft, daß der Fundgegenstand versilbert und — zur Kasse der Polizeiverwaltung vereinnahmt wird. Selbstverständlich wird der Verlierer nicht gehindert sein, den Betrag für sich in Anspruch zu nehmen. — Der Entwurf des B.G.B. stattet das polizeiliche Aufgebot mit rechtlichen Folgen aus und macht dadurch ein gerichtliches Aufgebotsverfahren entbehrlich.

21) Diese in den Motiven klar gestellten Bestimmungen des Gesetzes haben mehrfach zu Mißverständnissen Anlaß gegeben. Insbesondere gelangte Dernburg I. § 232 Anm. 16 unter Zustimmung von Bonitz a. a. O. S. 178 zu der Annahme, daß trotz des Ausschlußerkenntnisses eine Regelung des aus dem Funde entspringenden Rechtsverhältnisses niemals eintrete, sondern die Frage, wie im gemeinen Recht, der faktischen Erledigung überlassen sei. Dabei machte D. gegen die Motive geltend, daß das „absolute" Eigenthum nicht dem Verlierer verbleiben und doch dem Finder gegenüber aufgehoben sein könne. Jetzt stellt er sich auf den Standpunkt der Motive, zieht aber daraus die Folgerung, daß der Finder nur geschützten Besitz habe, aber durch Okkupation nicht Eigenthümer werden könne. Er bezeichnet die Auffassung des Textes, daß das Ausschlußantheil die Bedeutung habe, daß der das Aufgebot veranlassende Finder dem Eigenthümer gegenüber, so als ob die Sache herrenlos sei, zur Okkupation berechtigt sei und durch Okkupation Eigenthümer werde, als unjuristisch und giebt selbst als Lösung an, daß sich die Sache thatsächlich erledige, indem der Finder selbständig — (soll das heißen: Rechte des Erwerbers begründend?) — über die Sache verfüge. Der Fall liegt wie bei der Preisgebung, bei der mit der Okkupation das alte Eigenthum aufhört, wenn der Okkupirende zum Kreise derer gehört, für welche die Sache Preis gegeben ist. Oben § 174 Anm. 25.

meldende Verlierer gar kein Recht mehr, im Falle des Verkaufs wird sein obligatorischer Anspruch auf den Erlös beschränkt; aber wenn der Finder die Sache behält, so macht sich das Recht des Verlierers gegen ihn immer noch dahin geltend, daß er sie — nach Deckung der Kosten und des Finderlohns — herausgeben muß. Nur den unbekannten Verlierer oder Eigenthümer trifft übrigens der Ausschluß, ein Finder, der trotz Kenntniß der Person des Verlierers oder Eigenthümers das Aufgebot beantragt hat, soll aus dem Urtheil keinen Vortheil ziehen[22]). Vom Recht eines Finders kann ferner nicht die Rede sein, so lange sich die Sache, wenn auch ohne Wissen des Eigenthümers, im Gewahrsam eines Andern befindet[22a]).

Das Rechtsverhältniß des Verlierers oder Eigenthümers bis zum Ausschlußurtheil regelt sich nach den Grundsätzen vom besseren Recht zum Besitz[23]). Wer nachweisen kann, daß er die in der Hand des Finders befindliche Sache vorher besessen oder auch nur innegehabt und verloren hat, kann den Finder zur Herausgabe nöthigen[24]). Das geschieht, gleichviel ob das Aufgebots-

---

[22]) Vgl. den aufgehobenen § 53 I. 9. Strieth. B. 60 S. 141 (Rehbein I. 823). Der § 23 Ausf.Ges. z. C.P.O. geht in der Benachtheiligung der mala fides mit Recht weiter als das Landrecht, das auch dem gutgläubigen Finder insofern günstiger war, als der Verlierer nur unter besonderen Umständen nach dem Zuschlag das Recht auf Herausgabe der Vortheile des Fundes haben sollte (§§ 52—56). Vgl. Entw. des B.G.B. Reichstagsvorl. § 957 Abs. 1.

[22a]) Der Besitz hat nicht aufgehört, das unmittelbare körperliche Verhältniß zur Sache ist vielmehr festgehalten, wenn Jemand in seinem Zimmer ein Geldstück fallen läßt, auch dann, wenn es ohne sein Wissen unter einen Schrank rollt. Im Rechtssinn liegt dann keine verlorene Sache vor. Auch das, was ein Besucher in solchem Raum liegen läßt, ohne zu wissen, wo, oder der Schmuck, der ihm zur Erde fällt, kann nicht als verloren gelten. Der Inhaber des Zimmers hat die physische Möglichkeit, jeden Andern von der Besitznahme auszuschließen, der Gegenstand ist nicht außerhalb eines Gewahrsams. Nach den oben (§ 157 Anm. 28, § 162 Anm. 5) dargelegten Grundsätzen, kann er, sowie der Gewahrsam ihm bekannt wird, demjenigen gegenüber, der sich eigenmächtig in den Besitz setzt, also auch dem Finder gegenüber seinen Besitzwillen in die Sache legen und die Inbesitznahme hindern. Der Diener, der im Tanzsaal einen aus einem Schmuck gefallenen Diamanten findet, kann hiernach weder das Aufgebot beantragen noch den Lohn beanspruchen. Höchstens kann in Frage kommen, ob der Inhaber des Zimmers selbst als Finder auftreten kann. — Auch an Orten, die Anderen zur Förderung des öffentlichen Verkehrs eröffnet sind, kann derjenige, der den Zutritt eröffnet, dies mit der Maßgabe thun, daß er erklärt, über Gegenstände, die sich dort ohne den Gewahrsam eines Andern finden, selbst den Gewahrsam üben zu wollen, das Aufnehmen und Finden also zu untersagen. Dann handelt es sich für jeden, der unter dieser Bedingung von der Gestattung des Zutritts Gebrauch macht, um Gegenstände, die von ihm nicht gefunden werden können. Wenn z. B. die Aufnahme von Fahrgästen in eine Droschke oder Pferdebahn mit der Bedingung statt findet, daß der Aufgenommene dort nichts finden dürfe, so hat der Besitzer des Wagens dadurch erklärt, daß er alle darin befindlichen Gegenstände, die keinen besonderen Verwahrer haben, in seinen Gewahrsam nehme. Dann kann in dem Wagen weder von aufgenommenen Personen noch vom Angestellten des Wagenbesitzers im Rechtssinn etwas gefunden werden. Ebensowenig findet es der Besitzer des Wagens selbst. Dieser wird aus dem Transportvertrage verpflichtet, die zurückgelassene, von ihm in Verwahrung genommene Sache herauszugeben. Dadurch daß die Sache ohne Wissen des Fahrgasts zur Erde gefallen oder liegen geblieben ist, hat sie den Charakter einer vom Inhaber des Wagens verwahrten und zu verwahrenden, nicht einer verlorenen Sache angenommen. — Vgl. hierzu den Standpunkt des Entwurfs des B.G.B. nach dessen §§ 924—927, Entw. II. §§ 893—897, Reichstagsvorl. §§ 962—967.

[23]) Vgl. oben § 164.

[24]) I. 9 §§ 57—59. § 60, der vorschreibt, daß die Sache bei Zweifeln an der Redlichkeit

verfahren eingeleitet ist oder noch nicht, wenn der Finder die Sache nicht gutwillig herausgiebt, in besonderem Prozeß[25]). Der Finder hat Ersatz der auf die Sache und auf das gerichtliche Aufgebot verwendeten Kosten zu fordern und regelmäßig einen Finderlohn zu beanspruchen, den das Gesetz mit Rücksicht auf den nach Abzug der Kosten verbleibenden Werth der Sache abmißt; wegen dieser Ansprüche kann er die Sache zurückhalten[26]). Bezüglich des Umfangs der Rückgewähr ist hierbei davon auszugehen, daß der Finder als redlicher Inhaber dem Eigenthümer gegenübersteht. Aber wer den Fund über vier Wochen nicht zur amtlichen Anzeige gebracht und also verschwiegen hat, gilt als unredlicher Besitzer, ebenso wie der ein unredlicher Besitzer ist, der den Fund auf Befragen des Verlierers oder eines Anderen in dessen Namen ableugnet[27]). Das Recht auf die Belohnung ist abhängig von der Herausgabe der Sache an den Verlierer oder Eigenthümer und davon, daß die Sache einen die Kosten überschießenden Werth hat. Der Rückempfänger aber ist zur Zahlung des Finderlohns verpflichtet, auch wenn er die Sache nicht selbst verloren hat, sie ihm vielmehr gestohlen und dann von dem Dieb verloren ist[28]). Der Anspruch auf das Fundgeld geht verloren, wenn der Finder die Anzeige des Fundes drei Tage verzögert[29]).

---

des Verlierers bis zur näheren Ermittelung in gerichtlichem Gewahrsam bleiben soll, regelte nicht das Verhältniß des Finders zum Verlierer, ordnete vielmehr eine sich an die amtliche Verwahrung anschließende Beschlagnahme der Sache an, die nach Wegfall der amtlichen Verwahrung nur als Beschlagnahme im Strafverfahren vorkommen kann; § 60 ist durch § 23 Ausf.Ges. zur C.P.O. aufgehoben.

[25]) Auch wenn der Finder die Sache auf Grund des Reglements des Ministers des Innern vom 21. April 1882 (M.Bl. f. d. i. V. S. 105) in polizeiliche Verwahrung gegeben hat, bleibt er dem zur Sache Berechtigten gegenüber passiv legitimirt, sowohl vom Standpunkt der dinglichen Klage aus, als weil man ihn aus der negotiorum gestio dem Berechtigten gegenüber als obligatorisch verpflichtet anzusehen hat. Das Reglement hat der Polizeibehörde eine Kognition über die Legitimation des angeblichen Verlierers oder Eigenthümers nicht einräumen können. Würde die Polizeibehörde die Sache einem Unberechtigten herausgeben, so würde der Finder sich darauf nicht berufen können, daß er statt durch Hinterlegung bei Gericht durch Abgabe der Sache an die Polizei von seiner Pflicht frei geworden sei; der wahre Verlierer könnte ihn mit Recht auf Herausgabe der Sache in Anspruch nehmen. Das Reglement kann also zu sehr mißlichen Verwickelungen führen.

[26]) I. 9 §§ 61—66. Vgl. Entwurf des B.G.B. § 914, Entw. II. § 886, Reichstagsvorl. § 955. Das Reglement v. 21. April 1882 § 9 glaubt den Finder und ebenso den Verlierer oder Eigenthümer auch mit den Kosten der polizeilichen Ermittelungen des Verlierers oder Eigenthümers, insbesondere der polizeilichen Bekanntmachung belasten zu können, — auch hierfür fehlt der gesetzliche Boden; der von Dernburg in Anm. 16 angeführte Gesichtspunkt der vom Geschäftsführer nützlich aufgewendeten Kosten greift nicht durch, weil das Gesetz die Abzüge des Finders in I. 9 § 61 ausdrücklich beschränkt. — Ueber die rechtliche Natur des Finderlohns am besten Eck a. a. O. S. 53. Danach ist er eine dem Honorar des Mandatars, das neben dem Ersatz der Auslagen gefordert werden kann, analoge Belohnung der Mühwaltung.

[27]) I. 9 §§ 71. 72. Die Bestimmung des § 73, nach welcher der Finder, der den Fund auf Befragen des Richters ableugnet, als Dieb zu betrachten sei, ist antiquirt. Von der Fundunterschlagung handelt jetzt § 246 Str.G.B.

[28]) Entsch. B. 22 S. 130 (Rehbein I. 824). Gruchot B. 6 S. 458.

[29]) I. 9 § 70. Entsch. d. Ob.Trib. B. 71 S. 148. Ein J.M.Reskr. v. 4. Juni 1819, Mannkopf, Landr. I. Nachtr. S. 9 und Koch zu §§ 705 ff. nehmen an, daß auf das Ver-

Haben Mehrere die Sache gleichzeitig gefunden und ergriffen, so stehen ihnen die Rechte des Finders gemeinschaftlich zu; auch der Anspruch auf Fundgeld erhöht sich nicht etwa[30]). Ist zwischen mehreren Personen streitig, wer der Finder ist, und kann der eigentliche Finder nach den Grundsätzen über die ursprüngliche Besitznehmung nicht festgestellt werden, so gilt das Finderrecht als ein gemeinschaftliches Recht aller derjenigen, die sich gleichzeitig bestrebt haben, die Sache in Besitz zu nehmen[31]).

Reichsgesetzlich hat das Finden der bei einer Seenoth geborgenen oder sonst besitzlos auf der See oder am Strande angetroffenen und in Verwahrung genommenen Gegenstände eine besondere Regelung erhalten[32]). Dieselben sind dem Strandamt[33]) zur Aufbewahrung zu übergeben, das sie in den Fällen, in denen das Gericht bei gewöhnlichem Funde den Verkauf anordnen kann, öffentlich zu verkaufen befugt ist. Dem Finder gebühren die Bergungskosten und der Bergelohn; und wenn es sich um seetriftige oder aus dem Meeresgrund heraufgebrachte Gegenstände handelt, und der Eigenthümer nicht zu ermitteln ist, auch sich auf ein vom Strandamt erlassenes Aufgebot nicht meldet[34]), werden die Gegenstände selbst dem Finder überwiesen. Das was vom Strande aus oder am Strande geborgen ist, fällt nach fruchtlosem Aufgebot dem Landesfiskus zu.

Ebenso gehört es nach reichsgesetzlicher Bestimmung[35]) zu den besonderen Vorrechten der Post, daß der Inhalt oder Betrag unbestellbarer Sendungen und die in der Post zurückgelassenen Passagiereffekten, die nicht bekannten Personen zurückgegeben werden können, ohne daß ein Aufgebot vorgeschrieben wäre, von der Postbehörde versilbert und demnächst nach Deckung des Portos und sonstiger Kosten zur Postarmen- oder Unterstützungskasse vereinnahmt werden, vorbehaltlich des Rechts des nachmals ermittelten Eigenthümers auf Wiederauszahlung des Erlöses ohne Zinsen.

Endlich ist in der vom Bundesrath „in Ausführung des Art. 45 der Reichsverfassung" erlassenen Verkehrsordnung bestimmt[36]), daß die im örtlichen Bezirk der Bahnverwaltung oder in den Wagen zurückgelassenen Gegenstände von der Bahnverwaltung drei Monate zur Disposition der

---

zögern der Anzeige der Verlust aller Rechte des Finders als Strafe gesetzt sei, und Koch zu § 102 I. 9 will dann nach einer Analogie der §§ 85. 88 I. 9 die Finderrechte dem Fiskus übertragen. Dazu giebt das Gesetz keinen Anlaß und kein Recht.

30) I. 9 §§ 67. 69. Gruchot B. 6 S. 459.

31) I. 9 § 68.

32) Strandungsordnung v. 17. Mai 1874 (R.G.Bl. S. 73). Stobbe (Lehmann) II. § 131 unter III.

33) Im Falle der Bergung aus Seenoth konkurrirt die Zollbehörde. Strand.O. § 14.

34) Ein Ausschlußurtheil wird nicht erlassen.

35) Gesetz über das Postwesen des deutschen Reichs vom 28. Oktober 1871 (R.G.Bl. S. 347).

36) § 33 des Eisenbahnbetriebsreglements vom 10. Juni 1870 (B.G.Bl. S. 419) und § 33 des Eisenbahnbetriebsreglements vom 11. Mai 1874. Jetzt Verkehrsordnung für die Eisenbahnen Deutschlands vom 15. Nov. 1892, R.G.Bl. S. 922. Vgl. hierzu die Bemerkungen in Anm. 22.

Berechtigten aufzubewahren sind, und daß Sachen, deren Verderben zu befürchten ist, von der Bahnverwaltung bestmöglich verkauft werden, der Erlös aber in der angegebenen Weise zu bewahren ist. Im Uebrigen ist auf die landesgesetzlichen Vorschriften verwiesen[37]).

Der Schatzfund[38]) wird vom A.L.R. besonders geordnet, aber auch bezüglich dieses Instituts bestehen die landrechtlichen Bestimmungen nicht mehr unverändert. Ein Schatz ist diejenige bewegliche Sache von „einigem Werth", welche über oder unter der Erde verborgen liegt und deren Eigenthümer unbekannt ist[39]). Wesentlich ist also, daß eine werthvolle Sache verborgen liegt, und daß, wer ihr Eigenthümer sei, nicht ausgemittelt werden kann[40]). Solange die Unerforschbarkeit des Eigenthümers nicht feststeht, oder wenn seine Person nicht zweifelhaft ist oder doch leicht entdeckt werden kann, oder wenn die Sache offen daliegt, ist sie trotz großen Werths im rechtlichen Sinne nicht Schatz[41]). Auch s. g. Naturschätze in der Erde fallen nicht unter diesen Begriff[42]). Wenn aber eine werthvolle Sache verborgen worden ist und ihre Beschaffenheit ergiebt, daß sie schon seit 100 Jahren verborgen gewesen, so gilt sie ohne Weiteres, sonst nur

---

[37]) Erst in der Fassung des Reglements von 1874. Das Reglement von 1870 verwies lediglich auf die bei den einzelnen Bahnen bestehenden Bestimmungen. Schon die älteren Betriebsreglements der einzelnen Bahnen hatten weitergehende Rechte der Eisenbahnen in Anspruch genommen, ebenso ein Erlaß des Handelsministers vom 21. Juni 1859 (Min.Bl. f. d. i. V. S. 183). Diese weiter gehenden Ansprüche sind durch die Reichsreglements nicht legalisirt. Die Praxis der Eisenbahnverwaltungen, welche weiter gehende Rechte in Anspruch nimmt, ist ohne gesetzliche Grundlage. Vgl. Eck a. a. O. S. 50.

[38]) I. 9 §§ 74—106. Ausf.Ges. z. C.P.O. § 23. Gans in v. Kamptz Jahrb. B. 41 S. 3. Gruchot B. 6 S. 567fg. — Sell, Versuche I. Nr. 3. 4. Pagenstecher II. S. 81fg. Gimmerthal im Arch. f. civil. Pr. B. 51 S. 63. F. André, Die Lehre vom Schatz. 1884. Im Uebrigen vgl. die Litteraturangaben in Anm. 1. Der Schatz ist nicht Accession des Grundstücks oder der Sache, in welcher er entdeckt wird, sondern bleibt eine selbständige Sache. Vgl. Entwurf des B.G.B. § 928, Entw. II. § 898, Reichstagsvorlage § 968.

[39]) I. 9 § 74. Oesterreich. G.B. §§ 389f. l. 31 § 1 D. XLI. 1 vetus quaedam depositio pecuniae, cujus non extat memoria, ut jam dominum non habeat; oder l. un. C. X. 15 condita ab ignotis dominis tempore vetustiori mobilia. Delbrück a. a. O. S. 20f. Wochenbl. f. merkw. Rechtsf. 1862 S. 91. Die Streitfrage, ob in beweglichen Sachen ein Schatz gefunden werden kann, ist zu bejahen, wenn sonst die Voraussetzungen des Schatzbegriffs zutreffen. Keine Stelle im röm. R. spricht dagegen, auch nicht § 74 für das preuß. R. S. Sell a. a. O. S. 145fg. Pagenstecher S. 88fg. Windscheid I. § 184 Note 11. Dagegen sind Böcking und Puchta. Bornemann II. 24f. und Gruchot B. 6 S. 571fg. verneinen für preußische R. Dernburg I. § 233 bejaht wegen Gleichheit des Grundes.

[40]) Es muß aus den Umständen erhellen, daß die Sache von einer Person, die nicht mehr zu ermitteln ist, verborgen worden; condita ab ignotis dominis. Daher kann eine zufällig verschüttete Sache nicht als Schatz angesehen werden. I. 9 § 74 drückt dies nicht scharf aus, insofern er von „verborgen" liegen spricht: in der That wird aber auch die Art und Weise, wie etwas verborgen worden, selten klar ermittelt werden können.

[41]) I. 9 §§ 74. 81. 104.

[42]) I. 9 § 106. Z. B. auch nicht werthvolle Versteinerungen, Gerippe urweltlicher Thiere. Gruchot a. a. O. S. 573.

nach einem Aufgebot als Schatz[43]). In jedem Fall muß, wer die Sache findet, der Obrigkeit innerhalb vier Wochen Anzeige machen[44]).

Das Landrecht befaßte sodann den Richter von Amtswegen mit der Prüfung, ob noch eine Erforschung des Eigenthümers durch Aufgebot nöthig ist, und ließ bejahenden Falls das Aufgebot auch in diesem Fall, wie bei dem gewöhnlichen Fund, von Amtswegen stattfinden[45]). Auch diese richterliche Thätigkeit von Amtswegen ist beseitigt. Der Schatz bleibt in der Hand des Finders, und diesem und den sonstigen Interessenten am Schatzfunde, die sogleich näher zu bezeichnen sein werden, bleibt die Erwägung überlassen, ob sie ein Aufgebot für nöthig halten. Berechtigt zum Antrage ist jeder Betheiligte[46]). Für das Aufgebotsverfahren und den Inhalt des Ausschlußurtheils gelten dieselben Bestimmungen wie beim Funde. Tritt ein Eigenthumsprätendent bezüglich des Schatzes hervor, so muß er sein Eigenthum begründen und erweisen[47]). Als Gegner stehen ihm alle diejenigen gegenüber, denen der als solcher festgestellte Schatz zu eigen zufallen würde.

Bleibt der Eigenthümer unbekannt, so gehört der Schatz demjenigen, der ihn auf *seinem* Grundstück gefunden hat[48]), sofern er nicht aus Sachen besteht, die dem Privatverkehr entzogen sind[49]). Ist er auf einem *fremden Grundstück ohne absichtliches Nachsuchen* durch Fremde, oder durch Dienst- und Arbeitsleute des Grundbesitzers entdeckt, so erwirbt $1/2$ der Finder, $1/2$ der Grundeigenthümer[50]). Hat dieser das Nachsuchen einem Andern gestattet, so entscheidet über ihre beiderseitigen Antheile

---

43) I. 9 §§ 79. 80.

44) I. 9 § 75. Vgl. oben Anm. 14.

45) I. 9 §§ 76. 80.

46) Ausf.Ges. z. C.P.O. § 23.

47) I. 9 §§ 76—78. Der landrechtliche Ausdruck „vollständig erwiesen" stand schon nach früherem Recht der Auflegung eines Erfüllungseides nicht entgegen. *Strieth.* B. 47 S. 238.

48) Ueber den Begriff des Finders vgl. Entsch. B. 54 S. 103. *Strieth.* B. 57 S. 323. *Rehbein* I. 825. Eines Zuschlags bedurfte es auch nach früherem Recht nicht. *Bornemann* II. 20. Ebenso wenig bedarf es jetzt eines erneuten Apprehensionsaktes nach dem etwa ausgewirkten Ausschlußurtheil.

49) I. 9 § 81. — § 39 J. II. 1. l. un. C. X. 15.

50) I. 9 §§ 82. 83. — § 39 J. II. 1. l. 63 § 3 D. XLI. 1, l. un. X. C. 15. *Berger*, Oecon. jur. II. 11 th. 12. *Kind*, Quaest. for. II. 82 ed. 2. Ueber das Entdecken einzelner Bruchstücke eines Schatzes zu verschiedenen Zeiten s. *Pagenstecher* II. 81 Note 2. Der Entdecker ist der Finder, wenn er den Schatz auch nicht aufgehoben hat. *Bornemann* II. 22. Vgl. Anm. 48. — Nach der richtigen Ansicht erwirbt der Grundeigenthümer seine Hälfte ipso jure, nicht durch Tradition vom Finder, und es bedarf nicht der Besitzergreifung. S. oben § 172 Note 20. *Seuffert* XI. 15. *Sell* I. Nr. 4 § 4. *Schmid*, Handb. I. 66. *Pagenstecher* II. 88. *Windscheid* § 184 Note 10. l. 3 § 10 D. XLIX. 14, l. 63 D. XLI. 1. Auch für ihn bedurfte es vom Standpunkt des Landrechts des Zuschlags nicht. Vergl. *Gruchot* a. a. O. S. 579. Ebenso ist gegenwärtig anzunehmen, daß der Grundeigenthümer nicht etwa bloß einen obligatorischen Anspruch gegen den Finder hat, wie beim gewöhnlichen Funde die Ortsarmenkasse. Daher macht sich der Finder der Unterschlagung schuldig, wenn er den ganzen Schatz oder mehr als die ihm erworbene Hälfte bei Seite schafft. S. Entsch. 30 S. 359, wo jedoch die Unterschlagung darauf gegründet ist, daß der Grundeigenthümer *Inhaber* des Schatzes gewesen.

ihr Abkommen, im Zweifel wird gleich getheilt[51]). Wird ohne Bewilligung des Grundeigenthümers von einem Dritten nach einem Schatze gesucht, so gewinnt nicht dieser, sondern an seiner Stelle der Fiskus die Hälfte[52]). Gleiches gilt von dem, der mit unerlaubten Mitteln, unter Gaukeleien und gegen Polizeigesetze nachsucht[53]). Der Finder auf fremdem Boden ist verpflichtet, dem Grundbesitzer und Fiskus eidlich den Schatz anzugeben[54]).

Miteigenthümer des Grundstücks erwerben den Schatz oder die Hälfte davon nach Verhältniß ihrer Antheile. Hat einer der Miteigenthümer ihn gefunden, so erhält er noch die Hälfte des Finders[55]). Bei dem s. g. getheilten Eigenthum hat nicht der Obereigenthümer, sondern der nutzbare, also der Besitzer des Lehns und Fideikommisses das Recht des Eigenthümers am Schatz[56]). Wird der Schatz auf der Grenze gefunden, so erhält jeder der Nachbarn die Hälfte ohne Rücksicht darauf, ob der Grund des einen oder anderen mehr oder weniger von ihm berührt worden[57]). Das entscheidet eine gemeinrechtliche Kontroverse[58]). Wer dingliche Nutzungsrechte an dem Grundstück hat, der Nießbraucher, Pächter erwirbt den Schatz nicht, wenn er nicht als Finder seinen Anspruch hat[59]); jedoch hat der Eigenthümer eines auf fremdem Grund und Boden stehenden Gebäudes an dem über der Erde gefundenen Schatz die Rechte des Eigenthümers[60]). Der Käufer des Grundstücks erwirbt nicht den vor der Uebergabe gefundenen Schatz, aber es gebührt ihm der Nutzen und also auch der Schatz von dem Moment, wo die Gefahr der Sache auf ihn übergegangen. Wußte er bei dem Kaufabschluß, daß in dem Grundstück ein Schatz liege, und verschwieg es dem Verkäufer, so hat er nur den Antheil des Finders[61]).

Der fremde Entdecker eines Schatzes, der die Anzeige bei Gericht unter-

---

[51]) I. 9 § 84. Verschieden von dem Gestatten ist das Auftragen, nach einem Schatz zu suchen. Im letzteren Fall erwirbt der Grundeigenthümer ihn ganz. Gruchot B. 6 S. 583.

[52]) I. 9 § 85. Die fiskalische Hälfte kennt das röm. Recht nicht. l. un. C. X. 15.

[53]) I. 9 §§ 86—88. l. un. C. X. 15.

[54]) I. 9 § 89. Carpzov, def. p. II. c. 53 def. 8 §§ 1. 2. Vgl. Entsch. B. 54 S. 43. Die Bestimmung steht nach § 16 Nr. 3 Einf.Ges. z. C.P.O. vom 30. Jan. 1877 in dauernder Geltung.

[55]) I. 9 §§ 90. 93.

[56]) I. 9 §§ 94. 95. 96. Im Anschluß an die damalige gemeinrechtliche Praxis. S. die Nachweisungen bei Gruchot B. 6 S. 588.

[57]) I. 9 §§ 91—93.

[58]) Vgl. Leyser, Med. bei Gruchot B. 6 S. 587.

[59]) I. 9 § 97, I. 21 § 41. Auch im Anschluß an die damalige Praxis, Gruchot B. 6 S. 589. Ueber den redlichen Besitzer des Grundstücks, in welchem der Schatz entdeckt wird, s. oben § 165 Anm. 10. Gruchot B. 5 S. 515.

[60]) I. 9 § 98.

[61]) I. 9 §§ 99—101. Oben B. I. § 108 Anm. 42, B. II. § 125 Anm. 94. Gruchot B. 6 S. 590 f. Es war gemeinrechtlich streitig. Die Vorschrift in I. 9 § 101 moralisirt zum Schaden der juristischen Konsequenz. Pagenstecher S. 87. Gruchot B. 6 S. 593.

läßt, verliert sein Finderrecht[62]). Der Entdecker auf eigenem Grunde aber muß eine Geldstrafe bis zur Hälfte seines Antheils entrichten[63]).

II. Die Beute. Gegenstand des völkerrechtlich zugelassenen und deshalb eigentlich nicht durch privatrechtliche Bestimmungen zu regelnden Beuterechts[63a]) sind bewegliche Sachen, die sich bei dem feindlichen Heere oder bei den unter den Waffen befindlichen Feinden, deren Marketendern oder Lieferanten befinden und nicht zu den dem Staat vorbehaltenen Kriegs- und Mundvorräthen gehören[64]). An solchen Sachen erwirbt derjenige das Eigenthum, der sie „mit Erlaubniß des Staats" in Besitz nimmt[65]). Das Eigenthum feindlicher Unterthanen, die nicht zum Heere gehören und ihm nicht folgen, darf nur mit ausdrücklicher Erlaubniß des Befehlshabers der Truppen erbeutet werden[66]). Das ist Plünderung. Seebeute ist nach neuerem Recht den Privatpersonen versagt; die Kaperei ist abgeschafft[67]). Das den Königl. Kriegsfahrzeugen, jetzt der Reichsmarine zustehende Recht, feindliche Schiffe aufzubringen und Prisen zu machen, gehört nicht in das Gebiet des Privatrechts[68]).

Was der Feind erbeutet, verliert der Eigenthümer erst, wenn es jener so in Sicherheit gebracht hat, daß er nicht mehr von den diesseitigen Truppen verfolgt wird[69]). Wird ihm durch diese die Beute wieder abgenommen, so ist dem vorigen Eigenthümer seine Sache gegen eine billige Belohnung an

---

62) In diesem Fall kommt nach dem aus § 103 hervorgehenden Gedanken des Gesetzes die Hälfte des Entdeckers an den Fiskus. Entsch. B. 30 S. 421. Anderer Ansicht Förster in der fr. Aufl. mit Hundrich in der jur. Wochenschrift 1841 Sp. 75f. Vergl. auch Bornemann II. 20.

63) I. 9 §§ 102. 103. Die Strafvorschrift des § 103 ist in dauernder Geltung. Vgl. Entsch. B. 29 S. 473.

63a) Im Entwurf des B.G.B. fehlen deshalb Vorschriften.

64) I. 9 §§ 195. 196. 198. Strieth. B. 82 S. 166. Gans, Beiträge S. 155f. Heffter, Völkerrecht, 5. A. § 135 S. 242. Gruchot B. 7 S. 82fg. § 17 J. II. 1.

65) I. 9 §§ 193. 194. Die Praxis — Entsch. B. 53 S. 49f. Strieth. B. 53 S. 316 (Rehbein I. 847). — sieht in den hervorgehobenen Worten nichts anderes, als das Anerkenntniß der Geltung des objektiven Rechtssatzes, daß der Soldat das Recht hat, in dem angegebenen Umfang Beute zu machen. Die fr. Aufl. verlangen eine besondere Erlaubniß des militärischen Befehlshabers. S. auch R. Koch in der deutsch. Ger.-Z. 1866 Heft. 2 S. 168.

66) I. 9 § 197. Mevius, Comm. in j. Lubec. III. 1 art. 10 Nr. 11. 12, abgedruckt bei Gruchot B. 7 S. 84. S. auch Struben, Rechtl. Bedenken II. 20. Nach heutigem Völkerrecht ist ein Beuterecht gegen feindliche Privatpersonen nicht begründet. Heffter a. a. O. S. 243 Note 1.

67) V. v. 12. Juni 1856 (G.S. S. 186).

68) Vgl. F. Perels, Das internationale öffentliche Seerecht der Gegenwart. S. 202ff. S. 300. 310ff. Ferner Prisenreglement vom 20. Juni 1864, G.S. S. 369f. und dazu die Verhandlungen des Abgeordnetenhauses im Jahre 1865 (Stenographische Berichte B. 3 S. 2069), die mit dem Beschluß S. 2086 endigten, daß die V.O. v. 20. Juni 1864 wegen ermangelnder Zustimmung beider Häuser des Landtags für rechtsungiltig zu erklären sei. Der sehr ausführliche Kommissionsbericht befindet sich B. 5 S. 615fg. Ueber Kriegskontrebande (§§ 216—219 d. T.). Perels a. a. O. S. 253ff. Ueber Blokade: R.O.H.G. B. 8 S. 289.

69) I. 9 §§ 201. 202. Gruchot B. 7 S. 85. Heffter § 136. Die Ansicht des A.L.R. entspricht der gemeinrechtlichen. A. M. Gesterding S. 107fg.

die Truppen zurückzugeben[70]). Meldet sich der vorige Eigenthümer nicht, so behält sie derjenige, der sie dem Feinde abgenommen hat[71]). Hat der Feind seine Beute veräußert oder verschenkt, so steht dem vorigen Eigenthümer gegen den Besitzer ein Rückforderungsrecht zu, im ersteren Fall gegen Erstattung des Gezahlten[72]).

## § 176. Verbindungen und Arbeitserzeugnisse.

I. Unter die Kategorie der „An- und Zuwüchse" hat das A.L.R. auch die Fälle gerechnet, wo fremde Materialien mit eigenen oder fremden verbunden (vermengt, vermischt) werden[1]). Es handelt sich hierbei um Verbindungen, die durch eine mechanische Thätigkeit herbeigeführt werden (adjunctiones), und die auch nach römischem Recht unter den Begriff der Accession fallen. Das A.L.R. weicht aber in der Durchführung des Einzelnen wesentlich vom römischen Recht ab.

Bei den mechanischen Verbindungen kommt es darauf an, ob sie ohne wesentliche Veränderung wieder gelöst werden können[2]). Ist die Sonderung möglich, so tritt ein Eigenthumswechsel nicht ein; jeder behält das Eigenthum seines Stoffs. Können aber die Stoffe nicht gesondert werden, so muß

---

70) I. 9 § 203. Mevius, Jus Lubec l. c. Nr. 14. 15 bei Gruchot B. 7 S. 86 abgedruckt. Von Seeprisen handelt §§ 208. 210 d. T. u. § 10 des Prisenreglements v. 20. Juni 1864. Vgl. dazu Perels a. a. O. S. 210.

71) I. 9 § 204.

72) I. 9 §§ 199. 200. Hierüber s. das Reskr. des Ostpreuß. Provinz-Dep. v. 6. Mai 1808 bei Matthis VII. 282. Rabe IX. 195 und in den Erg. zu § 199 und dagegen Gesetzrevis. XII. 105. Bornemann II. 28. Koch, Pr.R. I. 452 Note 10. Der frühere Eigenthümer vindizirt die Sache von dem, der sie vom Feinde erworben hat und als redlicher Besitzer zu erachten ist. Von einem Wiederkauf kann nicht die Rede sein. — l. 11 § 4 D. XLIV. 1.

1) I. 9 § 398 fg. Vgl. besonders die ausführlichen Glossen von Gruchot B. 7 S. 259 ff. Dernburg I. § 235. Windscheid I. § 187. Fitting, Arch. f. civ. Praxis B. 47 S. 1 und in der weiteren Folge Bechmann, Zur Lehre vom Eigenthumserwerb durch Accession. Bremer, Krit. Vierteljahrschr. B. 10 S. 1. Von der Verbindung der Stoffe ist die Verarbeitung des Stoffs zu unterscheiden, und das A.L.R. unterscheidet auch beides (s. I. 9 § 304). Die Verbindung ist Accession, sie kann auch Arbeit sein, aber nicht Verarbeitung, und die Verarbeitung an sich (Spezifikation) ist nicht Accession. Freilich kann und wird oft mit der Verarbeitung eine Verbindung von Stoffen zusammentreffen; dann aber entscheidet rechtlich der Gesichtspunkt der Verarbeitung, das dadurch hervorgerufene Verhältniß. Windscheid I. §§ 187. 189a.

2) I. 9 § 298. Soweit stimmt das A.L.R. mit dem römischen Recht, welches auch von der Trennbarkeit oder Untrennbarkeit der Stoffe die Entscheidung abhängig macht, ob das Eigenthum an dem einzelnen Stoffe bleibt, oder sich ändert. Verbundene Stoffe sind untrennbar, wenn die Absonderung undurchführbar ist, weil die vermischten Stoffe gegen einander ihre Individualität eingebüßt haben (Getreide, Geld), § 28 J. II. 1, l. 5 pr. D. VI. 1. Welche Stoffe wieder geschieden werden können, lehrt die Chemie. Vieles ist jetzt scheidbar, was sonst nicht geschieden werden konnte. Das Landrecht giebt keine Andeutung, daß eine Trennbarkeit, die nur mit übermäßigen, z. B. den Sachwerth übersteigenden Kosten ins Werk zu setzen wäre, der Unmöglichkeit einer Sonderung gleich stehen solle; doch scheint hierbei das vernünftige praktische Ermessen des Gerichts nicht ausgeschlossen. Auch eine physisch trennbare Sache kann übrigens juristisch untrennbar sein, wie im röm. Recht tignum junctum.

eine Veränderung des Eigenthums in einer von drei Möglichkeiten eintreten: entweder entsteht ein Alleineigenthum des Eigenthümers eines der Stoffe, oder dessen, der durch ihre Verbindung das neue Ganze hervorgebracht hat, oder es wird ein Miteigenthum an diesem Ganzen erzeugt. Das römische Recht entscheidet zwischen diesen Möglichkeiten dahin, daß derjenige Eigenthümer des Ganzen wird, dem der bedeutendste Stoff gehört, und daß Miteigenthum entsteht, wenn von den verbundenen Stoffen keiner der bedeutendste ist[3]). Das A.L.R. begnügt sich nicht mit diesem Prinzipe, sondern läßt ein Wahlrecht desjenigen eingreifen, ohne dessen Willen die Verbindung erfolgt ist[4]).

Nach den Bestimmungen des Landrechts kommt es zunächst darauf an, ob die Verbindung arglistiger Weise, d. h. mit der Absicht, sich durch den Schaden des Andern zu bereichern, bewirkt worden ist[5]). In diesem Fall

---

[3]) §§ 26. 33. 34 J. II. 1, l. 23 §§ 3. 5 D. VI. 1, l. 9 §§ 1. 2 D. XLI. 1. — l. 3 § 2, l. 5 § 1 D. VI. 1, l. 27 § 2 D. XLI. 1. — Das Eigenthum an der Hauptsache zieht das Eigenthum an der Nebensache an sich; ist kein Stoff Hauptsache, so entsteht Miteigenthum. Aber wie bestimmt sich der Begriff der Hauptsache? utra utrius materiae sit accessio, visu atque usu rei, consuetudine patrisfamilias aestimandum est. l. 29 § 1 D. XXXIV. 2. Das Corpus juris enthält viele erläuternde Beispiele, vgl. Windscheid I. § 189 Note 6. Die untrennbare Verbindung von Stoffen ist aber nur dann Grund einer Veränderung des Eigenthums, wenn wenigstens ein Stoffeigenthümer die Verbindung nicht gewollt oder gewußt hat. Ist sie von allen Seiten beabsichtigt, so ist die Tradition der Grund des Erwerbes. § 27 J. II. 1, l. 7 § 8 D. XLI. 1. Gruchot B. 7 S. 265. Vgl. Entwurf des B.G.B. I. § 829, II. § 863, Reichstagsvorl. § 932.

[4]) Gruchot B. 7 S. 264: „Das A.L.R. will in erster Linie nicht die Sache, sondern die dabei thätig gewesenen Personen, das Recht oder Unrecht ihrer Handlungsweise in Betracht gezogen wissen .... Auf diese Weise wird die ganze Sache gewissermaßen aus der Lehre vom Eigenthumserwerb in das Obligationenrecht hinübergespielt.“ Uebrigens muß bemerkt werden, daß dieser Gesichtspunkt von der damaligen gemeinrechtlichen Doktrin den Redaktoren des A.L.R. entgegengebracht worden ist, und eine Anknüpfung an das römische Recht insoweit hat, als nur der bona fide Spezifizirende Eigenthum an der neuen Sache erwirbt, und Adjunktion und Spezifikation sich doch sehr nahe berühren, ja oft in einander übergehen. Das Wahlrecht ist aber dem A.L.R. und dem österr. G.B. § 415 eigenthümlich. Ueber die bona fides s. Donellus IV. 12 § 4. Vinnius ad § 25 J. II. 1. Nr. 2. Berger, Oecon. II. 2, 1. 6 Not. 1 (bei Gruchot B. 7 S. 272) und unten bei Note 7. 16. Nach sächs. G.B. § 247 erwirbt der Eigenthümer der Hauptsache die Nebensache, anderenfalls entsteht Miteigenthum. Auch nach preußischem Recht kann man sich der Erörterung nicht entziehen, wer bis zur Entscheidung der Frage, ob dem einen oder andern Betheiligten die Wahl zusteht, und bis zur wirklichen Wahl als Eigenthümer der Sache anzusehen ist. Dernburg I. § 235 Anm. 10 sieht den „dominirenden“ Gedanken des Landrechts darin, daß zunächst das Eigenthum demjenigen zustehe, der die größte Werthquote beigetragen hat, und bei Zweifel hierüber dem passiven Theil, nimmt also an, daß dieser eine rein obligatorische Verpflichtung gegen den andern Theil habe. Dieser dominirende Gedanke hat aber, wie er zugesteht, im Landrecht keinen Ausdruck gefunden und seine Annahme erscheint willkürlich. Man kann die Vorschriften des Landrechts nur mit Koch zu I. 9 § 308 (vgl. Prozeßpraxis S. 227) als Auseinandersetzungsvorschriften auf der Grundlage eines zunächst eintretenden Miteigenthums auffassen; aber die Wirkung der Auseinandersetzung ist vom Gesetz schon an die Wahl geknüpft, insbesondere entsteht mit der Wahl das Alleineigenthum des einen oder andern Theils, ohne daß es einer weiteren Erwerbshandlung bedarf.

[5]) I. 9 § 299. Zu beachten ist, daß nur dolus, nicht schon culpa die Grenze beider Fälle bildet. Es kommt nicht auf Betrug in strafrechtlichem Sinne, sondern darauf an, daß der Spezifikant mit dem Bewußtsein der Schädigung des Andern die Absicht verbindet, den eigenen Vortheil zu befördern. R.G. bei Gruchot B. 28 S. 451.

hat der Benachtheiligte die Wahl, entweder gegen eine dem Fiskus zufallende, nach dem niedrigsten Satz berechnete Vergütigung des Arbeitslohnes und des Werths des ihm fremden verbundenen Stoffs das neue Ganze zu nehmen, oder es dem Andern zu überlassen und von diesem den höchsten Werth, den der ihm entzogene Stoff in der Zeit zwischen der widerrechtlichen Anmaßung und der Klagezustellung gehabt hat, zu verlangen [6]. Daneben bleibt ihm der Anspruch auf Ersatz des Schadens und entgangenen Gewinnes [7].

Ist die Verbindung ohne Arglist herbeigeführt, so wird geprüft, welchem von beiden der beträchtlichste Stoffantheil an dem Ganzen zustehe. Hat der Verbindende selbst den größeren Antheil, so behält er das Ganze, erstattet dem Andern das Material nach dem höchsten Preise zur Zeit der Verbindung und leistet auch sonst vollständigen Ersatz [8]. Hat der Andere den größeren Antheil, so behält er entweder das Ganze und vergütet dem Verbindenden dessen Stoffantheil nach dem gemeinen Werthe zur Zeit der Verbindung, aber nicht mehr als den Werth der Verbesserung; oder er überläßt das Ganze dem Verbindenden, und dann wird ihm von diesem sein Material und Schaden nach dem höchsten Preise und vollständig ersetzt [9]. Bleibt die Größe des Materialantheils zweifelhaft, so hat derjenige, ohne dessen Zuthun die Verbindung erfolgt, dasselbe Wahlrecht [10].

Die Auseinandersetzung kann sich endlich noch dadurch verwickeln, daß ein Dritter die Materialien mehrerer Personen unter einander oder mit den seinigen verbunden und vermengt hat. Den mehreren Eigenthümern gegenüber bleibt der Verbindende in derselben Lage, wie Einem gegenüber [11]; aber die Interessen der mehreren Eigenthümer unter einander müssen noch ausgeglichen werden. Ihr Wahlrecht dem Verbindenden gegenüber wird von demjenigen, der den beträchtlichsten Antheil am Material hat, ausgeübt; entscheidet dies nicht, so wird der Wahlberechtigte durch das Loos bestimmt [12]. Ferner entscheidet sich bei der Verbindung ungleichartiger Materialien, wer

---

6) I. 9 §§ 299—302. Der Anspruch des Fiskus ist ex lege, er leitet sich nicht von dem Beschädiger ab. Gruchot VII. S. 275. Der Beschädigte hat gegen den Verbindenden nicht erst einen Anspruch geltend zu machen. Strieth. B. 80 S. 299. Er erwirbt das neue Ganze, wenn er es nehmen will, nicht erst durch Tradition vom Arbeiter. Gruchot S. 273 fg.

7) I. 8 § 303. Auch im römischen Recht wird der Entschädigungsanspruch nicht verkannt, l. 23 § 5 D. VI. 1 in factum wird geklagt, oder mit einer utilis rei vindicatio, mit welcher der Werthsatz gefordert wird, so in l. 5 § 3 eod., l. 9 § 2 D. XLI. 1, §§ 26. 34 J. II. 1. Jacobi, Nützl. Verw. S. 99 Note 25. Selbst derjenige, der die Verbindung bona fide vorgenommen hat, und weil sein Stoff nicht die Hauptsache ist, das Eigenthum an den Andern verliert, hat Ersatzanspruch und Retention, l. 23 § 4 D. VI. 1, nur keine Klage. l. 33 D. XII. 6, l. 14 D. XLIV. 4, l. 14 § 1 D. X. Windscheid I. § 190. Aber das röm. R. läßt diesen Ersatzanspruch nicht den leitenden Gesichtspunkt für die ganze Lehre sein.

8) I. 9 §§ 312. 313.

9) I. 9 §§ 307—311.

10) I. 9 § 314.

11) I. 9 § 315.

12) I. 9 §§ 316. 317.

das Ganze behalten soll, entweder nach dem größeren Werth des Antheils oder durch das Loos mit Abfindung der Andern[13]). Sind gleichartige Materialien verbunden, so werden die Betheiligten Miteigenthümer des Ganzen[14]).

II. Die Verarbeitung fremden Stoffs bringt diesen in eine neue Form oder Gestalt: ex materia fit nova species (Specifikation)[15]). Ueber die Frage, wer das Eigenthum an der nova species erwerbe, stritten sich die römischen Juristenschulen und im justinianischen Rechte wurde der Streit durch Annahme einer Mittelmeinung entschieden. Die Extreme waren: die neue Sache gehört dem Herrn des Stoffs (Sabinus und Cassius), oder sie gehört dem Arbeiter (Prokulus und Nerva); die Mittelmeinung Justinians, welche übrigens auch vor ihm schon vertreten war (Gajus, Ulpian, Paullus, Callistratus), giebt dem gutgläubigen Verfertiger das Eigenthum, wenn die Sache nicht mehr in ihre frühere Form zurückgebracht werden kann, sonst dem Herrn des Stoffs[16]). Diese Entscheidung macht die Rechtsfrage abhängig von einem zufälligen äußeren Umstande und läßt auch in einzelnen Fällen im Stich[17]). Das A.L.R. hat sich der Ansicht des Prokulus und Nerva einigermaßen genähert: der gutgläubige Arbeiter behält die durch seine

---

[13]) I. 9 §§ 319—321. Die Abfindung wird berechnet nach dem Verhältniß des Werths der Stoffe zum Werth des Ganzen. Können sich die Interessenten über den Werth des Ganzen nicht einigen, so wird dieser Werth durch eine unter ihnen anzustellende (nicht, wie früher in diesem Buch gelehrt wurde, durch öffentliche) Licitation gefunden. I. 9 §§ 322. 323.

[14]) I. 9 § 318

[15]) I. 9 §§ 299. 304—306. 315fg. Gruchot's bei Note 1 erwähnte Glossen, welche namentlich viel Kasuistik zur Lehre von der Spezifikation bringen. — § 25 J. II. 1. Gesterding S. 255. Schmid S. 167. Pagenstecher II. 113. Sell, Versuche I. 96. Vangerow I. § 310. Dankwardt, Nationalökonomie und Jurisprudenz H. 1. 1858 S. 27fg. Bechmann, im Arch. f. civ. P. B. 47 S. 25. Fitting ebenda B. 48 S. 1fg., S. 149fg., S. 311fg. 1856. Windscheid I. § 187. Brinz II. § 149. A. Paret, Die Lehre vom Eigenthumserwerb durch Spezifikation. (Dissert.) 1892, G. Waldow, Die Spezifikation. 1892. S. Entwurf des B.G.B. §§ 893ff., II. §§ 865ff., Reichstagsvorl. §§ 935. 936.

[16]) § 25 J. II. 1. Ueber den älteren Schulstreit s. Gaj. II. 79, l. 7 § 7, l. 26 § 3 D. XLI. 1. Ueber die Mittelmeinung l. 5 § 1 D. VI. 1, l. 7 § 7, l. 12 § 1, l. 24 D. XLI. 1. Ausführlich handelt hiervon der Aufsatz von Fitting. — Daß bona fides zum Eigenthumserwerb des Spezifikanten gehöre, ist nach der richtigen Meinung anzunehmen, obgleich es in den röm. Quellen nicht ausdrücklich gesagt wird. S. Windscheid I. § 187 Note 3. Die ältere Praxis nahm es an (Gruchot B. 7 S. 272), neuerdings scheint sich die herrschende Meinung dagegen zu erklären. S. bes. Vangerow S. 566fg., aber die Spezifikation ist nicht Okkupation, sondern der Erwerb ruht auf der sittlichen Bedeutung der Arbeit. S. auch Dankwardt S. 31. 41. — Die von Justinian schließlich festgesetzte Mittelmeinung scheint jedoch in einem Punkte von der des Gajus, Ulpian und Paullus abzuweichen: wenn zum Theil mit eigenem, zum Theil mit fremdem Stoff spezifizirt worden, soll der Spezifikant Eigenthümer werden, und es ist hier nicht unterschieden, ob die Stoffe wieder getrennt werden können oder nicht. Als Grund ist angegeben quum non solum operam suam dedit, sed et partem ejus materiae praestavit. Entscheidend ist also die pars materiae, nicht die data opera. S. über die dadurch entstandene Kontroverse unten bei Note 30.

[17]) S. hierüber Dankwardt S. 31f. Der Irrthum beruht darin, daß der Stoff niemals untergeht und durch Vernichtung der Form wieder hergestellt werden kann.

Arbeit hervorgebrachte Sache, und er hat nur die Verpflichtung, dem Herrn des Stoffs Vergütung zu leisten, deren Umfang sich nach dem Grade seines Verschuldens bemißt[18]). Der Grund dieses Erwerbs ist freilich nicht der, den die Prokulejaner vortrugen, daß die Sache durch die Spezifikation herrenlos werde und der Arbeiter sie okkupire[19]), sondern die Arbeit erzeugt das Eigenthum[20]). Der arglistige Arbeiter erwirbt nicht das Produkt seiner Arbeit, sondern muß es dem Herrn des Stoffs überlassen und die Vergütung, die dieser zu leisten hat, fällt auch hier an den Fiskus[21]).

Es bleibt hier die Frage, wann gilt ein Stoff für so verarbeitet, daß er eine neue Form oder Gestalt bekommen hat? Förster sagte hierüber: „In den römischen Quellen wird behauptet, das Ausdreschen des Korns sei keine Formgebung[22]), eben sowenig das Färben des Stoffs[23]) oder das Beschreiben eines Pergaments[24]). Solche einzelne Entscheidungen sind nicht bindend, sie sind übrigens auch verfehlt. Die Frage, was ist Formgebung, ist keine juristische, sondern eine volkswirthschaftliche, sie wird von der Industrie beantwortet, und zwar dahin, daß das durch die Arbeit gewonnene Prodokt einen andern Werth darstellt[25]). Hiernach ist nicht zweifelhaft, daß jene Fälle als wirkliche Umformungen des Stoffs anzusehen sind. Das Dreschen macht aus der Aehre Korn, das Färben macht den Stoff brauchbarer, werthvoller, ebenso das Schreiben den Stoff, worauf geschrieben worden[26]). In keinem Fall aber kann mit Paullus der Unterschied aufgestellt werden, ob der Stoff bleibe oder untergehe[27]), denn er geht im Fabrikat niemals unter, sondern ändert immer nur die Form. Im Schiff ist der Rohstoff des Holzes, in der Statue das Erz, in der Säule der Marmor enthalten, im Becher das Gold." Den letzteren Sätzen ist zwar zuzustimmen, aber die Unterschiebung des Be-

---

18) I. 9 §§ 304—306. Also hier kein Wahlrecht, wie bei der Verbindung. Bornemann II. 40. Jacobi, Nützl. Verwendung S. 98 Note 24. Ebenso entsteht hier nicht erst, wie bei der Verbindung ein durch Auseinandersetzung zu lösendes Miteigenthum. Vgl. oben Anm. 4 a. E. Entschädigungsanspruch des Stoffeigenthümers auch nach röm. R. Windscheid I. § 187 Note 6. Nach dem Code 570fg. behält der Herr des Stoffs die Sache, nur wenn die Arbeit den Werth der Sache erheblich übersteigt; sonst behält der Arbeiter die Sache, und bezahlt dem Eigenthümer den Stoff. Auf die Wiederherstellbarkeit kommt nichts an. Nach sächs. G.B. § 246 erwirbt der Arbeiter das Eigenthum, und muß dem Eigenthümer des Stoffs, insofern er redlich gewesen, die Bereicherung, im Fall der Unredlichkeit den vollen Ersatz leisten.

19) l. 7 § 7 D. XLI. 1 quia quod factum est, antea nullius fuerat. Dankwardt S. 30. 31.

20) Vgl. Anm. 16.

21) I. 9 § 299.

22) l. 7 § 7 D. XLI. 1.

23) l. 16 § 3 D. XLI. 1.

24) § 33 J. II. 1, l. 9 § 1 D. XLI. 1.

25) S. hierüber bes. Dankwardt a. a. O. A. M. Fitting S. 188 Note 66. Aber ob die Römer die Frage vom volkswirthschaftlichen Standpunkt aufgefaßt haben oder nicht, kann offenbar hier nicht entscheiden. Vgl. Entwurf des B.G.B. Reichstagsvorl. § 934.

26) Auffallender Weise, aber auch glücklicher Weise entbehrt das A.L.R. gegen seine sonstige Gewohnheit bei der Spezifikation ganz der Kasuistik.

27) l. 24. 26 D. XLI. 1. S. dazu Dankwardt S. 33.

griffs „neuer volkswirthschaftlicher Werth" mit Betonung der bloßen Werthveränderung scheint ungerechtfertigt. Die Scheidung des Korns von der Hülse kann im Eigenthum nichts ändern, ebenso wenig die Färbung des Stoffs, die keine Verarbeitung, keine Umgestaltung des Stoffs ist; es kommt vielmehr auch nach Landrecht darauf an, daß eine „neue" Sache durch die verarbeitende Thätigkeit entstanden ist; und man wird also auch bei Betonung des modernen volkswirthschaftlichen Gesichtspunkts daran festhalten müssen, daß eine Formgebung nur dann vorliegt, wenn das Ergebniß der Verarbeitung im Verkehr als etwas ganz anderes angesehen wird, als der verarbeitete Stoff[28]).

Wenn zur Fabrikation fremder und eigener Rohstoff verwendet worden ist, so gelten dieselben Grundsätze. Der Verfertiger wird der Eigenthümer des Fabrikats und entschädigt den Andern wegen des Stoffs[29]). Nach römischem Recht dagegen erwirbt der Arbeiter das Eigenthum nur dann, wenn sich aus dem Fabrikat die Stoffe nicht wieder herstellen lassen; wenn die Stoffe wieder getrennt werden können, entsteht Miteigenthum des Stoffeigenthümers und des Arbeiters[30]).

III. Besondere Regelung hat der Eigenthumserwerb im Falle einer solchen Arbeitsthätigkeit gefunden, die bewegliche Gegenstände mit unbeweglichen in Verbindung bringt. Insofern sich hierbei durch Einwirkung der Naturkraft Neubildungen erzeugen, wie bei dem Säen und Pflanzen, haben die Bestimmungen bereits im § 173 Erörterung gefunden. Es bleibt noch übrig die inaedificatio, das Bauen auf fremdem Boden oder mit fremden Materialien[31]). Nach römischem Recht gehört, was auf fremdem Boden gebaut ist, gleichviel wer es gebaut hat und worin es besteht, dem Grundeigenthümer. Die einzelnen Bestandtheile des Gebäudes aber fallen an ihren früheren Eigenthümer zurück, wenn die Verbindung mit dem

---

28) Mit den obigen Ausführungen soll nicht gesagt sein, daß der preußische Jurist schlechthin den römischen Rechtssätzen zu folgen und z. B. ein beschriebenes Blatt als im unveränderten Eigenthum stehend anzusehen hat, während er bezüglich des Gemäldes nach § 34 J. II. 1 entscheidet. Für den Verkehr wird man mit Recht sowohl das beschriebene Papier wie die bemalte Leinwand als neue Sache anerkennen müssen. So auch der Entwurf des B.G.B.

29) Das folgt aus I. 9 § 304. Wenn das Fabrikat aus verschiedenen einer Mehrheit von Eigenthümern gehörigen Stoffen gearbeitet ist, so treten in Betreff der Entschädigung der Stoffeigenthümer dieselben Grundsätze ein, wie bei der bloßen Verbindung von Stoffen, §§ 315 fg., aber das Wahlrecht als Mittel der Auseinandersetzung über das Eigenthum zwischen dem Verfertiger und dem Stoffeigenthümer fällt fort, denn auch in diesem Fall wird der Verfertiger nach § 304, der nicht unterscheidet, Eigenthümer des Fabrikats.

30) l. 5 § 1 D. VI. 1, l. 12 § 1 D. XLI. 1. Vangerow I. S. 566 Nr. 1. Windscheid § 187 Note 4. Es ist bestritten wegen der Schlußworte in § 25 J. II. 1.

31) Inaedificatio. I. 9 §§ 327—342. Gruchot B. 7 S. 282 fg. Jakobi, Nützl. Verwend. S. 95 fg. Koffka bei Gruchot B. 27 S. 87. Pagenstecher II. 147. Zaun im Archiv für civil. Praxis. B. 43 S. 211 f. 309 f. Vangerow I. § 329 S. 634 Anm. 1. Wenn Förster die inaedificatio als eine besondere Art der Spezifikation bezeichnete, so entspricht dies weder dem gemeinen Recht noch dem preußischen Begriff der „Verarbeitung".

Boden aufhört, und er nicht wissentlich das Gebäude auf dem fremden Grunde erbaut hat, worin ein Verzicht auf das verwendete Material gefunden wird[32]).

Das A.L.R.[32a]) verweist für einen Bau, den Jemand als Besitzer eines Grundstücks, das er nachher an einen Besserberechtigten herausgeben muß, auf dem Grundstück errichtet hat, auf die allgemeinen Bestimmungen darüber, ob eine Verwendung in das Grundstück Ersatzansprüche oder das Recht auf Wegnahme der Besserung begründet[33]). Im Uebrigen sind die aus dem Bauen auf fremdem Boden entspringenden Rechtsverhältnisse durch besondere Vorschriften geregelt, bei denen das Gebaute mit der Bezeichnung eines „für sich selbst bestehenden Gebäudes“ zusammengefaßt wird[34]), d. h.

---

[32]) § 30 J. II. 1. Solo cedit, quod solo inaedificatur. S. hierüber und über die an einzelne nicht zu vereinigende Stellen des Corp. jur. anknüpfenden Kontroversen Vangerow I. S. 634, Windscheid I. § 188 Note 10. Als sicher erscheint nur, daß der m. f. Bauende zwar das jus tollendi, aber nicht die Vindikation der wieder losgelösten Materialien hat, und daß von einem jus retinendi (an der Baustelle?) bei ihm hier nicht die Rede sein kann. Seuffert XII. 125. Jakobi in Gerber und Jhering, Jahrb. IV. 248 Note 107. Was insbesondere die Vindikation der Materialien betrifft, so widersprechen sich § 30 J. II. 1, l. 7 § 12 D. XLI 1, welche die Vindikation versagen, und l. 2. C. III. 32, die sie zuläßt, direkt, und es wird daher mit Windscheid angenommen werden müssen, daß sich diese Stellen gegenseitig aufheben, d. h. dem m. f. Bauenden die Vindikation nicht gegeben ist. — Den Standpunkt des Entwurfs des B.G.B. ergeben dessen §§ 783. 785, Entw. II. § 77e und f, Reichstagsvorl. §§ 90. 91 und Entw. I. § 890, II. § 861, Reichstagsvorl. § 930. — Gebäude, auf der Grenze errichtet, gehören den beiden Grundeigenthümern pro diviso, d. h. nach der vertikal durch die Grenzlinie geschiedenen Fläche. Zaun S. 309f. Vgl. den Schluß des Paragraphen.

[32a]) Vgl. Koffka bei Gruchot B. 27 S. 87, S. 382.

[33]) I. 9 § 333. Auch für den unredlichen und unrechtfertigen Besitzer des Grundstücks gilt dies. In Entsch. B. 30 S. 31 (Rehbein I. 876) ist angenommen, daß der unrechtfertige Erwerber eines Grundstücks, der es ausdrücklich zum Zweck des Baus durch ungiltigen Vertrag gekauft hat, nicht schlechter stehen könne, als derjenige, der ohne solchen Vertrag mit Genehmigung des Eigenthümers baue, daß also für ihn I. 9 § 332 zur Anwendung komme. Und an diesen Sätzen ist in Entsch. B. 38 S. 61, Strieth. B. 36 S. 80 festgehalten trotz des Widerspruchs von Koch und Bornemann, Erörterungen H. 1 S. 218. Förster stimmte dem Obertribunal zu, das dabei trotz des in Strieth. B. 74 S. 122 angenommenen Satzes, daß die Uebergabe auf Grund mündlichen Vertrages den Empfänger zum Eigenthümer mache, von der Annahme unrechtfertigen Besitzes ausgegangen war. Da jetzt die bloße Uebergabe ohne Auflassung nicht zum Eigenthümer macht, so ist jetzt in solchem Fall Bau auf fremdem Grund anzunehmen. Aber § 332 kann nicht Anwendung finden. Denn der Bauende hat den Grund und Boden zum Zweck des Baus, aber nicht erst durch den Bau in Besitz genommen. Er war als Besitzer des Grundstücks schon vor dem Bau der Eigenthumsklage ausgesetzt; und seine Restitutionspflicht muß sich nach Vornahme des Baus nach den besonderen Regeln bestimmen, die den Fall der Restitution einer Sache, auf die Aufwendungen gemacht worden sind, ordnen. Abweichend R.G. Entsch. B. 33 S. 252, wo aber der Fall ausgenommen ist, wenn die Auflassung vertragsmäßig über die Zeit der Uebergabe hinausgeschoben ist. — Was diejenigen Fälle anlangt, in denen ein Pächter oder Nießbraucher mit vertragsmäßiger Genehmigung des Eigenthümers auf dem in seinem unvollständigen Besitz befindlichen Grundstück ein ihm gehöriges Gebäude errichtet, so richten sich die Rechtsverhältnisse bei Beendigung der Pacht und des Nießbrauchs in erster Linie nach dem Vertrag. Sonst wird auch hier Verwendung vorliegen. Vgl. Strieth. B. 17 S. 19, B. 40 S. 125. Sintenis I. § 50 Note 31 a. E. S. 492. Zaun a. a. O. S. 214. Seuffert VII. 30. Matthiä, Kontrov.-Lex. II. 66.

[34]) I. 9 § 327 Förster erläuterte den Ausdruck „für sich selbst bestehendes Gebäude“ als ein „fest in den Grund hineingebautes Gebäude“, wobei er aber auch mittelbaren Zu-

eines Gebäudes, für das der Grund und Boden gerade erst durch das Bauen in Besitz genommen ist. Für diesen Fall soll über das aus dem nunmehr bebauten Grund und Boden bestehende Grundstück der Wille des Grundherrn entscheiden[35]). Er kann die Wegräumung des Gebäudes verlangen, er kann aber auch das Gebäude erhalten und hat dann bezüglich des Eigenthums des Ganzen die Wahl, sich dasselbe zuzueignen oder es dem Bauenden zu überlassen. Eignet er es sich an, so erstattet er die Baukosten, so weit sie nicht den Werth des Gebäudes übersteigen[36]). Ueberläßt er das Gebäude mit der Baustelle dem Bauenden, so muß dieser den Werth des Grundes und Bodens und Schadenersatz leisten[37]). Verlangt er die Wegnahme, so

---

sammenhang unter Anführung von l. 28 D. XLI. 1, l. 3 C. III. 32 gelten lassen wollte, also anscheinend z. B. ein einzelnes auf ein vorhandenes Gebäude gesetztes Stockwerk als selbständiges Gebäude anerkannte. Auch bezeichnete er eine freistehende Mauer mit Arnsberger Arch. B. 10 S. 60 als unter den Begriff fallend. Umgekehrt beschränkte die Rechtsprechung des Obertribunals den Begriff ähnlich wie bei Anwendung der §§ 139 ff. I. 8 (s. oben § 170 Anm. 27) auf von Wänden oder Umfassungsmauern umschlossene Räume über der Erde, die zum Aufenthalt von Menschen oder Vieh oder zur Aufbewahrung beweglicher Gegenstände dienen sollen, so daß nicht nur bloße Mauern, sondern auch Schleusenanlagen, Eisenbahndämme oder Denkmäler u. dgl. ausgeschlossen waren. Vergl. Entsch. B. 38 S. 74, B. 52 S. 83, B. 71 S. 11. Strieth. B. 69 S. 281, B. 93 S. 73, B. 96 S. 178, B. 97 S. 93, B. 99 S. 111. Ein Keller wurde als Gebäude angesehen. Striethorst B. 84 S. 342 (Rehbein I. 874). Vom Reichsgericht Entsch. B. 10 S. 247 wird mit Recht als Gegensatz des für sich selbst bestehenden Gebäudes das nach § 333 in Besitz genommene Grundstück erachtet, auf dem ein Gebäude errichtet ist. Demnach ist § 332 auch da für anwendbar erklärt, wo nur ein Theil eines Gebäudes auf fremden Boden gesetzt war. Vgl. auch Strieth. B. 93 S. 4.

[35]) Gruchot B. 7 S. 285 Nr. 6. Ueber die Frage: Wer ist Eigenthümer des Bauwerks, bis der Grundeigenthümer sich entschieden hat? sagte Förster: „Koch, Komm. Note 50 zu § 327 meint, der Bauende als Superfiziar. Richtiger Gruchot, der den Grundbesitzer gleich als Eigenthümer des Baues ansieht. Jakobi S. 95 tritt Koch bei, indem er den Bauenden als Spezifikanten, und das Gebäude nicht als Accession des Bodens ansieht. Vergl. auch Entsch. B. 30 S. 35 und Strieth. B. 11 S. 216." Ob die Ansicht Koch's vorstehend richtig getroffen ist, scheint zweifelhaft. In neuerer Zeit hat das Obertribunal (Strieth. B. 99 S. 213) und übereinstimmend das Reichsgericht (R.G. B. 1 S. 178, Gruchot B. 24 S. 967) die Ansicht ausgesprochen, daß zunächst der Bauende als Eigenthümer des von ihm errichteten selbständigen Baus anzusehen sei, während das Grundeigenthum dem bisherigen Eigenthümer verbleibe. Die Bestimmungen des Landrechts suchten und bezeichneten den Weg, auf dem das so getrennte Eigenthum wieder in einer Hand zu vereinigen sei. — Ob aber diese Theorie im Bewußtsein der Redaktoren des Landrechts gelegen hat, ist zu bezweifeln, und ein Erk. des R.G. v. 12 Febr. 1880 (J.M.Bl. von 1880 S. 107) findet noch in § 329 den Satz: solo cedit, quod solo inaedificatur. Dieser letzteren Auffassung widerspricht es zwar, daß § 329 von „Zueignen" des Gebäudes redet, aber derartige Ausdrücke des Landrechts sind vielfach nicht juristisch, sondern von den wirthschaftlichen Vortheilen zu verstehen. Freilich ist zuzugeben, daß auch der Gedanke eines besonderen Eigenthums an dem Gebäude dem Geiste des Landrechts nicht widerspricht (vgl. oben § 168 bei Anm. 35). S. Anm. 38.

[36]) I. 9 §§ 327. 329. 330. — l. 7 § 12, l. 9 D. XLI. 1. Leyser, Sp. 447 med. 1. 2. In quantum locupletior factus. Jakobi S. 96. Heuser, Annalen VI. 319. Ob auch der m. f. Bauende den Anspruch hat? Leyser, Med. 4. Pagenstecher II. 149 Note 2 bejahen. Im preuß. R. folgt die Bejahung aus §§ 236. 238 I. 7. Gruchot S. 289. Nur gegen Werthzahlung kann der Eigenthümer Räumung des Gebäudes fordern.

[37]) I. 9 § 331. Gruchot B. 7 S. 289. „Zwangsannahme." Vgl. dazu Koffka a. a. O. S. 338. Der Grundherr klagt auf Zahlung des Werths der Baustelle; daß dies mit der actio emti venditi geschieht, wie Koch, Anleit. z. Proz.-Pr. I. 218 ausführt, ist

muß Abbruch und Wegräumung auf Kosten des Bauenden geschehen, der ihm auch allen Schaden zu ersetzen hat[38]). Aber dieses dreifache Wahlrecht ist an die Voraussetzung gebunden, daß er dem Bau, sobald er davon Kenntniß erlangt, widerspricht. Unterläßt er den Widerspruch, so kann er weder den Abbruch verlangen noch das Gebäude sich aneignen, verliert vielmehr ohne Weiteres den Grund und Boden und muß sich mit der bloßen Entschädigung dafür begnügen[39]).

---

ein schiefer Ausdruck, da kein Vertrag geschlossen ist. Der Bauende muß sich die Festsetzung des zu zahlenden Betrags bei Belassung des Grund und Bodens gefallen lassen; das Gesetz stellt aber nicht einen an die Erklärung des Grundeigenthümers geknüpften Uebergang kraft Gesetzes fest. Hiernach möchte der Grundeigenthümer die Zahlung mit dem Angebot der Auflassung zu fordern haben, und der Eigenthumsübergang an den Bauenden ist durch Auflassung zu begründen. — Es fragt sich, ob gerade nur die bebaute Fläche zu überlassen ist, beziehungsweise im Falle des § 332 dem unmittelbaren Eigenthumserwerb unterliegt? Das nahm die Praxis des Obertribunals an, bezüglich der zur Benutzung des Gebäudes sonst nothwendigen Flächen wurde auf Einräumung nothwendiger Servituten verwiesen: Strieth. B. 56 S. 267, B. 81 S. 21. Uebereinstimmend R.G. im J.M.Bl. 1880 S. 107. Dagegen nimmt das R.G. in dem ebenda S. 104 abgedruckten Erkenntniß (Entsch. B. I. S. 178) (vgl. auch Strieth. B. 99 S. 111) eine Ausdehnung auf alle Flächen an, die zum Gebrauch des Gebäudes unentbehrlich sind, Höfe, Wege u. dergl. Ebenso R.G. bei Gruchot B. 33 S. 876. Wie weit eine solche Unentbehrlichkeit anzunehmen, sei quaestio facti. Ueber das Maß der von dem Gebäude umschlossenen Hoffläche oder einer Fläche zwischen dem Bauwerk und der Straße hinaus möchte der neueren Ansicht nicht beizustimmen sein.

[38]) I. 9 § 328. Koch, Anleit. z. Proz.-Praxis I. 219. Das ist der natürliche aus der Freiheit des Eigenthums erwachsende Anspruch. Das daneben stehende Wahlrecht ist eine Erweiterung der Rechtsstellung. Der Eigenthümer kann, die Umgestaltung seines Grundstücks genehmigend, sich den Vortheil daraus aneignen, und er kann die zu seinem Schaden umgestaltete Sache dem Beschädigenden gegen Schadenersatz belassen. Diese Gesichtspunkte sprechen gegen den in Anm. 35 bezeichneten Standpunkt der Judikatur. Diese legt Werth darauf, daß der Anspruch des § 328 nur für den Fall gegeben ist, daß das Gebäude ohne Vorwissen des Eigenthümers errichtet ist. Sie giebt dem Eigenthümer nur persönliche Ansprüche gegen den Bauenden, die gegen dessen Besitznachfolger nicht erhoben werden können. Entsch. B. 56 S. 39. Strieth. B. 84 S. 342 (Rehbein I. 874). Die negatorische Klage aber richtet sich nicht nur gegen den, der auf meinem Grundstück gebaut hat, sondern auch gegen den, der auf meinem Grundstück einen von mir nicht genehmigten Bau inne hat und mir dadurch mein freies Eigenthum daran entzieht. Die Veräußerung des Bauenden an einen Dritten kann dem Eigenthümer das Recht auf Abbruch nicht entziehen.

[39]) I. 9 § 332. Gruchot 290fg. und die dort aus Hymmen, Beitr. VI. 94. 95 citirten Erkenntnisse des Kammergerichts von 1759. Koffka a. a. O. S. 390. Das Bauen bei unterlassenem Widerspruch ist unmittelbare Erwerbsart und als solche auch nach dem Eig.Erw.Ges. v. 5. Mai 1872 ohne Auflassung wirksam. Entsch. B. 21 S. 91, B. 71 S. 14, B. 80 S. 51 (Rehbein I. 872). R.G. bei Gruchot B. 33 S. 872. Vgl. auch R.G. Entsch. B. 33 S. 249. Nachmalige Beseitigung des Gebäudes kann den Eigenthumserwerb nicht zerstören. Strieth. B. 99 S. 111. — Daß der Grundeigenthümer den Widerspruch schlechthin durch das Gericht den Bauenden zustellen lassen müsse, wie Förster lehrte, ist nicht aufrecht zu erhalten; aber eine Zustellung des Widerspruchs durch das Gericht (jetzt den Gerichtsvollzieher) ist als wirksam zu erachten, wenn sie auch nicht persönlich an den Bauenden erfolgt. Daß der Widerspruch rechtzeitig sein muß, ist nicht von einer im Augenblick der Kenntnißnahme erfolgenden Erklärung zu verstehen; die Erklärung muß nur in angemessener Schleunigkeit erfolgt sein. Entsch. B. 10 S. 371. — Auch der Miteigenthümer muß dem Bau, den der Miteigenthümer für sich auf dem fundis communis errichtet, widersprechen. Strieth. B. 11 S. 216, B. 36 S. 80, B. 84 S. 342. Wo Genehmigung zur Aufführung eines Baues erfordert wird, kann aus unterlassenem Widerspruch stillschweigende Genehmigung nicht gefolgert werden. Strieth. B. 47 S. 255. Die Wirkung des unterlassenen Wider-

Hat Jemand fremde Materialien ohne Wissen ihres Eigenthümers auf dem eigenen Grund verbaut, so hat er zwar für die Materialien Entschädigung zu leisten, wird aber ihr Eigenthümer[40]). Wurden fremde Materialien auf fremdem Boden ohne Wissen beider Eigenthümer verbaut, so hat der Bauende dem Eigenthümer des Materials Entschädigung zu leisten, und dieser hat keinen Anspruch an den Grundbesitzer[41]); die Frage aber, ob der Grundherr oder der Bauende Eigenthümer des Baues wird, entscheidet sich nach den vorhin angegebenen Grundsätzen, insbesondere nach dem dreifachen Wahlrecht des Grundbesitzers[42]).

Besondere Bestimmungen gelten für den Fall, wenn ein Nachbar die Grenze des Nachbargrundstücks durch einen Bau überschreitet. Hier ist das bloße Wissen und Schweigen des Nachbarn nicht von Bedeutung. Vielmehr hat der Bauende zunächst die Pflicht der Anzeige unter Bezeichnung der Linie, bis zu der er vorrücken will[43]). Verhält sich nach der Anzeige der Nachbar schweigend trotz des begonnenen Baus, so wird er als genehmigend angesehen, und das bebaute Terrain bis zur genehmigten Linie, wenn diese nicht der wirklichen Grenzlinie entspricht, wird Eigenthum des Bauenden[44]). Selbst wenn letzterer ohne Vorsatz oder grobes Versehen die

---

spruchs tritt nicht ein, wenn das Schweigen des Grundeigenthümers dolos herbeigeführt ist. Entsch. B. 38 S. 66. 61, ebensowenig wenn es erzwungen ist. — Hat der Bauende das auf ihn übergegangene Eigenthum auf einen Dritten übertragen, ohne vorher seiner Entschädigungspflicht aus § 332 genügt zu haben, so bleibt er persönlich verpflichtet, eine gleiche Verpflichtung des neuen Erwerbers entsteht aber nicht. Entsch. B. 56 S. 39. Vgl. Strieth. B. 81 S. 148, B. 84 S. 342.

[40]) I. 9 §§ 334. 335. Der Verbauende wird Eigenthümer des Materials. Jakobi S. 96 Note 19. R.G. Entsch. B. 27 S. 346. Der frühere Eigenthümer des Materials wird durch die Vergütung abgefunden und kann, auch wenn das Material wieder losgelöst ist, es nicht vindiziren. Gruchot S. 296. Förster führte den Eigenthumserwerb auf Spezifikation zurück; es kommt aber nicht darauf an, daß der Bauende bona fide handelt. Deshalb ist mit Koch zu § 334 der Rechtsgrund des Erwerbs in Accession zu finden. — Nach Röm. Recht ist die Frage, wer Eigenthümer des tignum junctum ist, zweifelhaft; die Vindikation war, so lange das Gebäude stand, nach dem Recht der 12. T. ausgeschlossen, aber sie wachte wieder auf, wenn die Verbindung aufhörte, und das tignum junctum ein furtivum war. Vangerow I. 553 § 300.

[41]) I. 9 §§ 337. 338. Das in § 339 dem Materialeigenthümer beigelegte Vorrecht ist bereits durch die Konk.-Ordn. v. 1855 beseitigt.

[42]) I. 9 § 338.

[43]) I. 9 § 340. Entsch. B. 9 S. 3 (Rehbein I. 866). Entsch. B. 71 S. 11 (Rehbein I. 876). Strieth. B. 86 S. 364. Der Anzeige bedarf es nicht, wenn der Bau schon vorher ausdrücklich genehmigt ist. Strieth. B. 98 S. 358. Abweichend Entwurf des B.G.B. §§ 857 ff. — Steht das Nachbargrundstück im Miteigenthum, so soll nach Striethorst B. 59 S. 30 Anzeige an einen der Miteigenthümer genügen. Das wurde von Förster gebilligt, scheint aber der Rechtsstellung der Miteigenthümer nicht zu entsprechen. Vgl. Dernburg I. § 230 Anm. 12.

[44]) Das folgt aus I. 9 § 341. Der § 333 greift übrigens nicht ein, da ein selbständiger Bau auf fremdem Boden vorliegt. Einer Formvorschrift unterliegt die Genehmigung nicht (Präj. 668 I. Samml. S. 30), es genügt auch die konkludente. Nicht die Genehmigung wirkt als Veräußerung, sondern der Bau auf Grund der Genehmigung, übrigens nur bis zur bebauten Grenze, nicht darüber hinaus wie im Fall der Anm. 37. Ist die Genehmigung als Gegenleistung für eine von dem anderen Theil übernommene Leistung zugesichert, so unterliegt der Vertrag hierüber der schriftlichen Vertragsform. Ob die Nichterfüllung von der anderen Seite die Zurückziehung der Genehmigung begründet, ist nach allgemeinen Grundsätzen zu bemessen. Abweichend Entsch. B. 27 S. 37.

angegebene, genehmigte Linie überschreitet, erlangt er das Eigenthum des bebauten Terrains. Der Nachbar hat dann nur billige Entschädigung für Grund und Boden zu fordern[45]). Hat aber der Bauende die Anzeige unterlassen[46]), oder wird der Widerspruch des Nachbarn nicht beachtet, so muß der Bauende das Gebäude auf die wahre Grenzlinie[47]), bei Ueberschreitung der genehmigten Linie aus Vorsatz oder grobem Versehen auf die genehmigte Linie auf seine Kosten zurückziehen und den Nachbarn entschädigen[48]).

## § 177. Die Ersitzung.

A.L.R. I. 9 §§ 579—669. Oben Band I. §§ 46. 57. Gruchot B. 7 S. 610f., B. 8 S. 92f. 262f. Bornemann II. 89f. Koch, Pr.-R. I. 286. 295 bis 302. 311. 313. Baron, Abhandlungen aus dem preuß. Recht, 1860 S. 115f. Dernburg I. §§ 173ff. — Unterholzner, 2. A. v. Scheurl, Beiträge II. 29f. Stintzing, Das Wesen von bona fides und justus titulus in der römischen Usukapionslehre, 1852. Schirmer, die Grundidee der Usukapion im römischen R. 1855. Derselbe, z. L. von der bona fides und dem justus titulus in der Zeitschr. f. Civ.-R. und Proz. B. 15 S. 207. 279 (1858), B. 16 S. 1 (1859). Wächter, Die bona fides, insbesondere bei der Ersitzung des Eigenthums, 1871. Bruns, Das Wesen der bona fides bei der Ersitzung, 1872. Fitting, Ueber das Wesen des Titels bei der Ersitzung im Arch. f. civil. Prax. B. 51 S. 5f. 248f. Siebenhaar in den Dresdner Annalen N. F. B. 10 S. 385fg. Roth, Bair. C.-R. II. §§ 145—147.

I. Wesen und Bedeutung der Ersitzung. Das A.L.R. sieht in der „Verjährung durch Besitz" eine Erwerbsart von eigenthümlicher Natur[1]). Ein neues Recht, wird begründet, wenn außer der Nichtaus-

---

[45]) I. 9 § 341. Zaun Arch. f. civ. Prax. B. 43 S. 311 sucht hierin eine passende Ergänzung des röm. Rechts. Das A.L.R. schließt sich an Leyser, Sp. 447 med. 8 an. Vgl. auch Strieth. B. 65 S. 119.

[46]) Selbst wenn dies in Folge Irrthums über den Grenzenzug bona fide geschehen ist. Entsch. B. 71 S. 11 (Rehbein I. 876). — (A. M. Bornemann II. S. 37.) — Daß der Nachbar auf andere Weise während des Baues die Grenzüberschreitung erfahren hat, ist gleichgiltig. Strieth. B. 86 S. 363. Entsch. B. 71 S. 11.

[47]) Pl.Beschl. Entsch. B. 9 S. 3 (Rehbein I. 866). Strieth. B. 60 S. 216.

[48]) I. 9 § 342. Vgl. Lüb'sches Recht III. 12 Art. 7.

[1]) Die Usukapion wurde zur Zeit der Entstehung des Landrechts von den Rechtsphilosophen (Grotius II. 4, Pufendorf, Jus natur. N. 12. 8, Daries, Instit. jurispr. univers. schol. II. zu § 493) auf ein Derelinquiren des früheren Eigenthümers, der sich lange Zeit nicht bemühe, in ihren Besitz wieder zu gelangen, zurückgeführt, die Praktiker sahen die Wirkung des Erwerbs als eine poena negligentiae an, Helfeld § 579 (ed. von 1806 p. 238) §§ 1757. 1760, Höpfner S. 344, Rave, De praescriptione p. 9 § X. Svarez, der mehrfach für die Verjährung durch Nichtgebrauch die poena negligentiae als Fundament bezeichnet, hat das Gleiche für die Acquisitivverjährung abgelehnt. Simon u. Strampff, Materialien 421. 482. 543. Er sagt Mater. S. 421: „Praescriptio acquisitiva gründet sich auf das principum: publici interest, ut domina rerum sint certa; sie hat eigentlich eine praesumtionem juris et de jure zum Grunde: daß derjenige, der eine Sache oder Recht durch lange Jahre ex justo titulo ruhig besessen hat, wirklicher Eigenthümer der Sache sei." Tevenar (Materialien S. 459) weist auf die Erleichterung des Eigenthumsbeweises hin. Das Obertribunal Entsch. B. 6 S. 418 sagt: der Zweck des Instituts ist nicht, Rechtsgeschäften, welche nach den Gesetzen ungiltig eingegangen sind, Giltigkeit zu verleihen, er ist vielmehr dahin gerichtet,

übung, dem Nichtgebrauch des etwa entgegenstehenden, bei einer anderen Person vorhandenen Rechts das neue Recht dauernd ausgeübt und besessen wird [2]). Gegenüber dem allgemeinen Gattungsbegriff der Verjährung im A.L.R. ist bereits auf ihren wesentlichen Unterschied hingewiesen worden [3]). Bei der Ersitzung ist der Zeitverlauf nur eines neben anderen gleich wichtigen positiven Momenten, bei der Klageverjährung, oder wie das Landrecht sich verallgemeinernd ausdrückt, bei der erlöschenden Verjährung ist er außer dem negativen Nichtgebrauch das einzige [4]).

Die Ersitzung bezeichnet das A.L.R. als unmittelbare Erwerbsart, also als eine solche, bei welcher der Eintritt in ein begründetes Eigenthum nicht durch den Willen des bisherigen Eigenthümers vermittelt wird [5]). Dadurch ist nicht ausschlossen, daß die Sache mit denjenigen dinglichen Belastungen von dem Ersitzenden erworben wird, die in der Hand des früheren Eigenthümers die Sache selbst ergriffen haben, so daß die Sache sie vermöge ihrer dinglichen Eigenschaft jedem Erwerber mitbringt [6]). Aber der Erwerb ist unabhängig davon, daß der wahre Eigenthümer in der Verfügung über die Sache beschränkt war, und er sieht davon ab, daß der Autor, aus dessen Hand die Sache erlangt wird, das Recht, welches er scheinbar übertrug, zu übertragen nicht befugt war. Hatte die Sache überhaupt keinen Herrn, so bedarf es nicht der Ersitzung; sie wird okkupirt [7]). Durch Ersitzung soll ein vorhandenes Eigenthum überwunden werden. Der Erwerb durch Ersitzung ist ferner nach der gemeinrechtlichen Terminologie ein ursprünglicher. Er hat nicht in einem früheren Eigenthum seinen Ursprung, seine Grundlage; der zur ordentlichen Ersitzung erforderliche Titel hat, weil bei dem Autor das Recht in Wahrheit nicht vorhanden ist, nicht die Bedeutung, daß der Erwerber darauf sein Recht gründet, sondern giebt nur dem Besitz eine objektive Voraussetzung, kraft deren er zur Ersitzung führt.

---

die Rechtssicherheit zu befördern, namentlich den guten Glauben zu schützen und einen rechtmäßigen und redlichen Erwerb vor den nachtheiligen Folgen eines ewig dauernden Vindikationsrechts zu bewahren.

2) I. 9 §§ 501. 502. S. oben B. I. § 46 Anm. 30.

3) Oben B. I. § 46 Anm. 5. Auch Svarez hat dies richtig erkannt, und beide Institute trennen wollen. Mater. S. 422. 423. 426.

4) I. 9 § 502.

5) I. 9 § 5. Vergl. B. I. § 23 Anm. 15, und oben § 172. Daraus ist bei Strieth. B. 44 S. 311 (Rehbein I. 1041) hergeleitet, daß es zur erwerbenden Ersitzung der Uebergabe nicht bedürfe. Das ist an und für sich gewiß richtig. Wenn aber Jemand behauptet, eine Sache auf Grund eines vor 10 Jahren geschlossenen Kaufvertrages zu besitzen und sie deshalb durch Verjährung erworben zu haben, so genügt nicht, daß er sie vor 10 Jahren irgendwie in Besitz genommen hat, er besitzt sie als gekauft nur, wenn sie ihm übergeben ist. Hat er die Sache eigenmächtig an sich genommen, so ist der Kauf nicht der Titel des so begründeten Besitzes.

6) l. 44 § 5 D. XLI. 3. l. 1 § 2 D. XX. 1, l. 17 § 2 D. VII. 1, l. 7 C. VIII. 14. A.L.R. I. 20 § 249. Gruchot B. 8 S. 286 f.

7) I. 9 § 503. Unterholzner I. 356. Der Titel pro derelicto (Dig. XLI. 7) ist bei verlassenen Sachen nur denkbar als Putativtitel (pro suo), bei preisgegebenen Sachen aber ist die Preisgebung der Titel des Erwerbs. Unterh. I. 394. Pagenstecher II. 311 f.

II. Erfordernisse. „Die Verjährung durch Besitz findet in allen Fällen statt, wo Jemand eine Sache oder ein Recht aus einem Titel, der an sich zur Erlangung des Eigenthums geschickt ist, durch die in den Gesetzen bestimmte Frist ruhig und redlicher Weise besessen hat[8])." Res habilis, titulus, fides, possessio, tempus lautet der alte Spruch. Wo diese Erfordernisse vereinigt sind, tritt die ordentliche Ersitzung ein, zum Unterschied der außerordentlichen, bei welcher der Titel fehlt oder doch fehlen kann und dafür der Zeitraum verlängert wird[9]).

A. Die ordentliche Ersitzung. a. Sache oder Recht, d. h. alles, was im Verkehr steht, und woran Besitz möglich ist und auf einen Anderen übertragen werden kann[10]). Es genügt hier an die früheren Ausführungen über Rechte als Gegenstände des Besitzes und Eigenthums zu erinnern[11]). Sachen und Rechte, an denen Besitz nicht möglich[12]), ferner Sachen, die gesetzlich oder durch eine den Erwerber verpflichtende Privatverfügung dem Verkehr entzogen sind[13]), gestohlene und geraubte Sachen in der Hand des

---

[8]) I. 9 § 579.

[9]) Das A.L.R. unterscheidet in seinen Marginalien zu I. 9 §§ 579. 629 die „gewöhnliche" und „ungewöhnliche" Verjährung durch Besitz, eine wenig empfehlenswerthe Ausdrucksweise. Es rechnet die 30jährige Ersitzung noch zur gewöhnlichen (Marg. zu § 625), sie ist aber jedenfalls eine außerordentliche, weil sie vom Titel absieht und auch sonst ihrer inneren Natur nach der erlöschenden Verjährung näher steht. Im gemeinen Recht ist die titellose 30- und 40jährige Ersitzung die außerordentliche. Es decken sich also die Bezeichnungen des A.L.R. gewöhnlich und ungewöhnlich nicht ganz mit den Begriffen ordentlich und außerordentlich. Nach A.L.R. ist ungewöhnlich jede Ersitzung, die mehr als 30 Jahr erfordert. S. Unterholzner II. S. 98 § 180.

[10]) I. 9 § 580. Auch affirmative Rechte? s. Anm. 19. Ersitzung des Rechts, Bienen in ungewöhnlicher Menge zur Belästigung des Nachbarbesitzes zu halten. R.G. Entsch. B. 12 S. 173. Erwerb des ausschließlichen Patronatrechts gegenüber einem Mitberechtigten. R.G. bei Gruchot B. 29 S. 943. Nach Code 2279 § 1 findet Ersitzung an beweglichen Sachen nicht statt, weil bei ihnen schon der Besitz den Erwerbstitel vertritt. Nach sächs. G.B. §§ 260. 577 bezieht sich die Ersitzung nur auf bewegliche Sachen und Grunddienstbarkeiten. S. hierzu Kommentar von Siebenhaar und Siegmann I. S. 247. — Der Entwurf des B.G.B. §§ 881—897 Entw. II. §§ 851, bis 860, Reichstagsvorl. §§ 921—929, kennt nur Ersitzung beweglicher Sachen; — bei unbeweglichen Sachen wirkt indessen dreißigjähriger Besitz des Grundstücks zum Besten des zu Unrecht im Grundbuch eingetragenen Eigenthümers oder zum Besitzschutz Berechtigten Ausschluß der Anfechtbarkeit des eingetragenen Rechts und somit Rechtserwerb. Entwurf II. § 815. Reichstagsvorl. § 884.

[11]) B. I. § 46 Anm. 32f. und in diesem Bande §§ 159. 168.

[12]) I. 9 § 580. Dieser § umfaßt die subjektive Erwerbsfähigkeit des Ersitzenden (vgl. z. B. Strieth. B. 72 S. 17) und die objektiven Erfordernisse der Ersitzbarkeit des Gegenstandes. — Was nicht besessen werden kann, kann nicht ersessen werden. Es ist hier noch an das zu erinnern, was im § 160 (Anm. 21f. 32) über den Besitz von Theilen eines Ganzen ausgeführt ist. Vgl. auch Seuffert V. 111.

[13]) I. 9 §§ 581. 582. Entsch. B. 51 S. 94 (Rehbein I. 1035). (Zu Festungswerken, also dem Verkehr entzogenen Terrain gehöriges Grundstück.) Ausdehnung des Satzes auf Domänengüter in § 36 II. 14. Bezüglich der Ersitzung gegenüber Lehngütern vergl. Entsch. B. 36 S. 232, B. 41 S. 247, B. 53 S. 184, Strieth. B. 33 S. 223, B. 34 S. 106. R.G. Entsch. B. 2 S. 218, B. 6 S. 271. Daß die Sache eine dem Verkehr entzogene (das vom Ersitzenden besessene Grundstück zu einer öffentlichen Landstraße gehörig) ist, hat der Gegner zu beweisen. R.G. bei Gruchot B. 30 S. 934. Unzulässig ist übrigens die Ersitzung eines als Kirchhof dem Verkehr entzogenen Grund-

Diebes und des ersten redlichen Besitzers[14]), das Eigenthum und dingliche Rechte an unbeweglichen Sachen, die der Eintragung im Grundbuch bedürfen[15]),

stücks, auch wenn der Ersitzende die politische Gemeinde ist. R.G. Entsch. B. 27 S. 253. — Soweit dingliche Rechte an den dem Verkehr entzogenen Sachen dem Gemeingebrauch (vergl. I. 9 §§ 629ff., II. 14 §§ 24. 26. 35) oder dem Gebrauch im Dienste der Religion nicht entgegen stehen, dem diese gewidmet sind, können solche Rechte sehr wohl auch durch Ersitzung begründet werden. Es ist also nicht richtig, daß an Kirchhöfen und Begräbnißstätten durch Ersitzung eine Servitut nicht erworben werden kann, wie Entsch. B. 66 S. 200 annehmen, vgl. Entsch. B. 49 S. 165, B. 61 S. 219, wo wenigstens die Ersitzung von Erbbegräbnissen anerkannt ist.

[14]) I. 9 §§ 584. 585. 586. (Ohne Unterscheidung von beweglichen Sachen und gewaltsam okkupirten Immobilien.) Entsch. B. 46 S. 22. (Rehbein I. 1081.) Mater. S. 488. 535. 536 Nr. 4 und S. 582f. Hiernach kann gestohlene und geraubte Sachen der zweite redliche Besitzer usukapiren, wenn er seinen Vorbesitzer angeben kann; kann er das nicht, so wird vermuthet, daß er direkt von dem Dieb erworben habe. Auf Sachen, die Jemand durch Betrug an sich gebracht, nicht auszudehnen. Mater. S. 536 Nr. 5. Nach röm. R. sind res furtivae et vi possessae in der Hand jedes Dritten unersitzbar, sie erlangen die Usukapionsfähigkeit nur dadurch wieder, daß sie in den Besitz des Bestohlenen zurückkommen. §§ 2. 3. 8. J. II. 6. Unterholzner I. § 61 S. 193, § 68 S. 219. Die Erzeugnisse der gestohlenen Sache in der Hand des redlichen Besitzers sind nicht furtiv. l. 4 § 19, l. 10 § 2 D. XLI. 3, l. 48 § 2 D. XLI. 1. Unterholzner I. § 67 S. 215. Nach preuß. R. Fruchterwerb des redlichen Besitzers. Weitere Kasuistik s. bei Gruchot B. 8 S. 97. Verbessert wird die Furtivitäts-Eigenschaft auch dadurch, daß der Dieb dem Bestohlenen die Sache bezahlt, und dieser sie jenem überläßt. l. 4 § 14 D. XLI. 3, l. 32 pr. eod. Mat. 536. — Die neueren Gesetzbücher und der Entwurf des B.G.B. sind von dieser Beschränkung der Ersitzbarkeit abgegangen.

[15]) I. 9 § 511. Gesetz über den Eigenthumserwerb vom 5. Mai 1872. §§ 6 u. 12. Oesterr. G.B. § 1500. Sächs. § 159. Gruchot B. 7 S. 428. Den § 511 bezog die Praxis nur auf dingliche Rechte außer dem Eigenthum, Entsch. B. 34 S. 132f., B. 75 S. 15, B. 77 S. 1 (Rehbein II. 16. 18). Das Eigenthum wurde ja auch nach Aufnahme eines Grundstücks in das Hypothekenbuch nicht durch Eintragung, sondern durch die Uebergabe erworben; es war also der Fall noch denkbar, daß ein nicht eingetragener Besitzer das Grundstück durch Ersitzung erwerben konnte. S. Heydemann Einleitung, B. 2 S. 129 bei E. Jetzt ist im Zusammenhang damit, daß die Auflassung als einziger willkürlicher Erwerbungsfall unter Lebenden hingestellt ist, um den öffentlichen Glauben des Grundbuchs sicher zu stellen und um nicht neben dessen Angaben über die Person des Eigenthümers das Eigenthum eines Anderen außerhalb des Grundbuchs entstehen zu lassen, durch § 6 des Ges. vom 5. Mai 1872 die Ersitzung gegen den eingetragenen Eigenthümer ausgeschlossen worden. Möglich ist sie danach auch jetzt noch gegen den nicht eingetragenen Eigenthümer, — also zunächst in allen Fällen, in denen ein Grundstück noch nicht in das Grundbuch eingetragen ist, sei es, daß das Grundbuch überhaupt noch nicht angelegt ist, sei es, daß die Eintragung des einzelnen Grundstücks in das Grundbuch unterlassen worden; — sodann aber auch nach Eintragung des Grundstücks in das Grundbuch, wenn der eingetragene Eigenthümer nicht wahrer Eigenthümer geworden ist, oder wenn er aufgehört hat, Eigenthümer zu sein, ohne daß der Erwerber eingetragen worden wäre. Der letztere Fall liegt insbesondere vor, wenn der zeitige Eigenthümer ein Erbe des eingetragenen Eigenthümers ist, der sein Eigenthum noch nicht hat eintragen lassen. Wenn Dernburg und Hinrichs Pr. Hypoth.-Recht § 21 Note 12 dies leugneten, weil dem Erben die Rechte des Erblassers zukämen, so würde derselbe Grund auch für die anderen denkbaren Fälle eines nicht eingetragenen derivativen Erwerbs geltend gemacht werden können, da ein solcher Erwerb regelmäßig alle Rechte überträgt, die dem Autor an der Sache zustanden. Wenn man dem Erben eine weitergehende Identität mit dem Erblasser vindizirt, so handelt man aus einer unberechtigten altrömisch-rechtlichen Reminiscenz. Das Gesetz hat hier gerade an die Eintragung, nicht an die sonstige Rechtsstellung Folgen geknüpft. Dieser Ausführung ist das R.G. Entsch. B. 27 S. 203 beigetreten. — Fraglich ist, ob das Gesetz nur gegen denjenigen die Ersitzung ausschließen will, der auf Grund eines nach dem 1. Oktober 1872 stattgehabten Eigensthumserwerbs als Eigen-

Rechte gegen ausdrückliche Verbotsgesetze[16]) können nicht ersessen werden. Abgesehen hiervon hindert ein Irrthum über Eigenschaften der Sache die Ersitzung nicht[17]). Wer wegen Mangels persönlicher Eigenschaften unfähig ist, das Eigenthum an der bestimmten Sache oder an dem bestimmten Recht

---

thümer eingetragen ist, oder übhaupt gegen den wahren Eigenthümer, der jetzt eingetragen ist, wenn auch nur als titulirter Besitzer vor 1872 oder auf Grund des Nachweises eines älteren Besitztitels gemäß § 49 der Grundbuchordnung. Das Reichsgericht hat sich in konstanter Praxis dahin entschieden, daß der Ausdruck des Gesetzes auch von dem nach früherem Recht eingetragenen titulirten Besitzer zu verstehen sei, daß also auch die Vollendung einer Ersitzung gegen einen solchen Besitzer als ausgeschlossen erachtet werden müsse. R.G. Entsch. B. 15 S. 260. Vergl. unten § 178 Anm. 56, § 180 Anm. 22. — Soweit aber nach dem Obigen eine Ersitzung nach dem 1. Oktober 1872 überhaupt noch zulässig ist, muß doch noch das Folgende beachtet werden: 1. Zunächst kommt in Betracht, daß an einem eingetragenen Grundstück oder an einem solchen, dessen Eintragung objektive Hindernisse nicht entgegen stehen (vergl. § 178 Anm. 38), der durch freiwillige Veräußerung erlangte Besitz ein für den Eigenthumserwerb gleichgiltiger Faktor geworden ist. Wer sich einbildet, durch Uebergabe Eigenthumsbesitz erlangt zu haben, irrt rechtlich in Bezug auf die Bedeutung des Besitzerwerbs aus einem solchen Titel, er ist unrechtfertiger Besitzer (vergl. Reichsgericht Entsch. B. 2 S. 308); der unrechtfertige Besitzer kann aber durch ordentliche Verjährung nicht ersitzen. (A. M. Dernburg § 243 unter II. Rocholl, Rechtsf. I. S. 163; vgl. Levy in Behrend. Zeitschr. B. 6 S. 390.) Der durch Tradition auf Grund eines Rechtsgeschäfts unter Lebenden erworbene Besitz eines solchen Grunstücks begründet hiernach nur eine außerordentliche Ersitzung. Dagegen kann eine vor dem 1. Oktober 1872 in der bezeichneten Weise begonnene ordentliche Ersitzung nach dieser Zeit vollendet werden, auch kann aus anderen Titeln außer der freiwilligen Veräußerung unter Lebenden, insbesondere aus dem unten in Anm. 50 näher erörterten titulus pro herede die ordentliche Ersitzung auch nach dem 1. Oktober 1872 beginnen. 2. Hat eine Ersitzung gehörig begonnen, so wird sie durch Eintragung eines Eigenthümers auf Grund eines nach dem 1. Oktober 1872 stattgehabten Erwerbs in der Art unterbrochen, daß sie gegen denselben nicht vollendet werden kann, bei Zugrundelegung der oben angegebenen Praxis des Reichsgerichts auch durch Eintragung des Besitzers auf Grund des Erwerbs vor der Geltung des neuen Grundbuchrechts. 3. Eine am 1. Oktober 1872 gegen den eingetragenen Besitzer laufende Ersitzung kann, wenn der Standpunkt der oben erwähnten festen Praxis des Reichsgerichts gebilligt wird, nicht mehr nach dem 1. Oktober 1872 vollendet werden, wenn derselbe wahrer Eigenthümer war; eine Wiederholung der hiergegen geltend zu machenden Bedenken wird als praktisch unnütz bei Seite gelassen. — Der Entwurf des B.G.B. will jede Ersitzung von Grundstücken beseitigen. — Was die dinglichen Rechte an Grundstücken betrifft, so können diejenigen, die nach § 12 Abs. 2 des Ges. v. 5. Mai 1872 der Eintragung nicht bedürfen (Grunddienstbarkeiten), auch jetzt noch — selbst gegen den eingetragenen Eigenthümer — durch Ersitzung erworben werden, soweit nicht die agrarische Gesetzgebung ihrer Neubegründung überhaupt Grenzen gesetzt hat. Ob diejenigen dinglichen Rechte, welche nach Abs. 1 des § 12 ihre dingliche Wirksamkeit gegen Dritte nur durch Eintragung erlangen können, der Ersitzung entzogen sind, oder ob eine solche gegen denseben Eigenthümer begonnen und vollendet werden kann, wird im § 184 Note 16 näher besprochen werden. — Ebenso wird von den Grenzen, in denen die preußische agrarische Gesetzgebung mit der Neubegründung gewisser Grundgerechtigkeiten überhaupt auch deren Ersitzbarkeit beschränkt hat, in der Lehre von der Grundgerechtigkeit (unten § 187) zu handeln sein. — Gegen eingetragene Rechte läßt sich eine Ersitzung der Freiheit nicht mehr denken; denn sie können ihre dingliche Wirkung nur durch Löschung verlieren.

16) I. 9 § 664. Simon und v. Strampff, Mater. S. 446. 558. Es kommen hierbei nicht nur solche Rechte in Betracht, die überhaupt nicht entstehen dürfen, sondern solche, die nach gesetzlicher Vorschrift gerade nicht durch Verjährung entstehen sollen. Entsch. B. 50 S. 111 (Rehbein I. 1036). Durch § 664 ist auch die gemeinrechtliche Kontroverse, ob hier Immemorialverjährung zulässig sei, beseitigt. Gruchot B. 8 S. 281 fg. Heydemann Einl. B. 2 S. 133.

17) I. 9 § 583.

durch Veräußerung zu erwerben, kann, so lange dieser Mangel besteht, die Sache oder das Recht auch nicht ersitzen[18]).

b. Besitz und zwar vollständiger[19]); der unvollständige Besitzer kann nicht Eigenthum ersitzen, weil er sich den Grund seines Besitzes nicht ändern darf[20]).

c. Redlichkeit (bona fides) des Besitzers[21]). Ungerechtfertigter[22]) und unredlicher Besitz schließen von der ordentlichen Ersitzung aus. Es genügt nicht Redlichkeit im Moment der Besitzergreifung[23]), sondern sie muß nach der aus dem kanonischen Recht herübergenommenen Theorie während des Besitzes fortdauern[24]).

Der Begriff der Redlichkeit ist an einer anderen Stelle als ein negativer dargestellt[25]). Er wurde bestimmt als das Nichtwissen von dem vor-

---

[18]) I. 9 §§ 587. 588. Vgl. B. II. § 124 Anm. 26. 27.

[19]) Der Besitz mit dem animus domini. l. 3. 13 pr. 22. 25 D. XLI. Auch dauernde affirmative Rechte. Entsch. B. 17 S. 10 (Rehbein I. 1032). R.G. Entsch. B. 2 S. 295. Zum Nachweis des Besitzes eines affirmativen Rechts als Grundlage der Ersitzung ist die Behauptung nicht erforderlich, daß das Recht als fortdauernde Schuldigkeit gefordert worden. Entsch. B. 61 S. 14, B. 62 S. 30. Auch der Entwurf des B.G.B. § 881, Reichstagsvorl. § 921, verlangt Eigenbesitz.

[20]) l. 13 pr. D. XLI. 3, l. 10 § 5 D. XLI. 1, l. 24 C. III. 32, l. 8 C. III. 33, l. 2 C. VII. 39. Die Regel nemo sibi causam possessionis mutare potest (s. oben § 160 Anm. 68, § 161 IV. a bei Anm. 69) hat hier ihre eigentliche Bedeutung. Doch kann nach preuß. R. der Erbe des Nießbrauchers und Pfandbesitzers unter Umständen das Eigenthum ersitzen. I. 21 §§ 94—97, I. 20 § 251.

[21]) Möllenthiel, über die Natur des guten Glaubens bei der Verjährung. 1820. Unterholzner I. §§ 91. 94fg. 117fg. Savigny, System III. 369f. Stintzing über b. f. und tit. 1852. Schirmer, in der Zeitschr. f. Civ.R. u. Proz. B. 15 S. 207f. 1858. Die oben citirten Schriften von Wächter und Bruns. Vangerow I. S. 601 § 321. Windscheid § 156. Vangerow I. 605 Anm. 3 — S. oben § 163 Anm. 15ff. — Der Entwurf des B.G.B. §§ 881. 886, Entw. II. § 851, Reichstagsvorl. § 921 Abs. 2 schließt Ersitzung aus im Fall des Erwerbs ohne guten Glauben oder des Eintritts der Bösgläubigkeit während der Ersitzungszeit.

[22]) Die Frage, ob Unrechtfertigkeit die ordentliche Ersitzung zulasse, ist von Plathner, Geist II. 266 und vom Ob.Trib. in dem von Koch, Komm. zu § 579 citirten Erkenntniß bejahet, dagegen verneint bei Strieth. B. 32 S. 134, während in Entsch. B. 16 S. 524 der unrechtfertige Besitz bei der 30jähr. Ersitzung für hinreichend erklärt worden ist. Die Entscheidung des Zweifels hängt davon ab, ob Rechtsirrthum bei der ordentlichen Usukapion ausnahmsweis als entschuldbar angesehen werden soll. Nach röm. Recht ist dies unbedingt zu verneinen. l. 4 D. XXII. 6, l. 32 § 1 D. XLI. 3 in jure erranti non procedat usucapio. Scheurl. II. S. 68fg. Von diesem Grundsatz bei der Usukapion abzuweichen, ist um so weniger zulässig, als sie ein positives Institut ist, das einen Erwerb bewirken oder seinen Nachweis erleichtern soll, während der Irrthum doch nur entschuldbar erscheint, wenn Nachtheil abgewendet werden soll. Vangerow I. 603 Nr. 3. Der § 579 I. 9 verlangt Redlichkeit, und als ein redlicher Besitzer kann der unrechtfertige niemals angesehen werden. S. auch unten bei Note 111.

[23]) Wie nach römischem R. l. 48 § 1 D. XLI. 1, l. un. C. VII. 31. Unterholzner I. S. 323 § 96.

[24]) I. 9 § 579. „Durch die Frist redlicher Weise." c. ult. X. de praescr. II. 26. Unde oportet, ut qui praescribit, in nulla temporis parte rei habeat conscientiam alienae. R.G. Entsch. B. 16 S. 219. Oben § 163 Anm. 19. 20. Unterholzner I. S. 62 § 20 S. 329 § 98.

[25]) Oben § 163 im Eingang. Schirmer, Zeitsch. B. 15 S. 214 definirt: „Der gute Glaube ist die positive Ueberzeugung, durch die Aneignung der besessenen Sache Niemandem ein materielles Unrecht zuzufügen". Der Begriff wird dadurch nicht positiver. Sind

handenen kollidirenden Recht einer anderen Person auf dieselbe Sache. Dieser negative Charakter des Begriffs ist auch bei der Ersitzung derselbe, obschon scheinbar hier mehr verlangt wird, nämlich die Ueberzeugung, daß man nicht bloß ein fremdes Recht nicht verletze, sondern daß man auch selbst die Sache fehlerlos erwerbe. Denn auch dieser Ueberzeugung liegt ein Nichtwissen zu Grunde: das Nichtwissen von dem Nichtrecht des Autors und somit von den Mängeln des eigenen Erwerbsakts. Dieses Nichtwissen ist ein Irrthum [26]), weil der Erwerb in Wirklichkeit sich nicht vollwirksam vollzogen hat. Wäre er vollwirksam geschehen, so könnte von Usukapion nicht die Rede sein, weil diese ein Eigenthum erst geben soll und das nicht kann, wenn nachweisbar schon erworben ist. Die vielfach festgehaltene Ansicht [27]), bei der Ersitzung bedeute bona fides die durch den vorhandenen Titel gerechtfertigte positive Ueberzeugung, durch diesen Titel Eigenthum erworben zu haben, geht zu weit, denn der Erwerber braucht seinen Titel nicht zu kennen, er kann sich über ihn irren, ja der Titel kann (bei der außerordentlichen Ersitzung) fehlen, und dennoch wird usukapirt, wenn der Erwerbende nur redlich nicht weiß, daß das Eigenthum nicht auf ihn übergegangen ist [28]). Freilich wird sich thatsächlich dieses redliche Nichtwissen sehr oft anlehnen an die Ueberzeugung, daß der Titel einen vollgiltigen Erwerbsgrund abgegeben habe. Eines Beweises des guten Glaubens bedarf es auch für die Ersitzung nicht, es kommt darauf an, ob der Gegner bösen Glauben behaupten und begründen kann [28a]).

d. Der Titel, den das Gesetz verlangt [29]), ist, wie im vorigen Absatz ausgeführt, nicht ein Rechtfertigungsgrund für das wesentlich subjektive Erforderniß der Redlichkeit, sondern selbständig neben diesem ein objek-

---

dem Erwerbenden Thatsachen bekannt, die gegen sein Recht sprechen und die nicht durch überwiegende Gründe aufgewogen werden, so kann er sich auf sein Nichtwissen nicht gründen. Es läßt sich aber auch hieraus nicht ein positiver Inhalt der bona fides herleiten.

[26]) Ueber die Entschuldbarkeit des Irrthums s. oben § 163 Anm. 17. Vangerow I. § 321 S. 603 Nr. 3. Seuffert III. 144.

[27]) S. hierüber Vangerow I. § 321 S. 602 Anm. 1, wo die Kontroverse mit Berücksichtigung der Litteratur übersichtlich erörtert ist.

[28]) Daß die bona fides nicht nothwendig abhängig vom Titel ist, daß an sich „der Glaube an die Existenz und Rechtsbeständigkeit des Titels mit der bona fides gar nichts zu schaffen habe" (Vangerow), folgt für das A.L.R. aus I. 9 §§ 617. 625. 630. Insoweit sich thatsächlich die bona fides an den Titel anschließt, besteht sie wesentlich in dem Glauben, daß der Autor Dispositionsrecht gehabt oder bei der Ersitzung derelinquirter Sachen in dem Glauben, daß die Sache von dem früheren Eigenthümer verlassen worden. l. 109 de V. S., l. 27 D. XVIII. 1 § 35 J. II. 1 pr. J. II. 6. Die Usukapion vollzieht sich auch, wenn der Ersitzende in der Meinung ist, keinen oder einen andern Titel zu haben, und ein wirklicher oder anderer Usukapionstitel vorhanden ist. l. 2 § 2 D. XLI. 4, l. 3 D. XLI. 6, l. 25 D. XXIV. 1. Schirmer, Zeitschr. B. 16 S. 13. Stintzing S. 73. Vangerow S. 593f. 603. Seuffert XI. 17a.

[28a]) I. 7 § 18. Vgl. § 164 Anm. 19 R.G. bei Gruchot B. 29 S. 946.

[29]) Die Schriften von Stintzing, Scheurl, Schirmer (Zeitschr. B. 16 S. 1). Fitting (Arch. f. civ. Pr. B. 51 S. 1f. 248f., B. 52 S. 381), Bernhöft, Der Besitztitel im röm. R. 1875 u. f. preuß. R. Gruchot VII. 610fg. — Der Entwurf des B.G.B. sieht vom Titel ab.

tives[30]) Erforderniß der Ersitzung. Das A.L.R. verlangt einen Titel, der an sich zur Erlangung des Eigenthums geschickt sei[31]). Das „an sich" deutet klar darauf hin, daß dieses Erforderniß eine wesentlich objektive Natur hat[32]). In seiner äußeren Erscheinung muß der Vorgang, aus dem der Ersitzende seinen Erwerb herleitet, alle thatsächlichen Momente darstellen, die nöthig sind, um ihn als Erwerbsakt zu qualifiziren.

Man hat viel gestritten über die Begriffsbestimmung des Titels. Gewiß ist er ein äußerer Vorgang, und zwar eine Rechtshandlung gerichtet auf Erwerb des Eigenthums[33]). Diese Rechtshandlung aber muß nicht allein nach ihrem Inhalt, sondern auch nach ihrer Form nicht bloß innerlich, sondern auch äußerlich allen gesetzlichen Erfordernissen entsprechen. Daß sie dennoch den Erwerb des Eigenthums nicht bewirkt, verschuldet nicht sie, weil ihre objektive Existenz fehlerhaft ist, sondern das wird durch Gründe verschuldet, die so zu sagen hinter ihr liegen, von ihr verdeckt werden und

---

[30]) Vangerow S. 602 Anm. 1 Nr. 1.

[31]) I. 9 § 579. Der Titel des Verjährenden, nicht die Rechtsstellung seines Autors, ist entscheidend. Strieth. B. 62 S. 146.

[32]) Die Worte „an sich" sind erst bei der Schlußredaktion eingeschoben, sie finden sich noch nicht im gedruckten Entwurf. Die Gründe der Einschiebung sind unbekannt. Sie scheinen der „kleine Beisatz" zu sein, von dem Svarez in der revis monit. zu § 458 spricht, um die „Wahrheit und Richtigkeit" des Titels schärfer auszudrücken. Danach bedeuten sie: der Titel muß wirklich und zwar als solcher existiren (titulus verus et justus). Entsch. B. 6 S. 416f. (Rehbein I. 1047). S. Baron S. 123. 124. Mater. S. 476f. 534f. 582. 671. — Seuff. II. 137. Vgl. unten Anm. 45.

[33]) Schirmer a. a. O. S. 3fg. Die Rechtshandlung ist also ein Erwerbsgeschäft, entweder ein Veräußerungsvertrag oder ein einseitiger Erwerbsakt. Sie muß auf Uebertragung oder Erwerb des Eigenthums gerichtet sein. Entsch. B. 6 S. 423. Z. B. Strieth. B. 11 S. 86. Hierher gehört auch Präj. 410 Samml. I. 42. Das Corp. jur. zählt bekanntlich die einzelnen Usukapionstitel auf in Dig. XLI. 4—10 (Vergl. Cod. VII. 26 bis 29 und l. 46. 48 D. XLI. 3). Die Aufzählung ist nicht erschöpfend. Jede causa traditionis, gerichtet auf Eigenthumserwerb ist Titel. Ueber die einzelnen Titel s. Unterholzner I. §§ 108—116. Man theilte die Titel in translative, d. h. solche, welche das Recht als vorhanden voraussetzend es von dem bisher Berechtigten auf einen Andern übertragen, und konstitutive, wo das Recht neu begründet wird. Ob ein translativer Titel genügt, ist bei Grundgerechtigkeiten und Gebrauchsrechten streitig. S. unten § 187 Anm. 71. 72. Rave, De praescript. p. 23 § XV. definirt die constitutiva: illud ipsum jus, quod ab eo, contra quem praescribitur, amissum est, und die translativa: aliud quoddam jus contra ipsum adquisitum et oppositum illi juri, quo hactenus gaudebat et quod amissum ex praescriptione est. Materialien S. 407. 412. 413 (Klein). Unger, Oesterr. Pr.-R. II. 252. Beim Patronat ist der translative Titel wirksam II. 11 §§ 574. 576. R.G. bei Gruchot B. 34 S. 1041. Einen Titel pro tradito giebt es nicht, weil Tradition nicht Titel oder causa des Erwerbs, sondern nach der Ausdrucksweise des A.L.R. Modus ist Mater. S. 428 N. 11. Deshalb Strieth. B. 44 S. 311. Vgl. oben Anm. 5. Besonders bestritten ist, ob das rechtskräftige Judikat Usukapionstitel sei. Richtig ist die Verneinung, weil das Judikat nicht einen andern Erwerbsgrund schafft, nicht novirt. Unterholzner I. S. 398 § 116. Vangerow I. 598 Anm. 3. Windscheid I. § 179. Auch nach preuß. R. ist die Frage zu verneinen, denn § 7 I. 16 läßt wohl durch das Judikat Rechte erlöschen, aber nicht begründen. Und sollte ein Judikat unrichtig aus einem nicht wahren und wirklichen Titel Eigenthum zugesprochen haben, so bedarf es nicht mehr der Usukapion. I. 10 § 2. S. darüber unten § 178 bei Note 10. — Die Redaktoren des A.L.R. haben die einzelnen Ersitzungstitel nicht aufzählen wollen. Mater. S. 428. 477. 535. Ein Titel aber, pro herede, ist besonders hervorgehoben. §§ 614—619. Mater. S. 546. Schröter in der jurist. Zeit. 1832 S. 903. Vgl. unten Anm. 43a.

darum nicht erkennbar sind. Materiell und formell an sich geeignet, den Erwerb des Eigenthums herbeizuführen, bewirkt der Titel ihn dennoch nicht, weil die Person des Autors nicht das Recht oder die Fähigkeit der Veräußerung hatte.

Die Nothwendigkeit der formellen Giltigkeit des Titels hat ein Plenarbeschluß des Obertribunals für die preußische Praxis festgestellt[34]), während die Schriftsteller über preußisches Recht zum Theil abweichende Ansichten aufgestellt haben[35]), die Praxis ist aber festgeblieben[36]). Man hat dagegen insbesondere geltend gemacht, daß aus den Materialien zum A.L.R. hervorgeht, daß man die Fälle, wo der Formfehler den Titel nichtig macht, oder wo er nur die Klagbarkeit entzieht, unterscheiden müsse[37]), und daß der Mangel der Schriftform des Vertrages nur die Klagbarkeit berühre[38]). Förster leugnete dies[39]) mit dem oben erwähnten Plenarbeschlusse[40]), wenn er auch an anderer Stelle den Satz anerkannte, daß, wer die durch formell ungiltigen Vertrag veräußerte Sache übergeben hat, sie nicht mehr vindiziren kann, vielmehr nur eine persönliche Klage hat. Hieraus ist aber zu folgern: Wenn der Veräußerer zur Veräußerung befugt ist, so geht durch die Uebergabe auf Grund eines formlosen Vertrages Eigenthum über; war ein Veräußerungsrecht nicht vorhanden, so wird Usukapionsbesitz begründet. Anders bei der Grundgerechtigkeit, die auch vom wahren Eigenthümer nur durch schriftlichen Vertrag begründet werden kann, während die bloß mündliche Gestattung, selbst wenn sie zu Besitzhandlungen geführt hat, ein Recht nicht begründet. Hier wird also von einer Ersitzung auf Grund eines Titels nur die Rede sein können, wenn eine schriftliche Einräumung der Gerechtigkeit statt gehabt hat[42]). Die Praxis ist aber auch sonst, namentlich bei der Ersitzung der

---

34) Entsch. B. 6 S. 410 f. (Rehbein I. 1046). Dem gemeinen Recht ist eine solche, durch die Formvorschriften des A.L.R. erzeugte Kontroverse fremd. Jenes sieht die Fehlerhaftigkeit des Titels nur im Nichtrecht des Autors. Code 2267.

35) Mit dem Ober-Tribunal stimmen überein die Gesetzrevisoren und Koch zu § 579.

36) Beispiele: Schles. Arch. B. 6 S. 461. Strieth. B. 37 S. 145. 230, B. 47 S. 54. 89. 211. Entsch. B. 17 S. 132. R.G. Entsch. B. 27 S. 199. Das materiell Zureichende des Titels ist namentlich bei dem s. g. Translativtitel fraglich. Vgl. Anm. 33 und unten § 187 Anm. 71. 72.

37) Mater. S. 51 §§ 474. 475 und Svarez Bemerk. dazu.

38) Baron, Abhandlungen S. 125 f. Baron S. 126 führt als Fälle der Ungiltigkeit an: die Veräußerungen eines Mündelgutes ohne nothwendige Subhastation und ohne Veräußerungsdekret des Vormundschaftsrichters, eine Adjudikatoria unter Verletzung der wesentlichen Förmlichkeiten der Subhastationen; als Fall bloßer Klaglosigkeit den mündlichen Vertragsabschluß, wo Schriftform geboten.

39) Er wies darauf hin, daß die in Anm. 37 erwähnte Unterscheidung nur im Kircheisen'schen Entwurf stehe, in den „ersten Entwurf" aber nicht aufgenommen sei (Materialien S. 51 §§ 474. 475). Er faßte hier die Bestimmung, daß bei formlosen Verträgen alternativ Rückforderung statt finde, dahin auf, daß sie die Ungiltigkeit des formlosen Vortrags erweise.

40) S. die Ausführung hierüber in Entsch. B. 6 S. 429 ff.

41) Oben B. I. § 79 Anm. 94 f. und unten § 178 Anm. 25.

42) Näheres hierüber unten in § 187.

Grundstücke, wie schon gesagt, für das Erforderniß der formellen Giltigkeit des Titels[42a]).

Eine besondere Stellung nimmt das A.L.R. zu der gemeinrechtlichen Streitfrage, ob ein s. g. Putativtitel zur Ersitzung genüge[43]). Durch positive Vorschrift hat das Landrecht einen solchen in dem Falle als wirksam anerkannt, wenn der wirkliche Erbe eine thatsächlich im Nachlaß vorgefundene Sache, die in Wahrheit dem Erblasser nicht gehört hat, gutgläubig als Nachlaßsache ansieht[43a]). Die Redaktoren waren ferner, wie die Materialien

---

[42a]) R.G. Entsch. B. 27 S. 201.

[43]) Die Regel ist der titulus verus. § 11 J. II. 6. l. 27 D. XLI. 3, aber: quod vulgo traditum est, eum, qui existimat se quid emisse, nec emerit, non posse pro emtore, usucapere, hactenus verum esse ait, si nullam justam causam ejus erroris emtor habeat. l. 11 D. XLI. 4, l. 5 § 1 D. XLI. 10. Also wenn entschuldbarer error facti vorliegt, kann auf Grund eines Putativtitels ersessen werden. Unterholzner I. § 103 S. 449 fg. Stintzing S. 89 f. Seuffert II. 138, IX. 265.

[43a]) I. 9 §§ 614—619. Der titulus pro herede besteht nicht darin, daß der Erbe die vom Erblasser angefangene Ersitzung fortsetzt (darüber unten bei der accessio possessionis), sondern darin, daß er auf Grund seines Erbrechts selbst eine Ersitzung anfangen kann. Er ersitzt die im Nachlaß vorgefundenen Sachen, wenn sie nicht dem Erblasser gehört haben, z. B. ihm geliehen, bei ihm niedergelegt, ihm verpfändet oder zum Nießbrauch überlassen waren, im guten Glauben als Erbe, ohne eines anderen Titels zu bedürfen. Hier ist also ein putativer Titel als wirksam anerkannt. I. 20 §§ 251. 252. Entsch. B. 17 S. 130 (Rehbein I. 1058). Strieth. B. 70 S. 175. Der Nachlaß selbst oder ein Stück davon kann von dem Erbschaftsbesitzer gegen den wahren Erben nicht ersessen werden. Strieth. B. 64 S. 67. Diesen Satz hat Förster im IV. Band § 267 Anm. 16 für den Fall eines gegen den Erben ergangenen Ausschlußurtheils modifizirt, — nach Ansicht des Herausgebers zu Unrecht, wie am angegebenen Ort näher darzulegen sein wird. — Bei der landrechtlichen usucapio pro herede handelt es sich um eine Ersitzung an einzelnen im Nachlaß vorgefundenen, aber nicht dazu gehörigen Gegenständen zum Nachtheil ihres Eigenthümers. Auch dem unredlichen Erbschaftsbesitzer kann eine solche Ersitzung nach I. 9 § 619 zu Gute kommen, wenn er sich mit dem wahren Erben auseinandergesetzt oder ihn abgefunden und dadurch seine Unredlichkeit gegen diesen beseitigt hat, sofern ihm nicht gerade bezüglich der einzelnen Sache Unredlichkeit zur Last fällt. Gegenüber der Vindikation hat der titulus pro herede ferner die Wirkung, daß der beklagte Erbe als redlicher Besitzer gilt. I. 15 § 35. Der Erbe kann aber nicht als redlicher Besitzer gelten, also auch nicht ersitzen, wenn er die Thatsachen kannte, nach denen die Sache nicht zum Nachlaß gehört. Entsch. B. 25 S. 111 (Rehbein I. 1059). Im neuesten röm. R. ist eine usuc. pro herede, nachdem die alte lucrativa als improba durch ein S. C. unter Hadrian aufgehoben worden (Gaj. II. § 57. l. 20 § 6 D. V. 3), wenigstens zweifelhaft. Unterholzner I. 363. Fitting a. a. O. 250. 273. Insbesondere greift der Umstand ein, daß der bösgläubige Besitz des Erblassers nicht in der Hand des Erben ein gutgläubiger werden kann. Die gemeinrechtliche Doktrin hat aber, an das kanon. R. anknüpfend, dem redlichen Erben eine Usukapion gestattet, wenn er Sachen im Nachlaß vorfindet, selbst wenn sie der Erblasser unredlich besessen. Vgl. hierüber Gruchot VIII. 29 fg. Daher haben das A.L.R., das österr. G.B. § 1463, das sächs. § 277 ihre usucapio pro herede. Vergl. Mater. S. 432 f. 542. 546. Koch, Komm. zu § 617. — Die Praxis hat sich mannigfach mit dieser usucapio pro herede beschäftigt. Die Ersitzung des Erben bezieht sich nur auf Sachen, nicht auf Gerechtigkeiten, die nicht im Nachlaß gefunden werden können. Präj. 817 (Samml. I. 42). Dernburg I. § 174 Anm. 15 will auf die Worte „die im Nachlaß vorgefunden wurden“ kein Gewicht legen. Gerade an dieses Vorfinden soll sich aber ein ausnahmsweise wirksames bloßes Glauben des Erben knüpfen; und es ist also kein bloßes arg. a. contrario, das auf jene Worte Gewicht legt: sondern die Auslegung folgt aus der Nothwendigkeit strikter Interpretation aller Ausnahmsvorschriften. Auch Grundstücke, die der Erblasser durch mündlichen Vertrag erworben, sollte der Erbe ersitzen. Entsch. B. 17 S. 130. Dieser Fall kann nach dem Ges. über den Eig.Erwerb v. 5. Mai 1872 nicht wohl vorkommen. Vgl. auch noch Präj. 2359 (Samml. II. 15).

ergeben, auch über diese Vorschrift hinaus nicht abgeneigt, den Putativtitel zuzulassen[44]). Demgemäß wird auch von einigen Rechtslehrern schrankenlos die Wirksamkeit des Putativtitels behauptet. Es genüge der auf Thatsachen gestützte falsche, aber entschuldbare Glaube eine Sache rechtsgiltig erworben zu haben. Das Gesetz fordert aber einen „an sich" zur Erlangung des Eigenthums geschickten Titel, und diese beiden Worte schließen mit hinreichender Klarheit den bloßen Irrthum über die Existenz des Titels aus, soweit nicht das Gesetz selbst in seinen weiteren Bestimmungen eine besondere Ausnahme zugelassen hat[45]).

e. Der Zeitablauf. Ruhig soll durch die in den Gesetzen bestimmte Frist die Sache im Besitz des Erwerbenden bleiben[46]). Es kommt hier in Betracht der Anfang, die Fortsetzung, die Dauer, die Unterbrechung und die Zusammenrechnung des Besitzes verschiedener Personen.

1. Der Anfang. Es versteht sich nach dem Gesagten von selbst, daß nur derjenige ersitzen kann, der eine dazu geeignete Sache redlich und auf Grund eines ausreichenden Titels in Besitz genommen hat[47]). Sonach hin-

---

Dazu Entsch. B. 22 S. 296, aber auch B. 25 S. 111, B. 59 S. 61. — An die Zulässigkeit der Usukapion seitens des Erben knüpft sich für diejenigen Fälle, in denen der Erblasser kontraktlich verpflichtet war, die im Nachlaß befindliche Sache einem Andern (— von dem er sie geliehen, gemiethet, als Pfand erhalten —) herauszugeben, die Frage, wie die auf den Erben vererbte Schuldverbindlichkeit durch die vor vollendeter Verjährung der Schuldklage vollendete Ersitzung berührt wird. Man muß annehmen, daß die Verbindlichkeit erlischt. Vergl. hierüber I. 20 § 251. Entsch. B. 59 S. 61 (Strieth. B. 70 S. 175. Rehbein I. 1061). S. auch Gruchot B. 8 S. 135. — Der Entwurf des B.G.B. § 888, Entw. II. § 1900, Reichstagsvorl. § 2001 tritt ausausdrücklich der Ersitzung des vermeintlichen Erben an Erbschaftssachen entgegen.

[44]) Mater. S. 429. 524. 535. Svarez sagt hier geradezu: daß die Wahrheit und Richtigkeit des Titels bei der Verjährung nicht nothwendig, sondern es genug sei, wenn der Besitzer solchen nur bona fide für wahr gehalten, versteht sich von selbst. Baron S. 123f. — Förster argumentirte im Anschluß an seine im vorhergehenden Absatz erwähnte Betonung der Nothwendigkeit der formellen Giltigkeit des Titels, daß die Kontroverse durch den Satz, daß der Titel formell giltig sein müsse, von vornherein eine engere werde. Wo eine Form vorgeschrieben ist, sei schon die Möglichkeit der Existenz eines Putativtitels nicht zuzugeben. Das Eine schließe das Andere aus, und selbst eine entschieden nachweisbare entgegengesetzte Ansicht der Redaktoren würde dies nicht ändern können.

[45]) Die Zulässigkeit des Putativtitels nehmen für das A.L.R. an: Baron S. 122fg. dem Gruchot B. 7 S. 616 beitritt, ebenso Dernburg I. § 174. Koch zu § 579 wird ebenfalls für die Wirksamkeit des Putativtitels citirt, wohl aber mit Unrecht. Vgl. Privatrecht B. I. § 153 Anm. 2ff. Gegen den Putativtitel Bornemann II. 98. Arndts im Arnsb. Arch. III. 310 Note 8, und das Ober-Trib. bei Strieth. B. 52 S. 216 (Rehbein I. 1058) unter Bezugnahme auf § 579 verglichen mit I. 9 §§ 625. 628. Die von Svarez gewünschte Aenderung des Entwurfs § 451, durch die er nach der in Anm 44 erwähnten Ansicht umgestaltet werden sollte, ist nicht erfolgt. Vielmehr ist in § 579 das die Svarez'sche Auffassung ausschließende „an sich" eingeschoben.

[46]) Ueber den Begriff des ruhigen Besitzes s. oben § 162 Anm. 31. Das O.A.G. München hat ausgesprochen: ruhig sei nach I. 9 § 579 der Besitz, wenn solche Vorkommnisse, die nach §§ 601 fg. die Verjährung zu unterbrechen geeignet sind, nicht eingetreten sind. Bl. f. Rechtsanw. B. 10 S. 80.

[47]) I. 9 § 591. Bei dem Rechtsbesitz bezeichnet den Anfang die erste wirkliche Ausübungshandlung. I. 7 §§ 80. 109. Entsch. B. 17 S. 136f. — Den Beweis der Redlichkeit hat der Usukapient nicht zu führen; es muß ihm seine Unredlichkeit bewiesen werden. I. 7 § 18, I. 9 §§ 628. 663. Dies wird auch im gemeinen Recht angenommen. Unterholzner I. 495. Gruchot B. 8 S. 103.

dert Alles den Anfang der Ersitzung, was die Besitzergreifung hindert[48]), und Alles was überhaupt dem Anfang der Verjährung entgegensteht[49]). Letzteres ist früher erörtert[50]), und es ist dem dort Gesagten hier noch beizufügen, daß auch gegen den Eigenthümer eines im Nießbrauch eines Dritten befindlichen Grundstücks die Ersitzung eines dinglichen Rechts nicht begonnen werden kann[51]), daß aber dieser Rechssatz nicht auf den Pfarrer Anwendung findet, gegen den zum Nachtheil der Pfarre Ersitzung und Verjährung beginnt, weil er nicht bloß Nießbraucher, sondern auch Verwalter ist[52]). Verschieden dagegen von der erlöschenden Verjährung[53]) beginnt die Ersitzung auch gegen Unmündige, Geisteskranke und Abwesende, wenn sie bevormundet sind[54]), und nur wenn die Ersitzung während dieses Zustandes abläuft, steht ihnen ein binnen vier Jahren nach Aufhebung der Vormundschaft geltend zu machender Anspruch auf Restitution zu[55]). Es darf ferner gegen den Inhalt eines rechtskräftigen Urtheils von dem, gegen den es ergangen ist, keine Ersitzung angefangen werden[56]).

2. Zur Fortsetzung ist ununterbrochen ruhiger, redlicher Besitz erforderlich[57]). Der einmal begonnene Sachenbesitz ist seiner Natur nach dauernd. Aber der in der Ausübung bestehende Rechtsbesitz ist meist diskontinuirlich, und es bedarf daher besonderer Vorschriften[58]). Die Ausübung findet entweder, wie das A.L.R. sagt, „gewöhnlich", d. h. alljährlich wenigstens einmal[59]), oder nur bei gewissen Gelegenheiten statt, deren Wiederkehr von unbestimmten äußeren Umständen abhängt. Rechte der letzteren Art fallen nicht in das Bereich der ordentlichen Ersitzung[60]). Von den Rechten der ersten Art heißt es: ihre Ausübung muß nach der Besitz-

---

[48]) I. 9 § 589. Das bezieht sich auf die fehlerhafte Besitzergreifung.

[49]) I. 9 § 590. — Vgl. Entwurf des B.G.B. § 884, II. § 853, Reichstagsvorl. § 923.

[50]) Oben B. I. § 46 bei Anm. 38f.

[51]) I. 21 §§ 91. 92. Strieth. B. 37 S. 230. R.G. Entsch. B. 19 S. 278.

[52]) Entsch. B. 50 S. 1 Pl.-B. Striethorst B. 52 S. 79. Hinschius (Anw.Zeit. 1864 S. 233) führt dagegen mit Förster's Beifall aus: Der Pfarrer verwalte nur, weil er den Nießbrauch hat; die Verwaltung sei nicht eine selbständige neben dem Rechte des Nießbrauchs. Aber es muß anerkannt werden, daß die Verwaltung des Pfarrers über die des Nießbrauches hinausgeht, daß der Pfarrer nicht einfacher Nießbraucher ist. Vgl. übrigens oben B. I. § 46 Anm. 49 und unten § 186 Anm. 96.

[53]) Oben B. 1 § 57 Anm. 7.

[54]) I. 9 §§ 553. 595. Mater. S. 584f. Svarez, Schlußrevis. Jahrb. B. 41 S. 14. Simon, Zeitschr. III. 662. 663. Anders nach röm. R., das bei Minderjährigkeit die Usukapion ganz ausschließt. I. 5 C. VII. 35. Unterh. I. 112ff. Striethorst B. 3 S. 235.

[55]) I. 9 § 594.

[56]) I. 9 § 592. Dadurch ist aber dessen redlicher Singular- oder Universalnachfolger nicht gehindert, selbständig eine Usukapion anzufangen. I. 9 §§ 613. 614. Mater. S. 471.

[57]) I. 9 § 579. „Durch die bestimmte Frist ruhig und redlicher Weise besessen." Wegen mala fides superveniens vgl. oben Anm. 24. Vgl. Entwurf des B.G.B.

[58]) Gruchot B. 8 S. 186. 197. Dem gemeinen Recht fehlen ausdrückliche Vorschriften. Nachweisungen aus der gemeinrechtlichen Praxis das. S. 189fg.

[59]) Simon, Zeitschr. B. 3 S. 673. Bornemann II. 97.

[60]) I. 9 § 649 f. unten Anm. 101f.

ergreifung jährlich wenigstens einmal erfolgen[61]). Wenn Anfang und Ende des Besitzes nachgewiesen ist, so wird die Ausübung in der Zwischenzeit vermuthet[62]). Jedes Jahr aber, in dem die Ausübung ganz unterblieben ist, scheidet bei der Berechnung der Ersitzungszeit aus[63]).

3. Die Zeitdauer. Die ordentliche Ersitzung vollendet sich in zehn Jahren ohne Unterscheidung der beweglichen und unbeweglichen Sachen[64]). Die Berechnung ist hier wie überall im preußischen Recht, das den Begriff des utile tempus nicht kennt, eine ohne Unterbrechung fortlaufende[65]). Gegen solche Personen aber, welche für Jahresfrist außerhalb der Provinz abwesend sind, wird jedes volle Jahr der Abwesenheit nur gleich sechs Monat gerechnet; Abwesenheit unter einem vollen Jahr kommt nicht in Betracht[66]).

---

61) I. 9 § 596. Es ist nicht erforderlich, daß sie in allen Fällen desselben Jahres ausgeübt werden. Pl.Beschl. Entsch. B. 17 S. 6.

62) I. 9 § 599. Eine Rechtsvermuthung von dauernder Geltung. Sie tritt nach Entsch. B. 19 S. 140 (Rehbein I. 1041), auch dann ein, wenn die Zeit zwischen den beiden Besitzhandlungen am Anfang und Ende länger ist, als die zur Vollendung der Ersitzung nöthige Frist. Gab bei Gruchot B. 4 S. 46. Anfang und Ende des Besitzes müssen besonders nachgewiesen werden § 600. Der Endakt wird als Besitzhandlung dadurch nicht beseitigt, daß er die Veranlassung zur Klage gegen den Usukapienten geben hat. Entsch. B. 15 S. 142. (Einen Beweis auch für Zwischenakte hat das Erk. von Jena, bei Gruchot B. 8 S. 190 verlangt.) Uebrigens muß auch bei der auf Sachbesitz gestützten Usukapion Anfang und Ende des Besitzes nachgewiesen werden. Unterholzner I. 496. Der § 599 leidet, worauf Gruchot B. 8 S. 107 hinweist, an einer Ungenauigkeit, denn es kommt nicht darauf an, Anfang und Ende des Besitzes zu erfahren, sondern auf den Nachweis des Anfangs und auf den Nachweis, daß man am Ende der Ersitzungszeit sich noch im Besitze befunden. Mater 433. 490. 539. Sächs. G.B. § 273. Code a. 2234. Auch Entw. des B.G.B. § 883, Entw. II. § 852, Reichstagsvorl. § 922. — Seuffert II. 141.

63) I. 9 §§ 597. 598. Vgl. Entsch. B. 72 S. 40. Strieth. B. 91 S. 104. Die Ersitzung ruht in einem solchen Jahre; ist aber die Nichtausübung durch Widerspruch des Verpflichteten verursacht, so ist der Besitz und damit auch die Verjährung unterbrochen. I. 9 § 601. Entsch. B. 38 S. 79. Gruchot B. 8 S. 197 fg.

64) I. 9 § 620. Absichtlich ist man von dieser Unterscheidung des röm. Rechts abgewichen, Mater. S. 503, und zwar, weil die Vindikation beweglicher Sachen vom redlichen Besitzer im A.L.R. durch die Einlösungspflicht gemildert worden, und der Grund für eine kürzere Verjährung weggefallen sei. Ursprünglich wurden Versuche gemacht, den Unterschied beizubehalten. Das. S. 476. 477 pr. J. II. 6. Ueber die Ersitzung von Immobilien trotz eingerichteten Grundbuchs s. oben Anm. 32. — Die Ersitzungszeit des Entwurfs des B.G.B. § 881, II. § 851, Reichstagsvorl. § 921 ist ebenfalls zehnjährig.

65) Oben B. I. § 45 bei Anm. 1 f. Gruchot B. 8 S. 138. Vollendet ist die Ersitzung mit dem Beginn des letzten Tages. § 46 I. 3, l. 15 pr. D. XLIV. 3. Windscheid I. § 180.

66) I. 9 §§ 621—623. l. un. C. VII. 31, l. 12 C. VII. 33 Nov. 119, c. 8. Das röm. R. verlangte gegen Abwesende eine 20jährige Ersitzung. Abwesend war, wer nicht in derselben provincia wohnte. Unterh. I. § 84. Die letztere Bestimmung wird in der Praxis zum Theil als unpraktisch angesehen. Seuffert VI. 312, IX. 9, X. 137. Den Begriff der Provinz bestimmt § 622 als den Bezirk eines „Landes-Justizkollegiums". Die Landesjustizkollegien waren die den Untergerichten, die durch Einzelrichter zu entscheiden hatten, als Gerichte zweiter Instanz übergeordneten, gleichzeitig mit ausgedehnter Gerichtsbarkeit erster Instanz versehenen Gerichte. Die Praxis hat angenommen, daß die Bestimmung, als diese Justizkollegien aufgehoben wurden, auf die Appellationsgerichte zu deuten war, die an die Stelle der alten Oberlandesgerichte getreten waren. Die Bezirke der heutigen Oberlandesgerichte sind größer, man wird aber auf ihre Bezirke jetzt den Begriff der Provinz zu deuten haben, wenngleich nach manchen Seiten hin die Landgerichte den alten Justizkollegien besser entsprechen.

Gegen Korporationen, die nicht besonders privilegirt sind, beträgt die Ersitzungszeit zwanzig Jahre[67]).

4. Die Unterbrechung (usurpatio)[68]); *α*. Natürliche Unterbrechung. „Was den Besitz unterbricht, unterbricht die darauf sich gründende Verjährung"[69]); Dereliktion der Sache aber nur dann, wenn man die Sache nicht wieder ergriffen hat. Ist sie jedoch in der Zwischenzeit im Besitz eines Andern gewesen, so ist die Ersitzung unterbrochen[70]). In der Lehre vom Besitz ist gezeigt, daß dieser aufhört, wenn man nicht mehr besitzen will, kann oder darf[71]). Weil der Besitz am Ganzen erhalten bleibt, wenn er an einem Theil ausgeübt wird[72]), so hindert der Eigenthümer, der sein Eigenthumsrecht an einem Theile gebraucht, die Ersitzung im Ganzen[73]). Aufhören der Redlichkeit des Besitzes wirkt wie Aufhören des Besitzes selbst[73a]).

β. Rechtliche Unterbrechung. Die Ersitzung wird unterbrochen durch die Erhebung der Klage oder Einlegung einer Protestation des Eigenthümers bei Gericht. Das Landrecht nannte neben der letzteren die Anmeldung der Klage, fügte aber hinzu, daß beide Akte nur unter der Bedingung wirksam seien, daß ihnen die Bekanntmachung an den Besitzer folge[74]). Da die Civilprozeßordnung auch in dieser Beziehung die Erhebung der Klage an Stelle der Klageanmeldung gesetzt hat, so ist jene Bestimmung

---

67) I. 9 § 624.

68) l. 2. 5. 15 pr. § 2 D. XLI. 3, l. 7 § 4 D. XLI. 4, l. 5 D. XLI. 6. Unterholzner I. § 131 S. 457. Gruchot B. 8 S. 109 ff.

69) I. 9 § 601. (Ein Beispiel Striethorst B. 37 S. 298.) l. 5 D. XLI. 3. Seuffert IV. 15. Sächs. G.B. § 285. Code a. 2243. Nach dem Grundsatz des preuß. R., wonach Verlust des Gewahrsams noch nicht den Verlust des Besitzes bewirkt, setzt der Besitzer, der fehlerhaft den Gewahrsam verloren, so lange dessen Wiederlangung noch möglich ist, die Ersitzung fort. Baron S. 26. Gruchot B. 8 S. 110. — S. Entwurf des B.G.B. § 885, Entw. II. § 854, Reichstagsvorl. § 914.

70) I. 9 § 602. Ihering, Geist des röm. R. II. 455 Note 592. Bei dem Verlieren wird der Besitz solo animo fortgesetzt; bei dem Derelinquiren aber nicht, vielmehr geht hier der Besitz eigentlich verloren. Es erschien jedoch zu fein, dem Usukapienten die Ersitzung zu entziehen, wenn noch kein Dritter dazwischen getreten war. Mat. 542 f. 674.

71) Oben § 161. Vergl. insbesondere auch Anm. 50 zu § 160 und § 157 bei Anm. 48 darüber, daß das von der C.P.O. als Besitznahme bezeichnete Fortnehmen einer gepfändeten Sache in die amtliche Verwahrung des Gerichtsvollziehers den Besitz des gepfändeten Schuldners, insbesondere also die Fortdauer der Ersitzung unberührt läßt.

72) I. 9 § 570. Vgl. dazu § 571 und dazu Entsch. B. 74 S. 15, Strieth. B. 97 S. 210.

73) Strieth. B. 4 S. 323.

73a) Vgl. oben Anm. 24. 57.

74) I. 9 § 603 (civilis interruptio). Entsch. B. 58 S. 72 (Rehbein I. 1071). Diese Unterbrechung wirkt nur zu Gunsten des Klägers und nur gegen den Beklagten, nicht gegen Dritte. Gruchot B. 8 S. 113. Seuffert VIII. 233. Svarez hat die Unterbrechung durch die Insinuation damit motivirt, daß der Ersitzende durch diese in malam fidem versetzt werde (vgl. I. 7 § 222); den Unterschied von der erlöschenden Verjährung, welche schon durch die Anmeldung der Klage unterbrochen werde, findet er darin, daß hier die Anmeldung die Negligenz beseitige, dort aber erst die Behändigung den Besitz des Usukapienten zum unredlichen machen könne. Mater. S. 481. 482. Die „Bekanntmachung", von welcher § 603 spricht, kann nöthigenfalls auch durch öffentliche Zustellung erfolgen. § 608. — Vgl. Entwurf des B.G.B. § 887, II. § 926, Reichstagsvorl. § 925.

und die weiteren sich anschließenden Bestimmungen insoweit außer Geltung[75]). Von Bedeutung ist dagegen die Bestimmung noch für die Protestation[76]); ist eine solche vor Ablauf der Ersitzungszeit gerichtlich erklärt, so kommt es dem Besitzer nicht zu statten, daß die Verjährungszeit vor der Bekanntmachung an ihn abgelaufen ist. Nur wenn die Protestation durch gerichtliches Dekret zurückgewiesen wird und der Protestirende sich länger als dreißig Tage hierbei beruhigt, verliert die Protestation ihre Kraft, während nach Bekanntmachung der Protestation auch eine neue Ersitzung zum Nachtheil des Protestirenden nicht beginnen kann. Bezüglich der Klageerhebung gilt, wenn die Klage vor dem unzuständigen Richter erhoben wird, dasselbe, was für die Klageverjährung vorgeschrieben ist[77]). Die Zurücknahme der Klage, soweit sie ohne oder mit Bewilligung des Beklagten wirksam erfolgt, vernichtet die an die Klageerhebung sich knüpfende Unterbrechung der Verjährung[78]). Ob in Folge der Kenntnißnahme des Besitzers

---

[75]) C.P.O. § 239. Als beseitigt hat hiernach zu gelten nicht nur die Zurückdatirung der Unterbrechung auf einen der Klageerhebung (Zustellung) vorangehenden Zeitpunkt (§ 604), sondern ebenso die Bestimmung, daß ein Liegenlassen der Sache, das den Richter zur Reposition der Akten berechtigt, ebenso wie die wirkliche Zurücknahme der Klage (vor der Behändigung derselben) die Unterbrechung aufhebe (§ 605, der in Entsch. B. 42 S. 68, B. 58 S. 72 (Rehbein I. 1071) in seinem Verhältniß zu § 607 wohl nicht richtig beurtheilt worden ist) und die Vorschrift, daß die Zurückweisung der Klage durch Dekret, wenn der Zurückgewiesene sich dreißig Tage beruhigt, die Unterbrechung beseitigt (§ 606) — ebenso endlich die Bestimmung des § 607, wozu wieder Anm. 78 zu vergleichen ist. Zurückweisung der Klage durch Urtheil, wenn nur in solcher Weise erfolgt, daß der selben nochmals erhobenen Klage die Einrede der res judicata nicht entgegensteht, zerstört nicht die Unterbrechung durch Klageerhebung. Entsch. B. 52 S. 66 (Rehbein I. 1068).

[76]) I. 9 §§ 601—607, vgl. B. I. § 48 Nr. 3. Daß die Protestation von der C.P.O. nicht berührt wird, ist zweifellos, übrigens auch in den Prot. der Norddeutschen Kommission besonders anerkannt (Nordd. Prot. S. 539). Die Protestation ist auch jetzt noch eine vor Gericht (als Akt freiwilliger Gerichtsbarkeit) abgegebene Erklärung. Der Richter hat aber zur Zeit nicht mehr den Akt von Amtswegen bekannt zu machen, da eine von der Partei veranlaßte Zustellung des aufgenommenen Akts die Stelle der gerichtlichen Bekanntmachung vertritt. Ausgeschlossen ist die direkte Bekanntmachung seitens des Gerichts hierdurch übrigens nicht. — Das Landrecht stellt eine Zurückweisung der Protestation durch das Gericht als möglich hin, — da hierin nichts geändert ist, so muß sie auch jetzt als zulässig gelten. Es ist gleichgültig, ob die Protestation gegen das Recht oder gegen den Besitzstand gerichtet ist. Vgl. Mat. S. 543.

[77]) I. 9 §§ 610. 552. 553. Oben B. I. § 57 bei Anm. 60. 61. Vergl. Gruchot 117. Von der Klage wie von der Protestation gilt, daß Besitzklage oder Klage aus dem Recht in gleicher Weise die Ersitzung unterbrechen.

[78]) C.P.O. § 243. Vergl. oben B. I. § 57 Anm. 63. Dernburg I. § 168 findet in der Klageerhebung das civilrechtlich wirkende und deshalb von der Zurücknahme nicht berührte Moment der Protestation. Aber die Protestation des Landrechts ist ein Akt, der von dem Richter und mit dessen prüfender Mitwirkung geschieht, — das ist die Klagezustellung nicht. — Als inneren Grund der Unterbrechung der Ersitzung durch Klagebehändigung bezeichnen allerdings die Materialien S. 544 ff., daß mit der Insinuation der Klage mala fides superveniens eintrete, die nicht mehr beseitigt werden kann. Vergl. Leyser 464, Med. 1, Berger oec. jur. IV. 14 th. 2 not. 3. Aber so sehr es sich rechtfertigt, den im Prozeß endlich unterliegenden Beklagten von dem Zeitpunkt der Rechtshängigkeit an als bösgläubigen Besitzer zu beurtheilen (§ 222 I. 7), so wenig hat eine Fiktion der mala fides superveniens, die über den Prozeß hinaus wirken soll, innere Rechtfertigung. Daraus erklärt sich die Anm. 75 angedeutete Neigung der preußischen Praxis, bereits I. 9 § 607 in seinem Verhältniß zu

von dem Inhalt der Klage sein redlicher Besitz aufgehört hat[79]), so daß von einer Vollendung der Ersitzung nicht mehr die Rede sein kann, wird nach der Lage der thatsächlichen Verhältnisse der freien, durch die Fiktion einer schlechthin eingetretenen mala fides nicht beengten richterlichen Prüfung unterliegen.

γ. Außergerichtliche Handlungen des Eigenthümers unterbrechen die Ersitzung nur, wenn sie geeignet sind, den Besitzer von der Unrechtmäßigkeit seines Besitzes zu überführen oder ihm den „vollständigen" Besitz zu entziehen[80]). Dahin gehören Pfändungen nicht, wenn der Ersitzende seinen Besitz trotzdem fortsetzt[81]).

5. Unter Zusammenrechnung des Besitzes verschiedener Personen (accessio possessionis) versteht man die Befugniß eines späteren redlichen Besitzers, die von dem früheren Besitzer angefangene Ersitzung fortzusetzen[82]). Diese Befugniß ist an folgende Voraussetzungen geknüpft: der frühere Besitzer muß die Ersitzung bereits angefangen, d. h. die Sache schon besessen, das Recht schon einmal redlich ausgeübt haben[83]); der spätere Besitzer muß seinen Besitz von dem früheren erworben haben, sei es durch Tradition oder durch Vererbung, d. h. es genügt nicht das bloß zeitliche Aufeinanderfolgen, sondern eine Succession muß den Erwerb vermittelt haben[84]).

---

§ 605 dahin zu interpretiren, daß im Falle der zurückgenommenen behändigten Klage die Wirkung der Unterbrechung der Ersitzung gerade so wegfalle, wie jetzt nach § 243 C.P.O.

79) Daß dies erheblich ist, folgt aus I. 9 § 579 und ist von einer Fiktion der mala fides superveniens durchaus verschieden. Vgl. oben Anm. 24. 57.

80) I. 9 § 611. Z. B. Präj. 855 Samml. I. 41. Mater. S. 545. Der Grund liegt in der mala fides superveniens. Rave, De praescript. § 33. Gruchot B. 8 S. 117. Koch zu § 611.

81) I. 9 § 612. Mater. S. 545. (Die Privatgewalt soll nicht begünstigt werden.) Die gemeinrechtlichen Juristen waren anderer Meinung. Gruchot B. 8 S. 118f. Eine Pfändung, die demnächst im Prozesse als rechtmäßig anerkannt ist, wird im Präj. 1798 (Pr.S. S. 41) als geeignet bezeichnet, den Besitzer von der Unrechtmäßigkeit seines Besitzes zu überführen. Das wird aber von der Beurtheilung der Umstände des Falls abhängen. Mißverstanden wird das Präj., wenn daraus hergeleitet wird, daß das Erkenntniß auf den Augenblick der Pfändung zurückwirke.

82) I. 9 §§ 613. 615. Denzinger, Die accessio possessionis nach dem römischen und kanon. R. 1842. Unterholzner I. §§ 132—136 S. 463ff. Vangerow I. S. 606 § 322 Anm. 2. Windscheid I. § 81 Note 10. Gruchot B. 8 S. 119fg. Das röm. R. legt auf die fides des späteren Besitzers kein Gewicht. l. 40. 43 D. XLIV. 3. Auch der unredliche Erbe des redlichen Besitzers konnte sich dessen Besitzzeit anrechnen. l. 30 pr. D. IV. 6 § 12 J. II. 6, l. 2 § 19 D. XLI. 4, l. 43 pr. D. XLI. 3. Hiervon weicht in Folge der Einwirkung des kanon. R. das A.L.R. ab. Mater. 431. 432. 503. Ebenso österr. G.B. § 1493, sächs. §§ 275. 276. Code a. 2235. Entwurf des B.G.B. § 882, II. §§ 857. 858, Reichstagsvorl. §§ 927. 928. — Die Zusammenrechnung findet auch bei der Servituten-Ersitzung statt. Seuffert I. 323.

83) Entsch. B. 23 S. 69. Strieth. B. 5 S. 275 (Rehbein I. 1044).

84) Strieth. B. 43 S. 41f., B. 67. 247. Auf die Giltigkeit des Uebertragungsaktes kommt es nicht an, denn er ist nicht Usukapionstitel, wohl aber auf den Titel, auf Grund dessen der Vorbesitzer die Ersitzung begonnen hat. Bei derelinquirten Sachen findet keine Accession statt. Gruchot B. 8 S. 122. Auch darf kein zur Usukapion ungeeigneter Zwischenbesitz vorhanden sein. Mat. 431. l. 15 § 1 D. XLIV. 3 quia conjuncta non est l. 20 eod. Eine besitzlose Zwischenzeit wird eingerechnet. l. 31 § 5 D. XLIV. 3. Ob bei Parzellirungen der Erwerber einer Parzelle die Servitutenusukapion, die der Veräußerer in Betreff des ganzen Grundstücks angefangen hat, wegen der Untheil-

Damit ist nicht gesagt, daß es eine Rechtsnachfolge in den Besitz gebe, die oben allgemein verneint worden ist[85]); denn das Zusammenrechnen zweier Besitzzeiten bedeutet nicht ein Succediren in den Besitz des Vorgängers oder Autors. Vielmehr muß der Nachfolger den Besitz ergriffen haben, ehe von einem Zusammenrechnen die Rede sein kann[86]). Wenn der Erbe die vom Erblasser begonnene Ersitzung fortsetzt, so kommt ihm bei Berechnung des Zeitraums auch die gesetzliche Ueberlegungsfrist zu statten[87]). Wer von einem unredlichen Vorbesitzer den Besitz der Sache redlich erlangt, kann zwar die Besitzzeit seines Autors sich nicht anrechnen, er kann aber selbst im Fall der Vererbung die Ersitzung neu anfangen[88]). Darin liegt eine Abweichung vom römischen Recht[89]).

B. Die außerordentliche Ersitzung theilt mit der ordentlichen, daß der Erwerbende sich im vollständigen und redlichen Besitze der Sache oder des Rechts während der Ersitzungsperiode befunden haben muß. Aber sie unterscheidet sich von der ordentlichen dadurch, daß sie keinen Titel verlangt und daß statt dessen die Dauer der Ersitzungszeit verlängert ist[90]).

Zunächst soll gegen Privatpersonen und nicht priviligirte Korporationen

---

barkeit der Servituten nicht fortsetzt, Striethh. B. 25 S. 75, B. 26 S. 146. 155 ist in der Lehre von der Grundgerechtigkeit näher zu untersuchen. — Auch dem Legatar kommt Accession zu. l. 13 § 10 D. XLI. 3. Gruchot 124. Weitere Kasuistik s. das. Insbesondere Anrechnung des Besitzes des Käufers, wenn die Sache an den Verkäufer zurückfällt: l. 13 § 2 D. XLI 2, l. 19 D. XLI. 3. Gruchot 123. Windscheid a. a. O. Note 11.

85) § 160 Anm. 54.

86) Es wird in die condicio usucapiendi, nicht in den Besitz succedirt. Scheurl, Beitr. I. 22. 90. Unger, Oesterr. Privat-R. II. 18 Note 11. Accessio ist nicht successio.

87) I. 9 § 616. Im röm. R. setzte die hereditas jacens die Usukapion fort. Diesen Begriff hat das A.L.R. nicht, weil der (bekannte oder unbekannte) Erbe sofort erwirbt. Der Erbe muß aber auch nach A.L.R. den Besitz ergreifen (Entsch. B. 18 S. 10; vgl. oben § 160 Anm. 58, § 162 Anm. 54), um die Ersitzung fortzusetzen. Im Sinne der gesetzlichen Bestimmung liegt es, ihm die ganze Zwischenzeit vom Tode des Erblassers bis zur eignen Besitzergreifung mit der Besitzzeit des Erblassers zuzurechnen. — Die hereditas jacens erscheint noch im Kircheisen'schen Entwurf § 822. Mater. 432 im gedruckten Entwurf S. 541. Im umgearbeiteten Entwurf § 621 (S. 587) steht die Ueberlegungsfrist, die also die Zeit ante aditam hereditatem herstellen oder ersetzen soll.

88) I. 9 § 614. Ausgenommen sind auch vom Vorbesitzer gestohlene und geraubte Sachen. § 584, weil der Erbe hier der erste redliche Besitzer sein würde. Ueber die Verjährung auf Grund des putativen Titels der Erbschaft vgl. oben Anm. 33. 43. Bei dem Anfang einer neuen Verjährung (wo also nicht die Verjährung des Vorbesitzers durch den Nachfolger fortgesetzt wird) kommt es auf den Titel, durch den der Vorbesitzer die Sache erhalten, nicht an, weil dieser für die neue Verjährung des Nachfolgers nicht die Bedeutung des Usukapionstitels hat. Vielmehr ist der Uebertragungsakt (Veräußerung unter Lebenden oder Vererbung) der Titel der neuen Ersitzung. Und darum, weil es sich hier um den Anfang einer neuen Ersitzung handelt, kommt es nur auf die Redlichkeit des Nachfolgers an, die auch in der Person des Erben vermuthet werden muß. Präj. 1061. Samml. I. S. 42. Entsch. B. 17 S. 130, B. 22 S. 296, B. 25 S. 111. Striethh. B. 5 S. 133, B. 13 S. 144. Mater. S. 431. 432. 483. 541 f.

89) Oben Note 82. Die Redaktoren sind hier absichlich abgewichen. Mater. S. 431 f. 503 f. Nr. 6.

90) l. 8 § 1 C. VII. 39 c. 15 C. 16 qu. 3. 4. Fritz in der Zeitschr. f. Civ.-R. und Proz. B. 3 S. 435 f. Unterholzner II. §§ 176—179 S. 83 f. Vangerow I. § 325 S. 613 fg. Seuffert XI. 17 a.

die titellose Ersitzung 30 Jahre dauern[91]). Es ist Svarez[92]) nicht entgangen, daß die dreißigjährige Präskription zunächst nichts weiter war als die Verjährung der Eigenthumsklage, wie sie auch im älteren römischen Recht als solche aufgefaßt wurde[93]). Gemischt aber hat sich mit ihr der Usukapionscharakter insofern, als der dreißigjährige Besitz nicht bloß eine Einrede gegen die Vindikation, sondern auch die Vindikation selbst für den Besitzer erzeugt[94]). Der dreißigjährige Zeitraum muß zwischen der ersten und letzten Besitzhandlung liegen[95]), und insbesondere bei affirmativen Rechten beginnt der Lauf mit der ersten wirklichen Leistung[96]). Weder Titel noch Uebergabe ist zu beweisen, der ruhige und, wenn Anfang und Ende nachgewiesen, für die Zwischenzeit vermuthete Besitz begründet diese Verjährung[97]). Daß der Besitz fehlerhaft ergriffen, unredlich gewesen oder unterbrochen worden, hat der Gegner zu beweisen[98]). Die Praxis nimmt mit Recht an, daß der unrechtfertige Besitz hier dem unredlichen nicht gleich stehe[99]).

---

91) I. 9 §§ 625—628. Darüber daß das A.L.R. die 30jährige Ersitzung noch als gewöhnliche ansieht, während sie nach röm. R. zur außerordentlichen gehört, s. oben Note 9. Gruchot VIII. 142 fg.

92) Mat. S. 549.

93) Im vorjustinianischen Recht schützte sie nur den Besitz durch Einrede gegen den Vindikanten, erzeugte aber kein selbständiges Klagerecht. Unterh. II. S. 83 § 176.

94) Diese erweiterte Wirkung ist durch Justinian in der l. 8 §§ 1—3 C. VII. 39 eingeführt. Unterh. II. S. 86. Den Usukapionscharakter hat aber die 30jährige Verjährung nur bei redlichem Besitz; der unredliche Besitzer hat nach röm. Recht nur eine Einrede gegen die verjährte Vindikation, eine Einrede, die ihm das kanon. Recht entzogen hat. Nach kanon. Recht wird ferner für die Ersitzung die fortdauernde bona fides erfordert. Sonach ist jetzt die 30jährige Verjährung eine außerordentliche acquisitive, die alle Erfordernisse der Klagverjährung gegen die Vindikation und außerdem noch das der bona fides besitzt. Letzteres Moment giebt ihr den erwerbenden Charakter. Vangerow I. S. 614 f.

95) Sie beginnt in dem Augenblick, wo die Vindikation actio nata geworden. Vangerow I. 615 Nr. 3. Es muß nachgewiesen werden die Besitzergreifung und daß man von da gerechnet nach Ablauf des 30. Jahres noch im Besitz ist. Rechtsf. B. 3 S. 381.

96) Entsch. B. 17 S. 136 (Rehbein I. 1058).

97) I. 9 § 627. Strieth. B. 44 S. 311.

98) Die Unredlichkeit kann dadurch nachgewiesen werden, daß der Besitz auf Grund eines zum Erwerb des Eigenthums nicht geschickten Titels ergriffen worden. Aber weder ist die Existenz eines solchen Titels immer allein hinreichend, um mala fidas zu erweisen (Entsch. B. 27 S. 210), noch auch die einzige Art des Nachweises derselben. I. 9 § 628.

99) Seuffert XVI. 9.
Entsch. B. 16 S. 524, B. 27 S. 210 (Rehbein I. 1063). Entsch. B. 77 S. 1. Strieth. B. 32 S. 134, B. 33 S. 201, B. 95 S. 354. R.G. Entsch. B. 22 S. 336. Es stimmen bei Koch Note zu § 628. Plathner, Geist II. 266 und die Redactionsnote bei Strieth. B. 2 S. 366. Widersprechend sind das Erk. bei Strieth. B. 2 S. 366 und Arndts im Arnsb. Arch. B. 3 S. 317 wegen l. 7 § 14. Auch im gemeinen Recht ist die Frage streitig. Savigny will den Rechtsirrthum unberücksichtigt lassen (System B. 3 S. 371 b.), dagegen Scheurl I. Nr. 15 § 23. Böcking II. S. 122 Note 10. Vangerow I. 615 Nr. 2. Oben bei Note 39 ist die Ansicht vertreten, daß bei der ordentlichen (10. 20jährigen) Ersitzung der Rechtsirrthum nicht entschuldbar sei, weil sich diese auf einen Titel gründet, und über die Rechtsgiltigkeit des Titels an sich ein Irrthum nicht obwalten darf. Nur der Irrthum über die Wirksamkeit des Titels, über das Recht des Autors, ist ein entschuldigter thatsächlicher. Das steht aber anders bei der 30jährigen Verjährung, die sich an einen Titel nicht anknüpft. Hier ist es da-

Sodann eine Ersitzung von 40 Jahren bei geraubten und gestohlenen Sachen in der Hand des ersten redlichen Besitzers nach dem Diebe oder gewaltsamen Erwerber[100]) und bei den Rechten, die nicht alljährlich, sondern nur bei gewissen Gelegenheiten ausgeübt werden können[101]). Zur Vollendung des Ersitzungserwerbs bei einem solchen Recht gehören drei Ausübungen, von denen die erste und dritte mindestens 40 Jahre auseinander liegen müssen[102]). Auch wenn zufällig in kürzerer Zeit viel mehr Ausübungen erfolgt sind muß dennoch der Nachweis, daß auch im 40. Jahre oder darüber hinaus das Recht ausgeübt worden ist, geführt werden[103]). Die nachzuweisenden Fälle müssen solche sein, in denen die Ausübung des Rechts nicht gestört worden[104]). Die Eigenthümlichkeit der Untersagungsrechte, die vom Verpflichteten ein Unterlassen verlangen, nicht aber den Berechtigten zu der Vornahme einer Handlung berechtigen, bringt es mit sich, daß das Recht erworben ist, wenn von der ersten erfolgreichen Untersagung innerhalb 40 Jahre keine dawider gerichtete Handlung des Verpflichteten eingetreten ist; es ist daher der Nachweis daß noch zweimal untersagt worden, nicht nöthig, wohl aber der Nachweis, daß noch zweimal Gelegenheiten eingetreten sind, welche die entgegenstehende Handlungsweise des Verpflichteten möglich gemacht hätten: nicht also noch zweimalige Untersagungen, wohl aber noch zweimalige Unterlassungen[105]). Unterbrochen wird die vierzigjährige Ersitzung durch jede versäumte Gelegenheit, wenn nicht eine ausdrückliche Erklärung dem Verpflichteten abgegeben wird, oder es ihm nicht sonst schon bekannt gewesen, daß die Ausübung nur aus Nachsicht oder Gunst gegen ihn unterblieben ist[106]). Zur Zeit der Redaktion des A.L.R. stritten sich die gemeinrechtlichen Juristen darüber, ob solche diskontinuirliche Rechte der ordentlichen Ersitzung von 10 und 20 Jahren zugänglich seien oder Im-

---

her überhaupt einflußlos, ob der Usukapient nichts von einem Titel weiß oder über dessen Rechtsgiltigkeit sich irrt. Auch in der gemeinrechtl. Praxis wird dies angenommen. Seuffert XI. 17a., XV. 3.

[100]) I. 9 § 648. Mater. S. 436. 488f. 552. 594f. Schlußvortr. in Jahrb. B. 41 S. 15. Gruchot B. 8 S. 269. Vgl. oben Anm. 14.

[101]) I. 9 § 649. Gruchot B. 8 S. 187f. 198f. 205. Darüber, welche Rechte hierher gehören, s. Entsch. B. 23 S. 91 (Rehbein I. 1083). Strieth. B. 8 S. 30, B. 11 S. 246, B. 15 S. 52, B. 49 S. 341. Das charakteristische Merkmal ist, daß die Wiederholung der Ausübung nicht in der Willkür des Berechtigten liegt. Daher nicht jura discontinua in den Fällen: Entsch. B. 72 S. 40. Strieth. B. 87 S. 311, B. 91 S. 104.

[102]) Präj. 289 (Samml. I. 44). Schles. Arch. B. 4 S. 340. Rechtsf. B. 1 S. 295, B. 4 S. 284. Strieth. B. 15 S. 52, I. 9 § 650. In den Blättern f. Rechtsanw. in Baiern B. 14 S. 209 ist von Schauer ausgeführt: die 40jährige Ersitzung der jura discont. nach A.L.R. ist vollendet, wenn 1. seit der ersten Ausübung ein Zeitraum von 40 Jahren verflossen ist, 2. das Recht seitdem noch zu 2 verschiedenen Malen ausgeübt worden, 3. im Laufe dieser Zeit bei keiner Gelegenheit die Ausübung unterblieben ist; 1. und 2. hat der, der das Recht anspricht, 3. der Widersprechende zu beweisen.

[103]) Entsch. B. 23 S. 91 (Rehbein I. 1083). Strieth. B. 11 S. 246. Es genügt auch nicht dreißig Jahre hinter einander jährlich erfolgte Ausübung. R.G. B. 2 S. 295.

[104]) Entsch. B. 34 S. 94.

[105]) Präj. 1305. Samml. I. 44. Arnsb. Arch. B. 13 S. 114. Gruchot B. 8 S. 205.

[106]) I. 9 §§ 651—654.

memorialverjährung verlangten[107]). Svarez hat diesen Streit durch die Festsetzung des vierzigjährigen Zeitraums, der ihm einen Mittelweg darzubieten schien, abschneiden wollen[108]). Die heutigen gemeinrechtlichen Juristen zweifeln kaum noch daran, daß die ordentliche Ersitzung Anwendung finde, und sie verlangen auch nicht eine gewisse Zahl von Ausübungsfällen, sondern nur den Nachweis, daß innerhalb des Zeitraums überhaupt so viel Ausübungen stattgefunden haben, daß sie die Ueberzeugung eines ununterbrochenen Besitzes gewähren können[109]).

Ferner sind zur Vollendung der Ersitzung gegen den Fiskus, gegen Kirchen und solche Korporationen, denen gleiche Rechte mit jenen beigelegt sind, 44 Jahre erforderlich[110]). Dieser Zeitraum muß selbst dann erfüllt werden, wenn sich die Ersitzung auf einen Titel gründet[111]), genügt aber auch dann, wenn eine priviligirte Korporation gegen eine andere ebenso privilegirte ersitzen will[112]). Er kommt auch dem nicht privilegirten Miteigenthümer, der im gemeinsamen Besitz mit der Korporation ist, zu statten[113]), kann aber von demjenigen, der die Sache von der Korporation erworben hat, nicht ohne Weiteres beansprucht werden[114]). Hat jedoch der Fiskus oder die Anstalt den Erwerber zu vertreten, so kommt das ihnen gegen den Ersitzenden zustehende Recht auf den Zeitraum von 44 Jahren dem Erwerber in der Weise zu, daß er, wenn auch gegen ihn schon die Ersitzung vollendet wäre, aus dem Recht seines privilegirten Autors die Sache beanspruchen kann[115]). Wenn umgekehrt die privilegirte Anstalt von einer Privatperson erwirbt, gegen welche die Ersitzung bereits vollendet ist, so kann das erworbene Recht nicht mehr angefochten werden[116]).

---

107) Glück B. 9 S. 148. Bei Mevius, Dec. IX. 164 ist der Zweifelspunkt, ob 30jährige oder Immemorialverjährung bei titelloser Ersitzung statthabe, die 10- und 20jährige auf Grund eines Titels läßt er zu. Auch Svarez, Jahrb. B. 41 S. 15 schließt sich dieser Auffassung der Kontroverse an.

108) Mat. S. 595. Schlußrev. Jahrb. B. 41 S. 15.

109) Vangerow I. § 351 S. 764. Seuffert I. 178, IX. 129, XII. 232, XIII. 83, XV. 206, XVI. 177. Die Praxis nimmt dagegen noch häufig Immemorialverjährung an. Vergl. Entsch. B. 56 S. 53 f. Das O.-Trib. nimmt 10- und 20jährige Usukapion für das gemeine Recht an. Strieth. B. 10 S. 8. 95, B. 15 S. 1, B. 35 S. 75. Entsch. B. 32 S. 47. Gruchot B. 8 S. 189 f. 199 f.

110) I. 9 § 629, II. 11 §§ 574 ff., II. 14 §§ 12 ff. S. oben B. I. § 57 Anm. 35. Gruchot B. 13 S. 262 f. Mat. S. 554. 589. Beim Patronat 44jährige Ersitzung, auch wenn die Kirchengemeinde das Recht auf Patronatsleistungen erworben haben will. II. 11 § 575 R.G. Entsch. B. 4 S. 289. Städte und Dorfgemeinden haben das Privileg in Ermanglung besonderer Beilegung desselben nicht. Entsch. B. 18 S. 182 (Rehbein I. 1077).

111) I. 9 § 630. Redlichkeit ist natürlich in jedem Fall erforderlich. § 631. Dagegen ist die Bestimmung unanwendbar, soweit das Gesetz selbst eine kürzere Ersitzung als die gewöhnliche allgemein anordnet, z. B. I. 9 § 257. Entsch. B. 6 S. 244 (Rehbein I. 1074).

112) I. 9 § 635. Mat. S. 554 Nr. 5. Fiskalische Stationen gegen einander können durch Ersitzung nicht erwerben. Plen.-Beschl. B. 20 S. 19.

113) I. 9 § 640. Entsch. B. 3 S. 180, B. 28 S. 130.

114) I. 9 § 636. Entsch. B. 23 S. 83. Strieth. B. 5 S. 22 (Rehbein I. 1075).

115) I. 9 §§ 637. 638.

116) I. 9 § 639. Strieth. B. 5 S. 222.

Eine Ausnahme von den sonstigen Regeln über Verjährung gegen den Fiskus macht der ruhige und vollständige Besitz im s. g. Normaljahre[117]), der gegen Ansprüche des Fiskus sichert. Eine Ersitzung von 50 Jahren war bestimmt an die Stelle der gemeinrechtlichen Immemorialverjährung zu treten[118]). Sie wird erfordert, um die Freiheit von einer öffentlichen Last und Abgabe[119]), die Ueberschreitung der Grenzen eines Rechts oder einer Sache, die durch Gesetz, Vertrag oder rechtskräftiges Erkenntniß genau und klar bestimmt sind, zu ersitzen[120]). Im letzteren Fall genügt jedoch eine Zeit von 30 Jahren, wenn der durch die Ueberschreitung Benachtheiligte ihr widersprochen, danach aber sich beruhigt hat[121]).

III. Wirkung. Die vollendete Usukapion bewirkt soweit, als der usukapionsfähige Besitz während des Zeitraums gereicht hat, den Erwerb

---

[117]) I. 9 §§ 641—647, II. 14 §§ 38. 42. Gruchot B. 8 S. 266 f. Man versteht unter dieser, einem legislatorischen Gedanken Friedrichs d. Gr. entsprungenen Singularität die bei den Rück- und Neuerwerbungen v. 1815 beibehalten ist, daß der vollständige ruhige Besitz einer Sache oder eines Rechts in dem (in den einzelnen Provinzen verschieden bestimmten Normaljahre den Besitzer gegen jeden Anspruch des Fiskus sichert. Der vollständige Besitz wird durch Verpachtung im Normaljahre nicht beeinträchtigt. Entsch. B. 56 S. 80 f. Die Ausübung des Rechts, das man im Normaljahr besessen haben will, muß für dieses Jahr nachgewiesen werden; Entsch. B. 51 S. 105. Ein Besitztitel ist nicht erforderlich, ebensowenig Gutgläubigkeit. Entsch. B. 16 S. 132, B. 17 S. 139 (Rehbein I. 1079). Das Normaljahr bezieht sich nur auf Privatrechte gegen den Fiskus, Stengel B. 11 S. 289, der Unterschied aber, der Strieth. B. 15 S. 12 zwischen dem Besitz eines ganzen Domainengrundstücks und dem einer Servitut gegen ein solches gemacht worden, ist gewiß unhaltbar. Boots in der Arnsb. Monatsschr. B. 1 S. 384 fg. Uebrigens haben nicht alle Provinzen Normaljahre.

[118]) Mat. 503. 557. 598: „Eine Präskription, cujus initii memoria non exstat, ist ein wahres Unding." Bornemann II. S. 117 f. Vgl. über Immemorialverj. Entsch. B. 12 S. 122 B. 17 S. 422 (Rehbein I. 1100. 1104).

[119]) I. 9 §§ 655—659, II. 14 § 5. Oeffentliche Lasten und Abgaben — vgl. darüber Entsch. B. 74 S. 115 (Rehbein I. 1093) — kommen hier in Betracht, sofern sie an den Staat zu entrichten, nicht auch Gemeindesteuern oder s. g. „gemeine Lasten". Vergl. A.L.R. II. 14 § 79. Entsch. B. 13 S. 42 (Rehbein I. 1085): Entsch. B. 65 S. 157. Vergl. Gruchot VII. 271 fg. Ersitzbar (in 30 Jahren) ist aber auch die Freiheit von Kommunalabgaben. II. 14 §§ 5. 78. 79. Entsch. B. 67 S. 175, B. 81 S. 14 (Rehbein I. 1091). Nicht mehr ersitzbar ist Freiheit von der Deichlast. Deichgesetz v. 28. Januar 1848 § 16. — Einzelne Abgabenposten sind von der Fälligkeit an nach Ges. v. 18. Juni 1840 verjährbar. Wegen Rückforderung gezahlter Abgaben nach Ges. v. 18. Juni 1840 vgl. Entsch. B. 21 S. 30 (Rehbein I. 1095).

[120]) I. 9 §§ 660. 661. Mater. S. 468 ff. 558. Gruchot VIII. 277. Dem Besitzer muß ein Recht in bestimmten Grenzen kraft Gesetzes, Vertrages oder Urtheils zustehn, und es muß sich um eine Erweiterung dieses Rechts handeln. Sonst findet die ordentliche Ersitzung statt. Strieth. B. 50 S. 175. R.G. Entsch. B. 31 S. 328. Wo Besitz unzulässig, giebt es auch keine 50 jährige Ersitzung. Titel wird nicht erfordert, bona fides gemäß § 663. Grenzen einer Sache sind physische, bei einem gewissen Recht das „was den Umfang des Rechts bestimmt", d. h. der Umfang und die Art der Ausübung. Entsch. B. 6 S. 273. Ersitzung einer Stauhöhe über das festgesetzte Maß. R.G. bei Gruchot B. 38 S. 1116. Die Grenzen müssen klar sein. Strieth. B. 48 S. 132. Gruchot B. 7 S. 379. Der § 660 findet auch gegen besondere Rechtsnachfolger dessen Anwendung, mit dem der Vertrag geschlossen worden, oder gegen den das Erkenntniß ergangen ist. Entsch. B. 58 S. 140. Strieth. B. 67 S. 119 (Rehbein I. 1098). R.G. bei Gruchot B. 25 S. 967, B. 33 S. 945. Auch usucapio pro herede schließt er nach Entsch. B. 74 S. 209 aus. Abweichend Arnsb. Arch. B. 16 S. 79, Gruchot B. 8 S. 279 und die fr. Ausg. dieses Buchs bis zur vierten.

[121]) I. 9 § 662.

des Eigenthums an der Sache oder an dem Recht[122]), quantum possessum tantum praescriptum[123]). Auch Miteigenthum kann durch Ersitzung erworben werden[124]). Die Ersitzung eines Inbegriffs giebt das Eigenthum an den einzelnen in ihm enthaltenen und mit besessenen Sachen oder Rechten[125]). Was ein Miteigenthümer für die gemeinschaftliche Sache ersessen, kommt seinem Genossen zu[126]). Wer die Sache ersessen, hat die Vindikation und wehrt die Klage des früheren Eigenthümers ab, da dessen Recht zerstört ist. Aber nur Ersitzung wirkt so. Der Nichtgebrauch des älteren Eigenthums erzeugt bei fortdauerndem Besitz für sich keine Einrede der Verjährung, denn Niemand ist gezwungen, sein Eigenthumzu gebrauchen[127]). Auf die Verjährung der Eigenthumsklage des nicht besitzenden Eigenthümers ist bei Erörterung der Klage aus dem Eigenthum zurückzukommen[128]).

Die Vorschrift, das von Verträgen über die Ersitzung dasselbe gelten soll, wie bei der erlöschenden Verjährung, widerspricht dem Wesen der Ersitzung, da der Vertrag bona fides zerstören würde[129]).

## § 178. Der Erwerb durch Uebergabe und durch Auflassung.

A.L.R. I. 10 §§ 1—5. Gruchot B. 8 S. 402f. Roloff, in der jurist. Wochenschrift 1846, Sp. 377. 394. 410. Baron, Abhandl. S. 48f. Dernburg I. §§ 238—245.

---

[122]) I. 9 §§ 665. 666. Vgl. I. 22 § 28 Mater. S. 491. 492. Beispiele: Präj. 2319. Samml. II. S. 42. Strieth. B. 26 S. 146, B. 53 S. 213. Vergl. auch Entsch. B. 16 S. 19, B. 45 S. 119. Strieth. B. 39 S. 201. Gruchot B. 6 S. 76, B. 8 S. 207. 290. Die Ersitzung kann nicht unter den Kontrahenten einer Obligation oder deren Rechtsnachfolgern Befreiung von der Obligation wirken. Entsch. B. 74 S. 255. (Rehbein I. 1030.)

[123]) l. 43 pr. D. XLI. 2, l. 4 pr., l. 6 § 1 XLI. 4. Nicht umgekehrt: quantum praescriptum tantum possessum. Vergl. Wochenbl. f. merkw. Rechtsf. 1842. S. 395. 1858. S. 276. 1860. S. 17. Seuffert I. 175, XI. 117, XIII. 236, XVII. 12. Wenn ein Grundstück, von dem eine Reallast entrichtet worden, während der Verjährungszeit parzellirt ist, und wenn demnächst von den einzelnen Parzellen Theile der Reallast entrichtet sind, so kann nach vollendeter Ersitzung nur jede Parzelle in Höhe ihres Theils, nicht solidarisch für das Ganze verhaftet erachtet werden. Entsch. B. 76 S. 65. Die auf dem Eigenthum ruhenden dinglichen Rechte (Pfandrechte) werden durch die Usukapion nicht aufgehoben. Aber wenn Eigenthum so ersessen wird, daß ein Anderer zeitweise Gebrauchsrecht geübt hat, so folgt nicht, daß das Eigenthum nur mit Abzug eines solchen Gebrauchsrechts ersessen sei. Strieth. B. 88 S. 190 (Rehbein I. 1039). Die im Entwurf des B.G.B. geregelte Ersitzung beweglicher Sachen wirkt zugleich gegen Rechte Dritter an den Sachen gemäß § 889, Entw. II. § 860, Reichstagsvorlage § 929 diese zerstörend.

[124]) Freilich; vom O.-Trib. bei Strieth. B. 10 S. 293 verneint. Doch s. Gruchot VIII. 288f. und Göppert, Miteigenthum S. 36f. Koch, Besitz S. 70. Komm. Note zu I. 17 § 1.

[125]) I. 9 § 667. S. B. I. § 21 unter 1. Gruchot B. 8 S. 291. Die einzelnen Stücke oder Pertinenzen sind das Objekt der Ersitzung und dürfen sich daher z. B. der Besitzergreifung nicht im vollständigen Besitz eines Andern befunden haben. S. oben § 160 Anm. 41. Erbschaften können nicht durch Ersitzung erworben werden. Gruchot B. 8 S. 194. Oben Anm. 43a.

[126]) I. 9 § 668.

[127]) I. 9 §§ 502—504. Oben B. I. § 46 bei Anm. 25ff. Unger, Oesterr. Pr.-R. II. 273.

[128]) Unten § 180 Anm. 99.

[129]) I. 9 § 669. Gruchot B. 8 S. 298. 299. Mat. S. 558.

Gesterding S. 120. Schmidt I. S. 71. Exner, Die Lehre vom Rechtserwerb durch Tradition, nach österr. und gem. R. 1867. Siebenhaar in den Dresdner Annalen, N. F. B. 6 Nr. 1. Roth, Bair. Civ.-R. II. § 136. — Gesetz über den Eigenthumserwerb v. 5. Mai 1872, und dazu die Kommentare von Achilles, 3. Aufl. 1881, S. 77fg. Bahlmann, Das preußische Grundbuchrecht, 3. Aufl. 1880, S. 18fg. Turnau, 4. Aufl. 1888, B. I. S. 168. Förster, Grundbuchrecht, S. 72. Heidenfeld, Das preuß. Immobiliarrecht 1873, S. 13fg. Dalcke bei Gruchot B. 17 S. 454. Johow, Jahrb. B. 3 S. 89f. 247f. Dernburg und Hinrichs, Preuß. Hyp.-R. B. I. S. 276; Achilles bei Gruchot B. 21 S. 1. Stobbe, Die Auflassung des deutschen Rechts, in Ihering und Unger, Jahrb. d. gem. R. B. 12 S. 137fg. (Dazu Behrend in s. Zeitschr. B. 6 S. 696f.) Sohm, Zur Geschichte der Auflassung (Straßburger Festgabe) 1879.

Die freiwillige Veräußerung einer Sache durch Vermittelung des Willens des bisherigen Eigenthümers geschah nach Landrecht bei allen körperlichen Sachen[1]) durch **Uebergabe**. Für bewegliche Sachen ist es hierbei verblieben, bei unbeweglichen Sachen erfolgt die freiwillige Veräußerung durch **Auflassung**. Der Erwerb bei der freiwilligen Veräußerung ist **mittelbar**, d. h. durch die Handlung des bisherigen Eigenthümers vermittelt, und **abgeleitet**, d. h. der Erwerb beruht auf dem Recht des Veräußerers. Zu Grunde liegt in den meisten Fällen ein **Titel**, ein Recht zur Sache kraft dessen der bisherige Eigenthümer zur Uebertragung seines Eigenthums verpflichtet ist. Weiter unten wird indessen darzulegen sein, daß der Eigenthumsübergang schon nach Landrecht nicht durch das **objektive** Vorhandensein eines giltigen und rechtsverbindlichen Titels bedingt ist. Vom Titel ist es abhängig, ob nach der Uebergabe oder Auflassung der Veräußerer verpflichtet ist, den Erwerber zu vertreten, d. h. dafür einzustehen, daß das übertragene Recht dem Erwerber bleibe (Eviktionsleistung), sowie dafür daß der Erwerber die Sache als eine so geartete habe, wie sie der Vertrag zusichert (Gewährleistung wegen Fehler). Diese Verpflichtungen gehören dem Obligationenrecht an und sind dort erörtert[1a]). Damit aber Eigenthum durch Uebergabe übertragen werde, ist wie das preußische Recht festhält, erforderlich daß der Uebergebende selbst Eigenthümer ist. Dies hat sich für den Eigenthumserwerb durch Auflassung in der unten darzustellenden Weise modifizirt.

I. **Die Uebergabe.** Nicht nur bei beweglichen sondern auch bei denjenigen unbeweglichen Sachen, für die ein Grundbuchblatt noch nicht angelegt werden kann, vollendet sich der Erwerb durch die Uebergabe auf Grund

---

[1]) I. 10 § 1 außer dem dazu nöthigen Titel. Vgl. I. 2 §§ 132—134, I. 9 § 2. Ueber die Bedeutung der Uebergabe und Zuschreibung im Hypothekenbuch nach älterem Recht s. Plenarbeschluß v. 6. März 1854. Entsch. B. 27 S. 287 (Rehbein II. 6), Entsch. B. 71 S. 243 (Rehbein II. 10), R.-G. Entsch. B. 5 S. 282. Vgl. oben § 172 Anm. 25.

[1a]) Oben B. I. § 84.

[1b]) Vgl. jedoch unten § 180 Anm. 55ff. — Der Entwurf des B.G.B. § 877 sieht beim rechtsgeschäftlichen Erwerb beweglicher Sachen vom Eigenthum des Veräußernden ab, wenn die Unkenntniß des Erwerbers von dessen Nichtvorhandensein nicht auf grober Fahrlässigkeit beruht.

des Titels. Die Uebergabe überträgt zunächst den Besitz, indem sie dem Erwerber die Möglichkeit giebt, den Besitz zu ergreifen, nachdem der Veräußerer seinerseits den Besitz zu Gunsten des Erwerbers aufgegeben hat [2]). Die Uebertragung des Besitzes überträgt aber nicht nothwendig Eigenthum, es können vielmehr die verschiedensten Absichten zu Grunde liegen, und danach sind ihre Wirkungen verschieden. Nur dann überträgt sie Eigenthum, wenn sie auf der einen Seite in der Absicht vorgenommen wird, Eigenthum zu übertragen, auf der anderen mit der Absicht entgegen genommen wird, Eigenthum zu erwerben [3]).

Es ist bereits hervorgehoben worden, daß das A.L.R. es betont, daß diese Absicht in dem Titel, dem der Uebergabe zu Grunde liegenden Veräußerungsgeschäft, zum Ausdruck gebracht wird. Nach dem System des Landrechts muß anscheinend beides, Titel und Uebergabe zusammentreffen, um den Erwerb zu vollenden. Auch das römische Recht [4]) hat die Sätze: nunquam nuda traditio transfert dominium, sed ita, si venditio vel aliqua iusta causa praecesserit, propter quam traditio sequeretur, und: traditionibus, non nudis pactis dominia rerum transferuntur [5]). Der Wortlaut des A.L.R.: „die mittelbare Erwerbung des Eigenthums einer Sache erfordert außer dem dazu nöthigen Titel auch die wirkliche Uebergabe derselben" [6]) sagt in Wahrheit nichts vom gemeinen Recht Verschiedenes [7]). In anderen Bestimmungen geht das Landrecht wie unten näher zu erörtern ist,

---

[2]) Das Wesen der Uebergabe ist bei dem Besitz ausführlich erörtert. S. oben § 160 bei Anm. 49 ff. Ohne Uebergabe wird bei Seeschiffen und Schiffsantheilen durch die Vereinbarung der Eigenthumsübergang begründet. H.G.B. Art. 439. Vergl. § 1396. II. 8 A.L.R. Ueber den Fall, wenn ein Grundbuchblatt nicht angelegt werden kann, s. Anm. 38.

[3]) Puchta, Pand. § 148 S. 225: Immer ist die Tradition nur der äußere Akt, der zu dem inneren Grund des Eigenthums hinzukommt, und ohne diesen der Wirkung der Eigenthumsübertragung entbehren würde.

[4]) Die Tradition an sich giebt nur den Besitz; daß der Erwerb des Eigenthums erfolgt, ist auch nach gemeinem Recht Wirkung der causa traditionis. Daß die causa allein nicht genügt, sondern der äußere Akt der Tradition hinzukommen muß, ergiebt sich aus der Nothwendigkeit, auch die Herrschaft über die Sache, die durch den Erwerb erlangt werden soll, zu verwirklichen. Aber die causa tritt nicht nothwendig äußerlich als etwas von der Tradition Verschiedenes hervor. Die Tradition ist die Form, in welcher der Veräußerungswille ausgetauscht, der Eigenthumsübertragungsvertrag geschlossen wird. Windscheid I. § 171. „Der auf das Geben und Nehmen des Rechts an der Sache gerichtete Wille muß seinen Ausdruck finden in dem Geben und Nehmen des Körpers der Sache." S. auch Puchta, Vorlesf. 5. A. I. S. 324 § 148.

[5]) l. 31 pr. D. XLI. 1, l. 20 C. II. 3. Mit dem Begriff der justa causa traditionis hat sich eine umfangreiche Literatur beschäftigt. Savigny, Obl.R. II. S. 254 fg. Warnkönig im Arch. f. civil. Prax. B. 6 S. 111. Dernburg das. B. 40 S. 1. Strempel, über die justa causa bei der Tradition 1856. Bähr, die Anerkennung S. 11. 13 f. Pagenstecher II. 216 ff. Puchta, Vorlesf. I. 326 f. u. Beilage S. 491. Mayer die j. c. bei Tradition und Usukapion 1871. Hofmann, die Lehre vom titulus und modus acquirendi und von der justa causa traditionis (1873). Bernhöft, der Besitztitel im röm. Recht. 1875. Kindel bei Gruchot B. 20 S. 42 und bei Jhering B. 29 S. 397.

[6]) I. 10 § 1. Vgl. Anm. 1.

[7]) Vgl. unten Anm. 23 und oben § 160 Anm. 53 ff. u. 126.

offenbar davon aus, daß trotz der Unverbindlichkeit des Titels, auf Grund dessen die Uebergabe erfolgt, und obgleich also ein Recht zur Sache in Wahrheit nicht bestand, das Eigenthum durch Uebergabe übertragen wird.

Das A.L.R. führt als Titel außer den Willenserklärungen, also besonders den auf Eigenthumserwerb gerichteten Veräußerungsverträgen, noch Gesetz und gerichtliches Erkenntniß[8]) auf. Das richterliche Urtheil soll zwar seiner Bestimmung nach nicht Recht schaffen, sondern nur ein vorhandenes, wenn auch bestrittenes Recht unstreitig machen[9]); es kann aber zum Erwerbstitel werden, wenn vom Gericht falsch oder ungerecht entschieden, also ein in Wahrheit nicht existirender Titel als existirend der Verurtheilung zu Grunde gelegt ist; denn hier muß es zufolge der Bedeutung der Rechtskraft bei der Entscheidung verbleiben[10]). Es giebt aber Fälle, in denen das Urtheil mehr ist als bloßer Titel. Nach gemeinem Recht wirkt bei den Theilungsklagen die Adjudikation, die einem Betheiligten das Alleineigenthum zuspricht, Eigenthum begründend[11]). Nach preußischem Recht schließt die Theilungsklage mit Ausnahme des Falles, wo bei der Grenzscheidung dem Richter sichere Anhaltspunkte fehlen, und er deshalb das streitige Land zwischen den Parteien gleich theilen muß, nicht mit einer Adjudikation ab[12]). Im Falle einer Gemeinheitstheilung oder der Zusammenlegung von Grundstücken wird jedoch das Eigenthum an den Abfindungsgrundstücken regelmäßig durch den bestätigten Rezeß begründet; nur ein Ausnahmefall ist es, daß der Bestätigung die Ausführung des endgültig festgestellten Auseinandersetzungsplans vorangehen kann, und daß dann durch diese (also durch die Besitzübertragung) Eigenthum begründet wird. Im regelmäßigen Fall vereinigt der mit der Natur eines Judikats ausgestattete Rezeß alles, was zur Begründung des Eigenthums erforderlich ist[13]). Das Zuschlagserkenntniß bei der Zwangsversteigerung unbeweglicher Sachen begründet wie der Zu-

---

[8]) I. 10 § 2.

[9]) Auch daraus, daß das Erkenntniß unter Umständen die Verjährung des Anspruchs verlängert, folgt nicht, was Baron Abhandl. S. 90 behauptet, daß es einen neuen Titel schafft.

[10]) Oben B. I. § 56. Baron S. 90f.

[11]) §§ 4—7 J. IV. 17 (quod istis judiciis alicui adjudicatum fuerit, id statim ejus fit, cui adjudicatum est, also Tradition ist nicht erfordert. Der Erwerb ist ein abgeleiteter, Succession, aber im Sinne des A.L.R. ein unmittelbarer). Seuffert I. 173.

[12]) Unten § 182, A.L.R. I. 17, §§ 379—382. Förster bezeichnete diesen Fall als nicht mittelbaren, sondern unmittelbaren Erwerb. Vergl. Baron S. 92. Richtiger ist es, von Erwerb überhaupt nicht zu reden. Das Erkenntniß will auch dann, wenn es nothgedrungen in dieser Weise begründet wird, die bestehende Grenze feststellen, nicht neues Eigenthum begründen. Koch, Pr.R. I. § 257 S. 466 verallgemeinert ohne Grund den § 379 und nimmt auch nach preuß. R. Adjudikation bei allen Theilungsklagen an.

[13]) V. vom 20. Juni 1817 §§ 169ff. Vergl. dazu Entsch. B. 65 S. 138, B. 74 S. 222, R.G. bei Gruchot B. 26 S. 1052. 1053, aber auch B. 9 S. 317, B. 15 S. 506, Ges. v. 26. Juni 1875 (G.S. S. 325) §§ 1. 3. 5. Die Eintragung in das Grundbuch erfolgt auf Ersuchen der Auseinandersetzungsbehörden, das in Folge Antrags des Eigenthümers oder eines Realberechtigten schon nach Ausführung des Plans zu stellen ist, dann aber mit dem Vermerk, daß der Rezeß noch nicht bestätigt sei, und unterliegt in diesem Zeitpunkt der Modifikation nach den dabei festgestellten Abänderungen. — Vgl. unten § 182 Anm. 109ff.

schlag bei der Zwangsversteigerung beweglicher Sachen das Eigenthum des Erstehers. Jenes Urtheil stellt gleichzeitig das Zustandekommen der nothwendigen Willenseinigung und den Eigenthumsübergang fest. In den erwähnten Fällen knüpft das Gesetz die Begründung des Eigenthums unabhängig von dem Besitzerwerb an etwas anderes[14]).

Das Gesetz ist Titel eines mittelbaren Erwerbs, wenn es bestimmt, daß der bisherige Eigenthümer verpflichtet ist, sich des Besitzes der Sache zu Gunsten des Erwerbers zu entschlagen, ihm etwas zu übergeben. Hierher gehören die Fälle der gesetzlichen Alimentations- und Ausstattungspflicht. Wenn jemand einem Verwandten, den er zu verpflegen verpflichtet ist oder den er auszustatten hat, deshalb Geld oder Sachen zu Eigenthum übergiebt, wirkt die Uebergabe Eigenthumsübertragung[15]).

Damit durch die Uebergabe der Eigenthumserwerb sich vollende, ist nöthig, daß der Veräußerer bisher Eigenthümer gewesen ist, denn nur unter dieser Voraussetzung kann er über die Sache entsprechend seiner durch die Tradition abgegeben rechtsgeschäftlichen Erklärung verfügen, sie dem Erwerber zu eigen übertragen[16]). Es ist ferner nöthig, daß die in dem dinglichen Vertrag der Uebergabe hervortretende Willenseinigung sich in der That auf die Uebertragung des Eigenthums richtet[17]). Es hindert den Erwerb, wenn beide Theile zwar über Besitzübertragung einig sind, der Veräußerer aber zu einem anderen rechtlichen Zweck (causa) übergiebt, als der Erwerber annimmt, so daß die Differenz der Meinungen gerade den Eigenthumsüber-

---

[14]) I. 9 § 4. Oben B. II. § 130 bei Anm. 24. 36. 43. Baron S. 95 a. E. f. Koch, Pr.R. I. S. 466 führt auch diese Adjudikation als Fall des mittelbaren Erwerbs an. Vgl. hiermit seine abweichende Darstellung im R. d. F. III. 657 und Anl. z. Proz.-Prax. I. 886. Der § 342 I. 11 A.L.R. und § 61 I. 52 A.G.O. drücken denselben Gedanken aus. Die oben citirte Bestimmung stellt die Fälle, in denen ohne Besitzerwerbung Eigenthum begründet wird, außerhalb der landrechtlichen Unterscheidung des unmittelbaren und mittelbaren Eigenthumserwerbs, sie schließen sich aber dem unmittelbaren insofern an, als sie von einer durch den Willen des bisherigen Eigenthümers vermittelten Besitzerledigung unabhängig sind.

[15]) Oben B. I § 23 Anm. 16. Auch die Expropriation (vgl. B. II. § 131) fällt unter die Regel I. 9 § 1. Das Gesetz (Grundenteign.Ges. § 44) knüpft an die Enteignungserklärung, nicht an den Besitzerwerb die Begründung des Eigenthums.

[16]) I. 10 § 3. Einl. § 101, l. 11 § 2 D. XIX. 1, l. 20 pr. D. XLI. 1. Oesterr. G.B. § 423. Sächs. § 254, Entw. des B.G.B. Reichstagsvorl. §§ 913 ff. (vgl. Entw. I. §§ 874 ff., II. §§ 842 ff.) Vgl. B. I § 28 Anm. 7. Die Tradition des Nichteigenthümers wird nachträglich giltig, wenn er später das Eigenthum erwirbt, seiner Vindikation steht dann eine exceptio doli entgegen. I. 17 D. XXI. 2, l. 1 pr. D. XXI. 3, l. 17 D. XXIII. 5 (l. 42 D. XLI. 3). Windscheid § 172 Anm. 5 ff. — Ebenso wenn der Eigenthümer Erbe des Tradenten ohne Vorbehalt wird. A.L.R. I. 15 § 10. Nicht in allen Fällen hindert das Nichteigenthum des Tradenten den Eigenthumserwerb, s. I. 15 §§ 42. 43. 44. Vgl. die handelsrechtlichen Bestimmungen in Art. 306—308 H.G.B. Bereits in § 172 Anm. 5 ist darauf verwiesen, daß in diesen Fällen unmittelbarer und ursprünglicher Eigenthumserwerb statt findet. Grundlage aller dieser Bestimmungen ist eine Beschränkung der Vindikation im Interesse der Verkehrssicherheit; aber ihre Bedeutung geht weiter, da der Erwerber nicht bloß bei der Vertheidigung Schutz genießt, sondern sein Eigenthum klagend verfolgen kann. Vergl. § 180 Anm. 55 ff. Ebenda von der Nothwendigkeit des guten Glaubens.

[17]) Diese Willenseinigung ergiebt sich aus dem Veräußerungsvertrag, wenn die Uebergabe zu seiner Erfüllung erfolgt ist. Im Uebrigen vgl. oben Anm. 4 a. E.

gang trifft: wenn also z. B. der eine die Sache nur vermiethen oder zur Verwahrung geben will, der andere sie als geschenkt annimmt[18]). Es hindert ferner den Erwerb, wenn die Parteien über den Gegenstand[19]) oder über die Person des Erwerbers nicht übereinstimmen[20]), oder wenn der Tradirende die Uebergabe einer eigenen Sache als Stellvertreter in der irrigen Meinung vornimmt, die Sache gehöre dem Vertretenen[21]). Aber es hindert den Eigenthumserwerb nicht, wenn die Parteien sich zwar über die Individualität des Titels irren, aber doch in der Absicht Eigenthum zu übertragen und zu erwerben übereinstimmen[22]).

Es hindert aber auch den Eigenthumserwerb nicht, wenn die Existenz eines Titels bei der Uebergabe nur irrthümlich vorausgesetzt wird, insbesondere wenn man eine Sache dem Andern als geschuldet übergiebt, die in Wahrheit nicht geschuldet wird. Gerade hier zeigt sich, wie schon oben erwähnt, daß es nicht objektiv auf den Titel, sondern nur auf die Willenseinigung bei der Tradition ankommt. Der Empfänger wird auch in diesem Fall Eigenthümer. Die hingegebene Sache kann nicht vindizirt werden, weil sie wirksam veräußert ist. Fehlte der ausreichende Grund zu dem Uebergang der Sache in das andere Vermögen, so ist dies nur mit einer Obligation belastet. Der Tradent darf also nicht auf Grund seines Eigenthums klagen, sondern kann nur aus diesem Obligationsverhältniß die in das Eigenthum des Empfängers übergegangene Sache kondiziren[23]). Dem

---

18) Hier fehlt es an einer Willenseinigung über den Eigenthumsübergang, da die verschiedenen zu Grunde gelegten Titel darin nicht übereinstimmen. Puchta, Vorles. I. 493. Vangerow I. 650 fg.

19) l. 2 § 6 D. XLI. 4, l. 34 pr. D. XLI. 2. Oben B. I. § 30 Anm. 8.

20) l. 52 § 21 D. XLVII. 2. Oben B. I. § 30 Anm. 9.

21) Nemo rem suam errans amittit. l. 35 D. XLI. 1. Ueber die schwer zu erklärende l. 49 D. XVII. 1 s. Vangerow I. 571 f. Ihering Jahrb. für Dogm. II. S. 149. Windscheid § 172 Anm. 10. Dernburg I. § 238 Anm. 20 leugnet den Eigenthumsübergang auch dann, wenn Jemand im eigenen Namen eine bewegliche Sache übergiebt, die er irrig für eine eigene hält, während er nur das Veräußerungsrecht daran hat, weil sie von der Frau in die Ehe gebracht ist. Hier handelt der Mann aber nicht als Stellvertreter der Frau. Er verfügt kraft eigenen Veräußerungsrechts, es ist gleichgiltig, ob er sich zu der Verfügung als Eigenthümer oder nur als Verwalter des Frauenguts berechtigt erachtete; im eigenen Namen handelnd konnte er und hat er das Eigenthum übertragen.

22) l. 36 D. XLI. 1. Seuffert X. 231. Die causa traditionis, die Willenseinigung über den Eigenthumsübergang ist hier vorhanden, weil jeder der beiden Titel (Testament, Vertrag) sie enthält. „Das Rechtsgeschäft, welches die justa causa enthält, hat für die Eigenthumsfrage nur durch diesen Inhalt eine Bedeutung. Sein übriger spezifischer Inhalt verhält sich dazu nur als Motiv des Willens, der allein die justa causa ist. Hier tritt daher der Grundsatz ein, daß ein falsches Motiv den Willen nicht ausschließt." Puchta, Vorles. I. S. 327 a. E. 493. — Sächs. G.B. § 256.

23) Vgl. oben B. II. § 150 bei Anm. 7. Baron S. 98 fg. will der Kondiktion einen Vindikationscharakter beilegen. Gegen ihn Gruchot B. 8 S. 434. Gruchot ebenda, S. 408 fg. erörtert ausführlich die Frage, ob auch der Erwerber sich über den Titel irren, d. h. redlich sein müsse. Er behauptet, der unredliche Empfänger erwerbe nicht Eigenthum und polemisirt gegen ein Criminalerkenntniß des O.Trib. (Entsch. B. 40 S. 54). Aber Gruchot übersieht, daß nach preuß. R. bei der condictio indebiti der Irrthum des Empfängers kein Erforderniß ist. Oben B. II. § 150 bei Note 68. Der § 35 I. 3 steht nicht entgegen, auch wenn der Gebende aus irrigem Beweggrund

entsprechend wird die Eigenthumsübertragung auch nicht dadurch gehindert, daß der Titel ungiltig ist, wenn sie nur von beiden Seiten wirklich beabsichtigt wird[24]). Insbesondere steht auch die formelle Ungiltigkeit des Titels, soweit eine solche zur Zeit überhaupt noch in Frage kommen kann, der Wirksamkeit der durch Uebergabe beabsichtigten Eigenthumsübertragung nicht entgegen. Bei den Verträgen, welche die Uebereignung beweglicher Sachen im Werth von über 150 Mark gegen Entgelt zum Gegenstande haben, heilt zugleich die beiderseitige Erfüllung den Formmangel des Vertrages; aber auch nach einseitiger Erfüllung durch Uebergabe des Vertragsgegenstandes besteht nur ein obligatorischer Anspruch auf Rückgabe, dem der Empfänger der Sache mit den Rechten eines redlichen Besitzers gegenüber steht. Auch bei Verträgen, welche die entgeltliche Uebereignung von unbeweglichen Gegenständen zum Gegenstand haben und die trotz des nur mündlichen Abschlusses durch Uebergabe erfüllt sind, mußte vormals, als die Uebergabe noch Eigenthum begründete, und muß, soweit dies noch jetzt der Fall ist, weil das Immobile nicht in das Grundbuch eingetragen ist, derselbe Grundsatz gelten. Bei der durch Uebergabe ins Werk gesetzten Schenkung einer beweglichen Sache endlich findet ebenfalls wegen der Formlosigkeit nicht eine Vindikation, sondern nur ein Widerruf mit obligatorischer Wirkung statt[25]).

Wenn die Uebergabe des Besitzes durch Stellvertreter erfolgt[26]), so

---

die Annahme durch den Empfänger wollte, ist diese Annahme für den Empfänger keine unerlaubte. Nicht darum, weil sie unerlaubt war, sondern weil sie eine unbillige Bereicherung hervorgerufen hat, haftet der Empfänger. Der Dieb wird nicht Eigenthümer und die prinzipwidrige condictio furtiva ist deshalb dem Landrecht fremd. I. 16 § 189 läßt nicht auf einen Vindikationscharakter der Rückforderung schließen, wenn er auch besagt, daß obligatorisch der unredliche Empfänger mit anderen Pflichten als der redliche, nämlich wie ein unredlicher Besitzer zurückleistet. Dies wird auch von Gruchot selbst S. 434 gegen Baron anerkannt. Vgl. Strieth. B. 83 S. 185, R.O.H.G. B. 25 S. 130.

[24]) War das Veräußerungsgeschäft durch Betrug oder Zwang seitens des Erwerbers veranlaßt, ohne daß zur Zeit der Tradition der Irrthum gehoben, die Freiheit des Willens wieder hergestellt ist, so erscheint die Tradition ebenso anfechtbar wie das Geschäft, während in der Uebergabe bei wiederhergestellter Willensfreiheit eine Anerkennung des Veräußerungsvertrags zu finden ist. Vgl. Gruchot B. 8 S. 425. 426. 438. Baron, Abh. S. 76f. Bornemann d. J. über die Wirkung der Tradition auf Grund anfechtbarer Verträge, in der preuß. Gerichtszeitung 1860 S. 23f. Bezüglich der Schenkung vgl. I. 11 §§ 1065ff.

[25]) I. 5 § 146, §§ 156ff. Vgl. B. I. § 79 Anm. 86, B. II. § 122 Anm. 83. Gruchot B. 8 S. 445f. Entsch. B. 6 S. 279f., B. 34 S. 57f., B. 39 S. 47 und das bei Gruchot das. S. 359 mitgetheilte Erkenntniß. So lange Parzellirungsverträge den besonderen Formvorschriften der Gesetze vom 3. Jan. 1845 und 24. Mai 1853 unterlagen, die darauf abzielten, eine Eigenthumsübertragung an Parzellen ohne Beobachtung der gesetzlichen Vorschriften zu verhindern, konnte die Uebergabe mit dem vom Gesetz gemißbilligten Uebereignungswillen beim Mangel eines gerichtlichen Parzellirungsvertrages Eigenthum nicht übertragen.

[26]) Gruchot B. 8 S. 448ff., wo auch zahlreiche Nachweisungen aus der Literatur über die viel erörterte Frage vom Erwerb durch Stellvertreter. — Wenn der Vertreter also auch nur die Absicht hat, für den Vertretenen Besitz zu erwerben, überträgt die Uebergabe zu seinen Händen Eigenthum, wenn zwischen dem Vertretenen und dem Autor feststeht, daß die Uebergabe als Uebereignung wirken solle.

kann doch die zu Grunde liegende unmittelbare Willenseinigung des vertretenen Erwerbers mit dem Veräußerer, oder des vertretenen Veräußerers mit dem Erwerber darüber, daß diese Besitzübertragung als Eigenthumsübertragung wirksam sein solle, den Eigenthumsübergang begründen; wenn diese einig sind, so ist eine abweichende Absicht des körperlich thätigen Vertreters einflußlos. Für den Fall aber, daß eine solche unmittelbare Willenseinigung nicht vorliegt, vielmehr auch über die Richtung, in der die Uebergabe wirksam sein soll, die Willenseinigung durch den Stellvertreter gewonnen wird, so kann es zweifelhaft sein, wer das Eigenthum erwirbt, wenn der Empfänger eine von dem Willen des Tradenten abweichende Absicht bezüglich der Person des künftigen Eigenthümers hat, ohne daß er diese Absicht ausdrücklich hervortreten läßt[27]). Auch hier muß die Vertragsnatur der Tradition entscheiden. Aus ihr folgt, daß, wenn nach den abgegebenen Willensäußerungen der Tradent gerade den Empfänger und nur diesen oder einen bestimmten Dritten, den der Empfänger zu vertreten befugt ist, zum Eigenthümer machen will, die nur innerlich festgehaltene, aber nicht geäußerte Absicht des Empfängers für einen Anderen zu erwerben, keine Wirkung hervorbringen kann. Hätte er diese Absicht geäußert, so wäre die Willenseinigung nicht zu Stande gekommen, es wäre Uebergabe überhaupt nicht erfolgt. Indem er die ausdrückliche Erklärung des Tradenten, daß er ihm selbst die Sache zu Eigenthum übergebe, annimmt, handelt er im eigenen Namen, und sein ungeäußerter abweichender Wille kommt rechtlich nicht in Betracht[28]). Er muß also um den, für den er erwerben wollte, zum Eigenthümer zu machen, an diesen nochmals übergeben[29]). Anders liegt die Sache, wenn der Tradent und der Empfänger darüber einig sind, daß durch die Tradition zwar ein Eigenthumswechsel bewirkt werden solle, daß aber nicht der Empfänger, sondern ein Dritter, den letzterer nur nicht nennt, Eigenthümer werden soll. Hier hat sich der Tradent seines Eigenthumes an den Vertreter als solchen entäußert. Daß der Vertretene nicht genannt ist, schließt nicht aus, daß er Rechte erlangt. Der ungenannte Vertretene ist derjenige, der das Eigenthum erwerben soll und erwirbt[30]). Ob das

---

27) l. 37 § 6 D. XLI. 1 und dagegen l. 13 D. XXXIX. 5. Vgl. dazu Vangerow, Pandekten § 205; Windscheid § 155 Anm. 7.

28) Vgl. B. I § 32 Anm. 1.

29) Vgl. dazu B. II. § 141 Anm. 129. 130. R.G. Entsch. B. 11 S. 56 (Entsch. des Strafsenats B. 2 S. 188). R.G. bei Gruchot B. 24 S. 447, B. 37 S. 971. Der Erwerber kann natürlich aus dem Mandat zur Uebereignung des Erworbenen angehalten werden. Entsch. B. 17 S. 19. Gruchot B. 8 S. 453—464. In Betreff des Kommissionshandels, bei dem die Frage, ob der Kommittent sofort oder erst durch Uebergabe des Kommissionärs erwirbt, streitig gewesen, hat das H.G.B. Art. 360 ausdrücklich entschieden, daß der Kommissionär allein dem Dritten gegenüber berechtigt und verpflichtet ist, zwischen diesem und dem Kommittenten aber Rechte und Pflichten nicht bestehen.

30) R.G. bei Gruchot B. 37 S. 975. S. § 160 Anm. 26. Weiter gehend Meischeider Besitz S. 273.

Uebergabegeschäft in diesem letzteren Sinne gedeutet werden kann, ist nicht rechtsgrundsätzlich, sondern nach Lage der Thatsache zu entscheiden.

Die vertragsmäßige Einigung über Eigenthumsübertragung durch die Uebergabe kann in dem der Uebergabe zu Grunde liegenden Vertragstitel liegen und liegt regelmäßig darin. Von dem Fall, wenn dieser Vertragstitel bedingt ist, und von der Einwirkung dieses Bedingtseins auf das Rechtsgeschäft der Uebergabe, überhaupt von suspensiv und resolutiv bedingter Uebergabe ist gelegentlich ihres in der Praxis häufigsten Falls der Nebenberedungen beim Kaufvertrage bereits die Rede gewesen[31]).

II. Die Auflassung. So verschieden auch die Gestalten und Formen der Auflassung im älteren deutschen Recht sich ausgebildet haben mögen, ein Grundsatz ist in allen diesen Formen und zu allen Zeiten der gleiche gewesen: die Auflassung (resignatio) war der vor der zuständigen Behörde, in der Regel dem Rath der Stadt erklärte Verzicht des bisherigen Eigenthümers auf das Eigenthum an dem Grundstück zu Gunsten des Erwerbers. An diese Verzichterklärung schloß sich in späterer Zeit die Eintragung in ein öffentliches, diesem Zweck gewidmetes Buch an, und weder der Abschluß des Veräußerungsvertrages noch auch die körperliche Uebergabe, sondern lediglich jene Verzichterklärung bewirkte den Eigenthumsübergang, der aber nach einzelnen Rechten erst durch einen nachfolgenden Besitz von Jahr und Tag oder durch ein Friedewirken des Richters unanfechtbar wurde[32]). Die durch das Gesetz vom 5. Mai 1872 über den Eigenthumserwerb an Grundstücken, Bergwerken und selbständigen Gerechtigkeiten in das preußische Recht eingeführte Auflassung hat an das alte Recht angeknüpft. Nicht in der äußeren Form — die ohnehin sehr verschieden nach Zeit und Gegend gestaltet war —, sondern gerade in der inneren Bildung, in dem ihr zu Grunde liegenden inneren Gedanken erweist die neue Auflassung des preußischen Rechts ihren Zusammenhang mit der des deutschen Rechts. „Im Fall der freiwilligen Veräußerung", sagt das Gesetz, „wird das Eigenthum an einem Grundstück nur durch die auf Grund einer Auflassung erfolgte Eintragung des Eigenthumsüberganges im Grundbuch erworben." Dieser Satz enthält das materielle und formelle Erforderniß des Erwerbsaktes. Das materielle besteht darin, daß die Eigenthumsübertragung losgelöst ist von der körperlichen Tradition, die bei dem Verkehr mit Grundvermögen vielfach aller Rea-

---

[31]) Vgl. B. II. § 125, insbes. Anm. 15. 16.

[32]) Vgl. den citirten Aufsatz von Stobbe und Fabricius, Das älteste stralsundische Stadtbuch (1270—1310), 1872 S. 264. „Die Auflassung ist ein abstrakter Uebertragungsakt, der an sich wie die römische traditio das zu Grunde liegende Rechtsgeschäft nicht erkennen läßt, und nicht selten bleibt dies bei den im Stadtbuch eingetragenen Auflassungen unerwähnt." Dernburg I. § 240 bezeichnet die Verwandtschaft der Auflassung des Gesetzes mit der älteren als eine rein äußerliche, da bei der alten Auflassung das Veräußerungsgeschäft mitverlautbart sei. Darüber, daß dies für die ursprüngliche Auffassung der Auflassung im deutschen Recht unrichtig ist, vgl. Stobbe a. a. O. und Stobbe-Lehmann § 105. S. auch Achilles bei Gruchot B. 21 S. 17f.

lität entbehrt[32a]), und daß statt in der Form realer Uebergabe die Willenseinigung, daß das Eigenthum übergehen soll, in der Form der ausdrücklichen Erklärung des geeigneten Willens vor dem Grundbuch hervortreten und durch die sich anschließende Eintragung abgeschlossen werden muß[32b]).

Die Auflassung selbst ist also die vor dem Grundbuchrichter abgegebene Erklärung des eingetragenen Eigenthümers, daß er die Eintragung des neuen Erwerbers bewillige, d. h. daß er auf sein Eigenthumsrecht zu Gunsten des Erwerbers verzichte. Diese Bewilligung der Umschreibung des Eigenthums bedarf der Annahme des Erwerbers, die durch seinen Antrag auf Umschreibung erklärt wird[33]). Die beiderseitigen Erklärungen werden mündlich und gleichzeitig vor dem Amtsgericht, welche das Grundbuch über das zu übereignende Grundstück führt, abgegeben[34]). Eine solenne feste Wortform schreibt das Gesetz für die Auflassung nicht vor, die Erklärungen müssen nur dem Sinn des § 2 des Gesetzes entsprechen[35]).

Zur Auflassung ist nur der eingetragene Eigenthümer berechtigt; dem nach dem 1. Oktober 1872, dem Tage, an dem das neue Recht in Kraft trat, eingetragenen Eigenthümer steht aber der vorher eingetragene bezüglich

---

32a) Bähr, Die preußischen Gesetzentwürfe über das Recht am Grundvermögen. S. 64.

32b) Vgl. Entwurf des B.G.B. §§ 868—871, Entw. II. § 838, Reichstagsvorl. § 909.

33) Eig.Erw.Ges. v. 5. Mai 1872 § 2. Auch der angenommene Verzicht ist ein Vertrag, Förster hätte also, da er in solchem angenommenen Verzicht die Natur der Auflassung erkennt, ihre Vertragsnatur nicht leugnen sollen. Er stellt aber auch bei der Tradition die Vertragsnatur (vergl. oben Anm. 4) in Abrede. Der dabei aufgestellte Satz: „Die Kategorie eines dinglichen Vertrags ist wissenschaftlich nicht zu begründen", ist weder nach der weiten Definition eines Vertrags im Landrecht (§ 1 I. 5) noch vom Standpunkt der gemeinrechtlichen Theorie haltbar. Die Begründung, daß die Auflassung dem Grundbuchrichter erklärt, nicht zwischen den Parteien ausgewechselt werde, ist gewiß nicht zutreffend, da die Erklärungen dem Grundbuchrichter gleichzeitig also doch auch gegenseitig abgegeben werden sollen. Die Auflassung wird denn auch gegen Förster nahezu einstimmig als ein Vertrag anerkannt. — Im Entwurf des B.G.B. ist die Begründung der dinglichen Rechte an Grundstücken ausdrücklich auf den Boden des dinglichen Vertrags gestellt. I. § 828, Reichstagsvorl. § 857.

34) An die Stelle des Grundbuchamts ist das Amtsgericht als solches getreten, und die Giltigkeit des Akts wird nicht dadurch bedingt, daß ein bestimmter Richter des Amtsgerichts die Erklärungen entgegen nimmt. Ges. vom 24. April 1878 §§ 23. 31. Die Erklärung des Auflassenden wird durch ein rechtskräftiges Erkenntniß, das den eingetragenen Eigenthümer zur Auflassung verurtheilt, ersetzt. § 3 des Ges. Dasselbe wird von einem zur Entgegennahme der Auflassung und zum Antrag auf Eintragung seines Eigenthums rechtskräftig Verurtheilten gelten müssen. § 779 C.P.O. Vergl. oben B. II. § 125 Anm. 42. Durch diese Bestimmung ist auch der Zweifel beseitigt, ob die Verurtheilung der nicht eingetragenen, aber nach § 5 des Ges. zur Auflassung berechtigten Erben des eingetragenen Eigenthümers hinreicht. Vgl. Achilles zu § 3 Anm. 2. Nach der Bestimmung des § 3 mußte man auch verlangen, daß die Verurtheilung eine unbedingte sei, jetzt entscheidet § 779 C.P.O. Danach gilt eine von einer Gegenleistung oder Vorleistung oder von dem Eintritt einer anderen Thatsache abhängig gemachte Erklärung nach Ertheilung der vollstreckbaren Ausfertigung als bedingungslos abgegeben. Eine solche Verurtheilung ist etwas anderes als eine Verurtheilung zu einer bedingten Auflassungserklärung. Eine solche wird ebensowenig Bedeutung haben wie eine bedingte Erklärung selbst. Die Auflassung, zu der verurtheilt ist, muß als unbedingt angesehen werden können. Achilles a. a. O. Bahlmann S. 33 Note 31.

35) Das tadelt Dalcke S. 456 mit Unrecht. Darüber, daß die Auflassungserklärung dies und condicio nicht duldet, vgl. oben B. I § 36 a. E. § 37 bei Anm. 12.

dieser formellen Berechtigung regelmäßig gleich[36]). Vorausgesetzt ist hiernach, daß das aufzulassende Grundstück ein Grundbuchblatt hat. Von den Fällen, in denen der wahre Eigenthümer eines in das Grundbuch eingetragenen Grundstücks nicht eingetragen ist — wenn er vor dem 1. Oktober 1872 oder nachher anders als durch freiwillige Veräußerung (Auflassung) erworben hat —, verschieden sind die Fälle, wo für das Grundstück ein Grundbuchblatt nicht existirt, sei es, daß ein solches gesetzlich überhaupt nicht anzulegen war[37]) oder noch nicht angelegt ist, und der Eigenthümer aus diesem Grunde nicht eingetragen ist. Handelt es sich um ein Grundstück, das durch Titel und Uebergabe oder auf andere gesetzliche Weise vor dem 1. Oktober 1872 erworben ist, ohne daß das Grundbuch die Eintragung des Besitztitels ergiebt, so muß sich der nicht eingetragene Eigenthümer, wenn er auflassen will, vorher eintragen lassen. Dasselbe gilt, wenn seit 1. Oktober 1872 ein Eigenthumsübergang ohne Auflassung stattgefunden hat. Aber auch das etwa noch fehlende Grundbuchblatt für das zu veräußernde Grundstück soll, sofern dies möglich, angelegt werden. Wenn aber das Blatt noch nicht angelegt werden kann, soll das Eigenthum auch jetzt noch nach den Vorschriften des A.L.R. durch Uebergabe erworben werden[38]).

---

[36]) Vgl. unten bei Note 56. Für Grundstücke, die bei einer Gemeinheitstheilung oder Zusammenlegung in die zu theilende Masse geworfen sind, soll nach § 147 der Gemeinheitstheilungsordnung v. 7. Juni 1821 die im Verfahren gewährte Entschädigung als Surrogat des abgetretenen Grundstücks gelten und dessen Eigenschaften in Ansehung der Rechtsverhältnisse erhalten. Da nun der Requisition um Eintragung des Eigenthumserwerbs (§ 1 Ges. v. 26. Juni 1875, vgl. oben Anm. 13) die Fortschreibung im Grundsteuerkataster vorangehen muß, so verzögert sich erstere auch nach dem Gesetze v. 26. Juni 1875 häufig, und es fragt sich, ob eine Auflassung (und sonstige Eintragungen) im Anhalt an § 147 cit. wirksam beim Folium des eingeworfenen Grundstücks vorzunehmen sind. Die Motive des Gesetzes von 1875 setzen dies voraus. Die Praxis der Grundbuchämter hat auch § 147 dauernd in dem Sinne aufgefaßt, daß das Folium des eingeworfenen das erworbene Grundstück bis zur Regelung des Grundbuchs repräsentire. In einer dem Wortlaut der Gesetze, aber nicht ihrem Sinn entsprechenden Entscheidung hat das R.G. (II. Hülfssenat) angenommen, daß unter solchen Umständen Auflassung (und dingliche Belastung) überhaupt unmöglich sei; die Auflassung des eingeworfenen Grundstücks sei gegenstandslos und gelte nicht für das neue erworbene (R.G. Entsch. B. 2 S. 323). Es ist zu hoffen, daß die Praxis dieser Entscheidung nicht ohne Weiteres folgen wird. Große Schwierigkeiten aber macht es, wenn eine Mehrheit von Grundstücken als einheitliche Entschädigung für eine Mehrheit verschieden belasteter Grundstücke aus der Verkoppelung herauskommt.

[37]) Vgl. Grundbuchordnung § 2.

[38]) Gesetz über den Eigenthumserwerb § 5. Grundbuchordnung § 2 und § 49, aber auch § 135. Bestritten ist, inwieweit Grundstücke, für die ein Grundbuchblatt noch nicht angelegt ist, noch jetzt durch Uebergabe übereignet werden können. Dernburg u. Hinrichs Pr. Hyp.-R. I. 275 und Dernburg I. § 240 Anm. 4 stellen mit Rücksicht darauf, daß es eine schlechthin unüberwindliche Unmöglichkeit der Anlegung eines Grundbuchblattes überhaupt nicht gebe, den Satz auf, daß anzunehmen ist, das Grundbuchblatt habe noch nicht angelegt werden können, wenn es noch nicht angelegt sei. Dem steht entgegen, daß es Fälle giebt, in denen die Anlegung des Grundbuchblatts, obgleich möglich, vom Gesetze bedingungsweise als entbehrlich bezeichnet wird, sofern keine Veräußerung oder Belastung in Frage kommt (Grb.O. § 2). Im letzteren Fall scheint sie also nicht entbehrlich, wird vielmehr als Voraussetzung für Uebertragung des Eigenthums bezeichnet. Das Reichsgericht Entsch. B. 32 S. 302 verlangt deshalb objektive Hindernisse. Es läßt dabei dahin gestellt, was in der letzten Ausgabe dieses Buchs betont ist, daß der

Von der Regel, daß nur der eingetragene Eigenthümer auflassen kann, giebt es eine einzige Ausnahme: „**Miterben** können ein ererbtes Grundstück auflassen, auch wenn sie nicht als Eigenthümer desselben im Grundbuch eingetragen sind“ [39]). Man hat behauptet, daß diese Ausnahme eines inneren Grundes entbehre [40]), oder umgekehrt, es nicht ohne Bedenken gefunden, dem Alleinerben, wenn er unter der Rechtswohlthat erworben habe, die Ausnahme zu versagen [41]). Der Grund der Ausnahme gerade nur für Miterben ist die Erwägung, daß bei Miterben, die im Miteigenthum stehen, die Auseinandersetzung und Weiterveräußerung erleichtert werden soll [42]).

Die Auflassung soll **mündlich** und **gleichzeitig** vor dem Grundbuchamt erklärt werden [43]). Das Erforderniß der Mündlichkeit schließt nicht die

---

Empfänger der Uebergabe des Grundstücks in Fällen dieser Art gegen die Klage des früheren Eigenthümers auf Rückgabe die exceptio rei venditae et traditae geltend machen kann, aber es erklärt die Klage auf Auflassung begründet und die Auflassung für nothwendig, so lange nicht der Grundbuchrichter die Regelung des Grundbuchs — als zur Zeit der beabsichtigten Eigenthumsübertragung undurchführbar — abgelehnt hat. Ist solche Ablehnung erfolgt, so wirkt die Uebergabe ohne Auflassung Eigenthum übertragend. Sonst muß, sobald die Regulirung des Grundbuchs geschehen ist, die Auflassungserklärung herbeigeführt werden, damit der Eigenthumsübergang berücksichtigt werde. Auch in Entsch. B. 77 S. 269 (**Rehbein** II. 22) ist angenommen, daß der Käufer in einem Fall, in dem der Anlegung des Grundbuchblatts wirkliche Hindernisse nicht entgegen stehen, von dem Verkäufer die Herbeiführung der Eintragung in das Grundbuch und die Auflassung zu fordern berechtigt ist.

39) Gesetz über den Eigenthumserwerb § 5.

40) **Dernburg** und **Hinrichs** I. 341. **Dernburg** I. § 240 Anm. 3. **Dalcke** bei **Gruchot** B. 17 S. 459.

41) **Achilles** a. a. O. zu § 5 Satz 3 S. 93.

42) Vgl. eine andere Begründung bei **Förster**, Grundbuchrecht S. 97. Der Einzelerbe ist Eigenthümer der einzelnen Nachlaßgegenstände, wenn er auch als Inventarerbe verpflichtet ist, das Eigenthum zur Bezahlung der Nachlaßschulden zu verwenden und hierüber Rechenschaft abzulegen. Der Miterbe hat bis zur Theilung keinen bestimmten Antheil an der einzelnen Erbschaftssache und erlangt gar keinen solchen, wenn die Sache von den Miterben vor der Theilung veräußert wird, mag er Inventarerbe sein oder nicht. — Darüber, daß es einer Auflassung nicht bedarf, obgleich zum Nachlaß ein Grundstück gehört, wenn ein Erbe sein Erbrecht verkauft, vgl. B. I. § 98 und IV. § 277. Ueber die Veräußerung durch Theilung, bei der die Sache einem Miterben (Miteigenthümer) zugetheilt wird, vgl. unten § 182. — Der Entwurf des B.G.B. I. § 69 sollte die Bestimmung dahin erweitern, daß jeder Erbe ohne Eintragung auflassen kann. Diese Bestimmung ist bei der zweiten Berathung in die Grundbuchordnung verwiesen.

43) Daß der Grundbuchrichter bei Aufnahme der Auflassung zu Protokoll einen Protokollführer zuzuziehen hat, ist von dem Gesetz nicht geboten. Der regelmäßige Fall wird aber doch sein, daß der Buchführer zugezogen wird, da er die unmittelbar anschließende Einschreibung ins Grundbuch vornehmen muß. Ebensowenig ist verboten, die Auflassung an einem andern Orte als an Gerichtsstelle aufzunehmen, und seitdem feststeht, daß die Erklärung nicht mehr vor dem „Grundbuchamt“, sondern vor einem jeden Richter des zuständigen Amtsgerichts giltig abgegeben werden könne, steht insbesondere der Aufnahme an einem Gerichtstage ein rechtliches Hinderniß nicht entgegen. Dem Richter auf einem Gerichtstage wird aber dann, wenn er nicht in in der Lage gewesen ist, die Zulässigkeit der beabsichtigen Auflassung vorher zu prüfen, kein Vorwurf gemacht werden können, wenn er die Entgegennahme der Auflassungserklärung ablehnt. Daß der Grundbuchrichter über die entgegengenommene Auflassung überhaupt ein Protokoll aufnehmen muß, ist selbstverständlich. Vgl. **John**, Erörter. einiger prakt. Fragen aus dem pr. Grundbuchrecht, 1873 Nr. I. Das Protokoll muß giltig, also im Geltungsbereich von A.G.O. II. 2 § 45 von den Erklärenden unterschrieben sein. R.G. bei **Gruchot** B. 29 S. 966. Indem der Richter die Auflassung zu Protokoll nehmen läßt,

Erklärung durch Stellvertreter oder Bevollmächtigte aus, mündlich ist nicht gleichbedeutend mit persönlich[44]). Die Mündlichkeit ist Konsequenz des Erfordernisses der Gleichzeitigkeit der beiderseitigen Erklärung, und diese letztere findet ihre Rechtfertigung in dem Verhältniß der Auflassung zur Eintragung. Beide Erklärungen vereinigt stellen erst die wirksame Einigung über den Eigenthumsübergang klar. Sie bewirken diesen in Verbindung mit der

---

wirkt er in der vom Gesetz gewollten Weise zur Auflassung mit, nimmt sie entgegen, ohne daß indessen die nachträgliche Ablehnung der Eintragung aus zutreffenden Gründen unzulässig wäre. Vergl. den Text bei Anm. 46. Vergl. § 32 G.B.O. — Auch in Betreff der Eintragung sind Zweifel entstanden. Die Unterschrift des Richters und Buchführers (Gerichtsschreibers) unter dem Eintragungsvermerk (§ 44 Gr.B.O.) hat nicht die Bedeutung, daß die der Verfügung des Richters entsprechend vorgenommene Eintragung ohne die Unterschrift ungiltig ist; auch die Beifügung des Datums gehört nicht zur Giltigkeit der Eintragung. § 44 ist nur instruktionell. Hieran ist trotz abweichender Entscheidung des Kammergerichts und eines Justiz-Ministerial-Reskripts (vgl. Johow B. 6 S. 320. 322) festzuhalten. Der Wortlaut der Eintragung ist schon vorher richterlich festgestellt (§ 43 A. 2 G.B.O.). Die Eintragung in das Grundbuch in Gemäßheit der richterlichen Verfügung dient also nicht zur Vollendung des richterlichen Akts, sie geschieht zur Ausführung des Angeordneten. Danach kann die Unterschrift im Zweifel nur als Ordnungsvorschrift angesehen werden. Vgl. auch Achilles zu § 34 Gr.B.O. A. M. Turnau und Andere. — Die späteren Einführungsgesetze haben zum Theil die Nothwendigkeit der Erklärung vor dem Grundbuchgericht aufgegeben. So auch Entwurf des B.G.B. a. a. O.

[44]) Unrichtig Stobbe a. a. O. S. 253 Anm. 202 a. E. Die Vollmacht muß eine Spezialvollmacht sein. L.R. I. 13 §§ 106. 107. — Die Auflassung, bei welcher der Bevollmächtigte seine Erklärung abgeben soll, ist nach dem, was in Anm. 33 ausgeführt ist, ein Vertrag. Der Eine, der das Eigenthum aufgeben, und der Andere, der es erwerben soll, stehen einander gegenüber. Nur die übereinstimmende Erklärung kann die Rechtsänderung hervorbringen. Der Eine hat das Interesse zu erwerben, der Andere nicht aufzugeben, wenn dadurch seine Rechtsstellung gefährdet ist. Stärker sich widerstrebende Interessen lassen sich nicht denken. Dennoch leugnen Johow B. 3 S. 93, Turnau und Achilles sowie Dernburg I § 241 Anm. 9 den Widerspruch der Interessen, so daß nach L.R. I. 13 § 21 der Auflassende wirksam den Erwerber selbst oder beide dieselbe Person mit Vollmacht versehen könnten. Das kann nicht als richtig zugegeben werden. Jener Standpunkt verkennt, daß der Bevollmächtigte nach seinem Willen entscheidet, ob das Interesse des Machtgebers gewahrt ist, daß er nicht wie ein Bote nur, den Willen des Machtgebers zum Ausdruck bringt. — Wenn der Auflassende oder der Erwerber zur Giltigkeit seines Rechtsakts der Zustimmung eines Andern bedarf, auch wenn der Grund in einem Mangel selbständiger Handlungsfähigkeit liegt, genügt, daß die genehmigende Erklärung beigebracht wird, ohne daß es des persönlichen Erscheinens des Anderen bedarf. — Dies gilt von Ehegatten, die der Zustimmung des andern Gatten, von juristischen Personen, die der Zustimmung der Aufsichtsinstanz bedürfen; ja auch wenn ein Minderjähriger die Erklärung abgiebt, wird es nicht erforderlich sein, daß mit ihm der Vater Vormund oder Pfleger erscheint, wenn deren genehmigende Erklärung in beglaubigter Form beigebracht wird. — Eine Eigenthumsbeschränkung, kraft deren ein Anderer statt des Eigenthümers zur Verfügung über das Grundstück befugt sein soll, widerspricht dem Wesen des Eigenthums. Indessen kann ein Testamentsvollstrecker mit solchem Recht ausgerüstet sein. Vgl. auch über den Fall, wenn einer von mehreren Miterben letztwillig ermächtigt ist, im Namen aller Miterben über ein Nachlaßgrundstück zu verfügen. Vgl. R.G. bei Johow B. 14 S. 131. 134. — Die mitunter in Testamenten vorkommende Bestimmung, X soll mein Erbe sein, Y soll Nießbrauch und Verfügung über meinen gesammten Nachlaß bis zu seinem Tode haben, setzt in Wahrheit Y zum Erben ein und stellt X in die Lage des Fideikommissars. Y ist also als Eigenthümer einzutragen. Vgl. oben § 169 hinter Anm. 22. Richterlich kann einem Andern als dem künftigen Eigenthümer das Recht zur Annahme der Auflassung zum Zweck der Einräumung eines Pfandrechts im Namen des Erwerbers nach § 17 Ausf.-Ges. zur C.P.O. vom 24. März 1879 beigelegt werden.

darauf folgenden Eintragung; nicht so, daß die Eintragung den bereits erfolgten Eigenthumsübergang beurkundet, und die materiell vorhandene Legitimation zu einer buchmäßigen macht, aber so, daß diese Eintragung, wenn kein Hinderniß besteht, darauf hin erfolgen muß, daß aber erst ihre Ausführung die Uebertragung vollendet, daß also Einigung und Eintragung als einheitlicher Rechtsakt wirken. Daß die Auflassung ein keine Bedingung oder Befristung zulassendes Rechtsgeschäft ist, hat bereits Erwähnung gefunden[44a]).

Die Einheitlichkeit des Rechtsakts ergiebt sich daraus, daß die Eintragung, insbesondere also die richterliche Anordnung der Eintragung, sich nach dem Gesetz unmittelbar an die Auflassung anschließen soll[45]). Die vom Gesetz gewollte Einheitlichkeit beider Akte ist dahin ausgedrückt, daß zwischen beiden keine trennende Zeit liegen soll. Das wird bei einfacher Sachlage auch praktisch durchführbar sein. Aber mannigfache zufällige Umstände können verhindern, daß der Richter sofort, nachdem er die Auflassung entgegen genommen hat, die Umschreibung veranlaßt. Zwar sollte eine nachmalige Prüfung der Rechtsbeständigkeit der Auflassung nicht stattfinden; das Gesetz schreibt auch ausdrücklich vor, daß die Prüfung der Auflassung ihr vorangehen muß, daß die Auflassung von dem Grundbuchrichter erst entgegengenommen werden darf, wenn er nach Prüfung der Sache dafür hält, daß der sofortigen Eintragung des Eigenthums ein Hinderniß nicht entgegensteht[46]). Kommt indessen nach erklärter Auflassung der Richter zur Ablehnung der beantragten Eintragung, und bleibt es dabei, so hat Eigenthumsübergang nicht stattgefunden. Die Bestimmung des Gesetzes steht andererseits der Wirksamkeit einer auf Grund der Auflassung erst längere Zeit nach der Auflassungserklärung vorgenommenen Eintragung des neuen Eigenthümers nicht entgegen. Die nachträgliche Eintragung muß nur darauf be-

---

[44a]) Vergl. B. I. § 36 unter IV, § 37 hinter Anm. 12, oben § 169 Anm. 13. Vergl. dazu Entwurf des B.G.B. §§ 870. 871.

[45]) Gr.B.O. § 48 a. E.

[46]) Gr.B.O. § 48. Förster, Grundbuchrecht S. 88. Wenn in der Urkunde über das Veräußerungsgeschäft, also in dem schriftlichen Kaufvertrage, auch die Auflassung erklärt ist, so ist dies nichtssagend, weil die Auflassung nur mündlich vor dem Grundbuchrichter erklärt werden kann. Anders wenn ein Richter des Amtsgerichts, welches das Grundbuch führt, mit dem Vertrage zugleich die Auflassungserklärung entgegen genommen hat. Vor dem Inkrafttreten des § 23 Ausf.-Ges. z. G.V.G. vom 24. April 1878 konnte dieser Fall nur eintreten, sofern der den Vertrag aufnehmende Richter zugleich der Grundbuchrichter war. Vergl. Dalcke a. a. O. S. 455. Hervorzuheben ist indessen, daß die von einem nach der Geschäftsvertheilung nicht mit den Geschäften des Grundbuchrichters für das Grundstück betrauten Richter ohne gleichzeitig veranlaßte Eintragung entgegen genommene Auflassung, wie jedes andere Gesuch um Eintragung, nach § 31 Abs. 2 des citirten Ausf.-Ges. erst nach der Vorlegung an den gedachten Richter oder den Grundbuchführer als eingegangen gelten kann. Für Fälle dieser Art modifizirt sich deshalb das im Text im folgenden Absatz Gesagte. Ein dem Grundbuchrichter vor der Vorlegung der von einem anderen Amtsrichter desselben Gerichts entgegen genommenen Auflassungserklärung vorgelegtes Eintragungsgesuch hat die Priorität und ist so zu berücksichtigen, als ob es vor Entgegennahme der Auflassungserklärung eingegangen wäre.

ruhen, daß die Auflassung rechtsbeständig erklärt ist, und daß zu ihrer Zeit kein objektives Hinderniß bestand. Ergiebt umgekehrt die Prüfung, daß zur Zeit der Auflassungserkärung die Sachlage eine solche war, daß die Eintragung nicht erfolgen konnte, daß aber nachträglich das damals vorliegende Hinderniß beseitigt ist, so bildet die damalige Auflassung nicht mehr eine genügende Grundlage der Eintragung. Wenn also z. B. eine bereits vor der Auflassung ertheilte Ermächtigung des Vormundschaftsrichters oder der Aufsichtsbehörde der veräußernden Korporation nachträglich beigebracht wird, so ergiebt sich, daß zur Zeit der Auflassung wirklich ein Hinderniß, sie entgegen zu nehmen nicht bestand[47]) und die Eintragung kann nachträglich bewirkt werden. Ist dieselbe Genehmigung aber erst nachträglich ertheilt, so ist klargestellt, daß die Auflassungserklärung zu einer Zeit abgegeben ist, in der daraufhin die Eintragung nicht erfolgen konnte. Die Auflassungserklärung muß also wiederholt werden.

Auch ohne schuldhafte Versäumniß des Richters bei der angeordneten Vorprüfung kann die Sache so liegen, daß es unbedenklich ist, die Auflassungserklärung entgegenzunehmen; aber es kann sich nun nachträglich herausstellen, daß die Umschreibung selbst im Grundbuch nicht so einfach und leicht auszuführen, also nicht in unmittelbarem zeitlichen Anschluß zu bewirken ist. Dies ist insbesondere denkbar bei einer Grundstückszertheilung, bei der neue Grundbuchblätter angelegt werden müssen. Kann es hiernach mit Verschulden oder ohne Verschulden des Richters vorkommen, daß zwischen der Auflassung und der Eintragung ein mehr oder weniger langer zeitlicher Zwischenraum liegt, dessen Dauer von der Geschäftsthätigkeit und der Willkür des Richters abhängt, so entsteht die wichtige Frage, welches Rechtsverhältniß in Betreff des Eigenthums am Grundstück in dieser Zwischenzeit besteht. Der Eigenthumsübergang ist noch nicht erfolgt, weil er noch nicht eingetragen ist, gleichwohl hat sich der eingetragene Eigenthümer seines Eigenthums bereits rechtsverbindlich begeben. Dieser Zwischenzustand erhält den Eigenthumsübergang in der Schwebe, aber trotz der Zwischenzeit muß die Eintragung sich unmittelbar an die Auflassung anschließen, d. h. in dieser Zwischenzeit kann der noch eingetragene Eigenthümer nicht mehr als solcher bei dem Grundbuch über das Grundstück verfügen, er kann nicht mehr wirksam an eine andere Person auflassen, kann nicht mehr Belastungen des Grundstücks bewilligen; Aenderungen in seiner Person oder in der Person des Erwerbers, selbst ihr Tod oder die Eröffnung des Konkursverfahrens über das Vermögen des Auflassenden können die Eintragung nicht hindern. Auf den Uebergang der Lasten und Nutzungen aber hat dies zeitliche Auseinanderfallen der Auflassung und Eintragung keinen Einfluß, da dieser ja überhaupt nicht nothwendig von der Auflassung, sondern von der vertrags-

---

[47]) Vgl. Neubauer Kontroversen zum Gesetz vom 5. Mai 1872 S. 20 Nr. 11.

mäßigen Festsetzung und regelmäßig von der Uebergabe abhängig ist[48]). Es ist daher als Grundsatz aufzustellen: Der Eigenthumsübergang vollendet sich erst in dem Moment, wo auf Grund der Auflassung die Umschreibung im Grundbuch erfolgt ist, also dem Datum nach an dem Tage der Eintragung. Die Frage: ob eine Rückziehung des Erwerbs auf den Tag der Auflassung stattfinde, ist für das Verhältniß zwischen Veräußerer und Erwerber insofern inhaltslos, als in der Zwischenzeit weder der Veräußerer noch der Erwerber in der Lage sind, bei dem Grundbuchamt über das Grundstück zu verfügen, soweit nicht solche Verfügungen in Frage kommen, die der Erwerber gleichzeitig mit der Erlangung des Eigenthums bewilligt[49]). Rechtliche Veränderungen können also in der Zwischenzeit beim Grundbuch nicht

---

[48]) Was den Uebergang der Gefahr angeht, so wird auf B. I. § 108 bei Anm. 13 verwiesen.

[49]) Vergl. Entsch. B. 82 S. 63. Rehbein III. S. 535. Wäre der Fall denkbar, daß nach geschehener Auflassung — wenn die Eintragung unterblieben ist — der noch eingetragene Eigenthümer, also der Veräußerer, das schon im Besitz des Erwerbers befindliche Grundstück vindiziren wollte, so hindert § 7 Abs. 2 des Eigenthumserwerbsgesetzes den Beklagten gewiß nicht, dem Kläger die ertheilte Auflassung als Einrede entgegenzusetzen, denn die Auflassung ist die Veräußerung selbst, nicht das „den Eigenthumserwerb bezweckende Rechtsgeschäft". — Die Frage der Rückziehung hat für diejenigen, die § 48 Gr.B.O. nicht so auslegen, wie der Text, sondern nur instruktionell auffassen, eine größere Bedeutung. Nach der im Text vertretenen Erklärung des § 48 hat der Pgragraph eine wesentlich materielle Bedeutung. Das „darf nicht" des ersten Satzes bewirkt, daß der Akt der Auflassung nichtig ist, wenn zu seiner Zeit noch thatsächliche Voraussetzungen für die rechtliche Wirksamkeit der Erklärungen fehlten, bei deren Nachbringung der Akt nicht ohne Weiteres Kraft erhält, vielmehr wiederholt werden muß. Die Auffassung des Satzes als bloßes instruktionelles Nichtsollen widerspricht dem Wortlaut. — Das „unmittelbare Anschließen" im dritten Absatze heißt nicht, daß die Eintragung in der nächsten Minute nach der Auflassung erfolgen, und daß der Grundbuchrichter in der Zwischenzeit keine anderen Geschäfte vornehmen soll, sondern daß, sobald die Auflassung erklärt ist, in Betreff des aufzulassenden Grundstücks von dem Auflassenden oder aus seinem Rechte nichts mehr zum Nachtheil des Erwerbers beim Grundbuch vorgenommen werden darf, daß die Eintragung, ohne daß eine andere Verfügung über das Grundstück dazwischen treten darf, erfolgen muß. Danach wird die etwaige Zwischenzeit zwischen Auflassung und Eintragung für den Grundbuchrichter rechtlich zu ignoriren sein. Das kommt praktisch fast auf dasselbe hinaus, als ob die Rückziehung stattfinde. — Die Rechte, deren Eintragung der Erwerber gleichzeitig mit Erlangung des Eigenthums bewilligt hat (§§ 13. 19 Eig.Erw.Ges.), müssen gleichzeitige Eintragung finden. Dispositionen des Auflassenden beim Grundbuch nach der Auflassungserklärung können, wie dargelegt, nicht in Betracht kommen. Nur nach einer Richtung bleiben Dispositionen mit dinglicher Wirkung in der Zwischenzeit möglich. Wenn der noch eingetragene Eigenthümer nach der Auflassung das Grundstück pachtweise oder miethsweise übergiebt oder eine Grundgerechtigkeit oder eines der in §§ 8. 142 des Berggesetzes vom 24. Juni 1865 bezeichneten Rechte einräumt, kurz ein Recht begründet, welches nach § 12 des Eig.Erw.Gesetzes ohne Eintragung dingliche Wirksamkeit erlangt, so giebt es keinen Rechtsgrund, aus dem diese dingliche Wirksamkeit für den gutgläubigen Erwerber um deshalb geleugnet werden könnte, weil bereits eine Auflassungerklärung abgegeben war. Der Erwerber muß sich in diesem Falle — wie bei Veränderungen, die der Auflassende in der Zwischenzeit vornimmt, und die thatsächlich in die Substanz eingreifen — mit der Vertragsklage auf Entschädigung begnügen. Vgl. auch Achilles zu § 1 Eig.Erw.Ges. und Entsch. B. 82 S. 63. — Auf Grund von Bewilligungen des Veräußerers, die vor der Auflassung an den Grundbuchrichter gelangt sind und auf Grund deren vor Eintragung des Eigenthumsübergangs die Eintragung einer Belastung hatte stattfinden sollen, kann und muß diese letztere auch nach Eintragung des Eigenthumsübergangs erfolgen. R.G.Entsch. B. 28 S. 349.

herbeigeführt werden, die Frage nach dem materiellen Genuß des Eigenthums dagegen, Besitz, Fruchtbezug, wird durch das obligatorische Verhältniß bestimmt.

Die Auflassung tritt nach diesen Erörterungen als Erwerbsakt, als Modus an die Stelle der im älteren Recht erforderlichen Uebergabe. Der Wille Eigenthum zu übertragen und zu erwerben, ist zugleich der Rechtsgrund des Eigenthumsübergangs [50]). Dies tritt hier schärfer als bei der landrechtlichen Regelung des Eigenthumsübergangs durch Tradition hervor. Von dem zur Uebertragung verpflichtenden Geschäft sieht das Gesetz für die Frage des Eigenthumsübergangs ganz ab, nur nachgelassen ist den Betheiligten, das Rechtsgeschäft, das der Auflassung zu Grunde liegt, zu bezeichnen und die darüber errichtete Urkunde oder Abschrift davon abzureichen [51]). Die Einigung über den Eigenthumsübergang ist selbst dann ausreichende causa, wenn aus der Angabe über das Rechtsgeschäft dessen Unverbindlichkeit klar erhellt. Der Veräußerungsvertrag ist kein Gegenstand der Prüfung für den Gundbuchrichter bevor er die Auflassung entgegennimmt [52]), aber er behält für die Parteien seine volle Bedeutung als Titel der Auflassung, so daß von ihnen die Eintragung des Eigenthumsübergangs, wie unten näher zu erörtern sein wird, auch „auf Grund des Rechtsgeschäfts, in dessen Veranlassung die Auflassung erfolgt ist,“ angefochten werden kann [53]).

Durch die Auflassung wird das rechtliche, nicht das thatsächliche Haben des Grundstücks gewährt. Zur thatsächlichen Uebergabe bedarf es nothwendig der besonderen Willenseinigung unter Herstellung des thatsächlichen Verhältnisses; möglicher Weise kann, was durch Interpretation festzustellen ist, jene Willenseinigung schon in der Auflassung gefunden werden. Der Kaufvertrag verpflichtet, wie in § 125 ausgeführt ist, neben der Auflassung regelmäßig auch zur Gewährung des Besitzes, und es knüpfen sich unter Umständen an die Uebertragung des Besitzes besondere Folgen [54]).

Der Eigenthumserwerb durch Eintragung auf Grund der Auflassung entfernt sich von der Grundregel des derivativen Erwerbs insofern, als die

---

50) Oben bei Note 4. Förster, Grundbuchrecht S. 86fg.

51) § 2 Eig.Erw.Ges. zu § 48 Abs. 2 Gr.B.O.

52) Gr.B.O. § 46 Abs. 2. Auch nicht, wenn die Parteien ihn vorlegen. Vergl. hierzu Achilles bei Gruchot B. 21 S. 29. 37.

53) Ges. über den Eigenthumserwerb § 10. Aus dem Titel entspringt der obligatorische Anspruch auf Auflassung; fehlt der an und für sich durch einen solchen Titel nicht bedingten Auflassung der materielle Rechtsgrund, so liegt ein Kondiktionsgrund vor. Vgl. unten bei Anm. 62.

54) Vgl. oben B. I. § 108 Anm. 13 u. B. II. § 125, insbes. Anm. 3 B. III. § 160 Anm. 59. Der Eigenthümer eines in fremdem Besitz befindlichen Grundstücks, der die Auflassung ertheilt hat, hat sich hierdurch außer Stand gesetzt, die Klage aus dem Recht zum Besitz gegen den Inhaber zu verfolgen. Insofern ihn dies an der Erfüllung der Vertragspflicht hindert, kann er von dem Käufer, der bereits Eigenthümer geworden ist, Abtretung der Klage auf Erlangung des Besitzes fordern; er wird dem Andringen des Käufers auf Uebergabe, wenn dieser selbst sie ihm durch Weigerung der Abtretung jenes Rechts unmöglich macht, mit der exceptio doli begegnen.

von dem eingetragenen Eigenthümer, der nicht wahrer Eigenthümer ist, erklärte Auflassung Eigenthum auf den Erwerber überträgt, wenn dieser das Grundstück entgeltlich erwirbt und die Auflassung in dem redlichen Glauben[54a]) an die Richtigkeit des Grundbuchs annimmt. Der öffentliche Glaube des Grundbuchs deckt in diesem Fall, wie bei der entsprechenden Einräumung anderer dinglicher Rechte durch Eintragungsbewilligung, den Mangel des Eigenthums der als Eigenthümer eingetragenen Person[55]). Da Gesetze regelmäßig nicht rückwirkende Kraft haben, und da den Besitztitelberechtigungen nach den Grundsätzen des A.L.R. die formale Bedeutung der Eigenthumseintragung des neuen Rechts weder beigewohnt hat, noch in dem Gesetz vom 5. Mai 1872 ausdrücklich beigelegt worden ist, so ist sehr zweifelhaft, ob der Eigenthumserwerb desjenigen, der die Auflassung von einem eingetragenen Eigenthümer erhält, der selbst das Eigenthum nicht unter der Herrschaft der neuen Grundbuchgesetze erworben hatte, durch den Glauben des Grundbuchs gedeckt wird. Kann er doch die im Gesetz vorausgesetzte Sicherheit des redlichen Glaubens an die Richtigkeit der Angaben des Grundbuchs nicht haben, weil die Angaben über einen vor dem 1. Oktober 1872 stattgehabten Erwerb nicht zuverlässig sind und nicht die Bestimmung hatten, selbst den Erwerbsakt darzustellen, sondern nur anderweit erfolgten Erwerb zu beurkunden. Daraus würde folgen, daß ein solcher Erwerber, wie früher, die Verpflichtung hat, sich anderweitig das Veräußerungsrecht seines Autors nachweisen zu lassen. Die Praxis des Reichsgerichts hat aber mit so großer Sicherheit an der Annahme einer rückwirkenden Kraft festgehalten, daß der Kampf dagegen aufgegeben werden muß[56]). Danach ist als in der Praxis

---

[54a]) Kenntniß von Eigenthum eines Dritten hindert also den Eigenthumserwerb. Entsch. B. 77 S. 1 (Rehbein II. 18).

[55]) Gesetz über den Eigenthumserwerb § 9. Oben B. I. § 23a.

[56]) Dernburg und Heinrichs I. S. 352 bezeichneten die Kontroverse als eine solche die mit den Mitteln der Wissenschaft überzeugend nicht entschieden werden könne. — Seitdem hat sich gegen die Verneinung rückwirkender Kraft, die auch die Praxis des Obertribunals — anknüpfend an die Plenarentscheidung. Entsch. B. 27 — billigte (vgl. Entsch. B. 75 S. 15, Strieth. B. 94 S. 362, B. 96 S. 279), Rintelen, Ueber den Einfluß neuer Gesetze auf die zur Zeit ihrer Emanation bestehenden Rechtsverhältnisse, 1877, ausgesprochen. Dann hat sich der Annahme rückwirkender Kraft zunächst der zweite Hülfssenat, dann der fünfte Civilsenat des Reichsgerichts angeschlossen, der zeitweilig (R.G. Entsch. B. 4 S. 270) anderer Ansicht gewesen war. R.G. Entsch. B. 2 S. 323, B. 16 S. 225 und wiederholt. Der schließlich entscheidende Grund des Reichsgerichts ist, daß § 2 des Eigenthumserwerbsgesetzes unter eingetragenem Eigenthümer nothwendig auch einen solchen verstehe, welcher vor diesem Gesetz die Berichtigung seines Besitztitels im Grundbuch erlangt hat, weil sonst das Gesetz bei seinem Erlaß überhaupt nicht ausführbar gewesen wäre. Die für die Verneinung der rückwirkenden Kraft früher geltend gemachten Gründe zu wiederholen, ist, nachdem das Reichsgericht in längerer Praxis seine Ansicht festgehalten hat, und da die eingreifenden Fälle mit jedem Tage seltener werden, zwecklos. Es muß versucht werden, die auf der Grundlage der reichsgerichtlichen Praxis bleibenden Schwierigkeiten zu lösen. Vergl. zu dieser Kontroverse noch: Dalcke bei Gruchot B. 17 S. 473. Heidenfeld, Preuß. Immob.-Recht S. 21. Turnau zu § 6 des Ges. Andererseits Brettner bei Gruchot B. 19 S. 139. Pape ebenda B. 20 S. 410. Meyer ebenda B. 20 S. 467. Wolf bei Gruchot B. 30 S. 393. Vgl. auch noch unten § 180 Anm. 22—22c. Die Zweifel,

feststehend von dem Satz auszugehen: Die formale Legitimation zu voll wirksamer Auflassung hat jeder zur Zeit der Auflassung als Eigenthümer in das Grundbuch eingetragene, mag er auf Grund einer Auflassung eingetragen, oder mag ein nach dem 1. Oktober 1872 eingetretener Eigenthumsübergang als nachgewiesen erachtet, oder mag für ihn schon vor dem Inkrafttreten der Grundbuchgesetze der Besitztitel berichtigt, oder sein Eigenthum eingetragen sein, weil sein Erwerb vor dem 1. Oktober 1872 nachmals dargelegt ist. Er ist in allen diesen Fällen durch das Grundbuch zur Auflassung an Dritte und zu dinglicher Belastung des Grundstückes legitimirt.

Die formale Wirkung der Auflassung tritt aber nicht ein, wenn der Erwerber vom Nichteigenthümer die Auflassung entweder unentgeltlich erhält, oder bei der Auflassung den Glauben an die Richtigkeit des Grundbuchs nicht hat. Mit anderen Worten: trotz Auflassung und Eintragung wird in diesen Fällen Eigenthum nicht begründet, wenn der Auflassende nach dem materiellen Recht in der That nicht Eigenthümer war. Daneben besteht die Möglichkeit der Anfechtung des Eigenthumsübergangs, weil die Auflassung selbst eine ungiltige, unwirksame gewesen, oder weil der Eintragung des Richters im Falle der angenommenen Auflassung oder eines sonstigen Eigenthumserwerbs nach irgend einer Richtung hin die gesetzliche Grundlage gefehlt hat. Die hiernach zulässige Anfechtung[57]) kann von dem

---

von denen hier die Rede war, betreffen auch den Fall, wenn der Auflassende erst nach dem 1. Oktober 1872 auf Grund früheren Erwerbs nach § 49 der Grundbuchordnung als Eigenthümer in das Grundbuch eingetragen ist. Nach der Praxis des Reichsgerichts wirkt natürlich auch seine Auflassung als die eines eingetragenen Eigenthümers. — Das Gesetz verpflichtet übrigens nicht den Grundbuchrichter, die Auflassung seitens eines bloßen „eingetragenen Besitzers" anzunehmen, wenn der Richter zwar nicht im Grundbuch, wohl aber in den Grundakten Anlaß findet, anzunehmen, daß neben dem eingetragenen Besitzer noch ein s. g. wahrer oder besitzender Eigenthümer im Sinne des A.L.R. vorhanden ist, wenn also z. B. bei den Grundakten ein Kaufvertrag zwischen dem eingetragenen Eigenthümer und einem Dritten gefunden wird, worin über die Uebergabe quittirt ist. Vgl. Johow, Jahrb. B. 3 S. 260.

[57]) Ges. v. 5. Mai 1872 §§ 9. 10. Förster, Grundbuchrecht S. 185f. Peters, Die pr. Grundbuchgesetze v. 5. Mai 1872 u. deren Einführung im Gebiete des kurhessischen Rechts, 1873, S. 11ffg. Achilles S. 109fg. Bahlmann S. 57fg. Dernburg und Hinrichs I. 259. — Es handelt sich um Anfechtung der Eintragung des Eigenthumsübergangs, und es kann deshalb für die Frage, von wem, in welchen Fällen und mit welcher Wirkung die Anfechtung statthaft ist, nicht zwischen der Eintragung und ihrer nächsten Grundlage unterschieden werden. Auch bei der Eintragung auf Grund einer Auflassung kann der angefochtene Akt nur einheitlich in Frage kommen. Abweichend hiervon haben Entsch. B. 76 S. 253 und R.G. B. 2 S. 228 im Falle der Eintragung auf Grund eines gar nicht vorhandenen Erwerbs oder auf Grund einer nichtigen Auflassung angenommen, daß die Aktivlegitimation des eingetragenen Eigenthümers zur Eigenthumsklage von dem verklagten Besitzer des Grundstücks nur dann mit Erfolg bestritten werden könne, wenn dieser das Eigenthum für sich selbst in Anspruch zu nehmen habe. Es wird indessen nicht etwa behauptet, daß die Anfechtung nur im Wege der Klage stattfinden könne: nur das wird betont, daß, wer die Anfechtung im Wege der Einrede geltend machen wolle, ein Anfechtungsklagerecht haben müsse. Damit ist aber dem § 9 des Eig.Erw.Ges. Zwang angethan. Er verweist auf das bürgerliche Recht, d. h. das Recht außerhalb des Grundbuchrechts, umfaßt also alle Bestimmungen, nach denen eine Anfechtung der rechtlichen Thatsache des Eigenthumsübergangs möglich

Auflassenden selbst oder von einem Dritten ausgehen und hat entweder den Charakter der Eigenthumsklage oder einer Kondiktion. Die Anfechtungsgründe bestimmen sich nach dem „bürgerlichen Recht“ [58]).

Den Charakter der Eigenthumsklage [59]) hat die Anfechtung, wenn der Kläger trotz der Eintragung des Beklagten und trotz des danach abweichenden Inhalts des Grundbuchs in Wahrheit Eigenthümer geblieben zu sein behauptet und aus diesem Grunde die Eintragung oder Wiedereintragung für sich in Anspruch nimmt. So liegt die Sache, wenn die Eintragung nichtig ist, weil sie trotz freiwilliger Veräußerung ohne Auflassung erfolgt war, ebenso wenn die Auflassung nichtig ist, weil sie von einer nicht veräußerungsfähigen Person oder von einem Eigenthümer, der, wie

---

ist. Nun hat aber, abgesehen von der Vorschrift des § 9, nach dem bürgerlichen Recht der besitzende Verklagte nur dem wirklich Berechtigten zu weichen, er kann auf die Klage des Eigenthümers mit Erfolg darlegen, daß kein wirklicher Eigenthumserwerb erfolgt sei, er muß also auch gegen den klagenden „eingetragenen Eigenthümer“ darlegen können, daß kein wirklicher Eigenthumserwerb eingetreten sei. Die bei Werner Materialien I. 18 abgedruckte Stelle der Motive spricht zwar von einer Anfechtung durch den wirklichen Eigenthümer, aber nicht von einem ausschließlichen Recht dazu. In den beiden Fällen, die dem Reichsgericht vorlagen, ist übrigens materiell richtig entschieden, weil es sich um keine nichtige, sondern um eine bloß anfechtbare Auflassung handelte, wie auch Entsch. B. 76 S. 212 andeutet. Es war also ein wirklicher Eigenthumsübergang eingetragen, der nicht vom Beklagten rückgängig gemacht werden konnte. Für allgemeine Zulässigkeit der Anfechtung des Eigenthumsübergangs durch Einrede, Entsch. B. 76 S. 81 (Rehbein II. 791). R.G. bei Gruchot B. 30 S. 1022, R.G. Entsch. B. 28 S. 307; vergl. ferner gegen die im R.G. Entsch. B. 2 S. 228 gemachte Ausführung, daß eine nichtige Auflassung nicht Nichtigkeit sondern nur Anfechtbarkeit der Eintragung des Eigenthumsübergangs begründe, Rocholl, Rechtsfälle B. I. S. 203. Bei Gruchot B. 29 S. 966 hat das Reichsgericht ausdrücklich die Einheitlichkeit der Auflassung und Eintragung anerkannt. — Den Standpunkt des B.G.B. ergiebt dessen generelle Vorschrift für das Immobiliarsachenrecht in § 892 (Reichstagsvorl. § 876, Entw. I. § 837, II. § 810).

58) Der Ausdruck: „bürgerliches Recht“ steht hier im Gegensatz zu Grundbuchrecht, ohne dieses auszuschließen. Auch eine nach Grundbuchrecht unzulässige Eintragung ist anzufechten. Bei der Auflassung seitens eines vor dem 1. Oktober 1872 eingetragenen Besitzers oder eines auf Grund des § 49 Gr.B.O. eingetragenen Eigenthümers genügt nach dem zu Anm. 56 Ausgeführten zur Anfechtung nach dem bürgerlichen Recht, daß nicht der Auflassende wahrer Eigenthümer war, sondern der Kläger, ebenso genügt das bloße Nichteigenthum zur Anfechtung der Eintragung auf Grund der falschen Annahme, daß er Erbe des eingetragenen Eigenthümers sei. Der Eintragung des Erwerbs auf Grund einer Auffassung, der ein unentgeltliches Geschäft zu Grunde liegt, wird mit Recht wegen des Nichteigenthums des Auflassenden angefochten, auch wenn dieses auf Grund eines Eigenthumsübergangs nach dem 1. Oktober 1872 eingetragen war, bei entgeltlichem Titel aber muß letztern Falls nach § 9 Abs. 2 E.E.G. der Nachweis der mala fides oder einer bereits vorher in das Grundbuch eingetragenen Vormerkung des Anfechtungsrecht hinzukommen. Auf einem entgeltlichen Titel beruht, wie das R.G. Entsch. B. 2 S. 258 mit Recht ausgeführt hat, auch eine gegen den Willen des eingetragenen Eigenthümers zur Zwangsvollstreckung für eine persönliche Forderung eingetragene Hypothek. Entgeltlich ist nicht nur der Erwerb, der durch eine Gegenleistung erkauft worden, sondern jeder Erwerb, dem eine entsprechende Vermögensveränderung gegenüber steht. Eine solche besteht bei der Verpfändung, insofern auf der andern Seite eine Kreditirung statt findet oder früher gewährter Kredit erstreckt wird; so auch bei der gerichtlichen Pfändung. Vgl. oben B. I. § 23a Anm. 16.

59) Das Wort „Eigenthumsklage“, welches auch das R.G. bei Gruchot B. 24 S. 450 anwendet, scheint zutreffend; die Klage hat den Vindikationscharakter, auch wenn sie nicht auf Herausgabe des Grundstücks gerichtet. Vgl. den folgenden Absatz sowie B.G.B. § 894 (Entwurf I. § 843, II. § 813, Reichstagsvorl. § 878).

dem Erwerber bekannt war, in Wahrheit nie Eigenthümer gewesen war, oder Eigenthümer zu sein aufgehört hatte[59a]), oder wenn die Auflassung von einem nicht eingetragenen Eigenthümer ertheilt worden, oder wenn sie nicht in gehöriger Weise zu Protokoll genommen ist, wenn insbesondere bei der Auflassung der Auflassende und der Erwerber nicht dahin, daß gerade das überschriebene Grundstück übereignet werde, übereingestimmt haben[59b]), oder wenn der Gegenstand der Eintragung ein anderer als der der Auflassung ist, oder wenn die Auflassung nur zum Schein erklärt und entgegengenommen ist[59c]), ebenso wenn die Auflassung von einer Person ertheilt worden ist, die dem Grundbuchamt fälschlich als der eingetragene Eigenthümer vorgestellt wurde, oder wenn die Erbbescheinigung, auf Grund deren die Eintragung erfolgt ist, eine inhaltlich falsche oder eine gefälschte gewesen, oder wenn das Testament hinterher aus irgend einem Grunde, z. B. weil ein jüngeres aufgefunden worden, für unwirksam zu erklären ist. In allen diesen Fällen ist die Eintragung materiell falsch und deshalb ungiltig; das Eigenthum ist in Wahrheit nicht übergegangen. Der wahre Eigenthümer kann durch die Anfechtung der Eintragung die Umschreibung des Grundstücks auf sich erzwingen. Kläger ist entweder derjenige, der früher schon eingetragen war und durch die falsche oder ungiltige Eintragung verdrängt worden ist, oder derjenige Eigenthümer, der noch nicht eingetragen war, aber die Eintragung mit Recht verlangen kann. Beklagter ist entweder der fälschlich eingetragene Eigenthümer, oder jemand, der von diesem ein Recht am Grundstück unredlich oder unentgeltlich erworben hat. Ausgeschlossen ist die Klage gegen denjenigen, der redlich und entgeltlich von dem falsch eingetragenen Eigenthümer sein Recht am Grundstück ableitet. Ebenso ist ausdrücklich ausgeschlossen, daß auf Grund des bloßen Rechts zur Sache, eines Rechts auf Auflassung, in Verbindung mit dem Wissen des Erwerbers von diesem Recht zur Zeit seines Erwerbs gegen diesen ein Anspruch erhoben werde[60]).

Die Eigenthumsklage hat den Charakter der Vindikation jedenfalls dann, wenn der Beklagte neben der Eintragung als Eigenthümer auch den Besitz des Grundstücks hat; aber auch wenn dies nicht der Fall ist, und

---

[59a]) Folgt man nicht der nach Anm. 56 herrschenden Praxis, so ist hierher auch der Fall zu rechnen, daß ein vor dem 1. Oktober 1872 Eingetragener aufgelassen hat, der in Wahrheit nicht oder nicht mehr Eigenthümer war, ohne daß dann zu Begründung der Klage weiter nothwendig ist, daß der Erwerber wußte, daß der Inhalt des Grundbuchs unrichtig war.

[59b]) Ueber das Verhältniß einer durch Irrthum veranlaßten und einer gar nicht gewollten Auflassung vgl. Entsch. B. 76 S. 253 und B. 78 S. 86 (Rehbein II. 33 und 37) R.G. bei Gruchot B. 34 S. 707.

[59c]) Daß in diesen beiden Fällen nicht nur der Auflassende, sondern auch der bei der Auflassung nicht betheiligte, aber durch die falsche Eintragung geschädigte wahre Eigenthümer die Eintragung anfechten kann, wird anerkannt in R.G. Entsch. B. 20 S. 225, R.G. bei Gruchot B. 24 S. 545, S. 1019.

[60]) Ges. v. 5. Mai 1872 § 4. Es sei denn, daß das Recht nach § 8 vorgemerkt war. Vgl. oben § 156 Anm. 17.

wenn es sich also lediglich um Herbeiführung einer dem wahren Eigenthum des Klägers entsprechenden Eintragung handelt, muß man der Klage den Charakter einer analogen Nachbildung der Vindikation zuschreiben. Es handelt sich dabei um das Eigenthum in seiner Totalität; nicht eine bloße Beschränkung soll abgewehrt, das Eigenthum selbst soll, unter Beseitigung des entgegenstehenden Zustands hergestellt, die durch ihn begründete rechtliche Hinderung des Eigenthümers in der rechtlichen Verfügung soll beseitigt werden. Der Begriff der Eigenthumsfreiheitsklage paßt also nicht, das Rechtsleben hat vielmehr der Vindikation einen neuen Inhalt und einen neuen Beklagten gegeben[61]. Die Natur der Eigenthumfreiheitsklage nimmt die Klage aber an, wenn sie sich gegen die Folgen der Eintragung des falschen Eigenthümers, gegen die Rechtsbeständigkeit der von ihm unentgeltlich oder für einen bösgläubigen Erwerber oder nach Eintragung einer Vormerkung des Anfechtungsrechts begründeten, das Eigenthum beschränkenden, dinglichen Rechte richtet. Dann ist Beklagter der Erwerber des dinglichen Rechts[61a].

Der Klageantrag bei dieser Eigenthumsklage ist nicht dahin zu formuliren, daß eine Rückleistungsthätigkeit des Beklagten zur Beseitigung des Rechtszustands in Anspruch genommen wird: insbesondere nicht die Auf-

---

[61]) Hieraus folgt in analoger Anwendung der §§ 15ff. I. 15 A.L.R., daß die Klage gegen denjenigen der dolo desiit, eingetragener Eigenthümer zu sein, oder der die Sache mit unanfechtbaren Rechten Dritter belastet hat, als Entschädigungsklage zu richten ist. — Auch gegenüber dem Erben des nach altem Recht eingetragenen Besitzers, der das Grundstück an einen Andern unter der Herrschaft des alten Rechts veräußert hat, kann der Dritterwerber unter der Herrschaft des alten Rechts mit der Eigenthumsklage auf Bewilligung seiner Eintragung im Grundbuch klagen. Entsch. B. 80 S. 55 (Rehbein II. 793).

[61a]) In Anwendung auf eine von dem eingetragenen Nichteigenthümer zu Gunsten eines im bösen Glauben befindlichen Gläubigers eingetragene Hypothek: Entsch. B. 78 S. 161, Rehbein III. S. 507. Vergl. die theilweise abweichenden Erörterungen bei Heidenfeld a. a. O. S. 37, Dernburg und Hinrichs S. 258, Achilles bei Gruchot B. 21 S. 34. Die Auflassung ist in dem Eigenthumserwerbgesetz nur als der ausschließliche Modus des Eigenthumserwerbs durch freiwillige Veräußerung bezeichnet. Außerhalb dieses Falls soll der Erwerb des Grundeigenthums sich nach dem früher geltenden Recht regeln. § 5 E.E.Ges. Dem Anerkenntniß des Vindikationsbeklagten und dem rechtskräftigen das Eigenthum des Klägers gegen den Beklagten feststellenden Urtheil die Einwirkung auf das Grundbuch abzusprechen, kann nicht die Absicht des Eigenthumserwerbsgesetzes gewesen sein. Dem ausdrücklichen Anerkenntniß des Vindikationsbeklagten steht (jedenfalls jetzt) seine rechtskräftige Verurtheilung zum Abgeben des Anerkenntnisses gleich. Der Grundbuchrichter ersieht aus dem ihm vorgelegten Erkenntniß, daß materiell das Recht des Klägers auf Eintragung statt des Beklagten begründet ist, und daß der Fall einer Auflassung nicht vorliegt. Formell wird die Grundlage des Eintragungsantrags in Gemäßheit des § 38 beigebracht. Eine Weigerung der entsprechenden Eintragung wäre also nicht zu rechtfertigen. Die Praxis des Obertribunals ließ übrigens die Klage auf Auflassung zu. Vergl. Entsch. B. 75 S. 26, B. 80 S. 55. Strieth. B. 94 S. 362. Wie ungerecht und unbillig es aber ist, die Interessenten zu einer Auflassung zu nöthigen, obgleich in Wahrheit ein Eigenthumswechsel nicht vorliegt, ergiebt sich unter Anderem auch aus der damit in Verbindung stehenden Belastung mit einer Stempelpflicht, die doch nur im Fall des Eigenthumswechsels innere Begründung haben würde. Vgl. über die Möglichkeit von Eintragungen eines neuen Eigenthümers auf Grund der Zustimmung des bisher eingetragenen ohne Auflassung Johow und Küntzel, Entsch. des Kammergerichts B. 2 S. 92.

lassung, denn es handelt sich nicht um einen Eigenthumsübergang, vielmehr wird das noch bestehende Eigenthum geltend gemacht, — auch kein Verzicht des eingetragenen Berechtigten, denn das eingetragene dingliche Recht soll als nicht vorhanden festgestellt werden. Der Antrag ist hiernach auf richterliche Feststellung des Rechts auf Eintragung als Eigenthümer unter Löschung des eingetragenen Eigenthumsübergangs auf den Beklagten, oder auf Erklärung der eingetragenen Berechtigung des Beklagten als nichtig mit Verurtheilung des Beklagten zur Erklärung seiner Einwilligung in die Eintragung eines entsprechenden Vermerks in das Grundbuch. Bei Vorlegung des entsprechenden rechtskräftigen Urtheils wird der Grundbuchrichter dem Antrage auf Eintragung entsprechender Vermerke Folge geben müssen[61b]).

Den Charakter der Kondiktion hat die Klage auf Anfechtung der Eintragung des Eigenthumsübergangs und ihrer Folgen nur in den Fällen der Auflassung und hier nur dann, wenn die Willenserklärung des Auflassenden zwar nicht nichtig, aber anfechtbar war, z. B. wegen Irrthums, Betrugs, Zwangs, oder wenn zwar der Wille der Eigenthumsübertragung bestand, aber ein Rechtsgeschäft, zu dessen Erfüllung die Auflassung dienen sollte, entweder überhaupt nicht geschlossen war oder als anfechtbar wegfällt. Das Gesetz sagt: „Die Anfechtung ist auch auf Grund des Rechtsgeschäfts, in dessen Veranlassung die Auflassung erfolgt, statthaft." Die von dem giltig eingetragenen Eigenthümer ertheilte Auflassung hat den Eigenthumsübergang bewirkt, sie hindert also die Vindikation; aber auf Grund des Mangels einer wirklich die erfolgte Vermögensveränderung begründenden causa kann doch kondizirt werden[62]). Weil der Veräußerer ohne Rechtsgrund das Eigenthum zu Gunsten des Erwerbers aufgegeben hat, und weil dessen Haben ohne Grund eine unbillige Bereicherung mit dem Schaden des Klägers bewirkt, muß dieser Vermögenswerth zurückgeleistet werden. Kläger ist, wer als eingetragener Eigenthümer die Auflassung ertheilt, also durch seine Handlung den Uebergang des Eigenthums an den Beklagten bewirkt hat. Beklagter ist, da die Kondiktion eine persönliche Klage ist, nur derjenige, der von dem Kläger die Auflassung erhalten, nicht also ein Dritter, der später das Grundstück oder ein dingliches Recht daran erworben hat. Das Recht des Dritten beruht in jedem Fall, selbst wenn er zur Zeit seines Erwerbs Kenntniß von der Verpflichtung seines Autors hatte, das Grundstück wegen eines durchgreifenden Anfechtungsrechts zurückzugeben, doch auf einer Verfügung des wirklichen Eigenthümers und ist unanfechtbar, ebenso

---

61b) Ob die positive Eintragung statt finden kann, wird freilich nicht immer von der Bewilligung des Beklagten abhängen. Ist z. B. festgestellt, daß dieser als falscher Erbe eingetragen ist, so begründet nicht seine Einwilligung, sondern die erneute Prüfung des Richters, die ergiebt, daß jetzt Kläger als Erbe legitimirt ist, dessen Eintragung.

62) S. oben B. II. § 150 bei Note 7. Anfechtungsberechtigt im Sinne der Kondiktion ist nur der Auflassende. Entsch. B. 76 S. 253. Strieth. B. 94 S. 350.

wie wenn ein bloßes Recht auf Auflassung bestand und dem Erwerber bekannt war. Aber dieser Bruch des Gesetzes mit der Wirksamkeit des preußischrechtlichen Rechts zur Sache ist wieder durch eine Ausnahmebestimmung durchbrochen. Sofern nämlich die Anfechtungsbefugniß durch Eintragung einer Vormerkung gesichert ist, wirkt sie gegen den Dritterwerber trotz des Erwerbs durch Auflassung, wie auch gegen solche Dritterwerber ein vorgemerktes Recht auf Auflassung durchgreift[62a]).

Ein Fall, in dem nach bürgerlichem Recht möglicher Weise eine Kondiktion zu begründen wäre, ist durch besondere Bestimmung des Gesetzes ausgeschlossen: die mangelnde Form des Geschäfts, auf Grund dessen die Auflassung ertheilt worden ist, darf der Anfechtung nicht zu Grunde gelegt werden, wird vielmehr durch die Auflassung geheilt[63]).

In den Motiven des Eigenthumserwerbgesetzes war als mögliche Grundlage der Anfechtung der Eintragung eines Eigenthumsübergangs auch das Paullianische Anfechtungsrecht der Gläubiger bezeichnet. Wenn dies in früheren Ausgaben dieses Lehrbuchs Förster zu der Aeußerung Anlaß gegeben hat, daß die eigenthümliche Anfechtungsklage der Gläubiger eines zahlungsunfähigen Schuldners durch die Eintragungstheorie nicht beseitigt werde, so ist das gewiß richtig. Mit der „Anfechtungsklage" des preußischen und jetzt des Reichsrechts wird aber überhaupt niemals die Eintragung und deren Folgen in dem Sinne angefochten, daß ihre objektive Beseitigung, ihr Rückgängigwerden in Frage kommt. Die Anfechtungsklage läßt es bei dem Eigenthumsübergang, macht ihn aber für die Konkursgläubiger oder für die anfechtenden einzelnen Gläubiger dahin unwirksam, daß sie aus der veräußerten Sache, so als ob sie nicht veräußert wäre, Befriedigung suchen können[64]).

Insoweit als durch Auflassung Eigenthum an dem aufgelassenen Grundstück begründet wird, erstreckt sich ihre Wirkung auch auf die Zubehörungen des Grundstücks, die auf den neuen Erwerber übergehen, wenn sie nicht nach der Willenseinigung des Auflassenden und des Erwerbers aufhören sollten, Zubehör zu sein; sie gehen über, ohne daß es einer Tradition bedarf[65]).

---

[62a]) Vgl. B. I. § 48 Anm. 23a.

[63]) Dies gilt auch von den Parzellirungsverträgen, vgl. Gesetz über die Form der Zertheilungsverträge vom 5. Mai 1872 (G.S. S. 508). Auch wenn die Auflassungserklärung eine vom Grundbuchrichter verschuldete falsa demonstratio des nach der Absicht des Kontrahenten wirklich aufzulassenden Grundstücks enthält. R.G. bei Gruchot B. 28 S. 1102. Vgl. übrigens B. I § 79 Anm. 67 u. Entsch. des O.Trib. B. 80 S. 68 (Rehbein II. 24). — Daß § 10 des E.E.Gesetzes nur die Heilung eines Formmangels des ganzen (eben wegen dieses Mangels unverbindlichen) „Geschäfts" zum Ausdruck bringt, daß aber aus seiner Bestimmung nicht gefolgert werden kann, daß ein mit bestimmtem Inhalt verbindliches Geschäft, bei dem statt unverbindlicher mündlicher Nebenabreden die entsprechenden Naturalien des Geschäfts verbindlich sind, in Folge der Auflassung sich in ein ganz verschiedenes, nunmehr verbindliches, die Nebenabreden enthaltendes Geschäft umwandle, ist bereits B. I. § 79 Anm. 86 hervorgehoben.

[64]) Vgl. oben in B. I. § 114.

[65]) Vgl. Striethorst B. 96 S. 285, B. 98 S. 31. Entsprechend B.G.B. § 926. —

Auch auf das Bergwerkseigenthum[66]), sowie auf selbständige Gerechtigkeiten finden die Grundsätze von der Auflassung Anwendung[67]).

## Drittes Kapitel.

## § 179. Die Beendigung des Eigenthums.

A.L.R. I. 16 §§ 1—6. Bornemann II. 131. Koch, Pr.-R. I. 466. — Gesterding 400. Schmid I. 384. Pagenstecher II. 356. Böcking, Pand. II. 171.

An einer Sache, die bereits im Eigenthum steht, kann neues Eigenthum nur dann entstehen, wenn der bisherige Eigenthümer sein Eigenthum aufgiebt oder verliert; mit dem Entstehen eines neuen Eigenthums aber ist das Fortbestehen des alten unvereinbar. Das A.L.R. drückt sich darüber so aus: durch die Handlungen und Begebenheiten, wodurch das Eigenthum von Sachen und Rechten auf Andere übergeht, verliert auch der bisherige Eigenthümer seine Befugnisse[1]). Zu den Handlungen gehören die Veräußerungen, zu den Begebenheiten diejenigen Ereignisse, die wider oder ohne Willen des Eigenthümers das Eigenthum auf eine andere Person übertragen, z. B. auch die in § 176 besprochenen Verbindungen. Hierher sind ferner zu rechnen: die Enteignung (Expropriation)[2]), die rechtskräftige Abweisung des Eigenthümers[3]) und die Einziehung (Konfiskation) zur Strafe[4]), ferner soweit es ein resolutiv bedingtes Eigenthum giebt, der Eintritt der Bedingung[5]). Hat ferner der Eigenthümer der Sache nach Verlust des Besitzes statt Herausgabe der Sache Werthersatz beansprucht und erhalten, so muß darin eine Einigung über Uebertragung des Eigenthums

---

Ueber den Fall der Kollision einer Auflassung mit einem dem Erwerber bekannten Recht zur Sache auf Pertinenzen, vgl. oben § 156 Anm. 20. 21.

[66]) Vgl. oben § 156 bei Anm. 60.

[67]) Ges. v. 5. Mai 1872 §§ 68. 69.

[1]) I. 16 § 6. Nur eingeschränkt richtig ist L. 11 de R. J.: id quod nostrum est, sine facto nostro ad alium transferri non potest.

[2]) Oben B. II. § 131.

[3]) I. 16 § 7. „Rechte erlöschen durch richterliches Erkenntniß." Das ist so zu verstehen: wirklich vorhandenes Eigenthum erlischt, wenn es ungerecht rechtskräftig abgesprochen wird. Aber, da Urtheile nur zwischen den Parteien gelten, so ist in Folge der ungerecht abgewiesenen Vindikation gegen den Beklagten nicht gegen jeden Dritten das Eigenthum vernichtet.

[4]) Bei Kontrebande und Zolldefraudationen, und an Gegenständen, die zur Begehung eines Verbrechens oder Vergehens gebraucht oder durch ein solches hervorgebracht worden, sofern sie dem Thäter oder Theilnehmer gehören. § 40 Str.G.B.

[5]) Wieweit es nach preußischem Recht ein resolutiv bedingtes Eigenthum giebt, das mit dem Eintritt der Bedingung aufhört, ist im § 169 unter Z. 1 erörtert. Es kommt also insbesondere der Eigenthumserwerb im Falle der bedingten Zuwendung von Todeswegen in Betracht. Ueber gemeines Recht vgl. Böcking II. 176f. Pagenstecher II. 368. Puchta, Pand. § 142. Vangerow § 96. Ueber Fälle, in denen der vertragsmäßige Erwerb zu der Frage nach bedingtem Eigenthum führt, vergl. oben B. II. § 126.

gesehen werden, so daß das Eigenthum nachmals nicht mehr geltend gemacht werden kann. Aber bestand ein Hinderniß für den Anspruch auf Herausgabe der Sache, das nachher beseitigt ist, so läßt sich solche Einigung nicht annehmen. Gegen Rückerstattung des gezahlten Werthbetrags ohne Zinsen wird solchen Falls nochmals mit Recht aus dem Eigenthum auf Herausgabe geklagt[6]). Zu Unrecht spricht man von einem Aufhören des Eigenthums beim Durchdringen der Paullianischen Klage[7]) im Falle des Widerrufs eines Geschenks[8]) und wenn eine Sache dem Verkehr entzogen wird[9]).

Ohne daß neues Eigenthum entsteht, geht das Eigenthum, wie jedes Recht an der Sache, unter, falls die Sache untergeht oder wegfällt. Auch das A.L.R. sagt: der gänzliche Untergang der Sache hat von selbst den Verlust aller darauf haftenden Rechte (also auch des Eigenthums) zur Folge[10]). Aber stofflich geht kein körperlicher Gegenstand unter, er verwandelt sich nur[11]), und an dem verwandelten Stoff bleibt das Eigenthum und bestehen alle Rechte fort, die darauf ausgeübt werden können. Dies gilt auch insofern, als rechtlich an den Untergang einer Sache das Entstehen eines ersetzenden Anspruchs geknüpft ist; so daß insofern das Surrogat an die Stelle der ursprünglich vorhandenen Sache tritt[11a]). Die Reste des ab-

---

[6]) Arg. des § 27 A.G.O. I. 22.

[7]) Die hier erwähnten Fälle führte auch Förster in den früheren Auflagen als Beispiele eines aufhörenden Eigenthums an: da dies im Widerspruch steht mit Ausführungen Förster's selbst an anderen Stellen, so bedarf die Aenderung keiner eingehenden Begründung. Darüber, daß insbesondere das Anfechtungsrecht der Gläubiger ein begründetes Eigenthum nicht aufhebt, vergl. oben B. I § 114, sowie § 178 bei Anm. 64.

[8]) Vgl. über die persönliche Natur der actio revocatoria B. II. § 122 bei Anm. 127.

[9]) Es ist bereits im allgemeinen Theil erörtert, daß von den Sachen, die dem Verkehr entzogen sind, nach preußischem Recht nur diejenigen extra patrimonium stehen, bei denen ihre Natur die Herrschaft eines Einzelnen ausschließt, Luft, Meer, das fließende Wasser. Die Bestimmung zu kirchlichem Gebrauch und zum gemeinen Gebrauch hindert nicht das Eigenthum der Kirchengesellschaft, des Staats, der Gemeinde, und läuft auf eine Eigenthumsbeschränkung hinaus. Wenn eine Kirchengemeinde gekaufte Geräthe dem gottesdienstlichen Gebrauch widmet, hört sie nicht auf Eigenthümerin zu sein. Soll eine im Privateigenthum befindliche Sache gemeinem Gebrauch gewidmet werden, so kann zwar unter Umständen eine Enteignung stattfinden, aber auch diese begründet nur einen Eigenthumswechsel. Bei einer dem Gemeingebrauch rechtsgiltig gewidmeten Sache ist die Vindikation, soweit die Sache dadurch dem Gemeingebrauch entzogen werden würde, ausgeschlossen. Vgl. Entsch. B. 75 S. 154, R.G. Entsch. B. 4 S. 279. Ein Privatfluß wird durch Schiffbarmachung in einen öffentlichen verwandelt; ein Grundstück wird öffentlich, wenn darüber ein öffentlicher Weg geführt wird. Vgl. oben § 168 bei Anm. 43. S. auch B. I. § 21 Anm. 21 und wegen der Art und Weise, wie früher privatrechtliche Ansprüche gegenüber der Erklärung eines Weges für einen öffentlichen geltend zu machen waren, Art. IV. des Ges. betr. Abänderung der Kreisordnung vom 19. März 1881; jetzt ist nach der verwaltungsgerichtlichen Entscheidung nur noch ein Entschädigungsanspruch zu erheben. Zuständigkeitsgesetz vom 1. August 1883 §§ 56. 57.

[10]) I. 16 § 2.

[11]) Wie Seneca de benef.: IV. 8 § 5 sagt: rerum natura nihil dicitur perdere, nec perire quicquam potest.

[11a]) I. 16 § 3. Vergl. oben B. I. § 22 Anm. 21. 22 und unten § 184 Anm. 65 ff. S. auch B. II. § 131 Anm. 47.

gebrannten oder eingestürzten Gebäudes, die Stücke oder Scherben der zerbrochenen beweglichen Sache, Fell und Hörner des gefallenen Thieres gehören jedenfalls dem bisherigen Eigenthümer[11b]). Soweit aber Stoffverminderung oder eine Aenderung der Individualität der Sache und Entwerthung eintritt, kann relativ gesagt werden, daß das Eigenthum untergehe, weil die Sache untergegangen ist. Auch der Untergang des Eigenthums an einem Recht tritt aus physischen Gründen ein, wenn seine Ausübung an der Sache unmöglich geworden ist[12]). Durch bloße physische Veränderung der Sache geht sonst das Eigenthum an sich nicht unter, wenn nicht die Gesetze diese Folge ausdrücklich daran knüpfen[13]). Hierher rechnet das A.L.R. Säen und Pflanzen auf fremdem Boden, Bau auf fremdem Boden, mechanische Accessionen, Spezifikation[14]). Durch eigenen Verbrauch oder Verzehrung der Sache wird das Eigenthum verloren. Auch wenn ein gezähmtes Thier in die natürliche Wildheit zurückkehrt ist es nicht mehr Eigenthumsobjekt[15]). Das Eigenthum an einem Rechte hört endlich auch dadurch auf, daß das Recht als solches von der Rechtsordnung nicht mehr anerkannt wird[16]).

In der Natur des Eigenthums als eines Rechts liegt es, daß der Eigenthümer darauf verzichten kann. Das Landrecht spricht von verlassenen, derelinquirten Sachen als von Gegenständen des Eigenthumserwerbs durch Besitznehmung[17]). Aber damit eine Sache als wirksam derelinquirt angesehen werden könne, genügt nicht bloßer Nichtgebrauch der Sache[18]), auch nicht der bloße Wille, nicht länger Eigenthümer zu sein, selbst nicht die ausdrückliche Erklärung dieses Willens, wenn nicht neben einer solchen ausdrücklichen oder stillschweigenden Willenserklärung der Besitz wirklich aufgegeben ist[19]). Auch solche Besitzaufgabe genügt nicht, wenn

---

[11b]) Vgl. B.G.B. § 953.

[12]) Z. B. eine Wegegerechtigkeit an einem Grundstück, das durch Aenderung des Flußlaufs Flußbett geworden.

[13]) I. 16 § 1.

[14]) I. 9 §§ 275 fg., auf die I. 16 § 1 verweist.

[15]) I. 9 §§ 167—169. Böcking II. 174 f. Note 19.

[16]) So hört das Bergwerkseigenthum rechtlich auf, der mögliche Gegenstand von Rechten zu sein, wenn vom Oberbergamt seine Aufhebung ausgesprochen ist. Allg. Berggesetz vom 24. Juni 1865 § 160. — Mehrfach hat die Gesetzgebung durch die Aufhebung ganzer Rechtsinstitute zugleich die bestehenden subjektiven Berichtigungen oder das Eigenthum an den Rechten zerstört. Hierher gehört die Aufhebung des Jagdrechts an fremdem Grund und Boden, Ges. v. 31. Oktober 1848, des Obereigenthums des Lehnsherrn, Erbzinsherrn, Erbverpächters u. s. w. Ges. v. 2. März 1850, der Patrimonialgerichtsbarkeit, Ges. 2. Jan. 1849.

[17]) A.L.R. I. 9 §§ 14 f., II. 16 §§ 12—14. Oben § 174 unten II.

[18]) Oben B. I. § 46 Anm. 28 I. 9 § 504, I. 21 § 94.

[19]) A.L.R. I. 9 § 16. Bei Grundstücken ist der allein okkupationsberechtigte Staat dabei interessirt, festzustellen, ob Dereliktion eines verlassenen Grundstücks stattgehabt hat. Er kann darüber Erklärung fordern und bei verweigerter Erklärung auf Zuschlag, d. h. auf Erklärung des Grundstücks als ihm angefallen, Klage erheben. II. 16 §§ 13. 14. — Die Schwierigkeit, die anscheinend Eig.Erw.Ges. § 7 dem eingetragenen Eigenthümer entgegenstellt, der derelinquirt, weil er die Lasten nicht tragen will, wollte Dernburg früher (I. § 203 Anm. 9) durch Eintragung eines Vermerks über erfolgte

man dazu durch äußere Umstände genöthigt war [20]). Wird also die zur Erleichterung des Schiffs über Bord geworfene Sache wieder angespült und der Herrschaft des früheren Eigenthümers wieder zugebracht, so setzt er an dieser Sache sein altes Eigenthum fort [21]).

## Viertes Kapitel.

# Der Schutz des Eigenthums.

## § 180. Die Eigenthumsklage (Vindikation).

A.L.R. I. 15. — Ges. über den Eigenthumserwerb § 7. Oben §§ 164. 165. Bornemann II. § 118 S. 145. Koch, Pr.-R. I. § 239 S. 434. Dernburg I. §§ 246 ff. Koch, Anleitung zur preuß. Prozeßpraxis B. 1, 1860, S. 160 f. Förster, Klage und Einrede, S. 292 f. Gruchot B. 17 S. 641. Savigny, Oblig.-R. B. 2 S. 115 f. (preußisches Recht). Franklin bei Gruchot B. 5 S. 14 f. — Glück VIII. 26 f. Gesterding S. 309 f. Schmidt I. S. 268 f. Pagenstecher III. 5 f. Ihering, Uebertragung der rei vind. auf Nichteigenthümer, in s. u. Gerber's Jahrb. B. 1 S. 101 f. Kindervater, Ueber rei vind. utilis, in Bekker und Muther, B. 6 S. 307. Goldschmidt, Ueber den Erwerb dinglicher Rechte vom Nichteigenthümer und die Beschränkung der dinglichen Rechtsverfolgung, insbesondere nach handelsrechtl. Grundsätzen, in s. Zeitschr. f. Handelsrecht, B. 8 S. 225, B. 9 S. 1. Siebenhaar in den Dresdner Annalen, N. F., B. 10 S. 385 fg. Roth, Bair. Civ.-R. II. § 149. — Arndts §§ 166—168. Keller §§ 148 f. Puchta, Pand. S. 255 § 167. Vorles. I. S. 359 f. Seuffert I. §§ 149—155 S. 189 f. Sintenis I. §§ 52 f. Vangerow I. §§ 332—334 S. 640. Windscheid I. §§ 192—197.

Die Eigenthumsklage gehört im preußischen Rechtssystem zur Kategorie der Klagen aus dem besseren Recht zum Besitz, von denen bereits gehandelt ist. Gerade weil die eigentliche Eigenthumsklage gestützt werden muß auf die Thatsache des Eigenthumserwerbs [1]), und weil dann ihre Durchführung in den Fällen des derivativen Erwerbs oft schwierig ist [2]), hat das Recht, wie bereits dargestellt, Hilfsmittel erfinden müssen, um den Schutz über-

---

Dereliktion überwinden. Auch der Einwand, daß die Rechtswirkung solchen Vermerks nicht zu begründen, übrigens dafür in Abtheilung II des Grundbuchs auch keine Stätte sei, hat er dies jetzt aufgegeben. Vergl. über Unzulässigkeit eines Grundbuchvermerks Johow, Jahrb. B. 9 S. 71. Abweichend Kurhessische Mittheilungen B. 1 S. 22. Es fragt sich hier und in andern Fällen, ob § 7 so zu verstehen ist, daß der Eingetragene, auch wenn er aufgehört hat, Eigenthümer zu sein, doch noch Dritten als Eigenthümer haftet. — Das B.G.B. § 928 Abs. 1 hat die Möglichkeit einer Dereliktion durch Eintragung in das Grundbuch geregelt. Die prozessualische Vertretung des unbekannten künftigen Eigenthümers ist bei den Kommissionsberathungen nach Formulirungen für §§ 55a, 696g der C.P.O. dem Einführungsgesetz und jetzt einem besonderen Gesetz über die Einwirkung des B.G.B. auf die C.P.O. überlassen.

[20]) I. 9 § 17.

[21]) Strand.Ordn. v. 17. Mai 1874 § 16.

[1]) l. 23 pr. D. VI. 1. In rem actio competit ei, qui dominium acquisivit. Delbrück, dingl. Klage, S. 3.

[2]) l. 20 pr. D. XLI. 1.

haupt möglich zu machen[3]). Das römische Recht half durch die Usukapion und durch die Erfindung der publizianischen Klage[4]), auch konnten die possessorischen Klagen oft Aushilfe bieten[5]). Es war daher nur selten nöthig, die rei vindicatio anzustellen, und in den wenigen Fällen war die Thatsache des Erwerbs wegen seiner Unmittelbarkeit oder Ursprünglichkeit leicht nachweisbar. Das deutsche Recht bedurfte dieser Hilfsmittel nicht. War schon die Klage selbst nicht auf die Thatsache des Eigenthumserwerbs gestützt, floß vielmehr der Begriff des ungestörten Besitzstandes noch ununterschieden mit dem des Eigenthums zusammen, so war von vornherein die Relativität des Beweises anerkannt[6]). Bei Grundstücken wurde überdies der Beweis des Eigenthums erleichtert durch die öffentliche Autorität, die den Erwerb begleitete (gerichliche Auflassung), und die durchgreifende Bedeutung, die der Einschreibung in die Stadt- oder Grundbücher beigelegt wurde[7]). Bei beweglichen Sachen aber war die Vindikation durch die Grundsätze: „Hand wahre Hand" und „Wo man seinen Glauben gelassen, da muß man ihn wieder suchen", erheblich beschränkt[8]).

Das preußische Recht nimmt, wie bei der Erörterung der relativen Bedeutung des besseren Rechts zur Sache dargelegt worden ist[9]), eine ausgeprägte Mittelstellung ein, und aus den Vorträgen von Svarez geht hervor, daß den Redaktoren dieses Verhältniß zum römischen und deutschen Recht klar im Bewußtsein gewesen ist[10]). Indem auf die Erörterungen über die Klage aus dem Recht zum Besitz verwiesen wird, sind hier nur einige Bemerkungen bezüglich der eigentlichen Eigenthumsklage (rei vindicatio) nachzuholen.

Im Gegensatz zum römische Recht, welches nach dem absoluten Satz ubi rem meam invenio, ibi vindico[11]), die Klage dem Eigenthümer gegen jeden dritten Besitzer ohne Rücksicht auf dessen guten oder schlechten Glauben gab und nur in Betreff der Nebenleistungen (der omnis causa) eine Unterscheidung nach der Redlichkeit oder Unredlichkeit des Beklagten zuließ[12]),

---

[3]) Vangerow I. S. 642 Anm. 1. Goldschmidt a. a. O. S. 230fg.
[4]) Oben §§ 164. 177.
[5]) l. 24 D. VI. 1 quia longe commodius est, ipsum possidere et adversarium ad onera petitoris compellere, quam alio possidente petere.
[6]) Oben § 164.
[7]) Sachsensp. I. 52 § 1. Rev. lüb. R. III. 6 Art. 2. Beseler S. 333fg. 340fg.
[8]) Sachsensp. II. 60 § 1. (Leihe und Satzung sind nur Beispiele.) Rev. lüb. R. III. 2 Art. 1. 2. Beseler S. 307fg. Goldschmidt a. a. O. S. 246fg. Entwendetes (gestohlenes, geraubtes, abgetragenes) Gut konnte von jedem Dritten vindizirt werden. Die Vindikation beweglicher Sachen war hiernach zulässig bei Verlust wider Willen, ausgeschlossen, wenn man freiwillig die Sache fortgegeben hatte.
[9]) Oben §§ 163—165.
[10]) v. Kamptz, Jahrb. B. 41 S. 84fg. Der Code hat die unbedingte Vindikation des röm. R. behalten. Nach österr. G.B. §§ 333. 367 kann von dem redlichen entgeltlichen Erwerber, der die Sache von jemand an sich gebracht, dem sie der Kläger anvertraut hat, nicht vindizirt werden. Dies ist der deutsch-rechtliche Standpunkt Hand wahre Hand. Das sächs. G.B. giebt unbedingte Vindikation. §§ 295. 315.
[11]) l. 9 D. VI. 1.
[12]) l. 25 § 11, l. 31 § 2 D. V. 3. Vangerow, S. 654. 658. 659.

hatte das ältere deutsche Recht durch den symbolischen Akt des anevang, eines Anfassens, Ergreifens der Sache, oder auch ohne diesen symbolischen Akt (schlichte Klage) die Vindikation nur demjenigen gestattet, dem eine bewegliche Sache wieder seinen Willen aus seiner Gewere entzogen war[13]); wer sie freiwillig aus seiner Gewere gelassen, durfte sie nicht dem dritten Besitzer abfordern, sondern mußte sich an den halten, dem er sie gegeben[14]). Das spätere deutsche Recht, namentlich in den Städten, wo der Verkehr lebhafter und der Uebergang der Mobilien aus Hand in Hand leichter erfolgte, hat aber jene Einschränkung der Rückforderung dahin abgeschwächt, daß zwar der Eigenthümer, auch wenn er die Sache freiwillig einem Andern übergeben hatte, sie von dem dritten Besitzer vindiziren konnte, aber nur so, daß er sie vom redlichen Besitzer, für dessen Erwerbspreis einzulösen hatte[15]). Das war insbesondere in dem lübischen Recht festgesetzt[16]), das von den Redaktoren des A.L.R. wegen seiner Verbreitung in preußischen Städten nicht übersehen werden konnte.

Svarez führte aus[17]): die römische Theorie begünstigt ausnehmend die Sicherheit des Eigenthums, sie beschränkt aber zu sehr die Sicherheit oder Zuverlässigkeit des Verkehrs; die Theorie des deutschen Rechts begünstigt ausnehmend die Freiheit und Lebhaftigkeit des Verkehrs, dagegen scheint sie auf die Rechte des Eigenthums zu wenig Rücksicht zu nehmen. „Durch diese Betrachtungen ist man bewogen worden, über die Vindikation eine neue Theorie zu bilden, welche zwischen der römischen und altdeutschen den Mittelweg hält.“ Aus dem römischen Recht wurde beibehalten jener Satz: ubi rem meam invenio, ibi vindico, und damit der Grundsatz: Hand wahre Hand abgewiesen[18]); aus dem deutschen Recht wurde die Einlösungspflicht des Eigenthümers gegen den redlichen Besitzer aufgenommen[19]). So wurde das Recht des Eigenthümers und die Sicherheit des Verkehrs bei der Vindikation gleichmäßig bedacht; und diese Grundsätze gelten noch jetzt für bewegliche Sachen.

---

[13]) Anevang und schlichte Klage s. Delbrück a. a. O. S. 76. Beseler S. 308. Behrend, observat. de actione simplice juris Germanici. Gryph. 1861. Sachsensp. II. 36. Sächs. Distinkt (Ortloff) IV. 42. 1. Schwabensp. (Laßb.) Kap. 317. Richtsteig Landr. XI. 17. Ueber die Natur des Anfangs als Vindikation oder Deliktsklage streiten die Germanisten. Für Ersteres Albrecht, Gewere S. 81f. Gaupp, Zeitschr. f. deutsches R. B. 1 S. 111f. Bluntschli S. 219f. Delbrück a. a. O. Goldschmidt a. a. O. S. 251 u. A. Für Letzteres Zöpfl, deutsche R. u. R.-Gesch. 3. A. S. 756. Cropp in den crim. Beitr. v. Hudtwalker u. Trummer B. 2 S. 283f. Gerber § 102.

[14]) Oben bei Note 8.

[15]) Goldschmidt a. a. O. S. 261.

[16]) Lüb. R. Cod. II. (Hach) 194. Rev. Lüb. R. III. 2. Art. 1. 2, III. 4. Art. 9, IV. 1. Art. 6. 9, IV. 4. Art. 8. (Der Cod. III. (372, Hach)) ist wieder zum Grundsatz Hand wahre Hand zurückgekehrt.)

[17]) v. Kamptz, Jahrb. B. 41 S. 84f.

[18]) I. 15 § 1 von jedem Inhaber und Besitzer. Ueber den weiter gehenden Standpunkt des B.G.B. vgl. dessen § 932.

[19]) I. 15 §§ 24–26.

Was das Eigenthum an Grundstücken betrifft, so schreibt das Landrecht in § 7 I. 10 vor, daß „der in das Hypothekenbuch eingetragene Besitzer in allen mit einem Dritten über das Grundstück geschlossenen Verhandlungen als der Eigenthümer desselben angesehen werden solle". Eine verbreitete Auffassung schloß hieraus: Der „eingetragene Besitzer" könne auf Grund der Besitztitel-Berichtigung, wenn ihm der Besitz wieder entzogen worden, vindiziren[20]). Eine andere, die später herrschende Auffassung, nahm aber mit Recht an, daß die angezogene Bestimmung sich auf die Eigenthumsklage nicht beziehe; zur materiellen Begründung der Eigenthumsklage, auch wenn sie vom eingetragenen Besitzer angestellt wurde, gehört nach dieser Ansicht, daß Kläger die Thatsachen, aus denen er seinen Eigenthumserwerb herleiten wollte, im Prozeß darlegte. Auch jener erstere Standpunkt schloß übrigens das Zurückgehen auf die Grundlage der Besitztitelberichtigung nicht aus; er verlangte nur von dem Beklagten, daß er, um einredeweise die für den Kläger sprechende Vermuthung wirklichen Eigenthumserwerbs zu beseitigen, geltend mache, es sei der Besitztitel zu Unrecht, insbesondere ohne vorherige Uebergabe, oder auch ohne daß Kläger seinen Titel vom Eigenthümer herleite, berichtigt worden[21]). Das Gesetz über den Eigenthumserwerb an Grundstücken vom 15. Mai 1872 § 7 hat hier wesentlich geändert. Der eingetragene Eigenthümer ist jetzt kraft seiner Eintragung befugt, alle Klagerechte des Eigenthümers auszuüben, es kann mithin von dem eingetragenen Eigenthümer ein anderer Nachweis seiner Sachlegitimation nicht gefordert werden. Gegen die Klage des eingetragenen Eigenthümers als solchen kommt ein Bestreiten des Eigenthumserwerbs selbst nicht in Betracht[21a]), vertheidigungsweise kann diese Klagebegründung nur dahin in Frage gestellt werden, ob der Kläger mit Recht als Eigenthümer eingetragen worden ist; mit anderen Worten die Eintragung des Eigenthumserwerbs des Klägers kann vertheidigungsweise vom Beklagten angefochten werden[21b]). Der Wort-

---

[20]) Vergl. Hypoth.-Ordn. II. § 92 und aus der Praxis Entsch. B. 36 S. 76. Wegen der im Fortgang des Texts bezeichneten Vertheidigung des Bekl. vgl. Entsch. B. 27 S. 287. Gruchot B. 8 S. 578. Der zweite Hülfssenat des Reichsgerichts ist in den Entsch. d. R.G. B. 5 S. 282, wo es sich um die Klage eines nach dem 1. Okt. 1872 eingetragenen Eigenthümers handelte, auf jenen älteren Standpunkt des Obertribunals zurückgegangen. Abweichend die Anm. 22 citirten Erkenntnisse des Obertribunals und des Reichsgerichts.

[21]) Vgl. Entsch. B. 34 S. 128, B. 44 S. 330.

[21a]) Nicht als vermutheter Eigenthümer, der sein in der Entstehung angegriffenes Eigenthum replicando anderweit begründet, sondern kraft eines ausdrücklich an die Eintragung geknüpften Klagerechts klagt er, gleichviel ob die Eintragung auf Auflassung oder auf richterlicher Prüfung eines Eigenthumserwerbs ohne Auflassung beruht. R.G. Entsch. B. 28 S. 228. — Das B.G.B. § 891 (Reichstagsvorl. § 875, Entw. I. § 826, II. § 809) stellt eine Vermuthung für das Bestehen des eingetragenen Rechts auf.

[21b]) Vergl. § 178 Anm. 57. So kann er die Nichtigkeit der Auflassung oder Eintragung und, im Falle eines andern Erwerbungsgrundes des eingetragenen Eigenthumserwerbs, auch die Unrichtigkeit der Annahme des Grundbuchrichters bezüglich des eingetragenen Erwerbs, insofern also auch den Mangel des Eigenthums vorschützen. Er kann sich dagegen nicht damit vertheidigen, daß ein Anderer (nicht er selbst) die Auflassung kondiziren könne.

laut der Bestimmung macht es sogar zweifelhaft, ob die Vertheidigung dahin zulässig ist, daß der richtig als Eigenthümer eingetragene Kläger **durch einen der Eintragung nicht bedürfenden Akt** das Eigenthum verloren hat, sei es an den Beklagten selbst oder an einen Anderen, so daß nun nicht mehr er, sondern dieser Andere legimitirt ist. Als Sinn der Bestimmung kann aber nicht angesehen werden, daß diese Vertheidigung auszuschließen ist. Nur der Behauptung des Eigenthumserwerbs soll es neben der Eintragung nicht bedürfen. Daß der eingetragene Eigenthümer trotz richtig eingetragenen Eigenthumserwerbs aufgehört hat, Eigenthümer und damit zu der Klage legimitirt zu sein, ist eine von dem Klagegrund rechtlich verschiedene Einrede. Das Einrederecht des Beklagten aber ist nur in der unten näher zu besprechenden Weise dahin beschränkt, daß ihm die Einrede der Verjährung nicht zusteht, und daß die Gebundenheit des Klägers durch ein ihn zur Abtretung des Eigenthums verpflichtendes Rechtsgeschäft im Wege der Klage oder Widerklage geltend gemacht sein muß.

Auch mit Rücksicht auf die hier erörterte Bestimmung des Eigenthumserwerbsgesetzes hat sich Streit darüber erhoben, ob nunmehr auch demjenigen, der sich in Folge einer dem 1. Oktober 1872 vorangegangenen Besitztitelberechtigung oder in Gemäßheit des § 49 der Grundbuchordnung auf Grund des Nachweises eines vor diesem Zeitpunkt geschehenen Eigenthumserwerbs als Eigenthümer im Grundbuch eingetragen findet, das Klagerecht des § 7 zustehe. Ueberwiegende Gründe sprechen für die Verneinung der Frage nach beiden Richtungen [22]). Die Bejahung würde in ihrer Konsequenz dazu führen, dem Beklagten die Einrede der schon vor dem 1. Oktober 1872 vollendeten Verjährung zu versagen [22a]). Er

---

[22]) Vgl. Entsch. B. 71 S. 253, B. 75 S. 15, B. 76 S. 69. Strieth. B. 96 S. 277, B. 97 S. 197. Gruchot B. 23 S. 119. R.G. Entsch. B. 1 S. 375, B. 4 S. 270. Ob die Entscheidung des Reichsgerichts Hülfssenat B. 5 S. 282 abweicht, ist nicht klar; das Erkenntniß läßt nicht ersehen, ob es sich um einen nach § 5 des Eig.Erw.Gesetzes oder nach § 49 der Grundbuchordnung eingetragenen Eigenthümer handelte. Vergl. oben § 178 Anm. 56 auch wegen der Literatur. Das Argument, welches der fünfte Senat des Reichsgerichts in Entsch. B. 16 S. 228 zur Entscheidung der Frage, ob den Dispositionen des eingetragenen Besitzers die Kraft der Dispositionen eines nach dem October 1872 eingetragenen Eigenthümers zukommt, geltend macht, daß in § 2 des Gesetzes unter eingetragener Eigenthümer auch der zur Zeit des Erlasses des Gesetzes eingetragene Besitzer verstanden werde, und daß nicht anzunehmen sei, daß das Gesetz denselben Ausdruck in verschiedenem Sinne gebrauche, läßt darauf deuten, daß der fünfte Senat auch § 7 in dem hier bekämpften Sinn verstehen wolle. Vgl. aber wegen der Konsequenz, daß dann auch die Vertheidigung des Beklagten in Gemäßheit des § 7 beschränkt ist, Anm. 22b. Für die hier behandelte Frage kann eine abweichende ständige Praxis nicht als festgestellt angesehen werden. Ich muß deshalb die m. E. zutreffenden Gründe für die Verneinung nach wie vor aufrecht erhalten.

[22a]) Der § 7 sagt nicht, die Klage kann fortan nicht mehr verjähren, sondern der Verjährungseinwand steht nicht zu. Meint man also, der § 7 stehe dem vor 50 Jahren eingetragenen Besitzer zur Seite, gegen den vor 1872 die Exstinktivverjährung bereits vollendet war, so hat das Gesetz erstorbene Klagen wieder aufleben lassen. Die Vertheidiger der Gegenansicht sind deshalb genöthigt, entweder die Exstinktivverjährung der Eigenthumsklage überhaupt zu leugnen (vgl. dagegen unten Anm. 98) und dem

wäre auch dann, wenn er vor 1872 von dem eingetragenen Besitzer oder dessen Rechtsnachfolger durch Uebergabe volles Eigenthum am Grundstück erlangt hat, und obgleich er danach bei dem Grundbuchrichter seine Eintragung als Eigenthümer durch Erbringung der erforderlichen Nachweisungen erwirken kann, im Prozesse zur Herausgabe des Grundstücks zu verurtheilen, sofern er nicht klagend sein Recht verfolgt, das doch wieder kein bloßes Recht aus dem Rechtsgeschäft, sondern wirkliches Eigenthum ist[22b]). Wäre ferner der eingetragene Besitzer, der vor 1872 zu Unrecht und ohne Uebergabe eingetragen ist, durch § 7 mit dem Klagerecht des Eigenthümers ausgestattet, so wäre er auch passiv für alle Klagen legitimirt, die gegen den Eigenthümer des Grundstücks als solchen erhoben werden, ohne die Klage von sich ablehnen zu können[22c]).

Abgesehen von diesem das Immobiliarsachenrecht betreffenden Punkt

---

Gesetz den Vorwurf zu machen, daß es im ersten Satz des zweiten Absatzes von § 7 dasselbe wiederholt habe, was es in § 6 sagt, — oder dem Wortlaut des Gesetzes Zwang dahin anzulegen, die Einrede einer nach 1872 vollendeten Verjährung stehe dem Beklagten nicht zu. Das wäre gewiß ein stärkerer Redaktionsfehler, als wenn angenommen wird, daß in § 2 „eingetragener Eigenthümer" in einem andern Sinn als in § 7 gebraucht ist. Nebenbei gesagt ist es aber auch möglich § 2 dahin zu interpretiren, daß er von dem Auflassungsrecht des eingetragenen Besitzers nur insofern spreche, als derselbe wahrer Eigenthümer ist, — während die Auflassung eines eingetragenen Besitzers, der nicht wahrer Eigenthümer sei, zwar mit der am Schlusse der Anm. 56 in § 178 erwähnten Maßgabe zuzulassen sei, aber als unwirksam in Frage gestellt werden könne.

22b) Der Beklagte soll nach § 7 sein Recht, den Besitz des Grundstücks aus einem den Eigenthumserwerb bezweckenden Geschäft zu vertheidigen, durch Klage oder Widerklage geltend machen. (S. unten Anm. 75.) Das steht in Zusammenhang damit, daß die Uebergabe seit 1. Oktober 1872 nicht mehr das Eigenthum begründet. Aber bis dahin ist sie dazu geeignet gewesen, und es würde dem § 49 der Grundbuchordnung geradezu widersprechen, wenn derjenige, der danach die Eintragung als Eigenthümer jeden Augenblick erlangen kann, dadurch, daß der eingetragene Besitzer gegen ihn klagt, genöthigt werden könnte, zunächst noch durch Widerklage „aus dem Rechtsgeschäft" Uebertragung des Eigenthums, das er bereits hat, zu erstreiten. Es ist kaum anzunehmen, daß das Reichsgericht die Konsequenz aus der Annahme, daß „eingetragener Eigenthümer" in §§ 2 und 7 nothwendig dasselbe bedeute, dahin ziehen wird, daß der Grundeigenthümer A, der 1871 von B dem eingetragenen Besitzer das Eigenthum des Grundstücks durch Uebergabe erworben hat, nach 1872 der Klage des B als des noch eingetragenen Besitzers weichen muß, wenn er nicht Widerklage erhebt, — eine Widerklage die doch auch wieder nicht auf Auflassung gerichtet sein kann. — Eine weitere Konsequenz jenes Standpunkts würde auch sein, daß die Vindikation des eingetragenen Besitzers gegen denjenigen durchgreifen müßte, dem nach 1872 der wahre Eigenthümer ein Gebrauchsrecht an der Sache konstituirt hat, welches als dingliches Recht zwar gegen den wahren Eigenthümer von Bestand sein würde, das aber gegen Dritte bei mangelnder Eintragung keine Kraft hat.

22c) Daß diese Rechtsstellung für den eingetragenen Besitzer nicht paßt, daß die Vorschrift vielmehr ein Rechtssystem voraussetzt, bei dem wenigstens unter Lebenden ein Eigenthumswechsel regelmäßig nicht ohne Eintragung in das Grundbuch stattfindet, ist so einleuchtend, daß bisher auch noch nicht einmal der Versuch gemacht ist, diese Rechtsstellung dem bloßen eingetragenen Besitzer zuzuschreiben. Vielmehr gehen die Gegner über diesen Punkt stillschweigend fort. Dernburg I. § 203 a. E. verneint ausdrücklich die Passivlegitimation desjenigen, für den nur der Besitztitel berichtigt ist; bezüglich des klagenden eingetragenen Besitzers faßte er früher die in dieselben Worte gekleidete Bestimmung als deklaratorisch auf, auch jetzt noch meint er, daß dies der Absicht des Gesetzes besser entsprochen hätte, als der Standpunkt der Praxis.

giebt die Eigenthumsklage des Preußischen Rechts zu den folgenden Bemerkungen Anlaß.

A. Das Ziel der Klage und der Klagegrund. „Der wahre Eigenthümer hat das Recht, seine Sache, die seiner Gewahrsam ohne seinen Willen entnommen ist oder vorenthalten wird, von jedem Inhaber oder Besitzer zurückzufordern[23]." Die Klage richtet sich hiernach, wie im römischen Recht, auf Bewältigung derjenigen Negation des Eigenthums, die sich in der Vorenthaltung des Besitzes äußert. Bereits im § 178 ist darauf hingedeutet[24]), daß das geltende Recht einen zweiten Fall der Negation des Eigenthums in seiner Totalität kennt, die Vorenthaltung des Bucheigenthums trotz wahren Eigenthums an einem Grundstück. Die folgenden Erörterungen haben zunächst die eigentliche Vindikation zum Gegenstand und können für den anderen Fall nur entsprechende Anwendung finden.

Daß nach dem geltenden Recht das Eigenthum selbst als der Klagegrund der Vindikationsklage anzusehen ist, hat bei der allgemeinen Darstellung des Aktionenrechts Erörterung gefunden[25]). Bei der Vindikation des Grundeigenthums findet dieser Klagegrund eine direkte Rechtfertigung in der Thatsache der Eintragung des Eigenthumserwerbs. Abgesehen hiervon erfordert die materielle Rechtfertigung des Klagegrunds, sofern er nicht anerkannt wird, die Darlegung der Thatsachen, aus denen der Erwerb des Eigenthums zu folgern ist. Ist der Erwerb ein derivativer, so gehört ins-

---

23) I. 10 § 1.

24) § 178 bei Anm. 59 ff.

25) Oben B. I. § 50 Anm. 19—20a. Wenn in der Anzeige einer früheren Auflage dieses Werkes von Behrend bei Gruchot B. 31 S. 457 auf die a. a. O. gegebenen Erörterungen erwidert wird: auch die Feststellungsklage bedarf der Angabe des Erwerbgrundes, wie die rei vindicatio, so replicire ich mit der Frage, wie tritt der Erwerbgrund hervor, wenn der actio confessoria des angeblichen Eigenthümers des herrschenden Grundstücks gegenüber der Beklagte die Incidentwiderklage erhebt, festzustellen, daß Kläger nicht Eigenthümer des angeblich herrschenden Grundstücks sei, — wird da auch über das Eigenthum ex hac vel illa causa entschieden? Und wenn Behrend eine Eigenthumsklage, die keinen Erwerbgrund angiebt, für fundamentlos hält, daraus aber nicht folgern will, daß die Klage „schlechthin" verworfen werde, so gestehe ich, daß ich das nicht verstehe, da nach § 230 Absatz 2 Ziffer 2 der Civilprozeßordnung eine Klage, der die bestimmte Angabe des Grundes des erhobenen Anspruchs fehlt, keine Klage ist. Sie kann auch nachträglich nicht zu einer Klage werden. Wer das Eigenthum eines Rings vindizirt, der ihm legirt worden sei, wird, wenn der Beklagte die Ungiltigkeit des Legats mit Grund geltend macht, aber hinzufügt, daß er darum doch das Eigenthum nicht bestreite, weil er zugegen gewesen sei, wie der Erblasser den Ring mit warmer Hand schenkte, und der die Abweisung der Klage wegen eines offenbar unbegründeten Retentionsanspruchs verlangt, mit der Klage, deren Fundament erschüttert ist, abgewiesen werden müsse! In Praxi wird das aber kein Richter thun, — trotz aller falscher Theorie. — Das Eigenthum an einem bestimmten Gegenstand, das verfolgt wird, ist niemals bei mangelnder Individualisirung der Erwerbthatsachen „abstraktes" Eigenthum, wie es Rehbein II. 750 bezeichnet. Das konkrete Eigenthum an der bestimmten Sache ist dasselbe, mag es durch Uebergabe oder Ersitzung, durch Erbgang oder ursprüngliche Besitznahme begründet sein. — Darüber daß der eingetragene Eigenthümer aus dem Eigenthum ohne Angabe eines Erwerbgrundes klagt, besteht kein Zweifel. Ist auf seine Klage rechtskräftig ein abweisendes Urtheil ergangen, so muß ausgeschlossen sein, daß etwa von Neuem mit Angabe eines Erwerbsgrundes geklagt wird: oder soll das zulässig sein?

besondere hierzu der Nachweis des Eigenthums des Autors[26]). Daneben ist nicht besonders nachzuweisen, daß der Kläger den Besitz oder den Gewahrsam der Sache wider Willen verloren hat[27]). Nach den oben dargelegten Grundsätzen von der Klage aus dem bessern Recht zum Besitz (a. Publiciana) ersetzt die Darlegung des Besitzverlusts wider Willen die sonst erforderliche Darlegung des besseren Rechts zum Besitz[28]). Die stärkere Kraft, die der bewiesene Eigenthumserwerb äußert, macht aber eine weitere Begründung der Vindikation unnöthig.

B. Die Parteien. Kläger ist der nicht besitzende Eigenthümer[29]). Er klagt mit Recht, auch wenn sein Eigenthum ein resolutiv bedingtes ist[30]).

---

[26]) Strieth. B. 8 S. 8. (Rehbein II. S. 751.) Kasuistische Einzelheiten lassen sich in dieser Beziehung nicht erörtern, es ist auf die einzelnen Lehren zu verweisen. Wenn das Obertrib. Strieth. B. 31 S. 167 vgl. ebenda B. 59 S. 123 angenommen hat, daß der Beweis des früheren Eigenthums des Erblassers nicht genüge, vielmehr bewiesen werden müsse, daß der Erblasser die Sache bis zum Tode besessen oder wider Willen verloren oder daß sie sich im Nachlaß befunden habe, so läuft dies auf den gewiß nicht richtigen Satz hinaus, es sei nur eine Vindikation, die für den Autor begründet gewesen, nicht das Eigenthum selbst vererblich. Das B.G.B., § 985 giebt dem Eigenthümer die Eigenthumsklage, daneben wird für bewegliche Sachen in § 1007 die Klage aus dem frühern Besitz gegeben, wenn dargelegt wird, daß der Beklagte beim Erwerb des Besitzes nicht in gutem Glauben gewesen, — die Eigenthumsklage bei beweglichen Sachen soll aber wegen der im § 1006 zum Ausdruck gebrachten Vermuthung des Eigenthums des gegenwärtigen Besitzers nach der die Vorlage des Entwurfs im Reichstage begleitenden Denkschrift ausgeschlossen sein, wenn nicht bewiesen wird, daß die Sache dem frühern Besitzer ohne seinen Willen aus dem Besitz gekommen ist. Zu Grunde liegt die — in der Praxis des preußischen Rechts kaum hervorgetretene, und dem Leben kaum angehörende Gefahr der Geltendmachung des früheren Eigenthums gegen Jemand, dem es schwer wird seinen Erwerbsgrund darzulegen. Dagegen sind die Fälle gewiß nicht selten, in denen Jemand kaum weiß, wie ihm eine Sache abhanden gekommen ist, so daß er einen Beweis dafür nicht erbringen kann, — ebenso wie es schwer ist, den Beweis schlechten Glaubens zu führen, wenn man gar nicht weiß, wann und wie der Beklagte Besitz erworben hat. Der Wortlaut des Gesetzes wird indessen nicht dazu nöthigen, den Standpunkt der Denkschrift darin zu finden. Das Gesetzbuch sagt nicht, wie das französische Recht, daß der Besitz, soweit nicht Verlust früheren Besitzes wider Willen dargelegt wird, als Eigenthum gelte, sondern nur, daß vermuthet wird, daß solchen Falls der Besitzer Eigenthümer sei. Gegen diese Vermuthung muß der Beweis durchgreifen, daß ein Anderer das Eigenthum erworben habe, in Verbindung mit dem allgemeinen Satz, daß ein Recht solange als bestehend angesehen werden muß, bis seine Aufhebung dargethan ist. — Dann würde das B.G.B. dem preußischen Recht entsprechen. Aus den Ausführungen der Denkschrift wäre dagegen zu folgen, daß derjenige, der ohne Besitzerwerb Eigenthum der beweglichen Sache erworben hat — z. B. durch Zuschlag des Gerichtsvollziehers, durch Trennung des Erzeugnisses von der Hauptsache —, und der also niemals in der Lage sein kann, den Verlust des Besitzes wider seinen Willen darzuthun, weil er den Besitz überhaupt nie gehabt hat, gegen den gegenwärtigen Besitzer gar keine Eigenthumsklage haben soll.

[27]) Es genügt, daß der Besitz vorenthalten wird. Entsch. B. 11 S. 296 (Rehbein II. 747). Entsch. B. 54 S. 116 (Rehbein II. 754). Strieth. B. 8 S. 8 (Rehbein II. 751). Striethorst B. 15 S. 216, B. 59 S. 123, B. 81 S. 274, B. 82 S. 296, B. 99 S. 348. R.O.H.G. B. 18 S. 53. R.G. Entsch. B. 4 S. 175 und bei Gruchot B. 25 S. 738.

[28]) Oben § 164 Anm. 29f.

[29]) I. 15 §§ 1. 3. Analog (vgl. § 178 Anm. 59) der wahre nicht eingetragene das Recht auf Eintragung verfolgende Eigenthümer (§ 9 Eig.Erw.Ges.). Der Kläger muß zur Zeit der Klaganstellung Eigenthümer sein, späterer Erwerb begründet die Klage nicht. l. 23 D. V. 1. Vangerow I. § 160 S. 250f. Vgl. oben B. I. § 51 vor Anm. 11.

[30]) l. 41 pr. l. 66 D. VI. 1, l. 29 D. XXXIX. 6. Vorausgesetzt, daß zur Zeit des Urtheils das Eigenthum nicht wieder geendigt hat. l. 33 D. VI. 1.

Der Miteigenthümer vindizirt seinen Antheil auch gegen einen den Alleinbesitz festhaltenden Miteigenthümer[31]). Wenn der Vater von dem eigenthümlichen Vermögen eines Hauskindes, oder der Ehemann vom vorbehaltenen Vermögen oder von den eingebrachten Grundstücken und Gerechtigkeiten der Ehefrau mit Vernachlässigung der gesetzlichen Vorschriften etwas veräußert hat, so hat das Hauskind oder die Ehefrau die Eigenthumsklage trotz des fortbestehenden Gewaltverhältnisses[32]). Das Eigenthum nicht nur des Erben, sondern auch des Legatars wird als solches mit Grund gegen denjenigen geltend gemacht, der schon das Eigenthum des Erblassers dadurch verletzt hat, daß er ihm den Besitz vorenthielt[33]).

Beklagter ist der Inhaber oder Besitzer[34]), ohne Unterschied, ob er im guten oder bösen Glauben besitzt[35]), d. h. also wer faktisch in der Lage ist, die Sache zurück zu geben, qui tenet et habet restituendi facultatem[36]). Gegen den Verwalter im Konkursverfahren, wenn er in der Konkursmasse oder als dazu gehörig eine fremde Sache inne hat, findet auf Grund des Eigenthums die Aussonderungsforderung statt[37]). Der Gewahrsam des Beklagten zur Zeit der Zustellung der Klage muß im Bestreitungsfall vom Kläger nachgewiesen werden, und es giebt keinen von Rechtswegen begründeten Schluß dafür, daß der gegenwärtige Besitz anzunehmen sei, weil sich darthun läßt, daß der Beklagte früher im Besitz gewesen ist. Deshalb kann die Vindikation natürlich auch gegen den Erben nicht um deshalb statt-

---

[31]) Unten § 182 bei Note 75. Seuffert III. 144, IX. 268.

[32]) I. 15 §§ 6. 7. Vgl. II. 1 §§ 232 f. 248 f. 378. 379, II. 2 § 170 f.

[33]) l. 50 § 1 D. VI. 1. A.L.R. I. 9 §§ 367. 368.

[34]) I. 15 § 1. Bei der Klage aus § 9 Abs. 2 des Eig.Erw.Gesetzes (§ 178 Anm. 59. 61) der eingetragene Eigenthümer. — Auch ein bloßer Mitbesitzer wird als solcher nicht von der Klage frei, er hat nicht die Einrede nothwendiger Streitgenossen, muß vielmehr eventuell zur Restitution des Besitzes, soweit er ihn hat, verurtheilt werden. Strieth. B. 86 S. 17, B. 99 S. 83 (Rehbein II. 761). — Auch der Entwurf des B.G.B. § 929 läßt die Klage nicht nur gegen den Besitzer, sondern auch gegen den Inhaber zu.

[35]) I. 15 §§ 17. 24. 25. 26.

[36]) l. 9 D. VI. Auch die Ehefrau, die getrennt vom Ehemann lebt, und Sachen desselben in Gewahrsam hat. Vgl. Koch zu I. 15 § 1.

[37]) R.K.O. §§ 35 ff. (Preuß. K.O. §§ 22—30, vgl. mit § 158 Nr. 3, §§ 159. 160. 222 Nr. 1, 223 Nr. 2). Entsch. B. 20 S. 517. Vgl. oben B. I. § 118 Nr. 1. Der Aussonderungsanspruch beschränkt sich auf den auszusondernden Gegenstand. — Im Gebiete des gemeinen Rechts wird der Gemeinschuldner auf Grund des Eigenthums der fruchttragenden Sache auch auf Herausgabe des fructus exstans in Anspruch genommen werden, — ein solcher nur an die Rechtshängigkeit der Vindikation sich knüpfender Anspruch ist gegen den Konkursverwalter undenkbar, gleich viel, ob die Frucht vor oder nach der Konkurseröffnung entstanden ist. Nur der bereits vor der Konkurseröffnung auf den fructus exstans erhobene Anspruch kann im Konkurse (aber nur als Konkursforderung, nicht als Aussonderungsrecht) verfolgt werden. Nach gemeinem wie nach preußischem Recht knüpft sich auch gegen den Konkursverwalter des bösgläubigen Besitzers nicht an den Aussonderungsanspruch ein Anspruch auf omnis causa, nur der einzelne in der Konkursmasse befindliche Fruchtgegenstand wird, soweit er nicht zur Konkursmasse gehört, Gegenstand eines besondern Aussonderungsanspruchs werden können. Nur wenn der Konkursverwalter als solcher den Besitz für die Masse erworben hat, kann eine eigentliche Vindikation gegen die Konkursmasse in Frage kommen.

finden, weil der Erblasser einmal im Besitz gewesen, wenn nicht der Erbe gegenwärtig im Besitz ist[38]). Gegen den, der sich des Besitzes entledigt hat, findet, wenn er unredlicher Besitzer gewesen ist, die unter F. zu besprechende Entschädigungsklage statt.

C. Der Gegenstand. Alles, was Gegenstand des Eigenthums und Besitzes sein kann, ist vindizirbar, also nicht nur Sachen, sondern auch dauernde Rechte. Der Streitgegenstand wird durch Erhebung der Klage litigiös[39]). Wird er im Laufe des Prozesses veräußert, so bleibt doch der ursprüngliche Beklagte Prozeßpartei, ein gegen ihn vollstreckbarer Titel aber ist auch gegen den Singularsuccessor vollstreckbar, wenn dieser nicht die Sache entgeltlich in solcher Weise erworben hat, daß gegen ihn die Vindikationsklage gar nicht oder nur als Einlösungsanspruch verfolgt werden könnte. Wenn einer dieser Fälle vorliegt, oder wenn der Beklagte im Laufe des Prozesses schuldhaft die Sache zerstört hat, so muß der Kläger als berechtigt anerkannt werden, den für ihn begründeten, unter F. zu erörternden Entschädigungsanspruch an Stelle der ursprünglichen Vindikation in demselben Prozesse weiter zu verfolgen[40]).

1) Wird eine körperliche Sache vindizirt, so muß sie individuell bestimmt[41]) oder es muß eine bestimmte Mehrheit von Sachen durch die klare Bezeichnung eines Inbegriffs deutlich erfaßt sein; es müssen die den Streitgegenstand von anderen Sachen unterscheidenden Merkmale angegeben werden[42]). Die Vindikation eines Inbegriffs oder einer Sache mit Zubehör ist in Wirklichkeit eine Vindikation der einzelnen Stücke, aber sie wird auch im ersten Falle gemeinrechtlich mit der Erleichterung zugelassen, daß statt des Erwerbs jedes einzelnen Stücks der des ganzen Komplexes nachgewiesen werden kann. Damit stimmt das preußische Recht überein[43]). Ein Inbegriff von Sachen und Rechten, ein Vermögen, ein Nachlaß (s. g. universitas juris), ist nicht vindizirbar[44]). Wenn die einzelne Sache mit anderen des Beklagten verbunden, vermengt, vermischt worden, so bedarf es zunächst

---

[38]) Vergl. oben § 162 Anm. 32, l. 42. 51. 55 D. VI. 1. Ueber die Vertheidigung des Inhabers in fremdem Namen mittels nominatio auctoris s. bei Anm. 94.

[39]) C.P.O. §§ 236. 238. 665. 666.

[40]) C.P.O. 2 § 240 Nr. 3. Wenn dem Beklagten im Laufe des Prozesses die Sache ohne Schuld verloren gegangen ist, so ist die Klage abzuweisen. Vgl. l. 29. 36 D. VI. 1. — Eine Fiktion des Besitzes dessen, qui liti se obtulit, oder qui dolo desiit possidere kennt das preußische Recht nicht. Vgl. über die entsprechenden Fälle den Text unter F. bei Anm. 105.

[41]) l. 3 § 2, l. 6 (Hauptstelle: debet designare rem), l. 76 D. VI. 1. Vergl. CPO. § 230 Nr. 2.

[42]) l. 1 § 3, l. 2. 3 pr. l. 23 § 5 D. VI. 1.

[43]) Oben B. I. § 21 Anm. 2. Auch wenn ein Zubehörstück als solches mit der Sache vindizirt wird, muß es dem Kläger gehören. Nur der Eigenthümer macht eine Sache zum Zubehör. Hat der Besitzer, der nicht Eigenthümer ist, eine ihm gehörige Sache als Zubehör der Hauptsache benutzt, so erwächst daraus für den Eigenthümer der Hauptsache kein Recht, die Herausgabe dieses Zubehörstücks als der Hauptsache folgend zu beanspruchen. Vgl. oben § 165 Anm. 9.

[44]) Oben B. I. § 21 Anm. 4.

ihrer Absonderung, ehe sie zurückgefordert werden kann[45]). Diese Klage auf Absonderung (a. ad exhibendum) bereitet die Vindikation vor, kann aber auch mit ihr zugleich angestellt werden[46]). Wo die Absonderung nicht mehr ausführbar ist, fällt die dingliche Rückforderung weg; an ihre Stelle tritt eine obligatorische Klage auf Schadenersatz[47]).

Gattungssachen, bei denen die individuelle Unterscheidbarkeit fehlt, Geld und Inhaberpapiere bieten der Vindikation Schwierigkeit dar. Das A.L.R. läßt Geld[48]) vom redlichen entgeltlichen Erwerber selbst dann nicht zurückfordern, wenn es sich unterscheidbar bei ihm befindet[49]). Hat es der Besitzer unentgeltlich oder unredlich bekommen, so ist die Vindikation des noch unterscheidbaren Geldes zulässig[50]). Dasselbe gilt von Inhaberpapieren, solange sie nicht außer Kurs gesetzt sind[51]). Die Unterscheidbarkeit setzt voraus, daß die Identität des Geldes und Papieres außer Zweifel gesetzt werden kann[52]). Das Geld muß sich beispielsweise noch in demselben Beutel (in derselben Düte) oder in demselben Behältniß vorfinden, die Identität des Inhaberpapieres, kann aber auf andere Art, z. B. durch ihre Nummern, festgestellt werden[53]). Ein Wechsel als Sache kann aus der Hand des wechselrechtlich legitimirten Inhabers nur dann vindizirt werden, wenn dieser ihn unredlich

---

[45]) I. 9 §§ 298. 315, I. 23 § 5 D. VI. 1.

[46]) Vgl. oben B. II. § 155 Anm. 2. 3.

[47]) I. 9. 283. 284 §§ 302. 303. 315. Oben § 173 Anm. 43, § 176 Anm. 6. 7.

[48]) Vgl. B. I. § 91 unter 4, und über Papiergeld ebenda Anm. 60.

[49]) I. 15 § 45 vgl. l. 11 § 2, l. 14 D. XII. 1, l. 26 § 9, l. 46 D. XII. 6. Ob unterscheidbar oder nicht, ist eine thatsächliche Frage. R.G. Entsch. B. 22 S. 265.

[50]) I. 15 §. 46 in Verb. mit § 45. Vgl. Entsch. B. 54 S. 116 (Rehbein II. 754). Striethorst B. 97 S. 165.

[51]) I. 15 § 47, S. B. I. § 64. Vergl. H.G.B. Art. 307. Entsch. B. 59 S. 116, und aus der gemeinrechtlichen Praxis Seuffert X. 201. Der Kläger muß zunächst sein Eigenthum begründen und den Erwerb beweisen, dieser Beweis kann nicht dadurch ersetzt werden, daß es dem Beklagten nicht gelingt, den exceptivischen Beweis eines ihm zur Seite stehenden Titels zu führen. R.G. bei Gruchot B. 37 S. 122. Ueber den Beweis der Unredlichkeit, wenn ein Inhaberpapier vindizirt wird, enthalten I. 15 §§ 52. 53 Sätze, die der Natur der Sache entsprechen, aber als Beweisregeln keine Geltung mehr beanspruchen. Strieth. B. 8 S. 75. R.G. bei Gruchot B. 35 S. 127. Ueber Außerkurssetzung der Inhaberpapiere siehe § 64 Anm. 33f. Darüber, daß von den Inhaberpapieren diejenigen zu unterscheiden sind, die zu Gunsten des Schuldners bei Zahlung an den Inhaber von Legitimationsprüfung befreien, ebenda Anm. 11, z. B. Versicherungspolizen: vgl. dazu noch R.O.H.G. B. 2 S. 307, B. 3 S. 339, und Sparkassenbücher. Vgl. wegen Möglichkeit der Vindikation solcher Bücher als Sachen unter Anm. 64. Falsches Wiederinkurssetzen hindert nicht die Vindikation eines außer Kurs gesetzten Papiers, und diese unterliegt den gewöhnlichen Regeln, findet also auch dem redlichen Erwerber gegenüber, aber nur als Einlösungsrecht statt. Vgl. Entsch. B. 24 S. 381. Strieth. B. 8 S. 208, B. 13 S. 247. — Unredlicher Besitz liegt nicht vor, wenn der jetzige Erwerber wußte, daß das von seinem Autor redlich erworbene Inhaberpapier eigentlich einem Andern gehörte. Ihn deckt der redliche Erwerb seines Autors. Entsch. B. 32 S. 75. Vgl. Anm. 76 a. E.

[52]) I. 15 § 45. Bornemann II. 146. Koch Note 47. 51 zu §§ 45 und 47. Striethorst B. 37 S. 211. Unterscheidbarkeit, wenn sich das Geld in einer besonderen Kasse bei einem Dritten für den Eigenthümer befindet? vergl. Davidsohn bei Gruchot B. 8 S. 540. Plathner, Geist, II. 235 sieht überhaupt von Unterscheidbarkeit ab.

[53]) Z. B. Strieth. B. 2 S. 219.

erworben hat oder bei dem Erwerb grob fahrlässig gewesen ist. Dasselbe gilt von den handelsrechtlich indossabelen Papieren[54]).

Das Gesetz entzieht ferner der Vindikation Sachen, die in den Läden von Kaufleuten, welche die Gilde gewonnen haben[55]), vom Fiskus[56]) oder in einer öffentlichen Versteigerung[57]) gekauft worden sind. Da jetzt kaufmännische Gilden nicht mehr existiren[58]), so ist jene Vorschrift bedeutungslos geworden, aber das Handelsrecht hat sanktionirt, daß der redliche Erwerber von beweglichen Sachen, die ein Kaufmann in seinem Handelsbetriebe veräußert, bei Inhaberpapieren jeder redliche Erwerb gegen alle Entwehrung, also gegen die Vindikation gesichert ist, auch wenn der Veräußernde nicht Eigenthümer gewesen[59]). Ob die Ausschließung der Vindikation bei Veräußerungen des Fiskus sich nur auf bewegliche, oder, wie im römischen Recht, auch auf unbewegliche Sachen bezieht, ist zwar zweifelhaft gewesen[60]), aber mit gutem Grunde von der Praxis für die erstere Alternative entschieden worden[61]). Der Eigenthümer eines als einem Andern

---

[54]) Allgemeine W.O. Art 74. Goldschmidt in s. Zeitschr. B. 8 S. 320ff. Rehbein, Wechs.Ordn. zu Art. 74. Auf die handelsrechtlichen Ordrepapiere (Art. 301—304), findet der Art. 74 nach Art. 305 H.G.B. Anwendung.

[55]) I. 15 § 43. Vgl. Anm. 58.

[56]) I. 15 § 42. Vergl. oben § 172 Anm. 5, § 178 Anm. 16 und unten Anm. 60. 61. Ob das Privilegium des Fiskus aus l. 2 C. VII. 37 noch praktisch, ist in der gemeinrechtlichen Praxis bestritten. Ueber öffentliche Versteigerungen vgl. B. II. § 130 Anm. 17. Bei der gerichtlichen Versteigerung ist der Eigenthumserwerb durch Zuschlag als unmittelbarer Erwerb in I. 11 § 342 geregelt. Die hier vorliegende Bestimmung greift weiter; sie bezieht sich auf öffentliche Privatversteigerungen. Für Grundstücke ist die Anwendbarkeit der Bestimmungen durch das geltende Grundbuchrecht ausgeschlossen. — Seuffert V. 108. 109. — Es handelt sich nach der gesetzlichen Bestimmung in §§ 42. 43 cit. um einen Schutz gegen Vindikation; die Vorschrift ist also nicht in das Gewand einer Bestimmung über Eigenthumserwerb trotz mangelnden Rechts des Autors gekleidet, kommt aber praktisch darauf hinaus. Aber der Erwerb beruht hier doch auf der Uebergabe; er ist also — insofern kein Zuschlag in einer als gerichtlich anzusehenden Versteigerung stattfindet, — ein mittelbarer. Vgl. § 178 Anm. 16. Deshalb ist auch I. 10 § 24 hier anwendbar, böser Glaube schließt die Einrede aus. Vgl. Bornemann II. 256. Goldschmidt B. 8 S. 280. A. M. Koblitz bei Gruchot B. 35 S. 554.

[57]) I. 15 § 42.

[58]) Koch Note zu § 43. Mit dem allmählichen Aussterben der kaufmännischen Gilden seit der Begründung der Gewerbe- und Handelsfreiheit durch das Edikt vom 2. Nov. 1810 ist die Bestimmung gegenstandslos geworden. Vergl. darüber Biezens in Goldschmidts Zeitschr. B. 33 S. 177.

[59]) H.G.B. Art. 306. Ausgenommen sind gestohlene und verlorene Sachen. Goldschmidt in seiner Zeischr. f. Handelsr. B. 9 S. 1ffg. (Ueber das ältere Handelsrecht, derselbe B. 8 S. 300fg.) Hauser in Siebenhaar, Arch. für Deutsches Wechselrecht u. Handelsrecht, B. 16 S. 256ffg. Ueber den Sinn des Art. 308 s. Goldschmidt B. 9 S. 53. — Vgl. bezüglich der Inhaberpapiere R.G. Entsch. B. 13 S. 127.

[60]) Reskr. vom 27. Oktober 1810 (Rabe B. 10 S. 440), die älteren Kommentatoren Grävell (A.G.O. B. 6 S. 108), Bielitz (B. 3 S. 540, Nachtr. H. 1 S. 70), ferner Böle im Arnsb. Arch. B. 1 S. 659, Medit. im Centralbl. 1838 S. 543. Schmidt, Pfandrecht S. 464.

[61]) v. Kamptz, B. 38 S. 343. Entsch. B. 30 S. 69, B. 44 S. 77. Arnsb. jur. Monatschrift I. 402. Bornemann II. 146. Koch Note 44 zu § 42 und in der jur. Zeitung 1832 S. 157. Gesetzrevisor XIII. 187. Förster, Kl. und Einr. S. 301. Allerdings spricht I. 15 § 42 ganz allgemein, und Suarez (v. K. B. 41 S. 85) nimmt

gehörig zur Zwangsversteigerung gestellten und darin veräußerten Grundstücks verliert seine Vindikation durch den mit dem Zuschlagsurtheil von Rechtswegen verbundenen Ausschluß mit seinen Ansprüchen[62]).

2) Das A.L.R. bestimmt: „auch der Eigenthümer eines Rechts kann dieses sein Eigenthum gegen jeden Anmaßer desselben verfolgen". Es ist aber wie bereits ausgeführt worden ist, unrichtig, hieraus den Schluß zu ziehen, daß auch persönliche Rechte, Forderungen, Gegenstände der Vindikation seien[63]). Auch eine hypothekarisch gesicherte Forderung oder eine Grundschuld kann nicht vindizirt werden[64]). Die selbständigen Gerechtigkeiten und allenfalls die dinglichen Rechte sind es, die das Gesetz hier meint. Bezüglich der dinglichen Rechte auf fremdes Eigenthum erwächst in Wahrheit die Klage aus dem dinglichen Recht, das wie das Eigenthum von jedem geachtet werden muß. Diese Rechtsklage geht sowohl gegen denjenigen, der durch Anmaßung eines gleichen Rechts oder in anderer Weise den Kläger beeinträchtigt, wie gegen den Eigenthümer selbst, der auf Grund des anzuerkennenden Rechts angehalten werden soll, dasjenige zu leiden oder zu unterlassen oder zu gewähren, was zur Ausübueg des dinglichen Rechts gehört. Die a. confessoria hat hiernach zugleich die Funktion, das Eigenthum am Recht zu schützen. Wenn man sie kraft dieser Funktion als Vindikation des Rechts ansehen will, so ist das eine bedeutungslose Wortübertragung, aus der weitere Folgerungen nicht zu ziehen sind[65]).

---

Uebereinstimmung mit dem röm. R. an, das auch die vom Fiskus veräußerten Immobilien von der Vindikation ausschließt (l. 2 C. VII. 37). Aber die §§ 42—53 handeln nur von Mobilien. I. 2 § 138 verweist auf § 42, erst § 54 disponirt von Immobilien.

[62]) I. 15 § 54. Subh.-Ordn. vom 15. März 1869 § 13 Nr. 7. Gesetz über die Zwangsvollstreck. in unbewegl. Verm. vom 15. Juli 1883 (§ 97). Vergl. oben B. II. § 130. — Trotz der durch den Zuschlag erfolgten Ausschließung des Eigenthumsanspruchs ist R.G. Entsch. B. 1 S. 165 angenommen, daß der ausgeschlossene Eigenthümer einen Anspruch auf Rückgabe gegen den Ersteher, der zugleich Extrahent der Subhastation war, als Schadensersatzforderung hat. Zu Grunde lag hier nicht bloß böser Glaube des Extrahenten, sondern eine Machination, die dahin geführt hatte, daß das einem Andern als dem Schuldner gehörige Grundstück zur Subhastation gestellt wurde. — Im Falle einer freiwilligen, außergerichtlichen oder gerichtlichen Versteigerung eines Grundstücks, bei der das Eigenthum erst durch Auflassung übertragen wird, greift der Schutz des redlichen Erwerbs auf den Glauben des Grundbuchs nach § 9 des Eigenthums-Erwerbgesetzes ein. S. § 178.

[63]) Oben § 168 Anm. 11 f.

[64]) Das Gegentheil ist angenommen in Entsch. B. 42 S. 94 f., B. 56 S. 121 (Rehbein II. 739), und bei einer nicht hypothekarischen verbrieften Forderung in Entsch. B. 69 S. 273 (Rehbein II. 742). S. gegen jene Entscheid. Hinschius in der Anw.-Zeit. 1862 S. 85 f. 94 f., der aber davon ausgeht, daß nach A.L.R. der Streit über das „Eigenthum einer Forderung" als Vindikation, wenn auch als uneigentliche, aufzufassen sei. Für eine analoge Anwendung der Vindikation, wenn über die Giltigkeit einer Cession gestritten wird, ist auch Koch zu I. 15 § 3. S. oben § 168 Anm. 11 und 27 und unten § 197 Anm. 11. Wie das Darlehn mit fremdem Geld in Anlehnung an den Gedanken einer Vindikation der Forderung geregelt ist, darüber vergl. B. II. § 137 Anm. 65. Darüber daß eine Urkunde, Hypothekenbrief, Sparkassenbuch nicht als Gegenstand eines besonderen Eigenthums gedacht werden kann, s. oben §. 168 Anm. 7 und 27, an welcher letzteren Stelle auch die abweichenden Entscheidungen des Reichsgerichts citirt sind.

[65]) Vgl. Strieth. B. 90 S. 154. Siehe jedoch Förster in den früheren Auflagen, auch

D. Als dingliche Rückforderungsklage betrifft die Klage den vindizirten Gegenstand in seiner gegenwärtigen Beschaffenheit[66]). Streng genommen besteht die Pflicht des verurtheilten Besitzers nur darin, daß er sich gefallen lassen muß, daß der Eigenthümer die Sache in Besitz nimmt. Eine Thätigkeit muthet das gemeine Recht dem Beklagten nur dann zu, wenn er als unredlicher Besitzer oder nach erhobenem Rechtsstreit die bewegliche Sache vom Ort der Klage entfernt hat. Das Landrecht braucht hier die Ausdrücke Auslieferung und Uebergabe als identisch, verlangt also ebenfalls keine Thätigkeit des Beklagten; ausdrücklich handelt es nur von den Kosten der Auslieferuug, die der Eigenthümer tragen soll[66a]). Neben dem Anspruch auf Rückgabe der Sache selbst und der bei der Sache vorhandenen Nutzungen kann ein obligatorischer Ersatzanspruch in Höhe der dem Kläger entzogenen Nutzungen, die ihm zu Theil geworden wären, wenn er die Sache nicht entbehrt hätte, bestehen. Es kann hierüber auf die ausführliche Erörterung der Restitutions- und Ersatzpflicht des Beklagten, je nachdem er redlicher oder unredlicher Besitzer ist, in § 165 zurückgewiesen werden[67]).

E. Was die Einreden des Beklagten anlangt, so bedürfen zunächst diejenigen der Erörterung, mit denen der Beklagte ein Recht auf den Besitz geltend macht, den der Kläger als ihm zu Unrecht vorenthalten beansprucht. Dies Recht kann dingliche oder persönliche Natur haben. Nach der Ausdrucksweise des Landrechts giebt der Beklagte zu seiner Vertheidigung seinen Besitztitel und die Person an, von der er die Sache bekommen hat[68]). Hat er den Besitz der vindizirten beweglichen Sache auf Grund eines den Kläger selbst bindenden Titels[68a]) von diesem oder seinem Erb-

---

Förster, Kl. u. Einr. S. 303. Franklin bei Gruchot B. 5 S. 39. Unten § 184 bei Note 37. Einen Anwendungsfall solcher Rechtsvindikation s. in Entsch. B. 15 S. 152, Klage des ausschließlich zur Fischerei berechtigten gegen denjenigen, der sich in der Ausübung eines Rechts zu fischen befindet; ferner in Strieth. B. 53 S. 197 (Rehbein II. 772) Schafhude und Pferchgerechtigkeit.

66) In seinem gegenwärtigen Zustand, gleich viel, ob dieser ein besserer oder geringerer geworden ist, soweit nicht kraft des jus tollendi etwas weggenommen werden kann, vergl. oben § 165 Anm. 38. — Im Uebrigen giebt es nur obligatorische Ansprüche. — Auch nach heutigem Recht geht die Eigenthumsklage auf eine Verurtheilung, regelmäßig Verurtheilung zur Herausgabe in dem im Text näher bezeichneten Sinn. Beschränkung der Klage auf Feststellung des Eigenthums steht nicht in der Willkür des Klägers, es kommt vielmehr darauf an, ob er sein Interesse an alsbaldiger Feststellung darlegt. R.G. bei Gruchot B. 29 S. 418. Bei Gruchot B. 33 S. 1147 hat indessen das R.G. in bedenklicher Erstreckung der Feststellungsklage erklärt, daß solche zuzulassen sei, wenn der Eigenthümer sich damit begnügen wolle.

66a) I. 7 § 220. Vgl. Windscheid I. § 193 Anm. 5. Der redliche Besitzer hat auch nach preußischem Recht nur da herauszugeben, wo die Sache sich findet.

67) Vgl. noch Simon, Rechtspr. B. 3 S. 243: Bei Unredlichkeit des Besitzerwerbs kommt es nicht darauf an, daß die Unredlichkeit dem Vindikanten gegenüber stattgefunden hat. I. 15 § 34.

68) I. 15 §§ 34—41. Oben § 164 Anm. 32f. Strieth. B. 4 S. 150.

68a) Auch nicht wenn die vindizirte Sache vom Kläger veräußert ist, bevor er ihr Eigenthümer wurde. Vergl. § 178 Anm. 1b. Ist die dem Kläger gehörige Sache an den Beklagten dnrch einen Dritten veräußert, dessen Erbe der Kläger nachmals geworden

lasser erlangt, so ist er dinglich berechtigt und schließt das Klagerecht aus; wenn sein Besitz ein unvollständiger ist, den er als Miether, Pächter, Nießbraucher, Leiher oder Pfandgläubiger erworben hat[69]), wenigstens zur Zeit. Es genügt aber zur Vertheidigung auch, wenn der Beklagte zwar nicht dinglich berechtigt ist, der Kläger aber aus irgend einem Grunde verpflichtet erscheint, ihm den Besitz zu gewähren; und die Vertheidigung wird dadurch nicht ausgeschlossen, daß der Beklagte ohne Mitwirkung des zur Tradition verpflichteten Klägers in den Besitz der Sache gelangt ist[70]). Diese Fälle fallen unter den gemeinrechtlichen Begriff der exceptio rei venditae et traditae[71]).

Für unbewegliche Sachen galten nach Landrecht dieselben Grundsätze. Sie modifiziren sich nach dem das geltende Grundbuchrecht beherrschenden Satz, daß das Eigenthum im Falle freiwilliger Veräußerung nur durch Auflassung übertragen wird in der unten zu erörternden Weise. Auch bei Grundstücken greift aber die obligatorische Pflicht des Klägers ohne Weiteres durch, sofern Beklagter aus einem den Kläger verpflichtenden Titel unvollständigen Besitz beansprucht. Eine Aenderung des älteren Rechts ist freilich auch hier eingetreten, weil Dritten gegenüber die bloße Besitzeinräumung die persönlichen Gebrauchsrechte außer der Miethe und Pacht[72]) nicht mehr mit dinglicher Wirkung ausstattet, so daß der Dritterwerber des Grundstücks das Gebrauchsrecht nicht anzuerkennen braucht[73]). Auch bei der Veräußerung eines Grundstücks kann die der Auflassung vorangehende Uebergabe den Zweck haben, zunächst unvollständigen Besitz an dem Grundstücke zu begründen. Dann wird der Inhaber gegen die Vindikation des ihm persönlich verpflichteten eingetragenen Eigenthümers, sei dies der Verkäufer selbst oder sein Universalnachfolger geschützt sein, trotz der sogleich zu er-

---

ist, so steht ihm als Erben ohne Vorbehalt die den Erblasser bindende Veräußerung entgegen. I. 15 § 10. Striethorst B. 32 S. 136 (Rehbein I. 906). Der Erbe mit Vorbehalt klagt dagegen mit Erfolg; er muß nur mit den Kräften des Nachlasses dem Beklagten für das aufkommen, was im Entsetzungsfalle der Erblasser zu leisten gehabt hätte. I. 15 §§ 8. 9. Vgl. dazu Entsch. B. 23 S. 316 (Rehbein I. 918).

[69]) I. 7 § 169. Förster, Grundbuchrecht S. 185. Dem im Vertragsverhältniß stehenden Eigenthümer steht an sich neben der Kontraktsklage auch die Eigenthumsklage zu, aber auch ihr gegenüber kommt es darauf an, ob sie in ihrer materiellen Wirksamkeit durch den Vertrag ausgeschlossen wird. Strieth. B. 82 S. 296.

[70]) Strieth. B. 17 S. 13. l. 1 § 5 D. XXI. 3.

[71]) Tit. Dig. XXI. 3. Glück B. 20 S. 434. Vangerow I. 659 fg. Ueber das Prinzip dieser Einrede, die eine exc. doli ist, quem de evictione tenet actio, eum agentem repellit exceptio s. das. S. 661 f. Sintenis I. 525 Anm. 55. Vgl. B.G.B. § 986.

[72]) In dieser Beziehung enthält § 7 Eig.Erw.Ges. keine beengenden Vorschriften. Selbst wenn zur Zeit des klägerischen Eigenthumserwerbs der Verklagte noch nicht im Miethsoder Pachtbesitz war, dieser vielmehr erst nachher von dem im Besitz gebliebenen früheren Eigenthümer erhalten hat, muß ihm der Kläger den Miethsbesitz belassen, wenn er zur Zeit der Auflassung von dem persönlichen Recht des Beklagten Kenntniß hatte. Vgl. oben § 156 Anm. 20, auch B. II. § 136. Anm. 14.

[73]) Eig.Erw.Ges. § 12.

wähnenden Neuerung des Eigenthumserwerbsgesetzes[74]). Dieses hat nämlich demjenigen, dem der vollständige Besitz des Grundstücks auf Grund eines den Eigenthumserwerb bezweckenden Rechtsgeschäfts übertragen ist, wenn er vom eingetragenen Eigenthümer als solchem aus § 7 des Gesetzes beklagt wird, die einfache Vertheidigung durch die bloße Einrede einer Verpflichtung des Klägers zur Eigenthumsübertragung entzogen[74a]). Aber auch ihm ist dadurch nicht jede Vertheidigung mit diesem Recht unmöglich gemacht. Er muß es nur schon vorher durch Klage auf Auflassung geltend gemacht haben oder gleichzeitig durch Widerklage geltend machen[75]). Es

---

[74]) Wird ausdrücklich bedungen, daß der Besitz schon vor der Auflassung übertragen werden und der Gebrauch und die Nutzung der danach noch im Eigenthum des Veräußerers verbleibenden Sache dem Erwerber zustehen soll, so kann dies juristisch nur dahin verstanden werden, daß der Erwerber zunächst die Sache als eine fremde gebrauchen und nutzen soll. An Einräumung eines solchen Rechts ist der Veräußerer nicht gehindert; es wird ihm und seinem Universalnachfolger gegenüber durch die Uebergabe zum dinglichen Recht. Die Uebergabe kann in solchem Fall nicht bezwecken, vollständigen Besitz zu begründen, sondern — jedenfalls zunächst — unvollständigen. Der bewußte Zweck der Betheiligten bei der Uebergabe entscheidet über die Natur des Besitzes. — Es mag sein, daß den bei der Redaktion des § 7 des Eigenthumserwerbgesetzes Betheiligten nicht gegenwärtig gewesen ist, daß der aufgestellte Satz durch die oben erörterten Gesichtspunkte in seiner praktischen Anwendbarkeit beschränkt wird. Doch ist kaum anzunehmen, daß sie absichtlich hierin etwas geändert haben würden.

[74a]) Schon der Entwurf des B.G.B. hat dies nicht übernommen.

[75]) Eig.Erw.Ges. § 7. Besitz auf Grund des den Eigenthumserwerb bezweckenden Rechtsgeschäfts ist im Sinne des Landrechts vollständiger Besitz. — Das Gesetz pflegte dahin ausgelegt zu werden, daß die Klage aus dem Fundament der Eintragung als Eigenthümer ohne Rücksicht auf die eingewendete Verpflichtung des Klägers zur Auflassung zu einer Verurtheilung zur Herausgabe führen müsse, und daß ganz unabhängig davon auf die Klage oder Widerklage, wenn diese begründet gefunden wird, die Verurtheilung zur Auflassung (und Uebergabe) an den Beklagten des Hauptprozesses auszusprechen sei. Dies widersinnige Ergebniß ist dann theils zu Angriffen gegen das Gesetz benutzt, theils hat man durch Klauseln wenigstens für den Fall der Verbindung beider Rechtsstreitigkeiten zu einem Prozeß helfen wollen und gelehrt, daß das Urtheil auf die Klage an die Maßgabe gebunden werden müsse, sofern Beklagter nicht seine Eintragung als Eigenthümer erwirkt. (Vgl. Achilles zu § 7 2a.) Dernburg und Hinrichs I. S. 247 wollen, daß das siegreiche Urtheil auf die Widerklage auch ohne Ausführung der Auflassung vor dem siegreichen Urtheil auf die Klage prävalire, ohne daß dies im Urtheil irgend wie zum Ausdruck gebracht wird. Mit welchem Recht ist nicht ausgeführt, ebensowenig ist über die prozessualische Gestaltung im Falle der Zwangsvollstreckung aus dem Urtheil auf die Klage etwas gesagt. — Wenn aber das Gesetz dem materiell begründeten Einrederecht seine materielle Wirkung nicht abspricht, dies Einrederecht vielmehr auf den Weg der Klage verweist, so heißt das soviel als: Die Vindikation dringt trotz der Einrede durch, wenn vom Beklagten keine Klage erhoben ist oder wird, sie dringt ferner durch, wenn die Klage des Gegners vorher rechtskräftig verworfen ist oder (im Fall der Widerklage oder einer auf Grund des § 138 C.P.O. angeordneten Vereinigung) gleichzeitig verworfen wird; sie ist aber abzuweisen, wenn und soweit die letztere Klage oder Widerklage durchdringt. Die Klage oder Widerklage des Beklagten ist also präjudiziell für die Sachentscheidung der Vindikation, und wenn die Entscheidung nicht gleichzeitig in demselben Prozeß erfolgen kann, muß der Vindikationsprozeß vom Gericht, das dazu nach § 139 C.P.O. befugt ist, bis zur Entscheidung des andern Rechtsstreits ausgesetzt werden. Von der wirklichen Ausführung der Auflassung hängt hiernach der Sieg des Beklagten im Vindikationsprozeß nicht ab; es genügt, daß er das Recht auf Auflassung erstreitet. Diesen Ausführungen hat sich das R.G. Entsch. B. 15 S. 253, R.G. bei Gruchot B. 3 S. 1100 im Ergebniß angeschlossen. Die Vertheidigung des Käufers ist in dieser Weise beschränkt, auch wenn der klagende Veräußerer das Eigenthum nicht gemäß dem Eigenthumserwerbsgesetze, sondern auf Grund des alten Rechts erworben hatte. R.G. bei Gruchot B. 37 S. 1106.

soll also ein dem Rechte des eingetragenen Eigenthümers widerstreitender vollständiger Besitz, der dem Beklagten eingeräumt ist, nur aufrecht erhalten werden, wenn zugleich oder schon vorher das Recht des Beklagten auf Auflassung zur Feststellung gelangt.

Gegenüber dem Anspruch auf Herausgabe einer beweglichen Sache dient die Darlegung des Besitztitels des Beklagten auch dann, wenn der Kläger selbst dadurch nicht verpflichtet ist, insofern zur Vertheidigung des beklagten redlichen Besitzers, als er die Sache nur gegen Erstattung des für die Sache Gezahlten oder gegen Verpfändung der Sache Kreditirten herauszugeben braucht[76]) und dabei befugt ist, diese Rechtsstellung durch Zurückhaltung (exc. doli) zu sichern. so daß der Eigenthümer nur das Recht hat, die im Besitz des Beklagten befindliche Sache einzulösen[77]). Die Redlich-

---

[76]) I. 15 §§ 26. 28. Dem B.G.B. ist dies fremd, es macht den redlichen Erwerber beweglicher Sachen zum Eigenthümer (§ 932). Erstattet wird nach Landrecht der Erwerbspreis, nicht die sonstigen Kosten des Geschäfts. Vgl. I. 11 § 156. Entsch. B. 56 S. 121 (Rehbein II. 739). Der Erstattungsanspruch kann auch durch Widerklage oder nach Herausgabe der Sache durch besondere Klage geltend gemacht werden. Strieth. B. 7 S. 189, B. 53 S. 197 (Rehbein II. 772); Entsch. B. 25 S. 40, B. 47 S. 355. Es handelt sich bei näherer Betrachtung nicht um einen selbständigen durch ein Retentionsrecht gesicherten Gegenanspruch des Verklagten, sondern das Vindikationsrecht (einschließlich des Rechts aus dem besseren Recht zum Besitz) hat dem redlichen entgeltlichen Erwerber gegenüber die Natur eines Einlösungsanspruchs. Prozessualisch muß aber der Beklagte die Grundlage redlichen Erwerbs gegen bestimmtes Entgelt erbringen, es gehört nicht zur Begründung der Klage, daß der Eigenthümer sich zur Einlösung erbietet; erst wenn der Beklagte sein Recht einredeweise geltend macht und den Betrag, der ihm ersetzt werden soll, darlegt, schränkt sich das Klagerecht materiell auf Herausgabe gegen Erstattung des Betrages ein. Vgl. R.G. bei Gruchot B. 27 S. 934. Wäre dies nicht anzunehmen, so würde hier ein Fall vorliegen in dem nach Konkurseröffnung über das Vermögen des Eigenthümers der Verwalter vindiziren und den Ersatzanspuch unter die Konkursgläubiger verweisen würde. Vgl. B. II. § 141 Anm. 121. Vgl. auch oben § 164 Anm. 33, wo auf derselben Grundlage ein dem Eigenthum vorgehendes besseres Recht zum Besitz bis zur Einlösung für den redlichen Erwerber als begründet angenommen ist. — Wenn oben ausgesprochen wird, daß das Erstattungsrecht durch besondere Klage geltend gemacht werden könne, so ist diese doch an die materielle Voraussetzung geknüpft, daß die Rückgabe wirklich erfolgt ist. Konnte diese nicht erfolgen, weil die Sache untergegangen ist, so giebt es auch keinen Ersatzanspruch. Entsch. B. 74 S. 44 (Rehbein II. 778) S. 154. Vgl. hierzu den allgemeinen Grundsatz, den das B.G.B. § 1001 zum Ausdruck bringt. — Hat der redliche entgeltliche Erwerber die Sache an einen Dritten verschenkt, oder an einen Dritten veräußert, der das Recht des Eigenthümers kannte oder kennen mußte, so hat der Dritte die Sache mit den wirthschaftlichen Vortheilen und mit dem Recht erlangt, das sein Autor hatte, — waren es Inhaberpapiere, so hat er Eigenthum, war es ein im Grundbuch eingetragenes Grundstück oder Recht, so hat er dieses, wie es sein Autor hatte, erlangt, handelt es sich um eine Sache, die nur mit Einlösungsklage herausgefordert werden konnte, so kann sie auch von ihm nur in dieser Weise beansprucht werden. Vgl. oben Anm. 51 a. E. Diese wichtigen Sätze, denen Dernburg I. § 248 Anm. 15 zustimmt, werden von Rehbein II. S. 777 verkannt. Wie auch die Praxis des Reichsgerichts dagegen bei der cedirten Hypothek verstößt, darüber vgl. unten § 199 b Anm. 16.

[77]) Der § 25 spricht nur von einer dem Eigenthümer oder Besitzer abhanden gekommenen Sache; eine analoge Anwendung auf Forderungsrechte, die keine besessene Sache sind, ist undenkbar. Wenn die Rechtsprechung bei der Vindikation eines Forderungsdokuments durch den Forderungsberechtigten die Einrede durchgreifen läßt, daß das für den Erwerb der Forderung oder eines Pfandrechts daran von einem scheinbar legitimirten Inhaber Gegebene ersetzt werden müsse (Entsch. B. 42 S. 90, B. 56 S. 121, R.O.H.G.

keit des Erwerbs beruht auf der Annahme, daß der Veräußerer oder Verpfänder als Eigenthümer über die Sache zu verfügen befugt ist[77a]). Das Geschäft des Erwerbs selbst ist aufzudecken[78]). Besonders hebt das Gesetz hervor, daß wer die Sache auf Messen und Märkten oder sonst von Leuten, die Sachen dieser Art mit obrigkeitlicher Erlaubniß feil halten, gekauft hat, als redlich anzusehen ist[79]). Als unredlicher Besitzer aber gilt[80]), wer seinen Besitztitel und Vorman nicht angeben will, wer seinen Besitz ableugnet, wer den Besitz einer gestohlenen oder verloren Sache verheimlicht[81]), wer die Sache von einer verdächtigen Person erworben, d. h. von einer solchen, welche Sachen dieser Art nach ihrem Stande und Lebensberuf nicht zu besitzen oder nicht mit ihnen zu handeln pflegt[82]), z. B. wer Getreide, Holz, Schiffsladungen vom Schiffer[83]), Armatur und Montirungsstücke von Soldaten[84]), ein Pferd von einem durch ein den redlichen Erwerb klarstellendes Attest nicht legitimirten Verkäufer[85]) erworben hat. Hier erzeugt grobes Versehen die Vermuthung der Unredlichkeit[86]). Nicht zu billigen ist der in der Praxis angenommene Satz, daß der Ankauf eines Inhaberpapiers von einer verdächtigen Person nicht die Folgen der Unredlichkeit erzeuge[87]). Aus der Nichtangabe des Titels, auf Grund dessen der Beklagte

---

B. 3 S. 158, R.G. bei Gruchot B. 26 S. 995), so wird nicht beachtet, daß hier Ersatz dessen gefordert wird, was für den Erwerb der Forderung, nicht für den Erwerb des Dokuments gegeben war. S. dagegen auch Hinschius in der Anw.-Zeitung 1862, S. 85f. 94f. Oben Note 64 und § 168 Anm. 27.

77a) Hat sich der Beklagte bei dem Erwerb nur insofern geirrt, als er denjenigen, der im Namen des wahren Eigenthümers veräußerte, fälschlich als hierzu legitimirt ansah, so greift die Vindikation schlechthin gegen ihn durch; er kann nicht Ersatz des gutgläubig Gezahlten fordern. R.G. Entsch. B. 32 S. 264. R.G. bei Gruchot B. 35 S. 1015.

78) Redlicher Erwerb genügt, m. f. superveniens schadet nicht. Koch, Note zu § 25. Auch der redliche Erwerber einer gestohlenen Sache beansprucht mit Recht, daß sie eingelöst werde. Das geht über das lübische Recht, sonst die Quelle des Instituts hinaus. Goldschmidt a. a. O. S. 283. Bloße Litigiosität der Sache schließt die Möglichkeit redlichen Erwerbs nicht aus. Entsch. B. 30 S. 204 (Rehbein II. 774). Jetzt C.P.O. § 238.

79) I. 15 § 44. Vgl. aber dazu V. v. 13. Febr. 1843 unten Anm. 85.

80) Es ist eine thatsächliche Frage, ob der Beklagte unredlicher Besitzer ist. Die Bestimmungen des Gesetzes geben nur Anhaltspunkte. Strieth. B. 8 S. 75, B. 11 S. 206.

81) I. 15 §§ 39. 40. 41. Vgl. dazu oben § 164 Anm. 30.

82) I. 15 §§ 18. 19. 21. Vgl. I. 7 § 15. Wer von einer verdächtigen Person die Sache gekauft und dann weiter veräußert hat, ist dem Eigenthümer zum Schadenersatz verpflichtet. Strieth. B. 47 S. 278.

83) V.O. v. 5. Mai 1809 (Rabe B. 10 S. 102).

84) V.O. v. 18. März 1811 (G.S. 1812 S. 5).

85) Anh. § 49 V.O. v. 13. Febr. 1843 (G.S. S. 75). Vgl. Präj. 1340. Samml. I. 85. Strieth. B. 30 S. 135. Entsch. B. 36 S. 68. Strieth. B. 24 S. 248.

86) I. 15 §§ 18. 19. Die §§ 21. 22 geben dem, der die Sache vom Nichteigenthümer gekauft hat, um sie dem wahren Eigenthümer zu sichern, eine Einrede gegen die Annahme der Unredlichkeit l. 6 D. XLIX. 15. Die Ungiltigkeit des Erwerbvertrages reicht nicht hin, den Beklagten als unredlichen Besitzer erscheinen zu lassen. Strieth. B. 8 S. 104.

87) Angenommen in Entsch. B. 27 S. 348 (Rehbein II. 348). Vgl. dagegen Strieth. B. 11 S. 206, B. 37 S. 211. Beistimmend Korb in der jur. Wochenschrift 1839. S. 455. Dagegen Savigny, Oblig.-R. B. 2 S. 170. Förster, Klage und Einr. S. 309. Goldschmidt, Zeitschr. B. 9 S. 33 Note 16a. S. auch R.G. Entsch. B. 6 S. 86.

besitzt, und aus dem Verschweigen seines Vormanns folgt für den Kläger nur, daß der Beklagte die Sache unentgeltlich herausgeben muß. Aber weiteres folgt daraus nicht. In solchen Fällen steht also dem Beklagten bezüglich des Umfangs der Rückgewähr immer noch die Vermuthung der Redlichkeit seines Besitzes zur Seite[88]).

Im Prinzip behandelte das Landrecht den redlichen entgeltlichen Erwerb unbeweglicher Sachen nicht anders[89]). Es konnte diesen Standpunkt annehmen, da die Eintragungen in das Hypothekenbuch bezüglich des Eigenthums nicht nothwendig den wahren Eigenthümer bezeichneten[90]). Zur Zeit kann Rechtserwerb an einer unbeweglichen Sache in der redlichen Ueberzeugung, Recht erlangt zu haben, durch Rechtsgeschäft nicht anders stattfinden, als durch Auflassung seitens des eingetragenen Eigenthümers oder durch Hypothekenbestellung von seiner Seite[91]). Danach ist von Abschwächung des Eigen-

[88]) I. 15 §§ 37. 38. Selbst wenn die Sache gestohlen ist, wird aus der Nichtangabe eines Vorbesitzers nach I. 9 § 586 nur geschlossen, daß erster (redlicher) Erwerb aus der Hand des Diebes vorliege. — Die Modifikation des § 38 im § 39 I. 15 (vgl. I. 7 § 186), daß für einen unredlichen Besitzer zu erachten sei, wer sich auf gerichtliches Befragen beharrlich weigert, Vormann und Besitztitel zu nennen, wenn er nicht wahrscheinlich macht, daß ihm beides unbekannt oder entfallen sei, muß schon seit dem Wegfall der Zulässigkeit eines solchen Befragens im Civilprozeß des preußischen Rechts als beseitigt gelten; durch das Fragerecht der C.P.O. ist sie jedenfalls nicht wieder eingeführt, da nach der C.P.O. die Beurtheilung des Schweigens eines Befragten ganz dem richterlichen Ermessen unterstellt ist.

[89]) Arnsb. Arch. B. 5 S. 341. Strieth. B. 7 S. 189, B. 99 S. 50. Im deutschen Recht bezieht sich die Einlösung nur auf Mobiliar.

[90]) Zwar Beschränkungen des eingetragenen Eigenthümers, die in das Hypothekenbuch eingetragen waren, mußte nach I. 4 § 19 Jeder kennen; aber das Hypothekenbuch überhaupt seinem Inhalt nach zu kennen, war Niemand verpflichtet. Auch konnte ein Anderer als der eingetragene Besitzer Eigenthümer sein.

[91]) Vgl. § 178 Anm. 32 ff. Ausnahme ebenda Anm. 38. — Bloße Tradition kann hiernach redlichen Erwerb auch dem Tradenten gegenüber nicht begründen; hat überhaupt vollständiger Besitz begründet werden sollen und läßt sich der Wille bei der Uebergabe nicht in dem in Anm. 74 bezeichneten Sinn deuten, so ist der Besitz unrechtfertig im Sinne des Landrechts, es sei denn, daß der Tradent gezwungen werden kann und wirklich gezwungen wird, die Auflassung zu gewähren und den Besitz zu belassen. Der Besitzer, der sich in Gemäßheit der Anm. 75 vertheidigt, gegenüber der Vindikation also mit Erfolg die Einrede der durch Klage oder Widerklage geltend gemachten Pflicht des Klägers zur Eigenthumsübertragung erhebt, wird nicht nur in der Hauptsache die Abweisung der Klage auf Herausgabe des Grundstücks, sondern ebenso die Abweisung des Anspruchs auf Ersatz der gezogenen Früchte erlangen. Vertheidigt sich aber der Vindikationsbeklagte gegen die aus § 7 Eig.Erw.Ges. angestellte Klage auf Grund seines Erwerbrechts nicht oder nicht erfolgreich in der in der Anm. 75 bezeichneten Weise, so muß er auch dem obligationsrechtlichen Anspruch bezüglich der Früchte als unrechtfertiger Besitzer unterliegen. Auch bezüglich der Verwendungen kann ihm eine andere Stellung nicht eingeräumt werden. Er hat nur wegen der nothwendigen Verwendungen einen Ersatzanspruch, wegen der nützlichen das jus tollendi. Oben § 165 Anm. 55. R.G. Entsch. B. 2 S. 308, B. 21 S. 313. Im gemeinrechtlichen Geltungsgebiet des Eigenthumserwerbgesetzes, wo die künstliche Erstreckung des Begriffs der Unredlichkeit auf den der Unrechtfertigkeit unbekannt ist, wird man den Anspruch des Besitzers aus Verwendungen vielleicht anders beurtheilen müssen. — Dernburg I. § 243 leugnet die Unrechtfertigkeit des vollständigen Besitzes und scheint den hier vertretenen Standpunkt, daß nach der thatsächlichen Lage der Dinge der begründete Besitz vielfach nicht unrechtfertig vollständiger, sondern redlicher und unvollständiger Besitz sein werde, als logisch unzulässig bezeichnen zu wollen. Aber das Leben kennt den Fall, daß nach dem Willen der Vertragschließenden das Eigenthum am Grundstück erst

thumsanspruchs an Grundstücken zu einem Einlösungsanspruch im Sinne des vorigen Absatzes nicht mehr die Rede.

Von den Forderungen, die der redliche zur Herausgabe der Sache verpflichtete Besitzer auf Grund von Verwendungen oder Verbesserungen der herauszugebenden Sache geltend machen kann[92]), ist bereits die Rede gewesen[93]). Auch bei unbeweglichen Sachen können die Ansprüche vorkommen, und sie können hier in demselben Maße wie bei beweglichen Sachen, soweit der Besitz ein redlicher ist, geltend gemacht werden[93a]).

Der verklagte Inhaber hat ferner das Recht der **Nomination**[94]), d. h. nach der jetzigen prozessualischen Gestaltung das Recht, die Verhandlung zur Hauptsache vorläufig zu verweigern, wenn er vor deren Beginn dem Kläger einen Dritten, in dessen Namen er besitze, benennt, nachdem er diesem Dritten den Streit verkündet und ihn zur Erklärung darüber geladen hat. Die Weigerung ist wirksam bis zur Abgabe der erforderten Erklärung oder bis zum Schluß des dafür bestimmten Termins. Unter Zustimmung des Beklagten kann der Benannte dann den Prozeß übernehmen, und der Beklagte wird darauf hin trotz eines Widerspruchs des Klägers von der Klage entbunden, soweit nicht der Anspruch unabhängig davon ist, daß der Beklagte im Namen des Benannten besitzt, d. h. sofern über Herausgabe der Sache hinaus eine obligatorische Leistung des Beklagten, z. B. bezüglich der omnis causa gefordert ist. Soweit der Benannte nicht in den Rechtsstreit eintritt, geht der Prozeß gegen den Beklagten fort, der nun bezüglich der Herausgabe der Sache in seinem Verhältniß zu dem Benannten befugt ist, dem Klageantrag zu genügen[95]).

---

nach einer Zahlung übertragen werde, bis dahin aber der Käufer dennoch den Genuß des Grundstücks gegen die Zahlung der Zinsen des Kaufgelds haben soll, recht häufig, — und es ist nicht abzusehen, wie der so eingeräumte Besitz des Grundstücks als eines fremden aber zu eigenem Vortheil, rechtlich anders als dahin beurtheilt werden kann, daß dieser Besitz ein unvollständiger sei.

[92]) I. 15 § 27, I. 7 §§ 204 ff.

[93]) Oben § 165 unter c.

[93a]) Auch dann, wenn der eingetragene Besitzer oder der eingetragene Eigenthümer das im redlichen Besitz eines Andern befindliche Grundstück durch Auflassung veräußert, bleibt dem neuen Eigenthümer gegenüber der redliche Besitzer redlich; die beim Grundbuch vorgenommenen Operationen berühren seine Redlichkeit nicht nothwendig. Darum greift die Einrede der Retention wegen nützlicher Verbesserung des Grundstücks auch gegenüber der auf § 7 des Eigenthumserwerbgesetzes gestützten Eigenthumsklage durch, auch wenn diese Verbesserung in einer Zeit stattgefunden hat, welche der Auflassung voranging, und wenn der Kläger zur Zeit der Auflassung von dem Bestehen des Retentionseinwandes keine Kenntniß hatte.

[94]) I. 15 § 11, I. 7 §§ 165—168. C.P.O. § 73. — l. 25 pr. l. 27 pr. D. VI. 1, l. 2. C. III. 19. Der Ausdruck des früheren Rechts, daß der Beklagte sich durch unterlassene Nomination gegen den Ansprechenden verantwortlich mache (I. 7 § 166), kann nicht den Zweifel daran begründen, ob er als Besitzer dem Ansprechenden gegenüber von vorn herein passiv legitimirt war. Vgl. Anm. 38. Es hieß, wie § 35 I. 17 A.G.O. ergiebt, daß der sich so verhaltende Beklagte dem Kläger für alles aus der Verzögerung der gegen den wahren Besitzer nicht zulässigen Vollstreckung des Urtheils entstehende Interesse verantwortlich ist. Die Auffassung der Nomination als Einrede der mangelnden Passivlegitimation (Entsch. B. 71 S. 98) ist schon nach Landrecht nicht zu billigen.

[95]) Hieraus ergiebt sich, daß wenn die Verurtheilung des Beklagten erfolgt ist, auch zum

Der Beklagte hat auch die Einrede der Verjährung. Das A.L.R. sagt: „die einmal gegen den Eigenthümer verjährte Sache kann derselben nicht zurückfordern“ [96]). Das bezieht sich zunächst auf Ersitzung. Im Fall derselben ist das Eigenthum des Klägers untergegangen. Bereits hervorgehoben ist, daß Ersitzung [97]) und Verjährung [98]) gegen einen im Grundbuch eingetragenen Eigenthümer nicht mehr statt hat. Mit Unrecht aber hat man behaupten wollen, daß auch bei beweglichen Sachen der Vindikation die Einrede der Verjährung nicht entgegenstehe, wenn nicht zugleich Ersitzung stattgefunden habe. Zwar das Eigenthum geht durch bloßen Nichtgebrauch nicht verloren, aber die Klage gegen den besitzenden Nichteigenthümer auf Rückgabe verjährt [99]).

F. In der gemeinrechtlichen Praxis wurde dem Eigenthümer, der gegen den redlichen Besitzer deshalb nicht mehr vindiziren kann, weil dieser die Sache bereits gutgläubig weiter veräußert hat, eine Klage auf Herausgabe des bei der Weiterveräußerung gewonnenen Vortheils gegeben [100]). Der veräußernde Besitzer sollte sich nicht aus dem Verkauf der ihm nicht ge-

---

Nachtheil des Benannten feststeht, daß der verurtheilte Beklagte die Disposition darüber hatte, ob die Sache herauszugeben ist. Der Nominat kann also auch in einem besonderen Prozesse, nachmals nicht geltend machen, daß sein Recht das Recht des Klägers auf die Sache ausschließe. Abweichend hiervon will Dernburg I. § 246 Anm. 9 den Nominaten für befugt erachten, in einem besonderen Prozeß sein Recht auf die Sache geltend zu machen. Dann müßte er sich auch gegen den Judikatsanspruch vertheidigen können, wenn ihm der Nominant nachmals den Besitz der Sache überlassen hat. Ebenso folgt aus der Litigiösität der Sache, daß das Urtheil gegen den Autor vollstreckbar ist, wenn er sie im Laufe des Prozesses von dem er Kunde hat, von dem Beklagten erhält. Es bedarf hiernach nicht der von Rehbein und Reinke zu I. 15 § 11 aufgestellten Annahme einer fortdauernden Geltung des § 39 I. 17 A.G.O., dessen materieller Satz mit der nothwendig beseitigten formalen Bestimmung in seinem letzten Satze untrennbar zusammenhängt. Damit ist Rehbein II. S. 768 jetzt einverstanden.

96) I. 15 § 56.

97) Ges. v. 5. Mai 1872 § 6. Oben § 177 Anm. 32.

98) Vgl. B. I. § 46 Anm. 28. Gegen den eingetragenen Eigenthümer eines Grundstücks ist die Einrede versagt. Ges. v. 5. Mai 1872 § 7 Abs. 2. Vgl. dazu § 180 Anm. 22a.

99) I. 16 § 7, I. 9 § 504. Strieth. B. 24 S. 71 (Rehbein II. 771). R.G. Entsch. B. 21 S. 270. Der § 7 Abs. 2 des Ges. v. 5. Mai 1872 giebt ein ausdrückliches Zeugniß dafür, daß die hier ausgeschlossene Verjährungseinrede an sich durchgreifen würde und gerade deshalb hier gesetzlich ausgeschlossen wird. Aus dem Begriff der Extinktivverjährung, wonach auf der anderen Seite eine Verpflichtung stehen müsse, ist das Gegentheil gefolgert, weil es hier daran fehle; aber während der 30 Jahre hat der Besitzer allerdings die Verpflichtung der Rückgabe der Sache an den Eigenthümer, und gerade diese Verpflichtung erlischt. Und wenn man ferner dagegen hat ausführen wollen, daß sonst auch die actio communi dividundo, die doch gewiß unverjährbar sei, wenigstens dann verjähren müsse, wenn dem Mitberechtigten das Miteigenthum bestritten worden und dieser sich 30 Jahre lang dabei beruhigt hat, so liegt hier eine Verwechselung der Theilungsklage, welche das Miteigenthum als unbestritten voraussetzt (unten § 182) und der Vindikation des Miteigenthümers gegen die anderen Theilnehmer zu Grunde. Daß aus I. 9 § 568 kein Argument gegen die Verjährbarkeit der Vindikation entlehnt werden kann, bedarf keiner Ausführung. Auch die gemeinrechtliche Praxis läßt die Einrede der Verjährung zu; sie beginnt mit dem Tage, wo der Besitz des Eigenthümers aufgehört hat. Strieth. B. 24 S. 71. Seuffert IX. 250. Vgl. B.G.B. §§ 194. 221.

100) Angeknüpft wurde die Klage an l. 49 D. III. 5, l. 23 D. XII. 1. Die rechtliche Konstruktion des Klagerechts ist bestritten.

hörigen Sache bereichern. Das A.L.R. hat dieses Rechtsmittel aufgenommen. Die Klage geht auf Herausgabe des Vortheils[101]); als solcher wird aber nur diejenige Bereicherung betrachtet, die dem Beklagten nach Abrechnung alles dessen, was er während seines Besitzes nicht aus der Sache selbst auf diese verwendet hat, von dem empfangenen Veräußerungspreise übrig geblieben ist. Abgerechnet wird also auch der Erwerbspreis, den er selbst für sie ausgegeben hat, und es steht dem Beklagten ferner die Möglichkeit offen, nachzuweisen, daß er den Vortheil durch Zufall wieder verloren hat[102]). In der Regel soll diese Klage innerhalb Jahresfrist seit der Veräußerung angestellt werden, sie ist aber auch noch später zulässig, wenn der Kläger nachweisen kann, daß der Beklagte sich noch im Besitz des Vortheils befinde[103]). Wenn auch Ersatz für die Eigenthumsklage erscheint dieser Anspruch wie andere sich aus dem Verhalten des Vindikationsbeklagten ableitende Ansprüche als ein obligatorischer.

Wer nämlich den Vindikationsberechtigten dadurch beschädigt, daß er sich für den Besitzer der Sache fälschlich ausgiebt, hat für den dadurch veranlaßten Schaden, also für die Kosten des irrig gegen ihn angefangenen Prozesses und für den durch Verzögerung der Klage gegen den wirklichen Besitzer erwachsenden Schaden aufzukommen[104]). Ebenso haftet für Schadenersatz, wer nach redlichem Erwerb oder zu einer Zeit, in der er bereits als unredlicher Besitzer zu erachten war, die Sache weiter veräußert hat[105]).

---

[101]) I. 15 § 28. Ueber die Voraussetzungen vgl. Strieth. B. 87 S. 176, R.O.H.G. B. 25 S. 130.

[102]) I. 15 §§ 29. 31. Der Vortheil ist noch vorhanden, wenn der Veräußerungspreis mit dem Vermögen des Beklagten vermischt worden, und er im Allgemeinen noch dieses Vermögen besitzt. Strieth. B. 54 S. 63 (Rehbein II. 757). Ueber den Begriff der „noch vorhandenen Bereicherung", wenn diese in baarem Gelde bestanden, vgl. noch Entsch. B. 49 S. 106 fg.

[103]) I 15 §§ 30. 32.

[104]) I. 15 §§ 12. 14. Eine obligatorische Schadensklage. Strieth. B. 94 S. 362.

[105]) I. 15 §§ 12—16. Vergl. B.G.B. §§ 989. 990. Die §§ 15. 16 beziehen sich auch auf den unrechtfertigen oder unvorsichtigen Erwerber. Entsch. B. 67 S. 88. Der Beklagte, der nach Zustellung der Klage veräußert hat, haftet, auch wenn er ursprünglich redlicher Besitzer war. Striethorst B. 47 S. 278 (Rehbein II. S. 764). Die Vindikationsklage kann in diesem Fall nach C.P.O. § 240 im Laufe des Prozesses in die Entschädigungsklage geändert werden. Die Bestimmungen ersetzen zweckmäßig die ficta possessio des römischen Rechts, die als solche nur so lange einen Sinn hatte, als die Kondemnation auch bei dinglichen Klagen eine condemnatio pecuniaria war. Im ersten Fall ist die Forderung nicht vom vorgängigen Versuch der Vindikation gegen den wirklichen Besitzer abhängig. Entsch. B. 66 S. 59. Strieth. B. 82 S. 181 (Rehbein II. 702). R.G. Entsch. B. 11 S. 298. Die von der Praxis des Obertribunals aufgestellte Annahme, daß der Fall des § 16 vorliege, wenn ein durch ein nach § 5 Nr. 3 Ges. v. 9. Mai 1855 anfechtbares Rechtsgeschäft veräußertes Recht weiter veräußert ist, hängt mit der schon vom Standpunkt des preußischen Anfechtungsrechts zweifelhaften, für das Anfechtungsrecht der Reichsgesetze jedenfalls zu leugnenden dinglichen Natur der Anfechtungsklage zusammen. Die obligatorische Pflicht des Anfechtungsbeklagten zur Rückleistung behufs Befriedigung des Klägers oder der Konkursgläubiger ist unabhängig von dem Besitz des Beklagten. — Ueber die analoge Anwendbarkeit der Bestimmungen gegen denjenigen, der dolo desiit, eingetragener Eigenthümer zu sein, vgl. oben § 178 Anm. 61.

## § 181. Die Eigenthumsfreiheitsklage (Actio negatoria).

A.L.R. I. 7 §§ 181. 182, I. 19 §§ 10. 14, §§ 1. 2, I. 32. A.G.O. Koch, Pr.R. I. S. 443 § 241. Anleitung zur preuß. Prozeßpraxis I. S. 171. Förster, Kl. und Einrede, S. 311. Franklin bei Gruchot B. 5 S. 27f. Gruchot, das. B. 9 S. 163. Dernburg I. § 250. — Glück B. 10 S. 207f. Schmid 1. § 16. Pagenstecher III. S. 182f. Puchta, im rhein. Museum I. S. 165f. Schmidt (Ilmenau) in der Zeitschr. f. geschichtl. R.W. B. 15 S. 149f. Witte in der Zeitschr. f. Civilrecht und Proz. B. 13 S. 378f. B. 14 S. 131. Hesse, in Ihering's Jahrb. B. 8 S. 82. — Arndts § 160. Keller § 155. Puchta, Pand. und Vorlesungen § 172. Seuffert I. § 183 S. 245. Sintenis I. § 52 II. Vangerow I. 766f. Windscheid I. § 198. Voß in Ihering's Jahrb. B. 23 S. 43. Dernburg, Pand. I. § 256. Roth, Bair. Civ.R. II. § 150.

Während mit der Vindikation der in der Entziehung des Besitzes liegende Verlust der thatsächlichen Verfügung über die Sache und nach neuerem Recht auch der in der vorenthaltenen Eintragung als Eigenthümer in das Grundbuch liegende Verlust der rechtlichen Verfügung über das Eigenthumsobjekt beseitigt wird, so hat die Klage aus dem Eigenthum auch die Bestimmung, die dem Eigenthum innewohnende Freiheit und Ausschließlichkeit seiner Ausübung gegen Eingriffe zu schützen. Indem sie die Richtung hat, solche Eingriffe abzuwehren und zurückzudrängen, die Freiheit des Eigenthums also wieder herzustellen, zeigt sie einen wesentlich verneinenden Charakter; daher ihr römischrechtlicher Name actio negatoria[1]). Sie bezieht sich im praktischen Leben meist auf Grundstücke, weil regelmäßig nur bei diesen Eingriffe gegen die Ausübung des Eigenthums ohne gleichzeitige Entziehung des Besitzes vorkommen[2]).

Der Grund der Klage ist nicht jene Verneinung, nicht die Behauptung, daß der Beklagte zu dem Eingriff in das Eigenthum des Klägers nicht berechtigt sei, ihr Grund ist vielmehr wie bei der Vindikation allein das Eigenthum oder der als solches präsumirte vollständige Besitz[3]). Nur

---

[1]) l. 5 pr. D. VII. 6 negat, invito se jus esse utendi fructuario, oder mihi esse jus prohibendi te uti frui. l. 2 pr. D. VIII. 6 negatoria domino qui negat. Vangerow I. 766. Witte a. a. O. B. 13 S. 391f. Pagenstecher III. 186. — Bei dem Eingriff durch Besitzentziehung (oder Entziehung des Bucheigenthums) handelt es sich um Leugnung des Eigenthums überhaupt. Die Eigenthumsfreiheitsklage richtet sich gegen Eingriffe, die, wenn sie berechtigt wären, das Eigenthum des Klägers nicht zerstören, sondern nur beschränken würden. Vgl. B.G.B. § 1004.

[2]) Auch bei beweglichen Sachen führt das heutige Rechtsleben zu einer außerordentlich häufigen Anwendung der Eigenthumsfreiheitsklage in den Fällen des Widerspruchs dritter Personen gegen eine Pfändung, der s. g. Interventionsklage. C.P.O. § 690. Hier kommt es dem Kläger in den meisten Fällen darauf an, darzuthun, daß die ihm gehörige Sache durch Pfändung im Besitz des Vollstreckungsschuldners mit einem wirksamen Pfandrecht nicht belastet worden ist. Die Klage ist also regelmäßig nach den materiellen Grundsätzen, welche die Eigenthumsfreiheitsklage regeln, zu beurtheilen.

[3]) Besonders bezeichnen diesen Gesichtspunkt die Worte magis tamen de suo jure agere videtur, quam alieno, in l. 5 pr. D. VII. 6. Nicht das Nichtrecht des Beklagten kann das Fundament einer Klage werden, sondern immer nur das eigene Recht des Klä-

die Richtung der Klage bestimmt sich durch den verschiedenen Anlaß anders als bei der Vindikation. Aus dem Eigenthum folgt als Regel dessen Freiheit. Wer also behauptet, zu einer Einschränkung der Freiheit des Eigenthums eines Andern berechtigt zu sein, hat sein Recht darzulegen und zu beweisen, bei der negatorischen Klage also der Beklagte. Der alte Streit, ob der Kläger das Nichtrecht des Beklagten immer, oder doch wenigstens dann, wenn sich dieser im Besitz eines Einschränkungsrechts befindet, beweisen müsse, ist jetzt auch im Gebiet des gemeinen Rechts zur Ruhe gekommen[4]). Im preußischen Recht wenigstens ist es außer Zweifel, daß der Kläger sich nur auf sein Eigenthum stützt und nur dieses zu beweisen hat; denn, wie das A.L.R. seiner Gewohnheit entsprechend, den Beweis durch Vermuthungen zu regeln, sich ausdrückt: die Vermuthung, daß das Eigenthum frei ist, überwiegt die Vermuthung für die Rechtmäßigkeit des Besitzes; mithin muß auch, wer sich im Besitz eines fremdes Eigenthum einschränkenden Rechts befindet, das Recht zu diesem Besitze nachweisen[5]). Der Ausnahmezustand, daß ein Anderer das fremde Eigenthum beschränken und belasten darf, „wird niemals vermuthet" [6]).

Neben dem verletzten Recht selbst ist als Veranlassung zur negatorischen Klage ein Eingriff in das dem Kläger durch diesen Eingriff nicht entzogene Eigenthum, ein factum turbativum, darzulegen. Als solches erscheint jedes Unternehmen[7]), das thatsächlich geeignet ist, einen dauernden lästigen Einfluß auf den Gebrauch, die Nutzung, die Veräußerungsmöglichkeit zu

gers. Der vollständige Besitzer gilt dem Eigenthümer gleich, weil er gegen Dritte alle Rechte des Eigenthums, nur nicht gegen den Eigenthümer selbst, hat. I. 6 §§ 175. 176. Vgl. Rechtsfäll. B. 3 S. 1, Entsch. B. 17 S. 110. Striethorst B. 18 S. 326. Zeitschr. f. Rechtspfl. und Verw. in Sachsen. N.F. B. 20 S. 36, B. 16 S. 336. Als a. negatoria wird zuweilen auch die Klage zum Schutz eines dinglichen Rechts gegen eine behauptete Belastung bezeichnet. Seuffert XVII. 216.

4) Vgl. hierüber Vangerow I. 770 Anm. 2. Witte a. a. O. B. 14 S. 140f. 151 a. E. Pagenstecher III. 191. Windscheid I. § 198. Die herrschende Ansicht ist, daß Kläger nur sein Eigenthum zu beweisen habe, weil er nur de suo jure agit, sein Recht aber das Eigenthum ist, neben welchem die Freiheit von Einschränkungen nicht noch ein besonderes Recht ist, und weil die Beweislast nicht weiter gehen kann, als daß der Beweispflichtige sein Recht darthut. — Abweichender Meinung sind noch Pape in der Zeitschrift f. Civ.R. u. Pr. XII. S. 194f. Brinz, Pand. § 171 und Seuffert, Pand. I. 257 Note 5. Aus der Praxis für die herrschende Ansicht Seuffert I. 409, IX. 260, X. 139, XV. 102, XVII. 211, XIX. 19. 125 II. Das O.A.G. Lübeck hat, wie aus XIX. 125 Nr. I. und II. hervorgeht, seine früher entgegengesetzte Ansicht aufgegeben. Bl. f. Rechtsanw. XX. 180. Dagegen Seuffert I. 17, II. 142. Bl. f. R. Anwalt IX. 363, XV. 272. Es versteht sich aber von selbst, daß der Kläger, wenn er zugiebt, daß die Servitut bestanden hat, aber behauptet, daß sie neuerdings erloschen oder aufgehoben sei, die Aufhebung beweisen muß. Seuffert VII. 313. Bl. f. R. Anw. XXI. 495. Es ist das eine Replik gegen die exceptio confessoria.

5) I. 7 §§ 181. 182. Rechtsfälle B. 2 S. 216f., Entsch. B. 15 S. 447. Rehbein II. 808. Strieth. B. 15 S. 332. Selbst dann wenn Beklagter durch Urtheil dem Kläger gegenüber im Besitz des Rechts, das ihm aberkannt werden soll, geschützt worden ist. Entsch. B. 30 S. 197. Strieth. B. 16 S. 112. Vgl. österr. Ges.B. § 523, sächs. G.B. § 322. Vgl. auch Witte a. a. O. B. 14 S. 131ff.

6) I. 19 § 14.

7) Wochenbl. f. merkw. Rf. 1862 S. 201f. Dresdner Annalen N. F. II. S. 550.

üben[8]), also alles außer der Entziehung des Besitzes oder der Verdrängung aus der Stellung des eingetragenen Eigenthümers[9]). Die Klage wird solchenfalls dadurch nicht ausgeschlossen, daß der Eigenthümer auf seinem Grundstück Maßregeln ergreifen könnte, um die Einwirkung des fremden Unternehmens auf sein Grundstück zu beseitigen[9a]). Meist wird der Eingriff sich darstellen als die Ausübung eines dinglichen Rechts, namentlich einer Servitut, oder als eine über die bisherigen Grenzen erweiterte Ausübung eines solchen Rechts[10]). Die Klage richtet sich aber auch gegen Eingriffe, durch welche die aus dem Nachbarrecht fließenden gesetzlichen Beschränkungen des eigenen Eigenthums zum Nachtheil des Nachbarn überschritten werden[11]). Ebenso wie durch Anmaßung einer Servitut wird die Klage durch thatsächliches Beanspruchen andrer Realrechte veranlaßt, z. B. von Reallasten deutschen Ursprungs, oder wenn die freie Verfügung über das Grundstück durch Eintragung eines Rechts in das Grundbuch eingeschränkt ist, dessen rechtliches Bestehen vom Eigenthümer nicht anerkannt wird, — z. B. eines dinglich wirksamen Veräußerungsverbots, oder eines Vorkaufs- und Näherrechts[12]). Die Nichtexistenz eines Pachtrechts ist regelmäßig nicht mit der negatorischen Klage geltend zu machen, vielmehr muß der im Besitz befindliche angebliche Pächter mit der Vindikation belangt werden, während der bloß persönliche Anspruch auf Einräumung des Pachtbesitzes die Abwehr mit einer dinglichen Klage nicht nöthig macht. Als negatorische Klage wird indessen der Anspruch auf Löschung eines eingetragenen nicht begründeten Pacht- oder Miethsrechts angesehen werden müssen.

Bestritten ist, ob eine eingetragene Hypothek oder ein thatsächlich ausgeübtes Besitzpfandrecht für die Freiheitsklage ausreichenden Anlaß giebt, da der hypothekarische Gläubiger Gebrauch und Nutzung nicht einschränke, überhaupt in die Ausübung des Eigenthums nicht eingreife und

---

8) Franklin a. a. O. S. 34. Hesse a. a. O. S. 98f. „Die Beschränkung muß nicht nur gegen den Eigenthümer selbst wirken, sondern das Verhältniß der Sache zum Eigenthümer überhaupt treffen, also auf der Sache selbst lasten." Zeitschr. f. Rechtspfl. und Verw. in Sachsen N. F. B. 16 S. 336, B. 15 S. 398. Vergl. noch Seuffert IX. 260.

9) Vgl. § 180.

9a) R.G. bei Gruchot B. 32 S. 933.

10) Strieth. B. 15 S. 332, B. 22 S. 103. § 2 J. IV. 6 (Personal-, Urbanal-Rustikalservituten). l. 4 § 7 D. VIII. 5 (aedes liberae). l. 9 pr. in f. D. VIII. 5 (Superfizies, Bau auf fremdem Boden). l. 14 § 1 ibid. (Balkentragen). l. 15 D. XXXIX. 1. (Höherbau). l. 14 pr. D. VIII. 5 (erweiterte Ausübung der Servitut, vergl. hierzu Seuffert I. 18: der Beklagte muß den behaupteten Umfang beweisen). Bei den Gebäudeservituten schlägt die negatoria eigentlich in die confessoria um, das dem B. bestrittene jus altius tollendi wird für den A. ein jus ne B. altius tollat. Pagenstecher III. 188.

11) Oben § 170.

12) Solche Fälle übersieht namentlich Hesse, und doch sind sie wegen ihres dinglich wirkenden Charakters in vollem Maße geeignet, die freie Veräußerung des Eigenthümers zu hindern, einen Eingriff in die Eigenthumsausübung dauernd darzustellen. Auch die gemeinrechtliche Praxis wird kaum zweifeln, die negatoria gegen solche Beschränkungsrechte zuzulassen.

auch der Besitzpfandgläubiger eine Veräußerungsbefugniß nach Landrecht nur ausüben könne durch seine dingliche Pfandklage[13]). Eine Belästigung besteht aber bei der Hypothek offenbar schon in der Erschwerung der Veräußerung und anderweitigen Verpfändung. Gegen die Vorenthaltung des Besitzes der Sache wegen eines angeblichen, aber nicht begründeten Faustpfandes schützt die Vindikation. Aber wie die Hypothek sind die Grundschuld und ebenso das Pfändungspfandrecht Belästigungen, zu deren Beseitigung die negatorische Klage angewendet werden muß. Der Besteller einer getilgten Hypothek hat freilich auch die persönliche Klage auf Löschungsbewilligung aus dem Pfandvertrage[14]); und die Tilgung der Hypothek oder Grundschuld durch den Eigenthümer wirkt nicht eine Befreiung des Grundstücks von der Belastung, sondern den Uebergang auf den tilgenden Eigenthümer als Eigenthümer-Hypothek oder Grundschuld. Aber die Klage auf Löschung wegen Ungiltigkeit der Hypothek oder der Grundschuld, sei es daß die Eintragungsbewilligung nichtig war oder einen andern Gegenstand betraf, sei es daß es der Hypothek an einer zu sichernden rechtsbeständigen Forderung als Grundlage fehlt, oder daß sie aus anderen Gründen als zufolge der Tilgung der Forderung durch den Eigenthümer untergegangeu ist, ebenso die bereits erwähnte Widerspruchsklage auf Beseitigung des die Sache zu Unrecht treffenden Pfändungspfandrechts ist jedenfalls negatorisch. Ihr Fundament ist das Eigenthum; weil aber der Eintrag im Grundbuch sofort für den Beklagten die Einrede der Berechtigung beweist, muß in Fällen des Ankämpfens gegen ein eingetragenes Recht die Replik der Ungiltigkeit anticipirt werden[15]).

Die negatorische Klage ist aber nicht auf das Ankämpfen gegen ein wirklich beanspruchtes dingliches Recht beschränkt[16]). Vielmehr genügen, um

---

[13]) Pagenstecher III. 183. Hesse S. 105. 107. Dieselbe Frage ist jetzt auch in Betreff der Grundschuld aufzuwerfen und ebenso, wie bei der Hypothek zu beantworten. Sie hat aber geringere praktische Bedeutung, da in jedem Fall erweislichen rechtlichen Interesses an der sofortigen Feststellung der Nichtberechtigung vor Geltendmachung der Pfandklage die negative Feststellungsklage der C.P.O. § 231 eingreift.

[14]) So schon Koch, Gerichtl. Prozeßpraxis I. S. 306 § 85 a. O.

[15]) Bei Strieth. B. 24 S. 204 f. ist mit Recht ausgeführt, daß der Drittbesitzer des verpfändeten Grundstücks aus eigenem Rechte die Nichtigkeit der gegen seinen Vorbesitzer eingetragenen Hypothek geltend machen kann, „weil er dadurch die Freiheit seines Grundstücks darzuthun gedenkt." Vergl. auch Strieth. B. 11 S. 73. Die Frage ist auch erörtert bei Seuffert B. 9 Nr. 19. 138, B. 12 Nr. 247. Auch das Reichsgericht erkennt die Zulässigkeit der Eigenthumsfreiheitsklage in obigem Umfang an. R.G. Entsch. B. 18 S. 216. Daß umgekehrt für die Klage kein Raum ist, wenn es sich um eine in eine Eigenthümer-Hypothek verwandelte Hypothek handelt, wird anerkannt bei Strieth. B. 82 S. 5.

[16]) Man hat daraus hergeleitet, daß die a. neg. eine Servitutenklage sei. (S. hierüber Witte a. a. O. B. 13 S. 381. Windscheid I. § 198 Anm. 8.) Sie wird übrigens in den Quellen auch so bezeichnet, z. B. l. 2 pr. l. 4 § 7, D. VIII. 5 § 2 J. IV. 6 oder als contraria actio im Verhältniß zur confessoria. l. 8 pr. D.VIII. 5. Hesse a. a. O. S. 91. 92 f. 105 beschränkt die a. neg. auf die Abwehr von Servituten, und will sie nur noch auf die Immissionsfälle zwischen Nachbargrundstücken anwenden lassen. Wochenbl. f. merkw. Rf. 1855 S. 184, 1859 S. 182 f. Seuffert XVI. 11.

ihre Erhebung zu begründen, auch störende Handlungen, denen die wirkliche Anmaßung eines Rechts nicht zu Grunde liegt, insbesondere die belästigenden Immissionen aus dem Grundstück des Nachbarn[17]). Aber nicht jeder Eingriff dieser Art rechtfertigt die Eigenthumsfreiheitsklage, die störende Handlung muß eine dauernde Beeinträchtigung hervorgerufen haben, oder sie muß eine Wiederkehr voraussehen lassen[18]). Vorübergegangene Behelligungen dagegen rechtfertigen nicht die negatorische Klage, sondern erzeugen nur eine Klage auf Schadenersatz[19]). Nur auf Schadenersatz kann ferner geklagt werden, wenn der einem Andern zu Gute kommende Eingriff aus Gründen des öffentlichen Interesses von der Verwaltungsbehörde (Polizei) oder auf deren Anordnung ausgeführt ist[19a]). Die Klage darf endlich nach ausdrücklicher reichsgesetzlicher Vorschrift nur auf thunliche Einrichtungen, welche die benachtheiligende Einwirkung ausschließen, oder auf Schadensersatz gerichtet werden, wenn mit obrigkeitlicher Genehmigung eine gewerbliche Anlage gemacht ist deren Betrieb in fremdes Eigenthum störend eingreift[19b]).

---

17) Oben § 169 Anm. 37, l. 8 §§ 5. 6 D. VIII. 5 (Immission von Rauch), l. 13 ibid. (Immission durch Nässe aus zerbrochenen Röhren). Pagenstecher I. 118, III. 187. Hineinwachsen der Baumwurzeln in das benachbarte Feld. Wochenbl. f. merkw. Rechtsf. 1855 S. 183. Seuffert VIII. 246, X. 18, XI. 14. 115, XII. 124, XV. 2, XVI. 8, XVIII. 11. — Aus der preußisch-rechtlichen Praxis vergl. Entsch. B. 23 S. 252 (Plen. Beschl.) (Rehbein I. 736), Entsch. B. 40 S. 36, B. 75 S. 317, Strieth. B. 5 S. 282, B. 7 S. 263, B. 16 S. 50, B. 32 S. 90, B. 40 S. 116, B. 44 S. 57. Gruchot B. 6 S. 121. (Geruchverbreitung.) Kein Anspruch, wenn die Einwirkung nicht in der Zuführung fremder Körper, sondern in einer Veränderung der Bodenbeschaffenheit besteht. Entsch. B. 73 S. 33. — Rauch aus einer Schmiedewerkstätte. R.G. bei Gruchot B. 32 S. 931. Rauch auf der Bahn vorüberfahrender Lokomotiven. R.G. ebenda B. 29 S. 677. Ueber das gewöhnliche Maß hinausgehende Belästigung durch gehaltene Bienen; R.G. Entsch. B. 12 S. 173. Uebergroßes Lärmen; R.G. bei Gruchot B. 27 S. 905, s. dazu R.G. bei Gruchot B. 34 S. 476, B. 38 S. 949. Zuführung nicht gemeinüblicher fremder Stoffe in Privatflüsse. R.G. Entsch. B. 16 S. 178; Erschütterung des Grundstücks durch Eisenbahnbetrieb. R.G. Entsch. B. 7 S. 266. Vgl. hierzu § 14 Ges. über Eisenbahnunternehmungen. Ob.Trib. Entsch. B. 73 S. 263, B. 79 S. 133. R.G. Entsch. B. 32 S. 283.

18) Nicht gerade eine perpetua causa, die auch für den Begriff der preußisch-rechtlichen Servitut wegfällt. Es wird meist genügen, daß der benachbarte Grundbesitzer die Störung ausübt, während bei einem Eingriff von einer öffentlichen Straße aus die Wiederkehr nicht ohne Weiteres anzunehmen ist. Hesse S. 108. Zeitschr. f. Rechtspfl. und Verw. in Sachsen. N. F. B. 20 S. 151. Vergl. Obertrib. bei Gruchot B. 17 S. 129 und Striethorst B. 84 S. 244 (Rehbein II. 802), auch Striethorst B. 88 S. 162.

19) Seuffert XIV. 208. Wochenbl. für. merkw. Rechtsfälle in Sachsen. 1862 S. 201. 1863 S. 41. Zeitschr. f. Rechtspflege und Verwaltung in Sachsen. N. F. B. 20 S. 423. Auf die bona oder mala fides des Beklagten, ob er kulpos oder dolos gehandelt hat, kommt es bei der Negatoria nicht an; diese Umstände können nur auf die konkurrirende Ersatzpflicht einwirken. Hesse S. 91 Nr. 5. Nicht einmal absichtliche Vornahme der störenden Handlung ist Voraussetzung der Negatoria, wie l. 2 D. XLIII. 27., l. 6 § 2 D. XLVII. 7 beweisen. Hesse S. 131. Gleichwohl verlangt die Praxis oft die Absicht. Z. B. Zeitschr. f. Rechtspfl. u. Verwalt. in Sachsen. N. F. B. 22 S. 175.

19a) Ges. v. 11. Mai 1842 §§ 2. 4, und wegen der Möglichkeit einer Enteignung durch Auflegung von Lasten. Enteignungsgesetz v. 11. Juni 1874 §§ 50ff., ferner oben § 171 im Eingang. Vgl. auch Entsch. B. 72 S. 273 (Rehbein II. 805).

19b) Reichsgewerbeordnung § 26. R.G. bei Gruchot B. 36 S. 459. Vergl. oben B. 1. § 90 Anm. 22.

Der Eingriff muß wirklich die Freiheit des Eigenthums beeinträchtigen und seine Ausübung stören. Bei der wörtlichen Berühmung mit einer angeblich zustehenden Servitut läßt das preußische Recht wie in anderen Fällen des Berühmens eines Rechts eine negative Feststellungsklage zu[20]), die aber nur als solche, also nicht mit einem Antrage auf Verurtheilung des Berühmenden nach den unten folgenden Grundsätzen der Eigenthumsfreiheitsklage angestellt werden kann. Noch weniger ist Anlaß zu einer Eigenthumsfreiheitsklage, wenn Jemand eine fremde Sache nur zum Verkauf ausbietet[21]).

Den thatsächlichen Eingriff in das klägerische Eigenthum muß der Kläger zur Substanzirung seiner Klage darlegen und beweisen[22]). Der klagende Eigenthümer hat sich ferner im Bestreitungsfall als solcher zu legitimiren, d. h. regelmäßig den Erwerb des Eigenthums darzulegen. Er kann sich aber bei Grundstücken auch bei dieser Klage auf seine Eintragung als Eigenthümer gründen[23]). Nach der landrechtlichen Bestimmung über die Bedeutung des vollständigen Besitzes, wonach bei Verlust des vollständigen Besitzes wider Willen der Beklagte zur Angabe des Titels seines Besitzes genöthigt ist, und unter Berücksichtigung des Satzes, daß das Gesetz auch für die konfessorische Klage den vollständigen Besitzer als legitimirten Beklagten bezeichnet, bedarf der im vollständigen Besitz befindliche Kläger nicht

[20]) A.G.O. I. 32 § 1 Nr. I. § 2. Vgl. oben B. I. § 48 Anm. 32. 45. Statt dieser Klage konnte die Diffamationsklage gewählt werden. A.G.O. I. 32 § 3. Die negative Feststellungsklage hat kein weiteres Ziel; es kann also mit ihr auch nicht, wie frühere Auflagen angaben, auf Sicherstellung gegen künftige thatsächliche Verletzungen geklagt werden. — In der gemeinrechtlichen Praxis und Theorie ist streitig, ob mündliches Berühmen zur eigentlichen Negatorienklage Anlaß giebt. Vergl. einerseits Seuffert B. 9 S. 157, B. 14 S. 447, B. 15 Nr. 101, B. 19 Nr. 117, andererseits Seuffert B. 20 Nr. 105, Schmid § 17 Note 7 und Hesse bei Ihering B. 8 S. 92. 122 f. Aber es giebt kaum einen rechtfertigenden Grund dafür, das bloße Berühmen als ein factum turbativum aufzufassen, wogegen die negatoria schützen müßte.

[21]) Gruchot I. 462.

[22]) Vgl. Strieth. B. 96 S. 85. Eine Denuntiation, zumal eine solche, welche strafrechtliches Einschreiten und in diesem die Auflage das Recht darzulegen zur Folge gehabt, kann als thatsächliche Störung betrachtet werden. Ges. v. 31. Jan. 1845 § 1, Ges. v. 14. April 1856 Art. 2, Strafproz.Ord. § 261.

[23]) Ges. über den Eigenthumserwerb vom 5. Mai 1872 § 7. Striethorst B. 96 S. 84 (Rehbein II. 811). Hier ist ausgeführt, daß die Negation des Beklagten sich auch in diesem Fall einfach dahin richten könne, daß Kläger trotz der Eintragung nicht Eigenthümer sei, auch wenn Kläger das Eigenthum durch Auflassung erlangt hat, und daß es nicht darauf ankomme, ob der Beklagte den Eigenthumsübergang durch Auflassung anfechten könne. Es wird aber auch hier bei jedem eingetragenen Eigenthümer nur die Frage erhoben werden können, ob eine Anfechtung der Eintragung als Eigenthümer nach den Grundsätzen des bürgerlichen Rechts begründet ist (Eigenthumserwerbgesetz § 9), und hierbei wird zwar nicht bei der nichtigen Auflassung oder sonstigen Eintragung, wohl aber bei der nur durch bestimmte Personen anfechtbaren die Frage zu stellen sein, ob gerade Beklagter zu diesen Personen gehört. Vgl. oben § 178 Anm. 57, § 180 Anm. 21 b. Eine Nachprüfung des Erkenntnisses, das nur bei der vom Reichsgericht gemißbilligten Annahme, daß der 1872 auf Grund früheren Erwerbs eingetragene Besitzer der vollen Rechtsstellung des eingetragenen Eigenthümers entbehre, als richtig zu betrachten war, interessirt nach dem in § 178 Anm. 56 Dargelegten nicht mehr.

des Nachweises seines Eigenthums zur Begründung seiner Klage; in diesem Verhältniß hat er, sofern nicht der Mangel der Redlichkeit seines Besitzes zu einem andern Ergebniß führt, die Rechte des Eigenthümers gegen den Beklagten[24]). Auch ein Miteigenthümer wird in der gemeinrechtlichen Theorie als klageberechtigt angesehen, sowohl gegen Dritte[25]) als gegen die anderen Miteigenthümer[26]), weil er den Antheil am Eigenthum als selbständiges Recht hat, in dessen Ausübung er an die Zustimmung der Theilnehmer nicht gebunden ist. Diese Sätze für das Verhältniß zu Dritten auf das Miteigenthum des preußischen Rechts anzuwenden, ist nicht bloß für diejenigen Fälle bedenklich, in denen dem Miteigenthümer gar kein bestimmter Antheil an dem Grundstück zuzuschreiben ist, sondern auch wenn dies der Fall, da es sich bei der Frage der Freiheit des Eigenthums um eine Verfügung über die ganze Sache nicht über den Antheil des Einzelnen handelt[27]).

Das römische Recht giebt ferner die Klage als angewandte (utilis) dem Emphyteuta, Superfiziar, Pfandgläubiger, Nießbraucher, aber nicht dem Pächter. Nach A.L.R. ist der unvollständige Besitzer zur negatorischen Klage nicht berechtigt, denn „ein Rechtsstreit, durch welchen die Richtigkeit eines dinglichen Rechts auf die Substanz einer fremden Sache ausgemittelt werden soll, kann nur mit dem Eigenthümer oder vollständigen Besitzer derselben giltig verhandelt werden“[28]). Das gilt wie von der konfessorischen so von

---

[24]) I. 7 § 176. Rechtsfälle B. 3 S. 1, B. 4 S. 253 bes. 255. Präj. 2008. Samml. I. 24. Rehbein I. 730. Entsch. B. 17 S. 110. Strieth. B. 18 S. 326, B. 25 S. 42, B. 81 S. 274, B. 93 S. 250, B. 95 S. 26. Witte B. 14 S. 157f. Hesse S. 126. Seuffert XIV. 209. Franklin a. a. O. S. 29. Gruchot B. 9 S. 185. 187. — Vgl. oben § 164 Anm. 35. — Bei einem Grundstück, welches nur durch Auflassung veräußert werden kann, das aber nur zu Eigenthumsbesitz übergeben ist, entsteht nach dem, was oben § 180 Anm. 91 dargelegt worden, und nach den dortigen Citaten vom Reichsgericht gebilligt ist, unrechtfertiger Besitz. Für einen solchen Besitzer muß die Legitimation zur Anstellung einer Eigenthumsfreiheitsklage geleugnet werden. Deshalb hätte das Reichsgericht in dem bei Gruchot B. 33 S. 421 mitgetheilten Falle sich nicht über die Erörterung der Frage wegsetzen dürfen, ob Veräußerung eines nicht eingetragenen öffentlichen Wegs wirksam durch Uebergabe oder nur durch Auflassung geschehen kann, wobei es auf die in § 178 Anm. 38 erörterte Frage ankam.

[25]) l. 6 D. VIII. 1. l. 6 § 4 D. VIII. 5. Heuser, Annalen V. 565. Seuffert VII. 289. Auch für das gemeine Recht ist aber die Frage aufgeworfen, ob der siegende Beklagte solchen Falls die exceptio rei judicatae gegen die anderen Miteigenthümer erwirbt, und diese Frage ist verneint. Seuffert III. 145.

[26]) Das ist streitig. Die gemeine Meinung nimmt an, daß der Miteigenthümer gegen den Miteigenthümer negatorisch klagen kann. Pagenstecher III. 188. Gruchot IX. 189. Seuffert IX. 268, XI. 214, l. 11, l. 14 § 1 D. VIII. 5. Dagegen Hesse bei Ihering B. 8 S. 60fg., welcher die l. 11 nur von einem persönlichen jus prohibendi verstehen will. S. 69 a. E. f.

[27]) Die Praxis steht auf einem anderen Standpunkt. Entsch. B. 58 S. 183; R.G. bei Gruchot B. 28 S. 947; und Dernburg I. § 250 Anm. 5 lehrt: die Abwehr durch Prozeß ist keine Verfügung über die Sache. Der Eigenthümer aber, der die Freiheit des Grundstücks von einer Servitut erstreiten will und den Prozeß so ungeschickt führt, daß er abgewiesen wird, hat durch die ungeschickte Abwehr das Grundstück belastet, über die Sache verfügt, — und das kann und darf der Miteigenthümer nicht. Vgl. unten § 182 Anm. 43.

[28]) I. 19 § 10. Franklin S. 30f. Gruchot, Beitr. B. 9 S. 163 bes. S. 185fg. A. M. Dernburg I. § 250 Anm. 6. S. auch Strieth. B. 43 S. 86.

der negatorischen Klage. Nur der Rechtsstreit mit dem Legitimirten kann das dingliche Verhältniß endgültig feststellen. Eine andere Frage ist es aber, ob den bezeichneten Berechtigten jeder Schutz durch Klage zu versagen ist. Das ihnen zustehende dingliche Gebrauchsrecht gewährt als dingliches Recht den Anspruch auf Schutz gegen Störungen jedes Dritten, nicht bloß des Eigenthümers. Dieser Schutz wäre gemeinrechtlich, soweit hier diese Rechtsverhältnisse vorkommen, mit der konfessorischen Klage oder einer ihr nachgebildeten Rechtsklage zu suchen. Auch das preußische Recht gewährt ihnen die Klage aus ihrem dinglichen Recht gegen jeden Störenden, und dies gilt insbesondere auch von dem dinglichen Gebrauchsrecht des Pächters und Miethers[29]). Durch eine solche Klage des dinglich Berechtigten wird aber nur die dauernde Ausübung seines Rechts gesichert. Sein Durchdringen kann nicht die Freiheit des Eigenthums zu Gunsten des Eigenthümers feststellen, und sein Unterliegen kann nicht die Belastung des Grundstücks begründen. Dagegen giebt das neuere Recht in gewissen Fällen eine Legitimation für Geltendmachung der Rechte des Eigenthümers an dessen Stelle aber zur Förderung des Interesses des Klägers. An Stelle des Eigenthümers kann nämlich dessen Recht auf Löschung eingetragener Rechte durch jeden nachstehenden Gläubiger geltend gemacht werden, der einen Titel zur Zwangsvollstreckung in das Grundstück hat[30]).

Beklagter ist, wer den partiellen Eingriff ausgeübt hat[31]). Wenn er nachher im Prozeß das Eigenthum selbst in Anspruch nimmt, so ändert dies den Charakter der negatorischen Klage nicht[32]).

---

[29]) Vergl. den in der vorigen Anm. citirten Franklin'schen Aufsatz.

[30]) Imm.Vollstr.Ges. v. 13. Juli 1883 § 5. Das Recht betrifft nur die Eigenthumfreiheitsklage, es greift nicht ein, soweit die Posten, deren Löschung der Beklagte zu bewilligen haben würde, auf Grund solcher Bewilligung als Hypotheken oder Grundschulden des Eigenthümers fortbestehen würden.

[31]) Daß der Beklagte den Eingriff als ein Recht in Anspruch genommen haben muß, wird z. B. gefordert in der Zeitschr. f. Rechtspfl. und Verw. in Sachsen. N. F. B. 21 S. 423. Dagegen Dresdner Annalen B. 5 S. 405. Wochenbl. f. merkw. Rechtsf. 1854 S. 249. Koch, Proz.-Prax. I. 171 verneint, und zwar, wie unter Anm. 7 und 8 gezeigt ist, mit Recht, denn die Negatoria schützt ja auch gegen solche Eingriffe, welche überhaupt nicht Inhalt eines Rechts sein können. S. auch Witte a. a. O. B. 13 S. 409. Windscheid I. § 198 Anm. 7. Hesse S. 131. A. M. noch Dernburg, Pand. I. § 256 Anm. 9. Bei der Negatoria bezüglich der Grundgerechtigkeiten oder der Beschränkungen aus dem Nachbarrecht ist der Eigenthümer oder vollständige Besitzer des durch eine vorhandene Anlage schädigenden Grundstücks der richtige Beklagte, auch wenn er die Anlage nicht selbst gemacht hat. Entsch. B. 70 S. 103 (Rehbein I. 754). Vgl. aber auch R.G. Entsch. B. 2 S. 213. Handelt es sich um eine andere Belästigung von Nachbargrundstücken aus, so richtet sich die Klage gegen den Verursacher, auch wenn er nicht Eigenthümer des Nachbargrundstückes ist. R.G. bei Gruchot B. 38 S. 951.

[32]) Strieth. B. 52 S. 262, B. 96 S. 48 (Rehbein II. 811). Anders Seuffert II. 255, III. 303 (weil die a. neg. nicht gegen den angestellt werden kann, der selbst Eigenthümer zu sein behauptet), und XX. 105. Dabei ist aber übersehen, daß der besitzende Eigenthümer nicht vindiziren kann und daß die Klage ihren Charakter aus dem Klagegrunde, nicht aus der Einrede erhält. S. auch Pagenstecher III. 192 Note 1. Auch in diesem Fall hat Kläger sein Eigenthum zu beweisen und unterliegt beim Mangel

Eine bloße Klage auf Feststellung der Freiheit des Eigenthums ist wie die Klage auf Feststellung des Eigenthums nur nach Maßgabe der civilprozeßrechtlichen Grundsätze zulässig, also bei Darlegung eines Interesses an der alsbaldigen Feststellung vor Erhebung der eigentlichen Freiheitsklage. Diese richtet sich auf eine Verurtheilung des Beklagten und bekämpft insofern das in der Störung enthaltene dauernde Element. Sie soll das Verbot fernerer Störungen, die Beseitigung thatsächlicher Anlagen, die Löschung des nicht vorhandenen Rechts im Grundbuch herbeiführen. Damit kann sich ein Anspruch auf Ersatz des bereits zugefügten Schadens verbinden[33]). Einer Strafandrohung für den Fall künftigen Zuwiderhandelns gegen die festgestellte Pflicht, fernere Störungen zu unterlassen, bedarf es nicht, da die Zwangsvollstreckung aus der Verurtheilung zu einem Unterlassen jetzt nach gesetzlicher Vorschrift zu solchen Strafandrohungen führt[34]).

Als Einrede tritt die Geltendmachung der Berechtigung zu dem, was als Eingriff bekämpft wird, in den Vordergrund (exceptio confessoria). Hier muß der Beklagte den Erwerb des Rechts, also z. B., wenn er sich auf Ersitzung beruft, deren Erfordernisse nachweisen[35]). Die Vertheidigung kann auch darauf hinausgehen, daß der Eingriff, ohne auf einem Privatrecht des Beklagten zu beruhen, dennoch rechtlich zulässig war[35a]). Da-

---

dieser Darlegung, ohne daß es darauf ankommt, ob Beklagter das seinige dargelegt hat. R.O.H.G. B. 18 S. 53. Stützt Kläger sich auf seine Eintragung, so kommen die in Anm. 23 erörterten Gesichtspunkte in Betracht.

33) Ein solcher Anspruch folgt nicht aus der Zulässigkeit der Negatorienklage, die keineswegs nothwendig auf einen Schadensersatz geht. Vielmehr setzt der Schadensersatzanspruch, soweit er nicht geradezu der vom Gesetz allein zugelassene Ersatz der Negatorienklage ist (oben Anm. 19a. 19b), wie regelmäßig jeder Entschädigungsanspruch und insbesondere auch die mit der Vindikation zu verbindenden Ansprüche voraus, daß die Verantwortlichkeit des Beklagten für den eingetretenen Schaden auf eine Schuld zurückzuführen ist. R.G. Entsch. B. 6 S. 217 (gemeinrechtlich). Vgl. R.G. bei Gruchot B. 27 S. 892. Eine Schuld liegt auch bei einem öffentlich rechtlich gestatteten Gewerbebetrieb vor, wenn der Eingriff in die Eigenthumssphäre des Klägers und seine Schädigung vorausgesehen werden konnte, wie die Entzündung eines Schuppens durch Funken aus der vorbeifahrenden Lokomotive. R.G. Entsch. B. 17 S. 103 (gemeinrechtlich); überhaupt bei jeder Anlage, die nach dem gewöhnlichen Lauf der Dinge für den Nachbarn Schaden hervorbringt. Strieth. B. 68 S. 189. R.G. bei Gruchot B. 36 S. 946, B. 38 S. 712. Aus dem thatsächlichen Vorgang der Störung selbst kann ohne Weiteres die Bejahung der Schuld gefolgert werden. R.G. bei Gruchot B. 32 S. 889, abweichend von Entsch. des Obertrib. B. 23 S. 252.

34) C.P.O. § 775. Vgl. über älteres Recht Koch a. a. O. S. 172. l. 14 pr., l. 4 § 2 D. VIII. 5, l. 8 C. III. 34 u. Caution: l. 12 D. VIII. 5. Nach § 162 J.R.A. Strafandrohung. Windscheid I. § 198 Anm. 6.

35) Wenn der Beklagte eine Realservitut behauptet, so kann über deren Bestehen endgiltig nur entschieden werden, wenn er Eigenthümer des praedium dominans ist, aber auch dem unvollständigen Besitzer, z. B. dem Pächter, der negatorisch belangt ist, kann die Vertheidigung mit Strieth. B. 30 S. 150 nicht versagt werden. Abweichend mit Koch a. a. O. S. 174 frühere Auflagen. Eine theilweise Abweisung der a. neg. ist zulässig, wenn sich ergiebt, daß der Beklagte zwar nicht in dem von ihm behaupteten Umfange, aber in einem geringeren Umfange das Recht hat. Entsch. B. 53 S. 1.

35a) Wenn ohne das Eigenthum des Klägers zu bestreiten der Beklagte z. B. dargelegt, daß der von ihm als solcher benutzte Weg ein öffentlicher sei; denn daraus folgt die

gegen darf der Anspruch auf eine nothwendige Servitut der Negatoria nicht einredeweise entgegen gesetzt werden, weil erst die wirkliche Einräumung oder Bestellung einer solchen das Recht begründet, nicht schon der Anspruch auf die gegen Entschädigung zu gewährende Einräumung[36]. Auch mit der Einrede der Klageverjährung kann die Vertheidigung geführt werden, wenn seit dem Eingriff 30 Jahre lang die Klage nicht angestellt worden ist[37]. Da der Beklagte nicht als Besitzer einer Sache verklagt wird, da vielmehr auch dann, wenn eine Anlage auf einem Nachbargrundstück den Anlaß der Klage bietet, nicht der bloße Besitzer, sondern derjenige, der die Störung hervorgerufen hat, und bei einer durch ihr Vorhandensein störenden Anlage der Eigenthümer des Nachbargrundstücks oder, wer ihm gleich steht, passiv legitimirt ist, so kann von einer Benennung des Autors an den Kläger nicht die Rede sein[38]. Bei Eigenthumswechsel des Klägers während des Prozesses durch Veräußeruug bleibt der ursprüngliche Kläger zwar regelmäßig legitimirt; hat aber der Beklagte ein Recht auf das Grundstück in Anspruch genommen, so ist der Erwerber berechtigt und auf Verlangen des Beklagten verpflichtet, als Kläger in den Prozeß einzutreten; und handelt es sich bei dem in Ansprnch genommenen Recht um ein solches, das zwar dem Kläger gegenüber dingliche Kraft hat, nicht aber Dritten gegenüber, so wird die Abweisung des Klägers nicht mit der Wirkung ausgestattet, daß sie auch gegenüber dem Nachfolger im Eigenthum wirksam ist und dessen wiederholte Eigenthumsfreiheitsklage ausschließt[39].

### Fünftes Kapitel.

## Mehrheit der Subjekte des Eigenthums.

### § 182. A. Das gemeinschaftliche Eigenthum.

A.L.R. I. 17 §§ 1—114. Gemeinheitstheilungsordnung v. 7. Juni 1821. Zusatzgesetz v. 2. März 1850 (G.S. S. 139). A.L.R. I. 17 §§ 362—388. — Bornemann IV. S. 1f. S. 44. Koch, Pr.R. I. 467f., R. d. F. III. §§ 309—313 S. 651f. Gans, Beitr. zur Revision S. 442. Burchardi in der jur. Wochenschr. 141 Sp. 729f. 758f. 769f. 781f. Boas z. L. v. Miteigenthum. 1864. Göppert, Beiträge zur Lehre vom Miteigenthum nach dem preuß. A.L.R. 1864 (Krit. Vierteljahrschr. B. 6 S. 577f.).

---

Berechtigung des Beklagten, auf ihm zu gehen. Seuffert III. 148, VII. 9, XIII. 130. Glück B. 10 § 676. Ueber die Einrede des Privatrechts, einen öffentlichen Weg zu benutzen, vgl. R.G. Entsch. B. 14 S. 262.

36) Vgl. I. 22 §§ 3f. Seufgert VI. 201, XIII. 211, XIX. 114. Koch a. a. O. S. 174.

37) Koch S. 174d.

38) C.P.O. § 73. Abweichend Entsch. B. 71 S. 98; wo Nomination und mangelnde Passivlegitimation verwechselt, aber nach preußischem Recht richtig erkannt ist, daß jemand, der als Knecht des Störenden gehandelt hat, nicht passiv legitimirt ist, aber auch Entsch. B. 71 S. 152, wo der Pächter einer Fischerei dem klagenden ausschließlichen Fischereiberechtigten gegenüber zur nominatio auctoris verstattet ist.

39) C.P.O. §§ 236—238. Aelteres Recht Entsch. B. 58 S. 183.

Dernburg I. §§ 222ff. Plathner bei Gruchot B. 22 S. 583. Fischer § 37. — Gesterding S. 39f. Unterholzner, Schuldverhältnisse B. 2 S. 393f. Schmid S. 3f. Pagenstecher S. 23f. Girtanner bei Gerber und Ihering B. 3 S. 239f. Dankwardt, Nat.-ökon. civil. Studien. 1862 S. 75ff. Steinlechner, Das Miteigenthum. 1878. — Arndts § 133. Böcking II. 34. Windscheid I. § 169a. — Beseler S. 295. Bluntschli S. 156f. 163f. Gerber, 8. A. S. 185f. Duncker, Das Gesammteigenthum. 1843. Stobbe, Miteigenthum und gesammte Hand, Zeitschr. für Rechtsgeschichte B. 4 S. 224fg. Stobbe-Lehmann II. §§ 97. 98. Roth, Bair. Civ.-G. II. § 120. Zachariä (Crome) I. §§ 181. 182.

Die Erörterungen dieses Paragraphen beziehen sich zunächst nur auf das Miteigenthum, dessen Gegenstand eine einzelne bestimmte Sache ist, und das sein charakteristisches Gepräge dadurch erhält, daß jedem Miteigenthümer diese Sache zu einem bestimmten gedachten Theil zusteht. Der § 115 I. 17 A.L.R. bestimmt zwar, daß die gemeinschaftlichen Rechte der Miterben nach den allgemeinen Grundsätzen vom Miteigenthum zu beurtheilen sind. Als Gegenstand des gemeinsamen Erbrechts gilt aber hierbei der Nachlaß in seiner Zusammensetzung aus Activis und Passivis gedacht, nicht die einzelnen im Nachlaß enthaltenen Gegenstände. Ueber die Rechtsstellung der Miterben zu diesen letzteren kann eingehend erst im Erbrecht gehandelt werden. Am Schluß des Paragraphen wird unter V. kurz auf diejenigen Gemeinschaftsverhältnisse hingewiesen werden, die man in weiterem Sinne unter dem Ausdruck Miteigenthum begreift, bei denen aber ein Miteigenthum an der einzelnen Sache zu bestimmten Antheilen nicht stattfindet.

I. Das Landrecht sagt an einer Stelle: „Wenn das volle Eigenthum über eine Sache mehreren Personen zukommt, so ist ein gemeinschaftliches Eigenthum vorhanden"[1]); und an einer anderen: „Gemeinschaftliches Eigenthum ist alsdann vorhanden, wenn dasselbe Eigenthumsrecht über eine Sache oder ein Recht mehreren Personen ungetheilt zusteht"[2]). Hieraus ist hergeleitet worden, daß das A.L.R. ein deutsches Gesammteigenthum anerkenne, was sich insbesondere auch in den Majoritätsbeschlüssen der Miteigenthümer zeige[3]). Andere nehmen an, daß das A.L.R. eine Mittelstellung zwischen Miteigenthum und Gesammteigenthum einnehme[4]) oder er-

---

[1]) I. 8 § 14. Das B.G.B. handelt vom Miteigenthum an körperlichen Sachen in §§ 1008—1011, von der Gemeinschaft überhaupt §§ 741—758, vergl. Entw. I. §§ 946—951, 762—746, Entw. II. §§ 920—923, 677—694, Reichstagsvorlage §§ 992—995, 728—746.

[2]) I. 17 § 1. Das österr. G.B. § 361 definirt: wenn die noch ungetheilte Sache mehreren Personen zugleich gehört, so entsteht ein gemeinschaftliches Eigenthum. In Beziehung auf das Ganze werden die Miteigenthümer für eine einzige Person angesehen; insoweit ihnen aber gewisse, obgleich unabgesonderte Theile angewiesen sind, hat jeder Miteigenthümer das vollständige Eigenthum des ihm gehörigen Theils. Zur Auslegung vgl. Strieth. B. 40 S. 253.

[3]) Gans S. 444. Löher, System des preuß. L.R. S. 218f. Gengler, Deutsches Priv.-R. I. 202.

[4]) Burchardi a. a. O. Koch, Pr.-R. I. 467. Hierher ist auch Boas a. a. O. S. 57 zu rechnen, insofern er zugiebt, daß die Normen des römischen Rechts als maßgebend an-

blicken in dem gemeinschaftlichen Eigenthum des A.L.R. ein korporatives Element[5]), oder sie halten zwar an dem Miteigenthum im römischrechtlichen Sinne fest, aber finden in einzelnen Beziehungen einen Rückfall in die Theorie des Gesammteigenthums[6]). Plathner ging soweit, die zu einer Einheit gewordene Gesammtheit der Genossen als Eigenthümer anzusehen; das Antheilrecht des Einzelnen ist ihm nicht Sacheigenthum, sondern ein nach der besondern Ordnung für jene Gesammtheit übertragbares besonderes Recht[7]). Seit Göpperts eingehender Untersuchung kann die Auffassung des gemeinschaftlichen Eigenthums nach A.L.R. als Gesammteigenthum oder Korporationsvermögen, als aufgegeben gelten. Es handelt sich auch nach Landrecht um Miteigenthum im römischrechtlichen Sinne, aber das Miteigenthum ist nach wesentlichen Richtungen modifizirt[8]).

Die Definition des A.L.R. hatte die Bestimmung, den Gegensatz zu dem Begriff des s. g. getheilten Eigenthums, der in das Gesetzbuch aufgenommen wurde, scharf hervorzuheben[9]). Dies aber konnte nur geschehen, indem man durch die Ausdrücke „volles Eigenthum", „dasselbe Eigenthumsrecht ungetheilt" betonte, daß es sich hier nicht um eine Theilung der einzelnen im Eigenthum liegenden Befugnisse handele, daß jeder Theilnehmer das gleiche Recht habe, ein Recht, das bei jedem den Charakter des vollen Eigenthums mit allen seinen Befugnissen festhalte. Nirgends ist aber gesagt, daß sich dieses volle Eigenthum jedes einzelnen Miteigenthümers auf die ganze Sache in der Weise erstrecke, daß jeder die Sache ganz beherrsche, vielmehr unmittelbar an die Definition knüpft sich an, daß das Recht der einzelnen Miteigenthümer als das gleiche der Beschaffenheit nach, als eine „Theilnehmung an der Sache" bezeichnet, und daß das Recht zu dieser Theilnehmung das besondere Eigenthum des einzelnen genannt wird[10]). Das aber ist das Charakteristische im Begriff des eigentlichen Miteigenthums, daß der Einzelne das volle Eigenthum an einem Idealtheile der Sache hat[11]). So handelt auch das A.L.R. im weiteren Verlauf überall von den „Antheilen" der Einzelnen[12]). Und was Svarez selbst hierüber geäußert hat[13]),

erkannt seien, daß sich aber bemerkenswerthe Abweichungen geltend gemacht haben, welche die eigenthümlich deutsche Anschauungsweise erkennen lassen. Letztere findet er darin, daß das Vermögen ein geschlossenes Ganze sei, daß von seinen Eigenthümern nur getragen werde.

5) Plathner, Geist II. 319. Reskr. vom 13. April 1833 bei v. Kamptz, Jahrb. B. 41 S. 558.

6) Heydemann I. 406. Bornemann IV. S. 1 f. Gutachten des O.Trib. vom 24. Aug. 1840. J.M.Bl. S. 372.

7) Plathner bei Gruchot B. 22 S. 583. Vgl. auch B. 13 S. 145.

8) Göppert. Abhandl. I. S. 1—39. Das Resultat S. 35 a. E. Auch das Miteigenthum des B.G.B. ist ein Miteigenthum nach Bruchtheilen (vgl. § 1008).

9) Strieth. B. 40 S. 255. Göppert S. 15. S. auch Hellfeld § 576.

10) I. 17 §§ 2—4.

11) l. 5 D. XLV. 2, l. 66 D. de leg. II., l. 5 § 15 XIII. 6. Girtanner I. 23. Böcking II. 34 f. Entsch. B. 50 S. 345, Strieth. B. 51 S. 134 (Rehbein III. 225).

12) I. 17 §§ 21. 26. 27. 31. 44. 46 u. s. w.

13) In Siewert, Mater. H. 1 S. 11.

beweist, daß er an dem Begriff des condominium pro indiviso festgehalten hat: „Miteigenthümer sind diejenigen, denen die sämmtlichen unter dem Eigenthum begriffenen Rechte gemein sind". Jeder hat das gleiche Recht auf die Sache, und eben darum nur einen Antheil daran, weil das gleiche Recht des Andern entgegensteht[14]).

Das Landrecht bestimmt nun freilich weiter, daß, wenn es auf Verfügungen über das volle Eigenthum der Sache ankommt, die mehreren Eigenthümer „als Eine Person betrachtet werden"[15]); aber aus dieser Vergleichung der mehreren Miteigenthümer mit einer Person läßt sich nicht folgern, daß das Landrecht sie zu einem von den einzelnen verschiedenen Rechtssubjekt machen wollte[16]). Die Mehrheitsbeschlüsse der Miteigenthümer[17]), von denen unten zu reden sein wird, sollen die Möglichkeit positiver Entscheidungen begründen, die nicht durch den Widerspruch jedes einzelnen gehemmt werden, dagegen stellen sie nicht einen von dem Willen der Einzelnen verschiedenen Willen eines zu einer künstlichen Einheit zusammengefaßten Subjekts dar[18]); die Minderheit kann sogar, wie unten darzulegen, den Beschluß in Frage stellen und muß eventuell durch Urtheil zur Zustimmung gebracht werden[19]). Da sich das gemeinrechtliche Prinzip, das den Widerspruch jedes Miteigenthümers auch bei der das Beste aller in der zweckmäßigsten Weise fördernden Maßregel als entscheidend ansieht, im Leben als schädlich für alle erweist, hat das Landrecht, um ein positives Ergebniß zu erzielen, eine Art und Weise angegeben, wie Schwierigkeiten und Streitigkeiten vorgebeugt werden könne[20]). Auch aus der Verkaufspflicht desjenigen Miteigenthümers, der sich der nutzbaren Erhaltung der Sache vorsätzlich

---

14) Göppert weist S. 6 fg. nach, daß das A.L.R. die einzelnen Institute, in denen nach der Theorie ein Gesammteigenthum hervortreten soll, theils überhaupt nicht kennt (Ganerbschaften, Vergabungen von Todeswegen), theils dem Begriff nicht unterwirft (Fortwährende Successionsordnungen nach §§ 632. 633. I. 12, Gemeinheiten (Almenden) nach §§ 312 f. I. 17). Zweifelhaft ist, ob die Gesammthänder und Agnaten im Lehnrecht Gesammteigenthum haben, § 17 I. 18. Göppert S. 9. Der Ausdruck: Gesammteigenthum findet sich nur in dem jetzt antiquirten Bergrecht §§ 264 f. II. 18 und gelegentlich in § 2 der Gemeinheitstheilungs-Ordn. vom 7. Juni 1821. Die Praxis hatte aber auch das Gesammteigenthum im Bergrecht als Miteigenthum zu ideellen Antheilen aufgefaßt. S. auch das Ges. vom 12. Mai 1851, G.S. S. 265. Strieth. B. 60 S. 8. Nach dem Berggesetz vom 24. Juni 1865 bilden mehrere Mitbetheiligte eine Gewerkschaft, die nach Außen den Charakter einer juristischen Person, nach Innen den einer Erwerbsgesellschaft hat. §§ 94 fg. Unter welchen Gesichtspunkt die eheliche Gütergemeinschaft fällt, ist im Eherecht zu erörtern.

15) I. 8 § 18. Die Stelle bezieht sich auf den Fall des getheilten Eigenthums, wenn mehrere Obereigenthümer oder mehrere nutzbare Eigenthümer vorhanden sind, sie sollen im Verhältniß des Eigners zum Nutzungsberechtigten je als Einer angesehen werden.

16) Göppert S. 24 fg.

17) I. 17 §§ 12. 19. 20. 37. 91. Vergl. unten Anm. 43 ff. Dem römischen Recht sind solche Beschlüsse allerdings fremd. l. 28 D. X. 3 in re pari potiorem causam esse prohibentis constat. Ebenso l. 11 D. VIII. 5 prohibendi potius quam faciendi jus esse socio. l. 8. 27 § 1 D. VIII. 2.

18) Göppert S. 27 f. 32.

19) § 13 I. 17.

20) Göppert S. 33. Svarez, Schlußvortr. S. 57.

entzieht, oder wegen Unvermögens seinen Beitrag zu den gemeinschaftlichen Lasten und Kosten nicht leistet, und der nun gezwungen werden kann, seinen Antheil den Uebrigen gegen eine Taxe zu überlassen[21]), kann nichts für eine korporative Gestaltung des Miteigenthums gefolgert werden.

II. Gemeinschaftliches Eigenthum kann entstehen auf Grund der Thätigkeit der durch vertragsmäßige Einigung gesellschaftlich verbundenen Miteigenthümer, und der Gesellschaftsvertrag, der bei bestehendem Miteigenthum oder zu dessen Begründung geschlossen ist, kann noch weitere Zwecke verfolgen, zu denen das Miteigenthum benutzt werden soll[22]). In diesem Fall ist das Miteigenthum Mittel für andere Zwecke, die durch die Gemeinschaft erreicht werden sollen; es beherrscht sie daher der bereits oben[23]) dargestellte Gesellschaftsvertrag. Da der einzelne Gesellschafter in solchen Fällen die Sache für die Dauer des Gesellschaftsverhältnisses den Zwecken der Gesellschaft nicht willkürlich entziehen und nichts thun darf, was zu einer solchen Entziehung führen könnte, so ist die rechtliche Möglichkeit der Verfügung des Einzelnen über einen bestimmten Antheil an der in die Gesellschaft gebrachten Sache ausgeschlossen[24]). Eine ähnliche Regelung kann durch die letztwillige Verfügung desjenigen, der den mehreren Miteigenthümern die Sache zusammen vermacht hat, vorgenommen sein. Enthält aber der Gesellschaftsvertrag oder die letztwillige Verfügung keine Bestimmungen über die Art der Benutzung oder einen Zweck, für den die Sache erhalten werden muß, oder ist die Gemeinschaft durch eine zufällige Begebenheit, d. h. ohne einen rechtsgeschäftlichen Willen der Betheiligten oder eines Stifters begründet[25]), so sprechen wir von einer zufälligen Gemeinschaft, communio incidens[26]). Für ihren Fall sind gesetzliche Regeln gegeben, die durch den Gesellschaftsvertrag oder die letztwillige Verfügung

---

[21]) I. 17 § 46. Göppert S. 31.

[22]) Diese Einigung kann auch in dem Vertrag mit dem Dritten über Erwerb der Sache zum Ausdruck gebracht sein. I. 17 § 172. Wenn das Recht der Miterben am Nachlaß in der Weise durch Auseinandersetzung geregelt wird, daß alle Miterben oder mehrere derselben an einer einzelnen Sache Miteigenthum zu bestimmten Theilen haben sollen, so wird mit diesem Vertrag ein weiterer Zweck nicht verfolgt und das so begründete Miteigenthum steht, soweit der Vertrag nichts anderes bestimmt, unter den gesetzlichen Regeln, die das durch zufällige Gemeinschaft begründete Miteigenthum ordnen. Ebenso wenn der Alleineigenthümer auf Grund eines Vertrags einem andern das Miteigenthum einräumt. I. 17 § 67. Auch wenn eine Societät lediglich den Erwerb der Sache zum Zweck hatte und dies durch gemeinsamen Erwerb der Sache oder auch schon vorher in einer Abrede über den gemeinschaftlichen Erwerb Ausdruck gefunden hat. I. 17 § 9.

[23]) B. II. § 143.

[24]) I. 17 § 6 verweist die Gemeinschaft aus Gesellschaftsverträgen einfach unter die Regeln über Gesellschaftsverträge. Vgl. unten Anm. 103.

[25]) I. 17 § 8.

[26]) Incidimus in communionem. l. 31 D. XVII. 2 § 3 J. III. 27. Dahin gehört auch der Erwerb durch gemeinschaftliche Verwendung nach formlos geschlossenem Gesellschaftsvertrag I. 17 § 171. Oben B. II. § 143 Anm. 34. Vgl. dazu Entsch. B. 2 S. 133 (Rehbein III. 232) und Strieth. B. 79 S. 87 (Rehbein III. 234). Communio incidens der Hypothekengläubiger zweier grundbuchmäßig getrennten Grundstücke, die durch Ueberbauung zu einer Einheit geworden. R.G. Entsch. B. 15 S. 249.

nur modifizirt sein können [27]). Daß das Miteigenthum der Miterben, die sich über den Nachlaß noch nicht auseinandergesetzt haben, und denen die einzelnen zum Nachlaß gehörigen Gegenstände nur als Bestandtheile des Nachlasses zustehen, einen anderen Charakter hat [28]), ist bereits im Eingang dieses Paragraphen hervorgehoben.

III. Gegenstand des Miteigenthums wie des Eigenthums überhaupt sind Sachen und Rechte, letztere, soweit sie kraft ihrer Dauer fähig sind, Gegenstand des Eigenthums zu sein [29]). Forderungen fallen also an und für sich nicht darunter [30]). Dem Landrecht ist aber der römisch rechtliche Satz, daß nomina ipso jure divisa sunt, als allgemeines Prinzip fremd [31]). Forderungen, die zu einem Nachlaß gehören, der mehrere Miterben zugefallen ist, bilden einen Theil des nur der gemeinsamen Verfügung der Miterben unterliegenden Nachlasses, ob die ganze Forderung dem einen oder mehreren zufällt, ob sie nicht vorher zu den Zwecken der Nachlaßverwaltung zu verwenden ist, entscheidet sich erst bei der Auseinandersetzung. Ebenso ist eine Forderung, die den Zwecken einer Vertragsgesellschaft dienen soll, nur nach Maßgabe des Gesellschaftsvertrags der gemeinsamen Verfügung unterworfen. Auch Forderungen, die aus dem gemeinsamen Vertrag Mehrerer entstehen, erfordern regelmäßig, wie an anderer Stelle dargelegt worden, eine gemeinschaftliche Rechtsausübung, und die Gemeinschaft unter den Forderungsberechtigten löst sich, wenn der Vertrag nichts anders ergiebt, nach den Grundsätzen der communio incidens. Ist eine Forderung in anderer Weise begründet [32]), so wird regelmäßig die Theilung der Obligation von Rechtswegen eintreten, aber es ist möglich, daß die Untheilbarkeit des Gegenstandes zu gemeinsamer Rechtsausübung nöthigt. Auch in diesem Fall ist die Lösung der Gemeinschaft nach den Bestimmungen über communio incidens zu suchen. In beiden Fällen sind auch Beschlüsse der Mitberechtigten als solcher denkbar. Darüber hinaus aber können die Grundsätze vom gemeinsamen Eigenthum nicht eingreifen [33]).

---

27) I. 17 § 7. § 9.

28) I. 17 §§ 115 ff.

29) Oben § 168. Beispiele von Miteigenthum an Rechten: §§ 311. 317. 318 I. 17 (Nutzungsrechte am Gemeindegrunde), § 133 I. 22 (Hutungsrecht), § 587 I. 20 Servituten überhaupt, trotz ihrer Untheilbarkeit (Vorkaufsrecht), § 605 II. 11 (Patronat), § 38 II. 17 (ehem. Patrimonialgerichtsbarkeit). Strieth. B. 25 S. 276.

30) Göppert a. a. O. S. 18 f. S. 20 f. hält Forderungen für Gegenstände des Miteigenthums, obgleich des Wesen der Forderung einer ideellen Theilung widerspreche. Förster hielt dagegen alle Forderungen, die einer Mehrheit zustehen, auch wenn sie von dieser nur gemeinsam eingeklagt werden können, kraft einer logischen Nothwendigkeit für real getheilt, da dem einzelnen nur eine bestimmte Summe zukommen könne.

31) Vgl. B. I. § 63 unter I.

32) I. 5 § 453, I. 17 §§ 171—173. S. B. I. § 63 Anm. 14.

33) Insbesondere findet bei Cession eines Antheils an einer Forderung kein Vorkaufsrecht der Mitberechtigten statt. Entsch. B. 69 S. 149 (Strieth. B. 88 S. 302. Rehbein III. S. 725). Auch das Reichsgericht hat angenommen, daß das Vorkaufsrecht nur bei körperlichen Sachen, nicht bei Rechten, namentlich auch nicht bei gemeinsamen Hypothekenforderungen eingreift. R.G. Entsch. B. 19 S. 290.

Bei dem Miteigenthum, das in zufälliger Gemeinschaft seinen Grund hat, steht dem einzelnen Miteigenthümer neben der durch das gleiche Recht der anderen Miteigenthümer beschränkten Verfügung über die ganze Sache selbst die freie und ausschließliche Verfügung über einen ideellen Antheil zu[34]). Das Eigenthum an einem reellen Theil der Sache ist Sondereigenthum eines selbständigen Gegenstands, der als solcher aus der vorigen Sache nur bei theilbaren Sachen erwachsen kann; das Eigenthum zu einem ideellen Antheil findet auch bei untheilbaren Sachen statt[35]). Die Größe des Antheils bezeichnet die Grenze der Beherrschung, innerhalb dieser Grenze ist das Eigenthum ein volles, ungetheiltes. Weil aber dieser Antheil seine praktische Bedeutung in dem Recht auf einen entsprechenden Theil der Nutzungen der Sache findet, so kann man sagen, daß der Gegenstand dieses Antheilsrechts einem bestimmten unausgeschiedenen, aber ausscheidbaren Bruchtheil des Werths der Sache entspricht[36]). Der Antheil des Einzelnen an der einzelnen im Miteigenthum befindlichen Sache muß nothwendig ein zahlenmäßig bestimmter sein; ist bei Begründung des Miteigenthums nichts anderes festgestellt, im Zweifel also gilt die gleiche Größe aller Antheile[37]). Auch bei ungleicher Theilung ist doch das Recht eines Jeden von derselben Beschaffenheit[38]).

IV. Durch das Miteigenthum entsteht ein Rechtsverhältniß unter den Betheiligten, das sich für diese selbst und nach Außen hin schon während des Bestehens der Gemeinschaft wirksam erweist. Zugleich strebt aber jede Gemeinschaft nach Lösung, und auch die bei der Aufhebung der Gemeinschaft entstehenden Verhältnisse bedürfen der näheren Betrachtung.

a. Rechtsverhältniß der Miteigenthümer unter einander und gegen Dritte während des Bestehens der Gemeinschaft[39]).

Das A.L.R. giebt sehr eingehende Vorschriften, die, soweit sie das Rechtsverhältniß am Ganzen regeln, nur die nach der Willkür der Miteigenthümer änderbare Regel angeben[40]). Die Verfügungen über den Besitz, die Benutzung oder die Substanz der gemeinschaftlichen Sache stehen nicht den einzelnen Miteigenthümern, auch nicht schlechthin ihrer Mehrheit zum Nach-

---

[34]) I. 17 § 60. Partes juris intellectu, non divisione obtinent, l. 66 § 2 de leg. II., l. 8 D. VI. 1, l. 25 D. VII. 4. Vgl. B.G.B. § 747.

[35]) § 5 J. IV. 17, I. 35 § 3 D. VI. 1, l. 26 § 2 de leg. I.

[36]) Windscheid in der krit. Vierteljahr. B. 3 S. 177. Entsch. B. 53 S. 7. Girtanner a. a. O. S. 243. Dankwardt a. a. O. S. 69.

[37]) I. 17 § 2. Die Vermuthung der Gleichheit der Antheile ist durch den Beweis eines anderen Verhältnisses natürlich widerlegbar. Entsch. B. 26 S. 296, B. 41 S. 137. Strieth. B. 24 S. 96.

[38]) I. 17 § 3.

[39]) I. 17 §§ 10—74.

[40]) l. 26 D. VIII. 2, l. 77 § 20 D. de leg. II. Svarez, Schlußvortr. S. 57. Göppert S. 33 f. Während der erste Entwurf des B.G.B. die römischrechtliche Regel der potior conditio vetantis zur Grundlage genommen hat, erkennt die zur Annahme gelangte zweite Lesung Mehrheitsbeschlüsse über Verwaltung und Benutzung an B.G.B. § 745 (Reichstagsvorl. § 732).

theil der Minderheit zu[41]). Aber die Regel des gemeinen Rechts, daß alle Theilnehmer beistimmen müssen[42]), ist, wie bereits hervorgehoben worden, nicht festgehalten. Nach Landrecht sollen vielmehr bei mangelnder Uebereinstimmung die Verfügungen nach dem Beschluß der Mehrheit erfolgen, aber die Minderheit, wenn sie sich nicht unterwerfen will, hat das Recht, die Aufhebung der Gemeinschaft zu fordern und bis dahin die Ausführung zu hindern. Wenn aber die Aufhebung zur Zeit nicht erlangt werden kann, so soll das von den Widersprechenden anzurufende Gericht entscheiden, ob die beabsichtigte Verfügung zum gemeinschaftlichen Besten gereiche. Vorher darf bei erhobenem Streit die beschlossene Verfügurg nicht ausgeführt werden. Entscheidet das Gericht für die Mehrheit, so wird, durch Erkenntniß die Einwilligung der Widersprechenden ergänzt[43]). Für die Mehrheit hat das Ge=

---

41) Arch. f. preuß. R.=W. N. F. III. 70. Strieth. B. 59 S. 264. Vgl. jedoch Seuffert XVI. 193. 194.

42) l. 28 D. X. 3. Wochenbl. f. merkw. Rechtsf. 1854 S. 461.

43) I. 17 §§ 10—17. Aus § 10 folgt, daß der einzelne Miteigenthümer nicht die ganze Sache an einen Dritten veräußern, sie nicht belasten kann. Vergl. auch R.G. bei Gruchot B. 29 S. 901. Vertragsmäßig bleibt er in solchem Falle, wenn er die Sache nicht gerade als gemeinsame verkauft und damit den Mangel seiner Befugniß zur Kenntniß des Käufers gebracht hat, wie der Verkäufer einer fremden Sache dem gutgläubigen Käufer aus dem Vertrage verpflichtet; wenn aber die Miteigenthümer die Sache evinziren, so muß sie ganz zurückgeleistet werden und der Käufer behält auch nicht den Idealtheil seines Verkäufers, weil dieser nicht Gegenstand des Kaufs war. Schles. Arch. B. 4 S. 7. Ebenso bei Pacht. Strieth. B. 11 S. 55. Es kann auch nicht aus dem Kaufvertrag gegen den die ganze Sache verkaufenden Miteigenthümer ein Recht auf Ueberlassung seines Antheils geltend gemacht werden, da dieser Antheil etwas Anderes ist, als die verkaufte Sache selbst. Vergl. Strieth. B. 40 S. 352, B. 96 S. 252. — Die Praxis (mit derselben Förster, auch Dernburg I. § 223 Anm. 10, § 250 Anm. 5) hält die einzelnen Miteigenthümer zu dinglichen Klagen bezüglich der ganzen Sache aktiv (z. B. Präj. 1871. Samml. I. 96. Arnsb. Arch. B. 8 S. 136. Strieth. B. 11 S. 58, B. 25 S. 276, B. 32 S. 88) und passiv legitimirt (Strieth. B. 27 S. 283), wie sie den einzelnen Miterben zur Einklagung einer Nachlaßforderung ad depositum für legitimirt erachtet. Vgl. oben B. I. § 63 Anm. 8. S. auch noch Entsch. B. 72 S. 45 (Rehbein III. 239). Bereits im B. I. § 56 bei Anm. 41 (vgl. auch oben § 181 Anm. 27) ist darauf hingewiesen, daß dieser Standpunkt voraussetzt, daß das für den einzelnen Miteigenthümer günstige Urtheil auch zu Gunsten der anderen, und das ungünstige gegen die anderen Miteigenthümer wirkt. Das ist aber in dem Entsch. B. 72 S. 191 entschiedenen Fall geleugnet; trotz Abweisung des Miteigenthümers mit der Klage auf Herausgabe eines Grundstücks an die Miteigenthümer ist die nachträgliche gemeinsame Klage der Miteigenthümer auf Herausgabe zugelassen. Aber Niemand braucht sich eine Klage gefallen zu lassen bei der er nicht durch erfolgreiche Abwehr des Angriffs ein Judikat erstreiten kann, das ihn gegen Wiederholung des Angriffs sicher stellt. Kann der Kläger dies nicht, so fehlt ihm die Aktivlegitimation. Und ebenso kann bei einer dinglichen Klage der nicht passiv legitimirt sein, dessen Verurtheilung nicht die Zwangsvollstreckung in die Sache selbst begründet, vielmehr Raum dafür läßt, daß bei einer Klage gegen die Gesammtheit der Miteigenthümer abweichend erkannt werde. Wollte man aber dem einzelnen Miteigenthümer das Recht geben, bindend für alle zu prozessiren, so müßte man ihn auch für berechtigt halten, die Sache bindend zu veräußern. Dem steht § 10 entgegen. Daraus ergiebt sich, daß der Gegner stets in der Lage ist, auszuführen, daß die ihm günstige Entscheidung nur gegen alle Miteigenthümer zusammen als nothwendige Streitgenossen gewonnen werden kann, daß sie ihm also als solche gegenüber treten müssen. Wenn aber hiernach als Regel die Aktiv= und Passivlegitimation eines Theils der Miteigenthümer zu leugnen ist, so fordern zwei Fälle eine andere Beurtheilung: einmal, wenn

richt insbesondere auch alsdann zu entscheiden, wenn die Nachtheile, die den nicht Beistimmenden durch die beabsichtigte Verfügung erwachsen, von den Andern vollständig ausgeglichen werden[44]). Die Mehrheit wird berechnet nach der Größe der Antheile, und nur, wo es auf persönliche Gerechtsame ankommt, nach der Zahl der Personen[45]). Bei Stimmengleichheit entscheidet, wenn ein Kompromiß unter den Interessenten nicht gelingt, das Gericht[46]).

Schlechterdings entscheidet die Mehrheit, wenn es sich um die Erhaltung der Sache handelt[47]), ebenso in den Fällen, wo, nachdem Einigkeit über eine Veränderung erreicht ist, demnächst über ihre Ausführung gestritten wird[48]). Bei Verträgen mit Dritten, welche die Miteigenthümer gemeinschaftlich abschließen, greifen die Grundsätze über Korrealverträge ein[49]). Handelt es sich dabei aber um die Verpflichtung zur Ueberlassung der gemeinsamen Sache oder zur Begründung eines dinglichen Rechts daran, so ist die Verpflichtung eine solche, welche nur von allen gemeinsam erfüllt und also auch nur gegen alle gemeinsam geltend gemacht werden kann[50]). Daß der einzelne Miteigenthümer in dieser und in jeder anderen Beziehung als Vertreter der Anderen auftreten kann, diese aber nur nach den Grund-

---

es sich um Abwehr gegen einen der Miteigenthümer selbst handelt, hier müssen die übrigen ohne jenen als legitimirt angesehen werden. Dasselbe aber muß gelten, wenn ein Theil der Miteigenthümer anerkennende Erklärungen gegen den Prozeßgegner abgegeben hat, zu deren Wirksamkeit für die Sache es der Zustimmung der anderen bedarf. Dann kann zu diesem Zweck gegen sie allein Klage erhoben werden. Daß abgesehen hiervon der besitzende Miteigenthümer bei einer gegen ihn angestellten Vindikation als Besitzer legitimirt ist, sofern er sich nicht durch Nomination vertheidigt, folgt aus dem, was oben in § 180 Anm. 94 gesagt ist. — Streiten die Miteigenthümer darüber, was geschehen soll, so kann durch eine einstweilige Verfügung geordnet werden, ob maßgebend für alle ein Prozeß geführt werden soll. Das B.G.B. § 1011 legitimirt jeden Miteigenthümer zur Verfolgung aller Ansprüche aus dem Eigenthum bezüglich der ganzen Sache, den Anspruch auf Herausgabe kann er aber nur als Anspruch zur Herausgabe an alle, eventuell zur gerichtlichen Hinterlegung, verfolgen. — Daß der einzelne Miteigenthümer einen aus Beschädigung der ganzen Sache erwachsenen Anspruch auf Geldentschädigung zu seinem Antheil selbständig geltend macht, — R.G. Entsch. B. 28 S. 318, — ist unbedenklich. — Ueber die prozessualische Stellung der Miteigenthümer ist übrigens C.P.O. §§ 59. 434 zu vergleichen. — § 10 I. 17 hindert nicht, daß dem einen Miteigenthümer ein bestimmtes Recht auf die Sache ausschließlich zusteht, z. B. die Nutzung; insoweit kann er dann auch selbständig verfügen. Vgl. Strieth. B. 44 S. 12, B. 39 S. 259, B. 57 S. 131, B. 74 S. 253. — Der Antrag bei der Klage aus § 15 geht auf Untersagung der Verfügung; sie wird begründet durch die behauptete Benachtheiligung des Klägers. Ueber dies Klagerecht (beziehungsweise das ihm nachgebildete Klagerecht der Gewerken gegenüber Gewerkschaftsbeschlüssen nach § 115 Berggesetz vom 24. Juni 1865) vgl. R.G. Entsch. B. 4 S. 297.

[44]) I. 17 § 18.

[45]) I. 17 §§ 21. 22.

[46]) I. 17 § 23.

[47]) I. 17 § 19. Nach B.G.B. § 744 Abs. 2 wird jeder Miteigenthümer die zur Erhaltung nothwendigen Maßregeln selbständig treffen können.

[48]) I. 17 § 20. Vgl. ebenda § 91.

[49]) I. 17 § 52.

[50]) Oben B. I. § 63 Anm. 20.

sätzen von Vollmachtsverträgen und von der Führung fremder Geschäfte verbindlich macht, wird ausdrücklich betont[51]).

Der Gewahrsam der Sache soll wie der Besitz ein gemeinschaftlicher sein; wo dies nicht möglich ist, verwahrt derjenige, der den größten Antheil hat, oder bei dem sie am sichersten ist, die Sache, oder es entscheidet darüber das Loos[52]). Wenn untheilbare und unschätzbare Nutzungen mit dem Gewahrsam verbunden sind, geht der Gewahrsam in der Reihe herum, und zwar nach einer der Antheilsgröße entsprechenden Dauer. Bei nur periodisch eintretenden Nutzungen wird erst gewechselt, wenn eine solche Nutzungsperiode wiedergekehrt ist[53]). Die Verwaltung soll ebenfalls eine gemeinschaftliche sein, und wo dies nicht angeht, einem gemeinschaftlich bestellten Verwalter übertragen oder durch Verpachtung bewirkt werden[54]). Ueber die Person des Verwalters entscheidet die Mehrheit; ein Theilnehmer ist aber einem Fremden vorzuziehen[55]). Bei der Verpachtung geht die auf öffentliche Versteigerung lautende Meinung vor[56]). Die Lasten und Kosten trägt jeder nach Verhältniß seines Antheils; wer dazu außer Stande ist oder sich dem Beitrag vorsätzlich entzieht, muß, wenn die ihm zufallenden Nutzungen zur Ausgleichung nicht verwendbar sind, seinen Antheil den übrigen Miteigenthümern nach einer gerichtlichen Taxe überlassen (d. h. verkaufen)[57]). Verzug in der Leistung der Beiträge verpflichtet zu Verzugszinsen, die denen zu zahlen sind, welche die Auslage bestritten haben[58]). Die theilbaren Nutzungen werden nach dem Verhältniß der Antheile vertheilt[59]). Was der Einzelne davon erhält, fällt seiner freien Verfügung anheim, es ist sein „ausschließendes Eigenthum" [60]).

Gegen einander vertreten die Theilnehmer bei ihren Handlungen und Unterlassungen mäßiges Versehen[61]); wer wider den Willen der Andern

---

51) I. 17 §§ 53. 54. Dem Miteigenthümer wird vermuthete Vollmacht zugeschrieben. Vgl. oben B. II. § 141 Anm. 45. S. auch C.P.O. § 59.

52) I. 17 §§ 25—28. Es hat also kein Miteigenthümer ein ausschließliches Recht auf den Besitz und darum keine Besitzklage gegen die andern Miteigenthümer über den Umfang seines Besitzrechts. Strieth. B. 6 S. 180. Vgl. oben § 162 S. 93.

53) I. 17 §§ 30—34.

54) I. 17 §§ 36—39. Gruchot IX. 53. Vgl. hierzu Entsch. B. 45 S. 161, Striethorst B. 61 S. 268 und Anw.-Zeit. 1866 S. 377, sowie Entsch. B. 54 S. 137 (Rehbein III. S. 255).

55) I. 17 §§ 40—93.

56) I. 17 § 39.

57) I. 17 §§ 45—51. Nur die übrigen Miteigenthümer sind berechtigt, den Weigernden oder Unvermögenden zum Verkauf seines Antheils zu nöthigen, letzterer darf sich nicht durch den Verkauf von seiner Beitragspflicht befreien. Präj. 1990. Samml. I. 97. Rechtsfälle III. 382. Das Ausschließungsrecht knüpft an l. 52 § 10 D. XVII. 2, l. 4 C. X. 10 und findet sich in der verallgemeinerten Gestalt im gemeinen Recht. Göppert S. 31 fg. — Die Gemeinschaftlichkeit der Lasten ordnet auch B.G.B. § 748.

58) I. 17 § 48.

59) I. 17 § 44.

60) I. 17 § 50.

61) I. 17 § 58. Nach l. 25 § 16 D. X. 2 talem diligentiam, qualem in suis rebus.

mit der gemeinschaftlichen Sache etwas vornimmt, haftet den übrigen Miteigenthümern gleich einem Fremden für den Schaden, d. h. je nach der Art des Verschuldens für das ganze Interesse oder nur für den wirklichen Schaden[62]). Was er durch Verwendung des gemeinschaftlichen Vermögens in seinem eignen Interesse erwirbt, gehört ihm, aber die Miteigenthümer können Abtretung des Erworbenen oder, wenn sie dies vorziehen, Zurückgabe des Verwendeten mit Zinsen fordern[63]).

Da das Recht jedes Theilnehmers auf die gemeinschaftliche Sache (sein Antheil) sein besonderes Eigenthum ist, so folgt daraus, daß es ihm frei steht, diesen Antheil auch an Fremde zu veräußern und zu verpfänden[64]). Das Interesse der Uebrigen wird bei Veräußerung eines An-

---

[62]) I. 17 § 59.

[63]) I. 17 §§ 55—57 und § 233. Oben B. II. § 143 Anm. 94. Ein Beispiel Striethorst B. 52 S. 334.

[64]) I. 17 §§ 60. 63. 64. 69. Eig.Ges. v. 5. Mai 1872 § 21. Das gilt nur von den Miteigenthümern der einzelnen Sache zu bestimmten Antheilen. Ebenso B.G.B. § 747. Aber es läßt sich nicht als dem Antheil entsprechend eine pars quanta der Sache veräußern, wie Schles. Arch. B. 4 S. 9 von dem O.L.G. Breslau angenommen worden. Göppert S. 39f. (locus certus ex fundo communi). Auch ein Antheil vom Antheil darf veräußert werden. Roloff in der Anw.-Z. 1863 Nr. 7. 8. 9. Göppert S. 37fg. A. M. das O.Trib. in dem Gutachten J.M.B. 1840 S. 370f. und Entsch. B. 22 S. 254. S. l. 3. 4 C. IV. 52, l. un. C. VIII. 21. Der Eigenthumsübergang wird auch bei der Veräußerung des Antheils nicht durch den bloßen Vertrag bewirkt, es muß der Modus (Uebergabe, bezw. jetzt Auflassung) hinzutreten. Vergl. Entsch. B. 64 S. 113 (Rehbein III. 228). Wo die Uebergabe der Modus ist, genügt natürlich auch Uebergabe durch Willenserklärung, Konstitut oder br. m. traditio, und es ist nicht ausgeschlossen den Vertrag durch Deutung in diesem Sinne als ausreichend zur Uebereignung aufzufassen. Vgl. Entsch. B. 51 S. 143. — In Folge der Möglichkeit der Verpfändung eines Grundstücksantheils (§ 21 E.E.G. v. 5. Mai 1872) und weil der Antheil jedes Miteigenthümers im Wege der Zwangsvollstreckung für dessen Gläubiger muß in Angriff genommen werden können, ist nicht zweifelhaft, daß auch das ideelle Miteigenthum, wenn es Miteigenthum zu bestimmten Antheilen ist, zur Zwangsversteigerung gestellt werden kann. Ja selbst wenn es an der reellen Grundlage eines wirklichen Miteigenthums fehlt, wenn z. B. irrig das Miteigenthum eines Erben am Nachlaß als Miteigenthum an einem Nachlaßgrundstück zu bestimmtem Theil zur Zwangsversteigerung gestellt und zugeschlagen ist, wird der Zuschlagsbescheid vermöge der ihm inne wohnenden ausschließenden Kraft dem Ersteher wahres Miteigenthum übertragen. Vgl. R.G. bei Gruchot B. 26 S. 428. — Im Falle der Antheilssubhastation erhebt sich die schwierige Frage, wie sie auf Hypotheken am ganzen Grundstück einwirkt? Nach den Grundsätzen über das geringste Gebot können Hypotheken am ganzen Grundstück, die vor der ersten Eintragung einer Hypothek an einem Antheil begründet sind, durch Stellung des Antheils zur Zwangsversteigerung überhaupt nicht berührt werden. Wie sie in Betracht kommen, darüber vergl. Krech und Fischer zum Immobiliarvollstreckungsgesetz §§ 53—56. Der Herausgeber hat den gleichen Satz schon für das ältere Recht vertheidigt, weil die Bestimmung des älteren Rechts, daß Hypotheken am ganzen Grundstück durch Subhastation zum Ausfall gebracht werden können, Totalverkauf voraussetzt. Ist aber eine Hypothek auf einen Antheil eingetragen, so ist zur Zeit einer späteren Verpfändung des ganzen Grundstücks oder mehrerer Antheile die rechtliche Möglichkeit der Zwangsversteigerung des einzelnen Antheils bereits begründet, und auch bei einer Zwangsversteigerung des ganzen Grundstücks lastet die nacheingetragene Hypothek auf dem besonders verpfändeten Antheil anders, als auf den übrigen. So hat denn eine solche Hypothek etwas der Korrealhypothek ähnliches, sie lastet wie eine solche auf den verschiedenen Antheilen. — Vergl. außer den Kommentaren zum Zwangsvollstreckungsgesetz Roloff, Preuß. Anwaltzeitung 1863 S. 66, Willmanns in Behrend

theils dadurch gewahrt, daß jeder von ihnen ein Vorkaufsrecht an der gemeinsamen körperlichen Sache hat und jeder auf Theilung antragen kann[65]). Die Veräußerungs- und Verpfändungsbefugniß kann vertragsmäßig beschränkt sein, eine solche Beschränkung wirkt gegen Dritte, wie die Beschränkung des Eigenthumsrechts beim Alleineigenthum. Bei Gesellschaftsvermögen, das dem Gesellschaftszweck zu dienen hat, findet eine Verfügung des Einzelnen über einen Antheil nicht statt[66]).

Gegenstand der Verpfändung an Fremde ist nicht nur der Antheil selbst, sondern auch die bereits gewonnenen oder künftigen Nutzungen daraus[67]). Die Gläubiger des Miteigenthümers sind nach der landrechtlichen Vorschrift berechtigt, sich an diese Nutzungen zu halten, auch die künftigen sollen sie mit Arrest belegen und ihre Herausgabe fordern können, Mitbesitz und Mitverwaltung aber können die Gläubiger für sich nicht beanspruchen[68]).

---

Zeitschr. B. 3 S. 307, auch Fürst bei Gruchot B. 16 S. 165, Strützki bei Gruchot B. 17 S. 530, Plathner bei Gruchot B. 22 S. 583, Turnau zu § 45 Grundbuchordnung, Bahlmann zu § 52 Eigenthumserw.-Gesetz. S. Weiteres unten § 194 bei Anm. 66.

65) I. 17 §§ 61. 65. Präj. 604. Samml. I. 97. Entsch. B. 14 S. 260, B. 34 S. 417. Rechtsf. B. 3 S. 397. Strieth. B. 30 S. 290, B. 60 S. 228. Gruchot I. 269. Der Retrakt ex jure condominii war zwar nicht gemeinrechtlich, aber vielfach partikularrechtlich anerkannt (Göppert S. 29) und ist im Ges. vom 2. März 1850 § 4 aufrecht erhalten. Als gesetzliches Vorkaufsrecht bedarf es keiner Eintragung in das Grundbuch: § 12 E.E.Ges. v. 5. Mai 1872. Wegen der Nichtanwendbarkeit auf Forderungen s. oben Anm. 33.

66) I. 17 § 68. Vgl. oben B. II. § 143 vor Anm. 28.

67) I. 17 §§ 69. 70. § 21 Eig.Erw.Ges. v. 5. Mai 1872.

68) I. 17 §§ 71—73. Der Gläubiger, für den das Recht des Miteigenthümers gepfändet ist, hat nicht das Recht, statt des Schuldners von den Miteigenthümern Rechnungslegung zu fordern. Entsch. B. 24 S. 81 (Rehbein III. S. 258). Diese Bestimmungen fassen das Recht auf die künftigen Nutzungen als ein Forderungsrecht an die Miteigenthümer auf. Im Eigenthumserwerbgesetz vom 5. Mai 1872 § 43 wird indessen — trotz der in der Kommission des Abgeordnetenhauses dagegen geltend gemachten Bedenken — ausgesprochen, daß wenn eine Hypothek oder Grundschuld auf einem Antheil des Grundstücks haftet, nur dieser zur Zwangsversteigerung oder Zwangsverwaltung gestellt werden könne. Ob dieser negativen Vorschrift, deren Ton auf dem „nur" liegt, die Bedeutung beigelegt werden kann, eine Zwangsverwaltung des ideellen Antheils als zulässig zu erklären, ist zweifelhaft. Das Immobiliarvollstreckungsgesetz regelt nur eine Zwangsverwaltung des ganzen Grundstücks durch den zum Zwecke der Verwaltung in den Besitz zu setzenden Verwalter. Dennoch nehmen Krech u. Fischer (Anm. 8 zu § 142) und Andere an, daß jetzt die Zwangsverwaltung eines ideellen Antheils möglich sei. Aus § 142 des Immobiliarvollstreckungsgesetzes wäre dann zu entnehmen, daß dem Verwalter der dem ideellen Miteigenthümer gebührende Mitbesitz zur Verwaltung zu übergeben sei und damit wäre I. 17 § 73 abgeändert, folgeweise auch die Rechtsstellung der andern Miteigenthümer wesentlich beeinflußt. Das wollen die Vertheidiger einer Zwangsverwaltung des Antheils theilweise nicht annehmen, oder sie deuten die Vorschrift dahin, daß nur der Gläubiger selbst kein Recht auf Mitbesitz haben sollte. Jedenfalls soll die Verwaltung darin bestehen, daß der Verwalter „den Antheil des Schuldners an den Nutzungen erhebt und mit den übrigen Mitberechtigten die Theilung der Nutzungen vollzieht": durch die in die Hand des Richters gelegte Befugniß, die Ausführung der Zwangsverwaltung zu ordnen, könnte jedenfalls die Verwaltung in dieser Weise geregelt werden, wenn sich auch aus dem Gesetz nicht ergiebt, daß sie so geregelt werden muß. Würde der Richter sie aber anders regeln, so würden sich Differenzen mit den Miteigenthümern ergeben, für die es an der gesetzlichen sie regelnden Vorschrift mangelt. Nach der festzuhaltenden Ansicht des Herausgebers muß behauptet werden, daß das landrechtliche Miteigenthum so ausgestaltet

Die nothwendige Veräußerung des Antheils auf Andringen eines Gläubigers erklärt das Landrecht für statthaft, soweit der Schuldner ihn frei veräußern konnte. Danach bleibt auch in diesem Fall den Miteigenthümern das Vorkaufsrecht gewahrt. Der freiwilligen Veräußerung des Antheils können die Miteigenthümer ferner widersprechen, wenn aus der Person des bestimmten Erwerbers für sie erweislich ein Nachtheil entsteht. Auch diese Bestimmung, deren praktische Bedeutung kaum hoch anzuschlagen ist, wird man bei der nothwendigen Veräußerung als maßgebend anerkennen müssen. Aber die fernere Bestimmung des § 66, daß freiwillige Veräußerung durch den Antrag der Miteigenthümer auf Theilung verhindert werden kann, greift bei der nothwendigen Veräußerung nicht ein; diese soll vielmehr zulässig sein, obgleich zur Abwendung einer freiwilligen Veräußerung im entsprechenden Fall hätte auf Theilung angetragen werden können[69]).

b. Rechtsverhältniß bei der Aufhebung der Gemeinschaft[70]). Die Aufhebung geschieht durch Theilung. Das Recht, auf Theilung anzutragen, ist unverjährbar; selbst dann, wenn ein Miteigenthümer der Theilung widersprochen und der andere sich dabei beruhigt hat[71]). Es wird

---

ist, daß es ein durch Zwangsverwaltung geltend zu machendes Nutzungsrecht nicht enthält, vielmehr nach dieser Richtung nur obligationsrechtliche, zum beweglichen Vermögen gehörige Ansprüche giebt. — In Entsch. B. 24 S. 81 wird geleugnet, daß der Gläubiger gegen den Miteigenthümer vorbereitend auf Rechnungslegung klagen könne, vergl. dagegen Koch zu § 71. Wenn der Anspruch des Miteigenthümers gegen den Miteigenthümer auf Auskehrung der künftigen Nutzungen gepfändet ist, so hat der pfändende Gläubiger, dem jener Anspruch überwiesen ist, jedes Recht des Miteigenthümers bezüglich dieser Forderung, also auch das Recht auf Rechnungslegung, soweit es dem Miteigenthümer zusteht, auszuüben.

69) So ist nach Ansicht des Herausgebers I. 17 § 74 auszulegen. Abweichend und wenig klar Förster: „statthaft, wenn auch der Schuldner den Antheil frei veräußern konnte und auf Theilung angetragen werden darf". Andere Ansichten: Roloff Anw.Z. 1863 S. 50: immer unbeschränkt, wenn auf Theilung angetragen werden kann, dagegen nur unter den Voraussetzungen der §§ 60 ff., wenn nicht auf Theilung angetragen werden kann. Koch zu § 74 und Jaeckel Subhast.-Ord. S. 8: wenn der Schuldner frei veräußern und auf Theilung antragen kann; Bornemann B. 4 S. 14. 21, Wachler Subh.O. S. 10: wenn der Schuldner entweder seinen Antheil frei veräußern oder auf Theilung antragen kann. — Die Beschränkung besteht auch gegenüber §§ 21. 43 Abs. 2 Eig.E.Ges. v. 5. Mai 1872, die negativ „nur" die Antheilssubhastation, nicht Zwangsvollstreckung in das ganze Grundstück als zulässig bezeichnen. Das beschränkende Recht ist nach Maßgabe des Immobiliarvollstr.Ges. §§ 70. 71 geltend zu machen. Vergl. Imm.Vollstr.Ges. § 180 Abs. 3. — Wie kommt es abgesehen von Grundstücken zum nothwendigen Verkauf des Antheils? Ist der Schuldner nicht im Mitbesitz, so ist das Recht auf Herausgabe zum Mitbesitz zu pfänden; ist er im Mitbesitz, so wird die so besessene Sache selbst gepfändet, und der Pfandverkauf des Antheilsrechts findet im letzteren Fall auf Grund der Pfändung, im ersteren, nachdem der Gerichtsvollzieher im Interesse des Gläubigers den Mitbesitz erlangt hat, statt. Klar ist übrigens in der Civilprozeßordnung nicht zum Ausdruck gebracht, wie Miteigenthum gepfändet werden kann. Vgl. C.P.O. §§ 712. 745. 746.

70) I. 17 §§ 75—114. Koch, Recht der Forder. III. S. 53. 660. 664. Göppert S. 40 ff. — Vgl. B.G.B. §§ 749—758.

71) I. 17 §§ 76. 77. Vgl. B.G.B. § 758. Die Theilung setzt voraus, daß die Gemeinschaft besteht. Strieth. B. 34 S. 179. Nur das Recht auf Theilung anzutragen, ist der Verjährung entzogen, dadurch ist aber nicht ausgeschlossen, daß der einzelne Miteigenthümer gegen den andern durch Ersitzung einen größeren Antheil oder das Alleineigenthum erwerbe, daß die Klage auf Herausgabe der Sache zu Mitbesitz

nicht ausgeschlossen durch einen Rath des Stifters der Gemeinschaft, diese fortzusetzen, oder durch seine Warnung vor der Theilung; aber durch Verträge oder rechtsgiltige Verordnungen Dritter kann zeitweilig die Theilung verboten sein[71a]). Auch wenn dies der Fall ist, kann die Verfügungsbeschränkung wegen Unmöglichkeit der Erfüllung oder wegen veränderter Umstände beseitigt werden, insoweit deshalb die Aufhebung eines Vertrags verlangt werden könnte[72]). Auch gesetzlich kann die Theilung überhaupt untersagt sein[73]). Bloße reelle Untheilbarkeit, die sich aus gesetzlicher Vorschrift oder aus der Natur der Sache ergiebt, schließt nicht die Theilung überhaupt aus, da die Sache veräußert und der Erlös getheilt werden kann.

Die Art der Theilung des Eigenthums bestimmt sich zunächst nach der Willensbestimmung der Interessenten. Das von ihnen deshalb geschlossene Rechtsgeschäft ist ein Veräußerungsvertrag. Darum gehört die Veräußerungsfähigkeit für jeden Theilnehmer dazu[74]). Was als Inhalt der Theilungsabrede gedacht werden kann, wird im weiteren Fortgang näher erörtert werden. Voraussetzung der Theilung ist Bestimmtheit der Idealtheile. Wo diese fehlt oder noch bestritten ist, muß sie vorher, sei es durch Vergleich oder im Rechtswege festgestellt werden[75]). Die Theilung soll die Idealtheile in reale Theile umsetzen, d. h. bestimmen, wie viel jeder auf seinen Antheil zu empfangen hat[76]). Durch das Theilungsgeschäft erhält jeder Einzelne einen seinem Antheil entsprechenden reellen Theil der Sache oder ihres Werthes, muß sich aber[77]) darauf anrechnen lassen, was er etwa aus der Gemeinschaft den Andern zu leisten hat[78]). Daß eine solche Pflicht zu persönlichen Leistungen aus der

---

und Anerkennung des Miteigenthums verjähre oder daß andere aus der Gemeinschaft entspringende persönliche Leistungen durch Verjährung erlöschen. Koch, a. a. O. S. 682 f. Vgl. z. B. Entsch. B. 22 S. 32. Strieth. B. 4 S. 230 (Rehbein III. S. 261); Arnsb. Arch. B. 14 S. 266. Daß das Miteigenthum durch Ersitzung erworben werden kann, verneint jedoch das Ober-Trib. Strieth. B. 10 S. 293. S. dagegen Göppert S. 36 und Koch zu § 1 I. 17. Jetzt kommt bei Grundeigenthum das oben in § 177 Anm. 32 Gesagte in Betracht.

71a) Das ist bei Gesellschaftsverträgen, bei denen die gemeinsam gemachte Sache den Gesellschaftszwecken dienen soll, nach Inhalt dieses Vertrags der Fall.

72) I. 17 §§ 78—80. Vgl. I. 17 §§ 118. 121. 289. — Auch das B.G.B. § 749 beschränkt die Möglichkeit des dauernden Ausschlusses der Theilung.

73) Ein Beispiel bilden die im gemeinsamen Eigenthum stehenden Winkel und Zwischenräume (vgl. oben § 170 Anm. 18, wohl auch die Grenzraine ebenda Anm. 17), auch das am Schlusse des Paragraphen erörterte bei einer Gemeinheitstheilung verbleibende Miteigenthum. Abgesehen hiervon kommt Untheilbarkeit als Ausfluß der Unzulässigkeit einer Veräußerung vor. Untheilbar ist deshalb der gemeinsame Nießbrauch Mehrerer. Ein gesetzlicher Grund, Verschiebung der Theilung zu fordern, wird in I. 17 §§ 83. 84 geordnet. Vgl. dazu R.G. bei Gruchot B. 33 S. 1005.

74) I. 17 § 82.

75) I. 17 §§ 102. 104, I. 11 § 571. Göppert S. 41. Dazu dient die rei vindicatio oder die sonst entsprechende dingliche Klage. l. 3 § 2, l. 4 D. VI. 1, l. 5 § 3 D. VII. 6. Sintenis II. 719, III. 512 Note 12. Puchta, Vorles. § 373 a. E. (B. 2 S. 245). Oben § 180 Note 31.

76) Strieth. B. 65 S. 16.

77) Vgl. B. I. § 70 Anm. 3. Vgl. Entwurf des B.G.B. § 769.

78) Die Theilung ordnet auch die praestationes personales. Göppert S. 41 fg. l. 14, l. 29 pr. D. X. 3. Zunächst ist die Deckung für diese, also z. B. für Verwendungsan-

Gemeinschaft entstanden ist, erscheint als etwas Zufälliges. Die Antheile der Einzelnen bleiben, auch nachdem solche Pflichten erwachsen sind, dieselben; es verkleinert sich nur der reale Theil, den der Einzelne zu erhalten hat[79]).

Der Vertrag über die Theilung kann einen verschiedenen rechtlichen Inhalt haben[80]). Am einfachsten wird die real theilbare Sache durch Zerlegung in eine Mehrheit selbständiger Sachen, realer Theile, und durch Uebereignung der einzelnen an die Einzelnen bewirkt. Das Geschäft ist dann dem Tausch ähnlich, jeder veräußert dem Andern seinen Antheil an dem diesem Andern zugetheilten Realtheil[81]).

Die Theilung kann ferner in der Weise ausgeführt werden, daß der Eine die Antheile der Anderen erwirbt. Erwirbt er sie gegen Zahlung, so kauft er sie; erwirbt er sie durch Hingabe anderer Sachen, so tauscht er diese gegen die ihm überlassenen Antheile aus; werden ihm die Antheile unentgeltlich überlassen, so liegt Schenkung vor[82]). Der einzelne Miteigenthümer, der die Antheile der Andern erwirbt, erwirbt etwas, was ihm bisher noch nicht gehört hat. Die Theilung wird deshalb auch in denjenigen Fällen, in denen ein bisheriger Miteigenthümer das Eigenthum der ganzen Sache erwerben soll, durch Tradition des Mitbesitzes und bei Grundstücken

---

sprüche eines Miteigenthümers aus dem Antheil des Andern an den Erträgnissen zu schöpfen, I. 17 § 47; kann daraus Deckung nicht gewonnen werden, so kann Ueberlassung des Miteigenthums der Substanz nach und in dieser Form also Theilung zum Zwecke der Deckung gefordert werden (§ 46). An die Erträgnisse kann sich der forderungsberechtigte Genosse „vorzüglich" halten (§ 51). Dieses Forderungsrecht ist im Falle des Konkurses über das Vermögen des säumigen Genossen als Absonderungsrecht an den Antheilen des Genossen, welche die außerhalb des Konkursverfahrens zu betreibende Auseinandersetzung ergiebt, geltend zu machen. K.O. §§ 14. 44. Der Anspruch ist aber ein persönlicher. Veräußert der schuldige Genosse seinen Antheil, so kann die Auslageforderung bei der Auseinandersetzung mit dem neuen Genossen nicht in Betracht kommen. Die Miteigenthümer müssen nach dieser Richtung ihre Sicherung durch das Vorkaufsrecht suchen.

[79]) Göppert S. 44.

[80]) Strieth. B. 54 S. 145. (Abweichend B. 48 S. 338, Entsch. B. 51 S. 323.)

[81]) Göppert S. 53. Reale Theilung ist als ausgeschlossen angenommen bei einem Bauerngut, weil die Gebäude zur Bewirthschaftung des ganzen nothwendig seien. Rechtsfälle B. I. S. 108. Blätter für Rechtspflege in Thüringen von Vollert B. 14 S. 32. Die einzelnen Theile müssen festgestellt und überwiesen werden. Strieth. B. 65 S. 16. Vgl. auch §§ 569—576 I. 11 wegen Verloosung. — Vgl. B.G.B. § 752.

[82]) Andere Auffassung bei Koch zu § 1 I. 11, sowie zu § 18 I. 8 und zu § 90 I. 17. Recht d. F. III. S. 653. Auch das Obertribunal hat zeitweilig die Natur des Kaufs verneint. Schles. Arch. II. 26. Entsch. B. 40 S. 127, die Theilung sei nur ein Aufgeben des ideellen Antheils, vgl. dazu B. II. § 128 Anm. 7. In Strieth. B:54 S. 145, Entsch. B. 65 S. 301 ist die Natur des Geschäfts als eine gewollte Veräußerung an den Genossen anerkannt. Der Gesichtspunkt der Dereliktion soll dahin wirken, daß die Sache, — die nicht herrenlos werde, da sie Miteigenthümer hat, — nun im Eigenthum der verbleibenden Miteigenthümer verbleibt, so daß diesen zu gleichen Theilen der derelinquirte Antheil zuwächst. Aber es besteht kein Zwang für den Anderen sich einen solchen Anwachs gefallen zu lassen, und jedenfalls erklärt diese Auffassung des Geschäfts nicht, wie es möglich ist, daß Jemand seinen Antheil einem der mehreren Miteigenthümer allein übertragen kann.

durch Auflassung der Antheile vollzogen[83]). Von einem von selbst eintretenden Zuwachse der Antheile der Ausscheidenden an den Erwerber in Folge des bloß obligatorischen Vertrages ist in den Gesetzen nicht die Rede[84]). Der Erwerb ist ferner ein derivativer, es findet eine Succession statt, und die auf den einzelnen Antheilen haftenden Rechte Dritter gehen auf den Erwerber über[85]). Die Veräußerer müssen dem Erwerber der Antheile wie bei anderen Kaufverträgen Gewähr leisten[86]), eine Anfechtung wegen enormer Verletzung ist aber versagt[87]).

Die Theilung kann auch in der Weise verabredet werden, daß die Sache gemeinsam versilbert wird; dies ist wie unten näher darzulegen, das einzige Auskunftsmittel, das bei mangelnder Einigung über eine andere Theilungsart erzwungen werden kann. Die zahlreichen Vorschriften des Landrechts darüber, wie die Theilung ins Werk zu setzen[88]), geben sonst nur Fingerzeige für die Interessenten. Kommt zwischen ihnen eine Willenseinigung nicht zu Stande, so kennt das Landrecht keine richterliche Theilung. Wenn der Richter herangezogen wird, nimmt er nur die Willenserklärung der Theilenden zu Protokoll, aber er vertheilt nicht. Selbst wenn die festgestellten realen Theile durch den Richter verloost werden, hat dies Willenseinigung über Feststellung der zu verloosenden Theile zur Voraussetzung[89]).

Endlich verbreitet sich das A.L.R. über die Wirkung der Theilung. Dritte können durch eine solche in ihren Rechten auf die Sache nicht beeinträchtigt werden; und sie bleiben auch nach der Theilung befugt, gegen

---

83) I. 17 §§ 5. 103. Ueber Tradition eines Idealtheils oben B. II. § 128 Anm. 7. Geleugnet vom O.-Trib. Strieth. B. 10 S. 293 f. Entsch. B. 40 S. 127. Vgl. auch Steinlechner, Die juris communio B. 2 S. 109, Eisele im Arch. f. c. Pr. B. 63 S. 59. S. dagegen Baron, Abhandl. S. 93. Göppert 36 f. Koch, Note zu § 103. I. 17. Damit im Widerspruch Priv.-R. II. 411 Note 4 und R. d. F. III. 789. Das R.G. Entsch. B. 13 S. 173 hat (in einem gemeinrechtlichen Falle) angenommen, daß der Mitbesitzer die ganze Sache besitze, und daß durch das vertragsmäßige Aufgeben eines ideellen Eigenthumsantheils an den Mitbesitzer das Eigenthum des fraglichen Antheils übertragen werde. Zu diesem Ergebniß kann man, soweit nicht Auflassung nöthig ist, gelangen, wenn die Absicht auf Uebertragung des Besitzes klar erhellt, und der thatsächliche Gewahrsam bei dem Erwerber ist. Wird aber der Mitbesitz in der Weise thatsächlich geübt, daß der thatsächliche Gewahrsam bei dem Veräußerer ist, der ihn für sich selbst und den Genossen übt, so kann eine bloße Abrede ohne Uebertragung des Gewahrsams den Antheilsbesitz nicht übertragen, wenn sie nicht den Inhalt eines Konstituts hat. Vgl. § 158 bei Anm. 15. Anders liegt die Sache bei der Uebergabe eines Antheils an einen Dritten. Oben Anm. 64.

84) Vgl. Anm. 82. 83.

85) I. 17 §§ 105 fg. Die Servitut bleibt ungetheilt, wenn auch das dienende Grundstück getheilt wird. Entsch. B. 25 S. 135. Gruchot IX. 176.

86) I. 17 § 97. 98. Wenn das Miteigenthum durch die Verordnung eines Dritten begründet wird, können nicht nur die Miteigenthümer bei der Theilung, sondern auch der Dritte, der die Gemeinschaft begründet, hierbei über die Gewährleistung anders bestimmen. I. 17 §§ 99. 100. — Vgl. B.G.B. § 757.

87) I. 17 §§ 111. 112. Vgl. B. II. § 127 Anm. 69. In der gemeinrechtl. Praxis war die Frage sehr bestritten. Ausgeschlossen wurde die laesio enormis besonders von Lauterbach, Coll. th. pr. X. 2 § 24. Berger, Oecon. jur. III. 6 § 2 not. 9. Böhmer, Introd. in j. Dig. X. 2 § 228. Hofacker, Princ. jur. § 3058.

88) I. 17 §§ 83—96.

89) I. 17 § 88, I. 11 §§ 569—576. Baron, Abhandl. S. 93 f.

die Sache, in wessen Hand diese auch sein mag, ihre dinglichen Rechte geltend zu machen, so wie die Miteigenthümer obligatorisch noch ferner aus den gemeinschaftlich mit Dritten geschlossenen Verträgen verhaftet bleiben[90]). Unter den Interessenten soll der Theilungsvertrag, wenn er ohne Zuziehung des Richters abgeschlossen worden (Privattheilung), nach den Regeln eines Vergleichs, und wenn er mit Zuziehung des Richters zu Stande gekommen, wie ein rechtskräftiges Erkenntniß beurtheilt werden[91]). Die letztere Bestimmung hat trotz ihrer Stellung in der Lehre vom zufällig gemeinschaftlichen Eigenthum an der einzelnen Sache hier keine Bedeutung. Denn sie hat nicht eine lediglich instrumentirende Thätigkeit des Richters zur Voraussetzung, sondern seine Mitwirkung bei einem Theilungsverfahren, wie es die A.G.O. für die Auseinandersetzung über einen Nachlaß regelte. Auch der erstere Theil der Vorschrift bedeutete nur: soweit wie Vergleiche von den Parteien angefochten werden können, darf der Theilungsvertrag angefochten werden[92]).

Die Theilung kann von den einzelnen Interessenten regelmäßig erzwungen werden. Im gemeinen Recht dient diesem Zweck die actio communi dividundo. Der Richter theilt, und die Miteigenthümer erwerben ihre abgesonderten Theile oder Abfindungen durch Adjudikation[93]). Ein solches Klagerecht ist dem preußischen Recht unbekannt. Einigen sich die Interessenten nicht, so kann zwar über die Verpflichtung zur Theilung, über deren Gegenstände, über die Antheile der Einzelnen oder deren persönliche Leistungspflicht ein Prozeß entstehen, aber die Theilung selbst findet nicht durch Richterspruch statt, weder im Wege des Civilprozesses noch kraft eines die Uneinigkeit der Parteien erledigenden Akts freiwilliger Gerichtsbarkeit[94]). Der einzige Weg, auf den das preußische Recht verweist, um aus der Gemeinschaft bezüglich einer einzelnen Sache herauszukommen, wenn ein Theilungsvertrag nicht erreichbar erscheint, ist der öffentliche Verkauf der gemein=

---

90) I. 17 §§ 105—110.

91) I. 17 § 111.

92) I. 17 § 112. Also die Privattheilung kann nur so angefochten werden, wie ein Vergleich, d. h. nur wegen Zwanges, wegen Betrugs und wegen Irrthums über die als unstreitig vorausgesetzten thatsächlichen Verhältnisse. Oben B. I. § 103 bei Anm. 24 ff. Ob noch jetzt ein Theilungsrezeß über einen Nachlaß, der in Gemäßheit des 46. Titels, Th. I. A.G.O. mit Zuziehung des Richters zu Stande kommt, als Urtheil bezüglich der Anfechtung anzusehen ist, kann erst bei der Erörterung des Nachlaßtheilungsverfahrens untersucht werden. — Strieth. B. 12 S. 76. Entsch. B. 80 S. 183 ist anerkannt, daß der vor dem Vormundschaftsrichter geschlossenen Theilung die Kraft eines Erkenntnisses auch nach älterem Vormundschaftsrecht nicht beizumessen war. Jetzt ist klar, daß der Vormundschaftsrichter als solcher überhaupt nicht dazu da ist, Theilungsverhandlungen zu leiten. — Exekutivische Wirkungen konnte nach dem früheren Recht eine Theilung überhaupt nicht beanspruchen, auch nicht eine im Prozeß über die Verbindlichkeit zur Theilung aufgenommene Theilungsverhandlung, denn nur jene Verbindlichkeit, nicht die Art der Theilung war im Streit.

93) § 20 J. IV. 6 § 7, J. IV. 17. — Tit. Dig. X. 3.

94) Darüber, ob das judicium divisorium des gemeinen Rechts zur streitigen oder freiwilligen Gerichtsbarkeit zu rechnen, vgl. Zimmermann im civil. Arch. B. 34 S. 1. Eck, Die doppelseitigen Klagen des röm. und heut. Rechts S. 98. Windscheid II. § 449.

samen Sache. Auf dessen Vornahme kann jeder Miteigenthümer bei beweglichen Sachen Klage erheben, bei unbeweglichen giebt das Gesetz ohne Klage die theilungshalber nothwendige Zwangsversteigerung[95]).

In einem Falle kennt indessen das Landrecht die Lösung einer zufällig entstandenen Gemeinschaft durch ein Urtheil des Richters mit konstitutiver Wirkung, im Falle der Grenzscheidung, bei der actio finium regundorum[96]). Jeder Grenznachbar hat das Recht zu verlangen, daß verdunkelte Grenzen von Grundstücken, d. h. Grenzen, welche nicht durch hinlängliche Merkmale bezeichnet sind, die von beiden Theilen dafür anerkannt werden, ausgemittelt, und daß die festgestellte wirkliche Grenze hergestellt werde[97]);

---

[95]) I. 17 § 89. Subh.Ord. v. 15. März 1869 §§ 112. 113. Gesetz betr. Zwangsvollstreckung in das unbewegliche Vermögen vom 13. Juli 1883 § 180 Z. 2, § 185. Der Miteigenthümer braucht nicht vorher vertragsweise eine Einigung versucht zu haben. Strieth. B. 66 S. 106. Dagegen war es unrichtig, wenn das Recht auf Zwangsversteigerung zum Zwecke der Auseinandersetzung auch den Miterben, welche nicht Miteigenthümer des Grundstücks zu bestimmten Antheilen sind, zugesprochen wurde. Dafür gab das Gesetz bisher keinen Anhalt, neuerlich ist ein solcher durch die Vorschrift des § 3 im Kostengesetz vom 25. Juni 1895 und durch die Absätze 3 und 4 der Position „Kaufverträge" im Stempeltarif gegeben. Darauf ist im Erbrecht zurückzukommen. — Die Unzulässigkeit der Zwangsversteigerung wegen zeitiger Unzulässigkeit der Theilung (vergl. Immob.Vollstr.Ges. § 180 Abs. 3) muß im Wege der Klage gegen den betreibenden Theil geltend gemacht werden. Vgl. B.G.B. § 753.

[96]) I. 17 §§ 362—388. Koch, R. d. F. III. 674. Leonhardt bei Gruchot B. 5 S. 238. Dernburg I. § 216. Vgl. B.G.B. § 920.

[97]) I. 17 §§ 372. 375. Vergl. B.G.B. § 919 „Abmarkung". — Erkennbare Grenzen haben z. B. Gebäude, so daß für diese das Verfahren nicht Anwendung findet. Gruchot B. 7 S. 382. Entsch. B. 9 S. 200; dasselbe gilt bei Grundstücken, die durch einen Grenzzaun geschieden sind, auch wenn behauptet wird, daß dieser auf falscher Stelle stehe. Entsch. B. 31 S. 25 (Rehbein III. S. 332). Uebrigens ist gleichgiltig, ob das Grundstück ein städtisches oder ländliches ist (A. M. Förster). Vgl. Wochenbl. f. merkw. Rechtsf. 1861 S. 74, B. 4 S. 10 X. 1. — Legitimirt sind die verfügungsberechtigten Eigenthümer. Entsch. B. 57 S. 58 (Rehbein III. S. 334). Entsch. B. 62 S. 110 (Rehbein III. S. 339). § 387 ordnet durch Bezugnahme auf §§ 327—332 (§§ 322 ff. sind durch Aufhebung des Obereigenthums beseitigt) Zuziehung der Agnaten und Wiederkaufsberechtigten an, was durch die G.Th.O. nicht berührt ist. Bornemann IV. 45. A. M. Koch zu § 387. Gegen die Annahme, daß auch einzelne Miteigenthümer klageberechtigt seien, vgl. oben Anm. 43. S. auch Entsch. B. 72 S. 191, B. 79 S. 207. Strieth. B. 91 S. 111. R.G. bei Gruchot B. 26 S. 993. Ebensowenig kann der Servitutberechtigte diese Klage erheben. Entsch. B. 47 S. 166. — Die Grenze ist verdunkelt, wenn früher vorhanden gewesene Grenzzeichen zerstört sind, Strieth. B. 90 S. 50 (Rehbein III. S. 341), wenn Grenzzeichen nicht erkennbar (Strieth. B. 49 S. 133) oder als solche nicht von beiden Nachbarn anerkannt sind (Strieth. B. 36 S. 254). Der Kläger hat ein Mehreres nicht zu beweisen; seine Angaben, die zur Wiedererkennung des wirklichen Grenzenzuges führen sollen, können, wenn sie unerwiesen bleiben oder nicht ausreichen, nicht zur Abweisung der Klage führen, deren Antrag nicht auf Feststellung eines bestimmten, sondern überhaupt auf Feststellung des Grenzenzugs gerichtet ist. Dabei beengt den Richter auch nicht ein Urtheil, das den einen oder andern Theil im Besitz einer bestimmten Fläche geschützt hat. Strieth. B. 43 S. 80. Will dagegen der Kläger ein bestimmtes im Besitz des Beklagten befindliches Stück Land, also das Land bis zu einer ganz bestimmten Grenze erstreiten, so ist das Vindikation. Entsch. B. 56 S. 145 (Rehbein III. S. 341). Strieth. B. 7 S. 185, B. 36 S. 160. A. M. Leonhard S. 242. Das Charakteristische der Klage ist also, daß sie vom Richter nicht wie andere Klagen, Entscheidung über Richtigkeit des bestimmten Anspruchs fordert, daß sie vielmehr, auch wenn der Kläger glaubt, Bestimmtes nicht beanspruchen zu können, dem Richter die Möglichkeit läßt, konstitutiv etwas innerhalb der als ungewiß bezeichneten Fläche festzustellen.

aber das Verfahren kann zu einem Theilungsverfahren werden, wenn sich die wirkliche Grenze nicht ausmitteln läßt und somit für eine gewisse Fläche vermöge der Ungewißheit, wer Eigenthümer sei, eine Gemeinschaft begründet wird[98]). Hier schafft das richterliche Urtheil die neue Grenze, für deren Feststellung das Landrecht nähere Vorschriften giebt. Gleichtheilung soll danach erst beim Mangel anderer Anhaltspunkte stattfinden[99]). Das Recht, Grenzscheiden zu beantragen, ist unverjährbar[100]).

Das Judikat im Grenzprozeß stellt das Eigenthum bis zu der festgestellten Grenze zwischen den Nachbarn fest, ebenso wird eine Grenze dadurch rechtskräftig festgestellt, daß im Vindikationsprozeß das Eigenthum eines der Nachbarn an einer festumgrenzten Fläche anerkannt wird, dagegen kann die Abweisung einer Grenzscheidungsklage, deren Fundament (Ungewißheit der Grenzen) als nicht vorhanden angesehen ist, nicht einer späteren Vindikation entgegenstehen, bei der es sich darum handelt, ob ein bestimmtes Stück Land als Gegenstand des Eigenthums in Anspruch genommen werden kann[101]). Zur möglichsten Vermeidung eines Grenzstreits soll ein Nachbar jederzeit Erneuerung der Grenze fordern können[102]). Darauf hat er aber kein Klagerecht; denn Niemand kann einen Andern zu einem Vertragschluß unbestimmten Inhalts nöthigen. Die Weigerung auf das berechtigte Verlangen einzugehen, wird aber als genügender Anlaß zur Grenzscheidungsklage angesehen werden müssen; es sind dann von beiden Theilen anerkannte Grenzen nicht vorhanden.

V. Von dem Eigenthum einer Erwerbsgesellschaft, insbesondere von der Art und Weise, wie eine solche über ihr Eigenthum verfügt, und von der Rechtsstellung des einzelnen Sozius bei bestehender Gesellschaft, einer Rechtsstellung, die ein bestimmtes Antheilsrecht des Sozius an den einzelnen Stücken des Gesellschaftsvermögens ausschließt, so daß erst nach Auflösung

---

[98]) I. 17 §§ 363—371. Die in der vor. Anm. bezeichnete Ausdehnung des Richteramts macht die Klage auch nach preuß. Recht zu einem jud. duplex. Strieth. B. 54 S. 210 vgl. B. 43 S. 119.

[99]) I. 17 §§ 379—382. Trotz der konstitutiven Natur des richterlichen Urtheils erscheint es nicht als Modus des Eigenthumserwerbs — es stellt der Form nach vorhandenes Eigenthum fest, wie in dem entsprechenden Falle das Urtheil im Besitzprozeß vorhandenen Besitz. Bezüglich der Ausführung des Erkenntnisses ordnete die A.G.O. I. 42 §§ 31—33 ein Verfahren freiwilliger Gerichtsbarkeit, das als solches noch jetzt in Geltung steht.

[100]) I. 17 § 373. Aber darum ist nicht Ersitzung eines Grenzstücks bis zu bestimmter Grenze ausgeschlossen. § 374.

[101]) Der weitergehende Satz Försters, es sei nie bei der Grenzscheidung und Vindikation eadem quaestio vorhanden, die Einrede der rechtskräftig entschiedenen Sache greife deshalb nie ein, kann nicht aufrecht erhalten werden. Vgl. Entsch. B. 31 S. 25, B. 38 S. 379, B. 46 S. 313, B. 72 S. 191 (Rehbein III. S. 244). Strieth. B. 43 S. 119, B. 49 S. 116, B. 89 S. 55.

[102]) I. 17 §§ 383—388. Dabei sollen „alle Nachbarn“ zugezogen werden, mit deren Grundstücken die Grenzlinie in Verbindung steht. Strieth. B. 13 S. 127. Für den nicht zugezogenen ist das Vereinbarte unverbindlich. Der Zuziehung eines Richters bedarf es nicht zur Giltigkeit; ist ein Richter zugezogen (§ 388), so fungirt er nach den Grundsätzen der freiwilligen Gerichtsbarkeit.

und Liquidation der Gesellschaft Auskehrung der einzelnen übrigbleibenden Vermögensstücke stattfindet, ist bereits im § 143 die Rede gewesen [103]). Eine **erlaubte Gesellschaft** im Sinne des sechsten Titels Theil II A.L.R., von der in den §§ 281 ff. zu handeln sein wird, hat entweder Korporationsrechte und ist somit in jeder Beziehung eine von den einzelnen Gesellschaftern verschiedene Person, oder sie gilt wenigstens den wechselnden Gesellschaftern gegenüber als solche; hier kann also, insoweit der Gesellschaft Eigenthum zusteht, von einem Antheil des Einzelnen nicht die Rede sein [104]). Die bereits im Eingang des Paragraphen angedeutete Stellung der **Miterben**, die am Nachlaß mitberechtigt, nicht Miteigenthümer der einzelnen Nachlaßstücke in Höhe ihrer Nachlaßquoten sind, führt, wie im Erbrecht näher auseinander zu setzen ist [105]), dazu, daß die Miterben in allen Beziehungen nur durch gemeinsames Handeln auf die einzelne Sache wirken können; daß von einem Antheil des Einzelnen als Gegenstand seines bereits begründeten Eigenthumsrechts nicht die Rede sein kann; daß er einen solchen Antheil an Nachlaßgrundstücken auch nicht wirksam zur Hypothek zu bestellen im Stande ist, selbst nicht für den Fall, daß ihm später die Nachlaßsache ganz oder zum Theil zufällt; daß endlich auch dem Miterben gegen die Miterben vor der Auseinandersetzung über den Nachlaß als solchen nicht das Recht der Zwangversteigerung Theilungs halber zuzuschreiben ist. Auch im Falle einer **gütergemeinschaftlichen** Ehe oder einer forrtgesetzten Gütergemeinschaft spricht man ungenau von einem Miteigenthum [106]). Von der Rechtsstellung der Gütergemeinschaftsgenossen ist unten im § 209 zu handeln.

Ebensowenig wie die eben aufgezählten Fälle einer Betheiligung Mehrerer, gehören diejenigen Gemeinschaften hierher, für deren Auflösung die **agrarische Gesetzgebung** Sorge getragen hat, und die zum Theil erst in dem durch diese Gesetzgebung geordneten Verfahren geschaffen werden. Zweifelhaft kann dies in einem Falle durch die Art der grundbuchmäßigen Eintragung werden. Wenn nämlich bei einer Gemeinheitstheilung einem Theilnehmer eine Abfindung für mehrere Grundstücke oder Berechtigungen gewährt werden soll, so kann ihm diese vorläufig als Gesammtabfindung zugewiesen werden, und die Auseinandersetzungsbehörde kann vor-

---

[103]) Vgl. oben Anm. 23. 24. Wie hat eine Gesellschaft ihr Eigenthum an einem Grundstück im Grundbuch bemerkbar zu machen? Lassen sich die Sozien als Eigenthümer zu bestimmten Antheilen eintragen, so würden auf den Glauben des Grundbuchs Dritte an diesen Antheilen Rechte erwerben können. Um dies auszuschließen wird auch abgesehen von dem Fall einer Handelsgesellschaft mit bestimmter Firma (Einf.Ges. zum H.G.B. vom 24. Juni 1861 Art. 23, Grundbuchordnung § 10) neben der Bezeichnung der „Miteigenthümer" statt der Angabe eines bestimmten Antheils die Angabe, daß die Miteigenthümer in einem Gesellschaftsverhältniß stehen, zu vermerken oder einzutragen sein, daß sie nur gemeinsam über die Sache, nicht aber der einzelne über einen Antheil verfügen kann.

[104]) Nur wenn die Gesellschaft als juristische Person anerkannt ist, kann Grundeigenthum auf ihren Namen in das Grundbuch eingetragen werden. Gr.B.Ordn. § 10.

[105]) Unten § 271. Die Praxis ist zum Theil zu anderen Annahmen gelangt.

[106]) Z. B. auch G.B.O. § 50.

läufig statt realer Theilung sich damit begnügen, das Verhältniß zu bestimmen, nachdem die an die Stelle der einzelnen Grundstücke tretende Abfindung aus der Gesammtabfindung herauszumessen ist[107]). Ist nun aber eines der Grundstücke, für welche die Gesammtabfindung gewährt wird, inzwischen (zwischen dem Zustandekommen des Rezesses und seiner Ausführung oder Bestätigung) veräußert, so kann durch zu große Kürze der Eintragung im Grundbuch der Schein eines Miteigenthums zu bestimmten ideellen Antheilen eintreten. In Wahrheit aber hat ein solches nicht statt. Jeder Betheiligte hat das Recht auf Zuweisung eines realen Stücks der Gesammtabfindung, und dieses ist im Auseinandersetzungsverfahren, und nur in diesem, nachträglich auf Antrag zu bestimmen[108]).

Das für die Auseinandersetzung im Falle einer agrarischen Gemeinheit, sowie im Falle der Zusammenlegung von Grundstücken (Verkoppelung) geordnete Theilungsverfahren ist ein eigenthümliches, für dessen Abwickelung besondere Behörden thätig sind, das Verfahren der Gemeinheitstheilung[109]).

Die agrarische Gesetzgebung hat in dieser Beziehung angeknüpft an die in Städten und Dörfern vielfach vorkommenden s. g. Gemeinheiten. Hierbei handelt es sich um das an den Grundbesitz oder an bestimmten Grundbesitz in einer Gemeinde, später wohl auch an andere Voraussetzungen geknüpfte Recht an gewissen Grundstücken, den Almenden, die für einen bestimmten wirthschaftlichen Zweck der Betheiligten gemeinsam erhalten werden müssen. Dies Recht erscheint hauptsächlich als Nutzung von Wald, Weide, Gewässer, Moorgrund und dergl. Entweder ist die politische Gemeinde oder eine von ihr verschiedene Korporation der nutzungsberechtigten Gemeindeglieder (Realgemeinde)[110]) die Eigenthümerin des Grundstücks und die einzelnen Gemeindeglieder haben ein nach der Verfassung der Gemeinde

---

[107]) Ges. v. 2. April 1872 betr. die Ausdehnung der Gemeinheitstheilungsordnung § 5.

[108]) Verba: „bis zum Eintritt eines Bedürfnisses" in der vorallegirten Stelle. Das Bedürfniß kann auch in der besonderen dinglichen Belastung der in das Verfahren gebrachten verschiedenen Grundstücke desselben Besitzers liegen. Hier kann bei der Uebertragung der dinglichen Belastungen auf das Grundbuchblatt der Gesammtabfindung nicht ein bestimmtes Grundstück als belastet bezeichnet werden. Das Grundbuchblatt kann vielmehr nur ein Verhältniß ergeben, in dem das belastete (alte) Grundstück zu der neuen Gesammtabfindung steht. Wenn man aber hierbei von idealen Antheilen spricht, so ist das unrichtig. Die dingliche Belastung ruht nicht auf einem entsprechenden (nie vorhanden gewesenen) ideellen Antheil des Ganzen, durch dessen Zwangsversteigerung ein Miteigenthum begründet werden könnte, sondern auf dem realen Grundstückstheil, der nach jenem Verhältniß aus der Gesammtabfindung durch nachträgliche Separation auf Antrag festgestellt werden muß. Vergl. Turnau, Grundbuchordnung II. S. 423.

[109]) Gemeinheitstheilungsordnung v. 7. Juni 1821. Ges. v. 2. März 1850 betr. Ergänzungen und Abänd. der G.Th.O. Ges. vom 2. April 1872, betr. die Ausdehnung der G.Th.O. auf die Zusammenlegung von Grundstücken, welche einer gemeinschaftlichen Benutzung nicht unterliegen. Vergl. dazu Schneider, die Landeskulturgesetzgebung für Auseinandersetzungen. 1879. 1882. Von einem Miteigenthum der Auseinandersetzungsinteressenten ist auch nicht in dem Sinne zu reden, daß die Gesammtheit der Interessenten über die ganze Gemeinheit zu verfügen habe.

[110]) Markgenossenschaften als juristische Personen. Strieth. B. 59 S. 56.

bestimmtes Nutzungsrecht. Diese Gemeinheiten haben oft keinen privatrechtlichen Ursprung, sondern beruhen auf der alten Gemeindeverfassung. Aber auch wo sie privatrechtliche Berechtigungen, d. h. durch privatrechtliche Erwerbstitel begründet worden sind, ergiebt der Umstand, daß gewöhnlich die Nutzungsrechte der Einzelnen gegeneinander nicht zu bestimmten Antheilen abgegrenzt sind, daß deshalb die Verfügungen über die Nutzung durch Mehrheitsbeschlüsse geregelt werden, eine gewisse Gemeinschaft des Nutzungsrechts unter den Berechtigten, die sich aber nicht als ein Miteigenthum oder, weil jeder die ganze Weide zu nutzen berechtigt sei, als ein Gesammteigenthum charakterisiren läßt[111]).

Die agrarische Gesetzgebung Preußens hat sich die Aufhebung aller dieser „gemeinschaftlich ausgeübten Nutzungen" zum Ziele gesetzt, die in einer gemeinsamen Weide- oder Forstberechtigung oder in gemeinsamer Ausübung des Klappen-, Heide- und Bültenhiebs bestehen, — mögen sie auf einem gemeinsamen Eigenthum, einem Gesammteigenthum, oder einem einseitigen oder wechselseitigen Dienstbarkeitsrecht beruhen[112]). So erstreckt sich die Gesetzgebung also auch auf die Ablösung von Servituten, bei denen ein einzelner Berechtigter neben dem Eigenthümer nutzungsberechtigt ist. Jeder Theilnehmer, jetzt jedoch nur noch der vierte Theil aller Betheiligten nach der Fläche, und bei Servituten zunächst nur die Betheiligten an bestimmten Servituten, kann die Theilung (Ablösung) beantragen, das so eingeleitete Verfahren aber kann dann unter Umständen auch zur Verkoppelung, d. h. zu einem planmäßigen Umtausch der Grundstücke der Gemeindeflur unter Neuregelung der gesammten Flurverhältnisse benutzt werden, wobei die bisher getrennt liegenden Grundstücke desselben Eigenthümers gegen ein einheitliches Areal vertauscht werden[113]). Im Fortgang der Gesetzgebung ist das Verlangen nach Verkoppelung von dem Vorhandensein einer gemeinschaftlichen Nutzung der Grundstücke unabhängig gemacht[114]).

Das Verfahren[115]) zielt auf das Zustandebringen einer Einigung aller Interessenten ab, deren Ergebniß in einem Auseinandersetzungsrezeß nieder-

---

[111]) Gegen die hierbei vielfach aufgetauchte Idee des Gesammteigenthums vgl. oben § 167 und Beseler S. 299fg. § 89. Blunschli S. 163f. § 59. Gerber S. 121f. § 51. — Renaud, die Gemeindenutzungen, in der Zeitschrift für deutsches R. B. 9 S. 1fg. Reyscher, Gemeindesachen und Rechte einzelner, das. B. 16 S. 133f. Gerber in der Zeitschr. f. C.-R. und Proz. N. F. B. 12 S. 193f., bes. S. 207f. Auch die Ausführung in Entsch. B. 53 S. 195, B. 55 S. 113f. u. Strieth. B. 61 S. 223f. Heuser, kurhess. Annalen XIII. 592f. Anm.

[112]) G.Th.O. § 2. Holzapfel. Das Privatrecht im Preußischen Auseinandersetzungsverfahren.

[113]) § 4 G.Th.O. — Ges. v. 28. Juli 1838.

[114]) G. v. 2. April 1872.

[115]) Das Verfahren vor der Auseinandersetzungsbehörde (der Generalkommission) und deren Kommissarien (Spezialkommissarien) regelte im Anschluß an die Verord. v. 20. Juni 1817 „wegen Organisation der Generalkommissionen ꝛc." ein Gesetz vom 7. Juni 1821 über die Ausführung der Gemeinheitstheilungs- und Ablösungsordnungen mit mehreren ergänzenden Gesetzen; jetzt ist an deren Stelle das Gesetz vom 18. Februar 1880 betr. das Verfahren in Auseinandersetzungsangelegenheiten G.S. S. 59 getreten, welches

gelegt wird. Dieser wird auch gegenüber dem die Zustimmung ohne erhebliche Ausstellungen weigernden Interessenten durch Bestätigung des Rezesses seitens der Generalkommission verbindlich. Danach theilt sich das Verfahren in das Regulirungsverfahren und das Streitverfahren. Das erstere führt schließlich zur Planberechnung, Abfindungsberechnung und zum Planentwurf, sowie zur vorläufigen Absteckung der Plangrenzen. Nach allen diesen Richtungen erfolgt im Streitfall richterliche Entscheidung durch die Generalkommission. Die Besitzeinräumung kann vorläufig angeordnet werden; das Eigenthum geht dadurch über, insofern sie zur Ausführung des endgiltig festgestellten Plans erfolgt. Sonst erfolgt der Eigenthumsübergang durch den von der Generalkommission bestätigten Rezeß, den alle Interessenten genehmigt haben, oder an den sie durch die Bestätigung gebunden werden[116]. Zugleich wirkt dieser Ausschließung derjenigen Rechte, die sich im Verfahren nicht gemeldet haben. Es schließt sich dann die dem Rezeß entsprechende vollständige Regelung des Grundbuchs von Amtswegen an[117].

In allen Fällen der Gemeinheitstheilung oder Verkoppelung kann es vorkommen, daß ein Theil der in das Verfahren gezogenen Grundstücke ungetheilt bleibt; das ist insbesondere vorgesehen für die in den §§ 95 bis 99 der Gemeinheitstheilung bezeichneten gemeinsamen Benutzungszwecke. Solche Gemeinschaften (an Wegen, Gräben, Trankstätten, Gräbereien aller Art u. dgl.) können nach der Besonderheit des einzelnen Falls für alle Interessenten einer Auseinandersetzung oder für einen beschränkten Kreis ungetheilt verbleiben. Das hier entstehende Miteigenthum ist dadurch eigenthümlich, daß das Theilnahmerecht mit dem Eigenthum der interessirten Flächen verbunden und ähnlich dem Miteigenthum an Winkeln und Grenzrainen nicht nach den gewöhnlichen Grundsätzen theilbar ist. Neuerlich ist das Bedürfniß hervorgetreten, daß auch nach beendigtem Auseinandersetzungsverfahren eine alle Interessenten verpflichtende Verwaltung der gemeinsamen Angelegenheiten und eine gemeinsame Vertretung der Interessenten geregelt werde, wodurch es schließlich auch zu einem Aufgeben der gemeinsamen Nutzung und zu einer gemeinsamen Verwerthung kommen kann. Die deshalb erforderlichen Anordnungen sind in die Hand der Auseinandersetzungsbehörden gelegt[118].

---

das Verfahren unter Aufrechthaltung des nothwendigen Maßes von Offizialbetrieb den Grundsätzen der Civilprozeßordnung anpassen sollte. Vergl. Glatzel und von Sterneberg. Das Auseinandersetzungsverfahren 1880.

[116]) Vgl. oben § 178 Anm. 13 und Anm. 36.

[117]) G.Th.O. § 26. G. v. 2. April 1872 § 2.

[118]) Gesetz betreffend die durch ein Auseinandesetzungsverfahren begründeten gemeinsamen Angelegenheiten vom 2. April 1887. (G.S. S. 105.) Ist eine solche gemeinsame Vertretung bestellt, so kann die Gesammtheit in dieser Vertretung auch klagen und verklagt werden; es ist ihr also Parteifähigkeit beigelegt, ohne daß sie nach allen Richtungen die Stellung einer juristischen Person haben soll. Sie ist aber als Eigenthümerin des gemeinsamen Grundstücks eintragungsfähig. Kammergericht bei Johow B. 11 S. 111.

## § 183. B. Das getheilte Eigenthum.

A.L.R. I. 8 §§ 16—20, I. 18 §§ 1—12. Bornemann IV. 46. Koch, Pr.=R. I. 469. Dernburg I. § 182, §§ 365ff. Fischer § 38. — Bluntschli S. 172f. Gerber § 77. Duncker in der Zeitschr. für deutsches R. B. 2 S. 177f. Roth, bair. Civ.=R. II. § 119.

Das aus einem Irrthum der Glossatoren entsprungene Dogma vom getheilten Eigenthum ist in das A.L.R. übergegangen [1]). Die verschiedenen im Eigenthum liegenden Rechte werden auseinandergerissen, jeder Theil soll noch Eigenthum sein. Auf der einen Seite die vom Landrecht sogenannte Proprietät [2]), welche die Berechtigung, auf die Substanz einzuwirken und zu veräußern [3]), umfaßt und an welcher der nutzbare Eigenthümer jedenfalls als ein Mitberechtigter betheiligt ist, — auf der andern Seite das materielle Eigenthum, das den ganzen Reichthum der Benutzung gewährt [4]). Der materielle Eigenthümer ist also immer Miteigenthümer an dem formalen Eigenthum, nicht in dem Sinne eines Antheilsrecht daran zu einem ideellen Theil, sondern in dem, daß er an den Entscheidungen über die Proprietät zu betheiligen ist. „Wer nur die Proprietät der Sache ohne das Nutzungsrecht hat, wird Eigner genannt" [5]), ein Ausdruck, den sonst das A.L.R. nicht weiter verwendet; „wer Miteigner der Proprietät ist und zugleich das Nutzungsrecht hat, dem wird ein nutzbares Eigenthum beigelegt" [6]). Doppelt unterscheidet sich hierdurch das getheilte Eigenthum von dem durch dingliche Rechte belasteten: der dinglich Berechtigte ist nicht Miteigenthümer der Proprietät, und er schließt den Eigenthümer neben sich nicht nothwendig und nicht einmal regelmäßig von der Nutzung aus.

Auf jeder Seite können Mehrere stehen, mehrere Ober= und mehrere Nutzeigenthümer, um die gebräuchlichen Bezeichnungen zu bewahren. Dann sollen die mehreren Obereigenthümer als Eine Person betrachtet werden, und ebenso die mehreren Nutzeigenthümer, „wenn es auf Verfügungen über das volle Eigenthum der Sache ankommt" [7]), d. h. jede Seite der anderen gegenüber. Unter einander sind sie Miteigenthümer ihres Rechts [8]).

Beide gemeinschaftlich, keiner ohne Zuziehung und Einwilligung des Andern, verfügen über die Proprietät, über die Substanz der Sache. Der

---

1) Oben § 167 Anm. 17. A.L.R. I. 8 § 16.

2) I. 8 § 10, I. 18 § 1. Obereigenthümer.

3) I. 18 § 1. §. 8.

4) I. 18 §§ 4—7, 9—11.

5) I. 8 § 19.

6) I. 8 § 20. Vgl. dazu I. 18 § 2. Oesterr. GB. § 357. Das sächs. G.B. § 226 verwirft das getheilte Eigenthum ganz.

7) I. 8 § 18.

8) Göppert S. 24fg. Vgl. oben § 182 Anm. 15.

Mitbesitz des Obereigenthümers aber ruht[9]). Das Nutzungsrechts gehört ausschließlich dem Nutzungseigenthümer, es umfaßt auch die außerordentlichen Nutzungen, muß aber so ausgeübt werden, daß die Substanz unverändert bleibt[10]). Der Nutzungseigenthümer darf die Sache nicht so verändern, daß sie eine andere wird[11]), und bei einem Inbegriff muß das Ganze nach seiner Hauptbestimmung unverändert und unvermindert bleiben, wenn auch die einzelnen Stücke sich ändern[12]). Verringerungen eines Theils der Sache darf er vornehmen, wenn ohne sie dieser Theil nicht genutzt werden kann[13]). Der Nutzungseigenthümer allein trägt die Lasten der Sache[14]).

Diesem getheilten Eigenthum gehören nach A.L.R. an: das Lehn, das Erbzinsrecht, das Familienfideikommiß. Das A.L.R. unterschied vom Erbzinsrecht noch ein Erbpachtrecht[15]), das es nicht als getheiltes Eigenthum, sondern als ein neben dem Nießbrauch stehendes, vererbliches dingliches Nutzungsrecht an fremdem Eigenthum ansah[16]). Das heutige Recht kennt keines dieser beiden Institute mehr. Das Obereigenthum des Guts- oder Grundherrn und des Erbzinsherrn, desgleichen das Eigenthumsrecht des Erbverpächters ist ohne Entschädigung aufgehoben: der Erbzinsmann und der Erbpächter sind volle Eigenthümer geworden[17]). Der Erbzins oder Kanon ist nur noch eine ablösbare Abgabe, wie andere Reallasten[18]). Die Verfassungsurkunde[19]) bestimmte ferner: Die Errichtung von Lehen und die Stiftung von Familienfideikommissen ist untersagt; die bestehenden Lehen und Fideikommisse sollen durch gesetzliche Anordnung in freies Eigenthum umgestaltet werden. Dieser Artikel ist aber bezüglich der Familienfideikommisse aufgehoben[20]): sie können also auch noch jetzt errichtet werden, die bestehenden sind nicht in freies Eigenthum umgewandelt. Die

---

[9]) I. 18 § 3.
[10]) I. 18 §§ 4. 5. 6. 7 vergl. mit I. 9 §§ 94 f.
[11]) I. 18 § 8.
[12]) I. 18 § 9.
[13]) I. 18 § 10.
[14]) I. 18 § 11.
[15]) I. 21 §§ 187 f. Erbpacht. I. 18 §§ 680 f. Erbzinsrecht.
[16]) Koch (Priv.-R. I. 479. 529 f.) weist darauf hin, daß der Unterschied ein künstlich erfundener ist.
[17]) § 2 Nr. 2 Gesetz v. 2. März 1850. Kraft des Gesetzes und vom Tage seiner Rechtskraft. Die Rechtsstellung des s. g. lassitischen Besitzes, die Einführung der Regulirungsfähigkeit durch das Edikt vom 14. September 1811, das Wachsen des Kreises der regulirungsfähigen Güter bis zum Ablösungsgesetz vom 2. März 1850 und die Bestimmungen des letzteren hierüber haben nur noch historisches Interesse, weil die Regulirung des vormals lassitischen Besitzes überall beendigt ist. Ueber diesen und die alle Rechtsverhältnisse erfassende Kraft der Regulirung vgl. Entsch. B. 41 S. 98, R.G. bei Gruchot B. 33 S. 1023. — Die gesetzliche Aufhebung des Erbpachtrechts schließt nicht aus, daß die schon vorher begonnene Ersitzung des Erbpachtrechts nach 1850 vollendet wurde, natürlich nun mit der Wirkung der Eigenthumsbegründung. R.G. bei Gruchot B. 26 S. 1072.
[18]) Ges. v. 2. März 1850 § 5.
[19]) V.U. Art. 40.
[20]) Ges. v. 5. Juni 1852 (Ges.S. S. 319).

nähere Darstellung dieses Instituts, das in seiner grundbuchmäßigen Behandlung, ebenso wie das Lehn dahin umgestaltet ist, daß der nutzbare Eigenthümer als Eigenthümer eingetragen, und daß nur durch einen Vermerk im Grundbuch auf die ihm mangelnde Verfügungsberechtigung bezüglich der Substanz hingewiesen wird, soll nach dem Vorgange des Landrechts im Familienrecht erfolgen [20a]).

Das Obereigenthum des Lehnsherrn mit den daraus entspringenden Rechten ist bei allen innerhalb des Staatsgebiets belegenen Lehen ohne Entschädigung aufgehoben; nur bei den Thronlehen, die schon die Verfassungsurkunde ausnahm, besteht das getheilte Eigenthum noch fort, auch ist die neue Begründung von Thronlehen nicht ausgeschlossen [21]). In den regelmäßigen Fällen ist der Vasall jetzt freier Eigenthümer, selbst ein etwaiger Lehnskanon ist zur Zeit eine ablösbare Reallast [22]). Aber den Agnaten gegenüber besteht das Lehnrecht noch, ebenso die Lehnfolgeordnung [23]). Trotzdem ist eine Erörterung des Lehnsrechts an dieser Stelle nicht geboten. Es kommt nach dieser Richtung nicht nur in Betracht, daß das Institut abstirbt, sondern auch daß das Lehnrecht des A.L.R. überhaupt kein praktisches gemeines Lehnrecht ist. Svarez selbst hat bei der Schlußrevision ausgesprochen [24]), daß das Gesetzbuch nur einen Leitfaden geben solle für die Redaktion der Provinziallehnrechte, das praktische Lehnrecht sei überall provinziell, und die einzelnen Lehnskonstitutionen seien so weit von einander verschieden, daß auch der mühsam angestellte Versuch, mit Hilfe der Induktion gewisse allgemeine Prinzipien daraus zu abstrahiren, nicht habe gelingen wollen. So ist der 18. Titel ein Lehrbuch, nur ein abstraktes, nirgend geltendes Lehnrecht, dessen Nutzen darin zu suchen ist, daß dadurch Zweifel des praktischen provinziellen Lehnrechts theoretisch entschieden werden.

Durch das **Rentengut**, mit dessen Einführung die Gesetzgebung zu-

---

20a) Unten B. IV. § 242.

21) V.U. Art. 41 § 2 Nr. 1 Ges. v. 2. März 1850. Die fernere Ausnahme der außerhalb des Staats belegenen Lehen (feuda extra curtem) ist für das preußische Privatrecht gleichgiltig.

22) Ges. v. 2. März 1850 § 5.

23) Vergl. jedoch Gesetz die Erleichterung gewisser Dispositionen über Kurmärkische Lehen betreffend vom 15. Mai 1852, Ges. betr. die Auflösung des Lehnsverbands der nach dem Lehnrecht der Kurmark, Altmark und Neumark zu beurtheilenden Lehen vom 23. Juli 1875; Gesetz betreffend die erleichterte Umwandlung Alt-Vorpommerscher und Hinterpommerscher Lehen in Familien-Fideikommisse vom 10. Juni 1856. Ges. vom 4. März 1867 betreffend die Auflösung des Lehnsverbandes in Pommern. Ergänzungsgesetz dazu vom 27. Juni 1875. Gesetz betr. die erleichterte Umwandlung ostpreußischer und ermeländischer Lehen in Familien-Fideikommisse vom 28. März 1857. Ges. betr. die Aufhebung des Lehnsverbands im Gebiete des ostpreuß. Prov.-Rechts vom 16. März 1877. Entspr. Ges. für Westfalen und die Kreise Rees, Essen (Stadt und Land), Duisburg und Mülheim a. d. R. v. 5. Mai 1876. Entspr. Ges. für Schlesien v. 19. Juni 1876, für Sachsen und Brandenburg v. 28. März 1877 mit ergänzendem Gesetz v. 10. März 1880.

24) Jahrb. B. 41 S. 87. Auch abgedruckt in Koch, Komm. zu § 13 I. 18.

nächst in einem besonderen Fall einen Versuch gemacht und dessen Zulässigkeit sie dann allgemein geregelt hat, ist kein neues getheiltes, auch kein in besonderer Weise gesetzlich beschränktes Eigenthum ins Leben gerufen[25]).

## Drittes Hauptstück.

## Die dinglichen Rechte auf eine fremde Sache.

### § 184. Vorbemerkung.

A.L.R. I. 19. Eig.Erw.Ges. v. 5. Mai 1872 §§ 12—17. Oben B. I. § 23, B. III. § 156. § 166. § 169. Fischer § 43. Roth, Bair. Civ.-R. II. § 152.

Besteht die rechtliche Beziehung zu einer Sache darin, daß dem Berechtigten nur nach einer oder der anderen der im Eigenthum vereinigten Herrschaftsrichtungen das Recht unmittelbarer Einwirkung auf die Sache zusteht, während das Eigenthum daran einem Andern zusteht[1]), so liegt ein dingliches Recht an einer fremden Sache vor. Es ist oben gezeigt, daß ein solches Recht nicht ein Befugniß aus dem Eigenthum herausnimmt, daß dieses vielmehr der Idee nach dasselbe bleibt und beim Wegfall der Belastung sich konsolidirt, wieder frei wird[2]). Daß trotz der Vereinigung des dinglichen Rechts mit dem Eigenthum in der Hand desselben Berechtigten jenes erstere Recht selbständig fortbestehen sollte, widerspricht dem Wesen des Eigenthums. Aber wie eine Forderung oder Schuld trotz eingetretener Vereinigung vom Recht zu bestimmten Zwecken als fortbestehend behandelt wird[3]), gilt dies in entsprechenden Fällen auch von den das Eigenthum belastenden Rechten; und bei Grundstücken besteht schon nach Landrecht die Möglichkeit, das im Hypothekenbuch eingetragene Recht so zu erhalten, daß es für den

[25]) Durch Gesetz v. 25. April 1886 war [zumeist zur Förderung deutscher Kolonisation] in Posen und Westpreußen die Ueberlassung der danach zu schaffenden Stellen auch gegen Rente zugelassen und dabei festgesetzt, daß die Ausschließung der Ablösung auf länger als 30 Jahre (abweichend von der allgemeinen Regel) zulässig sein solle. Diese Möglichkeit ist durch Ges. v. 27. Juni 1890 auf den ganzen Staat ausgedehnt. Vgl. unten § 188 Anm. 57a. Im Uebrigen sind in beiden Gesetzen nicht besondere Beschränkungen des Eigenthums zugelassen. Vielmehr ist, da anzunehmen war, daß von gewissen, schon auf dem Boden des gemeinen Rechts zulässigen Beschränkungen gegen den Rentengutsbesitzer werde Gebrauch gemacht werden müssen, nur zum Vortheil des letzteren verordnet: daß, wenn die Beschränkung dahin festgestellt wird, daß der Rentengutseigenthümer das Grundstück nicht ohne Zustimmung des Rentenberechtigten parzelliren dürfe, diese Zustimmung unter Umständen von der Generalkommission richterlich ergänzt werden kann, und daß ebenso deren Richterspruch von den vertragsmäßigen Feststellungen darüber, daß und wie die Selbständigkeit der Stelle zu erhalten sei, dispensiren könne. Vgl. Mahraun, Die Preußischen Rentengutsgesetze. 1892.

[1]) Auch an öffentlichen Sachen kann ein dingliches Privatrecht entstehen und bestehen, soweit damit ihr öffentlicher Zweck vereinbar ist. R.G. bei Gruchot B. 37 S. 1012.

[2]) Oben § 166 bei Note 12. Vgl. I. 16 §§ 482. 483.

[3]) Vgl. B. I. § 96, insbesondere unter 1.

Fall einer Trennung wieder so, als ob es nie untergegangen wäre, Kraft behält[4]). Diese bei der weiteren Rechtsentwickelung für die Hypothek fortentwickelte Möglichkeit hat zu dem unten eingehender zu behandelnden Rechtsinstitut der Hypothek und Grundschuld des Eigenthümers geführt[5]).

Die hier zu erörternden Rechte an fremder Sache sind dingliche, weil sie eine, wenn auch beschränkte, unmittelbare Einwirkung auf die Sache in die Hand des Berechtigten legen und wegen dieser unmittelbaren Beziehung zur Sache Bestand haben ohne Rücksicht auf die Person des Eigenthümers, als eine causa rei, die so fest auf ihr haftet, daß sie fortdauert, auch wenn sich das Eigenthum an dem Gegenstand des Rechts ändert[6]). Dies Verhältniß kann nur eintreten, wenn eine der gesetzlich wirksamen Erwerbungsarten des dinglichen Rechts stattgefunden hat, die es zugleich regelmäßig für Andre erkennbar machen. Das Landrecht sagt: „Soweit der Berechtigte sich im wirklichen Besitze der zu gebrauchenden oder zu nutzenden Sache befindet, hat seine Befugniß die Eigenschaft eines dinglichen Rechts"[7]) und „bei Grundstücken und Gerechtigkeiten hat die Eintragung des Rechts in das Hypothekenbuch die Wirkungen des körperlichen Besitzes"[8]). Bei beweglichen Sachen gilt der erstere Satz noch unbedingt: an ihnen kann ein dingliches Recht nur durch Besitzergreifung entstehen, und in mehr=

---

[4]) Das Erlöschen einer Servitut durch Konsolidation wird gehindert, wenn sie im Grundbuch eingetragen ist und nicht gelöscht wird; dasselbe gilt ohne Eintragung, wenn die Servitut durch eine Anlage im belasteten Gut bezeichnet wird (vergl. Strieth. B. 98 S. 39) und die Anlage nicht fortgeschafft ist. Sie lebt dann wieder auf, wenn die belastete Sache an einen andern Besitzer gelangt. I. 22 § 54. Die Hypothek erlischt nicht, wenn der Eigenthümer sie nicht löschen läßt. Anh. § 52 zu I. 16 § 484 und Dekl. vom 3. April 1824, jetzt Eig.Erw.Ges. §§ 63—67. — Aehnlich wurde bei subjektiv dinglichen Rechten, die im Hypothekenbuch des berechtigten Grundstücks vermerkt sind, z. B. bei hier eingetragenen Zwangs= und Bannrechten, für den Fall, daß das berechtigte Grundstück an einen Verpflichteten fällt, durch Vermerk einer Protestation gegen die Vereinigung im Hypothekenbuch das subjektiv=dingliche Recht erhalten. I. 16 § 484. Entsch. B. 13 S. 332, B. 42 S. 108, Striethorst B. 33 S. 319. — Bei der alten Erbpacht und, wenn es heute noch dingliche Rechte an Grundstücken giebt, die als selbständige Gerechtigkeiten Gegenstand einer Hypothek und anderer dinglicher Rechte sein können (Superfizies), auch für diese entsteht die Frage, was aus der die Gerechtigkeit belastenden Hypothek wird, wenn die Gerechtigkeit durch Vereinigung in das Eigenthum zurückfällt, wenn z. B. der Erbverpächter den Erbpächter beerbt. Das O.=Trib. hat angenommen, daß die auf der Erbpachtgerechtigkeit lastende Hypothek bestehen bleibe und fortan auf dem Eigenthum hafte. Jur.=Wochenschr. 1838 S. 77. Dagegen v. d. Hagen (J.W. 1838 S. 437) und Förster gestützt auf I. 19 § 33 und unter Bezugnahme auf Sohm, Lehre vom subpignus. 1864 S. 38. Man wird hier den Standpunkt einnehmen müssen, daß auch der Eigenthümer, wenn er die Löschung der Gerechtigkeit nicht herbeiführt, darüber weiter verfügen kann, und daß jedenfalls der Hypothekengläubiger die Gerechtigkeit so als ob sie fortbesteht, zur Veräußerung bringen darf. Daran, daß die auf einem Erbpachtrecht haftenden Hypotheken mit der gesetzlichen Umwandlung der Erbpacht in Eigenthum Hypotheken am Grundstück geworden sind, besteht aber kein Zweifel.

[5]) Vgl. unten § 200. Das B.G.B. § 859 (I. Entw. § 835, II. § 807, Reichstagsvorl. § 873) läßt allgemein das dingliche Recht an Grundstücken nicht dadurch untergehen, daß es sich mit dem Eigenthum in einer Person vereinigt.

[6]) Oben § 156. A.L.R. I. 19 § 7.

[7]) I. 21 § 2. Entsch. B. 60 S. 128.

[8]) I. 21 § 4.

facher Beziehung besteht es auch nur durch den Besitz weiter fort[9]). So lange Jemand, dem ein Recht an einer fremden Sache zugesichert ist, noch nicht den Besitz dieser fremden Sache erlangt hat, hat er nur ein Recht zur Sache[10]); aber durch den eingeräumten Besitz der beweglichen Sache werden nicht nur solche Rechte, die das römische Recht als dinglich anerkannte, wie Nießbrauch und Faustpfand, sondern — in Erweiterung des römisch-rechtlichen Begriffs der persönlichen Servituten — alle auf Verträgen beruhenden Gebrauchsrechte, auch wenn sie vom Standpunkt des gemeinen Rechts nur obligatorisch wirken, dinglich, so daß ein neuer Eigenthümer, obgleich durch den Vertrag nicht gebunden, sich den eingeräumten Gebrauch der Sache gefallen lassen muß[11]).

Bezüglich der Grundstücke gelten diese Bestimmungen insofern noch jetzt, als die durch Besitzübertragung begründete dingliche Kraft der Miethe und Pacht auch im neuen Grundbuchrecht anerkannt ist[12]). Wie es aber Fälle giebt, in denen das Gesetz den Eigenthumserwerb an andere das Eigenthum kraft dieses Gesetzes begründende Ereignisse knüpft, so giebt es dingliche Rechte, die kraft des Gesetzes ohne Besitzerwerb und ohne Eintragung volle dingliche Kraft haben, insbesondere solche, welche überhaupt nur als dingliche Belastungen gedacht werden können. Vom Standpunkt des preußischen Rechts kommen als solche in Betracht öffentlich-rechtliche Belastungen, Grundgerechtigkeiten, gewisse Gebrauchs- und Nutzungsrechte des Bergrechts und die gesetzlichen Vorkaufsrechte; sie sind auch im neuesten Recht noch als dingliche, auch gegen Dritte ohne Weiteres wirksame Rechte aufrecht erhalten[13]). Die Eintragung im Grundbuch kann, wie in der Lehre von der Miethe und Pacht gezeigt worden, die Erwerbung durch Besitzübertragung ersetzen. Nur durch Eintragung, nicht durch Besitzübertragung konnte schon nach Landrecht die Hypothek sowie das vertragsmäßige Vorkaufsrecht und Wiederkaufsrecht mit dinglicher Kraft ausgerüstet werden[14]). Diese Bestimmung ist in das Grundbuchrecht übergegangen und dahin erweitert, daß dasselbe von der Grundschuld gilt[15]). Für andere Rechte hat das Grundbuchrecht nur die folgende Vorschrift: „dingliche Rechte an Grundstücken, welche auf einem privatrechtlichen Titel beruhen, erlangen gegen

---

[9]) Oben B. II. § 136 Anm. 10.

[10]) I. 19 §§ 2. 3. I. 21 § 5. Oben § 156 Anm. 12. 14.

[11]) I. 19 §§ 7. 8. I. 21 § 3. Diese Ausdehnung des Begriffs des dinglichen Rechts ist dem deutschen B.G.B. fremd, nur das Recht des Miethers und Pächters hat einen gewissen dinglichen Schutz erlangt; und bestehende eingetragene Rechte konservirt Art. 179 des Einf.Gesetzes zum B.G.B. in ihrer Wirksamkeit gegen Dritte.

[12]) Ges. v. 5. Mai 1872 § 12 Abs. 2. Vergl. auch wegen des Rechts zur Sache B. II. § 136 Anm. 14, B. III. § 156 Anm. 14. 20 und Entsch. B. 59 S. 70 (Rehbein III. S. 366).

[13]) Ges. v. 5. Mai 1872 § 12.

[14]) A.L.R. I. 20 §§ 390. 391. 411. Ueber das Verkaufsrecht und Wiederkaufsrecht vergl. Anm. 19.

[15]) Ges. v. 5. Mai 1872 § 18.

Dritte nur durch Eintragung Wirksamkeit und verlieren dieselbe durch Löschung"[16]).

Während die Auflassung und Eintragung des Eigenthümers das Eigenthumsrecht begründet, und das Recht der Hypothek und Grundschuld nur durch Eintragung entsteht, verleiht den hier in Rede stehenden dinglichen Rechten die Eintragung nach dem Wortlaut des Gesetzes nur Wirksamkeit gegen Dritte. Es entsteht die Frage: Ist dies nur ein anderer Ausdruck für das Entstehen als dingliches Recht? oder wodurch werden diese Rechte als dingliche Rechte begründet? müssen sie bereits als dingliche Rechte gegen den Eigenthümer bestehen, um eingetragen zu werden? Die Regierungsvorlage hatte ausgesprochen: „Dingliche Rechte an einem Grundstück, welche auf einem privatrechtlichen Titel beruhen, können nur durch Eintragung begründet werden". Danach sollte also die landrechtliche Bedeutung der Uebertragung des unvollständigen Besitzes an dem Grundstück nicht ferner geeignet sein, auch andere Gebrauchsrechte außer Miethe und Pacht mit dinglicher Kraft auszurüsten. Bei der Berathung des Gesetzes erwog man aber, daß die Eintragung zwar als Begründungs- und Erwerbsakt für den auf Vertrag beruhenden Nießbrauch und für die Reallast angesehen werden könne, nicht aber für den gesetzlichen Nießbrauch des Vaters und Ehemanns. Für dieses durch die väterliche Gewalt oder durch die Ehe begründete Recht könne es sich nur darum handeln, seine dingliche Wirkung gegen Dritte an die Eintragung zu knüpfen. Man wählte deshalb die jetzige Fassung. Dabei blieb zunächst außer Betracht, daß es schon nach Landrecht außer der Hypothek Rechte gab, die durch die Eintragung selbst erst zu dinglichen Rechten werden, wie das vertragsmäßige Vorkaufsrecht[17]). Solche Rechte erlangen auch jetzt, trotz der Fassung des § 12, nicht als schon bestehende dingliche Rechte durch die Eintragung eine Wirksamkeit gegen Dritte, son-

[16]) Ges. v. 5. Mai 1872 § 12. Das B.G.B. § 873 (Entw. I. § 828, II. § 794, Reichstagsvorl. § 857) erfordert allgemein für Entstehung der Privatbelastungen des Grundbesitzes durch Rechtsgeschäft unter Lebenden den dinglichen Vertrag und die Eintragung. Ausgenommen sind die beim Inkrafttreten des Gesetzbuchs bestehenden dinglichen Rechte. Einf.Ges. z. B.G.B. Art. 184, über Grunddienstbarkeiten vergl. die in Art. 187 enthaltene Vorschrift. Ob die Vorschrift des § 873 sich als segensreich erweisen wird, ist zu bezweifeln. Daß nach einer längeren Reihe von Jahren die nicht eingetragene Grundgerechtigkeit mit Erfolg bekämpft werden kann, trotz fortdauernder — vielleicht nach Art. 191 im Rechtswege geschützter — Uebung, wenn nicht ihr schon bei Einführung des Gesetzbuchs begründeter Erwerb durch damals vollendete Ersitzung oder gehörige Bestellung erwiesen wird, daß ferner ein Nießbraucher, der im Besitz des Grundstücks ist, oder ein Altentheilsberechtigter, wenn sie ihr Recht nicht haben eintragen lassen, auch dem Besteller gegenüber nicht dinglich berechtigt sind, deshalb in seinem Konkurse höchstens Interesseansprüche als Konkursgläubiger geltend machen können, — das alles, wird wie mir scheint, als Uebelstand und als eine ungünstige Aenderung des preußischen Rechts aufgefaßt werden.

[17]) Die Pacta retrovenditionis, protimeseos, addictionis in diem, legis commissoriae wurden in der Hyp.Ordnung von 1783 I. § 50, II. §§ 79. 80 ausdrücklich als eintragbar und dann als Realverbindlichkeiten bezeichnet. Die Grundbuchgesetzgebung von 1872 hat hierin nichts ändern sollen.

dern sie werden auch jetzt dadurch erst zu dinglichen Rechten. Auf der andern Seite ist aber auch an der landrechtlichen Bedeutung der Uebertragung des unvollständigen Besitzes an dem Grundstück für die persönlichen beschränkten Gebrauchsrechte nichts verändert. Sie kommen auch jetzt noch durch Uebergabe als dingliche Rechte zur Existenz. Ebenso muß angenommen werden, daß die vertragsmäßige Einigung, daß ein Grundstück mit einer dauernden Rente oder mit einem Altentheil oder mit einer anderen Reallast belastet sein solle, diese überhaupt nur als dingliches Recht denkbare Rechte sogleich zur Existenz bringt. Bei allen diesen Rechten ist nur die Wirkung der Dinglichkeit gegen Dritte an die Eintragung geknüpft, aber sie bestehen als dingliche Rechte schon vorher und sind wirksam, so lange das Grundstück in der Hand des einräumenden Eigenthümers oder solcher Personen ist, welche nicht als Dritte im Sinne des Eigenthumserwerbsgesetzes zu betrachten sind, haben freilich auch allen andern inzwischen eingetragenen Rechten als den Rechten „Dritter" den Vorrang zu lassen. Mit andern Worten, sie sind der Gefahr des Untergangs durch solche Verfügungen des Eigenthümers ausgesetzt, durch welche Dritte Rechte an der Sache erlangen.

Außer der Einschränkung der Bedeutung der Besitzübertragung in der Wirksamkeit gegenüber Dritten ergiebt sich noch eine andere bereits erörterte Aenderung des älteren Rechts. Auch die Kenntniß von dem ohne Eintragung eingeräumten dinglichen Recht ist für den Dritten gleichgiltig, während ihm nach Landrecht sogar die Kenntniß davon entgegen stand, daß der Eigenthümer sich auch nur persönlich zur Einräummung des Nutzungsrechts oder der Reallast verpflichtet hatte, und solcher Kenntniß eine durch mäßiges oder grobes Versehen verschuldete Unkenntniß gleich geachtet wurde [18]). Der Dritte soll jetzt befugt sein das Grundbuch als die einzige völlig sichere Erkenntnißquelle für den Umfang der einzutragenden dinglichen Belastungen anzusehen [19]).

Hiernach ergiebt sich folgender Rechtszustand: 1. vertragsmäßig eingeräumte ihrer Natur nach dingliche Rechte, wie die Reallasten, sind ohne Eintragung und Besitz gegen andere als Dritterwerber, insbesondere gegen denjenigen, der sie eingeräumt hat, und in seinem Konkurse wirksam [20]). 2. Miethe und Pacht erlangen durch Besitzeinräumung volle dingliche Kraft. Andere beschränkte vertragsmäßige Gebrauchsrechte erlangen durch Einräumung des unvollkommenen Besitzes die dingliche Kraft gegen den bestellenden Eigenthümer;

---

[18]) Vgl. oben § 156 Anm. 18ff. Ueber das ältere Recht s. A.L.R. I. 21 § 6; Svarez, Amtl. Vertr. Jahrb. B. 41 S. 58. Rechte, welche am 1. Oktober 1872 bestanden, müssen bis zum 1. Oktober 1873 zur Eintragung gebracht werden; sonst können sie dritten Personen gegenüber nicht geltend gemacht werden. Grundbuchordnung § 73. Wer bis zum 30. Sept. 1873 das Grundstück mit Kenntniß von der Last erwarb, wurde ein Verpflichteter, gehört also auch nach dem 1. Oktober 1873 nicht zu den Dritten. Entsch. B. 76 S. 1. — R.G. bei Gruchot B. 26 S. 1120.

[19]) Förster, Grundbuchrecht S. 108f.

[20]) Vgl. unten § 188.

dieselbe Wirkung erzeugt nach wie vor auch ohne Besitznahme das Gesetz, insoweit es das Entstehen des Gebrauchsrechts an ein persönliches Verhältniß zum Eigenthümer knüpft. 3. Vorkaufs- und Widerkaufsrechte entstehen, wie Grundschulden und Hypotheken, nur durch Eintragung als dingliche Rechte[21]). 4. Die bloße Kenntniß des Dritten von den nur gegen den Eigenthümer wirksamen Rechten macht sie dem Dritten gegenüber nicht wirksam[21a]). 5. Um nicht unter der Herrschaft des alten Rechts bereits wohlerworbene, ohne Eintragung rechtsgiltig bestehende privatrechtliche dingliche Rechte zu verletzen, war angeordnet, daß diese bis zum 1. Oktober 1873 nachträglich eingetragen werden mußten[22]); nach diesem Tage traten sie unter die Regel des § 12 des Gesetzes über den Eigenthumserwerb. 6. Die zu 2. gedachten Gebrauchsrechte außer der Miethe und Pacht können, gegen den Eigenthümer zur Zeit des begonnenen Besitzes und gegen dessen allgemeinen Rechtsnachfolger durch Ersitzung als dingliche Rechte erworben werden, die er als solche anerkennen und deren Eintragung er genehmigen muß[23]), während die Ersitzung ausgeschlossen ist, wenn der Eigenthumserwerb eines Dritten in die Verjährungszeit fällt.

---

[21]) Vgl. unten § 189; darüber, daß auch Miethe und Pacht vor der Besitzeinräumung durch Eintragung dingliche Kraft erlangen können, vgl. B. II. § 136 Anm. 12.

[21a]) Das R.G. Entsch. B. 22 S. 341 nimmt an: Das Recht geht unter, wenn ein dritter neuer Eigenthümer eintritt und fügt hinzu: Es lebt denn selbst in dem Fall nicht wieder auf, wenn der ursprünglich dinglich Verpflichtete von dem dritten das Grundstück wieder erwirbt. Dem scheint entgegen zu stehen, daß es sich nur um relative Unwirksamkeit des an sich fortbestehenden dinglichen Rechts handelt, wie das sich daraus ergiebt, daß es dem Eigenthümer gegenüber bestehen kann, während es neuen dinglichen Belastungen gegenüber unwirksam ist und danach hier in der Priorität zurück tritt. Wenn nun aber eine Hypothek oder Belastung für den Gläubiger dahin, daß ein anderes dingliches Recht nicht vorgeht, wirksame Hypothek sich in die Hypothek des Eigenthümers verwandelt, muß man doch annehmen, daß er darüber so, wie sie dem Gläubiger zustand, verfügen kann, obgleich das eingetragene dingliche Recht von ihm als das Grundstück überhaupt belastend anerkannt werden muß. Ebenso erwirbt er das in der Hand eines Zwischenbesitzers unbelastete Eigenthum als solches, und seine frühere persönliche und dingliche Gebundenheit kann jetzt nur als Obligation wirken, das Recht als ein dingliches wieder einzuräumen.

[22]) Gr.B.O. § 73. Vgl. dazu Entsch. B. 75 S. 270, B. 76 S. 1 (Rehbein III. S. 372) und oben Anm. 17.

[23]) Die entgegengesetzte Ansicht, für die auch Förster eintrat, ist jetzt außer von Turnau zu § 12, der die aus dem Entwurf ersichtliche „Absicht des Gesetzgebers“ bei dem unklaren Wortlaut für entscheidend hält, ziemlich allgemein aufgegeben, auch von Achilles, der sie in der ersten Ausgabe seines Kommentars theilte. Förster argumentirte: Was könnte das für ein Rechtserwerb sein, der sofort wieder aufhörte, wenn das Eigenthum „am Grundstück wenigstens im Wege der Singularsuccession sich änderte“, — eine Ersitzung auf Zeit. Dieser Satz wiederlegt sich dadurch, daß das erworbene Recht den Anspruch auf Eintragung erzeugt. Vgl. Entsch. B. 75 S. 31. Strieth. B. 93 S. 369. — Die Ansicht von Heidenfeld, Pr. Immobiliarrecht S. 56, daß die Ersitzung nur gegen den nicht eingetragenen Eigenthümer statthaft sei, beruht auf einem Mißverständniß des § 6 des Eig.-Erw.-Gesetzes. — Man wird hiernach auch nicht annehmen können, daß das bloße Inkrafttreten des Gesetzes vom 5. Mai 1872 auf eine damals laufende Ersitzung von Einfluß gewesen ist. Wenn nur in dem Rest der Ersitzungszeit nach 1. Oktober 1873 kein Eigenthumswechsel durch Auflassung stattgefunden hat, ist das Recht gegen den, der am 1. Oktober 1873 Eigenthümer war, oder seine Erben mit Ablauf der Ersitzungszeit erworben, selbst wenn es vor 1873 gegen mehrere Vorbesitzer innerhalb der Ersitzungszeit geübt ist.

Als Dritter im Sinne der hier fraglichen Bestimmung kann nur ein solcher angesehen werden, der durch Verfügung des Eigenthümers oder gegen diesen durch Zwangsvollstreckung in ein dingliches Verhältniß zum Grundstück gesetzt ist, insbesondere als dinglich Berechtigter Eintragung erlangt. Hieraus folgt, daß das — im Verhältniß zu dem zeitigen Eigenthümer — mit dinglicher Kraft ohne Eintragung bestehende Recht gerichtlichen Schutz nicht nur gegen den Eigenthümer selbst, sondern auch gegen solche genießt, die ohne jede Befugniß darin eingreifen[24]). Es folgt ferner, daß die fraglichen Rechte auch bei einer Zwangsversteigerung des belasteten Grundstücks, wenn auch hinter den eingetragenen Rechten und hinter dem Gläubiger, der die Beschlagnahme erwirkt hat, Berücksichtigung fordern[25]), und daß, wenn über das Vermögen des Eigenthümers Konkurs eröffnet wird, das Recht nicht aufhört ein dingliches zu sein, und daß der Konkursverwalter, der als ein Dritter im Sinne des Gesetzes nicht angesehen werden kann, nicht in der Lage ist, dies Recht zu bestreiten oder auch nur die Eintragung des gegen den Kridar bestehenden dinglichen Rechts zu verweigern[26]).

Der zweite Abschnitt des Gesetzes über den Eigenthumserwerb vom 5. Mai 1872, der den § 12 einleitet, ist „von den dinglichen Rechten an Grundstücken" überschrieben. Von diesen wird aber im dritten Abschnitt §§ 18ff. das Recht der Hypothek und Grundschuld unterschieden. Sie werden in der dritten, jene anderen Rechte, wie die in § 11 des Eigenthumserwerbsgesetzes behandelten „Beschränkungen des Eigenthumsrechts", in der zweiten Abtheilung des Grundbuchs eingetragen. Für die Eintragung aller dieser Belastungen aber gilt in allen Beziehungen das Konsensprinzip.

Die Eintragung kann nur auf Bewilligung des buchmäßigen Eigen-

---

24) Der Nießbraucher, dem das Grundstück vom Eigenthümer übergeben worden, und der Ausgedinger, der sich im Besitz der ihm vorbehaltenen Räume befindet, kann nicht nur, wie der, dem das Recht ohne Uebergabe eingeräumt ist, auf Grund des Vertrages Eintragung fordern, sondern wird in seinem dinglichen Recht gegen den einräumenden Eigenthümer geschützt, hat die Rechtsklage (confessoria) gegen ihn und weist die Eigenthumfreiheitsklage zurück. Aber auch wenn andere Personen, denen nicht vom Eigenthümer ein dingliches Recht eingeräumt worden, sie entsetzen, stören oder belästigen, können sie gegen diese nicht nur mit der Besitzklage, sondern auch mit der Klage aus ihrem dinglichen Recht vorgehen, auch wenn ihr Recht noch nicht eingetragen ist.

25) Der Nießbraucher, dem übergeben ist, und der Ausgedinger, dessen Recht auf Grund des bloßen Vertrags dingliche Kraft hat, können zwar nicht Berücksichtigung ihres Rechts bei Feststellung des geringsten Gebots fordern; denn der beschlagnehmende Gläubiger ist für sie ein Dritter. Aber wenn sie ihr dingliches Recht, — dessen Eintragung sie auch nach der Beschlagnahme fordern können, — im Verfahren anmelden und im Bestreitungsfall bescheinigen, ist es als ein das Grundstück in der Hand des Vollstreckungsschuldners belastendes Recht zu berücksichtigen. Das Grundstück ist also auch mit dieser Belastung auszubieten und eventuell so zuzuschlagen. Imm.Vollstr.Ges. v. 13. Juli 1883 § 60.

26) Ueber die Unerheblichkeit der Eröffnung des Konkursverfahrens und den Satz, daß der Verwalter kein Dritter im Sinne des § 12 sei, vgl. R.G. Entsch. B. I. S. 386. Daß der allgemeine Rechtsnachfolger kein Dritter im Sinne des Gesetzes ist, bedarf keiner Ausführung.

thümers erfolgen; sein Wille entscheidet über die Eintragung, kann aber auch durch ein verurtheilendes, rechtskräftiges Erkenntniß ersetzt werden. Die Eintragung des Rechts giebt ein unanfechtbares Recht, wie bei dem Eigenthum, wenn der Berechtigte die Eintragung im redlichen Glauben an die Richtigkeit des Grundbuchs erlangt, d. h. wenn er nicht weiß, daß das eingetragene Eigenthum des Bestellers ungiltig oder anfechtbar ist, und wenn er das Recht entgeltlich erworben hat[27]). Sein Recht kann eben so wenig, wie das eingetragene Eigenthum, von solchen Personen bestritten werden, welche ein älteres Recht auf Eintragung eines widerstreitenden dinglichen Rechts erlangt haben, auch dann nicht, wenn ihm der ältere Titel hierfür bei der Eintragung bekannt war[28]). Abweichend von der Eintragung des Eigenthums bestehen aber die formellen Voraussetzungen der Eintragung eines dinglichen Rechts nicht darin, daß Bewilligung und Antrag mündlich und gleichzeitig von den Betheiligten vor dem Grundbuchamt erklärt werden, sondern der Antrag kann mündlich vor dem Grundbuchrichter einseitig erklärt, auch schriftlich eingereicht werden[29]); dagegen stimmt die Eintragung in der zweiten Abtheilung mit der des Eigenthums insofern wieder überein, daß es dazu nicht der Aufdeckung des Rechtsgeschäfts bedarf, wodurch das Recht auf Eintragung eingeräumt worden ist[30]).

Da ein Grundstück mit mehreren gleich- oder verschiedenartigen dinglichen Rechten belastet werden kann, so entsteht hier, ebenso wie bei der Hypothek und Grundschuld, das Bedürfniß, eine Rangordnung festzusetzen[31]). Diese bestimmt sich nach der Reihenfolge der Eintragungen, und die letztere nach der Zeit, zu welcher der Antrag auf Eintragung dem Grundbuchamt, jetzt dem Amtsgericht vorgelegt worden ist[31a]). Eintragungen in der zweiten Abtheilung unter demselben Datum haben ebenfalls die Rangordnung nach ihrer Reihenfolge, wenn nicht besonders dabei bemerkt ist, daß sie zu gleichem Rechte neben einander stehen sollen. Dieselben Grundsätze normiren die Rangordnung der Hypotheken und Grundschulden unter einander. Gehören aber die unter demselben Datum vorgelegten Eintragungsanträge theils der zweiten, theils der dritten Abtheilung des Grundbuchs

27) Ges. über den Eigenthumserwerb. § 9 Abs. 2. Das deutsche B.G.B. §§ 891—893 unterscheidet beim redlichen Erwerb auf den Glauben des Grundbuchs nicht zwischen entgeltlichem und unentgeltlichem Erwerb.

28) Eig.Erw.Ges. § 15. Vgl. oben § 156 Anm. 20.

29) Eig.Erw.Ges. § 13 Abs. 2 § 19 § 23, Grundbuchordnung §§ 31—33.

30) Eig.Erw.Ges. § 13 Abs. 1. Dies schließt aber nicht die Nothwendigkeit bestimmter Angaben über das Geschäft aus, wenn nur auf diese Weise das einzutragende Recht selbst bezeichnet werden kann.

31) Eig.Erw.Ges. §§ 17. 34. 36.

31a) Vollständig. War ein wesentliches Stück zu ergänzen, so geht die inzwischen beantragte Eintragung vor. Strieth. B. 62 S. 30. Rehbein III. S. 533. Bei Besetzung des Amtsgerichts mit mehreren Richtern entscheidet der Zeitpunkt der Vorlegung an denjenigen Richter (oder Gerichtsschreiber), zu dessen Geschäftskreis die Grundbuchsache gehört. Ausf.Ges. v. 24. April 1878 § 31. R.G. Entsch. B. 33 S. 320. — Vgl. B.G.B. §§ 879 ff.

an, so kann die Reihenfolge der Eintragung nicht über ihre gegenseitige Rangordnung entscheiden, weil bei ihnen die durchlaufende Reihenfolge fehlt. Deshalb stehen hier umgekehrt die Eintragungen in beiden Abtheilungen unter demselben Datum zu gleichem Recht, wenn nicht eine andere Rangordnung besonders vermerkt worden ist[32]). Gleichzeitig dem Grundbuchamt vorgelegte Anträge[33]) sind zu gleichem Recht einzutragen, wenn nicht in ihnen eine andere Reihenfolge bestimmt ist, die dann für die Eintragung maßgebend ist und in dem Eintragungsvermerk zum Ausdruck gelangen muß. Der § 45 der Gr.B.O., der dies anordnet, wiederspricht weder dem § 17 Absatz 2 noch den §§ 34 und 36 Absatz 2 des Gesetzes über den Eigenthumserwerb, denn er enthält nur eine Vorschrift für den Grundbuchrichter, in welcher Reihenfolge er gleichzeitig vorgelegte Anträge einschreiben soll. Sind aber die mehreren gleichzeitige Anträge unter demselben Datum eingetragen, so entscheiden über ihre Rangordnung die Vorschriften des Gesetzes über den Eigenthumserwerb. Aus dem hierbei überall hervortretenden Prinzip entscheidet sich auch die Vorrechtsfrage zwischen solchen dinglichen Rechten, welche der Eintragung nicht bedürfen, und den eingetragenen Rechten. Es kann z. B. mit Rücksicht auf die Bestimmungen des geltenden Immobiliar-Vollstreckungsrechts nothwendig werden, festzustellen, ob eine Grundgerechtigkeit einer Hypothek, oder diese jener vorgeht. Hierbei ist das Alter, der Zeitpunkt des fertigen Entstehens des einen und des anderen Rechts als eines dinglichen, bei der Hypothek also der Tag der

---

[32]) Förster, Grundbuchrecht S. 64. Der § 17 des Eig.Erw.Ges. gewährt ein wirkliches Recht auf Voreintragung für die zuerst vorgelegte Eintragsbewilligung. Ist dies vom Richter schuldhaft nicht berücksichtigt, so haftet er auf Schadensersatz, aber nur subsidiarisch (II. 10 § 91, I. 20 § 433) und hinter ihm der Staat (G.B.O. § 29). — Die Frage, ob vorweg ein Anspruch gegen den zu Unrecht voreingetragenen Gläubiger zu verfolgen ist, beantwortet das Reichsgericht unter Festhaltung des schon in § 502 I. 20 zum Ausdruck gebrachten Satzes, daß das bessere dingliche Recht nicht anfechtbar ist, dahin, daß auf Grund der (nicht auf Fehler in der Form der Eintragung zu beschränkenden) §§ 433. 434 I. 20 gegen den voreingetragenen Gläubiger dann ein Anspruch geltend zu machen ist, wenn dieser durch Betrug die fehlerhafte Handlung des Richters veranlaßt hat oder wenn er sich mit dem Schaden des nacheingetragenen widerrechtlich, d. h. ohne Rechtsgrund bereichern würde. In der letzteren Lage aber sei der zu Unrecht voreingetragene Gläubiger jedesmal und seine persönliche Pflicht bestehe (sofern er die voreingetragene Post noch selbst habe) in der Einräumung des Vorrechts, oder darin, daß er von diesem gegen den nacheingetragenen Gläubiger keinen Gebrauch mache. R.G. Entsch. B. 4 S. 324. Vergl. auch Strieth. B. 62 S. 30. Da die Präsentation bereits ein Recht auf Eintragung begründet, so liegen in der That alle Voraussetzungen der Klagen aus der Bereicherung vor. Das Recht auf Eintragung an erster Stelle ist in den Nutzen des voreingetragenen verwendet und dem Vermögen des Berechtigten entzogen. Vgl. B. II. § 148.

[33]) Zu dem Bedenken Dernburgs I. § 200 Anm. 3, der mit derselben Briefpost eingelaufene Anträge nicht als gleichzeitig ansehen will, vgl. Achilles und Turnau zu § 45 Gr.B.O. Vgl. auch § 5 der Geschäftsordnung für die Gerichtsschreibereien der Amtsgerichte vom 3. August 1879: Zeitpunkt, in welchem ihm das Gesuch vorgelegt ist, — in welchem er das Gesuch einsehen konnte. Es kommt darauf an, ob die Anträge gleichzeitig in die Hand des nach Anm. 31 zuständigen Beamten gekommen sind, dieser hat nicht den Brief, den er zuerst eröffnet, als den vor anderen eingegangenen anzusehen. Er muß die ihm gleichzeitig vorgelegten als gleichzeitig eingegangen präsentiren.

Eintragung, bei der Grundgerechtigkeit regelmäßig der schriftliche Vertrag, durch den der Eigenthümer die Gerechtsame eingeräumt hat, allein maßgebend.

Unter den Rechten, für welche die Ausnahmestellung gilt, daß sie ohne Eintragung volldingliche Kraft habe, sind die wichtigsten die Grundgerechtigkeiten.

Schon das A.L.R. hatte von der Theorie der Erkennbarkeit durch Besitz oder Eintragung bei ihnen abgesehen: eine Vorschrift, für die Zweckmäßigkeitsgründe maßgebend waren. Die Grundgerechtigkeiten bedürfen also nicht der Eintragung, sie wirken dinglich auch ohne Eintragung, auch dann wenn ihr Besitz, d. h. die Ausübung, sie nicht erkennbar macht[34]). Das geltende Recht hat, wie bereits angedeutet, diese Ausnahme beibehalten und als weitere Ausnahmen übernommen: gesetzliche Vorkaufsrechte, Gebrauchs- und Nutzungsrechte zu Gunsten der Schürfunternehmungen und des Bergbaus[35]). Alle diese dinglichen Rechte beruhen auf privatrechtlichen Titeln. Außer ihnen bedürfen ganz allgemein die publizistischen Belastungen der Grundstücke grundsätzlich der Eintragung nicht. Das Gesetz bezeichnet sie mit dem Ausdruck: gemeine Lasten[36]). Diese sind daher auch von dem Ausschlußtermin des 1. Oktober 1873 nicht berührt.

Die dinglichen Rechte auf eine fremde Sache sind gegen jeden Eigenthümer und gegen jeden Anderen, der störend eingreifen oder sie dem Berechtigten entziehen will, verfolgbar. Giltig, d. h. mit Rechtswirkung für die belastete Sache, so daß demnächst die dingliche Belastung vollstreckbar und eventuell eintragbar feststeht, kann aber die Richtigkeit eines dinglichen Rechts nach den Bestimmungen des Landrechts nur durch Verhandlung mit dem Eigenthümer oder vollständigen Besitzer, jetzt nur durch Verhandlung mit dem eingetragenen Eigenthümer, zur Feststellung gebracht werden. Aber dieser Satz schließt die Klage nicht aus, wenn ein Anderer in das Recht störend eingreift. Auch ihm kann der dinglich Berechtigte mit der Klage aus seinem Recht entgegentreten[37]). Aus dem Besitz des dinglichen Rechts

[34]) Anh. § 58 zu § 18 I. 22. Unten § 187 bei Note 51 ffg. Vgl. oben Anm. 16 wegen der Stellung des Entwurfs des B.GB.

[35]) Ges. v. 5. Mai 1872. § 12 Abs. 2.

[36]) Gr.B.O. § 11. Auf den Begriff der gemeinen Last ist im § 188 wieder zurückzukommen. Auch das Patronat (vgl. oben § 168 Anm. 21) ist eine aus den publizistischen Verhältnissen des Kirchenverbands entspringende Last und bedarf nicht der Eintragung. (Entsch. B. 74 S. 71, B. 75 S. 59.) Welche Abgaben im Gebiete des Bergrechts zu den gemeinen Lasten gehören, darüber s. Förster, Grundbuchrecht S. 111 ff.

[37]) I. 19 § 10. Eig.Erw.Ges. v. 5. Mai 1872 § 7. Förster bezeichnete nur die Klage gegen den Eigenthümer als konfessorische Klage. Vgl. auch Förster, Klage und Einrede S. 312. Franklin bei Gruchot B. 5 S. 39 und dagegen oben § 180 Anm. 65. § 181 Anm. 29. Er beschränkte ferner die konfessorische Klage auf selbständige Rechte, die ihrer Natur nach dinglich sind, hielt den Ausdruck für unpassend bei accessorischen Rechten, die zu einer Obligation hinzutretend durch Besitz oder Eintragung dingliche Wirkung erlangen, wie das Pfandrecht. — Der Satz, daß hier aus dem Vertrage geklagt werde, ist bei der Klage gegen einen neuen Erwerber gewiß nicht zutreffend. — Für den Fall einer Störung des dinglich Berechtigten durch einen Dritten, unterschied

erwachsen ihm zugleich die possessorischen Klagen sowohl gegen den Eigenthümer wie gegen Dritte[38]).

Die dinglichen Rechte ergreifen nicht die Sache in ihrer Totalität, diese bleibt dem Berechtigten eine fremde: nur nach bestimmten Richtungen dient sie ihm[39]). Fremd ist jede Sache, die nicht des Berechtigten Eigenthum ist, und fremd bleibt sie, wenn auch der Eigenthümer die dem dinglichen Recht unterworfene Sache preisgegeben oder verlassen hat[40]). Das dingliche Recht wird, auch wenn es nur auf der Grundlage fremden Eigenthums hat entstehen können, nicht dadurch wieder beseitigt, daß dieses aufhört. Aber vorhandenes Eigenthum muß die Grundlage für den Erwerb des dinglichen Rechts sein; an einer eigenthumsfreien Sache (res nullius) kann ein solches nicht erworben werden[41]).

Die Richtung, in der sich ein dingliches Recht auf eine fremde Sache äußert, bestimmt sich im Wesentlichen dadurch verschieden, daß in einem Fall ihr Gebrauch und ihre Nutzung, im andern die Substanz selbst in Anspruch genommen wird[42]). Der Gebrauch und die Nutzung kann aber voll-

---

Förster, ob der Störende das dingliche Recht ganz entziehe, oder ob er es nur hindere oder beschränke. Im ersten Fall wurde die Klage als vindicatio juris, bez. als eine Publiciana actio, im letzteren als actio negatoria bezeichnet. Der Herausgeber kann sich diese Bezeichnungen und Unterschiede, deren praktischer Werth kaum von Bedeutung sein möchte, nicht aneignen. Will man die gemeinrechtlichen Ausdrücke übertragen, so muß man wohl bei allen Klagen aus dem dinglichen Recht, mag der Beklagte der Eigenthümer oder ein Dritter sein, von der konfessorischen Klage reden. Diese Klage geht nicht nur auf fernern Schutz im Recht, sondern auch auf Entschädigung für die Rechtsverletzung. Entsch. B. 47 S. 64 (Strieth. B. 49 S. 4, Rehbein III. S. 400). — Daß die Klage des Berechtigten gegen jeden Anmaßer, nicht bloß den Eigenthümer geht, erkennt an Entsch. B. 71 S. 152 (Rehbein III. S. 402). Ueber die Bedeutung des Satzes in § 10 cit. vgl. R.G. Entsch. B. 2 S. 213.

38) Oben § 162 Anm. 50. Oben B. II. § 136 Anm. 17.

39) Schönemann, Die Servituten, 1866 S. 15fg. führt aus, daß das Fremdsein der Sache nicht in den Begriff des dinglichen Rechts gehört. Gegen die Aufnahme in den Begriff auch Windscheid I. § 201 Anm. 1. Jedenfalls hat die Aufnahme in den Begriff keinen praktischen Werth.

40) Die Stelle in den fragm. Vatic. II. 42 fructuario superstite licet dominus proprietatis rebus humanis eximatur, jus utendi fruendi non tollitur, beweist nicht, daß nach dem Wegfall des Eigenthums der Nießbrauch fortbauere, und am wenigsten, daß ein Nießbrauch an einer herrenlosen Sache erworben werden kann, sondern nur, daß mit dem Wegfall des Eigenthums der Nießbrauch nicht auch wegfällt. An der derelinquirten Sache kann das dingliche Recht fortdauern, aber nur weil der Berechtigte es will, an sich wäre er nicht gehindert, seine Einwirkung über das verlassene fremde Grundstück zur Einwirkung des Eigenthümers auszugestalten. Vgl. l. 1 pr. D. VII. 15 und dazu Ulp. fragm. I. 19.

41) Dingliche Rechte auf herrenlose Sachen können weder durch Vertrag noch durch Ersitzung entstehen, denn beide Erwerbstitel setzen einen Eigenthümer voraus, von dem oder gegen den das Recht erworben wird. Die Okkupation eines dinglichen Rechts ist aber ebenso undenkbar. Puchta, Vorles. I. S. 306 § 141. An den öffentlichen Sachen, die im Eigenthum des Staats oder der Gemeinde stehen, ebenso an den kirchlichen kann eine Servitut sehr wohl gedacht werden, nur darf sie dem Gemeingebrauch jener Gegenstände nicht entgegen stehen. Insbesondere ist z. B. das Recht auf einem Kirchhofe ein Erbbegräbniß zu haben, ein wirksames durch Klage verfolgbares dingliches Recht. Entsch. B. 61 S. 219, B. 66 S. 200. Strieth. B. 49 S. 165, R.G. bei Gruchot B. 26 S. 1032.

42) I. 19 § 9. Man kann als ein Recht auf die Substanz auch diejenigen Rechte bezeichnen,

ständig oder nur theilweise zu Gunsten des Berechtigten dem Eigenthümer entzogen sein, und das Recht auf einem bestimmten begrenzten Gebrauch oder eine begrenzte Nutzung des Grundstücks kann sich auch an das Eigenthum eines anderen Grundstücks knüpfen; das Recht kann ferner sowohl ein Dulden des Gebrauchs und der Nutzung als eine Pflicht, aus den Nutzungen zu leisten zum Gegenstand haben. Als Belastung des Eigenthums nach der Seite der Substanz kann der Eigenthümer gehalten sein, sich den Erwerb der Sache durch den Berechtigten gefallen zu lassen oder zu dulden, daß dieser durch Veräußerung ihren Substanzwerth für sich in Anspruch nimmt. Die Unterscheidung der Beschränkungen in Beziehung auf die Gebrauchs- und Substanzrechte zeigt sich in ihrer praktischen Erheblichkeit dadurch, daß während der Ausübung des Gebrauchs- und Nutzungsrechts das Eigenthum selbst bestehen bleibt, durch Ausübung der Rechte auf die Substanz der Sache aber das Eigenthum daran zerstört wird und sich zugleich das dingliche Recht selbst verzehrt.

Zur Gruppe der Gebrauchs- und Nutzungsrechte gehören vom Standpunkt des gemeinen Rechts betrachtet die Servituten, deren Zahl und Arten unbegrenzbar sind, weil der Gebrauch und die Nutzung einer Sache unbestimmbar ist[43]). Dem allgemeinen Landrecht ist ein solcher allgemeiner Servitutenbegriff unbekannt. Es stellt den Grundgerechtigkeiten[44]) — römischrechtlich Prädialservituten — das vollständige persönliche Nutzungsrecht, d. z. T. nur noch Nießbrauch[45]) — und die eingeschränkten Nutzungsrechte[46]) gegenüber, in dieser Weise etwa den Kreis der gemeinrechtlichen Servituten ausfüllend. Daneben tritt die dem römischen Recht unbekannte Reallast[47]), deren Wesen darin besteht, daß auf der dinglichen Grundlage einer Belastung des Grundstücks eine obligationsrechtliche Verpflichtung des jedesmaligen Eigenthümers der Sache zu Leistungen auf Grund der Nutzung des Grundstücks erwächst.

Die Gruppe der Substanzrechte auf eine fremde Sache kann sich, wie bereits angedeutet, zwiefach spalten. Entweder der Berechtigte selbst kann das Eigenthum an sich ziehen — er hat ein Recht, die Sache zu erwerben, Näherrecht (Retrakt, Anfallsrecht), auch Wiederkaufsrecht[48]); oder er hat, um den Substanzwerth der Sache für sich zu verwenden, ein Recht,

---

auf Grund deren die Substanz der Sache geschmälert werden kann. So das Obertrib. und Entsch. B. 76 S. 180 die Kohlenabbaugerechtigkeiten, — mit demselben Recht jede Befugniß, Torf, Erde, Steine zu entnehmen. Diese Rechte stehen aber praktisch den Nutzungsrechten so nahe, daß sie als Nutzungsrechte zu behandeln sind, wie denn das Landrecht I. 22 § 241 das letztgedachte Recht ausdrücklich als solches aufführt; entsprechend § 2 J. II. 3, l. 1 § 1, l. 3 § 1, l. 5 § 1, l. 6 D. VIII. 3.

43) Seuffert X. 16.

44) Unten § 187.

45) Unten § 186.

46) Unten § 185.

47) Unten § 188.

48) Unten § 189.

die Sache zu veräußern und aus ihrem Erlös seine Befriedigung zu erlangen, das **Pfandrecht**[49]).

Das A.L.R. enthält im 19. Titel einige allgemeine Grundsätze über das **Verhältniß der dinglichen Rechte zum Eigenthum**. Ausgehend davon, daß es ein Ausnahmezustand sei, wenn dem Eigenthümer die volle freie Disposition nicht zustehe, daß daher ein solcher Ausnahmezustand immer von demjenigen bewiesen werden muß, der ihn für sich gegen den Eigenthümer in Anspruch nimmt[50]), hält das Gesetzbuch daran fest, daß das dingliche Recht immer einer einschränkenden Auslegung unterliegt. Ist das Dasein einer Einschränkung klar, und die Art ihrer Ausübung bestritten, so soll die dem Eigenthümer am wenigsten lästige angenommen werden[51]), es soll zu seinem Besten die geringere Einschränkung gelten[52]), es soll, wenn das Recht auf verschiedene Art ausgeübt werden kann, die dem Eigenthümer am wenigsten lästige oder nachtheilige gewählt werden[53]), eine ungewöhnliche dem Eigenthümer beschwerliche Art der Ausübung darf der Berechtigte sich nicht anmaßen[54]). Allein der Zweck und die Bestimmung des dinglichen Rechts darf deshalb nicht vereitelt, sein nützlicher Gebrauch nicht gehindert werden[55]). Daraus folgt, daß der Eigenthümer den eignen Gebrauch insoweit einschränken muß, und daß er ein mit dem zuerst eingeräumten unvereinbares Recht zum Nachtheil des ersten Erwerbers einem zweiten nicht einräumen darf[56]). Im Allgemeinen wird der Umfang des dinglichen Rechts durch die Willenserklärungen, durch seine Natur und seinen Zweck, oder durch das Gesetz — insbesondere wenn es nur aus diesem seinen Ursprung hat — bestimmt[57]). Der vom Gesetz gegebene Inhalt und Umfang kann durch ausdrückliche Willenserklärungen geändert, d. h. eingeschränkt oder erweitert werden[58]).

Die dinglichen Rechte auf eine fremde Sache können auch an eine Verpflichtung des Berechtigten zu einer wiederkehrenden Gegenleistung geknüpft

---

[49]) Unten §§ 190ff.

[50]) I. 19 § 14. Oben § 181.

[51]) I. 19 §§ 15. 16. Ein Fall falscher Anwendung des § 15 bei Strieth. B. 36 S. 356. Eine richtige ist Präj. 1865. Samml. I. 409. Vergl. Entsch. B. 16 S. 203, B. 20 S. 203. Strieth. B. 82 S. 300.

[52]) I. 19 § 17. Vgl. I. 21 § 8. Strieth. B. 31 S. 40.

[53]) I. 19 § 20. Eine Anwendung in I. 22 § 29. Ferner z. B. Torf statt Holz. Entsch. B. 16 S. 203. Rechtsf. B. 3 S. 308. Entsch. B. 75 S. 96. Strieth. B. 66 S. 212.

[54]) I. 19 § 21. Vgl. §§ 23ff. 170, I. 21 § 80, I. 22.

[55]) I. 19 §§ 17. 18. Strieth. B. 44 S. 25. Ueber das Hindern s. Strieth. B. 46 S. 243. Arnsb. Arch. B. 6 S. 420, B. 15 S. 331. Entsch. 75 S. 96. Koch, Komment zu § 18. Gruchot I. 280. Seuffert XII. 7, XV. 104, XVII. 9.

[56]) I. 19 § 19. I. 21 § 99. I. 22 §§ 30. 31. Aber außerhalb der Belastung bleibt der Eigenthümer frei. I. 21 § 100. I. 22 §§ 89. 196. Entsch. B. 36 S. 163, B. 47 S. 64. Strieth. B. 22 S. 103, B. 91 S. 241. Arnsb. Arch. B. 15 S. 253.

[57]) I. 19 §§ 12. 13. Entsch. B. 81 S. 95.

[58]) I. 19 § 13.

sein[59]). Dieses Moment ist besonders von Einfluß, wenn es sich um den Fortbestand des dinglichen Rechts handelt. Entspricht der Berechtigung keine Gegenleistung, so hindert den Berechtigten nichts, dem Recht einseitig und willkürlich, ausdrücklich oder durch Aufgeben des Besitzes zu entsagen, oder es durch bloßen Nichtgebrauch aufhören zu lassen[60]). Das Eigenthum wird dadurch von selbst frei, es konsolidirt sich, soweit nicht bei Grundstücken die Eintragung des Rechts hinderlich ist. Wenn aber dem Berechtigten eine Gegenleistung obliegt, so kann er sich einerseits durch Entsagung oder Nichtgebrauch des Rechts nicht von seiner Verpflichtung frei machen[61]), andererseits erhält er sich aber auch sein Recht, selbst wenn er es nicht gebraucht, solange er die Gegenleistung erfüllt[62]). Wenn endlich der Berechtigte ohne sein Zuthun außer Stand gesetzt ist, sich seines Rechts ferner zu bedienen, so wird er dadurch auch von der Gegenleistung frei[63]). Dies ist vor allem der Fall bei dem gänzlichen Untergang der Sache[64]). Entsteht aus der untergegangenen belasteten Sache eine neue, so hängt der Fortbestand des dinglichen Rechts davon ab, ob es an der neuen ausgeübt werden kann[65]).

---

59) I. 19 § 30. Vgl. hierzu Strieth. B. 41 S. 86 (publizistischen Rechten kann man nicht einseitig entsagen).

60) I. 19 § 29. I. 9 §§ 508. 509. 511. I. 21 § 184. I. 22 §§ 44. 50. Vergleiche jedoch Anm. 71. 72.

61) I. 19 § 30. I. 21 §§ 182. 183.

62) I. 19 § 22. Es muß aber eine wirkliche Gegenleistung erfüllt worden sein. Entsch. B. 17 S. 287, B. 14 S. 266, B. 18 S. 317. Strieth. B. 46 S. 245.

63) I. 19 § 31. Ebenso, wie durch zufällige Unmöglichkeit der Erfüllung Verträge aufgehoben werden. I. 5 § 364. Vgl. I. 21 § 184.

64) I. 16 § 2. Der Sache oder des Rechts, welches das Objekt des dinglichen Rechts gewesen, z. B. der Erbpachtgerechtigkeit, auf der eine Hypothek haftet. Siehe oben Anm. 5 a. E.

65) I. 16 § 3. Vergl. B. I. §§ 22 Anm. 21. 22 und B. III. § 179 Anm. 11a. Die Hauptanwendung findet der Satz bei der Abfindung im Gemeinheitstheilungsverfahren nach § 147 G.Th.O. vom 7. Juni 1821. Ebenso tritt bei der Zwangsversteigerung, soweit durch den Zuschlag mit dem bisherigen Eigenthum auch die von der Zwangsversteigerung berührten dinglichen Rechte zerstört werden, das Kaufgeld an die Stelle des Grundstücks. Imm.Vollstr.Ges. § 40 Ziffer 9 §§ 104ff. Die im Enteignungsgesetz v. 11. Juni 1874 ausgesprochene Haftung der Enteignungsentschädigung den dinglich Berechtigten und Hypothekengläubigern gegenüber beruht auf demselben Prinzip. Schon vor dem Enteignungsgesetz hatte das Obertribunal Entsch. B. 24 S. 403 die Haftung der Enteignungsentschädigung für Hypotheken aus I. 16 § 3 hergeleitet. Ebenso gehen auch, wenn in Folge einer Expropriation — vergl. Enteign.Ges. vom 11. Juni 1874 § 45 — zwei Grundstücke ausgetauscht werden, die Lasten des ausgetauschten auf das eingetauschte über. Vgl. Strieth. B. 40 S. 85, S. 99, S. 133. Bei den Feuerversicherungsgeldern war die Haftung vor dem Eig.Erw.Ges. §§ 30. 31 zu bezweifeln. Die citirten Bestimmungen zählen übrigens nur auf, was neben dem Grundstück für die Hypothek haftet. Sie lassen die Frage unberührt, was an Stelle eines untergegangenen der Haftung unterliegenden Gegenstandes von der Hypothek ergriffen wird. Deshalb stehen sie nicht entgegen, anzunehmen, daß auch bei solchen Enteignungen, für die das Gesetz die Haftung der Entschädigung nicht ausdrücklich ausgesprochen hat, z. B. Reichsrayongesetz vom 21. Dezbr. 1874 §§ 34ff. 49, und da, wo für einen polizeilichen das Grundstück zerstörenden oder dem Verkehr entziehenden Eingriff Entschädigung zu leisten ist, die Haftung der Entschädigungsforderung für Hypotheken und andere dingliche Rechte anzunehmen ist. Aus dieser Haftung ist aber nicht herzuleiten, daß der zur Zahlung der Entschädigung Verpflichtete nicht durch Zahlung an den Eigenthümer befreit wird, daß er vielmehr für die ihm unbekannten oder bekann-

Ist dies zeitweise nicht möglich, weil die Sache nur eine Veränderung erlitten hat, so ruht inzwischen das dingliche Recht[66]); ist es für immer unmöglich geworden, so fällt es fort und es entsteht eine Entschädigungsobligation, welche derjenige erfüllen muß, der in Folge des Wegfalls aus der neuen Sache Vortheil ziehen will[67]).

Der oben entwickelte Satz, daß der Fortbestand des dinglichen Rechts unabhängig ist von dem Aufhören des Eigenthums desjenigen, gegen den es erworben ist, und daß es von jedem Nachfolger des Eigenthümers anerkannt werden muß, erleidet eine Modifikation in dem Fall, wenn das Recht des Nachfolgers auf die Sache mit dinglicher Wirkung schon bestanden hat, als das dingliche Recht begründet wurde. Dann hört dieses auf, wenn die das Eigenthum des Konstituenten des dinglichen Rechts resolvirende Bedingung eintritt und in Folge dessen das Eigenthum dem Nachfolger zufällt[68]). Das

ten Berechtigten hinterlegen muß, ohne daß diese irgend welche Schritte gethan haben. Das Gegentheil ist vom R.G. Entsch. B. 22 S. 31 angenommen. Es bleibt der Initiative der Berechtigten überlassen, was zum Schutz ihrer Rechte zu geschehen hat, durch Beschlagnahme herbeizuführen. Aber auch wenn sie eine solche Beschlagnahme nicht erwirkt haben, können sie das dem Eigenthümer Gezahlte als Ersatz des Grundstückes in Anspruch nehmen, auch wenn sie an diesem nur dinglich berechtigt waren, ohne daß ihnen der Eigenthümer persönlich haftete. Vgl. auch B. II. § 131 Anm. 47.

66) I. 19 § 5, I. 22 § 42.

67) I. 16 § 4.

68) I. 19 § 33. Z. B. wenn der Nießbraucher die Sache vermiethet oder verpachtet hat, und vor dem Ende der Miethzeit der Nießbrauch zu Ende geht (I. 21 § 388), wo jedoch nur — cum aliquo temperamento temporis — nach Ablauf eines gesetzlichen Kündigungstermins Räumung zu fordern ist, oder wenn ein durch Substitution, oder durch eingetragenes Recht auf Auflassung und dergleichen beschränkter Eigenthümer ein Gebrauchsrecht einräumt. Ferner beruht auf diesem Satz die Wirkung des verurtheilenden Judikats gegen den, der die streitige Sache erworben hat, die relative Bedeutung der Anfechtbarkeit eines Eigenthumserwerbs nach dem Eigenthumserwerbsgesetz § 9 für diejenigen, deren Rechtserwerb auf dem angegriffenen Eigenthum beruht. Vor allem kommt in diesem Zusammenhang die Bedeutung der Vormerkung eines Rechts im Grundbuch in Betracht. Wo eine solche eingetragen wird, bleibt zwar der Eigenthümer zunächst noch zur freien Verfügung, Veräußerung oder Verpfändung berechtigt, aber alle Rechte die er einräumt, stehen unter der Beschränkung, daß das Recht des Eigenthümers, zu verfügen oder so zu verfügen, jetzt als bedingt anzusehen ist und sich mit Wirkung gegen die eingetragenen Rechte auflöst. Vorgemerkte Hypotheken und Grundschulden sind eventuell nach §§ 22 ff. des Eig.Erw.Gesetzes wirksam gegen einen neuen Eigenthümer, gegen spätere dingliche Berechtigte, gegen die Konkursgläubiger des Eigenthümers in eine wirkliche Hypothek oder Grundschuld umzuschreiben. Bei der Vormerkung des Rechts an Stelle des eingetragenen Eigenthümers als Eigenthümer eingetragen zu werden (§ 9 Abs. 3 des Eig.Erw.Ges.) oder des Rechts auf Auflassung oder Eintragung eines Eigenthumsübergangs (§ 8 ebenda) wird zwar der zeitige Eigenthümer nicht unfähig, anderweit das Grundstück aufzulassen, oder Hypotheken zu bestellen: aber gegen den neuen Eigenthümer kann das Recht auf Auflassung oder Eintragung als Eigenthümer geltend gemacht werden, wie gegen ihn ein eingetragenes Vorkaufsrecht geltend gemacht werden kann; und der spätere Hypothekar ist dem Rechte auf Eintragung als Eigenthümer mit der früheren Hypothekenlast (also unter Löschung der neuen Hypothek) unterworfen. Die in letzterer Beziehung abweichende Ansicht von Groß e B. 19 S. 79, daß die Fähigkeit des Eigenthümers wirksam Hypotheken zu bestellen, durch eine solche Vormerkung nicht berührt werde, ebenso wie die Ansicht von Dernburg und Hinrichs I. S. 379, daß es neben der Vormerkung des Rechts auf Auflassung eines weiteren Vermerks der Beschränkung in der Befugniß zu verpfänden bedürfe, kann nicht gebilligt werden. Streng genommen liegt nur bei vor-

ist hier der Sinn des Satzes: resoluto jure dantis resolvitur jus accipientis. Aber das preußische Recht hat auch diesen Satz wieder modifizirt, indem es dem guten Glauben, d. h. dem Nichtwissen des dinglich Berechtigten bei dem Erwerb seines Rechts von der Existenz des Rechts des Nachfolgers die Wirkung beigelegt hat, daß der Nachfolger das dingliche Recht anerkennen muß und dann nur an seinen Vormann zur Entschädigung verwiesen wird[69]). Eintragung des resolvirenden Rechts hindert unter allen Umständen den guten Glauben des dinglich Berechtigten[70]).

Wie schon im Eingang des Paragraphen erwähnt, hat die Rechtsentwickelung bei eingetragenen Rechten an fremden Grundstücken den Satz, daß dingliche Rechte im Fall der Vereinigung des Rechts und des Eigenthums in derselben Person untergehen, erheblich modifizirt. Nach dem geltenden Recht verliert ein zu seiner dinglichen Wirkung gegen Dritte der Eintragung bedürfendes Recht und ein Recht, das zwar zu diesem Zwecke der Eintragung nicht bedarf, aber dennoch eingetragen ist, seine dingliche Wirkung nur durch Löschung[71]); auch ein Hypotheken- oder Grundschuldrecht wird nur durch Löschung aufgehoben[72]). In welcher Weise sich dieser Grundsatz bei den einzelnen Rechten äußert, ist bei ihrer näheren Besprechung darzulegen; der Eigenthümer kann im Falle des materiellen Untergangs des dinglichen Rechts jedenfalls seine Löschung fordern, das ungelöschte Recht kann aber in der Hand eines Dritten Kraft gewinnen und bei Hyptheken, deren Löschung auf Grund einer Tilgung durch den Eigenthümer gefordert werden kann, hat der Eigenthümer selbst die Befugniß, das Recht, als ob es durch die Tilgung nicht berührt wäre an Dritte zu übertragen.

---

gemerktem Eigenthumsanspruch, — also eines Anfechtungsrechts aus § 9 Eig.Erw.Ges., das die Richtigkeit des eingetragenen Eigenthumsübergangs darthun soll, der Fall so, daß resoluto jure des Scheineigenthümers oder nach Feststellung seines Nichteigenthums jus concessum zu resolviren ist. Aber das ältere Recht stellte dem Rechtserwerb unter Kenntniß eines entgegenstehenden bereits begründeten dinglichen Rechts den Rechtserwerb unter Kenntniß eines Rechts auf Begründung eines solchen entgegenstehenden Rechts gleich. I. 10 § 25. Der § 4 des Eig.Erw.Gesetzes hat dies als Regel beseitigt, aber § 8 desselben Gesetzes hat dennoch dem vorgemerkten Recht auf Auflassung, § 9 Abs. 3 dem vorgemerkten Recht des Anfechtungsklägers dingliche Wirkung verleihen wollen. Diese aber kann nur darin gesucht werden, daß ebenso wie im Falle des vorgemerkten Rechts auf Eintragung als Eigenthümer die demnächst erfolgende Feststellung, daß das Recht bereits begründet war, gegen den später eingetragenen Eigenthümer und gegen alle später eingetragenen Realberechtigten, Hypothekare und Grundschuldgläubiger in der Weise wirksam ist, daß der erstere das Grundstück überlassen, letztere die Löschung der eingetragenen Intabulata bewilligen müssen. Vgl. Achilles zu § 8 des Eig.Erw.Gesetzes und oben B. I. § 48 Anm. 23a.

69) I. 11 §§ 264. 265. 270. 311. Vgl. I. 7 § 172. Oben B. II. § 124 Anm. 104.

70) I. 11 § 265.

71) Gesetz über den Eigenthumserwerb vom 5. Mai 1872 § 12. Die Löschung bringt hier das Recht nicht zu seinem Ende, sie macht dies nach dem allgemeinen bürgerlichen Recht erfolgte Erlöschen des Rechts nur gemeinkundig. Das nichtgelöschte Recht kann regelmäßig von dem vormals Berechtigten nicht mehr geltend gemacht werden, auch nicht einem neuen Eigenthümer gegenüber. Vergl. jedoch oben Anm. 3. Das Erlöschen des Rechts kann aber einem Dritten, der auf den Glauben des Grundbuchs unter der Annahme des Fortbestehens Rechte erworben hat, nicht entgegengestellt werden.

72) Eig.Erw.Ges. v. 5. Mai 1872 § 57.

## Erstes Kapitel.

# Die dinglichen Gebrauchs- und Nutzungsrechte.

### § 185. I. Die eingeschränkten persönlichen Gebrauchsrechte.

A.L.R. I. 21 §§ 1—21. 227 f., I. 22 §§ 96. 207. 240 ff. — Dernburg I. §§ 288. 289. — Cohnfeld, Die s. g. irregulären Servituten nach dem röm. Recht. 1862. Zaun im Arch. f. c. Prax. B. 43 S. 211. — Wächter, Das Superfiziar- oder Platzrecht in Abhandlungen der Leipziger Juristenfakultät. 1868. B. 1 S. 1.

Es ist bereits betont worden, daß dem Landrecht der allgemeine Begriff der Dienstbarkeit fremd ist und daß den römischen Personalservituten außer dem Nießbrauch die eingeschränkten persönlichen Gebrauchs- und Benutzungsrechte entsprechen. Der Gattungsbegriff der Servitut läßt sich auch nicht wissenschaftlich für das preußische Recht verwerthen[1]); nur bei der Grundgerechtigkeit wird ein Theil der gemeinrechtlichen Servitutentheorie zur Vergleichung heranzuziehen sein.

Für die persönlichen Gebrauchsrechte, die sowohl an beweglichen wie an unbeweglichen Sachen stattfinden können[1a]), stellt das Landrecht wenige allgemeine Grundsätze auf[2]), das vollständige Gebrauchs- und Nutzungsrecht des Nießbrauchs und der Erbpacht ist eingehend entwickelt; von den beschränkten Gebrauchs- und Nutzungsrechten wird am Schlusse des 21. Titels näher das dingliche Recht des Leihers, Miethers und Pächters behandelt. Auch nach Landrecht steht aber bei der Leihe, Miethe und Pacht das obligatorische Element in dem Vordergrund. Diese Rechtsinstitute sind deshalb oben im Obligatonenrecht abgehandelt und dabei ist zugleich auf ihre dem römischen Recht fremde Bedeutung als dingliche Rechte hingewiesen[3]). Die beschränkten Gebrauchsrechte sind Rechte an Sachen, die in fremdem Eigenthum stehen[3a]); sie haben in Folge der Erlangung des Besitzes die Natur dinglicher Rechte, bei Grundstücken und immobiliaren Gerechtigkeiten auch zufolge der Eintragung in das Grundbuch. Die Eintragung ist jetzt nothwendig, und die dingliche Kraft Dritterewerbern gegenüber zu erhalten, ohne daß es einen Uuterschied macht, wenn diese das bloß durch Besitzeinräumung verstärkte Recht kannte. Dagegen unterliegen Dritterwerber beweglicher

---

[1]) Von Förster war in diesem Buch ein dahin gehender Versuch gemacht. Soweit aber die Erörterungen für das preußische Recht wirklich nutzbar waren, bezogen sie sich nur auf die Grundgerechtigkeiten.

[1a]) Am ideellen Miteigenthum ist ein Gebrauchsrecht undenkbar. Die ausdrückliche Bestimmung im Entw. des B.G.B. § 1045 ist gestrichen, das B.G.B. bezeichnet aber nur die Grundstücke als Gegenstand beschränkter persönlicher Dienstbarkeit. (§ 1090.)

[2]) I. 21 §§ 1—21.

[3]) B. II. §§ 135. 136.

[3a]) Ueber Gebrauchsrechte an Sachen außerhalb des Verkehrs vergl. oben § 177 Anm. 13 a. E. § 187 Anm. 6a.

Sachen einem noch nicht einmal durch Besitz dinglich gemachten Gebrauchsrecht dann, wenn sie beim Erwerb davon Kenntniß hatten oder ohne mäßiges Versehen haben mußten[3b]).

Von den römischrechtlichen Personalservituten außer dem Nießbrauch sind die operae servorum schon für das gemeine Recht antiquirt. Ein Wohnungsrecht, habitatio, kommt im modernen Rechtsleben als eine besondere Personalservitut kaum vor, so häufig ein solches Recht als Theil eines Ausgedinges oder Altentheils bedungen wird. Dann ist es aber nach den Regeln der Reallast zu beurtheilen[4]). In den preußischen Gesetzen ist immerhin noch von einem selbständigen Wohnungsrecht die Rede, insbesondere war die Art seiner Einschreibung in das Hypothekenbuch geordnet[5]).

Ein dem römischen Recht entsprechender usus[6]) ist den Vorschriften der preußischen Gesetze fremd. Dem im nächsten Paragraphen zu erörternden vollständigen Nutzungsrecht des Nießbrauchs wird freilich ein Nießbrauch zur Nothdurft oder nach Bedürfniß zur Seite gestellt[7]). Bei diesem ist der Berechtigte aber nicht auf ein uti im Gegensatz zum frui beschränkt. Es besteht vielmehr nur ein quantitiver Unterschied zum Nießbrauch, der Berechtigte hat zur Befriedigung seiner Nothdurft und nach dem Maß seines Bedürfnisses auch den Fruchtgenuß. Statt der Beschränkung auf das Bedürfniß des Berechtigten können aber auch andere Beschränkungen des Gebrauchs oder der Nutzung vorkommen. Ist für einen solchen zeitlich beschränkten Gebrauch ein Entgelt oder ist auch ohne solche Beschränkung ein periodisch wiederkehrendes Entgelt ausbedungen worden, so liegt das Rechtsverhältniß der Miethe oder Pacht vor. Wenn die Voraussetzungen dieser Verträge oder bei beweglichen Sachen des Leihvertrages des römischen Rechts fehlen, so steht das Gebrauchs- und Nutzungsrecht unter den allgemeinen Vorschriften des 21. Titels.

Die Wissenschaft des gemeinen Rechts hat an die Seite der benannten Personal- und des Prädialservituten eine dritte Klasse, die der s. g. irregulären Servituten gestellt. Der Inhalt einer Grundgerechtigkeit wird als eine Personalservitut eingeräumt[8]). Das preußische Recht enthält ent-

---

[3b]) Vgl. die allgemeinen Erörterungen in § 156 und im vorigen Paragraphen.

[4]) Vgl. unten § 188 a. E.

[5]) Hypothekenordnung vom 20. Dez. 1783 I. § 50; Novelle vom 24. Mai 1853 §§ 28. 33. Vergl. Koch Privatrecht I. S. 544. Vom Wohnungsrecht handelt das B.G.B. in § 1093.

[6]) Das volle uti ohne das frui. l. 1 § 1, l. 2 pr., l. 14 § 1 D. VII. 8. Die Römer kannten aber auch den auf eine bestimmte Gebrauchsrichtung beschränkten Gebrauch als Personalservitut. l. 32 D. VII. 1, l. 4, l. 6 pr. l. 37 D. VII. 2, l. 1 D. XXXIII. 2, l. 6 D. XXXIII. 3; l. 14 § 3 D. XXXIV. 1.

[7]) I. 21 § 185. Vgl. I. 19 §§ 22. 24—28. Der Vertrag wird hier festsetzen müssen, wer die Verwaltung zu führen hat, beziehungsweise wie der Eigenthümer daran zu betheiligen. Ohne Zweifel ist die Verwaltung dem zur Nothdurft Nießbrauchberechtigten zuzuweisen mit der Pflicht der Rechnungslegung und Aufweisung des Ueberschusses. Die Kosten gehen vorweg ab. § 186 Anm. 88.

[8]) Hoffmann, Die Lehre von den Servituten I. 197; Elvers, Die römische Servituten-

sprechende Beispiele persönlicher Nutzungsrechte; es gestattet ausdrücklich, daß ein Weiderecht nicht nur für die Zwecke eines Nachbargrundstücks sondern, ohne daß der Berechtigte ein Grundbesitzer zu sein braucht, im Interesse seines Gewerbebetriebs eingeräumt werde[9]); es läßt zu, daß eine Holzgerechtigkeit über die Bedürfnisse eines herrschenden Grundstücks hinaus erstreckt werde[10]); es erwähnt schließlich ausdrücklich das Recht, auf fremdem Grund und Boden Gebäude, Bäume und Holzungen zu haben[11]). Beschränkte persönliche Gebrauchs- und Nutzungsrechte sind aber nicht bloß so, wie diese Beispiele angegeben, sondern in allen möglichen anderen Ausgestaltungen denkbar.

Da ein Theil dieser Beispiele aber in dem Landrechtstitel erwähnt wird, der von Grundgerechtigkeiten handelt, so kann der Zweifel entstehen, ob nicht auch bei persönlichen Gerechtsamen solchen Inhalts an Grundstücken die allgemeinen Sätze des Landrechts über Grundgerechtigkeiten eingreifen. Es würde dann zu ihrer Begründung als dingliches Recht nicht Uebergabe des Grundstücks, auch nicht Eintragung in das Grundbuch, sondern ein schriftlicher (dinglicher) Vertrag gehören — zu unterscheiden von dem Vertrage, in welchem die Errichtung versprochen wird[12]). Dem widersprechen aber die Bestimmungen des 21. Titels, die ganz allgemein aussprechen, daß das einer Person eingeräumte Recht, fremdes Eigenthum zu gebrauchen oder Früchte und Nutzungen daraus zu ziehen, die Eigenschaft eines dinglichen Rechts durch den wirklichen (körperlichen) Besitz der Sache oder bei Grundstücken auch durch Eintragung erlangt[13]). Die Schriftlichkeit der Einräumung hat hier also nicht wie bei Grundgerechtigkeiten die Bedeutung des dinglichen Vertrags; nur die Obligation aus dem Vertrag auf Einräumung eines Gebrauchsrechts erfordert Schriftlichkeit, wie sonst Verträge bei beweglichen Sachen nach der Objektshöhe und bei Grundstücken unbedingt Schriftlichkeit fordern. Die Rechtsbeständigkeit des durch Uebergabe dinglich gewordenen Gebrauchsrechts aber wird dadurch nicht bedingt; es kann bei formeller Ungiltigkeit des Titels nur eine Kondiktion in Frage kommen[14]).

---

lehre S. 198; Schönemann, Die Servituten S. 88. Vangerow I. 697. Cohnfeldt, Die irregulären Servituten nach römischem Recht. 1862. — Der Begriff wird auch für den Fall angewendet, daß eine Gebäudedienstbarkeit (serv. praed. urbanorum) bei einem ländlichen Grundstück, eine servitus praediorum rusticorum bei einem Gebäude vorkommt. Diese Ausgestaltung des Begriffs ist für das preußische Recht gleichgiltig.

[9]) I. 22 § 96.

[10]) I. 22 § 207.

[11]) I. 22 §§ 243—246. Die Bestimmungen können zwar auch von dem Fall verstanden werden, daß jemand als Eigenthümer eines andern Grundstücks ein solches Recht ausüben soll (vgl. Entsch. B. 68 S. 121, Strieth. B. 9 S. 180), sind aber jedenfalls nicht auf diesen Fall beschränkt, sondern bringen zugleich die praktisch erheblichere Möglichkeit eines persönlichen superfiziarischen Rechts zum Ausdruck. Vgl. unten.

[12]) Vgl. unten § 187 Anm. 22 f.

[13]) I. 21 §§ 2. 4. Vgl. Strieth. B. 99 S. 296. S. oben § 184. — Vgl. auch § 187 Anm. 18 am Ende.

[14]) Vgl. B. I. § 79 Anm. 86. Wie hiervon der Rechtszustand bezüglich der Grundgerechtigkeiten abweicht, ergiebt § 187 Anm. 53.

Daß übrigens im heutigen Recht die Uebergabe des Grundstücks das dingliche Recht nicht zu einem gegenüber „Dritten" verfolgbaren macht, daß hierzu vielmehr die Eintragung gehört, ist im vorigen Paragraphen auseinandergesetzt[15]). Da es gesetzliche beschränkte Gebrauchsrechte nicht giebt, so kommen als Titel nur Willenserklärung und Verjährung in Betracht[16]). In wieweit Ersitzung von Gebrauchsrechten auch bei Grundstücken noch jetzt denkbar ist, hat im vorigen Paragraphen Erörterung gefunden[17]).

Das römische Recht knüpft die Personalservitut an die Person des Berechtigten; nur der Nießbrauch kann der Ausübung nach übertragen werden[18]). Das A.L.R. stimmt bezüglich des Nießbrauchs überein[19]) und fügt hinzu, daß solche Rechte, welche nur zur Nothdurft einer bestimmten Person oder Sache bewilligt sind, nicht einseitig auf andere Personen oder Sachen übertragen werden können[20]). Danach hängt die Uebertragbarkeit von dem Inhalt des eingeräumten Rechts ab. Würde durch seine Uebertragung die Belastung des Eigenthümers vermehrt oder erschwert werden, so ist die Uebertragung unzulässig[21]). Abgesehen hiervon aber kann das beschränkte Nutzungsrecht mit bestimmtem Inhalt sogar dauernd als ein vererbliches und veräußerliches Recht begründet werden[22]). Insbesondere ist

---

[15]) § 184 Anm. 16 f. — Vgl. auch unten bei Anm. 29.

[16]) A.L.R. I. 21 § 1.

[17]) I. 21 § 7. Oben § 184 Anm. 23.

[18]) l. 8 § 2 D. XVIII. 6, l. 57 D. XXIV. 3, l. 12 § 2 D. VII. 1, l. 11 § 2 D. XX. 1. Bezüglich des usus s. § 1 J. II. 5.

[19]) I. 21 § 110. Vgl. § 186 Anm. 5 ff.

[20]) I. 19 § 22.

[21]) I. 19 § 23.

[22]) Förster meinte, daß in § 23 unter Uebertragung nur Uebertragung der Ausübung nach verstanden werden könne, weil sonst ein Widerspruch zu I. 21 § 110 entstehen würde. Er stützte sich dabei auf Strieth. B. 36 S. 224. Der § 110 handelt aber allein vom Nießbrauch, der gerade in der Person des Berechtigten und durch diese Person seine Begrenzung findet. Ist ein Gebrauchsrecht objektiv begrenzt, so tritt die Person des Berechtigten in den Hintergrund. Sie kann freilich immer noch die Bedeutung einer Beschränkung insofern haben, als das Recht mit ihrem Wegfall aufhören soll. Aber es ist kein innerer Grund hierfür erfindlich, jedenfalls ist im Landrecht ein solcher nicht zum Ausdruck gebracht, daß objektiv bestimmte Gebrauchsrechte nur für die Lebensdauer eines bestimmten Berechtigten eingeräumt werden können; es wird also jedenfalls die Möglichkeit bestehen, sie auf bestimmte Zeit als vererbliches und frei veräußerliches Recht zu begründen. Insbesondere gilt dies z. B. von dem persönlichen Bebauungsrecht nach I. 22 §§ 243 ff. Ueber Vererblichkeit der Miethe und Pacht vgl. B. II. § 136 bei Anm. 111. Ob ein zeitlich ganz unbeschränktes, veräußerliches und vererbliches Gebrauchsrecht noch jetzt begründet werden kann, ist nicht zweifellos. § 2 Ziffer 2 des Ablösungsgesetzes vom 2. März 1850 bietet indessen keine völlig zutreffende Analogie. Am Schlusse des reichsgerichtlichen Urtheils R.G. Entsch. B. 8 S. 214 wird ein ewiges Gebrauchsrecht als zulässig anerkannt. Das B.G.B. §§ 1061. 1090 läßt persönliche Dienstbarkeiten mit dem Tod des ersten Berechtigten, ist dieser eine juristische Person mit deren Erlöschen untergehen; Modifikationen des letztern Satzes im Entwurf erster Lesung sind später aufgegeben. Das Recht soll nur zum Zwecke der Ausübung, und auch in dieser Weise, vom Nießbrauch abgesehen, nur auf Grund besonderer Gestattung, übertragbar sein (B.G.B. §§ 1059. 1092), das übertragene Recht erhält aber durch die Uebertragung nicht eine längere Dauer.

auch das Recht des Leihers und Miethers vererblich, das des Pächters nur mit Einschränkungen; ohne Zustimmung des anderen Theils veräußerlich ist dagegen das Recht des Leihers überhaupt, das des Miethers und Pächters regelmäßig nicht[23]).

Das Gebrauchsrecht muß einen bestimmten Inhalt haben. Auch hier gilt bei den durch Willenserklärung begründeten Rechten der Satz, daß das Eigenthum nicht in stärkerem Maße beschränkt ist, als nach dem klaren Ausdruck der begründenden Erklärung bei strikter Auslegung eingeräumt werden sollte[24]). Wie eine Beschränkung des Rechts auf die Nothdurft des Berechtigten oder eines Dritten im Gesetz ausdrücklich als möglich hervorgehoben und nach dem eben ewähnten Auslegungsgrundsatz im Zweifel als vorliegend anzusehen ist[24a]), kann das Recht auch auf das Bedürfniß eines Kreises von Personen, z. B. einer Familie beschränkt werden, sowohl im Sinne der Hausgenossenschaft[25]) als in dem Sinn, daß darunter die Nachkömmlinge einer bestimmten Person verstanden werden[26]). Eine restriktive Interpretation des zur Nothdurft eingeräumten Gebrauchsrechts zeigt sich auch darin, daß die Umstände des Berechtigten zur Zeit der Einräumung entscheiden[27]), und daß im Zweifel die Hausgenossen desjenigen, dessen persönliche Nothdurft entscheiden soll, keinen Anspruch haben[28]).

Wird ein Nutzungsrecht bestimmten Inhalts für die Person des jedesmaligen Besitzers eines Grundstücks, also als ein subjektiv dingliches Recht bedungen, so bleibt es darum doch ein nach dem einundzwanzigsten Titel des Landrechts zu beurtheilendes Nutzungsrecht und nimmt nicht die Natur einer Grundgerechtigkeit an, wozu vielmehr gehört, daß das Recht dem Vortheil des herrschenden Grundstücks nach dessen Bedürfnissen zu dienen bestimmt ist[29]).

Was das Recht anlangt, auf fremdem Grundstücke Gebäude, Bäume

---

[23]) I. 21 § 237 §§ 309 ff.

[24]) I. 21 § 8. Vgl. I. 19 §§ 12 f. Im Zweifel kann nicht der Eigenthümer von dem eignen gleichen Gebrauch als ausgeschlossen angesehen werden, wohl aber das Recht des Eigenthümers, noch Anderen die Nutzung zu gewähren. Strieth. B. 82 S. 301 (Rehbein III. S. 397).

[24a]) Vgl. B.G.B. § 1091.

[25]) I. 19 § 27. Dann sind auch die später hinzutretenden Mitglieder der Famile berechtigt. Auch auf Gemeindeglieder angewendet. Plen.-Beschl. B. 16 S. 29.

[26]) Z. B. das Recht auf einem Kirchhof ein Erbbegräbniß zu haben. Entsch. B. 61 S. 219, B. 66 S. 200. R.G. bei Gruchot B. 26 S. 1022.

[27]) I. 19 § 24. Durch „willkürliche" Veränderung in den persönlichen Umständen darf die Last nicht erschwert werden. § 25.

[28]) I. 19 § 26. Aber das Recht kann den Inhalt haben, daß der Berechtigte Andere daran Theil nehmen lassen darf. Entsch. B. 4 S. 23, B. 48 S. 34. Ein als Besoldung eingeräumtes Nießbrauchsrecht zur Nothdurft erstreckt sich auf Familie und Gesinde, so lange das Amt dauert. I. 19 § 28. Entsch. B. 20 S. 203.

[29]) Vergl. § 187 Anm. 13. Eine solche Gerechtsame wird hiernach nicht durch bloßen schriftlichen Vertrag, sondern nur durch Eintragung auf dem belasteten Grundstück ein gegen dessen Dritterwerber und sonstige Dritte wirksames dingliches Recht.

oder Holzungen zu haben [30]), so hat man darin, sofern es einer Person ohne Rücksicht auf sonstigen Grundbesitz zustehen kann [31]), das Recht der römischen Superfizies wiederzufinden [32]). Da dies Recht im Landrecht unter den Grundgerechtigkeiten aufgeführt und nach dem, was vorstehend auseinandergesetzt worden, auch bei Einräumung an eine Person als Nutzungsrecht an fremdem Eigenthum anzusehen ist, nicht aber als getheiltes Eigenthum, so sind bestehende Gerechtsame dieses Inhalts, auch wenn sie nicht zeitig begrenzt sind, durch die Beseitigung des getheilten Eigenthums nicht berührt [33]). Sie sind auch nicht für ablösbar erklärt und ihrer ferneren Entstehung durch Vertrag oder Ersitzung sind besondere gesetzliche Hindernisse nicht entgegengestellt [34]).

Der Inhalt des Rechts besteht darin, daß der Berechtigte über das Gebäude, die Bäume oder Holzung wie ein Eigenthümer frei verfügen kann, daß sich diese Verfügung auch auf die Fundamente der Gebäude, die Wurzeln der Bäume, ja die Stelle, auf der sie stehen, insofern erstreckt, als das verfallene abgebrannte Gebäude wieder aufgebaut, an Stelle eingehender oder abgeholzter Bäume neue gepflanzt, der Wald forstmäßig erneuert werden darf [35]). Aber es dient doch — und darin liegt die Beschränkung des Nutzungsrechts — dem Berechtigten nur die Oberfläche des Bodens und diese nur zu dem bestimmten Zwecke; er darf die Bestimmung des Grundstücks nicht verändern [36]). Verschieden von dieser Gerechtigkeit, Gebäude oder Bäume dauernd auf fremdem Grund und Boden zu haben, ist die

---

30) I. 22 § 243.

31) S. oben bei Anm. 11.

32) Vgl. Strieth. B. 36 S. 39. Im gemeinen Recht aber ist Superfizies eine Form des getheilten Eigenthums. Entsch. B. 32 S. 258 behandelt einen Fall des gemeinen Rechts. Ueber den Unterschied von Superfizies in diesem Sinne und Servitut vgl. Wochenbl. für merkw. Rechtsfälle 1861 S. 325. Dernburg I. § 289 Anm. 11 und Dernburg und Hinrichs B. 1 S. 156 wollen das Superfiziesrecht, sobald es die ganze Fläche eines Grundstücks ergreift, als selbständige Gerechtigkeit behandelt wissen. Das ist auch in der Praxis vielfach geschehen, — schon vorlandrechtlich, obgleich die Hypothekenordnung von 1783 vorschrieb, daß zum Wesen der selbständigen Gerechtigkeit gehöre, daß sie ohne den Besitz eines Grundstücks ausgeübt werden könne. Vergl. Just.-Min.-Reskr. v. 7. Dez. 1822 und v. Kamptz, Jahrb. B. 18 S. 329. Entsch. des Obertribunals B. 37 S. 144 (Rehbein III. S. 1081). Faßt man den Begriff der selbständigen Gerechtigkeit so weit (vgl. unten § 198 bei Anm. 3), so muß man ihn auf alle dauernden vererblichen und veräußerlichen Nutzungsrechte an fremder Sache erstrecken. Vgl. unten Anm. 30. — Das B.G.B. §§ 1012—1017 ordnet das „Erbbaurecht" mit besonderen Vorschriften. Danach muß das Erbbaurecht in Form einer Auflassung begründet und dadurch von dem Grundeigenthum gelöst sein, ähnlich wie das Preußische Recht dies für die sächsischen Kohlenabbaugerechtigkeiten vorschreibt. Vgl. unter Anm. 38.

33) Entsch. B. 68 S. 121. Strieth. B. 91 S. 180. A. M. Dernburg § 289 Anm. 6. Turnau B. I. S. 521 jetzt zustimmend. Vgl. auch Johow u. Küntzel B. 4 S. 204.

34) Entsch. B. 52 S. 48. R.G. bei Gruchot B. 30 S. 130. Auch für gemeines Recht angenommen in R.G. Entsch. B. 7 S. 144.

35) I. 22 §§ 244. 245.

36) I. 22 § 246. Nach Entsch. B. 68 S. 121 (Rehbein III. S. 1078) kann das superfiziarische Recht neben dem freien Gebrauch und der Verfügung des Berechtigten an dem fertigen Gebäude auch den Inhalt haben, daß der Eigenthümer das Gebäude errichten und unterhalten muß.

durch das preußische Recht gewährte Möglichkeit eines besonderen Eigenthums an Gebäuden und Bäumen als eventuell lösbaren beweglichen Bestandtheile des einem Andern gehörigen Grundstücks, wie solches bei Errichtung von Gebäuden durch den Pächter oder bei dem Verkauf und der Uebergabe stehender Bäume oder von Gebäuden, die zum Abbruch bestimmt sind, entsteht[37]).

Ein persönliches Gebrauchsrecht an einem fremden Grundstück ist auch das Recht, aus dem Gnundstück Mineralien zu entnehmen, soweit auf diese das Bergregal, jetzt das Berggesetz, nicht Anwendung findet. Die Kohlenabbaugerechtigkeiten in den ehemals sächsischen Landestheilen haben aber durch die Gesetzgebung die besondere Ausgestaltung erhalten, daß sie als selbständige Gerechtigkeiten behandelt werden dürfen; andere Rechte auf Mineralien sind als subjektiv persönliche Gebrauchsrechte zu behandeln[38]).

Als ein eingeschränktes Nutzungsrecht bezeichnet das Landrecht es auch, wenn Güter und Grundstücke zur Benutzung und Kultur gegen gewisse dem Eigenthümer vorbehaltene Vortheile, aber nicht gegen einen Pachtzins ausgethan werden. Es wendet auf diese Verträge bezüglich der Form die Grundsätze vom Pachtvertrage an: Schriftlichkeit ist erforderlich, der vollzogene mündliche Vertrag aber gilt auf ein Jahr. Die besondere gesetzliche Ordnung dieser lassitischen Verträge hat zur Zeit keine Bedeutung mehr, insoweit sie erblichen Besitz begründen sollen, da die gesetzliche Regulirung dieser Besitzverhältnisse zu Ende geführt ist[39]).

Bezüglich der Beendigung der beschränkten dinglichen Gebrauchsrechte gelten dieselben Grundsätze, die im folgenden Paraprahen beim Nießbrauch zu erwähnen sind.

## § 186. II. Der Nießbrauch.

A.L.R. I. 21 §§ 22—186. Bornemann IV. 269 fg. Koch, Pr.-R. I. 533. Grävell, Die Lehre v. Nießbrauche nach pr. R. 1820. Dernburg I. §§ 278 ff. Fischer § 44. —

---

[37]) Vgl. oben § 158 Anm. 17 § 160 Anm. 21. 22. 27, § 168 Anm. 35, § 176 Anm. 33 § 165.

[38]) Ges. v. 22. Febr. 1869. Vgl. oben § 168 Anm. 50. Um die Natur einer selbständigen Gerechtigkeit zu erlangen, muß die Gerechtigkeit im Grundbuch vom Grundstück abgeschrieben sein, sonst würde das eingeräumte Recht nicht ohne Eintragung auf dem dienenden Grundstück Dritten gegenüber wirksam sein. Entsch. B. 76 S. 180 (Rehbein III. S. 356). Entsprechend hat das Reichsgericht bei einer Fischereiberechtigung an einem Privatflusse den Umstand, daß sie als „selbständige Gerechtigkeit" auf einem besonderen Grundbuchblatt eingetragen war, für die Rechtsstellung eines Dritterwerbers des Flusses als gleichgiltig angesehen, da ihm gegenüber die Berechtigung nur durch Eintragung bei dem belasteten Grundstück habe erhalten werden können. R.G. Entsch. B. 22 S. 338. Vgl. R.G. bei Gruchot B. 30 S. 962. Dieselben Anforderungen müßte man für die Superfizies stellen, wenn sie eine selbständige Gerechtigkeit sein soll. Das B.G.B. hat diesen Standpunkt nach Anm. 32 eingenommen.

[39]) Edikt v. 14. Septbr. 1811. Dekl. v. 29. Mai 1816. Ges. v. 20. Juni 1817. Ges. v. 6. April 1823, v. 21. April 1825. Ablös.-Ges. v. 2. März 1850 §§ 74. 91. 97. Ges. v. 16. März 1857.

Noodt, De usufr. libr. 2 (opp. tom. I. p. 337). Galvanus, De usufr. Tub. 1788. Glück B. 9. Luden, Die Lehre von den Servituten. 1837. S. 71. Hoffmann, Die Lehre v. d. Serv. 1838. I. 120. Elvers, Die röm. Servit.-Lehre. 1854. S. 448. Schönemann, Die Servituten. 1866. S. 35. Cohnfeldt, Die irregul. Serv. S. 27. Heydemann, Ueber den Erwerb und Schutz von Serv. S. 108. Bürkel, Beitr. zur Lehre vom Nießbrauch. 1864. 1880. Hanausek, Die Lehre von dem uneigentlichen Nießbrauch. 1879. — Arndt § 178. Böcking II. 234. Brinz I. S. 263. Keller §§ 173f. Puchta §§ 179—182. Seuffert I. S. 220. Sintenis I. § 59. Vangerow I. § 343f. S. 733. Windscheid I. § 202f. Roth, Bair. Civ.-R. II. §§ 156—161. Zachariä (Crome) I. §§ 204ff.

I. Begriff und Wesen: „Das vollständige Nutzungsrecht, oder die Befugniß, eine fremde Sache nach der Art eines guten Hauswirths ohne weitere Einschränkung zu nutzen oder zu gebrauchen, wird der Nießbrauch genannt" [1]). Diese Defination weicht nur scheinbar von der römischen, ususfructus est jus alienis rebus utendi fruendi salva rerum substantia [2]), ab; die Erhaltung der Substanz ist zwar nicht betont, aber eine Sache als guter Hauswirth nutzen oder gebrauchen, heißt die Sache so nutzen und brauchen, daß sie nutzbar und brauchbar bleibt, mithin darf dadurch ihre Substanz nicht vermindert werden. Das Gesetz bestimmt daneben, daß Nutzungen, die ohne Verringerungen der Substanz nicht gezogen werden können, in der Regel dem Nießbraucher nicht gebühren [3]). Die disjunktive Verbindung „nutzen oder brauchen" ist eine ungenauer Ausdruck. Die vollständige Nutzung umfaßt jeden Gebrauch und jede Nutzung. Das Landrecht hat neben den Nießbrauch noch einen anderen Fall eines vollständigen Nutzungsrechts, in welchem dem Berechtigten ohne Beschränkung auf seine Person und erblich gegen einen periodischen Zins die vollständige Nutzung einer fremden Sache eingeräumt ist, — das Erbpachtrecht. Dies ist durch Verwandelung in Eigenthum aus dem Rechtssystem beseitigt [4]).

Das Nießbrauchsrecht ist, wie die römisch-rechtliche Personalservitut, an die Person des Berechtigten gebunden, also unveräußerlich [5]) und regelmäßig unvererblich, selbst dann, wenn es auf bestimmte Zeit eingeräumt worden ist [6]). Das Landrecht hält aber das letzte nicht streng fest, erklärt es vielmehr für möglich, daß durch ausdrückliche Bestimmung der Nießbrauch auch auf die Erben des Berechtigten erstreckt werde, im Zweifel nur auf die Erben

---

[1]) I. 21 § 22. B.G.B. § 1030: Recht, alle Nutzungen der Sache eines Anderen zu ziehen.

[2]) I. 1 D. VII. 1.

[3]) I. 21 § 30 (die Ausnahme machen §§ 39. 40, einen Gegensatz bildet der s. g. uneigentliche Nießbrauch. I. 21 §§ 173f.).

[4]) I. 21 §§ 187ff. Ges. v. 2. März 1830 § 2 Nr. 2, § 5.

[5]) I. 21 § 110. Nach code civil a. 595 ist der Nießbrauch dem Rechte nach, nach Sächs. Ges.B. § 600 nur der Ausübung nach veräußerlich; auch nach dem B.G.B. § 1059, § 1061 ist der Nießbrauch nicht übertragbar, nur der Ausübung nach veräußerlich, und an die Lebensdauer des Berechtigten gebunden. Das weicht ab von Entw. I. § 1011.

[6]) I. 21 §§ 176. 177.

ersten Grades, — möglicher Weise aber auch ohne solche Beschränkung[7]). Veräußerlich ist, wie nach römischem Recht, die Ausübung des Rechts[8]), der Ausübung nach ist es auch Gegenstand der Zwangsvollstreckung[9]).

Entstehen aus der dem Nießbrauch unterworfenen Sache durch reale Theilung mehrere selbständige Gegenstände, so sind sie sämmtlich dem Nießbrauch unterworfen. Subjektiv können an dem Nießbrauch mehrere Personen nach idealen Antheilen berechtigt sein; ein vererblicher Nießbrauch kann so auf eine Mehrheit von Personen übergehen, und der Nießbrauch kann an einem im Miteigenthum nach Bruchtheilen stehenden Gegenstand in der Weise begründet werden, daß er nur den einem Miteigenthümer zustehenden Bruchtheil erfaßt; auch ohne ein Miteigenthum kann Nießbrauch an einem Bruchtheil der Sache eingeräumt werden. Insoweit ist der Nießbrauch also theilbar[10]), — eine reale Theilung, eine Auseinandersetzung ist aber nur bezüglich der Erträgnisse, nicht bezüglich des Rechts denkbar, weil in der Theilung eine Veräußerung liegen würde[11]).

Weil der Nießbrauch das vollständige Nutzungsrecht ist, wird, soweit er geht, dadurch der Eigenthümer von Gebrauch und Nutzung ausgeschlossen. Von dem nur zur Nothdurft eingeräumten Nießbrauch als einem beschränkten Nutzungsrecht ist im vorigen Paragraphen die Rede gewesen[12]).

II. Gegenstand und Umfang der Nutzung. Alle Sachen, die veräußerlich sind und einen Gebrauch oder eine Benutzung gestatten, können Gegenstand eines Nießbrauchs sein, die einzelne Sache, das städtische oder ländliche Grundstück, die Gerechtigkeit[13]), das Forderungsrecht über eine zinsbar anzulegende Summe (Kapitalien), eine Sachgesammt-

---

[7]) I. 21 § 178. Es muß als eine gezwungene Auffassung, die an den Fesseln des römischen Rechts festhält, anerkannt werden, wenn in der vierten Ausgabe angeführt ist, daß in solchem Falle der Erbe nicht das alte Nießbrauchsrecht erhalte, sondern ein neues, an seine Person geknüpftes erwerbe. Wie das entgeltliche vollständige Nutzungsrecht der Erbpacht — obgleich ein Recht an fremder Sache — vererblich war und thatsächlich nach Begründung eines solchen die Rückkehr des Nutzungsrechts in das Eigenthum ausgeschlossen wurde, so widerstrebt es dem Landrecht auch nicht einen vererblichen Nießbrauch anzunehmen. Vgl. oben § 185 Anm. 22.

[8]) Ausübung des Nießbrauchs z. B. durch Verpachtung in den durch I. 12 §§ 388. 389 bestimmten Grenzen. Entsch. B. 35 S. 76. Derjenige, dem das Recht zur Ausübung abgetreten ist, kann auch dem Eigenthümer gegenüber auf Uebergabe der Sache dringen, wenn das Recht vorher noch nicht durch Uebergabe dinglich geworden war. Mit Zustimmung des Eigenthümers kann das Recht selbst abgetreten werden. Dann liegt in der Zustimmung die Begründung eines neuen Nießbrauchs für den Cessionar. Entsch. B. 74 S. 185.

[9]) Der Nießbrauch an der einzelnen Sache — nicht der mit Verwaltung verbundene gesetzliche Nießbrauch als ein einheitliches Recht. Vgl. dazu Entwurf I. des B.G.B. §§ 1298. 1299 bezüglich der ehelichen, §§ 1534. 1535 bezüglich der elterlichen Nutznießung, an deren Stelle nach den Ergebnissen der zweiten Lesung Bestimmungen in die C.P.O. aufgenommen werden sollen. Ueber die Zwangsvollstreckung bestimmt C.P.O. § 754 Abs. 3. Für den Fall des Konkurses vgl. K.O. § 1.

[10]) l. 5 D. VII. 1, l. 5 § 2 D. VII. 6, l. 19 D. VII. 8.

[11]) Vgl. I. 17 § 44. Vgl. ferner § 182 Anm. 73.

[12]) § 185 Anm. 7 f.

[13]) So lange die Jagdgerechtigkeit eine selbständige Gerechtigkeit war, auch diese. Jetzt vgl. § 171 Anm. 25 f. § 174 Anm. 8.

heit z. B. eine Heerde, auch ein ganzes Vermögen oder ein Nachlaß[14]). Im letzten Beispielsfall werden alle im Vermögen oder Nachlaß enthaltenen Gegenstände vom Nießbrauch erfaßt[14a]).

Der Nießbraucher hat das Recht auf den Besitz der Sache als unvollständiger Besitzer und auf ihren damit verbundenen Gebrauch zu eigenem Vortheil. Wie weit er in den ihm zustehenden Verfügungen durch die Pflicht, die Sache zu erhalten, gehemmt ist, wird unten zu erörtern sein. Wie der Gebrauch, so fällt die aus der Sache gewonnene naturale oder civile Frucht dem Nießbraucher zu[15]). Unter Frucht ist auch hier[16]) jede dem Grundstück zu entnehmende Nutzung als dessen Frucht anzusehen, welche die Substanz nicht verringert. Regelmäßig sind danach solche Nutzungen ausgeschlossen, welche sich nicht nach dem ordentlichen Laufe der Natur bei einer gewöhnlichen Verwaltung binnen einer gewissen Zeit von selbst wieder ersetzen[17]).

Für die unterirdischen Produkte, insoweit deren Gewinnung nach den unten folgenden Sätzen überhaupt innerhalb der den Nießbraucher bindenden Gebrauchsbestimmung des dem Nießbrauch unterworfenen Grundstücks liegt[18]), greifen abweichende Sätze ein. Insoweit nämlich Mineralien zu den Gegenständen des vormals regalen Bergbaus gehören, kam das nach Landrecht begründete Recht des Eigenthümers des Grundes und Bodens auf einen Theil der Ausbeute in Betracht. Das Gesetz bestimmte, daß dieser Theil der Ausbeute dem Nießbraucher nicht als Frucht zufallen sollte, sie sollte vielmehr als Kapital dem Eigenthümer verbleiben, so daß nur die davon zu ziehenden Nutzungen dem Nießbraucher gebührten[19]). Im Uebrigen

---

[14]) I. 21 § 42.

[14a]) Vgl. B.G.B., Nießbrauch an Sachen §§ 1039—1067, an Rechten §§ 1068—1084, an einem Vermögen oder einer Erbschaft §§ 1085—1089.

[14b]) Vgl. unten Anm. 51.

[15]) I. 21 §§ 23 f. — l. 59 § 1 D. VII. 1. Quidquid in fundo nascitur, vel quidquid inde percipitur, ad fructuarium pertinet; pensiones quoque jam antea locatorum agrorum. Vergl. l. 7 § 1, l. 12 §§ 2. 3, l. 38. 39. D. eod., l. 36 D. XXII. 1. Elvers § 52 S. 480 f.

[16]) B. I. § 21 Anm. 26—28.

[17]) I. 21 §§ 30. 31. Wochenbl. f. merkw. Rechtsf. 1855 S. 265 fg.

[18]) Vgl. unten bei Anm. 53.

[19]) I. 21 § 37. Entscheid. der Gesetzkomm. v. 23. Jan. und das k. Reskr. v. 5. Febr. 1798, abgedruckt in den Ergänz. 5. A. I. 896. Svarez, Schlußvortr. S. 62. Vgl. über die hier einschlagenden Fragen Schröder, Ueber das Recht des Nießbrauches an mineralischen Produkten, im Arch. f. civil. Prax. B. 49 H. 2. 3 (über preuß. R. S. 385 f.) l. 18 D. XXXIII. 5, l. 7 § 13 D. XXIV. 3. Ferner Entsch. B. 12 S. 463 (Rehbein III. S. 768); Entsch. B. 37 S. 159. Strieth. B. 29 S. 30, B. 73 S. 190. — Der Code 598 läßt den Nießbraucher Bergwerke und Steinbrüche wie den Eigenthümer benutzen. Das österr. G.B. § 511 giebt dem Nießbrauche die reine Ausbeute, ebenso das sächs. G.B. § 609. — Da zur Zeit die Freikuxberechtigung des Grundeigenthümers außer bei den alten Bergwerken beseitigt ist, ebenso die provinzialrechtliche Tradde und das Recht zum Mitbau zur Hälfte, so hat die Bestimmung in dem im Text ihr gegebenen Sinn keine große praktische Bedeutung mehr. Die angezogenen Präjudikate nehmen aber gegen Ges.Rev. XIV. 53 und Bornemann IV. 271, und übereinstimmend nahm auch Förster an, daß die Vorschrift sich auch auf den Nießbrauch an einem Bergwerk als solchem beziehe. Das kann in ihrem Wortlaut nicht gefunden werden, und die innere ratio der im Text folgenden Grundsätze, sowie die wirthschaftliche Gewöhnung, welche

aber unterstellt das Landrecht ausdrücklich die unterirdischen Produkte aus Torf-, Stein-, Kalk-, Sand-, Mergelgruben dem Recht des Nießbrauchers[20]), weil wie Svarez meinte, bei ihnen anzunehmen sei, daß das ausgenutzte Terrain doch immer noch zu Etwas gebraucht werden könne, die Substanz des fundi fructuarii „nicht ganz" verloren gehe[21]). Dasselbe muß von gefundenem Bernstein in den Provinzen gelten, wo dieser nicht Regal ist[21a]). Handelt es sich um die Nutzung eines Grundstücks, das beim Beginn des Nießbrauchs noch nicht zum Gewinn solcher Produkte eingerichtet war, so ist entscheidend, ob das Entnehmen im einzelnen Fall als eine Verschlechterung des Landes anzusehen ist oder zur gewöhnlichen Nutzung gerechnet werden kann. Die Grenze zwischen Nutzung und Substanzverringerung wird dadurch bestimmt, daß die Ausbeutung überhaupt nicht eine solche sein darf, daß sie eine fernere wirthschaftliche Nutzung der Sache überhaupt unmöglich macht, daß sie vielmehr eine wirthschaftliche sein muß[22]).

Dieselbe Grenze wirthschaftlicher gewöhnlicher Verwaltung gilt bei dem Nießbrauch an einem Forst (silva caedua)[23]). Hier ist nicht alles

---

die Erzeugnisse des Bergbaus als Frucht des Bergwerkseigenthums ansieht, sprechen dagegen. Man kann nicht sagen, daß die geförderten Mineralien Substanztheile des Bergwerks sind; denn Bergwerk im Rechtssinne ist das Recht zum Bergbau in bestimmtem Feld. Diesem gegenüber erscheint das Geförderte als Nutzung. Jedenfalls kann man nicht zweifeln, daß die Dividenden einer Aktie bei einer Bergbau betreibenden Aktiengesellschaft als Frucht anzusehen sind. Dernburg, der sich I. § 281 Anm. 21 für die Ansicht der Praxis entscheidet, daß bezüglich des Nießbrauchs die Ausbeute eines Bergwerks nicht als Frucht anzusehen sei, sieht sich § 329 Anm. 15 bei der Frage: was haftet für die Bergwerkshypothek? genöthigt, das gewonnene Mineral, um es nicht mit Seuffert B. 27 S. 211 als der Pfandhaft entzogen ansehen zu müssen als etwas der Frucht Analoges zu bezeichnen. Wenn D.'s Satz richtig ist, daß die Entscheidung des Gesetzgebers die oben betonte wirthschaftliche Erwägung für den Nießbrauch an Bergwerken ausschließe, so wäre jede weitere Erörterung unnöthig. Es handelt sich eben um Auslegung der gesetzlichen Entscheidung. — Vgl. Deutsches B.G.B. § 1038 Abs. 2.

[20]) I. 21 § 39. Vergl. Anm. 18. Rechtsfälle B. 1 S. 172 (Graben von Ziegelerde). Entsch. B. 51 S. 209 (Rehbein III. S. 764). Entsch. B. 57 S. 101. Strieth. B. 49 S. 45, B. 55 S. 338. R.G. bei Gruchot B. 24 S. 468. l. 9 §§ 2. 3 D. VII. 1, l. 13 § 5 eod., l. 7 § 14, l. 8 pr. D. XXIV. 3.

[21]) Svarez, Schlußvortr. bei Kamptz B. 41 S. 62. Förster bezeichnet diese Ansicht als „unrichtig", weil die Substanz jedenfalls vermindert werde, und die Minderung sich nicht durch die Kraft der Natur wieder ersetze I. 21 § 31. Das hat wohl Svarez auch nicht verkannt. Wenn in den Rechtssprüchen zuweilen für Torfstiche auf das Moment Gewicht gelegt wird, daß sich der Torf auf natürlichem Wege wieder erzeuge, — so wird man diese Möglichkeit — ebenso wie die Anschauung des römischen Juristen, der annahm, daß der Marmor in Gallien und in Asien die besondere Fähigkeit habe nachzuwachsen (l. 7 § 13 D. XXIV. 3), — in Zweifel ziehen können. — Vgl. B.G.B. § 1037 Abs. 2.

[21a]) Reskr. v. 14. Nov. 1817 bei v. Kamptz, Annalen I. 64. Vgl. jetzt Ges. v. 22. Febr. 1867 (Ges.S. 272) Art. IV. Ostpreußen, Litthauen, Ermeland und der Kreis Marienwerder.

[22]) I. 21 § 31 „bei gewöhnlicher Verwaltung". Entsch. B. 57 S. 96. Rehbein III. S. 766. Der Nießbraucher einer Wiese, eines Ackers kann diese nicht in einen Torfstich oder Steinbruch verwandeln, der Nießbraucher eines größern Guts wird sehr wohl einzelne Stellen desselben zur Austorfung bestimmen können, wo vorher nicht getorft wurde.

[23]) L. 30 de V. S. Laspeyres im civil. Archiv B. 19 S. 76f. Hoffmann S. 137. Vgl. B.G.B. § 1038 Abs. 1.

wachsende Holz Frucht[24]), es muß vielmehr die Substanz des Forstes als eines wirthschaftlichen Nutzungsobjekts erhalten werden. Also nur dasjenige Holz ist Frucht und dem Recht des Nießbrauchers unterworfen, welches nach wirthschaftlichen Grundsätzen geschlagen werden darf[25]). Obstbäume sind nicht eine Frucht des Grundstücks, sondern nur das Obst an ihnen[26]); einzeln stehende Bäume sind Theile der Substanz, sie gehören also nicht dem Nießbraucher, und wenn sie aus wirthschaftlichen Gründen geschlagen werden müssen, kann der Nießbraucher nur die Nutzung des aus ihnen gelösten Werths — die Zinsen des Kapitals — in Anspruch nehmen[27]). Aehnlich ist das Verhältniß beim Nießbrauch an einer Heerde. Dem Nießbraucher gehört die Nutzung, die ohne Verringerung der Substanz daraus entnommen werden kann, wenn die Heerde in ihrer ursprünglichen Stärke konservirt wird. Also nicht die jungen Thiere als solche, sondern die unter Erhaltung der Heerde in ihrem alten Zustand ausgeschiedenen Thiere oder der Ertrag aus ihnen[28]).

Wer an einem Vermögen oder Nachlaß den Nießbrauch hat, dem gebührt Gebrauch und Nutznießung an allen dazu gehörigen Sachen und Rechten. Besonders vorgeschrieben ist, daß er auch den vollen Ertrag der dazu gehörigen Leibrenten erhält; dieser Ertrag wird also als Frucht angesehen[29]). Gehört zu dem Vermögen ein der Ausübung nach übertragbares Nutzungsrecht, z. B. ein eigener Nießbrauch, so macht der Nießbrauch an dem Vermögen sich als Uebertragung jenes Nießbrauchs der Ausübung nach geltend. Dem Nießbraucher am Vermögen gebühren auch dessen Erträgnisse[30]). Ein streng persönlich zu nutzendes Recht, z. B. ein Wohnungsrecht, ist kein denkbarer Gegenstand des Nießbrauchs und wird durch einen Nießbrauch am Vermögen nicht berührt[30a]). Steht derjenige, dessen Vermögen einem Nießbrauch unterworfen ist, in einer Gesellschaft, so muß dem Nießbraucher das Recht auf den Gewinn nach dessen periodischer Feststellung zugeschrieben werden, bei Aktien gebührt ihm das Recht auf die Dividende.

---

24) Hoffmann S. 138. Laspeyres S. 90f. l. 9 § 7 D. VII. 1, l. 22 pr. D. VII. 8.

25) l. 21 § 32. Also auch zum Holzverkauf ist der Nießbraucher berechtigt. Das röm. R. geht noch weiter, indem es in der silva caedua auch intempestive Holz fällen läßt. l. 48 D. VII. 1. Doch vergl. Elvers S. 482. Windbrüche gehören dem Nießbraucher nur, soweit sie in die ordinaire Forstnutzung fallen. I. 21 § 33. Svarez Schlußvortr. S. 62. Pfeil in Gans, Beiträgen I. 315f. l. 12 pr. D. VII. 1. Seuffert III. 9. Code 590fg. Oesterr. G.B. § 511. Sächs. G.B. § 607.

26) Hoffmann S. 141. l. 31 D. VII. 4.

27) I. 21 §§ 35. 36. Strieth. B. 10 S. 264 (Rehbein III. S. 760). Gruchot VII. 547. Hoffmann S. 141f. Elvers S. 483. Silva non caedua. l. 10. 11. 13 § 4, l. 18 D. VII. 1. Unbeschadet übrigens der Befugniß, aus solchen Bäumen einzelne Stangen zum Wirthschaftsbetrieb aus- oder abzuschneiden. l. 10. 11 eod. Umgerissene Bäume darf sich der Nießbraucher nicht aneignen. l. 12 pr. eod. Sächs. G.-B. § 607.

28) I. 21 § 17. l. 68 § 2, l. 70 § 3 D. VII. 1. Hoffmann S. 147, Elvers S. 486.

29) I. 21 § 42. Strieth. B. 49 S. 270. Ebenso bei Altentheilen, Leibzuchten u. dgl. Vgl. B.G.B. § 1073.

30) Vgl. oben Anm. 8. Insofern giebt es also einen Nießbrauch am Nießbrauch.

30a) Strieth. B. 10 S. 205 (Rehbein III. S. 760).

Bei den Prämienanleihen und denjenigen Anleihepapieren, die eine Rückzahlung in höherem Kapitalbetrage gewähren, wird zwar die wirthschaftliche Möglichkeit dieser Leistungen durch den geringen Betrag oder das Fehlen der Zinsen herbeigeführt, es besteht aber hier ein Recht auf den höheren Betrag nur als Kapitalleistung. Dieser Gewinn kann also dem Nießbraucher nicht zufallen [31]).

Die ganze Sache mit allen ihren Bestandtheilen unterliegt dem Nießbrauch, auch wenn diese Bestandtheile durch Zuwüchse zu Theilen der Sache geworden sind, mögen diese zufällig entstanden (Alluvionen) [32]) oder von dem Eigenthümer oder einem Dritten zu des Eigenthümers Gunsten hervorgerufen sein, ohne daß rechtswirksam durch abweichende Bestimmung der Erwerb ausgeschlossen wurde [33]). Gefundene Schätze sind nicht Erzeugniß des Grundstücks, auch nicht ihm zuwachsende Substanztheile. Deshalb erlangt der Nießbraucher am Grundstück auch nicht Nießbrauch an dem Schatze [34]). Die mit einem Grundstück verbundenen Ehrenrechte (z. B. Patronat) sind nicht seine Früchte oder Nutzungen, sie verbleiben dem Eigenthümer, und dieser muß die damit verbundenen Lasten tragen. Will er diese aber dem Nießbraucher auferlegen, so muß er ihm auch die Ausübung des Ehrenrechts gestatten [35]).

Der Nießbrauch erstreckt sich auf alle gewöhnlichen und ungewöhnlichen, regelmäßigen und außerordentlichen Nutzungen, die die Sache bietet [36]). Sie dürfen aber nur nach dem Maßstabe eines guten Hauswirths genossen werden [37]), und nur, sofern sie in die Zeit des Rechts fallen, also nicht die zur Zeit seines Anfangs schon abgesonderten natürlichen oder schon fälligen Civilfrüchte [38]). Der Nießbraucher erwirbt das Eigenthum der Nutzungen mit

---

31) Arnsb. Archiv B. 10 S. 133. Koch, Komm. zu § 42. Code 588.

32) I. 21 § 24. Svarez bei v. Kamptz, Jahrb. B. 52 S. 38 (abgedr. bei Koch zu d. §). Aber der Nießbraucher hat kein Recht auf die im Fluß entstandene Insel, wenn auch nicht auf Grund der römisch-rechtlichen Unterscheidung in l. 9 § 4 D. VII. 1, ubi latitet discrimen etc., sondern weil das Eigenthum an der Insel nicht jure accessionis, sondern durch Besitznahme erworben wird. I. 9 § 246.

33) I. 21 §§ 43. 44.

34) I. 21 § 41. Vgl. l. 7 § 12 D. XXIV. 3. Code a. 598. Oesterr. Ges.B. § 511. B.G.B. § 1040.

35) I. 21 §§ 45. 46. Ob eine solche Uebertragung geschehen kann, hängt von der Natur des Ehrenrechts und den darüber im öffentlichen Recht geltenden Bestimmungen ab.

36) I. 21 § 23. Die Worte „in der Regel" können bezogen werden sowohl auf die Beschränkungen in § 25, als auf Einschränkungen, die bei der vertragsmäßigen Konstituirung des Nießbrauchs beliebt worden. Der Eigenthümer kann sich also Nutzungen vorbehalten oder nachträglich einräumen lassen. Vgl. § 181 Anm. 24.

37) I. 21 § 22. l. 9 pr. D. VII. 1 sic tamen, ut boni viri arbitratu fruatur. Das B.G.B. § 1039 läßt den Nießbraucher auch an den unwirthschaftlich gezogenen Früchten Eigenthum erwerben, belastet ihn aber mit einer Ersatzpflicht. Die Pflicht der Einhaltung der Grenzen ordnungsmäßiger Wirthschaft bringt § 1036 zum Ausdruck.

38) I. 21 § 29. Also wenn Kapital- oder Miethszinsen praenumerando zahlbar waren, so hat der Nießbraucher, dessen Nießbrauch während der folgenden Nutzungsperiode beginnt, als solcher auf die bereits fälligen Zinsen auch gegen den Eigenthümer keinen

ihrer Entstehung, ohne daß es einer Separation oder Perception bedarf[39]). In diesem Satz weicht das Landrecht vom gemeinen Recht ab[40]).

III. **Begründung.** Der Eigenthümer wird zur Begründung des Nießbrauchs wie anderer dinglicher Rechte durch rechtsgiltige Willenserklärungen, d. h. bindende Verträge oder letztwillige Verordnungen verpflichtet; im ersteren Fall wird das dingliche Recht selbst durch Besitzeinräumung begründet, im letzteren kann es unmittelbar kraft der letztwilligen Verordnung geltend gemacht werden, nach Maßgabe der Sätze, welche die Vermächtnisse bestimmter Rechte aus dem Vermögen des Erblassers regeln, in anderen Fällen bedarf es auch hier der Besitzeinräumung durch die Erben. Er entsteht ferner unmittelbar durch das Gesetz oder wird durch erwerbende Verjährung begründet[41]). Auch die letztere Erwerbsform setzt den Besitz des Nießbrauchers voraus. Bei Grundstücken ist in allen Fällen jetzt die Wirksamkeit gegen Dritte in dem in § 184 dargelegten Sinn an die Eintragung geknüpft. In eigenthümlicher Weise ist gesetzlich die Nutznießung des Vaters am nicht freien Vermögen der Hauskinder[42]) und des Ehemanns am eingebrachten Vermögen der Frau geregelt[43]). In beiden Fällen ist das Wesen des Nießbrauchs durch das eingreifende väterliche und ehemännliche Verwaltungsrecht modifizirt. Hierauf ist im Familienrecht zurückzukommen. Fraglich ist, ob die Rechtsstellung des Pfarrers zum Pfarrvermögen als Nießbrauch aufzufassen ist, so daß sein Rechtsverhältniß zu dem Pfarrgut in Ergänzung der besonderen für diesen Fall gegebenen gesetzlichen Bestimmungen durch die des Nießbrauchrechts geregelt wird, oder ob die Regelung als eine selbständige anzusehen ist, bei der Vorschriften des 21. Titels nur insoweit eingreifen, als sie ausdrücklich in Bezug genommen sind. Die Frage muß in dem letzteren Sinne beantwortet werden[44]).

---

Anspruch. Der Vertrag über Bestellung des Nießbrauchs kann aber — (vergl. § 106 I. 11) — den Eigenthümer stärker belasten.

[39]) I. 9 § 221.

[40]) Oben § 165 Anm. 20, § 173 unter 1, l. 13 D. VII. 4. Ebenso das B.G.B. nach der allgemeinen in § 954 ausgedrückten Regel.

[41]) I. 21 §§ 1. 6. 7. 8. 10. Der Annahme Försters, daß der Nießbrauch als ein vererbliches Recht ersessen werden könne, — vgl. Entsch. B. 32 S. 42, — ist die vierte Auflage mit Rücksicht auf die oben Anm. 7 aufgegebene Auffassung des vererbten Nießbrauchs als einer neuen Personalservitut des Erben zu Unrecht entgegen getreten. Aber auch der erbliche Nießbrauch ist im Zweifel auf einen Grad beschränkt, daher kann der Nießbrauch, der durch den ersten Besitzer und dessen Erben zusammen ersessen ist, nicht auf weitere Erben übergehen. Nach dem B.G.B. wird der Nießbrauch an beweglichen Sachen rechtsgeschäftlich durch Uebergabe, an unbeweglichen durch Eintragung begründet. §§ 1032. 873. An beweglichen Sachen ist Nießbrauch ersitzbar. § 1033.

[42]) II. 2 § 168.

[43]) II. 1 § 231.

[44]) Hierhin neigt auch R.G. Entsch. B. 2 S. 329. Jedenfalls ist das Recht, ein fremdes Haus als Pfarrwohnung zu benutzen, ein dingliches Nutzungsrecht der Kirche. Zur Entstehung dieses Nutzungsrechts als eines gesetzlichen soll nichts gehören, als daß das Haus von der zuständigen Behörde zur Pfarrwohnung bestimmt und einem Pfarrer übergeben ist (?). R.G. bei Gruchot B. 29 S. 909.

IV. **Rechtsverhältnisse bei bestehendem Nießbrauch.** Der Nießbrauch ist ein dingliches Gebrauchsrecht, dem gegenüber der Eigenthümer zum Dulden und Nichtthun verpflichtet ist, wie andere den Nießbraucher nicht hindern dürfen. Dagegen hat der Eigenthümer während des Nießbrauchs keine persönliche Pflicht zu Leistungen an oder für den Berechtigten. Er darf nur nichts mit der Sache vornehmen, wodurch er das Nießbrauchsrecht beeinträchtigt[45]). Er hat nach begonnenem Nießbrauche nicht die Macht, durch seine persönlichen oder dinglichen Verpflichtungen das Genußrecht des Nießbrauchers zu schmälern[46]). Im Uebrigen aber bleibt ihm jede Disposition über die Sache frei[47]). Bei dem Nießbrauch an einem Kapital ist jedoch die Disposition des Eigenthümers der Kapitalforderung ausgeschlossen; das Recht des Nießbrauchers umfaßt hier die Disposition über das Kapital; aber der Eigenthümer muß bei Dispositionen des Nießbrauchers über das Kapital mitwirken[48]). Will dieser die Sicherheit einer neuen Belegung garantiren, so hat er dem Eigenthümer Kaution zu stellen[49]). Will der Eigenthümer das Kapital an sich nehmen, so braucht das der Nießbraucher nicht anders zuzugeben, als wenn ihm Sicherheit für die Zinsen geleistet wird[50]).

---

[45]) I. 21 § 99. l. 7 § 2. l. 13 § 7. l. 15 § 6. l. 16 D. VII. 1. Ueber die bestrittene l. 15 § 7 D. VII. 1, die heute für unpraktisch gehalten wird, s. Glück B. 9 S. 42f.

[46]) I. 21 § 72. Hat der Nießbraucher sein Recht nicht eintragen lassen, so sind die nach dem Beginn des Nießbrauchs eingetragenen Gläubiger in Folge des Glaubens des Grundbuchs berechtigt, sich an die Nutzungen der Sache zu halten, als ob kein Nießbrauch bestände. § 73. Der Nießbraucher hat dann Regreß an den Eigenthümer. § 74. — Nach röm. R. kann der Eigenthümer die Sache verpfänden, l. 2 C. III. 33, aber nach der l. 15 § 7 D. VII. 1 soll er nicht einmal mit Bewilligung des Nießbrauchers Servituten übernehmen, die dem Nießbrauch nachtheilig sein können. Diese Bestimmung wird heute für unpraktisch erklärt. Elvers S. 258. Jhering, Jahrb. 1. 34.

[47]) I. 21 § 100. l. 7 § 1. l. 13 § 7 in f. l. 17 § 2. l. 25 § 3 D. VII. 1. Auch Dienstbarkeiten kann er auf die Sache legen, die dem Nießbrauch nicht schaden, z. B. eine servitus non altius tollendi. Windscheid I. § 203 Note 17.

[48]) I. 21 §§ 101—110. Es liegt die gemeinrechtliche Auffassung, daß hier ein quasi ususfructus stattfinde, zu Grunde, aber sie ist eingeschränkt. Der Usufructuar kann über die Kapitalien (auf seine Gefahr) verfügen, der Eigenthümer kann sich wegen der möglichen Gefährdung durch Kautionsforderung sichern. Zunächst giebt aber der Wille des Nießbrauchers den Ausschlag, die von ihm in Aussicht genommene Belegung hat den Vorzug, er verwahrt auch die Dokumente. Entsch. B. 79 S. 268. An und für sich ist eine Forderung (Kapital) nicht eine solche „Sache", die Gegenstand eines dinglichen Rechts sein kann. Aber wie es ein Pfandrecht an Forderungen giebt, so giebt es kraft Gesetzes einen Nießbrauch an Kapitalien. Daß hierin streng genommen nur eine Uebertragung des Rechtsbegriffs aus wirthschaftlichen Gründen stattfindet, ist anzuerkennen, und tritt in der römischrechtlichen Auffassung klar zu Tage. Von Nießbrauch an Forderungen, die einen andern Gegenstand als Geld haben, ist im Landrecht nicht die Rede: aber sie unterliegen dem Recht des Nießbrauchers z. B. beim Nießbrauch am Vermögen oder an einem Nachlaß. In solchen Fällen wird auch der Leistungsgegenstand nach Erfüllung der Obligation dem Nießbrauch unterworfen. — Auch kündigen kann der Usufructuar nur mit Zustimmung des Eigenthümers. Entsch. B. 21 S. 425. Förster nahm im Gegensatz zu dieser Auffassung an, der Eigenthümer habe die Disposition über das Kapital, sei aber an die Zustimmung des Nießbrauchers gebunden. Dem widerspricht besonders I. 21 §§ 102. 103. Vergl. Anm. 60. — Den Standpunkt des B.G.B. ergeben die §§ 1074—1084.

[49]) I. 21 § 108.

[50]) I. 21 § 109.

Der **Nießbraucher**, der den Besitz der dem Nießbrauch unterliegenden Sache erlangt hat, ist während der Dauer seines Rechts unvollständiger Besitzer der Sache[51]). Sein Nutzungsrecht begrenzt sich durch die Erhaltung der Sache in ihrer Substanz und nach ihrer Bestimmung, sowie zur Erfüllung der auf der Sache selbst und auf ihren Früchten ruhenden Verbindlichkeiten. In näher anzugebenden Grenzen hat er den Eigenthümer gegen Dritte zu vertreten[52]).

A. Der Nießbraucher darf die Sache weder ganz noch theilweise in eine von der vorigen „ganz verschiedene" Form **umändern**[53]), d. h. er kann die Sache nur so, wie er sie empfangen, gebrauchen und nutzen; er darf ihr nicht eine andere Bestimmung geben[54]), nicht einen Lustgarten in einen Acker verwandeln, einen Weinberg oder eine Baumpflanzung nicht zu einer Weide umlegen, das Haus nicht zu anderen Zwecken, als denen es bisher gedient, umbauen, seine innere Raumeintheilung nicht verändern[55]). Gleichwohl ist ihm nicht jede Aenderung versagt, wenn er nur der Sache im Wesentlichen ihre bisherige Bestimmung läßt. Er kann also Ausschmückungen aller Art im Hause anbringen, ein Gebäude auf dem Landgut zum Zweck der Ernte aufführen, einen einzelnen Acker des Landguts in Forst umwandeln oder als Kiesgrube verwenden, einen Steinbruch anlegen[56]). Das sind quellenmäßige Beispiele des römischen Rechts, welche die Grenze zwischen versagter und erlaubter Aenderung klar machen. Ob die Bestimmung der Sache wesentlich verändert wird, bleibt im einzelnen Fall eine Frage von thatsächlicher Natur[57]). Hat der Nießbraucher gegen den Willen des Eigenthümers eine ihm nicht zustehende Aenderung vorgenommen, so ist er verpflichtet, zur Zeit der Rückgewähr die Sache in den vorigen Zustand zu bringen, und soweit dies nicht geht, den Schaden zu ersetzen[58]). Aber auch während der Dauer des Nießbrauchs kann der Eigenthümer die Beseitigung der eigenmächtigen Aenderung verlangen[59]). — Unter das Verbot der Aenderung gehört auch, daß der Nießbraucher eines Kapitals es nicht eigenmächtig einziehen und anderweitig belegen darf. Thut er es doch, so muß er den Ausfall ersetzen, und

---

[51]) l. 7 §§ 169 f. Nach röm. R. ist der Nießbraucher Detentor der Sache. Auch beim Nießbrauch an verbrieften Forderungen hat der Nießbraucher das Recht auf den Besitz der Urkunden, insbesondere der Hypothekenbriefe. Entsch. B. 79 S. 268 (**Rehbein** III. S. 771). Das B.G.B. giebt dem Nießbraucher Besitz neben dem Eigenthümer als mittelbarem Besitzer (§ 868) und ordnet bei Werthpapieren gemeinsamen Besitz (§ 1081).

[52]) l. 13 § 4 D. VII. 1 fructuarius causam proprietatis deteriorem facere non debet, meliorem facere potest. **Hoffmann** S. 162 ff.

[53]) l. 21 § 25. Vergl. B.G.B. §§ 1036. 1037. **Hoffmann** S. 129. **Elvers** S. 466 f. **Keil**, Das Dispositionsrecht des Usufructuars, im Arch. f. civ. Praxis B. 35 S. 358 f.

[54]) **Vangerow** I. 736 Anm. 2.

[55]) l. 13 §§ 4. 5. 7. 8. l. 44 D. VII. 1. Vgl. auch l. 15 §§ 1. 4. l. 27 § 2 eod. **Elvers** S. 470.

[56]) l. 7 § 3. l. 13 §§ 5. 6. 7. l. 44 D. VII. 1.

[57]) **Elvers** S. 469.

[58]) l. 21 §§ 26. 27.

[59]) l. 21 § 28.

der Eigenthümer kann sich diesen Ersatzanspruch durch Kautionsforderung sichern[60]).

B. Der Nießbraucher soll während der Dauer seines Rechts die Sache in dem Stande erhalten, in dem er sie überkommen hat[61]). Das folgt schon allgemein aus seiner Pflicht, nach Art eines guten Hauswirths sein Recht auszuüben. Weil insbesondere bei der Erhaltung der Gebäude leicht über den Zustand, worin sie der Nießbraucher empfangen, später schwer zu entscheidender Streit entstehen kann, hat das A.L.R. zur Beseitigung solcher Prozesse dem Nießbraucher die Verpflichtung auferlegt, bei Antritt des Nießbrauchs für eine beglaubigte Beschreibung des derzeitigen Zustandes der Gebäude zu sorgen[62]). Vernachlässigt er dies, so fällt ihm der Beweis darüber zu, daß die Gebäude zur Zeit des Empfangs in demselben schlechten Zustand sich befunden haben, in dem sie zur Zeit der Rückgabe vorgefunden werden, oder, wie das A.L.R. sich ausdrückt, es wird vermuthet, daß er sie in gutem Baustande empfangen hat[63]). Ergiebt die Beschreibung einen schlechten Zustand, so kann der Nießbraucher die Reparaturen vornehmen und die aufgewendeten Kosten, bei Nebenreparaturen wenigstens die baaren Auslagen sich bei der Rückgewähr anrechnen[64]). Für Reparaturen aber, die während der Dauer des Nießbrauchs als nothwendig oder nützlich sich herausstellen, auch wenn sie s. g. Hauptreparaturen sind — als solche gelten

---

60) I. 21 §§ 101—103. Striethorst B. 44 S. 59. I. 1 C. III. 33. Die Zahlung des Kapitals an den Nießbraucher ohne Zuziehung des Eigenthümers befreit den Schuldner regelmäßig nicht. Striethorst B. 92 S. 89. Vgl. oben Anm. 48. Aber wenn der Nießbraucher durch eine von dem Eigenthümer genehmigte Zahlung in den Besitz des Geldes gelangt ist, leiht er es verbindlich für den Eigenthümer anderweit aus. Der Eigenthümer muß sich mit dem Recht auf Schadensersatz und mit der Haftung des Nießbrauchers begnügen, hat nicht das Recht von dem neuen Schuldner die Rückzahlung abweichend von dem mit dem Nießbraucher geschlossenen Vertrag zu fordern, auch nicht wenn der neue Schuldner das Geld als dem Eigenthümer gehörig von dem Nießbraucher erhalten hat. Gerade hierin zeigt sich, daß das Landrecht die Stellung des Nießbrauchers prävaliren läßt. A.M. Dernburg I. § 285 Anm. 5. — Vgl. B.G.B. §§ 1076. 1080.

61) I. 21 §§ 47. 68. Svarez, Schlußvortr. S. 62. Gebäude muß der Nießbraucher versichern, wie sie bisher versichert gewesen. Rechtspr. I. 124. Er muß für Grabenräumung sorgen. Strieth. B. 49 S. 344. Für unterlassene Reparaturen ist er sofort bei Rückgewähr verantwortlich, nicht erst nach Herstellung durch den Eigenthümer. Entsch. B. 48 S. 169. Strieth. B. 47 S. 262. Vgl. B.G.B. §§ 1041—1046.

62) Die Bestimmung findet auch Anwendung, wenn bei Veräußerung des Grundstücks ein Nießbrauch vorbehalten wird. Entsch. B. 78 S. 30. A. M. Grosse bei Gruchot B. 20 S. 693 und abweichend Strieth. B. 22 S. 1. Vgl. auch B.G.B. §§ 1034. 1035, wonach beide Theile berechtigt sind, den Zustand des Nießbrauchsgegenstands feststellen zu lassen, und bei Inbegriffen verpflichtet, dazu mitzuwirken. — Ueber die ähnliche, wenn auch nicht hierher gehörige Verbindlichkeit der Beamten, die Dienstwohnung im Stande zu erhalten, s. Regl. vom 18. Oktober 1822 und 14. Septbr. 1842 C.O. vom 9. Juli 1853; jetzt Regulativ v. 26. Juli 1880 (J.M.Bl. S. 330).

63) I. 21 § 48 — eine noch geltende Rechtsvermuthung. — Vergl. hierzu Entsch. B. 48 S. 158. Strieth. B. 47 S. 262. Die Beweislast ändert sich. Die Bestimmung steht also ungeachtet des Grundsatzes freier Beweiswürdigung, namentlich bei Entschädigungsprozessen, im neuen Civilprozeßrecht in Kraft.

64) I. 21 §§ 64—66.

diejenigen, deren Kosten den vierten Theil der Nutzungen desjenigen Jahres erreichen und übersteigen, in dem der Schaden entstanden[65]) — kann er vom Eigenthümer auf Grund seines Nießbrauchsrechts keinen Ersatz verlangen, wenn sich dieser nicht durch besonderen Vertrag dazu verpflichtet hat[66]). Das zeigt, daß der Eigenthümer auch bei Begründung des Nießbrauchs durch lästigen Vertrag als naturale negotii nicht Gewähr leistet. Die hier in Rede stehenden Ansprüche des Eigenthümers gegen den Nießbraucher sind übrigens nicht darauf beschränkt, nach Beendigung des Nießbrauchs als Entschädigungsforderungen geltend gemacht zu werden. Es steht nichts entgegen, Erfüllung schon während des Nießbrauchs zu fordern[66a]).

Während der Nießbraucher den durch sein mäßiges Versehen herbeigeführten Schaden beseitigen muß[67]), kann ihm eine gleiche Pflicht der Herstellung nicht angesonnen werden, wenn das Gebäude durch Zufall zu Grunde gegangen oder verschlechtert ist[68]). Auch der Eigenthümer ist aber in diesem Falle dem Nießbraucher gegenüber zur Vornahme der Reparatur nicht verpflichtet[69]). Vielmehr hat dieser, wenn er die Herstellung wünscht, sie vorzunehmen; er kann erst bei Beendigung des Nießbrauchs sich an den Eigenthümer halten, muß aber, um Ersatz der Kosten zu erlangen, sich die Einwilligung des Eigenthümers vorher verschafft haben[70]). Diese muß aber gegeben werden, wenn es sich um Wiederherstellung oder Ausbesserung derjenigen Gebäude, die zur Wohnung und wirthschaftlichen Benutzung nothwendig sind, in der früheren Beschaffenheit und Art handelt[71]). Was bei

---

65) I. 21 § 52.

66) I. 21 § 49.

66a) Vgl. B.G.B. §§ 1053. 1054.

67) I. 21 § 50. Das Ob.-Trib. hat angenommen, daß der Nießbraucher, der die Gebäude versichert hat, nicht verpflichtet ist, mit den Versicherungsgeldern das abgebrannte Gebäude wieder herzustellen, daß sie ihm vielmehr zu freier Disposition anfallen. Strieth. B. 12 S. 67. Dieser Ansicht war Förster trotz Kochs Widerspruch (Komm. zu § 50) beigetreten, denn der Eigenthümer habe keine Klage gegen den Nießbraucher, das abgebrannte Gebäude wieder aufzubauen; mit der Versicherung habe der Nießbraucher sein Geschäft besorgt und die Gelder seien nicht Surrogat des Hauses. Nach der oben in B. II. § 145 bei Anm. 93 angenommenen, jetzt auch vom R.G. gebilligten Auslegung des § 2163 II. 8 kann diese Ansicht nicht aufrecht erhalten werden. Die Versicherungsgelder gebühren nach dem Ende des Nießbrauchs dem Eigenthümer, der Nießbraucher hat, wenn er sie nicht zum Aufbau verwendet, nur den Nießbrauch daran. Vgl. B.G.B. §§ 1045. 1046.

68) I. 21 §§ 50. 51. Vgl. B.G.B. §§ 1041—1044.

69) I. 21 §§ 53. 55. Nach § 54 kann freilich der Eigenthümer aus polizeilichen Gründen genöthigt werden, das Gebäude wieder herzustellen.

70) I. 21 § 56. Nach Entsch. B. 47 S. 185 (Rehbein III. 788) schriftlich, wenn die Kosten über 50 Rthlr. betragen. Es handelt sich nicht um nachträgliche Genehmigung, sondern um einen verpflichtenden Akt. Ist die Einholung der Genehmigung versäumt, so kann der Umstand, daß nach dem Folgenden die Genehmigung hätte richterlich ergänzt werden können, die nachträgliche Ersatzforderung nicht begründen. Entsch. B. 47 S. 185 (Rehbein III. S. 789). Das jus tollendi bezüglich der Verbesserung bleibt dem Nießbraucher, wenn der Eigenthümer die Kosten nicht erstatten will. Strieth. B. 33 S. 179 (Rehbein III. 793).

71) I. 21 §§ 57—59. Förster sprach von einer richterlichen Ergänzung der Einwilligung, als ob der Nießbraucher die nothwendige Reparatur unterlassen müßte, bis ein Prozeß

einem solchen Bau vom Gute selbst an Materialien und Diensten ohne Nachtheil für den gewöhnlichen Wirthschaftsbetrieb geleistet werden kann, trägt der Nießbraucher allein[72]).

Gebäude, die zur Zeit des beginnenden Nießbrauchs unvollendet sind, mag zwar der Nießbraucher nach dem vorhandenen und vom Eigenthümer genehmigten Plan auf Kosten des Eigenthümers fertig bauen[73]), aber einen Ersatz der anschlagsmäßig verwendeten Kosten kann er nicht in Anspruch nehmen, wenn das Gebäude zur Pracht und zum Vergnügen bestimmt ist, und der Eigenthümer der Bauvollendung ausdrücklich widersprochen hat[74]).

Wie die Gebäude so müssen auch die anderen Zubehörungen und Rubriken der Sache wirthschaftlich vom Nießbraucher erhalten werden: eingegangene Obstbäume sind nachzupflanzen, das als Zubehör übergebene Wirthschaftsgeräth ist zu ersetzen, der Düngungszustand der Aecker, überhaupt der Kulturstand aller Ländereien zu bewahren[75]), die Heerden sind zu ergänzen[76]), — überall nach dem Maßstab eines „gewöhnlichen guten Hauswirths", d. h. mit Vertretung für jedes mäßige Versehen[77]). Endlich darf der Nießbraucher nicht ohne Einwilligung des Eigenthümers der Sache bleibende Lasten auflegen[78]).

C. Der Nießbraucher soll die auf der Sache ruhenden Lasten und Verbindlichkeiten erfüllen[78a]). Die Begründung des Nießbrauchs bringt ebensowenig wie der Wandel des Eigenthums ein dinglich gewordenes Pacht- oder Miethsverhältniß zu Ende. Der Nießbraucher muß dasselbe aushalten. Er muß auch die laufenden Zinsen der Hypotheken berichtigen, und, wenn der Gegenstand des Nießbrauchs ein ganzes Vermögen oder ein Nachlaß ist,

---

darüber zu Ende gegangen ist. Auf demselben Standpunkt steht die in der vorigen Anm. citirte Entscheidung (B. 47 S. 185). Aber es muß genügen, daß die Einwilligung vor der Reparatur gefordert ist, und daß die Pflicht bestand, einzuwilligen. Es wäre doch ein wunderliches Ergebniß, wenn das in erster Instanz ergangene Urtheil auf Einwilligung, das nach der Sachlage begründet war, in zweiter Instanz geändert werden müßte, weil inzwischen vor der Rechtskraft des Urtheils der Nießbraucher den dringenden Reparaturbau begonnen hat. Das kann aus §§ 57—59 nicht herausgelesen werden. Der Prozeß, von dem § 59 spricht, betrifft die Ersatzpflicht, und diese ist davon abhängig, daß die rechtzeitig geforderte Einwilligung (vgl. vorige Anm.) hätte gegeben werden müssen. Nach der C.P.O. ist das richterliche Ermessen auch nicht mehr dahin beschränkt, daß das Gericht nothwendig Sachverständige hören müßte. Der Anspruch auf Ersatz ist durch den Nachweis der zufälligen Verschlechterung im Laufe des Nießbrauchs zu stützen, und gute Beschaffenheit bei seinem Beginn zu Grunde zu legen, sofern nicht eine Beschreibung aufgenommen ist. Das ist der Sinn von I. 21 § 67, der dem § 48 nicht widerspricht. Koch, Note zu § 67. Vgl. aber auch Bornemann IV. 274.

72) I. 21 § 60.

73) Anders im röm. R. l. 61 D. VII. 1.

74) I. 21 §§ 61—63.

75) I. 21 §§ 68. 69. Bei den Rubriken schwebt das aufzunehmende Verzeichniß vor. Strieth. B. 49 S. 344. Vgl. § 38 J. II. 1. l. 7 §§ 2. 3, l. 9 § 6, l. 59, l. 62 § 1, l. 68 § 2. l. 70 § 3 D. VII. 1. Vgl. B.G.B. § 1048.

76) I. 21 §§ 17. 18.

77) Vgl. I. 21 §§ 89. 15. 16. 140.

78) I. 21 § 90.

78a) Vgl. hierzu B.G.B. § 1047.

auch die Zinsen von den persönlichen Schulden[79]). Die dinglich berechtigten Gläubiger halten sich dabei an den Eigenthümer und unmittelbar an die Nutzungen[80]), aber der Nießbraucher ist gegen sie persönlich nicht verpflichtet[81]). Nur der Eigenthümer kann von ihm Ersatz fordern. Aufgekündigte Hypothekenkapitalien, deren Verzinsung ihm obliegt, soll er vorschußweise berichtigen. Auch diese Pflicht liegt ihm nur gegenüber dem Eigenthümer, nicht gegen den Gläubiger ob. Aber er ist an der rechtzeitigen Zahlung interessirt, weil ihm sonst das Objekt des Nießbrauchs entrissen werden kann. Will ein Gläubiger, der den Nießbrauch nicht zu respektiren hat, weil er ein besseres dingliches Recht an der Sache hat, oder weil der Nießbrauch das mit der Schuld bereits belastete Vermögen betrifft, sich die Zwangsvollstreckung in den Gegenstand des Nießbrauchs oder das demselben unterliegende Vermögen wegen der Forderung an den Schuldner sichern, so muß er regelmäßig neben dem Schuldner zugleich den Nießbraucher dahin in Anspruch nehmen, daß er die Zwangsversteigerung sich gefallen lasse[82]). Demgemäß ist er berechtigt, zur Berichtigung der Schulden die zum Nießbrauchsvermögen gehörigen Aktivforderungen zu verwenden, oder sich durch Verpfändung der Substanz Deckung zu verschaffen. Hierzu bedarf er der Einwilligung des Eigenthümers, jedoch muß diese durch gerichtliches Erkenntniß ergänzt werden, wenn der Nießbraucher in die Gefahr kommt, durch das Andringen der Gläubiger im Besitz und Genuß beeinträchtigt zu werden[83]). Die bloße Ge-

---

79) I. 21. 70. 71. Striethorst B. 45 S. 1 (Rehbein III. 787). Nicht Zinsen aus dem Verzug des Eigenthümers. Präj. 169. Samml. I. 121. Strieth. B. 66 S. 289.

80) Strieth. B. 50 S. 323.

81) Entsch. B. 14 S. 17 Plen.-Besch. A. M. Bornemann IV. 275 a. E. f., aber sein aus § 73 hergeleitetes Argument ist nicht schlüssig. Auch der von Förster gebilligte Satz, daß der im Prozesse des Gläubigers gegen den Eigenthümer als regreßpflichtig intervenirende Nießbraucher aus seinem Recht kompensiren könne (Strieth. B. 36 S. 55), ist nicht zu billigen, es kann sich nur darum handeln, ob in der Geltendmachung zum Zwecke der Kompensation eine Uebertragung der Kompensationsforderung an den Eigenthümer liegt, was nur mit dessen Zustimmung und wenn die Formen gewahrt sind, angenommen werden kann.

82) Ohne daß das Urtheil gegen den Nießbraucher vollstreckbar ist, braucht sich dieser die Zwangsvollstreckung in bewegliche Sachen in seinem Besitz nicht gefallen zu lassen. Gegen den eingetragenen Eigenthümer eines Grundstücks findet aber die Zwangsversteigerung statt, auch wenn er nicht im Besitz ist. Der dem betreibenden Gläubiger vorgehende eingetragene Nießbrauch wird von der Zwangsversteigerung nicht berührt, geht der Nießbrauch dem betreibenden Gläubiger nach, so muß versucht werden, ob der Verkauf mit dieser Belastung ohne Benachtheiligung der vorgehenden Interessenten möglich ist. Immob.-Vollstr.-Ges. § 60. Inwiefern die Verbindung des gesetzlichen Nießbrauchs des Vaters und Ehemanns mit der Verwaltung und die Natur dieses Nießbrauchsrechts dem Vater bzw. Ehemann ein Widerspruchsrecht gegen die auf Grund eines gegen den Eigenthümer vollstreckbaren Titels eingeleitete Zwangsversteigerung giebt, wird im Familienrecht zu erörtern sein. Vgl. B. IV. § 206 Anm. 35. Beim Nießbrauch an einem suffizienten Nachlaß hat das Obertribunal Strieth. B. 16 S. 75 (Rehbein S. 785), die Klage des Erben gegen den Nießbraucher auf Zahlung der Schuld aus dem Nachlasse mit Recht zugelassen. Ebenso aber hätte der Gläubiger neben dem Erben auch den Nießbraucher auf Zulassung der Zwangsvollstreckung in den Nachlaß belangen können. Vgl. B.G.B. § 1088 über die Stellung älterer Gläubiger zum Nießbrauch an einem Vermögen.

83) I. 21 §§ 75. 78. Svarez, Rev. mon. Jahrb. B. 52 S. 38. Der Nießbraucher einer

nehmigung reicht übrigens zur Zeit nur zur Versilberung der Forderungen und zur Faustpfandbestellung aus. Handelt es sich um eine Hypothek, so kann diese nicht der Nießbraucher auf Grund einer Genehmigung des Eigenthümers einräumen, vielmehr muß der Eigenthümer selbst die Eintragung bewilligen[84]). Es wird also hierauf geklagt werden müssen. So weit der Nießbraucher aus eigenen Mitteln die Kapitalien berichtigt hat, tritt er gegen den Eigenthümer auch ohne Cession in die Rechte des befriedigten Gläubigers, indem er zugleich dessen Vorrechte erwirbt[85]).

Persönliche Prästationen an Dritte muß er leisten, wenn diese auf den Nutzungen lasten, was übrigens vermuthet werden soll[86]). Auch die übrigen gewöhnlichen und ungewöhnlichen Lasten und Abgaben von der Sache muß er tragen, und er kann nur den Ersatz des Ueberschusses vom Eigenthümer verlangen, den er nach Abzug aller gezogenen und aller durch mäßiges Versehen versäumten Nutzungen noch hat aufwenden müssen[87]). Auch bei dem auf das Bedürfniß beschränkten Nießbrauch müssen die Lasten und Abgaben aus den Nutzungen berichtigt werden[88]).

D. Da der Nießbraucher sich im Gewahrsam und unvollständigen Besitz der dem Nießbrauch unterworfenen Gegenstände befindet, so würde derjenige, der einen Anspruch auf einen dieser Gegenstände der Substanz nach zu erheben hat, durch einen gegen den Eigenthumsbesitzer allein angestellten Prozeß nicht zu einem vollstreckbaren Urtheil gelangen. Deshalb verpflichtet das Gesetz auch den Nießbraucher, wenn er bei dem Anspruche so interessirt ist, daß dieser irgendwie in seine Rechtsstellung mit eingreift, sich darauf einzulassen, begründet also seine Passivlegitimation, ohne ihm indessen im Verhältniß zu dem Eigenthümer die Disposition über die Sache für den Prozeß einzuräumen. Seine Passivlegitimation ist bei Ansprüchen auf Herausgabe beweglicher Sachen nicht zu bezweifeln. Im Uebrigen kann er gleichzeitig mit dem vollständigen Besitzer verklagt werden, also etwa dahin, das gegen diesen festzustellende Recht als ihm gegenüber in den Nießbrauchsgegenstand vollstreckbar anzuerkennen. Dabei hat dann der Nießbraucher

---

Erbschaft muß deren Schulden auch aus der Substanz berichtigen, ohne daß der Erbe einzuwilligen braucht, denn sie haften auf der Erbschaft. Striethorst B. 16 S. 75.

[84]) Eig.Erw.Ges. v. 5. Mai 1872 § 19.

[85]) I. 21 § 79. Oben B. 1 § 99 Anm. 35.

[86]) I. 21 §§ 80. 81. Auch hier ist nicht von einer Pflicht gegen den zu der Prästation Berechtigten die Rede.

[87]) I. 21 §§ 87—89. Ueber Kriegskontributionen und sonstige Kriegslasten s. Reskr. v. 4. Juni 1808 (Ergänz. 5 A. I. 899). Versicherungsprämien, wenn das Grundstück zu einem bestimmten Verbande gehörte. Bornemann IV. 278. Koch, Note 56 zu § 87. Rechtspr. I. 124. Oben Note 67. Beiträge zum Deichverbande. Kretschmann bei Gruchot IV. 421. R.G. B. 2 S. 330, wo für den Pfarrer bezüglich des Pfarrguts das Gegentheil angenommen ist. Der § 88 stammt aus Voet, Comm. III. 1 § 38. Leyser sp. 106 m. 3. Walch, Controv. II. 3 § 7. Vergl. Gesetzrevisor XIV. 57. Glück B. 9 S. 259. — l. 7 § 2, l. 27 § 3, l. 52 D. VII. 1. Elvers S. 501 f.

[88]) I. 21 § 186.

dem Eigenthümer die diesen treffenden Kosten vorzuschießen[89]). Wenn das Landrecht ferner allgemein vorschreibt, daß der Nießbraucher bei einer gegen ihn allein angestellten Klage auf die Substanz einer Sache den Eigenthümer zuziehen muß[90]), so gilt dies noch jetzt insofern, als der Nießbraucher in der Lage ist, die Verhandlung durch Benennung seines Autors vorläufig abzuwenden[91]). Die vorgeschossenen Kosten rechnet der Nießbraucher bei der Rückgewähr an, wenn er den Nießbrauch unentgeltlich[92]) erworben hat, sonst sollen die Grundsätze von der Entwehrung Anwendung finden[93]), womit nur gemeint sein kann, daß der Eigenthümer für Entwehrung des Nießbrauchs einzustehen hat, wenn sich diese Verpflichtung aus der Natur oder dem Inhalt des über Begründung des Nießbrauchs geschlossenen Vertrags ergiebt, oder sie ihm durch das Testament auferlegt worden ist[94]). Bei dem Nießbrauch an einer Erbschaft muß der Nießbraucher in jedem Fall die Prozeßkosten vorschußweise zahlen, auch wenn ihn selbst der Ausgang des Prozesses nicht interessirt, und er darf den Ersatz erst bei der Rückgewähr liquidiren[95]).

Da der im Besitz der Sache befindliche Nießbraucher der Sache bleibende Lasten nicht auflegen kann, so kann auch ihm gegenüber zum Nachtheil des Eigenthümers eine Ersitzung von Rechten auf die Sache nicht anfangen, auch können Rechte der Sache durch Nichtgebrauch gegen den Eigenthümer während dieser Zeit nicht durch Verjährung erlöschen[96]). Die vor dem Beginn des Nießbrauchs begonnene Verjährung oder Ersitzung setzt sich jedoch fort[97]). Dagegen kann der Nießbraucher zum Besten des Eigenthümers Dienstbarkeiten und andere Rechte für die Sache durch Ersitzung und auf andere Weise (durch Vertrag) erwerben[98]).

E. Besonders ausführlich behandelt das A.L.R. die Rückgewähr des Objekts nach beendigtem Nießbrauch[99]). Mit der Beendigung des Nieß-

89) I. 21 §§ 82. 85. Rechtsf. B. 3 S. 446. Strieth. B. 6 S. 87. Entsch. B. 45 S. 430. B. 48 S. 459.

90) I. 21 § 83. Strieth. B. 39 S. 86. Dem Nießbraucher steht übrigens eine selbständige Klage gegen den Dritten zu, der den Nießbrauch stört. Das. B. 49 S. 311.

91) C.P.O. § 73.

92) D. h., wie Koch zu § 84 richtig bemerkt, durch einen Erwerbsakt, der den Eigenthümer nicht vertragsmäßig zur Eviktionsleistung verpflichtet, wenn also z. B. der Nießbrauch legirt oder usukapirt oder vom Eigenthümer geschenkt worden ist.

93) I. 21 § 84.

94) Denn an sich hat der Eigenthümer dem Nießbraucher nicht Gewähr zu leisten, wie der Verpächter dem Pächter.

95) I. 21 § 86. Ein Prozeß über die Substanz des Nachlasses muß gegen Erben und Nießbraucher gerichtet werden. Strieth. B. 45 S. 1.

96) I. 21 §§ 91. 92. Svarez, Schlußvortr. S. 64 revis. monit. Jahrb. B. 52 S. 38. Anders nach röm. R. Die l. 1 § 7 D. VII. 9 § 91 bezieht sich nur auf einzelne dingliche Rechte, nicht auf das Eigenthum (vgl. § 521 I. 9). Strieth. B. 37 S. 230. Ueber die Verjährung gegen den Pfarrer s. Plen.-Beschl. B. 50 S. 1. Strieth. B. 53 S. 79. Vgl. dagegen Hinschius in der Anw.-Z. 1864 S. 233. Oben B. I. § 46 Anm. Note 49 B. III. § 177 bei Anm. 52.

97) I. 21 § 93.

98) I. 21 § 98. Dazu Strieth. B. 22 S. 12, B. 45 S. 105. Entsch. B. 47 S. 193. Strieth. B. 43 S. 333.

99) Vgl. über gem. R. Elvers S. 531.

brauchs hört der bis dahin Berechtigte auf, rechtmäßiger unvollständiger Besitzer zu sein. Er ist zur Rückgabe der Sache verpflichtet, weil sein Recht daran beendigt ist. Insofern ist also seine Rechtslage verschieden von der eines Inhabers, der sich fälschlich oder in gutem Glauben für nießbrauchberechtigt gehalten hat[100]). Im Allgemeinen muß die Sache mit allen dazu gehörigen Beilaßstücken mindestens in dem Zustand, wie sie der Nießbraucher empfangen, von ihm zurückgegeben werden[101]).

Das bereits oben erwähnte Verzeichniß, welches beim Beginn des Nießbrauchs aufzunehmen ist, soll dazu dienen, die Weitläufigkeiten abzuschneiden, die nach längerer Zwischenzeit eine Vergleichung des jetzigen und des früheren Zustandes hervorrufen kann. Das Gesetz giebt deshalb, sofern nicht bei dem Vermächtniß eines Nießbrauchs die Aufnahme eines Inventars verboten ist, jedem der beiden Interessenten beim Beginn des Nießbrauchbesitzes das Recht, darauf zu dringen, daß statt eines Privatverzeichnisses ein förmliches Inventar aufgenommen werde[102]). Uebernimmt der Nießbraucher die Sache ohne Inventar, so wird angenommen, daß er alles, was zur vollständigen Benutzung erforderlich gewesen, in mittlerer Art und Güte erhalten hat. Jedenfalls muß er den so festzustellenden Beilaß zurückleisten, ohne daß er selbst durch nachgewiesene Unglücksfälle davon befreit wird[103]). Das Plusinventarium bleibt sein Eigenthum, d. h. was mehr da ist, als inventirt war oder als gesetzlich zurückzugeben ist, nimmt er fort[104]), die besseren Stücke aber (das Superinventarium) werden ihm nicht vergütet.

Bei der Rückgewähr kommen ferner in Betracht die Verbesserungen und Verschlechterungen der Sache und die Auseinandersetzung wegen der vorhandenen Nutzungen.

a. Verbesserungen, von den bereits erörterten Reparaturen abgesehen, nimmt der Nießbraucher fort, wenn die Sache wieder in den vorigen Stand gesetzt werden kann[104a]). Einen Anspruch auf Vergütung hat er nur, wenn der Eigenthümer die Verbesserung ausdrücklich schriftlich genehmigt hat, oder wenn sie durch Landesgesetze oder obrigkeitliche Anordnung vorgeschrieben worden ist. Bei Errichtung einer dauernden Anstalt in Folge eines landesherrlichen Befehls fällt die Untersuchung, ob dadurch wirklich eine Verbesserung begründet ist, fort[105]). Zu vergüten sind in diesen Fällen die

---

100) Oben § 165 unter C.

101) I. 21 §§ 12. 111. Er haftet aber nicht für die Abnutzung bei ordentlichem Gebrauch und nicht für zufällige Verschlechterung. · I. 21 §§ 13. 14.

102) I. 21 §§ 112—117. Vergl. oben Anm. 62. Das Verzeichniß wird „lediglich", d. h. mit Ausschluß anderer Beweismittel, bei der Rückgewähr zu Grunde gelegt. Entsch. B. 30 S. 84. Strieth. B. 14 S. 279.

103) I. 21 §§ 119. 120. 121. 123. Vgl. hierüber Entsch. B. 30 S. 84. Strieth. B. 14 S. 279 (Rehbein III. S. 796). Entsch. B. 36 S. 198.

104) I. 21 § 122.

104a) S. oben Anm. 70.

105) I. 21 §§ 124—131. Svarez, Schlußvortrag S. 97. Die schriftliche Form der Genehmigung ist nach der singularen Vorschrift des § 124, also abgesehen von Repara-

Verbesserungskosten, die durch Rechnungslegung nachzuweisen sind[106]) Dabei kommen nicht in Betracht Materialien, die aus der Sache selbst gewonnen sind und nicht auf andere Art vom Niesbraucher hätten genutzt werden können, auch nicht Arbeiten und Dienste, die ohne Nachtheil für den ordentlichen Wirthschaftsbetrieb von ihm selbst oder von den Dienstleuten auf dem Gute geleistet worden sind[107]).

b. Bei Verschlechterungen vertritt der Nießbraucher mäßiges Versehen[108]); vertragsmäßig kann diese Haftung auf grobes ermäßigt oder auf geringes gesteigert werden[109]). Diese Vertretung bezieht sich nur auf Verschlechterungen oder Verringerungen der Sache selbst. Das A.L.R. führt speziell auf Dämme, Teiche, Gräben, Brücken, Mühlen, Wasserleitungen, Wege, Gehege, Verzäunungen, Verwüstung des Forstes, verschuldete Ueberschwemmungen und Versandungen[110]). Dagegen ist, und zwar wie Svarez hervorgehoben hat[111]), in absichtlicher Abweichung von der damaligen Praxis, angeordnet, daß für andere aus vernachlässigter Kultur oder aus sonstiger unwirthschaftlicher Verwaltung entstandene Verringerungen dem Eigenthümer nicht Ersatz zu leisten ist[112]).

c. Die Auseinandersetzung über die Nutzungen betrifft die noch vorhandenen aus früheren Jahren und die des letzten Wirthschaftsjahres[113]).

---

turen, auch bei einem Objekt unter 50 Rthlr. nöthig; I. 21 § 49 verlangt nur Giltigkeit des Vertrages, ohne eine bestimmte Formvorschrift zu geben. Gesetzrev. XIV. 63. Vgl. oben Anm. 70.

106) I. 21 § 125.

107) I. 21 §§ 126. 127. Vgl. B.G.B. §§ 1043. 1044. 1049.

108) I. 21 § 132. Vgl. § 16. Strieth. B. 47 S. 261. B.G.B. §§ 1050—1059.

109) I. 21 § 15.

110) I. 21 §§ 135. 137. 138.

111) Schlußvortr. S. 99.

112) I. 21 § 136.

113) Svarez, Schlußvortr. S. 100. Erk. des Reichsger. bei Gruchot B. 25 S. 447. Vgl. über gem. R. Glück B. 9 S. 332 fg. Nach diesem entscheidet die Zeit der Perzeption, d. h. derjenigen Handlung des Nießbrauchers, durch die er von der Frucht als abgesonderter Sache Besitz ergreift. Fällt diese Handlung in die Zeit des Nießbrauchs, so gehört die Frucht dem Usufruktuar. Was z. B. der Beendigung noch unabgesondert ist, fällt an den Eigenthümer. Nach dem im Sachsensp. II. 58 und III. 76 ausgesprochenen Grundsatz, der auch dem § 221 I. 9 A.L.R. zu Grunde liegt und offenbar aus dem gemeinen Sachsenrecht in das preuß. übergegangen ist, entscheidet aber nicht die Perzeptionshandlung, sondern die Entstehung der Frucht, und deshalb mußten mehrere Regeln über die Auseinandersetzung gegeben werden, denn die Entstehung ist kein momentanes Faktum, ihr Grund und Anfang liegt in der Zeit des Nießbrauchs, ihre fortschreitende Vollendung kann sich darüber hinauserstrecken. Es entsteht also eine Kommunion, die gelöst werden muß. Im gemeinen Recht findet eine solche Auseinandersetzung bei der Beendigung des Nießbrauchs nicht statt, der bisherige Nießbraucher hat auch keinen Anspruch an den Eigenthümer auf Erstattung der Saaten und Ackerarbeiten für die bevorstehende Ernte. Vgl. Seuffert XVI. 274. Auf Früchte, die erst nach Ablauf des Wirthschaftsjahres geerntet werden, hat der Nießbraucher kein Recht, auch wenn er sie gesäet hat. Strieth. B. 39 S. 215 (Rehbein III. S. 776). — Das B.G.B. sucht wie bei der Pachtung den Ausgleich darin, daß der Eigenthümer dem Nießbraucher die Bestellungskosten der noch nicht perzipirten Früchte bis zu deren Werth zu ersetzen hat. §§ 1055. 591—593.

Die der früheren Jahre bleiben dem Nießbraucher[114]). Zu diesen Nutzungen gehören aber nicht das zwar schon geschlagene, aber noch nicht abgeführte oder verkaufte Holz und die noch auf dem Gute befindlichen, in früheren Jahren zubereiteten, noch unverkauften Mauer- und Ziegelsteine[115]). Diese Produkte bleiben dem Eigenthümer, der dem Nießbraucher die Arbeits- und die Herstellungskosten vergütet[116]). Die Nutzungen des letzten Wirthschaftsjahres werden zwischen dem Nießbraucher und dem Eigenthümer getheilt, und zwar so, daß zwischen Landgütern und anderen Grundstücken, Gerechtigkeiten und Kapitalien unterschieden wird in folgender Weise:

1. Landgüter und solche städtische Grundstücke, mit denen Ackerbau und Viehzucht verbunden ist[117]), werden in diesem Jahre für gemeinschaftschaftliche Rechnung sofern sich beide Theile darüber einigen durch einen Administrator, sonst von dem Nießbraucher oder dessen Erben, denen der Eigenthümer einen Rechnungsführer beigeben darf, in der Art verwaltet, daß neue Einrichtungen und außerordentliche Verbesserungen nicht vorgenommen, auch die bereits begonnenen nicht fortgesetzt werden, wenn nicht beide Theile übereinstimmen[118]). Am Schlusse des Jahres wird die Rechnung aufgemacht. In die Einnahme kommt der ganze Ertrag des Jahres[119]), in Ausgabe die vom Nießbraucher schon verzehrten oder noch ferner für seinen und seiner Familie Unterhalt wirthschaftlich zu verwendenden Naturalien, die ordentlichen und außerordentlichen Abgaben, die aus dem Nießbrauch zu entrichtenden Zinsen, die Wirthschafts- und Administrationskosten, das am Jahresschluß vorhandene bis zur nächsten Ernte nöthige Futter und Speisungsgetreide und die zum Betrieb der Brauerei insoweit, als Bier zur Ernte erforderlich ist, nöthigen Vorräthe[120]). Der nach Abzug aller Ausgaben verbleibende Reinertrag wird nach dem Verhältniß der vor und nach Endigung des Nießbrauchs verflossenen Zeit zwischen dem Eigenthümer und dem Nießbraucher oder dessen Erben getheilt[121]). Uebersteigen die Ausgaben die Einnahme, so wird der Schade in gleicher Weise von Beiden ge-

---

[114]) I. 21 §§ 143. 144. 145. 146. Strieth. B. 39 S. 215, Gruchot II. 110.

[115]) I. 21 §§ 147—149. Die Polemik Kochs zu § 149 ist insofern unbegründet, als das „geschlagene Holz" nicht bloß Rohprodukt ist, sondern auch schon eine Bearbeitung erfahren hat, sich also die Zusammenstellung mit den Ziegeln wohl rechtfertigen läßt.

[116]) I. 21 § 148.

[117]) I. 21 §§ 144. 150. 151. 169. Ueber den Begriff Landgut vgl. B. II. § 136 bei Anm. 27. S. auch Strieth. B. 51 S. 7. Bornemann I. 202 Note 2. II. 346. IV. 284. Koch, zu § 170. R. d. Ford. II. 448. Im Ganzen wird man wohl am sichersten gehen, wenn man annimmt, jedes Grundstück, das Naturalnutzungen gewährt, sei einbegriffen. Einzelne Aecker, Wiesen, Moore u. dergl. gehören auch unter § 150, sie sind die „anderen nutzbaren Grundstücke" in § 144. S. auch Entsch. B. 48 S. 300 f.

[118]) I. 21 §§ 151. 152. 159. 160.

[119]) I. 21 § 153.

[120]) I. 21 §§ 154—158. 161—164. Einnahmen und Ausgaben bis zur Beendigung des Nießbrauchs hat der Nießbraucher ohne besondere Beweispflicht anzugeben, die Unrichtigkeit seiner Angaben muß ihm nachgewiesen werden. I. 21 § 165.

[121]) I. 21 § 166.

tragen[122]). War das Gut im letzten Jahr verpachtet, so bildet das Pachtgeld nach Abzug der Abgaben, Zinsen und etwaigen Administrationskosten das Theilungsobjekt[123]).

2. **Bei Grundstücken ohne Landwirthschaft, bei Gerechtigkeiten und Kapitalien** bleiben dem Nießbraucher alle Nutzungen und Lasten bis zum Ablauf des letzten Vierteljahrs, in dem der Nießbrauch aufgehört hat. Hierbei wird das Jahr als vom 1. Juni zum 1. Juni laufend angesehen. Die Nutzungen des ganzen Jahres vom 1. Juni bis zum 1. Juni werden nach dem hieraus sich ergebenden Verhältniß vertheilt, die Nutzungen und Lasten über den nächsten 1. Juni hinaus fallen dem Eigenthümer zu[124]).

F. Das römische Recht sicherte die Erfüllen aller Verbindlichkeiten, die dem Nießbraucher gegen den Eigenthümer oblagen, durch das dem Eigenthümer gegebene Recht eine besondere Stipulation vom Nießbraucher zu fordern, usurum se boni viri arbitratu et cum ususfructus ad eum pertinere desinet, restituturum, quod inde exstabit[125]). Das preußische Recht kennt diese allgemeine cautio usufructuaria nicht[126]); nur in einzelnen Fällen giebt es ein Recht auf Sicherheitsleistung (Realkaution), so für den Fall der vom Nießbraucher eigenmächtig unternommenen Ausleihung des Kapitals[127]), oder wenn wahrscheinliche Besorgniß eines Mißbrauchs und dadurch einer Beschädigung oder Verringerung der Substanz eintritt[128]). Wichtiger

122) I. 21 § 167.

123) I. 21 § 168.

124) I. 21 §§ 170—172. Das O.-Trib. hat in Entsch. B. 41 S. 236f. (Rehbein III. S. 777) mit Recht angenommen, daß Miethzinsen, die nach beendigtem Nießbrauch fällig geworden, an den Eigenthümer gezahlt werden können, wenn auch das letzte Vierteljahr, in dem der Nießbrauch endete, zur Zeit der Fälligkeit und Zahlung noch nicht abgelaufen war. Bei der Vertheilung der Nutzungen unter den Eheleuten kommt es aber nicht auf die Zeit der Fälligkeit an. In Entsch. B. 48 S. 296 (Rehbein III. S. 793) ist zu beachten, daß es sich um einen Zehnten handelte, der nicht erst am Fälligkeitstage zur Existenz kommt, sondern mit den Früchten, von denen er zu entrichten ist, allmälig anwächst; aber der Vertheilungsmodus wird hier ganz allgemein in der angegebenen Weise bestimmt; er folgt aus dem die ganze Materie einleitenden § 150. — Nach gemeinem Rechte werden die Civilfrüchte nur nach dem Verhältniß der Zeit bis zum Ende des Nießbrauchs getheilt, wenn sie täglich anwachsende gewesen sind, dagegen gehören sie dem Eigenthümer, wenn sie nicht diesen Charakter des Anwachsens haben, wenn vielmehr das Recht der Erhebung gerade an einem bestimmten Tage entsteht (z. B. bei Gefällen, Laudemien), und dieser Tag nach dem Ende des Nießbrauchs eintritt. Es ist jedoch über Alles dies im gemeinen R. viel Streit gewesen. Die verschiedenen Meinungen s. bei Glück B. 9 S. 336ff. Die Redaktoren des A.L.R. haben durch die Bestimmung des 1. Juni diese Kontroversen durchschneiden wollen. Der Code nimmt an, daß Civilfrüchte Tag für Tag wachsen und daher dem Nießbraucher nach Verhältniß der Dauer seines Nießbrauchs gehören.

125) l. 1 pr. § 6, l. 2, l. 5 § 1, l. 7 pr. D. VII. 9. Hoffmann S. 166f. Elvers S. 551. Seuffert X. 234.

126) I. 21 § 19. Selbst nicht beim uneigentlichen Nießbrauch. Das Landrecht bedarf auch der cautio usufructaria nicht, weil es dem Eigenthümer gegen den Nießbraucher eine Klage auf Erfüllung seiner Verbindlichkeit giebt, die er nach römischem Recht erst durch die Kautionsstellung erlangte.

127) I. 21 § 103 u. §§ 108. 109 geben nur für den Fall der Kautionsleistung Rechte, nicht einen Anspruch auf Sicherheitsleistung.

128) I. 21 § 20. Entsch. B. 60 S. 132.

aber ist das Recht des Eigenthümers, daß er, wenn der Nießbraucher die Sache durch Unwirthschaftlichkeit verringert, noch während der Dauer des Nießbrauchs auf die Wiederherstellung der schon entstandenen Substanzverringerungen und auf angemessene Einschränkung des Nießbrauchers in seinen künftigen Verfügungen klagen, und wenn dies fruchtlos bleibt, auf gerichtliche Sequestration dringen kann, durch die jedoch dem Nießbraucher die Nutzungen, auf die er überhaupt Anspruch hat, nicht entzogen werden dürfen[129]).

V. Beendigung des Nießbrauchs. — Beendigt wird der Nießbrauch und jedes beschränkte persönliche Gebrauchsrecht an einer Sache: 1) mit dem Tode des Berechtigten, wenn das Recht auf seine Person beschränkt ist[130]). Für das eingetragene Nießbrauchsrecht begründet solchen Falls der Nachweis des Todes auch die Löschung[131]). Handelt es sich um einen vererblichen Nießbrauch[132]), so greifen diese Bestimmungen nicht ein. Ist einer juristischen Person ein Nießbrauch legirt, so erlischt er nach Ablauf von 50 Jahren. Ein für eine juristische Person in anderer Weise bestellter Nießbrauch findet erst mit dem Aufhören des Bestehens der juristischen Person sein Ende[133]), und der unbeschränkt vererbliche Nießbrauch kehrt überhaupt nicht wieder in das Eigenthum zurück[134]). 2) Der Berechtigte kann seinem Rechte wirksam entsagen[135]). Wäre auf diese Entsagung die Theorie des Landrechts vom Erlaß und Verzicht anzuwenden, so würde auf der Seite des Entsagenden, ausdrückliche Erklärung, von der anderen Seite (d. h. von der Seite des Eigenthümers) Annahme dieser Erklärung zu fordern sein, da nur dann ein Erlaßvertrag geschlossen wäre. Das Gesetz spricht aber nicht von einer dem Eigenthümer erklärten Entsagung, es handelt sich also um ein der Dereliktion des Eigenthümers ähnliches Verhalten[136]). Ist das Recht gegen Uebernahme

---

[129]) I. 21 §§ 140—142. Im B.G.B. regeln §§ 1051. 1052. 1054 für den Fall der Besorgniß einer Verletzung ein Recht auf Sicherheitsleistung und unter Umständen auf Anordnung einer Verwaltung. Die landrechtliche Bestimmung knüpft an Voet, Comment. VII. 9 § 3. Lauterbach VII. 9 § 10 an. Die Sequestration ist nicht als ein Akt der Zwangsvollstreckung aus dem die Herstellung der Substanzverschlimmerung oder Einschränkung des Nießbrauchers und seiner Verfügungen anordnenden Urtheil gedacht. Es wird auch nicht der Richter ohne Urtheil angegangen werden können, vielmehr muß im Klagewege die Anordnung der gerichtlichen Sequestration erstritten werden.

[130]) I. 21 §§ 176. 177. 178, I. 12 § 421.

[131]) Gr.B.O. § 102. Vgl. § 34 G. v. 24. Mai 1853. Darüber Förster. Grundbuchr. S. 114 fg. Gegen ihn mit Recht Bahlmann S. 419. Achilles und Turnau zu § 102 Gr.B.O.

[132]) S. oben Anm. 7.

[133]) I. 12 § 423, I. 21 §§ 179. 180. Svarez, Schlußvortr. S. 64. Ueber den Fall eines für eine offene Handelsgesellschaft, die in Konkurs verfallen, begründeten Nießbrauchs vgl. R.G. Entsch. B. 16 S. 1. Dem B.G.B. ist ein Erlöschen vor dem Erlöschen der juristischen Person unbekannt.

[134]) Allerdings entgegen dem in l. 3 D. VII. 1 ausgesprochenen Prinzip.

[135]) I. 21 § 181.

[136]) Wenn der Berechtigte auf den Eigenthümer den Besitz mit der Absicht überträgt, ihm fortan die uneingeschränkte Benutzung zu überlassen, so kann hierin ein wirksamer Verzicht gefunden werden. Gruchot B. 7 S. 546. Derelinquere usumfructum, rece-

von Pflichten bestellt, so findet nicht Entsagung, sondern nur bei gehörigem Anlaß Rücktritt vom Vertrage statt, und der Verzicht auf den gesetzlichen Nießbrauch entbindet nicht von der Erfüllung der damit verbunden Verbindlichkeiten[137]. 3) Das Recht erlischt ferner mit dem Ablauf der Zeit, für die es bestellt worden[138]; 4) durch Untergang der Sache[138a]; 5) wenn nicht an einem Grundstück bestehend und auf dessen Grundbuchblatt eingetragen, durch dreißigjährigen Nichtgebrauch[138b]; 6) durch Konsolidation, indem das Recht und Eigenthum sich in derselben Person vereinigen[139]; 7) nach den am Schlusse des § 184 dargelegten Sätzen durch Wegfall des Rechts desjenigen, von dem das Recht abgeleitet wird; 8) nach den Grundsätzen des Zwangsversteigerungsrechts durch Zuschlag des Grundstückes ohne Uebernahme der Belastung.

Der Nießbraucher kann übrigens nicht durch Ersitzung sein Nutzungsrecht zum Eigenthum steigern[140]; sein gutgläubiger Erbe oder Singularnachfolger aber kann die Sache nach den preußischrechtlichen Grundsätzen von der usucapio pro herede ersitzen, vorausgesetzt, daß der Ersitzende seinen Willen, die Sache als eigene zu besitzen, durch schlüssige Handlungen äußert, daß dies dem Eigenthümer bekannt wird und er sich durch die Verjährungszeit dabei beruhigt, auch nicht im Grundbuch als Eigenthümer eingetragen ist[141]. Das Nießbrauchsrecht gilt trotz des Erlöschens Dritten gegenüber, die es auf den Glauben des Grundbuchs als bestehend ansehen, als fortbestehend, wenn es eingetragen und nicht gelöscht ist[142].

VI. Den vom römischen Recht anerkannten uneigentlichen Nießbrauch (quasi ususfructus) an Sachen, die durch den Gebrauch und die Nutzung verbraucht werden, hat auch das A.L.R. in gleicher Weise zuge-

---

dere ab usufructu in l. 48 pr., l. 64, l. 65 pr. VII. 1 heißt freilich nur, sich von der Pflicht der Bewahrung der Sache als Usufruktuar für die Zukunft lösen, nicht aber bindend das Recht aufgeben. Vgl. Windscheid I. § 215 Anm. 11. Aber das preußische Recht behandelt die Entsagung im letzteren Sinne. — Die Wirksamkeit einer Entsagung hat in jedem Falle zur Voraussetzung, daß der Nießbraucher ohne Zustimmung eines Andern über das Bestehen des Nießbrauchs verfügen kann. Das ist aber nicht der Fall, wenn er einem Andern die Ausübung des Rechts nach I. 21 § 110 abgetreten hat. Dann kann er wirksam zu dessen Nachtheil nur mit dessen Zustimmung entsagen. O.Trib. bei Gruchot B. 24 S. 119. Vergl. R.G. Entsch. B. 16 S. 110 (gemeinrechtl.). Das B.G.B. verlangt Erklärung des Aufgebens gegenüber dem Eigenthümer oder Besteller des Nießbrauchs bei beweglichen Sachen, und Erklärung gegen das Grundbuchamt und Löschung bei Immobilien. §§ 1064. 875.

137) I. 19 § 30, I. 21 §§ 182. 183. Auch der durch Rechtsgeschäft aufgegebene Nießbrauch bedarf, wenn er eingetragen ist, der Löschung, kann aber nach preußischem Recht, wenn einmal untergegangen, trotz unterlassener Löschung nicht wieder Kraft erlangen.

138) I. 21 § 177.

138a) I. 19 § 31, I. 21 § 184.

138b) I. 19 § 29, I. 21 § 184. Vgl. Entsch. B. 69 S. 55 (Rehbein III. S. 406).

139) I. 21 § 184. Nach dem B.G.B. § 1063 nur bei beweglichen Gegenständen.

140) I. 21 § 94.

141) I. 21 §§ 95—97, I. 7 §§ 40—42. Oben § 177 Anm. 15. 43a.

142) E.Erw.Ges. v. 5. Mai 1872, § 12, oben § 184 Anm. 71.

lassen[143]). Wie bei dem Darlehn erwirbt der Nießbraucher das Eigenthum an diesen Sachen und ist verpflichtet, gleich gute Sachen in gleicher Menge zurückzugeben. Daß er dabei wie der Darlehnsempfänger den Zufall zu tragen habe, sagt das A.L.R. zwar nicht ausdrücklich, aber nach allgemeinen Grundsätzen kann daran nicht gezweifelt werden[144]). Von dem Nießbrauch an Kapitalien, den das römische Recht ebenfalls als quasi ususfructus behandelt, ist bereits die Rede gewesen, und es ist dargelegt, daß das Landrecht ihn zwar als eigentlichen Nießbrauch aber mit erweiterten Rechten des Nießbrauchers behandelt. Auch andere Fälle eines uneigentlichen Nießbrauchs sind zu leugnen. Der Ehemann als gesetzlicher Nießbraucher am Vermögen seiner Frau ist zwar gehalten, die an Stelle von eingebrachten Mobilien im Laufe der Ehe angeschafften bei Auflösung der Ehe heraus zu geben. Dadurch erlangen die Mobilien aber nicht überhaupt die Natur verbrauchbarer Sachen. Soweit die eingebrachten Gegenstände nicht wirklich verbrauchbar sind (z. B. baares Geld), hat auch der Ehemann den Zufall an den Mobilien nicht zu tragen[145]). Uebrigens ist auch an verbrauchbaren Sachen ein wahrer Nießbrauch denkbar. Wenn der Besteller nur dieselben Sachen zurückerhalten will, so muß er sich den wirthschaftlichen Verbrauch gefallen lassen, und der Nießbraucher vertritt dabei nur grobes Versehen[146]).

Der Nießbrauch an einem Vermögen ist je nach den einzelnen Objekten ein uneigentlicher oder ein eigentlicher[147]). Daß ein uneigentlicher Nießbrauch nicht durch Ersitzung begründet werden kann, versteht sich von selbst.

## § 187. III. Die Grundgerechtigkeiten. Im Allgemeinen.

A.L.R. I. 22. — Bornemann IV. 365f. Koch, Pr.-R. I. S. 553, II. S. 267 R. d. F. III. S. 94f. Derselbe, im schles. Arch. B. 4 S. 200 (die gesetzliche Verbindlichkeit zur Bestellung einer Servitut nach gem. und preuß. R.). Böle im Arnsb. Archiv B. 1 S. 25 (über die nothwendige Servitut). Korte bei Gruchot B. 2 S. 401 (Unzulässigkeit der Ersitzung einer Grundgerechtigkeit auf Grund eines translativen Titels). Gruchot das. B. 8 S. 26f., S. 168f. (v. d. Ersitzung der Grundgerechtigkeiten).

---

143) I. 21 § 173. Vgl. I. 2 § 121, § 2 J. II. 4. l. 1. 2 § 1, l. 7 D. VII. 5. Hoffmann S. 172fg. Elvers S. 578. Hanausek, Die Lehre vom uneigentl. Nießbrauch 1879. S. B.G.B. § 1067.

144) Vgl. I. 21 §§ 173. 121. 17, I. 2 § 121. Sächs. G.B. § 623.

145) II. 1 § 559. S. unten § 211. A. 2.

146) I. 21 §§ 174. 175. Man kann hier nicht mit Koch zu § 174 und Förster in den früheren Auflagen zu der Annahme kommen, das Landrecht habe auch Sachen, deren Gebrauch nicht im Verbrauch besteht, als Gegenstände des quasi ususfructus angesehen. Die Bestimmung nöthigt den Geber bei der Rückgabe zufrieden zu sein „mit dem, was davon, und in dem Stande, wie es alsdann, nach wirthschaftlichem Gebrauch, noch wirklich vorhanden ist". In dem „was davon" tritt klar hervor, daß an den Verbrauch gedacht ist, — daneben auch an die Verschlechterung, beides ist in § 175 unter Abnutzung zusammengefaßt.

147) l. 4 D. VII. 5. Hoffmann S. 173. Ueber den Nießbrauch an einem Kapital (usus fructus nominum) vgl. oben Anm. 48. l. 3 D. VII. 5, l. 24 pr. D. XXXIII. 2. Hoffmann S. 176f. Mühlenbruch, Cession § 47 S. 497. Windscheid I. § 206 Anm. 9.

Dernburg I. §§ 292ff. Fischer § 45. — Glück B. 10. Luden, Die Lehre von den Servituten S. 39f. 137f. 176f. Hoffmann, Die Lehre von den Serv. I. S. 98f., II. S. 52f. 179f. Elvers, Die röm. Servitutenlehre S. 316—448. 647f. 758f. Schönemann, Die Servituten, S. 103f. 133f. 165f. Hedemann, Ueber Erwerb u. Schutz von Serv., S. 133f. 170f. Schrader, Abhandlungen Nr. 5, — Arndts §§ 173ff. Böcking II. 272f. Puchta §§ 183—185. Seuffert I. 210f. 231f. 236f. Sintenis I. § 61, § 64, § 65. Vangerow I. 717f. Windscheid I. §§ 209ff. — Bluntschli S. 256f. Gerber §§ 144ff. Roth, Bair. Civ.-R. II. §§ 162—168. — Zachariä (Crome) I. §§ 216—225.

I. Begriff und Wesen. Die preußische Grundgerechtigkeit entspricht der römischen Prädialservitut[1]). Das Gesetz bezeichnet sie als das für ein Grundstück erworbene Recht, den Eigenthümer eines anderen Grundstücks in der freien Ausübung seiner Eigenthumsrechte einzuschränken[2]). Das Gesetz selbst scheidet die gesetzlichen Einschränkungen, die von vornherein, ohne daß es eines Erwerbs des Rechts bedarf, den Inhalt des Eigenthums verengen, und denen sich jeder Eigenthümer im gegebenen Fall ohne Entschädigung zu unterwerfen hat[3]), sowie das Recht, die Einräumung einer nothwendigen Beschränkung zu fordern[4]) als außerhalb des Begriffs liegend aus. Die so gewonnene Legaldefinition kann indessen als genau nicht anerkannt werden. Sie ergiebt weder den Inhalt des beschränkenden Rechts, noch die Art und Weise seiner Beziehung zu dem herrschenden Grundstück. Entsprechend den in der gemeinrechtlichen Doktrin herrschenden Begriffsbestimmungen läßt sich die Grundgerechtigkeit auch nach preußischem Recht bezeichnen als das dingliche Recht auf einen beschränkten Gebrauch oder eine beschränkte Nutzung eines Grundstücks zur Befriedigung des Vortheils eines anderen Grundstücks[4a]).

1. Die Grundgerechtigkeit ist nur als dingliches Recht an fremdem Eigenthum denkbar; sie muß als solches bestellt, als solches besonders erworben sein[5]). In stärkerem Maße als im gemeinen Recht sind im preußischen gesetzliche Einschränkungen insbesondere auf der Grundlage des nachbarlichen Verhältnisses geregelt. Hier kann die Willkür der Interessenten nur in der Weise einwirken, daß die gesetzliche Einschränkung zurückgedrängt oder beseitigt wird[6]). Für die Grundgerechtigkeit bedarf es also eines besonderen Erwerbsakts. Die begründete Grundgerechtigkeit ist ferner nothwendig objektiv und subjektiv dinglich. Sie besteht in einer beschränkten Herr-

---

[1]) § 3 J. II. 3. l. 12 D. VIII. 1, l. 31 D. VIII. 3, l. 31 i. f. D. III. 5, l. 7 pr. D. XXXIX. 4, l. 4 § 3 D. VIII. 5, l. 6 § 1, l. 12. 13 D. VIII. 6, l. 20 § 1 D. XLI. 1, l. 8 D. XIX. 1. Praedium serviens, praedium dominans. Vgl. dazu Windscheid, § 201 Anm. 6.

[2]) I. 22 §§ 11. 12.

[3]) I. 22 §§ 1. 2. Vgl. oben § 169, § 170.

[4]) I. 22 §§ 3 bis 10. S. unten Anm. 38. 39.

[4a]) Vgl. B.G.B. §§ 1018. 1019.

[5]) I. 22 §§ 11. 13.

[6]) Damit wird eine Grundgerechtigkeit für das so befreite Grundstück geschaffen. S. oben § 170 Anm. 3.

schaft über das dienende Grundstück[6a]). Eine Grundgerechtigkeit als persönliche Verpflichtung ist undenkbar; als Gegensatz des als dingliches Recht begründeten Rechts kann nur von einer persönlichen Pflicht zur Begründung geredet werden. Die Grundgerechtigkeit ist zugleich subjektiv dinglich; sie kann nach dem Wortlaut des Gesetzes nur für ein Grundstück erworben werden. Dem Grundstück sind aber auch hier die dem Immobilarvermögen zugerechneten selbständigen Gerechtigkeiten und das Bergwerkseigenthum gleichzustellen. Insbesondere ist eine Grundgerechtigkeit zu Gunsten eines Bergwerks denkbar[7]).

2. Das Verhältniß zum herrschenden Grundstück wird durch die Natur des Rechts als eines subjektiv dinglichen noch nicht genügend bezeichnet. Die Grundgerechtigkeit muß auf den **Vortheil** dieses Grundstückes abzielen[8]). D. h. einmal, die Grundgerechtigkeit muß überhaupt einen Vortheil gewähren können. Servitus quia nihil vicinorum interest non valet[9]). Unter den Begriff des Vortheils fällt aber hier auch die größere Annehmlichkeit für das Grundstück, und es ist nicht erforderlich, daß die Gerechtsame wirklich und unter allen Umständen jedem Besitzer Vortheil bringt, sondern nur, daß sie dem Besitzer als solchem Vortheil bringen kann. Das römische Recht forderte einen dauernden Nutzen: servitutes perpetuas causas habere debent[10]). Der gleiche Satz ist für das preußische Recht nicht nachzuweisen; es genügt vorübergehender Vortheil[11]).

Der Satz hat aber noch eine andere Seite. Nur sofern es die Bestimmung der Gerechtigkeit ist, dem herrschenden Grundstück selbst, seinem Besitzer als solchem **Vortheil** zu bringen, liegt eine Grundgerechtigkeit vor.

---

[6a]) Nach der Bd. I. § 21 Anm. 21 dargelegten beschränkten Bedeutung des Satzes, daß öffentliche und kirchlichem Gebrauch bestimmte Sachen außer Verkehr stehen, wonach dies nur bedeutet, daß sie ihrem bestimmungsmäßigen Gebrauch nicht entzogen werden dürfen, ist eine Grundgerechtigkeit an solchen Sachen sehr wohl denkbar, z. B. das Recht auf Anpflanzung und Nutzung von Bäumen an einer öffentlichen Straße, das Recht zur Grasnutzung auf dem Kirchhof. Auch das Rechtsverhältniß zwischen den an der Straße stehenden Häusern und der Straße, kraft dessen diese als Zugang zu jenen zu benutzen ist, wird in dem B. I. § 21 Anm. 21 angezogenen Urtheile auf einen stillschweigenden Vertrag über Einräumung einer Grundgerechtigkeit zurückgeführt, — eine Konstruktion, der freilich die spröde Vorschrift des preußischen Rechts über die Nothwendigkeit der Schriftform bei Begründung von Grundgerechtigkeiten Schwierigkeiten entgegenstellt. Vgl. über die Rechtsstellung der Anlieger an städtischen Straßen den in Heft 1 des Bandes 41 von **Gruchot's** Beiträgen zum Abdruck gelangenden Aufsatz von **Löbell**.

[7]) Präj. Nr. 1329, Präj. Samml. I. S. 130 (ein Grundstück des Erbverpächters zu Gunsten des Erbpachtrechts mit einer Holzgerechtigkeit belastet). **Strieth.** B. 56 S. 44 (Hutungsrecht einer als selbständige Gerechtigkeit bestehenden Fleischbank).

[8]) I. 22 § 25 („zum Vortheil eines andern Grundstücks"). Vgl. I. 22 §§ 90. 91. 92. 201. 203. 205—212.

[9]) L. 15 pr. D. VII. 1. In Entsch. B. 12 S. 284 (**Rehbein** III. S. 940) wird anerkannt, daß als solcher Vortheil auch nachbarlicher Verkehr, Erleichterung und Bequemlichkeit des jedesmaligen Besitzers anzusehen ist. **Seuffert** XVII. 212. S. auch l. 19 D. VIII. 1 und dazu **Vangerow** I. S. 695 Nr. 4.

[10]) L. 28 D. VIII. 2.

[11]) Aus I. 22 § 12, auf den sich **Koch** im Kommentar dazu für die entgegengesetzte Ansicht, der auch **Förster** zustimmte, beruft, ist nichts zu entnehmen. Uebereinstimmend **Dernburg** § 292.

Häufig ist die Grundgerechtigkeit ein „zur Nothdurft“ des herrschenden Grundstücks eingeräumtes, sich auf das Bedürfniß des letzteren beschränkendes Recht[12]). Sie kann aber hierüber hinaus gehen, auf Vortheile abzielen, die nicht gerade als Bedürfniß bezeichnet werden können; aber immer muß sie in dem Sinne begründet sein, daß das Recht dem herrschenden Grundstück zu Gute kommen soll. Handelt es sich um ein Gebrauchsrecht, das nur von dem Eigenthümer des herrschenden Grundstücks, aber nicht für dieses, sondern zu anderen Zwecken, zum Beispiel zum Zwecke eines der Benutzung des eigenen Grundstücks fremden Gewerbebetriebs geübt werden soll, so liegt zwar ein mit dem Grundstückseigenthum verbundenes Gebrauchsrecht, — aber keine Grundgerechtigkeit vor[13]).

3. Weil die Grundgerechtigkeit nothwendig auf den Vortheil des bestimmten, herrschenden Grundstücks abzielt, kann sie von diesem Grundstück nicht getrennt werden. Sie ist, wie nach römischem Recht, sowohl dem Rechte als der Ausübung nach unveräußerlich[14]). Sie ist ebenso nothwendig

---

[12]) I. 19 § 22.

[13]) Vgl. die in Anm. 8 citirten Bestimmungen. Abweichend Strieth. B. 96 S. 287. Vgl. aber Strieth. B. 1 S. 247 (Rehbein III. S. 942) R.G. Entsch. B. 8 S. 213. R.G. bei Gruchot B. 31 S. 75, B. 32 S. 944. Der zweiundzwanzigste Titel erwähnt in § 96 ein offenbar persönliches Gebrauchsrecht eines Gewerbtreibenden, der kein Grundbesitzer ist. Der Gewerbebetrieb auf einem Grundstück kann aber einen Vortheil des Grundstücks in sich schließen, sogar vom Standpunkt des gemeinen Rechts einen dauernden. Seuffert VIII. 17. Man wird hiernach z. B. in dem Rechte das Wasser zum Fabrikbetrieb auf dem herrschenden Grundstück aus dem dienenden zu holen, die Thonerde zur Verarbeitung in der auf dem herrschenden Grundstück befindlichen Ziegelei aus dem Nachbargrundstück zu entnehmen, gewiß Grundgerechtigkeiten sehen müssen. Vom Standpunkt des gemeinen Rechts hat man die Zulässigkeit solcher Servituten bestritten. Seuffert V. 142. Wo aber ganz ohne Rücksicht auf die Benutzung des Grundstücks, an dessen Besitz das Recht geknüpft ist, dem Besitzer ein bestimmt begrenztes Benutzungsrecht des andern Grunstückes eingeräumt ist, kann dies bezüglich seiner Begründung nicht nach den Grundsätzen des 22. Titels beurtheilt werden. Es genügt nicht schriftlicher Vertrag, sondern es bedarf der Eintragung um das Recht gegen Dritterwerber wirksam zu machen. Diesem Ergebniß der reichsgerichtlichen Urtheile hat sich jetzt auch Dernburg I. § 292 Anm. 14 — wenn auch nur kraft einer restriktiven Auslegung des Eig.Erw.Ges. § 11 — angeschlossen. Vgl. auch aus der Praxis des Obertribunals Deutsche Juristenzeitung 1878 Sp. 366. S. B.G.B. § 1019.

[14]) Ausdrücklich ist dieser der l. 36 D. VIII. 3, l. 11 § 3 D. XX. 1 entsprechende Satz, der natürlich nicht ausschließt, das herrschende Grundstück mit der Gerechtigkeit zu vermiethen (l. 44 D. XIX. 2, l. 24 D. VIII. 3), zwar nur für Rechte, die zur Nothdurft des herrschenden Grundstücks eingeräumt sind, ausgesprochen (I. 19 § 22) und in der folgenden Bestimmung des § 23 hat Korte bei Gruchot B. 1 S. 402 sogar finden wollen, daß Grundgerechtigkeiten, die nicht auf die Nothdurft des herrschenden Grundstück beschränkt seien, veräußert und einem andern Grundstück beigelegt werden könnten: aber dies widerspricht ihrem Wesen, nach dem sie überhaupt nur für das Grundstück bestehen, ohne dasselbe also gar nicht als existent gedacht werden können, auch wenn sie nicht auf dessen Bedürfnisse beschränkt sind. Entsch. B. 9 S. 246 (Rehbein III. S. 947); Entsch. B. 17 S. 212 (Rehbein III. S. 956). R.G. bei Gruchot B. 37 S. 1020. Auch wenn ein Haus auf einem anderen Grundstück ausdrücklich zum Ersatz für ein Haus, dem eine bestimmte Wegegerechtigkeit zustand, errichtet worden ist, kann die Wegegerechtigkeit für das neue Haus nicht beansprucht werden. R.G. bei Gruchot B. 32 S. 1011. — Der erste Entwurf des B.G.B. § 974 enthielt eine ausdrückliche entsprechende Bestimmung, die von der zweiten Kommission, wohl als selbstverständlich aus dem Begriff folgend, gestrichen ist.

untheilbar. Servitus dividi non potest. Uti pro parte non possumus[15]). Auch wenn das herrschende Grundstück mehrere Miteigenthümer zu ideellen Theilen hat, so steht diesen nicht neben dem Grundstück als etwas davon Verschiedenes und Selbständiges die Grundgerechtigkeit ebenfalls zu ideellen Antheilen zu; sondern das ideelle Miteigenthum am Grundstück führt dahin, daß von den Miteigenthümern zusammen die Gerechtigkeit einheitlich für das Grundstück in Anspruch genommen und ausgeübt werden kann. Ebenso belastet sie nothwendig das dienende Grundstück ganz, auch wenn es mehrere Miteigenthümer hat[15a]). Auch im Falle einer Zertheilung sei es des dienenden oder herrschenden Grundstücks bleibt die Einheitlichkeit der Grundgerechtigkeit im Wesentlichen maßgebend. Aus ihrem Inhalt ergiebt sich, welches Schicksal sie ferner haben muß. Eine Gerechtigkeit die nur auf einer bestimmten Fläche des dienenden Grundstücks ausgeübt werden oder nur für eine bestimmte Fläche einen Vortheil gewähren kann oder soll, wird im Fall der Parzellirung passiv oder aktiv auf die diese Fläche enthaltende Parzelle beschränkt[16]). Bei anderem Inhalt kann sie trotz der Parzellirung auf der ganzen Fläche des dienenden[16a]), beziehungsweise nur von allen Eigenthümern der an Stelle des berechtigten Grundstücks getretenen Parzellen gemeinsam ausgeübt werden[17]). Im letzten Fall steht aber auch nichts ent-

---

15) Pomponius im Bonner Corp. jur. antejust. p. 168, l. 8 § 1, l. 11, l. 17 D. VIII. 1, l. 32 D. VIII. 3, l. 19 D. VII. 8. Vergl. Entsch. B. 16 S. 212, B. 80 S. 229, B. 38 S. 126, B. 45 S. 187. 259, Rechtsf. B. 3 S. 198. 252. Strieth. B. 4 S. 257, B. 29 S. 197. Die in der vorigen Anm. betonte Unselbständigkeit der Grundgerechtigkeit führt nothwendig zu dem Satze.

15a) Die im I. Entwurf des B.G.B. § 968 in Aussicht genommene Aufnahme des theoretischen Satzes ist auch hier von der zweiten Kommission gestrichen.

16) Wie sie eigentlich von vornherein so beschränkt ist. L. 13 § 5 D. VIII. 3 ceterae partes agri liberae sunt. Vgl. Entsch. B. 25 S. 135, B. 30 S. 229, B. 45 S. 258, B. 58 S. 225, B. 67 S. 68 (Rehbein III. S. 956), Entsch. B. 70 S. 49 (Rehbein III. S. 953); Strieth. B. 13 S. 86. 149, B. 7 S. 233, B. 49 S. 438, B. 48 S. 164, B. 41 S. 156 (Rehbein III. S. 955), B. 83 S. 292. Von Holzgerechtigkeiten ist hier angenommen, daß sie zu den Hof- und Wirthschaftsgebäuden eines Landguts gehören. Vgl. Dekl. v. 29. Mai 1816. — Entsprechend sind die Bestimmungen im D.B.G.B. §§ 1025. 1026.

16a) Strieth. B. 80 S. 285 (Rehbein III. S. 961).

17) Z. B. Weidegerechtigkeit. Vgl. Präj. 2610, Entsch. B. 30 S. 227, B. 79 S. 186, Strieth. B. 70 S. 317. Wie jedes herrschende Grundstück zu betheiligen, bleibt der Vereinigung überlassen, nur darf die Last dadurch nicht erschwert werden. Unzulässig aber ist es, ohne Weiteres die für den Bedarf des unzertheilten Grundstücks begründete Gerechtigkeit für denjenigen Rest des Grundstücks in Anspruch zu nehmen, der zuletzt in dem Besitz des vormaligen Eigenthümers des ganzen Grundstücks geblieben ist. R.G. bei Gruchot B. 32 S. 944. Ist das dienende Grundstück zertheilt, so ist jedes neue Grundstück mit der ganzen Last belastet. Es giebt nunmehr allerdings eine Reihe von Gerechtigkeiten. Daß dann eines der Grundstücke freigelassen wird, ist insofern für die anderen gleichgiltig, als sie sich die Determination des Rechts so, daß das freigelassene Grundstück nicht berührt wird, gefallen lassen müßten. Anders, wenn sie durch die Freilassung beschwert werden, z. B. die Weidepflicht wird bei Weglassung eines mitzubeweidenden Grundstückstheils für die Bleibenden eine schwerere. Sollte sich das Maß durch die Bedürfnisse des Hofs des einheitlichen Grundstücks bestimmen, so muß aus dem Wegfallen dieses Maßes bei der Zertheilung ein zeitweiliges Ruhen der Gerechtigkeit gefolgert werden. Entsch. B. 38 S. 126, Strieth. B. 29 S. 197 (Rehbein III. S. 957).

gegen, daß die Ausübung einer einzigen Parzelle unter Verzicht auf die Betheiligung der anderen zugewiesen wird [18]).

4. Die Grundgerechtigkeit gewährt die Befugniß eines beschränkten (bestimmten) Gebrauchs oder einer Nutzung. Sie kann auch mit zeitlicher Beschränkung oder unter einer Resolutivbedingung eingeräumt werden und hört dann mit dem Eintritt des Zeitpunktes oder der Bedingung von selbst auf. Weiter unten wird darzulegen sein, in welcher Weise eine nicht ganz bestimmte Nutzung zur möglichsten Schonung des dienenden Grundstücks „determinirt" werden kann [19]). Hier ist zunächst hervorzuheben, daß das Gebrauchen oder Nutzen nur darin bestehen kann, daß von Seiten des herrschenden Grundstücks (nomine fundi) etwas auf dem andern Grundstück gethan oder gehabt oder besessen wird, was dessen Eigenthümer dulden muß: affirmative Servitut, quae in patiendo consistit, nach der Sprechweise des Landrechts ein negatives Recht; oder die Nutzung für das herrschende Grundstück besteht darin, daß auf dem dienenden Grundstück etwas unterlassen werden muß: negative Servitut, quae in non faciendo consistit, nach der Sprechweise des Landrechts ein Untersagungsrecht [20]). Eine Servitut mit dem Inhalt eines affirmativen Rechts im preußisch-rechtlichen Sinn ist unmöglich. Servitus in faciendo consistere nequit [21]). Das römische Recht hat aber bereits, wenigstens bei der servitus oneris ferendi, anerkannt, daß eine Pflicht des Eigenthümers des dienenden Grundstücks, thätig zu sein, um die dauernde Möglichkeit der Ausübung der Servitut zu erhalten, dem Wesen der Servitut nicht widerspricht, und so ordnet auch das Landrecht ausdrücklich, daß nur nicht vermuthet werde, daß der Besitzer des belasteten Grundstücks thätige Hülfe zur Ausübung der Grundgerechtigkeit zu leisten habe, erklärt also eine dahin gehende Bestimmung für etwas mit dem Wesen der Grundgerechtigkeit Vereinbares [22]).

5. Die Grundgerechtigkeit ist ein Recht an einem fremdem Grundstück. Dem Eigenthümer ist jede Art des Gebrauchs und der Nutzung

---

18) Die für eine abgelöste Grundgerechtigkeit gewährte oder im eingeleiteten Verfahren zu erwartende Absonderung ist selbstverständlich theilbar. Entsch. B. 45 S. 260 (Rehbein III. S. 955).

19) Unten Anm. 100f. Ueber Grundgerechtigkeiten unter einer Resolutivbedingung vgl. Strieth. B. 40 S. 54.

20) L. 15 § 1 D. VIII. 1. A.L.R. I. 7 §§ 81. 86. Oben Th. I. § 21 Anm. 41. Vgl. oben § 160 Anm. 90. 91.

21) L. 15 § 1 D. VIII. 1, l. 6 § 2, I. 8 pr. § 2 D. VIII. 5. Strieth. B. 85 S. 187 (Rehbein III. S. 936).

22) I. 22 § 30. Daraus kann aber nicht gefolgert werden, daß eine Grundgerechtigkeit rein den Charakter eines affirmativen Rechts haben darf; eine solche Belastung ist eine Reallast. Wo es zweifelhaft ist, ob die Belastung in einem Dulden oder Thun der Hauptsache nach besteht, wird ersteres — als das weniger Lästige — angenommen. I. 19 §§ 15. 16. Die Natur der Grundgerechtigkeit verändert sich aber dadurch nicht, daß bei einer solchen und um ihretwillen eine Pflicht zum Thun vorkommt. Vgl. unten Anm. 94 § 187a. Anm. 5. 6. — Das B.G.B. §§ 1021. 1022 unterstellt die danach zulässige Belastung mit der Pflicht, eine für eine Grundgerechtigkeit gemachte Anlage zu unterhalten, den Grundsätzen von Reallasten.

seiner Sache als Eigenthümer möglich, er kann auch das eine Grundstück thatsächlich in den Dienst eines anderen ihm ebenfalls gehörigen Grundstücks stellen, ohne daß sich dadurch rechtlich seine Stellung veränderte, oder daß er neben der Stellung des Eigenthümers die davon verschiedene eines Nutzungsberechtigten erhielte. Dennoch kann ein solches Verhältniß für den Fall einer Trennung des Eigenthums der beiden Grundstücke Rechtsfolgen haben[23]). Die Einheit der Eigenthumsrechte ist etwas Selbstverständliches. Das Landrecht hat den Grundsatz nemini res sua servit nirgends ausdrücklich ausgesprochen. Um so weniger ist der landrechtliche Jurist durch einen solchen Satz behindert, die rechtliche Zulässigkeit von Verhältnissen anzunehmen, bei denen der gemeinrechtliche Jurist zuweilen mit jenem Satze zu kämpfen hat[24]). Es ist bereits erwähnt, daß trotz Konsolidation die eingetragene oder durch Anstalten ersichtliche Grundgerechtigkeit im Fall eines nochmaligen Eigenthumswechsels wieder als Grundgerechtigkeit auflebt. Diese Fälle lassen sich übrigens der Regel nach unter die eben angedeutete, unten zu erörternde Regel der stillschweigenden Begründung einer Servitut bringen[25]). Das römische Recht hat aber aus jenem Satz ferner die Folgerung gezogen, daß auch eine im Miteigenthum stehende Sache nicht Gegenstand einer Servitut für einen der Miteigenthümer werden könne, wenn auch diese Folgerung nicht dahin weiter geführt worden ist, daß eine begründete Prädialservitut dadurch, daß eines der Grundstücke in das Miteigenthum der Betheiligten gelangt, untergehe[26]). Da das Landrecht die Rechtsstellung der Miteigenthümer in der

---

[23]) Vgl. unten Anm. 34—36.

[24]) Das Landrecht bietet z. B. keine Schwierigkeit für den Eigenthümer, von demjenigen, der ein der Ausübung nach veräußerliches Nutzungsrecht an der Sache hat, diese Ausübung zurückzuerwerben. Er kann vom Nießbraucher sich ein Gebrauchsrecht überweisen lassen, kann das Grundstück von ihm pachten oder miethen. Vergl. B. II. § 135 Anm. 9, § 136 Anm. 33. Hartmann in Jherings Jahrb. N. F. B. 5 S. 81. Man bedarf für das preußische Recht nicht der künstlichen Ausführung, daß durch solche Verträge eine theilweise Befreiung des Eigenthums von der Belastung herbeigeführt werde. Für die Grundgerechtigkeit aber sind diese Gesichtspunkte ohne Konsequenzen. Der Eigenthümer eines Grundstücks, der dem Nießbraucher eines anderen ihm gehörigen Grundstücks für dieses eine Grundgerechtigkeit einräumt, begründet in Wahrheit ein an die Person des Nießbrauchers geknüpftes beschränktes Gebrauchsrecht an der in seinem Besitz bleibenden Sache, und wenn er dem Nießbraucher gegenüber eine Benutzung des zu Nießbrauch gegebenen Grundstücks zu Gunsten des im eigenen Besitz behaltenen vorbehält oder sich einräumen läßt, so ist das nichts anderes als eine Beschränkung des Nießbrauchsrechts, das nur in dubio alle Nutzung umfaßt. § 186 Anm. 36.

[25]) Oben § 184 Anm. 3. Vergl. Anm. 23. Vom Standpunkt des Grundbuchrechts steht nichts dem entgegen, daß der Eigenthümer zweier Grundstücke dem Grundbuchrichter gegenüber bewilligt und beantragt, daß auf dem Grundbuchblatt des einen Grundstücks eine Grundgerechtigkeit zu Gunsten des anderen Grundstücks eingetragen werde. Der Grundbuchrichter, dem nicht obliegt, die materielle Grundlage der Bewilligung zu prüfen, hat dem Antrage Folge zu geben. Bei einer Veräußerung des einen oder anderen Grundstücks kann dann die Sache nicht anders liegen, wie wenn die durch Konsolidation untergegangene Grundgerechtigkeit im Grundbuch vermerkt geblieben ist.

[26]) l. 26 D. VIII. 2. l. 5 § 1 D. VII. 6; in Verbindung mit l. 30 § 1 D. VIII. 2. Luden S. 16, Hoffmann S. 10, Elvers S. 25. 128. Steinlechner Jur. commun. B. 2 S. 217.

Weise entwickelt hat, daß eine von der Zustimmung des einzelnen Miteigenthümers absehender Wille durch Mehrheitsbeschluß auch beim eigentlichen Miteigenthum zu bestimmten ideellen Antheilen hervortreten kann, und daß über die gemeinsam ererbte Sache überhaupt nur gemeinsam, über Societätseigenthum nur nach Maßgabe des Gesellschaftsvertrages verfügt werden kann, so ist es nicht gerechtfertigt, anzunehmen, daß das landrechtliche Miteigenthum der Begründung oder dem Fortbestehen einer Grundgerechtigkeit entgegen stehe[27]).

6. Das Erforderniß der Vicinität der betheiligten Grundstücke wird im Landrecht nicht aufgestellt. Es kann übrigens auch im gemeinen Recht nicht anders verstanden werden, als daß die Grundstücke einander so nahe sein müssen, daß der durch die Servitut beabsichtigte Vortheil von dem einen Grundstück dem andern gewährt werden kann[28]).

II. Begründung. „Grundgerechtigkeiten können durch rechtsgiltige Willenserklärungen eingeräumt, auch durch Verjährung erworben werden[29])."

1. Rechtsgiltige Willenserklärungen sind Verträge oder letztwillige Verordnungen. Erstere bedürfen, um die Grundgerechtigkeit zur Entstehung zu bringen, immer der schriftlichen Form[30]). Der Vertrag, der zur Begründung der Gerechtigkeit verpflichtet, kann entgeltlich oder unentgeltlich abgeschlossen werden und steht als obligationsrechtlicher Vertrag unter den Regeln des Vertragsrechts[31]). Hier aber handelt es sich um den der Willenseinigung bei der Uebergabe und Auflassung analogen dinglichen Vertrag. Wie sich bei der Uebergabe der Wille der Eigenthumsübertragung an die Form der körperlichen Uebergabe der Sache anschließen muß, so ist hier die dingliche Wirksamkeit der Einigung an die Schriftform geknüpft. Der dingliche Vertrag kann von dem obligatorischen verschieden sein, kann aber auch damit zusammenfallen[32]).

---

[27]) Striethorst B. 39 S. 283 (Rehbein III. S. 944), B. 40 S. 253; Entsch. B. 76 S. 108, Striethorst B. 57 S. 1. Vergl. Dernburg I. § 296 Anm. 3. Abweichend Gruchot B. 4 S. 410 und Förster in den früheren Auflagen dieses Buchs. Vergl. B.G.B. § 1009.

[28]) L. 5 § 1, l. 7 § 1 D. VIII. 3, l. 12 D. XX. 1, l. 14 § 2 D. VIII. 1, l. 6 pr. D. VIII. 4, l. 5. 6 pr. D. VIII. 5. Vangerow I. 709, Windscheid § 209 Anm. 9.

[29]) I. 22 § 13. Ueber den Standpunkt des Entwurfs des B.G.B. vergl. oben § 184 Anm. 16.

[30]) I. 5 § 135. Mündliche Einwilligung in die Herstellung einer Anlage ersetzt nicht die schriftliche Form. Strieth. B. 30 S. 84.

[31]) I. 22 §§ 35. 40. 41.

[32]) Die Praxis ist, obgleich sie bei den Grundgerechtigkeiten die Besitzeinräumung als einen für die Entstehung des Rechts gleichgiltigen Faktor ansieht, allmählich dazu übergegangen, aus den Bestimmungen der §§ 156 ff. I. 5 eine Reihe von Grundsätzen hierher zu übertragen. Ist mündlich ein Servitut gegen ein Aequivalent bestellt, so soll die Servitut nur wiederrufen werden können, wenn das Aequivalent aufgegeben wird. Entsch. B. 47 S. 221, B. 40 S. 22. Strieth. B. 31 S. 298 (Rehbein III. S. 976). In Entsch. B. 51 S. 55 ist ausgeführt, daß, wenn der mündliche Vertrag von beiden Seiten erfüllt worden, die Grundgerechtigkeit bestehen bleibt, bis der Vertrag von dem einen oder anderen Kontrahenten oder dessen Rechtsnachfolger aufgerufen wird, wobei

Die Forderung der Schriftlichkeit enthält in sich die Forderung der Ausdrücklichkeit der Erklärung[33]). Aber dadurch wird die Auslegung einer Erklärung dahin, daß in ihr der Wille die Grundgerechtigkeit zu begründen, zum Ausdruck gebracht sei, nicht ausgeschlossen. Eine solche Auslegung kommt insbesondere auch dann in Betracht, wenn ein Grundstück, das bisher

---

der Widerrufende zur Wiederherstellung des früheren Zustandes bereit und im Stande sein muß. Dem neuen Eigenthümer des Grundstücks ist die Eigenthumsfreiheitsklage versagt, bis der Begründer der Grundgerechtigkeit oder dessen allgemeiner Rechtsnachfolger die mündliche Bestellung zurückgenommen hat. Vgl. auch Entsch. B. 72 S. 150. Striethorst B. 78 S. 206, B. 90 S. 312, B. 98 S. 125. R.G. bei Gruchot B. 32 S. 111, B. 34 S. 998. Dieser Auffassung hat Göppert (krit. Vierteljahrschr. B. 7 S. 447) widersprochen, weil durch sie § 135 I. 5 illusorisch werde, und die durch mündlichen Vertrag konstituirte Servitut gegen Dritte nicht Wirkung haben könne. Förster gelangte — ausgehend davon, daß nach preußischem Recht zur Begründung der Grundgerechtigkeit außer der Willenserklärung quasi traditio erforderlich sei, — zu dem von Göppert bekämpften Ergebniß. Wie unten auseinanderzusetzen, hat der Herausgeber die letztere Rechtsansicht nicht aufrecht erhalten können. Inzwischen ist von Dernburg § 98 Anm. 16, § 296 Anm. 4 und von Rehbein und Reincke (zu I. 22 § 13) der Standpunkt der Praxis dahin präzisirt und gebilligt worden: wenn der mündliche Vertrag erfüllt sei, die Servitut thatsächlich ausgeübt werde, die etwa erforderliche Anlage eingerichtet sei, so sei zwar unter den Kontrahenten der Widerruf statthaft, dem Singularsuccessor des Konstituenten der Servitut im Eigenthum des Grundstücks stehe aber ein solcher Widerruf nicht zu, ebensowenig gehe er gegen einen Singularsuccessor im herrschenden Grundstück; es handele sich dabei lediglich um eine Obligation zur Rückgewähr der dinglich wirksam bestellten Servitut. Es werden also die auch vom Herausgeber für den Fall eines durch Uebergabe erfüllten mündlichen Vertrags über Eigenthumsüberlassung angenommenen Rechtssätze (vergl. B. I § 79 Anm. 86, II. § 122 Anm. 83, III. § 178 Anm. 25) hierher übertragen; dabei ist aber, wie schon Göppert andeutet, das eine Moment übersehen, daß in den letzteren Fällen das Entstehen des Eigenthums nicht auf dem mündlichen Vertrage, sondern auf der Uebergabe beruht, die bei dahin gerichteter Willensübereinstimmung die Kraft hat Eigenthum zu begründen, auch wenn es an einem Titel fehlt (s. oben § 178 Anm. 7), und daß im Gegensatze hierzu die thatsächliche Einräumung der Grundgerechtigkeit (quasi traditio) diese Kraft nicht hat, noch weniger der bloßen Thatsache der Rechtsausübung die Kraft der Rechtsbegründung beigelegt werden kann. Es fehlt also an einem die Servitut begründenden Akt, als welchen das Gesetz nicht mündliche, sondern nur schriftliche Bestellung der Grundgerechtigkeit anerkennt. — Die Konsequenz dieses Standpunkts für die obligatorische Stellung der Paciscenten aus einem mündlichen Vertrage über Servitutbestellung ist dahin zusammenzufassen: Ohne schriftliche Bestellung (der die Eintragungsbewilligung mit darauf erfolgter Eintragung gleich zu achten) ist das Servitutenrecht als solches nicht erworben und der Vertrag seitens desjenigen, der die Servitut bestellen soll, nicht erfüllt. Hat der andere Theil eine Handlung zu leisten und geleistet, so kann er von seinem Kontrahenten schlechthin schriftliche Bestellung der Servitut fordern, von dem Dritterwerber des Grundstücks nur, sofern dieser von der Pflicht seines Autors die Servitut zu bestellen Kenntniß hatte, was möglicher Weise aus der thatsächlichen Ausübung, insbesondere aus vorhandenen Anlagen in Verbindung mit anderen Umständen hergeleitet werden kann (vergl. oben § 156 Anm. 25). Sind Sachen, nicht Handlungen, geleistet, so besteht der alternative obligatorische Anspruch auf Rückgabe oder Erfüllung, ein Anspruch, der gegen den Dritterwerber nie zu verfolgen ist. Gegen diesen kann auf Grund thatsächlicher Ausübung der Servitut das Recht nur geltend gemacht werden, wenn Ersitzung stattgehabt hat.

33) Entsch. B. 30 S. 100 (Rehbein III. S. 971). Vgl. dazu Rehbein a. a. O. und die von ihm gegebenen Nachweisungen aus der Praxis. Dernburg scheint freilich nach seiner in § 296 Anm. 6 niedergelegten Polemik gegen den Text anzunehmen, daß der durch Interpretation gewonnene Inhalt einer schriftlichen Erklärung eine stillschweigende Erklärung sei. Aus dem bloßen Zulassen einer Anlage ohne rechtsgiltige Willenseinigung kann nicht die rechtsgiltige Einräumung der Gerechtigkeit gefolgert werden.

thatsächlich, als ob eine Grundgerechtigkeit bestände, zu Gunsten eines ebenfalls dem Veräußerer gehörigen, diesem verbleibenden, oder an einen Dritten veräußerten Grundstück gedient hat, veräußert wird, oder wenn das dem Eigenthümer verbleibende Grundstück bisher zum Vortheil des andern veräußerten benutzt worden ist. Hat die Grundgerechtigkeit solchen Falls schon zur Zeit eines früheren getrennten Eigenthums bestanden, und ist die Anlage, die sie erkennbar machte, nicht fortgeschafft, die Eintragung im Grundbuch nicht gelöscht, so bringt der Eigenthumswechsel ein Wiederaufleben der Gerechtigkeit hervor; die in Wahrheit durch Konsolidation untergegangene Gerechtigkeit wird durch Veräußerung wieder ins Leben gerufen[34]). Hier gilt also die Veräußerung von Rechts wegen zugleich als Begründung der Gerechtigkeit. Hat die Grundgerechtigkeit in Wahrheit als solche bisher nicht bestanden, so kann wenigstens die Grundstücksveräußerung die Willenseinigung darüber in sich schließen, daß die bisherige thatsächliche Uebung sich in ein Recht verwandeln solle[35]). Ja dies kann stillschweigender Inhalt der Einigung sein, ohne daß eine Anlage die Nutzung erkennbar macht, wenn nur der bisherige Nutzungszustand beiden Theilen bekannt war. Ist der Veräußerungsvertrag schriftlich geschlossen, so folgt aus seiner Auslegung in diesem Sinn, daß eine regelrechte schriftliche Begründung der Gerechtigkeit als dinglichen Rechts stattgefunden hat. Ist ein mündlicher Vertrag durch Auflassung verbindlich geworden, so muß man die im mündlichen Vertrag ausdrücklich erklärte oder hinein zu deutende Begründung einer Grundgerechtigkeit als durch die Auflassung wirksam gemacht ansehen[36]).

Nur der Eigenthümer[36a]) kann eine Grundgerechtigkeit einräumen. Regelmäßig beruht die Einräumung der Gerechtigkeit auf einer freien Willensbestimmung; darin ändert auch der Umstand nichts, daß der Wille des Eigenthümers vertragsmäßig gebunden ist, oder daß er durch letztwillige Erklärung die Auflage

---

[34]) I. 22 § 54. Vgl. oben § 184 Anm. 3. S. oben Anm. 25.

[35]) Strieth. B. 1 S. 159, B. 7 S. 228. Entsch. B. 79 S. 283 (Rehbein III. S. 974). Eine Entscheidung des Reichsgerichts (R.G. Entsch. B. 13 S. 252) nimmt sogar an, daß die thatsächliche Uebung sich durch die Veräußerung (gleichviel ob freiwillig oder Zwangsversteigerung) in eine zu Recht bestehende Grundgerechtigkeit verwandle, selbst wenn dem Erwerber von dem thatsächlichen Verhältniß nichts bekannt war. — I. 22 § 15 wird man nicht wie das Obertrib. in Präj. 1400 (I. Samml. S. 130) gethan hat, auf den Fall der Ersitzung zu beschränken haben, da er sich schon vor Einschiebung des § 14 im Gesetzbuch von 1787 fand; aber er hat für den Fall der Einräumung durch rechtsgiltige Willenserklärung nur die Bedeutung, daß wenn deren Interpretation zweifelhaft, beim Vorhandensein einer Anlage für die Einräumung einer wirklichen Grundgerechtigkeit zu vermuthen ist. Er gestattet nicht aus der Anlage auf die Einräumung abgesehen von einer rechtsgiltigen Willenserklärung zu schließen.

[36]) Vgl. oben § 178 Anm. 63.

[36a]) Bei getheiltem Eigenthum der nutzbare Eigenthümer. Das Reichsgericht hat bei Gruchot B. 27 S. 441 ausgeführt: das wie nach röm. Recht der Emphytenta und Superfiziar für die Dauer ihres Rechts, beziehungsweise für den Fall des Zusammentreffens dieses Rechts mit dem Eigenthum dauernd das Grundstück mit einer Servitut belasten können, in gleicher Weise nach preußischem Recht der Erbpächter dazu im Stande gewesen sei, und daß deshalb auch Ersitzung gegen ihn möglich gewesen.

erhalten hatte, die Gerechtigkeit durch seinen Akt zu begründen. In einem Fall kann aber ein Eigenthümer auf Anrufen des Eigenthümers eines anderen Grundstücks durch den Richter zur Bestellung einer Grundgerechtigkeit für letzteres kraft des Gesetzes genöthigt[37]) werden: nothwendige Grundgerechtigkeit[38]): wenn nämlich das eine Grundstück ohne die von dem andern zu tragende Gerechtigkeit „ganz oder zum Theil völlig unbrauchbar sein würde". Die Bestellung der Gerechtigkeit hängt aber in diesem Fall ferner davon ab, daß zugleich die Pflicht des nunmehr berechtigten Eigenthümers festgestellt wird, den anderen für die Belastung entweder durch Kapital oder durch Rente zu entschädigen[39]).

Beide Voraussetzungen müssen in demselben gerichtlichen Verfahren regulirt werden. Es ist unzulässig, die Bestellung der Servitut zu verlangen, ohne gleichzeitig sich zur Vergütung zu erbieten, und ebenso unzulässig, die Feststellung der Höhe der Vergütung einem späteren, besonderen Verfahren

---

[37]) Selbständige Anmaßung ist Besitzstörung. J.M.Bl. 1854 S. 108. 109. Auch schützt die Behauptung der Nothwendigkeit nicht als Einrede gegen die Negatorienklage. Strieth. B. 46 S. 306. Böle S. 36. Wochenbl. für merkw. Rechtsf. 1842 S. 393. Seuffert VI. 156. Oben § 181 Anm. 35.

[38]) Die oben citirten Aufsätze von Koch und Böle, und des Ersteren R. d. Ford. III. 94 f. Dies Rechtsinstitut ist eine Schöpfung der gemeinrechtlichen Praxis, die sich an ganz singuläre Bestimmungen des röm. Rechts angeknüpft hat. l. 12 pr. D. XI. 7. l. 1 § 3 D. VII. 6. l. 10 D. VIII. 2. Voet, VIII. 3 Nr. 4. Leyser, sp. 109 m. 9. Noodt, de usufr. I. 8. Koch, schles. Arch. B. 4 S. 201 f. R. d. F. a. a. O. Die ältere gemeinrechtl. Literatur ist nachgewiesen bei Koch, Arch. S. 207 f.

[39]) I. 22 §§ 3. 4. 6. Eine nothwendige Servitut kann nicht beansprucht werden, um eine andere Grundgerechtigkeit zu gebrauchen. Bl. für Rechtsanw. in Baiern. B. 13 S. 268. Die Praxis nimmt an, daß, wer die Servitut über sich nehmen soll, einreden dürfe, sie könne bequemer und weniger lästig auf das Grundstück eines andern Nachbarn gelegt werden. Präj 1027. Samml. I. S. 129. Seuffert XVI. 12 (O.-Trib. Berlin). Die Folge ist, daß der Kläger gegen den in Anspruch genommenen Beklagten abgewiesen wird; aber er kann dann auf Grund derselben Einrede auch gegen den neuen Beklagten erliegen und schließlich nichts erreichen. S. hierüber Koch zu I. 22 § 3. Eine Zuziehung der anderen benachbarten Grundbesitzer findet nach preußischem Civilprozeßrecht nicht statt. Striethorst B. 8 S. 61. Doch möchte es zulässig sein, dem Nachbarn den Streit zu verkünden, um ihm die Einrede abzuschneiden, daß der zuerst Beklagte in Anspruch genommen werden könne. Dagegen macht der Kostenpunkt keine Schwierigkeit: wenn der Beklagte verurtheilt wird, die Servitut über sich zu nehmen, so muß er die Prozeßkosten zahlen, weil er es erst auf den Prozeß hat ankommen lassen denn er hätte ja freiwillig die Servitut bestellen können. A. M. Koch a. a. O. Nach ihm (vgl. R. d. Ford. III. 100 bei IV.) erzeugt erst die Bestimmung der Obrigkeit, daß und von wem die Servitut zu bestellen sei, die Obligation. Das ist nicht zuzugeben. Die Obligation wird erzeugt durch den Zustand des Grundstücks, sie ist eine gesetzliche oder Zustandsobligation, existirt daher schon vor dem Ausspruch des Richters und kann auch schon vorher freiwillig erfüllt werden. Wenn Dernburg I. § 297 Anm. 17 sagt: Er ist nur gehalten, sich die richterliche Bestimmung gefallen zu lassen, und zwar gegen eine nach L.R. § 7 I. 22 zu ermittelnde Entschädigung, so steht davon, daß die Pflicht nur in Duldung eines richterlichen Bestimmungsrechts bestehe, im Gesetz nichts. Das Gesetz enthält die objektive Norm, daß sich der Besitzer die Einschränkung gefallen lassen muß, ohne die das andere Grundstück unbrauchbar war, und daß dafür billige Entschädigung zu fordern ist. Der Richter entscheidet nach diesen objektiven Normen, wie in andern Fällen. Wer schuldig ist nach der richterlichen Entscheidung, eine Grundgerechtigkeit gegen eine bestimmte Entschädigung einzuräumen, gegen den ist eine zu Recht bestehende Obligation geltend gemacht, und er ist kostenpflichtig nach den Grudsätzen des Prozeßrechts. — Das B.G.B. §§ 917. 918 regelt nur die Pflicht zur Duldung eines Nothwegs.

vorzubehalten[40]). **Völlig unbrauchbar** ist das Grundstück, wenn es ohne die Gerechtigkeit seiner Bestimmung gemäß nicht benutzt werden kann[41]). Willkürliche Veränderungen in der Gestalt, Hauptbestimmung oder Nutzungsart eines Grundstückes berechtigen nicht zu der Forderung, auf dem anderen Grundstück eine Gerechtigkeit eingeräumt zu erhalten[42]). Doch soll sie nicht versagt werden, wenn sie zu einer **erheblichen** Verbesserung des ersteren nothwendig ist **und** der Eigenthümer des letzteren in dem bisherigen freien Gebrauch und an nützlichen Verbesserungen desselben dadurch nicht gehindert wird[43]). Der häufigste Fall einer hiernach einzuräumenden nothwendigen Grundgerechtigkeit ist der des **Nothweges**[44]). Wenn die Vergütung in Kapital geleistet wird, so charakterisirt sich das Rechtsgeschäft als gewöhnlicher Kauf[45]), wenn eine jährliche Abgabe bedungen wird, als Kauf gegen Rente[45a]). Die Vergütung wird nach dem Schaden bemessen, den das belastete Grundstück durch die Belastung erleidet, und wenn sich die Interessenten über eine Kapitalabfindung nicht einigen, soll eine jährliche Abgabe, die durch einen Schiedsrichter bestimmt wird, bestimmt werden[46]).

Die nothwendige Servitut fällt weg, wenn der Grund, das Bedürfniß, wegfällt; damit hört die Rente auf und das Kapital muß zurückgezahlt werden, aber dem belasteten Eigenthümer verbleiben die während des Bestehens der Gerechtigkeit gezogenen Zinsen[47]).

---

40) Entsch. B. 30 S. 96. **Strieth.** B. 15 S. 356, wo nur das Anbieten zur Entschädigung verlangt, die Ermittelung der Höhe der Vergütung aber einem besonderen Verfahren überwiesen wird. S. dagegen mit Recht **Koch**, Komm. zu § 5. R. d. F. III. 101. Vergl. **Strieth.** B. 81 S. 154 (**Rehbein** III. S. 964). Die Einräumung der Servitut ist abhängig von der Feststellung, aber nicht von vorgängiger Zahlung der Entschädigung. — Passiv legitimirt ist der Eigenthümer, nicht der bloße Nießbraucher. Vgl. § 186 bei Anm. 89. S. auch Entsch. B. 61 S. 124. **Strieth.** B. 75 S. 106.

41) Es genügt, daß das Grundstück in seinem derzeitigen Zustand sonst nicht benutzbar ist. **Strieth.** B. 31 S. 112, B. 77 S. 202 (**Rehbein** III. S. 966); Entsch. B. 46 S. 153. Anwendung auf eine vorübergehende Nothdurft. Entsch. B. 57 S. 223, **Striethorst** B. 48 S. 197. Vgl. aus gemeinr. Prax. Wochenblatt f. merkw. Rechtsf. 1858 S. 277. — Abweichend Rechtsspr. B. 1 S. 53, wo angenommen ist, daß das Grundstück ohne die Servitut auch auf keine andere Art nutzbar seine dürfe.

42) I. 22 § 8. Entsch. B. 46 S. 153.

43) I. 22 § 9. Bei der Anlegung von Bewässerungen, Ges. v. 28. Febr. 1843 §§ 24. 25, kann im Landeskulturinteresse eingegriffen werden: das ist aber keine richterlich bestellte Nothservitut. Das A.L.R. lehnt sich an **Leyser** sp. 109 m. 9 an. Die gemeinrechtl. Praxis hält aber streng daran fest, daß eine serv. necess. nur im Falle der Nothwendigkeit gewährt werden dürfe.

44) **Strieth.** B. 8 S. 61, B. 35 S. 19. Präj. 1027. Samml. I. 129. Vgl. über gemeines Recht **Elvers**, Themis I. 73. 543. Vgl. **Seuffert** I. 177. 321, IV. 204, XIII. 210. Das Recht, einen Nothweg zu verlangen, geht nicht dadurch verloren, daß der Berechtigte es im Separationsverfahren nicht geltend gemacht hat. Entsch. B. 62 S. 141.

45) Vgl. oben Anm. 31.

45a) Nicht wie frühere Ausgaben sagen, als Miethe.

46) I. 22 § 7. Das ist nicht, wie **Förster** annahm, ein eigentliches Schiedsgericht, das nach A.G.O. I. 2 §§ 2. 167 ff., jetzt C.P.O. §§ 851 ff., einen Schiedsspruch zu fällen hat, es sind vielmehr arbitratores, vgl. oben B. I. § 49a Anm. 8.

47) I. 22 § 10. **Koch**, Komm. dazu **Böle** a. a. O. S. 25. Hierauf beruht die in Anm. 41 citirte Entsch. B. 51 S. 223. **Strieth.** B. 48 S. 197.

Zeitweilige und dauernde Beschränkungen des Eigenthums, worunter insbesondere solche zu zählen sind, welche den Charakter einer Grundgerechtigkeit haben, können auch im Wege des Gemeinheitstheilungsverfahrens und der Zwangsenteignung einem Grundstück zwangsweise aufgelegt werden[48]).

Wenn die schriftliche Einräumung der Grundgerechtigkeit diese begründet, so liegt hier einer der im § 4 des neunten Titels bezeichneten Fälle vor, in denen das Gesetz die Erwerbung eines Rechts ausdrücklich an etwas anderes als den Besitzerwerb knüpft, insbesondere schon mit einer Willenserklärung ausdrücklich verbindet. Demnach enthält die Bestimmung keinen Bruch mit dem System des Landrechts bezüglich des Titulus und Modus[49]), nur eine von der Regel abweichende Bestimmung des Modus[50]). Das Landrecht selbst nahm diesen Standpunkt noch nicht mit voller Klarheit ein. Getreu dem Grundsatz, daß die zur Dinglichkeit erforderliche Erkennbarkeit sich an Besitz oder Eintragung knüpfen solle, verlangte es regelmäßig auch für die Grundgerechtigkeit Erkennbarkeit, damit sie Dritten gegenüber von Bestand sei. Es schrieb vor[51]), daß alle Grundgerechtigkeiten, die nicht durch dauernde Anlagen oder Anstalten kenntlich sind, eingetragen werden sollten, um dingliche Wirkung gegen Drittbesitzer des belasteten Grundstücks zu behalten. Hiervon wurden nur solche Grundgerechtigkeiten wieder ausgenommen, durch welche der Nutzungsertrag des belasteten Grundstücks nicht geschmälert werde. Aber abgeschreckt durch die äußeren Schwierigkeiten, und Weitläufigkeiten der Eintragungen hat man diese Vorschrift schon 1798 wieder beseitigt und es in das Belieben des berechtigten und belasteten Eigenthümers gestellt, die Eintragung nachzusuchen, ohne daß bei deren Unterbleiben der Verlust des dinglichen Rechts eintreten sollte[52]).

Neben der Eintragung bedurfte es nach Landrecht also der thatsächlichen Gestattung der Ausübung des Rechts — einer Uebergabe, quasi traditio — zur Begründung der Grundgerechtigkeit nicht. Mit dem Wegfall der Eintragungsnothwendigkeit ist hiernach die rechtsgiltige Willenserklärung, gleichviel ob eine Anlage hinzukommt oder nicht, zu dem die Grundgerechtigkeit als dingliches Recht mit voller Wirksamkeit gegen Dritte begründenden

---

[48]) Oben §. 182 Anm. 15. Ges. über die Enteignung von Grundeigenthum vom 11. Juni 1874 §§ 2. 4. 12. Die Grundsätze von der Zwangsenteignung finden auf die zwangsweise Beschränkung des Eigenthums Anwendung. Vgl. oben B. II. § 131.

[49]) Oben B. I. § 23.

[50]) Daß es der Uebergabe, überhaupt des Besitzerwerbs weder am Grundstück noch an der Gerechtigkeit bedarf, darüber vgl. Strieth. B. 7 S. 367, B. 10 S. 44, B. 25 S. 267.

[51]) I. 22 §§ 16—24. In der älteren Hyp.-Ordn. I. § 54 war nachgelassen, daß die Eintragung der Servituten nur auf Antrag erfolge; die Entstehung als dingliches Recht war also auch danach von der Eintragung nicht abhängig. Vgl. Prinz, Einfluß der Hyp.-B.-Verf. S. 13.

[52]) Anh. § 58 bei I. 22 § 18, entnommen aus der Circularverf. v. 30. Dez. 1798 N. C. C. X. p. 1851. Dadurch sind aufgehoben die §§ 18—24 des Titels. Ueber die Aufhebung des § 24 vgl. Präj. 904. Samml. I. 131. Rechtsp. B. 4 S. 119. — Zum Entwurf des B.G.B. vgl. das in § 184 Anm. 16 Gesagte.

Akt geworden[53]), und hierbei ist es auch in der neuen Grundbuchgesetzgebung geblieben[54]).

Die vertragsmäßige Begründung von Grundgerechtigkeiten hat durch die agrarische Gesetzgebung besondere Einschränkungen erhalten. Bestehende Weidegerechtigkeiten sowie die im § 2 der Gemeinheitstheilungsordnung vom 7. Juni 1821 bezeichneten Forstgerechtigkeiten und die im Art. 1 des Ergänzungsgesetzes zur Gemeinheitstheilungsordnung vom 2. März 1850 bezeichneten Nutzungsrechte sind für ablösbar erklärt, und es ist öffentliches Recht, daß die Ablösung durch Vertragsbestimmungen nur zeitweilig ausgeschlossen werden kann. Dieser Rechtslage entsprechend sollen auch neue Gerechtigkeiten dieser Art nur mit der entsprechenden Zeitbeschränkung begründet werden können[55]).

---

[53]) Das wollte Förster nicht zugeben. Er argumentirte: „Durch den Anh. § 58 ist allerdings ein Riß in das System des A.L.R. gebracht, weil nun auch die unerkennbaren Grundgerechtigkeiten dingliche Wirkung gegen jeden dritten Besitzer des belasteten Grundstücks ohne Eintragung äußern. Aber weiter geht auch der Riß nicht, und man darf ihn nicht weiter reißen." Indem dann für die negativen Servituten (Untersagungsrechte) mit Rücksicht auf I. 7 § 87, eine besondere Stellung in Anspruch genommen wurde, heißt es weiter: „Die Frage, ob eine affirmative Grundgerechtigkeit (ein negatives Recht) erworben werden kann durch bloßen Vertrag, ist eine ganz andere; sie würde, wenn sie bejahet werden müßte, den Grundsatz, daß bei mittelbarem Erwerbe die Willenserklärung nur der Titel ist und die Uebergabe, — also bei dem Erwerb eines Rechts die Gestattung der Ausübung (quasi-traditio), — als Modus hinzukommen müsse, beseitigen. Das folgt nicht aus dem Wortlaut des § 13 und nicht aus dem des Anhang § 58. Wenn dort gesagt ist: „„Grundgerechtigkeiten können durch rechtsgiltige Willenserklärungen eingeräumt werden"", so heißt das nur, daß auch Willenserklärungen (Vertrag oder Testament) Bestellungstitel sind, aber es folgt daraus nicht, daß die Servitut schon erworben ist, ehe der Modus der Quasi-Tradition, die wirkliche Ausübung hinzugekommen ist; und wenn die unterbliebene Eintragung den Verlust des wirklich bestehenden Realrechts" nicht bewirken soll, so setzt dies doch eben ein bestehendes Realrecht voraus, entscheidet aber nichts darüber, wie dies Realrecht entstehen kann oder soll. Diese Frage bleibt ganz unberührt und darf nach den allgemeinen Grundsätzen des A.L.R. nur dahin beantwortet werden, daß zum Erwerb der Servitut nicht der Vertrag genügt, sondern Quasi-Tradition, Ausübung, dazu kommen muß, daß aber, wenn Vertrag und Ausübung nachgewiesen werden kann, die erworbene Servitut dingliche Wirkung gegen Jeden äußert, obschon sie trotz äußerlicher Unerkennbarkeit nicht eingetragen worden ist. Mit einem Wort: „die beiden Voraussetzungen des Erwerbs eines dinglichen Rechts, Titel und Modus, müssen auch bei den Grundgerechtigkeiten vorhanden sein, aber ihre Erkennbarkeit ist nicht Voraussetzung der dinglichen Wirkung". Diese Ausführung konnte sich auf Korte im Arnsb. Arch. B. 11 S. 430 berufen, ist sonst aber ohne Zustimmung geblieben. Auch der Herausgeber hat ihr nicht folgen können, weil der in der jetzigen Fassung des Texts angezogene § 4 I. 9 es als zulässig bezeichnet, daß der Eigenthumserwerb durch ausdrückliche Gesetzesbestimmung an eine bloße Willenserklärung geknüpft werde, und weil das Landrecht in seiner ursprünglichen Fassung keinen Raum für die Annahme läßt, daß das dingliche Recht der Grundgerechtigkeit dem Konstituenten gegenüber nicht schon durch die Willenserklärung, sondern erst nach einer quasi traditio Kraft erhalten sollte. Vgl. auch Entsch. B. 74 S. 76 (Rehbein III. S. 969).

[54]) Eig.Erw.Ges. v. 5. Mai 1872, § 12. Zu folgern ist, daß über Inhalt und Umfang der Grundgerechtigkeit die schriftliche Abrede bei ihrer Begründung, nicht der abweichende Inhalt der Eintragungsbewilligung oder des Eintragungsvermerks entscheidet, und zwar nicht bloß dem Begründer sondern auch neuen Eigenthümern gegenüber. Strieth. B. 67 S. 103. R.G. Entsch. B. 28 S. 326.

[55]) Gem.Th.O. v. 7. Juni 1821 §§ 27. 164. Erg.Ges. z. G.Th.O. v. 2. März 1850 (G.S. S. 139) Art. 1. — Vgl. Entsch. B. 72 S. 151, B. 79 S. 19. Strieth. B. 92 S. 149.

2. Ersitzung[56]). Das A.L.R. betont, daß bei dem Verjährungserwerb einer Grundgerechtigkeit besonders nachgewiesen werden müsse, daß der Besitzer des berechtigten Grundstücks die Befugniß als ein wirkliches Recht und nicht vermöge einer bloßen Vergünstigung in Besitz genommen und durch rechtsverjährte Zeit ununterbrochen ausgeübt habe, daß aber, wenn zur Ausübung der Befugniß eine neue Anlage in dem belasteten Grundstück gemacht worden, die Vermuthung gelten solle, daß dem Begünstigten eine wirkliche Grundgerechtigkeit eingeräumt worden sei[57]). Es ist nicht zu verwundern, daß lange Zeit in der Praxis die Meinung vertreten worden ist, daß der besondere Nachweis auch wirklich etwas Besonderes, ein Mehreres sein solle, als was sonst zur Darlegung der Ersitzung eines Rechts verlangt wird. Dagegen sprach aber, daß das A.L.R. hier ausdrücklich Bezug nimmt auf die Gesetze von dem Besitz an Rechten, von der Besitzübertragung und Verjährung im 7. und 9. Titel. Daraus folgt, daß doch nicht etwas Besonderes verlangt werden sollte, und dahin hat sich aus guten Gründen seit dem Plenarbeschluß v. 27. Aug. 1838 die Praxis festgestellt[58]). Der Berechtigte, der sich auf Ersitzung beruft, hat also nur nachzuweisen, daß er die Grundgerechtigkeit als ein ihm gebührendes Recht (animo juris) in Besitz genommen und während der Ersitzungszeit ununterbrochen ausgeübt habe[59]). Der Gegner kann betonen, daß der Besitz fehlerhaft[60]), unredlich ergriffen

---

[56]) I. 22 §§ 13. 14. Oben § 177. Gruchot's oben cit. Auff. in B. 8. Unterholzner, Verjähr. 2. A. B. 2 §§ 187—216 S. 111 fg., bes. §§ 195 fg. S. 132 fg. Auch nach dem Ges. v. 5. Mai 1872 ist die Ersitzung einer Grundgerechtigkeit gegen den eingetragenen Eigenthümer nicht ausgeschlossen. — Das B.G.B. kennt keine Ersitzung der Grundgerechtigkeiten.

[57]) I. 22 § 15.

[58]) Entsch. B. 4 S. 169. Vgl. Entsch. B. 36 S. 36, B. 37 S. 170. Strieth. B. 30 S. 40, B. 62 S. 341, B. 53 S. 167. R.G. bei Gruchot B. 24 S. 479 u. 896.

[59]) I. 9 § 627, I. 22 § 14, I. 7 §§ 82. 107. Unterholzner II. 183. Ueber den animus juris als Erforderniß des Besitzes an Rechten s. oben § 160 Note 84. Gruchot B. 8 S. 27 f. Entsch. B. 37 S. 170 (Rehbein III. S. 982). R.G. Entsch. B. 12 S. 173. Es genügt die Darlegung von Umständen, die auf den animus schließen lassen. Im Zweifel wird angenommen, daß man sich ein Recht nicht habe anmaßen wollen. Mevius, decis. IX. 165. Unterholzner II. 185. Den zahlreichen Belegen aus der preuß. und gemeinrechtlichen Praxis, welche Gruchot beibringt, ist noch hinzuzusetzen Entsch. B. 4 S. 169 (Rehbein III. S. 979). Entsch. B. 52 S. 42. Seuffert XIX. 216. Namentlich kann der animus juris zweifelhaft sein, wo für die Ausübung der Gerechtigkeit ein jährlicher Zins entrichtet wird, weil in diesem Fall das Rechtsverhältniß sich leicht als Pacht darstellt. Vergl. hierüber Striethorst B. 81 S. 126, B. 45 S. 181. Präj. 19. Samml. I. 130. Gruchot B. 8 S. 36. Das O.A.G. München interpretirt den § 14 I. 22 ebenso wie das O.-Trib., und beruft sich dabei auf ein Reskript der preuß. Gesetz-Commission v. 8. Nov. 1802 an die damalige Regierung zu Baireuth, abgedr. bei Arnold, Beitr. z. deutschen Pr.R. B. 2 S. 273. Bl. f. Rechtsanw. in Baiern B. 8 S. 331. — Für die Vollendung der Ersitzung ist es einflußlos, daß inzwischen bei dem dienenden Grundstück Eigenthumsveränderungen vorgenommen sind (Arnsb. Monatsschrift I. 619), selbst wenn der Eigenthümer des herrschenden Grundstücks zeitweilig Miteigenthümer des dienenden gewesen ist. Entsch. B. 70 S. 108 (Rehbein III. S. 99). Dagegen ist Ersitzung nicht möglich, wenn während der Ersitzungszeit beide Grundstücke zeitweilig denselben Eigenthümer gehabt haben. Entsch. B. 75 S. 52 (Rehbein III. S. 996).

[60]) Strieth. B. 53 S. 167. Arnsb. Arch. B. 14 S. 595. Gruchot B. 8 S. 168 f. Ueber

oder hinterher unredlich geworden[61]) oder unterbrochen worden sei[62]). Worin die Grundgerechtigkeit besteht, die ersessen sein soll, bestimmt sich durch den Umfang der Rechtsausübung in der Verjährungszeit[62a]).

Einzelne Fragen treten aber hierbei doch noch hervor. Zunächst ist die Absicht, die Gerechtigkeit als eigenes Recht auszuüben, inhaltlich offenbar nur darauf gerichtet, daß das ausgeübte Recht eben diese Grundgerechtigkeit sei. Aber man hat die Ansicht aufgestellt, der das Obertribunal nach anfänglichem Schwanken zugestimmt hat, daß die Absicht auch die Richtung haben könne, das Recht auf dem Grundstücke auszuüben, weil man dessen Eigenthümer sei[63]). Auch das Reichsgericht hat sich dieser Ansicht angeschlossen, aber in einer anderen Entscheidung hinzugefügt, daraus sei nicht herzuleiten, daß die thatsächliche Ausübung einer Grundgerechtigkeit, die in dem Glauben erfolgt, daß die Handlungen kraft des Eigenthums am herrschenden Grundstücke vorgenommen werden könnten, genüge, es müsse stets der Wille der Ausübung eines Rechts am fremden Grundstück vorhanden sein[64]). Als Bedenken gegen die neue Praxis betonte ebenso Förster: „Wer glaubt, Eigenthümer des Grundstücks zu sein, über welches er geht, wo er sein Vieh weidet oder Wasser schöpft, kann gar nicht die Meinung haben, daß ihm dieses Alles als besonderes Recht zustehe, denn in dem allumfassenden Eigenthum existiren diese verschiedenen Richtungen der Aus-

---

den Beweis des precarium s. Seuffert VI. 155. Es müssen Umstände nachgewiesen werden, welche die Voraussetzung begründen, daß die Handlung nur auf Widerruf gestattet worden. Entsch. B. 75 S. 52. Strieth. B. 65 S. 71. Vergl. mit B. 31 S. 41, B. 53 S. 215.

[61]) Mala fides superveniens. S. oben § 163 Anm. 20. Gruchot B. 8 S. 175 f. Seuffert VIII. 348, X. 235.

[62]) Insbesondere wird die Ersitzung auch unterbrochen, wenn sich das Eigenthum am dienenden und herrschenden Grundstück während der Ersitzungsperiode in einer Person vereinigt. Strieth. B. 5 S. 344. S. auch Gruchot B. 8 S. 195 f

[62a]) Eine Aenderung der Wegrichtung bei gleichem Ausgang und Zielpunkt schließt die Annahme der Ersitzung nicht aus. Entsch. B. 29 S. 59. Rehbein III. S. 993. Haben Ausgangs- und Zielpunkt demselben Eigenthümer gehört, sind aber demnächst in verschiedene Hände gerathen, so ist das Recht zum Gehen über die Zwischengrundstücke vom jetzigen Besitzer der beiden dabei interessirten Grundstücken geltend zu machen. Entsch. B. 58 S. 225 (Rehbein III. S. 998).

[63]) Entsch. B. 28 S. 116 (B. 46 S. 499), B. 47 S. 15 (Pl.-Beschl.) (Rehbein III. S. 964). Entsch. B. 83 S. 36. Strieth. B. 3 S. 38, B. 44 S. 311. Seuffert VIII. 292, XVII. 14. Entgegengesetzt Entsch. B. 22 S. 304.

[64]) R.G. Entsch. B. 4 S. 135, B. 7 S. 144 (für gemeines Recht) u. B. 16 S. 216 für preußisches Recht; daneben B. 12 S. 173. Wenn im letzteren Falle der Eigenthümer die Bienenwirthschaft hielt im Glauben, daß er sie halten könne, obgleich die Bienen nach ihrer Natur in das Nachbargrundstück fliegen, die Nachbarn also belästigen mußten, so wollte er thatsächlich diese Einwirkung üben, wollte sein Grundstück in ein das Nachbargrundstück beherrschendes Verhältniß setzen. Darauf allein kann es nach Ansicht des Herausgebers ankommen, — es ist gleichgiltig, ob der Eigenthümer dabei von der falschen Ansicht ausging, die Einwirkung auf das Nachbargrundstück, die er übte, sei Ausübung des ihm zustehenden Eigenthumsrechts am Nachbargrundstück, oder ob er die falsche Rechtsansicht hatte, die Einwirkung sei lediglich eine Aeußerung des Eigenthums am eignen Grundstück. Da er auf das bestimmte Grundstück im Glauben seines Rechts einwirken wollte, wollte er ein Recht an dem letzteren ausüben. Vgl. auch R.G. bei Gruchot B. 32 S. 928.

übung nicht als einzelne Rechte, es ist nicht das Verhältniß des Größeren zum Geringeren, von denen dieses in jenem enthalten ist, sondern ein spezifisch und qualitativ Anderes, wenn man meint, die Handlung auf dem eignen Grundstück auszuüben oder auf einem fremden. Vielmehr muß, um ein Recht als Gerechtigkeit zu ersitzen, die Absicht die Richtung haben, daß man berechtigt sei, diese Gerechtigkeit auf einem fremden Grundstück auszuüben. Nur dadurch wird der Besitz ein Rechtsbesitz, während der über sein Grundstück gehende Eigenthümer einen Sachbesitz ausübt." Aber diese Ausführungen legt zu starkes Gewicht auf die Natur der Grundgerechtigkeit als eines Rechts an fremder Sache. Für den Rechtserwerb des Ausübenden muß entscheidend sein, daß er durch seine Handlungen eine Rechtsübung mit der Richtung unmittelbar auf das Grundstück und ohne Rücksicht auf einen bestimmten Verpflichteten hat vornehmen wollen. Daß er sich über die juristische Natur dieses Rechts klar geworden, daß er gewußt hat, ob ein Anderer und wer Eigenthümer sei, erscheint gleichgültig. In der That würde er durch dieselben Besitzhandlungen unter wenig veränderten Umständen vielleicht das Eigenthum erworben haben. Die freiere Praxis der höchsten Gerichtshöfe ist also nach der Ansicht des Herausgebers zu billigen.

Sodann ist kontrovers, ob zur Ersitzung auch nöthig ist, daß der Eigenthümer des dienenden Grundstücks die Ausübung der Servitut gewußt und geduldet haben muß (scientia et patientia adversarii)[65]). Die ältere gemeinrechtliche Praxis und Theorie hat dies vielfach behauptet, die neuere verneint es überwiegend[66]). Das A.L.R. verlangt zum Besitzerwerb eines solchen Rechts, daß der Andere der Handlung widersprechen konnte[67]). Wenn nun auch dieser Ausdruck des Könnens nicht nothwendig darauf hinweist, daß ein Wissen und Dulden verlangt werde, so ist er doch im Zusammenhang mit der damaligen Auffassung im gemeinen Recht so zu deuten. Das hat denn auch die preußische Praxis angenommen[68]).

Endlich kann die Frage, ob zur zehnjährigen Ersitzung der Grundgerechtigkeit ein Titel gehöre, nach A.L.R. nur bejahet werden. Hierin schließt sich das Landrecht der damaligen gemeinrechtlichen, namentlich auch der älteren preußischen Praxis an[69]), während der Satz für das gemeine Recht

---

[65]) Gruchot B. 8 S. 47 f.

[66]) Gruchot B. 8 S. 49. Unterholzner II. 175.

[67]) I. 7 § 81. Ueber Möglichkeit der Erwerbung einer Grundgerechtigkeit gegen ein Fideikommißgrundstück durch Ersitzung, obgleich die vom zeitigen Besitzer bestellte Grundgerechtigkeit nach A.L.R. I. 19 § 33 den Besitznachfolger nicht bindet, vgl. Entsch. B. 41 S. 247, B. 51 S. 278 (Rehbein III. S. 1000), auch R.G. Entsch. B. 19 S. 266; nach der letzteren Entscheidung macht es auch keinen Unterschied, daß die Familienfideikommißeigenschaft im Grundbuch eingetragen war. Vgl. A.L.R. II. 4 § 122.

[68]) Strieth. B. 29 S. 143, B. 47 S. 194. Entsch. B. 18 S. 183. J.M.Bl. 1854. S. 103 Nr. 8. A. M. Gruchot S. 50.

[69]) I. 9 §§ 579. 620. Arnsb. Arch. B. 14 S. 561. Gruchot B. 8 S. 178 fg. Vergl. Mater. v. Simon und Strampff S. 15. 133. 430. Vorlandrechtliche Praxis: Hymmen, Beitr. I. 24. Das A.L.R. hat sich der Ansicht von Leyser sp. 110 m. 4.

heute ganz allgemein von Theorie und Praxis verneint wird[70]). Ist ein Titel nicht nachweisbar, so bedarf es des dreißigjährigen Besitzes. Bezüglich des Titels aber wird gerade beim Erwerb der Grundgerechtigkeit die in der Ersitzungslehre bereits erwähnte Kontroverse von besonderer Bedeutung, ob auf Grund eines s. g. translativen Titels eine Grundgerechtigkeit ersessen werden kann, oder ob der Titel ein konstitutiver sein muß[71]). Der Sinn der Frage ist der: kann der Nachfolger im Eigenthum des herrschenden Grundstücks auf Grund eines vom Besitzvorgänger hergeleiteten Titels, also weil ihm das Grundstück als ein mit der fraglichen Berechtigung ausgestattetes übereignet worden, eine Servitut ersitzen, oder ist nothwendig, daß der Titel von dem Belasteten ausgegangen ist. Wie schon früher angedeutet, muß man sich für die zweite Alternative entscheiden. Es handelt sich hier nicht um eine Sache oder um eine Gerechtigkeit, deren Existenz durch die Natur gegeben ist, die sich im Verkehr befindet, und bei der durch Ersitzung nur festgestellt wird, daß gerade der gegenwärtige Besitzer, nicht ein Anderer der Eigenthümer sei; es handelt sich vielmehr um die Frage, ob dies Recht überhaupt zur Existenz gekommen ist. Hierfür aber kann der Titel nur vom Eigenthümer der belasteten Sache, oder von dem, der irrig dafür gehalten wird, ausgehen; der Titel muß also ein konstitutiver sein, weil nur durch den Eigenthümer der angeblich belasteten Sache die wirkliche Belastung möglich war[72]).

---

Lauterbach VIII. 1 Nr. 14. Rave §§ 61. 62 u. A. angeschlossen. Svarez citirt besonders Hellfeld § 629. Dagegen waren Hofacker II. § 1101. Gebr. Overbeck, Medit. B. 3 Nr. 157. S. auch Glück B. 9 S. 123. 128. 440f.

[70]) Dies nahm für das gemeine R. auch schon das O.-Trib. an. Striethorst B. 10 S. 8. Weitere Belege bei Gruchot a. a. O. Savigny, System IV. 498. Unterholzner II. S. 172.

[71]) Oben § 177 Anm. 36.

[72]) Vgl. oben § 177 Anm. 33. Korte bei Gruchot B. 2 S. 401. Sommer in Ulrich's Archiv II. 409. Rechtsfälle B. 3 S. 43 „ein Titel über ein noch nicht existentes Recht ist so gut als gar kein Titel und daher auch nicht geschickt zur Uebertragung". Ebenso nach dem Code 695 nur ein konstitutiver Titel. A. M. Koch zu § 579 I. 9, der die Unrichtigkeit des hier angenommenen Satzes als „längst ausgemachte und bekannte Sache" bezeichnet. Göschel in Simon's Zeitschr. B. 2 S. 207, Dernburg I. § 174 Anm. 10. Das Reichsgericht (R.G. Entsch. B. 16 S. 216) hat sich in einem Fall, in dem es sich in Wahrheit offenbar nicht um eine Grundgerechtigkeit, sondern um ein persönliches Recht, zum Betriebe des Schlächtereigewerbs ein Grundstück als Verkaufsstätte zu benutzen (Scharrngerechtigkeit), handelte, und wo auf Grund des Verkaufs des Schlächterscharrns der Käufer in den Besitz der Stelle getreten war, im Glauben Eigenthum erworben zu haben (vgl. oben Anm. 64), die zehnjährige Ersitzung für genügend erachtet. Es ist ausgeführt, daß wenn man den konstitutiven Titel des Nichteigenthümers für eine ausreichende Grundlage der ordentlichen Ersitzung halte, klar hervortrete, daß der Titel nur „die objektive Grundlage für den guten Glauben sei, daß ein wirkliches Recht ausgeübt werde". Eine solche sei auch hier vorhanden. Dagegen ist zu erinnern, daß der gute Glaube hier nur durch Rechtsirrthum jene Grundlage gewinnen konnte, daß deshalb der Besitz ein unrechtfertiger war. Der Autor brauchte vielleicht noch 30 Jahre, um die Gerechtigkeit gegen den Eigenthümer zu ersitzen; weil er aber sein angebliches Recht veräußert hat, soll der Nachfolger in zehn Jahren das Recht erwerben: das ist nicht folgerichtig. Das Reichsgericht hat es ausdrücklich dahingestellt sein lassen, ob ein translativer Titel ohne hinzutretende Uebertragung des Sachbesitzes genügend sei. Die Uebergabe eines Grundstücks zu eigen,

Was sonst von dem Zeitablauf der Ersitzung, je nachdem sich diese auf einen Titel gründet oder nicht, je nachdem die Gerechtigkeit eine ununterbrochene oder nur eine in bestimmten Zeiten oder bei bestimmten Veranlassungen wiederkehrende Ausübung zuläßt, von der Unterbrechung der Ersitzung[73]), und von der Zusammenrechnung der Besitzzeiten des Vormanns und Nachfolgers (accessio temporis) zu bemerken ist, hat ausführliche Besprechung schon früher erfahren[74]).

Der Ersitzungserwerb von Grundgerechtigkeiten ist übrigens im neueren Recht dadurch erheblich eingeschränkt, daß die am Schlusse der Ausführungen zu 1. bezeichneten ablösbaren Gerechtigkeiten nicht mehr durch Verjährung erworben werden können[75]).

III. Aufhebung. Aus der Zahl der allgemeinen Aufhebungsgründe bei Rechten ist die Konsolidation bereits hervorgehoben, und es ist dargelegt worden, daß die eingetragene und ebenso die durch Anlage kenntliche Grundgerechtigkeit dadurch nicht endgiltig aufgehoben wird[76]). Auch ist davon die Rede gewesen, daß Gerechtigkeiten, die mit zeitlicher Beschränkung oder unter Resolutivbedingungen errichtet sind, gemäß dieser Beschränkung von selbst erlöschen[76a]). 1. Daß ausdrücklicher rechtsgeschäftlich erklärter Verzicht das Recht aufhebt, ist ebenfalls keine Besonderheit des Rechts der Grundgerechtigkeiten[76b]). Als eine besondere von der Einwirkung rechtsbe-

---

mit der Zusicherung daß dem Grundstück eine Grundgerechtigkeit zustehe, kann aber niemals die objektive Grundlage für die Annahme eines solchen Rechts bilden. Vgl. auch Rehbein III. S. 996. In R.G. Entsch. B. 22 S. 337 ist der Satz von der Möglichkeit der Ersitzung auf Grund translativen Titels ohne jedes Eingehen auf die für Grundgerechtigkeiten erhobenen Zweifel wiederholt. Indessen handelt es sich in jenem Fall nicht um eine Grundgerechtigkeit, sondern um eine selbständige Gerechtigkeit (Fischereirecht), von der nicht zweifelhaft war, daß sie bereits früher als das Recht eines Andern bestanden hatte, und daß sie im Verkehr wie eine körperliche unbewegliche Sache behandelt werden mußte. In einem neuern Fall (Gruchot B. 33 S. 1153) hat das Reichsgericht den Satz in einem Fall, in dem es sich zweifellos um eine Grundgerechtigkeit handelte, wiederholt mit dem Bemerken, daß die obigen Zweifel als durchgreifend nicht anerkannt werden könnten.

73) Vergl. hierzu Entsch. B. 29 S. 59. Strieth. B. 5 S. 344, B. 46 S. 322, B. 56 S. 103. Gruchot S. 208.

74) Oben § 177.

75) Gem.-Th.-O. vom 7. Juni 1821 § 164. Ges. vom 31. März 1841. Entsch. B. 40 S. 136 f., B. 56 S. 66. Die Publikation der ersteren unterbrach jeden Verjährungsbesitz, aber der § 4 des deklarirenden Gesetzes giebt eine Vermuthung für Vollendung der Ersitzung vorher, wenn die Ersitzung erweislich ohne die Gemeinheitstheilungsordnung bis zu dem Gesetze von 1841 vollendet gewesen sein würde. Die Vermuthung geht soweit, daß auch für das Bestehen der Stelle des Ersitzenden in der zurückliegenden Ersitzungsperiode präsumirt wird. Entsch. B. 71 S. 21. — Auch das Recht zum Flachs- und Hanfröthen in einem fremden Gewässer kann nicht mehr durch Ersitzung, sondern nur mit Einwilligung des Eigenthümers erworben werden. § 37 des Ed. v. 14. Sept. 1811. Entsch. B. 51 S. 110 f. — Nach franz. R. können unerkennbare und nicht ständige Servituten durch Ersitzung überhaupt nicht erworben werden. Zachariä (Crome) II. § 221.

76) Oben § 184 Anm. 4.

76a) S. oben Anm. 19.

76b) Nach dem B.G.B. § 875 bedarf es zur Aufhebung des Rechts neben der rechtsgeschäftlichen Erklärung der Löschung im Grundbuch. Die rechtsgeschäftliche Er-

ständiger Aufhebungsverträge verschiedene Erlöschungsform von großer praktischer Bedeutung ist aber zu bezeichnen die stillschweigende Einwilligung des Berechtigten[77], die sich dadurch äußert, daß er wissentlich ohne Widerspruch in dem dienenden Grundstück eine Anstalt oder Einrichtung treffen läßt, welche die Ausübung der Gerechtigkeit „gradezu" unmöglich macht. Hindert oder erschwert die Anlage die Ausübung der Gerechtigkeit nur, so wird sie bei unterlassenem Widerspruch dadurch eingeschränkt[78]. Zeigt sich

---

klärung gegenüber dem Verpflichteten ist nur bindend, wenn sie eine formelle Löschungsbewilligung ist. Dieser steht die unmittelbare Erklärung dem Grundbuchamt gegenüber gleich.

77) Stillschweigende Einwilligung nach I. 4 §§ 58. 59. Strieth. B. 15 S. 101 und zwar als Ausnahme von dem Satz § 381 I. 16. Entsch. B. 21 S. 91. Bona fides des Handelnden ist nicht erforderlich. Striethorst B. 12 S. 101. — Das A.L.R. hat sich Voet, VIII. 6 Nr. 5, Leyser sp. 110 m. 1 angeschlossen. Heute nimmt die gemeinrechtliche Theorie, bis auf wenige Ausnahmen, die an das Unterlassen der operis novi nuntiatio die Folge knüpfen, daß ein die Ausübung der Servitut hinderndes Gebäude nicht mehr angefochten werden dürfe, den Standpunkt ein, daß bloßes Geschehenlassen für eine hindernde Anlage als Einwilligung in Aufhebung des Rechts nicht angesehen werden könne. — Das Hinderniß muß von dem Eigenthümer des belasteten Grundstücks hergestellt sein. Ist es von einem Dritten errichtet, so bleibt die Grundgerechtigkeit bestehen, auch wenn es längere Zeit nicht beseitigt wird. Entsch. B. 64 S. 142 (Rehbein III. S. 1064).

78) I. 22 §§ 43. 45. Koch zu § 43 versteht unter „geradezu" gänzlich. Vgl. Schles. Arch. I. 350 f. Bornemann IV. 381 interpretirt es mit sofort, im Gegensatz zu § 44. Durch das Wort soll wohl ausgedrückt sein, daß die Herstellung der Anlage die direkte Ursache sein muß, die Ausübung unmöglich zu machen, oder zu erschweren. — Mit Rücksicht auf I. 8 § 191, I. 22 § 1 besteht kein Zweifel, daß die Bestimmung auch bei den gesetzlichen Einschränkungen des Eigenthums eingreift. Entsch. B. 70 S. 103. Strieth. B. 90 S. 148. In Frage ist aber gestellt worden, ob die Bestimmung auch auf diejenigen Gerechtigkeiten Anwendung finde, welche die Natur der Untersagungsrechte haben. Vom Obertribunal ist die Anwendbarkeit bei dem Recht, die Anlage neuer Fenster zu untersagen, in Abrede gestellt. Entsch. B. 21 S. 401. Striethorst B. 1 S. 277 (Rehbein I. 756). Demnächst hat auch Förster den Satz ausgesprochen: Die Bestimmung sei unanwendbar bei denjenigen Servituten, bei denen der Widerspruch nicht aus einem durch die Anlage verletzten Recht erwachse, vielmehr den Inhalt des Rechts selbst bilde. (Weshalb hierbei auf § 342 I. 9 Bezug genommen ist, erhellt nicht; hier ist der Widerspruch Ausfluß des durch Bauen über die Grenze verletzten Eigenthums.) Vom Reichsgericht ist der Annahme, daß die Bestimmung nicht auch bei Anlagen eingreife, die gegen ein Untersagungsrecht errichtet werden, in R.G. Entsch. B. 6 S. 255 entgegengetreten. Diese Entscheidung erklärt zwar, dem Förster'schen Satz und den oben allegirten Judikaten nicht entgegentreten zu wollen; wenn sie aber für ein Untersagungsrecht dahin, daß der Nachbar in einer bestimmten Entfernung von der Grenze nicht über eine bestimmte Höhe hinaus bauen dürfe, ausführt, es bestehe hier die Gerechtigkeit in etwas anderem, als in dem Verbieten und Widersprechen, so ist das nicht verständlich. Der Herausgeber kann auch keinen Grund finden, die Vorschrift bei Untersagungsrechten nicht anzuwenden. Aber noch neuerlich hat das R.G. (bei Gruchot B. 33 S. 999) erklärt, daß kein Grund bestehe, von der Praxis des Obertribunals abzugehen. — Nicht jede stillschweigende Willenserklärung, sondern nur eine solche, welche sich durch Stillschweigen gegenüber einer Anlage der bezeichneten Art kund giebt, ist erheblich. Der Widerspruch dagegen muß jedenfalls klar und bestimmt sofort nach erlangter Kenntniß und vor der Vollendung der Anlage erfolgen. Striethorst B. 35 S. 37, B. 53 S. 206, B. 55 S. 79, B. 68 S. 304, B. 69 S. 1. 10. Jur. Wochenschr. 1840 S. 683. Entsch. B. 46 S. 73. Das Obertribunal hat aber weiter angenommen, ein bloßes Verbot der Anlage, wodurch ihre Herstellung nicht gehindert worden, sei wirkungslos; es müsse durch Klage oder gerichtlichen Protest oder Selbsthilfe verfolgt sein. Entsch. B. 41 S. 178. Striethorst B. 33 S. 327 (Rehbein III. S. 1068), B. 55 S. 79. Hiervon abweichend

der Nachtheil erst in der Folge, so gilt Unthätigkeit nicht als stillschweigende Einwilligung; das Recht kann dann nur durch Nichtgebrauch untergehen[79]).

2. Grundgerechtigkeiten, die nicht in das Grundbuch eingetragen sind, auch nicht durch besondere Anstalten und Anlagen ihr Dasein bekunden, erlöschen durch Nichtgebrauch in der Verjährungszeit[80]); ist die Anlage fortgeschafft, so beginnt die Verjährung mit der Wegnahme[81]). Die Verjährung solcher Grundgerechtigkeiten, die nur bei gewissen Gelegenheiten ausgeübt werden können (serv. discontinuae), erfordert zwar auch nur einen dreißigjährigen Zeitraum[82]), — aber sie erfordert ferner, daß innerhalb der Verjährungszeit außer dem ersten Fall der Nichtausübung noch zwei solche Fälle eingetreten sind, also im Ganzen dreimalige Nichtausübung, ohne daß es übrigens nöthig ist, daß der dritte Fall gerade auf das Ende der Verjährungszeit trifft, wenn nur von ihm bis zu diesem Ende nicht doch noch eine Aus-

---

nimmt das R.G. bei Gruchot B. 24 S. 483, R.G. Entsch. B. 22 S. 188 an, es dürfe nur nicht aus dem passiven Verhalten des Berechtigten auf ein Aufgeben des Widerspruchs zu schließen sein. Vergl. auch Strieth. B. 12 S. 101. Diese Ansicht, wonach es immerhin möglich ist, den nicht verfolgten Protest als thatsächlich ungeeignet anzusehen, die stillschweigende Einwilligung auszuschließen, scheint den Vorzug zu verdienen. — An eine bestimmte Frist ist der Widerspruch nicht gebunden und konnte auch der Natur der Sache nach daran nicht gebunden werden. Gesetzrevis. XIII. XIV. S. 171, Bornemann IV. 381. Die Kenntniß aber, die zum Widerspruch verpflichten soll, wenn nicht Verzicht angenommen werden soll (Entsch. B. 41 S. 181), muß nicht bloß dahin gehen, daß die Anlage hergestellt wird, sondern dahin, daß die Anlage die Ausübung der Servitut unmöglich machen wird. Die letztere Kenntniß fällt nicht immer mit der ersten der Zeit nach zusammen. Korte im Arnsb. Arch. B. 11 S. 43. In I. 22 § 434 wird der Fall behandelt, wo sofort die Anlage klar sehen läßt, daß durch sie die Ausübung der Servitut unmöglich wird. Den anderen Fall normirt I. 22 § 44. Ein Beispiel Entsch. B. 47 S. 225. Strieth. B. 45 S. 124. Wenn die Anlage zur Ausübung der Servitut nicht von dem Eigenthümer des belasteten Grundstücks, sondern von einem Dritten weggenommen worden, so kann Ersterer daraus das Recht, von der Servitut befreit zu sein, nicht herleiten. Entsch. B. 64 S. 142. — § 43 bezieht sich nicht auf persönliche Gebrauchsrechte, wenn sie auch einer Grundgerechtigkeit nachgebildet sind (s. g. irreguläre Servituten, oben § 185) Entsch. B. 21 S. 87 (Rehbein III. S. 934). Beispiele hierzu: Präj. 1480. Samml. I. 28. Entsch. B. 43 S. 78, B. 46 S. 68, B. 50 S. 87. Striethorst B. 40 S. 269, B. 46 S. 264, B. 55 S. 79. Schles. Arch. B. 4 S. 179.

79) I. 22 § 44. Entsch. B. 47 S. 225. Strieth. B. 45 S. 124 (Rehbein III. S. 1066).

80) I. 22 § 50. Unterholzner II. S. 186 fg. 213 f. Guter Glaube ist dazu nicht erforderlich. Seuffert X. 20. — Das ist eine Ausnahme der in I. 22 § 49 bestätigten Regel des § 511 I. 9; insofern der Satz auch bei eingetragenen Grundgerechtigkeiten anzuwenden ist. Es handelt sich aber dabei nicht um eine usucapio libertatis. Striethorst B. 52 S. 224. A. M. Koch Pr. R. I. 559 Note 26. Aus dem Satz, daß theilweise Ausübung das Recht erhält, ist hergeleitet, daß ein Hutungsrecht auf einer ganzen Feldmark bezüglich des einzelnen Grundstücks dadurch nicht untergegangen ist, daß gerade auf diesem nicht gehütet ist. Entsch. B. 74 S. 15 (Rehbein III. S. 414).

81) I. 22 § 51. Hierin spricht sich ein Anklang an usucapio libertatis aus (Höpfner, Komm. § 368 Nr 3. Glück B. 10 S. 264), die das A.L.R. sonst nicht verlangt. Vgl. noch Entsch. B. 44 S. 59.

82) Während die Ersitzung sich erst in 40 Jahren vollendet. Vergl. oben § 177 Anm. 101. 103. Die verschiedene Behandlung beider Fälle beruht wohl darauf, daß die Befreiung des Eigenthums von einer Last mehr begünstigt werden muß, als die Auflegung einer Last auf das Eigenthum. Präj. 543 Samml. I. 38. Bornemann II. 113. Koch, Priv.-R. I. 311 Note 3. A. M. der Ges.-R. Pens. XII. 158.

übung stattgefunden hat[83]). Die drei Fälle der Nichtausübung begründen hiernach eine rechtliche Vermuthung in dem Sinne, daß angenommen wird, derselbe Zustand, der in den drei Fällen sich gezeigt, habe auch in den Zwischenräumen bestanden. Diese Vermuthung kann aber durch Gegenbeweis, wodurch eine Unterbrechung der Verjährung dargethan wird, entkräftet werden[84]). Auch hier gilt, daß die Ausübung eines Theiles des Rechts das ganze Recht erhält, aber es muß wirklich ein Theil desselben Rechts, nicht ein anderes daneben bestehendes Recht, wenn es auch zugleich mit jenem bestellt worden ist, ausgeübt worden sein[85]). Verschieden von dieser Verjährung durch Nichtgebrauch ist der Fall, wo eine Servitut untergeht, weil der Belastete die Ausübung untersagt und der Berechtigte sich dabei beruhigt. Hier geht die Servitut unter durch die Ersitzung des Untersagungsrechts, und es ist nicht nöthig, daß noch zweimal die Ausübung untersagt worden ist[86]).

3. Eine besondere Aufhebungsart ist die Ablösung gegen Entschädigung, die nicht nur bei gegenseitiger Einigung, sondern auf einseitigen Antrag im Interesse der Landeskultur zugelassen ist und im Gemeinheitstheilungsverfahren ins Werk gesetzt wird[87]). Selbständige Ablösungsanträge können aber nur wegen bestimmter Gerechtigkeiten gestellt werden, sei es wegen aller, die auf dem Grundstück lasten, soweit sie danach ablösbar sind, sei es wegen einzelner[88]). Soweit eine Gerechtigkeit, auf die sich der Antrag nicht bezieht, dem Zwecke der Auseinandersetzung, d. h. dem dabei verfolgten wirthschaftlichen Zwecke hinderlich ist, führt die Auseinandersetzung auch zu ihrer Ablösung. Das so beantragte Verfahren, wie das eigentliche Gemeinheitstheilungsverfahren, betrifft zwangsweise nur die gemeinsam benutzten Grundstücke. Das Verkoppelungs- oder Zusammenlegungsverfahren begreift dagegen die ganze Feldmark und alle Grundgerechtigkeiten in dieser. Ist die beantragte Ablösung nicht ohne Landumtausch ausführbar, so muß der vierte

---

83) Oben B. I § 57 bei Note 33, I. 9 §§ 543. 544. Entsch. B. 20 S. 113 (Rehbein III. S. 410). Materialien S 522. Wenn die dritte Ausübungsgelegenheit erst nach 30 Jahren eintritt, so schließt die Verjährung auch erst in diesem Moment ab. Vgl. hierzu die Bl. f. Rechtsanwendung in Baiern, Ergänz. zu Jahrg. 31. 32 Nr. 2 S. 27 fg. Sächs. G.B. § 597.

84) Vgl. die B. f. Rechtsanwend. in Baiern, a. a. O. S. 30 fg.

85) Entsch. B. 17 S. 283.

86) Arnsb. Arch. B. 13 S. 114 fg. Präj. 1305. Samml. I. S. 44.

87) Schon I. 22 § 48 (I. 17 §§ 350 ff.) verweisen darauf. Vgl. insbesondere Verordnung vom 20. Juni 1817; Gemeinheitstheilungsordnung v. 7. Juni 1821, Ablösungsgesetz vom 2. März 1850, Ges. v. 2. April 1872. Wegen des Verfahrens oben § 182 Anm. 115. Vgl. Entsch. B. 28 S. 414, B. 41 S. 80, B. 55 S. 47. Strieth. B. 44 S. 142, B. 45 S. 278, B. 71 S. 192.

88) Selbständiger Gegenstand eines Ablösungsantrags können nach Gem.Th.O. von 1821 und Ges. v. 2. März 1850 sechs Rechtskategorien mit den ihnen verwandten Rechten sein: Weiderechte, Mastrechte, Rechte auf Holz, Streu, Plaggenhieb und (Ges. vom 2. März 1830) Torfnutzung. Als verwandte Rechte sind bezeichnet Rechte auf Gräserei, Kräuter, Stoppelharken, Schilf-, Binsen- und Rohrnutzung, Recht auf Nutzung fremder Aecker zum Zwecke der Düngung (Harzscharren), auf Fruchtgewinn aus Deputatbeeten fremder Aecker, Recht auf Fischerei. — Die Reallastenablösung begreift — abweichend von derjenigen der Grundgerechtigkeiten —, wenn beantragt, alle Reallasten.

Theil der Betheiligten nach der Fläche dem Antrag schriftlich zustimmen[89]). Aufhebung gegen Entschädigung ist außerdem vorgesehen, sofern Anstalten und Einrichtungen zum allgemeinen Besten vom Staat angeordnet werden, die das Fortbestehen der Servitut unzulässig machen[90]). Wer zu dem durch Auseinandersetzungsrezeß abgeschlossenen Theilungsverfahren als Interessent zugezogen ist, verliert auch ohne Ablösung und selbst dann, wenn die Gerechtsame zu den abzulösenden nicht gehört, jede Grundgerechtigkeit, die ihm im Rezeß nicht ausdrücklich vorbehalten ist[90a]).

4. Einschränkung und selbst Aufhebung der Servitut kann der Verpflichtete nach Analogie der Grundsätze von der Einräumung einer Nothgerechtsame verlangen, wenn durch die Grundgerechtigkeit sein Grundstück ganz oder zum Theil völlig unbrauchbar würde[91]).

5. Durch die Zwangsversteigerung werden Grundgerechtigkeiten nur dann berührt, wenn das Recht des betreibenden Gläubigers schon bei Begründung der Grundgerechtigkeit das Grundstück belastete, wenn ferner dieser oder ein anderer der Grundgerechtigkeit vorangehender Interessent beantragt hat, das Erlöschen der Gerechtigkeit als Kaufbedingung festzustellen, und wenn darauf hin der Zuschlag erfolgt, was aber nicht geschehen soll, falls der Antragsteller durch eine ohne diese Bedingung abgegebenes Gebot keinen Nachtheil leidet[92]).

IV. Ausübung. Der Eigenthümer des dienenden Grundstücks hat, wie oben hervorgehoben, regelmäßig nur die Pflicht, zu dulden und zu unterlassen. Er muß dem Berechtigten gestatten, daß dieser unter möglichster Schonung und mit der Verpflichtung, jede Beschädigung wieder zu beseitigen, auf dem dienenden Grundstück die Anstalt vornimmt oder ausbessert, die zur Ausübung der Servitut nöthig ist[93]). Dieser Grundsatz erleidet aber abgesehen von der schon dem römischen Recht entstammenden besonderen Behandlung

---

[89]) Ver. v. 28. Juli 1838.

[90]) Hierdurch wird das allgemeine Prinzip der Zwangsenteignung für die Grundgerechtigkeiten zum besonderen Ausdruck gebracht. Auch die Gesetzgebung hat zum Theil an diesem Prinzip festgehalten: z. B. im Landeskulturedikt vgl. Anm. 91.

[90a]) V. v. 20. Juni 1817 § 170. Vgl. dazu Entsch. B. 28 S. 414 (Rehbein III. S. 1070). Entsch. B. 41 S. 80. Striethorst B. 44 S. 142, B. 45 S. 298; Entsch. B. 55 S. 47 (Rehbein III. S. 1072).

[91]) I. 22 § 47. Vergl. Landeskulturedikt vom 14. Sept. 1811 § 27. Die Entschädigungsansprüche des bisher Berechtigten werden aus I. 22 §§ 4. 5 beurtheilt. Vgl. Code 701. Hierauf beruht das Recht auf Ausweisung des hutfreien Drittels in Gemäßheit des Landeskulturedikts vom 14. Sept. 1811 §§ 11 ff., Gemeinheitstheilungsordnung §§ 181 bis 195. — Sehr zweifelhaft ist, ob einer rationelleren Wirthschaftsform, die mit der Servitut unvereinbar ist, vom Servitutberechtigten entgegen getreten werden kann. Vgl. hierüber bezüglich veränderter Forst-Kultur Paris bei Gruchot B. 24 S. 836.

[92]) Ges. über den Eig.-Erw. § 47. Immobiliarvollstreckungsgesetz von 1883 § 60. Abs. 2. Vgl. unten § 188 Anm. 52.

[93]) Vgl. Entsch. B. 49 S. 79, I. 22 §§ 30. 34. Entsch. B. 21 S. 81. Striethorst B. 18 S. 264, B. 49 S. 101. — Er darf selbst nichts thun, was die Ausübung der Servitut unmöglich macht oder einschränkt. Vgl. jedoch Anm. 91.

des Rechts, die Mauer des Nachbarn zum Daraufbauen oder Darauflegen eines Balkens zu benutzen, für alle Grundgerechtigkeiten eine Modification, wenn sie gegen Entgelt bestellt worden sind: der Eigenthümer der belasteten Sache hat dann die Verpflichtung, sein Grundstück auf eigene Kosten in der Verfassung zu erhalten, daß die Servitut darauf ausgeübt werden kann[94]). Für zufällige Veränderungen hat er aber auch hier nicht einzustehen, er muß nur dem Berechtigten die Wiederherstellung gestatten[95]). Läßt sich diese nicht mehr bewirken, so muß das Entgelt zurückgeleistet werden, d. h. das Kapital ohne Zinsen, die Rente hört auf[96]). Wird die Ausübung wieder möglich, so hat der Berechtigte das zurückempfangene Entgelt aufs Neue zu leisten, d. h. die Rente beginnt wieder und das Kapital wird wieder gezahlt[97]). Wenn endlich der Belastete neben der Ausübung der Gerechtigkeit durch den Servitutberechtigten das Grundstück in gleicher Weise benutzt und ferner benutzen will, so muß er zur Unterhaltung der Sache in dem brauchbaren Zustand, insbesondere also zur Unterhaltung etwaiger Anlagen einen verhältnißmäßigen Beitrag leisten[98]).

---

[94]) I. 22 § 35. Vergl. oben Anm. 22. Das römische R. hat nur bei der servitus onus ferendi dem Eigenthümer des dienenden Grundstücks die Verpflichtung auferlegt, die stützende Mauer zu unterhalten und wiederherzustellen, wenn er nicht vorzieht, sie zu derelinquiren. S. unten § 187a Anm. 6. — Das A.L.R. verallgemeinert den in l. 6 § 2 D. VIII. 5 enthaltenen Satz, indem es bei entgeltlich bestellten Servituten eine Pflicht zur Erhaltung in der bisherigen Verfassung annimmt. Danach muß also auch ein Forst erhalten werden, wenn Holzungsgerechtigkeiten in ihm entgeltlich bestellt worden sind. Ja der Holzungsgerechtigte kann sogar ohne entgeltliche Bestellung in jedem Fall wenigstens eine konservirende Behandlung des Waldes fordern. I. 22 §§ 230ff. Förster war der Ansicht, die hier in Rede stehende Verbindlichkeit sei eine persönliche für den, der die Servitut bestellt hat; sie könne aber auch zu einer dinglichen durch Eintragung werden. Das kann nicht die Meinung des Gesetzes sein, das darauf ausgeht, die Betheiligung des Herrn des belasteten Grundstücks „des Verpflichteten“ zu regeln. Man darf auch nicht die vertragsmäßige Betheiligung des Belasteten an den Kosten als eine neben der Grundgerechtigkeit bestehende Reallast ansehen, die als solche eingetragen werden muß, während die Grundgerechtigkeit ohne Eintragung als dingliches Recht besteht. Vielmehr erkennt hier das preußische Recht an, daß die Grundgerechtigkeit als solche den Belasteten unter Umständen zu einem Thun verpflichtet. Die diese Pflicht zum Handeln in sich schließende Grundgerechtigkeit besteht somit als dingliches Recht ohne Eintragung. Vgl. Entsch. B. 42 S. 189 (Rehbein III. S. 371); Entsch. B. 55 S. 245, B. 68 S. 121. R.G. Entsch. B. 11 S. 313. S. auch Entsch. B. 28 S. 81, B. 39 S. 169, Striethorst B. 18 S. 264, B. 85 S. 181 (Rehbein III. S. 936). R.G. bei Gruchot B. 32 S. 1015. Wenn aber eine Thätigkeit des Belasteten bei einer Grundgerechtigkeit bedungen ist, die über das Maß der Erhaltung der Sache oder einer für die Grundgerechtigkeit gemachten Einrichtung hinausgeht, so muß darin die selbständige Begründung einer Reallast neben der Grundgerechtigkeit gefunden werden. — Ueber das B.G.B. s. oben Anm. 22.

[95]) I. 22 §§ 37. 38. Strieth. B. 54. 58.

[96]) I. 22 §§ 39—41.

[97]) I. 22 § 42.

[98]) I. 22 § 36. Wenn der Eigenthümer des praedium serviens den Beitrag weigert, weil er das Grundstück in dieser Weise nicht ferner benutzen will, so kann ein Anspruch gegen ihn nicht erhoben werden, die Grundgerechtigkeit nimmt aber dann einen ausschließenden Charakter an, der Eigenthümer darf sich an der Ausübung nicht betheiligen; das modifizirt sich aber für den Fall, wenn die Grundgerechtigkeit dem Nutzungsrecht eine bestimmte Grenze setzt.

Der Umfang des Rechts bestimmt sich durch den Inhalt des Vertrags oder Testaments, wodurch es konstituirt worden, oder durch die Ausdehnung des Besitzes während der Ersitzungsperiode[99]). Giebt der Begründungsakt nur insofern der Grundgerechtigkeit einen bestimmten Inhalt, als die Richtung, nach der das Grundstück dem herrschenden Grundstück dienen soll, bestimmt ist, so kann[100]) der Berechtigte sowohl als der Verpflichtete[101]) eine nähere Bestimmung der Ausübung beanspruchen; der Verpflichtete hat bei dieser näheren Bestimmung die Wahl unter den möglichen Ausübungsarten, ist aber durch die Rücksicht gebunden, daß der Berechtigte dadurch am „nützlichen" Gebrauch seines Rechts nicht gehindert wird. Der Berechtigte muß die dem Verpflichteten am wenigsten lästige Ausübungsart annehmen[102]). Eine Anwendung dieses Grundsatzes ist die Bestimmung: „Eine Grundgerechtigkeit, welche ohne Nachtheil des Berechtigten auf einem bestimmten Theil des belasteten Grundstücks ausgeübt werden kann, muß auf den Antrag des Verpflichteten auf diesen Theil eingeschränkt werden[103])." Die Grenze für eine solche s. g. Determination besteht darin, daß die Grundgerechtigkeit nicht auf ein anderes Grundstück des Belasteten verlegt, sondern nur auf einen bestimmten Theil der unbestimmt belasteten Grundfläche beschränkt werden kann[104]).

## § 187a. Die einzelnen Arten der Grundgerechtigkeiten.

„Aus den verschiedenen Arten und Beziehungen, wie ein Grundbesitzer in Ausübung seiner Eigenthumsrechte zum Vortheil eines anderen Grundstücks eingeschränkt werden kann, entstehen die verschiedenen Arten der Grund-

---

99) I. 22 §§ 27. 28. Z. B. Entsch. B. 21 S. 374. Vgl. oben § 177 Anm. 123. — Ueber den Fall der Kollision des Rechts mit anderen Rechten von gleichem Rang enthält das Gesetz besondere Vorschriften nicht. Sie regelt sich nach den allgemeinen Grundsätzen in Einl. §§ 95—97. Vgl. Bd. I. § 18 Anm. 17f.

100) I. 19 §§ 17—19. 20. 21. Die „Regulirung", „Fixation" d. h. Zurückführung der Theilnehmungsrechte der Dienstbarkeits- und Mitberechtigten auf ein bestimmtes Maß und die Ordnung der Benutzung ist für Hutungs- und Holzungsrecht in der Gem. Th.Ordn. v. 7. Juni 1821 §§ 166ff. der Gemeinheitstheilungsbehörde zugewiesen. Vergl. auch Landeskulturedikt v. 14. Sept. 1811 §§ 10ff.

101) Ohne Grund will Korte a. a. O. S. 399 nur dem Berechtigten den Anspruch geben, das Recht ist gerade für den Verpflichteten werthvoll. Vgl. I. 22 §§ 29. 27. Strieth. B. 70 S. 267.

102) I. 19 § 20. Vgl. B.G.B. § 1020.

103) I. 22 § 29. Gem.Th.Ordn. v. 7. Juni 1821 § 174. Vgl. Entsch. B. 75 S. 96. Striethorst B. 66 S. 214, B. 93 S. 366. Insbesondere auch Wegverlegung. S. auch Seuffert VI. 13, XVI. 13 und B.G.B. § 1023.

104) A. M. Korte S. 399. Vgl. Entsch. B. 27 S. 357, B. 95 S. 96. Ebensowenig kann eine Umwandlung des Rechts dem Gegenstande nach dem Berechtigten aufgedrängt werden. Hat der belastete Eigenthümer einzelne von mehreren Theilnahmeberechtigten an einer Dienstbarkeit abgefunden, so kann er beanspruchen, daß ein realer Theil des belasteten Grundstücks von der Belastung befreit werde. Gem.Th.Ordn. § 115.

gerechtigkeiten[1])." Nach den Marginalen des Landrechts ist sodann aus den „Gerechtigkeiten der Grundstücke gegen einander" die „Grundgerechtigkeit auf Gebäude" hervorgehoben, ohne daß die anderen Gerechtsame: Wegerechte, Hutungsgerechtigkeiten, Schäfereigerechtigkeit, Mastungsrecht, Holzungsgerechtigkeit und andere ausdrücklich unter der Bezeichnung ländliche Gerechtigkeiten zusammengefaßt wären oder auch dieser gemeinrechtlichen Kategorie schlechthin untergeordnet werden könnten[2]).

1. Als Grundgerechtigkeit auf ein Gebäude[3]) bezeichnet das Landrecht

a. das Recht, auf die Mauer eines Andern zu bauen oder auf sie einen Balken zu legen (servitus oneris ferendi, tigni immittendi)[4]). Die Stellung des Landrechts zu der Ausnahmevorschrift des römischen Rechts, wonach der Berechtigte bei der servitus oneris ferendi den Anspruch auf Herstellung der Mauer erheben kann, ist bereits erwähnt[5]). Bei dieser Gerechtigkeit insbesondere bestimmt das Gesetz und zwar nicht bloß, wenn sie entgeltlich eingeräumt ist: der Eigenthümer muß die Mauer unterhalten oder aufgeben und „dem Berechtigten überlassen"[6]). Das Ueberlassen bedeutet nicht übergeben, auch nicht, wie Koch annimmt[7]), eine Erklärung gegen den Berechtigten, sondern jede Aeußerung genügt, die den Dereliktionswillen klar macht: der Eigenthümer derelinquirt, und der Berechtigte okkupirt. Auch wenn die Reparatur nicht durch die Einwirkung der Zeit, sondern durch einen besonderen Zufall nöthig geworden ist, so befreit dies nicht von der Wiederherstellung; aber in diesem Fall und ebenso, wenn die Mauer nur im Interesse des Servitutberechtigten reparirt wird, kann der Belastete die Erhaltung und Unterstützung des aufgelegten Gebäudes oder Balkens während des Baus dem Berechtigten überlassen[8]).

---

[1]) I. 22 §§ 25. Vgl. dazu Art. 115 des Einf.Ges. z. B.G.B.

[2]) Als Wegegerechtigkeit wird die Durchfahrt durch einen Thorweg erwähnt, I. 22 § 76, also offenbar eine servitus praediorum urbanorum, ebenso wird die superficies, sofern sie überhaupt als Grundgerechtigkeit vorkommt und wenn man sie, entgegen dem gemeinen Recht, in die Servituten einreihen will, jedenfalls mehr Aehnlichkeit mit der serv. praed. urb. als rusticorum haben; besteht sie doch auch inhaltlich wie diese in einem Haben oder Verhindern (servitus habendi, prohibendi), nicht wie die serv. praed. rust. in einem Thun (serv. faciendi). Der Ausdruck „städtische Grundstücke" ist auch in dem Marginale vermieden und durch „Gebäude" ersetzt.

[3]) I. 22 §§ 55—62. Elvers §§ 45 ff. Windscheid § 211a. Dernburg I. § 300. Ihnen ähnlich, aber rechtlich verschieden sind die meisten der in § 170 behandelten gesetzlichen Beschränkungen auf Grund des Nachbarrechts.

[4]) I. 22 § 55 servitus oneris ferendi § 1 J. II. 3, l. 33 D. VIII. 2, l. 6 § 2, l. 8. pr. D. VIII. 5. Servitus tigni immittendi l. 1 pr. l. 2. 6. 20, pr. l. 25, pr. D. VIII. 2, l. 8 § 1 D. VIII. 5.

[5]) Oben Anm. 22. Vgl. B.G.B. § 1021. 1022.

[6]) I. 22 § 56. Also über das Maß von I. 22 § 35 hinaus.

[7]) Koch zu I. 22 § 56.

[8]) I. 22 §§ 57. 58. Wenn also die Reparatur der unterstützenden Mauer nicht durch „bloßen Zufall", d. h. also durch Verschulden ihres Eigenthümers nothwendig geworden, so muß er nach § 57 das aufgelegte Gebäude während des Baues unterstützen. Das weicht ab von der l. 8 pr. D. VIII. 5, die den Eigenthümer des aufgelegten Gebäudes zur Pflicht macht, es zu unterstützen.

b. Das Recht der Dachtraufe und des Ausgusses (servitus stillicidii, fluminis)[9]). Wer die Traufe tragen muß, hat nur das herabfallende Regenwasser aufzunehmen (stillicidum recipere), ist aber nicht zur Aufnahme künstlich zugeführten Wassers und nicht zu dessen Ableitung verpflichtet[10]), er darf nicht so nahe der Grenze bauen, daß der Fall des Wassers auf sein Grundstück gehindert wird, d. h. er darf zwar an der Grenze bauen, muß aber dafür sorgen, daß die Traufe „unter" sein Dach fällt[11]). Mit dem Recht des Ausgusses kann das Recht zur Abführung der Flüssigkeit durch einen Kanal von dem herrschenden Grundstück über das dienende verbunden sein. Ein solcher Kanal muß, wenn nichts anderes festgestellt ist, bedeckt und mit einem eisernen Gitter nach dem dienenden Grundstück hin versehen werden[12]). Zu dieser Anlage ist der Berechtigte verpflichtet[13]).

c. Das Recht der freien Aussicht (serv. luminis, ne prospectui officiatur, prospiciendi)[14]) berechtigt zur Untersagung jeder das Licht oder die Aussicht schmälernden Anlage nach ihrem näheren festgestellten Inhalt. Es schließt aber (im Zweifel) zugleich in sich die Berechtigung, neue Fenster in der unmittelbar an die Hof- oder Gartengrenze des Nachbars anstoßenden Mauer zu öffnen, befreit also zum Nachtheil des dienenden Grundstücks von der gesetzlichen Beschränkung, nach der solche Fenster 6 Fuß über dem Boden des Zimmers oder Behältnisses zu erhöhen und zu vergittern sind[15]).

2. Die Wegegerechtigkeit[16]). Der Berechtigte muß sich bei jedem Wegerecht auf dem dafür bestimmten Wege halten, aber ist regelmäßig nicht beschränkt auf die Befriedigung bestimmter Bedürfnisse[17]). Hat Jemand nur

---

9) I. 22 § 59. Striethorst B. 61 S. 187, § 1 J. II. 3 l. 1, pr. l. 2. 17 § 3, l. 20 pr. §§ 2—6, l. 21. 28 D. VIII. 2, l. 9, pr. l. 16 D. VIII. 5, l. 8 D. VIII. 6. Seuffert IV. 209.

10) Strieth. B. 11 S. 232, B. 97 S. 29.

11) I. 22 § 61. Strieth. B. 16 S. 81. Koch zu § 61 und Pr.-R. I. 560 Note 31 gegen die augenscheinlich unrichtige Bemerkung der Gesetzrev. XIII. XIV. 182.

12) I. 22 § 60. Strieth. B. 61 S. 187. Bei der Bedeckung zwischen dem dienenden und herrschenden Grundstück zu unterscheiden, bietet das Gesetz keinen Anhalt.

13) Strieth. B. 61 S. 188c.

14) I. 22 § 62, § 1 J. II. 3, l. 4. 6. 15. 17, pr. §§ 1. 2, l. 22. 23, pr. l. 31 D. VIII. 2, l. 16 D. VIII. 4, l. 15 D. VIII. 5. — § 2 J. IV. 6, l. 3. 12. 15. 16 D. VIII. 2.

15) Ueber die Beschränkung des § 138 I. 8 f. oben § 170. Anm. 32. Vgl. Striethorst B. 84 S. 53 wie oben § 187 Anm. 6.

16) I. 22 §§ 63—79. Elvers S. 385 f. Gensler Arch. f. civ. Prax. B. 4 S. 20. Dernburg I. § 301.

17) I. 22 §§ 70. 71. Striethorst B. 25 S. 276, B. 37 S. 184. Die Benutzung des herrschenden Grundstücks ist naturgemäß dem Wandel unterworfen; eine Steigerung des Bedürfnisses, die sich daraus ergiebt, muß der Belastete sich gefallen lassen. Die Praxis nimmt an, daß dies nicht so weit gehen dürfe, daß neue Anlagen gemacht werden; dem ist aber nur dahin zuzustimmen, daß durch Neueinrichtungen die wirthschaftliche Bestimmung des Grundstücks nicht ganz umgewandelt werden darf. Man wird es als eine unzulässige Neuanlage z. B. nicht bezeichnen können, wenn ein Gebäude auf dem herrschenden Grundstück vergrößert und die Zahl seiner Bewohner vermehrt wird, wenn an die Stelle der auf dem Grundstück betriebenen Gewerbe andere mit vergrößertem Verkehr treten. Selbst totale Gebrauchsänderungen werden nicht immer hierher zu rechnen sein, z. B. nicht Umwandlung von Forst in Acker. Vgl. Rechtsspr. B. 4 S. 164. Entsch. B. 68 S. 321, Striethorst B. 9 S. 35, B. 69 S. 167, B. 87

das Recht, über ein Grundstück den Weg zu nehmen, ohne daß eine bestimmte Richtung festgestellt ist, so kann die Feststellung einer solchen gefordert werden[18]). Das Landrecht erwähnt als Wegegerechtigkeiten den **Fußsteig**, etwa entsprechend dem römischen iter; bei ihm ist die Benutzung durch Reiten, Fahren, Karren ausgeschlossen[19]). Die Breite des Fußsteigs muß, wenn die Interessenten darüber nichts vereinbart haben, und nicht der Umfang des Besitzes bei dem Ersitzungserwerb größer oder geringer gewesen ist[20]), 3 Fuß betragen[21]). Das Recht zum **Fahren** (via)[22]) begreift in sich das Gehen, Reiten, Karren, auch das Recht, Vieh an Stricken zu führen, aber es schließt den Viehtrieb aus[23]). Die Breite ist, wenn Vertrag oder Ersitzung nicht anders entscheiden, für den Fahrweg geradeaus 8, in der Biegung 12 Fuß, für Reiten und Karrenfahren 4 Fuß[24]). Das Recht zum **Viehtrieb** (actus)[25]) enthält nicht das Recht zum Fahren in sich[26]). Bei ihm kommen zwar selten bestimmte Wege vor, aber ein gewisser Wegezug muß innegehalten[27]), und eine Beschädigung durch Uebertreten vermieden werden, obschon weder der Berechtigte, noch der Belastete verpflichtet sind, deshalb Verzäunungen oder

---

S. 196, B. 98 S. 54. — Ein in bestimmter Weise beschränktes Recht kann nicht ausgedehnt werden, wer z. B. das Recht hat auf einem bestimmten Wege Gras abzufahren, darf den Weg nicht zur Torfabfuhr benutzen. R.G. bei Gruchot B. 24 S. 882. — Im Fall einer Parzellirung des herrschenden Grundstücks kann die Wegegerechtigkeit von allen Trennstückbesitzern nach den Bedürfnissen ihrer Trennstücke ausgeübt werden. Strieth. B. 25 S. 276. R.-G. bei Gruchot B. 26 S. 999.

[18]) Oben § 187 Anm. 103. Ueber den Erwerb durch Ersitzung in diesem Fall s. oben § 187 Anm. 62a.

[19]) I. 22 § 65 pr. J. II. 3, l. 1 D. VIII. 3. **Seuffert** X. 136. (Analoge Anwendung auf öffentliche Stege. **Striethorst** B. 39 S. 239.) Der Bestellung einer besonderen Servitut zum Gehen bedarf es nicht bei gebahnten Fußsteigen auf offenen Feldern; diese sind Jedermann zugänglich, wenn nicht der Eigenthümer durch Vorrichtungen ihre Benutzung untersagt hat. I. 22 §§ 63. 64. Vergl. hierzu Entsch. B. 32 S. 36. Solche Fußsteige auf offenen Feldern stehen öffentlichen Wegen gleich. Entsch. B. 13 S. 161. Vergl. Str.-G.-B. § 368 Nr. 9. Feld- und Forstpolizeigesetz vom 1. April 1880 § 10. Die Benutzung eines öffentlichen Weges oder eines offenen Kommunikationsweges zum Gehen ist nicht geeignet, ein Privatrecht auf Erhaltung des Weges zu begründen. **Strieth.** B. 81 S. 331. Ueber das Wort „Vergünstigung", welches in § 64 nicht precarium, sondern Grundgerechtigkeit bedeutet, s. **Gruchot** B. 8 S. 34. — **Seuffert** V. 5.

[20]) Dann gilt der Satz: tantum praescriptum, quantum possessum.

[21]) Arnsb. Arch. VIII. 481. A.L.R. I. 22 § 78.

[22]) pr. J. II. 1, l. 1 D. VIII. 3.

[23]) I. 22 §§ 66. 67. **Striethorst** B. 70 S. 15. Im heutigen gemeinen Recht wird abweichend vom römischen R. (s. vorige Note) angenommen, daß in der servit. viae die servit. itineris, aber nicht actus begriffen sei. **Seuffert** IV. 13, XII. 127, XVII. 213, XVIII. 121. Die Servitut kann auf Reiten oder Fahren, oder Karrenschieben, oder Viehführen beschränkt sein. Rechtsf. B. 1 S. 109 § 66 bezieht sich nur auf das Verhältniß des Berechtigten zum Eigenthümer, nicht auf das der Miteigenthümer des Weges. Arnsb. jur. Monatschr. I. 610.

[24]) I. 22 §§ 79. 78. Die Bestimmungen des A.L.R. über die Breite der Wege sind aus dem alten Sachsenrecht entnommen. Sächs. Weichb. Art. 129. **Hellfeld** § 676.

[25]) pr. J. II. 3, l. 1 D. VIII. 3. **Seuffert** X. 233.

[26]) I. 22 §§ 72. 68.

[27]) **Strieth.** B. 18 S. 94. **Seuffert** II. 140.

Verrickungen anzulegen oder zu unterhalten[28]). Das Vieh darf nicht weiden oder lagern[29]). Die Breite ist 16, in der Biegung 24 Fuß; ist sie schmäler bedungen oder hergebracht, und der Belastete hat Vorrichtungen getroffen, um ein Uebertreten zu verhindern, so darf er diese nicht eingehen lassen[30]).

Es ist bereits erwähnt, daß das Landrecht als Wegegerechtigkeit auch das zu den Servituten an städtischen Grundstücken zu rechnende Recht der Durchfahrt durch einen Thorweg erwähnt. Dieses Recht hindert den Belasteten, das Thor ohne Einwilligung des Berechtigten zu verengen und zu erniedrigen[31]).

3. Die Weideberechtigungen[32]), Hütungsgerechtigkeiten, sind in Deutschland von viel größerer Wichtigkeit als sie in Rom waren; sie zeigen mannichfache Formen. Der Berechtigte muß die Servitut so ausüben, daß der belastete Eigenthümer an der Substanz der Sache keinen Schaden leidet und an der Kultur und Benutzung nach Landesart nicht gehindert wird; der Eigenthümer aber darf dem Berechtigten nicht durch Aenderung der Kultur den erforderlichen Weidebedarf beeinträchtigen[33]). Besondere Bestimmung bedarf bei der Begründung des Rechts die Art des zur Weide zu sendenden Viehs, seine Zahl, die Zeiten und Plätze der Weide, die Vorrichtungen zur Verhütung von Beschädigungen. Nach allen diesen Richtungen giebt das Gesetz eventuell eingreifende Regeln[34]), die auch für die Regulirung des unbestimmt begründeten Rechts maßgebend sind.

---

[28]) I. 22 §§ 72. 73. 74. Aber berechtigt sind sie zur Herstellung solchen Schutzes. Entsch. B. 39 S. 169. Strieth. B. 48 S. 194. Gruchot B. 2 S. 85. 437.

[29]) Koch Note zu § 72 I. 22. Strieth. B. 14 S. 23. Glück B. 10 S. 169.

[30]) I. 22 §§ 79. 75.

[31]) I. 22 § 76. Auch zeitweilige Verengung der Durchfahrt durch eine eigene Benutzung des Eigenthümers, die nicht ganz vorübergehend ist, erscheint unzulässig. Die Durchfahrt muß offen gehalten werden, ohne daß erst Veranstaltungen zu treffen wären, um sie zu ermöglichen.

[32]) I. 22 §§ 80—145. Koch S. 562f. Beseler § 193. Dernburg I. § 302. — Seuffert. Beitrag zur Lehre vom Weiderecht. 1837. Anschütz im Arch. f. civ. Praxis B. 53 S. 293. Hier handelt es sich um die Weideberechtigung als Grundgerechtigkeit. Davon verschieden ist das in II. 7 §§ 28—32 behandelte Recht der Glieder der Dorfgemeinden als solcher, — oder der angesessenen Wirthe oder gewisser Klassen der Gemeindeglieder als alter Realgemeinden, — Gemeingründe und Gemeinweiden als Gemeindevermögen (vergl. Dekl. v. 26. Juli 1847 § 3) durch Hütung zu nutzen. Auch am Gemeinvermögen kann übrigens, wie § 2 der citirten Dekl. klar stellt, ein zum Privatvermögen der Nutzungsberechtigten gehöriges Recht bestehen. Vgl. Striethorst B. 36 S. 356, B. 57 S. 198, B. 59 S. 171, B. 61 S. 123. — Von der Weideberechtigung ist das Recht auf Nutzung der Wiesen durch Abmähen zu unterscheiden. Auch hat der Weideberechtigte die Rohr- und Schilfnutzung nicht. I. 22 § 132. Strieth. B. 99 S. 356.

[33]) I. 22 §§ 80. 81. Arnsb. jur. Monatsschr. I. 42. Die Erhaltung des Waldes steht aber höher als das Weiderecht im Walde; das Weidrecht soll die Aufforstung des Waldes nicht hindern. I. 22 §§ 82. 170—186. Lands-Kulturedikt v. 14. Sept. 1811 §§ 27—32.

[34]) Ueber die Art und Zahl §§ 99—102. 128. 129, §§ 90—98. 102. Gem.Th.O. v. 7. Juni 1821 §§ 31 ff. insbes. § 36. Entsch. B. 6 S. 357. Striethorst B. 10 S. 152, B. 30 S. 255. Der Maßstab der Durchwinterung entscheidet nur subsidär; zunächst ist die thatsächliche Benutzung in den letzten 10 Jahren maßgebend. — Zeit der Weidenutzung. I. 22 §§ 107—114. Anh. § 60 V. vom 31. Aug. 1800. N. C. C. X. 3094. Zu I. 22

In der Regel schließt der Weideberechtigte den Eigenthümer des dienenden Grundstücks von der Hütung seines eigenen Viehs nicht aus (Mithut, Jus compascendi)[35]). Kann in Folge einer zufälligen Veränderung des Grasertrágnisses der bisherige Viehstand beider Grundstücke nicht mehr unterhalten werden, so müssen der Berechtigte und der Eigenthümer ihr Vieh verhältnißmäßig vermindern. Dem entsprechend wird dann das etwa vom Berechtigten zu zahlende Entgelt für die Hütung herabgesetzt[36]). Der Eigenthümer steht aber dem Berechtigten nach, wenn festgestellt ist, daß dieser eine bestimmte Anzahl Vieh auftreiben darf[37]). Der Berechtigte hat die Pflicht der Schonung des dienenden Grundstücks und muß bei Vernachlässigung dieser Pflicht auch den zufälligen Schaden ersetzen[38]). Der Belastete kann einen Theil der zur Hütung bestimmten Feldmark zum Anbau von Futterkräutern und Gartengewächsen, soweit das nicht zur Beschwerung des Berechtigten gereicht, auf eigene Kosten einhegen[39]). Von dem Recht auf Ausweisung des hutfreien Drittels ist bereits die Rede gewesen[40]).

Unter Koppelhut (Jus compasculationis reciprocum) wird die wechselseitige Berechtigung angrenzender Grundbesitzer verstanden, auf der Anderen Grundstück die Hütung auszuüben; hier ist also Jeder berechtigt und dienend[41]). Dabei findet eine regelmäßige und beständige Abwechselung auf bestimmten Landstücken statt. Wo es an einer solchen Ordnung thatsächlich gefehlt hat, soll nur nachbarliche Freundschaft und Gefälligkeit, also keine Berechtigung angenommen werden[42]). Das Koppelhutrecht äußert sich auch als Gemeinschaft mehrerer Hütungsberechtigter auf dem Grundstück eines Dritten (Jus compascui)[43]).

---

§ 110 f. Striethorst B. 4 S. 33. Zu § 111 vergl. Landes-Kult.-Edikt vom 14. Sept. 1811 § 23. — Weideplätze I. 22 §§ 112. 113. 114. Land.-Kult.-Ed. vom 14. Sept. 1811 §§ 21. 22. Feldpolizei-Ordn. vom 1. Nov. 1847. § 36 Präj. 1183. Samml. I. 132. Strieth. B. 12 S. 254. Namentlich ist die Weide auf Wiesen und im Walde Gegenstand besonderer Beaufsichtigung. — Vorrichtungen zur Verhütung von Beschädigungen in I. 22 §§ 83. 84. 86—88. Besonders kein unreines und krankes Vieh.

35) I. 22 § 89. Strieth. B. 17 S. 115. Die Bestimmung ist nicht auf andere Rechte als allgemeine Regel ausdehnbar. Entsch. B. 33 S. 388. Der Eigenthümer wird von der Mithut durch Nichtgebrauch nicht ausgeschlossen, denn das Eigenthum geht durch bloßen Nichtgebrauch nicht unter. Glück B. 10 S. 180.

36) I. 22 §§ 103. 104. Leyser sp. 108 m. 8. Hellfeld § 680.

37) I. 22 § 105. Entsch. B. 14 S. 280, B. 23 S. 321. Strieth. B. 7 S. 64, B. 9 S. 123. Es war in der älteren Praxis bestritten, ob der Eigenthümer oder der Servitutenberechtigte zurückstehen müsse. Die Ansicht der verhältnißmäßigen Minderung findet sich bei Hemmel, rhapsod. I. obs. 188. Hellfeld § 679. Heineccius, elem. VIII. 3 § 152. S. Glück B. 10 S. 183.

38) I. 22 §§ 80. 85.

39) I. 22 §§ 119—132. Svarez, Schlußvortr. S. 74. Zu § 121. Striethorst B. 11 S. 197.

40) Oben § 187 Anm. 91.

41) I. 22 § 135. Gem.-Th.-Ordn. vom 7. Juni 1821 §§ 31—34, §§ 40—42. Entsch. B. 28 S. 134. Strieth. B. 13 S. 266, B. 7 S. 9. — Beseler § 193. Bluntschli S. 266.

42) I. 22 §§ 136. 137. Berger, oecon. j. II. 3 § 6. Hofacker II. § 1105. Hommel I. obs. 312. Klein, merkw. Rechtsf. I. 351. Glück B. 10 S. 186.

43) I. 22 §§ 133. 134.

Die Aufhebung einer Hütungsgerechtigkeit wird schon im Landrecht, wenn sie der Landeskultur nachtheilig sei, als zulässig angesehen. Dann sollte dabei eine solche Entschädigung gewährt werden, daß der Berechtigte seinen Viehstand ferner zu unterhalten im Stande sei, also nicht in Geld — außer wo es sich nur um eine Einschränkung handelt —, sondern in Land. Auf die geltenden Bestimmungen über Ablösung der Weideberechtigungen ist bereits hingewiesen worden[44]).

4. An die Weideberechtigungen schließt sich die Schäfereigerechtigkeit[45]). Nach der Aeußerung von Svarez[46]) sind die Vorschriften des A.L.R. aus dem abstrahirt, was in den meisten Provinzen gegolten habe[47]). Die provinziellen Unterschiede der verschiedenen Schäfereiordnungen sollten aber dadurch nicht beseitigt werden. Nach ihrer historischen Entwickelung, die vielfach durch allgemeine staatliche Verordnungen im Interesse der Wollproduktion beeinflußt wurde[48]), war die Schäfereigerechtigkeit nicht selten ein Ausfluß des Eigenthums des Grundherrn an den zur erblichen Benutzung ausgethanen Grundstücken; sie kommt aber auch als eine besonders erworbene Grundgerechtigkeit vor[49]). Vielfach stand nach der ersteren Richtung der Gutsherrschaft als solcher das Recht zu, auf der ganzen Feldmark[50]) Schafe zu hüten, als Ausfluß ihres nur durch bäuerliche Nutzungsrechte beschränkten Eigenthums[51]). Daß ein Grundbesitzer das Recht besonders erwerben kann, seine Schafe auf ein fremdes Grundstück zur Weide zu treiben[52]), entspricht der allgemeinen Regel. Das A.L.R. betont mit einer gewissen Einseitigkeit die Schäfereigerechtigkeit der Gutsherrschaften, und nennt sie ein Vorrecht (Privilegium)[53]). Nach dem heutigen Recht, welches das s. g. Obereigenthum des Erbzinsherrn und das Recht des Erbverpächters aufgehoben hat[54]), kann auch die Schäfereigerechtig-

---

[44]) I. 22 §§ 141—144. Gem.-Th.-Ordn. vom 7. Juni 1821 §§ 4—19. 22—24. 86. 94. 176. Ges. v. 2. März 1850 Art. 9. Ges. v. 2. April 1872. S. oben § 187 Anm. 87 f.

[45]) I. 22 §§ 146—169. Struben, rechtl. Bedenken I. 122. Hofacker, princ. jur. § 1092. Scholz der Dritte, das Schäfereirecht nach gem. R. 1837. Koch, Pr.-R. I. 567.

[46]) Schlußvorträge a. a. O. S. 75.

[47]) Insbesondere ist auch das Rechtsverhältniß des Antheils- oder Mengeschäfers ein provinzielles. Ueber die rechtliche Natur Präj. 1069. 1810. 2512. Entsch. B. 27 S. 361.

[48]) Koch, zu § 146. Pr.-R. I. 567 f. Scholz der Dritte a. a. O. S. 41 ff. 49. Pfeiffer, prakt. Ausführ. VII. 249.

[49]) Koch, Pr.-R. a. a. O. und schles. Archiv B. 2 S. 162. Entsch. B. 9 S. 246. Scholz III. a. a. O. S. 8 f. über das Geschichtliche. Daneben stand eine Beschränkung der Befugniß des bäuerlichen Besitzers Schafe zu halten I. 22 §§ 153. 154. Vgl. Anm. 56.

[50]) I. 22 § 146. Ueber die Möglichkeit, daß eine solche Schäfereigerechtigkeit auch für eine Dorfgemeinde bestehen könne, siehe Entsch. B. 7 S. 290.

[51]) Koch zu § 146. Vgl. Klein, merkw. Rechtsfälle III. 62.

[52]) I. 22 §§ 151. 152.

[53]) I. 22. § 146. Bornemann IV. 388. Koch, im Kommentar gegen die Entsch. B. 27 S. 362, die das Vorrecht auffaßt als eine Vermuthung, welche den Bestreitenden den Beweis einer anderen Normirung des Rechts auferlege. Vgl. auch Strieth. B. 22 S. 103. Mit der Schäfereigerechtigkeit ist oft auch das R. zur Wäsche der Schafe auf dem belasteten Grundstück verbunden. Strieth. B. 26 S. 117. Ueber Erwerb der Schäfereigerechtigkeit seitens anderer Grundbesitzer durch Ersitzung vergl. Arnsb. jur. Monatsschr. I. 43.

[54]) Ges. v. 2. März 1850.

keit des Gutsherrn nur noch als Grundgerechtigkeit auf fremden Grundstücken angesehen werden. Insbesondere kann auch eine solche Schäfereigerechtigkeit durch Nichtgebrauch erlöschen, was früher, wo sie als Ausfluß des Eigenthums an der ganzen Feldmark angesehen wurde, nicht eintrat[55]). Nur der historische Entstehungsgrund ist dort ein anderer und wirkt noch wegen des Umfangs der Gerechtsame nach. Die Schäfereigerechtigkeit der Gutsherrschaft schloß entweder die übrigen Dorfbewohner überhaupt aus oder gestattete ihnen nur nach hergebrachter Gewohnheit daneben in beschränkter Zahl Schafe auf die Weide zu treiben[56]). Für Letzteres muß aber nach dem allgemeinen Grundsatz vermuthet werden[57]).

Die Schäfereigerechtigkeit ist entweder eine bestimmte oder unbestimmte in Betreff der Stückzahl und beschränkt sich auch im Zweifel nicht nach dem Durchwinterungsmaßstab[58]); aber es muß sich um Schafe handeln, die dauernd zum herrschenden Grundstück gehören. Die von anderen außer der Feldmark belegenen Vorwerken stammenden Schafe (s. g. Kostvieh) sind ausgeschlossen[59]).

Mit der Schäfereigerechtigkeit sind zuweilen noch andere Berechtigungen verbunden: das Stabrecht, d. h. das Recht, einer gemeinsamen Heerde den gemeinschaftlichen Hirten zu setzen[60]), und das Pferchrecht oder der Hordenschlag, d. h. entweder das Recht des Heerdeneigenthümers, die Heerde auf dem fremden Grundstück übernachten zu lassen, oder der Anspruch des Eigenthümers des zur Weide dienenden Grundstücks, daß die Schafe zur Gewinnung des Düngers des Nachts über dort bleiben[61]). Das A.L.R. erwähnt den Hordenschlag nur als Vortheil der zur Schafhütung mit der Gutsherrschaft gemeinsam berechtigten Unterthanen: er soll ihnen nach Verhältniß ihrer Schafe nicht versagt werden, d. h. sie haben insoweit ein Recht auf die Einpferchung der Schafe auf ihren dienenden Grundstücken[62]). Die Schäfereigerechtigkeit wird übrigens wie andere Weidegerechtigkeiten gegen Entschädigung abgelöst[63]).

---

55) Koch, Schles. Arch. B. 2 S. 162f. Das O.-Trib. hat aber schon früher die Schäfereigerechtigkeit nur als eine Grundgerechtigkeit aufgefaßt, und ihren Verlust durch Nichtgebrauch behauptet. Präj. 1059. 1810. Samml. I. 40. 132. Für die Ablösung möchte der Unterschied noch erheblich sein, weil sich I. 22 §§ 159. 160, jetzt § 39 der Gemeinheitstheilungsordnung v. 7. Juni 1821 nur auf die Schäfereigerechtigkeit des § 146 beziehen.

56) I. 22 §§ 152—155. Einen besonderen Hirten durfte nur halten, wer eine eigene Schäfereigerechtigkeit hatte. Erk. v. 1780 bei Hymmen B. 8 S. 17. Vgl. auch den Pl.-Beschl. B. 7 S. 287.

57) I. 22 § 89. So auch ein Erk. der Fak. Jena von 1762 (Emminghauß, Sächs. Pand. S. 476 Nr. 9).

58) I. 22 § 150. Bei einer bestimmten Anzahl dürfen Jährlinge nach Michaelis nicht mehr auf die Weide gebracht werden. Erk. von 1780 bei Stengel B. 2 S. 416. Leyser sp. 107 m. 11 corr. 1.

59) I. 22 § 149.

60) I. 22 §§ 154—156. Scholz III. S. 54fg. Seuffert XVI. 197.

61) Bülow und Hagemann, Prakt. Erörter. VII. N. 18. Hagemann, Landwirthschaftsrecht S. 593. Seuffert I. 3 bei 4. I. 181, XVII. 82.

62) I. 22 § 157 d. T. §§ 144. 145 Gem.-Th.-O. v. 7. Juni 1821.

63) I. 22 § 158—160, § 39 Gem.-Th.-O. v. 7. Juni 1821. G. v. 2. April 1872.

Wie die Weide und Schäferei vielfach auf Waldungen lastet, so sind andere **Forstbelastungen** vom Landrecht eingehend behandelt. Als solche kommen noch in Betracht:

5. Die **Mastberechtigung**, das Recht, Schweine oder anderes Vieh in einen fremden Wald zu treiben, um sich dort an den Mastfrüchten (Eicheln, Nüssen, Buchecken) zu nähren[64]). Sie muß besonders erworben werden, liegt also nicht schon in der Hütungsgerechtigkeit[65]) und hindert den Waldeigenthümer nicht, Masthölzer forstwirthschaftlich zu schlagen[66]). Eine beschränktere Form ist die **Sprengmast**, d. h. das Recht, die zur Mast tauglichen Baumfrüchte im Walde zu lesen[67]).

6. Besondere Erheblichkeit haben die verschiedenen **Holzgerechtigkeiten**[68]). Als solche können nur die durch eigene Thätigkeit des Berechtigten auszuübenden Nutzungsrechte an Forstungen bezeichnet werden. Der Begriff der Grunddienstbarkeit wird aber dadurch nicht beeinträchtigt, daß der Nutzende nur nach Anweisung des Verpflichteten nutzen darf, also zunächst diese Anweisung, insbesondere auch Anweisung des geschlagenen, aufgestellten Holzes zu fordern hat. Besteht das Recht aber darin, daß der Inhaber des Forsts selbst aus dem Walde Holz zu liefern hat: so besteht keine Grundgerechtigkeit, sondern eine Reallast. Das Recht, nach dem Bedürfniß[69]) des begünstigten Grundstücks[70]) für den auf ihm wohnenden Besitzer[71]) und dessen Familie das nöthige Holz jährlich[72]) aus dem Walde[73]) eines Anderen zu entnehmen, bezieht sich nicht auf Schilf und Rohr[74]), und darf nicht zum Verkauf oder zur Versorgung anderer unberechtigter Personen ausgeübt werden[75]). Die Holzungsgerechtigkeit ist hiernach eine eingeschränkte Nutzung am Holz in einem Walde, und daran knüpft das A.L.R. die Beweisvermuthung, daß Jemand, der **uneingeschränkt** das Holz nutzt, nicht bloß servitutberechtigt, sondern der Eigenthümer des Waldes sei[76]).

---

[64]) I. 22 §§ 187—196. **Svarez** hat diese Bestimmungen aus **Stryck**, us. mod. XLIII. 28 und **Leyser**, sp. 144 m. 12 entlehnt. Ges.-Rev. XIII. XIV. S. 215. Hierzu **Strieth**. B. 37 S. 42. 62. Präj. 306. Samml. I, 132. G.-Th.-O. v. 7. Juni 1821 §§ 116. 117. Anderes Vieh soll nicht in demselben Revier neben Schweinen, sondern nur hinter ihnen zur Mast geführt werden.

[65]) I. 22 § 195.

[66]) I. 22 § 196, und das nöthige Brennholz zu entnehmen. Erk. von 1780 bei **Stengel** VI. 70. Ueber die Abfindung bei der Ablösung s. Gem.-Theil.-Ordn. v. 7. Juni 1821 §§ 116. 117. Der Mastungsberechtigte kann nur eine Entschädigung in Rente verlangen.

[67]) I. 22 §§ 191. 194. Die Ausdrücke: „wenn der liebe Gott Mast bescheert", „wenn Mast vorhanden", bedeuten volle Mast. Erk. v. 1729 bei Stengel VI. 69.

[68]) I. 22 §§ 197—239.

[69]) I. 22 §§ 197. 203.

[70]) Nicht für später zugeschlagene Pertinenzen. Entsch. B. 45 S. 182.

[71]) I. 22 § 205 und nach § 206 auch des Pächters, der Wirthschaftsbeamten.

[72]) I. 22 § 204. Keine Nachforderung für vergangene Jahre. **Bornem**. IV. 390.

[73]) **Strieth**. B. 29 S. 92.

[74]) I. 22 § 202.

[75]) I. 22 § 203. 237. Ausgedinger gehören zu den berechtigten Personen. Entsch. B. 15 S. 491. Eine Ausnahme von dem Verbot des Verkaufs. I. 23 §§ 238. 239. Dazu **Svarez**, Schlußvortr. S. 75.

[76]) I. 22 § 197.

Geht das Recht auf das benöthigte Holz, so begreift es ohne weitere Einschränkung sowohl Brenn- als Bauholz[77]). Das Recht auf Bauholz bemißt sich nach dem Bedürfniß der bei seiner Begründung bereits vorhandenen Wohn- und Wirthschaftsgebäude[78]). Häufig beschränkt sich das Recht auf Raff- und Leseholz[78a]), d. h. auf die abgefallenen dürren Aeste und den Abraum in den abgeholzten Schlägen, oder auf das Lagerholz[79]), d. h. die vor Alter umgefallenen Stämme, oder nur auf die Windbrüche[80]), d. h. die durch den Wind abgebrochenen Baumtheile, nicht die umgerissenen Stämme.

Die Ausübung der Gerechtigkeit muß unter allen Umständen mit Beachtung dessen, was die Forstkultur verlangt, erfolgen; daher ist die Anweisung des Waldaufsehers nöthig, und den Raff- und Leseholzberechtigten können gewisse Tage bestimmt werden[81]). Eine ungemessene Brennholzberechtigung kann auf Antrag des Eigenthümers auf ein s. g. Deputat fixirt werden, bei der Bauholzberechtigung hängt eine solche Fixirung aber von der Einwilligung des Berechtigten ab[82]). Auch die Holzrechte schließen die Holznutzung des Eigenthümers nicht aus[83]). Wird der Wald ohne Schuld des letzteren unzulänglich, so tritt eine Einschränkung für beide Interessenten ein[84]); hat der Eigenthümer die Unzulänglichkeit verschuldet, so muß er dem Berechtigten nachstehen und kann angehalten werden, durch die Forstkultur und durch Einstellung des Verkaufs dem Mangel wieder abzuhelfen[85]). Das Recht hört auf, wenn die Holzart ausgeht, auf die der Berechtigte beschränkt gewesen[86]), die Wiederanpflanzung muß aber stattfinden, wenn sie nicht durch

---

77) I. 22 § 201.

78) I. 22 § 208. Ueber Schirr- und Nutzholz s. die Ergänz., desgl. zu § 203 über das zu einem Gewerbebetriebe nöthige Holz. — Bauholz auch zum inneren Ausbau. Koch, Schles. Arch. IV. 150. Vgl. noch Strieth. B. 1 S. 307, B. 6 S. 65, S. 137, B. 19 S. 148, B. 25 S. 257. Entsch. B. 16 S. 213, B. 36 S. 221. Rechtsf. B. 2 S. 242.

78a) I. 22 § 215. 222—224. Kulturedikt v. 14. Sept. 1811 § 26. Raff- und Leseholz sind identisch. Rechtspr. IV. 359. Ueber Abraum s. Entsch. B. 28 S. 132 und Pfeil in Gans, Beiträgen I. S. 322. Vergl. Feld- und Forstpolizeiges. vom 1. April 1880 § 42.

79) I. 22 § 216. Simon, Rechtspr. IV. 359.

80) I. 22 § 217. Windbrüche gehören nicht zum Lagerholze. Entsch. B. 20 S 442.

81) I. 22 §§ 213. 214. 219. Strieth. B. 13 S. 16. Raff- und Leseholz ist nicht vorzugsweise Brennholz. Entsch. B. 9 S. 36 Plen.-Beschl. Ueber Einschränkung im Interesse der Forstkultur. Entsch. B. 15 S. 283. Rechtsf. B. 1 S. 222, B. 3 S. 33. Ueber s. g. Stammgeld nach provinz. Forstord. Entsch. B. 25 S. 77. Strieth. B. 11 S. 193. — § 219 ist ein Verbotsgesetz, wogegen keine Verjährung zulässig. Rechtsf. B. 1 S. 39, B. 2 S. 559. Schles. Arch. VI. 306. Vgl. zu diesem § noch Strieth. B. 15 S. 145.

82) I. 22 § 235. G.-Th.-O. §§ 166 ff. Pufendorf, observ. I. 124. Diese Fixirung ist keine Umwandlung der Servitut in eine Reallast. Entsch. B. 33 S. 393, B. 40 S. 164. S. aber Strieth. B. 20 S. 54 und Entsch. B. 43 S. 181.

83) I. 22 § 226. Entsch. B. 39 S. 172. Wenn der Servitutberechtigte Anspruch auf eine bestimmte Quantität hat, so ist durch diese soweit der Eigenthümer ausgeschlossen. Präj. 1499. Samml. I. 133.

84) I. 22 § 227. 228.

85) I. 22 §§ 229. 230. Entsch. B. 20 S. 229.

86) I. 22 § 231.

veränderte Bodenbeschaffenheit zwecklos geworden ist[87]), und bei verschuldetem Ausgang muß der Berechtigte in Geld entschädigt werden[88]).

Eine in dem Rechte auf Raff- und Leseholz nicht enthaltene Servitut ist die den Forsten besonders schädliche und daher durch die Gesetzgebung[89]) ungünstig angesehene Waldstreuberechtigung; sie besteht in der Befugniß, abgefallenes Laub und Nadeln, auch trockenes Moos zum Unterstreuen unter das Vieh behufs Bereitung des Düngers in fremdem Walde zu sammeln[90]), sie ist eingeschränkt auf das Bedürfniß des berechtigten Grundstücks, und die auf diesem gewonnene Streu kommt bei Bemessung des Bedürfnisses in Abrechnung[91]). Zu erwähnen ist ferner das Recht, Kiehn im fremden Walde zu holen[92]), Borke zu schälen, Rohr und Schilf zu entnehmen[93]), das Recht des Kohlenbrennens, des Rahmbrennens, Harzscharrens, Theerschwelens u. a.[94]).

7. Die unter dem Marginal VII des zweiundzwanzigsten Titels zusammengefaßten „anderen Arten von Grundgerechtigkeiten" lassen sich nicht erschöpfen. Hervorgehoben ist hier noch die Befugniß des Kalkbrennens auf einem fremden Grundstücke, das nicht die Befugniß, das erforderliche Holz dem Grundstück zu entnehmen, mit enthält[95]), das Recht aus fremdem Grunde Boden, Steine, Lehm, Sand zu holen[96]). Andere Gesetze erwähnen das Recht, Plaggen und Bülten zu hauen[97]), Torf und Gras zu nutzen, Rasen zu stechen[98]) u. a. m. Bei der Ausübung müssen die Aecker, Wiesen, Weiden und Holzanpflanzungen geschont werden, und deshalb müssen sich die Berechtigten auf bestimmte Orte anweisen lassen[99]). Erwähnt wird auch noch das bereits besprochene Recht auf einem fremden Grundstücke Gebäude, Bäume, oder Holzungen zu haben, das häufiger als persönliches Nutzungsrecht vorkommt[100]). Dasselbe kann auch

---

87) I. 22 § 232.

88) I. 22 §§ 233. 234.

89) I. 22 § 221 d. T. Land.-Kult.-Edikt v. 14. Sept. 1811, § 25. Vorl. Verord. vom 5. März 1843. G.S. S. 105, §§ 1—5. Vgl. Feld- und Forst-Polizei-Gesetz vom 1. April 1880 § 96 Nr. 3. Analog auch anwendbar, wenn dem Pächter eine Waldstreubefugniß eingeräumt worden ist. Strieth. B. 28 S. 213. Ueber die forstpolizeiliche Ueberwachung s. Entsch. B. 16 S. 208. Rechtsf. B. 3 S. 378, B. 1 S. 222. Strieth. B. 42 S. 262, B. 15 S. 145, B. 20 S. 252, B. 28 S. 165. Entsch. B. 35 S. 393.

90) Vorl. Verord. v. 5. März 1843, § 1.

91) Entsch. B. 18 S. 279. Strieth. B. 68 S. 332. Jetzt Art. 4 des Ges. v. 2. März 1850. G.S. S. 139.

92) I. 22 § 221.

93) I. 22 § 202.

94) Ges. v. 2. März 1850. Art. 1. G.S. S. 139.

95) I. 22 § 240.

96) I. 22 § 241. Strieth. B. 1 S. 247. Grundgerechtigkeit nur, wenn zum Vortheil des herrschenden Grundstücks. R.G. Entsch. B. 8 S. 207. Oben § 187, Anm. 13. Käufliche Ueberlassung der Lehmerde ist Substanzveräußerung. Striethorst B. 6 S. 122.

97) Gem.-Th.-Ordn. v. 7. Juni 1821.

98) Art. 1 des Ges. v. 2. März 1850. G.S. S. 139.

99) I. 22 §§ 241. 242 d. T. Strieth. B. 31 S. 40. Rechtsf. B. 3 S. 443.

100) I. 22 § 243. Vgl. oben § 185 Anm. 35 ff.

zum Besten eines Grundstücks bedungen sein und hat anscheinend deshalb hier seinen Platz erhalten. Bei diesen Rechten treten, falls sie als Grundgerechtigkeit begründet worden sind, Besonderheiten nicht hervor.

Keine ausdrückliche Erwähnung finden im Landrecht die im römischen Recht ausführlich behandelten Wassergerechtigkeiten, servitus aquaeductus, aquae haustus, pecoris ad aquam appulsus[101]). Solche Gerechtsame sind also, soweit sie vorkommen, nach den allgemeinen Grundsätzen des zweiundzwanzigsten Titels zu beurtheilen.

## § 188. IV. Die Reallasten.

A.L.R. I. 11 §§ 175. 183, I. 18 §§ 680. 714. 747. 813. 815, I. 19 §§ 1—8, I. 21 §§ 87. 190—194, II. 7 §§ 308—494, II. 11 §§ 229. 232. 857—938, II. 15 §§ 64—66, II. 17 §§ 116—118. A.G.O. I. 50 §§ 270. 358. 430. Konk.-Ordn. v. 1855 §§ 51. 52. 55. Landeskultur-Edikt v. 14. Septbr. 1811 § 2. Regulirungs-Edikt v. 14. Septbr. 1811 § 6a Nr. 2. 3. Ablösungs-Ordn. v. 7. Juni 1821. Verfassungs-Urk. Art. 42. Ablösungsgesetze v. 2. März 1850, v. 15. April 1857. Rentenbankgesetz v. 2. März 1850. — Ges. über das Deichwesen v. 28. Januar 1848. — Koch, Pr.-R. I. S. 583—604. Roloff, im Arnsb. Arch. B. 15 S. 616 und in der Arnsb. jur. Monatsschr. B. 1 S. 577. Strohn bei Strieth. B. 12 S. 347. Korte bei Gruchot, B. 5 S. 118f. Dernburg I. §§ 305—311. Fischer § 46. — Duncker, Die Lehre v. d. Reallasten. 1837. Renaud, Beiträge zur Theorie der Reallasten. 1846. Wächter, Erörterungen, H. 1 S. 127f. Gerber in s. u. Iherings Jahrb. B. 2 S. 35, B. 6 S. 266. Priv.-R. §§ 168. 169, 8. A. S. 420. Häberlin in der Zeitschr. f. deutsches R. B. 18 S. 131. Friedlieb in Gerber und Ihering, Jahrb. B. 3 S. 299f. Desselben Rechtstheorie der Reallasten. 1860. Meibom in Bekker und Muther, Jahrb. B. 4 S. 442. — Mann, Untersuchungen über den Begriff der Reallasten. 1869. — Unger, Oesterr. Priv.-R. I. 553. Roth, Bair. Civ.-R. II. §§ 169—180. Bluntschli S. 267. Gengler, Deutsches Priv.-R. I. S. 285f. Stobbe § 100.

I. Allgemeines. Obgleich das neuere Recht den größten Theil der dem Privatrecht angehörigen Reallasten, Dienste, Zinsen, Zehnten für ablösbar erklärt hat, und die Ablösungen großentheils ausgeführt worden sind, bleibt dennoch der Begriff der Reallast ein für das praktische Rechtsleben sehr erheblicher, auch wenn nur die rein privatrechtlichen Bildungen der Reallasten in Betracht gezogen werden. Der Begriff umfaßt aber auch öffentlichrechtliche Belastungen der Grundstücke[1]). Auch jetzt noch können Reallasten neu entstehen, Altentheile werden als Reallasten täglich begründet[2]), feste Geldrenten werden Grundstücken aufgelegt[3]), die Ablösung der Reallasten

[101]) Pr. u. § 2 J. II. 3. l. 14 § 2 D. VIII. 1, l. 10 D. VIII. 2, l. 1 pr. § 1, l. 2 §§ 1. 2, l. 3 § 3, l. 4, l. 5 § 1, l. 6 D. VIII. 3, l. 17 D. VIII. 6, l. 1 § 18 D. XLIII. 20. Koch, Priv.-R. I. § 349 S. 581.

[1]) Die gemeinen Lasten.

[2]) Vgl. unten Anm. 69.

[3]) Ablösungs-Ges. v. 2. März 1850, § 91. Ges. v. 27. Juni 1890 (G.S. S. 209). S. unten Anm. 57.

selbst kann zu einer Rentenpflichtigkeit der Grundstücke führen[4]). Die praktische Erheblichkeit des Instituts ist hiernach auch für das geltende Recht unverkennbar. Die Reallasten haben eine Thätigkeit des jedesmaligen Eigenthümers eines Grundstücks, eine ihm obliegende Leistungspflicht zum Gegenstand und sind zu definiren: als dauernde Verpflichtung zu wiederkehrenden Leistungen, die dem Eigenthümer eines Grundstücks als solchem obliegen, so daß die Person des Verpflichteten nur durch das Eigenthum des Grundstücks bestimmt wird, und daß für die einzelnen Leistungen das Grundstück hypothekarisch haftet[5]).

Die Eigenthümlichkeit dieses dem deutschen Recht angehörigen[6]) Instituts besteht in einer Verbindung des dinglichen und persönlichen Rechts. Während die Reallasten einerseits eine unmittelbare Belastung der Sache, eine causa rei sind und von jedem Erwerber der mit ihm behafteten Sache anerkannt werden müssen, erzeugen sie andererseits für den Besitzer der Sache persönliche Verpflichtungen, die, wie es im Wesen der Obligationen liegt, durch ihre Leistung untergehen. Beides scheint sich gegenseitig zu widersprechen, und es sind deshalb von jeher die Ansichten über das juristische Wesen der Reallast sehr aus einander gegangen.

Vor der Redaktion des A.L.R. war man geneigt, entweder die Reallast als eine bloße durch Hypothek gesicherte Obligation aufzufassen[7]), oder sie als eine besondere deutschrechtliche Servitut, die den Besitzer der belasteten Sache zu einem Thun verpflichte, neben die übrigen Servituten zu stellen[8]). Im Allgemeinen beschäftigte man sich noch wenig mit diesem Institut, und daher erklärt es sich, daß die Gesetzbücher, das A.L.R. ebenso wie das österreichische bürgerliche Gesetzbuch, davon nicht im Zusammenhang handeln[9]). Ja das A.L.R. erwähnt nur einmal vorübergehend den Ausdruck Reallast als den Namen eines Gattungsbegriffs[10]), — sonst kennt ihn die preußische Gesetzgebung als solchen in den neueren Ablösungsgesetzen, — und die Ge-

---

[4]) Rentenbankgesetz v. 2. März 1850, § 91. S. unten Anm. 65.

[5]) Stobbe, D. Priv.-R. § 100, der aber den Besitzer, nicht den Eigenthümer als den obligatorisch Verpflichteten bezeichnet; das preußische Recht sieht jedenfalls den Eigenthümer als solchen als verpflichtet an, ebenso das B.G.B. §§ 1105. 1108. Daß ein ideeller Antheil an einem Grundstück mit einer Reallast belastet werden könne, erkennt das preußische Recht nicht an, wenn es auch unbedenklich ist, daß Miteigenthümer das ganze Grundstück mit einer Reallast belegen, die dann ebenso auf den Antheilen der einzelnen lastet, wie wenn die Reallast von einem Alleineigenthümer begründet ist und nachher ein Miteigenthum entstanden ist. Das B.G.B. § 1106 erklärt es nur dann für zulässig, Bruchtheile eines Grundstücks mit einer Reallast zu belasten, wenn der belastete Bruchtheil im Antheil eines Miteigenthümers besteht, schließt aber danach nur die willkürliche Belastung zu einem Bruchtheil aus.

[6]) Bei den Römern kommt Aehnliches nur bei der Grundsteuer, l. 7 pr. D. XXXIX. 4, und bei den Gemeindelasten vor. l. 6 §§ 4. 5, l. 18 §§ 21. 25 D. L. 4, l. un. § 3 D. XLIII. 10.

[7]) Schilter, Prax. exerc. 39 § 96 (II. p. 541). Carpzov, Jurispr. for. I. 28 def. 54. S. hierüber Glück B. 19 S. 58 f. Gengler I. S. 287.

[8]) Heineccius, Elem. jur. Germ. II. 5 §§ 131. 32. J. H. Böhmer, Jus eccl. Prot. V. 19 § 61 und im bair. Landrecht v. 1756 Thl. 2 Kap. 7 § 2 Nr. 6.

[9]) Unger I. S. 553 Note 1.

[10]) I. 20 §§ 154—156.

setze geben keine eigentliche Definition. Nur eine allgemeinere Bezeichnung ihres Gegenstandes findet sich im Gesetz v. 2. März 1850: „beständige Abgaben und Leistungen, welche auf Grundstücken oder Gerechtigkeiten haften"[11]). Sonst begegnet man den Ausdruck: beständige Lasten und Abgaben, die theils öffentliche (gemeine) sind, theils auf privatrechtlichen Titeln beruhen[12]). Auch die von den Redaktoren des A.L.R. erfundene Bezeichnung des affirmativen Rechts, des Rechts auf eine als fortdauernde Schuldigkeit zu fordernde Handlung[13]), ist auf die Reallast zu beziehen, sie würde eine Art Definition geben, wenn man das Moment der Belastung eines Grundstücks, das für den Begriff der Reallast wesentlich ist, hinzudenkt. Der Ausdruck „fortdauernde Schuldigkeit" umfaßt auch die Fälle einer relativ längeren Dauer, der ein naturgemäßes Ende gestellt ist, wie den Altentheil[14]).

Die Wissenschaft des deutschen Privatrechts hat die Reallast erst seit einer Schrift Mittermaiers (1812)[15]) als ein selbständiges Glied in ihrem System erörtert; und erst von da an beginnen die allgemeinen Theorien darüber, die durch die Zwiespältigkeit ihres Charakters zwischen dem dinglichen und persönlichen Rechte gewissermaßen von selbst und unwillkürlich auf drei verschiedene Wege gewiesen waren. Die Einen betonten die Dinglichkeit ausschließlich[16]), Andere den obligatorischen Charakter[17]), Dritte suchten das dingliche und obligatorische Element zu kombiniren und diese

---

11) Ablös.-Ges. v. 2. März 1850 § 6.

12) Hypoth.-Ordn. v. 1783 I. 47—50: „beständige Lasten" auch onera realia II. § 124 neben Realverbindlichkeiten, durch welche die Dispositionsbefugniß des Besitzers über das Grundstück eingeschränkt wird (Einschränkung des Besitzes und der Disposition), z. B. Lehn, Fideikommiß, Majorat u. s. w. A.G.O. I. 50 § 270 „beständige Lasten und Abgaben". Vgl. §§ 358. 430 „auf dem Grundstück haftende jährliche Abgaben". A.L.R. I. 7 § 218 „von der Sache zu entrichtende Lasten und Abgaben". I. 11 § 175 „auf einem Grundstück haftende Lasten". (Unter dem Ausdruck „Lasten der Sache" in § 344 I. 5 sind nicht Reallasten zu verstehen. Strieth. B. 7 S. 298. Rechtsf. I. S. 195 a. E.) Vgl. I. 11 §§ 182. 183, I. 20 §§ 154 f., I. 21 §§ 87. 413. Korte a. a. O. S. 120 f.

13) I. 7 § 80.

14) Oben § 159 Anm. 25 f. ist ausgeführt, daß nicht die Obligation, sondern nur die Reallast und die Bannrechte unter den Begriff des affirmativen Rechts gestellt werden können. Das B.G.B. verlangt wiederkehrende Leistungen. Dieser Ausdruck wird Zweifel daran hervorrufen, ob als Theil einer Reallast, als persönliche Verbindlichkeit des derzeitigen Eigenthümers (im Gegensatz zu einer auch bei Veräußerung des Grundstückes fortdauernden persönlichen Verbindlichkeit, die nur durch das Grundstück gesichert ist) eine einmalige Leistung — z. B. Beschaffung einer gewissen Ausstattung bei der Verheirathung, Besorgung des Begräbnisses und dgl. — bedungen und als Reallast anerkannt werden kann, Abreden, die im bäuerlichen Leben nicht selten sind.

15) Mittermaier, Einleitung in das Studium des deutschen Rechts. 1812. S. 190. Siehe Unger, a. a. O.

16) Albrecht, Gewere S. 165 f. Mittermaier, Grundsätze des deutschen Pr.-R. 7. A. B. 1 S. 495 f. Duncker, Reallasten S. 61 mit der Modifikation, daß das Grundstück selbst als Schuldner personifizirt wird. Renaud S. 23 f. Bluntschli S. 271. Gengler S. 296 fg. Reyscher, Zeitschr. f. deutsches R. B. 18 S. 170. Häberlin a. a. O. S. 140 f. 152, der einen besonderen Begriff deutschrechtlicher Dinglichkeit aufstellt in Anschluß an eine Abh. von Schenk, in der sächs. Zeitschr. f. Rechtspfl. und Verw. N. F. B. 14 S. 335 f.

17) Savigny, Oblig.-R. I. S. 134. Seuffert, Pand. I. S. 29 Note 4. Besonders Gerber a. a. O. und Friedlieb, Theor. d. Reall. S. 216 fg. Jahrb. B. 3 S. 308.

Kombination wieder auf verschiedene Weise zu rechtfertigen[18]). Der letztere Gesichtspunkt kann als der jetzt[19]) ziemlich allgemein fest gehaltene bezeichnet werden. Er liegt auch der obigen Definition des Rechts zu Grunde. Weder die dingliche noch die obligatorische Seite erschöpfen das Wesen des Instituts. Bei der einzelnen Leistung tritt letztere hervor; aber für die Pflicht dazu ist das Grundstück nicht bloß ein „Piedestal, auf welchem das in sich selbständige Rechtsverhältniß mit eignem Objekte ruhet" [20]). Das Anhaften, die unlösbare Verbindung der Reallast mit einem Grundstück ist vielmehr ein wesentliches Moment in ihrem Begriff. Die Reallast ist eine causa rei; von dem damit belasteten Grundstück gilt, wie bei der Servitut und dem Pfandrecht: transit cum suo onere. Die Fortdauer, die Wirkung der Last gegen dritte Erwerber des Grundstücks läßt sich nur hieraus erklären: ein loses Auflegen wie auf ein Piedestal schafft keinen nothwendig dauernden und untrennbaren Zustand. Ohne die Gebundenheit an ein Grundstück hat es nie eine Reallast gegeben. Das Problem ihrer juristischen Konstruktion liegt hiernach nicht sowohl in der Frage, ob die Reallast als dauerndes Recht dinglich oder persönlich sei, als darin, daß zu erklären ist, wie der dingliche Rechtszustand die Quelle für einzelne obligatorische Verpflichtungen und Leistungen werden kann, wie solche aus jenem entspringen mögen.

Die Reallast soll den Eigenthümer nöthigen, auf Grund der Nutzung des Grundstücks[21]) einem fremden Berechtigten etwas zu leisten[22]). Bei den Naturalzinsen und Fruchtzehnten sowie dem Altentheil ist dieser Zusammenhang von selbst klar, bei den Geldzinsen ist das Geld nur der Werthrepräsentant einer Nutzungsquote, und bei den Diensten kommt die Hand- und Spannkraft als durch die Nutzung des Grundstücks erzeugt und erhalten in Betracht. Die Reallast weist die Nutzung dem Berechtigten nicht unmittelbar zu, sie setzt eine auf die Gewinnung und Zuweisung gerichtete Thätigkeit des Eigenthümers oder Besitzers voraus. Dieser übernimmt also durch das Eigenthum des mit der Reallast behafteten Grundstücks die aus diesem Zustand ohne seinen Willen erwachsende persönliche Pflicht zu diesem Thun[23]). Er ist nicht als Stellvertreter des Grundstücks, sondern weil er es zu eigen

---

18) Runde, Leibzucht, II. § 16. Eichhorn, Einl. in das deutsche Priv.R. § 162. Mittermaier in der 1. A. des deutschen Priv.-R. Die Dinglichkeit der Last und den obligatorischen Charakter der einzelnen Leistung vertreten Wächter, Erört. I. S. 127 f. Würt. P.-R. II. § 48. Unger I. S. 560. Meibom a. a. O. S. 503. Korte S. 126 f. Stobbe a. a. O.

19) Eine Uebersicht der älteren Literatur giebt die Abh. v. Häberlin S. 131—140.

20) Gerber, Priv.-R. § 169. Ausführlicher in den Jahrb. B. 2 S. 52 fg. Stobbe vergleicht vom gleichen Standpunkt die Reallast mit einem umgekehrten Inhaberpapier.

21) Die Reallast belastet insofern, wie die Servitut, das Eigenthum nach der Seite der Nutzung.

22) Wie bereits hervorgehoben, ist der Eigenthümer zu diesen Leistungen persönlich verpflichtet. Vgl. B.G.B. § 1108 „auch persönlich verpflichtet, soweit nicht ein Anderes bestimmt ist".

23) S. Unger a. a. O. S. 560. Meibom a. a. O. S. 503 f. Kühnast, Grundschuldbegriff S. 67.

besitzt und seine Nutzung ziehen kann, persönlich Verpflichteter; er selbst, nicht das Grundstück ist der Schuldner; dies darf als Sache, als Objekt, nicht personifizirt werden[24]).

Während im Wesen der Servitut liegt, daß das Grundstück die Last nur trägt, daß der Berechtigte sich durch seine Thätigkeit dasjenige selbst verschafft, womit ihm das Grundstück dient, ist bei der Reallast der Berechtigte nicht befugt, dasjenige durch eigene Thätigkeit sich anzueignen, was ihm das Grundstück bieten soll; es muß ihm gegeben, geleistet werden. So wird also bei der Servitut von dem Verpflichteten ein passives Verhalten verlangt und dem Berechtigten ein aktives gestattet, bei der Reallast umgekehrt von dem Berechtigten ein passives Verhalten, von dem Verpflichteten ein aktives Leisten gefordert[24a]). Jede einzelne Leistung ist Gegenstand einer besonderen Obligation, die durch ihre Erfüllung getilgt wird; das dingliche Recht ist nicht die Summe aller einzelnen Leistungen, sondern ihre dauernde Quelle, die vermöge ihrer Dinglichkeit fortwirkt[25]).

Darum entsteht und vergeht die Reallast auch wie dingliche Rechte. Eine Obligation kann durch Ersitzung nicht begründet werden; die Reallast wird durch Ersitzung erworben[26]). Dem Untergang durch Nichtgebrauch steht allerdings zur Zeit entgegen, daß sie, soweit sie nicht auf dem Gesetz beruht, regelmäßig eingetragen sein wird[27]). Im Uebrigen wird sie, wie andere dingliche Rechte, zerstört durch Untergang der Sache, und wenn sie zeitlich begrenzt ist, durch den Eintritt des Umstands, an den sich ihr Ende knüpft.

In welchem Maß der Besitz des dinglichen Rechts der Reallast durch Besitzklagen geschützt ist, hat Erörterung gefunden[27a]). Das Recht selbst, das durch die Begründung selbst als dingliches Recht entstanden ist[28]), wird als Anspruch auf Eintragung der Realbelastung mit der Klage aus dem dinglichen Recht, der konfessorischen Klage gegen den Eigenthümer geltend gemacht. Diese kann auch nach der Analogie des Pfandrechts in der Richtung

---

[24]) Die von Duncker vertretene Ansicht, daß das Grundstück der Schuldner sei und der Besitzer es nur vertrete, tritt zuweilen auch in der Praxis hervor, ist aber gut widerlegt von Renaud S. 18f.

[24a]) Der Entwurf des B.G.B. I. § 1052 hielt es für nöthig ausdrücklich zu bestimmen, daß bei der Reallast die Leistungen nie in einem Unterlassen bestehen können. Das ist bei der zweiten Lesung gestrichen. Ueber den Unterschied von Reallast und Servitut vgl. Entsch. B. 42 S. 189. Rehbein III. S. 391.

[25]) Gerber, Jahrb. B. 2 S. 46. 47 sieht die einzelne Leistung als eine dynamische Wirkung der Gesammtkraft der Obligationen an, nicht als eine materielle Ausscheidung aus ihrer Substanz. Man muß vielmehr sagen, sie sei eine dynamische Wirkung der Kraft des dinglichen Rechts.

[26]) A.L.R. I. 9 §§ 501. 579. 596. 625. 665. 666. 649, I. 17 § 1, II. 7 §§ 114. 146. Entsch. B. 26 S. 30f. Das ist übrigens im gemeinen Recht bestritten und wird von den Meisten verneint. Im heutigen Recht hat es nur die in § 184 bei Anm. 23 bezeichnete praktische Bedeutung.

[27]) I. 9 § 509, I. 19 § 29. Eig.-Erw.-Ges. § 12.

[27a]) Gegenstand des Besitzes ist nicht das Recht auf die einzelne Leistung, sondern das dingliche Recht. Vgl. oben § 162 Anm. 73ff.

[28]) Das B.G.B. läßt auch die Reallast nur durch Eintragung entstehen.

erhoben werden, daß dem Eigenthümer eine die Reallast gefährdende Benutzung (Devastation) des Grundstücks untersagt wird[28a]). Zur Geltendmachung gegen einen Andern als den Eigenthümer wird die Reallast trotz ihrer dinglichen Natur nur selten Anlaß geben, wenn von dem Fall abgesehen wird, daß der Reallastberechtigte der Befriedigung eines angeblich vorgehenden, nicht anerkannten Rechts eines Andern aus dem Grundstück entgegen tritt. Der angeblich belastete Eigenthümer wehrt die Last mit der negatorischen Klage von seinem Eigenthum ab[29]). Wie andere dingliche Rechte geht die Reallast durch Konsolidation unter, wenn der Berechtigte Eigenthümer des verpflichteten Grundstücks wird, vorbehaltlich des Wiederauflebens des im Grundbuch eingetragenen ungelöschten Rechts[30]).

Wenn hiernach die Reallast selbst kein dingliches Recht ist, die einzelnen aus ihr entspringenden Leistungen aber als Obligationen nicht der Sache, sondern der Person bezeichnet werden, so entsteht die Frage, inwiefern Befriedigung wegen der einzelnen fällig gewordenen Leistungen aus dem Grundstück gefordert werden kann, und ob der Nachfolger im Besitz mit dem Grundstück für diejenigen Leistungen verhaftet ist, die in der Besitzzeit des Vormanns fällig geworden und von ihm nicht erfüllt sind[31]). Die Obligation haftet an der Person, sie kann als solche nur auf den Universalnachfolger, den Erben, nicht aber auf den Singularnachfolger des Schuldners übergehen. Die persönliche Verpflichtung des Singularnachfolgers für die nicht erfüllte Obligation des Vormannes ist also zu verneinen[32]). Der Rückstand hat aber trotzdem die Natur einer Realschuld; das Grundstück haftet als Pfand, wenigstens ist dies, wie unten darzulegen ist, der klare Standpunkt des preußischen Rechts. Der für die Leistungen aus seiner Besitzzeit verpflichtete Eigenthümer hat sich auch nicht dadurch von dieser Pflicht losmachen können, daß er das Grundstück veräußert. Vielmehr weil er die Nutzung gezogen hat, von der er die Quote hätte abgeben sollen, ist und bleibt er persönlich

---

28a) Analogie der §§ 441. 442 I. 20, Eig.Erw.Ges. § 50. Vgl. Strieth. B. 95 S. 149.

29) Eine Geltendmachung der Reallast, nicht bloß des Rechts auf einzelne Leistungen gegen Dritte kommt vor, wenn bei der Zwangsversteigerung der Verkauf des Grundstücks frei von der Reallast versucht wird, und der Realberechtigte einem solchen Verkauf, weil die voreingetragenen Hypotheken durch ein Gebot unter Uebernahme der Reallast Deckung finden, widerspricht. In diesem Falle wird durch den Zuschlagsbescheid mit der Entscheidung darüber, wem und auf welches Gebot der Zuschlag zu ertheilen sei, über die confessoria actio des Reallastberechtigten entschieden.

30) Gerber S. 435. Gengler S. 304. Eig.Erw.Ges. § 12. Wenn die eingetragene Reallast nicht gelöscht wird, so entsteht ein ruhendes Verhältniß nach Analogie der §§ 53. 54 I. 22.

31) S. Glück B. 2 S. 537. Wächter, Erörter. I. 127f. Unger a. a. O. S. 563 Note 33. Häberlin a. a. O. S. 160f. erklärt die rückständige Leistung als eine persönliche Schuld und findet den Rechtsgrund in dem Verzug des Besitzers, wogegen mit Recht von Reyscher das. S. 170f. eingewendet ist, daß die Mora nicht die Wirkung haben kann, ein dingliches Recht in ein persönliches umzuwandeln.

32) So auch Wächter, Gerber, Unger a. a. O. Meibom S. 506. Vergl. Stobbe § 102 Anm. 7.

verpflichtet [33]). Miteigenthümer des mit der Reallast beschwerten Grundstückes haften persönlich für die in ihre Besitzzeit fallenden Leistungen solidarisch [33a]). Es folgt weiter aus der obligatorischen Natur der einzelnen Leistung, daß sie, einmal fällig geworden, unabhängig von ihrer Quelle ihr selbständiges Dasein und Schicksal hat; sie verjährt für sich, wenn der Berechtigte ihre Betreibung unterläßt [34]). Aber sie trifft den späteren Erwerber des Grundstücks als Inhaber des Grundstücks, weil dieses für die Schuld des früheren Besitzers als Pfand haftet. Reallastberechtigt kann sowohl ein bestimmtes Wesen, wie der jedesmalige Eigenthümer eines Grundstückes sein. Die Reallast kann als subjektiv persönliches oder als subjektiv dingliches Recht begründet sein. Im letzteren Fall kann sie von dem herrschenden Grundstück nicht getrennt werden [34a]).

II. In der preußischen Praxis haben ziemlich alle gangbaren Ansichten Vertretung gefunden. Im allgemeinen ergiebt aber ein Ueberblick über die Rechtsprechung, daß die Reallast als ein ihrer Natur nach dingliches Recht aufgefaßt worden ist. Schon vor der Geltung der Grundbuchgesetzgebung von 1872 trat dies in der Weise hervor, daß erkannt wurde, sie erlange den Charakter der Dinglichkeit nicht erst durch die Eintragung in das Grundbuch, diese sichere nur ihre dingliche Wirksamkeit gegen Dritterwerber, die von ihr keine Kenntniß hätten; von der Hypothek aber unterscheide sie sich wesentlich dadurch, daß diese ein dingliches Nebenrecht für ein persönliches Hauptrecht, jene das dingliche Hauptrecht selbst sei [35]). Aus dem letztgedachten Unterschied

---

[33]) Entsch. B. 26 S. 310 (Rehbein III. S. 394). Vgl. B.G.B. § 1108. — Gerber in den Jahrb. B. 6 S. 272f. spricht der Theorie, nach welcher der jedesmalige Besitzer eines Grundstücks nur als solcher verpflichtet ist, also nicht persönlich, sondern nur mit der Substanz des Grundstücks haftet, jedes gesunde Element ab, weil sie dem naturgemäßen Charakter der Obligation widerspreche. Dem letzteren Satz ist beizustimmen, wenn auch das neuere Recht in der Grundschuld zu einer solchen Konstruktion gelangt ist. Auch Meibom a. a. O. S. 490 bezeichnet die Realschuld als der Grundschuld ähnlich und als eine Verbindlichkeit, die nur die Sache oder, was dasselbe bedeute, den Besitzer als solchen ergreife, und läßt ihn daher nach der Veräußerung für den Rückstand nicht haften, auch nicht seinen Erben. S. 494. S. 506 scheidet er aber davon die Reallast, bei welcher der Singularsuccessor nicht für den Rückstand hafte, aber der Universalsuccessor. Die Reallast begründet eine vollwirksame persönliche Leistungspflicht des Eigenthümers für die in der Zeit seines Eigenthums fällige Leistung. Das Bürgerliche Gesetzbuch läßt ausnahmsweise zu, die Wirkung der Reallast auf die dingliche Haftung des Grundstücks zu beschränken. Vgl. Anm. 22.

[33a]) Vgl. Anm. 39.

[34]) Durch die Verjährung der einzelnen Leistung (nach preuß. R. in 4 Jahren, Ges. vom 31. März 1838 § 2 Nr. 5) verjährt das Recht selbst noch nicht; hierin entspricht die Verjährung der einzelnen Leistung aber nur der besonderen Verjährung der einzelnen zur Fälligkeit kommenden Zinsenrate eines Kapitals. Das B.G.B. § 1107 erklärt auf den Anspruch auf die einzelne Leistung die Sätze von Hypothekenzinsen für anwendbar.

[34a]) Vgl. B.G.B. §§ 1110. 1111.

[35]) Besonders Entsch. B. 18 S. 316, B. 26 S. 28 (Rehbein III. S. 379). Entsch. B. 31 S. 390. Striethorst B. 31 S. 81, B. 34 S. 233, B. 52 S. 153, B. 54 S. 213. Arnsb. Archiv B. 9 S. 425. Vergl. die Ausführung von Korte a. a. O. S. 127f. — Dagegen tritt die Ansicht von der hypothekarischen Natur hervor in Entsch. B. 20 S. 196, auch B. 27 S. 280 (Rehbein III. S. 360), vergl. auch Prinz, Einfluß der Hyp.-B.-Verf. S. 182f., und die Ansicht, daß die Reallast eine Obligation oder eine dingliche Obligation sei, und daß das Grundstück der Schuldner sei, in Entsch. B. 10

erwächst die im geltenden Recht festgehaltene verschiedene Einwirkung der Zwangsversteigerung. In dieser wird die dem betreibenden Gläubiger nachstehende Reallast, die nicht als gemeine Last auf den Ersteher kraft Gesetzes übergeht, von Amtswegen bei Aufstellung der Verkaufsbedingungen berücksichtigt. Es muß versucht werden, den Verkauf unter der Bedingung der Uebernahme der Reallast durchzusetzen, und nur wenn festgestellt wird, daß bei solchem Verkauf ein vorgehender Interessent benachtheiligt wird, ist von dieser Bedingung abzusehen. Die Zwangsversteigerung wirkt also nur bedingungsweise auf die Reallasten, also anders als auf Hypotheken und Grundschulden ein[36]). In ersterer Beziehung ist das ältere Recht jetzt dahin geändert, daß die rein privatrechtliche Reallast zur Wirkung gegen Dritte der Eintragung im Grundbuch bedarf[37]). Die älteren nicht eingetragenen Reallasten mußten bis zum 1. Oktober 1873 nachträglich eingetragen werden, widrigenfalls sie dritten Personen gegenüber nicht geltend gemacht werden können[38]).

Bezüglich der rechtlichen Natur des aus der Reallast erwachsenden Rechts auf die einzelnen Leistungen hat das Obertribunal im Ganzen an dem obligatorischen Charakter der Verbindlichkeit, wo dieser in Frage stand, festgehalten und insbesondere angenommen, daß der Besitzer noch nach der Veräußerung des Grundstücks für die Rückstände aus seiner Besitzzeit persönlich verantwortlich bleibt[39]). An der Richtigkeit dieser Annahme ist um so weniger zu zweifeln, als das Landrecht für einen entsprechenden Fall ausdrücklich hervorhebt, daß der abgegangene Erbzinsmann nachmals noch persönlich für den als Reallast des Erbzinsguts anzusehenden Kanon hafte[40]). Ferner ist nach dem Rechte vor der Gesetzgebung von 1872 zwar der Uebergang der nicht eingetragenen privatrechtlichen Reallast auf den von ihrem Bestehen unterrichteten Erwerber des Grundstücks angenommen, aber trotz dieser Annahme

---

S. 13, B. 16 S. 196. Strieth. B. 22 S. 78, B. 27 S. 105. Ebenso das Nachwort das. B. 7 S. 368. S. gegen diesen Aufsatz Roloff in der Arnsb. Monatsschr. I. 577 f.

36) Immob.Vollst.Ges. v. 13. Juli 1883 § 60 Abs. 1. Vgl. Eig.Erw.Ges. v. 5. Mai 1872 § 47 Abs. 2. Siehe Entsch. B. 10 S. 12 f. (Pl.-Beschl.). Striethorst B. 1 S. 261. Entsch. B. 72 S. 142, B. 79 S. 282, Striethorst B. 96 S. 215. Das Aufgebot beim Verkauf muß hiernach im Zweifelsfalle doppelt — unter der Regel des Uebergangs der Reallast und unter der Bedingung des Nichtübergangs versucht werden. Ebenso wenn die Priorität der Reallast und Hypothek streitig ist. — Beim Zuschlag unter der Bedingung des Wegfalls der Reallast sucht eventuell der Realberechtigte Entschädigung aus den Kaufgeldern. — Gemeine Lasten sind stets zu übernehmen.

37) Eig.Erw.Ges. v. 5. Mai 1872 § 12. Nach dem früheren Recht mußte der Erwerber des Grundstücks die nicht eingetragene Reallast anerkennen, wenn er über ihre Existenz nicht gutgläubig ohne Kenntniß geblieben war. Entsch. B. 18 S. 316. 322 c. 325, B. 26 S. 28, B. 27 S. 280 (Rehbein III. S. 380).

38) Gr.B.O. § 73. (Vgl. sächs. Ges.-B. § 506.) Förster, Grundbuchrecht S. 110.

39) Entsch. B. 26 S. 310, B. 54 S. 96. Striethorst B. 63 S. 206. R.G. bei Gruchot B. 24 S. 1012. Steht das belastete Grundstück im Miteigenthum, so haften die Miteigenthümer für die während ihrer Besitzzeit fällig werdenden Reallasten nach Entsch. B. 72 S. 125 (Rehbein III. S. 396) solidarisch.

40) I. 18 § 703. Aus anderen von Förster angezogenen Bestimmungen II. 7 § 493, I. 7 § 218, I. 21 §§ 87. 170 läßt sich ein strikter Nachweis nicht entnehmen.

dessen Verhaftung für Rückstände abgelehnt[41]). Dagegen ist auch den Rückständen der eingetragenen Reallast die Natur eines objektiv dinglichen Rechts zugeschrieben, und die Rückstände sind dabei mit den Zinsrückständen eingetragener Kapitalien in Parallele gestellt[42]). Förster hielt diese Rechtsprechung für im Widerspruch mit sich selbst; er nahm an, daß eine neben der dinglichen Belastung des Grundstücks mit der Reallast anzuerkennende hypothekarische Belastung des belasteten Grundstücks mit den Rückständen der Reallast dem Wesen der Hypothek als einem in bestimmter Höhe als solchem einzutragenden Hypothekenrechte widerspreche.

Trotzdem ist eine solche hypothekarische Haftung anzunehmen. Das Landrecht erklärt den Verkäufer für Rückstände öffentlicher Lasten zur Eviktion verpflichtet[43]). Das hat die innere Voraussetzung, daß das Grundstück als haftbar für diese Rückstände in Anspruch genommen werden kann. Also jedenfalls die Rückstände öffentlicher Lasten können aus dem Grundstück beansprucht werden. Hieraus ergiebt sich: die Auffassung der preußischen Gesetzgebung von der Natur der Reallast steht der Annahme einer dinglichen Verhaftung des Grundstücks für die Rückstände jedenfalls nicht entgegen; mag es immerhin gewagt sein, von den öffentlichen Lasten auch auf die privaten zu schließen. Das ältere Konkursrecht hat ferner den Rückständen der Reallasten, insofern als sie „auf den zur Masse gehörigen Grundstücken" haften[44]), eine bevorrechtigte Stellung gegeben. Dabei ist die eingetragene Reallast besonders privilegirt. Dieses Vorrecht beruhte darauf, daß die Grundstücke zur Konkursmasse gehörten; es weist auf den dinglichen Zusammenhang mit dem Grundstücke hin. Die eingetragenen Reallasten sind ferner mit ihren laufenden und aus den beiden letzten Jahren rückständigen Prästationen schon in der preußischen Konkursordnung von 1855 als berechtigt zur Hebung aus dem Grundstück neben den Hypotheken aufgeführt. Das geltende Immobiliarvollstreckungsgesetz läßt auch die weiteren Rückstände als dingliche Belastung des Grundstücks geltend machen[45]). Endlich ist auf den Ausdruck der Hypothekenordnung von 1783 Gewicht zu legen, die als beständige auf einem Grundstück haftende, in das Hypothekenbuch einzutragende Lasten nicht das

---

[41]) Präj. 1634 Samml. I. S. 400. Das Citat in dem Präj. muß heißen § 49 Tit. 1 Hyp.-Ordnung. Die Gründe sind nicht veröffentlicht.

[42]) Entsch. B. 21 S. 44. Striethorst B. 2 S. 61. Vergl. Anmerk. 34 über das B.G.B.

[43]) I. 11 § 182, der § 183 ebenda bezieht sich nur auf Haftung für die Existenz der Last, nicht besonders auf Rückstände.

[44]) A.G.O. I. 50 §§ 430. 431.

[45]) Immob.Vollstr.Ges. vom 13. Juli 1883 §§ 27. 28, § 35 Ziffer 3, § 37. Vergl. Preuß. Konk.Ordn. §§ 51. 52. 55. Dabei ist ein Unterschied für den Fall einer inzwischen eingetretenen Eigenthumsveränderung nicht gemacht. Daß das Recht vor dem Gesetz vom 13. Juli 1883 nur bei zweijährigen Rückständen die abgesonderte Befriedigung anerkannte, während doch auch ältere Rückstände immerhin als dingliche Belastungen des Grundstücks zu bezeichnen waren (vgl. Entsch. B. 21 S. 44, Striethorst B. 95 S. 133), war eine in dem neuen Gesetz vermiedene Inkonsequenz.

Recht der Reallast, sondern die Zinsen, Renten und Hebungen selbst bezeichnet[46]).

Man wird hiernach mit dem Obertribunal zwar die dauernde persönliche Verpflichtung des Eigenthümers für die während seines Eigenthumsbesitzes fälligen Prästationen festhalten, daneben aber gegen Förster anerkennen müssen, daß, wie bei den gemeinen Lasten, auch bei den in das Grundbuch eingetragenen Reallasten eine Haftung des Grundstücks für die Rückstände begründet ist, ohne Rücksicht darauf, wer als persönlicher Schuldner angesehen werden muß, eine dingliche Haftung, die völlig der dinglichen Haftung des Grundstücks für Hypothekenzinsen gleichzustellen ist[47]).

III. Verschiedene Arten der Reallasten und deren Begründung. Die Reallasten werden als gemeine Lasten bezeichnet, sofern sie auf Grund der Verfassung des Orts, der Gemeinde oder der Provinz, also gesetzlich zu Gunsten einer Persönlichkeit des öffentlichen Rechts (einschließlich der Kirche und des Pfarrers) von allen Grundstücken derselben Art in dem Geltungsbereich zu entrichten sind[47a]). Im weitesten Sinne können hierher auch die auf den Grundbesitz gelegten Staatsabgaben gerechnet werden, ebenso wie die diesen gleichgestellten an die Rentenbank oder gleichberechtigte Institute zu zahlenden Ablösungsrenten[48]). Sodann fallen unter den Begriff die Beiträge und Leistungen zur Erfüllung der Deichpflicht, die bei den älteren Deichen durch die lokalen Damm- und Uferordnungen, durch Verträge, auch durch Observanz, bei den nach dem Deichgesetz von 1848 errichteten Deichen in Gemäßheit dieses Gesetzes, und mit konkretem Inhalt durch das Statut des einzelnen Deichverbands, für das Grundstück begründet wird[49]). Ebenso

---

[46]) Hyp.-Ord. v. 20. Dez. 1783 Tit. 1 §§ 47—49.

[47]) Vgl. auch R.G. bei Gruchot B. 27 S. 991. Da daran festzuhalten ist, daß als persönlicher Schuldner der Eigenthümer anzusehen ist, in dessen Besitzzeit die Prästation fällig wird, so muß diese Haftung als eine hypothekarische bezeichnet werden. Danach ist also der Standpunkt des preußischen Rechts der, daß die dingliche Natur der öffentlichen Last und die Eintragung der privaten Reallast in der zweiten Abtheilung des Grundbuchs zugleich die hypothekarische Haftung des Grundstücks für die Rückstände herbeiführt. — Daß auch früher der Ort, wo etwas im Hypothekenbuch eingetragen worden, von keiner entscheidenden Bedeutung war, und daß ein in zweiter Rubrik eingetragenes Recht eine Hypothekenhaftung des Grundstücks für die daraus erwachsenden persönlichen Ansprüche begründete, ergiebt klar die jetzt allerdings antiquirte Bestimmung des § 356 I. 21. — Ueber andere Auffassungen vergl. Koch, Privatrecht I. 585. Strohn bei Striethorst B. 12 S. 345, Dernburg I. § 305. — Konsequenz der hypothekarischen Natur der Haftung ist, daß bei der Zwangsversteigerung der Ersteher von der Haft für Rückstände frei wird. Vgl. unten § 194 Anm. 65.

[47a]) Vgl. B. I. § 86 Anm. 22 ff.

[48]) Imm.Vollstr.Ges. vom 13. Juli 1883 § 27 Abs. 2, Pr.Konk.O. § 48, Rentenbankgesetz vom 2. März 1850 §§ 18. 58. 64. Die öffentlichen Abgaben und Leistungen an den Staat sind von der Eintragung in die Grundbücher ausgeschlossen. Grundbuchordnung § 11 Z. 1 Abs. 2. Der Rentenpflichtigkeitsvermerk soll eingetragen werden. G. v. 2. März 1850 § 2. Aber die dingliche Wirkung der Amortisationsrenten, auch wenn sie an die Stelle einer auf privatrechtlichem Titel beruhenden Last treten, Dritten gegenüber ist von dieser Eintragung nicht abhängig. Strieth. B. 95 S. 151. R.G. Entsch. B. 6 S. 293.

[49]) Imm.Vollstr.Ges. v. 13. Juli 1883 § 25. Preuß.Konk.O. § 47. Die in den §§ 63 bis 65 II. 15 A.L.R. sehr summarisch geregelte Deichlast hat in dem Gesetz über das Deich-

gehören hierher die aus der öffentlich rechtlichen Pflicht zu Wege-, Wasser- oder Uferbauten entspringenden Leistungen[50]), und die auf dem Gesetz, betreffend Schutzwaldungen oder Waldgenossenschaften, vom 6. Juli 1875 beruhenden Pflichten[51]), auch alle durch Gesetz oder Korporationsverfassung begründeten Leistungen aus dem Kommunalverband[51a]), sowie aus dem Kirchen-, Pfarr- und Schulverband, welchen letzteren alle durch Gesetz oder Verfassung begründeten Leistungen an Kirchen, Pfarren und Schulen oder an Kirchen- und Schulbedienstete gleich gestellt sind[52]). Zu den öffentlichrechtlichen Korporationen, deren statutenmäßige Ansprüche, soweit sie die Grundstücke belasten, den Charakter der gemeinen Lasten haben, gehören ferner die Meliorationsgenossenschaften ohne Unterschied, ob sie durch freie Einigung der Interessenten unter staatlicher Genehmigung oder auf Grund staatlichen Zwangs gebildet sind[53]), und neben diese stellen die Gesetze andere gemeinnützige „unter der Autorität des preußischen Staats"

---

wesen v. 28. Januar 1848 (G.S. S. 54) eine noch jetzt giltige Neuregelung erhalten. Die s. g. Siellast ist inbegriffen. Ueber die Deichpflicht aus Titeln vor dem Gesetze ist im Rechtswege zu befinden, wenn auch im Verwaltungswege interimistische Feststellungen erfolgen (§§ 6—8). Ueber die Deichpflicht eines Grundstücks innerhalb eines nach dem Gesetz begründeten Deichverbands findet der Rechtsweg nicht statt (§ 22). R.G. Entsch. B. 30 S. 164. Bezüglich der Kompetenz der Verwaltungsbehörden vgl. Zuständigkeitsgesetz vom 1. August 1883 §§ 96. 97. — Ueber Observanz als einen bei älteren Deichen erheblichen Titel vgl. Strieth. B. 10 S. 334, B. 89 S. 101. Bezüglich der Frage, wer bei Pfarrländereien die Deichlast eines deichpflichtigen Grundstücks zu tragen hat s. Strieth. B. 89 S. 101. R.G. Entsch. B. 2 S. 329. — Vgl. über Deichlast Beseler, D. Pr.R. § 201. Neubauer's Zusammenstellungen de 1880 § 116.

[50]) Vgl. A.L.R. II. 15 §§ 13—24. Zuständigkeitsgesetz vom 1. Aug. 1883 §§ 55—57. — A.L.R. II. 15 §§ 61. 62, § 7 Ges. v. 28. Febr. 1843. Vorfluthgesetz v. 15. Nov. 1811. Zuständ. Ges. v. 1. August 1883 §§ 65 f. Vergl. Entsch. B 54 S. 425 (Rehbein III. 383) wo eine rezeßmäßig anerkannte Wegebaureparaturpflicht dennoch als öffentlich rechtliche Reallast beurtheilt ist.

[51]) Sowohl die Leistungen der gefährdeten als der gefahrbringenden Grundstücke nach Maßgabe der Feststellungen des Waldschutzgerichts (§§ 5. 7 des Gesetzes). Die Beitragspflicht zu den Lasten einer Waldgenossenschaft ist im § 29 ausdrücklich den gemeinen Lasten gleichgestellt, die Waldgenossenschaft würde auch ohnedies unter den Begriff der Meliorationsgenossenschaften (Imm.Vollstr.Ges. § 28 Abs. 2 Pr. K.O. § 49) fallen.

[51a]) Hierhin gehört auch die durch das Ortsstatut geregelte Pflicht, bestimmte Beiträge zur ersten Anlegung einer öffentlichen Straße zu leisten. Vergl. Preuß. Verwaltungsblatt Jahrg. VI. S. 405, VII. S. 262. Beispielsweise in Berlin kraft des als statutarisches Recht begründeten Regulativs vom 31. Dezember 1838 die Pflicht der Grundbesitzer, zu den Kosten der ersten Straßenpflasterung beizutragen. R.G. bei Gruchot B. 27 S. 991. Ueber die Bedeutung besonders übernommener und eingetragener Pflichten solchen Inhalts vgl. R.G. Entsch. B. 17 S. 199 und bei Gruchot B. 34 S. 714.

[52]) Imm.Vollst Ges. § 28 Abs. 2, § 49 Pr. K.O. Es greifen hier die Bestimmungen über Gemeinde, Amtsbezirk, Kreis, Bezirk, Provinz, Kirche und Kirchengemeinde, Schule und Schulverband ein, deren nähere Aufzählung an diesem Ort zuweit führen würde. Es gehören hierher auch die von Patronen zu leistenden Dotationsbeiträge für eine Kirche, auch wenn sie vertragsmäßig fixirt sind. Entsch. B. 75 S. 59 (Rehbein III. S. 387).

[53]) Die Vorschriften über landwirthschaftliche Melioration durch Bildung von Bewässerungs- und Entwässerungsgenossenschaften sind zusammengefaßt in dem Gesetze betr. die Bildung von Wassergenossenschaften vom 1. April 1897 (G.S. S. 297). Als Meliorationsgesellschaften kommen außerdem neben den in Anm. 68 erwähnten Waldgenossenschaften auch die nach § 4 des Gesetzes über die gemeinschaftlichen Holzungen v. 14. März 1881 (G.S. S. 261) gebildeten Genossenschaften in Betracht.

bestehende Institute, namentlich Vereine behufs gemeinschaftlicher Uebertragung der durch Brand, Hagelschlag oder Viehsterben entstandenen Schäden [54]). Für alle gemeinen Lasten gilt die Bestimmung, daß sie der Eintragung in das Grundbuch nicht bedürfen, deshalb auch im Falle einer Zwangsversteigerung kraft des Gesetzes für die Zukunft auf den Ersteher übergehen, und daß die laufenden Beiträge sowie die zweijährigen Rückstände bei der Zwangsversteigerung des Grundstücks, die laufenden auch bei der Zwangsverwaltung an bevorzugter Stelle Befriedigung zu beanspruchen haben [55]). Der Mehrzahl nach sind diese Beiträge im Wege des Verwaltungszwangs beitreibbar.

Sofern die Reallastpflichtigkeit eines Grundstücks einen lediglich pri-

---

[54]) Schon in der Hyp.O. von 1783 I. § 48 werden die „Feuer-Sozietätsgelder" unter den nach der Verfassung des Orts, des Kreises, der Provinz von allen Grundstücken derselben Art zu entrichtenden „gemeinen Lasten" aufgeführt. Bei dieser Bestimmung lag aber die auf dem Feuerkassenreglement v. 15. Oktober 1705 (Mylii C. C. M. Tom. V. 1 cap. II. Nr. IX) und dem Generalfeuerkassenreglement vom 1. Juni 1706 (ebenda Nr. X.) beruhende staatliche Einrichtung von Feuerkassen zu Grunde, bei welcher ihre Gebäude einzuschreiben und mit $^{2}/_{3}$ der Taxe zu versichern die Eigenthümer verpflichtet waren. In demselben Sinne erscheinen die Beiträge zu den Feuer-Sozietätskosten im § 359 I. 50 A.G.O.; neben ihnen werden hier genannt „die unter öffentlicher Autorität zur gemeinschaftlichen Uebertragung der Kriminalkosten errichteten, ingleichen die Viehassekuranzgesellschaften". Bei diesen letzteren konnte nach der Lage der Dinge zu jener Zeit nur an die durch Reglement vom 24. Novbr. 1765 (Korns Schles.Ed. Samml. B. VIII. S. 822) mit Nachtrag vom 15. Februar 1783 (ebenda B. XVIII. S. 9) für Schlesien begründeten Viehversicherungsgesellschaften gedacht sein, die von der Regierung verwaltet wurden und an denen jeder Besitzer von Rindvieh Theil zu nehmen gezwungen war. Aus jenen Feuersozietäten haben sich die Provinzial-Land- und Stadt-Feuersozietäten entwickelt, und an die Stelle der früheren Schlesischen Versicherungsgesellschaft ist die durch das Gesetz vom 30. Juni 1841 (G.S. S. 285) organisirte Gesellschaft getreten, die in den durch die K.O. vom 22. Juni 1845 organisirten preußischen parallele Bildungen erhielt. — In der Preuß. Konk-Ordn. § 49 werden als „unter der Autorität des Preußischen Staats bestehende Institute" namentlich aufgeführt die Vereine behufs gemeinschaftlicher Uebertragung der durch Brand, Hagelschlag und Viehsterben entstandenen Schäden. Da hierbei auch Vereine zur Versicherung von Hagelschäden aufgeführt sind, solche aber in dem Sinne der früheren Gesetzgebung unter Autorität des Staats, d. h. als eine auf einer Zwangseinrichtung beruhende Belastung aller Grundstücke eines Bezirks nicht bestanden, so ist in den vorigen Auflagen auszuführen versucht, daß hierin eine der inneren Rechtfertigung entbehrende, aber doch nunmehr anzuerkennende künstliche Erweiterung des Begriffs der Reallast zu finden sei. Das Reichsgericht (Entsch. B. 24 S. 236) ist dem aus dem guten Grund entgegen getreten, weil es an jeder Vorschrift fehle, die solche Beiträge an Privatgesellschaften zu Lasten gemacht hat, die auf dem Grundstück lasten. Um so mehr wird man den in neuester Zeit von den Berufsgenossenschaften gemachten Versuchen entgegen treten müssen, die von den Gewerbtreibenden zu leistenden Unfallversicherungsbeiträge bei Zwangsversteigerungen als auf den Grundstücken dieser Gewerbtreibenden lastende Rückstände gemeiner Lasten zu liquidiren. Weder bei der Hagelversicherung — bei der es sich wenigstens um Früchte handelt, die den dinglichen Gläubigern haften, — noch bei einer Mobiliarfeuerversicherung auf Gegenseitigkeit — auch dann nicht, wenn die versicherten Gegenstände zum Inventar des Grundstücks gehören, — noch bei Viehversicherungen auf Gegenseitigkeit, soweit hier nicht besondere Bestimmungen eingreifen, — noch endlich bei den Beiträgen an die Berufsgenossenschaften läßt sich begründen, daß die Pflicht auf dem Grundstück lastet.

[55]) Gr.B.O. v. 5. Mai 1872 § 11. Eig.Erw.Ges. v. 5. Mai 1872 § 12. Imm.Vollstr. Ges. §§ 22. 28 Abs. 2. Preuß.Konk.O. §§ 49. 57. Das B.G.B. beschäftigt sich nicht mit den öffentlichen dinglichen Belastungen, die nach dem Entwurf des Immob.Vollstreckungsgesetzes § 9 ihre landesrechtliche Kraft behalten sollen. Vgl. auch Einf.Ges. zum B.G.B. Art. 39f.

vatrechtlichen Charakter hat, kann die Last durch Willenserklärung und durch Ersitzung begründet werden. Das durch giltige Willenserklärung eingeräumte oder während des Besitzes des gegenwärtigen Eigenthümers und seines Erblassers durch ordentliche oder außerordentliche Ersitzung erworbene Recht, aus den Nutzungen des bestimmten Grundstücks eine bestimmte Leistung zu verlangen, entsteht seiner Natur entsprechend als dingliches Recht. Es bedarf auch bei der vertragsmäßigen Begründung der Reallast keiner Besitzübertragung, weder eines Sachbesitzes noch eines Rechtsbesitzes. Vielmehr wird das überhaupt nur als dingliches Recht denkbare Recht durch den Vertrag selbst ins Leben gerufen, weil der Eigenthümer eine Leistungspflicht nicht für seine Person, sondern als eine Pflicht des jedesmaligen Eigenthümers des Grundstücks auf Grund einer Belastung des Grundstücks übernimmt. Daß zunächst eine bloß persönliche Pflicht zur Begründung der Reallast begründet werde, gehört dem Leben nicht an. Diese Pflicht könnte auch nicht anders als dadurch erfüllt werden, daß nun der neue „dingliche" Vertrag geschlossen, die Reallast durch neue Willenseinigung zur Existenz gebracht würde. Das wirkliche Leben kennt nur diesen Vertrag, der aber mit dinglicher Wirksamkeit nur von dem geschlossen werden kann, der bereits Eigenthümer ist, oder das Eigenthum von dem, dem jenes Recht vorbehalten wird, erwirbt. Um aber gegen einen Dritterwerber wirksam zu sein oder bei der Zwangsvollstreckung in das Grundstück den eingetragenen Interessenten gegenüber und gegenüber dem Beschlag nehmenden Gläubiger berücksichtigt zu werden, muß das Recht in das Grundbuch eingetragen werden[56]).

Die Begründung durch Willenserklärung oder durch Ersitzung ist ausgeschlossen, sofern es sich um solche beständige Abgaben und Leistungen handelt, die der Ablösung unterliegen würden: hiervon sind feste Geldrenten ausgenommen, die noch jetzt vertragsmäßig als dauernde aufgelegt werden können. Sie sind aber ablösbar und die Ausübung des Rechts der Verpflichteten, Ablösung zu beantragen, darf nicht über dreißig Jahre hinaus ausgeschlossen werden[57]). Eine allgemeine gesetzliche Ausnahme von dem

---

[56]) Eig.Erw.Ges. v. 5. Mai 1872 § 12, Pr.Konk.Ordn. §§ 51. 52. 55. 57 Abs. 2. Vgl. oben § 184 Anm. 1 und in diesem Paragraphen Anm. 53. Die Eintragung formgerecht zu bewilligen ist der Begründer der Reallast nach deren Natur verpflichtet, ohne daß er eine besondere Pflicht dazu übernommen zu haben braucht. R.G. Entsch. B. 27 S. 230. Bezüglich des Uebergangs der Reallasten im Fall der Parzellirung eines reallastpflichtigen Grundstücks ist zu vergleichen § 93 Ablös.Ges. v. 2. März 1850 und Ges. v. 25. August 1876 betr. die Vertheilung der öffentlichen Lasten 2c. Vgl. auch § 30 des Ges. betr. die Einrichtung von Landeskulturrentenbanken vom 13. Mai 1879. — Die Landeskulturrente ist eine Abart der gewöhnlichen Geldrente, die für die Landeskulturrentenbank als eine bestimmte Zeit hindurch zu entrichtende Leistung eingetragen wird, wenn die Bank ein der Verbesserung des Grundstücks durch eine Drainirungsanlage entsprechendes Darlehn gewährt hat. Ihre Besonderheit besteht in der Möglichkeit einer Eintragung der Rente mit Vorzugsrecht vor bereits eingetragenen Belastungen des Grundstücks. Vgl. §§ 11—32 Ges. v. 13. Mai 1879.

[57]) Ablösungsgesetz v. 2. März 1850 §§ 91. 92. In dieser Beziehung machen Kreditinstitute nicht, wie Dernburg I. § 307 Anm. 8 annimmt, im Sinne „aller auf Gegenseitigkeit der Grundbesitzer gegründeten Beleihungsinstitute" eine Ausnahme. Kreditinstitute sind

letzteren Satz besteht aber für solche Geldrenten und solche in Geld nach den für Ablösungen maßgebenden Marktpreisen zahlbaren Kornrenten, gegen deren Uebernahme Grundstücke (Rentengüter) eigenthümlich übertragen sind, insoweit bei ihnen die Ablösbarkeit ohne Zustimmung beider Theile oder des einen von ihnen vertragsmäßig ausgeschlossen ist[57a]).

Die Neuerrichtung von Reallasten anderen Inhalts, insbesondere von zeitlich beschränkten Rechten dieser Art ist zulässig. Im Verkehrsleben der Gegenwart häufiger sind namentlich noch jetzt lebenslängliche Rechte eines Vorbesitzers, der Ehefrau oder Wittwe eines solchen auf gewisse Leistungen aus den Nutzungen eines Grundstücks. Von diesem Auszugsrecht wird unten eingehender zu handeln sein. Sonstige Reallasten werden nur selten neu errichtet. Welchen Umfang das Institut der Rentengüter gewinnen wird, läßt sich noch nicht übersehen. In früherer Zeit bestanden Reallasten in großer Zahl als Leistungen an den Lehnsherrn, Grundherrn, Erbzinsherrn und Erbverpächter. Diese sind bei Aufhebung des Obereigenthums, soweit sie nicht mit ihm beseitigt sind, als ablösbare Gerechtsame aufrecht erhalten. Die Ablösung der ständigen Reallasten bezieht sich übrigens zum Theil auch auf gemeine Lasten.

Die Reallast begründet, wie hervorgehoben, ein obligatorisches Forderungsrecht an den Eigenthümer bezüglich der einzelnen Leistungen. Dieser Charakter tritt einigermaßen zurück, insofern dem Berechtigten eine eigene Nutzungsthätigkeit, der Besitz zu benutzender Räume oder Ackerflächen, einer vom Verpflichteten anzuschaffenden Kuh u. dgl. zugewiesen sein kann. Dadurch verliert aber das nach der Gesammtheit der Leistungen zu beurtheilende Recht nicht seinen Reallastcharakter. Die Reallast ist regelmäßig ein subjektiv persönliches Recht, sie kommt aber auch als subjektiv dingliches, an ein Grundstück geknüpftes Recht vor. Im solchen Fall ist es nicht zulässig, das Realrecht von dem berechtigten Grundstück zu trennen; mit einem Theil des

---

vielmehr nach dem Sprachgebrauch von 1850 ausschließlich die Landschaften. Vgl. auch Johow Jahrb. B. 5 S. 136. Die von ihnen beliehenen Grundstücke sind, wenn die Unkündbarkeit bedungen ist, nicht bloß dreißig Jahre gegen Kündigung gesichert. Eine Ausnahme besteht ferner allgemeingesetzlich insofern, als für die Ablösungsrenten durch das Gesetz betr. die Schließung der Rentenbanken vom 26. April 1858 § 3 die Kündigung durch den Gläubiger ausgeschlossen ist. — Die vertragsmäßige Regelung einer gemeinen Last ist durch die Bestimmung des § 91 nicht ausgeschlossen; ob eine solche Kraft hat, wird sich nach der Natur der gemeinen Last regeln. Mit Recht erkennt hiernach Entsch. B. 83 S. 213 einen Vertrag über dauernde Beschaffung der Vorfluth als verbindlich an.

57a) Zunächst war für Posen und Westpreußen die öffentlichrechtliche Vorschrift der freien Kündbarkeit nach dreißig Jahren, soweit Güter zur Kolonisation gegen Renten an deutsche Ansiedler überlassen werden, aufgegeben durch das Gesetz v. 25. April 1886. Dann sind die gleichen Sätze in dem für die ganze Monarchie erlassenen Rentengütergesetz vom 27. Juni 1890 (G.S. S. 209) zur Anerkennung gelangt. Dritten gegenüber bedarf es der Eintragung der Beschränkung, sonst gilt für den Dritten die Rente als nach sechsmonatiger Kündigung mit dem zwanzigfachen Betrage ablösbar. — Die Rentenbankrenten des Gesetzes betreffend die Beförderung der Errichtung von Rentengütern vom 7. Juli 1891 unterliegen gesetzlich sofortiger Amortisation. Vgl. Mahraun, Die Preußischen Rentengutsgesetze 1892.

Grundstücks, für den es gerade bestimmt ist, kann es aber so übertragen werden, daß es nunmehr nur mit diesem Theil verbunden ist[58]).

IV. Die Ablösung der Reallasten. Ohne Entschädigung der Berechtigten sind neben anderen Leistungen insbesondere aufgehoben alle auf einem ehemaligen schutzherrlichen Verhältniß beruhenden Lasten und Abgaben[59]). Die Frage, welche Reallasten unter diese Kategorie gehörten, ist in den zur Erörterung gelangten Fällen wegen der Dunkelheit der geschichtlichen Entstehung oft sehr zweifelhaft gewesen. Für ablösbar erklärt sind alle anderen beständigen Abgaben und Leistungen, auch wenn sie aus dem gutsherrlichen Verhältnisse hervorgegangen sind, mögen sie auf eigenthümlich oder bisher erbpachts- oder erbzinsweise besessenen Grundstücken und Gerechtigkeiten gehaftet haben[60]), insbesondere also alle Natural- und Geldzinsen, Frohnden (Hand- und Spanndienste), die Besitzveränderungsabgaben (Laudemien)[61]), der Erbzins, der Kanon bei der Erbpacht.

Von gemeinen Lasten fallen unter das Ablösungsgesetz nur die Leistungen an Kirchen, Pfarren und Schulen und die Kirch- und Schulbediensteten, die Abgaben und Leistungen zur Erbauung und Unterhaltung der Kirchen-, Pfarr- und Schulgebäude, jedoch nur, wenn sie die Gegenleistung für ablösbare Reallasten sind. Durch das Gesetz vom 15. April 1857 sind dann ab-

---

[58]) R.G. Entsch. B. 12 S. 201. Seuffert XXXV. 302. Vergl. auch über gegenseitige subjektiv dingliche Reallasten R.G. bei Gruchot B. 28 S. 246. S. B.G.B. §§ 1109. 1110.

[59]) Ablösungs-Gesetz vom 2. März 1850 § 5. Die Ablösungsgesetzgebung beginnt auch für das Gebiet der Reallasten mit dem Landeskultur-Edikt vom 14. Sept. 1811. Ein Beispiel von der Zweifelhaftigkeit der eingreifenden Fragen bietet die s. g. Hundekornabgabe, bei der nach mehrfachem Schwanken der Judikatur und nachdem die Abgabe in einer Reihe von Urtheilen als eine aufgehobene Leistung in Beziehung auf die Jagd (§ 5 Nr. 6) angesehen worden, schließlich die dauernde Verbindlichkeit der Leistung anerkannt ist. Vgl. Strieth. B. 18 S. 274. Entsch. B. 81 S. 228. Kühne, Das Hundekorn 1879.

[60]) Abl.Ges. § 6. Die Ablösung ist dadurch beschleunigt worden, daß Fristen bestimmt wurden, nach denen gewisse Vortheile des Gesetzes wegfallen sollen, zuletzt 31. Dezember 1883. Seit Anfang 1884 kann nur mit dem Fünfundzwanzigfachen baar oder in vier Jahresterminen mit Zwischenzinsen abgelöst werden.

[61]) Die Laudemialpflicht, Entsch. B. 65 S. 418, über deren Natur als Reallast gegen Entsch. B. 24 S. 349 Strieth. B. 82 S. 80 (Rehbein III. S. 349) zu vergleichen ist, konnte schon seit dem Landeskulturedikt v. 14. Sept. 1811 (§§ 2. 7) nicht mehr neu begründet werden. Vgl. Entsch. B. 15 S. 242. Ablös.Ges. v. 2. März 1850 § 37. Nur insofern solche Abgaben erweislich als unfixirte Laudemien erst nach Erlaß des Kulturedikts entstanden sind, gelten sie als aufgehoben. Entsch. B. 66 S. 77 (Rehbein III. S. 353). Im Uebrigen sind sie nicht aufgehoben, sondern ablösbar. Entsch. B. 35 S. 50 (Rehbein III. S. 346); neue Laudemien aber können nach Ges. v. 2. März 1850 § 91 nicht mehr entstehen. Die Besitzveränderungsabgabe bei Veränderung in der herrschenden Hand ist ohne Enschädigung aufgehoben (§ 36), auch die Besitzveränderungsabgabe bei Veränderungen in der dienenden Hand beschränkt (§§ 37—39), die Berufung auf Observanz ist als ungeeignet erklärt, die Last zu rechtfertigen (§ 40), im Uebrigen die Ablösung geordnet. — Ueber Berechnung der Laudemien vgl. Entsch. B. 15 S. 23, R.G. bei Gruchot B. 24 S. 1014. Darüber, ob Laudemien als öffentliche Lasten angesehen werden konnten, s. Entsch. B. 28 S. 406. Die eingetragene Laudemialpflicht konnte durch Konsolidation nicht untergehen. R.G. bei Gruchot B. 26 S. 1000.

ändernde Bestimmungen ergangen[62]). Zur Zeit regelt sich die Ablösung der gedachten Abgaben im Wesentlichen nach dem Gesetz vom 27. April 1872[63]).

Die Ablösung erfolgt nach dem Gesetz vom 2. März 1850 durch eine Kapitalabfindung des Berechtigten, die entweder der bisher Verpflichtete oder der Staat leistet[64]). Im letzteren Fall empfängt der Berechtigte zinstragende, allmählich zu amortisirende Schuldverschreibungen (Rentenbriefe); der Staat deckt, abgesehen von den Domänen, seine Auslage durch die Rente, die der Verpflichtete für die Befreiung seines Grundstücks von der Reallast während einer Amortisationsperiode zu leisten hat, und die der Berechtigte dem Staat gegen die Rentenbriefe überlassen muß[65]). Die Urkunde über die Feststellung der Ablösungsrente (der Rezeß) ist zugleich die Cessionsurkunde. Der Staat garantirt dem Berechtigten die Zinsen und die Baareinlösung der Rentenbriefe, und der Belastete wird frei, sobald die Amortisation vollendet ist. Der Antrag auf Ablösung der Reallasten ist regelmäßig sowohl dem Berechtigten wie dem Verpflichteten gestattet[66]).

V. Bereits oben ist unter den zur Zeit noch erheblichen Reallasten hervorgehoben der Auszug (das Altentheil, der Altsitz, die Leibzucht, das Leibgeding)[67]). Daß das A.L.R. über den Auszug keine gemeinrechtlichen Vorschriften enthält, ist schon an einem andern Orte berührt worden[68]). Hier ist seine dingliche Natur zu erörtern.

Der Auszug ist ein bei der Ueberlassung eines Landguts gemachter Vorbehalt auf lebenslängliche Unterhaltung des Ueberlassenden, vielleicht auch seiner Frau, aus dem Grundstücke[69]). Am häufigsten kommt das Altentheil

---

[62]) Ablös.-Ges. § 6 Abs. 2. Ges. vom 15. April 1857 §§ 2. 4 (G.S. S. 363). Insbesondere sind hiernach und nach den folgenden Gesetzen auch die Zehnten ablösbar, und da deren Ablösung im Wesentlichen beendigt ist, kann ihre nähere Erörterung, vgl. II. 11 §§ 857—938, übergangen werden. Seit Anfang 1884 ist das berechtigte Institut nicht mehr befugt den Ablösungsantrag zu stellen.

[63]) Ergänzt durch das Gesetz vom 11. Juni 1873 (G.S. S. 350).

[64]) Ablösungs-Gesetz § 64. Das Recht auf ein Ablösungskapital hat auch dann, wenn es eingetragen wird, nicht Reallastcharakter, ist vielmehr eine durch Hypothek gesicherte persönliche Forderung. R.G. bei Gruchot B. 32 S. 948.

[65]) Rentenbankgesetz vom 2. März 1850 §§ 2. 3. Vgl. jedoch Ges. vom 26. April 1858. Die Rentenpflicht theilt sich im Falle einer Parzellirung des belasteten Guts nach Maßgabe der Grundsteuer.

[66]) Ablösungs-Gesetz. § 94. Vgl. Ges. v. 26. April 1858, § 3.

[67]) Vgl. über die Literatur B. 2 § 129. Anm. 9. S. noch Bielitz, Darstellung der Rechtsverhältnisse beim Auszuge oder Altentheil. 1838. Koch, R. d. Ford. II. S. 857. Korte a. a. O. S. 127. Gruchot B. 12 S. 426. Dernburg I. § 310.

[68]) B. II. § 129 unter D. Nr. 2.

[69]) Wichtig ist in dieser Begriffsbestimmung, daß der Auszug ein Vorbehalt ist, den sich der Veräußerer bei der Veräußerung macht. Es ist nicht Auszug im eigentlichen Sinne, wenn der Veräußerer für andere Personen nach seinem Tode, für seine Wittwe oder Kinder Vortheile stipulirt. Koch, Schlesisch. Arch. B. 2 S. 46, B. 4 S. 516, B. 5 S. 61. Entsch. B. 29 S. 301. Stipulirte jährliche Leistungen bei dem Verkauf des Gutes an fremde Personen fallen nicht unter den Begriff des Auszugs. Koch, R. d. F. III. 861. Vgl. R.G. Entsch. B. 13 S. 187 (Dinglichkeit des Altentheils, das durch bäuerlichen Gutsüberlassungsvertrag vorbehalten ist, nach gemeinem Recht). S. auch R.G. Entsch.

vor bei der Ueberlassung des Guts an eigene Kinder. Uebrigens hat auch das einem Dritten eingeräumte Einsitzrecht und das Recht auf Verpflegung aus dem Grundstück die Natur einer Reallast, wenn auch der Name Altentheil darauf nicht paßt. Dies gilt insbesondere von der in den modernen Landgüterordnungen dem das Gut annehmenden Anerben auferlegten Pflicht, den Miterben bis zur Auszahlung ihres Erbtheils statt der Verzinsung den Einsitz zu gestatten, die unerwachsenen Miterben zu erziehen und sie im Nothfall auf dem Gute zu erhalten. Es kann überall nur darauf ankommen, daß der Wille bei dem Geschäftsschluß dahin geht, nicht eine persönliche Verbindlichkeit zu begründen, sondern eine dingliche Belastung, kraft deren der jeweilige Eigenthümer, und nur dieser verpflichtet sein soll. Die dingliche Natur des Altentheils, vermöge deren der Vorbehalt als eine auf spätere Erwerber übergehende Last des Grundstücks anzusehen ist, die den jedesmaligen Besitzer persönlich verpflichtet, den Unterhalt zu gewähren, ist in der gemeinrechtlichen[70]) und auch schon in der älteren preußischen Praxis[71]) anerkannt.

Daß jede Reallast und also auch der Auszug nach dem geltenden Recht eingetragen werden muß, um die dingliche Wirkung gegen den dritten Erwerber zu erhalten, ist bereits erwähnt. Von der Praxis werden die allgemeinen Vorschriften des A.L.R. über die dinglichen Nutzungsrechte auf den Auszug angewendet, soweit nicht provinzialrechtliche Normen sie ausschließen. Das Recht bezieht sich, wie alle Reallasten, auf die Nutzungen des Grundstücks, von dem es untrennbar ist[72]). Wie der Nießbrauch ist auch der Auszug auf die Lebenszeit des Berechtigten beschränkt, und dem Rechte nach unveräußerlich[73]). Aber der Nießbrauch ergreift die ganze Nutzung des Grundstücks, und der Nießbraucher verschafft sie sich selbst, der Eigenthümer duldet und unterläßt nur[74]). Der Auszügler dagegen bezieht das ihm Gebührende nur aus der Hand des Eigenthümers; dieser muß leisten[75]), er selbst hat nur empfangen[76]). Hierin zeigt sich gerade der Unterschied zwischen der Servitut und der Reallast. Dieser Unterschied wirkt auch auf die Frage ein, ob und wieweit das Recht des Ausgedingers der Ausübung nach übertragen werden kann. Das hängt davon ab, ob die einzelne Leistung dadurch, daß sie einem Anderen gewährt werden soll, inhaltlich verändert wird.

---

B. 27 S. 230 (Recht auf Eintragung des vorbehaltenen Altentheils auch ohne besondere Zusicherung der Bewilligung der Eintragung und ohne Pfandbestellung mit dem Grundstück).

70) Seuffert B. 1 S. 327. Runde I. 210. 404 f. Unger I. S. 567 Note 51.

71) Entsch. B. 27 S. 280, B. 29 S. 301, B. 32 S. 345. Strieth. B. 12 S. 342, B. 16 S. 344.

72) Strieth. B. 12 S. 327. B. 46 S. 220. A.L.R. I. 19. § 22.

73) In Betreff des Altentheils nimmt Bielitz S. 5 an, daß Lebenslänglichkeit nicht in seinem Wesen liege, sondern nur der gewöhnliche Fall sei. Aber sie ist hier ebenso wie bei dem Nießbrauche eine Naturale, das durch die Willkür der Parteien abgeändert werden kann.

74) Oben § 186.

75) Daher auch das abgebrannte Auszugshaus von ihm wieder herzustellen ist, was mit Unrecht das frühere O.L.G. Ratibor verneint hat. Schles. Archiv B. 5 S. 372 fg. Wochenbl. f. merkw. Rechtsf. 1862 S. 377.

76) Bielitz a. a. O. S. 4.

Die von vornherein dingliche Natur des Auszugs zeigt sich insbesondere auch darin, daß auch für denjenigen, der ihn vertragsmäßig einräumt, daraus keine obligatorische Verbindlichkeit erzeugt wird außer derjenigen, in der Zeit seines Besitzes aus den Nutzungen die Leistungen zu entrichten. Ueber die Besitzzeit hinaus haftet der Konstituent nur, insofern das eingeräumte dingliche Recht dem Ausgedinger auf Grund eines Fehlers im Rechte des Bestellenden entwehrt oder die aus der dinglichen Natur folgende Pflicht zur Sicherung gegen Dritte durch Eintragung nicht gewährt wird, oder wenn vertragsmäßig eine Haftung für die Leistungen der Besitznachfolger übernommen ist[77]). Die Natur des Auszugs als Reallast hat ferner zur Folge, daß die Eintragung in das Grundbuch das Recht auch gegenüber Dritterwerbern des Grundstückes oder von Rechten daran sichert, und daß das Recht auf die einzelne Leistung eine Pfandsicherung giebt[78]).

Bezüglich der Löschung des durch den Tod des Berechtigten zum Ende gelangten Ausgedinges hatte das Gesetz vom 24. Mai 1853 die Bestimmung, daß die Löschung fünf Jahre nach dem erwiesenen Tode des Berechtigten erwirkt werden könne[79]). Diese Bestimmung, die in gleicher Weise bei Herbergs- und Pflegeberechtigungen, Nießbrauchsrechten und anderen persönlichen Servituten, bei Leibrenten und sonstigen auf Lebenszeit bedungenen Leistungen eingreifen sollte, war dazu bestimmt, noch fünf Jahre nach dem Tode die Rückstandsforderungen zu sichern. Nach der Bestimmung des § 102 der Grundbuchordnung ist die Zeit jetzt auf ein Jahr gekürzt. Die Löschung erfolgt auf den vom Eigenthümer erbrachten Nachweis des soweit zurückliegenden Todes, sofern nicht inzwischen eine Vormerkung zur Erhaltung des dinglichen Rechts auf Rückstände eingetragen worden ist[80]).

Im Einzelnen ist noch als eigenthümlich zu bemerken, daß der Auszug, weil er die Bestimmung einer persönlichen Verpflegung, d. h. einer Alimentenleistung hat, im Voraus geleistet werden muß[81]), daß die theilbaren Nutzungen, wenn eine der berechtigten Personen stirbt oder sonst ausscheidet, insoweit wegfallen[82]), daß ferner für schuldhaft rückständig gebliebene Naturalleistungen später der Geldwerth gewährt werden muß, wenn der Auszügler

---

[77]) Entsch. B. 54 S. 96, wodurch das Präj. 2665, Entsch. B. 32 S. 345, aufgehoben worden ist. Wochenbl. f. merkw. Rechtsf. 1862 S. 126 f.

[78]) Vergl. oben Anm. 47. Entsch. B. 32 S. 345. Strieth. B. 10 S. 229. 323, B. 12 S. 25, B. 64 S. 196. A. M. Prinz, Einfluß, S. 191 f.

[79]) G. v. 24. Mai 1853 §§ 33. 34.

[80]) Förster hat bereits in der dritten Ausgabe den im Grundbuchrecht S. 114 angeregten Zweifel, ob § 102 Grb.O. überhaupt auf Rechte, wie das Altentheil zu beziehen sei, aus praktischen Gründen aufgegeben. Der Herausgeber kann diese Zweifel auch theoretisch nicht theilen, da alle hier in Rede stehenden Rechte, sowie sie eingetragen sind, durchaus richtig als persönliche unvererbliche Beschränkungen des Eigenthums bezeichnet werden können.

[81]) Koch, Note 39 zu § 602 I. 11. Entsch. B. 39 S. 74.

[82]) Präj. 618. Samml. I. 62. Rechtsf. B. 2 S. 141, B. 4 S. 87. A.L.R. I. 11, § 616 in analoger Anwendung. Ebenso Strieth. B. 7 S. 36. Gruchot III. 247 (A. M. die Bl. für Rechtsanw. in Baiern 1857 S. 225 f.). Pfeiffer, prakt. Ausf. B. 7 S. 327. 348. Seuffert II. 79. Anders wenn die Berechtigten Ehegatten sind. S. Anm. 91.

nicht noch die Naturalleistung annehmen will[83]), und daß die Leistung mit dem Tode des Berechtigten aufhört[84]). Der Auszug darf nicht durch willkürliche Handlungen zum Nachtheil des Belasteten erweitert oder seine Leistung erschwert werden[85]). Eine solche Erschwerung wäre es, wenn der Auszügler ohne besonderen Grund verlangen wollte, daß ihm statt der Wohnung oder der Gutserträge Geld geleistet werde, damit er sich seine Bedürfnisse anderweitig verschaffen könne; wenn er die Lieferung an einen anderen Ort verlangen und nicht auf dem Grundstück selbst empfangen[86]), wenn er in eine ihm nicht abgesondert, sondern zur gemeinschaftlichen Benutzung mit dem Eigenthümer zustehende Wohnung andere nicht berechtigte Personen aufnehmen wollte[87]). Dagegen gilt es nicht als Erschwerung, wenn der Auszügler, dem eine abgesonderte Wohnung zur ausschließlichen Benutzung überwiesen ist, in diese bei seiner Wiederverheirathung den Ehegatten aufnimmt und die mit diesem erzeugten Kinder bei sich behält[88]).

Hat der Grundbesitzer dem Auszügler die Naturalprästationen nicht gewährt, oder hat er durch sein Benehmen nach vernünftigem richterlichen Ermessen dem Berechtigten unmöglich gemacht, die Naturalprästationen auf dem belasteten Grundstück entgegen zu nehmen, so tritt an die Stelle des Anspruchs auf die Naturalleistung ein pekuniärer Ersatzanspruch[89]). Es ist

---

[83]) Entsch. B. 39 S. 74. Rechtsf. B. 4 S. 197. Strieth. B. 3 S. 325.

[84]) Entsch. B. 54 S. 93.

[85]) Vgl. I. 19 § 25. Vgl. § 185 Anm. 27. Aber hieraus läßt sich nicht herleiten, daß — wie Dernburg I. § 310 A. 13 annimmt — jeder Annahmeverzug des Auszüglers, insbesondere, wenn er sich zum Empfang der einzelnen Auszugsleistungen nicht auf dem Grundstück einfindet, das Forderungsrecht des Auszüglers zerstört und nur einen Bereicherungsanspruch übrig läßt. Das ist richtig, soweit es sich um Leistungen handelt, deren Gegenstand dem Verderben ausgesetzt ist, sofern die Annahme so lange verzögert wird, daß das Verderben eingetreten sein würde; bagegen nicht richtig bei Gegenständen anderer Art. Hier muß der Eigenthümer aufbewahren und nachliefern, wenn er sich nicht durch Hinterlegung befreit.

[86]) Strieth. B. 12 S. 327. Seuffert III. 88, V. 47. Doch in Anwendung des § 369. I. 5, vgl. Strieth. B. 65 S. 144.

[87]) Strieth. B. 12 S. 327.

[88]) Entsch. B. 4 S. 23. Strieth. B. 12 S. 327. Koch, Note zu § 602. I. 11 und Beurtheilung der ersten 10 Bände S. 215. Jur. Wochenschr. 1846 S. 137. Auch schon ältere Praxis, Stengel, Beitr. B. 4 S. 121 v. Jahre 1784. Aber der zweite Ehegatte des Auszüglers hat nach dessen Tode keine Ansprüche auf weitere Gewährung des Altentheils. Seuffert III. 89.

[89]) Strieth. B. 6 S. 103, B. 65 S. 144. Dernburg I. § 310 Anm. 19 ist beizustimmen, daß die in der Begründung enthaltene Bezugnahme auf § 369 I. 5 unzutreffend und nicht erforderlich ist. Ihm ist auch darin beizustimmen, daß die in einigen Urtheilen des Obertribunals aus § 408. I. 5 hergeleitete Annahme des Rücktrittsrechts des Altsitzers von der Veräußerung nicht zu rechtfertigen ist. Vergl. auch Strieth. B. 6 S. 4 R.G. bei Gruchot B. 25 S. 888. Aber auch in dem Falle, wenn der Altsitzer von dem Grundbesitzer ermordet worden ist, muß die Annahme eines Rücktritts der Erben des Altsitzers von der Veräußerung und die Zulässigkeit einer Rückforderung des Guts wegen Vereitelung des Zweckes der Abtretung (Strieth. B. 64 S. 17) verworfen werden. Ein solcher Rücktritt könnte zunächst nur zwischen den Vertragschließenden, nicht gegenüber dem Singularnachfolger gedacht werden. Unter den Vertragschließenden aber greift I. 5 § 360, oder etwa § 379, § 383 ein, es entsteht ein Interessenanspruch, kein Rücktrittsrecht. Die Alimentation des Auszüglers kann überhaupt nicht als der bei

auch zulässig und ändert die Natur des Altentheils als einer Reallast nicht, wenn ein solcher Ersatzanspruch vertragsmäßig im Voraus fixirt oder wenn dem Berechtigten die Befugniß eingeräumt ist, nach seiner Wahl statt der Realleistung eine Geldsumme zu fordern[90]). Ist ein Auszug für ein Ehepaar bedungen, ohne daß eine Reduktion beim Tode des einen Gatten klar stipulirt oder durch Interpretation des Vertrages zu gewinnen ist, so muß der überlebende Gatte nach wie vor als berechtigt erachtet werden, die ganze Leistung zu fordern[91]).

## Zweites Kapitel.

## Die dinglichen Substanzrechte.

### § 189. I. Das Vorkaufs- und Näherrecht und verwandte Rechte.

A.L.R. I. 11. § 295. I. 20. §§ 568—657. Gesetz vom 3. Novbr. 1838 §§ 16—19 (G.S. S. 505). Gesetz v. 2. März 1850. § 2 Nr. 6. § 4 (G.S. S. 77). Gesetz v. 24. Juni 1865 §§ 104. 141 (G.S. S. 705). Bornemann IV. 266. Koch, Priv.-R. I. 547. R. d. Ford. III. 235f. Gruchot B. 10 S. 358. Dernburg B. I. §§ 380. 381. Fischer § 47. — Glück B. 16 S. 156f. Walch, das Näherrecht, 3. A. 1796. Renaud, Zur Lehre vom Näherrechte, in der Zeitschrift für deutsches Recht, B. 8 S. 240fg. Beseler § 106f. Bluntschli S. 337. Gerber § 174b.f. Laband, Vermögensrechtliche Klagen S. 259. Arch. f. c. Pr. B. 52 S. 151. Stobbe B. 2 §§ 88f. Stobbe-Lehmann B. 2 §§ 116—120.

Das A.L.R. verweist bei Regelung des Kaufs im 11. Titel den Vorkaufsvertrag zum Näherrechte[1]) und hat demnächst im 20. Titel Vorkauf- und Näherrecht in engster Verbindung behandelt; es sieht in letzterem den mit dinglicher Wirksamkeit ausgestatteten Vorkauf[2]). Das Gesetzbuch ist hierin der Auffassung beider Rechtsinstitute in der damaligen Gewöhnung des gemeinen Rechts gefolgt. Denn seit der römischrechtliche Vorkaufsvertrag (pactum protimiseos) recipirt war, floß er bald und leicht mit den altdeutschen Fällen des Näherrechts (jus retractus) zusammen. Zwar nicht so, daß man die reine

---

der Ueberlassung sich ergebende „Endzweck beider Theile" I. 5 § 378 angesehen werden. Die Entscheidung ist also willkürlich. Wenn Dernburg I. § 310 Anm. 21 hingegen auf die Meinung der Kontrahenten bei dem Vertragschluß verweist und ausführt, diese würden die Auflösung vorgezogen haben, wenn sie diesen Fall in Betracht gezogen haben würden, so vermag ich das dabei obwaltende juristische Moment nicht zu erkennen; jedenfalls ergiebt das nicht einen „Endzweck beider Theile".

90) Vgl. R.-G. bei Gruchot B. 24 S. 459.

91) Das Recht ist als ein einheitliches anzusehen, das erst mit dem Tode des Letztverstorbenen zu Ende gehen soll. Vergl. Seuffert I. 328. Jede Reduktion, wie eine solche bei Seuffert B. 20 Nr. 151 und im Präj. 618 als zulässig angenommen wird, ist willkürlich, eine Analogie von § 615, I. 11 kann nicht anerkannt werden. A. A. Dernburg I. § 310 A. 14.

1) I. 11. § 295. Oben B. II § 126 Nr. 6.

2) Koch, R. d. F. III. S. 246.

Vertragsnatur des Vorkaufs, die nur zwischen den Kontrahenten Rechte und Pflichten erzeugen konnte, verkannte[3]), aber doch so, daß man annahm, neben dem vertragsmäßigen Vorkauf stehe als zweite Art unter demselben Gattungsbegriff ein gesetzlicher, welcher die deutschrechtlichen Fälle umfasse[4]), von dinglicher Natur sei und vermöge dieser dinglichen Natur sich zum Näherrecht steigere. So hat noch Glück 1814 die Sache dargestellt[5]), und Walch, der zur Zeit der Redaktion des A.L.R. sein Werk erscheinen ließ (3. A. 1795), hat anerkannt, daß beide Institute, obgleich verschieden, doch eine große Aehnlichkeit und gemeinsame Eigenschaften hätten[6]).

Dementsprechend stellt denn das A.L.R. zunächst einen allgemeinen Begriff auf: „das Vorkaufsrecht ist die Befugniß, eine von dem Eigenthümer an einen Dritten verkaufte Sache unter der Bedingung des geschlossenen Kaufs oder unter gewissen in Voraus bestimmten Bedingungen käuflich zu übernehmen“ [7]). Diese Definition bringt zum Ausdruck, daß es sich um eine bereits verkaufte Sache nicht bloß um eine solche handelt, deren Verkauf beabsichtigt ist[8]) und weicht vom römischen Recht dadurch ab, daß als Gegenstand nicht das Recht, von einem bestimmten Verpflichteten den Verkauf zu verlangen, sondern das Recht, käuflich zu übernehmen bezeichnet wird, ein Recht das auch einem dritten Inhaber gegenüber denkbar ist. So umfaßt die Definition die Fälle, in denen bereits der Eigenthumsübergang vollzogen und das Recht gegen den Neuerwerber geltend zu machen ist, das Einstands- oder Näherrecht[9]). Eine solche dingliche Wirksamkeit hat das gesetzliche

---

[3]) Das jus oder pactum protimiseos bezieht sich nicht bloß auf den Kauf, sondern kann auch ein Vorpachtrecht sein, die Klage des Vorberechtigten war die Vertragsklage: l. 75 D. XVIII. 1 qui fundum vendidit, ut eum certa mercede conductum ipse habeat, vel si vendat, non alii, sed sibi distrahat, vel simile aliquid paciscatur, ad complendum id, quod pepigerunt, ex vendito agere poterit. l. 21 § 5 D. XIX. 1 sed etsi ita fundum tibi vendidero, ut nulli alii eum, quam mihi, venderes, actio eo nomine ex vendito est, si alii vendideris. Der Vorkauf kann den Sinn haben, daß die Pflicht nur darin besteht, daß der Veräußerer dem Berechtigten die Sache zunächst zum Kauf anbieten muß, bevor er an einen Andern verkauft, oder darin, daß für den Fall eines solchen Verkaufs an einen andern der Verkäufer sich der Pflicht unterwirft unter denselben Bedingungen, unter denen er es den andern verkauft hat, den Verkaufsberechtigten, falls dieser es will in solcher Weise als Käufer anzunehmen, als ob er mit ihm den Vertrag geschlossen hätte. Letzteres wird gemeinhin unter Vorkauf verstanden. Ein Mittel, dieses Vertragsrecht in ein dingliches umzugestalten, giebt es in den gemeinrechtlichen Gebietstheilen Preußens nicht. Insbesondere giebt es keine Eintragung dieses Vorkaufsrechts in das Grundbuch.

[4]) Ueber die geschichtliche Entwickelung des deutschen Retrakts s. Renaud S. 241 f. Bluntschli S. 337.

[5]) B. 16 S. 156. 157. Er stellt das Näherrecht als Gattungsbegriff hin, und als dessen Arten den Vorkauf oder das Einstandsrecht und das Näherrecht im eigentlichen Sinn, oder Abtrieb, Retrakt.

[6]) Näherrecht § 6 S. 92 fg. Vergl. auch das Jenenser Urtheil bei Emminghauß, sächs. Pand. S. 551 Nr. 5.

[7]) I. 20 § 568. Vgl. B.G.B. §§ 504—514, §§ 1094—1104.

[8]) S. Note 3. Madihn, Diss. de jure protimiseos ejusque a jure retractus discrimine 1758 § 2.

[9]) Glück a. a. O. S. 157.

Näherrecht, aber auch das vertragsmäßige Vorkaufsrecht kann zu einem dinglichen gemacht werden.

Ein Vorkaufs- oder Näherrecht wird nämlich entweder durch Willenserklärungen begründet und erzeugt in diesem Fall zunächst nur ein persönliches (obligatorisches) Rechtsverhältniß zwischen dem sich Verpflichtenden und dem Berechtigten[10]), oder es geht aus dem Gesetz hervor[11]), und in diesem Fall hat es die Natur eines dinglichen Rechts. Diese Natur kann dem vertragsmäßigen und testamentarischen Vorkauf bei beweglichen Sachen niemals verschafft werden; bei Grundstücken aber erlangt er diese Natur durch Eintragung[12]). Die gesetzlichen Vorkaufsrechte bedürfen der Eintragung auch nicht zur Erhaltung Dritten gegenüber[13]). Wie sich die dingliche Wirkung gegen Dritte äußert, ist unten näher darzustellen[14]). Der früher aufgestellte Zweifel, ob das gesetzliche Vorkaufsrecht schon von vornherein ein dingliches sei[15]), ist gegenwärtig beseitigt: in Wahrheit stellte schon das A.L.R. das eingetragene und das gesetzliche Vorkaufsrecht in ihren Wirkungen gleich, und diese Wirkungen sind die eines dinglichen Rechts.

Die Fälle des gesetzlichen Vorkaufsrechts sind durch die neuere Gesetzgebung sehr vermindert. Schon das A.L.R. hat dem aus dem Nachbar- und Gespilderecht und der Familienverbindung hergeleiteten Vorkauf und Retrakt die gemeinrechtliche Anerkennung versagt[16]), und überhaupt, der Auffassung von Leyser sich anschließend[17]), das Institut mit entschiedener Ungunst behandelt[18]). Dann hat das Edikt vom 9. Oktober 1807 das gesetzliche Vorkaufs- und Näherrecht nur noch bei Lehnsobereigenthümern, Erbzinsherren, Erbverpächtern, Miteigenthümern und in den Fällen bestehen lassen, wo eine mit anderen Grundstücken vermischte, von ihnen umschlossene Besitzung veräußert wird[19]). Endlich hat das Gesetz vom 2. März 1850 alle gesetzlichen

---

[10]) I. 20 § 569. Leyser sp. 192 m. 6. B.G.B. §§ 504 ff.

[11]) I. 20 § 573. Das B.G.B. regelt reichsgesetzlich keine gesetzlichen Vorkaufsrechte. Im Bereich der Vorbehalte für das Landesrecht können sie aufrecht erhalten werden.

[12]) I. 20 §§ 570. 572. Ges. v. 5. Mai 1872 § 12. Vgl. unten Anm. 62. Es müssen auch die Bedingungen der Ausübung eingetragen werden. Präj. 991. Samml. I. S. 119.

[13]) Oben B. I. § 23a, B. III. § 184.

[14]) I. 20 § 631. Auch im gemeinen Recht wurde dem testamentarischen Vorkaufsrecht die Wirkung des Retrakts von Einigen beigelegt. S. Glück S. 169. Ueber die Frage, ob durch Vertrag ein Retrakt begründet werden könne, Renaud S. 259 f.

[15]) Für ein persönliches R. erklärten das gesetzliche Vorkaufsrecht Schröter, Civil. Versuche, B. 1 S. 64. v. Rönne in Klein's System B. 1 S. 562. Dagegen Bornemann IV. 266. Koch, Pr.-R. I. S. 547. R. d. F. III. S. 237. Komm. zu § 573. Jetzt hat Eig.Erw.Ges. § 12 jeden Zweifel abgeschnitten.

[16]) I. 20 §§ 650—656. II. 4. 227. Vertragsmäßig oder letztwillig kann natürlich auch für die Mitglieder einer Familie ein Vorkaufsrecht begründet werden. R.G. bei Gruchot B. 34 S. 1026.

[17]) Spec. 192 m. 2. Praeterea retractus hic libertatem commerciorum magnopere turbat, multas venditiones impedit, lites plurimas excitat atque adeo odiosus est.

[18]) Svarez äußerte, daß das jus protimiseos ein odium habe, weil es eine lästige Einschränkung des Eigenthums und der libertates commerciorum sei. Jahrb. B. 41 S. 61, B. 52 S. 37.

[19]) Edikt vom 9. Okt. 1807 § 3. Dadurch ist auch die statutarische und provinzielle Erb-

Vorkaufs-, Näher- und Retraktrechte an Immobilien aufgehoben mit Ausnahme des aus dem Miteigenthum zu ideellen Theilen (Quoten)[20]) entspringenden Retrakts und des Falls, wenn expropriirte Grundstücke ganz oder theilweise wieder veräußert werden sollen, weil sie zu dem bestimmten Zweck nicht weiter nothwendig sind[21]). Letzteres kommt im Falle der Enteignung[22]) und bei dem Bergbau[23]) vor. Den Vorkauf der Schiffsrheder an den Schiffsparten hat das deutsche Handelsgesetzbuch beseitigt, ebenso ist das gesetzliche Vorkaufsrecht, welches das ältere Bergrecht an Mobilien gewährte, im geltenden Bergrecht antiquirt[24]). Das gesetzliche Vorkaufsrecht der Gemeinde beziehungsweise des Besitzers des zehntpflichtigen Grundstücks für den Fall des Verkaufs eines Zehntrechts ist durch die Ablösung der Zehntrechte nahezu gegenstandslos[25]). Die Frage, ob ein in älterer Zeit vertragsmäßig vorbehaltenes, an sich aber gesetzliches Vorkaufsrecht durch die neuere Gesetzgebung ebenfalls beseitigt, oder vermöge seiner besonderen vertragsmäßigen Sicherung erhalten geblieben sei, hat das Obertribunal nach der letzteren Alternative entschieden. Die Bedenken gegen diese Entscheidung sind schon früher vorgetragen worden[26]).

---

losung, retractus gentilicius, aufgehoben worden; es bestand nur noch das durch Familienverträge begründete Näherrecht der Verwandten (II. 4 §§ 227 ff.).

20) Bei reeller Theilung der Sache hat der Besitzer des einen Theils kein Vorkaufsrecht auf den andern Theil, und das wird auch nicht dadurch geändert, daß nebenher noch unerhebliche Theile derselben Sache im Miteigenthum geblieben sind. Entsch. B. 55 S. 58. Ueber das Vorkaufsrecht der Miteigenthümer s. I. 17 § 61 und oben § 182 Anm. 65. Auch Miterben haben beim Erbschaftsverkauf einer Erbquote ein Vorkaufsrecht. Entsch. B. 34 S. 146 (Rehbein III. S. 727). R.G. bei Gruchot B. 27 S. 939, R.G. Entsch. B. 33 S. 293.

21) Ges. v. 2. März 1850 § 2 Nr. 6, § 4 (G.S. S. 77). Aufrecht erhalten sind fast nur die durch Vertrag oder letztwillige Verfügung begründeten Vorkaufsrechte. Daß ein solches Vorkaufsrecht, für welches eine derartige Grundlage nicht erwiesen werden kann, in das Grundbuch eingetragen ist, hindert nicht die Annahme des Erlöschens. Sowie die gedachte Grundlage nicht erwiesen werden kann, ist es aufgehoben. Entsch. B. 78 S. 215. In dem Reskr. des Min. des Innern vom 11. Mai 1844 (Ergänz. Nr. 4 zu § 568) ist für unzulässig erklärt, bei bäuerlichen Eigenthumsregulirungen der Gutsherrschaft ein Vorkaufsrecht vorzubehalten. — Aufgehoben ist auch das Vorkaufs- und Retraktrecht der Lehnsagnaten, Entsch. B. 28 S. 301 (Pl.-Beschl.), aber nicht die lehnsrechtlichen Reluitionsrechte, Entsch. B. 36 S. 125, und nicht das Revokationsrecht aus der hinterpommerschen Lehnskonstitution vom 8. Dez. 1694 Tit. 26 § 1. Entsch. B. 35 S. 63.

22) Ges. vom 3. November 1838 §§ 16—19. Ges. betr. die Enteignung von Grundeigenthum v. 11. Juni 1874 § 57. Ist das Grundstück demnächst parzellirt, so fällt das Vorkaufsrecht nicht weg, wie Kühlwetter, Pr. Eisenbahnrecht S. 123 und Oppenhoff, Berggesetz S. 201 annehmen, das Recht ist vielmehr von den Parzellenbesitzern im Zweifel gemeinschaftlich zu üben. Entsch. B. 79 S. 166 (Rehbein III. S. 750).

23) Berggesetz v. 24. Juni 1865 § 141 (G.S. S. 734). Vgl. Entsch. B. 79 S. 45.

24) H.G.B. Art. 470 (G.S. S. 581). Ein Vorkaufsrecht an Kuxen kannte auch das frühere Bergrecht nicht. II. 16 § 322. Dagegen kannte das Bergrecht ein Vorkaufsrecht des Staats an dem durch Bergbau gewonnenen Gold und Silber, und ein vorzügliches Kaufrecht des Bergbautreibenden gegenüber dem Grundbesitzer bezüglich des Bau- und Kohlenholzes. II. 16 §§ 95. 111, aufgehoben durch § 244 des Berggesetzes.

25) Der Satz des II. 11 § 914 wird vielfach als durch § 2 Nr. 6 und § 4 des Ablösungsgesetzes vom 2. März 1850 aufgehoben bezeichnet. Das Zehntrecht ist aber kein Immobile.

26) Entsch. B. 42 S. 1 (Rehbein III. S. 733). J.M.Bl. 1860 S. 162 f. Oben B. I. § 10 Anm. 7. Vgl. auch R.G. Entsch. B. 5 S. 223.

Einem persönlichen Vorkaufsrecht entspricht die Vertragspflicht, sich gefallen zu lassen, daß der Berechtigte als Käufer das Recht zur Sache geltend mache, sobald der Kaufvertrag mit einem Fremden zum Abschluß gelangt ist. Regelmäßig liegt aber in der Einräumung eines Vorkaufsrechts an einem Immobile auch die Uebernahme der Pflicht, diesem Recht zugleich dingliche Kraft durch Bewilligung der Eintragung zu geben, es sei denn, daß die entgegengesetzte Absicht aus dem Vertrage zu entnehmen ist [27]).

Das Vorkaufsrecht ist an die Person des Berechtigten oder an den Besitz des Miteigenthums oder des durch Enteignung verkleinerten Grundstücks gebunden und nicht cessibel [28]). Der Berechtigte darf es auch nur geltend machen, um selbst auf Grund des Kaufs Eigenthümer zu werden, nicht zu Gunsten eines Andern, um diesen zum Eigenthümer zu machen [29]). Den Erben des Berechtigten steht das Recht nur zu, wenn es ihnen ausdrücklich eingeräumt worden ist, oder bei einem auf bestimmte Zeit eingeräumten Vorkaufsrecht [30]).

Die allgemeine Voraussetzung der Ausübung des Vorkaufs ist, daß ein Verkauf wirklich stattgefunden hat [31]). Bei einer Schenkung, einem Tausch oder einem anderen Veräußerungsgeschäft (Vergleich) kann der Vorkauf nicht ausgeübt werden. Im zweifelhaften Fall muß der Berechtigte nachweisen, daß das Veräußerungsgeschäft ein Verkauf ist [32]). Auch ein Vorkauf be-

---

27) Im Bestreitungsfalle Vormerkung nach §§ 8. 16 des Eigenthumserwerbgesetzes.

28) I. 20 § 594. B.G.B. § 514. — Bei dem vertragsmäßig entstandenen Vorkauf wird gemeinrechtlich die Cessibilität behauptet. Glück S. 193. Renaud S. 274.

29) I. 20 § 595. Entsteht der Verdacht, so kann der Käufer den Beweis durch Eideszuschiebung sichern. Die Bestimmung deren Geltung nach § 14 E.G. und C.P.O. und § 410 C.P.O. nicht zu bezweifeln ist, setzt also voraus, daß das Vorkaufsrecht als Näherrecht gegen den Käufer verfolgt wird. Aber auch der obligatorisch gebundene Verkäufer braucht nicht zu gestatten, daß das Recht zu Gunsten eines Andern verfolgt werde. Vgl. übrigens Entsch. B. 72 S. 54. Strieth. B. 91 S. 171. Leyser sp. 193 m. 6. 7. 8. Renaud S. 273.

30) I. 20 § 596. Die Vererblichkeit des Rechts, den Vorkauf auszuüben, ist also nur denkbar bei dem durch Willenserklärungen begründeten Vorkaufe, nicht bei dem gesetzlichen, das den Erben zusteht, wenn das Rechtsverhältniß vererbt ist, aus dem das Vorkaufsrecht entspringt, z. B. das Miteigenthum. Entsch. B. 23 S. 342, B. 80 S. 303 (Rehbein III. S. 748). Hat der Berechtigte auf die an ihn erlassene Aufforderung erklärt, daß er das Vorkaufsrecht ausübe, oder hat er bereits die Sache gerichtlich zurückgefordert, so ist das Recht auf Hergabe der Sache ein wohlerworbenes und schlechthin vererblich. Entsch. B. 80 S. 42. (Rehbein III. S. 745.) Vergl. B.G.B. § 514.

31) I. 20 § 575. Svarez, revis. monit. Jahrb. B. 52 S. 37. Nach Striethorst B. 1 S. 273 (Rehbein III. S. 730), Entsch. B. 55 S. 58, soll beim Verkauf eines intellektuellen Theils einer ganz mit einem Vorkaufsrecht belasteten Sache der Vorkauf nicht ausgeübt werden, weil hier der Verkauf einen anderen Gegenstand habe als der Verkauf der ganzen Sache. Die Richtigkeit dieses Präjudizes ist nach Ansicht des Herausgebers zu bezweifeln. Vgl. auch Dernburg § 381 Anm. 5.

32) I. 20 § 577. Striethorst B. 23 S. 260 (Einrede der Simulation gegen den Kauf). Wenn der Retrakt bereits ausgeübt worden und der Verkäufer fordert das Eigenthum zurück mit der Behauptung, daß sein Veräußerungsvertrag nur simulirt gewesen, so ist diese Klage die Vindikation und die Simulationsbehauptung anticipirte Replik. Entsch. B. 54 S. 183f. Walch S. 157fg. §§ 17—23. Bei dem Tausch war es streitig, ob er den Vorkauf ausschließe. Glück S. 161.

gründet den Eintritt des Verkaufsberechtigten nicht, wenn der Käufer einer der nächsten gesetzlichen Erben des Verkäufers ist[33]). Es ist auch kein reines Kaufgeschäft, wenn die Gegenleistung, die der Käufer übernimmt oder ein Theil davon nur von diesem persönlich erfüllt werden kann[34]). Dies ist insbesondere angenommen, wenn der Käufer den Verkäufer verpflegen soll[35]). Sonst wird die Natur des Geschäfts als Kauf und somit die Ausübung des Vorkaufs nicht durch Naturalleistungen, die einer Schätzung in Geld fähig sind, verändert[36]).

Die Ausübung des Rechts ist auch bei einem s. g. Mengekauf nicht ausgeschlossen: der Vorkaufsberechtigte darf verlangen, daß der Preis der darunter befindlichen mit dem Vorkauf belasteten Sache durch Sachverständige ermittelt werde; verlangt der Verkäufer, daß er die ganze Menge gegen den einheitlichen Preis übernehme, so muß der Pflichtige darauf eingehen oder von dem Verkauf abstehen[37]). Auch der s. g. Freundschaftskauf, soweit er nicht simulirte Schenkung ist, sondern in der persönlichen Zuneigung nur das Motiv zum Abschluß liegt, schließt den Vorkauf nicht aus[38]). Wird der Gegenstand des Vorkaufs an Zahlungsstatt hingegeben, so gilt auch dies als ein wirklicher Kauf[39]). Die Bestimmung, daß so auch „jede" Veräußerung

---

33) I. 20 § 584. Entsch. B. 19 S. 226. Strieth. B. 2 S. 413, auch bei unehelichen Kindern Entsch. B. 65 S. 168, B. 77 S. 88. Leyser sp. 192 m. 1. Wernher, obs. II. 382, III. 2 obs. 382. Walch S. 175 f. Eine solche Veräußerung wurde als antizipirte Erbfolge angesehen; die Ausschließung des Vorkaufs Fremder hängt geschichtlich mit dem Recht der nächsten Erben bei Veräußerungen zusammen. Ein Fall, wo an den Erben und einen Anderen zu Miteigenthum verkauft war, vgl. bei Strieth. B. 1 S. 273, Rehbein III. S. 730. Vgl. B.G.B. § 511.

34) I. 20 § 578. Leyser sp. 192 m. 3, sp. 194 m. 1. 3. 4. Walch sagt, es müsse die Sache an einen Dritten „ohne persönliche Absichten in Ansehung des Käufers" verkauft worden sein. S. 143. 174 f. 177.

35) I. 20 § 581. Dazu Koch, 8. Walch S. 176. 608. Kind, Quaest. for. ed. 2 II. 6. Seuffert XIII. 51.

36) I. 20 § 579. Auch nicht durch Nebenbedingungen, die keine Erfüllungspflicht für den Käufer erzeugen. § 580. Rechtsf. B. 1 S. 243 (eine Summe, die dem Käufer zu Gute kommen sollte, hat der Vorkaufsberechtigte nicht zu leisten). S. auch Walch S. 176. Kind, l. c.

37) I. 20 § 607. Die früheren Ausgaben interpretiren, mit dem Obertribunal, den Sinn der Vorschrift dahin, daß, wenn der Vorkaufsberechtigte die ganze Menge nimmt, er auch alle Bedingungen des Mengekaufs erfüllen muß, daß er aber die Ausscheidung der einzelnen Sache als Recht fordern kann. Entsch. B. 34 S. 158. Strieth. B. 24 S. 26 f. (Rehbein III. S. 732.) Koch (R. d. F. III. 242 a. E. f.). Im Wortsinn, den der Text jetzt acceptirt, ist die Vorschrift ganz folgerichtig. Es ist eine dem Vorkaufsberechtigten lästige Nebenbestimmung, daß der Verkäufer die Sache nicht anders als mit der anderen zugleich losschlagen wollte. Auch das B.G.B. § 505 giebt dem Verkäufer das Recht, die Abnahme der ganzen Menge durch den Vorkaufsberechtigten zu fordern, wenn die Trennung nicht ohne Nachtheil für ihn sein würde.

38) I. 20 §§ 577. 585. Koch, R. d. F. III. 245. Das A.L.R. schließt sich an Pufendorf III. obs. 40 p. 143 an, während Walch S. 177. 179 u. A. den Retrakt bei dem Verkauf aus persönlicher Zuneigung ausschließen wollen. Wenn umgekehrt aus Freundschaft zu theuer gekauft wird, so findet der Vorkauf unbedenklich statt. Walch a. a. O. Glück S. 165.

39) I. 20 § 576. Walch S. 154 mit Beziehung auf l. 15 D. XLII. 4 und l. 4 C. VIII. 45. Ebenso Struv. I. exc. 23 th. 61 p. 1572 u. A.

des „zum Eigenthum gehörenden Nutzungsrechts" gegen ein baares Entgelt angesehen werden soll[40]), ist unklar. Es kann darunter nur die Veräußerung zum s. g. nutzbaren Eigenthum, die entgeltliche Begründung eines Erbzinsverhältnisses verstanden werden. Nach Aufhebung des getheilten Eigenthums ist die Bestimmung also unpraktisch geworden[41]). Werden Veräußerungen vorgenommen, bei denen der Vorkauf nicht ausgeübt werden darf, so ruht das dingliche Vorkaufsrecht für diesen einzelnen Fall; das persönliche aber muß untergehen, da es ja gegen den dritten Erwerber bei dessen späterer Veräußerung nicht mehr geltend gemacht werden kann[42]).

Das von vorn herein dingliche Vorkaufsrecht, wie das dinglich gemachte, begründet eine Verpflichtung des Eigenthümers, der verkauft — aber nicht wie die Reallast eine obligatorische Pflicht, für deren Erfüllung er mit seinem ganzen Vermögen einzustehen hat, sondern eine Pflicht, deren Verletzung den Retrakt gegen den Erwerber begründet. Der Eigenthümer, der das Recht des Retrakts nicht entstehen lassen will, darf nicht ohne Beobachtung der aus der Last erwachsenden Pflicht sein Eigenthum übertragen. Er ist insoweit verpflichtet, ebenso wie der persönlich Gebundene, dem Berechtigten von dem Abschlusse des Kaufs und seinem vollständigen Inhalte Nachricht zu geben und ihn aufzufordern, sein Vorkaufsrecht auszuüben[43]). Diese Bekanntmachung muß im Fall des dinglichen Vorkaufs durch das Gericht oder einen Notar erfolgen. Die Stelle der gerichtlichen Bekanntmachung vertritt jetzt die Zustellung der Bekanntmachung durch den Gerichts-

---

[40]) I. 20 § 576.

[41]) Koch Note zu § 576. Strieth. B. 29 S. 225.

[42]) I. 20 § 586.

[43]) I. 20 § 608. Der Berechtigte soll Abschrift der Punktation erhalten, d. h. des für die Kontrahenten bereits verbindlichen Vertragsentwurfs. Ist der Vertrag mündlich geschlossen und durch hinzugekommene Auflassung verbindlich geworden, so begründet die Mittheilung hiervon nicht den Lauf der zweimonatigen Frist, weil deren Voraussetzung die sichere Kenntniß von den Bedingungen des geschlossenen Kaufs ist, die nur aus der schriftlichen Vertragsurkunde gewonnen werden kann. Die förmliche Benachrichtigung wird von dem Obertribunal unrichtig unter den Gesichtspunkt einer Offerte zum Eintritt in den Vertrag gebracht, die durch rechtzeitige Annahme bindend gemacht wird, sofern nicht noch vorher die Kontrahenten gänzlich vom Vertrage zurücktreten. Entsch. B. 78 S. 219 (Rehbein III. S. 739). Ausdrückliche Aufforderung: Präj. 605 Samml. I. S. 120. Die Benachrichtigung durch den Grundbuchrichter ersetzt nicht die dem Veräußerer obliegende Benachrichtigung. Entsch. B. 66 S. 82. Das Grundenteignungsgesetz v. 11. Juni 1874 § 57 Abs. 3 fordert Anzeige des mit dem Vorkaufsrecht belasteten Eigenthümers an den Vorkaufsberechtigten „von der Absicht der Veräußerung" und dem „angebotenen Kaufpreis". Es kann hierin nichts Abweichendes von den Bestimmungen des Landrechts gefunden werden. Denn ein wirklich angebotener Kaufpreis ist nur vorhanden, wenn er auch die sonstigen Bedingungen des Geschäftsschlusses in sich schließt, so daß mit der Annahme — mit Erklärung der Absicht der Veräußerung zu diesem Preise das Geschäft fertig vorliegen würde. Eine besondere Form ist für diese Bekanntmachung nicht zu beobachten. — Nach dem B.G.B. begründet der abgeschlossene Kauf selbst ohne Benachrichtigung das von den Paciscenten durch entgegenstehende Abreden nicht auszuschließende Recht des Vorkaufsberechtigten, in den Kauf einzutreten. Die Anzeige des Verpflichteten ist nur ein Mittel, die Ausübung dieses Rechts an eine Frist zu binden. B.G.B. § 510.

vollzieher[43a]). Ist der Aufenthalt des Vorkaufsberechtigten unbekannt, so bedarf es der öffentlichen Zustellung[44]). Bei der Zwangsversteigerung wird der dinglich Vorkaufsberechtigte wie die anderen Realinteressenten von dem Bietungstermin in Kenntniß gesetzt. Hierdurch wird die Benachrichtigung durch den Eigenthümer ersetzt[45]).

Der Berechtigte muß nach erhaltener Bekanntmachung innerhalb einer sechzigtägigen Frist, bei der Zwangsversteigerung aber im Bietungstermin selbst[46]) sich darüber erklären, ob er den Vorkauf ausüben wolle. Regelmäßig

---

[43a]) Das Reichsgericht hat die Bekanntmachung durch einen Notar für genügend erklärt, ohne daß es der Aufnahme einer Notariatsurkunde bedürfe. R.G. bei Gruchot B. 38 S. 998.

[44]) I. 20. §§ 611—614. Ausf.-Ges. z. d. C.P.O. vom 24. März 1879 § 1. An die Stelle der Publikation eines Patents nach § 614 tritt die mindestens zweimalige Einrückung eines gerichtlich festgestellten Auszugs in das für Bekanntmachungen des Gerichts bestimmte Blatt und die einmalige Einrückung in den Reichsanzeiger, auch ist die Bekanntmachung erst einen Monat nach der letzten Einrückung zugestellt (§§ 187. 189 C.P.O.). Von diesem Zeitpunkt an kann erst die zweimonatige Frist bemessen werden.

[45]) I. 20. § 615. Imm.Vollstr.Ges. v. 13. Juli 1883 §§ 56. 67. Früher Subh.-O. v. 15. März 1869 § 14. Ges. v. 4. März 1879 § 8. Im gemeinen Recht war streitig, ob bei nothwendiger Subhastation der Vorkauf überhaupt ausgeübt werden dürfe. Das A.L.R. schließt sich an Leyser sp. 195 m. 7. 8. Glück S. 159 wollte das Näherrecht noch nach der Adjudikation zulassen. Ueber freiwillige Subhastation vgl. Entsch. B. 66 S. 82. — Das B.G.B. § 512 schließt das persönliche Vorkaufsrecht im Falle des nothwendigen Verkaufs und des Verkaufs durch den Konkursverwalter aus, das eingetragene Verkaufsrecht aber ist nach § 1089 beim freihändigen Verkauf durch den Konkursverwalter wirksam.

[46]) I. 20. §§ 610. 616. Gr.Enteignungsgesetz v. 11. Juni 1874 § 57. Svarez, Schlußvortr. S. 61. Die zweimonatige Frist ist aus l. 3. C. IV. 66 genommen. Sie ist keine Verjährungszeit. Berechnung oben B. I. § 45 Anm. 1. R.G.Entsch. B. 4 S. 306. Entsch. B. 6 S. 389 fg. Bei der Zwangsversteigerung ist das Recht „vor Schluß der Versteigerung" geltend zu machen, mit der Möglichkeit eines Widerspruchs verletzter Interessenten und des Anspruchs auf Sicherheitsbestellung, und so daß der Vorkaufsberechtigte bei Einstellung des Verfahrens oder Aufhebung des Termins frei wird, aber auch keine weiteren Rechte behält. Auch früher konnte das Vorkaufsrecht nicht schriftlich hinterher geltend gemacht werden, Strieth. B. 50 S. 335, war aber erst nach Schluß der Versteigerung zu üben. Entsch. B. 55 S. 276. Das dem betreibenden Theil vorgehende dingliche Vorkaufsrecht bleibt, wenn es nicht in dieser Weise ausgeübt wird, als Belastung des Grundstücks bei der Zwangsversteigerung unberührt. Es fällt wie andere Lasten in das geringste Gebot. Steht das Vorkaufsrecht dem Recht des betreibenden Theils nach, so ist die Uebernahme nach Imm.Vollstr.Ges. § 60 als Kaufbedingung festzustellen. Wenn dabei vorgehende Interessenten nicht zur Befriedigung gelangen, ist zugleich der Verkauf ohne die Last zu versuchen und zu ermitteln, ob so die Interessenten den Nachtheil vermeiden oder ob er sich verringert. Nach einer auf Grund des älteren Rechts ergangenen bedenklichen Entscheidung des Reichsgerichts sollten ältere Realberechtigte der Geltendmachung des Vorkaufsrechts zu dem sie nicht vollständig deckenden Preise widersprechen dürfen. R.G. Entsch. B. 4 S. 230. Durch die Bestimmung des Gesetzes betreffend die Zwangsvollstreckung in das unbewegliche Vermögen, daß das Vorkaufsrecht nicht erst nach, sondern vor dem Schluß der Versteigerung im Bietungstermin geltend gemacht werden muß, wird erreicht, daß der Hypothekengläubiger, der den Betrag der voreingetragenen Posten, aber nicht zugleich den vollen Betrag der eigenen Hypothek als Kaufpreis geboten hat, nicht der Gefahr ausgesetzt ist, daß ihm das Grundstück für dieses Gebot durch den Vorkaufsberechtigten entzogen wird, — da er nach der Erklärung, das Vorkaufsrecht werde ausgeübt, sein Gebot erhöhen kann. Man hat so das Interesse, welches das reichsgerichtliche Präjudiz sichern wollte, in anderer Weise schützen wollen. Bei beweglichen gepfändeten Sachen scheint die reichsgesetzliche Regelung des Verkaufs durch den Gerichtsvollzieher der Geltendmachung eines Vorkaufsrechtes keinen Raum zu lassen.

kann er dies nur unter Uebernahme der Pflicht, den ganzen Inhalt des Kaufgeschäfts an Stelle des Käufers zu erfüllen, wenn nicht bei Begründung des Vorkaufsrechts andere Bedingungen für seine Ausübung festgestellt worden sind[47]), kann aber auch die Stundung des Kaufgeldes, wie sie dem fremden Käufer bewilligt werden sollte, für sich in Anspruch nehmen, wenn er dieselbe Sicherheit oder, falls eine solche dem ersten Käufer aus besonderem Vertrauen erlassen worden, hinreichende Sicherheit stellen kann[48]).

Die Bekanntmachung fixirt die Bedingungen, unter denen der Vorkaufsberechtigte in den Kauf eintreten darf; es darf von diesem Moment an den Kaufbedingungen nichts mehr zum Nachtheil des Berechtigten geändert, das im Vertrage verabredete Kaufgeld nicht erhöhet werden[49]). Aber bis zur Erklärung des Vorkaufberechtigten steht dem Veräußerer und dem fremden Käufer noch frei, von dem durch Uebereignung noch nicht erfüllten Vertrage zurückzutreten und damit das Vorkaufsrecht zu beseitigen[50]). Erfolgt der Rücktritt erst nach der Uebergabe und der dadurch nach Landrecht bewirkten Uebereignung der Sache an den Käufer, so kann er das Recht des Vorkaufsberechtigten auf Interesse wegen Vertragsverletzung oder sein Käuferrecht gegen den Käufer nicht beeinflußen[51]). Soweit übrigens der Rücktritt den Eintritt des Vorkaufsberechtigten vereitelt, sind die zurücktretenden Kontrahenten dem Vorkaufsberechtigten zum Schadenersatz wegen der etwa zur Ausübung seines Rechts gemachten Vorkehrungen verpflichtet[52]).

Die Erklärung des Berechtigten gegenüber dem Belasteten, den Vorkauf ausüben zu wollen, verpflichtet den letzteren dem Vorkaufsberechtigten gegen-

---

[47]) I. 20 §§ 568. 602. 603. 605. War der Vorkaufspreis im Voraus festgestellt, (was natürlich nur bei dem durch Willenserklärung geschaffenen Vorkauf denkbar ist), so tritt noch die Frage hervor, ob dem Veräußerer spätere Verbesserungen vergütet werden sollen. Hier entscheiden dieselben Regeln, wie bei dem Wiederkauf. I. 20 § 606. Oben B. II. § 126 Anm. 48—52. Bei doloser Uebertreibung des Kaufpreises giebt die gemeinrechtliche Praxis dem Vorkaufsberechtigten die Befugniß, nur den taxirten Preis zu zahlen. So z. B. const. Saxon. II. 33 (bei Emminghauß, sächs. Pand. S. 552 Nr. 13).

[48]) I. 20 §§ 603. 620. 621. 622. 637. Vgl. B.G.B. Reichstagsvorl. § 509.

[49]) I. 20 §§ 620. 604.

[50]) I. 20 § 618. Entsch. B. 26 S. 335 stellt klar, daß das Recht des Rücktritts nach der Uebergabe aufhört, Entsch. B. 78 S. 219 (Rehbein III. S. 739), daß die Paciscenten auch die Verkaufsbedingungen bis zur formellen Bekanntmachung ändern können, aber nicht nachher (§ 620). Vgl. R.G. bei Gruchot B. 33 S. 984. Die Redaktoren haben sich hier an Leyser sp. 195 m. 9 angeschlossen. Ebenso Berger, oec. III. 5 § 13. Voet, XXIII. 3 § 24. Die Frage war im gemeinen R. streitig. Walch S. 281 f. Glück S. 196 f. Renaud S. 268. Dagegen Wochenbl. f. merkw. Rf. 1842 S. 18, 1843 S. 109.

[51]) Vgl. dazu Koch, R. d. Ford. III. 242.

[52]) I. 20 § 619. Der Umfang der Schadloshaltung kann zweifelhaft sein. Jedenfalls müssen Auslagen erstattet werden, die zur Vorbereitung des Eintritts in den Kauf gemacht sind, nicht auch das weitere Interesse, d. h. der Verlust, den der Berechtigte dadurch erlitten, daß er im Vertrauen auf den bevorstehenden Erwerb andere Gelegenheiten versäumt, z. B. wenn er in Aussicht dieses Kaufs ein anderes vortheilhaftes Geschäft ausgeschlagen hat. Der § 619 spricht nur von Vorkehrungen zur Ausübung des Vorkaufs. Ueber das negative Interesse überhaupt vgl. B. I. § 78 Anm. 40, § 106 Anm. 25.

über zur Erfüllung des Kaufvertrages, als ob dieser ihm als Käufer gegenüber stände. Der Käufer kann gegen den Eintritt des Vorkaufsberechtigten in seine Rechte nichts erinnern, wird aber auch selbst unbedingt frei von dem Vertrage, so daß auch dann, wenn der Berechtigte hinterher den Vertrag nicht erfüllt, der erste Kauf nicht auflebt, der Veräußerer sich vielmehr wegen seines Interesses nur an den Vorkaufsberechtigten halten kann[53]). Will aber der erste Käufer bei dem Vertrage dann noch stehen bleiben, so darf der Vorkauf ihm gegenüber nicht mehr ausgeübt werden[54]).

Versäumt der Berechtigte die Erklärung innerhalb der Frist, so verliert er für diesen Verkaufsfall sein Recht. Das persönliche Vorkaufsrecht ist dadurch erledigt, ebenso das gesetzlich in Folge einer Expropriation das Grundstück belastende, sonst aber — bei dem Vorkaufsrecht des Miteigenthümers und bei dem seinem Inhalt noch nicht auf den einzelnen Fall beschränkten eingetragenen Vorkaufsrecht — bleibt die Sache für fernere Verkaufsfälle belastet[55]).

Liegen auf einer Sache mehrere Vorkaufsrechte, so ging nach Landrecht das gesetzliche jedem andern vor, also auch dem eingetragenen (eine Bestimmung, die bei den jetzt noch möglichen gesetzlichen Vorkaufsrechten geringe Bedeutung mehr hat, da diese kaum jemals jünger sein werden als etwa vertragsmäßig eingeräumte), unter mehreren eingetragenen entscheidet die Zeit der Eintragung; das eingetragene Recht hat den Vorzug vor dem nicht eingetragenen persönlichen[56]). Unter gleich Berechtigten wählt der Veräußerer; wenn er nicht wählen will, entscheidet das Loos[57]).

Hat der Eigenthümer die Sache einem Dritten verkauft und bereits durch Uebergabe oder Auflassung übereignet[58]), ohne den Vorkaufsberechtigten davon zu benachrichtigen, so wandelt sich der persönliche Anspruch in eine Entschädigungsforderung; bei vorsätzlicher Verletzung des Rechts verlangt er Ersatz für den wirklichen Schaden und den entgangenen Gewinn (das volle Interesse)[59]). Veräußern die Erben des persönlich Verpflichteten die Sache, so haften sie dem Berechtigten für den Schaden nur, wenn ihnen das Vorkaufsrecht bekannt gewesen ist[60]). Der fremde Käufer haftet nicht; wenn ihm aber bewiesen werden kann, daß er vor der Uebergabe der erkauften beweglichen Sache Kenntniß von der Existenz des persönlichen Vorkaufsrechts

---

53) I. 20 §§ 623. 624.
54) I. 20 § 625.
55) I. 20 §§ 609. 616. 648. Präj. 880. Samml. I. 120. Ges. v. 2. März 1850 § 4. Vgl. B.G.B. 1097.
56) I. 20 §§ 587—591. Walch S. 507 ff. Die Vorzugsfrage ist im gemeinen Recht verwickelter wegen der verschiedenen gesetzlichen Vorkaufs- und Retraktrechte.
57) I. 20 §§ 592. 593.
58) S. hierzu Gruchot I. S. 272 f. Es muß auf Grund eines wirklichen Kaufs übergeben (jetzt aufgelassen) worden sein.
59) I. 20 §§ 626. 627. 628.
60) I. 20 § 629. Eine singuläre Vorschrift, die mit der Abneigung gegen das Institut zusammenhängt.

gehabt hat, so darf er gegen den Berechtigten „die Uebergabe nicht vorschützen"[61]), d. h. sein durch die Uebergabe erworbenes Eigenthum an der Sache hindert den Berechtigten nicht, in den Kauf noch einzutreten und den Käufer zu verdrängen. Das galt nach Landrecht auch für vertragsmäßige Vorkaufsrechte an Grundstücken, gilt aber jetzt für diese nicht mehr, da das persönliche Vorkaufsrecht nicht eine „Beschränkung des Eigenthumsrechts" im Sinne des § 11 des Eigenthumserwerbsgesetzes vom 5. Mai 1872 ist, sondern eine persönliche Verbindlichkeit, unter bestimmten Voraussetzungen aufzulassen. Auch das eingetragene Vorkaufsrecht begründet nicht eine Verfügungsbeschränkung, sondern ebenso wie das gesetzliche das sogleich näher zu erörternde dinglich wirksame Recht auf den Erwerb des Grundstücks[62]).

Hatte das bei dem Verkauf nicht beachtete Vorkaufsrecht dingliche Natur, so macht es sich als Näherrecht gegen den Erwerber und gegen dessen Rechtsnachfolger geltend. Die Retraktsklage ist eine dingliche[63]). Wenn aber die Frage aufgeworfen ist: welche Natur dieses dingliche Recht hat[64]), so ist darauf zu antworten, daß zwar nicht ein Eigenthum des Näherberechtigten besteht, wohl aber ein dingliches Recht auf die Substanz einer fremden Sache, das als deren Last (causa rei) auf den Erwerber übergeht und durch die Klage geltend gemacht wird[65]). Kraft dieser dinglichen Natur des Rechts wird die Sache aus dem Besitz und Eigenthum des Erwerbers nur zurückgezogen, eine persönliche Pflicht des Erwerbers zu irgend welchen Leistungen besteht nicht[66]). Zur Zeit hat er allerdings nach der positiven

---

[61]) I. 20 § 630. Koch Note hierzu. Die Bestimmung folgt aus I. 19 §§ 4. 5.

[62]) E.-Erw.-Gesetz vom 5. Mai 1872 §§ 4. 12. Vergl. oben § 169 Anm. 7. — Wäre das Vorkaufsrecht nach preußischem Recht schon auf Grund der vertragsmäßigen Begründung ein dingliches Recht, das nur, um als solches gegen Dritte wirksam zu sein, der Eintragung bedürfte, so wäre dies zweifellos. Es ist aber ein Recht, das durch die Eintragung überhaupt erst die dingliche Natur erhält, etwa wie die Miethe, wenn diese schon vor der Uebergabe in das Grundbuch eingetragen wird. — Wollte man den Begriff der Beschränkung des Eigenthumsrechts so weit fassen, daß darunter auch Vorkaufsrechte begriffen wären, so ergäbe sich die wunderbare Inkonsequenz: bei Kenntniß von einem persönlichen Vorkaufsrechte würde, wer durch Auflassung Eigenthümer geworden ist, der Retraktsklage unterworfen sein, obgleich das persönliche Vorkaufsrecht doch nichts ist als ein durch den Abschluß eines Kaufvertrages mit einem Dritten und die Willfährigkeit zur Erfüllung der Bedingungen dieses Vertrags bedingtes Recht, die Auflassung zu fordern, während die Kenntniß von einem unbedingten Recht auf Auflassung nach der ausdrücklichen Bestimmung in § 4 des Eig.-Erw.-Ges. dem Eigenthumserwerb jedenfalls nicht entgegensteht.

[63]) I. 20 § 631. Glück S. 172. Walch S. 233 f. Renaud S. 256 fg. Bluntschli S. 338. Die Praxis faßt zuweilen die Klage als eine actio in rem scripta auf.

[64]) Gerber, Deutsches Priv.-R. a. a. O.

[65]) Das Näherrecht hat nicht in einem schon vorhandenen Eigenthum seinen Grund, sondern ist selbst Grund zum Eigenthumserwerb. Entsch. B. 54 S. 183. Strieth. B. 59 S. 268. (Rehbein III. S. 741.) Vgl. B.G.B. § 1089.

[66]) Hiermit steht die Entsch. B. 39 S. 146 fg. in Widerspruch, die in dem Retrakt nur die Richtung des Vorkaufsrechts, wie solches ursprünglich gegen den Einräumenden bestand, gegen den fremden Käufer sieht und daher den Abschluß eines Veräußerungsvertrages zwischen dem Erwerber und dem Retrahenten erfordert. Davon steht aber in § 631 nichts, der Retrakt ist nur ein Zurückforderungsrecht, nicht ein Kaufen vom Besitzer.

Regelung des Grundbuchrechts, um den Eigenthumsübergang herbei zu führen, die förmliche Auflassungserklärung abzugeben, kann sich also nicht mit dem bloßen Dulden der Wegnahme des Grundstücks begnügen. Darum kann dieses Rechtsverhältniß aber nicht als eine der Pflicht aus der Reallast ähnliche Zustandsobligation aufgefaßt werden, es handelt sich nicht um eine aus dem Zustande des Besitzes und Eigenthums erwachsende Pflicht. Insbesondere hat der dinglich Verpflichtete nicht für eine spätere Entwehrung des Grundstücks einzustehen. Passiv legitimirt für die dingliche Retraktsklage ist der auf Grund der an ihn erfolgten Auflassung eingetragene neue Eigenthümer oder in den Grenzen des Gesetzes derjenige, der demnächst an seiner Stelle Eigenthümer geworden ist[67]). Ist das verkaufte Grundstück noch nicht aufgelassen, sondern dem Käufer nur übergeben, so kann noch das Vorkaufsrecht gegen den Verkäufer geltend gemacht und dieser genöthigt werden, die Auflassung statt an den Käufer an den Vorkaufsberechtigten vorzunehmen. Der Käufer aber muß solchen Falls das bessere Recht des letztern auf Auflassung anerkennen und ihm auch das Grundstück herausgeben[68]).

Der Rückforderer hat dem Erwerber der Sache Zug um Zug gegen Auflassung und Empfang der Sache das von ihm bezahlte Kaufgeld zu zahlen, das kreditirte nach den oben wiedergegebenen Bestimmungen zu sichern. Ist von ihm die Rückforderung geltend gemacht, so muß er auch als verpflichtet angesehen werden, die Sache, beziehungsweise die Auflassung anzunehmen und das Kaufgeld zu zahlen[68a]). Hat eine Mehrheit von Verkäufen hinter einander unter Verletzung des dinglichen Vorkaufsrechts stattgefunden, so steht es in der Wahl des Retraktberechtigten, auf Grund welchen Kaufs er die Uebertragung der Sache fordern will, er wird also nur das niedrigere Kaufgeld zu ersetzen haben, gleichviel, ob es das des ersten oder des späteren Kaufs ist[69]). Er soll nach dem Landrecht auch die durch ein Aufgebot und den Ausschluß von Realprätendenten erwachsenen Kosten ersetzen. Diese Bestimmung hängt mit den Vorschriften des älteren Hypothekenrechts über Erlangung der Besitztitelberichtigung zusammen und findet keine Anwendung, wenn die Uebereignung, die das Vorkaufsrecht verletzte, durch Auflassung bewirkt ist[70]). In Betreff der Verbesserungen und Verschlechterungen

---

S. auch die in voriger Anm. angezogene Entscheidung, die auch dadurch bemerkenswerth ist, daß sie klar stellt, daß bei einem simulirten Verkauf das nicht zu Grunde gegangene Eigenthum des Verkäufers auch gegen den Vorkaufsberechtigten geltend gemacht werden kann, der mit Erfolg die Retraktsklage durchgeführt hat.

67) Eig.-Erw.-Gesetz v. 5. Mai 1872 § 7 Anm. 1.

68) Vgl. oben bei Anm. 53. Wieweit die Retraktklage übertragbar und vererblich ist, hat bereits bei Anm. 26—30 Erörterung gefunden.

68a) Abweichend Strieth. B. 71 S. 252. (Rehbein III. S. 783.) Vgl. dagegen Rehbein a. a. O.

69) I. 20 §§ 632. 635. 636. 637. Wenn der Retrakt in Folge eines Mengekaufs ausgeübt wird, so hat der Retrahent nach I. 20 § 607 zu leisten. Entsch. B. 34 S. 158. Strieth. B. 24 S. 26. — Renaud S. 275 f. 279.

70) I. 20 § 634. Vgl. §§ 94 ff. Tit. 2 Hyp.Ordn. v. 1783. Ges. zur Erleichterung des Ver-

der Sache während seiner Besitzzeit gilt der Dritterwerber dem Vorkaufsberechtigten gegenüber als unrechtfertiger Besitzer, wenn er das Vorkaufsrecht und den dazu Berechtigten vor der Uebereignung gekannt und nicht dafür gesorgt hat, daß dieser zur Ausübung seines Rechts gesetzmäßig aufgefordert werde[71]). Die Kenntniß des Beklagten von dem einer bestimmten Person zustehenden Rechte, folgeweise seine Schlechtgläubigkeit folgt jetzt aus dem Umstande, daß das Recht eingetragen sein muß; dem Beklagten bleibt die Einrede frei, daß er für die Bekanntmachung gesorgt habe[72]). Der Käufer gilt aber in Ansehung der Früchte, Nutzungen und Verbesserungen als redlicher Besitzer, wenn er die berechtigte Person nicht gekannt hat, weil sie aus dem Grundbuch nicht erhellt, so daß ihm nichts weiter zur Last fällt, als daß er die Veranlassung der gesetzmäßigen (öffentlichen) Aufforderung unterlassen hat[73]). Für Verschlechterungen haftet er auch in solchem Fall aus mäßigem Versehen[74]). Unredlich wird der Besitzer von dem Moment, wo der Rückforderer ihm gerichtlich d. h. jetzt durch eine vom Gerichtsvollzieher zugestellte Erklärung hat bekannt machen lassen, daß er von seinem Recht Gebrauch machen wolle; aber die Früchte und Nutzungen behält er bis zum Ende des Wirthschaftsjahres, in dem er diese Bekanntmachung erhalten hat[75]).

Wie der Vorkauf so geht auch das Rückforderungsrecht für den einzelnen Fall verloren, wenn der Besitzer den Berechtigten zur Ausübung seines Rechts aufgefordert und dieser sich nicht innerhalb der Frist darüber erklärt hat, und zwar mit dem Ablauf dieser Frist[76]). Wenn dagegen eine solche Aufforderung nicht erfolgt ist, so verjährt das Rückforderungsrecht für den einzelnen Fall in 30 Jahren, von dem Tage gerechnet, wo der Kauf, durch den das Vorkaufsrecht verletzt wurde, in das Grundbuch eingeschrieben worden,

---

fahrens bei Berichtigung des Besitztitels v. 7. März 1845. — Nicht zu ersetzen sind Kaufkosten und andere Gebühren. § 633.

[71]) I. 20 § 639. Svarez, Schlußrev. S. 61. Entsch. B. 39 S. 150 f.

[72]) Die jetzige Fassung des § 639 „und daß" statt „und hat", wie es im Gesetzbuch lautete, giebt allerdings zu dem Bedenken Anlaß, ob der Kläger außer der Schlechtgläubigkeit des Beklagten noch den negativen Beweis, daß dieser die Besorgung der Bekanntmachung unterlassen habe, führen müsse. Die Textänderung scheint eine unabsichtliche gewesen zu sein und nöthigt nicht dazu, gegen die Grundsätze des Beweisrechts dem Kläger einen unmöglichen Beweis aufzubürden. Vgl. Koch, § 639.

[73]) I. 20 § 640. Entsch. B. 39 S. 151. Seuff. X. 194, X. 56.

[74]) I. 20 § 641.

[75]) I. 20 §§ 642. 643. Entsch. B. 14 S. 378. (Es wird hier vorausgesetzt, daß der Erwerber schon bei dem Abschlusse seines Kaufs gewußt habe, daß die Sache mit dem Vorkaufsrecht belastet gewesen.)

[76]) I. 20 §§ 644. 645. Der Erwerber ist mit der Aufforderung an keine Frist gebunden. Erfüllt der aufgeforderte Vorkaufsberechtigte, nachdem er sich bereit erklärt hat, den Vorkauf nicht (nur die Erklärung, nicht die Ausübung selbst ist an die Frist gebunden), so klagt der Erwerber gegen ihn aus der durch die Erklärung kontrahirten Obligation. Arnsb. Arch. B. 13 S. 31. Ueber diese Obligation vgl. oben Note 66. Gegen den persönlich verpflichteten Verkäufer behält der Vorkaufsberechtigte seinen Entschädigungsanspruch.

jetzt also die Auflassung darauf hin erfolgt ist[77]). Das dingliche, eingetragene Vorkaufsrecht aber kann nicht durch den Nichtgebrauch verloren gehen[78]). Dem Ausdruck „bloßer" Nichtgebrauch ist hier eine besondere Bedeutung nicht beizulegen, er bezeichnet den non usus, wie er bei allen dinglichen Rechten auf eine fremde Sache als Grund des Verlustes vorkommt[79]). Das ist keine Ausnahmevorschrift[80]), sondern geradezu eine Anwendung der allgemeinen Regel, daß Rechte auf unbewegliche Sachen, die in das Grundbuch eingetragen sind, durch bloßen Nichtgebrauch nicht erlöschen können[81]), eine Vorschrift, die auch bei den eingetragenen Grundgerechtigkeiten gilt[82]).

Das Vorkaufsrecht erlischt ferner, wenn der Berechtigte sich seiner in bestimmten Ausdrücken begeben hat[83]). Auf Grund einer solchen Erklärung kann die Zustimmung zur Löschung im Grundbuch gefordert werden[84]). War der Verzicht unbestimmt ausgedrückt und ist die Löschung nicht erfolgt, so bleibt das Recht für künftige Veräußerungsfälle vorbehalten[85]). Es erlischt ferner mit Ablauf der Zeit, für die es eingeräumt worden, wenn es bis dahin nicht ausgeübt worden ist, auch wenn es in dieser Zeit garnicht ausgeübt werden konnte[86]). Es wird angenommen, daß die Zeitbestimmung zu Gunsten des Eigenthümers beigefügt ist; er ist also durch sie nicht gehindert, vor ihrem Ablauf einen Verkauf vorzunehmen und den Vorkaufsberechtigten zur Ausübung des Vorkaufsrechts zu nöthigen[87]). Erhellt aber, daß die Zeitbestimmung zu Gunsten des Berechtigten beigefügt worden, so wird der Eigenthümer vertragsbrüchig, wenn er früher verkauft, und der Vorkaufs-

---

77) I. 20 §§ 646. 647. Auch in § 4 a. E. Ges. v. 2. März 1850 ist nur die Zeit bis Ablauf der Verjährung zu verstehen. Nach altdeutschem Rechte verjährte der Retrakt in Jahr und Tag von der erhaltenen Kenntniß. Walch S. 260fg. Glück S. 190. Emminghauß, Sächs. Pand. S. 554f.

78) I. 20 § 648. D. h. das Recht, den Vorkauf oder Retrakt in späteren Veräußerungsfällen geltend zu machen.

79) Koch faßt die Worte „bloßen Nichtgebrauch" so auf, daß eine Ersitzung der Freiheit davon das eingetragene Vorkaufsrecht aufheben könne, weil sonst das Wort „bloßen" gedankenlos gebraucht wäre. Pr.R. I. § 337 Note 7 S. 553. Er nimmt deshalb den § 648 als eine Ausnahme von I. 9 § 511, in diesem steht aber auch „bloßer Nichtgebrauch", und ebenso in I. 19 § 29. Der Gegensatz ist vielmehr folgender: dingliche Rechte auf eine fremde Sache erlöschen durch bloßen Nichtgebrauch, das Eigenthum aber erlischt nicht durch bloßen Nichtgebrauch, sondern erst durch die Ersitzung des Andern. I. 9 § 504, I. 21 § 94.

80) Wie Koch a. a. O. meint.

81) I. 9 § 511.

82) I. 22 § 49 und I. 21 § 184 (Nießbrauch).

83) I. 20 §§ 597. 598. Also nicht stillschweigender Verzicht S. hierüber Leyser sp. 195. m. 5. 6. Walch S. 250f. Renaud S. 281f.

84) Nicht richtig ist es, wenn Förster sagte, das Recht bestehe für künftige Fälle fort, wenn es nicht gelöscht werde. Die Löschung kann selbst von einem späteren Erwerber des Grundstücks gefordert werden, wenn nur die Erklärung bindend war. Im guten Glauben an den Fortbestand dieses Rechts auf Grund des Grundbuchs kann kein Dritter Rechte erwerben.

85) I. 20 § 598.

86) I. 20 §§ 599. 600.

87) I. 20 § 599.

berechtigte ist dann nicht genöthigt, auf die Anzeige von dem Verkauf innerhalb der zweimonatigen Frist bei Verlust seines Rechts einzutreten, er wird sich vielmehr bis zum Ende der vertragsmäßigen Zeit sowohl gegenüber dem persönlich verpflichteten Konstituenten des Vorkaufsrechts als im Falle der Eintragung gegenüber dem Erwerber zum Eintritt in den Vertrag bereit erklären können[88]).

Wie das persönliche Vorkaufsrecht so kann auch ein persönliches Wiederkaufsrecht bezüglich eines Grundstücks dingliche Natur durch Eintragung erlangen. Es ist dann eine Verpflichtung des jedesmaligen Eigenthümers begründet, unter den Bedingungen des Wiederkaufsrechts auf Verlangen des Wiederkaufberechtigten das Grundstück gegen die für den Wiederverkauf bestimmten Leistungen zu übereignen[89]). Ganz in derselben Weise wirkt das vorgemerkte Recht auf Auflassung eine Verpflichtung jedes Eigenthümers unter der Voraussetzung, daß die persönliche Verpflichtung des Eigenthümers, dem gegenüber das Recht zur Vormerkung gelangt ist, wirklich begründet war[90]).

## II. Das Pfandrecht.

A.L.R. I. 20 §§ 1—535. Gesetz über den Eigenthumserwerb und Grundbuchordnung vom 5. Mai 1872. — Bornemann IV. 167. Koch, Priv.-R. I. 164. Schmidt, Grundsätze des gemeinen und preußischen Pfandrechts. 1840 (veraltet). Dernburg I. §§ 312ff. Fischer §§ 40—42. Die oben bei § 172 citirten Schriften über das preußische Grundbuchrecht und der von Dernburg verfaßte zweite Band des Buchs von Dernburg und Hinrichs, Preußisches Hypothekenrecht. — Glück B. 18 S. 161f., B. 19. Westphal, Versuch einer system. Erläuterung der sämmtlichen römischen Gesetze vom Pfandrecht. 1770—1800. Gesterding, Die Lehre vom Pfandrecht. 1816. Sintenis, Handb. des gemeinen Pfandrechts. 1836. Bachofen, Das röm. Pfandrecht. 1. B. 1847. Dernburg, Das Pfandrecht nach den Grundsätzen des heutigen röm. R. 2 Bde. 1860. 1864. Bremer, Das Pfandrecht und die Pfandobjekte. 1867. Derselbe, Hypothek und Grundschuld. 1869. Exner, Kritik des Pfandrechtsbegriffs nach röm. R. 1873. Arndts §§ 364f. Brinz I. S. 291fg. Keller §§ 202f. Puchta §§ 193f. Vorl. I. 413. Seuffert I. 257. Sintenis I. §§ 67f. Vangerow I. 796f. Windscheid I. §§ 224f. — v. Meibom, Das deutsche Pfandrecht. 1867. Laband, Das kaufmännische Pfand- und Retentionsrecht, in s. und Goldschmidt's Zeitschr. f. Handelsr. B. 9 S. 226f. 425f. Goldschmidt, Handelsrecht I. §§ 83—98. Bluntschli S. 290. Gengler I. 270f. Gerber §§ 149f. Stobbe § 111. Roth, Bair. Civ.-R. II. §§ 181—197. — Zachariä (Crome) II. Philippi, Versuch über das Hypothekenrecht in der preußischen Rheinprovinz. Elberfeld 1860. Jonas, Studium aus dem Gebiete des französ. C.-R. und Civ.-Proz. 1870. S. 60—148. Puchelt, Das rheinisch-französische

---

88) I. 20 § 601.

89) Vgl. oben B. II. § 126 unter 5, Anm. 41ff. Dem B.G.B. ist ein dingliches Wiederkaufsrecht fremd. Nur die landesgesetzlich zugelassene Belastung eines Rentenguts mit einem Wiederkaufsrecht ist durch Aufrechthaltung der Vorschriften über Rentengüter vorbehalten. Einf.Ges. Art. 62.

90) B. I. § 48 Anm. 23a.

Privilegien- und Hypothekenrecht. 1876. v. Meibom, Das mecklenb. Hyp.-R. 1871. Regelsberger, Studien im bair. Hyp.-R. 1872. Siegmann, Die k. sächs. Hyp.-Ord. 1872. Exner, Studien z. österr. Hyp.-R. 1870. Derselbe, Das österr. Hyp.-R. 1876.

## Erster Abschnitt.

## Allgemeine Lehren des Pfandrechts.

### § 190. Der Begriff des Pfandrechts.

Savigny hat in seinen Vorlesungen über das preußische Landrecht die Darstellung des Pfandrechts mit den Worten begonnen, es sei der glänzendste, interessanteste und eigenthümlichste Abschnitt des preußischen Privatrechts [1]). Die grundsätzliche Reform, die das Immobiliarpfandrecht 1872 erfahren hat, ist nicht ein Verlassen der Prinzipien des A.L.R., sondern zielt auf deren folgerichtige Fortbildung ab und wahrt den hohen Werth der landrechtlichen Gesetzgebung, der sich die neuere Gesetzgebung innerhalb Deutschlands im Wesentlichen angeschlossen hat.

Die Pfandrechtstheorie des A.L.R. weicht, wie schon bei Erörterung der Grundbegriffe hervorgehoben worden ist, von der des gemeinen Rechts wesentlich ab, indem sie die beiden Prinzipien der Spezialität und Publizität aufstellt und durchführt. Das erste heißt: „Nur einzelne bestimmte Sachen und Rechte sind zulässiger Gegenstand der Verpfändung", und das zweite fordert, daß das Pfandrecht, durch Besitzübertragung oder Eintragung erkennbar gemacht sein muß. Die Einfachheit und Rechtssicherheit, die hierdurch der Pfandverkehr im Vergleich zum gemeinen Recht erlangt hat, ist für die Reichsgesetzgebung insofern bereits maßgebend gewesen, als bezüglich des beweglichen Vermögens nur das Faustpfandrecht und gewisse, wegen ihrer Erkennbarkeit gleichgestellte Pfandrechte für geeignet erklärt sind, ein Vorrecht vor einem jüngeren Pfändungspfandrecht und im Konkursverfahren das Recht auf abgesonderte Befriedigung zu begründen. Dabei ist zugleich die Entstehung eines Faustpfandrechts unter Festhaltung der Prinzipien des preußischen Rechts durch Normativbestimmungen begrenzt [2]).

Das Unterpfandrecht, unter welchem Worte das Landrecht das Mobiliarfaustpfand und die Hypothek zusammenfaßte, ist nach der Definition

[1]) Wie Förster aus einem nachgeschriebenen Hefte mittheilt.

[2]) C.P.O. § 709. K.O. §§ 40. 41, Einf.Ges. z. K.O. v. 10. Febr. 1877, §§ 14 ff. Thibaut, Civilist. Abhandl. 1814 S. 309 urtheilte über das römische Pfandrecht: „Ein Privilegium hinter dem andern, eins wieder über das andere, und das ganze Sicherheitssystem so durchlöchert, daß die Gesetzgebung am Ende sich selbst ein testimonium paupertatis ausstellen muß; denn so kann man doch wohl die Vorschrift der Nov. 82. c. 6 nennen, daß in der Regel wegen der Gefährlichkeit des Ausleihens Mündelgelder ruhig in dem Kasten des Vormunds liegen bleiben sollen! So stockt bei einem schlechten Hypothekensystem das Blut in allen Adern des Staats, während kräftige einfache Gesetze über diesen Punkt Regsamkeit und frisches Leben durch alle Theile des Ganzen verbreiten."

des Gesetzes „das dingliche Recht, welches Jemandem auf eine fremde Sache zur Sicherheit seiner Forderung eingeräumt worden und vermöge dessen er seine Befriedigung selbst aus der Substanz dieser Sache verlangen kann“ [3]). Zur Zeit der Redaktion A.L.R. bestand darüber kein Zweifel, daß das Pfandrecht ein dingliches Recht an einer fremden Sache sei [4]). Die Theorie hat andere Konstruktionen versucht [5]), aber das preußische Gesetzbuch läßt einen Streit darüber nicht zu [6]), die Natur des Pfandrechts widerspricht auch in keiner Weise [7]).

Das Hauptkriterium eines dinglichen Rechts, daß es eine Eigenschaft der Sache (eine causa rei) ist, die ihr unmittelbar und so fest anhaftet, daß sie auf jeden Erwerber übergeht, ist beim Pfandrecht vorhanden. Die Sicherheit, die das Pfand geben soll, beruht darauf, daß nicht die Person des jedesmaligen Besitzers, sondern das verpfändete Objekt ohne Rücksicht auf die Person des Eigenthümers oder Besitzers haftet [8]). Das Pfandrecht erschöpft sich zwar, wie die Obligation, deren Zweck es dient, durch Ausübung. Aber die Eigenschaft einer endlosen, unerschöpflichen Dauer ist für das Wesen des dinglichen Rechts überhaupt nicht nothwendig [9]). Auch das auf den einzelnen Fall beschränkte dingliche Vorkaufs- und Wiederkaufsrecht hört auf, wenn es ausgeübt worden ist, gerade so wie das Pfandrecht. Wenn also auch beim Pfandrecht „von materiellen Herrschaftsverhältnissen“ während der Dauer des Rechts keine Rede ist, so folgt daraus nur, daß es einen anderen Inhalt hat, als andere dingliche Rechte, aber nicht [10]), daß das Pfandrecht ein obligatorisches Rechtsverhältniß ist.

Hiernach konstruirt sich die Dinglichkeit des Pfandrechts ohne Schwierigkeit, wenn sein Gegenstand eine Sache oder ein dingliches Recht ist. Aber

---

[3]) I. 20 § 1. Vgl. die Definitionen des B.G.B. in §§ 1113. 1191. 1204.

[4]) Glück B. 18 S. 162. In den älteren Schriften über das Pfandrecht wird darüber so wenig gezweifelt, daß die Frage gar nicht erörtert wird. Auch im Code ist das Pfandrecht ein dingliches R. C. c. Art. 2073. 2114. Oesterr. G.B. § 447. Das sächs. G.B. 369 spricht dies nicht aus. Vgl. hierzu den Kommentar von Siebenhaar und Siegmann I. 314.

[5]) Namentlich Mühlenbruch, Cession S. 15 Note 18 (das Pfand sei das verpflichtete Subjekt). Sintenis, Pfandrechtl. Streitfr. S. 5. Pfdr. § 2 (dingliches Forderungsrecht, obligatio rei). Büchel, Civilrechtl. Erörter. I. S. 259 f. 279 f. 447 f. (ein wirkliches Forderungsrecht, bei dem eine Sache das verpflichtete Subjekt sei), Huschke in d. Zeitschr. f. Civ.-R. u. Proz. B. 20 S. 221 (das Pfandrecht verhält sich zur Schuldforderung eigentlich nur, wie die Verpflichtung des anderen reus in einer Korrealobligation) u. A. Dagegen Lang in dem Archiv für civil. Prax. B. 28 S. 352. Bachofen, Pfdr. I. 226. Puchta § 203. Dernburg Pf.-R. I. 104 f. Sohm, Die Lehre vom subpignus. 1864. S. 6 f. Windscheid I. § 224 Note 8. 9, § 227 Note 7. 8. Bremer S. 80 f.

[6]) Röser in der Anw.-Z. 1862 S. 394 will nachweisen, daß die Hypothek nach preuß. R. eine Obligation sei, und zwar eine Pfandobligation, die mit der Hauptforderung ein untrennbares Ganze bilde und mit ihr als eine Obligation zusammengefaßt werden müsse.

[7]) S. auch oben § 156.

[8]) Dernburg, Pf.-R. I. 105 f.

[9]) Oben § 156 Anm. 26.

[10]) Wie Vangerow I. 797 Anm. 2 im Anschluß an Büchel annimmt.

auch Forderungen können nach Inhalt der Gesetze verpfändet werden. Gerade deswegen haben Einige behauptet, daß das Pfandrecht in das Obligationenrecht gehöre und dafür auch in dem nur bildlichen Ausdruck der Quellen res obligata eine Stütze gefunden[11]). Andere haben dem Pfandrecht eine Mittelstellung zwischen den dinglichen und persönlichen Rechten gegeben[12]), oder haben geglaubt, in allen Fällen, also auch dann, wenn eine körperliche Sache verpfändet ist, statt von einem Recht an der Sache von einem Recht an einem Recht sprechen zu sollen[13]). Diese Konstruktionen sind bei der durchaus zutreffenden Bezeichnung des Pfandrechts als eines Rechts auf die Substanz der Sache abzulehnen. Objekt ist und bleibt danach der verpfändete Gegenstand, der ohne Mitwirkung eines Andern, die dieser nach seiner Willkür ablehnen könnte, unmittelbar von der Macht des Berechtigten betroffen wird. So ist auch das Pfandrecht an einer Forderung das Recht auf Befriedigung daraus. Freilich ist wegen des mangelnden dauernden Bestands der Forderung anzuerkennen, daß das Pfandrecht hier nicht im eigentlichen Sinne als ein dingliches Recht aufgefaßt werden darf; es ist der Begriff nur übertragen. Auch bei dem Forderungspfand bewährt das Pfandrecht aber die Eigenschaft der unmittelbaren Beherrschung des Objekts. Man hat hiernach daran festzuhalten, daß das Pfandrecht ein dingliches Recht und auch im Fall eines Forderungspfandes, soweit die Natur des Objekts dies gestattet, mit der Wirksamkeit eines dinglichen Rechts ausgestattet ist[14]).

Der Zweck des Pfandrechts ist, für die Erfüllung einer Forderung (Obligation) dem Gläubiger Sicherheit zu bieten. Die Existenz einer Forderung ist hiernach eine im gemeinen Recht streng festgehaltene, auch vom Landrecht deutlich hingestellte Voraussetzung[15]). Das Pfandrecht ist hier

---

[11]) S. hierüber bes. Dernburg, Pf.-R. I. S. 116. Exner, Pfandrechtsbegriff S. 47.

[12]) Hierher gehören Mühlenbruch, Sintenis, Huschke, Vangerow. Auch Sohm, welcher sich hierfür S. 9f. durch die Aufstellung Bahn bricht, daß an die Stelle der Eintheilung der Vermögensrechte in dingliche und persönliche eine andere in Rechte an einem Objekt, an einer Sache und auf ein Objekt, auf einen Vermögenswerth gesetzt werden sollte. In die letzte Klasse setzt er die Obligation und das Pfandrecht; bei der ersteren erlange der Berechtigte den Werth der Leistung durch den Schuldner, bei dem letzteren den Werth der Sache durch eignes Handeln. S. dagegen Bekkers Rec. in der krit. Viertelfahrsschrift B. 6 S. 475. Bremer S. 30f.

[13]) Quenstedt in der deutschen Gerichtszeitung 1866 Nr. 17 S. 65fg. Gegen ihn Hinschius in der Anw.-Zeit. 1866 S. 689f. Auch Bremer S. 59f. deduzirt, daß das Pfandrecht immer ein Recht an einem fremden Recht sei, also nicht an der verpfändeten körperlichen Sache, sondern an dem Eigenthumsrecht (S. 48f.); aber diesem Recht an dem fremden Recht legt er in allen Fällen dinglichen Charakter bei. S. 84f. 88f. Er definirt S. 119: „Pfandrecht ist das dingliche Recht an einem fremden Vermögensrecht, zufolge dessen der Pfandgläubiger sich den Werth des Pfandobjekts in Anrechnung auf eine ihm zustehende Forderung aneignen darf." Man erhält hiernach ein näheres und entfernteres Objekt, das entferntere ist die Sache. Vgl. auch Exner, Pfandrechtbegriff S. 11. 25f., Förster, Grundbuchrecht S. 135f.

[14]) Unger, österr. Pr.-R. I. 530f. Windscheid I. § 227 § 239.

[15]) Sintenis, Pfandr. S. 15. Dernburg Pf.-R. I. 514. In l. 43 D. XLVI. 3 wird das Pfandrecht als accessio angesehen. A.L.R. I. 20 §§ 1. 11. 12. 97. 415.

schlechthin untrennbar von der Forderung, nur dem Gläubiger der letzteren kann es zustehen: es ist daher ohne gleichzeitige Cession der Forderung nicht veräußerlich, es kann auch nicht nach der Cession der Forderung als selbständiges Recht bei dem Cedenten zurückbleiben[16]). Das in seiner Existenz an die Forderung gebundene Pfandrecht erlischt von selbst, sobald diese aufhört; das Eigenthum an der Pfandsache konsolidirt sich dann wieder[17]). Das Pfandrecht hat hiernach einen abhängigen, accessorischen Charakter, es entsteht und wirkt nicht allein im Dienst einer Obligation, sondern seine Giltigkeit ist durch die Giltigkeit der letzteren bedingt. So liegt die Sache auch im heutigen Recht unangefochten in Betreff des Pfandrechts an beweglichen Sachen.

Das Dogma von der accessorischen Natur oder der Unselbständigkeit des Pfandrechts hat aber in der deutschen Rechtsentwickelung bei der Hypothek an unbeweglichen Sachen, also bei derjenigen Verpfändung, die ohne Besitzübertragung geschieht, eine große Veränderung erlitten. Die formale Einrichtung der öffentlichen Bücher und die damit in Zusammenhang stehenden Rechtssätze, daß die Hypothek nur durch die Eintragung in das Buch, also nicht, wie nach römischen Recht, durch die bloße Willenseinigung entsteht, und daß sie für gutgläubige dritte Erwerber des Hypothekenrechts bis zur Löschung im Buch als dingliches Recht am Grundstück besteht, daß sie also nur durch einen äußeren formalen Akt begründet und aufgehoben wird,

---

16) Oben B. I. § 99 Anm. 93. Dernburg, Pf.-R. I. 560f. Das römische R. hat im Allgemeinen anerkannt, daß das Pfandrecht ohne die Forderung nicht veräußert werden kann, aber es läßt in einzelnen Fällen zu, daß das Pfandrecht auf eine andere Forderung übertragen werde. Dies sind die Fälle der hypothekarischen Succession. S. hierüber bes. Dernburg im Arch. f. civil. Pr. B. 41 S. 1f. Pfdr. B. 2 S. 490f. Windscheid I. §§ 223a u. b. Eine solche Succession in ein Hypothekenrecht fand statt, wenn durch Novation an die Stelle einer durch Hypothek gesicherten Forderung eine andere gesetzt, und auf die neue das alte Pfandrecht übertragen wurde, l. 11 § 1 D. XIII. 7, l. 3 pr. l. 12 § 5, l. 21. pr. D. XX. 4: ferner wenn ein Dritter dem Schuldner die Mittel gegeben hatte, den Pfandgläubiger zu befriedigen und in dessen Pfandrecht für sein Darlehn eintrat, l. 3. D. XX. 3, l. 12 § 8 D. XX. 4, l. 1 C. VIII. 19; und wenn der nachstehende Gläubiger durch Befriedigung des vorstehenden dessen Pfandrecht erwarb (jus offerendi). l. 12 §§ 6. 9, l. 16. 20 D. XX. 4, l. 5 pr. D. XX. 5, l. 22 C. VIII. 14, l. 5 C. VIII. 18, l. 4 C. VIII. 19. Der letztere Fall hat das Eigenthümliche, daß der spätere Gläubiger gegen den bevorrechteten den Eintritt in sein Pfandrecht erzwingen konnte, l. 1 C. VIII. 18. Das preuß. R. kennt im Fall der Umschaffung ebenfalls die Uebertragung des Pfandrechts auf die neue Forderung §§ 470. 471. I. 16. Ferner gehört hierher die Ersatzübernahme nach Immob.Vollstr.Ges. v. 13. Juli 1883. §§ 58. 59. 107. 115. Der zweite Fall wird durch Cession des Forderungs- und Pfandrechts des bezahlten Gläubigers an den Dritten ins Werk gesetzt. Das Eintrittsrecht hat im preuß. R. eine andere Natur als im römischen.

17) Nach römischem Recht dauert das Pfandrecht fort für eine naturalis obligatio l. 14 § 1 D. XX. 1. Vangerow I. 800f. Auch ist in einigen Fällen der Fortbestand des Pfandrechts nach Untergang der Forderung angenommen worden, indem dann die Fortdauer der Forderung als naturalis obligatio fingirt wurde: remanet propter pignus naturalis obligatio, l. 59 pr. D. XXXVI. 1. Aber niemals, wenn die Forderung durch Befriedigung des Gläubigers erloschen ist. Windscheid I. § 249 l. c. — In dem neueren Hypothekenrecht stellt sich aber in Folge der formalen Natur der Eintragung im Grundbuch die Frage anders. Vergl. das Folgende.

enthalten in sich den Gedanken, daß eine Hypothek auch als bestehend fortwirken kann, wenngleich die gesicherte Forderung nicht mehr besteht, daß also die Hypothek, wenn sie auch regelmäßig nur als accessorisches Recht begründet werden kann, dennoch nachmals eine selbständige Existenz erhält[18]). Schon die Hypothekenordnung von 1783 und das A.L.R. haben diese Rechtssätze aufgenommen: „nur durch die wirkliche Eintragung in die öffentlichen Grundbücher wird das Hypothekenrecht selbst erworben", und: „unterläßt der Schuldner die getilgte Post im Hypothekenbuch löschen zu lassen, so kann er die Verhandlungen eines Dritten, worin derselbe mit dem eingetragenen Gläubiger redlicher Weise auf den Glauben des Hypothekenbuchs, unter Beobachtung der gesetzlichen Vorschriften, sich eingelassen hat, zum Nachtheil dieses Dritten nicht anfechten" [19]). In der weiteren Entwicklung ist sodann anerkannt worden, daß der Schuldner, d. h. der Eigenthümer des Grundstücks, obgleich er die Hypothek bezahlt hat, das ungelöscht in dem Buch belassene Hypothekenrecht lediglich auf Grund der Quittung oder Cession des Gläubigers giltig an einen Anderen abtreten kann, daß mithin Hypothekenrechte nicht durch die bloße Vereinigung ihres Eigenthums mit dem Eigenthum des verpfändeten Grundstücks in einer Person (durch Konsolidation) aufgehoben werden, solange nicht ihre Löschung erfolgt ist[20]). Daneben stand der schon in einem Anhangsparagraphen des Landrechts anerkannte Ausschluß von Einreden gegen die eingetragene Forderung nach ihrem Uebergang auf einen gutgläubigen Cessionar[20a]). Mit diesen Maßgaben hat aber das A.L.R. die accessorische Natur der Hypothek noch festgehalten. Sie macht sich geltend dem ursprünglichen Gläubiger und jedem Dritten gegenüber, der sich bei dem Erwerb der Hypothek nicht im redlichen Glauben befindet. Für diese Personen hat die Hypothek nur Kraft, wenn sie auf einem rechtsgiltigen Titel beruht, wenn der Anspruch giltig ist, zu dessen Sicherheit sie bestellt und solange dieser Anspruch noch nicht getilgt worden ist[21]).

Gegen diese Vermischung von Abhängigkeit und Selbständigkeit der Hypothek richteten sich spätere Bestrebungen; es sollte die Hypothek ein selbständiges Recht am Grundstück werden, man sollte sie ganz loslösen von der Gebundenheit an ein persönliches Schuldverhältniß. Neuere Gesetzgebungen, namentlich die Mecklenburgische, boten ein Vorbild, auch fehlen geschichtliche Anknüpfungen an ältere deutsche Rechtsbildungen nicht. Der praktische Zweck,

---

18) Ueber diesen Entwickelungsgang und sein Ende, die s. g. Hypothek und Grundschuld des Eigenthümers, vgl. unten Anm. 23 sowie unten § 199a, § 200.

19) I. 20 §§ 411. 521. 522.

20) Anh. § 52 zu I. 16 § 484. Deklar. v. 3. April 1824. Vgl. oben § 184 Eingang.

20a) Anh. § 53 zu I. 11 § 571, Hyp.Ges. v. 24. Mai 1853 § 15, Ges. v. 5. Mai 1872 § 38.

21) I. 20 §§ 410. 415. 511. Anh. § 53 §§ 520. 522. Auch die Hypothek des Eigenthümers ist nur insoweit giltig, als sie ursprünglich als Hypothekenrecht eines Andern wirksam und wegen eines giltigen Anspruchs begründet war. Entsch. B. 77 S. 164 (Rehbein III. S. 497).

den man mit der selbständigen Hypothek erreichen wollte, war eine größere Erleichterung, Freiheit und Beweglichkeit des Verkehrs mit diesem dinglichen Recht. Diese Reformbestrebungen haben für das Gebiet des A.L.R. durch das Gesetz über den Eigenthumserwerb und die dingliche Belastung u. s. w. vom 5. Mai 1872 und die sich anschließende Grundbuchordnung einen Abschluß[22]) dahin erlangt, daß zwar die beschränkt accessorische Hypothek des A.L.R. erhalten geblieben, neben dieser accessorischen Hypothek aber als Ausdruck unabhängiger und selbständiger Belastung des Grundstücks das neue Rechtsinstitut der Grundschuld geschaffen worden ist. Daneben hat aber auch die Hypothek ihre Tendenz zur Selbständigkeit in der neuen Gesetzgebung sich nicht nur erhalten, sondern dahin entwickelt, daß sie zwar nur als accessorisches Recht für denjenigen entstehen kann, für den das Hypothekenrecht begründet wird, daß sie also insofern auch jetzt noch die pfandrechtliche Bedeutung der Sicherung eines persönlichen Forderungsrechts hat, daß sie aber bei der Uebertragung an Dritte gutgläubige entgeltliche Erwerber und im Falle der Tilgung der persönlichen Forderung durch den Eigenthümer bis zur Löschung im Grundbuch als eine von der Existenz der persönlichen Forderung unabhängige grundschuldähnliche Belastung fortbesteht[23]).

Als die geschichtliche Quelle der Entstehung des Instituts der kündbaren dinglichen Belastung des Grundstücks mit einer selbständigen Zahlungspflicht, die nicht als persönliche nur durch Pfandhaftung gesicherte Forderung besteht, hat v. Meibom die „neue Satzung" des deutschen Rechts nachgewiesen[24]). Ihre juristische Konstruktion aber ist in verschiedener Weise versucht worden. Förster hielt daran fest, daß die Grundschuld wie die Hypothek den Zweck hat, eine Zahlungsverbindlichkeit, die natürlich nur einer Person obliegen könne, dadurch zu sichern, daß ein Grundstück für dieselbe eingesetzt wird. Er führte — nicht überall im Einklang mit dieser Grundauffassung — aus: „Während die Giltigkeit der Hypothek abhängt von der Giltigkeit des Anspruchs, aus welchem die Zahlungsverbindlichkeit entspringt, verhält sich die Grundschuld indifferent gegen den Anspruch, seine Giltigkeit bedingt nicht ihre Giltigkeit, sie trägt dieselbe lediglich in sich, entnimmt sie aus ihrer formalen Begründung, der Eintragung im Grundbuch. Die Grund-

---

[22]) Förster, Grundbuchrecht, S. 125ffg. Legislatorisch wünschenswerther würde es gewesen sein, neben die neue selbständige Grundschuld eine schlechthin accessorische Hypothek zu stellen.

[23]) S. unten § 200 insbes. Anm. 41a.

[24]) Vergl. v. Meibom in Bekker und Muther, Jahrb. des gem. R. B. 4 S. 442. Duncker in der Zeitschr. für deutsches R. B. 11 S. 469. Förster, Grundbuchrecht S. 134 und unten § 191. — Gegen Meibom Gerber in Iherings Jahrb. B. 6 S. 266.

[25]) Förster, Grundbuchrecht S. 135fg. Bremer, Hyp. und Grundschuld S. 53fg. G. Buchka, Hypothek des Eigenth. Bähr in Iherings Jahrb. B. 11 S. 96fg. Stobbe § 113. Kühnast, Unters. des Begriffs der Grundschuld. 2. Ausg. 1878. Brettner bei Gruchot B. 17 S. 161. Jaeckel ebenda B. 18 S. 551. Stüler in Behrends Zeitschr. B. 7 S. 261, Voß ebenda B. 8 S. 477. Dernburg und Hinrichs I. S. 62.

schuld ist ein durch den Werth eines Grundstücks gesichertes Summenversprechen, ohne Rücksicht auf eine s. g. cautio discreta; sie kann zwar in Veranlassung einer bestimmten Obligation von dem Leistungsverpflichteten bewilligt werden, aber die Bewilligung allein, nicht die Obligation, ist ihr Rechtsgrund." In seinem Grundbuchrecht hat Förster danach die Grundschuld definirt als das Formalrecht auf die Leistung einer Summe, die dem Eigenthümer desjenigen Grundstücks obliegt, dessen Werth zur Sicherung der Leistung eingesetzt ist.

Gegen diese Theorie ist insbesondere geltend gemacht worden, daß ein durch die Eintragung als Grundschuld gesichertes Summenversprechen neben der dinglichen Haftung des Grundstücks eine persönliche Haftung des Konstituenten der Grundschuld voraussetze, die sich darin äußern müsse, daß die Schuld in das sonstige Vermögen desselben verfolgbar sei. Auch wenn man eine persönliche Pflicht annehme, bei der die Zwangsvollstreckung auf das Grundstück beschränkt sei, würde sich diese Pflicht wenigstens bei willkürlicher Veräußerung des Grundstücks als eine auch in das übrige Vermögen vollstreckbare Schuld erweisen müssen, das Gesetz aber verwerfe eine solche persönliche Haftung, es könne also von einem durch die Grundschuld gesicherten Versprechen schlechthin nicht die Rede sein. Unter Betonung eines Theils dieser Gründe gegen den Förster'schen Standpunkt hat Kühnast auf die Aehnlichkeit der Grundschuld mit der Reallast verwiesen. Das im Eigenthum enthaltene Recht des Eigenthümers auf die Grundrente werde in Höhe eines bestimmten Einkommenbezugs vom Eigenthum gelöst und dem Grundschuldgläubiger übertragen. Dies Recht functionire in obligatorischen Ansprüchen, weil die Theilung der Grundrente eine persönliche Thätigkeit erfordere. Dieser von Achilles gebilligten Theorie läßt sich aber entgegenstellen, daß sie die unverzinsliche Grundschuld unerklärt läßt, auch in ihrer Konsequenz wie die Reallast auf die auch von Förster betonte persönliche Verpflichtung des Eigenthümers hinausläuft, der insbesondere dann persönlich verantwortlich bleiben müßte, wenn er in der einzelnen Nutzungsperiode die Nutzung für sich behalten hat, statt den dem Grundschuldgläubiger gebührenden Theil der Grundrente an diesen abzuführen. Das ist aber nach der positiven Regelung des Grundschuldrechts nicht der Fall.

Man kann hiernach, indem man von dem Momente der Sicherung einer außerhalb der Grundschuld bestehenden Forderung absieht, auch die Analogie der Reallast nicht festhalten und muß die Grundschuld als Neubildung anerkennen. Sie wird sich im engsten Anschluß an die landrechtliche Definition des Pfandrechts unter Weglassung der Momente, welche in dieser Begriffsbestimmung auf Sicherung eines Forderungsrechts hindeuten, definiren lassen als das Recht aus der Substanz des Grundstücks die Zahlung der im Grundschuldbrief bezeichneten Summe zu verlangen[25a]). Ob-

[25a]) Vgl. Buchka a. a. O. S. 80.

gleich sie hiernach nicht als ein Sicherungsrecht bezeichnet werden kann, hat sie insofern Pfandrechtnatur, als sie darauf hinausgeht, daß der Berechtigte die Veräußerung des eingesetzten Grundstücks herbeiführen kann, damit aus dem Erlös die zugesicherte Zahlung erfolge, und gehört insoweit systematisch sehr nahe neben die Hypothek, als eine Umgestaltung des Gattungsbegriffs der Rechte auf die Substanz eines Grundstückes.

Jedes Pfandrecht mit Einfluß der Grundschuld läuft, dem Inhalte nach, darauf hinaus, daß der Berechtigte seine Befriedigung wegen einer Forderung, oder unabhängig von einer solchen eine bestimmte Geldzahlung aus der Substanz der Sache verlangen kann. Ohne Grund hat man die Hervorhebung der Substanz in der Definition des A.L.R. als zu eng getadelt, weil auch bedungen werden kann, daß nur die Früchte der Sache verpfändet sein sollen, oder daß der Pfandgläubiger nur aus den Früchten und Nutzungen Befriedigung suchen soll; denn hier sind nicht Frucht und Substanz im Gegensatze, sondern im letzteren Fall ist nur die Frucht ihrer Substanz nach Objekt der Verpfändung [26]). Die Befriedigung aus der Substanz steht im Gegensatz zum Gebrauch und zur Benutzung der Sache. Sie ist in doppelter Weise denkbar. Entweder der Gläubiger erwirbt das Eigenthum an der verpfändeten Sache, die er im Falle anderweitiger Befriedigung wegen der zu Grunde liegenden Forderung zurück zu übereignen hat [27]); oder er erlangt das Recht die Sache zu veräußern, um den Werth zu seiner Befriedigung zu verwenden [28]). Das A.L.R. hat wie das gemeine Recht als Pfandrecht nur das letztbezeichnete Recht entwickelt; es verbietet dabei insbesondere nach dem Muster des römischen Rechts noch das Abkommen, daß bei ausbleibender Zahlung [29]) die verpfändete Sache dem Gläubiger oder Bürgen für die Schuld oder für einen in voraus bestimmten Werth zufallen soll (lex commissoria) [30]). Nach eingetretenem Verfalltage dagegen können sich Schuldner und Gläubiger über den Werth vereinigen, für den die Sache

---

26) I. 20 §§ 26. 225. Koch, Komm. zu I. 20 § 1. Das Bedenken war schon bei der Redaktion entstanden und von Svarez widerlegt worden. Bornemann IV. 167 Note 1. Vgl. indessen auch R.O.H.G. B. 4 S. 357. Ueber Revenüenhypothek s. unten.

27) Wie bei der altrömischen fiducia (Dernburg Pf.-R. I. S. 7f.) und auch im älteren deutschen Recht bei einer Form der Satzung Meibom S. 327fg. Die Praxis war eine Zeit lang mit der Annahme einer Simulation leicht bei der Hand, wenn A dem B für eine bestimmte Summe eine Sache verkauft und durch constitutum possessorium übergeben, sich aber den Wiederkauf in bestimmter Frist vorbehalten hat, und doch wird in solchen Fällen die volle Ernstlichkeit des so ausgedrückten Willens zu Unrecht bestritten. Der Kampf gegen derartige Geschäfte hat eine Berechtigung erst, wenn man sich auf den Standpunkt desjenigen stellt, der im Glauben an den Eigenthumsbesitz des A diesem Kredit gegeben hat. Die Gesetzgebung wird hier zu ähnlichen Sätzen gedrängt, wie das Euglische Recht aus der reputed ownership hergeleitet hat. Aber es ist unrecht, solchen Rechtsübertragungen, weil sie die Sicherung einer Forderung ohne Pfandbesitz erstreben, die Rechtsgiltigkeit zu bestreiten, weil dabei etwas in fraudem legis geschehe.

28) So das römische Recht, wie es recipirt worden. Windscheid I. 715.

29) Ueber die Bedeutung dieser Worte s. Strieth. B. 45 S. 34.

30) l. 20 §§ 33. 35. 213, l. 3 C. VIII. 35. Reichspol. Ordn. v. 1577 Tit. 20 § 5.

dem letzteren überlassen werden soll[31]), aber ein solcher Vertrag ändert nicht den Inhalt des Pfandrechts als eines Rechts auf Veräußerung, sondern modifizirt nur nachträglich die Ausübung dieses Veräußerungsrechts. Ob das Verbot der lex commissoria und die daraus sich ergebende Nichtigkeit der Abrede, daß das Pfand dem Gläubiger verfallen solle, noch nach Aufhebung der Wuchergesetze zu Recht besteht, ist streitig. Die Frage ist gegen Försters abweichende Ansicht zu bejahen[32]). Das Verbot enthält eine Folgerung aus dem gesetzlich gewollten Wesen des Pfandrechts, war also nicht ein Ausfluß der alten Wuchergesetzgebung; die lex commissoria fällt aber auch nicht unter den Begriff der Konventionalstrafe in der gewöhnlichen — der Bestimmung des § 1 des Gesetzes vom 14. November 1867 zu Grunde liegenden — Bedeutung des Worts.

Das Recht des Pfandgläubigers aus der Substanz des Pfandes, d. h. durch seine Veräußerung Befriedigung zu suchen, ist in dem Maße wesentlich, daß ein Vertrag, durch den dem Gläubiger einer Hypothek oder Grundschuld das Recht der Veräußerung überhaupt entzogen wird, nichtig ist. Bei einer Verpfändung beweglicher Sachen ist ein solcher Vertrag möglichst dahin zu deuten, daß die Befriedigung zwar nicht aus der Substanz, aber doch aus den Früchten gesucht werden soll; ist diese Deutung ausgeschlossen, so wirkt die Verabredung der Nichtveräußerung nur ein Hinausschieben des Veräußerungsrechts bis zur Eröffnung des Konkursverfahrens über das Vermögen des Schuldners[33]).

Das Pfandrecht ergreift die verpfändeten Gegenstände mit allen recht-

---

31) I. 20 § 34.

32) Ebenso bejaht in Entsch. B. 65 S. 38. Strieth. B. 80 S. 351 (Rehbein I. 472). R.G. Entsch. B. 2 S. 333, B. 4 S. 51 und Gruchot B. 25 S. 713. R.O.H.G. B. 4 S. 353, B. 7 S. 5 zweifelhaft. Für Verneinung außer den von Förster geschriebenen Ausgaben dieses Buchs und Förster, Grundbuchrecht S. 174. Hinschius in s. Zeitschr. für Gesetzgeb. und Rechtspfl. B. 2 S. 54. Jaques, Wuchergesetzgebung §§ 74—76.

33) I. 20. §§ 26. 27. Ges. über den Eigenthumserwerb v. 5. Mai 1872 § 45. Erstere §§ haben jetzt noch Anwendung auf die Verpfändung beweglicher Sachen. Das Reichsgericht Entsch. B. 13 S. 233 und später wiederholt hat aber entgegen der ausführlichen Begründung der Unzulässigkeit einer willkürlichen Revenüenhypothek durch den Herausgeber bei Gruchot B. 28 S. 1 anerkannt, daß auch heute noch in Gemäßheit des § 225 I. 20 A.L.R. unter willkürlicher Beschränkung der Pfandhaftung auf die Revenüen des Grundstücks durch Eintragung eine Revenüenhypothek begründet werden könne. Vgl. dagegen den citirten Aufsatz. S. auch unten § 199 Anm. 1b. Es ist zu wünschen, daß der Grundbuchsverkehr sich durch diese in hohem Maße bedenkliche Entscheidung nicht auf den Abweg solcher Revenüenhypotheken leiten lassen wird. Die Bedürfnisse des Realkreditverkehrs werden das hoffentlich, von vereinzelten Fällen abgesehen, ausschließen. In den Fällen, in denen das Verfügungsrecht des Eigenthümers dahin beschränkt ist, daß er die Substanz nicht belasten kann, wohl aber nach dem älteren Recht eine Revenüenhypothek aufnehmen konnte, bei Lehngütern, Familienfideicommißgütern (§ 228 I. 18, §§ 80ff. II. 4 A.L.R.) wirkt die Verpfändung und Hypothekenbestellung nicht weiter als der eingetragene Eigenthümer verfügen kann, die Hypothek belastet hier also, wenn nicht in gehöriger Weise konsentirt ist, nur das Recht auf die Nutzungen. Förster, Grundbuchrecht S. 167. Strieth. B. 91 S. 286, B. 92 S. 293.

lichen Eigenschaften. Ob und wieweit das Zubehör davon ergriffen wird, hängt von der Auslegung des Verpfändungswillens ab. Was nachträglich aus der Sache entsteht, An- und Zuwüchse sind im Zweifel mit verpfändet[34]). Nur die Hypothek und die Grundschuld erfassen, wie unten darzustellen ist, unabhängig von dem Verpfändungswillen das als zum Grundstück gehörig, was auch erst später mit dem Grundstück als Pertinenz verbunden ist, so lange es sich bei dem Grundstück findet. Die Pertinenz haftet in diesen Fällen als zur Sache gehörig, ist zunächst nicht selbständig Gegenstand eines besonderen Pfandrechts[34a]). Es ist aber auch möglich, daß dieselbe Forderung durch eine Mehrheit von Pfändern gesichert wird[35]), und neben die Gesammthypothek, den Fall, in dem für dieselbe Forderung mehrere Grundstücke hypothekarisch haften, tritt die Gesammtgrundschuld, der Fall, daß dieselbe Zahlung nur einmal aus einer Mehrheit von Grundstücken, aber aus jedem derselben ganz gefordert werden kann[36]). Aus dem römischen Recht ist der Satz überliefert: pignoris causa indivisa est[37]). Die ganze verpfändete Sache und jedes davon getrennte oder losgelöste Stück, ebenso jede von mehreren Pfandsachen haftet für die ganze Forderung und für jeden Theil derselben, soweit nicht durch ausdrücklichen Rechtsakt eine Befreiung vorgenommen wird[38]). Der Pfandgläubiger kann die einzelne Sache oder Theile von ihr aus der Pfandhaft entlassen, ohne daß dadurch die solidarische Haftung der verbleibenden Stücke oder Theile verändert wird. Aber soweit dies nicht geschehen ist, haftet die Sache bis zu ihrem letzten Rest; die ganze Sache haftet auch jedem Berechtigten, wenn die Forderung getheilt wird, und sie haftet bis zur vollständigen Befriedigung des Berechtigten[39]).

Die Sicherheit, die der Pfandgläubiger sucht, beruht darauf, daß der Werth der Pfandsache den Werth der Forderung deckt[40]). Das Pfandrecht berührt sich hier mit anderen Instituten des Privatrechts, die eben-

---

[34]) I. 20 §§ 21. 139. 157. 158. Vergl. l. 16 pr. l. 29 § 2, l. 35 D. XX. 1, l. 18 § 1, B. 21 D. XIII. 7, l. 16 D. VIII. 1, l. 9 D. XXXIX. 1. Huschke in der Zeitschr. für C.R. u. Proz. B. 20 S. 246. Dernburg Pfandrecht I. §§ 56—58. Wegen der Früchte vgl. l. 26 § 2, l. 15 pr. l. 29 § 1 D. XX. 1, l. 3, C. VIII. 15. Glück B. 18 S. 346. Vangerow I. 823. Windscheid I. § 235 Anm. 12 Huschke a. a. O. S. 261. Franke im Arch. f. c. Pr. B. 30 S. 152. Jancke. Der Fruchterwerb des redlichen Besitzers und des Pfandgläubigers.

[34a]) Ebensowenig wie die willkürliche Revenuenhypothek ist eine willkürlich auf Haftung der Pertinenzen eines Grundstücks beschränkte Hypothek denkbar.

[35]) I. 20 §§ 467. 468. Vgl. l. 19 D. XX. 1.

[36]) Eig.Erw.Ges. v. 5. Mai 1872 § 42. Vergl. dazu oben B. I. § 63 Anm. 71 und unten § 194 Anm. 74 ff.

[37]) l. 56 D. XXI. 2. Wächter im Arch. f. civ. Pr. B. 27 S. 188. Dernburg, Pfandrecht II. 28.

[38]) I. 20 §§ 443. 467. 468. Reskr. vom 19. Juli 1835. Jahrb. B. 42 S. 281; Ges. über den Eig.Erw. vom 5. Mai 1872 §§ 30. 42. Vergl. Preuß. K.O. n. 1855 § 56 Nr. 1. Immob.Vollstr.Ges. §§ 59. 205. — l. 85 § 6 D. XLV. 1.

[39]) I. 20 §§ 174. 177. — l. 19 D. XX. 1, l. 8 § 2, l. 9 § 3 D. XII. 7, l. 85 §§ 61 f. D. XLV. 1, l. 6 C. VIII. 28, l. 2 C. VIII. 29.

[40]) v. d. Hagen, Hypothek des Eigenthümers 1836 S. 29. Daraus folgt aber nicht, was v. d. Hagen daraus herleitet, daß nur der freie Werthstheil der Sache Objekt des Pfandrechts sei.

falls die Sicherung des Gläubigers bezwecken. Es ist eines der im preußischen Recht anerkannten Mittel zur Bestellung einer Kaution[41]). Von dem Zurückbehaltungsrecht unterscheidet es sich dadurch, daß es nicht bloß zur Weigerung der Herausgabe der Sache berechtigt, sondern als ein wirkliches dingliches Recht die Befugniß giebt, sich aus der Sache zu befriedigen, sie zu veräußern[42]). Der Arrest, der früher von vornherein nur darauf ging, ein bestimmtes Vermögensstück des Schuldners als künftiges Exekutionsobjekt zu sichern, suchte dieses Ziel durch ein Veräußerungsverbot zu erreichen. Zur Zeit hat er eine andere Gestalt angenommen: der dingliche Arrest giebt einen Titel zur Zwangsvollstreckung, die Vollstreckung erfolgt durch Pfändung oder Eintragung und erzeugt ein durch die demnächst erwirkte Vollstreckbarkeit der Forderung bedingtes Pfandrecht[43]). Die Draufgabe ferner soll den Abschluß eines Vertrages klarstellen, aber sie sichert nicht dessen Erfüllung, auch geht ihr Gegenstand sofort in das Eigenthum des Empfängers über[44]). Im Gegensatz zum Pfand als Mittel zur Begründung einer Realsicherheit steht die Bürgschaft als gewährte Personalsicherheit. Auch diese ist abhängig von einer Hauptforderung und accessorisch, aber sie ergreift nicht unmittelbar eine Sache, sondern verpflichtet eine außerhalb der Hauptobligation stehende Person[45]).

## § 191. Geschichtliches vom Pfandrecht.

Als das römische Recht in Deutschland eindrang, war das Realkreditwesen schon sehr reich und vielfach abweichend von dem römischen entwickelt[1]). Zunächst galt als allgemeine Regel, daß bewegliche Sachen nur durch Besitzübertragung, und zwar mit Ausschluß des stellvertretenden Besitzes (constitutum possessorium) verpfändet werden konnten, daß dem Pfandgläubiger kein Gebrauch der Sache gestattet war, und daß der Verkauf durch Vermittelung des Gerichts erfolgen mußte. Es ist zwar behauptet worden[2]), daß sich schon im deutschen Recht ein Mobiliarpfand ohne Besitz entwickelt habe; aber Seeschiffe, bei denen das allerdings vorgekommen ist, sind vielfach als Immobilien behandelt worden, und die zuweilen erwähnte Verpfändung eines ganzen Vermögens ohne Besitzübertragung läßt um so weniger einen Schluß auf allgemeine Zulässigkeit ziehen, als sie hauptsächlich bei Geistlichen vorgekommen zu sein scheint, die am ehesten in ihren Rechtsgeschäften dem

---

[41]) Oben B. I. § 48 Nr 1.
[42]) Oben B. I. § 110. Gesterding S. 3. Dernburg, Pf.R. I. S. 101.
[43]) Oben B. I. § 48 Nr. 6.
[44]) Oben B. I. § 81. Dernburg, Pf.R. I. S. 99.
[45]) Oben B. II. § 144. Dernburg, Pf.R. I. § 1.
[1]) Vgl. über das Folgende besonders Albrecht, die Gewere S. 130—157. Arnold, Geschichte des Eigenthums in den deutschen Städten. 1861, besonders S. 116fg. v. Meibom, das deutsche Pfandrecht, 1867. Dazu die Recens. von Stobbe in der krit. Vierteljahrschr. IX. 285, die zahlreichen Quellenbelege in Krauts Grundriß und die Lehrbücher über deutsches Privatrecht. Stobbe, Handbuch §§ 106ff.
[2]) Meibom S. 410fg.

römischen Recht gefolgt sind[3]). In Betreff der Verpfändung der Immobilien ist eine ältere Satzung, bei welcher der Gläubiger Besitz und Benutzung des Grundstücks erhielt, und die vielfach gebraucht wurde, um öffentlich rechtliche Herrschaft unter dem Vorbehalt der Einlösung zu übertragen, auch wohl um den Zinsverboten zu entgehen, die aber auf die weitere Entwickelung des Pfandrechts in den modernen Gesetzgebungen ohne Einfluß geblieben ist, und eine neuere Satzung zu unterscheiden, die erst in der Zeit nach den Rechtsbüchern aufkam und eine Verpfändung des Grundstücks ohne Besitzübertragung darstellte. Sie mußte in den Städten vor dem Rath vorgenommen und in öffentliche Bücher eingetragen werden. Der Gläubiger erlangte durch diese gerichtliche Auflassung eine Gewere, der Verkauf erfolgte durch das Gericht. Den Ueberfluß des Erlöses empfing der Schuldner zurück.

Bei allen Formen der Verpfändung hielt das deutsche Recht regelmäßig an dem accessorischen Charakter des Pfandrechts fest, obschon dieser bei der älteren Satzung zurücktrat, sofern sie dem Gläubiger die Möglichkeit gewährte, nicht nur sich aus den Nutzungen des Grundstücks zu befriedigen, sondern die Nutzungen geradezu zu gewinnen, so daß bei einer ihrer Ausgestaltungen nicht sowohl die Erfüllung der Forderung gesichert, als vielmehr die Forderung durch die Satzung getilgt wurde. Sicherung oder Erfüllung einer Forderung blieb also der Zweck, das Recht an der Sache aber wurde bei der neueren Satzung als ein selbständiges Recht aufgefaßt. Die Satzung war die als Realschuld auf ein Grundstück gelegte Verpflichtung zu einer einmaligen Kapitalleistung. Nicht in dem Sinne Realschuld, daß das Grundstück als Schuldner personifizirt wurde, vielmehr war der Verpfänder der Schuldner; aber jeder, der das Grundstück erwarb, trat in diese Stellung, weil er mit dem Grundstück die ihm anhaftende Belastung übernahm; nur das Grundstück war das dem Berechtigten gegebene Befriedigungsobjekt. Die Schuld war also eine Realschuld in dem Sinn, daß sie nur aus oder mit dem Grundstück befriedigt werden konnte. Der Eigenthümer zahlte, nicht weil er für seine Person verpflichtet, sondern weil er Eigenthümer des belasteten Objekts war.

Die neuere Satzung findet sich hauptsächlich in den Stadtrechten und zwar auch in den für die Reaktion des preußischen Rechts wichtigsten, dem Lübischen, Magdeburgischen und Hamburgischen[4]). Die öffentliche Bestellung war nöthig, Schuld und Verpfändung eines bestimmten Grundstücks wurde in das Stadtbuch eingetragen[5]). Der Gläubiger war zunächst mit seiner Befriedigung an das gesetzte Pfand gewiesen. Er durfte es nicht umgehen

---

[3]) Stobbe in der krit. Vierteljahrschr. IX. S. 316fg. Arnold S. 128.

[4]) Lüb. R. II. 146. 147, III. 97. 223. Pauli, Abhandl. aus dem lüb. R. I. 105f. Hamb. Stat. 12 bei Pufendorf III. app. p. 228. Sächs. Weichbild (Ausgabe von Daniels u. Gruben) 102. Magdeb. system. Schöffenrecht. III. 2. 65—67. 76. 105.

[5]) Meibom S. 415.

und das übrige Vermögen des Schuldners angreifen, und dieser vermochte nicht jenen zunächst auf andere Vermögensstücke zu verweisen, auch der Dritte Pfandbesitzer hatte nicht die Wohlthat der Vorausklage [6]). Das Pfand war Exekutionsobjekt und wurde gerichtlich in den Formen des Exekutionsverfahrens nach vorangegangener Verurtheilung verkauft [7]). Ob nun, wie bisher angenommen wurde, diese neuere Satzung dem Gläubiger wirklich ein dingliches Recht an der Sache gegeben, oder nur [8]) die Disposition des Verpfänders beschränkt hat, kann aus den Quellen mit Sicherheit nicht entschieden werden, weil es nicht in deren Charakter liegt, Rechtsbegriffe scharf formulirt auszusprechen, insbesondere der Begriff des dinglichen Rechts auf eine fremde Sache unentwickelt in dem allgemeinen der Gewere lag. Die Frage aber hat nur antiquarische Bedeutung, denn das ist außer allem Zweifel, daß sich dieses Pfandrecht ohne Besitz nach der Reception als ein dingliches Recht gestaltet hat.

Es ergiebt sich hiernach, daß im deutschen Recht die im Landrecht anerkannten Prinzipien der Spezialität und Publizität bereits in Geltung waren [9]), daß als Form für deren Durchführung entweder die Besitzübertragung oder die Auflassung vor Gericht und Einschreibung in die öffentlichen Stadtbücher galt, und daß der Verkauf des Pfandes ein gerichtlicher gewesen ist nach vorangegangener Verurtheilung des Schuldners. Diese Grundsätze hatten sich freilich nach der Rezeption nicht als gemeinrechtliche erhalten, aber die Reaktion gegen das römische Recht war doch so stark, daß in vielen Land- und Stadtrechten die alten Prinzipien theils festgehalten, theils gesetzgeberisch weiter ausgebildet wurden [10]). Natürlich auch hier wieder mit vielfachen Modifikationen.

Von besonderer Wichtigkeit wurde das Institut der Ingrossation, der Einschreibung in ein öffentliches Buch [11]), die sich in verschiedener Weise entwickelte: bald nur als nützlich und dann theils beschränkt auf vertragsmäßige Verfändungen [12]), theils erstreckt auf die gesetzlichen Pfandrechte [13]); bald als ein nothwendiges Erforderniß für die Entstehung des Pfandrechts, sei es für die vertragsmäßigen, sei es für alle Hypotheken [14]). Wo neuere Gesetzgebungen

---

[6]) Meibom S. 421 f. 424.

[7]) Albrecht S. 133. Meibom S. 433 f. Krech u. Fischer S. 21.

[8]) Vgl. Meibom S. 427 f. 437.

[9]) Arnold S. 128: „volle 200 Jahre vor Einführung des römischen Rechts war unser Recht zum Begriff einer Hypothek gelangt, nicht im Anschluß an die römische, sondern durchaus selbständig und auf eigne Hand. Und so fest war der Bau unseres Creditsystems auf die Pfeiler der Spezialität und Publizität gegründet, daß selbst die Verwüstung, welche die Romanisten des 16. 17. Jahrhunderts anrichteten, sie nicht zerstören, und das moderne Pfandrecht ganz auf sie zurückkommen konnte".

[10]) Beseler, Pr.-R. § 96 S. 369 fg. Bluntschli, Pr.-R. S. 292. 293 fg.

[11]) Beseler und Bluntschli a. a. O. v. Gönner, Commentar über das Hypothekengesetz f. d. Königreich Baiern I. Einl. S. 1 fg.

[12]) Hamb. Stat. II. 5 Art. 1. Lüb. R. III. 5. Art. 1. Mevius, comm. ad jus Lub. h. l.

[13]) v. Kamptz, Handb. des meckl. Civ.-R. S. 308.

[14]) So für die Konventionalhypothek die chursächs. Proz.-Ordn. v. 1622 Tit. 44—47, die

umfassend das Hypothekenrecht normirt haben, sind sie überall von dem Gesichtspunkt ausgegangen, daß ohne Einschreibung eine Hypothek nicht bestellt werden kann, und zwar ohne Unterscheidung der gesetzlichen und vertragsmäßigen, und zu diesem Zweck ist diese Einrichtung der öffentlichen Bücher mit großer Sorgfalt ausgebildet worden und zum Theil mit der Einschreibung der Grundstückseigenthümer in Verbindung gesetzt[15]).

In Preußen[16]) war durch das Edikt vom 20. Septbr. 1704 die Einführung von allgemeinen Lagerbüchern und Skrinien zur Eintragung der Besitzveränderungen und Hypotheken empfohlen worden[17]). Dieses Edikt wurde aber durch das Patent vom 22. November desselben Jahres wieder suspendirt[18]). Darauf wurde in der allgemeinen Hypotheken- und Konkursordnung vom 4. Februar 1722 die Einrichtung der Grund- und Hypothekenbücher befohlen[19]) und diese erhielten in der Hypothekenordnung vom 20. Dezember 1783 den Abschluß ihrer Ausbildung[20]). Auf Grund dieser Ordnung ist dann das materielle Hypothekenrecht im A.L.R. abgefaßt, und hier sind noch schärfer die beiden Prinzipien der Spezialität und Publizität ausgeprägt worden[21]). Zu Grunde lagen also bereits vorhandene preußische Einrichtungen, die sich an ältere deutsche Rechtsgrundsätze angeschlossen hatten[22]).

---

erläuterte Prozeßordnung v. 1724 Tit. 44—47. Haubold, Lehrb. des sächs. Priv.-R. §§ 202—210. Für alle Arten von Hypotheken die preuß., österr., die mecklenburgische, bairische, würtembergische und die neueste sächs. Gesetzgebung.

15) Beseler § 97.

16) Koch, Pr.-R. I. 409.

17) C. C. M. II. Abth. 2 Sp. 39. 40. Die Veranlassung waren die vielfältigen Klagen darüber, „daß Unsere getreue Unterthanen, wenn sie ihre habende capitalia auf Häuser oder andere Immobilia und liegende Gründe austhun und verschreiben lassen, oder dieselben an sich erkaufen wollen, öfters dadurch hintergangen werden, daß die Eigenthümer selbige für unbeschwerte Güter ausgeben und dennoch sich findet, daß anderen vor ihnen darauf Hypotheken verschrieben und selbige, wenn es ad concursum kommt, jure praelationis ihnen vorgezogen werden."

18) C. C. M. II. 2 Sp. 41. 42 „weil Wir nachgehends erfahren müssen, daß hiervon allerhand ungleiche Impressionen Unsern Unterthanen gemacht worden, also gar, daß einige Unserer Landen und Provinzien bei Uns eingekommen, und gebeten, daß, weil zu besorgen, daß die Auswärtige dadurch von dem Commercio mit Unseren Unterthanen abgeschrecket und also deren Credit geschwächet werden dürfte, ihnen freigestellt werden möge, u. s. w."

19) C. C. M. II. 2 Sp. 103 Nr. XXXIX. Jede Gerichtsobrigkeit soll ein vollständiges Grund- und Hypothenkenbuch unverzüglich einrichten und einführen § 1. In dieses Buch sind alle unbewegliche Güter, die in der Jurisdiktion liegen, unter einer gewissen Nummer, der Name des Besitzers, der titulus possessionis desselben, der Werth des Erwerbs, die Versicherungssumme, die darauf haftenden Schulden, die Vormundschaften, welche der Besitzer führt und ob er noch andere liegende Gründe besitzt, einzutragen § 2. Auch die stillschweigenden Hypotheken und anderen privilegirten Schulden sollen im Buch vermerkt werden § 6. Die Ordnung hat zuerst die tabellarische Eintragung eingeführt und Formulare dafür aufgestellt (Sp. 165 fg.), welche aber allerdings noch wesentlich von den Formularen nach der Hypoth.-Ordn. von 1783 abweichen.

20) Vgl. hierzu noch bes. das Ges. v. 24. Mai 1853, betr. einige Aenderungen der Hypoth.-Ordnung.

21) Die Hypoth.-Ordn. von 1783 kennt noch die Generalhypothek, Tit. II. § 165; das A.L.R. hat sie ganz beseitigt. I. 20 §§ 6. 411.

22) Svarez, Schlußvortr. Jahrb. B. 41 S. 60.

Der preußischen Gesetzgebung gebührt der Ruhm, zuerst am entschiedensten und folgerichtigsten das Hypothekenrecht materiell und formell auf jenen beiden wichtigen Prinzipien aufgebaut und diese durchgeführt zu haben. Ihrem Beispiele ist in fast allen andern Territorien Deutschlands die Gesetzgebung gefolgt, und nach der Einwirkung, welche die Reichsgesetzgebung auf diesem Gebiete geübt hat, giebt es kein Gebiet mehr, in dem das reine römische Hypothekenrecht zur Anwendung kommt[23]).

Den Anforderungen des immer lebhafter und anspruchsvoller gewordenen Realkredits stellte das System des preußischen Rechts Schwierigkeiten entgegen, denen eine umfangreiche Novelle vom 24. Mai 1853 zum Theil abhalf. Indessen fand das Streben nach einer Reformation der Hypothekengesetzgebung in dieser nicht seine Befriedigung. Indem das A.L.R. durch die ihm eigenthümliche Theorie der Schlechtgläubigkeit im Sachenrecht, wonach eine außerhalb des Hypothekenbuchs erlangte Kenntniß von einem anderweitigen Rechtsverhältnisse den Glauben an die Angaben des Hypothekenbuchs erschüttern und einem persönlichen Recht stärkere Wirkung als dem dinglichen Recht geben konnte, das Prinzip der Publizität durchbrach, und indem es in seiner vormundschaftlichen Fürsorge den beiden Prinzipien der Publizität und Spezialität noch ein drittes, das der Legalität zufügte, das darin bestand, daß der Hypothekenrichter nicht allein die Verfügungsberechtigung des Eigenthümers oder Gläubigers über das Grundstück und die eingetragene Post, sondern auch die formelle und materielle Giltigkeit des zu Grunde liegenden obligatorischen Rechtsgeschäfts prüfen sollte, mußte der Grundbuchverkehr etwas Unsicheres, Schwerfälliges und Langsames erhalten. Die Gesetzgebung vom 5. Mai 1872 ist wesentlich gegen diese Mängel gerichtet. Sie hat das Prinzip der Publizität durch Stärkung des Glaubens des Grundbuchs konsequenter durchgeführt, und das Prinzip der Legalität auf das Maß der Prüfung der Handelsfähigkeit und Verfügungsberechtigung zurückgeführt. Daneben zielte die Zurückführung des Grundbuchs auf die Grundsteuerbücher auf eine bestimmtere Bezeichnung der Grundstücke ab, wenn auch hierbei die Richtigkeit und Klarheit der Grundsteuerkataster überschätzt worden ist[23a]).

Die Absicht bei dieser Gesetzgebung war ursprünglich dahin gegangen, das Immobiliarsachenrecht, alle Bestimmungen über Eigenthum und dingliche Belastung der Grundstücke, zu kodifiziren; von dieser übrigens schon in den Entwürfen nicht streng festgehaltenen Absicht ist man in der Folge abgegangen; man hat, wie schon gesagt, neben der Grundschuld des Entwurfs die accessorische Hypothek des A.L.R. beibehalten. Nur die Grundbuchordnung, also die Regelung der formellen Behandlung des Grundbuchwesens hat den Charakter einer Kodifikation[23b]). Da hiernach die alte materielle Gesetzgebung nur soweit

---

23) Konkursordnung § 40, Einführungsgesetz zur Konkursordnung vom 10. Febr. 1877 §§ 14—16, Civilprozeßordnung § 709 Abs. 2.

23a) Vgl. Koppers bei Gruchot B. 36 S. 319.

23b) Vgl. Grundbuch-Ordn. § 143.

beseitigt ist, als die neue bestimmt abändernd eingegriffen hat, so ist der Tit. 20. Theil 1 des A.L.R. in vielen Beziehungen auch für die Immobiliarverpfändung in Geltung geblieben[24]), und das Gesetz vom 5. Mai 1872 hat somit auf dem Gebiet des Hypothekenrechts den Charakter einer Novelle. Im Jahre 1873 ist übrigens dieses Gesetz und die Grundbuchordnung durch besondere Einführungsgesetze in Neuvorpommern und Rügen, Schleswig-Holstein, Hannover einschließlich des Jadegebiets, im Bezirk des Appellationsgerichts zu Cassel, im Bezirk des Justizsenats zu Ehrenbreitstein und in den Hohenzollernschen Landen, 1888 auch in der Rheinprovinz eingeführt worden[25]); 1895 ist die Einführung in den noch übrigen Theilen des preußischen Staats versucht worden, aber nicht vollständig durchgeführt.

## § 192. Die durch das Pfandrecht zu sichernde Forderung.

Wenn nach dem im § 190 Ausgeführten vorläufig von der Grundschuld und von den Fällen, in denen die Hypothek zur Selbständigkeit gelangt, abgesehen wird, so ist die erste Voraussetzung der Entstehung eines Pfandrechts eine Forderung, deren Erfüllung durch das Pfand gesichert werden soll. Jeder an sich rechtsbegründete Anspruch ist dazu geeignet[1]), mag seine Erfüllung in einer Geldleistung, in der Hingabe einer Sache, in der Leistung einer Handlung bestehen, mag er bedingt oder betagt, aus einem Vertrag oder Delikt entsprungen, mag die Schuld die eigene des Verpfänders

---

[24]) Förster, Grundbuchrecht S. 182 fg.

[25]) Peters, Die preuß. Grundbuchgesetze und ihre Einführung im Gebiete des kurhess. R. 1873. Platner, Sachenrecht mit bes. Rücksicht auf das frühere Kurfürstenthum Hessen. — Dr. Seestern-Pauly, Das Grundbuchrecht für die Provinz Schleswig-Holstein, 1874. Derselbe, Die Rechte der protokollirten Gläubiger, 1879. — Meyer, Das Grundbuchrecht im gemeinrechtl. Theile Hannovers, 1873. Webemeyer, Die Gesetze über das Grundbuchwesen in Hannover, 1874. Eisenhardt, Das Gesetz vom 30. Mai 1873 betr. Ehrenbreitenstein, 1875. O. Mügel, Das Rheinische Grundbuchrecht. Gesetz vom 12. April 1888. — Das Einführungsgesetz für Schleswig-Holstein ist durch die Bestimmungen des Gesetzes vom 31. Januar 1879 modifizirt. Im Oberlandesgerichtsbezirk Kassel hat die willkürliche Art und Weise, in welcher man bei der dem Grundsteuerkataster zu Grunde liegenden Vermessung die in den alten Währschaftsbüchern angenommene Bezeichnung und Abgrenzung der Grundstücke bei Seite gesetzt hat, zu schweren Verwickelungen geführt. Hier ist die Anlegung der Grundbuchblätter und zugleich die Reinigung des Grundbuchs von allen erloschenen Hypotheken angeordnet durch Ges. v. 28. Mai 1885. G.S. S. 175. Vgl. Theobald, Die Gesetze über das Grundbuchwesen im Bezirk des vormaligen Appellationsgerichts zu Kassel. Zweite Auflage. 1891.

[1]) I. 20 § 11. Im Band I. § 61 Anm. 46 ist anerkannt, daß es nach preußischem Recht möglich ist, eine Verbindlichkeit in der Weise zu übernehmen, daß vertragsmäßig die Zwangsvollstreckung auf bestimmte Gegenstände beschränkt wird. Aus der Möglichkeit einer persönlichen Schuld beschränkt auf das als Pfand bestellte Grundstück folgert Dernburg, Preußisches Hypothekenrecht B. 2 S. 46, daß die dingliche Belastung nach Landrecht nicht von der Existenz einer persönlichen Forderung abhängig ist. Aber die persönliche Schuld, bei der die Zwangsvollstreckung auf eine bestimmte Sache beschränkt ist, bleibt persönliche Schuld und der Schuldner, der die Sache, auf die er die Zwangsvollstreckung beschränkt hat, veräußert, haftet dem Gläubiger auf das Interesse mit seinem ganzen Vermögen.

oder eine fremde sein[2]). Eine Hypothek kann indessen zur Zeit wegen anderer als Geldansprüche nicht eingetragen werden[2a]). Für ungiltige Forderungen kann ein Pfandrecht nicht entstehen, also auch nicht für eine Forderung, deren Existenz nur durch Simulation vorgegeben wird. War die Forderung nur theilweise simulirt, so wird das Pfandrecht nur insoweit wegfallen, und war unter der Scheinforderung eine andere wirklich rechtsbeständige Forderung verhüllt, so muß die für die letztere in Wahrheit beabsichtigte Pfandbestellung aufrecht erhalten werden[3]). Wird eine zur Zeit der Pfandbestellung ungiltige Forderung in der Folge giltig, so wird auch die Verpfändung rechtsbeständig, und zwar von der Zeit der Verpfändung an, ohne daß hierbei zwischen den Fällen, in denen die nachmalige Beseitigung des Mangels überhaupt rückwirkende Kraft hat, oder nicht, ein Unterschied gemacht werden kann[4]).

Ob für **künftige** Ansprüche ein Pfand in Voraus mit der Wirkung bestellt werden könne, daß die Verpfändung ein Vorrecht vor einer später, aber noch vor der Entstehung jenes Anspruchs erfolgten Verpfändung begründe, ist im gemeinen Recht lebhaft bestritten[5]). Das A.L.R. bestimmt: so weit wegen künftiger Ansprüche Kaution gefordert und geleistet werden kann, so können dergleichen Ansprüche durch Pfand oder Hypothek sicher gestellt werden[6]).

---

[2]) l. 5 pr. D. XX. 1, l. 9 § 1 D. XIII. 7, l. 8 § 5, l. 70 § 5 D. XLVI. 1. Dernburg, Pf.-R. I. 516f. Koch I. 606fg. Ueber die Unzulässigkeit einer nicht klagbaren (naturalen) Verbindlichkeit als Grundlage eines Pfandrechts s. oben B. I. § 61 Anm. 34.

[2a]) Eig.Erw.Ges. § 23 (vgl. Immob.Vollstr.Ges. v. 13. Juli 1883 § 6). Vgl. unten § 198 Anm. 20.

[3]) I. 20 §§ 12. 415. Strieth. B. 1 S. 315. Entsch. B. 71 S. 2328.

[4]) I. 20 § 13. Bornemann S. 163. Der § 13 ist gegen Svarez Ansicht in das Gesetzbuch gekommen. Die früheren Auflagen sagen: Pfandbestellung für eine ungiltige Schuld habe nicht die Bedeutung einer Konfirmation derselben: das ist nicht einfach aufrecht zu erhalten. In solcher Pfandbestellung kann eine Anerkennung liegen, die als solche nach Lage der Umstände die Forderung in Kraft setzt. Z. B. wenn nach gehobenem Irrthum der Schuldner einer wegen Irrthums anfechtbaren Forderung für dieselbe freiwillig ein Pfand bestellt. Es wird also von der Lage der thatsächlichen Umstände abhängen, ob die Pfandbestellung die Schuld konfirmirt. Ueber die Fälle, in denen ein ungiltiges Geschäft ex tunc beziehungsweise nunc giltig wird, vergl. B. I. § 41. Aus der Praxis s. Entsch. B. 54 S. 169, Strieth. B. 37 S. 196, B. 58 S. 307, und über dauernde Geltung des Satzes für die Hypothek nach der Gesetzgebung von 1872 Ober-Trib. bei Gruchot B. 23 S. 756.

[5]) l. 5 pr. D. XX. 1. Gesterding, S. 25. Heise und Cropp, Abh. II. 417. Huschke, in der Zeitschr. für Civ.-R. und Proz. B. 20 S. 153. Dernburg, Pfandrecht I. 518f. Vangerow I. 837 Anm. 3. Windscheid I. § 225 Anm. 6, § 242 Z. 3. 6. Exner, Pfandrechtsbegriff, S. 100f. Vgl. R.G. bei Gruchot B. 34 S. 997.

[6]) I. 20 § 14, I. 14 §§ 5—8. Förster bemerkte: „Der eigentliche Kern der Streitfrage, nämlich die Frage nach dem Vorzug der anderen Pfandrechte, die später, aber noch vor der Existenz der künftigen Forderung begründet worden, berührt das preußische Recht nicht. War für die künftige Forderung ein Besitzpfand gegeben, so ist die weitere Verpfändung durch den Eigenthümer unmöglich; war eine Hypothek eingetragen, so behält sie das Vorrecht ihrer Stelle, wenn hinterher andere Hypotheken auch für früher existent gewordene Forderungen eingetragen werden." Der Herausgeber glaubt in einzelnen später zu erörternden Fällen die Möglichkeit eines Besitzpfandes Mehrerer an derselben Sache zugeben zu müssen: wo dies der Fall, wird das wirksam für eine künftige For-

Förster bemerkte hierzu: „Das heißt, der künftige Anspruch muß schon durch Gesetz oder Willenserklärung gesichert, der Rechtsgrund für die spätere Forderung muß schon vorhanden sein[7]). Unzulässig ist hiernach die Pfandbestellung für eine Forderung, welche aus Geschäften entspringen kann, zu deren Vornahme oder Abschluß noch keine Verpflichtung vorliegt[8]). So kann ein Pfand bestellt werden von dem Verkäufer für die Erfüllung seiner Eviktionspflicht, wenn auch noch nicht evinzirt worden ist[9]), für den Ersatz eines künftigen Schadens, wenn die bestimmte Handlung, aus welcher er entstehen kann, bereits vorgenommen ist, für ein versprochenes Darlehn, auf welches die Valuta noch nicht bezahlt worden[10]), für die später fälligen einzelnen Forderungen aus einem dauernden Rechtsverhältniß, z. B. für künftige Mieth-, Pacht- oder Darlehnzinsen[11]), für künftige Leistungen aus einer Reallast, auch für künftige Verbindlichkeiten aus Rechtsverhältnissen, die der Verpfänder jederzeit beliebig lösen und damit die weiteren Verbindlichkeiten für sich vermeiden kann, z. B. aus dem Mandat für die Entschädigungen und Befreiungen des Bevollmächtigten[12]), für einenen Kreditvertrag, wenn auch noch ungewiß ist, ob der Kredit und wie weit er in Anspruch genommen werden wird[13])." Mit dieser Ausführung stimmt im Ganzen die Auffassung der preußischrechtlichen Theoretiker überein, nur Dernburg hält sich berechtigt von der Bestimmung als einer „nichtssagenden" ganz abzusehen, er bezeichnet die Pfandbestellung für eine künftige Forderung unterschiedslos, auch wenn noch kein Rechtsverhältniß besteht, als verbindlich[14]).

Dem kann nun zwar nicht einfach zugestimmt werden, aber in der That, führt auch jene Ausführung zu unhaltbaren Folgerungen. Danach wäre eine Hypothek für ein Darlehn, das noch nicht gegeben, dessen Hingabe aber bereits zugesichert ist, giltig. Gingen aber zur Zeit der Eintragung die Abreden dahin: Das Darlehn soll eingetragen werden, aber Grundstückseigen-

---

derung begründete Besitzpfand einem später für eine ältere Forderung begründeten Besitzpfand vorgehen. Vergl. unten Anm. 16a. B.G.B. § 1113 Abs. 2, § 1204 Abs. 2.

7) Koch I. 607. Komm. Note zu I. 20 § 14.

8) Das Gegentheil wird in der gemeinrechtlichen Praxis angenommen, auf Grund der l. 5 D. XX. 1. Seuffert I. 410.

9) l. 15 C. VIII. 45, l. 9 C. V. 71. Dernburg, Pf.-R. I. 522.

10) Wenn die Valuta gezahlt wird, so wird die Hypothek vom Tage der Eintragung rechtskräftig, was besonders von Wichtigkeit für die Priorität der Hypothek ist, wenn hinter ihre andere Hypotheken noch vor dem Tage der Zahlung eingetragen worden sind. Strieth. B. 37 S. 196. R.G. Entsch. B. 27 S. 172. Wenn vor der Zahlung der Valuta für das eingetragene Darlehn das Grundstück nothwendig subhastirt wird, so kann jedenfalls die Zahlung nach der Publikation des Zuschlagbescheides die Konvalescenz nicht mehr bewirken. Entsch. B. 54 S. 169 f. Strieth. B. 58 S. 307. Ob Zahlung nach der Einleitung der Subhastation? vgl. Anm. 17.

11) l. 18 D. XX. 4, l. 9 pr. D. XX. 4. Dernburg Pf.-R. I. 523.

12) Dernburg, Pf.-R. I. 522.

13) Dernburg, Pf.-R. I. 535 f. Endemann, Das deutsche Handelsr., S 696 f. Note 6.

14) Dernburg, Preuß. Priv.-R. I. § 332 Anm. 4, § 355 Anm. 5.

thümer und eingetragener Gläubiger behalten sich bis zur weiteren Prüfung noch volle Freiheit vor, zu entscheiden, ob das Darlehn gegeben und genommen werden soll, so könnte die Hypothek durch demnächstige Hingabe des Darlehns keine Kraft gewinnen. Ebenso müßte der Fall der Kautionshypothek[15]) dahin eingeschränkt werden, daß eine solche nicht für den Fall des künftigen Entstehens eines in Aussicht genommenen, zur Zeit aber noch nicht begründeten Rechtsverhältnisses mit Wirksamkeit bestellt werden könnte. Diese Sätze sind aber unvereinbar mit der vorher dargelegten Stellung des Landrechts zu dem Pfandrecht für eine ursprünglich ungiltige später wirksam begründete Schuld. Noch weniger stimmen damit die Vorschriften der Hypothekenordnung von 1783, die einen Darleiher geradezu verwarnen, schon vor der Einhändigung der Recognition über erfolgte Eintragung des Darlehns die Darlehnsvaluta zu geben, und den Fall als den regelmäßigen ansehen, „daß ein Instrument früher eingetragen wird, ehe der Schuldner das Darlehn, für welches die Hypothek bestellt worden, ausgezahlt erhält“ [16]). Man kann hiernach nicht daran zweifeln, daß die zur Zeit der Uebergabe des Faustpfands oder der Eintragung noch nicht begründete Schuldverbindlichkeit, wenn sie später in zulässiger Weise begründet wird, ein wirksames Pfandrecht entstehen läßt, und daß die eingetragene Kautionshypothek auch für eine demnächst entstehende Verbindlichkeit haftet, die durch freie Willkür der bei Eintragung der Kautionshypothek noch nicht gebundenen Betheiligten nachher begründet worden ist[16a]).

Hiermit steht aber auch der § 14 des Titels nicht in Widerspruch, seine Bedeutung liegt auf einem anderen Gebiete. Es fragt sich nämlich: muß sich der Pfandbesteller, müssen sich eventuell nachstehende Pfandgläubiger, und muß sich der Verwalter im Konkursverfahren des Eigenthümers der Pfandsache gefallen lassen, daß das Pfandrecht, das bisher nicht entstanden ist, zur Existenz gebracht werde? wo ist die Grenze, bis zu der bei einer Verpfändung für zukünftige Forderungen der Pfandschuldner und die auf seiner Seite stehenden Interessenten gebunden sind, die Zukunft abzuwarten? In dieser Beziehung und gerade nur in dieser Beziehung soll wie bei der Bürgschaft eine bedingte Gebundenheit bestehen; es soll die noch nicht bestehende Forderung vorweg

---

[15]) Die Kautionshypothek wird im § 24 Eig.-Erw.-Gesetz vom 5. Mai 1872 in das neue Grundbuchrecht übernommen als statthaft, wenn die Größe eines Anspruchs zur Zeit der Eintragung unbestimmt ist. Es steht nichts entgegen, eine Kaution für die aus der Geschäftsverbindung des A mit einem Banquier B entstehenden Ansprüche einzutragen, oder für die Schulden aus den Geschäften, die A und B in gewisser Zeit abschließen werden, wenn nur die Willensbestimmung klar und deutlich ist. Vgl. Gruchot B. 5 S. 465. Johow, Jahrb. B. 6 S. 192, B. 8 S. 222.

[16]) Hyp.-Ordn. II. §§ 174. 175.

[16a]) Zu Gunsten des ursprünglichen Hypothekengläubigers kann in solchem Fall gegenüber den in der Zwischenzeit dinglich Berechtigten das frühere Datum der Eintragung oder das Alter der Kautionshypothek nicht in Betracht kommen. Erst mit Entstehung der Forderung entsteht die Hypothek. R.G. bei Gruchot B. 32 S. 137. Der entgeltliche Dritterwerber einer Hypothek in gutem Glauben kann sie aber mit dem aus dem Datum sich ergebenden Rang gegen die zwischen eingetragenen Gläubiger geltend machen.

für den Fall der künftigen Begründung, also bedingungsweise, als gesichert angesehen werden, wenn bereits ein Anfallsrecht des Gläubigers bestand, das durch einen entgegen stehenden Willen des Pfandschuldners nicht vereitelt werden kann. Der letztere wird hiernach auf Löschung der eingetragenen Darlehnshypothek dringen können, wenn er das noch nicht genommene Darlehn überhaupt nicht nehmen will und nicht nehmen muß. Die Hypothek für das noch zu gebende Darlehn fällt auch dann zusammen, wenn das Grundstück vor der wirklichen Hergabe des Darlehns veräußert ist[16b]). Im Konkursverfahren oder im Verhältniß zu nachstehenden Pfandgläubigern wird aber eine Kautionshypothek, auch wenn die Forderung noch nicht entstanden ist, in der vollen Höhe des eingetragenen Maximalbetrags zu berücksichtigen sein, wenn die Forderung noch ohne einen neuen Willensakt des Eigenthümers oder durch einen Willensakt, zu dem er bereits verpflichtet ist, zur Existenz kommen kann; wenn dem aber nicht so ist, wenn also die Forderung, deren Entstehung die Bedingung der Pfandhaftung ist, nur durch einen freien Willensakt des derzeitigen Eigenthümers ins Leben gerufen werden könnte, so wird die Kautionshypothek nicht nur zur Zeit inhaltslos erscheinen, sondern der Eigenthümer und unter Umständen auch eingetragene Gläubiger können ihre Beseitigung verlangen[17]).

---

16b) R.G. Entsch. B. 27 S. 173. Das gilt natürlich um so mehr, wenn das Grundstück im Zwangsversteigerungsverfahren zugeschlagen ist. Entsch. B. 54 S. 169. Strieth. B. 58 S. 307. (Rehbein III. S. 504.) Dem betreibenden Theil gegenüber wird die Hypothek nach der Einleitung der Zwangsversteigerung, die das Grundstück für ihn mit Beschlag belegt, wirksam nicht entstehen können, wenn sie damals auch nicht bedingt bestand.

17) Vergl. über die analogen Rechtsverhältnisse bei der Verbürgung für eine künftige Forderung B. II. § 144 Anm. 22 und 127. Nach Einleitung der Zwangsversteigerung kann in Folge der dadurch bewirkten Beschlagnahme der Eigenthümer zum Nachtheil des betreibenden Gläubigers keine neue Pfandhaftung begründen; es kann also auch die von seinem freien Willen abhängige Begründung einer Forderung in dem durch eine Kautionshypothek gesicherten Kreise von Obligationen dieser Kautionshypothek keine Kraft geben, und bei der Kaufgeldervertheilung ist eine solche Kautionshypothek nur zu dem vor Einleitung des Verfahrens erwachsenen Betrag zu berücksichtigen. Abweichend Entsch. B. 61 S. 384 (Rehbein III. S. 573). Müßte man zu der in dieser Entscheidung vertretenen Ansicht kommen, so dürfte man auch nicht den Zeitpunkt der Kaufgeldervertheilung als Endpunkt der zulässigen Verschuldung ansehen, sondern müßte den Höchstbetrag auch für künftig entstehende Schulden sichern. Jedenfalls wird eine Kautionshypothek für Rückzahlung der Darlehne, die der Gläubiger einem Dritten (nicht dem zeitigen Grnndstückseigenthümer) geben werde, zum vollen eingetragenen Maximum sicher zu stellen sein. Dies gilt auch für eine Kautionshypothek, die für die von dem früheren Eigenthümer einzugehenden Schuldverbindlichkeiten eingetragen sind, nach dem Eigenthumswechsel. Hier ist der neue Eigenthümer der Hypothek für die später erwachsenden Verbindlichkeiten ohne eigenen neuen Willensakt unterworfen; er ist gebunden, sich die Verschuldung des früheren Eigenthümers gefallen zu lassen. — Da das Immobiliarvollstreckungsgesetz vom 13. Juli 1883 dem nacheingetragenen oder nicht eingetragenen Gläubiger die Durchführung der Zwangsversteigerung nur in der Weise gestattet, daß ein die voreingetragenen Posten deckendes „geringstes Gebot“ abgegeben wird, ist es wichtig, daß jeder eingetragene Gläubiger, dessen Forderung vollstreckbar ist, das Recht hat, nicht bloß nichtige Voreintragungen zu beseitigen, sondern alle Rechte des Eigenthümers auf Löschung voreingetragener Posten (abgesehen von der Eigenthümer-Hypothek und Grundschuld) geltend zu machen. Dies bringt § 5 Abs. 1 des gedachten Gesetzes zum Ausdruck. Vgl. oben § 181 Anm. 30. Die Bestimmung möchte gerade für die im Text behandelten Fälle von besonderer Erheblichkeit sein.

Ueber die Forderung, die durch das Pfand gesichert werden soll, muß bei rechtsgeschäftlicher Begründung des Pfandrechts Uebereinstimmung zwischen dem Pfandbesteller und dem Pfanderwerber bestehen, und die Forderung muß erkennbar bezeichnet sein; wenn aber diese Bezeichnung eine unrichtige ist, über die Willensmeinung bei der Pfandbestellung aber kein Zweifel besteht, so wird mit Recht Haftung des Pfandes für die wirklich gemeinte Schuld angenommen[18]).

Für jede zu Recht bestehende Forderung kann ein Pfand bestellt werden. Bezweifelt ist dies zuweilen für Wechselforderungen, doch nur nach der Richtung, ob eine im Wechsel ausgesprochene Hypothekenbestellung als wirkungslos zu erachten. Auch eine Wechselforderung ist eine durchaus hinreichende obligatorische Grundlage der Pfandbestellung[19]). Die Schuld, für die das Pfand bestellt wird, braucht nicht eine eigene Schuld des Pfandbestellers zu sein, man kann auch für eine fremde Schuld seine Sache verpfänden oder zur Hypothek bestellen[20]). Eine Pfandhaft für eine fremde Schuld tritt auch

---

[18]) Falsa demonstratio non nocet. § 151 I. 4. Entsch. B. 40 S. 148, Strieth. B. 30 S. 350 (Rehbein III. S. 501), Entsch. B. 77 S. 164 (Rehbein III. S. 497), Strieth. B. 1 S. 315, B. 12 S. 138, B. 52 S. 181, Bd. 63 S. 303, B. 82 S. 283. R.O.H.G. B. 5 S. 259. 428. R.G. bei Gruchot B. 26 S. 427, S. 1133. Auch eine nachträgliche Einigung darüber, daß eine andere als die nicht zur Existenz gelangte nach der ursprünglichen Abrede durch die Hypothek zu sichernde Forderung für die Hypothek haften soll, genügt. R.G. bei Gruchot B. 29 S. 962, B. 32 S. 693. Bedenken hiergegen s. bei Boas in Gruchots Beitr. B. 31 S. 53 und Kempf in Gruchots Beitr. B. 34 S. 655. Die Praxis hat es mit Recht auch als genügend angesehen, daß zwischen dem Eigenthümer und dem Cessionar einer eingetragenen Hypothek, die für den Cedenten keinen Bestand hatte, verabredet worden ist, daß die so auf jenen übergegangene Hypothek für eine ihm gegen den Eigenthümer zustehende Forderung Bestand erhalten solle. R.G. Entsch. B. 37 S. 169. Auch wenn eine als einfache Hypothek eingetragene Pfandhaftung in Wahrheit eine Kautionshypothek sein sollte, ist sie als solche wirksam. R.G. bei Gruchot B. 34 S. 470.

[19]) Vgl. Strieth. B. 25 S. 310 und andererseits Entsch. B. 26 S. 314. Bornemann IV. S. 168. Koch, Priv.-R. I. 607. Schmidt S. 139. Die Hyp.-O. v. 1783 II. § 105 untersagte die Eintragung einer im Wechsel verschriebenen Konventualhypothek.

[20]) Die Verpfändung für eine fremde Schuld ist im Zweifel als solche, nicht als Uebernahme einer persönlichen Bürgschaftspflicht unter Verpfändung der Sache für diese aufzufassen. I. 20 §§ 49—52. In der l. 9 pr. D. XVI. 1 wird die pignoris datio als Intercession aufgefaßt, dieser Charakter ist ihr auch im preußischen Recht zuzuschreiben, was zur Zeit der Geltung der Formvorschriften für die Frauen-Intercession von Erheblichkeit war. I. 14 § 228. Vgl. Register zum Landrecht „Intercessio". A. M. die Gesetzrevis. Pens. XIV. S. 23. Die Vorschriften des Bürgschaftsrechts sind im Uebrigen nicht ohne Weiteres auf die Verpfändung für fremde Schuld zu übertragen. Vergl. Rechtsf. B. 3 S. 248. Strieth. B. 8 S. 212, B. 36 S. 327, B. 44 S. 113. Reigers in der deutschen Gerichtszeitung 1861 S. 258. Insbesondere ist die Einrede der Vorausklage ausgeschlossen. I. 20 § 49. Daraus folgt aber nicht, daß in anderen Beziehungen, in welchen die Rechtsstellung des driten Pfandbestellers der des Bürgen analog ist, den Bestimmungen des Bürgschaftsrechts die analoge Anwendung zu versagen wäre. Eine solche analoge Anwendung wird namentlich begründet sein bezüglich des Verhältnisses zum Hauptschuldner, sowohl nach der Zahlung aus dem Pfande als zum Zwecke der Heranziehung des Hauptschuldners zur Befreiung des Pfands von der Verbindlichkeit. Versagt wird die analoge Anwendung ganz allgemein mit unzureichender Begründung vom R.G. bei Gruchot B. 26 S. 989. Vgl. dagegen I. 20 §§ 56. 59, wo durch das Wort „überhaupt" klar zu erkennen gegeben ist, daß eine sich aus der Analogie von selbst ergebende Folgerung zum Ausdruck gebracht wird. Indessen war hier auch schon

ein, wenn das Eigenthum der verpfändeten Sache übertragen wird, ohne daß der neue Eigenthümer dem Gläubiger gegenüber in die persönliche Schuldverbindlichkeit eintritt[21]).

Da das Pfandrecht als Nebenrecht zur Forderung hinzutritt, so ist auch das Fortbestehen der Forderung regelmäßig die Vorbedingung für das Bestehen des Pfandrechts. Auf die bereits im § 190 angedeuteten Modifikationen dieses Verhältnisses bei der Hypothek ist erst bei deren Besprechung näher einzugehen. An dieser Stelle aber[22]) ist eine Rückwirkung zu betrachten, die das Gesetz dem begründeten Pfandrecht auf das Bestehen der Obligation selbst zuschreibt. Das Pfandrecht wirkt nämlich auf die Verjährung der zu Grunde liegenden Obligation ein.

„Solange", heißt es im A.L.R. I. 20 § 247, „das Pfandrecht dauert, kann auch keine Verjährung der Schuld zum Besten des Schuldners anfangen", und in § 534: „Solange eine in das Hypothekenbuch eingetragene Forderung nicht wieder gelöscht worden, solange kann die Verjährung derselben nicht angefangen werden." Der Wortlaut beider §§ scheint zu der Annahme führen zu sollen, daß durch die Bestellung des Pfandrechts die Verjährung der Forderung überhaupt ausgeschlossen sei, daß diese dadurch bis zur Aufhebung des Pfandrechts unverjährbar wird. Allein dies ist nicht der richtige Sinn des nur ungenau ausgedrückten Rechtssatzes.

Zwar wo der Schuldner Eigenthümer des Pfandes ist, ließe sich dafür geltend machen, daß im Festhalten des Pfandes ein Ausüben des einheitlichen Rechts gegen den Verpflichteten liege, und daß die Existenz des Pfandrechts die Vermuthnng widerlege, daß die Schuld in der Zwischenzeit getilgt oder erloschen sei[23]). Auch unterbricht eine spätere Pfandbestellung des Schuldners die angefangene Verjährung, weil in ihr ein gegenseitiges Anerkenntniß der Schuld liegt[24]). Aber wo der Eigenthümer der Pfandsache ein Anderer ist, als der Schuldner — sei es, daß ursprünglich ein Dritter das Pfand bestellt, oder daß nach der Bestellung der Schuldner das Eigenthum der verpfändeten Sache veräußert hat, — da fallen die eben geltend gemachten Gesichtspunkte fort, und es besteht gewiß kein Anlaß, die persönliche Schuld wegen des Pfandrechts in solchem Fall als unverjährbar anzusehen. Das römische Recht ist frei von den hervorgehobenen Bedenken, denn die verjährte Obligation bleibt noch als Naturalobligation Grundlage des Pfandrechts und das Pfandrecht selbst ist verjährbar[25]). Das preußische

---

die Praxis des Obertribunals gegen eine Erstreckung über den Wortlaut des § 56 hinaus. Vgl. Strieth. B. 36 S. 327 (Rehbein III. S. 494). S. oben B. II. § 144 Anm. 4.

[21]) Vgl. in letzterer Beziehung Eig.-Erw.-Ges. v. 5. Mai 1872 § 41 und dazu oben B. I. § 102 bei Anm. 29.

[22]) Förster handelte hiervon in § 194 als von einer Wirkung des Pfandrechts. — Vgl. zum folgenden Entwurf B.G.B. § 223.

[23]) I. 9 §§ 568. 569. R.G. bei Gruchot B. 34 S. 945. Oben B. I. § 57 Anm. 89.

[24]) Oben B. I. § 57 Anm. 50.

[25]) Sintenis, Pfandr. S. 571. Dernburg Pf.R. II. § 175 S. 597f. Seuffert VI.

Recht[26]) aber erkennt ausdrücklich an, daß rücksichtlich desjenigen Theils der Schuld, der aus dem Pfande nicht bezahlt werden kann, die Forderung der Verjährung unterliegt[27]). Man muß hieraus den Satz entnehmen, daß die persönliche Schuld selbständig verjährt[27a]) und auch schon vor der Feststellung der Höhe des Ausfalls durch den Verkauf der Pfandsache, von dem Gläubiger gegen den persönlichen Schuldner nicht mehr geltend gemacht werden kann. Hiernach scheint man zu der Annahme gedrängt zu werden, daß das Pfandrecht, und zwar auch das Faustpfandrecht, nicht bloß die Hypothek, trotz des Untergangs der persönlichen Schuld durch Verjährung, also entkleidet seiner accessorischen Natur, von Bestand bleibt; aber hier greifen die vorangeschickten gesetzlichen Bestimmungen ein, die den Satz ergeben, daß soweit die Wirkungen des Pfandrechts in Frage kommen, die dauernde dingliche Verpflichtung auch ihre Grundlage, die persönliche Schuld, aufrecht erhält (remanet propter pignus obligatio)[28]).

Der Pfandbesitz und die Eintragung hindern übrigens die Verjährung der Pfandklage und der persönlichen Klage bezüglich der Zinsforderung des eingetragenen Kapitals nicht[29]). In dieser Beziehung wird also die Frage erheblich, ob die Unterbrechung der Verjährung bezüglich des persönlichen auch bezüglich des dinglichen Anspruchs wirksam ist, und umgekehrt. Förster argumentirte auf Grund der Annahme eines Korrealitätsverhältnisses zwischen dem persönlich und dinglich Verpflichteten. Dieser Annahme ist der Herausgeber schon in der Lehre von der Korrealobligation entgegengetreten[30]). Aber auch die Analogie der Bestimmungen, welche die entsprechenden Fragen im Falle der selbstschuldnerischen Bürgschaft regeln, kann nicht entscheiden. Nach dieser Analogie würde jede Geltendmachung oder Anerkennung des persönlichen Forderungsrechts zugleich die Verjährung der Pfandforderung unterbrechen, eine bloße Unterbrechung der Verjährung der Pfandklage dagegen

161. Das röm. Recht hat eine andere, dem preußischen fremde Kontroverse, ob das Pfandrecht durch Nichtgebrauch verjähre, oder ob usucapio libertatis nöthig sei. S. hierüber Unterholzner, Verjähr. II. 267. Windscheid I. § 248 Anm. 17.

26) Darüber, daß dasselbe keine Naturalobligation nach Ablauf der Verjährungszeit kennt, s. B. I. § 61 Anm. 28.

27) I. 20 §§ 248. 535.

27a) Entsch. B. 9 S. 266 (Rehbein III. S. 679). Ueber einige abweichende Entscheidungen vgl. Rehbein III. S. 678.

28) Daran ist mit Förster gewiß festzuhalten, daß in I. 20 §§ 247. 248. 534. 535 unter Schuld die persönliche Schuld zu verstehen ist. Vgl. §§ 244. 525. Der formulirte Satz hat nicht die Bedeutung, daß das Pfandrecht, soweit es geht, durch eine Fiktion eine obligatorische Grundlage behält; die Grundlage ist vielmehr eine wirkliche, so daß der Pfandschuldner, der aus dem Pfande die Schuld des Dritten zahlt, in den noch bestehenden persönlichen Anspruch gegen den Hauptschuldner durch cessio necessaria eintritt, und daß seiner rein persönlichen Klage ex jure cesso die Verjährungseinrede nicht entgegen gestellt werden kann.

29) I. 20 § 248, Ges. v. 31. März 1838 § 2 Nr. 5. Vgl. unten § 195 bei Anm. 16.

30) B. I. § 63 Anm. 22. Ebensowenig wie bei der Bürgschaft läßt sich das Verhältniß als ein korreales bezeichnen: es handelt sich um eine accessorische Haftung, eine Haftung, die durch den Bestand der prinzipalen Obligation bedingt wird und die denselben Gegenstand hat.

würde auf die Verjährung der persönlichen Schuld nicht zurückwirken, vielmehr könnte die Verjährung der letzteren vollendet sein, während die Pfandklage durch Unterbrechung des Laufs der Verjährung erhalten wäre [31]). Zur Anwendung dieser mit der accessorischen Natur der Bürgschaft in Widerspruch stehenden positiven Vorschrift auf das accessorische Pfandrecht, dem sie in gleicher Weise widerspricht, würde es einer ausdrücklichen Gesetzesvorschrift bedürfen; denn es besteht keine vollkommene Analogie; das Gesetz hat die selbstschuldnerische Bürgschaft als eine in bestimmtem Sinne selbständige Obligation neben die Hauptschuld gestellt, nicht aber das Pfandrecht. Die Lösung der Frage ist hiernach aus der rechtlichen Natur der Pfandhaft zu gewinnen. Die Pfandklage ist unabhängig von einer Vorausklage gegen den persönlichen Schuldner [32]), sie ist eine Klage, die das Bestehen der persönlichen Schuld voraussetzt und nur eine weitere Gebundenheit neben dieser persönlichen Schuld geltend macht. Aus dieser Rechtslage ist der Schluß zu gewinnen: der bloße Umstand, daß die persönliche Schuld erhalten ist, rechtfertigt nicht die Folgerung, daß auch die Pfandhaftung erhalten sein müsse. Ein Anerkenntniß des persönlichen Schuldners und die Klage gegen diesen kann also den Lauf der Verjährung der Pfandklage nicht unterbrechen [33]). Bei mehreren Pfändern ist ferner die Haftung eines jeden eine besondere. Die Rechtsverfolgung bezüglich eines von mehreren Pfändern kann nicht von Einfluß sein auf die Erhaltung der Rechtsverfolgung hinsichtlich des anderen Pfandes. Was endlich die Frage anlangt, ob die Verfolgung der Pfandklage oder das Anerkenntniß des Pfandschuldners die Verjährung der persönlichen Klage unterbricht, so ist dies in dem oben festgestellten Sinne der §§ 247. 534 d. T., aber nur in diesem anzunehmen [34]): die persönliche Schuld bleibt, soweit sie durch das Pfand gedeckt ist, von Bestand, aber nicht der Gläubiger kann sie geltend machen, sondern nur der Pfandschuldner ex jure cesso, soweit er als solcher gezahlt hat [35]). Zu beachten bleibt übrigens bei dieser Frage auch noch der Umstand, daß nach dem geltenden Recht der Dritterwerber eines mit einer Hypothek belasteten Grundstücks in den meisten Fällen zugleich die persönliche Verbindlichkeit übernimmt, neben der zunächst und vielleicht dauernd die alte persönliche Verbindlichkeit von Bestand bleibt [36]). In dieser Beziehung

[31]) Vgl. I. 14 §§ 391—394. Oben B. II. § 144 Anm. 89.

[32]) I. 20 §§ 45. 49. 494.

[33]) Das weicht von der positiven Bestimmung des § 392. I. 14 für den Fall der Bürgschaft ab. Im Resultat übereinstimmend mit dem Text Entsch. B. 9 S. 266, B. 68 S. 272, abweichend Entsch. B. 3 S. 88.

[34]) S. Anm. 28.

[35]) Entsch. B. 8 S. 13 (Plen. Präj. 1127) nehmen Unterbrechung und Verjährung der persönlichen Klage wegen des Kapitals durch Zinszahlung seitens des dinglichen Schuldners an. Es ist aber nicht zuzugeben, daß die Zinszahlung des dinglichen Schuldners der persönlichen Schuld eine stärkere Stütze giebt als der Pfandbesitz des Gläubigers oder die Eintragung. Nach der andern Seite zuweit geht wieder Entsch. B. 9 S. 266, nach welcher die Unterbrechung der Verjährung der dinglichen Klage ganz ohne Einfluß sein soll auf die persönliche Verbindlichkeit.

[36]) Vgl. oben B. I. § 102 Anm. 39 f.

besteht jedenfalls volle Selbständigkeit der Verfolgung und der Verjährbarkeit: die ursprünglich persönliche Schuld kann verjähren, während die Schuld des Uebernehmers in Folge einer Unterbrechung der Verjährung erhalten bleibt und umgekehrt.

Ist das Vorhandensein einer persönlichen Forderung die Veranlassung zur Bestellung einer Grundschuld gewesen, so wirkt der Fortbestand der Grundschuld auf den Fortbestand der persönlichen Forderung nicht ein; letztere verjährt trotz der ersteren und die Verjährung wird durch die Klage gegen den Eigenthümer des belasteten Grundstücks nicht unterbrochen. Man muß weiter gehen und behaupten, daß die Bestellung der Grundschuld auch dann die Verjährung der persönlichen Schuld nicht abwendet, wenn die Person des Schuldners und Eigenthümers ein und dieselbe geblieben ist. Grundschuld und persönliche Schuld stehen durchaus selbständig neben einander, soweit nicht das Gesetz eine Einwirkung besonders feststellt.

Die persönliche Schuld besteht auch dann weiter, wenn die Pfandsache in das Eigenthum eines Andern als des persönlichen Schuldners übergeht, wie ja von vornherein ein Andrer, als der Schuldner seine Sache für die Forderung verpfänden kann. Nicht der persönliche Schuldner als solcher, sondern der Pfandschuldner hat bei einer beweglichen Sache, wenn die Forderung getilgt ist, den Anspruch auf Herausgabe des Pfands [37]). Das Eigenthum an der Pfandsache kann auch der persönliche Schuldner während bestehenden Pfandrechts nicht an einen Andern übertragen, ohne daß er den Pfandinhaber anweist, die Sache fortan als Sache des neuen Eigenthümers zu besitzen und in Pfand zu halten. Danach kann die Frage nicht entstehen, ob in solchem Fall der persönliche Schuldner, der nach Veräußerung der Pfandsache auf Zahlung in Anspruch genommen wird, geltend machen könnte, daß er Zahlung nur gegen Herausgabe der Sache zu leisten habe. Seine Zahlung wird vielmehr die Sache für den Eigenthümer pfandfrei machen und dessen Rückforderung begründen. Bei der Hypothek ist der persönliche Schuldner, der sein Grundstück verpfändet hat und es nachmals veräußert, in der Lage, daß er nach wie vor für die Schuld haftet, den Gläubiger auch nicht in erster Stelle auf die Verfolgung der Hypothek verweisen kann [38]). Wer zahlungshalber einen Wechsel ausstellt oder eine Grundschuld begründet, vertheidigt sich gegen die Geltendmachung der zu Grunde liegenden Forderung dadurch, daß er geltend macht, das Ansinnen der Zahlung ohne Zurückgabe des Wechsels und der Grundschuld sei dolos [39]). Für den persönlichen Schuldner einer Hypothek giebt es aber regelmäßig keine Einrede der Arglist, die den Gläubiger nöthigen könnte, ihm die Hypothek an dem in fremdes Eigenthum

---

[37]) Vgl. unten § 196 Anm. 28. Daß in I. 20 § 159 nicht von einem Recht des persönlichen Schuldners, sondern des Verpfänders aus dem Pfandvertrage die Rede ist, ergiebt sich klar, wenn man an Verpfändung für eine fremde Schuld denkt.

[38]) Unten § 194a Anm. 24, § 199a bei Anm. 18 ff.

[39]) Oben B. I. § 97 Anm. 30.

übergegangenen Grundstück abzutreten. Wollte jener auch die Hypothek an ihn abtreten, so ginge die Forderung durch Konfusion unter, und die Hypothek würde gegenstands- und wirkungslos[40]). Das letztere ist aber dann zu leugnen, wenn das Grundstück mit der Abrede der Uebernahme der Hypothek in Anrechnung auf den Kaufpreis veräußert war[41]). Hier wird die Hypothek durch das Fortbestehen der persönlichen Schuld des Käufers erhalten, und in solchem Fall wird man dem in Anspruch genommenen ursprünglichen Schuldner auch das Recht zuschreiben müssen, die Abtretung der Hypothek zu erstreiten[42]).

## § 192a. Verpfändbare Gegenstände.

Die Römer sagen, was verkauft werden kann, das kann verpfändet werden; alles wofür durch Veräußerung ein Geldbetrag erlangt werden kann, ist der Verpfändung zugänglich[1]). Dieser Satz gilt auch im preußischen Recht; bezüglich der Begründung des gerichtlichen Pfandrechts durch Pfändung hat er auch reichsgesetzlich Anerkennung gefunden[2]).

Also I. jede einzelne körperliche Sache bewegliche wie unbewegliche[3]).

---

[40]) Unten § 195, unter 3.

[41]) Vgl. B. I. § 102 Anm. 45b ff.

[42]) Dungs bei Gruchot B. 33 S. 37 macht gegen R.G. Entsch. B. 9 S. 257 geltend, daß die Begründung der Hypothek eine der in Anm. 37 erwähnten Pflicht des Faustpfandgläubigers zur Zurückgabe der Pfandsache entsprechende Obligation zur Rückgewähr der Hypothek begründe. Das hat den Beifall von Dernburg, Preuß. Privatrecht, II. S. 65, der Dungs nur dahin mißversteht, als sehe er den persönlichen Schuldner als den Berechtigten an, während Dungs' ganze Ausführung erkennen läßt, daß er vom Rechte des Verpfänders, des Pfandschuldners, des Grundstückeigenthümers spricht. Gegen die Argumentation beider und über die Pflichten des Hypothekengläubigers überhaupt habe ich mich in einem bei Gruchot B. 36 S. 642 abgedruckten Aufsatz ausgesprochen, auf den ich verweise. Vom Standpunkt des gemeinen Rechts vertritt der III. Senat des Reichsgerichts nach dem in Entsch. B. 28 S. 188 abgedruckten Urtheil den Standpunkt des Textes. Vgl. auch § 199a bei Anm. 8e ff.

[1]) l. 9 § 1 D. XX. 1. Also die Sache darf nicht dem Verkehr entzogen (l. 3. 6 C. VIII. 17), das zu verpfändende Recht kein streng persönliches sein.

[2]) C.P.O. §§ 708 ff. 729 ff. 754. — Das B.G.B. scheidet das Immobiliarpfandrecht (§§ 1113—1203) von dem Pfandrecht an beweglichen Sachen und an Rechten (§§ 1204 bis 1296).

[3]) Die Sache muß eine einzelne abgesonderte Existenz haben. Baares Geld kann bei abgesonderter Aufbewahrung Pfandobjekt sein. l. 34 § 2 D. XX. 1, l. 7 § 1 D. XX. 4. Es lassen sich ebensowenig einzelne Bestandtheile einer beweglichen Sache verpfänden, wie ein reeller Theil eines Grundstücks, das als ein einheitliches in das Grundbuch eingetragen ist. Die grundbuchmäßige Einheit bildet bei der Einrichtung des Grundbuchs nach Formular I. regelmäßig das auf dem Grundbuchblatt vermerkte eine Grundstück, bei einem nach Formular II. angelegten Grundbuch das in dem Artikel unter besonderer Nummer verzeichnete Grundstück. Es ist indessen nach § 13 der Grundbuchordnung möglich für mehrere Grundstücke, ohne daß sie dadurch ihre Selbständigkeit verlieren, ein „gemeinschaftliches Blatt" anzulegen. Stücke eines selbständigen Grundstücks können nicht besonders verpfändet werden, wenn aber das Recht auf Auflassung einer bestimmten Parzelle bereits in das Grundbuch eingetragen ist, erfaßt die Hypothek nur das Grundstück mit Ausschluß dieser Parzelle, insofern es demnächst zu deren Auflassung kommt. Ueber abweichende Auffassungen des älteren Rechts s. Tülff bei Gruchot XI. S. 12 fg. und Kretschmann das. S. 227. Das Kammergericht (Johow B. 14 S. 122) hat aus der angezogenen Vorschrift des § 13 die Folgerung gezogen,

Bei beweglichen Sachen findet ausschließlich das Besitzpfand statt, bei unbeweglichen nach dem heutigen Stand des preußischen Rechts nur ein Pfand durch Eintragung, das wesentlich verschieden von jenem ausgestaltet ist. Dennoch ist die gemeinsame Regelung für beide Arten von Gegenständen im Landrecht als Ausgangspunkt der rechtlichen Betrachtung festzuhalten. Auch Inhaberpapiere werden als bewegliche körperliche Sachen verpfändet. An anderer Stelle ist dargelegt, daß der dingliche Anspruch auf ein Inhaberpapier gegenüber dritten gutgläubigen Erwerbern regelmäßig nicht verfolgbar ist, und daß dagegen die Außerkurssetzung sichert. Aber auch wenn diese geschehen ist und insoweit das Inhaberpapier in eine Urkunde über die Forderung desjenigen, für den das Papier außer Kurs gesetzt ist, verwandelt wird, bleibt die gesetzliche Bestimmung, daß das Inhaberpapier als körperliche Sache durch Uebergabe verpfändbar ist, anwendbar[4]). Künftige Sachen können verpfändet werden, jedoch nur so, daß diejenige Sache, aus der sie entstehen sollen, bis zu ihrer Entstehung in den körperlichen Gewahrsam des Gläubigers gegeben wird[5]).

---

daß auch von vornherein reelle Theile eines Grundstücks Gegenstand einer Hypothek werden können. Dazu müßten aber diese Theile im Grundbuch (auf dem Titelblatt) besonders bezeichnet sein. Das heißt aber nichts anderes, als daß auf Antrag des Eigenthümers ein bisher einheitliches Grundstück in mehrere selbständige, katastermäßig dann besonders zu bezeichnende Grundstücke zerlegt werden kann, für die das bisher einheitliche Grundbuchblatt als Kollektivfolium fortgeführt wird. Unter diesen Voraussetzungen steht der Eintragung besonderer hypothekarischer Belastung gewiß nichts entgegen. — Festzuhalten ist, daß ein Grundstück, um der Belastung mit einer Hypothek oder Grundschuld fähig zu werden, als selbständiges Grundstück im Grundbuch eingetragen sein muß. Ges. über den Eigenthumserwerb vom 5. Mai 1872 § 18. Gr.-B.-Ordn. §§ 1. 2. Für einzelne Grundstücke, die noch nicht eingetragen sind, gilt noch jetzt (G.B.O. § 140) die für die älteren Provinzen mit Ausnahme des Herzogthums Sachsen erlassene Ver. vom 16. Juni 1820 (G.S. S. 106) und die dazu erlassene Deklaration v. 28. Juli 1838.

4) I. 20 §§ 286. 287. Das Inhaberpapier wird nicht als eine Forderung, sondern als eine Sache verpfändet. Auf diesem Standpunkt steht auch das H.G.B. Art. 309. Danach werden Inhaberpapiere durch Besitzübertragung, Papiere, die durch Indossament übertragen werden können, durch Uebergabe des indossirten Papiers, unter gleichzeitiger Indossirung verpfändet. Laband in seiner und Goldschmidts Zeitschr. f. Handelsrecht IX. 245 f. Hiermit stimmt auch die Pfändung der Inhaberpapiere, überhaupt der Werthpapiere, nach §§ 722 ff. C.P.O. Der § 724 der C.P.O. ergiebt, daß auch hier das außer Kurs gesetzte Inhaberpapier nicht anders behandelt wird. Die Verpfändung von Kreditpapieren auf den Inhaber wird im Handelsverkehr Versatz, Depot-, Deckungsgeschäft genannt. Wenn Endemann, Handelsrecht S. 699 sagt, daß diese Papiere zwar als körperliche Sachen verpfändet werden, daß sie aber nicht durch ihren Körper, sondern durch ihren Werth Sicherheit leisten, so gilt dasselbe von allen körperlichen Sachen, ist also bei diesen Papieren nichts Besonderes. — Bei den Wechseln und handelsrechtlichen Ordrepapieren kann kein bloßes Besitzpfand begründet werden, aber auch eine Verpfändung als Forderung ist, da diese nicht ohne das Papier als wirksam gedacht werden kann, nicht ohne Aushändigung des Papiers denkbar, und das Indossament kann zu pfandrechtlichen Zwecken gebraucht werden.

5) I. 20 §§ 113. 114. Das preuß. R. kennt die Verpfändung künftiger Früchte einer beweglichen Sache durch deren Hingabe. Die künftigen Früchte eines Grundstücks werden mit dem Grundstücke Gegenstand der Hypothek, eine besondere Verpfändung solcher Früchte durch bloße Uebergabe des Grundstücks durch den Eigenthümer kann nicht als statthaft angesehen werden: wegen der von der Praxis zugelassenen Revenüenhypothek vergl. oben § 190 Anm. 33. Ohne Eintragung giebt es kein Besitzpfand am Grundstück.

Sodann II. Rechte. Hier müssen die persönlichen und die dinglichen Rechte unterschieden werden.

1. In Uebereinstimmung mit dem römischen Rechte läßt auch das A.L.R. ausstehende Forderungen giltig verpfänden (pignus nominis)[6]). Es wurde bereits erwähnt, daß eine Forderung nicht im eigentlichen Sinne Gegenstand eines dinglichen Rechts sein kann, weil ihr die Dauer fehlt, daß aber bei dem Forderungspfande wenigstens die das dingliche Recht charakterisirende Unmittelbarkeit der Herrschaft über das Objekt besteht. Der Pfandgläubiger erlangt nach gemeinem Recht die Klage des Verpfänders gegen dessen Schuldner als angewandte (a. utilis), er kann die Forderung jedoch nur soweit geltend machen, als es zu seiner Befriedigung nöthig ist; mit gleicher Beschränkung kann er die Forderung veräußern (cediren)[7]). Den beigetriebenen Betrag oder die erhaltene Valuta kompensirt er mit seiner Forderung[8]). Der überschießende Betrag gehört dem Verpfänder; und wenn dieser seine Schuld tilgt, oder wenn diese Schuld anderweitig erlischt, so wird seine mit dem Pfandrecht nicht länger belastete Forderung von selbst frei, ohne daß es einer Rückcession an ihn bedarf[9]). Man hat das rechtliche Wesen der Verpfändung von Forderungen dahin zu erklären versucht, daß sie eine durch die Zwecke des Pfandrechts beschränkte oder bedingte Cession oder eine von der Cession verschiedene, eigenartige Succession sei, insbesondere auch, daß dadurch ein solidarisches Mitforderungsrecht des Pfandgläubigers begründet werde[10]). Aber gegen diese Theorien spricht entscheidend, daß die

---

Der bloße Gewahrsam des Grundstücks würde auch die Früchte nicht derartig davon lösen, daß sie nicht einer nachher begründeten Hypothek hafteten. Dagegen möchte kein Rechtsgrund im Wege stehen, durch Uebergabe des Grundstücks seitens des Nießbrauchers ein Pfandrecht an den Früchten des Grundstücks, soweit sie in den Nießbrauch fallen, zu begründen. S. unten Anm. 35. Vgl. über die Verpfändung künftiger Sachen Exner, Pfandrechtsbegriff S. 105fg. Die Verpfändung von Zinsscheinen ist Verpfändung besonderer Sachen. Vergl. indessen Entsch. B. 15 S. 414. — Dem B.G.B. ist die Verpfändung von Früchten auf dem Halm unbekannt.

6) I. 20 § 281fg. l. 7 C. IV. 39. l. 4 C. VIII. 17. Ueber das pignus nominis s. Dernburg, Pf.-R. I. 461f. Vangerow I. 812. Windscheid I. §§ 227. 239. Sohm, Die Lehre vom subpignus, S. 42f. Bremer S. 207fg. Exner, a. a. O. S. 133fg. Stöckel im Archiv für preuß. Rechtswiss. N. F. VII. S. 335. Wittelshöfer, Das Pfandrecht an Forder. 1870. Ueber preuß. Recht Korte im Arnsb. Archiv B. 5 S. 169f. Niebuhr bei Gruchot B. 16 S. 440. Marcus, Verpfändung ausstehender Forderungen, 1876. Dernburg, Pr. Pr.-R. B. I. § 361. Hellwig, Die Verpfändung und Pfändung von Forderungen, 1883. Vergl. auch Entw. des B.G.B. Reichstagsvorl. §§ 1258. 1264ff.

7) l. 18 pr. D. XIII. 7, l. 20 D. XX. 1, l. 15 § 10 D. XLII. 1, l. 7 C. IV. 39, l. 4 C. VIII. 17. Die a. utilis des Pfandgläubigers ist die Klage aus der verpfändeten Forderung.

8) l. 18 pr. D. XIII. 7, l. 13 pr. § 2 D. XX. 1, l. 3 C. VIII. 31. Vangerow S. 813f. War der Gegenstand der verpfändeten Forderung Sachleistung, so ist bestritten, ob der Pfandgläubiger an der eingeforderten Sache nur ein Retentionsrecht oder ein Pfandrecht erwerbe. Ersteres behaupten Mühlenbruch, Cession, 3. A. S. 346; Trotsche, Das Verpfändungsrecht des Pfandgläubigers; letzteres ist die herrschende Meinung: Sintenis, Pfandr. S. 156f. Dernburg, Pf.-R. I. 467f. Vangerow S. 813. Sohm S. 52.

9) Dernburg S. 473f.

10) Dernburg S. 162f. Vangerow S. 813 Nr. 1. Schmidt, Die Grundlehren der

Forderung, trotz ihrer Verpfändung, wie jedes andere Pfandobjekt im Vermögen des Verpfänders bleibt. Sie scheidet nicht, wie es bei der Cession oder bei der Succession der Fall sein müßte, aus diesem Vermögen aus, wird nie die eigene des Pfandgläubigers. Darauf beruht es, daß nach Aufhebung des Pfandrechts keine Rückcession nothwendig ist. Auch wird die als Gegenstand der verpfändeten Forderung ausgelieferte Sache nicht Eigenthum des Pfandgläubigers, er hat sie vielmehr als Faustpfand zu verwerthen[11]). Hält man fest: der Inhalt des Pfandrechts ist eine selbständige Veräußerungsbefugniß an einer fremden Sache, um deren Erlös zur Befriedigung wegen eines Anspruchs zu verwenden, so tritt auch beim Forderungspfand das Recht, den Vermögenswerth der Forderung zu realisiren, deutlich hervor. Nur die Art und Weise, wie der Werth realisirt wird, ist bei dem Sachenpfand anders als bei dem Forderungspfand; diese aus der verschiedenen Natur der Objekte erwachsende Verschiedenheit bedingt aber nicht eine andere Konstruktion des Rechts selbst; man hat danach vielmehr von einem nach der Analogie des Sachpfands wirkenden selbständigen Recht des Forderungspfandgläubigers sowohl gegenüber dem Schuldner der Forderung als gegenüber dritten Personen auszugehen.

Die Unmittelbarkeit der Stellung des Pfandgläubigers zur verpfändeten Forderung tritt im preußischen Recht mit geringerer Deutlichkeit hervor als im römischen Recht. Die Geltendmachung des Forderungsrecht regelt I. 20 § 289: „Sind Aktivforderungen nur verpfändet worden, so kann der Pfandgläubiger auf deren Einziehung nur unter eben den Umständen antragen, unter welchen er die Veräußerung des Pfandes zu suchen berechtigt ist", sowie I. 20 § 296: „Der Schuldner der verpfändeten Forderung ist weder befugt noch verbunden, dem Pfandinhaber ohne ausdrückliche Anweisung des Verpfänders oder ohne richterlichen Befehl Zahlung zu leisten." Durch die Verpfändung einer Forderung erlangt der Pfandgläubiger hiernach nicht, wie nach gemeinem Recht, die Legitimation zur Klage gegen den Schuldner, auch nicht die Befugniß zum Empfang des Forderungsgegenstands und zur Cession der Forderung. Vielmehr muß zuvor eine besondere Anweisung des Pfandgläubigers erfolgen, oder die der Verpfändung zu Grunde liegende Forderung oder das Pfandrecht muß gegen den Pfandschuldner vollstreckbar festgestellt und darauf hin muß die Forderung nach gerichtlicher Pfändung dem Pfandgläubiger durch Verfügung des Gerichts zur Einziehung überwiesen werden[12]).

---

Cession I. 115 f. Auch Sintenis, Streitfr. S. 23. 24 und Inhalt S. VIII. nimmt eine eigene Succession an. Die Konstruktion eines eigenthümlichen solidarischen Mitforderungsrechts des Pfandgläubigers vergl. in dem citirten Buch von Hellwig. Die Erörterungen des Verfassers, soweit sie das preußische Recht berühren, zeigen kein eindringendes Verständniß. Insbesondere wird dem § 282 I. 20 eine generelle Bedeutung beigelegt, die er nicht hat. Von § 2 V. v. 9. Dez. 1809 wird ganz abgesehen.

[11]) S. gegen diese Konstruktionen Sohm, S. 47 f., S. 8. Seuffert, XV. 6.

[12]) Entsch. B. 8 S. 279 (Rehbein III. S. 476), Entsch. B. 74 S. 47 (Rehbein III. S. 483).

Förster bekämpfte diese Sätze. Er nahm an[13]), es sei in § 296 nur von der Denuntiation des Verpfänders an den Schuldner die Rede, die durch einen richterlichen Befehl ersetzt werden könne. Aber von dieser Bekanntmachung, die auch von dem Pfandgläubiger ausgehen kann, handelt § 288 im offenen Gegensatz zu der Anweisung des § 296. Die Mittheilung bewirkt, daß der Schuldner von der Verpfändung wisse, sie weist nicht dazu an, daß er zahle[14]). Der § 289 spricht von Anträgen auf Einziehung der Forderung, d. h. von Anträgen bei Gericht, die zur Einziehung führen, nicht von einem Antragsrecht des Pfandgläubigers gegen den Drittschuldner, gerichtet auf Leistung des Forderungsgegenstandes; das ergiebt sich ganz klar aus A.G.O. I. 24 §§ 101 ff. Die hier vorgesehene Röthigung des Exequendus zur Klageerhebung sollte unter denselben Umständen zulässig sein, unter denen der Pfandgläubiger sonst Veräußerung des Pfandes suchen kann, d. h. nach gerichtlicher Beschlagnahme auf Grund eines vollstreckbaren Titels. An die Stelle dieses Zwangs gegen den Verpfänder trat in der Verordnung vom 4. Juli 1822 die Möglichkeit, durch gerichtliche Ueberweisung der Forderung die Legitimation zur Klageerhebung zu erlangen. Die Civilprozeßordnung endlich gewährt die Möglichkeit nach gerichtlicher Pfändung der Forderung sowohl deren Ueberweisung als nach Anordnung des Gerichts eine andere Art der Verwerthung — z. B. durch öffentlichen Verkauf herbeizuführen[15]). Die regelmäßige Art und Weise, in der das Pfandrecht an einer Forderung ausgeübt wird, war auch nach Landrecht die Geltendmachung des verpfändeten Forderungsrechts auf Grund der Anweisung des Gläubigers oder der Ueberweisung durch gerichtlichen Befehl. Verkauf der Forderung als Ausfluß des Forderungspfandrechts wird nicht erwähnt. Daran, daß der Verkauf vertragsmäßig dem Pfandgläubiger eingeräumt werden kann und zwar auch ohne die Beobachtung der Formen des gerichtlichen Verkaufs ist nicht zu zweifeln[15a]).

---

Striethorst B. 84 S. 351. Abweichend ohne besondere Motivirung Strieth. B. 86 S. 272. Bornemann N. 204. Koch, Pr.-R. I. 611. Schmidt, Pfandrecht S. 600. Niebuhr, a. a. O. Dernburg, Pr.R. I. § 361 Anm. 11. — Vgl. Entwurf des B.G.B. Reichstagsvorl. § 1265 (I. § 1218, II. § 1189) im Vergleich mit § 1260.

[13]) Gestützt auf Korte, a. a. O. Derselben Ansicht ist Marcus, a. a. O. S. 40.

[14]) Vgl. bes. Niebuhr, a. a. O. Auch Marcus S. 45 gegen die Förster'sche Interpretation des § 296, der nach seiner Ansicht besagt: wenn der Schuldner nicht eine besondere Anweisung zu zahlen von seinem Gläubiger erhalten, so könne er nicht ohne Prozeß, nur nach Verurtheilung und insofern also nur auf richterlichen Befehl zahlen. Er verweist auf §§ 342 ff. I. 14. Aber der Bürge, der ohne Prozeß und Streitverkündigung zahlt, hat nur den Nachtheil, daß er bei dem Regreß gegen den Hauptschuldner allen seinen Einreden gegen die Schuld ausgesetzt ist (§ 394 I. 14): Die Sachlage ist hier durchaus nicht analog. In dem ferner angezogenen § 24 I. 14 kann auch nicht der richterliche Befehl von einem Urtheil gegen den Verwahrer verstanden werden.

[15]) C.P.O. §§ 736. 743. Vergl. hierzu B. I. § 95 Anm. 51 f. Will sich der Schuldner der verpfändeten Forderung nach an ihn erfolgter Denuntiation der Verpfändung befreien, so kann er dies, wenn sich Pfandgläubiger und Pfandschuldner nicht einigen, mit Sicherheit nur durch Hinterlegung. I. 20 § 296.

[15a]) Vergl. einen Fall kaufmännischen Pfandrechts an einer Forderung im Sinne vom H.G.B. 309 in Reichsger. Entsch. B. 9 S. 292.

Nach dem, was oben ausgeführt ist, besteht eine vom gemeinen Recht abweichende Eigenthümlichkeit des preußischen Forderungspfandrechts darin, daß der Pfandgläubiger erst durch eine zur Verpfändung hinzugetretene Anweisung des Verpfänders oder dadurch daß ihm die Forderung in der Zwangsvollstreckungsinstanz überwiesen wird, die Legitimation erlangt, das Forderungsrecht auszuüben, seinen Gegenstand entgegenzunehmen, die Klage darauf anzustellen oder eine anderweite Verwerthung der Forderung im Wege der Zwangsvollstreckung gegen den Verpfänder zu betreiben. Die Anweisung oder gerichtliche Ueberweisung, obgleich sie nur Rechte des Schuldners überträgt, bringt den Pfandgläubiger erst in die Lage, die ihm aus der bereits früher bestehenden Pfandverstrickung zustehenden Rechte geltend zu machen. Eine nach der Verpfändung von dem Drittschuldner erfolgte Zahlung an den Pfandschuldner steht dem Pfandgläubiger, von dessen Pfandrecht dem zahlenden Drittschuldner Kenntniß gegeben war, nicht entgegen, und obgleich der Pfandgläubiger aus dem ihm erst nachher überwiesenen Rechte des Vollstreckungsschuldners klagt, kann er die Zahlungseinrede des Schuldners durch Berufung auf sein jenem bekanntes Pfandrecht ausschließen[15b]. Auf die Rechtsstellung des Pfandschuldners und Drittschuldners während der Pfandbelastung ist bei Besprechung der Wirkungen des Pfandrechts näher einzugehen[15c]. Die Verpfändung einer Forderung unterliegt in ihrem Umfang den allgemeinen Regeln. Wie die Verpfändung einer fruchttragenden Sache die Früchte begreift, so sind regelmäßig in der Verpfändung einer zinsbaren Forderung auch die Zinsen, die nicht ausgenommen sind, als mitverpfändet anzusehen[15d].

Hat die verpfändete Forderung einen anderen Gegenstand als Geld, so gewährte das Landrecht dem Pfandgläubiger nach Geltendmachung des Forderungsrechts das Recht auf den Pfandbesitz der eingeforderten Sache[16]. In diesem Besitz konnte dann der Pfandgläubiger sich frei entschließen, ob er auch den Verkauf des neuen Pfandobjekts betreiben wollte. Im Falle der Verpfändung einer Forderung, die Natural-Erzeugnisse mit einem marktgängigen Preise, z. B. Getreide, zum Gegenstand hat, bestand ferner die Besonderheit, daß sich der Pfandgläubiger nach Erlangung ihres Besitzes den Marktpreis anrechnen lassen mußte, zu dem sie zur Zeit der Einziehung verkäuflich waren. Dagegen — so muß man annehmen — sollten diese Gegenstände in sein Eigenthum übergehen[17]. Das geltende Prozeßrecht gestattet die nach den obigen Ausführungen zur Geltendmachung des Pfandrechts nothwendige Pfändung der Forderung auf Sachleistung nur in der Weise, daß die Sache an einen Gerichtsvollzieher sofort zum Zwecke der Verwerthung

---

15b) R.G. bei Gruchot B. 28 S. 111.

15c) § 194 hinter Anm. 15.

15d) Entsch. B. 63 S. 183 (Rehbein III. S. 486 § 194).

16) I. 20 §§ 290ff. Vgl. B.G.B. § 1287.

17) I. 20 § 292.

abzuliefern ist, und mit der Folge, daß die Verwerthung nach den Vorschriften der Mobiliarpfändung stattfindet[18]). Die eben bezeichneten Vorschriften des Landrechts sind hierdurch insoweit beseitigt.

2. Ueber die Verpfändung dinglicher Rechte bestimmt das A.L.R. zunächst: wenn fremde Sachen ohne Einwilligung des Eigenthümers zu Pfand gegeben worden, so kann der Eigenthümer sie zwar von dem Pfandinhaber zurückfordern; aber dem Gläubiger haftet alsdann das dingliche Recht, das der Verpfänder auf die Sache hatte, zu seiner Sicherheit[19]). Der redliche Pfandnehmer hat freilich, wie im folgenden Paragraphen zu erörtern sein wird, einen noch weiter gehenden Schutz. Aber auch wenn er die Sache als Eigenthum des Dritten gekannt hat, wirkt für ihn die Sachverpfändung doch so, als ob ihm ein Pfand an dem Rechte eingeräumt wäre, das dem Verpfänder wirklich an der Sache zusteht, und soweit dies Recht dem Verpfänder die Besitzbefugniß giebt, dem Eigenthümer die Herausgabe zu verweigern, wird hiernach der Pfandnehmer hierzu befugt sein. Insoweit wird also hier anerkannt, daß dingliche Rechte Gegenstand eines Pfandrechts sein können; aber der Satz verliert an allgemeiner Bedeutung durch den einzelnen Fall, an den er angeknüpft ist: nur wenn die Sache, obschon sie eine fremde war, verpfändet worden ist, soll wenigstens das wirklich daran bestehende dingliche Recht haften. Die Frage ist also unbeantwortet: kann ein dingliches Recht auch für sich allein, nicht bloß in Folge solcher Sachverpfändung, Gegenstand der Verpfändung sein?

Nach römischem Rechte gilt zunächst das Pfandrecht selbst als wieder verpfändbar (pignus pignoris, Afterpfand); und auch das Landrecht erkennt das Afterpfand ausdrücklich an[20]). Die sehr bestrittene gemeinrechtliche Lehre stellt sich hier wie folgt. Nicht die verpfändete Sache, was die früher herrschende Meinung annahm[21]), sondern das auf ihr haftende Pfandrecht ist

---

[18]) C.P.O. §§ 745 ff. Nur mit Zustimmung des Schuldners und im Falle außerprozessualischer Anweisung auf die verpfändete Forderung wird also noch jetzt der Gläubiger in den Pfandbesitz der Sache kommen können.

[19]) I. 20 §§ 73. 74. Koch, Pr.-R. I. 609 Note 22 benutzt die Stelle zum Beweise, daß dingliche Rechte, welche selbständig durch Andere ausgeübt werden können, verpfändbar sind.

[20]) I. 20 §§ 127—137. 293—295. Vgl. aus der gemeinrechtlichen Literatur besonders Sohm, Die Lehre vom subpignus, 1864, S. 25 f. Bremer S. 41. 215. Exner, Pfandrechtsbegriff, S. 79 fg. Ueber den Stand der Kontroverse vgl. Dernburg, Pfandrecht I. 475 f. Vangerow I. 814. Windscheid I. § 239 Z. 3.

[21]). Dies wird schon in der Glosse ad tit. C. VIII. 24 behauptet: non solum a dominis sed etiam a non dominis res obligantur, puta ab his, quibus sunt obligatae (Azo). Dann von Donellus, De pign. et hyp. c. 8 von Negusantius, De pign. et hyp. p. II. m. 3 n. 19. Vgl. auch Glück, B. 14 S. 57 f. Von den Neueren vertreten diese Ansicht Büchel, a. a. O. S. 389. Huschke in der Zeitschr. f. Civ.-R. und Proz. B. 20 S. 221 f. Trotsche, Das Verpfändungsrecht des Pfandgläubigers, S. 5 f. Vangerow, a. a. O. und A. Koch, Komm. zu § 129 d. T. Auch Sohm's Rezensent, Bekker in der krit. Vierteljahrschr. B. 6 S. 482 f. scheint dieser Ansicht sich anzuschließen. Förster stellte das für das gemeine Recht gewonnene Ergebniß zugleich als Inhalt der preußischen Bestimmungen dar. Das glaubt der Herausgeber nicht festhalten zu können.

das Objekt der weiteren Verpfändung, die Sache haftet nur auf den Betrag der durch das ursprüngliche Pfandrecht gesicherten Forderung[22]). Der erste Pfandgläubiger war nicht berechtigt, die Sache selbst zu verpfänden[23]), so wenig, wie er sie mit anderen dinglichen Rechten belasten, sie verschenken oder letztwillig über sie verfügen darf[24]). Das Afterpfandrecht überträgt auch nicht das erste Pfandrecht, sondern ist ein wirkliches neues Pfandrecht an dem ersten Pfandrecht[25]). Der Afterpfandgläubiger realisirt aber nach gemeinem Recht sein Pfand dadurch, daß er an Stelle des ersten Pfandgläubigers und als ihm zustehend dessen Befugnisse aus dem Pfandrecht an der Sache ausübt; diese verkauft er also kraft des ihm verpfändeten Pfandrechts. So erklärt es sich, daß die Sache selbst als das Objekt des Afterpfandrechts erscheint, und die Quellen daher auch hier von einem pignori accipere rem pignoratam und in ähnlichen Ausdrücken sprechen[26]). Die Bestimmungen des preußischen Rechts handeln von einer mit Genehmigung des ersten Verpfänders erfolgenden weiteren Verpfändung des Besitzpfands. Diese soll allenfalls sogar wegen einer höheren Forderung stattfinden können, als diejenige ist, die der ersten Verpfändung zu Grunde liegt, falls nämlich hierzu eine besondere ausdrückliche Zustimmung des ersten Verpfänders gegeben wird, während bei einfacher Zustimmung zur Weiterverpfändung das zweite Pfandrecht an die Grenzen des ersten gebunden ist[27]). Auf diese Weise entsteht jedesmal wie bei anderen vom Eigenthümer genehmigten Verpfändungen fremder Sachen ein wirkliches Pfandrecht an der Sache. Anders bei der nicht genehmigten eigentlichen Afterverpfändung[27a]). Durch solche Verpfändung, weil sie den Besitz auf den Afterpfandgläubiger überträgt, macht sich der Pfandgläubiger seinem Verpfänder für jeden Zufall haftbar, der die Sache nicht auch in seinem Gewahrsam getroffen hätte. Im Verhältniß des Afterverpfänders zum neuen Pfandgläubiger ist aber nicht die Sache, sondern nur das Pfandrecht des ersten ein Gegenstand der Pfandhaftung: nur durch volle Zahlung der dem ersten Pfandrecht zu Grunde liegenden Schuld wird das Recht des ersten Verpfänders zum Rückempfang der Sache begründet[28]).

---

[22]) l. 13 § 2 D. XX. 1, l. 40 § 2 D. XIII. 7, l. 1. 2 C. VIII. 24. Seuffert XVI. 198.

[23]) Er ist es nicht etwa deshalb, weil das Verpfänden das Geringere gegen das Veräußern sei (nach § 91, Einl. z. A.L.R.); es ist ein Anderes. Koch, Komm. Note 96 zu § 91, Einl.

[24]) Sohm S. 61. Windscheid I. § 239 Note 14.

[25]) Sohm S. 54. Bremer, a. a. O. S. 215.

[26]) Z. B. l. 13 § 2 D. XX. 1, l. 14 § 3 D. XLIV. 3, l. 1 C. VIII. 24. Windscheid, a. a. O. Sohm S. 62 f., dessen überzeugender und lichtvoller Erörterung der Verf. im Text gefolgt ist. Bremer S. 41.

[27]) I. 20 §§ 128—130.

[27a]) Vgl. Näheres unten § 196 Anm. 22 f.

[28]) Von dieser handeln I. 20 §§ 131—135. Daß hier nur das Pfandrecht Gegenstand der neuen Pfandhaftung ist, ergiebt § 132 in Verbindung mit § 74; die Konsequenz zieht insbesondere § 135. Es ist anzunehmen, daß die hier gedachte Befriedigung des ersten Pfandinhabers in Höhe des Afterpfandrechts und durch Zahlung an den zweiten Pfandinhaber erfolgen kann. Aber wenn nun diese erfolgt, regeln §§ 133. 134 das Verhältniß. — Vgl. noch unten § 196 Anm. 22 ff.

In klarer Weise als Verpfändung des Pfandrechts selbst wird die Verpfändung einer eingetragenen Hypothek oder eines eingetragenen Besitzpfands bezeichnet[29]). Die Hypothek ist aber, wie in anderem Zusammenhang darzulegen ist, im Falle der Cession oder Verpfändung nicht von der zu Grunde liegenden persönlichen Forderung zu trennen. Das Pfandrecht an einer Hypothek ist also das Pfandrecht an einer durch Hypothek gesicherten Forderung[30]).

Nach Römischem Recht kann ferner unzweifelhaft ein Nießbrauch verpfändet werden und zwar nicht allein ein schon bestehender von dem Nießbraucher, sondern es kann auch das Recht einen Nießbrauch zu bestellen pfandweise dem Gläubiger eingeräumt werden[31]). Das Gebrauchsrecht (Usus) und eine bestellte Realservitut können von dem Berechtigten nicht verpfändet werden[32]). Aber der Eigenthümer kann die Sache dahin verpfänden, daß der Pfandgläubiger an derselben ein Gebrauchsrecht begründen könne. Die herrschende Meinung hält auch eine solche Pfandkonstituirung in Bezug auf Rustikalservituten für zulässig, sie giebt dem Berechtigten für den Fall der Nichtzahlung der Schuld die Veräußerungsbefugniß, d. h. das Recht, auf dem Grundstück des Schuldners eine Servitut gegen Entgelt zu bestellen, aber natürlich nur für den Besitzer eines benachbarten Grundstücks[33]). Superfizies und Emphyteusis endlich sind verpfändbar[34]). Damit erschöpft sich nach römischem Recht der Kreis der Rechte, deren Verpfändbarkeit in den Quellen besprochen wird. Aber im heutigen gemeinen Recht ist ihre Zahl eine viel größere: die Reallasten, andere Realrechte, selbständige Gerechtigkeiten treten hinzu. Da das gemeine Recht eine Verpfändung durch bloßen Vertrag zuläßt, so ist ohne Bedenken die Regel aufzustellen, das jedes einen Vermögenswerth enthaltende veräußerliche dingliche Recht verpfändet werden kann.

---

[29]) I. 20 § 136. Auch die §§ 293. 294 sprechen von einem Afterpfand an dem Pfandrecht bezüglich einer Forderung. Man könnte zwar aus dem Ausdruck „die zum Unterpfand gegebene Forderung weiter versetzen“ entnehmen, daß hier, wie in §§ 127 ff., von einer Verpfändung der Pfandsache (des nomen) gehandelt werde; aber das Afterpfand wird hier abhängig gemacht von der Voraussetzung „soweit der Gläubiger sein Forderungsrecht an den Verpfänder abtreten kann“. Dieses durch das pignus nominis gesicherte Forderungsrecht ist also der Gegenstand der zweiten Verpfändung. Dies Ergebniß wird bestätigt durch die Ausdrucksweise in I. 20 § 308.

[30]) Förster sagt zunächst in Bezug auf gemeines Recht: „Das Afterpfandrecht ist auch nicht zugleich und von selbst ein Pfandrecht an der Forderung des zweiten Verpfänders, wenn sie nicht von ihm mit verpfändet worden ist.“ Wenn aber ein Pfandrecht nur als accessorium einer Forderung gedacht werden kann, so ist es nach Ansicht des Herausgebers begriffswidrig, eine wirksame Cession oder Verpfändung des Pfandrechts ohne die Forderung anzunehmen.

[31]) l. 11 § 2, l. 15 pr. D. XX. 1, l. 8 pr. D. XX. 6, l. 1 C. VIII. 24. Vangerow l. 806. Dernburg I. 482. Sohm S. 28.

[32]) l. 11 § 3 D. XX. 1. Dernburg I. S. 484.

[33]) l. 12 D. XX. 1. Vangerow I. S. 807 f. Windscheid I. § 227 Anm. 10. 11. Dernburg, Pf.-R. I. 489 f. Keller, in Bekker und Muther, Jahrb. B. 2 S. 231 fg. Göppert, im Archiv f. civil. Praxis B. 49 S. 289 ff. Bremer S. 194 fg. Dernburg I. 218. Sohm S. 33 f. Windscheid I. § 227 Note 3 l. 16 § 2.

[34]) D. XIII. 7, l. 31 D. XX. 1.

Für das preußische Recht ist die Frage nicht ebenso leicht zu beantworten, weil es Verpfändung durch bloßen Vertrag nicht anerkennt. Verpfändung des dinglichen Rechts ist also allgemein nur denkbar, soweit Besitzübertragung möglich ist. Soweit dies der Fall ist, erkennt auch der § 15 des Einführungsgesetzes zur Reichskonkursordnung die rechtliche Möglichkeit eines als Absonderungsrecht und gegenüber der Pfändung wirksamen Faustpfandrechts an. Die bloße Eintragung eines Vermerks über Verpfändung eines eingetragenen Rechts im Grundbuch ist als Modus der Begründung des Pfandrechts gesetzlich im Allgemeinen nicht anerkannt; sie ist preußischrechtlich nur geeignet, die Beschränkung des eingetragenen Berechtigten durch ein wirksam begründetes Recht zu verlautbaren[35]). Darauf, daß dies auch von der Verpfändung einer Hypothek gilt, ist an anderer Stelle zurückzukommen.

Selbständige Gerechtigkeiten sind unter der Voraussetzung verpfändbar, daß für sie ein besonderes Grundbuchblatt angelegt ist[36]). Auf die Frage, in welchen Fällen dies geschehen kann, ist unten bei der Lehre von der Hypothek näher einzugehen[37]). Das s. g. Bergwerkseigenthum, unbewegliche Bergwerksantheile (Kuxe des älteren Rechts) und Kohlenabbaugerechtigkeiten werden wie Grundstücke durch Eintragung verpfändet[38]), die Kuxe des neuen Rechts aber durch Uebergabe des Kuxscheins auf Grund eines schriftlichen Vertrages, also wie Forderungen[39]).

In den landesherrlich genehmigten Emissionsbedingungen einer größeren

---

[35]) Oben § 186 Anm. 8. Die Hypothekenordnung von 1783 II. § 231 sprach allerdings von einer Kautionsbestellung durch Subinscription bei der zu verpfändenden Pacht. Aber das hat nicht Aufnahme in das Landrecht gefunden. Das B.G.B. sanktionirt die Verpfändung durch Eintragung in weitem Umfange. — Im Einzelnen haben die hier einschlagenden Fragen kaum irgend welche praktische Bedeutung. Der Nießbrauch, welcher der Ausübung nach verpfändbar ist (oben § 186 Anm. 8), wird durch Uebergabe der Sache zwecks des Gewinns eines Pfandrechts an den Früchten verpfändet werden können, der Nießbraucher ist hier in der Lage, die Sache selbst insoweit zu verpfänden. Für das Pfand am Nießbrauch an Grundstücken ist die Eintragung nicht vorgeschrieben, aber § 12 der Grundbuchordnung vom 5. Mai 1872 gestattet sie hier wie bei anderen eingetragenen dinglichen Rechten. Dasselbe muß bei anderen — nicht zur Nothdurft einer Person — eingeräumten begrenzten Gebrauchsrechten gelten. Pfandrechte an Reallasten hat man zuweilen als durch Eintragung begründet angesehen. Schlesisches Archiv B. 1 S. 457. Richtiger muß man davon ausgehen, daß nicht die Reallast als solche, sondern nur das obligatorische Recht von dem Eigenthümer die einzelne bestimmte Leistung zu fordern, nach den Grundsätzen von der Forderungsverpfändung zum Gegenstand eines Pfandrechts gemacht werden kann. Eine Realservitut könnte höchstens insofern als Gegenstand eines Pfandrechts angesehen werden, als bei der Hypothecirung eines Grundstücks statt des Verkaufs des Grundstücks die entgeltliche Begründung einer Realservitut das Mittel sein soll, den Pfandgläubiger zu sichern. Das ist aber dem Leben fremd, und die preußischen Gesetze haben einen solchen Vertrag nicht behandelt. Vorkaufs- und Näherrechte sind auch nicht zur Ausübung veräußerlich, also nicht verpfändbar.

[36]) I. 20 § 395. Ges. über den Eigenthumserwerb vom 5. Mai 1872. § 69 Gr.B.O. § 3. Vgl. oben B. I. § 21 Anm. 45, unten § 198 Anm. 3.

[37]) S. § 198 bei Anm. 3.

[38]) Allgem. Berggesetz v. 1865, § 52 Ges. v. 22. Febr. 1869, § 5 (G.S. S. 401) Ges. über den Eigenthumserwerb v. 5. Mai 1872, § 68 Gr.B.O. § 3.

[39]) Allgem. Berggesetz v. 1865 § 108.

Anzahl von Eisenbahnanleihen, die durch Ausgabe von Inhaberpapieren (Prioritätsobligationen)[40]) ausgeführt sind, ist nicht selten von einem Pfandrecht der Obligationsinhaber die Rede. Eine verpfändbare Eisenbahngerechtigkeit war aber gesetzlich nicht anerkannt. Für Privateisenbahnen und Kleinbahnen ist die Möglichkeit einer Hypothek oder Grundschuld an der Bahneinheit der dem Bahnunternehmen gewidmeten Vermögenswerthe, deren Umfang das Gesetz näher bestimmt, nach Eintragung der Bahn in das Bahngrundbuch durch ein neuestes Gesetz begründet[41]). Dies Gesetz regelt zugleich, daß eine solche Bahnpfandschuld auch zu Gunsten der Inhaber von Theilschuldverschreibungen auf den Inhaber begründet werden kann, ordnet die Zulässigkeit von Mehrheitsbeschlüssen dieser Inhaber mit bindender Kraft für die Einzelnen, und bestimmt, in welcher Weise eine Zwangsvollstreckung in die Bahneinheit erfolgen kann, und wie im Falle des Erlöschens der Genehmigung für das Bahnunternehmen die Zwangsliquidation statt zu finden hat.

Auch bezüglich der absoluten Rechte der modernen Verkehrsentwickelung die auf ausschließliche wirthschaftliche Verwerthung gerichtet sind, Urheberrechte, Patentrecht u. dgl. besteht die Möglichkeit eines Besitzpfands nicht, die Verpfändung kann deshalb nicht ausgeführt werden[42]).

## § 193. Die Begründung des Pfandrechts.

Das Pfandrecht als dingliches Recht kann rechtsgeschäftlich nicht begründet werden, wenn der das Recht Einräumende nicht befugt ist, nach der Natur und dem Inhalt des zu begründenden Pfandrechts über die

---

[40]) Eine ausführliche Darstellung der Rechtsverhältnisse der Eisenbahnprioritätsobligationen findet sich in einer als Anlage des dem Reichstage wiederholt vorgelegten Gesetzentwurfs „betreffend das Pfandrecht an Eisenbahnen und die Zwangsvollstreckung in dieselben" abgedruckten Denkschrift. Drucksachen des Reichstags Nr. 33 der Session 1880 S. 84. Die Inhaber von Prioritätsobligationen sind Gläubiger der Eisenbahngesellschaft, und es steht ihnen deshalb gewiß das Recht zu, vor den Inhabern der Stammaktien, welche die Antheilsscheine der Gesellschafter sind, aus dem Vermögen der Gesellschaft befriedigt zu werden. Auch kann durch den Inhalt der Emissionsbedingungen, also vertragsmäßig klar gestellt sein, daß die Gläubiger einer bestimmten Emission hinter die Gläubiger einer anderen Emission mit ihrem Befriedigungsrecht zurückzutreten haben. Aber auch mit den bestberechtigten „Prioritätsobligationen" konkurrirt jede andere Schuld des Bauunternehmers, für die ein solches Zurücktreten nicht bedungen ist, zu gleichem Recht, und es gehört ebenfalls zu den bedeutungslosen Zusicherungen, wenn einzelne Emissionsprivilegien den Inhabern der Prioritätsobligationen ein „Vorrecht vor allen Gläubigern" versprechen.

[41]) Ges. v. 19. August 1895. Die Grundstücke der Eisenbahnen wurden vorher regelmäßig nicht, konnten aber auf Antrag in das Grundbuch eingetragen werden, jedoch nur soweit sie im einzelnen Amtsgerichtsbezirk liegen, zusammen. § 2 Gr.B.O. Ob die Möglichkeit bestand, die ganze Eisenbahn als einen „Gutsverband" nach § 25 G.B.O. in dasselbe Grundbuch zu bringen, war mit Rücksicht auf die positive Bestimmung des § 2 cit. zu bezweifeln. Das preußische Gesetz vom 19. August 1895 hat den Inhalt des in der vorigen Anmerkung angezogenen Reichsgesetzentwurfs mit einigen Modifikationen in sich aufgenommen.

[42]) Förster nahm die Möglichkeit an, ein Pfand am Verlagsrecht durch Uebergabe des Manuskripts zu begründen. Dernburg, Pf.R. I. 499fg.

Sache zu verfügen. Auch der vollberechtigte Eigenthümer ist natürlich nicht in der Lage, einen wirksamen Akt vorzunehmen, wenn er nicht handlungs- und verpflichtungsfähig ist. Von der Möglichkeit, daß eine aus diesem Grunde unwirksame Handlung nachträglich Kraft erlange, ist bei der Erörterung der Grundbegriffe gehandelt[1]). Dort ist auch der im Eingang dieses Paragraphen aufgestellte Satz und seine unbedenkliche Anwendbarkeit bezüglich der Begründung dinglicher Rechte erörtert[2]). Bezüglich der Verpfändung hebt das Gesetz ausdrücklich hervor, daß das Pfandrecht nur gelte, „soweit" der Einräumende über die Sache selbst für sich zerfügen darf[3]). Daraus ergiebt sich zugleich, daß wenn er nur beschränkt oder bedingt verfügen kann, die Verpfändung wenigstens innerhalb dieser Grenze gilt. So kann der Miteigenthümer den ihm zustehenden Antheil an der Sache[4]), der Fideikommißbesitzer die Einkünfte des Fideikommisses während seiner Besitzzeit verpfänden[5]). Der Vasall bedarf der Zustimmung des Lehnsherrn und der Agnaten[6]). Im Grundbuchrecht äußert sich die Wirksamkeit des dargelegten Prinzips dahin, daß nur in Folge der Einwilligung des eingetragenen Eigenthümers oder des Eigenthümers, der gleichzeitig die Eintragung erwirkt, oder in Folge eines Akts der gegen diesen Eigenthümer die Einwilligung ersetzt, die Eintragung einer Hypothek oder Grundschuld stattfinden kann[7]).

Gehört die zu verpfändende Sache einem Andern, so kann ein wirksames Pfandrecht von einem Nichteigenthümer nur mit Genehmigung des Eigenthümers begründet werden[8]). Auch nachträglich giebt solche Genehmigung der Verpfändung Kraft[9]). Wird ferner derjenige, der eine ihm nicht gehörige Sache verpfändet hat, später Eigenthümer der Sache, so konvaleszirt nach der landrechtlichen Bestimmung das Pfandrecht rückwärts bis zur Bestellung und nur das in der Zwischenzeit zu der Sache oder auf die Sache erworbene Recht Dritter darf dadurch nicht verletzt werden[10]). Mit derselben Maßgabe

---

1) B. I. §§ 26. 41. Der § 15 I. 20 A.L.R. wirft persönliche Fähigkeit und Befugniß der Rechtsbegründung zusammen, I. 20 §§ 18. 19 verweisen aber bezüglich der Beseitigung des Mangels der Unfähigkeit und seiner Einwirkungen auf die allgemeinen Regeln.

2) B. I. § 28 Anm. 3 f.

3) I. 20 § 15.

4) I. 20 § 20, I. 17 § 69, Ges. betr. den Eigenthumserwerb vom 5. Mai 1872 § 21. Vgl. oben § 182.

5) I. 4 § 226. Vgl. § 109. Ueber den Fiduziar s. Entsch. B. 76 S. 170.

6) I. 18 §§ 228. 229. 289. — Ueber die Rechtsstellung des Ehemanns II. 1 §§ 232 bis 239. 247 ist im Eherecht zu handeln.

7) Eigenthumserwerbgesetz v. 5. Mai 1872 §§ 18. 19.

8) I. 20 § 72. Vgl. Huschke in der Zeitschr. f. C.R. i. Pr. B. 20 S. 176.

9) Die Einwilligung ist an die Schriftform gebunden. I. 20 § 65. Vgl. R.O.H.G. B. 25 S. 268. H.G.B. Art. 306. Wenn sich der Eigenthümer nachmals verbürgt, so liegt darin die Genehmigung der Verpfändung I. 20 § 79, vergl. l. 5 § 2. D. XX. 2, während die Genehmigung selbst nicht als Bürgschaft aufzufassen ist. Strieth. B. 8 S. 212.

10) I. 20 §§ 16. 17. Die Bestimmung des § 16 hat nicht bloß Anwendung auf das durch Vertrag bestellte, sondern auch auf das gesetzlich begründete Pfandrecht. Entsch. B. 24 S. 93. Strieth. B. 8 S. 64. Vergl. auch zu § 16 Strieth. B. 9 S. 302. — Das Landrecht erklärte in § 406 I. 20 das Prinzip des § 16 auch bei der Hypothek für durch-

konvaleszirt das Pfandrecht, wenn der Eigenthümer den Verpfänder ohne Vorbehalt beerbt[11]). Hat der Gläubiger in gutem Glauben die bewegliche Sache von dem Nichteigenthümer als Faustpfand erhalten, so kann sie zwar der Eigenthümer vindiziren; aber die Einlösungspflicht tritt hervor, die sich

---

greifend, die von dem nicht eingetragenen Eigenthümer bestellte Hypothek konvaleszire, wenn er nachträglich als Eigenthümer eingetragen werde. Es fragt sich, ob diese Bestimmung noch jetzt rechtliche Bedeutung hat. Die Rechtsprechung hat aus Eig.Erw.Ges. §§ 18. 19 (vgl. oben Anm. 7) hergeleitet, daß die vor der Eintragung des Erklärenden als Eigenthümer erklärte Bewilligung der Eintragung oder eine zu Unrecht vorher erfolgten Eintragung der Hypothek oder Grundschuld nicht auf Grund des Umstands, daß der Bewilligende nachmals eingetragener Eigenthümer geworden ist, konvaleszíren könne. Entsch. B. 76 S. 125, B. 79 S. 14, Gruchot B. 23 S. 455, B. 24 S. 1019. R.G. Entsch. B. 28 S. 294. An diesem Satze muß auch trotz mehrfach erhobenen Widerspruchs — vergl. Dernburg und Hinrichs Pr. Hyp.-R. B. I. S. 266, Dernburg B. I. § 319 unter 3a. Hinrichs Studien I. S. 4. — insoweit festgehalten werden, daß der Grundbuchrichter nicht verpflichtet und nicht berechtigt erscheint, auf Grund einer vor der Eintragung als Eigenthümer erklärten Bewilligung nachmals die Eintragung der Hypothek oder Grundschuld vorzunehmen. Zwar wird der die Einwilligung erklärende Nichteigenthümer regelmäßig die persönliche Verbindlichkeit haben, diese Einwilligung aufrecht zu erhalten und zu wiederholen: aber es kann sich hierin dennoch in der Zwischenzeit etwas geändert haben, und der Grundbuchrichter ist nach seiner Stellung nicht berufen, ein Urtheil darüber zu gewinnen, ob jene Verbindlichkeit entstanden ist und noch jetzt besteht. Die von dem eingetragenen Eigenthümer erklärte Einwilligung oder der gegen ihn erwirkte seine Einwilligung ersetzende Akt hat eine dingliche Wirksamkeit, welcher der Grundbuchrichter durch die Eintragung Ausdruck giebt; und der Grundbuchrichter ist nur berufen zu prüfen, ob der Konsens einer so ligitimirten Person vorhanden ist. Vgl. auch Kammerger. bei Johow B. 14 S. 125. Auf der anderen Seite giebt es aber sicher Fälle, in denen das im § 406 ausgedrückte Prinzip noch jetzt bezüglich der Hypothek Anwendung fordert. Auf einen solchen verwies schon Förster, wenn er den Fall erwähnte, daß ein als Eigenthümer fälschlich eingetragener angeblicher Erbe eine Hypothek bestellt hat und nachher Eigenthümer wird; für diesen Fall billigte er die Konvalescenz der anfänglich anfechtbaren Hypothek. Nach dem, was im § 178 über die Möglichkeit der Anfechtung eines eingetragenen Eigenthumsübergangs und seiner Folgen ausgeführt worden ist, steht aber derjenige, der auf Grund einer nichtigen Auflassung oder zufolge einer irrigen Auffassung ihres Inhalts fälschlich als Eigenthümer eingetragen ist, eben so wie der eingetragene falsche Erbe. Wenn ein solcher eingetragener Nichteigenthümer eine Hypothek bestellt, so muß sie der Grundbuchrichter eintragen lassen; aber sie ist anfechtbar, wenn der, dem sie bestellt ist, das Nichteigenthum des Bestellers kennt. Wenn nun aber später derjenige, der die danach anfechtbare Hypothek bestellt hat, wirklicher Eigenthümer wird, z. B. indem er den anfechtungsberechtigten wahren Eigenthümer ohne Vorbehalt beerbt, so wird seine Eintragung als Eigenthümer unanfechtbar; und wenn die Anfechtung gegen ihn bereits durchgeführt war, so erlangt er jetzt die Wiedereintragung. Das Gleiche gilt für den Anfechtungsberechtigten, wenn er den Besteller der anfechtbaren Hypothek beerbt hat, und er kann nicht etwa jetzt noch die Hypothek anfechten. Wollte er anfechten, so würde ihm gegenüber eingewendet werden, daß er die zurückgewährte (gelöschte) Hypothek sofort wieder zu gewähren habe. Die so eintretende Konvalescenz kann aber den Realrechten nicht entgegen stehen, die inzwischen von dem wahren Eigenthümer begründet waren. So tritt also in solchem Fall alles das ein, was I. 20 §§ 16. 17 vorschreiben. Der Fall, wenn der Grundbuchrichter zu Unrecht eine Eintragung zufolge der Bewilligung eines nicht eingetragenen Eigenthümers vorgenommen hat, liegt nicht ganz gleich. Aber auch hier wird der Bewilliger der Eintragung, wenn er nicht von der Pflicht zu solcher Bewilligung gelöst ist, arglistig handeln, wenn er nach Eintragung als Eigenthümer die Löschung beantragt oder das Verlangen auf Löschungsbewilligung stellt, und wird mit letzterm auf Grund der Einrede der Arglist zurückgewiesen werden. R.G. Entsch. B. 28 S. 294.

[11]) I. 20 §§ 76. 77, nicht auch wenn er Benefizialerbe ist. Präj. 2390. Strieth. B. 7 S. 38. Entsch. B. 23 S. 316.

auf das erstreckt, was der Gläubiger dem Schuldner „wirklich gegeben" und was er auf die Sache selbst verwendet hat[12]). Zinsen von der Forderung werden nicht erstattet[13]). In Folge der Einlösung tritt der Eigenthümer in die Forderung des Gläubigers mit ihren Vorrechten[14]). Wer bei dem Empfang einer von dem Schuldner verpfändeten, ihm fremden Sache sich eines mäßigen Versehens schuldig gemacht hat, giebt sie dem Eigenthümer mit den Verpflichtungen eines unredlichen Besitzers zurück[15]).

Der Modus rechtsgeschäftlicher Begründung des Pfandrechts ist bei beweglichen Sachen und Rechten die **Uebergabe**, bei unbeweglichen die Bewilligung der Eintragung mit der sich daran knüpfenden **Eintragung** selbst. Aus ersterer erwächst das Faustpfandrecht, aus letzterer die Hypothek und Grundschuld. Näher ist davon bei deren besonderer Besprechung zu handeln.

Die Theorie des A.L.R. verlangt außer dem Modus einen **Titel**, d. h. einen Rechtsgrund, aus welchem die Bestellung des Pfandrechts gefordert werden kann. Es ist aber auch hier nicht nöthig, daß das Recht zur Sache wirklich vorhanden gewesen ist, um den Modus der Pfandbestellung wirksam zu machen. Der Titel hat also nur insoweit rechtliche Erheblichkeit, als daraus eine Klage auf Begründung des Pfandrechts, auf Uebergabe des Pfandobjekts oder Bewilligung der Eintragung (a. pignoraticia), auf die des Pfandrechts selbst erst beginnenden Rechtshandlungen erwachsen kann. Als mögliche Titel werden bezeichnet das Gesetz, eine Willenserklärung oder ein Eingriff der Gerichtsgewalt[16]).

---

[12]) I. 20 §§ 80. 81. Bei unbeweglichen Sachen ist ein redlicher Faustpfanderwerb nicht möglich. — Der Eigenthümer der beweglichen Sache vindizirt, ohne zu einer Erstattung verpflichtet zu sein, wenn der Gläubiger für das Pfand noch nichts gegeben hat; dies ist z. B. der Fall bei dem Pfandrecht des Vermiethers, welches sich **deshalb** auf die vom Miether eingebrachten fremden Sachen nicht erstreckt. Vgl. oben B. II. § 146 Anm. 238. — Ist die fremde Sache für einen künftigen Anspruch verpfändet, d. h. für einen solchen, wo der Gläubiger noch zu leisten hat, um den durch Pfand gesicherten Anspruch zu gewinnen, so muß sie dem vindizirenden Eigenthümer unentgeltlich herausgegeben werden, aber der Pfandgläubiger hat das Recht, entweder das Hauptgeschäft aufzurufen, oder andere Sicherheit zu verlangen. I. 20 §§ 86 bis 88. Hat der Gläubiger redlich eine Sache als Pfand empfangen, welche einem Andern bereits als Pfand haftete, und besteht des letzteren Pfandrecht trotz des Besitzverlusts fort, so wird das ältere Pfandrecht gegen den zeitigen Inhaber mit der Einlösungspflicht geltend gemacht werden können. Dies gilt auch nach älterem Recht, wenn die mit Arrest belegte Sache demnächst verpfändet war. **Strieth.** B. 45 S. 217.

[13]) I. 20 § 82.

[14]) I. 20 § 83 „in alle Rechte". Auch dies ist, wie bei dem Bürgen und Nießbraucher eine Abweichung von I. 16 § 47. S. oben B. I. § 91 Anm. 37 § 99 Anm. 32. Nach I. 20 § 84 findet gegen ihn aber nicht — auch nicht seitens eines redlichen Verpfänders — die Einwendung statt, daß die Forderung, welche durch das Pfand versichert war, noch nicht fällig sei. Sein Erstattungsanspruch ist kraft der positiven Anordnung des Gesetzes immer fällig.

[15]) I. 20 § 91.

[16]) I. 20 §§ 2. 5. Durch Ersitzung kann ein Pfandrecht nicht erworben werden, es muß immer „eingeräumt" sein. Darin weicht es von anderen dinglichen Rechten ab. Das Pfandrecht kann schon deshalb nicht durch Verjährung entstehen, weil das Recht, sich

Der Titel zum Pfandrecht als Recht zur Sache steht in seiner Wirksamkeit hinter anderen Rechten zur Sache insofern zurück, als er immer nur gegen den Verpflichteten selbst wirksam ist. Er entbehrt der sonst vom Landrecht anerkannten Rechtswirkung, vermöge deren das Recht zur Sache gegen den davon unterrichteten Erwerber der Sache so durchgreift, als ob es schon zum Rechtserwerb geführt hätte[17]). Die Kenntniß von dem Rechte eines Anderen auf Einräumung eines Pfandrechts steht weder dem pfandfreien Erwerb der Sache selbst noch dem Erwerb eines anderweitigen Pfandrechts, oder eines sonstigen dinglichen Rechts an der Sache entgegen[18]). Besteht das Recht zur Sache an einer Mehrheit von Gegenständen, so wird es doch nur soweit zum Pfandrecht als die Uebergabe oder Eintragung reicht[19]).

a. Wo das Gesetz als Titel vorhanden ist, ist regelmäßig nur der Wille des Schuldners gebunden; er kann zur Bestellung des Pfandes gezwungen werden. So schließt das gesetzliche Recht, Sicherstellung zu fordern die Befugniß in sich, eine Pfandbestellung zu verlangen[20]). Welchen Forderungen außerdem die Gesetze unmittelbar das Recht beilegen, daß der Gläubiger sich auch gegen den Willen seines Schuldners ein Pfand erzwingen kann, ist zerstreut im A.L.R. bei den verschiedenen Geschäften, woraus diese Forderungen entstehen, gesagt[21]); in § 12 des jetzt nicht mehr giltigen 51. Titels der A.G.O. waren als solche bezeichnet diejenigen Forderungen, welche im Konkurse in der 4. und 5. Klasse und an den beiden ersten Stellen der 6. Klasse rangirten. Bei Beseitigung der Konkursklassen zählte das Einführungsgesetz zur preuß. Konkursordnung von 1855 die davon noch in Kraft gebliebenen Titel auf[22]). Von einer Wiederholung dieser Aufzählung[23])

wegen einer Forderung aus der Substanz einer Sache zu befriedigen, nicht besessen werden kann. — Vergl. Unterholzner Verjähr. II. §§ 247 f. Dernburg, Pf.-R. I. S. 178. Bremer S. 141.

17) Oben § 156 Anm. 16.

18) I. 19 § 5 u. I. 10 § 25 haben hier also keine Einwirkung. Vgl. Entsch. B. 9 S. 25, B. 15 S. 513, B. 16 S. 194. R.G. Entsch. B. 3 S. 263.

19) I. 20 §§ 112. 400—403. Strieth. B. 11 S. 123.

20) I. 20 §§ 3. 4. S. Koch, Rehbein und Reincke zu I. 14 § 180, wo die einzelnen Fälle verzeichnet sind. Vgl. auch Bornemann IV. 180. Wem etwas zum Zwecke der Kautionsleistung übergeben worden, ist wirklicher Pfandbesitzer. Anw.-Zeit. I. 253. Ueber die Pfandhaftung der Amtskautionen vgl. B. II. § 139 Anm. 73, § 154 Anm. 52. Wenn zum Zwecke der Kautionsleistung Summen übergeben werden, die in das Eigenthum des Empfängers übergehen sollen, mit der Pflicht der Zurückgabe, insoweit der Betrag nicht zur Sicherung des Empfängers zu verwenden sei, so kann man juristisch nicht von einem Pfandrecht des Empfängers und von einer persönlichen Pfandklage des Bestellers der Kaution reden. Ein solches Pfandrecht ist von Pfaff (Geld als Mittel pfandrechtlicher Sicherstellung 1868) in der Weise konstruirt, daß der Empfänger ein Pfandrecht an der gegen ihn selbst bestehenden Forderung erhalte. S. dagegen Exner, Kritik des Pfandbegriffs S. 180.

21) I. 20 § 3.

22) Einf.-Ges. v. 8. Mai 1855. Art. XI. Koch, Priv.-R. I. § 367. S. 614 fg.

23) Hervorzuheben ist, daß der Pfandrechtstitel der alten Konkursmassen am Vermögen ihrer Verwalter Art. XI. Nr. 4, da die Rechtsstellung des Verwalters in der Konk.-O.

und einer Verzeichnung anderer in den Gesetzen begründeter Rechte auf Pfandbestellung wird hier Abstand genommen[24]). Damit aber auf Grund eines solchen gesetzlichen Titels ein Pfandrecht wirklich entsteht, muß regelmäßig der Modus der Uebergabe oder Eintragung hinzukommen.

Ein Pfandrecht kraft gesetzlicher Vorschrift, ohne daß es zu seiner Entstehung eines weiteren Modus bedarf, liegt bezüglich beweglichen Vermögens in den Fällen vor, die § 33 der preußischen Konkursordnung von 1855 und gegenwärtig § 41 der Reichskonkursordnung als solche aufführt, die dem Faustpfand gleichstehen, mit Ausnahme des nachher zu erörternden Pfändungspfandrechts. Das stillschweigende Pfandrecht dieser Forderungen ist auch außerhalb des Konkursverfahrens als wirksam anerkannt[25]). Bei der Zwangsversteigerung und der Zwangsverwaltung von Immobilien giebt es Gläubiger, denen kein Pfandrecht zusteht, denen das Gesetz aber Recht auf vorzugsweise Befriedigung aus dem Grundstück Berücksichtigung einräumt. Wenn nämlich das Grundstück ein Landgut ist, gelten als so berechtigt die Forderungen des in dauerndem Dienst zur Bewirthschaftung gehaltenen gesammten Personals wegen der laufenden und der aus dem letzten Jahre vor dem letzten Zahlungstermin rückständigen Leistungen[26]).

b. Willenserklärung: Vertrag oder testamentarische Verordnung[27]). Ein Vertrag, der sich auf Bestellung eines Faustpfands oder auf Errichtung einer Hypothek richtet, verpflichtet zur Vornahme des dinglichen Rechtsgeschäfts der Verpfändung. Dazu bedarf er, wenn es sich um Grund-

§§ 70. 78 reichsgesetzlich neugeregelt ist, nicht mehr besteht. Der Verwalter hat eine Sicherheit nur nach Anordnung des Konkursgerichts zu leisten.

[24]) Förster zählte als gesetzliche Vorschrift, aus der ein Pfandtitel folgt, unter Anderem I. 11 § 286 auf. Die Bestimmung scheint aber auf einen Vertragstitel zur Pfandbestellung hinaus zu kommen. Vgl. unten Anm. 12. Im Uebrigen sind allegirt: I. 12 § 290, I. 18 § 601, II. 1 § 454 verb. mit I. 12 § 290, II. 1 §§ 802. 810, II. 2 §§ 187. 463 und die jetzt aufgehobenen II. 18 §§ 206. 296 vgl. Vorm.-Ordn. v. 5. Juli 1875. § 32 Abs. 6.

[25]) C.P.O. § 709 Abs. 2. Ausf.Ges. z. Konk.O. v. 6. März 1879 § 7. Von dem praktisch bedeutendsten dieser Pfandrechte: dem Pfandrecht des Verpächters und Vermiethers an den eingebrachten Rechten des Pächters und Miethers, sowie des Verpächters an den Früchten, ist B. II. § 136 Anm. 206 ff. ausführlich gehandelt.

[26]) Imm.-Vollstr.Ges. vom 13. Juli 1883 §§ 26. 147. Vgl. Konk.-Ordn. von 1855 § 50. Nicht bloß der im Gesinde- oder Wirthschaftsbeamten-Dienst stehenden Personen. R.G. Entsch. B. 27 S. 223. Einer der Nachtheile der Eintragung der einzelnen Bestandtheile eines Landguts als selbständiger Grundstücke unter besonderen Artikelnummern in das Grundbuch, statt der Eintragung des Guts als Einheit, ist die rechtliche Unanwendbarkeit des hier geordneten Privilegs nicht nur für den Fall des Zwangsverkaufs eines einzelnen jener Ackerstücke, sondern auch im Falle einer Verbindung der Zwangsversteigerung der verschiedenen als einheitliches Landgut bewirthschafteten Grundstücke. Denn es handelt sich dann nur um Verbindung mehrerer Zwangsversteigerungen einzelner Ackerstücke, von denen keines ein Landgut ist.

[27]) Als Auflage an den Erben, für eine Nachlaßschuld oder ein Vermächtniß ein Pfandrecht zu bestellen. Der Erblasser kann auch eine Sache des Erben letztwillig zum Pfand bestimmen. Nach preuß. Recht ist auch in solchen Fällen nur ein Titel entstanden, nach gemeinem R. streitet man, ob das Pfandrecht durch den Erbschaftsantritt beginne oder noch eines Bestellungsaktes bedürfe. Glück B. 18 S. 190. Gesterding S. 95 fg. Dernburg, Pf.R. I. 286 f. bes. 288 f.

stücke oder um solche bewegliche Pfänder handelt, die mehr als 150 Mk. werth sind, nach den allgemeinen Grundsätzen der schriftlichen Form[28]). Dagegen kommt es auf Schriftlichkeit nicht an, wenn die verpfändete bewegliche Sache wirklich als Pfand übergeben worden, wenn die Eintragung der Hypothek in gehöriger Form wirklich bewilligt ist[29]). Der Faustpfandvertrag selbst hat wie das Darlehn, die Leihe und der Verwahrungsvertrag auch nach preußischem Recht Realkontraktsnatur, jedoch nur dahin, daß das übergebene Pfand nach den gesetzlichen Regeln als Pfand haftet, und daß die Pflicht des Empfängers begründet wird, die Sache zu bewahren und nach voller Tilgung der Forderung zurückzugeben, bei fruchttragenden Sachen auch Rechnung zu legen. Soll durch Nebenverträge etwas von den Naturalien des Geschäfts Abweichendes festgestellt werden, so unterliegen diese den Formvorschriften nach Maßgabe der Höhe des Gegenstandes[30]). Ist von dem Pfandgläubiger ein Empfangschein ausgestellt und genommen worden, so ist ein einseitiges Bekenntniß zu dem geschlossenen Pfandvertrage vorhanden, das den Aussteller bindet; es bindet aber nicht wie der angenommene Schuldschein über ein Darlehn auch den andern Theil. Dagegen ersetzt ein solcher Empfangschein, wenn er den wesentlichen Inhalt des Hauptvertrages angiebt, die Schriftform dieses Hauptvertrages, d. h. des Vertrages über die durch das Pfand zu sichernde Schuld[31]). Ist dieser abgesehen hiervon sonst nicht rechtsbeständig, so kann das Pfandrecht nicht bestehen. Erfordert der Hauptvertrag eine andere als die einfache Schriftform, so kann ein Empfangschein sie nicht ersetzen[32]); der Gläubiger hat dann wegen des Formmangels keine Forderung

---

[28]) Es entscheiden die allgemeinen Bestimmungen I. 5 §§ 131 ff. Der § 93 I. 20 bezieht sich auf die Form des Vertrages, aus dem die zu sichernde Forderung entspringt. — Aus einem mündlichen Pfandvertrag bei einem Gegenstand unter 50 Rthlr. kann auf Uebergabe des Pfandes geklagt werden. Bornemann IV. 201. Nach Art. 273 H.G.B. ist ferner die Uebernahme der Pflicht zu einer Verpfändung im Handelsbetrieb ein Handelsgeschäft, mithin nach Art. 317 eine besondere Form nicht erforderlich. Wenn Art. 312 die Giltigkeit der Landesgesetze über Bestellung der Faustpfänder aufrecht erhält, so folgt daraus nur, daß in Preußen nur durch wirkliche Uebergabe ein Pfand bestellt werden kann, nicht aber, daß der zur Bestellung eines Pfandes verpflichtende Vertrag bei Gegenständen über 150 M. zu seiner Klagbarkeit der schriftlichen Form bedarf. S. Goldschmidt in s. Zeitschr. f. Handelsr. IX. S. 21. Laband das. S. 233.

[29]) I. 20 § 94. — Förster nahm auch hier, wie bei Leihe, Darlehn und Depositum an, daß die Hingabe der Sache als Erfüllung des mündlich geschlossenen zweiseitigen Vertrages wirke. Vgl. dagegen oben B. I. § 77 bei Anm. 7, B. II. § 135 Anm. 6a, § 137 Anm. 7 f., § 139 Anm. 8.

[30]) Von solchen Nebenverträgen handelt I. 20 § 224. Der § 94 I. 20 giebt dazu keinen Anhalt, daß die wirkliche Abrede, wohin immer sie ging, durch die einseitige Erfüllung bindend würde. Nicht den Charakter der Nebenabrede hat es, wenn in Gemäßheit von I. 20 § 225 bedungen wird, daß durch die Uebergabe der Sache nicht diese, sondern die aus ihr zu erwartenden Früchte verpfändet sein sollen. Wohl aber erscheint als solche Nebenabrede die Abrede antichretischer Pfandnutzung. Für diese bestand die Besonderheit der Nothwendigkeit richterlicher Bestätigung. Vgl. dazu oben B. I. § 80 a. E. und unten § 196 Anm. 20.

[31]) I. 20 §§ 95. 96. Der § 95 sagt, der Empfangschein ersetze den „fehlenden Hauptkontrakt“. Vgl. B. I. § 79 Ziffer 1 f. bei Anm. 56. Vgl. auch R.O.H.G. B. 18 S. 6.

[32]) Auch nicht, wenn der Empfangschein die qualifizirte Schriftform hat; es ist Koch beizutreten. Note zu § 97.

und darum auch kein Pfandrecht, darf aber die erhaltene Sache retiniren bis ihm erstattet worden, was er darauf gegeben hat[33]). Die Uebergabe unter der Willenseinigung der Begründung des Pfandrechts ist der Modus für Entstehung des Faustpfandes.

Wie im Verhältniß zum Faustpfandvertrage die Verpfändungsabrede als obligatorisch wirksamer Titel des Faustpfandrechts anzusehen ist, so begründet die Verpfändungsabrede bei Grundstücken die Pflicht zur Hypothekenbestellung d. h. zur formellen Abgabe derjenigen Erklärung, die als Grundlage der Eintragung erforderlich ist. Eine Pflicht zur Pfandbestellung kann auch durch eine rechtsgiltige letztwillige Verfügung begründet werden.

c. Gerichtsbefehl, jetzt Vollstreckungstitel (pignus praetorium). Das Landrecht verwies darüber, wie im Wege der Exekution ein Pfandrecht entstehe, auf die Prozeßordnung. Diese ließ aber aus der exekutivischen Beschlagnahme beweglicher und unbeweglicher Sachen ein wirkliches Pfandrecht nicht hervorgehen und räumte nur im Konkursverfahren den creditores immissi eine bevorrechtigte Stellung ein. Diese letztere Vorschrift stellte sie unter diejenigen, von denen die Eintragung ihrer Forderungen im Hypothekenbuch ohne besondere Einwilligung des Schuldners erwirkt werden könne[34]). Im Fortgang der Gesetzgebung wurde anerkannt, daß jeder vollstreckbare Schuldtitel das Recht auf Eintragung der dadurch festgestellten Forderung auf dem Grundbesitz des Schuldners, also einen Titel zur Hypothek begründe[35]). Nachdem dann die Grundbuchgesetzgebung die Unzulässigkeit anderer Hypotheken als solcher, welche die Forderung eines bestimmten Geldbetrages sichern[36]), festgestellt hatte, erkannte nach Einführung der Reichsprozeßgesetze die Gesetzgebung jeden vollstreckbaren Titel, der die Zahlung einer Geldsumme zum Gegenstand hat, als geeignet an, eine Eintragung zu begründen[37]), und hierbei ist es geblieben, als die Zwangsvollstreckung in das unbewegliche Vermögen neu geregelt wurde[38]). Ist der Schuldtitel nur vorläufig vollstreck-

---

33) I. 20 §§ 97. 98. Koch, Note zu § 97. Aus § 94 folgt, daß sich die §§ 97. 98 nur auf die Verpfändung beweglicher Sachen beziehen; erst in § 99 wird von den unbeweglichen Sachen gesprochen. Strieth. B. 46 S. 345.

34) I. 20 § 5. A.G.O. I. Tit. 24, Tit. 50 § 447 (Vorrecht der sechsten Klasse, kein Pfandrecht, kein Vorrecht des Einen gegen den Anderen), Tit. 51 § 12. — Ueber die gerichtliche Pfandnahme des deutschen Rechts s. Albrecht, Gewere S. 130 f. v. Meibom, Deutsches Pfandr. S. 39 fg.

35) Ex.-Ord. v. 4. März 1834 § 22, Kab.-Ordre v. 6. Mai 1836 (G.S. S. 194) (Administrativ-Execution), Ges. v. 24. Mai 1853 § 45. Vgl. Entsch. B. 22 S. 222, B. 60 S. 359.

36) Eig.Erw.Ges. v. 5. Mai 1872, § 19 Z. 3, § 22.

37) Ges. betr. die Zwangsvollstreckung in das unbewegliche Vermögen v. 4. März 1879, § 22. V. v. 7. September 1879 betr. d. Verwaltungszwangsverfahren, § 54 Abs. 2. Vgl. Rothenberg bei Gruchot B. 35 S. 753, B. 36 S. 595.

38) Immob.Vollstreckungsgesetz vom 13. Juli 1883 §§ 6 ff. Das Gesetz erklärt es für zulässig, dieselbe Forderung bei verschiedenen Grundstücken als Korrealhypothek zur Eintragung zu bringen. Abweichend früher § 23 V. v. 4. März 1834. Bei der Möglichkeit eines Antrags auf gleichzeitige Zwangsversteigerung mehrerer Grundstücke, und mit Rücksicht darauf, daß häufig wirthschaftliche Einheiten grundbuchmäßig als mehrere Grundstücke erscheinen, rechtfertigt sich diese Bestimmung, aber das Herrenhaus hat geglaubt, ein Klagerecht des Eigenthümers gegen den Gläubiger, der auf diese Weise „übermäßige

bar, nur gegen Sicherheit vollstreckbar, ein Arrestbefehl, eine vollstreckbare Urkunde oder ein vollstreckbarer Vergleich, der nicht zur Beilegung des bereits anhängigen Rechtsstreits vor einem deutschen Gericht oder bei dem amtsgerichtlichen Sühneversuch vor dem Amtsgericht geschlossen worden, so ist zunächst nur eine Vormerkung einzutragen[39]).

Die Beschlagnahme eines Grundstücks im Wege der Zwangsverwaltung oder Zwangsversteigerung zum Zwecke der Vollstreckung eines vollstreckbaren Titels ist von der älteren Gesetzgebung nicht mit den Wirkungen der Pfandrechtsbegründung ausgestattet[40]). Nach dem Immobiliarvollstreckungsgesetz begründet die Einleitung der Zwangsverwaltung ein Pfandrecht des betreibenden Gläubigers an den Einkünften des Grundstücks unter Vorbehalt der Rechte der Realgläubiger[41]). Eine ähnliche ausdrückliche Bestimmung bezüglich der Zwangsversteigerung enthält das Gesetz nicht, es stellt sogar die Forderung, für die das Grundstück in Beschlag genommen ist, den Realforderungen d. h. den Forderungen, die ohne Beschlagnahme die Natur der Realforderungen haben, gegenüber[42]). Die Wirkungen aber, die das Gesetz an die Beschlagnahme knüpft, sind in der That die eines Pfandrechts, aber eines ebensolchen Pfandrechts wie das, welches nach der sogleich zu erwähnenden reichsgesetzlichen Regelung der Zwangsvollstreckung in das bewegliche Vermögen durch Pfändung entsteht, d. h. eines Pfandrechts, das nicht auf dauernden Bestand berechnet ist, sondern nach der öffentlich rechtlichen Ordnung in unmittelbarem Anschluß an seine Begründung durch Verkauf realisirt werden oder aufgegeben werden muß[43]).

---

Sicherheit" erhält, auf Vertheilung der Hypothek auf die einzelnen Grundstücke begründen zu sollen. Vgl. § 6 Abs. 2. Wer mit seinem Grundbesitz noch übermäßige Sicherheit gewährt, wird diese Klage wohl kaum nöthig haben, daß eine solche jemals angestellt worden, ist nicht bekannt geworden. — Nur Geldforderungstitel begründen die Eintragung. Lautet der vollstreckbare Titel auf etwas Anderes, als inländische Geldsummen, so kann Zwangseintragung erst erwirkt werden, wenn die daraus herzuleitende Interesseforderung vollstreckbar gemacht ist. — Der Entwurf des B.G.B. sollte als Hypothek auf Grund eines vollstreckbaren Titels die schlechthin accessorische Sicherungs-Hypothek zulassen. §§ 1130 ff. Bei der zweiten Berathung ist die Bestimmung in die Civilprozeßordnung verwiesen. Bei einer Mehrheit von Grundstücken soll der Gläubiger die Forderung auf die Grundstücke vertheilen.

39) Imm.Vollstr.Ges. § 6 Abs. 3, § 7, § 10. Vergl. v. Meibom, Der Immobiliararrest, 1888. Vorläufig vollstreckbar ist auch der Feststellungsbeschluß über zu erstattende Kosten, so lange er durch sofortige Beschwerde anfechtbar ist, und nachher, so lange der zu Grunde liegende Vollstreckungstitel noch nicht endgültig vollstreckbar ist. Kammergericht bei Johow B. 14 S. 148.

40) Subhast.-Ordn. v. 15. März 1869, § 60.

41) Immob.Vollstr.Ges. v. 13. Juli 1883 § 143. Gegen den Schuldner der Miethe ꝛc. wird die Beschlagnahme erst durch Bekanntmachung wirksam. R.G. Entsch. B. 24 S. 273. Vgl. über Zwangsverwaltung: Peiser, Die Zwangsverwaltung der Grundstücke, 1888.

42) Imm.Vollstr.Ges. § 30 Ziffer 1.

43) Danach hat auch das Reichsgericht, das ein Pfandrecht des betreibenden Gläubigers leugnet, dennoch angenommen, daß er ein Pfandgläubiger im Sinne von A.L.R. I. 20 § 37 ist, so daß ihm gegenüber das jus offerendi geübt werden kann. R.G. Entsch. B. 12 S. 64. Andererseits hat das Reichsgericht geleugnet, daß der betreibende Gläubiger eine Rechtsstellung zum Grundstück erlangt habe, die es ausschließe, daß eine zu Unrecht gelöscht gewesene Hypothek während des Verfahrens im Grundbuch gegen ihn

Die Bestimmungen der Reichsgesetzgebung, durch welche die Entstehung eines solchen Pfandrechts für den Fall der Zwangsvollstreckung in das bewegliche Vermögen anerkannt und an die Pfändung von körperlichen Gegenständen, sowie von Forderungen und anderen Vermögensrechten geknüpft wird, ordnen für den ersten Fall die von Amtswegen daran zu knüpfende Versilberung. Dasselbe gilt auf dem Gebiete des Verwaltungszwangsverfahrens[44]). Das auf der Gerichtsgewalt des Staats beruhende Pfandrecht wird ohne Betheiligung des Vollstreckungsschuldners, ohne Uebergabe oder Einwilligung in die Eintragung begründet. Das Gesetz hat die Thätigkeit des Gerichtsvollziehers, der den körperlichen Gegenstand in gehöriger Weise pfändet, und die Zustellung des Gerichtsbeschlusses, der die Pfändung oder Beschlagnahme ausspricht, als besondere Erwerbsart des Pfandrechts ausgestaltet. Die Hypothek aus einem vollstreckbaren Titel wird auch hier erst durch Eintragung begründet. An die Stelle der Einwilligung des Vollstreckungsschuldners tritt dabei der Antrag des Gläubigers, der den vollstreckbaren Titel vorlegt, und solcher Gestalt zur selbstthätigen Vollstreckung des Urtheils berechtigt ist[44a]).

## § 194. Wirkungen des Pfandrechts.

Das Pfandrecht ist eine dinglich wirkende Beschränkung des Eigenthums, kraft deren der Berechtigte aus der Sache Befriedigung suchen kann. Das Pfandrecht hat also eine negative und eine positive Seite, der Eigenthümer wird beschränkt, der Pfandgläubiger darf auf die Sache rechtlich einwirken.

---

wirksam hergestellt werde. R.G. Entsch. B. 19 S. 295. Würde das festgehalten, so wäre doch das geringste Gebot ohne Berücksichtigung der gelöschten Hypothek richtig geregelt und diese Regelung bliebe wirksam, auch wenn nach dem Versteigerungstermin die Hypothek vor dem betreibenden Gläubiger wieder eingetragen wäre. Das hat zur Folge, daß der zu Unrecht gelöschte Gläubiger auch bei der Vertheilung hinter die im geringsten Gebot berücksichtigten Gläubiger zurücktritt. Oder soll etwa für das abgegebene Gebot der Zuschlag nicht ertheilt werden? Daß das Gesetz das bei der Zwangsverwaltung entstehende Pfandrecht ausdrücklich erwähnt, hängt damit zusammen, daß dem betreibenden Gläubiger gegenüber dem Schuldner der Revenüen, Pächter ꝛc. die Stellung des Pfandgläubigers zu geben war. — Gegen die Annahme eines Pfandrechts des betreibenden Gläubigers bei der Zwangsversteigerung Heidenfeld, Zwangsverst. S. 50. 59. Krech u. Fischer zu §§ 16. 17 des Ges. Nr. 11. Für dieselbe Friedensburg bei Gruchot B. 30 S. 559, auch Dernburg im Pr. Hyp. Recht B. II. S. 371. Wird von der Praxis an dieser Auffassung festgehalten, so würde ein vorsichtiger Gläubiger, obgleich er die Zwangsversteigerung sogleich betreiben, also wirkliche Realisirung des Pfands, nicht bloß Sicherung erreichen will, genöthigt sein, neben dem Antrag auf Zwangsversteigerung zugleich die Eintragung seiner Forderung zu betreiben, die natürlich bei Durchführung der Versteigerung, wie er voraussieht, wieder gelöscht werden müßte. Das Recht darauf kann ihm nicht bestritten werden. Aber nach der hier vertretenen Auffassung hat er dazu keinen Anlaß.

[44]) C.P.O. §§ 709. 716 f. 754. Ausf. Ges. z. C.P.O. v. 24. März 1879, § 14. Ver. v. 7. Sept. 1879.

[44a]) Vergl. B. I. § 111 Anm. 4. Vergl. noch Wolff, Die Eintragung in das Grundbuch zur Vollstreckung einer Forderung 1886. Riehl, Die materiellen Voraussetzungen des Pfändungspfandrechts 1888 (gemeinrechtlich).

A. **Rechtsstellung des Pfandgläubigers und des belasteten Eigenthümers während der Pfandhaftung. Die beschränkende Wirkung ist mit Entstehung des Pfandrechts vorhanden.** „Der Eigenthümer der verpfändeten Sache kann bis zu ihrer Veräußerung darüber soweit, als es den Rechten und der Sicherheit des Gläubigers unnachtheilig ist, frei verfügen[1].“ Jede nachtheilige Verfügung aber muß er unterlassen. So weit der Eigenthümer im Besitz der Sache bleibt, bei der Hypothek und Grundschuld, auch im Falle der symbolischen Verpfändung eines Schiffs, ist er ungehindert in dem Gebrauch und der Benutzung der Sache[2]. Will er aber diese Rechtsstellung in der Weise mißbrauchen, daß er die Sache beschädigt oder in der Substanz verringert, so daß die Sicherheit des Gläubigers gefährdet wird, so kann ihm diese Rechtsverletzung auf Grund des Pfandrechts untersagt werden.

Dieser aus allgemeinen Rechtsgründen zu entnehmende Satz hat für die Hypothek und Grundschuld ausdrückliche Anerkennung und weiteren Ausbau gefunden[3]. Erhebliche, die Sicherheit des Gläubigers gefährdende Verschlechterung des Grundstücks berechtigt den Gläubiger, Sicherungsmaßregeln zu verlangen, auch seine Befriedigung vor der Verfallzeit zu fordern. Das Gesetz von 1872 spricht von einem Recht, „bei dem Prozeßrichter Sicherungsmaßregeln zu beantragen“, will aber damit nicht dem Prozeßrichter die Macht geben, anders als durch Richterspruch endgiltig die Frage zu entscheiden, ob der Eigenthümer sich gewisse Schranken dauernd auferlegen lassen muß. Die Beschränkung kann also nur durch Klage erstritten werden[4]. Die Klage richtet sich, da nur von dem Eigenthümer die hier elektiv erwähnte Befriedigung aus der Sache gefordert werden kann, insoweit gegen den Eigenthümer[5],

---

1) I. 20 § 24. Vangerow I. S. 869 § 384.

2) Auch gegen die Verpachtung hat der Hypothekengläubiger kein Widerspruchsrecht. Rechtsprüche B. I. S. 408. Der Pfandgläubiger an einem Schiffe kann nicht einmal dagegen ohne Weiteres Widerspruch erheben, daß das Schiff in den Bereich einer Gesetzgebung geführt werde, die das Schiffspfandrecht nicht anerkennt.

3) I. 20 §§ 441. 442. Gesetz über den Eigenthumserwerb v. 5. Mai 1872 § 50. Förster, Grundbuchrecht, S. 167. Es kommt das Recht, Befriedigung vor der Verfallzeit zu fordern, hinzu, das im Landrecht in den Vordergrund gestellt war. Das Recht, einer schädigenden Devastation zu widersprechen, muß aber z. B. auch für den Schiffsgläubiger beansprucht werden. Vgl. I. 20 § 23, l. 14 D. XX. 1. Ueber den Begriff der erheblichen Verringerung der Substanz vergl. Koch, zu § 441. Just.-Min.-Reskr. vom 7. Febr. 1841, J.M.Bl. S. 99, Jur. Wochenschr. 1836 S. 77, Gruchot B. 6 S. 5 S. 531 f. — Vgl. B.G.B. §§ 1133—1135. 1192; die Rechtsstellung gegen einen dritten, die Sicherheit gefährdenden, Verschlechterer des Pfandstückes findet hier keine ausdrückliche Regelung.

4) Vgl. Entsch. B. 39 S. 122 (Strieth. B. 30 S. 184, Rehbein III. S. 582); Entsch. B. 76 S. 117. Strieth. B. 50 S. 248, R.G. bei Gruchot B. 25 S. 557. Die obigen Sätze schließen nicht aus, daß für die Dauer des Rechtsstreits oder für die Dauer der Anhängigkeit der hypothekarischen Klage auf Zahlung in Gemäßheit des § 814 C.P.O. eine einstweilige Verfügung erwirkt werde. Ist diese schon vor der Anhängigkeit des Hauptprozesses erwirkt, so kann der Eigenthümer nach §§ 806. 815 C.P.O. auf Erhebung der Hauptklage dringen.

5) Nach der in vor. Anm. zuerst angezogenen vor der Grundbuchgesetzgebung erlassenen Entscheidung, sowie nach Strieth. B. 65 S. 98 kann die Klage auch gegen den Drit-

und als richtiger Beklagter muß zur Zeit auch hier der eingetragene Eigenthümer selbst dann angesehen werden, wenn er nicht wahrer Eigenthümer ist[6]). Das Landrecht machte eine Thätigkeit des Besitzers, ein Schmälern der Sicherheit, zur Voraussetzung der Klage, das Eigenthumserwerbsgesetz bezeichnet als Voraussetzung „erhebliche Verschlechterungen". Daraus ist die Folgerung gezogen, daß auch eine zufällige Verschlechterung, ohne Verschulden des Eigenthümers herbeigeführt, die Klage rechtfertigt[7]). Das ist nicht ohne Bedenken. Eine Klage auf Sicherungsmaßregeln kann in solchem Fall gewiß nicht begründet sein, aber auch die an dieselben Voraussetzungen geknüpfte Klage auf vorzeitige Zahlung ist zunächst nicht gegeben. Dagegen folgt aus der auch bei Hypotheken anwendbaren Vorschrift des § 23 I. 20, daß in solchen Fällen der Gläubiger unter der Voraussetzung, daß die bedungene Sicherheit nicht mehr vollständig gewährt wird, Ergänzung dieser Sicherheit durch Bestellung anderer Pfänder fordern kann.

Welche Maßregeln zur Sicherung des Gläubigers verlangt werden können, hängt von der Lage des einzelnen Falls ab. Die Schutzmaßregeln müssen aber geeignet sein, den Eigenthümer von weiterer Beeinträchtigung abzuhalten. Dabei kann über das Gebiet des Untersagens hinausgegangen werden, eine positive Thätigkeit wird aber dem Eigenthümer jedenfalls nur zur Erhaltung des gegenwärtigen Standes der Sache auferlegt werden können, und keinenfalls darf von ihm die Herbeiführung eines nur durch den Willen eines Dritten zu verwirklichenden Zustands beansprucht werden.

Das Verlangen vorzeitiger Zahlung tritt in dem Fall hervor, wenn die Hypothek noch nicht fällig ist. Aber auch nach eingetretener Fälligkeit ist der Gläubiger nicht etwa auf die Einklagung der fälligen Forderung beschränkt: auch wenn die Sache so liegt, kann er vielmehr Sicherungsmaßregeln verlangen, kann auch dies Verlangen selbständig, nicht nur durch einstweilige Verfügung im Prozeß über die fällige Forderung geltend machen; denn er wird durch die Fälligkeit nicht zu einer ihm unzeitmäßig scheinenden

---

ten gerichtet werden, der sich mit dem Eigenthümer in die nachtheiligen Dispositionen einläßt. Das ist aber nicht die Klage aus § 50. Sie kann gegen ihn nicht auf vorzeitige Befriedigung gerichtet sein, und als Berechtigter zur Klage aus § 50 erscheint nur derjenige, der wahlweise auch Befriedigung fordern kann. Aber die Hypothek ist dingliches Recht; wer das dadurch begründete Recht verletzt, wird dem dinglich Berechtigten verantwortlich. Insofern wird auch gegen einen besitzenden Nichteigenthümer, gegen einen Nutzungsberechtigten, insbesondere gegen den Nießbraucher von dem Hypothekengläubiger auf Unterlassung einer schädigenden Devastation geklagt werden können.

6) Eigenthumserwerbsgesetz § 7 Abs. 1. Ueber seine Stellung bei der Klage auf Zahlung ist an anderer Stelle zu handeln. Der Klage auf Sicherungsmaßregeln muß er entgegen stellen können, daß er trotz seiner Eintragung dazu nicht im Stande ist, weil er das Grundstück nicht besitzt. Nur wenn die Sicherung durch Vermerke im Grundbuch stattfinden soll, ist er endgiltig legitimirt.

7) Entsch. B. 76 S. 117 (Striethorst B. 95 S. 86, Rehbein III. S. 585). Dagegen, daß das Abreißen eines Hauses in der Absicht eines Neubaus, bei Verzögerung des Neubaus als Werthverschlechterung durch den Eigenthümer angesehen wird, ist nichts zu erinnern.

Geltendmachung der fälligen Hypothek genöthigt[8]). Hat aber der Hypothekengläubiger die Maßregel, durch die seine Sicherheit gefährdet wird, auch nur mündlich genehmigt, so fällt sein Klagerecht fort[9]).

In jedem Falle einer Verpfändung, gleichviel welcher Art das Pfandrecht ist, behält der Eigenthümer das Veräußerungsrecht[10]), ebenso das Recht die Sache mit weiteren Lasten und Pfandrechten zu belasten, soweit eine solche Belastung überhaupt ausführbar ist. Der Begründung eines zweiten Besitzpfands steht freilich, wie im § 196 auszuführen, regelmäßig die Natur des Besitzpfandes entgegen. Einem Vertrage, worin der Schuldner verspricht die Sache nicht zu veräußern, sprach Förster im Anschluß an das gemeine Recht[11]) jede Bedeutung ab. Dies ist aber mit Rücksicht auf die an anderem Ort dargelegte Bedeutung der durch Vertrag begründeten Verfügungsbeschränkungen im preußischen Recht nicht aufrecht zu halten[12]). Dagegen hat das Landrecht aus der Natur des Pfandrechts den Satz entnommen, daß einer Abrede des Eigenthümers mit dem Hypotheken- oder Grundschuldgläubiger, wonach er das Grundstück nicht mit weiteren Hypotheken- oder Grundschulden belasten soll, jede Bedeutung abzusprechen ist[13]).

Das Verfügungsrecht des Eigenthümers geht trotz Belastung des Grundstücks mit Grundschulden und Hypotheken und trotz des oben erörterten Grundsatzes von der causa indivisa pignoris[14]) so weit, daß er bewegliches Zubehör oder mobilisirte Theile des Grundstücks unter allen Umständen pfandfrei veräußern kann, bis er durch eine Beschlagnahme des Grundstückes darin gehindert wird. Es kann ihm sogar eine pfandfreie Veräußerung kleinerer Parzellen ermöglicht werden. Das Nähere hierüber wird in der Lehre von der Hypothek dargelegt werden[15]).

---

8) Abweichend Entsch. B. 74 S. 158.

9) Entsch. B. 76 S. 117, Strieth. B. 95 S. 86.

10) I. 20 § 48. Er darf es aber nicht zum Nachtheil des Verpfänders ausüben. Rechtssp. III. 285.

11) Nach l. 19 § 6, l. 66 pr. D. XLVII. 2, l. 22 pr. D. VIII. 7 begeht der Schuldner, der seine zum Spezialpfand ausgesetzte Sache veräußert, ein furtum, aber die Veräußerung bleibt giltig. l. 36 D. IX. 4. Vangerow I. 870. In der l. 7 § 2 D. XX. 5 wird die Veräußerung als nichtig bezeichnet, wenn sich der Schuldner vertragsmäßig der Veräußerung begeben hat.

12) Vgl. oben § 169 unter A. 3. Anders das B.G.B. § 1136.

13) I. 20 §§ 438. 439. Gesetz über den Eigenthumserwerb v. 5. Mai 1872 § 48. Förster, Grundbuchrecht S. 167. Vgl. auch oben § 169 Anm. 31a. Siehe B.G.B. an der Anm. 12 bezeichneten Stelle. Das pactum de non amplius oppignorando ist von den Redaktoren für unzulässig erklärt, weil es den Realkredit des Schuldners hemme. Svarez, Schlußvortr. S. 60f. und revis. monit. Jahrb. B. 52 S. 37. Das Verbot dieses Abkommens ist von der Praxis auch analog ausgedehnt auf fernere Eintragungen in der 2. Abth. (Rubrik). Reskr. v. 21. Oktober 1842. J.M.Bl. S. 331. Der § 439 entscheidet die Kontroverse aus l. 7 § 2 D. XX. 5. Die ausdrücklich nur für den Hypotheken- und Grundschuldgläubiger gegebene Bestimmung muß, da sie auf der Natur des Pfandrechts überhaupt beruht, auf diejenigen Fälle analoge Anwendung finden, in welchen eine bewegliche Sache Gegenstand mehrfacher Verpfändung sein kann, z. B. ein Lastschiff.

14) Oben § 190 Anm. 37.

15) Unten § 199.

Im Falle der Verpfändung oder der Pfändung einer Forderung darf der Forderungsberechtigte die Forderung nicht mehr zum Nachtheil des Pfandgläubigers geltend machen; aber auch der Pfandgläubiger ist, wie bereits in § 192a dargelegt, vor erfolgter Ueberweisung, auch die Fälligkeit der zu sichernden Forderung vorausgesetzt, zur Geltendmachung des verpfändeten Anspruchs nicht legitimirt. Das stellt vor die Frage, wie in solchem Fall der Schuldner der verpfändeten Forderung sich befreien, wie die fällige verpfändete Forderung oder das Recht auf Sicherstellung dieser Forderung gegen den Schuldner geltend gemacht werden kann. In ersterer Beziehung ist ohne Weiteres klar, daß der Drittschuldner, um sich zu befreien, das Recht der Hinterlegung hat; ebenso muß aber dem Pfandschuldner die Befugniß zustehen, als Forderungsberechtigter die Sicherungsrechte, (Arrestantrag, Klage wegen Devastation des für die verpfändete Hypothek haftenden Grundstücks) geltend zu machen. Der Drittschuldner, dem die Verpfändung kund gethan ist, kann dann freilich den ihm günstigen Ausfall des Rechtsstreits nicht gegen den Pfandgläubiger, der nach der Ueberweisung die gleichen Ansprüche erhebt, benutzen, und das geltende Prozeßrecht giebt ihm bedauerlicher Weise auch nicht die Möglichkeit, sich durch Beiladung des Pfandgläubigers die Wirksamkeit des ihm günstigen Urtheils gegen den Pfandgläubiger zu sichern. Zweifelhafter ist es, ob auch der Pfandgläubiger, dem die verpfändete Forderung noch nicht überwiesen ist und noch nicht überwiesen werden kann, diese Rechte geltend machen darf. Die Frage muß aber bejaht werden, da es sich dabei um Abwehr beschädigender Einflüsse auf ein bereits vollbegründetes Recht handelt. Auf Zahlung oder Hinterlegung des Geschuldeten können Pfandgläubiger und Verpfänder selbstverständlich gemeinsam klagen, sie können auch gemeinschaftlich die Fälligkeit durch Kündigung herbeiführen. Aber auch die Klage des Pfandschuldners allein auf Hinterlegung der fälligen Schuld muß zugelassen werden, da der von ihm beklagte Drittschuldner dadurch nicht in die Lage gebracht wird, dem Pfandgläubiger gegenüber für ein Mehr verantwortlich zu bleiben, selbst dann nicht, wenn die Schuld zu einem höheren Zinssatz verzinslich war und wenn die Zinsen dem Pfandgläubiger haften; denn jedenfalls hat der Drittschuldner auch dem Pfandgläubiger gegenüber das Recht zur Hinterlegung der fälligen Schuld[15a]). Dagegen ist eine Kündigung, welche der Pfandschuldner als Gläubiger allein vornimmt, nach Benachrichtigung des Drittschuldners von der Verpfändung unwirksam, da eine darauf hin erfolgende Hinterlegung den Drittschuldner nicht von der Pflicht befreien würde, dem Pfandgläubiger für die höheren Zinsen aufzukommen. Eine Klage des Pfandgläubigers allein auf Hinterlegung muß nach preußischem Recht vor der Ueberweisung der Forderung jedenfalls als unzulässig angesehen werden[15b]).

---

15a) Anerkannt vom R.G. Entsch. B. 17 S. 291.
15b) Vergl. die eingehende Regelung dieser Verhältnisse im B.G.B. §§ 1281—1290.

Insofern das Pfand, das der Eigenthümer eingeräumt hat, von einem zur Forderung einer Sicherheitsleistung berechtigten Gläubiger angenommen ist, muß sich dieser Gläubiger mit der angenommenen Sicherheit bis zur Zahlungszeit begnügen und nur, wenn sich der Werth des Pfandobjekts durch Zuthun des Schuldners oder zufällig oder durch offenbar gewordene Fehler so vermindert, daß die bedungene Sicherheit nicht mehr gewährt ist, kann der Pfandgläubiger bessere Sicherheit verlangen[16]). In seinem Recht auf Befriedigung wegen seiner persönlichen Forderung erleidet er übrigens durch Annahme der Sicherheit keine Einbuße.

Ueber die Zeit, wann das Pfandrecht nach Fälligkeit der gesicherten Forderung durch Veräußerung der Pfandsache realisirt werden soll, bestimmt regelmäßig der Pfandgläubiger. Ob dieser von einem Pfandschuldner, der das Pfand im Wege der Intercession für die Schuld eines Dritten bestellt hat, zur Geltendmachung seiner Rechte genöthigt werden kann, entscheidet sich nach der Analogie anderer Intercessionsfälle[17]). Das Landrecht giebt ferner dem Eigenthümer der Pfandsache, der gleichzeitig persönlicher Schuldner ist, das Recht, schlechthin nach der Fälligkeit der Pfandschuld auf die gerichtliche Veräußerung des Pfandes selbst wider den Willen des Pfandinhabers „anzutragen"[18]). Man kann sich versucht fühlen, hierin eine Bestimmung zu finden, die dem Pfandschuldner ermöglichen soll, den Gläubiger klaglos zu stellen, ohne daß es eines vorgängigen Prozesses gegen ihn bedarf. Indessen daran würde auch ein Pfandschuldner, der nicht persönlicher Schuldner ist, dasselbe oder ein noch höheres Interesse haben. Die Bestimmung hat hiernach nur den Sinn, daß der persönlich haftende Schuldner nach der Fälligkeit der Schuld den Gläubiger nöthigen kann, die gerichtliche Veräußerung des Pfands zu betreiben oder auf das Pfandrecht zu verzichten, damit der Schuldner durch anderweitige Verpfändung derselben Sache Mittel zur Zahlung der Schuld erlangen könne. Das Recht des Eigenthümers aus dieser Bestimmung kann nur im Wege der Klage geltend gemacht werden[19]).

Dagegen findet der gerichtliche Zwangsverkauf der Pfandsache auf direktes Betreiben von Seiten eines Verwalters des Vermögens des Pfandschuldners in zwei Fällen statt, in denen die Verwaltung des Vermögens des Schuldners zugleich im Interesse der Gläubiger zu führen

---

16) I. 20 §§ 44. 22. 23. S. Simon, Rechtsp. II. 136 und dagegen Koch, zu § 24 Oesterr. G.B. § 458. Vgl. auch § 194a. Anm. 21 f. wegen der Exkussionseinrede.

17) Vgl. § 192 Anm. 20.

18) I. 20 § 221.

19) Auch das Immobiliarvollstreckungsgesetz erkennt, ebenso wie die A.G.O. und die Zwischengesetze, den Pfandschuldner regelmäßig nicht als berechtigt an, einen Zwangsverkauf herbeizuführen. Das Wort „anzutragen" in I. 20 § 221 ist, weil nur im Prozeß festgestellt werden kann, ob die Fälligkeit eingetreten ist, von einem im Prozeß gegen den Pfandgläubiger zu stellenden Antrag zu verstehen. — Dem B.G.B. unbekannt.

ist. Einmal wenn das Konkursverfahren über das Vermögen des Pfandschuldners eröffnet ist. Hier hat der Konkursverwalter ohne Rücksicht auf die Fälligkeit der Pfandforderungen das Recht, sowohl bei Immobilien als bei solchen Mobilien, die einem Absonderungsrecht unterliegen, den Verkauf nach Maßgabe der Vorschriften über die Zwangsversteigerung zu betreiben [20]), und auch die darauf hin eingeleitete Immobiliarversteigerung führte nach älterem Recht entweder zur Befriedigung der Pfandgläubiger, oder die Erledigung ihres Pfandrechts fand durch Löschung statt, weil sie nicht zur Hebung gelangten [21]). Die Zwangsversteigerung auf Antrag des Konkursverwalters hat zur Zeit diesen Einfluß auf die Rechte der Hypotheken- und Grundschuldgläubiger verloren: nur der besser berechtigte Realinteressent kann den andern wider seinen Willen in jene Lage bringen [22]). Sodann wenn der Pfandschuldner verstorben ist und sich unter den Erben ein Benefizialerbe befindet oder wegen Unbekanntschaft der Erben ein Nachlaßpfleger eingesetzt ist. Dann kann es diesem darauf ankommen, festzustellen, ob die absonderungsberechtigten Forderungen ganz aus dem Pfande gedeckt werden, oder ob Ansprüche, die aus der gemeinen Erbmasse zu decken sind, übrig bleiben, beziehungsweise ob diese durch einen verbleibenden Ueberschuß aus dem Pfande verstärkt wird, und deshalb kann der Benefizialerbe sowie der Nachlaßpfleger wenigstens in Bezug auf Immobilien die Zwangsversteigerung herbeiführen, und zwar ohne Rücksicht auf die Fälligkeit der Pfandforderungen [23]).

B. Ausübung des Pfandrechts. Die folgende Erörterung muß die besonderen aus dem Besitz des Gläubigers an der Pfandsache entspringenden Rechte und Pflichten, ebenso die Besonderheiten des Hypotheken- und Grundschuldrechts bezüglich der daraus anzustellenden Klage bei Seite lassen, und kann nur Gemeinsames darstellen. Als Inhalt des Pfandrechts ist das Veräußerungsrecht, bestimmter bezeichnet das Recht des Verkaufs zu

---

[20]) Konk.-O. §§ 116. 117.

[21]) Subhast.-Ord. v. 15. März 1869 § 5, Ges. v. 4. März 1879 § 6.

[22]) Immob.-Vollstr.Ges. §§ 180. 182. 183. Auf Antrag eines Realberechtigten sind bei der vom Konkursverwalter beantragten Zwangsversteigerung nur diejenigen Realansprüche bei Feststellung des geringsten Gebots zu berücksichtigen, die dem Anspruch des Antragenden vorgehen.

[23]) Subh.-Ordn. v. 15. März 1869 § 112 Z. 1. Das Gesetz, betreffend die Zwangsvollstreckung gegen Benefizialerben vom 28. März 1879 hat den Nachlaßpfleger den Benefizialerben gleich behandelt, aber noch nicht anerkannt, daß er auch befugt ist, die Subhastation herbeizuführen. Das Immobiliarvollstreckungsgesetz vom 13. Juli 1883 §§ 180ff. stellt ihn hierin den Benefizialerben gleich; § 184 bezeichnet die Besonderheiten dieses Falls der Zwangsversteigerung. Danach wirkt der Antrag auf das einzelne Pfandrecht dahin ein, daß der zur Hebung gelangende Pfandgläubiger Baarzahlung annehmen muß (§ 184 Nr. 1), und daß der Realberechtigte einen indirekten Zwang zu dem Antrage erhält, seine Forderung bei der Feststellung des geringsten Gebots nicht zu berücksichtigen (§ 184 Nr. 2). Den hierbei berücksichtigten Realinteressenten kann nämlich die Befriedigung aus dem übrigen Nachlasse verweigert werden, falls wegen Mangels eines ausreichenden (das geringste Gebot deckenden) Gebots der Zuschlag nicht hat ertheilt werden können (§ 184 Nr. 3).

bezeichnen[24]). Bei verpfändeten Forderungen greift statt dessen, wenigstens zunächst, das bereits erwähnte Einziehungsrecht ein, das, wenn Geldsummen geschuldet wurden, unmittelbar die Befriedigung bewirkt, wenn bestimmte Sachen den Gegenstand bilden, ein Pfand- und Veräußerungsrecht an diesen vorbereitet[25]). Alles was dem Pfandrecht sonst noch als Inhalt gegeben ist, dient nur dazu, um dieses Veräußerungsrecht oder Einziehungsrecht entweder zu sichern oder seine Ausführung zu modifiziren.

Der Kern des Pfandrechts bleibt also die Möglichkeit, die Sache in Geld umzusetzen und dadurch die versicherte Forderung oder das aus ihr erwachsene Interesse zu tilgen. Ein Pfandrecht, dem diese Befugniß ganz genommen ist, wäre kein Pfandrecht mehr. Wenn daher die Gesetze die Verabredung gestatten, daß nicht die Sache verkauft werden, sondern der Gläubiger sich aus den Nutzungen bezahlt machen soll, so muß dem Gläubiger wenigstens die Veräußerung der Nutzungen gestattet sein. Hierin liegt dann eine Beschränkung des Umfangs, nicht aber eine Aenderung des wesentlichen Inhalts des Rechts[26]). Darauf liefe es aber hinaus, wenn die Veräußerung dem Gläubiger ganz versagt würde[27]).

Der Pfandverkauf ist im preußischen Recht regelmäßig an die Form des öffentlichen „gerichtlichen" Verkaufs gebunden[28]). Ueber die juristische Natur dieser Art des Verkaufs und die obligationsrechtliche Stellung der Interessenten dabei ist bereits eingehend im zweiten Bande § 130 unter II gehandelt worden. Ein solcher gerichtlicher Verkauf oder Verkauf in der Zwangsvollstreckungsinstanz setzte schon nach Landrecht regelmäßig voraus, daß der Schuldner, d. h. der dinglich Verpflichtete, zuvor rechtlich gehört und verurtheilt war[29]). Dem steht jetzt jede andere Art und Weise gleich, in der nach dem geltenden Recht die Vollstreckbarkeit der Pfandforderung begründet wird.

Wie schon oben angedeutet ist, gab das Landrecht dem dinglichen

---

[24]) I. 20 §§ 25ff. §§ 197ff. Ges. über den Eig.-Erw. v. 5. Mai 1872 § 43. Koch I. 624. Dernburg, Pf.-R. II. S. 108ff. Priv.-R. I. §§ 339ff. — Vgl. B.G.B. §§ 1147 (Zwangsvollstreckung), 1192 (ebenso), 1228 (Privatverkauf), 1273. 1282 (Einziehung).

[25]) I. 20 § 290. Oben § 192 bei Anm. 6ff., vgl. insbes. auch Anm. 15a.

[26]) I. 20 §§ 26. 225.

[27]) Oben bei Note 1. Nach röm. Recht kann der Pfandgläubiger, wenn ihm durch den Vertrag das Distriktionsrecht versagt ist, dennoch veräußern, wenn er dreimal vergeblich den Schuldner zur Einlösung aufgefordert hat. l. 4. 5 D. XIII. 7. Glück B. 19 S. 386.

[28]) I. 20 §§ 28. 197. 199. Eig.-Erw.-Ges. v. 5. Mai 1872 § 43. Entsprechend die Einziehung der verpfändeten Forderung an vorgängige Ueberweisung. Oben § 192. Letztere hält zwar das B.G.B. fest, ebenso ist regelmäßig der Pfandverkauf unbeweglicher Sachen und der von Rechten an das Vorhandensein eines vollstreckbaren Titels gebunden, aber bei beweglichen Pfändern besteht nicht die Nothwendigkeit des Verkaufs in der Form der Zwangsvollstreckung. G.B. §§ 1147. 1228. 1233f. 1277.

[29]) I. 20 §§ 198. 490. Eig.-Erw.-Ges. v. 5. Mai 1872 § 43.

Schuldner der Sache, abgesehen von der verpfändeten Forderung, bei der er den Pfandgläubiger durch Anweisung in die Lage eigener Rechtsverfolgung bringen kann, keinen Weg an die Hand, wie er den Prozeß, durch den das Pfandrecht gegen ihn vollstreckbar festgestellt werden soll, vermeiden kann, wenn er nicht die Pfandschuld zahlen will, wozu er, wenn er nur dinglich oder persönlich nur mit den Kräften eines Nachlasses haftet, manchesmal nicht veranlaßt sein wird. Es fragt sich, ob der nur dinglich verpflichtete Eigenthümer nicht wenigstens seine kostenpflichtige Verurtheilung abwehren kann. Im geltenden Prozeßrecht ist neben dem vollstreckbaren Urtheil und dem im Prozeß geschlossenen Vergleich eine Reihe anderer Möglichkeiten der Beschaffung eines Titels für die Zwangsvollstreckung gegeben. Wenn also z. B. der nur dingliche Schuldner nach Fälligkeit der Geldschuld, wegen deren das Pfand bestellt ist, sich bereit erklärt hat, sich in notarieller Urkunde der sofortigen Zwangsvollstreckung bezüglich des Pfandes zu unterwerfen, wird er nach Zurückweisung dieses Vorschlags im Prozesse trotz eines von ihm in der Sache selbst gegebenen Anerkenntnisses die Verurtheilung des Gläubigers in die Kosten des Prozesses erwirken können [30]). Die bloße Zustimmung des Eigenthümers dazu, daß der Gläubiger den Verkauf selbst vornehme, würde beim Widerspruch des Gläubigers nicht hinreichen, da der Gläubiger das Recht des gerichtlichen Verkaufs hat, der ihm vortheilhafter scheinen kann, als ein Privatverkauf, so daß er sich damit nicht begnügen muß.

Mit Zustimmung beider Theile aber kann der Verkauf nach der Fälligkeit der Schuld als Privatverkauf durch den Gläubiger ins Werk gesetzt werden. Der Eigenthümer, der ausdrücklich zustimmt oder sich den Verkauf in konkludenter Weise gefallen läßt, ist an ihn gebunden [31]) und kann, soweit eine Erfüllung seinerseits erforderlich wird, hierzu genöthigt werden, wird also insbesondere bei unbeweglichen Gegenständen zur Auflassung angehalten werden können [32]), bei Schiffen zur Uebergabe. Im Voraus vor der Fälligkeit, insbesondere bei dem Verpfändungsakt selbst, kann das Recht zum außergerichtlichen Verkauf für den Gläubiger zwar ebenfalls durch Vertrag wirksam begründet werden, aber der von ihm darauf hin vorgenommene Verkauf verpflichtet den Verpfänder nur, wenn als Kaufpreis

---

30) C.P.O. § 89.

31) I. 20 §§ 31. 32. Dem Vertrage muß auch der persönliche Schuldner zustimmen, ja er ist als Hauptkontrahent gedacht; weshalb ist nicht zu ersehen.

32) A. M. Förster in den früheren Auflagen und im Grundbuchrecht S. 173, auch Achilles zu § 43 Eig.-Erw.-Ges. vom 5. Mai 1872, ausgehend davon, daß der verkaufende Gläubiger in der Lage sein müsse, das Eigenthum zu übertragen, während nur der Eigenthümer auflassen könne. Küntzel bei Johow B. 5 S. 269 will dieser Schwierigkeit durch eine Ermächtigung des Eigenthümers zur Auflassung begegnen. Besteht sie denn aber in der That? I. 20 §§ 29 ff. handeln nur von der Befugniß, bindend für den Eigenthümer zu „verkaufen" nicht zu veräußern, das Eigenthum zu übertragen. Was auf Grund des den Eigenthümer bindenden Verkaufs zu geschehen hat, ist nur obligationsrechtlich.

mindestens der Betrag einer unter Zuziehung des Schuldners aufgenommenen Taxe erreicht ist[33]). Von der Nothwendigkeit vollstreckbarer Feststellung des Pfandrechts als Vorbedingung des Pfandverkaufs entbindet ferner außer den eingreifenden handelsrechtlichen Vorschriften[34]) eine Anzahl gesetzlicher Bestimmungen, die in dieser Beziehung Privilegien begründen[35]). Die Regel ist stets der gerichtliche Verkauf.

Wenn auf Grund des Pfandrechts wegen einer fälligen Forderung ein vollstreckbarer Titel erwirkt worden ist, sei es dahin, daß die Zwangsvollstreckung in die Pfandsache für zulässig erklärt oder der Pfandschuldner, d. h. der Eigenthümer der Pfandsache verurtheilt ist, sich die Zwangsvollstreckung in die Pfandsache gefallen zu lassen, oder bei Vermeidung solcher Zwangsvollstreckung Zahlung zu leisten, findet Pfändung oder Beschlagnahme und danach wie bei den auf Grund eines Judikats neu begründeten Pfandrechten der Zwangsverkauf statt, und zwar nach der landrechtlichen Bestimmung regelmäßig, ohne daß ein anderer besser berechtigter Pfandgläubiger diesen Verkauf untersagen könnte, obgleich die Sache frei von Pfandrechten veräußert wurde[36]). Dieser Satz galt ausnahmslos für bewegliche wie für unbewegliche Sachen. Nur durch Geltendmachung des unten zu erörternden Eintrittsrechts konnte ein anderer — vor oder nachgehender — dinglich Berechtigter die gerichtliche Veräußerung abwehren. Für bewegliche Gegenstände gelten diese Sätze auch nach der Civilprozeßordnung. Der

---

[33]) I. 20 §§ 29. 30. 32. Entsch. B. 67 S. 183 (Rehbein III. S. 457). — Hat die Sache einen marktgängigen Preis, so bedarf es keiner Taxe. Entsch. B. 15 S. 249 (Rehbein III. S. 460). Strieth. B. 24 S. 347. — Hat der als Faustpfandinhaber auf Grund der vorgängigen Genehmigung verkaufende Gläubiger ohne Einhaltung der Taxe verkauft und die Sache übergeben, so ist der Erwerber Eigenthümer geworden, der Gläubiger haftet aber dem Pfandschuldner wegen Schadensersatz. Entsch. B. 15 S. 249 (Rehbein III. S. 460). — Daß der Vertrag schlechthin schriftlich abgefaßt sein müßte, wie früher Dernburg, Pr.-R. I. § 358 bei Anm. 10 behauptete, ist in den gesetzlichen Vorschriften nicht begründet.

[34]) Vgl. Handelsgesetzbuch Art. 310. 311. 375. 387. 407. 626. 629. Goldschmidt, Handelsrecht B. I. S. 229. Soweit der Richter nach diesen Bestimmungen einzugreifen hat, ist seine Thätigkeit keine prozessuale, sie fällt in das Gebiet der freiwilligen Gerichtsbarkeit. R.G. bei Gruchot B. 38 S. 739.

[35]) Kab.-Ordre vom 31. Jan. 1827 (betr. die Seehandlung), die jedoch für den Handelsverkehr gegenüber den in vorstehender Anm. citirten Bestimmungen nicht mehr Anwendung finden kann, — Gesetz betr. das Pfandleihgewerbe vom 17. März 1881 (G.S. S. 265) § 9; Reichsbankgesetz v. 14. März 1875 § 20. Vgl. auch die Gesetze über die Amtskautionen, Preuß. Ges. vom 25. März 1873 § 11 und Reichsgesetz vom 2. Juni 1869 § 11. — Nach den Reglements der Landschaften haben diese (die Kreditdirektionen) zum Theil das Recht ohne prozessualisches Verfahren die Subhastation bepfandbriefter Grundstücke zu beantragen. Förster hielt dies Recht für beseitigt, weil §§ 45. 71 des Eig.-Erw.-Ges. es nicht aufrecht erhalten. Diese Gesetze stehen aber auch nicht entgegen. Es handelt sich auch hier um eine gerichtliche Zwangsversteigerung, der Anspruch der Landschaft ist nach deren Privileg ohne Weiteres in das Grundstück vollstreckbar. Anderen Pfandbriefanstalten steht ein gleiches Recht nicht zu. Das Immobiliarvollstreckungsgesetz v. 13. Juli 1883 hat die bestehenden Privilegien der Kreditverbände bei der Zwangsvollstreckung in die zu ihnen gehörigen oder von ihnen beliehenen Grundstücke aufrecht erhalten.

[36]) I. 20 §§ 36 ff.

Verpfändung solcher Gegenstände, mag dabei ein dinglicher oder ein persönlicher vollstreckbarer Geldanspruch zu Grunde liegen, kann nur ein im Besitz befindlicher Dritter auf Grund eines Pfand- oder Vorzugsrechts mit der Wirkung der Hinderung der Versteigerung widersprechen, während demjenigen, der nicht im Besitz ist, nur die Geltendmachung seines Pfandrechts oder Vorzugsrechts auf den Erlös vorbehalten bleibt[37]). Bezüglich der Gegenstände des unbeweglichen Vermögens[37a]) haben die vorerwähnten noch

---

37) Hat der Pfandgläubiger die Sache im Gewahrsam, so verhindert er eine Pfändung schon nach den §§ 685. 712 C.P.O., kann aber auch nach §§ 690. 710 klagen. Ist er selbst der Gläubiger, der den Pfandverkauf veranlaßt, so bietet er dem Gerichtsvollzieher die Sache zur Pfändung an. § 713. Ein Pfandbesitz ohne Gewahrsam findet nach preußischem Recht bei der symbolischen Verpfändung statt. Dem entspricht nach Handelsrecht der Fall, wenn der Pfandgläubiger mittels Konnossements, Ladescheins oder Lagerscheins über die Sache zu verfügen hat. H.G.B. Art. 374. Auch in diesen Fällen kann trotz des Gewahrsams des Vollstreckungsschuldners an der Sache, der Pfandgläubiger kraft seines juristischen Besitzes, wie das R.G. Entsch. B. 9 S. 426 angenommen hat, aus § 690 Widerspruch gegen die Pfändung durch Klage erheben. In Zweifel gezogen ist, ob nicht auch der retentionsberechtigte Vermiether als besitzender Pfandgläubiger angesehen werden kann. Er hat aber nicht Besitz, sondern nur das Recht der Perklusion, das Recht sich in Besitz zu setzen, und dieses Recht steht zwar der eigenmächtigen Entfernung der Sache, nicht aber der Pfändung des Gerichtsvollziehers entgegen. Der Vermiether kann also nur auf Grund des § 710 C.P.O. ein Recht auf den Erlös geltend machen. Vgl. B. II. § 136 Anm. 251. —

37a) Die Civilprozeß-Ordnung behält der Landesgesetzgebung die Abgrenzung des Immobiliarvermögens und die Regelung der Zwangsvollstreckung in dasselbe vor (§ 757). In dem Preußischen Gesetz betreffend die Zwangsvollstreckung in das unbewegliche Vermögen vom 4. März 1879 § 1 und ebenso in dem Immobiliarvollstreckungsgesetz v. 13. Juli 1883 § 1 Abs. 2 werden neben dem Grundstück, der Gerechtigkeit, dem Bergwerk und dem Schiffe auch diejenigen Gegenstände zum Immobiliarvermögen gerechnet, die einer Pfandhaftung, welche bezüglich dieser Gegenstände begründet ist, mit unterliegen. Das Gesetz hat aber bezüglich derartiger Gegenstände die Mobiliarexekution nicht überhaupt ausgeschlossen. Vielmehr erhielt § 23 des Gesetzes vom 4. März 1879 bezüglich der ihrer Natur nach beweglichen Bestandtheile der Immobiliarmasse die Zwangsvollstreckung in das bewegliche Vermögen im früher geltenden Umfang aufrecht. Aber nach einer Beschlagnahme des Immobile, zu dem der bewegliche Gegenstand gehört, wenn also dieser in Folge der Beschlagnahme mit dem Grundstück bereits Gegenstand einer Zwangsvollstreckung in das unbewegliche Vermögen geworden war, sollte die Mobiliarpfändung unzulässig sein. Diese Vorschriften sind in Absatz 1 des § 206 des Immob.Vollstr.Gesetzes vom 13. Juli 1883 wiederholt. Absatz 2 desselben Gesetzes giebt den Realberechtigten am Immobile das fernere Recht, obgleich sie nicht im Besitz des gepfändeten Mobiliargegenstandes sind, einer Zwangsvollstreckung in die „beweglichen Theile oder Zubehörungen" des Immobile unter entsprechender Anwendung des § 690 C.P.O. zu widersprechen. Es sollte dadurch den Realinteressenten die Möglichkeit gegeben werden, zu verhindern, daß durch solche Pfändungen dem Werth des verpfändeten Immobiliarbesitzes als eines Ganzen Abbruch geschieht. Bei den zur Immobiliarmasse gehörigen Forderungen (Miethszinsen, sonstigen Hebungen, Versicherungsgelder) besteht ein so enger Zusammenhang mit dem Grundstück nicht, daß durch ihre Lösung aus dem Zusammenhang das Ganze in seiner Wesenheit berührt wird. Das Gesetz hat sich deshalb auf den Ausdruck „Theile und Zubehörungen" beschränkt, worunter diese Forderungen nicht begriffen werden können. Die Ansicht von Dernburg I. § 329 Anm. 19, daß Zubehör im Sinne des Gesetzes von 1883 auch Pacht und Miethszinsen umfasse, entbehrt der Begründung. Auch bei Berathung des Gesetzes ist keine Stimme in diesem Sinne laut geworden. Aus der gesetzlichen Haftung für die Hypothek läßt sich nicht schließen, daß sie im Sinne des § 206 Zubehörungen sind. S. auch R.G. Entsch. B. 31 S. 315. — Eine Zerstörung des substanziellen Zusammenhangs des unbeweglichen Körpers durch Mobiliar-Zwangsvollstreckung ist regelmäßig unzulässig, obgleich durch solche Trennung bewegliche Stücke des ehemaligen Immobile geschaffen

in der Subhastationsordnung von 1869 und in dem Eigenthumserwerbsgesetze von 1872[38]) aufrecht erhaltenen Grundsätze in dem Gesetz betreffend die Zwangsvollstreckung in das unbewegliche Vermögen vom 13. Juli 1883 eine wesentliche Umgestaltung erhalten. Dies Gesetz gestattet die Zwangsversteigerung auf den Antrag eines mit vollstreckbarem Titel[39]) gegen den Eigenthümer ausgerüsteten Gläubigers nur in der Weise, daß bevorrechtigte Gläubiger durch den Verkauf nicht berührt werden, ihres Realrechts nicht verlustig gehen können, auch nicht verpflichtet werden eine Zahlung entgegen zu nehmen, zu deren Annahme sie nicht dem Schuldner gegenüber verpflichtet sind[40]). Zu diesem Zweck ist das „geringste Gebot" festzustellen, das erreicht werden muß, wenn der Zuschlag erfolgen soll.

Das geringste Gebot umfaßt außer dem Betrage der aus dem Kaufgeld zu entnehmenden Kosten des Verfahrens[40a]) die Uebernahme der dem betreibenden Gläubiger vorgehenden Hypotheken und Grundschulden sowie der ihm vorgehenden nicht kraft Gesetzes übergehenden Lasten, auch den Betrag der laufenden und fälligen Leistungen aus den vorgehenden Realrechten bis zwei Jahre vor der Beschlagnahme des Grundstücks zurück, und der Kosten, die bei Verfolgung der Realrechte erwachsen sind, soweit das Grundstück dafür haftet[41]). Diese Leistungen und die aus dem Grundbuch nicht ersichtlichen oder nicht zu einem bestimmten Geldbetrage ersichtlichen, nicht kraft Gesetzes übergehenden Lasten sind bis zum Bietungstermine anzumelden und nöthigenfalls zu bescheinigen[42]).

---

werden können. Nur nach einer Seite greift die Mobiliarpfändung weiter. Eine Pfändung zum Zwecke der Abtrennung der Früchte auf dem Halm ist zulässig. Der Widerspruch des Hypothekengläubigers greift auch hier durch, ist also wirksam gegen die Pfändung der Früchte auf dem Halm (als Theile des Grundstücks) und gegen Pfändung der Zubehörstücke aller Art; bei abgesonderten Früchten aber wirkt der Widerspruch nur, soweit sie Zubehör sind. Miethsforderungen und Forderungen aus Versicherungsverträgen werden unpfändbar, sofern sie bereits von einer Immobiliarbeschlagnahme getroffen sind. Ueber weitergehende Versuche, ohne die Grundlage des neuen Gesetzes Grundstückszubehör der Mobiliarpfändung zu Gunsten der Hypothekengläubiger zu entziehen vergl. Nessel bei Gruchot B. 26 S. 200 und dagegen Heidenfeld, ebenda S. 489—495. — Vgl. auch Anm. 64.

38) Eig.-Erw.-Ges. v. 5. Mai 1872, § 47.

39) Wegen einer eingetragenen Kostenschuld ist die Zwangsversteigerung des Grundstücks unzulässig, außer wenn es nach der Eintragung unter Lebenden an einen neuen Erwerber übertragen ist, der weder Ehegatte noch Descendent des Kostenschuldners ist. Ausf.-Gesetz z. Gerichtskostengesetz vom 10. März 1879, § 29. Ueberhaupt soll im Verwaltungszwangsverfahren der Antrag auf Zwangsvollstreckung in das unbewegliche Vermögen abgesehen von der hypothekarischen Eintragung bei den Gerichten nur dann gestellt werden, wenn feststeht, daß durch Pfändung die Beitreibung der Geldbeiträge nicht erfolgen kann. Verordnung über das Verwalt.-Zwangsverfahren vom 7. Sept. 1879, § 54.

40) Imm.-Vollstr.-Ges. v. 13. Juli 1883, §§ 22. 45. 53. 60.

40a) Sowie der Kosten einer bei Einleitung der Zwangsversteigerung nicht beendigten Zwangsverwaltung. Ueber deren Umfang vgl. R.G. Entsch. B. 25 S. 237.

41) Vgl. Imm.-Vollstr.Ges. §§ 24 ff. und dazu insbesondere Kurlbaums Neue Grundsätze. Laufende Zinsen bis zum Tage der Verkündigung des Zuschlagurtheils. § 55 Abs. 4, § 57.

42) Imm.-Vollstr.-Ges. § 40 Ziffer 8 § 61. Gegen die Ansicht des Reichsgerichts (J.M.Bl. von 1889, S. 140), daß die unterlassene Anmeldung die nachträgliche Geltendmachung bei der Kaufgeldervertheilung mit dem Vorrecht vor dem betreibenden Gläubiger hindere, vgl. Kurlbaum bei Gruchot B. 34 S. 1.

Im Uebrigen wird der Inhalt des Grundbuchs zu Grunde gelegt[43]). Der Verhandlung bei Belegung des Kaufgelds bleibt vorbehalten, ob die so berücksichtigten Ansprüche wirklich zu Recht bestehen und deshalb dem Kapitalbetrage nach endgiltig vom Käufer zu übernehmen sind[44]). Ist dies nicht der Fall, oder ist die zu übernehmende Belastung nicht eine auf alle Fälle wirksame (bedingte), so muß der Käufer im ersteren Fall überhaupt[45]), im letzteren unter der entgegengesetzten Bedingung[46]) eine andere bei der Kaufgelderbelegung festzustellende Belastung übernehmen. Zu diesem Zweck wird für die als Theile des geringsten Gebots berücksichtigten Posten, soweit sie nicht in Geldsummen bestehen, eine entsprechende Geldsumme festgestellt.

Aufrecht erhalten ist auch im geltenden Immobiliarvollstreckungsrecht, daß diejenigen Realrechte, die dem betreibenden Gläubiger gleich- oder nachstehen, regelmäßig von dem Pfandverkauf berührt werden[47]). Dies rechtfertigt sich daraus, daß der Gläubiger das Veräußerungsrecht muß so üben können, wie es für ihn begründet ist, d. h. ohne Berücksichtigung der späteren Belastungen. Hieraus ergeben sich die dinglichen Wirkungen des Immobiliarpfandverkaufs.

Zur Begründung des Antrags auf Zwangsversteigerung eines Grundstücks[48]) genügt es, wenn der beigebrachte Titel ein gegen den eingetragenen

---

[43]) Imm.-Vollstr.-Ges. § 55 Abs. 1.

[44]) Imm.-Vollstr.-Ges. §§ 101 ff.

[45]) Imm.-Vollstr.-Ges. § 58, § 107.

[46]) Imm.-Vollstr.-Ges. § 59. So werden auch Gesammt-Hypotheken oder Grundschulden behandelt.

[47]) Imm.-Vollstr.-Ges. §§ 22. 122. 124. Die gegenwärtige Regelung entspricht dem römischen Recht. l. 4 D. XIII. 7, l. 13. 15. 18 C. VIII. 25, l. 1 C. VIII. 20, l. 3 pr. D. XX. 5, l. 6. 7 C. IV. 10.

[48]) Gegenstand der Zwangsversteigerung sind außer den Grundstücken die Schiffmühlen und sonstigen in das Grundbuch eingetragenen Gerechtigkeiten, (vgl. unten § 198 bei Anm. 3), verliehene Bergwerke, die unbeweglichen Bergwerkantheile des älteren Rechts und die Kohlenabbaugerechtigkeiten in den sächsischen Landestheilen, endlich Seeschiffe und andere zur Frachtschifffahrt bestimmte Schiffsgefäße. Imm.Vollstr.Ges. § 1. Subh.-Ordn. vom 15. März 1869, § 1. Die Kuxe des neuen Rechts gelten als Mobilien, werden also im Auktionsverfahren versteigert; auf ideelle Antheile am Immobiliareigenthum findet die Subhastation Anwendung; dasselbe war früher von Schiffsparten zu sagen, wenngleich auf diese nicht alle Bestimmungen der Subhastationsordnung über die Subhastation von Schiffen paßten. Das Immob.Vollstr.Ges. v. 13. Juli 1883, § 179 unterstellt Schiffsparten der Zwangsvollstreckung in das bewegliche Vermögen unter besonderer Fürsorge für die Berücksichtigung der Pfandrechte. — Dernburg I. § 289 Anm. 11, § 343 Anm. 7 will auch nicht eingetragenen nach seiner Ansicht aber eintragbaren „Gerechtigkeiten", z. B. dem Recht, eine ungemauerte Marktbude oder eine Windmühle auf fremdem Boden zu haben, die Eigenschaft immobiliarer Gerechtigkeiten vindiziren. Warum nicht jedem anderen Gebrauchsrecht an einem Grundstück? Das sind auch Gerechtigkeiten mit immobiliarem Gegenstand. Als selbständige Gerechtigkeit ist die Superfizies jedenfalls nur dann anzusehen, wenn sie als solche im Grundbuch eingetragen ist. Gewiß ist freilich, daß auch nicht der Gerichtsvollzieher die Superfizies pfänden kann, und wenn dies D. als Konsequenz des hier vertretenen Standpunkts hinstellt, so ist das nicht zu verstehen. Die Superfizies hört nicht auf ein Recht zu sein, wenn sie nicht unbewegliche Gerechtsame ist, und sie wird nicht eine bewegliche körperliche Sache. Vgl. § 185 Anm. 32, § 198 bei Anm. 3.

Eigenthümer vollstreckbarer ist[49]). Der Zwangsverkauf hat aber auch dann statt, wenn der Vollstreckungsschuldner nicht als Eigenthümer eingetragen ist, sofern nur sein Eigenthum glaubhaft gemacht wird[50]). Ob dies der Fall ist, hat lediglich der Vollstreckungsrichter zu entscheiden[51]). Das im Laufe des Zwangsversteigerungsverfahrens stattfindende Aufgebot[52]) giebt dem wahren

---

[49]) Immob.Vollstr.Ges. § 14 Abs. 1 Ziffer 2. Daß für einen vollstreckbaren Titel, der eine hypothekarische oder Grundschuldforderung als vollstreckbar in ein Grundstück feststellt, eine vollstreckbare Ausfertigung auch gegen einen Nachfolger im Eigenthum erlangt werden kann (§ 44 Eig.-Erw.-Ges. vom 5. Mai 1872, § 665 § 703 C.P.O.), ist bereits oben B. I. § 56 Anm. 24, Anh. zu §§ 55. 56 Anm. 14 erwähnt. Nicht daß die Sache früher einmal litigios gewesen, sondern daß die Vollstreckbarkeit bezüglich der Sache begründet war, als der Erwerb stattfand, begründet die Zulässigkeit der Vollstreckung gegen den Erwerber, sowohl wenn der Erwerb nach einem Judikat, als wenn er nach Aufnahme einer vollsterckbaren Urkunde stattfand. Das ist die entsprechende Anwendung des § 703 A. A. Hinrichs, Studien S. 36. Den abweichenden Standpunkt vertritt auch Dr. A. Schultze, die Vollstreckbarkeit der Schuldtitel für und gegen die Rechtsnachfolger 1891 S. 107 f., jedoch nur für die Urkunden, in denen sich der Schuldner der Zwangsvollstreckung unterwirft, nicht auch bezüglich der gerichtlichen Vergleiche. Die von ihm angezogene Aeußerung der Motive zu § 652 des Entwurfs der C.P.O., daß bei Titeln, die nicht in einer Entscheidung des Gerichts bestehen, für die Anwendung der Vorschriften über Vollstreckung gegen Singularsuccessoren kein Raum ist, bezieht sich aber auch auf Vergleiche. Gewiß aber ist der gerichtliche Vergleich auch gegen den Dritterwerber vollstreckbar. Ist ein gerichtlicher Vergleich über die dingliche Haftung eines Grundstücks für eine Hypothek überhaupt möglich, so kommt es nach dem Tode des Eigenthümers nicht darauf an, ob der Erbe, an den das Grundstück nicht gefallen ist, durch den Vergleich gebunden ist. Die Vollstreckung muß gegen den Singularfolger möglich sein. Man kann auch zu keinem anderen Ergebniß gelangen, wenn sich der Hypothekenschuldner notariell verpflichtet hat, gegen einen Zinsnachlaß die Hypothek bei Vermeidung der Zwangsvollstreckung in das verpfändete Grundstück unter sofortiger Unterwerfung unter diese zu bestimmter Zeit zu zahlen, sofern zu diesem Zeitpunkt das Grundstück durch Auflassung in andere Hand gelangt ist.

[50]) Imm.Vollstr.Ges. § 19 Ziffer 3. Der Ausdruck in Subh.-Ordn. § 6 Nr. 3 und 4 „als Eigenthümer besitze" bedeutete dasselbe, was freilich von Dernburg (dritte Aufl.) B. I. § 347 Anm. 2 bestritten wurde. Hat Jemand Besitz ohne Eigenthümer zu sein, so ist klar, daß der bloße unvollständige Besitz und das damit zusammenhängende Nutzungsrecht nicht nach den Grundsätzen des Immobiliarvollstreckungsrechts, sondern nur nach C.P.O. § 754 pfändbar sein kann. Dasselbe gilt aber auch, sofern ein vollständiger Besitz vorhanden ist. Ein solcher gehört, wenn er überhaupt ein veräußerliches Recht ist, jedenfalls nicht zum Immobiliarvermögen. Nur soweit dinglich Berechtigte aus den Nutzungen des Grundstücks Befriedigung suchen, wo es sich also um Zwangsverwaltung zu Gunsten von dinglichen Gläubigern handelt, läßt das Immobiliarvollstreckungsgesetz § 139 die Zwangsverwaltung als Immobiliarvollstreckung gegen denjenigen zu, dessen Besitz, nicht Eigenthum am Grundstück glaubhaft gemacht werden kann. Eine Zwangsverwaltung der Rechte des Besitzers in Gemäßheit des § 754 C.P.O. würde die konkurrirenden Rechte der Realinteressenten nicht sichern.

[51]) Der Grundbuchrichter muß dem Ersuchen um Eintragung des Vermerks über beantragte Zwangsversteigerung und um Umschreibung des Eigenthums nach dem Zuschlag u. s. w. folgen. Die Mittheilungen über Bedenken, die er auf das Ersuchen aus dem Inhalt des Grundbuchs entnimmt, können dem Vollstreckungsrichter Anlaß zu einer neuen Erwägung geben, ob nicht das eingeleitete Verfahren aufzuheben; aber dieser allein entscheidet. Immob.Vollstr.Ges. §§ 18. 20. Vgl. § 11 Subh.-Ordn.

[52]) Der Einspruch des wahren Eigenthümers oder eines Andern, der ein die Veräußerung hinderndes Recht hat (Immob.-Vollstr.-Ges. § 70), erfolgt im Wege der Klage und kann zur Anordnung der Einstellung des Verfahrens führen; insoweit dies nicht der Fall ist, wird der widerspruchsberechtigte Gläubiger seines Rechts auf die Sache durch den Zuschlag verlustig; er kann sich nur noch an das Kaufgeld halten oder sonst Ersatz fordern. Die Einstellung des Verfahrens durch Anordnung des Prozeßgerichts ist nicht mehr wirksam, wenn sie den Vollstreckungsrichter erst nach dem Schluß des

Eigenthümer Anlaß, seinen Widerspruch geltend zu machen und eine Anordnung der Einstellung des Verfahrens zu erwirken. Das Unterbleiben des Widerspruchs oder die Unterlassung seiner Verfolgung beseitigt die Zweifel, die etwa an der Legitimation des Vollstreckungsschuldners bestehen können, so daß demnächst das Zuschlagserkenntniß, ebenso wie bei beweglichen Sachen der Zuschlag des Gerichtsvollziehers, die Kraft gewinnt, Eigenthum des Erstehers zu begründen[53]).

Der Ersteher erwirbt durch das Zuschlagserkenntniß das Eigenthum frei von allen Pfandrechten, Hypotheken und Grundschulden, ebenso von sonstigen Realrechten, soweit letztere nicht kraft des Gesetzes auf ihn übergehen, und soweit er nicht Lasten oder Pfandrechte auf Grund der Feststellung des geringsten Gebots oder nach besonderen Verkaufbedingungen zu übernehmen hat. Von selbst kraft des Gesetzes gehen diejenigen dinglichen Lasten auf den Ersteher über, die der Eintragung in das Grundstück nicht bedürfen, also im Wesentlichen die gemeinen Lasten und die Grundgerechtigkeiten, aber bezüglich dieser letzteren giebt das Gesetz, wie bereits erwähnt, die Möglichkeit, als Kaufbedingung das Erlöschen der dem Anspruch des betreibenden Gläubigers nachgehenden Grundgerechtigkeit festzustellen[54]). Bezüglich des Pacht- und Miethsrechts ist die Einwirkung des Zuschlags dahin geregelt, daß sie zwar auf den Ersteher übergehen, aber von ihm durch Kündigung aufgehoben werden können[55]). Andere Belastungen, also private Reallasten und eingetragene Vorkaufs- und Wiederkaufsrechte, vorgemerkte Rechte auf Auflassung u. dgl. gehen, wenn sie nicht in das geringste Gebot aufzunehmen sind, nur kraft der Aufnahme der Uebernahmepflicht in die Kaufbedingungen auf den Ersteher über. Die Uebernahmepflicht muß aber von Amtswegen in die Kaufbedingungen gesetzt werden, falls durch ihr Festhalten kein vorhergehender Interessent benachtheiligt wird[56]).

---

Versteigerungstermins erreicht. Mit diesem Moment ist die Willenseinigung vorhanden, die das Zuschlagsurtheil festzustellen hat, ohne daß ein Zwischenfall etwas ändern kann. Vergl. oben B. II. § 130 unter 2a. und c. Ist die Zwangsversteigerung gegen den eingetragenen Eigenthümer eingeleitet, der nicht wahrer Eigenthümer ist, so handelt es sich bei dem Widerspruch nur um Anfechtung eines Rechtserwerbs für den betreibenden Gläubiger, worauf Eig.-Erw.-Ges. § 9 Anwendung findet. Die erwirkte Beschlagnahme und die dadurch begründete Rechtsstellung kann ebensowenig wie die im Wege der Zwangsvollstreckung erwirkte Eintragung einer Hypothek als ein unentgeltlicher Erwerb im Sinne des § 9 angesehen werden. Der Widerspruch des wahren Eigenthümers kann also nur durchgreifen, wenn der betreibende Gläubiger das Nichteigenthum des eingetragenen Eigenthümers kannte. Sonst kann sich der Anspruch des wahren Eigenthümers nur auf den für den Vollstreckungsschuldner verbleibenden Theil des Grundstückserlöses richten.

53) Vgl. B. II. § 130 Ziffer 1e. und 2f. Abweichend vom gemeinen Recht.

54) Imm.-Vollstr.-Ges. § 22. Vergl. wegen der gemeinen Lasten § 188 Anm. 55, Grundgerechtigkeiten § 187 Anm. 92.

55) Vgl. B. II. § 136 Anm. 137f.

56) Privatreallasten § 188 Anm. 36, Vorkaufs- und Widerkaufsrecht § 189 Anm. 46. Vorgemerktes Recht auf Anfechtung des Eigenthumsübergangs B. I. § 48 Anm. 23a. Vgl. auch A.L.R. I. 11 § 342. Pr. Konk.-Ordn. von 1855 § 400. Gesetz über den Eigenthumserwerb vom 5. Mai 1872 § 47. Entsch. B. 56 S. 105f., B. 72 S. 142. Jetzt

Der beabsichtigte gerichtliche Verkauf kann von jedem abgewendet werden, dem ein dingliches Recht[57]) auf die Sache zusteht oder der für die Schuld Bürgschaft geleistet hat, wenn er den Pfandgläubiger nach eingetretener Fälligkeit vollständig befriedigt[58]), dazu gehört, wenn der Verkauf schon bei Gericht nachgesucht war, Befriedigung auch wegen der Kosten[59]). Das Pfandrecht des befriedigten Gläubigers geht dann auf den Dritten über[60]), und so kann auch jeder jüngere Pfandgläubiger in das Pfandrecht des älteren eintreten, ohne die Vorzugsrechte der Zwischenpfandgläubiger zu beeinträchtigen[61]). Dies ist das Eintrittsrecht, jus offerendi, das durch einen Vertrag zwischen dem Pfandgläubiger und Schuldner nicht ausgeschlossen werden darf[62]). Das Gesetz betreffend die Zwangsvollstreckung in das unbewegliche Vermögen hat einen weiteren Fall des Eintrittsrechts geregelt. Ein Hypotheken- oder Grundschuldgläubiger, dem eine Mehrheit von Grundstücken haftet, kann danach zur Abtretung seiner Rechte — und zwar selbst vor der Fälligkeit seines Anspruchs unter Einhaltung einer dreimonatigen Kündigung — genöthigt werden, ohne daß er den Verkauf der Sache betreibt. Wenn nämlich die auf Grund einer nachstehenden Forderung, die ebenfalls auf mehreren der dem ersten Gläubiger haftenden Grundstücke lastet, betriebene Zwangsversteigerung eines der Grundstücke deshalb ergebnißlos verläuft, weil die erstere Forderung bei Feststellung des geringsten Gebots (zum vollen Betrage) berücksichtigt ist und nun ein

---

Imm.-Vollstr.-Ges. § 60 Abs. 1. Früher war die Amtspflicht des Richters dahin gestellt; er hatte dafür zu sorgen, daß ein Grundstück nicht mit der Pflicht der Uebernahme einer Last verkauft wurde, wenn ein besser berechtigter Gläubiger bei solchem Verkauf einen Ausfall erleiden würde. War aber die Bedingung der Freiheit von der Last solchen Falls nicht gestellt, so war es Sache des den Ausfall erleidenden Gläubigers den Zuschlagsbescheid anzufechten. Er konnte sonst Befreiung von der Last nicht beanspruchen. Entsch. B. 79 S. 260. Jetzt wirkt ein Versäumen der Aufstellung der Bedingung der Uebernahme der Reallast u. s. w. zum Nachtheil des dinglich Berechtigten, falls er den Zuschlagsbescheid, der ohne Beachtung der Vorschrift des § 60 erlassen ist, rechtskräftig werden läßt.

[57]) I. 20 § 37. Auch der Miteigenthümer, der Servitutberechtigte. Koch, Note zu § 37.

[58]) Also nicht auf einen Theil der Forderung kann das Eintrittsrecht ausgeübt werden. Als Pfandgläubiger gilt auch der Gläubiger, der auf Grund einer persönlichen Forderung die Zwangsversteigerung hat einleiten lassen. R.G. Entsch. B. 12 S. 264. Oben § 193 Anm. 43.

[59]) I. 20 §§ 36. 37. 39. 40. Vgl. Präj. 11b. Samml. I. S. 110.

[60]) Das Eintrittsrecht folgt hier schon aus §§ 47—50 I. 16. Es hat im preußischen Recht, das auch dem späteren Hypothekengläubiger den Verkauf gestattet, eine andere Bedeutung, als im römischen Recht. l. 22 C. VIII. 14, l. 5 C. VIII. 18, l. 11 § 4, l. 12 § 6 D. XX. 4, aber es ist ebenso wie in diesem erzwingbar. § 37.

[61]) I. 20 § 41.

[62]) I. 20 § 38. Ueber röm. Recht s. Dernburg im Arch. f. civil. Praxis B. 41 S. 28. Pfandr. II. 518f. Heuser, Kurhess. Annalen B. 14 S. 498fg. Das Eintrittsrecht ist im System des A.L.R. nur dadurch von praktischer Bedeutung, daß es einen anderen dinglich Berechtigten gegen einen nachtheiligen Verkauf der Sache schützt; mit Rücksicht auf die Bestimmungen des preußischen Rechts über die Pflicht, auch von Dritten unter Cession der Rechte Zahlung zu nehmen, sind die Bestimmungen sonst ohne Bedeutung. Nur gegenüber einer fälligen Forderung kann das Recht ausgeübt werden. § 39. Vgl. die allgemeine Regel im B.G.B. § 268 und die besondere Anwendung dieser Regel nach § 1150.

ausreichendes Gebot nicht abgegeben wird, so soll der Gläubiger der ersteren Forderung entweder auf die ungetheilte Haftung unter Regelung eines anderen Haftungsmodus verzichten oder auf Verlangen des betreibenden Gläubigers seine Forderung gegen volle Befriedigung abtreten. Und das gleiche Abtretungsrecht soll auch denjenigen in gleicher Lage befindlichen Gläubigern zustehen, die bei der Kaufgeldervertheilung für den Fall, daß die erstere Forderung aus einem mithaftenden Grundstück befriedigt werde, in Gemäßheit der Vorschriften des Immobiliarvollstreckungsgesetzes bedingt zur Hebung gelangen sollen[63]).

Insofern die Pfandhaft eine Mehrheit von Gegenständen ergreift, die selbständig neben einander verpfändet worden sind, ist die Verfolgung jedes einzelnen Pfandrechts eine selbständige; aber auch sofern neben der Hauptsache andere Sachen als Zubehörstücke, Nebensachen oder Erzeugnisse der verpfändeten Sache als dem Gläubiger mit verpfändet anzusehen sind, kann dieser sich in der Verfolgung seines Rechts auf einen dieser Gegenstände beschränken. Insbesondere kann er auch den Pfandverkauf der beweglichen Bestandtheile des ihm als Pfand haftenden Immobile besonders betreiben[64]). Andererseits besteht nicht nur die Möglichkeit, sondern es ist Regel, daß die einzelne Sache mit ihrem mitverpfändeten Zubehör, die zu versteigernden Grundstücke insbesondere, wie sie stehen und liegen, versteigert werden. Es kann auch eine Mehrheit von Grundstücken desselben Vollstreckungsschuldners gemeinschaftlich zur Zwangsversteigerung gestellt werden, und dabei können diese mehreren Grundstücke unter Feststellung eines gemeinsamen geringsten Gebots für einen einheitlichen Preis verkauft werden. Bei der Kaufgeldervertheilung ist dann für jedes Grundstück ein nach dem Werthverhältniß bestimmter Theil des Gesammterlöses als Erlös zu rechnen[64a]).

---

[63]) Immob.-Vollstr.-Ges. v. 13. Juli 1883 § 205.

[64]) Auch wenn er nur dinglicher Gläubiger ist. Darüber, daß § 43 Eig.-Erw.-Gesetz vom 5. Mai 1872 nicht etwa bei Grundstücken die Zwangsvollstreckung auf die Formen der Subhastation und Zwangsverwaltung des ganzen Immobile einschränkt, vgl. bes. Meyländer bei Gruchot B. 19 S. 668, Heydenfeld bei Gruchot B. 26 S. 503. Dagegen Niedieck bei Gruchot B. 30 S. 532. Auch das R.G. Entsch. B. 29 S. 242 hat jetzt die Zulässigkeit der Pfändung von Miethen auf Grund eines die Zwangsvollstreckung in das Grundstück zulassenden Vollstreckungstitels anerkannt. Wenn der Hypothekengläubiger gegen den Pfändungsgläubiger, der einen beweglichen Theil des Immobiliarvermögens hat pfänden lassen, auf Grund des § 206 des Ges. vom 13. Juli 1883 klagt, so macht er das Hypothekenrecht an dem einzelnen beweglichen Gegenstand geltend. Aber die Zwangsvollstreckung in jene beweglichen Bestandtheile der haftenden Immobiliarmasse regelt sich nach den Grundsätzen der Zwangsvollstreckung in das bewegliche Vermögen. Vgl. darüber und über die Schranken solcher Verfolgung, insbesondere über das Widerspruchsrecht aus Imm.-Vollstr.-Ges. § 206, oben Anm. 37a.

[64a]) Immob.Vollstr.Ges. §§ 38. 112. Nach letzterer Bestimmung wird der bei der Verhandlung zu Grunde zu legende Theilungsplan so angelegt, daß das Werthverhältniß vorläufig nach dem Grundsteuerreinertrag und dem Gebäudenutzungswerth bestimmt wird. Die Verbindung der Zwangsversteigerung mehrerer Grundstücke und deren Versteigerung für einen Gesammtpreis stellt vor eine große Reihe zweifelhafter Fragen. Vergl. darüber Lotze bei Gruchot B. 36 S. 260. Eine solche Verbindung ist besonders in den Gegenden sehr häufig, wo die einzelnen im Flurbuch verzeichneten Landstücke auch dann,

Da bei Immobilien die Nutzungen der Pfandhaft mit unterliegen, so kann die Verfolgung des Pfandrechts auch in den Formen der Zwangsverwaltung zur Vollstreckung gebracht werden. Diese hat die Eigenthümlichkeit, daß dabei von Amtswegen alle bekannten Realrechte, auf Grund deren laufende Hebungen beansprucht werden können, berücksichtigt und vor, beziehungsweise neben dem das Verfahren beantragenden Gläubiger befriedigt werden[65]). Die Zwangsverwaltung kann auch mit der Zwangsversteigerung des Grundstücks zugleich beantragt werden und findet dann mit dem Eigenthumsübergang durch den Zuschlagsbescheid ihr Ende.

Hat die Pfandverfolgung und Zwangsversteigerung einen ideellen Eigenthumsantheil zum Gegenstand, so sind Hypotheken und Lasten, die am ganzen Grundstück bestehen und dem Rechte des betreibenden Gläubigers am Eigenthumsantheil vorgehen, nach gegenwärtiger Lage des Gesetzes zur

---

wenn sie zu einer wirthschaftlichen Einheit (einem Landgut) verbunden sind, als selbstständige Grundstücke unter besonderen Nummern im Artikel des Eigenthümers in dem nach Formular II. eingerichteten Grundbuch eingetragen sind. Kaufliebhaber finden sich für solche Grundstücke meist nur, wenn sie zu einem Gesammtpreis verkauft werden, und der Einzelzwangsverkauf verbietet sich auch fast immer durch Korrealbelastung der einzelnen Stücke mit ihren Werth übersteigenden Hypotheken. Wenn nicht alle für einen Gesammtpreis zu versteigernden Grundstücke mit denselben dem betreibenden Gläubiger vorgehenden Korrealhypotheken belastet sind, vielmehr einzelne Grundstücke besondere Hypothekenbelastung haben, erzeugt gerade der im Text erwähnte, von der Sachlage zwingend geforderte Satz des § 38 große Schwierigkeiten bei der Festsetzung des geringsten Gebots. Wenn das Grundstück A, das mit B gleichwerthig ist, mit 100 M. Hypothek belastet ist, so genügt für den Gesammtverkauf von A und B nicht, neben den Kosten Uebernahme der auf B lastenden Hypothek von 100 in Aussicht zu nehmen. Geschähe das, und würde dann zum geringsten Gebot zugeschlagen, so wäre ein Kaufpreis für B überhaupt nicht erreicht; es muß aber nach Immobiliarvollstreckungsgesetz vom 13. Juli 1883, § 38 Abs. 2 die Hälfte des Preises auf dies Grundstück bei der Kaufgeldervertheilung gerechnet werden können. Nein die andere Hälfte ist der Preis des anderen Grundstücks, in Anrechnung auf den die in das geringste Gebot aufzunehmende Hypothek übernommen werden kann. Der für die Hypothek nicht persönlich haftbare Eigenthümer von B und die darauf berechtigten Immobiliargläubiger würden durch jenen Zuschlag schwer benachtheiligt werden. In solchen Fällen muß, um den Zuschlag zu ermöglichen, für den Fall des Gesammtverkaufs eine nach dem Werthverhältniß berechnete Baarzahlung neben der Uebernahme der Hypothek als Theil des geringsten Gebots bestimmt werden. Das führt freilich zu geringsten Geboten, die in Gegenden mit solchen Grundbuchverhältnissen, welche die Regelung nach Formular II. fordern, den Gesammtverkauf nicht selten ebenso unmöglich machen, wie den Einzelverkauf, wenn nicht ein Abgehen von den gesetzlichen Vorschriften durch allseitige Zustimmung ermöglicht wird, wegen der Korrealbelastungen unmöglich ist.

[65]) In I. 20 § 490 wurden Subhastation, Sequestration und Immission als Mittel der Verfolgung einer Hypothek erwähnt. Die Immission ist beseitigt, oder vielmehr es ist an ihre Stelle die Eintragung, bezüglich der beweglichen Bestandtheile des Immobile die Pfändung getreten. Vergl. Anm. 55. Bezüglich der Sequestration — Zwangsverwaltung — (vgl. § 43 Gesetz üb. d. Eigenthumserwerb, § 6 Ges. vom 4. März 1879, A.G.O. I. 24 §§ 116 ff., §§ 416—423, Konkursordnung vom 8. Mai 1855, §§ 57—59. 63) regelt sich das Verfahren jetzt nach dem Imm.Vollstr.Ges. v. 13. Juli 1883 §§ 139—154. Das Recht der Landschaften, bepfandbriefte Grundstücke in eigene Administration statt der gerichtlichen Zwangsverwaltung zu nehmen, wird in § 71 Eig.-Erw.-Ges. vom 5. Mai 1872 aufrecht erhalten. Jetzt kann durch statutarische, landesherrlich genehmigte Bestimmung auch anderen Kreditinstituten ein Recht auf Uebernahme der Zwangsverwaltung übertragen werden, und das Gericht kann einen Theil seiner Befugnisse bei der Zwangsverwaltung auch ohne solche Grundlage einem mit Korporationsrechten versehenen Kreditinstitut übertragen. Imm.-Vollstr.-Gesetz § 145.

vollen Höhe in das geringste Gebot aufzunehmen, und die Mitbelastung der anderen ideellen Antheile kommt für die ausfallenden Interessenten, falls es zum Zuschlage kommt, als Korrealhaftung in Betracht, d. h. die ausfallenden bestberechtigten Interessenten sind bedingungsweise, soweit die Befriedigung jener Gläubiger aus den anderen Antheilen erfolgt, an Stelle der am ganzen Grundstück Berechtigten zur Hebung zu bringen. In der Rechtsstellung der fraglichen Interessenten bezüglich des ganzen Grundstücks wird hierdurch nichts geändert. Sie behalten die Möglichkeit, das ganze Grundstück einheitlich zur Zwangsversteigerung zu bringen, vorausgesetzt natürlich, daß sie einen vollstreckbaren Titel zur Zwangsvollstreckung in das ganze Grundstück gegen die Miteigenthümer erlangt haben. Hypotheken und Grundschulden, die auf dem ganzen Grundstück oder auf einer Mehrheit von Antheilen eingetragen worden sind, nachdem bereits eine Hypothek auf dem subhastirten Antheil eingetragen war, sind jedenfalls wie Korrealhypotheken zu behandeln. Bei Versteigerung des Antheils auf den Antrag eines ihnen vorgehenden dinglichen Gläubigers an diesem Antheil können sie für diesen Antheil ausfallen, während sie solidarisch auf den anderen Antheilen haften bleiben[66]).

---

[66]) In der vierten Auflage vor der Einführung des Immobiliarvollstreckungsgesetzes ist die Ansicht vertreten worden, daß ähnliche Ergebnisse bereits durch Interpretation des § 47 des Eig.-Erw.-Gesetzes zu gewinnen sind. Es ist schon damals ausgeführt: Das Recht der Gläubiger, denen das ganze Grundstück verpfändet ist, geht dahin, das ganze Grundstück einheitlich zum Verkauf zu bringen. In diesem Recht können sie durch einen creditor posterior nicht beeinträchtigt werden. Einer realen Zerstörung des Grundstücks durch den Eigenthümer und deren Folgen können sie zwar nicht widersprechen, aber bei einer ideellen Theilung besteht das Pfandobjekt in seiner Integrität weiter. Der Verkauf der einzelnen ideellen Theile aber wäre etwas anderes als der Verkauf des Ganzen. Die älteren Hypothekengläubiger am ganzen Grundstücke würden also, wenn die Bedingungen des Verkaufs so gestellt würden, daß sie zum Ausfall bezüglich eines Antheils gebracht werden könnten, ein Widerspruchsrecht gegen diesen Verkauf haben. Vgl. Anm. 61. Ist ein Antheil besonders belastet, so kann, so lange diese Belastung besteht, fortan nicht mehr das Grundstück als Ganzes, es können nur die einzelnen ideellen Antheile verpfändet werden. Denn jeder muß jetzt wissen, daß der besonders belastete Antheil auch ihm gegenüber zum Gegenstand eines besonderen Verkaufs gemacht werden kann. Vergl. über abweichende Ansichten betreffend das ältere Recht: Dernburg B. I. § 350 Anm. 6. Strützki bei Gruchot B. 17 S. 530, Plathner, ebenda B. 22 S. 583, Jaeckel, Subh.-O. S. 233. Wachler, Subh.-Ord. S. 206, Fürst bei Gruchot B. 16 S. 165, Turnau zu § 45 Gr.B.O., Bahlmann zu § 21 Eig.-Erw.-Ges. Jetzt folgen die Sätze des Textes aus dem im Immobiliarvollstreckungsgesetz zur Anwendung gelangten Grundprinzip, daß überhaupt der Versteigerungsantrag des nachstehenden Gläubigers den vorstehenden nicht berühren soll. Krech und Fischer führten zu §§ 53—56 in der ersten Ausgabe ihres Kommentars unter Berufung auf die vorstehende Erörterung und auf Exner, Oester. Hypothekenrecht II. S. 300 aus, daß eine Sonderzwangsvollstreckung in den Antheil überhaupt ausgeschlossen sei. Diesem Satz ist zuzustimmen, soweit er sich gegen den etwaigen Versuch eines Gläubigers, dem das ganze Grundstück haftet, und der trotzdem willkürlich einen nur gedachten, nicht einem vorhandenen Miteigenthum entsprechenden Antheil zum Gegenstand der Zwangsversteigerung machen will, richtet. Das Reichsgericht (Entsch. B. 20 S. 272) stellt den weitergehenden Satz auf, daß der Gläubiger, dem das ganze Grundstück haftet, nicht gehindert sein kann, wenn nachmals Miteigenthümer das Grundstück erworben haben, sein Recht gegen den Eigner einer der Quoten zu verfolgen. Es mag sein, daß hiergegen nicht den Ausschlag geben kann, daß die Quoteneigner dadurch wirthschaftliche Nachtheile haben. Wie aber, wenn hinter der Hypothek dieses Gläubigers an dem ganzen Grundstück andere Hypotheken oder Lasten auf dem ganzen Grundstück stehen, deren

In allen Fällen eines „gerichtlichen“ Verkaufs der Pfandsache verliert der Vollstreckungsschuldner durch den Zuschlag sein Eigenthum, aber der Erlös wird sein Eigenthum, soweit er nicht ohne Weiteres als dem betreibenden Gläubiger gezahlt gilt[67]). Die Pfandrechte der Gläubiger an dem ursprünglichen Pfandobjekt gehen unter; aber die Gläubiger sind nach Maßgabe derselben Pfandrechte aus dem Erlös zu befriedigen[68]). Beim Verkauf gepfändeter beweglicher Sachen regelt sich das sehr einfach, wenn er, wie regelmäßig der Fall, zum Vortheil eines einzigen Gläubigers stattfindet. Ohne Zahlung darf der Gerichtsvollzieher die zugeschlagene Sache dem Ersteher nicht verabfolgen, das Gezahlte aber gilt, soweit es die Forderung des Gläubigers nicht übersteigt, durch Zahlung an den Gerichtsvollzieher als an den Gläubiger bezahlt. Ist dessen Forderung ganz gedeckt, so ist, auch wenn das Pfand objektiv noch nicht erschöpft ist, das Veräußerungsrecht des Pfandgläubigers erledigt[69]). Verbleibende Pfandstücke werden frei, auch der Ueberschuß gebührt dem Schuldner. Wie sich diese Sätze umgestalten, falls beim

---

Gläubiger nach ihrer Rechtsstellung bei Begründung ihres Rechts die Gewißheit hatten, daß sie nur durch einen Antrag auf Versteigerung des ganzen Grundstücks von Vorberechtigten beunruhigt werden könnten, sollen diese der Zwangsversteigerung eines Bruchtheils mit seinen wirthschaftlichen Nachtheilen auf den Antrag des vorstehenden Gläubigers hilflos preisgegeben sein. M. E. haben sie das Recht der Zwangsversteigerung des Bruchtheils als ihnen gegenüber, soweit sie dadurch berührt werden, unzulässig, durch Klage zu widersprechen. — Uebrigens darf die Ausführung, daß die Gläubiger nicht befugt sind, Befriedigung aus dem Antheil zu fordern, nicht dahin verstanden werden, daß dem vorstehenden Gläubiger am Ganzen, wenn der nachstehende Pfandgläubiger am ideellen Antheil den ihm haftenden Antheil zur Zwangsversteigerung stellt, die Befugniß fehlt, darauf zu dringen, daß seine ganze Forderung am ganzen Grundstück in das geringste Gebot aufgenommen werde. Vielmehr greifen insofern, wie schon oben gesagt, die Grundsätze von der Versteigerung eines mit einer Korrealhypothek belasteten Einzelgrundstückes ein. Aber es darf doch für diesen Fall nicht behauptet werden, daß ein nachfolgender Gläubiger, der zu mehreren ideellen Antheilen des Grundstücks pfandberechtigt ist, den § 205 des Imm.Vollstr.Ges. geltend machen dürfte, um gegenüber dem Gläubiger, dem an erster Stelle das ganze Grundstück verpfändet ist, zum Eintrittsrecht verstattet zu werden, und so die Möglichkeit eines ihn deckenden Verkaufs der ihm verhafteten Antheile zu erlangen. Dem steht entgegen, daß dem ersten Gläubiger das ganze Grundstück einheitlich, nicht einzelne Antheile korreal verpfändet sind.

67) Das Kaufgeld geht beim Verkauf durch den Gerichtsvollzieher in Höhe des Betrags der Forderung des betreibenden Gläubigers kraft des Gesetzes regelmäßig in dessen Eigenthum über, der Mehrbetrag ist Eigenthum des Schuldners. C.P.O. § 720. Für die Zwangsversteigerung von Immobilien ergeben die §§ 101 ff. des Immobiliarvollstreckungsgesetzes, wie die §§ 60 ff. der Subh.-Ordn. von 1869 das Eigenthum des Pfandschuldners am Erlös, das aber mit dem Recht des Pfandgläubigers, daraus Befriedigung zu suchen, belastet ist. In den Fällen, in denen auch nach preußischem Recht der Pfandgläubiger selbständig veräußert, wird man übrigens Eigenthum des Gläubigers an dem ganzen Erlös annehmen müssen. Der Schuldner hat nur eine verzinsliche Forderung auf die Hyperocha. I. 20 § 220.

68) I. 20 §§ 210. 163—169. Immobil.-Vollstr.-Ges. vom 13. Juli 1883 §§ 104 ff. Vergl. §§ 60 ff. Subh.-Ordn. vom 15. März 1869. Entsch. B. 17 S. 490 II. Striethorst B. 50 S. 118b.

69) I. 20 §§ 201—203. Wenn mehrere Pfänder eingesetzt sind, ist der Verkauf abzubrechen, sobald die Schuldsumme und die Kosten gedeckt sind § 719 C.P.O. — Vgl. hierzu die Regelung des Pfandverkaufs durch den Pfandgläubiger beim Besitz mehrerer Pfänder im B.G.B. § 1230.

Verkauf eines Mobiliarpfandes eine Mehrheit von Realgläubigern zu berücksichtigen ist, wird unten erörtert werden.

Bei der Zwangsversteigerung eines *unbeweglichen* Gegenstands findet die Zahlung des bedingungsmäßig nicht durch Uebernahme der im geringsten Gebot enthaltenen Ansprüche gedeckten Kaufgelds zu Händen des Richters in dem besonders hierzu und zur Kaufgeldervertheilung anberaumten Termin statt. Das so gezahlte Kaufgeld gilt nicht, wie das an den Gerichtsvollzieher gezahlte, als an den betreibenden Gläubiger gezahlt. Auch die Rechte der anderen Interessenten sind hier zu beachten. Es bedarf zunächst der Feststellung des Hebungsberechtigten. Nicht einmal durch Aufnahme einer Forderung in das geringste Gebot steht fest, daß diese Forderung durch Uebernahme seitens des Erstehers zur Hebung zu gelangen hat. Erst nachdem bei der Vertheilungsverhandlung Einigung erzielt oder der richterliche Vorschlag in einem aufgestellten Vertheilungsplan ohne Widerspruch geblieben, oder der entstandene Streit beseitigt ist, wird in Ausführung des genehmigten Vertheilungsplans ausgesprochen, daß die Forderung durch den Ersteher übernommen werde[70]), und festgestellt, wer im Uebrigen hebungsberechtigt ist. Soweit ein solcher späterer, hebungsberechtigter Gläubiger hiernach Baarzahlung erhält, wird er befriedigt, sein persönlicher Anspruch und sein dingliches Recht fallen fort. Der hebungsberechtigte Gläubiger kann aber einer besonderen Verkaufsbedingung zugestimmt haben, wonach seine Forderung auf dem Grundstück stehen bleiben und vom Käufer übernommen werden soll, oder er kann bei der Kaufgeldervertheilung auf das ihm zustehende Recht der Baarbefriedigung verzichten, indem er sich mit dem Ersteher einigt, daß dieser die Forderung zu übernehmen habe. In diesen beiden Fällen kommt es zwar nicht zu einer Löschung der Hypothek oder Grundschuld, aber im Verhältniß zu seinem bisherigen Schuldner und zu anderen für dieselbe Forderung haftenden Grundstücken gilt der Gläubiger als *aus dem Grundstück* befriedigt[70a]). Wenn der Ersteher mit der Zahlung säumig ist, wird den zur

---

[70]) Immob.-Vollstr.-Ges. v. 13. Juli 1883 § 115. Der § 41 des Eigenthumserwerbgesetzes findet auf diese Uebernahme der Hypothek entsprechende Anwendung. Der ursprüngliche Schuldner bleibt zunächst verhaftet, der Ersteher wird daneben persönlich verhaftet, — die erstere Haftung kann bei unterlassener rechtzeitiger Verfolgung des Pfandes wegfallen.

[70a]) Immob.-Vollstr.-Ges. § 116. So auch nach der richtigen aber viel bestrittenen Auffassung des älteren Rechts: Subhast.-Ordn. v. 15. März 1869 § 66. Vgl. auch Subh.-Ordn. v. 4. März 1834 § 17, K.O. v. 1855 § 399. Entsch. B. 10 S. 152. — Auch wenn der Schuldner ein Anderer ist als der Vollstreckungsschuldner, liegt dessen Befreiung im Verhältniß zu seinem bisherigen Gläubiger in dem Uebernahmevertrage. Wäre die Baarzahlung erfolgt, so wäre zwar der persönliche Drittschuldner nicht überhaupt frei geworden, vielmehr hätte sich an die Zahlung der nothwendige Uebergang der gegen ihn gerichteten Forderung in das Vermögen des Subhastaten geknüpft, soweit dieser nicht für ihn zu zahlen schuldig war. An die Uebernahme knüpft das Gesetz gleiche Wirkung nicht. Aber der Subhastat wird im Zweifel in Folge der aus seinem Vermögen erfolgten Befreiung des persönlichen Schuldners einen Anspruch aus der Bereicherung erheben können. Dieser Anspruch steht aber nur ihm zu, nicht etwa den dinglichen ausfallenden Gläubigern oder gar dem Ersteher.

Hebung gelangenden Interessenten die Kaufgelderforderung nach Maßgabe ihrer Vorrechtsstellung überwiesen. Dadurch wird nur der alte Realanspruch getilgt[71]). Aber wenn nicht binnen sechs Monaten nach der Ueberweisung die Wiederversteigerung des Grundstücks beantragt und ohne Verzögerung durchgeführt wird, gilt der Gläubiger zum Besten des ursprünglichen persönlichen Schuldners als befriedigt, und mitverhafteten Grundstücken gegenüber wird Befriedigung aus den Grundstücken angenommen, es sei denn, daß der Gläubiger das erlangte Recht aus der Ueberweisung in der sechsmonatigen Frist aufgiebt[72]).

Wenn ein Gläubiger aus einem ihm verpfändeten Grundstück befriedigt wird, erlischt die Hypothek oder Grundschuld nach besonderer Bestimmung auch soweit sie auf einem anderen Immobile korreal haftet[73]). Bei der ungetheilt auf mehreren Grundstücken eingetragenen Hypothek oder Grundschuld besteht eine Mehrheit von Pfandrechten, aber es besteht nur eine einheitliche Pfandforderung. Diese kann nur einmal getilgt werden, obgleich der Gläubiger berechtigt ist, sich für die ganze Forderung an jedes Grundstück zu halten[74]). Diesen Grundsatz festhaltend hatte das ältere Recht in sehr kasuistischer Weise Billigkeitsrücksichten dahin entscheiden lassen, daß die nachstehenden Gläubiger des veräußerten Grundstücks zum Vortheil der auf dem anderen, jetzt befreiten Grundstück nacheingetragenen Gläubiger nicht benachtheiligt werden dürften. Daher war eine antheilsweise Befriedigung der auf mehreren Grundstücken ungetheilt haftenden Hypothek aus dem Kaufgelde eines jeden von ihnen vorgeschrieben[75]), die mehreren Grundstücke wurden als in einem passiven Korrealverhältniß stehend gedacht, aus dem ein Regreßanspruch der nachstehenden unbefriedigten Gläubiger des einen gegen die zur Befriedigung gelangenden des anderen wegen der Beträge hervorgehe, die sie mehr, als der Antheil des ihnen verpfändeten Grundstücks

---

71) Imm.-Vollstr.-Ges. § 117. Vergl. dazu Subh.-Ordn. v. 15. März 1869 § 66. Früher abweichend K.-O. von 1855 § 388. Entsch. B. 49 S. 399, B. 76 S. 130. Strieth. B. 48 S. 49. Dem neuen Recht konformer § 19 Subh.-V. v. 4. März 1834, Entsch. B. 34 S. 133, Strieth. B. 22 S. 292. Vergl. auch Grosse bei Gruchot. B. 19 S. 185, Jaeckel ebenda S. 452.

72) Immob.-Vollstr.-Ges. § 117 Abs. 2. Welche Bedeutung die Befriedigung „aus dem Grundstück" für mitverhaftete Grundstücke hat, ergiebt das Folgende. Vergl. dazu noch Hassenstein bei Gruchot B. 17 S. 56, B. 18 S. 872, Peters bei Gruchot B. 18 S. 683. Entsch. B. 70 S. 126, Strieth. B. 81 S. 225.

73) Eig.-Erw.-Ges. vom 5. Mai 1872 § 42 Abs. 2. Vergl. den vorigen Absatz. Exner. Oestr.Hyp.R. S. 292. R.G. Entsch. B. 6 S. 211. — Auf die Frage, ob eine Korrealhypothek dadurch zur Hebung aus einem der Grundstücke gelangt, daß an Stelle des Gläubigers ein Anderer, dem dieser sein Vorrecht für das subhastirte Grundstück abgetreten hat, Zahlung erhalten hat, — vgl. R.G. Entsch. B. 6 S. 307 — ist im § 199a zurückzukommen.

74) Pr.-Kon.-Ordn. von 1855 § 56 Nr. 1. Früher §§ 521—523 A.G.O. I. 50, § 9 V. v. 28. Dezember 1840. Auch aus der Pfandverbindlichkeit kann er jedes Grundstück entlassen, ohne daß die nachfolgenden Hypothekengläubiger an dem in der Pfandhaftung bleibenden Grundstück widersprechen dürften. Das war auch nach der Konk.-Ordn. von 1855 nicht ausgeschlossen; und gerade hier zeigte sich die Inkonsequenz der darin enthaltenen Billigkeitsvorschrift.

75) Pr. Konk.-Ordn. § 56 Nr. 2. 3 (alte Fassung).

zu leisten hatte, von ihren Hypotheken eingebüßt haben[76]). Bei gleichzeitiger Vertheilung der Kaufgelder aller oder einiger der verpfändeten Grundstücke wurde die antheilsweise Befriedigung aus jedem sofort in's Werk gesetzt[77]), bei ungleichzeitiger Vertheilung mußte aber, um das Ergebniß der früheren bei der späteren zu berücksichtigen, das erstere sofort auf dem Folium des noch nicht subhastirten Grundstücks vermerkt werden; es wurde hier der Antheil eingetragen, der den Gläubigern dieses Grundstücks zu Gute kommen müßte[78]). Aus diesen Vorschriften hatten sich in der Praxis Mißstände und Unzuträglichkeiten entwickelt, und man wollte zu einfacheren Grundsätzen zurückzukehren. Dies geschah durch das Gesetz, die Abänderung einiger Bestimmungen der Konkursordnung vom 8. Mai 1855 betreffend, vom 12. März 1869. Hier wurde bestimmt, daß der Gläubiger berechtigt ist, sich an die Kaufgelder jedes einzelnen Grundstücks wegen seiner ganzen Forderung zu halten, und daß, soweit der Gläubiger aus den Kaufgeldern eines Grundstücks seine Befriedigung erlangt hat, die Korrealhypothek auf den mitverhafteten Grundstücken erlischt und von Amtswegen im Grundbuche gelöscht werden muß[79]). Diesen Satz hat der § 42 Absatz 2 des Gesetzes über den Eigenthumserwerb dahin erweitert, daß das Erlöschen in allen Fällen eintritt, in welchen aus dem einen Grundstück Befriedigung gewährt wird. Das kann aber nur von einer im Wege der Zwangsvollstreckung aus dem Grundstück oder dessen Zubehör entnommenen Befriedigung verstanden werden. Bei Zahlung durch den Eigenthümer des einen Grundstücks läßt sich nicht sagen, daß die Befriedigung aus dem Grundstück entnommen sei[80]).

---

76) Strieth. B. 34 S. 168, B. 41 S. 26, B. 42 S. 74, B. 50 S. 118a. Gruchot II. 161f. Vgl. auch R.G. Entsch. B. 7 S. 200.

77) Pr. Konk.-Ord. § 56 Nr. 2. Ein Fall aus der gemeinrechtlichen Praxis bei Seuffert VIII. 107.

78) Pr. Konk.-Ordn. § 56 Note 3. Striethorst B. 54 S. 218. S. über Korrealhypotheken Gruchot II. 161ff., V. 210f. 420f. 429. Roloff in der Preuß. Gerichtszeitung 1860 S. 45. Hinschius in der Anw.-Zeit. 1864 S. 25fg. von Wilmowski das. S. 153.

79) Ges.-Samml. S. 465 Art. II. § 56. Da die Regreßantheile auf den Hypothekenblättern einer großen Anzahl von Grundstücken bereits eingetragen waren, wurden Uebergangsbestimmungen nöthig, welche in Art. V. VI. VII. des Gesetzes enthalten sind. Das neue Recht giebt dem Gläubiger einer Korrealhypothek eine sehr große Machtstellung, indem er durch Entlassung eines Grundstückes aus der Haftung nach seiner Willkür die nachstehenden Gläubiger dieses Grundstückes in Vortheil setzen kann auf Kosten der nachstehenden Gläubiger der anderen Grundstücke, aus denen er nun volle Befriedigung zu suchen genöthigt ist. Vgl. R.G. Entsch. B. 16 S. 164. Vielleicht sieht sich die Gesetzgebung doch genöthigt, dem Unwesen der Korrealbelastung entgegen zu treten oder für ihren Fall wenigstens Bestimmungen zu geben, auf Grund deren die Vertheilung auf die einzelnen Grundstücke als ein Recht gefordert werden kann.

80) R.G. Entsch. B. 3 S. 259, R.G. bei Gruchot B. 26 S. 1129. Vgl. auch unten § 200. Abweichend die Motive des Eig.-Erw.-Ges. § 42. Aber was die Motive wollten, war innerlich nicht gerechtfertigt und ist im Gesetz nicht zum Ausdruck gebracht. Vgl. Rintelen, Einfluß neuer Gesetze S. 166, Colberg, Bedeutung des öffentlichen Glaubens S. 174. Die Praxis ist nicht nach allen Richtungen konsequent, insofern sie das Recht des ohne Cession zahlenden Eigenthümers eines der mit der Korrealhypothek belasteten Grundstücke, als Erwerber der Gesammthypothek angesehen zu werden, leugnet, im Fall ausdrücklicher Cession an ihn aber dies Recht nicht bezweifelt. Vgl. unten § 200 bei Anm. 52. Das B.G.B. läßt den freiwilligen Befriedigungsakt des Eigenthümers eines der für die Gesammthypothek haftenden Grundstücke nur für

Bei der Gesammthypothek und Grundschuld wird zur Zeit, wie bereits oben erwähnt, erheblich, daß der Befriedigung aus dem Grundstück die bei Vertheilung des Versteigerungserlöses von dem Gläubiger genehmigte Uebernahme der Belastung in Anrechnung auf das baar zu zahlende Kaufgeld und das Unterlassen rechtzeitiger Geltendmachung des Anspruchs an den Kaufgelderrückstand durch Antrag auf Wiederversteigerung gleichgestellt worden ist. Ist dagegen eine Gesammthypothek oder Grundschuld als Theil des geringsten Gebots zu berechnen gewesen und gelangt deren Uebernahme demnächst zur Feststellung, so wirkt der Umstand, daß die Post möglicher Weise aus einem mithaftenden Grundstück zur Befriedigung kommen kann und daß dann der Ersteher von der bedingungsmäßig übernommenen Last frei wird, dahin, daß die übernommene Belastung wie eine bedingte behandelt wird. Bei solchen Korrealbelastungen und bei anderen bedingter Belastungen ist es die Pflicht des Erstehers an Stelle der wegfallenden Belastung eventuell eine andere gleich hohe, die sonst ausfallen würde, beziehungsweise eine Leistnngspflicht an den Vollstreckungsschuldner zu übernehmen. Wer hierzu eventuell berechtigt ist, wird bei der Kaufgeldervertheilung festgestellt[80a]).

Aufgabe der Kaufgeldervertheilung ist es auch für den Fall Bestimmung zu treffen, daß eine gesetzlich als Theil des geringsten Gebots nach Lage des Grundbuchs in Betracht gezogene Forderung oder Last bei der Kaufgeldervertheilung oder in Folge des dort erhobenen Streits als nicht zu Recht bestehend erfunden wird. Auch in diesem Fall hat der Ersteher in Höhe

das eigne Grundstück dahin wirken, daß er Eigenthümerhypothekar wird, die anderen Grundstücke werden bedingt frei, sofern nämlich nicht dem Leistenden ein Regreßanspruch zusteht. Zu dessen Sicherung bestehen sie aber fort. Bei Zahlung (im Wege der Zwangsvollstreckung) aus einem Grundstück geht die Hypothek auf den sämmtlichen Grundstücken unter, soweit aber der Eigenthümer im Regreßrecht gegen den Eigenthümer eines mithaftenden Grundstücks hat, wird für dieses die Hypothek als eine hinter alle bereits darauf lastenden Rechte zurücktretende aufrecht erhalten. §§ 1173. 1182.

[80a]) Imm.-Vollstr.-Ges. § 59, § 110. Oben Anm. 46. Als Ausfall der Bedingung gilt auch bei der übernommenen Korrealschuld, wenn der Gläubiger das Recht auf Befriedigung aus dem versteigerten Grundstück und aus der Uebernahme der Forderung aufgiebt. — Wie die Schwierigkeit, welche die Korrealhypothek der Möglichkeit einer Einzelversteigerung der Grundstücke wegen des zu hohen geringsten Gebots entgegenstellt, zu überwinden ist, darüber vgl. oben Anm. 54. Bei zahlreichen Korrealverpfändungen, zumal wenn noch dazu unter diesen korrealen Hypotheken sich Kautionshypotheken finden, kann sich aus diesen Ersatzanweisungen, die in das Grundbuch einzutragen sind, ein Grundbuchzustand ergeben, der aller Uebersichtlichkeit, oft auch bei angestrengter Aufmerksamkeit der Verständlichkeit entbehrt, und den Erwerber eines Grundstückes, der bei der Zwangsversteigerung sicher darauf rechnete, zu einfachen Hypothekenverhältnissen zu gelangen, in Schwierigkeiten bringt, aus denen er sich mit des besten Sachverständigen Beirath kaum lösen kann. — Das Gesetz vom 13. Juli 1883 ist mit außerordentlicher Folgerichtigkeit konstruirt. Aber seine praktische Anwendung stellt, wie zugestanden werden muß, wenigstens bei zerstückeltem Grundbesitz, vor Schwierigkeiten, die es fraglich machen, ob nicht bei Festhaltung des Grundsatzes, daß die älteren Realrechte von jüngeren Gläubigern nicht erschüttert werden dürfen, im Reichsrecht eine andere Lösung gesucht werden muß, die von der vorgängigen Feststellung des geringsten Gebots und ihren Folgerungen absieht, und dann freilich an die Aufmerksamkeit der voreingetragenen Gläubiger, wenn sie jene Rechtsstellung mit sicherem Erfolg wahren wollen, größere Anforderungen als das geltende Gesetz zu stellen haben wird.

der Geldforderung und unter deren Zahlungsbedingungen oder bei Belastungen anderen Inhalts den bei Feststellung des geringsten Gebots vom Versteigerungsrichter als Werth der Belastung festgestellten Geldbetrag als eine mit fünf vom Hundert in halbjährlichen Raten verzinliche und nach dreimonatiger Kündigung rückzahlbare Hypothek zu übernehmen. Auch hierbei ist natürlich festzustellen, wer in dieser Weise zur Hebung kommt[80b]).

Der Ueberschuß des Erlöses (die Hyperocha) verbleibt beim Immobiliarpfand, wie beim Mobiliarpfand, dem Pfandschuldner[81]). Nur gilt beim Immobiliarpfandverkauf als solche Hyperocha erst, was nach Behändigung aller Realinteressenten übrig bleibt. Es ist nicht gestattet, vor der Verfallzeit zu bedingen, daß der Gläubiger den Ueberschuß des Erlöses für sich behalten soll[82]). Reicht dagegen der Erlös zur Befriedigung des Gläubigers nicht hin, so bleibt seine übersteigende Forderung an den Schuldner erhalten[83]). Ein vor der Verfallzeit abgeschlossener Vertrag, daß der Gläubiger den Ausfall seiner Forderung tragen soll, ist unverbindlich[84]).

Eine Mehrheit von Pfandgläubigern an derselben beweglichen Sache kann insofern vorkommen, als die Sache für mehrere Gläubiger gepfändet werden kann. Sie ist aber auch denkbar bei der Schiffsverpfändung und bei anderen durch symbolische Verpfändung begründeten Pfandrechten. Es kann auch ein Pfändungspfandrecht mit einem anderen älteren Pfandrecht kollidiren. Insbesondere aber kommt die Konkurrenz mehrerer Gläubiger in Folge der mehrfachen Verpfändung des Immobiliarvermögens vor. Die Art und Weise, wie die verschiedenen Rechte einander beschränken, kann eine verschiedene sein. Entweder konkurriren sie mit gleichem Recht, so daß der Erlös verhältnißmäßig unter sie vertheilt werden muß; dies ist aber bei Hypotheken und Grundschulden nur dann der Fall, wenn ausdrücklich im Grundbuch die gleiche Rangordnung der mehreren Posten vermerkt ist[85]); oder sie stehen untereinander im Verhältniß der Priorität, d. h. der eine wird vor dem andern aus dem Erlös befriedigt. Die hierbei maßgebenden Grundsätze sind bereits erörtert[86]). Von der Möglichkeit der Einräumung des Vorrechts entgegen der ursprünglichen Ordnung ist erst in § 199a zu handeln. Es ist auch bereits hervorgehoben, daß das bessere dingliche Recht unter Umständen als Widerspruchsrecht dahin wirksam ist und geltend gemacht werden kann, daß der Pfandveräußerung überhaupt widersprochen wird[87]). Ist die

---

80b) Imm.-Vollstr.-Ges. § 58 § 107. Oben Anm. 45.

81) I. 20 §§ 212. 219. Der Pfandgläubiger, der außergerichtlich das Pfand verkauft hat, kann die Hyperocha als Kompensationsobjekt für andere fällige Forderungen an den Schuldner benutzen. Strieth. B. 29 S. 79.

82) I. 20 § 213.

83) I. 20 § 43. K.-O. v. 1855 § 399. R.K.O. § 57.

84) I. 20 § 213.

85) I. 20 § 501. Auch dann, wenn die Posten unter demselben Datum eingetragen sind. Gesetz über den Eigenthumserwerb v. 5. Mai 1872 § 17 Abs. 1. 2 § 34.

86) Vgl. oben § 184 bei Anm. 31—33, § 188 Anm. 45. 55.

87) Vgl. oben Anm. 37. 61. 66.

Veräußerung erfolgt, so ordnet sich das Theilnahmerecht am Erlöse bei veräußerten beweglichen Sachen in dem Vertheilungsverfahren der Civilprozeßordnung [88]), bei unbeweglichen Gegenständen nach den Bestimmungen des Gesetzes betreffend die Zwangsvollstreckung in das unbewegliche Vermögen [89]). Streitigkeiten, die hierbei nicht ausgeglichen werden, sind im ordentlichen Prozeßverfahren zur Entscheidung zu bringen [90]). Die gerichtlichen Kosten des Verkaufs und der Vertheilung werden vor der Befriedigung der Pfandgläubiger vorweg abgezogen [91]). Der Theilungsplan wird unter Berücksichtigung der Rechtsstellung des Einzelnen, soweit diese ersichtlich gemacht ist, vom Gericht aufgestellt; der Plan wird zur Ausführung gebracht, soweit ein Widerspruch dagegen nicht erhoben, und wenn ein solcher erhoben ist, soweit er nicht rechtzeitig durch Klageerhebung verfolgt wird [92]). Die Ausführung des Plans steht übrigens einer nachmaligen Verfolgung des Anspruchs gegen denjenigen Gläubiger, der zum Nachtheil eines Andern zu Unrecht zur Hebung gelangt ist, nicht entgegen [93]). Der Widerspruch kann sich sowohl auf Darlegung eines eigenen besseren Rechts als darauf gründen, daß die Forderung oder das Vorrecht der Forderung eines Anderen bestritten oder angefochten wird, insofern dadurch die eigene Befriedigung gefährdet wird [94]).

---

88) C.P.O. §§ 758—768.

89) Immob.Vollstr.Ges. v. 13. Juli 1883. §§ 104 ff. 113 ff. Vgl. Subh.-Ordn. v. 15. März 1869 §§ 68—79.

90) C.P.O. §§ 764—767, Immob.-Vollstr.Ges. § 113 Abs. 2. 4. Vgl. Subh.-O. §§ 72. 73. Gesetz betr. die Zwangsvollstreckung in das unbewegliche Vermögen v. 4. März 1879 § 18. Worauf der Widerspruch zu gründen ist, gehört dem materiellen Recht an. Ein nachstehender Hypothekengläubiger kann auf den Mangel der Legitimation des als hebungsberechtigt aufgetretenen angeblichen Inhabers einer unbestritten vorgehenden Post seinen Widerspruch nicht gründen. R.G. Entsch. B. 15 S. 221.

91) I. 20 § 211. Im Uebrigen vgl. C.P.O. §§ 697. 760, Immob.Vollstr.Ges. v. 13. Juli 1883 §§ 54. 84. Vgl. Subh.O. §§ 58. 65.

92) C.P.O. §§ 762—768, Immob.-Vollstr.Ges. v. 13. Juli 1883 § 113. Im alten Subhastationsverfahren (Subh.-O. §§ 72. 89, Ges. v. 4. März 1879 § 18) wurde nur der vom Richter für rechtlich begründet und genügend bescheinigt erachtete Widerspruch berücksichtigt.

93) C.P.O. § 764 A. 2. Kondiktion des Gläubigers, der irrthümlich zu wenig liquidirt hat. Entsch. B. 79 S. 156, Strieth. B. 90 S. 208.

94) Daß die Anfechtung von Rechtshandlungen sich jetzt nach dem Reichsanfechtungsgesetz vom 21. Juli 1879 regelt, ist anderweit auseinandergesetzt. B. I. § 114. Vgl. insbesondere Anm. 52. Da das Immobiliarvollstreckungsgesetz besondere Bestimmungen über Anfechtung und Kreis der Anfechtungsberechtigten nicht enthält, wie solche in der Subhastationsordnung §§ 70. 71 enthalten waren, so ist die Auslegung dieser Paragraphen von geringerer praktischer Erheblichkeit. Das geltende Recht zur Anfechtung beruht auf ganz anderer materieller Grundlage als das in den §§ 70. 71 cit. vorausgesetzte, es ist ein anderes als das frühere. Es handelt sich bei der Anfechtung darum ob ein persönliches Forderungsrecht des Anfechtungsberechtigten gegen einen Dritten begründet ist. Da dieses Recht gewiß nicht unter C.P.O. § 757 fällt, so konnte schon vor dem Immobiliarvollstreckungsgesetz nicht mit Grund behauptet werden, daß die §§ 70. 71 als zur Regelung der Zwangsvollstreckung in das unbewegliche Vermögen gehörig, aufrecht erhalten seien.

## § 194a. Die Klagen des Pfandrechts im Allgemeinen.

Aus dem Verpfändungsvorvertrag, dem pactum de pignore dando, oder auch auf Grund eines gesetzlichen Titels zur Bestellung eines Besitzpfandes oder einer Hypothek kann der forderungsberechtigte Gläubiger eine persönliche obligationsrechtliche Klage gegen seinen Schuldner auf Uebergabe des Besitzpfandes, auf Bestellung der Hypothek oder Grundschuld haben [1]). Hiervon ist schon im § 193 bei der Behandlung der Titel zum Pfandrecht gesprochen. Gegenüber einer Weigerung der Bewilligung der Eintragung einer Hypothek oder Grundschuld gewährt sodann das Institut der Vormerkung der Hypothek oder Grundschuld [2]), deren Eintragung nach dem geltenden Recht durch einstweilige Verfügung erwirkt werden kann [3]), die Möglichkeit den künftigen Rechtserwerb zu sichern, so daß die eingetragene Vormerkung als bedingte dingliche Belastung Wirksamkeit erlangt.

Ist der Faustpfandvertrag selbst in gehöriger Weise geschlossen, so gewährt das Vertragsrecht auf der einen Seite den Anspruch auf Rückgabe der übergebenen Pfandsache nach Tilgung der Pfandschuld, sowie auf Schadensersatz im Falle ihrer Beschädigung [4]), auf der anderen Seite möglicher Weise Ansprüche aus der Verwendung auf die Sache. Daneben besteht hier namentlich bei einem dem Pfandgläubiger überlassenen Pfandverkauf der Anspruch auf Auskehrung der Hyperocha [5]). An Zahlung der Hypothek oder Grundschuld schließt sich der gesetzliche Anspruch des zahlenden Grundeigenthümers auf löschungsfähige Quittung oder Cession [6]).

Eine besondere Possessorienklage auf Einräumung [7]) des Besitzes des beweglichen Pfandobjekts, die im römischen Recht übrigens mit der dinglichen Natur des Pfandrechts ohne Besitz zusammenhing, kennt das Landrecht nicht. Bei Hypothek und Grundschuld kann eine solche überhaupt nicht in Frage kommen. Dagegen gewährt das Landrecht dem besitzenden Faustpfandgläubiger vollen Besitzschutz. Ebenso hat der Besitzpfandgläubiger sowohl gegen den Besteller wie gegen jeden Dritten, wenn das Pfand seinem Besitz wider seinen Willen entkommen ist, die dingliche Klage auf Rückgabe des Pfandes, die sich ganz der Vindikation anschließt, weshalb sie gegen den redlichen dritten Besitzer der Sache auch nur gegen Einlösung angestellt werden kann [8]).

---

[1]) Vgl. oben § 193, Koch, Anleit. I. 287 § 62. Priv.-R. I. 618. S. auch § 19 Nr. 2 des Ges. über den Eigenthumserwerb v. 5. Mai 1872.

[2]) Eig.Erw.Ges. v. 5. Mai 1872 § 22.

[3]) Ausf.Ges. z. Civ.Pr.O. v. 24. März 1879 § 18.

[4]) Vgl. unten § 196 Anm. 9ff. 93ff. Diese Ansprüche können ebenso wie auf den Pfandvertrag auf das Eigenthum gegründet werden, stehen also im Fall des Eigenthumswechsels auch dem neuen Eigenthümer ohne Cession der Rechte aus dem Pfandvertrage zu. — Vgl. B.G.B. §§ 1215—1223.

[5]) S. oben § 194 Anm. 81.

[6]) Eig.Erw.Ges. v. 5. Mai 1872 § 63. Vgl. unten § 200.

[7]) Interdictum de adipiscenda possessione.

[8]) I. 20 §§ 118—120.

Der Grund dieser Klage ist das gehörig (durch Besitzübergabe) bestellte Pfandrecht wegen einer zu sichernden Forderung und der Verlust des Besitzes wider Willen. Sie kann vor und nach der Fälligkeit der Forderung angestellt werden, weil sie nur das Recht des Klägers auf den Pfandbesitz schützen soll.

Das begründete Pfandrecht als solches hat nach seiner dinglichen Natur Anspruch auf absoluten Schutz. Regelmäßig freilich handelt es sich um Ausübung dieses Rechts nur gegen den Eigenthümer, den man auch als dinglichen Schuldner, Pfandschuldner bezeichnet. Aber es können auch dritte Personen sich mit dem dinglichen Recht des Pfandgläubigers in Widerspruch setzen. Darin tritt die Natur des Pfandrechts als regelmäßig absolut wirksamen Rechts hervor, die sich auch in dem vorher besprochenen Fall der Klage des Faustpfandgläubigers gegen den Inhaber auf Grund des wider Willen verlorenen Besitzes zeigt. Eine ungehörige Löschung oder Eintragung im Grundbuch, die den Bestand oder die Wirksamkeit der Hypothek oder Grundschuld berührt, wird, wie im § 200 darzulegen sein wird, vielfach im Beschwerdewege beseitigt werden können; aber wenn dies nicht der Fall ist, auch der von einem der Wiederherstellung des frühern Grundbuchstandes widersprechenden Dritten eingenommene Standpunkt sich nicht daraus rechtfertigt, daß er auf dem Glauben des Grundbuchs hin Rechte erworben habe, so kann gegen diesen Dritten mit Erfolg geklagt werden[9]). Jedes angebliche dingliche Recht, das aus den Kaufgeldern eines zur Zwangsversteigerung gestellten Grundstücks vor dem Hypothekengläubiger zu Unrecht Befriedigung sucht, kann den letzteren zur Abwehr nöthigen; sein Klagerecht beruht auch dann auf seiner Stellung als Hypothekengläubiger[10]). Schon vor Einleitung der Zwangsversteigerung kann ein berechtigtes Interesse des dinglichen Gläubigers hervortreten, ihn dahin zu sichern, daß er befugt ist, eine Zwangsversteigerung durchzuführen, ohne auf eine scheinbar geltende, weil voreingetragene Post Rücksicht zu nehmen, oder so, daß diese Post nur zu einem geringeren Betrage bei Feststellung des geringsten Gebots in Betracht zu ziehen ist. Auch in diesem Fall findet die Klage aus dem dinglichen Recht gegen den die gehörige Wirksamkeit dieses Rechts störenden oder verletzenden Dritten statt[11]).

Die regelmäßige Richtung der Pfandklage, namentlich die Klage aus der Hypothek oder Grundschuld gegen den Eigenthümer beruht darauf, daß nur der gegen den Eigenthümer festgestellte Anspruch in das unbewegliche Vermögen vollstreckbar ist. Findet sich aber ein Nichteigenthümer im

---

9) Unten. § 200 Anm. 5f. Das B.G.B. § 894 hat eine allgemeine Klage des Beeinträchtigten auf Herstellung einer Uebereinstimmung des Grundbuchs mit der wirklichen Rechtslage.

10) Oben § 194 Anm. 37. 61. 66. 87—90. Vgl. Entsch. B. 11 S. 47 (Pl.B.) (Rehbein III. S. 588). C.P.O. § 764 giebt kein neues materiell durchgreifendes Klagerecht, setzt vielmehr das Durchgreifen des Klagerechts aus dem Pfande voraus.

11) Immob.Vollstr.Ges. v. 13. Juli 1883 § 5. Hier ist dem Gläubiger, der in der Lage ist die Zwangsversteigerung zu betreiben, eine weiter gehende Rechtsstellung eingeräumt, kraft deren er aus dem Rechte des Eigenthümers Anträge stellen kann.

Besitz des Grundstücks, dessen Zwangsverwaltung der Gläubiger herbeiführen will[12]), so muß auch gegen diesen Besitzer die Klage dahin zugelassen werden, daß er bei Vermeidung der Zwangsverwaltung zu zahlen schuldig oder, daß ihm gegenüber zum Zweck der Befriedigung des Klägers die Zwangsverwaltung des Grundstücks für zulässig erkannt wird. Die Klage kann übrigens auch, wie schon im vorigen Paragraphen erörtert worden, auf Sicherung gegen nachtheilige Dispositionen des Eigenthümers abzielen[13]); regelmäßig soll sie die Ausübung des Pfandrechts durch Verkauf der Pfandsache begründen. Der Eigenthümer als solcher ist passiv legitimirt, auch wenn er nicht der persönliche Schuldner ist[14]), und die einmal erhobene dingliche Klage wird, da sie die Pfandsache litigiös macht, regelmäßig dadurch nicht beeinflußt, daß nach der Zustellung der Klage ein Wechsel in der Person des Eigenthümers eingetreten ist[15]). Ist der persönliche Schuldner Eigenthümer, so kann die dingliche Klage mit der persönlichen Schuldklage verbunden werden, will sich der Kläger aber die Möglichkeit sichern, das Urtheil auch im Falle eines dazwischen tretenden Eigenthumswechsels in das Pfand zur Vollstreckung zu bringen, so muß er die Verbindung der Pfandklage mit der persönlichen im Antrage besonders hervorheben[16]). Der Antrag der Pfandklage ist streng genommen auf richterliche Anordnung der Zulässigkeit der Zwangsvollstreckung in das Pfandobject in Höhe eines bestimmten Schuldbetrags oder bei der Grundschuld einer bestimmten aus dem Grundstück zu leistenden Zahlung zu richten. Die Praxis hat statt dessen Zahlungsansprüche bei Vermeidung der Zwangsvollstreckung in die Pfandsache zugelassen. Diese Ausdrucksweise setzt auch die Civilprozeßordnung als die regelmäßige voraus[17]), und es ergiebt

---

[12]) Immob.Vollstr.Ges. § 139 Abs. 2. Vgl. oben § 194 Anm. 59.

[13]) Vgl. oben § 194 Anm. 3f.

[14]) I. 20 §§ 198. 492.

[15]) Ges. über den Eigenthumserwerb v. 5. Mai 1872 § 44. C.P.O. § 665. Ueber die Legitimation des eingetragenen Eigenthümers (Eig.Erw.Ges. § 7) ist bei der näheren Erörterung der Klage aus Hypothek und Grundschuld zu handeln.

[16]) Wegen der dabei möglichen Exkussionseinrede gegen die Verurtheilung auf die persönliche Klage vgl. unten Anm. 20. Auch mit der Klage aus der Grundschuld kann diejenige persönliche Klage verbunden werden, die etwa der Grundschuldgläubiger gegen den Konstituenten der Grundschuld hat. C.P.O. § 232. In solchem Fall ist durch das Urtheil zum Ausdruck zu bringen, daß im Falle der Tilgung der einen Verbindlichkeit die Geltendmachung der anderen Schuld unzulässig ist, damit nicht der Schuldner in Folge der Verurtheilnng zu zwei selbständig neben einander stehenden Leistungen zu doppelter Zahlung angehalten werden könne.

[17]) Am klarsten geschieht dies im § 15 Nr. 4 Einf.Ges. z. C.P.O., wo lediglich von Geldforderungen die Rede ist, aber ausdrücklich vorausgesetzt wird, daß trotzdem ein dingliches Recht verfolgt werde. Aus dem Gesammtinhalt der Vorschriften über die Zwangsvollstreckung ergiebt sich ferner, daß die Vollstreckung einer Pfandforderung als Vollstreckung einer Geldforderung in das Vermögen gedacht ist, als eine Vollstreckung, die nicht mit der Uebergabe sondern mit dem Pfandverkauf zu enden hat. Nicht zu billigen ist es aber, wenn diese Ausdrucksweise dahin führt, die Klage, so zu charakterisiren, als ob es sich dabei um eine persönliche Verbindlichkeit handelte, bei der nur die Zwangsvollstreckung auf bestimmte Objekte beschränkt ist und bei der die Klage nur wie Dernburg I. § 341 Anm. 3 in seinen älteren Ausgaben im Anschluß an Sohm in Grünhuts Zeitschr. B. 5 S. 27 sich ausdrückte, „als dingliche behandelt werde"; — oder wenn

sich hieraus, daß derartige Ansprüche auch in den Formen des Mahnverfahrens und des Urkundenprozesses verfolgt werden können. Dies kann aber daran nichts ändern, daß die mit so formulirtem Antrag angestellte Klage die dingliche Pfandklage ist, die zum eigentlichen Gegenstand das künftige Objekt der Zwangsvollstreckung hat, daß also dies litigiös wird. Im Falle der Veräußerung der Sache während der Anhängigkeit der Klage auf Zahlung aus der Sache endet hiernach der Prozeß mit einem auch gegen den Rechtsnachfolger vollstreckbaren Urtheil. Wenn es sich um ein einer Pfandhaft unterliegendes Grundstück (nicht auch wenn es sich um ein bewegliches Faustpfand) handelt, ist der Rechtsnachfolger berechtigt und auf Antrag des Klägers verpflichtet, den Rechtsstreit als Beklagter zu übernehmen, dagegen darf der ursprünglich Beklagte die ihm jetzt mangelnde Sachlegitimation nicht vorschützen [18]).

Von der Art und Weise, wie die Klage aus der Hypothek und Grundschuld begründet sein muß, um durchzugreifen, und von den Besonderheiten der Vertheidigung des Verklagten gegen diese Klagen soll erst nach Erörterung der Entstehung der Hypothek und Grundschuld und ihrer Uebertragbarkeit gehandelt werden. Von den Einreden gegen die dingliche Pfandklage überhaupt ist nur hervorzuheben, daß das preußische Recht die Einrede der Vorausklage (exceptio excussionis) in dem Sinne des römischen Rechts nicht kennt und nicht kennen kann, weil es den Gegensatz des letzteren zwischen General- und Spezialhypothek nicht hat, mithin eine Verweisung des Gläubigers an das Spezialpfand nicht denkbar ist [19]). Das A.L.R. hat jenem

---

behauptet wird, die Pfandklage des preußischen Rechts wäre nicht wie die des gemeinen Rechts eine petitio rei (v. Wilmowski u. Levy, Komm. z. C.P.O. S. 649). Vgl. dagegen insbes. Unger, Oest. Priv.R. B. 1 S. 517. Die Klage ist auch nach preußischem Recht dinglich, ihr Gegenstand, der litigiös wird ist die Pfandsache, eine persönliche Pflicht des lediglich als Eigenthümer in Anspruch genommenen s. g. Pfandschuldners besteht nicht, dieser hat auch nach preußischem Recht nicht eine obligatio, sondern nur eine facultas, zu zahlen und dadurch den Pfandverkauf abzuwehren, und nur dies wird mit dem herkömmlichen Ausdruck: „schuldig zu zahlen bei Vermeidung der Zwangsvollstreckung in die Sache" ausgedrückt. Die Erörterungen von Steub bei Gruchot B. 27 S. 707 verkennen den Charakter des Pfandverkaufs als einer Zwangsvollstreckung in das Vermögen auf Grund des dinglichen Anspruchs. Vgl. auch gegen ihn oben Anm. 30. Die häufig in der Praxis gewählte Form des Klageantrags, den Beklagten zu verurtheilen, sich die Zwangsvollstreckung in die Sache gefallen zu lassen, oder ihn zu verurtheilen anzuerkennen, daß die Zwangsvollstreckung statthaft ist, kann als geschickt und sachentsprechend nicht bezeichnet werden. Der Wortlaut solcher Anträge handelt von Willenserklärungen, zu denen der Beklagte nicht verpflichtet ist, und die dem Kläger nichts helfen. Daß solche Urtheile wirklich Vollstreckungstitel in die Pfandsache enthalten, muß künstlich in sie hinein gedeutet werden. Die Gewöhnung beruht auf der falschen Gewöhnung daran, daß ein Erkenntniß zum Nachtheil des Beklagten immer eine Verurtheilung enthalten müsse.

18) C.P.O. §§ 236. 237. Der gute Glaube des Grundbuchs wirkt hierbei nicht ein. Der Dritterwerber würde als selbständiger Beklagter unter Umständen eine beschränktere, nicht eine erweiterte Rechtsvertheidigung haben. Der § 238 C.P.O. greift nicht ein, Wird die bewegliche im Faustpfandbesitz des Klägers befindliche Sache veräußert, so kann ein gutgläubiger Erwerb im Sinne des § 238 C.P.O. jedenfalls nur unter ganz besonderen Komplikationen vorliegen.

19) Die Einrede, durch die der Gläubiger zunächst an die Spezialhypothek verwiesen wurde,

Gegensatz einen andern substituirt, es unterscheidet zwischen Pfandsache und „übrigem Vermögen" des persönlich haftenden Schuldners, und gestattet nicht dem dinglichen sondern vielmehr dem persönlichen Schuldner[20]), wenn er noch Eigenthümer der Pfandsache ist, den Gläubiger zuerst an das Konventionalpfand zu verweisen, wenn nicht der Gläubiger seinem Pfandrecht entsagt (exc. excussionis realis)[21]). Das Recht entspricht dem Satze, daß derjenige, dem vertragsmäßig ein Pfand bestellt ist, genöthigt ist, sich bei unveränderten

---

ist durch die Nov. 4. c. 2 eingeführt. Daß die Einrede auch gebraucht werden könne, wenn Spezial- und Generalpfand sich noch im Besitz des Schuldners befinden, daß sie also auch dem Schuldner selbst zustehe, nicht bloß dem Dritten, der von ihm die mit dem Generalpfand belasteten Sachen erworben, hat sich erst seit der Glosse als Rechtssatz entwickelt, blieb aber bestritten. Ueber die Entstehungsgeschichte von I. 20 § 46 f. Bornemann IV. 191 Note 1. Koch, Komm. Note zu § 46.

[20]) Nicht dem Wechselschuldner Ges. v. 11. Mai 1839 § 3.

[21]) I. 20 §§ 45. 46. 47. Reskr. v. 24. Nov. 1842, Jahrb. B. 1 S. 276. Bornemann IV. 191. Koch, Anl. I. 297. Komment. zu §§ 46 und 47. Entsch. B. 83 S. 33, wo die Einrede in die Vollstreckungsinstanz verwiesen ist, weil erst „alsdann", wenn der Gläubiger sich an das übrige Vermögen hält, Anlaß zur Erhebung des Einwands gegeben ist. Man kann die Einrede, welcher der Schuldner auch, wie im Reskr. v. 30. Oct. 1828 (vergl. Ergänz. zu § 46) ausgeführt ist, bei Begründung der Schuld wirksam entsagen kann, nicht als eine solche bezeichnen, welche die Art der Zwangsvollstreckung betrifft, so daß sie, weil in der reichsgesetzlichen Regelung der Zwangsvollstreckung nicht berücksichtigt, als aufgehoben angesehen werden müßte (A. M. Schollmeyer in Schultzenstein und Vierhaus Zeitschr. B. 14 S. 355). Vielmehr ist der Einrede der Charakter einer Einrede gegen den Anspruch selbst zuzuschreiben. Sie ist aber auch nicht eine Einrede, bezüglich deren die Gründe, auf denen sie beruht, erst nach der Verhandlung der Sache entstehen. Die Einrede beruht auf dem schon zur Zeit des Prozesses bestehenden obligatorischen Verhältniß, das den Gläubiger nöthigt, sich mit der ihm eingeräumten Sicherheit zu begnügen. Die Inanspruchnahme anderer Vermögensstücke ist aber eine Zuwiderhandlung gegen diese Pflicht, der erst alsdann entgegen zu treten ist. Danach liegt die Sache jetzt so: der Schuldner wird durch nichts behindert, schon bei der mündlichen Verhandlung zu beantragen, seiner Verurtheilung die Maßgabe beizufügen, daß die Zwangsvollstreckung in andere Gegenstände außer der Pfandsache nur zulässig sein solle, wenn der Verurtheilte letztere veräußere, oder wenn der Gläubiger sein Pfandrecht aufgebe oder aus der Pfandsache nicht Befriedigung erlangen könne. Wird dann gegen diese Maßgabe gefehlt, so steht dem Schuldner zu, nach § 685 C.P.O. das Vollstreckungsgericht anzugehen. Da aber die Rechtsverletzung erst zur Klage nöthigt, so kann der Einwand der Unzulässigkeit auch nach dem Urtheil geltend gemacht werden. Dahin ist der früher eingenommene Standpunkt schon in der vorigen Auflage berichtigt. Die Praxis des Reichsgerichts bezeichnet die Befugniß als eine regelmäßig erst in der Vollstreckungsinstanz entstehende, die noch nach dem Urtheil geltend gemacht werden kann. R.G. Entsch. B. 25 S. 361. Die Vorschrift ist unanwendbar bei nicht konventionellen Pfändern, R.G. Entsch. B. 8 S. 272, insbesondere wenn der persönliche Gläubiger sich im Wege der Zwangsvollstreckung zunächst als Hypothekengläubiger hat eintragen lassen. — Dem B.G.B. fehlt eine ähnliche Vorschrift. Da der Schuldner der vollständig gezahlt hat, das Faustpfand zurückfordern, löschungsfähige Quittung beanspruchen kann, so wird aus § 273 hergeleitet werden können, daß die angebotene Gesammtleistung bei nicht dagegen erfolgender Freigabe des Pfands zurückgehalten, Zahlungspflicht nur gegen Freigabe erstritten werden kann. Aber der Gläubiger ist nicht gehindert, seinen Anspruch in Theilbeträgen geltend zu machen oder Theilurtheile wegen des unstreitigen Anspruchtheils zu erwirken und so die Möglichkeit zu erlangen, die Zwangsvollstreckung zunächst in andere Gegenstände als das Faustpfand oder das Grundstück zu betreiben, obgleich ihm die zur Pfandhaft dienenden Gegenstände völlig sichern. Gerade für solche Fälle giebt die landrechtliche Vorschrift eine in der gemeinrechtlichen Praxis schmerzlich entbehrte, dem gesunden Rechtsgefühl entsprechende Vorschrift.

Umständen mit der angenommenen Sicherheit zu begnügen: es entspringt also dem Verpfändungsvertrage als naturale negotii; daraus folgt, daß darauf vertragsmäßig mit voller Wirksamkeit verzichtet werden kann[22]). Es fällt weg, wenn die verpfändete Sache in das Eigenthum eines Dritten übergegangen ist[23]). Der Pfandklage, die sich auf Befriedigung aus dem Pfande gegen einen Andern als den persönlichen Schuldner richtet, kann nicht die Einrede entgegen gestellt werden, daß erst gegen den persönlichen Schuldner geklagt werden müsse[24]). Nur wo ein Bürge zur Sicherheit seiner Bürgschaft ein Pfand bestellt hat, darf er den Gläubiger zunächst an den persönlichen Schuldner verweisen (exc. excussionis personalis), weil sich der subsidiarische Charakter der Bürgschaft hier auch auf die Pfandbestellung überträgt[25]). Daß die Einrede der Vorausklage dem persönlichen Schuldner, der gleichzeitig dem Gläubiger eine Grundschuld bestellt hat, nicht zusteht, folgt daraus, daß ein Zusammenhang zwischen der persönlichen und der Grundschuld nicht besteht, beide unabhängig von einander sind.

Hat der Gläubiger eine bewegliche Sache pfänden lassen, so steht einer weiteren Pfändung nicht eine Exkussionseinrede entgegen. Aber öffentlichrechtlich ist der Gerichtsvollzieher gehalten, die Pfändung auf das Deckungsbedürfniß zu beschränken. Ist ein Grundstück durch Eintragung einer Zwangshypothek oder durch Einleitung der Zwangsversteigerung oder Zwangsverwaltung zum Gegenstand einer Pfandhaftung gemacht, so steht einer anderweitigen Geltendmachung der persönlichen Forderung und weiteren Pfändungen oder Beschlagnahmen die Exkussionseinrede ebenfalls nicht entgegen[26]).

Die Einrede ist ferner unbegründet, wenn der Kläger vergeblich seine Befriedigung aus dem Pfande gesucht hat, insbesondere also, wenn der Hypothekengläubiger die Zwangsversteigerung versucht hat, ein Zuschlag aber nicht zu erreichen gewesen ist, da das geringste Gebot nicht geboten wurde. Dann

---

22) I. 20 § 22. Vgl. oben § 194 Anm. 16. S. aber unten Anm. 29.

23) I. 20 §§ 49. 494. Dernburg, Pr. Hyp.-Recht II. S. 66 will das Interesse des persönlichen Schuldners daran, daß die Hypothek bei der Zwangsversteigerung nicht ausfalle, durch eine Pflicht des Hypothekengläubigers, ihm von der Einleitung der Zwangsversteigerung Mittheilung zu machen, schützen, damit er Gelegenheit habe, bei der Versteigerung mitzubieten, und zwar bei Strafe des Verlustes des an ihm zu nehmenden Regresses. Aber im Rechtssinn handelt es sich hier um keinen Regreß, wie es auch die wirthschaftliche Redeweise von Nichtjuristen nennen möge. Der persönliche Schuldner haftet nicht bloß für den Ausfall. Er kann auch bei validirender Hypothek als Schuldner verfolgt werden und kann sich keinesweges immer mit dem Anspruch auf Cession der Hypothek an ihn vertheidigen, jedenfalls dann nicht, wenn der Erwerber die Hypothek nicht übernommen hat. Vgl. oben § 192 Anm. 42. Aber auch soweit er nach dem dort Ausgeführten die Cession fordern und die durch den Gläubiger vereitelte Cession als peremtorischen Einwand benutzen kann, wäre es eine Ueberspannung der Auffassung der Pflichten aus Treue und Glauben, wenn die Gesetzgebung (die Praxis kann es gewiß nicht) zu den Dernburg'schen Sätzen gelangt wäre. Vgl. die Ausführungen bei Gruchot B. 36 S. 656.

24) I. 20 § 49. Der dritte Pfandbesteller, der sich nicht außerdem verbürgt hat, haftet nur mit dem Pfande (Präj. 1478. Samml. I. 111). Strieth. B. 44 S. 113 (Rehbein III. S. 461).

25) I. 20 §§ 51. 52.

26) R.G. Entsch. B. 8 S. 272. Ueber Eig.Erw.Ges. § 6 Abs. 2, vgl. oben § 193 Anm. 37.

kann der Gläubiger, wenn er sich an andere bereite Vermögensstücke seines Schuldners halten will, nicht genöthigt werden, dem Pfandrecht zu entsagen.

Geräth der persönliche Schuldner, der zugleich Pfandschuldner ist, in Konkurs, so kann die persönliche Forderung als Konkursforderung — folgeweise auch im Falle eines geschlossenen Zwangsvergleichs als danach zu befriedigende Forderung — nur zu dem Betrage geltend gemacht werden, zu dem der Gläubiger auf abgesonderte Befriedigung verzichtet, oder mit dem er bei dem Versuch abgesonderter Befriedigung ausgefallen ist[27]). Letzterer Betrag kann schon vor dem Pfandverkaufgeschäft und mit der Wirkung glaubhaft gemacht werden[28]), daß die Forderung in dieser Höhe bei Abschlagsvertheilungen berücksichtigt wird, was zur Folge hat, daß bei etwa günstigerem Pfandverkauf dem Gläubiger ein Mehrbetrag als die verbleibende Differenz zu Gute kommen kann[28a]). Das Recht der Konkursgläubiger auf Ausschließung der durch Absonderungsrecht gesicherten Forderung ist nicht, wie die landrechtliche Einrede der Vorausklage, Ausfluß des zwischen dem Kridar und dem Pfandgläubiger bestehenden Obligationsverhältnisses, vielmehr es ist ein selbständiger Ausfluß des Konkursrechts. Ein für den Kridar bindender Vertrag, durch den die oben erwähnte, ihm selbst zustehende Einrede der Verweisung ausgeschlossen worden, kommt deshalb gegen dieses Recht nicht in Betracht, auch nicht, wenn es sich um Befriedigung in Gemäßheit des beschlossenen Zwangsvergleichs handelt[29]). Aus einem Zwangsvergleich kann der Gläubiger nicht ohne Verzicht auf das Pfandrecht oder nur nach Feststellung des Ausfalls durch Pfandverkauf und nur für die Akkordrate von dem durch das Absonderungsrecht nicht mehr gesicherten Forderungstheil Zwangsvollstreckung beanspruchen[30]).

## § 195. Die Aufhebung des Pfandrechts.

Was das A.L.R. unter dem Marginale Aufhebung des Pfandrechts beibringt[1]), ist nicht erschöpfend. 1. Das Pfandrecht wird zunächst verbraucht, wie bereits erörtert worden, durch den gerichtlichen **Verkauf der Sache** auf Betreiben des Pfandgläubigers und wenn die Zwangsversteigerung auf Betreiben eines vorgehenden Gläubigers erfolgt, soweit es als nachfolgendes Pfandrecht davon berührt wird[2]).

---

27) R.K.O. § 57. Vgl. Preuß. K.O. §§ 39. 197. 247. 248. Die Personenidentität fehlt, wenn ein Handelsgesellschafter für eine Gesellschaftsschuld eine ihm gehörige Sache verpfändet hat. Dann kann die Forderung im Gesellschaftskonkurse ganz, folgeweise auch der ganze Ausfall im Privatkonkurs geltend gemacht werden. R.G. Entsch. B. 7 S. 88.

28) K.O. § 141. Vgl. R.G. Entsch. B. 5 S. 394.

28a) Deshalb wird die auf den Absonderungsberechtigten fallende Hebung in solchem Fall hinterlegt. Wolff, Absonderungsrecht im Konkurse S. 209.

29) R.G. Entsch. B. 6 S. 66. Auch wenn die Forderung eine Wechselforderung ist, greift der konkursrechtliche Grundsatz durch. R.G. Entsch. B. 7 S. 90.

30) Entsch. B. 43 S. 423 (Rehbein III. S. 461).

1) I. 20 §§ 50—70.

2) § 194 bei Anm. 39f. 70f.

Es geht 2. unter mit dem Untergang der Sache; aber wenn hierbei aus der untergegangenen Sache eine neue entsteht[3]), geht das Pfandrecht darauf über; eine bloße Veränderung der Sache hebt das auf ihr haftende Pfandrecht nicht auf[4]). Aus der Untheilbarkeit des Pfandrechts folgt, daß der letzte Rest der Sache noch immer für die ganze Forderung haftet[5]). Ist die Pfandsache ohne Enteignung zu einem solchen Zweck gewidmet, daß sie dadurch aus dem Verkehr gezogen ist, so wird die Veräußerung des Pfands ausgeschlossen und dem Pfandgläubiger muß überlassen bleiben gegen denjenigen, der durch jene Verwendung sein Recht zerstört hat, Ansprüche zu erheben[6]).

Vermöge seiner accessorischen Natur erlischt 3. das eine Forderung sichernde Pfandrecht regelmäßig, wenn die Forderung getilgt oder erloschen ist, die Annahme seiner Fortdauer für eine Naturalobligation ist dem preußischen Rechte unbekannt[7]). Das gilt auch für den Fall des Untergangs der Forderung durch Konfusion[7a]). Für die Hypothek modifiziren sich diese Sätze[8]). Sie gelten aber auch hier, sofern der persönliche Schuldner ein Anderer ist, als der Grundstückseigenthümer[8a]). Ist aber neben den ursprünglichen persönlichen Schuldner durch Veräußerung des Grundstücks unter Uebernahme der Hypothek und Anrechnung auf den Kaufpreis ein anderer persönlicher Schuldner getreten, so kann die Konfusion der persönlichen Schuld des ersten Schuldners mit dem Gläubigerrecht die Hypothek nicht zerstören. Diese wird vielmehr durch die neue Grundlage, die sie in der Schuld des übernehmenden Käufers erhalten hat, aufrecht erhalten, kann also selbst von dem ersten Schuldner als Cessionar des Hypothekengläubigers geltend gemacht werden. Daß in solchem Fall sogar ein Recht des ersten Schuldners, der zur Zahlung genöthigt wird, auf Cession anzuerkennen ist, hat bereits Erwähnung gefunden[8b]). Zahlt der übernehmende Käufer, so lange er Eigenthümer des Grundstücks ist, so entsteht für ihn die Eigenthümerhypothek, ohne daß er den

---

[3]) Oben § 184 bei Anm. 65, vgl. B. I. § 22 Anm. 21. 22, auch B. III. § 179 Anm. 11a.

[4]) Die Versicherungsgelder, die nur durch die ausdrückliche Bestimmung des Ges. über den Eigenthumserwerb v. 5. Mai 1872 § 30 (letzter Satz) in die Haftung für die Hypothek und Grundschuld hineingezogen sind (vgl. die Citate in Anm. 3), können bei Verpfändung beweglicher Sachen nicht als an Stelle des untergegangenen Pfandobjekts haftend angesehen werden.

[5]) I. 20 § 261. l. 21 D. XIII. 7. Vgl. oben § 190 Anm. 37.

[6]) Z. B. das Grundstück ist zu einer öffentlichen Straße gemacht. Vergl. R.G. Entsch. B. 4 S. 279.

[7]) I. 20 § 55. Die Forderung muß mit allen ihren Nebenansprüchen an Zinsen, Kosten, Interesse, Konventionalstrafe und Verwendungen auf die Pfandsache selbst erloschen sein. l. 8 § 5 D. XIII. 7, l. 6 C. VIII. 14. Dernburg, Pf.-R. I. 551. Leyser sp. 224 m. 6. — Vgl. B.G.B. §§ 1252. 1254.

[7a]) Entsch. des O.Trib. B. 36 S. 117 (Rehbein III. S. 708).

[8]) Vgl. unten § 200.

[8a]) Das Pfandrecht geht für den bisherigen Gläubiger jedenfalls unter, sobald seine Forderung getilgt worden, mag die Hypothek gelöscht worden sein oder nicht. Entsch. B. 18 S. 264. Strieth. B. 43 S. 268. Der bezahlte Hypothekengläubiger ist daher verpflichtet, löschungsfähige Quittung zu ertheilen. Strieth. B. 53 S. 90.

[8b]) Oben § 192 am Ende. — Vgl. B.G.B. §§ 1256. 1164f. 1173.

persönlichen Schuldner mit Erfolg in Anspruch nehmen kann, weil dieser ihm die Uebernahme in Anrechnung auf das Kaufgeld entgegen hält. Zahlt der übernehmende Käufer erst, nachdem er das Eigenthum des Grundstücks auf einen Andern übertragen hat, ohne daß dieser die Hypothek in Anrechnung auf das Kaufgeld übernommen hat, so wird durch die eintretende Konfusion die Hypothek inhaltlos und ist zu löschen. — Inwieweit die der Verjährung unterliegende Forderung durch das begründete Pfandrecht aufrecht erhalten wird, hat bereits Erörterung gefunden[8c]. Die Konfusion der persönlichen Forderung, die einer Grundschuld zu Grunde liegt, berührt nicht den Bestand der Grundschuld, die davon völlig unabhängig ist.

Dem Pfandrecht kann 4. der Pfandgläubiger entsagen[9]. Aus einer solchen Entsagung folgt nicht, daß die Forderung aufgegeben wird[10], andererseits folgt aus der Annahme einer anderweitigen Sicherheit, z. B. der Annahme eines Bürgen, nicht Verzicht auf das Pfandrecht[11]. Wenn aber der Besitzpfandgläubiger den Besitz der beweglichen Sache freiwillig aufgiebt, so gilt dies als Verzicht auf das Pfandrecht, und selbst ein dabei gemachter Vorbehalt konservirt es nicht gegen Dritte, sondern erzeugt nur persönliche Ansprüche gegen den Empfänger[12]. Die Rückgabe eines unbeweglichen Besitzpfands zerstört das Pfandrecht nicht, weil auch das unbewegliche Besitzpfand auf der Eintragung beruht[13]. Ein Faustpfandrecht, das bei Abtretung des Forde-

---

[8c] Vgl. § 192 am Ende.

[9] I. 20 § 47. Auch theilweise Entsagung. Reskr. v. 14. Novbr. 1815 (Ergänz. Nr. 2 zu § 47). Ueber stillschweigende Entsagung durch Genehmigung der pfandfreien Veräußerung durch den Schuldner nach gemeinem Recht. l. 4 § 1 D. XX. 6. Seuffert XVI. 17 (O.-Trib. Berlin).

[10] Entsch. B. 9 S. 257. R.G. Entsch. B. 16 S. 244. Die in der ersteren Entsch. enthaltene Umkehr des Satzes: aus dem Verzicht auf die persönliche Forderung folgt nicht der Verzicht auf das Hypothekenrecht, weil beide Berechtigungen ganz verschieden und unabhängig von einander seien, verkennt die im Prinzip im Landrecht durchaus aufrecht erhaltene accessorische Natur der Hypothek. Beide Urtheile beziehen sich insbesondere auch auf das Verhältniß zu dem persönlichen Schuldner, der nicht Eigenthümer des hypothecirten Grundstücks ist. Vgl. jedoch Näheres oben § 192 a. E. Der Verzicht auf die Hypothek erlangt übrigens dingliche Wirksamkeit erst durch die Löschung. Aber sie kann auch von dem Besitznachfolger des Eigenthümers, gegen den sie erklärt ist, geltend gemacht werden, und die Löschungsbewilligung ist wirksam, auch wenn die dabei angegebene Grundlage des Verzichts nicht richtig ist. Entsch. B. 18 S. 264 (Rehbein III. S. 671).

[11] I. 20 §§ 68—70, I. 6 § 2 D. XX. 6, l. 9 § 3 D. XIII. 7.

[12] I. 20 §§ 253. 254. B.G.B. § 1253. Dies gilt auch bei verpfändeten Hypotheken bei Herausgabe des Hypothekenbriefs, soweit diese nicht unter Umständen geschieht, die den ganz oder theilweise ausgesprochenen Vorbehalt des Pfandrechts sichern, z. B. nicht bei Herausgabe zum Zwecke der Bildung eines Zweigdokuments für eine Nachhypothek hinter der bestimmt bezeichneten ersten. Entsch. B. 70 S. 191 (Rehbein III. S. 491), oder bei Herausgabe eines Hypothekendokuments an einen Dritten zu sonstigen bestimmt begrenzten Zwecken. Striethorst B. 38 S. 45. Die Rückgabe muß erfolgt sein, um das Pfandrecht aufzugeben. — Das Pfandrecht geht nicht verloren, wenn das Pfand dem Gericht übergeben wird. Strieth. B. 11 S. 124, B. 13 S. 219. Das bloße Geschehenlassen eines Verkaufs der Sache oder die Zustimmung dazu wirkt nicht auf das Pfandrecht ein, also auch nicht bei dem gesetzlichen Pfandrecht an einer in die Miethswohnung eingebrachten Sache, die Zustimmung zu deren Verkauf, wenn diese trotz des Verkaufs in der Wohnung belassen wird. Entsch. B. 72 S. 207.

[13] I. 20 §§ 255. 99. 100.

rungsrechts, das dadurch gesichert werden soll, ausdrücklich von der Abtretung ausgenommen worden ist, hat seine Grundlage verloren und ist dadurch untergegangen[13a]).

5. Zur Strafe verwirkt der Faustpfandgläubiger sein Pfandrecht, wenn er den Besitz der Sache gegen den Schuldner oder Eigenthümer vorsätzlich leugnet[14]). Verwirkt wird das Pfandrecht ferner, wenn der Gläubiger das verfallene Gebäude, nachdem es vergeblich mit der Pflicht der Herstellung zum öffentlichen Verkauf gestellt worden, nicht mit dieser Pflicht belastet annehmen will, und es deshalb einem Dritten zugeschlagen worden ist[15]).

6. Solange der Gläubiger im Besitz der Pfandsache, und solange die Hypothek oder Grundschuld eingetragen ist, kann das Pfandrecht selbst nicht verjähren[16]). Seine Verjährung ist nur denkbar, wenn der Gläubiger den Besitz verloren oder die Hypothek und Grundschuld zu Unrecht gelöscht worden ist[17]). Das Pfandrecht geht auch nicht durch Ersitzung des Eigenthums in der Hand des Faustpfandgläubigers unter, weil dieser den Grund seines Besitzrechts sich nicht ändern also überhaupt nicht ersitzen kann[18]). Sein redlicher Erbe aber, der die Entstehung des Besitzes seines Erblassers als Pfandbesitz nicht kennt, beginnt die Ersitzung des Eigenthums, mit deren Vollendung das Pfandrecht untergeht[19]).

7. Wie jedes dingliche Recht erlischt das Pfandrecht durch Konsolidation, wenn der Pfandgläubiger Rechtsnachfolger des Eigenthümers der Sache wird, oder der Eigenthümer das Pfandrecht an seiner Sache erwirbt[20]). Auch hier tritt aber modifizirend der Satz ein, daß eine Hypothek und Grundschuld bis zur Löschung besteht; und es wird später einer ausführlichen Erörterung zu unterziehen sein, welche Konsequenzen das neuere Recht hieran geknüpft hat, Konsequenzen, die auch den Fall ergreifen, daß gleichzeitig Konfusion der persönlichen Verbindlichkeit vorlag[21]).

8. Der Ablauf der Zeit, für die das Pfandrecht bestellt worden, scheint als Erlöschungsgrund wirken zu müssen. Das A.L.R. unterscheidet aber. Hat der Schuldner seine eigene Sache verpfändet, so wird die bei-

---

13a) Oben B. I § 99 Anm. 93. Vgl. B.G.B. § 1250 Abs. 2.

14) I. 20 § 256.

15) I. 20 § 258, I. 8 §§ 44—53.

16) I. 20 §§ 246. 535, I. 9 § 511.

17) I. 20 §§ 244. 526f. Konsequenz von I. 9 § 511. Koch, Pr.-R. I. 635 a. E. f. Es ist auffallend, daß I. 20 § 245 die §§ 568. 569 I. 9 citirt. Eine solche Verweisung auf diese §§ kommt sonst im A.L.R. nicht vor (Koch, Komm. N. 50 zu I. 20 § 245), und ist auch hier überflüssig. Ueber die Rückwirkung der Unverjährbarkeit des Pfandrechts auf die Verjährbarkeit der Forderung s. oben § 192 bei Anm. 22ff.

18) I. 20 § 250, l. 44 § 5 D. XLI. 3. Auch kann keine erwerbende Verjährung des dritten Besitzers des Pfandobjekts gegen den Pfandgläubiger (auf Freiheit von dem Pfandrecht) eintreten. Senffert XII. 11.

19) I. 20 §§ 251. 252. Die usucapio pro herede nach § 617 I. 9. S. oben § 177. Anm. 43a.

20) Oben § 184 bei Anm. 2. S. B.G.B. § 1256.

21) Unten § 200.

gefügte Zeitbestimmung interpretirt als Feststellung des Zahlungstermins für die Schuld[22]). Steht dieser Auslegung der Inhalt des Vertrags entgegen, und soll die Dauer des Realrechts durch die Zeitbestimmung wirklich begrenzt werden, so hat ein solcher Vertrag zum Nachtheil des Pfandgläubigers keine Wirkung. Der Verpfänder selbst wenigstens muß bei Ablauf der Zeit die Schuld zahlen oder sich den Verkauf des Pfandes gefallen lassen[23]). Dagegen wenn Jemand für eine fremde Verbindlichkeit Pfand auf eine bestimmte Zeit gegeben hat, finden die Vorschriften von der auf Zeit übernommenen Bürgschaft Anwendung, und das Gleiche gilt in dem Fall, wo das Eigenthum der Sache von dem Verpfänder inzwischen auf einen Dritten übergegangen ist[24]). Eine Kautionshypothek kann hiernach, wenn die Zeit, für die sie übernommen ist, nicht mehr läuft, durch Akte, welche die zu sichernde Forderung gegen den von dem Grundeigenthümer verschiedenen Schuldner zur Entstehung bringen, nicht mehr Kraft erlangen; der Pfandschuldner kann solchenfalls wegen der bereits entstandenen Forderung auf richterliche Bestimmung einer präklusivischen Frist zur Klage gegen den Hauptschuldner antragen; und wenn es sich um eine Hypothek für eine fällige Leistung handelt, erlischt das Pfandrecht, falls nicht die persönliche Klage bis znm dritten Tage nach dem Fristablauf angestellt wird. Wieder verschieden ist endlich der Fall, wenn die Giltigkeit der Verpfändung von der Einwilligung eines Dritten abhängt[25]), wie z. B. bei der Verpfändung von Lehn- nnd Fideikommißgütern, wo es der Einwilligung der Agnaten und Anwärter bedarf, und wenn von diesen ihre Einwilligung an Bedingungen und Zeitbestimmungen geknüpft ist[26]). Tritt die auflösende Bedingung oder die Zeit ein, so hat der Einwilligende das Recht wie ein auf Zeit verpflichteter Bürge, und das Pfandrecht geht dann soweit unter, als dessen Wirkungen dem Einwilligenden nachtheilig sein würden[27]).

## Zweiter Abschnitt.

## Das Besitzpfand.

### § 196. Die Pfandbestellung durch körperliche Besitzübertragung.

I. Begründung und Aufhebung. Ein Pfandrecht im engeren Sinne kann nur durch Einräumung des Besitzes bestellt werden, und zwar muß die

---

[22]) I. 20 § 57.

[23]) I. 20 § 58.

[24]) I. 20 §§ 58. 59. Oben B. II. § 144 Anm. 73 und 93 und B. III. § 192 Anm. 20. Strieth. B. 36 S. 330 und dazu Koch zu § 56.

[25]) I. 20 §§ 60 fg. Schriftliche Form der Einwilligung. § 65.

[26]) I. 20 § 61.

[27]) I. 20 §§ 61. 63. Rechtsfälle B. 3 S. 250. Der Konsentirende wird nicht Mitverpflichteter wie ein Bürge, d. h. er hat sich die Ausübung des Pfandrechts nur ge-

Sache regelmäßig in den körperlichen Gewahrsam des Gläubigers wirklich gelangen[1]). Unwirksam ist hiernach eine Pfandbestellung, bei der die Sache im Naturalgewahrsam des Pfandbestellers verbleibt, auch wenn dieser durch possessorisches Konstitut erklärt, sie im Namen des Pfandgläubigers zu besitzen[1a]). Diese Sätze gelten nicht bloß von dem vertragsmäßigen sondern auch von dem auf Gesetz oder gerichtliche Verfügung gegründeten Pfandrecht an beweglichen Sachen oder Rechten: der Besitz muß ergriffen sein, beim richterlichen Pfandrecht indessen nicht ein Besitz des Pfandgläubigers, sondern der amtliche Besitz des Gerichtsvollziehers[2]). Auch durch eine s. g. symbolische Uebergabe wird ein Pfandrecht nicht begründet, außer in bestimmten in dem nächsten Paragraphen zu erörternden Fällen. Giebt aber eine symbolische Uebergabe in anderen Fällen auch kein Pfandrecht, so begründet sie doch ein Recht auf Uebergabe der Pfandsache, d. h. einen Pfandrechtstitel, der auch dann wirksam ist, wenn der Verpfändungsvertrag wegen Mangels der schriftlichen Form klaglos ist[3]). Hier ergänzt also die symbolische Uebergabe die Vertragsform.

Jedes freiwillige Aufgeben des Gewahrsams Seitens des Gläubigers vernichtet sein Pfandrecht; Vorbehalte, die er dabei macht, sind wirkungslos. Als Aufgeben des Pfandgewahrsams gilt es insbesondere, wenn der Gläubiger die Sache dem Schuldner mit der Anweisung zurückgiebt, sie in seinem Namen, als sein Stellvertreter zu besitzen[4]). Wenn der Schuldner die Sache unter

---

fallen zu lassen, wenn der Schuldner vorher rechtlich gehört, rechtskräftig verurtheilt worden ist.

[1]) Uebergabe durch Anweisung hat das R.G. Entsch. B. 22 S. 325 für ungenügend erachtet.

[1a]) I. 20 §§ 104. 105. Vergl. B.G.B. § 1205. Danach ist auch Uebergabe durch Anweisung des Besitzes durch den mittelbaren Besitzer genügend. § 1205 Abs. 2. — Fraglich ist, ob die Verpfändung in der Weise geschehen kann, daß die Sache in den Mitbesitz des Verpfänders und des Pfandgläubigers genommen wird. Ist der Mitbesitz ein solcher, daß die Möglichkeit selbständiger Einwirkung des Verpfänders auf die Sache wirklich ausgeschlossen, sein „Naturalgewahrsam" also verändert ist, z. B. wenn die Sache unter gemeinsamen Verschluß genommen ist, so muß die Verpfändung als wirksam angesehen werden. Vergl. R.O.H.G. B. 14 S. 104. Vgl. B.G.B. § 1206. — Bei Uebergabe an einen Theilnehmer derselben Wohnung sind Einrichtungen erforderlich, welche die Sache in die ausschließliche Disposition des Pfandgläubigers stellen. Strieth. B. 12 S. 281 (Rehbein III. S. 419).

[2]) I. 20 §§ 109—111. C.P.O. § 712. Vgl. oben § 157 Anm. 47.

[3]) I. 20 §§ 106. 107. 108. Unten § 197.

[4]) I. 20 §§ 105. 253. 254. Svarez, Schlußvortr. S. 59. Auch bei Rückgabe der als Zubehör eines Pfandbriefs mit verpfändetem auf den Inhaber lautenden Zinsrecognitionsscheine an den Verpfänder hört das Pfandrecht insoweit auf. Entsch. B. 1 S. 235 (Rehbein III. S. 438). — Das O.-Trib. hat angenommen, daß § 105 auf den Fall nicht anwendbar sei, wenn Eigenthümer und Schuldner verschiedene Personen sind, zugleich der Pfandeigenthümer der gesetzliche Vertreter des Gläubigers ist (sein Pfleger oder Vormund) und er in dieser Eigenschaft von dem Schuldner, dem er seine eigene Sache zum Zweck der Verpfändung übergeben hat, diese als Pfand empfängt, — obschon Eigenthümer des Pfandes und Pfandempfänger Eine Person sind. Präj. 1487. Samml. I. S. 112. Entscheid. B. 12 S. 271 (Rehbein III. S. 421). Dabei ist nicht von einem Kontrahiren mit sich selbst die Rede. Der Schuldner verpfändet eine fremde Sache mit Einwilligung des Eigenthümers, und die Pfandbestellung wird durch Uebergabe an diesen Eigenthümer in seiner Eigenschaft als Vertreter des Gläubigers aus-

einem Vorbehalt zurückerhält, so kann er verpflichtet sein, das Pfandrecht durch erneute Hingabe wieder zu begründen. Dann entsteht ein neues Pfandrecht. Wird der Besitz der Pfandsache dem Gläubiger wider seinen Willen entzogen, so geht ihm das Pfandrecht nicht verloren. Das körperliche Pfand ist auch an Grundstücken zulässig, verlangt aber hier zu seiner Wirksamkeit das Hinzukommen der Eintragung in das Grundbuch[5]). Diese Eintragung sollte, wie für den einzigen praktisch wichtigen Fall eines solchen Besitzpfands (die Antichrese) in der Hypothekenordnung von 1783 besonders vorgeschrieben war, in der zweiten und dritten Rubrik erfolgen; dies ist in der Gesetzgebung von 1872 aufrecht erhalten[6]).

Der Besitz des Pfandgläubigers schließt regelmäßig die Möglichkeit eines anderweitigen durch den Verpfänder begründeten zweiten Besitzpfands aus. Freilich kann ein solches entstehen, insofern das Pfand ohne den Willen des Pfandgläubigers dessen Besitz entkommen und dann wieder zu Faustpfand gegeben ist; in diesem Fall kann der erste Pfandgläubiger dem zweiten den Pfandbesitz entziehen, wenn der zweite gutgläubig war, freilich nur durch Einlösung[6a]). Im Uebrigen kann die Sache zwar einer Mehrheit von Gläubigern derselben Forderung zum Mitbesitz eingeräumt werden, sie kann aber nicht mehreren Gläubigern, die verschiedene Forderungen haben, in der Weise in Mitbesitz gegeben werden, daß jeder ein besonderes Pfandrecht an der Sache erlangt. Ein abweichendes Ergebniß kann auch nicht dadurch allein erreicht werden, daß die Sache einem gemeinsamen Stellvertreter der verschiedenen Gläubiger hingegeben wird. Noch weniger ist es möglich, daß der Verpfänder, der bereits die Sache zum Pfandbesitz übergeben hat, nachmals ein neues Pfandrecht dadurch konstituirt, daß er demjenigen, der die Sache

---

geführt. Nicht der Vormund besitzt das Pfand, sondern der Mündel durch ihn. § 105 schließt nur den stellvertretenden Besitz des Schuldners aus.

5) I. 20 § 100. Die gerichtliche Verlautbarung hat das Gesetz vom 23. April 1821 beseitigt. — Das Recht wurde nicht schon durch die Besitzeinräumung begründet und als bestehendes Recht eingetragen, wie eine bereits begründete Grundgerechtigkeit oder Reallast, sondern zu seiner Entstehung gehört die Eintragung.

6) Hyp.-Ordn. Tit. I. § 53. Grundbuchordnung vom 5. Mai 1872 § 12 Abs. 2. Das B.G.B. hat das eingetragene Besitzpfand an einem Grundstück und damit das Institut der Antichrese als besonders geregelte Institute nicht aufgenommen. — Die Grundbuchordnung hat das eingetragene Besitzpfand des Landrechts als eine mit Besitz und Genuß des Grundstücks verbundene Hypothek oder Grundschuld bezeichnet. Das ist nicht dahin zu verstehen, daß ein Besitzpfand an einem Grundstück überhaupt nur als Antichrese vorkommen darf. Das Recht auf antichretische Nutzung beruht auf einer Nebenabrede des Pfandvertrags. Nicht zugegeben werden kann, was Turnau zu § 12 cit. ausführt, daß die Eintragung gerade in zweiter Abtheilung wesentlich sei. Ist das Besitzrecht oder das antichretische Recht des Pfandgläubigers instruktionswidrig vom Grundbuchrichter nur in Abtheilung III. eingetragen, so steht es im Grundbuch und hat alle Kraft erlangt, die daraus entspringen soll. Der Ort der Eintragung im Grundbuch ist für die Rechtswirkung derselben gleichgiltig. Der letzte Satz ist freilich in der Praxis zuweilen verkannt. Entsch. B. 60 S. 1. Auch Eintragung in Abtheilung I. genügt. Aber die Ausführung des Kammergerichts, Johow B. 11 S. 461, daß ein solches nutzbares Pfand als ein bloßes persönliches Nutzungsrecht gerade nur hier einzutragen sei, ist verfehlt.

6a) Vgl. B.G.B. § 1198.

als Stellvertreter des Pfandgläubigers inne hat, das Recht einräumt sie auch als Stellvertreter eines Andern zu haben. Alles dieses würde auf eine rechtlich unzulässige compossessio plurium in solidum hinauslaufen[6b]). Nur in einzelnen Fällen der symbolischen Verpfändung, bei denen ein eigentlicher Pfandbesitz nicht stattfindet, haben gesetzliche Bestimmungen eine Verpfändung an mehrere Gläubiger gestattet. Bei dem gerichtlichen Pfande greift, abweichend von der Rechtslage beim Konventionalpfand, die Möglichkeit der Anschlußpfändung ein[7]). Da der Gerichtsvollzieher das Pfand nicht als Stellvertreter des Gläubigers, sondern als amtlicher Bewahrer inne hat, so stehen dieser reichsgesetzlichen Rechtsbildung Bedenken aus dem System des Privatrechts nicht entgegen[7a]).

---

[6b]) A. M. Dernburg I. § 354 Anm. 16, und das Reichsgericht Entsch. B. 22 S. 334. Es fragt sich dabei: Wie soll es logisch möglich sein, daß Mehrere gleichzeitig Pfandbesitz an der Sache haben? Der Besitz, der durch einen Stellvertreter geübt wird, ist nur Besitz, wenn der Vertretene ihn jeder Zeit an sich nehmen kann, sobald kein Recht des Stellvertreters entgegen steht. Wie sollen nun A und B, die beide den Pfandbesitz durch C ausüben wollen, jeder gleichzeitig die Sache dem C weg und in eigenen Gewahrsam nehmen? Nach Dernburg ist der unvollständige Besitz Mehrerer an derselben Sache logisch denkbar, ohne daß sie Mitbesitzer nach Quoten zu sein brauchen. Ich gestehe, daß ich es ebenso wenig für denkbar halte, daß zwei in solidum die Sache als Miether oder Nießbraucher besitzen, wie ich einen solchen Pfandbesitz für denkbar halte. Daß da wo das Gesetz für das Pfandrecht statt wirklicher Besitzübertragung symbolische Verpfändung als zulässig bezeichnet, ein Pfandrecht Mehrerer entstehen kann, ist bereits in § 194 hinter Anm. 84 hervorgehoben. — Stehen die Mehreren in einem Gesellschaftsverhältniß, kraft dessen sie gegenseitig verpflichtet sind, den Auftrag an den Stellvertreter nicht zurückzunehmen, so läßt sich die Annahme des für alle begründeten Pfandrechts vielleicht vertheidigen. Hierauf beruht der ohne gesetzliche Grundlage immerhin nicht zweifelsfreie Versuch einzelner Pfandbriefanstalten, einen gemeinsamen Besitz der Urkunden über verpfändete Forderungen durch einen Pfandhalter zu begründen.

[7]) C.P.O. §§ 727 ff. Hier wird die Pfändung perfekt durch die Erklärung des Gerichtsvollziehers, daß er pfände. Diese Erklärung ist angesichts der Sache gegenüber deren Inhaber, also gegen den im Besitz befindlichen Gerichtsvollzieher abzugeben. Ist dieser selbst der Pfändende, so wird die Erklärung durch Aufnahme des Protokolls festgestellt; der Beamte könnte sie in anderer Weise nicht äußerlich erkennbar machen. Bei der Pfändung durch einen anderen Gerichtsvollzieher wirkt die mündliche Erklärung gegen den ersten Gerichtsvollzieher als Pfändung, das darüber aufzunehmende Protokoll ist Beweisurkunde; die Vorschrift, daß dem ersten pfändenden Gerichtsvollzieher eine Abschrift des Protokolls zuzustellen ist, muß als Ordnungsvorschrift angesehen werden ebenso wie die über Benachrichtigung des Schuldners. Abweichend R.G. Entsch. B. 13 S. 345, wo dies als Sinn des Entwurfs von 1871 anerkannt, aber in der redaktionellen Aenderung des Entwurfs von 1872 trotz Festhaltung der alten Motive die sachliche Aenderung gefunden wird, daß die protokollarische Erklärung des beauftragten Gerichtsvollziehers die Anschlußpfändung stets bewirke. Das Protokoll des Gerichtsvollziehers soll aber einen äußerlichen Pfändungshergang beurkunden, die Erklärung, die außerhalb des Protokolls bereits abgegeben, also gegen den im Besitz befindlichen Gerichtsvollzieher gemacht ist, wird als erfolgt in das Protokoll aufgenommen. Vgl. auch von Schrutka-Rechtenstamm in Schultzenstein und Vierhaus' Zeitschr. B. 14 S. 217. — Hat der Verpfänder die Sache gegen den Willen des Pfandgläubigers zurück erhalten und einem Dritten verpfändet, so wird der erste Pfandgläubiger gegen den gutgläubigen Dritten nicht als besserberechtigter Pfandgläubiger klagen können, sondern er wird lediglich die Einlösungsklage haben: ist der Dritte schlechtgläubig, so wird ihm die Pfandsache mit Erfolg abgefordert und dadurch sein Pfandrecht zerstört.

[7a]) Auch dies ist ein Argument gegen die Annahme eines stellvertretenden Besitzes des Gerichtsvollziehers.

II. Rechte und Pflichten des Pfandgläubigers. Der Pfandgläubiger erlangt durch die körperliche Uebergabe für die Zeit bis zu seiner vollständigen Befriedigung die Rechte und Pflichten eines unvollständigen Besitzers und hat als solcher wie bereits erwähnt, gegen Jeden, auch gegen den Verpfänder, außer den Besitzklagen die dingliche Klage auf Wiedererlangung des Besitzes, wie der Eigenthümer, wenn er den Besitz wider Willen verloren hat. Diese Klage ist gegen den redlichen Drittbesitzer an die Einlösungspflicht gebunden [8]).

Er hat ferner, wie ebenfalls bereits erwähnt, die Vertragspflicht, die Sache als guter Hausvater zu verwahren, und vertritt, wenn nichts Besonderes verabredet ist, hierbei nur mäßiges Versehen, gleichviel ob die verpfändete Sache dem Schuldner oder einem Dritten gehört [8a]). Er ist nicht berechtigt, die Sache für sich zu gebrauchen oder zu benutzen; wenn er dies thut, vertritt er geringes Versehen [9]) und muß den erlangten Vortheil herausgeben oder nach Ermessen des Richters vergüten, kann auch genöthigt werden, die Sache entweder gerichtlich niederzulegen oder dem Verpfänder gegen ferneren Mißbrauch Kaution zu stellen [10]). Um den Gebrauch erlaubt erscheinen zu lassen, ist die Genehmigung des Verpfänders nöthig [11]).

Aber bei fruchttragenden Sachen ist dies anders, sie bedürfen einer Verwaltung, der Einziehung der Früchte und Nutzungen [12]). Nimmt der Gläubiger ein solches Pfand an, so unterwirft er sich auch ohne ausdrückliche

---

[8]) I. 20 §§ 116—119. Mit denselben Schranken, wie die Vindikation. Wenn also verpfändete Inhaberpapiere nicht außer Kurs gesetzt worden sind, findet auch die Klage des Pfandgläubigers nicht statt. I. 20 § 287. Vgl. oben § 194a Anm. 8.

[8a]) Ist er bei bloß symbolischer Uebergabe nicht zum ausschließlichen Inhaber der Pfandsache geworden, so kann er nicht verantwortlich gemacht werden. Entsch. B. 32 S. 361 (Rehbein III. S. 443). Vgl. B.G.B. § 1212.

[9]) I. 20 §§ 121—124. Vgl. oben § 104a Anm. 4. l. 13 § 1 D. XIII. 7. Glück B. 14 S. 74f. Seuffert V. 307. Der Depositar würde nach I. 14 § 95 den Zufall vertreten, der sonst die Sache nicht getroffen hätte. Der Ges.-Rev. will diese Bestimmung hier analog anwenden. Motive S. 371. Analogie ist aber nur statthaft, wo das Gesetz eine Lücke bietet, hier dagegen hat es eine positive Bestimmung.

[10]) I. 20 § 126. Ueber den Gebrauch versiegelt oder verschlossen gegebener Pfänder s. I. 20 § 125. Oben B. II. § 139 Anm. 34ff.

[11]) I. 20 § 123.

[12]) Fruchttragende Sache ist nicht nur eine solche, welche natürliche Früchte trägt, nach § 220 I. 9, sondern auch ein mit Zinsscheinen zusammen verpfändetes Werthpapier, Strieth. B. 44 S. 113. (Anders B. 36 S. 237). Der Gläubiger muß als „Verwalter" Zinsscheine ablösen, während er bei Verpfändung eines verzinslichen Kapitals mit Zinsen ohne Weiteres weder Kapital noch Zinsen einklagen könnte, vielmehr für beides die Ueberweisung durch Akt des Schuldners oder nach erfolgter Pfändung nöthig hätte. Ob Verpfändung einer zinsbaren Forderung ohne Weiteres wie die Bestellung eines Faustpfands mit einer fruchttragenden Sache auch Verpfändung der Zinsen in sich schließt, ist streitig. Das Obertribunal hat bei Strieth. B. 36 S. 235 verneint, in Entsch. B. 1 S. 240, B. 63 S. 183 bejaht. Der oben erwähnte Fall bei Strieth. B. 44 S. 113 betrifft ein anderes Sachverhältniß. Aus A.L.R. I. 20 §§ 283. 284 ergiebt sich, daß die Mitverpfändung sowohl stattgefunden haben kann als nicht. Nur die Verpfändungserklärung kann also Gewißheit darüber geben, daß sich das Pfandrecht auch auf die Zinsen erstrecken soll. Regelmäßig ist sie so aufzufassen; die Interpretation kann aber etwas anderes ergeben. Vgl. oben § 192a

Verabredung mit dem Verpfänder der Pflicht eines Verwalters, d. h. er hat die Früchte und Nutzungen zu ziehen, diese zunächst auf seine Zinsansprüche, dann auf seine Kapitalsforderung abzurechnen und über dies Alles dem Verpfänder spätestens bei der Rückgabe des Pfandes unter Vertretung mäßigen Versehens Rechnung zu legen[13]). Diese Rechnung muß immer jährlich abgeschlossen werden, und der Verpfänder kann sie jährlich fordern, wenn ein Haus, ein Landgut oder sonst ein Grundstück, ein Inbegriff nutzbarer Sachen oder eine Gerechtigkeit von nicht ganz geringem Ertrage verpfändet worden ist[14]). Als Verwalter hat der Pfandgläubiger aber auch die auf Befriedigung aus den laufenden Einkünften angewiesenen laufenden Präftanden der Sache zu entrichten, muß sich auch die Befriedigung der bereits zur Zeit der Verpfändung auf der Sache liegenden Realschulden daraus gefallen lassen[15]). Durch Auflegung neuer Reallasten aber kann der Eigenthümer das Nutzungsrecht des Pfandgläubigers nicht schmälern; wenn aber der besitzende Pfandgläubiger darein gewilligt hat, so verliert er zwar nicht das Vorrecht seines Anspruchs vor den Ansprüchen aus diesem neuen Realrecht; aber er muß, wenn die neue Last in fortlaufenden Leistungen aus den Nutzungen besteht, im Laufe der Verwaltung diese vor der eignen Befriedigung berichtigen[16]). Sobald er aus den Nutzungen sich selbst befriedigt hat, ist er verpflichtet, dies dem Verpfänder anzuzeigen und die Sache zurückzugeben; er wird von diesem Moment Inhaber einer fremden Sache, muß die ferner gezogenen Nutzungen nach dem höchsten Satz verzinsen, und ist unredlicher Besitzer, wenn er die Rückgabe verweigert[17]).

Durch Vertrag mit dem Verpfänder kann dem Pfandgläubiger, dem eine nutzbare Sache als Pfand übergeben ist, die Pflicht zur Rechnungslegung erlassen werden. Wenn ein solcher Vertrag vor der Verfallzeit geschlossen wird, mögen die Nutzungen zur Abgeltung der Zinsen oder des Kapitals bestimmt sein[18]), — **Antichresis**, — so erfordert er zu seiner Giltigkeit nach neuestem Recht nicht mehr[19]) die Prüfung und Bestätigung durch den

---

Anm. 15d, es kommt also im einzelnen Falle auf Interpretation an. — Ueber Erträgnisse des Vieh- und Wirthschaftsinventariums. Strieth. B. 18 S. 97. — Vgl. B.G.B. § 1213 nur für das Pfand an beweglichen Sachen.

[13]) I. 20 §§ 139—144. Auch wenn die Verpfändung nur auf einem mündlichen Vertrage beruht. Strieth. B. 40 S. 66, B. 46 S. 343. Entsch. B. 31 S. 302. — Vgl. B.G.B. § 1214.

[14]) I. 20 §§ 145. 146.

[15]) I. 20 §§ 150—153. Er hat keine persönliche Verpflichtung gegen die Realgläubiger.

[16]) I. 20 §§ 154—156. Nach der Fassung des § 156 auch vorzüglich vor seinen Zinsen. Aus den Materialien ist nicht zu ersehen, wie man hierzu gekommen ist, da bei der Redaktion das Gegentheil beabsichtigt war.

[17]) I. 20 §§ 147—149. Ueber die Worte des § 148: „vermöge des Standes des Inhabers" s. die aufgehobenen §§ 805 ff. I. 11. Inhaber kann nur Pfandbesteller bedeuten. Darum rechtfertigt es sich aber nicht, daß Rehbein u. Reincke Verpfänder statt Inhaber drucken. Praktische Bedeutung hat die Vorschrift überhaupt nicht mehr.

[18]) I. 20 § 242.

[19]) Aelteres Recht: §§ 226. 227. 228 d. T. Svarez, Schlußvortrag S. 59. I. 11 § 1,

Richter der Sache[20]). Die Form des Vertrages ist aber noch immer die gerichtliche. Der Vertrag behält seine Giltigkeit, wenn sich später auch der Ertrag erhöht oder vermindert, und der Pfandgläubiger hat in Betreff der Erhaltung und Verbesserung der Substanz die Pflichten und Rechte wie ein Pächter, darf jedoch ohne erhebliche Ursachen von der bisherigen Art des Betriebs nicht abweichen[21]). Veräußerungsact des Eigenthümers und Pfändung der Früchte oder der Mieths- und Pachtzinsen gegen ihn durch einen nicht ohnehin bevorrechtigten Gläubiger kann sein Recht auf die Früchte und Nutzungen nicht vermindern[21a]). Ist die gerichtliche Form nicht gewahrt, aber die Nutzung für mündlich versprochene Zinsen gewährt, so ist die Rechnungslegung zu fordern[21b]).

Von dem weiteren Versatze von Pfandsachen und deren dinglicher Wirkung ist schon gehandelt[22]). Unbefugter weiterer Versatz des beweglichen Pfandes hat als Vertragsverletzung die Folge, daß der erste Pfandgläubiger den die Sache in der Hand des Afterpfandgläubigers treffenden Zufall tragen muß, wenn er nicht beweisen kann, daß der Zufall die Sache auch in seinem Gewahrsam getroffen haben würde[23]). Der Verpfänder ist ferner in solchem Falle berechtigt, vor der Verfallzeit seiner Schuld das Pfand einzulösen[24]). Wenn er aber gegen den zweiten Pfandinhaber die Klage aus seinem Eigenthum oder Recht zum Besitz anstellt, wird der zweite Pfandinhaber seinen Pfandbesitz als einen ausreichend titulirten nachweisen können, wie er ja auch dem ersten den Streit verkündigen und ihn als Autor benennen kann; jedenfalls wird der Kläger, wenn er die Pfandforderung des ersten Pfandinhabers nicht getilgt hat, abgewiesen werden. Wollte er dem zweiten Pfandnehmer auch Zahlung seiner Forderung anbieten, so darf dieser ihm doch die Sache

---

D. XX. 1. Strieth. B. 16 S. 13. B. 40 S. 66. Entscheid. B. 13 S. 234. Vgl. Leyser spec. 157 m. l. Walch, introd. in controv. j. c. p. 540. Struben, Rechtliche Bedenken II. Nr. 69. Böhmer, Rechtsf. I. 2. Nr. 71. Glück B. 14 S. 124. — Die durch die Verordn. vom 12. Mai 1866 erfolgte Aufhebung der Zinsbeschränkungen bezog sich noch nicht auf antichretische Verpfändung (G.S. S. 225).

20) Bundesgesetz v. 14. Novbr. 1867. (B.-G.-Bl. S. 159.) Vgl. B. I. § 80 bei Anm. 8. P. Hinschius in der Zeitschr. f. Gesetzgebung und Rechtspflege in Preußen. B. 2 S. 48. Aufgehoben sind §§ 227—237. 242. I. 20 A.L.R., aber nicht A.G.O. II. 1. § 3 unter 2c. Die Ausführungen in § 80 sind von Vierhaus zu § 3 cit. dahin mißverstanden, als ob auch die gerichtliche Abfassung als antiquirt angesehen werde. Förster nahm allerdings an, daß der antichretische Vertrag jetzt den allgemeinen Grundsätzen von der Schriftlichkeit folge.

21) I. 20 §§ 238. 239. Vgl. I. 5 § 377. Svarez, revis monit. S. 525. S. Koch, zu § 238, Arnsb. Archiv B. 6 S. 279. Entsch. B. 81 S. 169 (Rehbein III. S. 445). — Gemeinrechtlich wird der antichretische Pfandgläubiger als Nießbraucher angesehen und daraus gefolgert, daß er den Ersatz mäßiger Aufwendungen nicht verlangen kann, daß er auch wenn ihm zugleich die Melioration des Gutes vertragsmäßig auferlegt worden, die nützlichen Auslagen tragen muß. Leyser sp. 159 m. 9. 10.

21a) R.G. Entsch. B. 31 S. 320.

21b) Entsch. B. 31 S. 392 (Rehbein III. S. 446).

22) Oben § 192a. Anm. 27 ff.

23) I. 20 § 131. Eine Abweichung von § 124.

24) I. 20 § 135. Der Eigenthümer kann sich aber auch blos Sicherheit bestellen lassen, I. 20 § 126. Koch zu § 135.

nicht ohne Weiteres herausgeben, wenn der erste Pfandnehmer nicht einwilligt oder befriedigt ist. Willigt dieser aber nicht ein, so kann auf Hinterlegung geklagt werden[25]). Ist bei Weiterverpfändung oder Cession des Besitzpfandrechts an einer unbeweglichen Sache zugleich der Besitz übertragen[26]), so ist der Gläubiger verpflichtet, den Verpfänder davon zu benachrichtigen und für die Handlungen desjenigen einzustehen, dem er den Besitz und die Verwaltung des Grundstücks übertragen hat[27]).

Nach erlangter vollständiger Befriedigung ist der Faustpfandgläubiger verpflichtet, das Pfand zurückzugeben[28]). Er kann diese Rückgabe aus dem Grunde, weil ihm an der Sache ein besseres Recht zustehe, nur ebenso wie ein Verwahrer verweigern[29]). Für andere Forderungen an den Schuldner und Verpfänder aber hat er nicht, wie nach römischem Recht, ein Zurückbehaltungsrecht[29a]). Schon nach Landrecht sollte der Pfandgläubiger, selbst wenn er wegen einer anderen Forderung einen Arrestschlag darauf ausbringt, die Pfandsache nicht gegen den Willen des Verpfänders länger in seinem Gewahrsam behalten; der Verpfänder war also befugt, gerichtliche Verwahrung zu verlangen. Da jetzt die Ausführung des dinglichen Arrests durch Pfändung geschieht, so würde der Pfandgläubiger die Sache ohnehin in den Besitz des pfändenden Gerichtsvollziehers zu liefern haben[30]). Zur vollständigen Befriedigung gehört die Entrichtung der aus dem Hauptgeschäft entsprungenen Kosten, der etwa verfallenen Konventionalstrafe, der Zinsen und des Kapitals sowie der Ersatz der zur Erhaltung des Pfandes nothwendig und nützlich

---

[25]) I. 20 §§ 133. 134. Vgl. B.G.B. § 1217.

[26]) Vgl. oben Anm. 5. 6.

[27]) I. 20 §§ 136—138.

[28]) I. 20 § 159. Vgl. B.G.B. § 1223. Nicht der Schuldner als solcher hat das Recht auf Rückgabe, sondern der Verpfänder, auch wenn er ein Anderer als der Schuldner ist. Es handelt sich um den Vertragsanspruch. Schuldner in § 159 ist ein ungenauer Ausdruck. Eine Veräußerung der zum Faustpfand gegebenen Sache an einem Andern ist nicht ohne Anweisung des Pfandinhabers denkbar, dadurch wird die Klage auf Rückgabe hier zur Klage des neuen Eigenthümers. Vergl. bezüglich der Hypothek oben § 192 a. E. und § 199a. Anm. 18e. Wenn der Gläubiger in mora accipiendi ist, so kann der Verpfänder auch schon vor der Zahlung auf Rückgabe des Pfandes klagen. Er kann Rückgabe gegen Befriedigung fordern. Seuffert VIII. 190, XVII. 119. Erst vom Zeitpunkt der Tilgung oder der vereitelten Tilgung läuft die Verjährung der Rückforderung. Die Rückgabe des Pfands steht der Zahlung der Pfandleistung nicht wie Leistung und Gegenleistung gegenüber. Aber der Schuldner, der Zahlung gegen Herausgabe des Pfands reell angeboten hat und dem die Herausgabe verweigert ist, wird regelmäßig gegen die Schuldklage eine exceptio doli dahin geltend machen können, daß er nur gegen Herausgabe des Pfands Zahlung zu leisten habe, wie er ja das Pfand in Folge des Verzugs des Pfandgläubigers zurückfordern kann. Ist aber das Pfand durch Zufall untergegangen, so wird er dadurch von seiner Schuld nicht frei, und selbst wenn er schuldhaft das Pfand zerstört oder abhanden gebracht hat, besteht seine Schuld fort, und er unterliegt nur einer Interesseforderung Strieth. B. 17 S. 284 (Rehbein III. S. 450).

[29]) I. 20 § 187. Oben B. II. § 139 Anm. 65. Sein Besitz wird nach der Weigerung unredlich.

[29a]) I. 20 §§ 171. 173. Entsch. B. 83 S. 240 (Rehbein III. S. 454). — S. Entwurf I. des B.G.B. § 1194, im Entw. II. als wohl entbehrlich gestrichen.

[30]) I. 20 §§ 171—173. Vergl. hierzu Striethorst B. 45 S. 304. Bair. Blätter für Rechtsanw. B. 15 S. 239, jetzt C.P.O. § 810.

verwendeten Kosten[31]), auch von Verbesserungen der Sache, wie es ein Verwahrer oder Verwalter der Sache fordern kann, der Ersatz des Schadens, den die fehlerhafte Pfandsache dem Gläubiger zugefügt hat, wenn ihm von dem Schuldner der Fehler nicht angezeigt worden war, endlich die Rückgabe oder Mortifizirung des Pfandscheines[32]). Mit der durch das Pfand gesicherten Forderung kann das Pfandrecht abgetreten werden, so daß der Pfandbesitz an den Cessionar übertragen wird. Der Cessionar haftet dann auf Herausgabe des Pfandes nach der Tilgung der Schuld zwar nicht aus dem ihn nicht verpflichtenden Pfandvertrage, aber er hat den Pfandgegenstand in solchem Falle ohne Grund und muß ihn auf die dingliche Klage herausgeben. Der ursprüngliche Pfandgläubiger aber wird durch Auslieferung der Pfandsache an einen Cessionar, dem sie herauszugeben er nicht durch die eigenen Rechtshandlungen des Verpfänders[32a]) genöthigt worden ist, von seiner Vertragspflicht zur Zurückgabe der Sache nach erfolgter Tilgung der Pfandschuld nicht frei; er kann diese seine Schuld nicht durch Cession seines Forderungsrechts auf den Cessionar übertragen. Ein Recht auf Abtretung des Pfandrechts hat der zahlende Bürge.

Das Pfand ist zurückzugeben in dem Zustande, in dem es sich bei der Hingabe befunden hat[33]). Bei Beschädigungen vertritt der Gläubiger mäßiges Versehen[34]); bei versiegelt oder verschlossen übergebenen Pfändern gelten die Vorschriften von dem Verwahrungsvertrage, bei nutzbaren Pfandsachen, die eine Verwaltung erfordern, die Vorschriften von dem Verwaltungsvertrage[35]). Den Verlust vertritt der Pfandgläubiger wie der Verwahrer einer fremden Sache; er ersetzt dann den Werth, den er selbst im Empfangsschein angegeben hat; gründet sich dieser aber nur auf die Angabe des Verpfänders, so darf der Gläubiger einen Minderwerth beweisen, der Verpfänder aber darf einen höheren Werth nicht beanspruchen[36]). Hat der Gläubiger den Verlust vorsätzlich herbeigeführt, so ersetzt er den Werth der besonderen Vorliebe[37]).

Zum Rückempfang berechtigt ist der Schuldner, d. i. der Pfandschuldner, oder dessen Rechtsnachfolger[38]); von mehreren Schuldnern, welche

---

31) Der Pfandgläubiger ist zu solchen Anwendungen berechtigt, weil er ein eigenes Interesse an der Erhaltung des Werths der Sache hat. Voet, comm. XIII. 7 § 10. Leyser sp. 167 m. 1, l. 8 § 5, l. 25 D. XIII. 7. Dagegen Glück B. 14 S. 66. S. überhaupt Dernburg, Pf.-R. I. 551 f. Vgl. B.G.B. § 1216.

32) Vgl. I. 20 §§ 37. 39.

32a) Z. B. dadurch, daß dieser den Eintritt des zahlenden Bürgen veranlaßt hat. R.G. Entsch. B. 7 S. 194.

33) I. 20 § 188. Entsch. B. 9 S. 257.

34) I. 20 § 189. Er kann seine Ersatzschuld mit seiner Forderung kompensiren, oder zur Sicherung die letztere oder einen Theil derselben gerichtlich niederlegen. I. 20 § 19.

35) I. 20 §§ 191. 192.

36) I. 20 §§ 193—195.

37) I. 20 § 196.

38) I. 20 § 180. Das „nur" des § 180 drückt aus, daß ein Dritter, der die Pfandschuld unter Eintritt in das Pfandrecht zahlen will, vom Gläubiger trotz I. 16 § 49 zurückgewiesen werden kann, und daß der Gläubiger, der die Zahlung eines solchen Nichtbürgen annimmt und den Pfandbesitz einräumt, dadurch nicht von der Verantwortung

die Sache gemeinschaftlich verpfändet haben, der einzelne nur mit ausdrücklicher Bewilligung der übrigen[39]); der Bürge, der ein Pfand bestellt hat, auch wenn der Schuldner gezahlt hat[40]). Sind Zweifel über die Legitimation des Empfängers vorhanden, so muß der Gläubiger die Sache gerichtlich niederlegen. Ist durch sein mäßiges Versehen die Sache an einen unbefugten Dritten gekommen, und kann sie von diesem entweder nicht oder nur gegen Einlösung wieder erlangt werden, so haftet er für den Werth oder die Einlösungssumme[41]). Diese Ersatzforderung darf gegen die Geldschuld des Verpfänders zur Aufrechnung gestellt werden[42]).

Vermöge der Untheilbarkeit des Pfandrechts ist der Gläubiger, der Abschlagszahlungen empfangen hat, nicht verpflichtet, Theile der Pfandsache zurückzugeben[43]). Hat er aber die Abschlagszahlung annehmen müssen[44]), — und dies ist insbesondere auch dann der Fall, wenn der Schuldner einen Theil der Forderung gekündigt und der Gläubiger nicht von seinem Rechte, die ganze Forderung zu kündigen, Gebrauch gemacht hat[45]), — so modifizirt sich dieser Satz. Kann nämlich in solchem Fall der Werth eines jeden einzelnen Theiles bestimmt werden[46]), und sind Zinsen nicht mehr rückständig[47]), so soll soviel von der Pfandsache zurückgegeben werden, daß das Verbleibende den doppelten Betrag der Restschuld und zweijährige Zinsen sichert[48]). Bezahlt der Eine von mehreren Mitschuldnern nur seinen Antheil, so kann er die Sache, auch wenn er allein sie verpfändet hat, nicht zurückfordern, auch einen Theil davon nur unter den gleichen Voraussetzungen, wie wenn ein einzelner Schuldner Theilzahlung geleistet hat[49]).

III. Besonderheiten bestehen bezüglich des Pfandrechts gewerbsmäßiger Pfandleiher[50]); ihre Rechtsverhältnisse sind durch das Gesetz vom 17. März 1881[51]) unter Aufhebung der älteren Vorschriften[52]) insoweit

---

für die Pfandsache frei wird. Die Legitimation desjenigen, der vom Verpfänder das Eigenthum der Sache erworben hat, soll dadurch nicht geleugnet werden, er ist jetzt der Pfandschuldner.

39) I. 20 § 181.

40) I. 20 § 183. Vgl. Entwurf des B.G.B. § 1158 Abs. 2 (im Entw. II. als entbehrlich gestrichen).

41) I. 20 §§ 182. 184—186. Rechtsf. B. 4 S. 143.

42) I. 20 § 190.

43) I. 20 § 177. Dieser § bezieht sich nicht auf Hypotheken. Präj. 119a. Samml. I. 110. Oben S. 411, l. 19 D. XX. 1.

44) I. 20 § 174. S. oben B. I. § 91 unter Z. 5.

45) Gesetz v. 8. Febr. 1811.

46) I. 20 § 175.

47) I. 20 § 176.

48) I. 20 § 176.

49) I. 20 §§ 178. 179.

50) Als Pfandleihgewerbe gilt auch der gewerbmäßige Ankauf beweglicher Sachen mit Gewährung des Rückkaufrechts. § 34 der Gewerbeordnung in der heutigen Fassung. Sofern der Geschäftsbetrieb der Pfandleihe eine besondere Regelung erhält, gilt jedes einzelne Rückkaufsgeschäft als Pfandleihe. § 38 ebenda, vgl. dazu A.L.R. I. 11 §§ 321 ff. die auf eine gleiche Interpretation des Geschäfts, mit Rücksicht auf die Eigenschaften der Kontrahenten hinwiesen.

51) G.S. S. 265. Vgl. Dernburg I. § 360.

52) Vergl. außer I. 20 §§ 263—270 bes. das Pfand- und Leihreglement vom 13. März

neu geordnet, als es sich nicht um staatliche und um bereits bestehende kommunale Pfandleihanstalten handelt. Danach ist neben Regelung der Höhe der im Pfandleihgewerbe zulässigen Zinsen[53]) und neben der Bestimmung, daß die Fälligkeit eines vom Pfandleiher gegebenen Darlehns zum Nachtheil des Darlehnsnehmers nicht vor Ablauf von sechs Monaten seit der Hingabe bedungen werden darf[54]), die Begründung des Pfandrechts an die Voraussetzung geknüpft, daß neben der Uebergabe des Pfands das Geschäft in ein nach der Zeitfolge zu führendes Pfandbuch des Pfandleihers eingetragen wird[55]), und daß der Pfandverkauf, ohne daß es eines vollstreckbaren Titels bedarf, vier Wochen nach der Fälligkeit der Forderung im Auftrage des Pfandleihers durch einen Gerichtsvollzieher oder einen öffentlich bestellten Auctionator ausgeführt wird[56]).

Ueber das Geschäft ist vom Pfandleiher ein Pfandschein auszustellen, der eine Abschrift der Eintragung in das Pfandbuch enthält[57]). Dieser Pfandschein ist ein eigenthümliches Inhaberpapier und kein glückliches Erzeugniß parlamentarischer Gesetzgebungskunst[58]). Der Inhaber des Pfandscheins ist nämlich „dritten Personen", insbesondere auch dem Pfandleiher gegenüber zur Ausübung der Rechte des Verpfänders, insbesondere also zur Einlösung des Pfandes berechtigt[59]). Als erste oder zweite Person ist der Verpfänder gedacht, ihm gegenüber begründet danach der Pfandschein das Recht nicht. Der Verpfänder kann also das Gläubigerrecht einschließlich des Rechts auf den Pfandschein gegenüber dem Inhaber des Pfandscheins in Anspruch nehmen, ohne daß der Inhaber sich auf den bloßen Besitz des Pfandscheins und auf dessen Erwerb durch Uebergabe stützen kann, vielmehr wird gegen ihn der Verpfänder durchdringen, wenn nicht einwandweise der rechtliche Erwerb des Pfandscheins durch schriftliche Cession dargethan wird[60]). Dem Pfandleiher gegenüber aber hat der Verpfänder, der nicht im Besitz des Pfandscheins ist, zunächst kein Recht. Soweit ist die Konstruktion zwar eigenthümlich, aber folgerichtig. Wenn nun aber das Gesetz weiter bestimmt, daß 3 Wochen nach der Fälligkeit der Forderung der Verpfänder, ohne Vorlegung des Pfandscheins das Pfand einzulösen berechtigt ist[61]),

---

1787 mit Deklaration vom 4. April 1803, auch K.-O. vom 28. Juni 1826; letztere gilt noch für die bestehenden kommunalen Anstalten, soweit nicht für die einzelne Anstalt die Unterordnung unter das neue Gesetz durch den Min. des Innern angeordnet ist. § 22.

53) Vgl. oben **B. I.** § 68 Anm. 22. 23.

54) § 4 des Ges.

55) § 5 des Ges.

56) §§ 10 ff. des Ges. Die Pfandhaftung gilt für Kapital, Zinsen und Verkaufskosten. Unter Umständen besteht nach vergeblichem Auktionsversuch eigenes Recht aus freier Hand zu verkaufen.

57) § 6 des Ges. Bei abweichendem Inhalt gilt das dem Pfandleiher Nachtheilige.

58) Seine Konstruktion verdankt er dem Herrenhause.

59) § 17 des Ges.

60) Wenn der Verpfänder im Auftrage eines Anderen verpfändet, dies aber nicht erklärt sondern im eigenen Namen gehandelt hat, wird er zur Abtretung verpflichtet sein, und diese Pflicht wird im Verhältniß beider zu einander entscheiden.

61) § 8 des Ges.

so stehen von diesem Zeitpunkt ab dem Pfandleiher zwei mögliche Gläubiger mit gleichen Rechten gegenüber, deren keinem er die Legitimation bestreiten kann. Er muß auf die Klage jedes von ihnen[62]) zur Herausgabe des Pfandes an ihn verurtheilt werden, kann auch nicht einwenden, daß neben dem Kläger ein Anderer ebenso Berechtigter mit derselben Forderung gegen ihn auftritt. Hinterlegen kann er die Pfandsache auch nicht; denn, wenn er das thut, wird ihm der Einlösungsbetrag von keinem der Prätendenten gezahlt. Es bleibt also nichts übrig, als ihm zu gestatten, sich unter den beiden „Berechtigten" den auszusuchen, von dem er das Pfand einlösen lassen will, und er muß hierdurch gegen den Andern auch dann frei werden, wenn dieser ihm schon vorher Kunde von seinem Anspruch gegeben hat[63]).

## § 197. Die Fälle der Pfandbestellung durch s. g. symbolische Besitzübertragung.

Die Natur der Rechtsobjekte ist zuweilen eine solche, daß Begründung eines Pfandrechts durch Besitzeinräumung ausgeschlossen oder erschwert ist.

---

[62]) Der Pfandschein ist kein Inhaberpapier im Sinne des Art. 307. 309 H.G.B., er ist aber auch kein bloßes Legitimationspapier, da der Schuldner der Pfandobligation (der Pfandleiher) nicht bloß berechtigt, sondern verpflichtet ist, an den Inhaber zu leisten, und des Rechts entbehrt, in eine nähere Erörterung der Aktivlegitimation einzutreten, vielmehr die Legitimation des Inhabers anerkennen muß. Aber dieses Recht wird dadurch wieder gefährdet, daß der Verpfänder sein gleiches Recht geltend macht. Man hat nun dem Inhaber des Pfandscheins dadurch eine Sicherheit geben wollen, daß der Verpfänder erst drei Wochen nach der Fälligkeit des Darlehns dieses Recht üben darf. Der hierfür entscheidende Fälligkeitstag ist der ursprünglich festgestellte. Wie nun, wenn der Inhaber des Pfandscheins sich den Pfandschein durch Hinausschiebung der Fälligkeit des Darlehns hat verlängern lassen? Ist dann der Verpfänder schon drei Wochen nach dem ursprünglichen Fälligkeitstage, oder erst drei Wochen nach dem ohne seine Zuziehung festgestellten neuen Fälligkeitstage zur Ausübung des Einlösungsrechts legitimirt? Nach der Absicht des Gesetzes gewiß nur das letztere, aber der Wortlaut des Gesetzes spricht lediglich von der im ursprünglichen Pfandschein festgestellten Fälligkeit und legitimirt den Inhaber des Pfandscheins nicht, diese wirksam gegen den Verpfänder hinauszurücken. In welchen Grenzen der Pfandschein vindizirbar ist, unterliegt ebenfalls manchem Zweifel. Wenn die Gesetzgebung einseitig Utilitätsrücksichten verfolgt und sich der Gesetzgeber zu Gelegenheitsgesetzen verleiten läßt, bei denen man den inneren Zusammenhang mit dem ganzen System des Rechts außer Augen läßt, müssen sich fast nothwendig Verwickelungen ergeben, die keine theoretische Kunst befriedigend zu lösen im Stande ist.

[63]) Das sind gewiß nicht beabsichtigte Folgen der parlamentarischen Gelegenheitsgesetzgebung. Dernburg a. a. O. bei Anm. 13 meinte früher: „Tritt ein Konflikt zwischen dem Verpfänder und dem Inhaber des Pfandscheins ein, so hat der letztere seine Legitimation materiell darzuthun". Dafür fehlt aber einmal jeder Anhalt im Gesetz, und das Auskunftsmittel ist auch unbrauchbar. Was heißt: tritt ein Konflikt ein? In gesonderten Prozessen fordern der Verpfänder und der Inhaber des Pfandscheins den Gegenstand. Beide sind berechtigt. Dem Ersteren legt auch Dernburg keinen weiteren Beweis auf. Es fragt sich, soll der Verpfänder in seinem Verhältniß zu dem Inhaber des Pfandscheins verpflichtet sein, den Anspruch des Verpfänders zu bestreiten? und wie soll er sich vertheidigen? Eine Pflicht zum Bestreiten ohne ein ersichtliches Vertheidungsmittel hat er nicht. Räthlich mag es für ihn sein zu hinter-

Gleichwohl hat das Landrecht solche Objekte der Verpfändung nicht entziehen wollen, vielmehr nach Mitteln der Herstellung eines erkennbaren Zustands gesucht, und gestattet[1]), daß die Verpfändung erfolgen kann, ohne daß die Sache körperlich in die unmittelbare Gewalt des Gläubigers gelangt, wenn nur zur allgemeinen Erkennbarkeit gebracht ist, daß die Disposition über die Sache dem Schuldner entzogen und dem Gläubiger übertragen worden ist. Das A.L.R. spricht hierbei von symbolischer Uebergabe[2]).

An dem Namen darf man nicht weiter Anstoß nehmen; von einer symbolischen Handlung ist in Wahrheit nicht die Rede[3]), es geschieht mehr: die rechtliche Disposition über die Sache wird dem verpfändeten Schuldner wirklich entzogen, und soweit das Objekt überhaupt Gegenstand des Besitzes ist, wird der Pfandgläubiger wirklich unvollständiger Besitzer[4]). Der Gedanke des Landrechts, daß die mit dem Besitze vorgefallene Veränderung auch für Andere außer den kontrahirenden Parteien ersichtlich gemacht sein muß[5]), hat in den einzelnen Bestimmungen des Landrechts keine ganz strenge Durchführung erhalten. Strenger hat ihn § 14 des Einführungsgesetzes zur Reichskonkursordnung formulirt. Dabei ist von den Fällen abgesehen, in denen reichs- oder landesgesetzlich die Uebergabe gewisser Papiere der Uebergabe der Sache selbst gleichgestellt ist, ebenso abgesehen von der besonderen Regelung des Schiffs- und des Forderungspfandes. Im Uebrigen soll ein Faustpfandrecht im Sinne der Konkursordnung, also als ein das Recht auf abgesonderte Befriedigung begründendes Recht nur dadurch begründet werden, daß der Pfandgläubiger oder ein Dritter für ihn den Gewahrsam der Sache erhält und behält. Nur insoweit ist das Pfandrecht auch gegenüber einem durch Zwangsvollstreckung begründeten Pfändungspfandrecht von Erheblichkeit[6]). Hierdurch haben zum Theil die nach den unten folgenden Bemerkungen vom preußischen Recht anerkannten Pfandrechte eine Schmälerung ihrer Bedeutung erfahren, die auch dahin zurückwirkt, daß diese Pfandrechte den nach Konkursrecht wirksam begründeten konventionellen

---

legen. Räthlich ist es auch für den Verpfänder gerichtliche Verbote gegen den Inhaber des Pfandscheins zu erwirken, und durch Klage (Dernburg spricht von der gewiß hier nicht eingreifenden Feststellungsklage der C.P.O.) sein Recht gegen den Inhaber zu verfolgen. Aber damit ist dem Pfandleiher nicht geholfen. Das Gesetz spricht klar aus, wer gegen ihn berechtigt sein soll. Darf man dann von Ungewißheit des Gläubigers sprechen? Es ist ein gutes Zeichen für die Vertrauenswürdigkeit unserer Leihanstalten, daß eine so dunkle und widerspruchsvolle Gesetzgebung ohne erhebliche praktische Nachtheile auf dem Papier bestehen kann.

[1]) Die Quelle der Bestimmungen ist die Deklar. v. 16. Juli 1785 (N. C. C. VIII. p. 2152). Svarez, Schlußvortr. S. 60.

[2]) I. 20 § 271. Oesterr. G.B. § 452.

[3]) Vgl. oben § 160 Anm. 61 f.

[4]) Entsch. B. 53 S. 23 fg.

[5]) I. 20 § 272.

[6]) C.P.O. § 709 Abs. 2.

Faustpfändern gegenüber zurückstehen müssen[7]). Sie sind darum doch nicht ganz beseitigt. Namentlich im Verhältniß des Pfandgläubigers zum Verpfänder müssen sie noch jetzt als wirksame Pfandrechte anerkannt werden. Das heißt freilich nicht viel mehr, als daß ihnen diejenige Wirksamkeit beiwohnt, die das Landrecht einer symbolischen Verpfändung auch außer den Fällen, in denen sie ein wirkliches Pfandrecht begründen sollte, zuschrieb.

Das A.L.R. erfordert zur wirksamen symbolischen Verpfändung erstens eine schriftliche Erklärung des Schuldners, den Besitz dem Gläubiger übertragen zu wollen, entweder im Pfandvertrage oder in einer besonderen Urkunde; zweitens Zeichen, welche die eigentliche symbolische Uebergabehandlung darstellen; drittens Maßregeln, welche die Wirkung des dinglichen Rechts gegen Dritte erzeugen sollen, die also der Verpfänder und der Pfandgläubiger so treffen müssen, daß kein Dritter ohne eigenes grobes Versehen zu dem Glauben verleitet werden kann, daß die Sache pfandfrei sei[8]). Im Einzelnen ist Folgendes zu bemerken:

1. Von der rechtlichen Natur der Verpfändung einer Forderung (pignus nominis) ist schon oben bei den Gegenständen des Pfandrechts die Rede gewesen[9]). Hier bleibt übrig, anzugeben, wie eine solche Verpfändung stattzufinden hat. Die Normativbestimmungen des Einführungsgesetzes zur Konkursordnung gehen in dieser Beziehung nicht über die Strenge des preußischen Rechts hinaus[10]). Das A.L.R. verlangt außer der oben gedachten Urkunde über die Verpfändung[11]) die Aushändigung der Schuldurkunde an den Pfandgläubiger[12]). Soweit auf Grund einer Schuldurkunde in Folge

---

[7]) R.G. Entsch. B. 19 S. 27, R.G. bei Gruchot B. 32 S. 388. Vgl. in dieser Beziehung für das frühere Recht I. 20 §§ 274—280, auch Entsch. B. 13 S. 243.

[8]) I. 20 §§ 272. 274, §§ 106—108. Oben § 196 bei Anm. 3. Darüber daß hier Schriftformen auch im Handelsverkehr erforderlich, vgl. Strieth. B. 77 S. 242, R.O.H.G. B. 3 S. 153, R.G. Entsch. B. 14 S. 300.

[9]) Oben § 192a bei Anm. 6. Vergl. B.G.B. §§ 1280—1290.

[10]) § 15 Einf.Ges. z. K.O. Die Bestimmungen sind insofern sogar laxer, als es danach genügen würde, wenn die preußische Gesetzgebung ganz allgemein die Entstehung des Pfandrechts an die einfache Benachrichtigung des Drittschuldners von der Verpfändung geknüpft hätte. Vgl. unten Anm. 16.

[11]) I. 20 § 273. Verordnung vom 9. Dezbr. 1809 (N. C.-S. XII. 909) § 1 unter Verweisung auf A.L.R. I. 11 §§ 394—417. Entsch. B. 49 S. 339. Strieth. B. 38 S. 44. B. 42 S. 4. Ueber Verpfändung durch Unterschrift in blanco s. Strieth. B. 36 S. 139. Die Sicherheit für ein bei der Zwangsversteigerung abgegebenes Gebot und die Sicherheit, die einem Interessenten dafür geleistet wird, daß er durch den Zuschlag nicht benachtheiligt werde, kann auch „mit Hypotheken oder Grundschulden“, die gewisse Eigenschaften haben, geleistet werden, wenn die das uneingeschränkte Gläubigerrecht ergebenden Hypotheken- oder Grundschuldbriefe hinterlegt werden. Es fragt sich, wird hier durch bloße Hinterlegung der Urkunden ein Pfand begründet? Gewiß nicht. Der Hinterlegende muß vielmehr erklären, daß er mit der Hypothek oder Grundschuld Sicherheit leiste, das heißt mit anderen Worten, daß er sie verpfände, und diese Erklärung muß entweder schriftlich oder zum Protokoll des Vollstreckungsrichters abgegeben werden. Das gerichtliche Protokoll ersetzt dann die schriftliche Erklärung gegenüber den zu sichernden Personen. Der Annahme bedarf diese Erklärung nicht. Vgl. B. I. § 28 Anm. 24.

[12]) I. 20 § 281. Die Praxis will ein Pfandrecht oder wenigstens ein Besitz- und Retentionsrecht an der Schuld- oder Hypothekenurkunde als Sache anerkennen, wenn die Urkunde

einer Theilcession ein Zweigdokument gebildet ist, wird dies für den Theil der Forderung als das Schulddokument behandelt. Für die Möglichkeit der Bildung eines Zweigdokuments zum Zwecke der Verpfändung eines Theils der Forderung bieten die Gesetze keinen Anhalt[13]). Mit der Aushändigung der eben bezeichneten Schriftstücke ist das Pfandrecht erworben. Eine Bekanntmachung an den Schuldner ist zwar nicht erforderlich, aber rathsam[14]), denn wenn sie unterblieben ist, so muß der Pfandgläubiger die in gutem Glauben vom Schuldner geleisteten Handlungen oder Zahlungen als diesen befreiend gelten lassen[15]). Solche Forderungen aber, über welche eine schriftliche Urkunde nicht besteht, können nur durch Bekanntmachung an den Schuldner verpfändet werden[16]).

Daß Forderungen, für die eine Sache oder eine andere Forderung als Pfand haftet, verpfändet werden können, ist bereits erwähnt[17]). Auch das

---

ohne schriftliche Verpfändung der Forderung übergeben ist. Entsch. B 63 S. 79. R.G. Entsch. B. 3 S. 264, B. 16 S. 169. Die Urkunde gebührt aber — als Annex der Forderung — dem Forderungsberechtigten, sie ist nicht ein selbständiger Vermögensgegenstand. Bereits oben in § 168 Anm. 27 ist erwähnt, daß das Reichsgericht sich für Behandlung der Hypothekenbriefe als selbständiger Gegenstände des Eigenthums und für Zulassung ihrer Vindikation ausgesprochen hat. Mit denselben Gründen könnte man ein von der Wechselforderung verschiedenes einem Andern als dem Wechselgläubiger zustehendes Eigenthum an dem Wechselpapier annehmen. In Fällen dieser Art — wo die Zahlungspflicht dahin beschränkt ist, daß nur gegen Herausgabe des Papiers geleistet zu werden braucht, — ist eine selbständige Behandlung des Papiers als Vermögensstück ausgeschlossen. Der Gläubiger hat, weil ihm die Forderung zusteht, auch das Recht auf das Papier, ohne das er die Forderung nicht ausüben kann, und dessen Aushändigung für seinen Rechtserwerb oder für dessen Sicherung wesentlich ist. Ihm darf nach vollem Rechtserwerb die Aushändigung des Papiers nicht geweigert werden. Auch ein Pfandrecht daran ist deshalb als ausgeschlossen anzusehen. Vergl. hierzu die Ausführungen in B. I. § 99 Anm. 156c. Ein rechtsgeschäftlich zu begründendes Retentionsrecht, im Gegensatz zum Pfandrecht, giebt es nicht. Das Retentionsrecht ist ein gesetzlich geordnetes Vertheidigungsrecht und weiter nichts. Vgl. oben B. I. § 110 a. E. — In R.G. Entsch. B. 20 S. 133 ist wenigstens anerkannt, daß das Recht des Inhabers der Urkunde nach Eröffnung des Konkursverfahrens über das Vermögen des Gläubigers nicht mehr dahin wirksam ist, daß dem Konkursverwalter die für die Rechtsverfolgung nothwendigen Urkunden vorenthalten werden können. Bei einem Sparkassenbuch hat ferner das Reichsgericht angenommen, daß ein solches zwar regelmäßig dem Eigenthümer der Forderung gehört, daß es aber als Legitimationspapier doch einen (besonderen) Werth hat, vermöge dessen es gelöst von der Forderung Gegenstand eines Pfandrechts werden kann. Aber das Reichsgericht hat wenigstens darauf hingewiesen, daß nicht leicht anzunehmen sei, daß das Sparkassenbuch als solches verpfändet werde, — regelmäßig sei unter dem Ausdruck einer solchen Verpfändung Verpfändung der verbrieften Forderung zu verstehen, die dann schriftlich geschehen sein müsse. Vgl. R.G. bei Gruchot B. 28 S. 1044. Bei Gruchot B. 39 S. 663 hat das R.G. in dankenswerther Weise ferner anerkannt, daß von einem rechtsgeschäftlich begründeten Retentionsrecht an der Urkunde überhaupt nicht die Rede sein kann, wenn bei dem Rechtsgeschäft nicht die Urkunde als ein von der beurkundeten Forderung verschiedener Gegenstand bewußt ins Auge gefaßt ist.

13) Vgl. oben B. I. § 99 Anm. 52. 53. Vgl. Strieth. B. 18 S. 57.

14) I. 20 § 283. Zahlung nach der Bekanntmachung an den Verpfänder tilgt die Forderung im Verhältniß zum Pfandgläubiger nicht. R.G. bei Gruchot B. 28 S. 111.

15) Verordn. v. 9. Dezbr. 1809 § 2. — Bei Hypothekenforderungen jedoch s. § 199b. Vgl. Entsch. B. 8 S. 39 (Rehbein III. S. 468).

16) I. 20 § 288.

17) I. 20 §§ 293—295. Vgl. oben § 192 Anm. 63.

Geschäft der Verpfändung einer Hypothek oder Grundschuld unterliegt denselben Regeln, wie die Verpfändung einer einfachen Forderung; der Eintragung des Pfandrechts bedarf es ebensowenig, wie der Eintragung einer Cession[18]). Die Bewilligung der Eintragung ersetzt aber die sonst nothwendige Verpfändungserklärung[19]). Eine der Blankoabtretung der Grundschuld entsprechende Blankoverpfändung kennt das Gesetz nicht, aber die Uebergabe eines mit Blanko-Cession versehenen Grundschuldbriefs als Pfand muß als eine ausreichende Form der Begründung eines Pfandrechts an der Grundschuld angesehen werden[20]). Dasselbe gilt von Wechseln und sonstigen indossabelen Papieren, die in blanco girirt sind[21]). Daß die Verpfändung von Inhaberpapieren nicht unter den Begriff der Verpfändung einer Forderung fällt, sondern als Verpfändung einer beweglichen Sache durch Besitzübertragung aufgefaßt werden muß, ist bereits oben erwähnt[22]).

Der besonderen Hervorhebung bedarf schließlich noch das durch Pfändung zum Zwecke der Zwangsvollstreckung oder zur Ausführung eines dinglichen Arrests begründete Pfandrecht an einer Forderung. Hier bewirkt die Zustellung des Pfändungsbeschlusses an den Schuldner der gepfändeten Forderung die Entstehung des Pfandrechts und muß zugleich, selbst wenn es eine bloße Ersatzzustellung war, als Bekanntmachung an den Schuldner gelten[22a]). Der Wegnahme der Urkunde über die Forderung bedarf es nicht neben dieser Zustellung; selbst dann nicht, wenn die Zahlung nach dem Inhalt der Urkunde oder nach den über die gehörige Quittung geltenden Vorschriften nur gegen Aushändigung der Urkunde gefordert werden kann. Der Gläubiger, für den gepfändet ist, hat aber auf Grund der Ueberweisung das Recht, die Urkunde dem Vollstreckungsschuldner zum Zwecke der Uebergabe an ihn durch den Gerichtsvollzieher fortnehmen zu lassen[22b]). Anders liegt die Sache nur bei Werthpapieren, Wechseln und andern durch Indossament zu übertragenden Papieren[22c]). Für Hypotheken und Grundschuldbriefe ist

[18]) § 84 Grundbuchordnung. § 54 Eig.Erw.Ges. v. 5. Mai 1872.

[19]) § 53 Eig.Erw.Ges. Dagegen kann die bloße Eintragung ohne Aushändigung des Dokuments kein Pfandrecht an der Hypothek begründen. Zum Modus der Begründung gehört schlechthin Aushändigung des Dokuments. Dem § 232 Tit. 2 Hypoth.-Ordn. von 1783, insofern er einen anderen Modus der Kautionsleistung mit einer Hypothekarforderung statuirte, ist bereits durch I. 20 §§ 271. 511 ff. derogirt.

[20]) Eig.Erw.Ges. § 55. Eine Blankounterschrift auf den übergebenen Grundschuldbrief unter der Abrede, daß der Empfänger befugt sein soll, darüber eine Verpfändungserklärung auszufüllen, giebt dem Empfänger das Recht zur Ausfüllung und genügt insoweit als schriftliche Verpfändungserklärung. R.G. Entsch. B. 15 S. 55.

[21]) Vgl. D. Wechselordnung. Art. 12. 13. H.G.B. Art. 305. Ueber die nach Handelsrecht wirksam stattfindende Verpfändung indossabler Papiere durch Uebergabe des indossierten Papiers s. Art. 309 H.G.B.

[22]) Oben § 122 Anm. 38. Ueber die Pflichten des kaufmännischen Pfandgläubigers bei Aufbewahrung solcher Papiere vgl. Reichsgef. v. 5. Juli 1896.

[22a]) Ebenso wie die im privaten Auftrage eines Gläubigers, dem die Forderung verpfändet ist, bewirkte Zustellung der Mittheilung von einer Verpfändung an den Schuldner, auch wenn sie als Ersatzzustellung bewirkt ist, den Schuldner verpflichtet. Vgl. Ausf.Ges. z. C.P.O. v. 24. März 1879 § 1. Oben B. I. § 99 Anm. 156. R.G. Entsch. B. 20 S. 307.

[22b]) C.P.O. § 737 Abs. 2.

[22c]) C.P.O. §§ 722 bis 724. 732.

eine solche Ausnahme nicht gemacht[22d]). Durch Zustellung von Pfändungsbeschlüssen für mehrere Gläubiger kann eine Mehrheit von Pfandrechten an derselben Forderung begründet werden, wie dasselbe möglich ist bei der Verpfändung einer unverbrieften Forderung durch Bekanntmachung an den Schuldner. Nach allen diesen Richtungen beruht die Entstehung des Pfandrechts darauf, daß der im Inlande wohnende Schuldner durch das Gesetz einer Einwirkung der Gerichtsgewalt deutscher Gerichte dahin unterstellt ist, daß ihm wirksam und das Forderungsrecht seines Gläubigers beeinflussend befohlen werden kann, nicht an den Gläubiger zu zahlen[23]). Bei verbrieften

---

[22d]) Darauf beruht auch Ausf.Ges. z. C.P.O. v. 24. März 1879 § 16. Vgl. aber über die Rechtsstellung des Pfändungspfandgläubigers gegenüber einem Cessionar, der auf den Glauben des Grundbuchs unter Aushändigung des Hypotheken- oder Grundschuldbriefs sich die Forderung entgeltlich hat cediren lassen, B. I. § 99 Anm. 156d. Abweichend für die Anwendbarkeit der Vorschriften über Pfändung durch Wegnahme des Papiers aus Grundschuldbriefen bezw. wenigstens aus solchen, die in blanco cedirt sind, Drache in Busch, Zeitschr. III. S. 306. Voß bei Gruchot, B. 27 S. 826. Auf die Bedeutung und Auslegung des § 16 des Ausf.-Ges. z. C.P.O. wird in § 199a Anm. 13 zurückgekommen werden.

[23]) C.P.O. §§ 730ff. Was die Pfändung wirksam macht, ist das Verbot an den Drittschuldner, dem Vollstreckungsschuldner zu leisten. Dieses Verbot kann wirksam nur an eine solche Person erlassen werden, die der Gerichtsgewalt deutscher Gerichte wirksam durch das Reichsgesetz unterworfen werden konnte. Personen, die im Ausland befindlich und nicht Deutsche sind, konnten durch die inländische Gesetzgebung nicht der Jurisdiktion eines deutschen Gerichts dahin unterworfen werden, daß ein Verbot des deutschen Gerichts für sie verbindlich ist. Darauf beruht es, daß § 730 Abs. 2 bezüglich der Zustellung des Pfändungsbeschlusses an den Drittschuldner, ausschließlich vom Gerichtsvollzieher als dem Zustellungsorgan redet. Eine Zustellung im Auslande (außer in den Bezirken, in denen eigentliche Konsulargerichtsbarkeit geübt wird) oder eine öffentliche Zustellung ist danach unzulässig. Es würde im Ausland nur durch den dortigen Richter und nach dem ausländischen Recht die Pfändung einer Forderung gegen die dort wohnhafte Person zu ermöglichen sein. Diese schon von Mittermaier, Archiv f. civ. Praxis B. 24 S. 400 als in der Natur der Sache begründet dargelegten Sätze werden von den Kommentatoren der C.P.O. nicht beachtet, die sich mühen, einen in § 730 nicht begründeten Modus der Zustellung an Personen im Auslande als zulässig darzulegen. Als ob bei der im Ausland demnächst angestellten Klage der ausländische Richter die Pfändung und Ueberweisung der Forderung durch den deutschen Richter als etwas ansehen würde, was ihn binden könnte! Auch Forderungen an Exterritoriale im Inland sind nicht durch das inländische Gericht, sondern nur im Wege der Rechtshülfe pfändbar. — Es wäre vielleicht möglich gewesen, die Pfändbarkeit solcher Forderungen, die im Inlande zahlbar sind, durchzuführen. Die Civilprozeßordnung hat dies aber nicht unternommen. — Ein Beschluß des I. Civilsenats des Reichsgerichts vom 2. Mai 1885, abgedruckt in den Beilagen zum Reichsanzeiger 1885 S. 297, hat ausgesprochen, daß die Pfändung einer Forderung, deren Schuldner im Ausland wohnt, nicht um deshalb abgelehnt werden dürfe, weil die Zustellung unausführbar. Der Beschluß ist richtig, denn der Drittschuldner kann ja in das Gebiet des Reichs kommen, und so kann die Zustellung möglich werden. Die Gründe sprechen sich aber für die Zulässigkeit der Zustellung im Ausland aus. Dabei ist auf die Bedenken gegen die Unzulässigkeit einer deutschen Jurisdictionshandlung als solcher im Ausland nicht eingegangen. Es mag hier noch die materielle Seite der Sache mit einigen Worten erörtert werden. Das deutsche Gesetz knüpft an die Zustellung das Entstehen eines wirksamen Pfandrechts. Ist dasselbe wirksam, so muß es der Schuldner der gepfändeten Forderung beachten, und wenn er es beachtet, wird er jedenfalls nicht mehr als einmal zahlen müssen. Aber wenn der in England wohnhafte Schuldner, von seinem Gläubiger verklagt, einwenden würde, dieser habe durch den ihm, dem Schuldner, zugestellten Pfändungsbeschluß des deutschen Gerichts die Befugniß, die Forderung einzuziehen, verloren, so würde ihn das Englische

Forderungen schließt die Nothwendigkeit, die Urkunde dem Pfandgläubiger zu übergeben, deren Benutzung zu anderweiter Verpfändung aus.

2. Die Verpfändung von Frachtschiffen[24]). Die Bestimmungen des A.L.R. waren durch die Konkursordnung von 1855, das Deutsche Handelsgesetzbuch und das Einführungsgesetz dazu zum Theil geändert, durch das Einführungsgesetz zur Deutschen Konkursordnung aber in dieser veränderten Gestalt aufrecht erhalten worden. Zu beachten ist dabei, daß das preußische Recht Schiffe bezüglich der Zwangsvollstreckung zu den Immobilien rechnet, und daß in Folge dessen nicht nur durch reichsgesetzliche Bestimmungen, sondern auch durch Landesgesetze gewissen Forderungen das Recht der vorzugsweisen Befriedigung aus der Sache beigelegt werden konnte[25]). Jetzt ist zu den Bestimmungen des Handelsgesetzbuchs und der sich anschließenden besonderen Regelung der Verpfändung der Seeschiffe die analoge reichsgesetzliche Regelung der privatrechtlichen Verhältnisse der Binnenschiffahrt im Reichsgesetz vom 15. Juni 1895 getreten[25a]).

Für eine Reihe von Fällen ist hiernach sowohl für Seeschiffe wie für die zur Schiffahrt auf Flüssen oder sonstigen Binnengewässern bestimmten und verwendeten Schiffe ohne jeden Verpfändungsakt kraft Gesetzes die Stellung als Schiffsgläubiger mit einem bevorzugten Pfandrecht begründet[26]). Der Ausbau des Binnenschiffahrtrechts hat hier die früheren Verschiedenheiten erheblich vermindert[27]).

---

Gericht gewiß damit nicht hören. Auch das deutsche Gericht würde einem Pfändungsbeschluß des Englischen Gerichts gewiß nicht die Kraft beimessen, daß darauf hin die Klage des Gläubigers gegen den in Deutschland wohnhaften Schuldner abgewiesen werden könnte. Aber das Reichsgericht will trotzdem, daß auf Grund des in England zugestellten Pfändungsbeschlusses, und nachdem der Drittschuldner in England trotz desselben an den ursprünglichen Gläubiger hat Zahlung leisten müssen, einer Forderung, die der Drittschuldner an den in Deutschland wohnenden Pfandgläubiger hat, die gepfändete und überwiesene Forderung compensando entgegen gestellt werden darf, so daß vom Drittschuldner der Betrag zweimal zu leisten ist! Da ist es nur gut, daß die Weigerung des auswärtigen Ministeriums solche Zustellungen von Pfändungsbeschlüssen durch deutsche Konsuln oder Gesandte im Ausland vornehmen zu lassen, — vgl. Allg. Verf. des Just.Min. v. 20. Mai 1887, Ziffer 6 Abs. 6, J.M.Bl. S. 141 — dazu nöthigen wird, von den Zustellungen in anderer Weise, als durch Anrufen der Rechtshülfe der auswärtigen Gerichte Abstand zu nehmen; und diese wird nicht zu dem Ergebniß führen, daß das Gericht zur Vollstreckung des auswärtigen Urtheils einfach Hülfe leistet, kann freilich vielleicht dazu führen, daß das ersuchte Gericht, wenn es solche Rechtshülfe gewähren kann, — dem Befehl des deutschen Gerichts den eigenen Folgeleistungsbefehl zufügt und ihn so wirksam macht. Es bliebe freilich daneben auch noch die öffentliche Zustellung denkbar. Aber diese ist von R.G. Entsch. B. 22 S. 404 mit Recht für unzulässig erklärt.

[24]) I. 20 §§ 300 ff. K.O. von 1855 §§ 64—71. H.G.B. Art. 757—781. Einf.-Ges. z. H.G.B. Art. 29. 59. Gesetz über die Zwangsvollstreckung in das unbewegliche Vermögen vom 13. Juli 1883 § 1, §§ 163 ff. — Vgl. B.G.B. §§ 1259—1271.

[25]) R.K.O. § 39.

[25a]) Die Regelung ist als vorübergehend gedacht, im Hinblick auf die in Anm. 24 citirten Vorschriften des B.G.B.

[26]) H.G.B. Art. 757—779. Einf.-Ges. z. H.G.B. Art. 29. R.G. v. 15. Juni 1895 §§ 102—134.

[27]) Nach K.O. von 1855 §§ 64 ff. konnte man früher als Schiffsgläubiger bei Flußtransportschiffen wohl die Bergegelder und Hafengelder sowie die Heuer des Schiffsvolks bezeichnen. Von Havereibeiträgen und Bodmereigeldern konnte aber nicht die Rede sein, auch gab es keinen Schiffer des Flußschiffs, der es auf der Reise mit Reperaturkosten u. s. w. belasten konnte.

Ein Konventionalpfand kann bei allen Schiffen, soweit sie nicht in das Schiffsregister eingetragen sind, durch Uebergabe des Schiffs als Faustpfand begründet werden[28]). Die symbolische Verpfändung die den Zweck hat, den Gewerbebetrieb des Schiffers dadurch zu ermöglichen, daß das Schiff in seiner Verwaltung bleibt, daß aber doch seine Disposition zum Nachtheil der Gläubiger ausgeschlossen wird, ordnete das Landrecht durch die folgenden Bestimmungen, die auch jetzt für alle nicht in das Schiffsregister einzutragenden Frachtschiffe[29]) anwendbar sind. Der Verpfändungsmodus knüpft sich an die Urkunde, die das Eigenthumsrecht am Schiffe klar stellt[30]). Auf dieser Urkunde muß die Verpfändungserklärung gerichtlich oder notariell verzeichnet werden. Der Gläubiger erhält eine beglaubigte Abschrift der Urkunde mit dem Verpfändungsvermerk. Hierdurch ist das Pfandrecht bestellt. Es dauert so lange, als sich die Abschrift in der Hand des Gläubigers befindet und der Vermerk auf der Originalurkunde nicht weggeschafft ist. Wird das Schiff durch einen Andern als den Verpfänder geführt, so kann der Gläubiger dessen Bekanntmachung mit seinem Pfandrecht verlangen[31]). Für den Bestand des Pfandrechts aber ist diese Bekanntmachung unwesentlich. Die durch ein solches Pfandrecht gesicherte Forderung kann wie jede andere verpfändet werden.

Schiffe, soweit sie in das Schiffsregister einzutragen sind, und Parten daran werden durch gerichtliche Eintragung der Forderung in das Schiffsregister verpfändet. Die Eintragung begründet, vorausgesetzt daß der Verpfänder wirklich der Eigenthümer war, wofür die Eintragung in das Schiffsregister keine Garantie bietet, das Pfandrecht, das bis zur Löschung dauert; die Zeit der Eintragung entscheidet über das Vorrecht unter mehreren Pfandgläubigern. Die Eintragung wird außerdem vom Gericht auf der Verpfändungsurkunde und dem Schiffsbriefe (dem Certifikat) vermerkt. Der Korrespondentrheder ist als solcher zur Verpfändung des Schiffs nicht befugt, vielmehr kann das Schiff als Ganzes nur von allen Rhedern, die einzelne Part nur von deren Eigenthümer verpfändet werden[32]). Auch hier unterliegt das durch Pfand gesicherte Forderungsrecht der weiteren Verpfändung nach den all=

[28]) Das folgt aus dem Worte „auch" in I. 20 § 300. Vgl. Entsch. B. 18 S. 315. Nach dem Einf.=Ges. z. H.G.B. Art. 59 tritt dessen Bestimmung für Seeschiffe nur an die Stelle von I. 20 §§ 302—307. 313. Das R.Ges. v. 15. Juni 1895 § 131 schließt die Verpfändung auf andere Weise als durch Eintragung in das Schiffsregister nur für die in das Schiffsregister eingetragenen Schiffe aus.

[29]) D. h. für die Küstenfahrzeuge, vgl. V. v. 27. Febr. 1862 (G.S. S. 61), und die der Binnenschiffahrt dienenden Schiffe mit Tragfähigkeit bis 20000 Kilogramm, sowie bei Fahrzeugen mit eigner Triebkraft bei einer Tragfähigkeit bis 15000 Kilogramm. Ges. vom 15. Juni 1895 § 120.

[30]) Das war bei Seeschiffen der Beylbrief, als Urkunde über den Bau des Schiffs, und wenn seitdem das Eigenthum gewechselt hatte, der Kaufbrief. Jetzt ist es bei allen nicht registrirten Schiffen der Meßbrief: Reskr. vom 16. Dezember 1837 Jahrb. B. 50 S. 533. Entsch. B. 15 S. 206 (Rehbein III. S. 434). Strieth. B. 56 S. 157.

[31]) Auf die Schiffsurkunde können mehrere Verpfändungen gesetzt, und dadurch das Schiff einer Mehrheit von Pfandrechten unterworfen werden.

[32]) H.G.B. Art. 460.

gemeinen Grundsätzen mit der durch das Schiffsregister gebotenen Modifikation, daß eine Eintragung des Afterpfandrechts möglich ist.

Das Pfandrecht an Schiffen ergreift auch ihr Zubehör. Nach dem Landrecht sollte es sich nicht ohne Weiteres auf die Versicherungssumme und auf die Frachtgelder erstrecken[33]). Das ist für Seeschiffe geändert[34]). Für Flußtransportschiffe ordnete schon die Allgemeine Gerichtsordnung[35]) an, daß im Konkursverfahren zum Schiffseigenthum auch die Versicherungs- und Frachtgelder, d. h. die noch ausstehenden oder in der Hand des Schiffers befindlichen Frachtgelder gerechnet werden sollten. Die Konkursordnung von 1855[36]) unterwarf diese Forderungen dann bei allen Schiffen dem Absonderungsrecht der Pfandgläubiger[37]). Das Reichsgesetz über die Binnenschifffahrt handelt von Zubehör und Fracht als für das Pfand haftend nur bei den Forderungen der Schiffsgläubiger. — Das Pfandrecht an Schiffen und Schiffsparten wird geltend gemacht im Wege der Zwangsversteigerung; es erlischt nicht nur durch den Verkauf im Wege der Zwangsvollstreckung, sondern bei Seeschiffen auch wenn der Schiffer im Falle zwingender Nothwendigkeit das Schiff verkauft hat[38]).

3. Für eingehende und ausgehende Waaren hatte schon das Landrecht die Möglichkeit der Verpfändung durch Uebergabe des Konnossements oder Ladescheins anerkannt[39]). Das Handelsrecht hat diesen Gedanken dahin entwickelt, daß gewisse kaufmännische Dispositionspapiere vermöge der daran geknüpften formellen Pflicht des Ausstellers, die Gegenstände, deren Empfang darin bekannt ist, herauszugeben, diese Gegenstände selbst repräsentiren, so daß, wenn Papiere dieser Art an Order gestellt sind, ihre Uebergabe der Uebergabe der Sache selbst gleich geachtet wird[40]). Die Bestimmungen des Landrechts gingen insofern noch weiter, als auch die Hingabe der Factura einer erwarteten Sendung und Hingabe der über eine Versendung sprechenden Urkunden, also die Hingabe von Papieren, denen die formelle Bedeutung der oben gedachten Urkunden nicht zukommt, unter Umständen als eine wirksame symbolische Verpfändung anerkannt war. Es sind dies Vorschriften, auf die das im Eingang Gesagte Anwendung findet. Zur Zeit können in dieser Weise die vollen Rechte eines Pfandgläubigers nicht mehr begründet werden.

4. Dasselbe gilt von den im Landrecht enthaltenen Vorschriften über

---

33) I. 20 §§ 309. 811.

34) H.G.B. Art. 759. 778. 780. Einf.-Ges. z. H.G.B. Art. 29.

35) I. 50 § 684. A.G.O.

36) K.O. v. 1855 § 64.

37) Ob hieraus zu folgern ist, daß jetzt bei Flußfrachtschiffen die Versicherungs- und Frachtgelder dem Pfandrecht des Pfandgläubigers außerhalb des Konkursverfahrens unterliegen, ist allerdings nicht ganz zweifellos.

38) H.G.B. Art. 767. 769. 780. Bezügl. der Schiffsparten vgl. oben § 194 Anm. 57. Ueber Binnenschiff. s. Ges. v. 15. Juni 1895. §§ 110—112. 136.

39) I. 20 §§ 367—379.

40) H.G.B. Art. 649. 650. 302 ff.

die symbolische Verpfändung lagernder Waaren[41]). Nur wenn diese wirklich in den Gewahrsam des Pfandgläubigers oder eines Vertreters desselben gelangt sind, oder wenn ein sie vertretendes Dispositionspapier übergeben ist, genügt das Pfandrecht den Bestimmungen der Konkursordnung; die bloße Beobachtung der landrechtlichen Formen kann nur zwischen Gläubiger und Verpfänder den Pfandnexus begründen. Dasselbe würde von den besonderen Vorschriften über Verpfändung an die Bank zu sagen sein[42]), wenn diese nicht dadurch vollständig antiquirt wären, daß sie nicht auf die Reichsbank anwendbar sind.

## Dritter Abschnitt.

## Das Recht der Hypothek und der Grundschuld.

### § 198. Die Begründung des Rechts.

Das Recht der Hypothek oder Grundschuld kann nur an Grundstücken, Bergwerken und selbständigen Gerechtigkeiten erworben werden. Es entsteht nur durch Eintragung im Grundbuch, und in ein solches werden nur die erwähnten Vermögensstücke eingetragen[1]). Die Mobiliarhypothek ist dem preußischen Recht fremd. Insoweit das Recht des Eigenthümers selbst an dem Grundstücke aber so beschränkt ist, daß er nicht befugt ist, es zu veräußern, und deshalb auch ein Veräußerungsrecht an dem Grundstück selbst nicht übertragen kann, wird die eingetragene Hypothek und Grundschuld nur nach Maßgabe seines nutzbaren Eigenthums, also bezüglich der Nutzungen (Revenüen) des Grundstücks wirksam, und die Rechtssprechung hat sich, wie bereits erwähnt, dahin entschieden, daß auch willkürlich die Hypothek oder Grundschuld auf die Revenüen eines Grundstücks — obgleich sie losgelöst vom Grundstück als Mobilien zu betrachten sind, beschränkt werden kann[2]).

Unter Gerechtigkeiten sind diejenigen zu verstehen, die den unbeweglichen Sachen gleich geachtet sind, die s. g. selbständigen Gerechtigkeiten. Die gesetzliche Begriffsbestimmung dieser selbständigen Gerechtigkeiten[3]), die aus

---

[41]) I. 20 §§ 329—366. Entsch. B. 53 S. 20 (Rehbein III. S. 424), Entsch. B. 13 S. 243 (Rehbein III. S 428).

[42]) I. 20 §§ 380 ff. Die Reichsbank ist zwar nach § 13 Ziffer 3, § 20 des Bankgesetzes vom 14. März 1875 zum Lombardverkehr berechtigt. Die nur für die preußische Bank gegebenen Bestimmungen über den Modus der Verpfändung könnten aber nur durch Gesetz auf die Reichsbank für anwendbar erklärt worden sein; ein solches Gesetz fehlt.

[1]) Gesetz über den Eigenthumserwerb vom 5. Mai 1872 §§ 18. 68. 69 Gr.B.O. §§ 1. 2. 3. (Vgl. §§ 390—393 I. 20 A.L.R. Hypoth.-Ordn. von 1783, I. §§ 6—8. 14.) B.G.B. §§ 1113. 1191. 1017; Einf.Ges. z. B.G.B. Art. 67. 73.

[2]) Vgl. oben § 190 Anm. 33, auch § 199 Anm. 1 b.

[3]) Hypoth.-Ordn. von 1783. I. § 14, A.L.R. I. 20 § 395. Vgl. B. I. § 21 Anm. 45 und

der Hypothekenordnung von 1783 in das Allgemeine Landrecht übernommen ist, fordert erstens, daß sie nicht gewissen Grundstücken ankleben, sondern für sich selbst bestehen. Es dürfen also Grundgerechtigkeiten nicht hierher gezogen werden; diese bieten vielmehr, als mit dem herrschenden Grundstück untrennbar verbunden, nur insofern sie dessen Werth vermehren, dem dinglichen Kreditverkehr eine Basis; die Verfügung über das herrschende Grundstück ergreift sie nothwendig mit. Die Begriffsbestimmung der selbständigen Gerechtigkeit fordert weiter, daß die Gerechtigkeit ohne den Besitz eines Grundstücks müsse ausgeübt werden können. Nur unter diesen Voraussetzungen, so fügt die Hypothekenordnung hinzu, kann sie für sich allein veräußert und verpfändet werden. Die zweite Eigenschaft ist hiernach nicht eine Wiederholung der ersten; das geht klar daraus hervor, daß in der Hypothekenordnung die im Landrecht weggelassenen Worte dazwischen geschoben sind, daß die Gerechtigkeit auch einen eigenen bestimmten Werth haben müsse. Es werden hiernach durch die zweite Voraussetzung solche Rechte ausgeschlossen, die nach dem landrechtlichen System den Charakter dinglicher Rechte nur durch den Besitz des Grundstücks oder durch die diesen Besitz ersetzende Eintragung in das Grundbuch erlangen können, d. h. die persönlichen Gebrauchsrechte an Grundstücken selbst dann, wenn diese als veräußerliche und vererbliche Gerechtsame begründet sind[3a]). Unter den Begriff der selbständigen Gerechtigkeit[3b]) fallen hiernach nur die aus den niederen Regalien herzuleitenden durch Privileg oder Ersitzung begründeten Gerechtsame, wie Fährgerech-

oben § 192a Anm. 36. S. ferner Eig.Erwerbs-Gesetz vom 5. Mai 1872 § 69. Gr.B.O. § 3. Bei Einführung der Grundbuchgesetzgebung in solche Landestheile, in denen es bis dahin eigentliche Hypothekenbücher nicht gegeben hat, ist ausdrücklich die Möglichkeit in das Grundbuch einzutragender selbständiger Gerechtigkeiten anerkannt. Vergl. Einf.-Gesetz für Schleswig-Holstein vom 27. Mai 1873 § 42. Diese Bestimmung nöthigt zu der Annahme, daß hierbei die Auslegung des Gesetzes von 1872 gebilligt ist, daß nicht nur die bereits in alte Hypothekenbücher eingetragenen Gerechtigkeiten zur Aufnahme in das Grundbuch geeignet sind, sondern daß solche auch neu eingetragen werden können. Dies war nach den Materialien der Gesetzgebung von 1872 (Kommissionsbericht des Herrenhauses S. 64) zweifelhaft, das Gesetz selbst aber steht dem nicht entgegen, es auch im Gebiet des Landrechts so aufzufassen, wie es die fernere Gesetzgebung aufgefaßt hat. Vergl. auch Dernburg und Hinrichs I. S. 152.

[3a]) Vgl. über solche oben § 185 Anm. 23. 32. 38, § 186 Anm. 7. Neue Justizministerialrescripte haben die altpreußische Praxis dahin irre geführt, daß Erbpachtrecht (im Gegensatz zu Erbzinsrechten) und Superfizies zu den selbständigen Gerechtigkeiten gezählt worden sind, für die zuweilen besondere Hypothekenfolien eingerichtet wurden. Eine Konsequenz war in dieser Praxis nicht. Jedenfalls hätten dann alle Gebrauchsrechte, die Gegenstand der Veräußerung sein können, so behandelt werden müssen, und es wäre kein Grund vorhanden gewesen, für die sächsischen Kohlenabbaugerechtigkeiten diese Behandlung durch ausdrückliche Gesetzesvorschrift — und auch dies nur nach Abschreibung vom Grundstück — für zulässig zu erklären. (Vgl. Anm. 3b). Jedenfalls sind die in § 185 Anm. 38 erörterten Sätze zu beachten, daß keinesfalls ein Gebrauchsrecht an einem Grundstück dem dritten Erwerber des Grundstückes gegenüber von Bestand bleibt, wenn es nicht auf dem Grundbuchblatt des Grundstücks eingetragen ist, und daß die bloße Eintragung auf einem andern Blatt dem Dritterwerber gegenüber rechtlich gleichgiltig ist.

[3b]) Ges. v. 1. Juni 1861 und vom 22. Februar 1869. Vgl. § 185 Anm. 38.

tigkeiten, Schiffmühlengerechtigkeiten, Fischereigerechtigkeit [3c]) und die noch in Kraft stehenden realen Gewerbeprivilegien [3d]). Darüber hinaus ist nur durch positive Gesetzesvorschrift den sächsischen Kohlenabbaugerechtigkeiten die Eigenschaft unbeweglicher Sachen beigelegt. Ferner ist die Eigenschaft des Bergwerks als unbewegliches Vermögensstück positiv geregelt. Darüber daß zur Zeit nur die Bergwerke selbst, nicht die Kuxen, die Eigenschaft unbeweglicher Sachen haben, und eine Stelle im Grundbuch erhalten können, ist bereits gehandelt [3e]). Ebenso hat die Eisenbahneinheit als Haftungsgegenstand bei der Eisenbahnschuld Erwähnung gefunden [3f]).

Da es ohne Eintragung keine Hypothek oder Grundschuld giebt, so ist zu ihrer Entstehung zunächst erforderlich, daß die zu verpfändende unbewegliche Sache im Grundbuch ein Blatt oder in einem Artikel desselben eine Nummer erhalten hat, unter der sie eingetragen ist. Nach der Grundbuchordnung vom 5. Mai 1872 soll jedes „selbständige" [4]) Grundstück, das in den Steuerbüchern verzeichnet ist, ein besonderes oder mit anderen Grundstücken desselben Eigenthümers zusammen ein gemeinschaftliches Grundbuchblatt erhalten, ohne Rücksicht darauf, ob dingliche Belastungen einzutragen sind oder nicht. Hiervon sind zwar die Domänen und andere dem Staate gehörige Grundstücke, die Grundstücke der Kirchen, Klöster, Schulen und Gemeinden, die Bestandtheile der Eisenbahnen und öffentlichen Landwege durch die

[3c]) Die Fischereigerechtsame in regalen Gewässern. Ein Fischereirecht in einem Privatgewässer ist eine Grundgerechtigkeit oder ein persönliches Gebrauchsrecht.

[3d]) Z. B. Apothekerprivileg.

[3e]) B. I. § 21 Anm. 44, B. III. § 168 Anm. 50f.

[3f]) Oben § 192a Anm. 41.

[4]) Grundbuchordnung § 1. Grundstücke, die Bestandtheile eines Gutskomplexes sind, haben trotz besonderer Bezeichnung in den Steuerbüchern nicht die Eigenschaft selbständiger Grundstücke und die Gutskomplexe brauchen nicht unter Hervorhebung dieser Bestandtheile, sondern nur mit der Gesammtfläche eingetragen zu werden. Gr.B.O. § 4. Es kann auch nach § 13 Gr.B.O. ein gemeinschaftliches Grundbuchblatt für mehrere selbständige Grundstücke eingerichtet werden. Ein solches nach Formular I eingerichtetes gemeinsames Blatt bietet, zumal es bei Besitzwechsel dasselbe bleibt, große Vortheile gegenüber dem unübersichtlichen Formular II der Grundbuchordnung. — Nach I. 20 § 394 A.L.R. erhalten Pertinenzstücke und Gerechtigkeiten, die zu gewissen Hauptgrundstücken geschlagen sind und nur mit diesen zugleich besessen oder ausgeübt werden können, kein besonderes Folium. Die Gr.B.O. von 1872 sagt in § 5, daß das Grundbuchblatt alle Bestandtheile (d. h. Parzellen), unbewegliche Zubehörstücke (Pertinenzen) und Gerechtigkeiten umfasse, und daß die Zubehörstücke nur dann ein besonderes Grundbuchblatt erhalten, wenn das Hauptgut im Auslande oder in dem Bezirk eines anderen Grundbuchamts liegt: nur im ersteren Fall ist das inländische Zubehörstück des ausländischen Hauptgrundstücks als selbständiges Grundstück im Grundbuch zu behandeln, wenn nicht Staatsverträge entgegenstehen, — im zweiten Fall dagegen ist das Blatt nicht offen für Eintragungen, sondern es wird mit dem Vermerk der Zugehörigkeits-Eigenschaft geschlossen. Liegt ein Zubehörstück im Ausland, ein Fall, den die Gr.B.O. nicht erwähnt, so wird es darauf ankommen, ob es dem Blatt des inländischen Hauptgrundstücks zugeschrieben ist oder nicht. Im letzteren Fall interessirt es bei dem Grundbuch jedenfalls nicht als Zubehör; aber auch im ersteren hängt es von dem ausländischen Recht ab, ob die inländische Eintragung für das Grundstück von Erheblichkeit ist. Liegt das Hauptgut in einer preußischen Provinz, welche die Grundbucheinrichtung nicht hat, so wird das Zubehörstück im Grundbuch als selbständiges Grundstück behandelt werden müssen. Bahlmann zu § 5 G.B.O.

Bestimmung ausgenommen, daß sie nicht in das Grundbuch eingetragen werden, solange sie nicht Gegenstand einer Belastung sind; sobald sie jedoch veräußert oder belastet werden sollen, oder sobald der Eigenthümer oder ein Berechtigter darauf anträgt, müssen auch diese Grundstücke ein Blatt erhalten[5]). Auf dem Grundbuchblatt muß die Hypothek oder Grundschuld in der dritten Abtheilung in gehöriger Weise eingetragen werden.

Aber insoweit für ein einzelnes Grundstück das Grundbuchsblatt noch nicht eröffnet werden kann[6]), ist der Realkredit nicht schlechthin ausgeschlossen. Es helfen hier die s. g. Rekognitionen aus[7]). Wer den Titel zu einer Hypothek auf ein solches Grundstück erwirbt, ist berechtigt, ihn bei dem Amtsgericht, dem die Anlegung des Buchs obliegt, behufs künftiger Eintragung unter Beifügung der urkundlichen Beweismittel anzumelden. Das Gericht ist verpflichtet, zu prüfen, ob der angemeldete Anspruch sich zur künftigen Eintragung eignet, und hat ihn, wenn dies der Fall, genau aufzuzeichnen und dem Anmeldenden hierüber eine Bescheinigung (Rekognition) zu ertheilen, die entweder auf das Dokument über die Verpfändung gesetzt oder als besondere Urkunde ausgefertigt wird[8]). Die Urkunden und die Rekognition empfängt der Gläubiger; er erwirbt durch die Anmeldung und[9]) diese Bescheinigung das Recht, seinen Anspruch auch gegen dritte Besitzer des Grundstücks geltend zu machen[10]) und ihn in das demnächst eingerichtete Grundbuch nach dem Zeitpunkt der geschehenen Anmeldung als Hypothek eintragen zu lassen[11]). Bei einem Konkurs über das Vermögen des Schuldners braucht er sich nicht als Konkursgläubiger einzulassen, sondern kann wie andere Realgläubiger sein Recht auf abgesonderte Befriedigung verfolgen[12]).

---

5) G.B.O. § 2.

6) Die Hyp.-O. von 1783 Tit. 1 § 2, Tit. 4 § 4 war von der Voraussetzung ausgegangen, daß vollständige Hypothekenbücher in Jahresfrist herzustellen seien, damit hing die Vorschrift der §§ 411. 412 I. 20 in ihrer kategorischen Fassung zusammen, die dann durch § 9 der in folgender Anm. citirten Verordnung bis zur Bekanntmachung der Vollendung des Hypothekenbuchs eines Bezirks durch das Amtsblatt suspendirt ist. Entsch. B. 9 S. 276, B. 15 S. 232. — Vergl. Einf.-Ges. z B.G.B. Art. 189.

7) Verordn. v. 16. Juni 1820 (G.S. S. 106), eingeführt in den neu- und wiedererworbenen Provinzen mit Ausnahme des Herzogthums Sachsen. Dazu die Deklaration v. 28. Juli 1838. G.S. S. 428. Diese Bestimmungen sind durch § 140 G.B.O. aufrecht erhalten. Ueber die Art und Weise der Ergänzung der Grundbücher enthalten die §§ 133—139 G.B.O. nähere Bestimmungen, die zunächst auf die für die verschiedenen Provinzen erlassenen Hypothekenpatente verweisen (§ 153). Bei Einhaltung der in diesen Patenten bestimmten Anmeldungsfristen wurde den älteren Hypotheken vor der in der Anmeldungsfrist ertheilten Rekognitionen die Priorität gewährt. § 6 der V. v. 16. Juni 1820.

8) Deklar. § 2.

9) V.O. § 5 Entsch. B. 9 S. 276 Nr. III. Strieth. B. 9 S. 302.

10) V.O. § 5a. Er muß dann aber nach § 7 das Recht seines Autors, des Verpfänders nachweisen.

11) V.O. § 5b. Reskr. v. 9. Febr. 1840 J.M.Bl. S. 66. Auch die Vollstreckbarkeit einer Geldforderung wird zur Zeit als genügende Grundlage des Antrags auf Ertheilung einer Rekognition anzusehen sein.

12) V.O. § 5c. Konk.Ordn. v. 8. Mai 1855 §§ 46f. V.O. § 8. Auch bezüglich der Verjährung greifen §§ 247. 248 I. 20 ein. Präj. 965 (Pr.S. S. 35).

Das Recht zu ferneren vorläufigen Anmeldungen und Rekognitionen fällt weg, sobald das einzelne Grundstück sein Blatt erhalten hat[13]).

Die Eintragung, als der ausschließliche Modus des Erwerbs einer Hypothek oder Grundschuld an einem in das Grundbuch eingetragenen Grundstück, hat zur Voraussetzung, daß der eingetragene oder seine Eintragung gleichzeitig erlangende Eigenthümer sie bewilligt, oder daß diese Bewilligung ersetzt wird durch ein rechtskräftig gegen den so eingetragenen oder einzutragenden Eigenthümer erstrittenes Erkenntniß, durch das er zur Bestellung der Hypthek oder Grundschuld verurtheilt ist[14]), oder daß gegen einen solchen Eigenthümer eine zuständige Behörde oder zur Vollstreckung eines gegen diesen vollstreckbaren Titels und unter dessen Vorlegung der Gläubiger die Eintragung nachsucht[15]). Auch wenn der Berechtigte einen gesetzlichen Pfandrechtstitel besitzt, bedarf er der Eintragung, damit für ihn eine Hypothek entstehe[16]), und auch in diesem Fall muß der Eigenthümer die Eintragung zunächst bewilligen[17]). Bei der Eintragung der Judizialhypothek auf Grund

---

[13]) V.O. § 10. Dekl. § 1. Reskr. v. 1. Mai 1838. Jahrb. B. 51 S. 410. Strieth. B. 11 S. 200.

[14]) C.P.O. § 779. — Vgl. Entwurf I. des B.G.B. §§ 828—834, bei der zweiten Berathung gestrichen, soweit die Vorschriften nicht durch die generelle Bestimmung des B.G.B. § 873 gedeckt sind.

[15]) Ges. über den Eigenthumserwerb v. 5. Mai 1872 § 19. Ges. betr. die Zwangsvollstr. in das unbewegl. Verm. v. 13. Juli 1883 §§ 6 ff. Ueber Eintragungsbewilligung des noch nicht eingetragenen Eigenthümers oben § 193 Anm. 10 und unten Anm. 27.

[16]) I. 20 § 412. Vgl. oben § 193 Anm. 19 ff. Für Grundschulden giebt es keinen gesetzlichen Titel.

[17]) Ges. v. 24. Mai 1853 § 8, durch den I. 20 § 403 aufgehoben worden, verlangte in der Schuld- oder Verpfändungsurkunde entweder die Verpfändungserklärung oder die Bewilligung der Eintragung, die demnächst von dem Gläubiger bei dem Hypothekenrichter unter Vorlegung der Urkunde beantragt wurde. Das neue Recht verlangt außer dem Antrage nur die Bewilligung, die von dem Eigenthümer dem Grundbuchamt gegenüber, schriftlich oder mündlich, erklärt werden muß. Da bei Grundschulden eine besondere Schuldurkunde nicht existirt, so ist die Bewilligungserklärung von einer solchen unabhängig. Bei Hypotheken muß die Schuldurkunde dem Grundbuchamt vorgelegt werden; und es ist gewiß zulässig, aber nicht nothwendig, daß die Bewilligung der Eintragung in ihr enthalten ist; sie kann auch besonders und selbst nachträglich erklärt werden. Nur im erstern Fall ist es richtig, den Eintragungsvermerk nach den Mustern, die in den hinter dem Gesetz abgedruckten Tabellen gegeben werden, dahin zu fassen, daß die Eintragung „auf Grund der Schuldurkunde" erfolgt, sonst erfolgt sie auf Grund der besonderen Bewilligung. Für die materielle Giltigkeit der Hypothek oder Grundschuld, die einmal eingetragen ist, genügt es, wie das Kammergericht bei Johow B. 11 S. 151 mit Recht ausführt, daß die Bewilligung wirklich und im landrechtlichen Gebiet schriftlich erfolgt ist. Aber sehr bedenklich (vgl. unter Anm. 27) ist es, hieraus für den Grundbuchrichter die Folgerung herzuleiten, daß er nicht an die Vorschriften der Grundbuchordnung §§ 33—35 über die Beglaubigung der Eintragungsbewilligung gebunden ist, und von der Löschung und Wiederholung der Eintragung nach Erfüllung der vorgeschriebenen Formen Abstand nehmen darf, wenn letztere durch Zwischeneintragungen nicht gehindert wird. Dabei werden die Aufgaben der freiwilligen Gerichtsbarkeit verkannt. — Für den Grundbuchrichter ist, sofern es sich um eine vorzunehmende Eintragung handelt, die Eintragungsbewilligung nicht vorhanden, wenn sie nicht ihm selbst erklärt oder in gehöriger Beglaubigung der Unterschrift (vgl. Ges. v. 15. Juli 1890 § 8) ihm vorgelegt wird. — Darüber, daß nicht neben der Bewilligung der Eintragung auch der Eintragungsantrag vom Eigenthümer ausgehen muß, wie Förster und Bahlmann gegen Achilles und Johow B. 2 S. 239 annahmen, daß vielmehr der Gläubiger unter Vorlegung der Bewilligung die Eintragung ebensogut beantragen kann, besteht kein Streit mehr.

eines vollstreckbaren Titels bedarf es keiner ausdrücklichen Bewilligung, das Zwangsrecht des Gläubigers ersetzt sie [18]).

Die Bewilligung des Eigenthümers erfolgt entweder **mit oder ohne Angabe des Schuldgrundes**; hier liegt die Scheidelinie im Begriff der **Hypothek und der Grundschuld**. Die Hypothek verlangt die Angabe des Schuldgrundes, weil sie accessorisch ist [19]); die Grundschuld verträgt eine solche

[18]) Die Eintragung der Judizialhypothek (vgl. oben § 193 I. c.) fand bis zum Gesetz vom 4. März 1879 § 22, als einer der in § 19 Nr. 3 des Eig.-Erw.-Ges. vorgesehenen Fälle des Ersuchens einer zuständigen Behörde, auf Ersuchen des Prozeßrichters statt. Jetzt gilt der vollstreckbare Titel dem Grundbuchrichter als Eintragungsbewilligung, er ist selbstverständlich nur dann wirksam, wenn die Bewilligung gerade des Vollstreckungsschuldners die Eintragung rechtfertigen würde. Ueber Behandlung der Kosten des Antrags und der Eintragung bei dieser vgl. Kammergericht bei Johow B. 12 S. 91. Ueber die Einwirkung eingetragener Einschränkungen des Eigenthümers s. oben § 169.

[19]) Oben § 190. Das Eig.-Erw.-Ges. § 19 Nr. 1 schreibt im Anschluß an die Bestimmung, daß die Bewilligung der Eintragung einer Hypothek mit Angabe des Schuldgrundes erfolge, vor, daß die Schuldurkunde vorgelegt werden muß. In der Praxis pflegt dies dahin verstanden zu werden, daß die Eintragung unstatthaft sei, wenn es sich um eine nicht beurkundete Schuld handele. Aber wer sich für das mündlich versprochene Kaufgeld des aufgelassenen Grundstücks die Eintragung hat zusichern lassen, wird doch auf Eintragung klagen können. In solchen Fällen sucht sich die Praxis dadurch zu helfen, daß sie das verurtheilende Erkenntniß oder auch die vor dem Grundbuchrichter erklärte Eintragungsbewilligung als Schuldurkunde ansieht, was sie doch nicht sind. In der That ist das Gesetz nicht so zu verstehen. Die Schuldurkunde muß vorgelegt werden, wenn es eine giebt; giebt es keine, so ist sie auch nicht vorzulegen, die Eintragung aber kann doch stattfinden. Uebereinstimmend Dernburg, Preuß. Hypothekenrecht II. S. 99. Nur die Vorlegung an den Grundbuchrichter und demnächst Verbindung mit dem Hypothekenbrief ist vorgeschrieben. § 23 des Eig.-Erw.-Ges., der die nothwendigen Bestandtheile der Eintragungsbewilligung angiebt, erwähnt die Schuldurkunde nicht. Enthält diese selbst die Eintragungsbewilligung, auf Grund deren eingetragen werden soll, so muß die Urkunde — gleichviel ob sie mit mündlichem Antrag dem Grundbuchrichter überreicht wird oder Anlage eines schriftlichen Antrages ist, (Grundbuchordnung §§ 32. 33) — in der Form des § 33 G.B.O. beglaubigt sein. Wird die Eintragungsbewilligung, auf Grund deren eingetragen werden soll, besonders abgegeben, so ist die „vorgelegte" Schuldurkunde nur eine nähere Bezeichnung der im Eintragungsantrag bezeichneten Forderung, nicht eine „zur Eintragung" nach § 23 des Eig.-Erw.-Gesetzes „erforderliche" Urkunde. Es bedarf deshalb keiner Beglaubigung. Wie soll auch der, welcher die Eintragung einer Hypothek für die Schuld eines Dritten bewilligt, dafür sorgen können, daß die Privaturkunde des vielleicht schon verstorbenen Dritten beglaubigt werde? Und soll, wenn dies unmöglich ist, die Hypothek nicht eingetragen werden? Zur Abschneidung von Zweifeln ist es aber Sache des Grundbuchrichters als Richters der freiwilligen Gerichtsbarkeit darauf hinzuwirken, daß möglichst auch die nur zur näheren Bezeichnung der einzutragenden Schuld dienende Urkunde beglaubigt werde. — Die Bewilligung ist übrigens nach ihrer Eintragungsfähigkeit zu prüfen; es bedarf der Uebereinstimmung des angegebenen Schuldgrundes mit dem Inhalt der vorgelegten Urkunde. Aber die Prüfung des Grundbuchrichters darf sich nicht auf die Rechtsgiltigkeit des Schuldgrundes, insbesondere des urkundlich verbrieften Schuldgrundes erstrecken. Ob dieser rechtsgiltig ist, gehört in den Bereich der dem Grundbuchrichter durch G.B.O. § 46 entzogenen Prüfung des Rechtsgeschäfts, das der Eintragungsbewilligung zu Grunde liegt. Vgl. Förster, Grundbuchrecht S. 61, Johow, Jahrb. B. 2 S. 248. Bahlmann und Turnau zu § 19. Förster ging soweit, es für gleichgiltig zu erklären, wenn die Eintragung einer Hypothek, als für einen unbedingten Anspruch bestellt, bewilligt werde, während aus der vorgelegten Urkunde sich die bedingte Natur des Anspruchs ergebe; die Hypothek werde nur dann zu einer bedingten, wenn dies aus der Eintragung hervorgehe, und es stehe nichts entgegen, daß der Eigenthümer für einen bedingten Anspruch eine unbedingte Hypothek bewillige; für die Einschreibung des Grundbuchrichters sei nur die Erklärung der Bewilligung entscheidend. Es ist nicht recht klar, ob F. hier nur die formelle Stellung des Grundbuchrichters

Angabe nicht, weil sie eine selbständige Belastung des Grundstücks enthält. Durch die für ihn selbst einzutragende Grundschuld mobilisirt der Eigenthümer einen Theil des Grundstückswerths, er schafft sich für den Fall des Eigenthumswechsels das selbständige Recht auf Zahlung aus dem Grundstück. Der Titel zur Bestellung der Grundschuld für einen Andern kann in einer persönlichen Zahlungspflicht liegen, die durch Hingabe des Grundschuldrechts an Zahlungstatt getilgt oder nur gesichert werden soll; es kann aber auch die Bestellung des formalen Grundschuldrechts Inhalt einer Vertragspflicht sein, ohne daß der Besteller eine persönliche Zahlungspflicht übernommen hat. Für die rechtliche Entstehung der Grundschuld kommt es nur auf die Bewilligung an, welche die alleinige Grundlage der Eintragung ist. Fehlt es für diese Entstehung an einer causa, so kann die Grundschuld kondizirt werden.

Die Bewilligung der Eintragung einer Hypothek oder Grundschuld muß auf den Nameu eines bestimmten Gläubigers[19a]) lauten, das verpfändete Grundstück bezeichnen, und eine bestimmte Summe in gesetzlicher Währung[19b]), den Zinssatz oder die Bemerkung der Zinslosigkeit, den Anfangstag der Verzinsuug und die Bedingungen der Rückzahlung angeben. Die Eintragung muß genau der Bewilligung entsprechen[20]). Bei den Pfandbriefdarlehen ist je nach Inhalt der Statuten des Kreditinstituts Zahlung in Pfandbriefen statthaft[20a]).

---

hat präzisiren wollen, oder ob er trotz der accessorischen Natur der Hypothek hat lehren wollen, daß die Hypothek für eine unbedingte Schuld hafte, obgleich nur eine bedingte Schuld zu Recht bestehe. Der Herausgeber glaubt nach keiner der beiden Richtungen hin zustimmen zu können. Der Grundbuchrichter wird richtig handeln, wenn er die Identitätszweifel beseitigt, und im Falle eines Widerspruchs zwischen der einzutragenden und der beurkundeten Forderung die Eintragung ablehnt; der Prozeßrichter hat zu prüfen, ob trotz der Differenz in der demonstratio gerade für die beurkundete, allein bestehende bedingte Forderung die Hybothek bestellt sein sollte. Nur diese Hypothek kann zu Recht entstanden sein.

19a) Eine laxe Praxis des Kammergerichts als des obersten Beschwerdegerichts läßt vielfach andere Bezeichnungen des Gläubigers zu, insbesondere gestattet sie Eintragungen für Erbmassen, wo es sich nicht um einen von einem Pfleger verwalteten, sondern um einen zu theilenden Nachlaß mit durchaus bekannten Theilungsinteressenten handelt. Daß aus den angegebenen Merkmalen ein bestimmter Gläubiger erkannt werden kann, rechtfertigt Aufrechthaltung der Hypothek durch den Prozeßrichter, — aber es rechtfertigt nicht die Eintragung durch den Grundbuchrichter. — Vgl. B.G.B. § 1115.

19b) Das Kammergericht (Johow B. 7 S. 117, B. 9 S. 79) läßt Eintragung der Verbindlichkeit der Rückzahlung in Gold zu. Vgl. dagegen Merfeld bei Gruchot B. 39 S. 574. S. auch Bulling. Die Wirksamkeit der Goldklausel 1894.

20) Ges. über den Eigenthumserwerb vom 5. Mai 1872 § 23 Gr.B.O. § 43. Natürlich nur inhaltlich, nicht wörtlich.

20a) Grundbuchordnung § 47 Johow, B. 4 S. 158. 249. Ueber die Pfandbriefinstitute und deren Geschichte, sowie über die Besonderheiten der Einrichtungen dieser Kreditinstitute vgl. von Brünneck bei Gruchot B. 28 und B. 29. Abgesehen von der Möglichkeit der Rückzahlung in Pfandbriefen bei landschaftlichen Darlehen kann ein mit Inhaberpapieren zurückzuzahlendes Darlehn als eintragungsfähig nicht angesehen werden: es ist in solchem Fall nur eine Kautionshypothek mit bestimmtem Maximalbetrag eintragbar. Darüber, daß die Eintragung als Pfandbriefdarlehn das Grundstück nicht auch für die statutenmäßigen Zuschußleistungen haften läßt, vgl. R.G. Entsch. B. 20 S. 230.

Das jetzt geltende preußische Recht hat hiernach das Spezialitätsprinzip nach allen Seiten durchgeführt: es soll nicht allein die Person des Gläubigers und das Pfandobjekt, — was schon nach altem Recht galt, — sondern auch die Belastungssumme eine bestimmte sein[21]).

Der bestimmte Berechtigte darf im Falle einer Grundschuld, aber nicht im Falle einer Hypothek, der Eigenthümer des Grundstücks selbst sein[21a]); sowohl Hypothek als Grundschuld kann aber, wenn ursprünglich für einen Anderen begründet, auf den Eigenthümer übergehen. Der Eigenthümer erlangt dadurch, wie schon angedeutet und in § 200 näher auszuführen ist, das Recht, die Zahlung des eingetragenen Betrags aus der Substanz des Grundstücks, d. h. bei dessen nothwendiger Versteigerung oder Zwangsverwaltung, für sich zu verlangen, wenn er auch solche Zwangsvollstreckung nicht selbst herbeiführen kann. Nach ausdrücklicher Bestimmung kann er auf dritte Personen die vollen Rechte eines Grundschuld- oder Hypothekengläubigers unter der Form der Cession oder des Vermächtnisses übertragen. Das ihm zustehende Recht am eigenen Grundstück kann aber auch nach den Grundsätzen der Zwangsvollstreckung in das bewegliche Vermögen zum Gegenstand der Zwangsvollstreckung gemacht werden[22]). Die namentliche Bestimmtheit des Gläubigers ist ausnahmelos auch dann nöthig, wenn Cessionen eingetragen werden sollen; die unausgefüllte Blankocession einer Grundschuld ist nicht eintragungsfähig[23]).

Die Bestimmtheit des Grundstücks sollte nach der Idee der Grundbuchgesetzgebung dadurch zu besonderer Klarheit kommen, daß das Grundstück auf dem Grundbuchblatt entsprechend dem Inhalt der Steuerbücher nach seiner Lage und Größe zu bezeichnen ist[24]).

---

[21]) Kautionen müssen nach dem höchsten Betrag der Haftung eingetragen werden. § 24 des Gesetzes. Aber ältere Eintragungen, die dem nicht entsprechen, sind durch diese Bestimmung nicht ungiltig geworden.

[21a]) Vgl. B.G.B. § 1196 verglichen mit §§ 1115 und 1163.

[22]) Gesetz über den Eigenthumserwerb v. 5. Mai 1872 §§ 27. 28. Förster, Grundbuchrecht, S. 140 und im Text der früheren Auflagen leugnet, wie schon im § 190 angeführt, nicht nur, daß der Eigenthümer sein eigener Gläubiger sein könne, sondern überhaupt, daß ein Recht vor der Auflösung der Einheit des berechtigten und verpflichteten Subjekts denkbar sei. — In der That kann der Eigenthümer es nicht zu einer Zwangsversteigerung seines Grundstücks bringen, um so die Zahlung aus dessen Substanz zu entnehmen, weil er gegen sich selbst keinen solchen Zwang üben darf. Auch ist — als in der Absicht des Gesetzes liegend — anzunehmen, daß der Grundeigenthümer, wenn die für ihn eingetragene Grundschuld verzinslich ist, während der eigenen Besitzzeit auf Zahlung der Zinsbeträge aus dem Grundstück ein Recht nicht haben soll, wenn dies auch nicht so klar wie in § 81 des neuvorpommerschen Gesetzes vom 21. März 1868 zum Ausdruck gebracht ist. Festzuhalten ist die im Text hervorgehobene Differenz: Eine Hypothek kann niemals ursprünglich auf den Eigenthümer eingetragen, sondern nur, wenn sie an ihn zurückfällt, umgeschrieben werden, oder, wenn er als Gläubiger eingetragen worden und später das Eigenthum am Grundstück erwirbt, auf seinen Namen stehen bleiben. Gesetz über den Eigenthumserwerb v. 5. Mai 1872 §§ 64. 66. S. unten § 200 bei Anm. 13ff.

[23]) Gr.B.O. § 80.

[24]) Gr.B.O. § 5. Förster, Grundbuchrecht. S. 28fg. Vgl. aber oben B. I. § 23a. Anm. 38, sowie § 191 Anm. 23a.

**Die Bestimmtheit der Belastung** besteht in der festen Begrenzung der Geldsumme[24a]), auch wenn, wie bei der Kautionshypothek, noch nicht feststeht, ob der Anspruch, für den die Hypothek (bei den Grundschulden kann dieser Fall nicht vorkommen) bewilligt worden ist, die Höhe der eingetragenen Summe erreicht oder erreichen wird. Bleibt sie unter der eingetragenen Summe, so geht die Differenz nicht auf den Eigenthümer über, sondern die Belastung ergiebt sich zu Gunsten der nacheingetragenen Gläubiger als eine geringere[25]). Die Gesammthypothek oder Gesammtgrundschuld, die das Gesetz zuläßt, führt zu vielen bedenklichen Folgen; aber sie steht mit dem Prinzip der Spezialität nicht in Widerspruch. Denn jedes Grundstück haftet für die ganze Schuld, und deren Höhe steht fest; das Prinzip der Spezialität verlangt nur, daß ein nacheingetragener Gläubiger wissen und berechnen kann, wie viel schlimmsten Falls ihm vorgeht, wo also seine Sicherheit beginnt. Verbessert sie sich durch den zufälligen Umstand, daß das ihm verpfändete Grundstück für die vorstehende Gesammthaft gar nicht oder nicht zum vollen Betrage in Anspruch genommen wird, so wird er nicht beschädigt[26]).

**Berechtigt, die Eintragung einer Hypothek oder Grundschuld zu bewilligen**, ist nur ein solcher Eigenthümer, der im Grundbuch eingetragen ist oder gleichzeitig seine Eintragung als Eigenthümer erlangt. Niemals darf eine Hypothek oder Grundschuld gegen einen noch nicht eingetragenen Eigenthümer eingetragen werden. Wer außerhalb der Fälle freiwilliger Veräußerung ein Grundstück erworben hat, wird erst durch seine Eintragung zur Belastung legitimirt[27]). Um das aus einem Veräußerungsvertrage für den

---

[24a]) Es sollen zwar die Bedingungen der Rückzahlung im Eintragungsvermerk angegeben werden; die Unterlassung macht aber die eingetragene Hypothek oder Grundschuld nicht nichtig. R.G. Entsch. B. 14 S. 273. — Vgl. B.G.B. §§ 1113. 1190. 1191.

[25]) S. oben Anm. 21. Ges. über den Eigenthumserwerb v. 5. Mai 1872 § 67.

[26]) Die Gesammtposten zu beseitigen, ist schon deshalb unmöglich, weil sie bei der Parzellirung der Grundstücke von selbst entstehen, weil auch vielfach die nach Formular II. der Grundbuchordnung besonders eingetragenen Grundstücke desselben Eigenthümers wirthschaftlich als Einheit behandelt werden.

[27]) Ges. v. 5. Mai 1872 § 5. Ueber älteres Recht vergl. Entsch. B. 9 S. 286 (Rehbein III. S. 518). — Nach B.G.B. § 873. 185, Abs. 2, wird der Standpunkt ein anderer sein. Es ist oben (§ 193 Anm. 10) dargelegt, daß der Grundbuchrichter sich über den Satz des § 5 nicht fortsetzen darf. Im Gegensatz hierzu hat sich das Kammergericht (Johow B. 11 S. 146) im Prinzip entschieden, daß eine vom Ersteher eines durch Zwangsversteigerung veräußerten Grundstücks vor seiner Eintragung außerhalb der Kaufgeldvertheilung erklärte Eintragungsbewilligung wirksam sei, nur daß die bei der Kaufgeldvertheilung bewilligten Eintragungen vorweg zu erfolgen haben. Aus dem Wortlaut des § 124 Abs. 5 des Ges. v. 13. Juli 1883 ist das nicht herzuleiten. Vom Standpunkt des Kammergerichts hat auch die Eintragung der früher bewilligten Hypothek bei der Eintragung des Erstehers auf Grund der früheren Bewilligung zu erfolgen. Auch nach meiner Ansicht wird die Rechtsprechung eine so eingetragene Hypothek nicht als nichtig ansehen; aber der Weg, den die Rechtsprechung des Kammergerichts der freiwilligen Gerichtsbarkeit weist, ist ein abschüssiger. Nichts kann rechtfertigen bei zwei vor Eintragung des Eigenthümers dem Grundbuchrichter präsentirten Eintragungsbewilligungen der zuerst präsentirten ein Vorrecht zu gewähren. — War ferner über das Vermögen des die Eintragung vorher bewilligenden, nicht eingetragenen Eigenthümers vor seiner Eintragung als Eigenthümer das Kon-

Veräußerer entstandene Recht auf Eintragung einer Hypothek oder Grundschuld zu sichern und die Vorschrift des § 408 I. 20 A.L.R. zu ersetzen, ist dem Erwerber gestattet, gleichzeitig mit dem Antrag auf Umschreibung des Eigenthums die Bewilligung der Eintragung der Hypothek oder Grundschuld zu erklären, so daß beides als gleichzeitiger Akt beim Grundbuch vorgenommen werden kann[28]). Das gleiche Recht steht auch dem Erben zu, und es gilt auch in Betreff von Belastungen, die nicht für den Veräußerer, sondern für andere Personen bewilligt werden. Miteigenthümer zu bestimmten Antheilen können auf ihren Antheil eine Hypothek oder Grundschuld bewilligen[29]); nicht auch Miterben vor Theilung des Nachlasses. Die auf Grund der Bewilligung des eingetragenen Eigenthümers eingetragene Hypothek kann von dem wahren Eigenthümer oder von solchen, die von ihm ihre Rechte herleiten, nur nach Maßgabe der Grundsätze der Anfechtung eines eingetragenen Eigenthumsübergangs und seiner Folgen angefochten werden[29a]).

Die einmal ertheilte Bewilligung kann nach erfolgter Eintragung zum Nachtheil der hinterher eingetragenen Gläubiger nicht erweitert werden, ausgenommen wenn es sich darum handelt, nachträglich noch Zinsen bis zu fünf Prozent zum Nachtheil von Realinteressenten, die nach dem 1. Oktober 1872 eingetragen sind, zu bewilligen[30]). Die Eintragungsbewilligung kann weder bedingt noch betagt erklärt werden[31]); eine **bedingte Hypothek** ist aber

---

kursverfahren eröffnet, so kann die Eintragung jedenfalls nicht zum Nachtheil der Konkursgläubiger stattfinden. Entsch. B. 76 S. 125 (Rehbein III. S. 574). Alle diese Unterscheidungen können im Rechtsstreit geprüft und erwogen werden; der Richter der freiwilligen Gerichtsbarkeit, der aus solchen Erwägungen Eintragungen in das Grundbuch zuläßt, handelt auf einseitige Information und deshalb ist er nothwendig dem Irrthum ausgesetzt. — Eine als gütergemeinschaftliche Ehefrau neben dem als Eigenthümer eingetragenen Mann vermerkte Frau gilt auch nach dem Tode des Mannes nicht als eingetragene Miteigenthümerin, gegen die wirksam eine Judizialhypothek eingetragen werden kann. Strieth. B. 100 S. 59 (Rehbein III. S. 537).

[28]) Förster, Grundbuchrecht S. 159. Es war in der Praxis zweifelhaft geworden, ob Eintragungen, die der Erwerber eines Grundstücks durch Zwangsversteigerung bei Gelegenheit der Kaufgelderbelegung und Vertheilung bewilligt, als von einem seine Eintragung erlangenden Eigenthümer bewilligt anzusehen sind. Diese Zweifel werden in § 124 Abs. 5 des Gesetzes betr. Zwangsvollstreckung in das unbewegliche Vermögen für in der Vertheilungsverhandluug bewilligte Eintragungen beseitigt. So kann sich also der Ersteher des Grundstücks gegen Hypothek Geld zur Bezahlung des Kaufgelds verschaffen, obgleich er noch nicht eingetragen ist, aber auch nur so; vergl. Anm. 27.

[29]) Ges. v. 5. Mai 1872 § 21.

[29a]) Vergl. oben § 178 Anm. 57f. — Der gute Glaube des Grundbuchs und die daraus herzuleitenden Sätze greifen aber nicht durch, wenn dasselbe Grundstück für verschiedene Eigenthümer an verschiedenen Stellen des Grundbuchs eingetragen gewesen ist. Vgl. B. I. § 23a Anm. 13. Entsch. B. 75 S. 333 (Strieth. B. 94 S. 176, Rehbein III. S. 510).

[30]) Ges. v. 5. Mai 1872 § 25 (Aelteres Recht § 30 des Ges. v. 24. Mai 1853, welches jetzt erweitert ist. Förster, Grundbuchrecht S. 160). S. unten § 199 A. 41.

[31]) Abweichend Förster ohne nähere Begründung. Abweichend auch Dernburg, Preuß. Hypothekenrecht II. S. 94. Der Grundbuchrichter ist nicht dazu da, zu entscheiden, ob Bedingungen eingetreten sind, unter denen jemand eine Bewilligung ausspricht; er hat zu fordern, daß ihm die Bewilligung als Grundlage einer sofort vorzunehmenden Eintragung vorgelegt wird. Vgl. oben B. I § 36 am Ende.

möglich, nicht nur insofern ihre Grundlage, die persönliche Schuld, bedingt sein kann[32]), sondern auch so, daß die hypothekarische Haftung des Grundstücks für eine unbedingte Schuld bedingt oder nur für eine bestimmte Zeit übernommen wird; ebenso kann ein bedingtes oder betagtes Recht auf Zahlung aus der Substanz des Grundstücks als Grundschuld eingeräumt werden. Hier ist die Verpfändungserklärung, die Erklärung, die das Recht der Hypothek oder Grundschuld einräumt, eine bedingte oder betagte, obgleich die Einwilligung, daß eine die Bedingung enthaltende Eintragung erfolge, unbedingt abgegeben wird[33]). Inwiefern auch in der Bestellnng einer Gesammthypothek oder Gesammtgrundschuld für jedes einzelne Grundstück eine bedingte Verpfändung liegt, hat oben Erörterung gefunden[34]). In allen Fällen einer bedingten Hypothek oder Grundschuld fällt das Recht mit dem Wegfall der Bedingung zusammen: die Löschung kann beansprucht werden, nacheingetragene Posten haben auch ohne Löschung nicht mehr ein wirkliches Recht vor sich eingetragen, sondern nur den Schein eines solchen. Dies ist nur dann anders, wenn die Hypothek für den Fall des Wegfalls der Bedingung für ein anderes Recht haften soll, wenn also die als Wegfall wirkende Thatsache gleichzeitig für ein anderes Recht als Bedingung der Entstehung hingestellt ist. Ein Beispiel für eine solche Hypothek bildet der Fall der Ersatzübernahme nach den Bestimmungen des Immobiliarzwangsvollstreckungsrechts. In Höhe der Ersatzübernahme ist das Grundstück nur einmal unter entgegengesetzten Bedingungen belastet, so daß die Hypothek in dem einen Fall für die eine, in dem anderen Fall für die andere Forderung wirksam ist[34a]). Nach eingetretener Bedingung einer Hypothek oder Grundschuld steht diese jeder unbedingten Hypothek oder Grundschuld gleich. — Wesentlich verschieden von der bedingten Hypothek ist die Kautionshypothek, bei deren Einräumung ein bestimmter Forderungsbetrag nicht angegeben werden kann, die deshalb in der Hand des ersten Berechtigten wie in der seines Rechtsnachfolgers, von dem Nachweis der rechtlichen Entstehung einer bestimmten Forderung und davon abhängig bleibt, daß die Forderung auch jetzt noch als solche besteht[35]).

---

32) Darüber daß es verkehrt ist anzunehmen, es könne eine unbedingte Hypothek für eine bedingte Schuld begründet werden, vgl. Anm. 19.

33) Hierin zeigt sich die formale Natur dieser Bewilligung und die innere Berechtigung der zwischen ihr und der Verpfändungserklärung, beziehungsweise der die Grundschuld behufs der demnächstigen Eintragung begrenzenden Erklärung im Gesetz gemachten Unterscheidung. S. oben Anm. 17. Eine Verpfändungserklärung kann die im § 19 Z. 1 erforderte Bewilligung nicht ersetzen. Vgl. Turnau I. S. 275. Achilles S. 173. — Ob oder und unter welchen Umständen die erklärte Bewilligung wieder zurückgenommen werden kann, so daß die Eintragung gehindert wird, ist zweifelhaft. Das Richtige ist, eine vom Gläubiger angenommene Einwilligung vom Standpunkt des Grundbuchrichters als unwiderruflich anzusehen. Vgl. Strieth. B. 94 S. 287. Sie kann nur im Prozeßwege kondizirt werden. Vgl. dazu Abs. 2 des § 873 B.G.B.

34) Oben § 194 Anm. 80.

34a) Ueber die Stellung des Grundbuchrichters bei Löschung der in erster Reihe übernommenen Hypotheken vergl. Kammergericht bei Johow B. 12 S. 124.

35) Eigenthumserwerbgesetz §§ 24. 67. Oben § 192 Anm. 15. Unten § 99 b. Anm. 18 b.

Der Gläubiger, der das Recht auf Eintragung einer Hypothek oder Grundschuld erworben hat, dem aber vom Eigenthümer die Bewilligung der Eintragung versagt wird, kann zur Erhaltung dieses Rechts unter Vermittelung des Prozeßrichters eine Vormerkung auf dem Grundstück eintragen lassen[36]). Durch eine solche Vormerkung wird für die endgiltige Eintragung die Stelle in der Reihenfolge der Eintragungen gesichert[37]). Der Vermittelung des Prozeßrichters bedürfen diejenigen Behörden nicht, die gesetzlich berechtigt sind, die Eintragung einer Hypothek zu verlangen[38]). Dem Rechte des Gläubigers, dem ein rechtskräftiges Urtheil zur Seite steht, die Ein-

---

Vgl. auch Johow und Küntzel. B. 6 S. 100. Alle Einreden gegen die Forderung oder gegen deren Höhe sind zulässig, denn nur unter ihrer Berücksichtigung läßt sich feststellen, ob und in welcher Höhe die Kautionshypothek Bestand hat. Die Kautionshypothek ist schlechthin accessorisches Pfand, in der Sprechweise des B.G.B. eine bloße Sicherungshypothek. Von dieser handeln die §§ 1184—1190, von der Kautionshypothek insbesondere § 1190.

[36]) Nach Ausf. G. z. C.P.O. v. 24. März 1879 § 18 setzt das Ersuchen des Gerichts in Erlassung einer einstweiligen Verfügung voraus. Diese wird aber nicht etwa als Vollstreckungstitel Grundlage einer Zwangsvollstreckung, sondern das Gericht, das die Verfügung erläßt, hat in Ausführung der einstweiligen Verfügung das Ersuchen an den Grundbuchrichter zu richten. Das ist ein Theil der einstweiligen Verfügung selbst. Hinrichs, Studien I. S. 10. Es handelt sich nicht um eine durch Zwangsvollstreckung herbeizuführende Nöthigung des Gegners. Wo solche in Frage steht, gilt die einstweilige Verfügung wie ein Arrestbefehl nach § 815 der C.P.O. als Vollstreckungstitel. Aber Ausführung einer Verfügung durch das Gericht selbst, wo nur eine solche Ausführung rechtlich denkbar ist, und Zwangsvollstreckung sind durchaus verschiedene Begriffe. Daß auch auf Bewilligung des Eigenthümers eine solche Vormerkung eingetragen werden kann, ist freilich nicht zu bezweifeln. Vgl. Jaeckel bei Gruchot B. 18 S. 43.

[37]) Ges. vom 5. Mai 1872 § 22. Gr.B.O. § 88 f. Zeitschrift B. 7 S. 115ff. Förster, Grundbuchrecht, S. 66f. Dernburg I. § 204. Bahlmann S. 52f. Achilles S. 185 und in Johow's Jahrb. B. 8 S. 321. Kindel bei Gruchot B. 24 S. 303. 643. Unter der Herrschaft der Gesetzgebung vor dem Immobiliarvollstreckungsgesetz vom 13. Juli 1883 war es streitig, ob jeder Gläubiger, der einen Arrestgrund für eine persönliche Forderung darlegte, die Eintragung einer „Arrestprotestation" mit den Wirkungen der Vormerkung verlangen konnte, oder nur der Gläubiger, der ein Recht auf Bestellung einer Hypothek oder Grundschuld hatte. Ersteres war zu leugnen, und in dem eingetragenen Arrest, der in die zweite Abtheilung des Grundbuchs gehörte, konnte lediglich eine Verfügungseinschränkung des Grundeigenthümers gefunden werden, die durch die Eintragung den später eingetragenen Hypotheken- und Grundschuldgläubigern erkennbar war. Die Einschränkung ging nur dahin, daß der Grundstückseigenthümer nicht zum Nachtheil des Arrestsuchers verfüge, sie gewährte dem Arrestsucher kein Vorzugsrecht. Der eingetragene Arrestgläubiger konnte also von den später eingetragenen Pfandgläubigern nur verlangen, daß sie ihn in tributum aus dem Erlös des Grundstücks zur Befriedigung kommen lassen müßten, nicht, daß sie sich die Vorwegeintragung eines Pfandrechts für den Arrestsucher gefallen zu lassen hätten. Die Verfügungsbeschränkung bezweckte nur, die par causa des Arrestsuchers zu erhalten. Das Reichsgericht hat allerdings daraus, daß die nacheingetragene, sonst validirende Hypothek dem Arrestsucher gegenüber null ist, gefolgert, daß letzterer an Stelle der Hypothek Befriedigung fordern könnte. Aus der Praxis vergl. Präj. 1135. Entsch. B. 8 S. 57 und einerseits (IV. Senat) Entsch. B. 35 S. 211, andererseits Entsch. B. 71 S. 108. R.G. Entsch. B. 4 S. 266, B. 5 S. 296 und bei Gruchot B. 24 S. 100. Jetzt hat das Immobiliarvollstreckungsgesetz im Anschluß daran, daß die Vollstreckung des dinglichen Arrests in das bewegliche Vermögen durch Pfändung erfolgt, auch bezüglich des unbeweglichen Vermögens Vollstreckung durch Eintragung einer Vormerkung geordnet.

[38]) Ein Recht auf Eintragung einer Grundschuld existirt für keine Behörde.

tragung einer Judizialhypothek zu verlangen, entspricht es, daß ein Gläubiger, dem ein zwar vollstreckbarer, aber nicht unerschütterlicher Titel zur Seite steht, die Vormerkung der Hypothek verlangen darf [39]). Die Vormerkung der Hypothek oder Grundschuld ist eine vorläufige Eintragung, welche die definitive Eintragung des Realrechts vorbereitet und unter der Voraussetzung, condicio juris, daß der Rechtsgrund des Realrechts bereits vorhanden ist, zur endgiltigen Eintragung umgestaltet wird, aber auch jetzt schon unter derselben Voraussetzung mit den Wirkungen des dinglichen Rechts ausgestattet ist [39a]). Die endgiltige Eintragung an Stelle der Vormerkung erfolgt auf Ersuchen des Prozeßrichters oder auf Bewilligung des Eigenthümers, oder nach dessen Verurtheilung. Hat zwischen der Eintragung der Vormerkung und der Ertheilung der Bewilligung ein Eigenthumswechsel stattgefunden, so kann die Bewilligung nur von dem zeitigen Eigenthümer ertheilt oder im Wege des nunmehr gegen ihn angestellten Prozesses erwirkt werden, die bloße Einwilligung desjenigen, gegen den die Vormerkung erwirkt war, genügt nicht [40]).

---

[39]) Vgl. oben § 193 Anm. 39.

[39a]) S. oben B. I. § 48 Anm. 23a. Vgl. B.G.B. §§ 883—888.

[40]) R.G. Entsch. B. I. S. 383. Vgl. oben B. I. § 48 Anm. 23c und Thiele bei Gruchot B. 37 S. 792. Die dort bereits behandelte Frage, wie Eigenthumswechsel während des Prozesses einwirkt, ist mehrfach abweichend von dem dort vertretenen Standpunkt beantwortet; aber es ist festzuhalten: Weder in dem Fall, wenn aus dem Recht auf Bestellung der Hypothek oder Grundschuld geklagt ist, das stets einen obligatorischen Charakter hat, obgleich es auf Grund einer einstweiligen Verfügung die Eintragung der Vormerkung ermöglicht, noch wenn die Vormerkung auf Grund eines vorläufig vollstreckbaren Titels eingetragen ist, der zur Zeit der Veräußerung noch keine definitive Wirksamkeit erlangt hat, kann man das Grundstück litigiös nennen, da der anhängige Prozeß nicht über ein bestehendes dingliches Recht geführt wird. Vergl. Wolff bei Gruchot B. 31 S. 673, A. Schultze, Die Vollstreckbarkeit der Schuldtitel S. 88. Abweichende Ansichten s. bei Turnau I. S. 355. Bendix bei Gruchot B. 32 S. 345. Diesen abweichenden Ansichten ist auch das Reichsgericht (Entsch. B. 27 S. 237) beigetreten. Die Eintragung der Vormerkung, die überdies regelmäßig erst im Laufe des Rechtsstreits stattfindet, bildet aber weder den Klagegrund für den Antrag auf Bewilligung der Eintragung, noch wird durch den Zwischenfall der ursprüngliche Klagegegenstand, die obligatorische Leistungspflicht, verändert. Von Litigiosität des Grundstücks kann also nicht die Rede sein und die §§ 236 bis 238. 665 C.P.O. greifen nicht ein. Vergl. B. I. § 51 Anm. 18. Wäre es richtig, daß ein persönlicher Anspruch dadurch, daß im Laufe des Prozesses ein ihn schützendes dingliches Recht dazu getreten ist, den Gegenstand dieses dinglichen Rechts litigiös macht, so würde jede Klage aus dem Darlehn, wenn während dessen Rechtshängigkeit dafür eine Hypothek eingetragen ist, das Grundstück litigiös machen. Der Grundbuchrichter wird deshalb trotz des Eintritts der Rechtskraft des das Recht auf Umschreibung der Vormerkung feststellenden Urtheils gegen den ursprünglich Beklagten den Eintragungsantrag ablehnen müssen, bis der jetzige Eigenthümer die Umschreibung genehmigt. Dieser selbst wird durch das Urtheil ebensowenig wie durch eine jetzt freiwillig von dem früheren Eigenthümer gegebene Zustimmung gebunden. Es muß gegen ihn erwiesen werden, daß die Voraussetzungen, auf denen die Vormerkung der Hypothek oder Grundschuld beruht, damals objektiv bestanden. Ist dem so, dann muß er einwilligen, oder muß dazu verurtheilt werden, aber in einem besonderen neuen Prozeß, nicht in dem Rechtsstreit, der gegen seinen Veräußerer auf der Grundlage seiner persönlichen Gebundenheit angestellt ist. — Die Löschung der zur Ausführung einer einstweiligen Verfügung eingetragenen Vormerkung ordnet § 19 Ausf.-Ges. z. C.P.O. In dem Beschluß des Kammergerichts bei Johow und Küntzel B. 2 S. 152 ist mit Recht ausgeführt, daß das Urtheil im Fall eines Eigenthumswechsels für denjenigen vollstreckbar ausgefertigt sein muß, der den Löschungsantrag

Ueber die Eintragung einer Grundschuld und Hypothek werden regelmäßig Urkunden ausgefertigt — **Grundschuldbriefe, Hypothekenbriefe**[41]). Auf die Ausfertigung der ersteren darf nicht verzichtet werden[42]); der Gläubiger erhält erst durch den Empfang der Urkunde das Verfügungsrecht über die Grundschuld[43]). Dagegen kann auf die Ausfertigung eines Hypothekenbriefes verzichtet werden, und sie wird dann erst nöthig, wenn bei der Hypothek eine Veränderung eingetragen werden soll[44]). Die Urkunden werden, wenn nichts anderes beantragt ist, von dem Grundbuchrichter dem die Eintragung der Grundschuld oder Hypothek bewilligenden Eigenthümer zugestellt, der sie dem Berechtigten einzuhändigen hat[45]). Wenn eine Behörde auch ohne Bewilligung des Eigenthümers berechtigt ist, eine Eintragung nachzusuchen, erhält sie direkt die Urkunde[46]), ebenso der Gläubiger, der die Eintragung beim Grundbuchrichter auf Grund eines vollstreckbaren Titels beantragt[47]). Der Eigenthümer erhält in diesen Fällen eine Benachrichtigung. Durch die nachträgliche Bildung eines Hypothekenbriefs wird die Stellung des dinglichen Schuldners wesentlich verändert. Er ist bei der Hypothek, für die ein Hypothekenbrief nicht gefertigt war, über die Legitimation des gegenwärtigen Gläubigers stets so unterrichtet, daß darin zu seinem Nachtheil nicht ohne seine Benachrichtigung etwas geändert werden kann, und daß er bei Zahlung an den ihm gegenüber legitimirten Gläubiger sicher geht. Nur wenn er nach der Zahlung versäumt, die Löschung herbeizuführen, findet gegen ihn die Möglichkeit eines gutgläubigen Erwerbs statt[47a]). Ist aber ein Hypothekenbrief ausgefertigt und in die Hand des Gläubigers gelangt, so kann der Eigenthümer nur gegen Aushändigung des Briefs mit Sicherheit zahlen, und nach den in der Lehre von der Rechtsabtretung dargelegten Grundsätzen wird ein gutgläubiger entgeltlicher Erwerber der Forderung auf den Glauben der er-

---

stellt. Ueber das Rückgängigmachen der Folgen vorläufiger Zwangsvollstreckung bei nachmaliger Aenderung des zu Grunde liegenden vollstreckbaren Titels s. oben B. I. Anhang zu §§ 55. 56.

[41]) Gr.B.O. §§ 122 ff. Förster, Grundbuchrecht S. 176.

[42]) Gr.B.O. § 122.

[43]) Ges. über den Eigenthumserwerb v. 5. Mai 1872 § 20.

[44]) Gr.B.O. § 129. Also nicht schon bei der Veränderung selbst. — Das B.G.B. hat die Verschiedenheit der Rechtsstellung des Hypothekenschuldners bei Vorhandensein eines Hypothekenbriefs und ohne dasselbe grundsätzlich weiter entwickelt. Die Briefhypothek ist die Regel, ihr Gegensatz ist die streng accessorische Sicherungshypothek, bei der ein Hypothekenbrief ausgeschlossen ist.

[45]) Gr.B.O. § 122. Nach einem Reskr. v. 15. Juni 1833 (vergl. Ergänzungen zu § 422 I. 20) sollte der Eigenthümer schlechthin Löschung der eingetragenen Hypothek beantragen können, wenn er das Dokument noch nicht ausgehändigt hat. Das ist nicht festzuhalten: Wenn schon die Zurücknahme der angenommenen Bewilligung der Eintragung unstatthaft erscheint (vergl. oben Anm. 33), so wird noch weniger die eingetragene Hypothek ohne Zustimmung des Gläubigers zur Löschung gebracht werden können. Wird die Löschungsbewilligung widerrechtlich geweigert, so muß sie durch Prozeß ergänzt werden.

[46]) Gr.B.O. § 122.

[47]) Immob.Vollstr.Ges. v. 13. Juli 1883 § 9. Vgl. Ges. v. 4. März 1879 § 22.

[47a]) Vgl. § 199 b. Anm. 16.

folgenden Aushändigung des Hypothekenbriefs abermalige Zahlung fordern können[47b]). Hieraus ergiebt sich, daß die nachmalige Ausfertigung des Hypothekenbriefs, sofern dessen ursprüngliche Nichtausstellung auf dem Willen des Eigenthümers beruht, der bei Bewilligung der Eintragung auf Ausstellung des Briefs verzichtet hat, nur nach dem Willen des Eigenthümers zulässig sein darf, daß dieser also durch Weigerung der nachträglichen Ausfertigung des Briefs auch die Eintragung der Veränderungen verhindern kann. Bei den auf Antrag einer Behörde oder des vollstreckungsberechtigten Gläubigers eingetragenen Hypotheken, in Fällen also, wo der Gläubiger ein von dem Willen des Eigenthümers unabhängiges Recht auf den Hypothekenbrief hat, kann der Gläubiger die nachmalige Ausfertigung des Hypothekenbriefs fordern; dieser ist ihm auch bei nachträglicher Ausstellung unmittelbar zuzustellen, der Eigenthümer aber zu benachrichtigen[47c]).

Der Hypothekenbrief hat die rechtliche Bedeutung, daß ohne ihn oder ohne seine vorgängige Kraftloserklärung im Grundbuch die Eintragung einer Veränderung oder Löschung nicht erfolgen kann, und daß der Eigenthümer nur gegen seine Herausgabe zur Zahlung verpflichtet ist. Für den Eigenthümer, der durch den Mangel des Papiers an der Befreiung seines Grundstücks von einer getilgten Post gehindert ist, hat das Gesetz durch ein besonderes für ihn eingeführtes Aufgebot Sorge getragen[48]). Der Grundschuldbrief steht nach den angegebenen Richtungen dem Hypothekenbrief gleich: aber wie der eingetragene Grundschuldgläubiger erst nach Aushändigung des Grundschuldbriefs rechtlich über die Grundschuld verfügen kann[49]), so gilt auch für Dritte, die an der Grundschuld entgeltlich ein Recht erwerben, der Grundschuldbrief, auch wenn er mit dem Grundbuch nicht übereinstimmen sollte, als maßgebend[50]). Die sich hieran knüpfenden Besonderheiten bezüglich der Einreden gegen das Grundschuldrecht sind im Anschluß an die Lehre von der Uebertragung der Hypothek und Grundschuld zu erörtern[51]).

## § 199. Der Umfang des Rechts der Hypothek und der Grundschuld.

Die Eintragung begründet das dingliche Recht nach Maßgabe des Eintragungsvermerks, der die Forderung bestimmt zu bezeichnen hat, zugleich aber durch den Zusammenhang mit dem sonstigen Inhalt des Grundbuchblatts klar stellt, welches Grundstück belastet sein soll[1]). Es bedarf aber noch

---

47b) Oben B. I. § 99 Anm. 156c.

47c) S. Turnau zu § 129. Vergl. auch die auf Hyp.-Ordn. II. § 205 beruhenden Entsch. B. 20 S. 222, B. 50 S. 214. Wünschenswerth wäre die Eintragung eines Vermerks über nachträgliche Bildung des Hypothekenbriefs.

48) G.B.O. §§ 103. 104 — vgl. §§ 110ff.

49) S. oben Anm. 43.

50) Eig.Erw.Ges. § 38.

51) Unten § 199a.

1) Entsch. B. 51 S. 207.

der näheren Erörterung, was in Folge dessen haftet und wofür es haftet. Hiermit beschäftigt sich der § 30 des Eigenthumserwerbsgesetzes, der aber namentlich die erstere Frage insofern nicht erschöpfend erledigt, als in Folge des Untergangs der danach haftenden Objekte andere Gegenstände, die daraus entstehen, in das Pfandrecht eintreten können. Hiervon ist bereits an einem anderen Orte die Rede gewesen[1a]).

I. Was haftet dem Gläubiger? Es ist zunächst zu erläutern, inwiefern diese Frage überhaupt allgemein beantwortet werden kann und nicht für jeden Gläubiger nach dem besonderen Inhalt der Verpfändungserklärung und nach der besonderen Rechtsstellung, die er in der Folgeordnung der Realinteressenten einnimmt, verschieden beantwortet werden muß. Es wird sich in ersterer Beziehung aus den folgenden Erörterungen ergeben, daß das Gesetz den Umfang objektiv feststellen will, ohne der Willensbestimmung des Verpfänders eine Einwirkung zu gestatten[1b]), ja daß die Vorschriften Anwendung für alle eingetragenen Pfandrechte fordern, auch für diejenigen, die bei Erlaß des Gesetzes bereits eingetragen waren. Was den zweiten Gesichtspunkt angeht, so sagte schon das A.L.R.: „Das dingliche Recht des Hypothekengläubigers erstreckt sich auf das ganze Grundstück und alle zur Zeit der Eintragung dabei befindlichen Pertinenzstücke.“ Das neue Recht sagt: es haftet „das ganze Grundstück mit allen seinen zur Zeit der Eintragung nicht abgeschriebenen Theilen[2])“. Hierbei ist zwischen den verschiedenen Gläubigern kein Unterschied gemacht.

Jedem Gläubiger also ist das Grundstück, wie es im Grundbuche verzeichnet ist, verpfändet, also auch dem späteren, und nicht etwa bloß der Werththeil, der nach Befriedigung der vorstehenden Gläubiger übrig bleibt[3]). Darum ist jeder nachstehende Gläubiger auch berechtigt, die Richtigkeit und Giltigkeit der vorstehenden Hypothek im Kollisionsfalle auf Grund seines Hypothekenrechts anzufechten, weil es sein Interesse ist, daß die ihm verpfändete Sache nicht für andere vor ihm belastet ist[4]): aber hieraus folgt

---

[1a]) Oben § 184 Anm. 65.

[1b]) Schon hieraus erfolgt die Unzulässigkeit einer willkürlichen Revenüenhypothek. Vergl. § 190 Anm. 33. Man kann das Grundstück nicht willkürlich ohne Revenüen, — noch weniger die Revenüen ohne das Grundstück zur Hypothek bestellen.

[2]) I. 20 § 443. Vgl. 467 ebenda. Ges. über den Eigenthumserwerb vom 5. Mai 1872. § 30 Abs. 1. — Vgl. B.G.B. §§ 1118. 1120 ff.

[3]) Entsch. B. 11 S. 54. Bericht des O.-Trib. im J.M.Bl. 1839 S. 171 f. Dadurch ist die in der geistreichen Schrift von v. d. Hagen, Die Hypothek des Eigenthümers, 1836, vertretene Ansicht, daß jedem späteren Hypothekengläubiger nur derjenige Werththeil des Grundstücks verpfändet worden sei, der nicht schon durch die Verpfändung an die vorstehenden Gläubiger absorbirt werde (bes. S. 30 fg.), abgelehnt. Sie widerspricht dem Grundsatz von der Untheilbarkeit des Pfandrechts.

[4]) Immob.Vollstr.Ges. v. 13. Juli 1883 §§ 5. 113. S. oben § 194 Anm. 37. 61. 66. 87 bis 90, § 194a. Anm. 10. 11. Vgl. Subh.-Ordn. v. 15. März 1869 § 70. Die Klage des vollstreckungsberechtigten Gläubigers aus § 5 cit., oben § 194a. Anm. 11 betrifft alle Ansprüche des Eigenthümers auf Löschung, soweit nicht die eingetragenen Posten als Eigenthümerhypotheken oder Eigenthümergrundschulden nach dem Willen des Eigenthümers fortbestehen können, also die Ansprüche auf Grund von Richtigkeit der Eintragung

nicht, daß sein Widerspruchsrecht sich auch auf Erörterung der Frage gründen darf, ob der angebliche Inhaber der vorstehenden und an und für sich giltig begründeten Hypothek sich als berechtigt legitimirt hat[5]).

Nach der positiven Bestimmung des Eigenthumserwerbsgesetzes sollte die Anfechtung einer vor- oder zu gleichem Recht eingetragenen Grundschuld nur solchen Gläubigern gestattet sein, welche ihre Eintragung im Wege einer Zwangsvollstreckung erlangt haben[6]). Die Rechtfertigung dieser Beschränkung des Anfechtungsrechts wurde von Förster darin gesucht, daß die Eintragung der Grundschuld lediglich von der Willkür des Eigenthümers, nicht von der Giltigkeit eines vorangegangenen Rechtsgeschäfts abhängt, mithin der Angriff gegen letzteres immer noch nicht die Unwirksamkeit der Grundschuld zur Folge haben würde, zur Zwangsvollstreckung berechtigten Gläubigern aber nicht durch die Willkür des Schuldners ihr Recht erfolglos gemacht werden dürfe. Der Wortlaut der Bestimmung geht aber weiter, er versagt scheinbar den dinglichen Interessenten die Anfechtung der eingetragenen Grundschuld selbst dann, wenn die Eintragung nichtig war, z. B. gar nicht auf einer Bewilligung des eingetragenen Eigenthümers beruhte, und der Wortlaut der Ausnahme ist so eng, daß sie den eingetragenen Hypothekengläubiger, der zugleich persönlicher Gläubiger ist und als solcher einen vollstreckbaren Titel gegen den Eigenthümer hat, von der Anfechtung ausschließen würde, wenn er nicht gerade auf Grund des vollstreckbaren Titels die Eintragung erlangt hat. Deshalb hat eine einschränkende Interpretation mit Recht schon während der Berathung des Gesetzes die Bestimmung lediglich von der Paullianischen Anfechtung verstanden[7]) und seit der reichsgesetzlichen Regelung dieses

---

und wenn die Post ganz oder zum Theil noch keinen Bestand gewonnen hat, Fälle, die in § 192 Anm. 16 erörtert sind. Entsch. B. 11 S. 47f. bes. S. 52 (Pl.-Beschluß). Strieth. B. 7 S. 30.

[5]) Strieth. B. 7 S. 301. R.G. Entsch. B. 15 S. 221.

[6]) Ges. über den Eigenthumserwerb v. 5. Mai 1872 § 40.

[7]) Hübner, Reform auf dem Gebiete des Immob.-Sachrechts S. 48. Jaeckel bei Gruchot B. 18 S. 561, Achilles in Johow's Jahrb. B. 6 S. 298. Die Subhastationsordnung vom 15. März 1869 handelte im § 70 vom „Bestreiten" der Richtigkeit des Realrechts und des Vorrechts einer Forderung, dabei wurde zugleich von der Möglichkeit einer „Anfechtung" der Forderung wegen des bereits erfolgten Erlöschens des persönlichen Anspruchs gehandelt. Von dieser Anfechtung kann bei einer Grundschuld nicht die Rede sein. Im § 71 war unter Bezugnahme auf den fünften Titel der Konkursordnung von 1855 ein Anfechtungsrecht geordnet. Die Motive des Eigenthumserwerbsgesetzes S. 50 zeigen, daß nur dieses Anfechtungsrecht gegenüber der Hypothek des Entwurfs, der jetzigen Grundschuld beseitigt werden sollte. Das Obertribunal hat freilich angenommen, daß § 40 auch den Fall des § 70 der Subhastationsordnung betreffe. (Bei Gruchot B. 23 S. 743. Entsch. B. 83 S. 83). Ebenso Dernburg I. § 335. Man darf aber doch nicht annehmen, daß der Gesetzgeber eine nichtige Eintragung zu einer relativen Wirksamkeit hat bringen wollen. Zu beachten ist auch, daß nicht etwa der Grundstückseigenthümer durch Geltendmachung der Richtigkeit den Uebergang der Grundschuld auf ihn selbst erstreiten kann. Die Fassung des § 5 des Immobiliarvollstrecknngsgesetzes unterscheidet nicht zwischen Hypothek und Grundschuld. Ueber den Standpunkt des Reichsgerichts s. R.G. Entsch. B. 26 S. 271.

letzteren Anfechtungsrechts muß die Bestimmung als antiquirt angesehen werden [8]).

Weil jedem Gläubiger das ganze Grundstück haftet, so verbessert sich die Sicherheit jedes Gläubigers von selbst mit der Löschung einer vorstehenden Hypothek oder Grundschuld [9]); das Pfandrecht zeigt hier, weil es die ganze Sache ergreift, eine dem Eigenthum ähnliche Elastizität, vermöge deren es überall hindringt, wo nicht mehr ein anderes Recht entgegentritt.

Bezüglich des Umfangs, in dem der verpfändete Gegenstand haftet, ist Folgendes hervorzuheben:

1. Die ganze Sache haftet, d. h. sie ist von dem Pfandrecht in allen ihren Theilen (Substanztheilen) ergriffen [9a]). Jede nach der Eintragung vorgenommene Theilung, d. h. Größenverminderung der Substanz durch Abtrennung und Veräußerung eines unbeweglichen Substanzstücks (Parzellirung), ist auf das Pfandrecht einflußlos, das faktisch abgetrennte Stück (Parzelle, Trennstück) bleibt im Pfandnexus. Wird es im Grundbuch abgeschrieben, so muß die Hypothek oder Grundschuld, wie regelmäßig auch die Lasten des Hauptguts, von Amtswegen mit übertragen werden, soweit nicht ein Ausscheiden aus der Haftung besonders begründet ist [10]). Um Parzellirungen jedoch nicht über Gebühr zu hemmen, hat die Gesetzgebung, wenn kleine Parzellen gegen andere ausgetauscht oder veräußert werden sollen, Erleichterung gewährt. Unter der Voraussetzung, daß die Parzelle im Verhältniß zu ihrem Muttergut von geringem Werth und Umfang ist, und das letztere durch den Austausch oder durch die Veräußerung an Werth nicht verliert, — was von der Auseinandersetzungsbehörde und bei landschaftlich

---

[8]) Das Anfechtungsrecht des § 71 der Subhastationsordnung beruhte darauf, daß der Befriedigung des anfechtenden Gläubigers Eintrag geschehe; in wieweit eine Anfechtung auf Gruud der Verletzung des Befriedigungsrechts eines Gläubigers statthaft ist, entscheidet sich aber zur Zeit, nachdem die Reichsgesetzgebung dieses Gebiet durch die Bestimmungen der §§ 22 ff. der Konkursordnung und durch das Anfechtungsgesetz vom 21. Juli 1879 geregelt hat, nur nach diesen Gesetzen. Danach kann die Grundschuldbestellung im Falle des Konkursverfahrens von dem Verwalter behufs Rückgewähr zur Konkursmasse, außerhalb des Konkursverfahrens von jedem in seiner Befriedigung beeinträchtigten Gläubiger behufs Rückgewähr in das Vermögen seines Schuldners angefochten werden. Neben diesem Anfechtungsrecht könnte ein besonderes Anfechtungsrecht der Realgläubiger nicht bestehen. A. M. Achilles zu § 40. Ueber das geltende Anfechtungsrecht siehe B. I. § 114 und oben § 194 Anm. 94.

[9]) Ges. über den Eigenthumserwerb v. 5. Mai 1872 § 62.

[9a]) Ueber älteres Recht vgl. Entsch. B. 30 S. 1 (Rehbein III. S. 544). Haftender Bestandtheil sind auch auf dem Grundstück wachsende Bäume (soweit sie nicht als Frucht des als Forst bewirthschafteten Grundstücks anzusehen sind). Sie haften auch nach der Trennung dem Gläubiger, jedenfalls so lange sie auf dem Grundstück sind. Sofern sie getrennt werden, behandelt sie die Praxis (wie getrennte Baumaterialien, vgl. unten Anm. 13. 13c) nach den von räumlich getrennten Pertinenzen geltenden Grundsätzen. Entsch. B. 23 S. 148, B. 72 S. 228 (Rehbein III. S. 552. 555). In das Grundstück verbaute Materialien, die einem Andern gehören, eine Maschine, an der sich der Veräußerer das Eigenthum vorbehalten hat, die aber dann in der das Hypothek haftende Fabrikgebäude eingebaut sind, haften als Substanztheile der Hypothek. R.G. Entsch. B. 27 S. 343.

[10]) Das. § 30. Gr.B.O. §§ 66 ff.

beliehenen Grundstücken von der Kreditdirektion durch ein s. g. Unschädlichkeitsattest bescheinigt werden muß —, kann jeder Grundeigenthümer ohne Einwilligung seines Hypotheken- oder Grundschuldgläubigers Parzellen austauschen oder veräußern. Die ausgetauschte oder veräußerte Parzelle scheidet dann aus dem Realverbande des bisherigen Mutterguts, die eingetauschte Parzelle dagegen tritt von selbst in den Realverband des Grundstücks, dem sie zugeschlagen wird, die als Gegenleistung übernommene ablösbare Geldrente haftet den Gläubigern des verkleinerten Grundstücks, der gezahlte oder bei einem Austausch zur Ausgleichung zugelegte Preis muß zur Befriedigung von Realgläubigern verwendet werden[11]).

2. Die Haftung ergreift die zur Zeit der Eintragung auf dem Grundstück befindlichen oder nachträglich darauf errichteten, dem Eigenthümer gehörigen Gebäude[12]). Das Gesetz geht hier davon aus, daß entgegen dem Satze superficies cedit solo ein durch Bau mit dem Grund und Boden verbundenes Gebäude einem Anderen gehören kann, sei es, daß er befugt ist, das Gebäude als solches zu behalten, sei es, daß er nur die Materialien entfernen darf. Das Landrecht kannte eine ausdrücklich auf Grund und Boden beschränkte Hypothek, die gegenüber einem von dem Eigenthümer verschiedenen Erbauer von Gebäuden auf dem Grundstück nur als Recht auf den durch Taxe zu ermittelnden Bodenwerth wirksam war, also auch dann, wenn das Recht des Bauenden erst begründet wurde, nachdem die Hypothek in jener Beschränkung bestellt war, nicht mit der Wirkung der Beseitigung dieses Rechts und nicht durch gerichtlichen Verkauf des Grundstücks geltend gemacht werden konnte[12a]). Das geltende Recht leidet eine solche Beschränkung der Haftung bei der Hypothek und Grundschuld nicht[12b]). Hängt das

---

11) Gr.B.O. § 71. (Vergl. älteres R. Ges. v. 3. März 1850 und v. 27. Juni 1860, die in Betreff der Frage, wann, unter welchen Voraussetzungen die Auseinandersetzungsbehörde oder die Kreditdirektion die Unschädlichkeit bescheinigen kann, auch ferner noch maßgebend sind.) — Auch bei der Abschreibung einer Stein- oder Braunkohlenabbau-Berechtigung von dem Blatt des Grundstücks muß ein Unschädlichkeitsattest beigebracht werden, wenn die Posten des Grundstücks nicht mit übertragen werden sollen, Ges. v. 22. Febr. 1869 (G.S. S. 401) § 6. — Die Praxis der Generalcommissionen geht, wo das Grundbuch nach Formular II eingerichtet ist, und demgemäß Korrealbelastungen bestehen, oder die Fideikommißeigenschaft zahlreiche „selbständige" Grundstücke ergreift, dahin, die pfandfreie Abschreibung ganzer Grundstücke zuzulassen. Das entspricht dem Gesetz nicht. Aber das Gesetz wäre ohne solche Anwendung in den Gegenden mit so eingerichtetem Grundbesitz fast unanwendbar und nutzlos: das spricht freilich streng genommen nur dafür, daß in solchen Fällen das wirthschaftliche Ganze, nicht die einzelnen Stücke als „selbständige Grundstücke" eingetragen werden sollten.

12) Eig.Erw.Ges. § 30 Abs. 2. Ueber den Fall, wenn ein einheitliches Gebäude auf zwei verschiedenen Grundstücken errichtet ist, vgl. R.G. Entsch. B. 15 S. 249.

12a) A.L.R. I. 20 §§ 472—474.

12b) So gut freilich das Reichsgericht die Möglichkeit der willkürlichen Beschränkung der Haftung dahin, daß nur die Revenüen haften, als zulässig angenommen hat (vgl. oben § 190 Anm. 33), so gut oder noch besser kann man sich eine Hypothek oder Grundschuld denken, welche ausdrücklich auf den Grund und Boden ohne die Gebäude beschränkt wirken soll. Indessen bisher ist alle Welt einig, daß die §§ 472—474 aufgehoben sind; und es muß abgewartet werden, ob das Reichsgericht auf der Bahn der vorerwähnten Entscheidung weiter fortschreiten wird. Sofern am 1. Oktober 1872 an

Recht, ein Gebäude auf fremdem Grund und Boden zu haben, mit einem in dieser Richtung erstreckten Pacht- oder Miethsrecht des Berechtigten zusammen, so wird es von dem Pandverkauf nur insofern berührt, als die auf den Ersteher des Grundstücks übergehende Pflicht des Verpächters oder Vermiethers auch die Pflicht in sich schließt, die Wegnahme des Gebäudes sich gefallen zu lassen, der Pfandverkauf also mit dieser Belastung stattfindet. Eine selbständig eingeräumte Superfizies wird, wenn sie als dingliche Belastung dem Recht des die Zwangsversteigerung betreibenden Gläubigers vorgeht, von der Zwangsversteigerung nicht berührt; anderenfalls muß der Superfiziar, falls der Verkauf ohne Uebernahme der Last erfolgt, dem Erwerber des Grundstücks weichen und hat nur das Recht, die Materialien des Gebäudes fortzunehmen. Die Nichthaftung des Gebäudes für die Pfandschuld wird durch diese Fortnahme durchgeführt. Wenn das Grundstück eigenmächtig durch einen Bau in Besitz genommen ist, und in Folge dessen das errichtete Gebäude dem Grundeigenthümer überlassen werden muß, oder das Grundstück dem Bauenden überlassen wird, so liegt eine Verschiedenheit des Eigenthums an Bau und Grundstück nicht vor, die Pfandhaft ergreift also das Gebäude; anders wenn solchenfalls der Eigenthümer des Grundes und Bodens die Wegräumung verlangt. Dann können die Baumaterialien ohne Rücksicht auf Hypothekenhaftung entfernt werden. Wenn ein Nichteigenthümer das Grundstück in Besitz nimmt und darauf baut, so fällt das Gebäude unter das Hypothekenrecht, soweit es mit dem Grund und Boden der Vindikation unterliegt. D. h. je nach seiner Redlichkeit oder Unredlichkeit kann der Besitzer auch gegenüber dem Hypotheken- oder Grundschuldberechtigten das Grundstück bis zur Entschädigung zurückhalten oder das jus tollendi ausüben[12c]).

Während nach allen diesen Richtungen sich das Recht des Dritteigenthümers an den Gebäuden dem Pfandgläubiger gegenüber schließlich darin zeigt, daß der Berechtigte das Gebäude zerstören und die Materialien pfandfrei entfernen kann, unterliegen die Materialien eines zusammenbrechenden oder abgebrochenen dem Eigenthümer gehörig gewesenen und also der Pfandhaft unterliegenden Gebäudes auch nach der Trennung vom Grund und

---

Gebäuden auf Grund der §§ 472 ff. Rechte begründet waren, die einer älteren auf den Grund und Boden beschränkten Hypothek bezüglich dieser Gebäude entgegen standen, sind diese Rechte bestehen geblieben. Durch spätere Einräumung superfiziarischer Rechte dagegen ist auch solchen älteren Hypotheken, da sie nach § 30 die Kraft gewonnen haben, die Superfizies zu ergreifen, diese Kraft nicht zu nehmen. Vgl. Rintelen, Ueber den Einfluß neuer Gesetze S. 100 f. S. O.Trib. u. R.G. bei Gruchot B. 23 S. 466, B. 26 S. 823, B. 33 S. 1071.

[12c]) Die hier in Rede stehenden Rechte, mögen sie zum Gegenstand haben — das Haben und die Erhaltung eines Gebäudes für den Berechtigten kraft dinglichen Rechts, oder mag ihr Inhalt nur dahin gehen, die Materialien sofort oder nach beendeter Pacht wegnehmen zu dürfen, sind keine Eigenthumsansprüche. Zu ihrer Geltendmachung fordert also das bei der Zwangsversteigerung zu erlassende Aufgebot nicht auf, und sie werden durch den Zuschlag bei der Zwangsversteigerung nicht berührt. A. M. Dernburg I. § 329 Anm. 5.

Boden der Pfandhaft. Das preußische Recht betrachtet sie aber nicht einfach als Bestandtheile der ehemals unbeweglichen res composita, sondern sieht sie als bewegliche Pertinenzen des Grundstücks an[13]). Sie haften also nur nach den unter 4. darzulegenden Grundsätzen. Bei Veräußerung eines Gebäudes auf den Abbruch und Uebergabe des Grundstücks zum Zweck des Abbruchs wird der Erwerber nicht Eigenthümer des Gebäudes als solchen, sondern nur Eigenthümer der zu trennenden Materialien. Das in dieser Weise veräußerte Gebäude tritt deshalb noch nicht aus der Pfandhaft hinaus, und der Pfandgläubiger kann dem Abbruch entgegentreten; er kann sein Pfandrecht an dem Gebäude oder nach dessen Abbruch an den Materialien geltend machen, bis die letzteren wirklich vom Grundstück entfernt sind. Ist in anderer Weise als durch Einfallen oder Zerstören der Einheit eines Gebäudes etwas vom Grundstück gelöst geworden, was nicht den Charakter der unter 3. zu behandelnden Frucht trägt — z. B. Steine sind aus dem Felsen gesprengt, Fruchtbäume sind gefällt — so kann man ebensowenig, wie bei den Materialien eines Gebäudes, sagen, daß sie mit der Verwandlung in bewegliche Theile des ehemals unbeweglichen Ganzen aufgehört haben, der Pfandhaft zu unterliegen, in der sie sich als ungelöste Bestandtheile befunden haben. Soweit solche gelöste Bestandtheile nicht den Fruchtcharakter haben, müssen auch sie wie Pertinenzen behandelt werden[13a]).

3. Die Hypothek und Grundschuld ergreift ferner alle natürlichen An- und Zuwüchse, insbesondere die stehenden und hängenden Früchte und die natürlich dem Grundstück angefügten Accessionen, mögen diese zur Zeit der Eintragung schon dabei gewesen sein oder erst später hinzutreten. Den Früchten werden die Pacht- und Miethzinsen und sonstigen Hebungen (Civilfrüchte) gleich behandelt[14]). Schon hieraus ergiebt sich, daß die Früchte dann nicht als haftend angesehen werden können, wenn sie bei ihrer Entstehung einem Pächter oder Miether gehören. Das Gesetz hebt aber das

---

[13]) A.L.R. I. 2 § 89.

[13a]) Hierin führt die Analogie des § 89, während man sonst aus A.L.R. I. 16 § 3 unbedingte Haftung herleiten müßte. Aus dem Wesen der Hypothek und Grundschuld als einer Immobiliarbelastung folgt, daß sie nur als solche entstehen, aber es widerspricht ihrem Wesen nicht, an den aus der unbeweglichen Sache gelösten beweglichen Stücken Wirksamkeit zu äußern. Das erkennt für die Zwangsvollstreckung Imm.-Vollst.-Ges. v. 13. Juli 1883 §§ 1. 16. 140. 206 an. § 30 begrenzt aber diese Wirksamkeit, indem er bestimmt, wann sie bei Früchten und Pertinenzen aufgehoben wird; und nach dieser Seite rechtfertigt sich eine ausdehnende Interpretation der die Pertinenz betreffenden Bestimmung dahin, daß auch Baumaterialien aufhören zu haften. Abw. Ans. Achilles S. 276 Anm. 6. Vgl. Gruchot B. 6 S. 531. Anders ist es, wenn aus dem gelösten Grundstücksbestandtheil eine neue bewegliche Sache gemacht ist, aus dem Steinblock ein Standbild, aus dem Thon Ziegelsteine. Diese neuen Sachen haften der Hypothek nicht, weil sie nicht lediglich aus der Sache, sondern durch Thätigkeit entstanden sind. Vgl. übrigens auch unten Anm. 16a.

[14]) Eigenthumserwerbges. § 30 Abs. 3. 5. Meyländer bei Gruchot B. 19 S. 668. Johow in Behrend's Zeitschr. B. 5 S. 313, Oppenheim bei Gruchot B. 26 S. 489. 588, Hinrichs, Studien S. 76. Hebungen sind die aus subjektiv dinglichen Rechten erwachsenden Einnahmen und die für Nutzungen zu gewährenden Entschädigungen. Vgl. R.G. B. 2 S. 244. R.G. bei Gruchot B. 37 S. 920.

Eigenthum des Grundstückseigenthümers an den stehenden Früchten nicht besonders hervor, während es nach Absonderung die vorhandenen Früchte dem Pfandnexus nur unter der Voraussetzung unterwirft, daß sie dem Eigenthümer gehören[15]). Hieraus folgt, daß stehende Früchte an und für sich auch dann, wenn sie für einen Nutzungsberechtigten entstehen, dem Pfandrecht unterworfen sind. Das Pfandrecht ergreift sie in der That regelmäßig mit Ausschluß des Nutzungsberechtigten, wenn das Pfandrecht älter ist. Der in Besitz des Grundstücks gesetzte Pächter und Miether geht jedoch mit seinem Nutzungsrecht auch dem älteren Pfandrechtgläubiger schlechthin vor. Dagegen muß sich ein jüngerer Nießbraucher die Beschlagnahme der Revenüen für den älteren Pfandgläubiger gefallen lassen.

Eine Veräußerung noch stehender und hängender Früchte durch den Eigenthümer ist, soweit sie zum Nachtheil eingetragener Gläubiger gereicht, unwirksam[16]). Geerntete Früchte[16a]) kann dagegen der Eigenthümer wirksam veräußern, so daß auch die bereits bestehenden Pfandrechte des Hypothekengläubigers daran mit dem Eigenthumswechsel aufhören, und zwar selbst dann, wenn eine räumliche Trennung vom Grundstück damit nicht verbunden ist[17]).

---

[15]) Eig.Erw.Ges. § 30 Abs. 4. Anders nach A.L.R. I. 20 § 475.

[16]) A.L.R. I. 20 §§ 476—481 unterschieden zwischen dem bereits eingetragenen und den nach eingetragenen Gläubigern. Den letzteren konnten die Vorwegverfügungen über Früchte und Zinsen entgegengestellt werden, wenn sie eingetragen waren. Das ist absichtlich in § 31 des Eig.Erw.Ges. nicht wiederholt; aber das eingetragene Recht auf Gewinnung der Früchte und sonstigen Revenüen geht auch jetzt den später eingetragenen Hypotheken und Grundschulden vor. Ueber die Worte „zum Nachtheil des eingetr. Gläubigers“ vgl. Anm. 22a.

[16a]) Unter Umständen entscheidet darüber, ob und wie weit im Verhältniß des Eigenthümers zum Nießbraucher etwas als Frucht anzusehen ist, das Quantum. Z. B. sind geschlagene Bäume Frucht des Forstes, aber nur die in gehöriger Nutzung geschlagenen nicht der ganze abgeholzte Wald. Diese Bestimmungen sind für das Verhältniß des Hypothekengläubigers zum Käufer einzelner abgeholzter Bäume nicht anwendbar. Für sie ist dieser Baum mit Recht als Frucht anzusehen, auch wenn der Eigenthümer mehr abgeholzt hat. Zum Theil abweichend Entsch. B. 72 S. 228, Strieth. B. 91 S. 229.

[17]) Eig.Erw.Ges. § 31 in Verbindung mit § 30 Abs. 4 R.G. Entsch. B. 22 S. 273. Schon der Eigenthumswechsel, nicht erst die Fortschaffung vom Grundstück beendigt hier das Recht des Gläubigers. Werden die Früchte durch den Eigenthümer nur in Faustpfand gegeben, so gilt nicht dasselbe, vielmehr muß dann die Trennung der örtlichen Verbindung hinzukommen. Vgl. Anm. 17a. Auch Pfändung der stehenden oder gesonderten Früchte durch den Gerichtsvollzieher kann hiernach der Geltendmachung des Pfandrechts des Hypothekengläubigers in die Früchte nicht entgegen stehen, bis letztere von dem Grundstück fortgeschafft sind. Das Widerspruchsrecht des Hypothekengläubigers wird aber nach C.P.O. §710, da zur Zeit für die pfändbaren Bestandtheile des unbeweglichen Vermögens Abweichendes nicht gilt, den Verkauf nicht hindern, soweit nur das bessere Pfandrecht, nicht das Recht aus dem Immob.Vollstr.Ges. v. 13. Juli 1883 § 206 Abs. 2 geltend gemacht wird. Vgl. oben § 194 Anm. 37. — Nach I. 20 § 476 sollte das Verfügungsrecht des Grundstückseigenthümers über die gesonderten Früchte nur dann aufhören, wenn ihre gerichtliche Beschlagnahme stattgefunden hat. Die Bestimmung ist im Eigenthumserwerbsgesetz nicht ausdrücklich wiederholt; sie ist jetzt unnöthig, da Pfändung der Frucht für den Hypothekengläubiger nach den Grundsätzen der C.P.O. den Eigenthümer an jeder Verfügung zum Nachtheil des Gläubigers hindert, und nach einer Beschlagnahme des ganzen Grundstücks, welche die Früchte ergreift, deren Pfändung und Veräußerung zum Nachtheil des betreibenden Gläubigers ausgeschlossen ist. Daß schon mit der Geltendmachung der dinglichen Klage wegen der fruchttragenden Sache die Früchte

Ebenso hebt räumliche Trennung der Früchte vom Grundstück ohne Veräußerung das Recht des eingetragenen Gläubigers daran auf[17a]). Vorauserhebung, Abtretung oder Verpfändung von Pacht- und Miethzinsen auf mehr als ein Vierteljahr ist zum Nachtheil der eingetragenen Gläubiger ohne Wirksamkeit[18]).

---

litigiös werden, und daß das auf solche Klage ergehende Urtheil nach § 665 C.P.O. auch gegen denjenigen, der während des Prozesses oder nachher die Früchte erworben hat zur Vollstreckung gebracht werden kann, wenn ihn nicht der gute Glaube, die Unkenntniß von der Litigiosität schützt, ist in früheren Ausgaben angenommen, kann aber nicht aufrecht erhalten werden, ebenso wenig wie bei der Vindikation der Hauptsache Litigiosität der Früchte angenommen werden kann. Vergl. Hinrichs Studien S. 88. — Nach § 16 des Imm.-Vollstr.-Gesetzes vom 13. Juli 1883 bleibt trotz der Einleitung der Zwangsversteigerung der Eigenthümer verwaltungsberechtigt, so daß er über ordnungsmäßige Nutzungen wirksam verfügen kann. Ueber ordnungswidrige Veräußerungen vergl. Entsch. B. 39 S. 122, B. 67 S. 348. — Wenn die unwirksam veräußerte stehende Frucht getrennt ist, so nimmt Entsch. B. 72 S. 228 an, daß das Recht des Hypothekengläubigers, der inzwischen keine Beschlagnahme erwirkt hat, mit der demnächst erfolgten Fortschaffung der Frucht vom Grundstück aufhört. Abweichend R.G. Entsch. B. 5 S. 292, weil das unwirksame Rechtsgeschäft durch die Wegschaffung nicht wirksam gemacht werden könne. Abweichend auch Heidenfeld bei Gruchot B. 26 S. 502, B. 27 S. 588. Sind aber die abgesonderten Früchte nicht mehr auf dem Grundstück vorhanden, so kommt es bezüglich des Hypothekenrechts garnicht darauf an, ob eine wirksame Veräußerung stattgefunden hatte. Die bloße Wegschaffung entzieht sie dem Gläubiger, und es kann keinen Unterschied machen, ob die Wegschaffung durch den Eigenthümer oder mit seinem Willen durch einen Dritten stattgefunden hat. Selbst wenn sie gegen seinen Willen fortgeschafft sind, hört das Recht des Hypothekengläubigers auf. Sind Früchte auf dem Halm gepfändet, vom Gerichtsvollzieher veräußert und vom Käufer abgesondert, so kann der Hypothekengläubiger sein Pfandrecht daran nicht mehr geltend machen, weil die Pfändung ihm gegenüber unwirksam gewesen sei. Sie war gegen den Eigenthümer wirksam, darum konnte die Veräußerung erfolgen, und mit dem Augenblick, in dem die Verbindung der dem Käufer gehörigen Früchte mit dem Grundstück aufhört, sind sie getrennte, einem Andern gehörige, also nicht mehr der Hypothek unterliegende Früchte. Vgl. Oppenheim bei Gruchot B. 26 S. 769. Dernburg I. § 329 Anm. 14 und Preuß. Hyp. Recht II. S. 154. — Eine Verpachtung, obgleich sie im Voraus dem Eigenthümer die Aberntung der Früchte entzieht und an deren Stelle einen vielleicht nicht entsprechenden Pachtzins setzt, kann der eingetragene Gläubiger nicht als unwirksam bekämpfen. Rechtspr. B. 1 S. 468.

17a) Nur die „auf dem Grundstück" noch vorhandenen Früchte unterwirft das Gesetz dem Pfandrecht. Hier zeigt sich — wie in anderen Beziehungen — wie nachtheilig es wirkt, wenn ein einheitlich bewirthschafteter Landbesitz nicht einheitlich in das Grundbuch eingetragen ist, vielmehr Hof, Scheuer, jedes Ackerstück, jede Wiese im Grundbuch als selbständiges Grundstück nach Formular II unter besonderen Nummern eingetragen ist. Trotz korrealer Verpfändung aller dieser einzelnen Grundstücke tritt die auf dem Acker oder der Wiese geerntete Frucht aus der Hypothekenhaftung für das Landstück, auf dem sie gewachsen ist, heraus, wenn sie der Eigenthümer in seine Scheuer bringt, und sie tritt nicht in die Haftung für die auf der Scheuer lastende identische Hypothek ein, weil sie nicht in der Scheuer gewachsen ist.

18) Eig.-Erw.Ges. § 31. Weiter als A.L.R. I. 20 § 480, wo nur Vorauserhebung erwähnt war. Bezüglich des Worts „eingetragene Gläubiger" s. Anm. 16. Nur der eingetragene Gläubiger kann kraft seines Pfandrechts die Unwirksamkeit geltend machen, also nicht der Eigenthümer, der vielmehr in solchem Fall dem Cessionar oder Pfandgläubiger haftbar ist, nicht sein Konkursverwalter, nicht der Administrator oder Verwalter nach eingeleiteter Zwangsverwaltung und nicht derjenige, der beim Zwangsverkauf das Grundstück erwirbt, als solcher. Vergl. Entsch. B. 26 S. 42. Strieth. B. 39 S. 227. 325. Ein rechtsgiltiger Konsens zu der Vorwegverfügung hindert auch die Anfechtung des Akts durch den einzelnen Gläubiger. O.-Trib. bei Gruchot B. 23 S. 761. — Die vierteljährliche Frist bestimmt sich — wie das R.G. bei Gruchot B. 36 S. 1091 annimmt, vgl. auch Heidenfeld bei Gruchot B. 27 S. 603 — nach den Kalenderquartalen. Der in diesem Buch eingenommene abweichende Standpunkt, daß das Jahr des Miethsvertrags entscheide, ist festzuhalten. Bei einem am 24. Juni beginnenden Miethsvertrag

Dem eingetragenen Gläubiger, der die stehenden Früchte oder die Forderung im Wege der Zwangsvollstreckung in Ausführung eines vollstreckbaren Titels oder eines dinglichen Arrests pfänden oder durch Einleitung der Zwangsversteigerung oder Zwangsverwaltung mit Beschlag belegen läßt[19]), kann von dem Schuldner die bereits erfolgte Pfändung der stehenden Früchte, oder die Zahlung, wenn sie eine Vorwegzahlung auf das im Zeitpunkt der Beschlagnahme[20]) noch nicht begonnene Mieths- oder Pachtquartal war, nicht entgegengesetzt werden. Die vorher erfolgte Cession oder Verpfändung einer solchen Forderung gilt für den eingetragenen Gläubiger in solchem Fall als nicht vorhanden.

Wie die Veräußerung geernteter Früchte diese dem Rechte des dinglichen Gläubigers entzieht, hebt jeder als Tilgung wirksame Rechtsakt, also die Zahlung, gerechtfertigte Hinterlegung[20a]) oder der Erlaß von Pacht, Miethe oder sonstigen Hebungen, wenn der Rechtsakt nur nicht den Charakter einer Vorauszahlung hat, die Schuld auch den dinglichen Gläubiger gegenüber auf, und jede Cession oder Verpfändung des Eigenthümers, die nicht den Charakter einer Vorwegverfügung hat, zerstört oder beeinträchtigt auch das Recht des

muß die Vorauserhebung der Zinsen von 24. Juni bis 24. Sept., ihre Cession und Verpfändung wirksam sein, Beschränkung auf den Theil dieser Zinsen für die Zeit bis 1. Juli widerspricht der natürlichen Auffassung des Gesetzes. Nur für das laufende Vierteljahr ist die im Voraus geleistete Zahlung wirksam gegenüber einem im Laufe des Vierteljahrs pfändenden Hypothekengläubiger, sie ist aber wirksam, selbst wenn sie erst am Ende desselben vertragsmäßig fällig war. Dagegen liegt eine Disposition über das Vierteljahr hinaus vor, die deshalb gegen den Gläubiger unwirksam ist, wenn vor Ende des Vierteljahrs die zu Beginn des nächsten zahlbare Leistung für das nächste Vierteljahr Gegenstand der Zahlung oder Verfügung ist. Vgl. Entsch. B. 23 S. 764, R.G. bei Gruchot B. 26 S. 1112. Just.Min.Bl. von 1881 S. 187. — Wie nach Anm. 17 als Pfändung von Früchten auf dem Halm gegenüber dem einzelnen sein Recht verfolgenden eingetragenen Gläubiger eine solche Pfändung dann nicht mehr in Betracht kommt, wenn die Früchte vor der Beschlagnahme für diesen Gläubiger bereits abgesondert waren, so kommt eine Vorwegzahlung, Vorwegcession oder Verpfändung als solche nicht mehr in Betracht, wenn zur Zeit der Beschlagnahme für den eingetragenen Gläubiger der Fälligkeitszeitpunkt bereits eingetreten war. Dann ist der gegenüber dem Eigenthümer von vornherein wirksame Akt auch für den Gläubiger unanfechtbar. — Vgl. B.G.B. § 1124 Abs. 2 (laufende und das folgende Kalendervierteljahr).

[19]) Erst durch eine Ueberweisung wird der eingetragene Gläubiger zur Klage gegen den Zinsschuldner legitimirt. Feststellung seines Rechts gegen einen Cessionar oder Pfandgläubiger kann er auch ohne solche verlangen. Ebenso Heidenfeld bei Gruchot B. 26 S. 512. Nur die „hypothekarische Klage" gegen den Schuldner der verpfändeten Forderung setzt nach preußischem Recht Anweisung oder Ueberweisung voraus, gegen dritte Verletzer des Rechts kann es ohne solche geltend gemacht werden. — Dem älteren antichretischen Pfandgläubiger steht das Recht auf den zu Unrecht vorausgezahlten Miethszinsen auch ohne Ueberweisung oder Beschlagnahme zu. R.G. bei Gruchot B. 36 S. 1089.

[20]) Der Zeitpunkt der eingeleiteten Administration ist vom Obertribunal dauernd als der maßgebende angesehen, das Reichsgericht hat sich dem angeschlossen. Entsch. B. 2 S. 318. R.G. im J.M.Bl. 1881 S. 187 und bei Gruchot B. 26 S. 1122. Daß der Zeitpunkt der Pfändung der Miethsforderung für den eingetragenen Gläubiger dem Zeitpunkt der Beschlagnahme des Grundstücks gleichsteht, ist nicht zweifelhaft.

[20a]) Strieth. B. 98 S. 74, B. 99 S. 240 (Rehbein III. S. 563).

eingetragenen Gläubigers[21]). Den eigenen Verfügungen des Eigenthümers stehen auch hier die im Wege der Zwangsvollstreckung erwirkten gleich[22]). Wodurch das Recht auf eine einzelne Hebung, die einen andern Charakter hat als den von Pacht- und Miethszinsen, der Haftung für die Hypothek oder Grundschuld entzogen wird, sagt das Gesetz nicht ausdrücklich; es muß sich aber die entsprechende Anwendung der Bestimmungen über Pacht- und Miethzinsen rechtfertigen.

Das Gesetz schreibt die Unwirksamkeit der Veräußerung der Früchte auf dem Halm und der Vorauserhebung oder Vorausverfügung über Pacht- und Miethzinsen mit der Maßgabe vor, „soweit sie zum Nachtheil des eingetragenen Gläubigers gereicht". Der eingetragene Gläubiger, der rechtzeitig, so lange der Akt ihm gegenüber unwirksam ist, die Beschlagnahme des Grundstücks oder des in Rede stehenden beweglichen Bestandtheils der Immobiliarmasse erwirkt, dringt gegen den ihm gegenüber unwirksamen Akt durch und erlangt Befriedigung aus dem in Rede stehenden Gegenstand. Mehr ist in jene Worte nicht hinein zu interpretiren[22a]).

Die natürlichen Accessionen, d. h. die Erweiterungen der Substanz des Grundstücks, die sich ohne Thätigkeit des Eigenthümers vollziehen, wie die Alluvion und das natürlich zugelandete oder verlassene Flußbett, Accessionen, die zum Erwerb einer Besitzergreifung nicht bedürfen, werden mit ihrer all-

---

[21]) Nicht zu billigen war es, wenn Dernburg I. § 329 unter 6 sich so ausdrückte, als ob das Recht des eingetragenen Gläubigers auf die Zinsen und Hebungen erst durch deren Beschlagnahme perfekt werde. Seit der vierten Auflage hat Dernburg das Wort „perfekt" durch „befestigt" ersetzt. Es handelt sich um das Ausscheiden der an sich bestehenden Pfandhaftung. § 476 I. 20 erklärte ausdrücklich die in Rede stehenden Verfügungen für — dem Gläubiger gegenüber — giltig. Das sind sie auch jetzt. Die Zahlung und Cession entzieht der Pfandhaftung den Gegenstand, nicht so eine bloße Verpfändung, aber hier muß der eingetragene Gläubiger sich Vorwegbefriedigung des Pfandgläubigers aus den verpfändeten Miethsforderungen gefallen lassen. Vgl. Entsch. B. 17 S. 206; auch R.G. im J.M.Bl. 1882 S. 381.

[22]) Die an Zahlungsstatt erfolgende Ueberweisung (C.P.O. § 736) entzieht die Forderung, die nun nicht mehr als eine dem Eigenthümer des Grundstücks zustehende für den eingetragenen Gläubiger gepfändet werden kann, seinem Pfandrecht ganz. Die ohne Ueberweisung gepfändete Forderung oder die nur zur Einziehung überwiesene steht ebenso wie eine vom Eigenthümer freiwillig verpfändete Forderung dem Eigenthümer immer noch zu, kann also auch noch für den Hypothekengläubiger gepfändet werden. Ob nun bei einer Kollision der Pfandrechte die ältere Hypothek vorgeht, oder ob diese durch die der Beschlagnahme vorangehende Pfändung eingeschränkt ist, sagt das Gesetz nicht klar. Als seine Absicht aber ist letzteres anzusehen. Hier greift auch § 206 Abs. 2 des Immobiliarvollstreckungsgesetzes nicht ein. Vgl. oben § 194 Anm. 37.

[22a]) Die Praxis sieht zum Theil — vgl. Strieth. B. 99 S. 207, Obertrib. bei Gruchot B. 22 S. 406, S. 775, B. 23 S. 467; abweichend Entsch. B. 77 S. 202, B. 82 S. 172, Heidenfeld bei Gruchot B. 26 S. 502 — in den Worten „soweit u. s. w." eine Bestimmung, wonach der eingetragene Gläubiger darzulegen hat, daß gerade er durch den Akt benachtheiligt sei, daß er wegen der Verkleinerung der Immobiliarmasse einen Ausfall erleide, und sieht hierbei davon ab, ob der so legitimirte Gläubiger zur kritischen Zeit die Beschlagnahme erwirkt hatte. Dem beschlagnehmenden Gläubiger gereicht es aber zum Nachtheil, daß er nicht das bereite Befriedigungsmittel hat. Sucht und erlangt er auf andere Weise Befriedigung, so fällt natürlich sein Anfechtungsrecht fort. Dies ist vom Reichsgericht bei Gruchot B. 33 S. 1073 u. R.G. Entsch. B. 29 S. 243 anerkannt. Vgl. auch Jur. Wochenschrift 1892 S. 307.

mählichen Entstehung sofort von dem Pfandrecht ergriffen[23]). Aber wo es zum Erwerb einer Besitzergreifung bedarf, wie bei der Avulsion, der Insel, der künstlichen Zulandung eines Flußbettes, da tritt die Erweiterung auch nicht von selbst unter das Pfandrecht[24]).

4. Bei den Pertinenzstücken unterscheidet schon das A.L.R. zwischen den beweglichen und unbeweglichen[25]). Das Rechtsleben läßt die Pertinenzeigenschaft einer Sache regelmäßig, wie an einem anderen Orte auseinander gesetzt worden, nur für die Interpretation eines Willensakts dahin, daß er außer auf die Hauptsache auch auf die Pertinenz Wirkungen äußern soll, erheblich erscheinen[26]). Im Immobiliarpfandrecht aber hat die Pertinenz eine objektive Bedeutung[27]). Das Pfandrecht des eingetragenen Gläubigers ergreift alles, was der Eigenthümer zur Zeit der Eintragung der Belastung oder nachher als Pertinenz mit dem Grundstück in Beziehung gebracht hat. Bei beweglichen Pertinenzen ist ein weiterer Nachweis zur Herstellung der dinglichen Beziehung des eingetragenen Gläubigers nicht erforderlich[28]). Aber auch die Lösung der Pertinenz aus der Pfandhaft ist leicht zu bewirken, wenn auch nicht so leicht wie bei den getrennten Früchten. Sobald der Eigenthümer die bewegliche Pertinenz veräußert, und sobald sie in Folge dessen von dem Grundstück fortgeschafft worden ist, hört sie auf, mit ihrer früheren Hauptsache verpfändet zu sein[29]).

---

[23]) Sie werden von selbst, ohne einen Willensakt des Eigenthümers, Substanztheile des Grundstücks. Förster, Grundbuchrecht S. 98. Oben § 173 Z. 1 und 4.

[24]) Der Erwerb der Avulsion, des künstlich zugelandeten Flußbettes und der Insel bedarf der Besitzergreifung, es hängt also von dem Willen des Erwerbers ab, ob er sie abgesondert oder als Substanztheil oder als Pertinenz seines Grundstücks ansehen will. Der Satz, wie er im Text ausgesprochen, stimmt mit dem röm. R. Vgl. Förster, Grundbuchrecht S. 98. Oben § 173 Z. 2—4.

[25]) I. 20 §§ 443—447.

[26]) B. I. § 21 bei Anm. 32f.

[27]) Gesetz über den Eig.-Erw. § 30 Abs. 6 und 7.

[28]) Die Handlung des Eigenthümers, durch die er die bewegliche Sache zur Pertinenz des Grundstücks bestimmt, bedarf keiner besonderen Form. Es ist eine thatsächliche Frage, ob die Pertinenzqualität hergestellt worden ist. Strieth. B. 61 S. 336.

[29]) Vgl. B.G.B. §§ 1120—1122. Die bewegliche Sache hört zwar auch schon dann auf Pertinenz des Grundstücks zu sein, wenn sie ohne Veräußerung durch den Eigenthümer aus der fortwährenden Verbindung mit dem Grundstück gelöst und wirklich von da fortgeschafft worden ist, sich nicht mehr darauf befindet; aber die durch eine solche Willensänderung bewirkte Aufhebung der Pertinenzeigenschaft beseitigt die Pfandhaftung des ehemaligen Pertinenzstückes noch nicht, Entsch. B. 2 S. 383 (Pl.-Beschl.). Darin gerade weicht die Behandlung von derjenigen der getrennten Früchte ab. Vgl. oben Anm. 17. Die Veräußerung, die vorausgesetzt wird, muß Veräußerung des Eigenthums sein. Hingabe des beweglichen Pertinenzstücks zu Faustpfand ist keine ausreichende Veräußerung. R.G. bei Gruchot B. 31 S. 432. Also nicht nur wenn die als Faustpfand gegebene Sache auf dem Grundstück verblieben ist, — z. B. Schafe in der Hand des Schäfers als des Pfandgläubigers. Entsch. B. 16 S. 344 — sondern auch wenn sie bereits fortgeschafft sind, unterliegen sie bis zur gerichtlichen Veräußerung der Hypothek. Auch wenn die Pertinenz gepfändet und vom Gerichtsvollzieher fortgeschafft wird, hört damit die Unterwerfung unter das Hypothekenrecht nicht auf. Vgl. Entsch. B. 79 S. 46, B. 80 S. 76 (Rehbein III. S. 561). Nicht bloß das von dem Pfandrecht gelöste Pertinenzstück wird wieder ohne jede Beschränkung dem Recht des Hypothekengläubigers unterliegen,

Während aber bei der Verbindung einer beweglichen und unbeweglichen Sache immer nur die bewegliche die Pertinenz sein kann, ist es viel zweifelhafter zu bestimmen, ob von zwei unbeweglichen Sachen, die in dauernde Verbindung gebracht sind, eine die Pertinenz der andern sein, und welche Sache dabei die Hauptsache sein soll[30]). Die Grundbuchverfassung hilft über diese Schwierigkeit hinweg. Danach haftet für die auf einer unbeweglichen Sache haftende Hypothek oder Grundschuld eine andere unbewegliche Sache oder Gerechtigkeit d. h. selbständige Gerechtigkeit[30a]) als Pertinenz, wenn sie dem verpfändeten Grundstück zur Zeit der Verpfändung zugeschrieben war oder später zugeschrieben wird[30b]). Die Zuschreibung kann nur nach dem

---

sondern bis zum Verkauf des Pfandstücks kann der eingetragene Gläubiger sein älteres Pfandrecht — bei der Pfändung als älteres Recht auf den Erlös — gegen den jüngeren Pfandgläubiger an der beweglichen Sache geltend machen, und er kann den mehr erwähnten Widerspruch des § 206 des Immob.-Vollstr.-Ges. gegen die Vollstreckung in das gesonderte Pertinenzstück erheben. Dies Widerspruchsrecht des Hypothekengläubigers beschränkt sich nicht darauf, dem Pfandverkauf zu Gunsten des pfändenden Gläubigers zu widersprechen; er kann vielmehr Aufhebung der Pfändung fordern. R.G. bei Gruchot B. 33 S. 913. Er kann auch nach Beschlagnahme des Grundstücks gegen den, dem das Zubehörstück in Pfandbesitz gegeben ist, auf Rücklieferung in das Grundstück klagen. R.G. bei Gruchot B. 31 S. 432. — Auch die bloße Veräußerung des Pertinenzstücks zerstört die Pfandhaftung nicht. Wenn also das veräußerte Stück zwar schon übergeben, von dem Erwerber aber auf dem Grundstück gelassen worden ist, z. B. geschlagenes Holz, soweit es Pertinenzqualität hat, Torf (Entsch. B. 23 S. 148, B. 39 S. 122. Strieth. B. 30 S. 184), so hindert die Beschlagnahme des Grundstücks durch den Hypothekengläubiger die Wegschaffung. Ist das Immobile als solches einer auf Befriedigung des Gläubigers abzielenden Zwangsvollstreckung (Zwangsversteigerung oder Zwangsverwaltung) bereits unterworfen, so kann eine wirksame Pfändung der durch die Beschlagnahme der Hauptsache mitbetroffenen Zubehörstücke überhaupt nicht mehr erfolgen. Ges. betr. die Zwangsvollstreckung in das unbewegliche Vermögen v. 13. Juli 1883 § 206 Abs. 1. Damit hängt die ausdrückliche Bestimmung darüber zusammen, in wieweit die Zubehörstücke in dem einen oder anderen Falle von der Beschlagnahme ergriffen werden. Zwangsverwaltung (Immob.Vollstr. Ges. § 139. Aelteres Recht A.G.O. I. 24 §§ 116 ff.) und Zwangsversteigerung (Immob. Vollstr.Ges. § 16; älteres Recht § 9. Subh.Ordn. vom 15. März 1869). Vergl. über das ältere Recht Entsch. B. 21 S. 429. Striethorst B. 2 S. 55 und Entsch. B. 19 S. 487, in Verbindung mit B. 48 S. 139. Striethorst B. 46 S. 11. Entsch B. 51 S. 218. Striethorst B. 97 S. 171. — Werden Pertinenzstücke nach der Beschlagnahme des Grundstücks, aber vor dem Verkaufstermin bei Seite gebracht, so kann der Hypothekengläubiger sich immer noch daran halten. Aber dem Käufer stehen solche Pertinenzen nicht kraft des Zuschlags zu. R.G. Entsch. B. 3 S. 309. Der Hypothekengläubiger wird aber mit der Klage gegen den Dritterwerber, freilich bei gutem Glauben des letzteren nur mit der Einlösungsklage durchdringen. R.G. bei Gruchot B. 27 S. 856. — Was aber der Pfandschuldner in Verwaltung des Grundstücks von Pertinenzstücken veräußert und fortgebracht hat, darauf erstreckt sich das Recht des Hypothekengläubigers nicht mehr, selbst dann nicht, wenn es zur Bewirthschaftung nothwendig ist. Auch wenn der Verwalter im Konkurse des Eigenthümers ein Pertinenzstück veräußert, hört das Pfandrecht des Hypothekengläubigers daran auf, und es kann nicht etwa ein Absonderungsrecht auf den Erlös daraus von dem Hypothekengläubiger ohne Weiteres geltend gemacht werden. Vielmehr ist auch in diesem Fall sein Recht dadurch bedingt, daß für ihn vor der Veräußerung das Grundstück mit Beschlag belegt oder die Pertinenz gepfändet ist. R.G. Entsch. B. 25 S. 18.

30) S. hierzu Kretschmann bei Gruchot B. 4 S. 10 fg.

30a) Vgl. unten Anm. 36.

30b) Unbewegliche Zubehörstücke haften für eine Hypothek, die vor Zurückführung des Grundstücks auf die Steuerbücher aufgenommen ist, auf Grund der bloßen thatsächlich be-

Willen des Eigenthümers geschehen, so daß sie die dauernde Verbindung mit Sicherheit klarstellt. Ohne diese Zuschreibung ist das das rein thatsächliche Verhältniß, daß das eine Grundstück oder die Gerechtigkeit materiell oder thatsächlich wegen der Zweckbestimmung für das andere als dessen Pertinenz angesehen werden muß, für Erstreckung der auf dem Blatt des einen Grundstücks eingetragenen Hypothek oder Grundschuld auf Pfandhaftung des anderen gleichgiltig. Das ältere Recht kannte die Nothwendigkeit der Zuschreibung unbeweglicher Pertinenzen im Hypothekenbuch nicht und unterwarf der Pfandhaftung nur diejenigen unbeweglichen Pertinenzen, die zur Zeit der Eintragung mit dem verpfändeten Hauptgrundstück verbunden waren und keine besondere Nummer im Hypothekenbuch hatten [31]). Unbewegliche Pertinenzstücke, die erst nach der Eintragung der Hypothek beigefügt wurden, waren also für die schon vorher eingetragene Hypothek nicht verhaftet [32]). Das geltende Recht hat durch seinen weiter gehenden Inhalt mannigfache Zweifel des älteren Rechts beseitigt [33]). Seine Bestimmung, daß auch ein nach der Eintragung der Hypothek oder Grundschuld dem verpfändeten Grundstück als Zubehör zugeschriebenes Pertinenzstück in die Pfandverbindlichkeiten des ersteren eintritt, kommt übrigens auch älteren Hypotheken, die zur Zeit der Einführung der Gesetzgebung von 1872 bereits begründet waren, zu Gute. Ist aber das als Pertinenz zugeschriebene Stück zur Zeit der Zuschreibung mit Hypotheken belastet, so gehen diese, auch wenn sie von neuerem Datum sind, als die in Folge der Zuschreibung die Pertinenz ergreifenden Hypotheken oder Grundschulden des Hauptgrundstücks den letzteren bezüglich des Pertinenzstücks vor [34]).

5. Im Interesse eines praktischen Bedürfnisses hat das Eigenthumserwerbsgesetz eine alte Kontroverse entschieden: die Versicherungsgelder für Früchte sowie für bewegliches Zubehör und diejenigen für abgebrannte oder durch Brand beschädigte Gebäude, wenn diese Gelder nicht statutenmäßig zur Wiederherstellung der Gebäude verwendet werden müssen, haften den Hypotheken- und Grundschuldgläubigern: folgeweise ist auch dem Eigenthümer eine Abtretung oder Verpfändung des Anspruchs auf solche Gelder zum Nachtheil der eingetragenen Gläubiger versagt [35]). Hierbei kommt es auch nicht weiter darauf an, wann die Beschlagnahme erwirkt wird. Der Versicherungsgeber wird aber durch Zahlung des fälligen Versicherungsbetrags an den versicherten Eigenthümer oder an den, dem er mit dessen Willen

---

stehenden rechtlichen Zugehörigkeit, es wäre denn, daß diese Zubehörstücke als selbständige Grundstücke an einer andern Stelle des Grundbuchs eingetragen sind. R.G. Entsch. B. 27 S. 240.

[31]) A.L.R. I. 20 §§ 443—445. 448.

[32]) I. 20 §§ 454. 455.

[33]) Eine Darstellung des älteren, jetzt antiquirten Rechtszustandes giebt die 2. Aufl. dieses Werks B. III. S. 448 fg. Ueber das neuere Recht Förster, Grundbuchrecht S. 163 f.

[34]) Ges. über den Eigenthumserwerb v. 5. Mai 1872 § 32. Vgl. B.G.B. § 1131.

[35]) Ges. über den Eigenthumserwerb § 30 Abs. 8, §. 31. Vergl. oben B. I. § 22 Anm. 12, B. II. § 145 Anm. 89. Entsch. B. 77 S. 202 (Rehbein III. S. 565). Entsch. B. 78 S. 172. R.G. Entsch. B. 12 S. 169. S. B.G.B. §§ 1127—1136.

zahlt (Cessionar, Assignator oder Pfandgläubiger), befreit, wenn nicht vorher die Beschlagnahme durch einen eingetragenen Gläubiger stattgefunden hat[35a]).

6. Endlich haften selbstverständlich und mit Rechtsnothwendigkeit dem eingetragenen Gläubiger nicht nur, wie zu 4. hervorgehoben, die dem Grundstück zugeschriebenen selbständigen Gerechtigkeiten[36]), sondern auch alle als subjektiv dingliche Rechte mit dem Grundstück verbundenen, also nicht selbstständigen Gerechtsame, die ohne Eintragung als Gerechtigkeiten Rechtseigenschaften der Sache sind[37]). Sind solche Gerechtigkeiten aber abgelöst, so ist Einwirkung auf die Stellung der Hypothekengläubiger im Gesetz besonders geregelt[38]).

II. Wofür haftet das Pfandobjekt? Es haftet für die ganze Schuld, d. h. für das Kapital, für die eingetragenen[38a]) Zinsen, für sonstige einge-

---

[35a]) Insofern ist Meyländer bei Gruchot B. 19 S. 685 beizustimmen. Turnau I. S. 712 führt unter Bezugnahme auf die in der vorigen Anm. citirten Entscheidungen aus: zwar an den versicherten Eigenthümer könne der Schuldner bis zur Beschlagnahme zahlen, an Cessionar oder Pfandgläubiger aber nur, wenn unter Zustimmung aller eingetragenen Gläubiger cedirt oder verpfändet sei. Das gehöre zur Legitimation des Cessionars 2c. dem Schuldner gegenüber. Aber der Schuldner der Versicherungssumme steht ebensowenig wie der Miether, der dem Eigenthümer Miethe schuldet, zu dem eingetragenen Gläubiger in dem Verhältniß eines Drittschuldners, dem Cession oder Verpfändung kundgethan ist. Er ist ein Schuldner, den beides erst nach der Beschlagnahme angeht. Und was er mit dem Willen des Eigenthümers an dessen Rechtsnachfolger oder Pfandgläubiger zahlt, muß ihn ebenso befreien wie das dem Eigenthümer selbst Gezahlte. A. M. Dernburg, Preuß. Hypothekenrecht II. S. 163 — Die Forderung der für ein früheres Unglück zu zahlenden Versicherungsgelder gilt übrigens für den Fall des Eigenthumswechsels am Grundstück nicht als Pertinenz, geht nicht auf den Erwerber über, sondern verbleibt dem vertragsmäßig Berechtigten. Strieth. Arch. B. 99 S. 207.

[36]) Vgl. oben Anm. 30a.

[37]) Förster und die erste Ausgabe des Herausgebers hielten nicht fest, daß in Eig.Erw.-Ges. § 30 Abs. 6 unter Gerechtigkeiten, welche zugeschrieben werden müssen, dann aber wirkliche Pertinenzen sind, nur unbewegliche selbständige Gerechtigkeiten verstanden sein können. Daß das mit einem dinglichen Recht untrennbar verbundene Grundstück mit dem hierdurch vergrößerten Werth haftet, ist selbstverständlich. Solche subjektiv persönlichen Rechte, die nicht gesondert bestehen können, sind niemals Pertinenzen, sie sind nicht Sachen, die willkürlich und in willkürlich lösbarer Weise dem Zweck der Hauptsache unterworfen sind.

[38]) Das Ablösungskapital, die Rentenbriefe, werden vermöge gesetzlicher Anordnung zur Befriedigung derjenigen Realgläubiger verwendet, denen die abgelösten Rechte bereits verhaftet gewesen waren. Oben B. I. § 21 Note 40. Ges. vom 29. Juni 1835 (G.S. S. 135). Die Hypothekengläubiger haben, wenn der Schuldner die Verwendung der Abfindung in ihrem Interesse nicht bewerkstelligt, ein an eine 6 wöchentliche Frist gebundenes Kündigungsrecht vor der Verfallzeit. I. 20 §§ 460—465. Diese Bestimmung ist noch giltig. Förster, Grundbuchrecht S. 176. — Entsch. B. 2 S. 267, B. 5 S. 1, Präj. 1315. Samml. I. 361. Entsch. B. 40 S. 266, B. 32 S. 214, B. 33 S. 205, B. 36 S. 181, B. 38 S. 469f. Arnsb. Archiv B. 13 S. 343, R.G. bei Gruchot B. 25 S. 418, B. 30 S. 1005. — Als mit dem verpfändeten Gut verbunden haftete auch das Recht des Eigenthümers auf ein davon ausgethanes lassitisches Gut, nicht aber dieses selbst. Entsch. B. 13 S. 272, B. 30 S. 242. Strieth. B. 32 S. 337. Ueber das Antheilsrecht des Eigenthümers eines bepfandbrieften Guts am Amortisationsfonds der Landschaft, die Zugehörigkeit dieses Tilgungsfonds zum Grundstück und seine Haftung für die Hypothek, den Uebergang auf den Ersteher und die Möglichkeit des Ausschlusses dieses Uebergangs s. Entsch. B. 23 S. 360. Gruchot B. 25 S. 742. R.G. Entsch. B. 27 S. 218. Vgl. v. Brunneck bei Gruchot B. 28 u. 29.

[38a]) Eingetragen, nicht nur aus einer im Eintragungsvermerk in Bezug genommenen Urkunde ersichtlich, R.G. Entsch. B. 2 S. 286. Dasselbe gilt von anderen Leistungen,

tragene Jahreszahlungen, für die Kosten der Eintragung, der Kündigung, der Klage und Beitreibung; für die Kosten auch dann, wenn sie nicht eingetragen sind, also vermöge des Gesetzes [39]). Die eingetragenen Zinsen können vorbedungene oder Verzugszinsen sein [40]). Am Orte des Kapitals kann nachträglich Verzinsung bis zu fünf von Hundert vermerkt werden [41]). Als

---

z. B. den zur Ausgleichung einer Kursdifferenz versprochenen bei Pfandbriefdarlehen. R.G. B. 20 S. 220. Für gesetzliche Zinsen abweichend B.G.B. § 1118.

[39]) Ges. über den Eigenthumserwerb vom 5. Mai 1872 § 30 Eingang. Vgl. Bürg.Ges.Buch §§ 1118—1119. Eine im Wege der Zwangsvollstreckung eingetragene Hypothek haftet nicht für die vor der Eintragung entstandenen Kosten, sondern nur für die bei der Verfolgung der eingetragenen, nunmehr dinglichen Forderung weiter entstehenden Kosten. Hinrichs, Studien I. S. 33 hält dies für zweifelhaft. Die Hypothek haftet nur für Kosten des Prozesses über den dinglichen Anspruch, nicht der getrennt angestellten persönlichen Klage. R.G. Entsch. B. I. S. 105. — Auch die Kautionshypothek erstreckt sich — über den eingetragenen Maximalbetrag hinaus — auf die Kosten der Einklagung und Beitreibung. R.G. bei Gruchot B. 32 S. 1088.

[40]) A.L.R. I. 20 §§ 482. 483 ließ das Grundstück nur für vorbedungene Zinsen haften, für solche aber selbst wenn sie nicht eingetragen waren (Entsch. B. 1 S. 212, B. 8 S. 337), für Zögerungszinsen nie. Das neue Recht hat das alte dahin modifizirt, daß die Haftung für alle eingetragenen Zinsen, aber auch nur für solche stattfindet. Aeltere Hypotheken begründen auch jetzt noch, wie R.G. Entsch. B. 33 S. 217 annimmt, Haftung für nicht eingetragene vorbedungene Zinsen. Abweichend Krech und Fischer Anm. 3 zu § 35 des Imm.Vollstr.Ges. — Förster wollte zwar solche Verzugszinsen, die im Wege der Zwangsvollstreckung eingetragen worden sind, und fällige Zinsbeträge zur Eintragung zulassen, darüber hinaus aber Verzugszinsen ausschließen. Es ist aber nicht abzusehen, warum die ausdrückliche Verpfändung des Grundstücks für die künftig bei Nichtzahlung des Kapitals am Fälligkeitstage beginnende Verzinsungspflicht ausgeschlossen sein soll. Allerdings ist in solchem Fall die ausdrückliche Eintragung der Forderung als einer im Fall des Verzugs zu verzinsenden erforderlich. Vgl. R.G. B. 2 S. 286. — Dadurch daß das Grundstück nicht für uneingetragene Verzugszinsen haftet, wird der Gläubiger nicht gehindert, Zahlung ohne Verzugszinsen als Theilzahlung zurückzuweisen und die löschungsfähige Quittung bei dem Angebot des eingetragenen Forderungstheils zu weigern. Entsch. B. 52 S. 151 (Rehbein III. S. 11). — Mit der Fälligkeit des Kapitals verwandeln sich, wie B. I. § 68 Anm. 80 ausgeführt worden (vgl. auch R.G. bei Gruchot B. 26 S. 963), die Vertragszinsen in Verzugszinsen, sie hören aber nicht auf, eingetragene Zinsen zu sein, und die Pfandhaftung erstreckt sich also auch auf die ferner erwachsenden. Vgl. Johow Entsch. B. 6 S. 188. Die vorbedungenen Zinsen verjähren übrigens trotz ihrer Eintragung in vier Jahren. Gesetz vom 31. März 1838 § 2 N. 5. Im Fall der Unzulänglichkeit des Kaufgeldes werden bei der Zwangsversteigerung nur zweijährige Rückstände an Stelle des Kapitals berichtigt. Immob.Vollstr.Ges. v. 13. Juli 1883 § 35. Vgl. Subh.-Ordn. vom 15. März 1869 § 60 Konk.-Ordn. § 54. Als laufende Zinsen — im Gegensatz zu rückständigen — gelten die Zinsen seit dem letzten Fälligkeitstermin vor der Beschlagnahme. Verzugszinsen können als laufend nur seit der Beschlagnahme angesehen werden. Vergl. Immob.Vollstr.Ges. § 36. Die älteren Zinsrückstände begründeten nach älterm Recht keine abgesonderte Befriedigung (K.-O. v. 1855 § 60), hatten also im Konkursverfahren aus der gemeinen Masse Befriedigung zu suchen und konkurrirten bei einer Subhastation außerhalb des Konkursverfahrens unter einander zu gleichen Rechten. Die Subh.-O. v. 1869 § 60 stellte ihnen die Gläubiger gleich, für die das Kaufgeld mit Beschlag belegt worden; die durch die C.P.O. und Konk.-O. dem Pfandgläubiger gegebene Stellung hatte zur Folge, daß das Pfandrecht am Kaufgeld den älteren Zinsen der Hypothekengläubiger vorging. A. M. Achilles S. 212. Jaeckel, Subh.-Ord. S. 188. — Das Immob.Vollstr.Ges. § 37 giebt auch den mehr als zweijährigen Rückständen ein Realrecht, also auch Absonderungsrecht mit bestimmter Priorität. — Eine Beschränkung der Höhe der Zinsen kennt das neue Recht auch bei Hypotheken und Grundschulden nicht. Bundesges. v. 14. Novbr. 1867 (B.G.Bl. S. 159).

[41]) Eig.Erw.Ges. § 25. Vgl. oben § 198 Anm. 30. Die nach Inkrafttreten des Gesetzes

„sonstige Jahreszahlungen" kommen die etwa stipulirten Strafgelder für versäumte Amortisationszahlungen bezüglich des Kapitals und alle außer den Zinsen bedungenen jährlichen Zahlungen in Betracht, insbesondere die nach den Statuten vieler Pfandbriefsinstitute als Zuschlag zu den Zinsen bedungenen Amortisationsquoten selbst. Daß das Grundstück auch für die Kosten der Eintragung haftet, ist eine Neuerung und Erweiterung des Eigenthumserwerbsgesetzes, Haftung für die Kosten der Kündigung, Ausklagung und Beitreibung war schon durch die Hypothekennovelle von 1853 begründet[42]).

## § 199a. Uebertragung, Prioritätsabtretung und Umwandlung der Hypothek und der Grundschuld.

I. Die Hypothek sowohl als die Grundschuld sind Gegenstände des Verkehrs und daher auf andere Personen übertragbar. Aber die accessorische Natur der ersteren und die Selbständigkeit der letzteren begründet einen Unterschied in der Uebertragbarkeit. Die Hypothek kann von der persönlichen Hauptschuld nicht getrennt werden und geht bei Cession der Hauptforderung mit Rechtsnothwendigkeit auf den Cessionar über. Eine Cessionserklärung, wobei der Cedent erklärt, die Hypothek für sich behalten zu wollen, ist perplex und ohne Bedeutung. Selbständig kann auch die Hypothek nicht Gegenstand einer Cession sein, sie kann, so lange die Hauptschuld besteht, nur gemeinsam mit der Hauptschuld abgetreten werden[1]).

---

v. 24. Mai 1853 nicht zinslos eingetragenen Posten können ohne Zustimmung nacheingetragener Hypothekengläubiger aus der Zeit vor dem 1. Oktober 1872 bezüglich des Zinsfußes erweitert werden.

[42]) Altes Recht A.L.R. I. 20 §§ 484. 488. 489. Ges. v. 24. Mai 1853 § 29. K.O. v. 1855 § 54 Nr. 1. Ueber das Eingreifen des älteren Rechts bezüglich der älteren Hypotheken vgl. Rintelen, Ueber den Einfluß neuer Gesetze S. 160. — Zu den Beitreibungskosten rechnen Entsch. B. 74 S. 144 auch die Gebühren des Anwalts für Empfang und Absendung des Betrags der zur Hebung gelangenden Post im Kaufgelderbelegungstermin. Das R.G. Entsch. B. 22 S. 322 hat diesen Satz gebilligt, obgleich man dagegen geltend machen kann, daß der Empfang des Streitobjekts nicht zu der Prozeßführung gehört, und obgleich man dem Schuldner nicht darum, weil er in die Kosten des Rechtsstreits verurtheilt ist, die Pflicht auflasten kann, die Vertretung des Gläubigers beim Empfang des Geldes zu bezahlen. Der Gesichtspunkt des Reichsgerichts ist ein anderer. Es rechnet die Vertretungskosten zu den Kosten der Beitreibung im weiteren Sinne, aber nur unter der Voraussetzung, daß die Vertretung beim Empfang des Geldes eine nothwendige war; wenn ein billigerer Weg zur Erhebung des Geldes möglich war, so müssen die Vertretungskosten für den Geldempfang insoweit gestrichen werden. Vgl. § 121 Ges. v. 13. Juli 1883.

[1]) Gesetz über den Eigenthumserwerb vom 5. Mai 1872 § 52 Abs. 1. Vergl. oben B. I. § 99 Anm. 93. — Wenn § 402 I. 11 A.L.R. von dem Eintritt des Cessionars in „alle abgetretenen Rechte" spricht, so kann dies nicht von der Nothwendigkeit einer besonderen ausdrücklichen Abtretung der Beirechte verstanden werden. — Die Abtretung der Hypothek wird, solange ihr eine persönliche Forderung zu Grunde liegt, regelmäßig dahin interpretirt werden können, daß damit auch der persönliche Anspruch abgetreten wird: ist diese Interpretation ausgeschlossen, so ist nil actum. Dernburg (I. § 325 Anm. 18) nimmt als vermuthliche Willensabsicht einen Verzicht auf die persönliche Klage an; eine solche Vermuthung schwebt aber in der Luft. Selbst wenn das preußische Recht eine Hypothek hätte, die selbständig fortbesteht, obgleich der Gläubiger

Die Grundschuld wird allein cedirt, denn sie ist nicht mit einer Hauptschuld verbunden. Weil aber auch sie in einer persönlichen Schuld ihre Veranlassung haben, insbesondere zur Sicherung einer solchen bestellt sein kann, die Zusammengehörigkeit oder die Beziehung der Grundschuld auf eine persönliche Schuld aber aus dem Grundbuch und dem Grundschuldbrief nicht ersichtlich ist, so mußte dafür Vorsorge getroffen werden, daß es dem Gläubiger nicht möglich wird, die Grundschuld und die persönliche Schuld jede selbständig an verschiedene Personen abzutreten und den Schuldner in die Lage zu versetzen, doppelt zu zahlen. Das Gesetz schreibt deshalb vor: „wird eine zur Sicherung eines persönlichen Rechts dienende Grundschuld ohne den persönlichen Anspruch abgetreten, so erlischt letzterer“ [2]). Sollte durch diese Bestimmung ein Weiteres nicht gesagt werden, als daß der persönliche Schuldner, dem nicht vom Cessionar eine Löschung begründende Quittung der Grundschuld angeboten werden kann, zur Zahlung nicht verpflichtet sei, so hätte es der besonderen Vorschrift nicht bedurft. Auch wenn die Grundschuld dem ursprünglichen persönlichen Gläubiger zusteht, würde der Schuldner es als eine dolose Geltendmachung der persönlichen Schuld bezeichnen können, wenn ihm gegen Zahlung nicht zugleich Quittung über die Grundschuld geleistet würde, gerade so wie diese exceptio doli generalis dem persönlichen Schuldner zusteht, der über seine persönliche Schuld einen Wechsel ausgestellt hat. Wenn das Gesetz eine besondere Vorschrift für nöthig erachtet hat, so ist es klar, daß damit etwas Besonderes ausgedrückt sein soll. Mit dem Uebergang der Grundschuld in die Hand eines Cessionars, der nicht zugleich persönlicher Gläubiger wird, soll regelmäßig, wenn kein besonderer Vorbehalt gemacht ist, die persönliche Schuld definitiv untergehen, so daß sie auch, wenn die Grundschuld an den ursprünglichen Gläubiger zurückgelangt, nicht mehr geltend gemacht werden kann. Wird der persönliche Anspruch ohne die Grundschuld cedirt, so gilt im Ergebniß dasselbe. Der Schuldner kann auch dem Cessionar gegenüber die Zahlung weigern, wenn er ihm nicht die zahlungshalber, d. h. ohne Aufhebung der persönlichen Schuld dafür geschaffene Grundschuld zurückgewähren kann. Der Cessionar muß sich dann an seinen Cedenten halten, der für die Verität der abgetretenen Forderung zu haften hat [3]).

---

wirksam dem Schuldner erklärt hat, daß er auf die Forderung verzichte, so ließe sich doch ein solcher Verzicht nicht vermuthen. Dernburg setzt sich hier, wie an anderen Stellen über die Gesetze, wie sie liegen, fort, um die angeblichen, d. h. nach seiner Ansicht anzunehmenden national-ökonomischen Vortheile einer selbständigen Hypothek trotz des Gesetzes zu fördern; das ist der Dogmatismus subjektiver Willkür. — Der Entwurf des B.G.B. hat sich auch nicht durch die dem Leben gewiß nicht angehörige Annahme verleiten lassen, daß bei bloßer Abtretung der Hypothek eine Willensrichtung dahin, daß das Forderungsrecht nicht weiter bestehen solle, angenommen werden könne. Vielmehr wiederholt das B.G.B. § 1153 den durchaus verständigen Satz, daß die Forderung nicht ohne die Hypothek, die Hypothek nicht ohne die Forderung übertragen werden kann.

[2]) Eig.Erw.Ges. § 52 Abs. 2.

[3]) Oben B. I. § 99 Anm. 132.

Noch ein anderer wichtiger Unterschied besteht zwischen der Abtretung einer Hypothek und einer Grundschuld. Die Abtretung der ersteren kann nur an eine bestimmte Person erfolgen, und in der Abtretungserklärung muß deren Name angegeben sein. Die Abtretung der Grundschuld kann namenlos in blanco erfolgen[4]). Jeder Inhaber erlangt solchenfalls das Recht, die Blankoabtretung durch einen Namen auszufüllen, also auch mit dem Namen eines Dritten, aber auch das Recht, ohne solche Ausfüllung die Grundschuld weiter zu übertragen oder auch die dingliche Klage anzustellen. Wenn aber die Abtretung eingetragen werden soll, muß sie mit dem Namen des nunmehr Berechtigten ausgefüllt sein[5]). Um die Gefahren zu vermindern, die mit einer Blankoabtretung für den Schuldner verbunden sein können, weil er seinen Gläubiger nicht kennt und daher nicht weiß, an wen er die Zinsen zu zahlen hat, andrerseits aber weil es zur großen Belästigung des Verkehrs dienen würde, wenn man jede einzelne Zinszahlung an die Vorbedingung knüpfen wollte, daß jedesmal der Grundschuldbrief dem Schuldner vorgezeigt werde, ist die Einrichtung getroffen worden, daß den Grundschuldbriefen Zinsquittungsscheine beigelegt werden können, und der Schuldner ist dann verpflichtet, an jeden Inhaber des fälligen Zinsscheines gegen dessen Aushändigung die Zinsen zu zahlen[6]).

Im Uebrigen bedarf die Cession einer Hypothek oder Grundschuld nicht nothwendig der Uebergabe des Hypotheken- oder Grundschuldbriefs, so erheblich diese auch für die Sicherung des übertragenen Rechts ist[6a]). Noch weniger ist die Eintragung im Grundbuch zu ihrer Giltigkeit erforderlich[7]). Die Eintragung eines solchen Uebergangs kann übrigens nur von demjenigen Gläubiger der Post wirksam bewilligt werden, der als solcher durch das Grundbuch oder durch formgerecht beglaubigte Abtretungserklärungen legitimirt ist. Da die Abtretung das Gläubigerrecht begründet, steht sie einer besonderen Eintragungsbewilligung gleich[8]). Die Bewilligung wird auch hier ersetzt

---

[4]) Ges. über den Eigenthumserwerb v. 5. Mai 1872 § 55. Förster, Grundbuchrecht S. 144. Vgl. B. I § 99 Anm. 48—50. — Das B.G.B. § 1195 kennt eine Grundschuld, die von vornherein dem Inhaber des Grundschuldbriefs eingeräumt ist.

[5]) Gr.B.O. § 80.

[6]) Gesetz über den Eigenthumserwerb vom 5. Mai 1872 § 39 Abs. 2. Förster, Grundbuchrecht S. 145. Ueber die Beibringung der Zinsquittungsscheine behufs Löschung der Grundschuld s. Gr.B.O. §§ 95. 96. Ueber ihre Form § 128 das. — Ein sehr lebendiges Institut ist das der Zinsquittungsscheine nicht geworden.

[6a]) Vgl. oben B. I. § 99 Anm. 156c. Das Reichsgericht hat — Entsch. B. 3 S. 326 — angenommen, daß die formalistische Natur der Grundschuld dazu führe, zur Abtretung die Aushändigung des Grundschuldbriefs zu erfordern. Vgl. dagegen Paris, Uebertragungsform der Grundschuld 1883. Nach dem B.G.B. § 1154 wird Aushändigung Briefs zur Vollendung des Abtretungsgeschäfts gehören.

[7]) Ges. über den Eigenthumserwerb v. 5. Mai 1872 § 54.

[8]) Ges. über den Eigenthumserwerb § 53 und G.B.O. § 80, die nur so vereinigt werden können. A. M. Förster, Grundbuchrecht S. 169. Zur Eintragung der Cession ist ferner die Beibringung des Grundschuldbriefs, beziehungsweise Hypothekenbriefs erforderlich. Dagegen bedarf es nach G.B.O. § 80 nicht des Nachweises der erfolgten Annahme. Vergl. oben B. I. § 99 Anm. 43. — Die Eintragung der Cession ist nach § 82 Gr.B.O. auf der vorgelegten Urkunde zu vermerken.

durch rechtskräftige Verurtheilung. Die Kosten der Abtretung und deren Eintragung werden von dem abtretenden Gläubiger und dem Erwerber zu gleichen Theilen getragen, dagegen von dem Eigenthümer des Grundstücks allein, wenn auf seine Veranlassung der Gläubiger zur Abtretung an Stelle der Quittung genöthigt worden ist[9]). In diesem Fall, — der dem alten Recht unbekannt war, — geschieht die Abtretung ohne die Pflicht zur Gewährleistung[10]). Auch theilweise kann eine Hypothek oder Grundschuld abgetreten werden. In diesem Fall sind, soweit Hypothekenbriefe gebildet sind, und bei der Grundschuld überhaupt Theildokumente durch Vermittlung der Grundbuchbehörde zu bilden. Dies gilt aber nur, soweit Theile des Kapitals abgetreten sind[10a]).

Im Wesentlichen unter denselben Regeln wie die Abtretung steht die **Verpfändung** einer Hypothek oder Grundschuld, nur daß die letztere nicht in blanco erfolgen kann. Eine in blanco cedirte Grundschuld ist aber durch Uebergabe des Grundschuldbriefs verpfändbar. Ueber den Modus der Verpfändung ist bereits gehandelt. Auch im Fall der Verpfändung muß die erklärte und durch Uebergabe der Schuldurkunde ausgeführte Verpfändung der durch Hypothek gesicherten Hauptschuld die Hypothek mit ergreifen; ferner muß die Verpfändung der Hypothek im Zweifel in dem Sinne als giltig angesehen werden, daß darunter Verpfändung der hypothekarisch gesicherten Schuld verstanden wird[11]). Eine Verpfändung der Grundschuld läßt die etwa bestehende persönliche Schuld ganz unberührt. Die Eintragung der Verpfändung ist zu ihrer Wirksamkeit nicht nöthig. Erfolgt sie, so soll sie den Pfandgläubiger und die Forderung bezeichnen, zu deren Sicherheit die Verpfändung dienen soll; die Kosten trägt der Verpfänder[12]). Die Grundlage ist auch hier die Bewilligung des legitimirten Gläubigers. Im Fall einer Pfändung der Forderung ersetzt der dem Eigenthümer des Grundstücks zugestellte Pfändungsbeschluß die Bewilligung des Vollstreckungsschuldners[13]). Das Pfandrecht,

---

9) Ges. über den Eig.Erw. § 56.

10) Das. § 63.

10a) Für Zinsrückstände, die gesondert vom Kapital abgetreten sind, besteht zwar die dingliche Haftung, aber die Abtretung kann nicht eingetragen werden. Kammergericht bei Johow B. 12 S. 117.

11) Vgl. I. 20 § 515.

12) Gesetz über den Eigenthumserwerb v. 5. Mai 1872 §§ 53. 54. 56. Gr.B.O. § 84.

13) Ausf.-Ges. z. d. C.P.O. v. 24. März 1879 § 16. Die Bestimmung kann nur dahin aufgefaßt werden, daß sie feststellt, was der Grundbuchrichter zu erfordern hat. Wenn eine persönliche Schuld durch Zustellung des Pfändungsbeschlusses an den persönlichen Schuldner gepfändet ist, so kann der Umstand, daß die Schuld die Grundlage einer Hypothek ist, die Wirksamkeit jener Pfändung nicht beeinträchtigen, und der Vollstreckungsschuldner kann genöthigt werden, die zur Eintragung des Pfandrechts nöthige Einwilligung zu geben, — da die an sich wirksame Pfändung für den Grundbuchrichter nicht ausreicht (vergl. den Schlußsatz des § 16). Auch die richterliche Ueberweisung an Zahlungsstatt, von welcher Absatz 2 des § 16 redet, und die nur eine gepfändete Geldforderung zum Gegenstand haben kann (§ 736 C.P.O.), wird für den Grundbuchrichter die Eintragungsbewilligung des Vollstreckungsschuldners nur ersetzen können, wenn dargethan wird, daß die Pfändung in der in § 16 Abs. 1 bezeichneten Weise erfolgt ist. Aber auch hier wird die Ueberweisung der persönlichen Forderung wie jede Cession an und für sich materiell auch die Hypothek übertragen, und es

das von dem bereits befriedigten, aber noch im Besitz des Hypothekenbriefs befindlichen Gläubiger oder von dem Gläubiger, der seine Hypothekenforderung bereits ohne Aushändigung des Hypothekenbriefs zedirt hat, unter Aushändigung des Hypothekenbriefs einem gutgläubigen Pfandgläubiger bestellt worden ist, hat dieselbe Wirksamkeit, wie die unter gleichen Umständen erfolgte Cession[13a]).

II. Der eingetragenen Hypothek oder Grundschuld kommt nach der Folgeordnung der Eintragungen, beziehungsweise nach der Zeit, in der die Eintragung erfolgt ist, und nach den etwaigen besonderen Bestimmungen, die dabei eingetragen sind, grundbuchmäßig eine bestimmte Priorität zu[14]). Das preußische Recht kennt aber, entsprechend dem gemeinen Recht und dem Recht derjenigen anderen Staaten, die ein entwickeltes Hypothekensystem haben, ein Rechtsgeschäft, vermöge dessen ein eingetragener Hypotheken- oder Grundschuldgläubiger einem anderen nacheingetragenen Gläubiger das Vorrecht, die Priorität vor seiner Forderung einräumt. Von diesem Rechtsgeschäft ist bereits an einer anderen Stelle die Rede gewesen[15]). Es ist betont worden, daß die preußische Gesetzgebung jedenfalls davon ausgehe, daß das Geschäft eine Intercession zum Gegenstande habe, und daß die positiven Aussprüche des älteren preußischen Rechts darauf hinzudeuten scheinen, daß mit der zurücktretenden Forderung eine Kaution geleistet wird.

Der hierdurch angedeutete Rechtsgedanke einer Verpfändung ist aber durch weitere Bestimmungen nicht entwickelt, der preußisch rechtliche Pfandbegriff steht entgegen[16]). Durch wirksame Verpfändung einer Forderung

---

wird nur die formelle Legitimation des Cessionars in anderer Weise erbracht werden müssen als durch den Pfändungsbeschluß, der nur dem persönlichen Schuldner zugestellt ist. — Uebrigens muß auch in diesen Fällen dem Grundbuchrichter behufs der Eintragung auch der Hypothekenbrief (bezw. Grundschuldbrief) vorgelegt werden. — Erhebliche Zweifel können entstehen bei gleichzeitiger Pfändung der persönlichen Forderung und der Hypothek oder mehrerer Korrealhypotheken.

13a) Vgl. Entsch. B. 8 S. 39, R.G. Entsch. B. 10 S. 197. 251.

14) Vgl. oben § 184 Anm. 36f.

15) Vgl. B. II. § 144 Anm. 6. Ueber Wirkung der Vorrechtseinräumung auf den persönlichen Anspruch des zurücktretenden Hypothekengläubigers vgl. oben § 192 Anm. 42 und unten Anm. 18d u. ff. Das positive Gesetz redet von Vorrechtseinräumung nur bei den Belastungen der dritten Abtheilung. Die vertragsmäßige Verbindlichkeit die Vorwegbefriedigung sich gefallen zu lassen, kann jedenfalls auch für und gegen Belastungen der zweiten Abtheilung begründet werden. Für die Eintragung und ihre dingliche Wirkung fehlt aber ausdrückliche gesetzliche Grundlage. Hier eine Analogie zu gestatten lehnt das Kammergericht ab. Kammerger. Entsch. B. 10 S. 349.

16) Vgl. darüber I. 14 §§ 229. 230, I. 20 §§ 497—499. Hyp.Ordn. v. 1783 § 59 Tit. 1. Ges. betr. d. Eigenthumserw. § 35. Entsch. B. 6 S. 359 (Rehbein III. S. 648), Entsch. B. 63 S. 189. Strieth. B. 89 S. 191. R.G. Entsch. B. 6 S. 307. Vom Standpunkt des gemeinen Rechts gegen Auffassung der Vorrechtseinräumung als Intercession R.G. Entsch. B. 16 S. 117. — Dernburg, Pfandrecht II. § 158. Windscheid I. § 247. Rintelen bei Johow B. 6 S. 305. Prinz, Einfluß der Hypothekenverfassung auf das Sachenrecht S. 272. Dernburg, Pr.Pr.R. I. § 334. Dernburg, Pr. Hypoth.-Recht II. S. 273. Justizministerialreskript v. 19. Dezember 1888. Gruchot B. 33 S. 406. Die Kommentatoren des Eigenthumserwerbgesetzes und Küntzel bei Gruchot B. 26 S. 68. Paris, Die Lehre von der Prioritätseinräu-

wird der verpfändende Gläubiger in der Verfügung über seine Forderung beschränkt, schon bevor der Pfandgläubiger sein Pfandrecht ausübt und durch Einziehung der Forderung konsumirt. Die Prioritätseinräumung aber weist auf eine solche Stellung nicht hin. Nach heutigem Recht könnte eine Verpfändung auch nur symbolisch unter Aushändigung des Dokuments, beziehungsweise unter Benachrichtigung des Schuldners rechtswirksam erfolgen. Die Prioritätseinräumung, wie sie im Rechtsleben geübt ist, sieht hiervon ab. Es besteht nicht die Absicht, den die Priorität einräumenden Gläubiger in der Verfügung über seine Forderung zu beschränken. Er kann sie vielmehr ohne Zustimmung des Gläubigers, dem die Priorität eingeräumt ist, zur Löschung bringen, und wenn die Löschung erfolgt, so verliert die Prioritätseinräumung jede Bedeutung.

Die Prioritätseinräumung soll hiernach eine zunächst obligatorische Wirksamkeit nur für den Fall äußern, wenn beide Pfandforderungen als Pfandrechte, die das Immobile ergreifen, mit einander in Kollision kommen. Dabei würde ohne Prioritätseinräumung das Pfandrecht des posterior durch das voreingetragene Recht des prior beschränkt werden: diese Schranke soll fortfallen, und umgekehrt vielmehr das Pfandrecht des prior der Schranke unterworfen sein, daß der posterior vor ihm Befriedigung aus dem Pfande verlangen kann. Jeder von beiden bleibt hiernach Gläubiger der ihm zustehenden Forderung, es verliert auch keiner sein die ganze Sache ergreifendes Pfandrecht, es findet keine Cession und keine Verpfändung der Forderung oder des Pfandrechts des prior statt, und die Beschränkung des bisher einer solchen Schranke nicht unterworfenen Pfandrechts des prior bindet zunächst nur den Promittenten persönlich. Diese Beschränkung erlangt aber auch gegenüber einem neuen Erwerber der zurücktretenden Hypothek oder Grundschuld durch Eintragung oder auch durch Kenntniß von der Vorrechtseinräumung quasi dingliche Wirksamkeit, wenn man auf Forderungen die Ausdrücke des Sachenrechts anwenden darf[17]).

---

mung. — Exner in Grünhut Zeitschr. B. 7 S. 29 und Hypothekenrecht S. 463 ff. Strohal, Die Prioritäts-Abtretung. Conrad, Prioritäts-Abtretung in ihrer Wirkung auf die Zwischenhypotheken. — Neuerdings Schöller, Die Vorrechtseinräumung. 1895. — Die Prioritätsabtretung kann auf einen Theil der Forderung eingeschränkt werden, soweit aber dem Kapital ein Vorrecht eingeräumt ist, gilt dies nach § 35 cit. auch für die davon erwachsenden Nebenleistungen, für welche das Pfand haftet. — Der Entwurf des B.G.B. I. § 841 beabsichtigte, nur eine wirkliche Rangänderung unter Zustimmung aller Betheiligten zulassen, — die Möglichkeit eines obligatorischen Vertrags, sich die Vorwegbefriedigung gefallen zu lassen, war nicht ausgeschlossen, wohl aber die Möglichkeit, solchen Vertrag anders als nach § 841 gegen Dritte wirksam zu machen. In der Fassung des B.G.B. § 880 ist die Rangveränderung ebenfalls an die Eintragung geknüpft, die auf Grund der Einigung des zurücktretenden und vortretenden Berechtigten — und beim Zurücktreten einer Hypothek, Grundschuld oder Rentenschuld auch des Eigenthümers — zu erfolgen hat. Der gewonnene Rang soll davon unabhängig sein, daß das zurücktretende Recht durch Rechtsgeschäft aufgehoben wird. Zwischenstehende behalten ihren Rang.

[17]) Achilles zu § 35 des Ges. betr. d. Eig.Erw. führt aus, daß die Prioritätscession eine „Beschränkung in der Verfügung" über die Hypothek oder Grundschuld begründe, so

Das hiernach begründete Verhältniß ist wesentlich einfach, wenn die beiden in Rede stehenden Pfandrechte in der Priorität unmittelbar auf einander folgen. Stehen aber andere Rechte dazwischen, so werden dieselben in ihrer Stellung nicht berührt. Auch nach der Prioritätscession belasten sie das ganze Grundstück in der Weise, daß sie durch das voreingetragene Pfandrecht, nicht durch dasjenige, dem die Priorität cedirt ist, beschränkt werden. Gelingt es also dem Zwischengläubiger, die voreingetragene Post mit Erfolg anzufechten, so ist die Beschränkung seines Pfandrechts beseitigt, ohne Rücksicht darauf ob das Pfandrecht dessen, dem die Priorität abgetreten war, validirt. Besteht aber die Pfandforderung des Cedenten der Priorität zu Recht, so nimmt der Cessionar der Priorität die auf die Post des Cedenten fallende Hebung, indem er sein durch jene Post nicht mehr beschränktes Pfandrecht ausübt, in Höhe seiner Forderung vorweg. Das Pfandrecht des Cedenten der Priorität wird dabei nur insofern geltend gemacht, als es den

---

daß auch ohne Eintragung ein von dieser Beschränkung unterrichteter Erwerber nach § 49 des Eig.Erw.Ges. daran gebunden sei. Aber eine „Beschränkung in der Verfügung" ist sie nicht und soll sie nach den Willen der Betheiligten nicht sein. Die Disposition des die Priorität Abtretenden bleibt eine durchaus freie. Es muß vielmehr die Bestimmung der §§ 497. 498 I. 20 A.L.R., obgleich in dem Eigenthumserwerbsgesetz nicht ausdrücklich wiederholt, als geltendes Recht angesehen werden. Paris, der mit dem Text insofern übereinstimmt, als auch er die Prioritätseinräumung zunächst unter dem Gesichtspunkt einer persönlichen Verbindlichkeit betrachtet, hat die in diesem Werk zuerst kurz und einfach als „dinglich" bezeichnete Wirkung der Eintragung mißverstanden. Er meint (S. 76), als Gegenstand des hier gedachten dinglichen Rechts bleibe doch nur die von der Hypothek untrennbare Eigenschaft der Rangstellung zu den übrigen Hypotheken übrig. Die Pflicht des Inhabers der zurücktretenden Hypothek wird vielmehr in dem Sinne dinglich, daß sie nach der Eintragung jeden, der durch Cession oder Pfand ein Recht auf die zurücktretende Hypothek erlangt, bindet, wie bei einer körperlichen Sache der künftige Erwerber gebunden ist. Der § 231 Titel 2 der Hypothekenordnung von 1783 stellte gerade bezüglich der Subinscription die Prioritätseinräumung mit dem Fall in Parallele, daß jemand mit der eingetragenen Post Kaution bestellt. Die Hyp.-O. ging also davon aus, daß durch die Subinscription wirksam Kaution bestellt, ein dingliches Pfandrecht an der Forderung begründet werde, ebenso wollte sie, daß die eingeschriebene Prioritätseinräumung auf die Forderung als Sache dinglich wirken solle. In ersterer Beziehung ist das Landrecht abgegangen, es kennt ein Forderungspfand nur bei symbolischer Uebergabe der Urkunde. Dagegen hat I. 20 § 497 die Eintragung der Prioritätseinräumung übernommen und im § 498 hinzugefügt, daß dadurch die Prioritätseinräumung gegen dritte Inhaber der Forderung Wirkung erlange. Dies muß man im Sinne des Landrechts als dingliche Wirkung bezeichnen. Das in Anm. 16 angezogene Justizministerialrescript will überhaupt die Abrede der Prioritätseinräumung als dinglichen Vertrag mit relativen Wirkungen ansehen. Paris spricht bei Eintragung von einer obligatio in rem scripta. Der Begriff ist vom Standpunkt des römischen Rechts aus ebenso wenig anwendbar, wie der des dinglichen Rechts, da das römische Recht einen Besitz an der zurücktretenden Obligation nicht giebt, wie es dingliche Rechte an der Forderung (vom Forderungspfand abgesehen) nicht kennt. Auch hat die obligatio in rem scripta gleichzeitig immer nur einen Schuldner, die eingetragene Prioritätseinräumung aber wirkt gegen den Cessionar der Forderung und zugleich gegen den, dem die Forderung verpfändet ist. — Darüber, daß Kenntniß der nicht eingetragenen Vorrechtseinräumung wie die Eintragung verpflichtet, vergl. R.G. Entsch. B. 15 S. 264. — Die sehr beachtenswerthen Ausführungen Schöller's in der Anm. 16 citirten Schrift gehen darauf hinaus, daß die Prioritätseinräumung einen wirklichen Stellenwechsel, der aber nur relativ wirksam sei, für die Zwischenposten aber ein — auch sonst im Rechtsleben denkbares, — relatives Rangverhältniß begründe.

Zwischengläubiger ausschließt; gegenüber dem Grundstückseigenthümer und den hinter dem Cessionar der Priorität stehenden Realberechtigten wird aber hierdurch das Pfandrecht des Cedenten nicht erschöpft, bleibt vielmehr auch nach wie vor geeignet, gegen das Grundstück geltend gemacht zu werden. Der Cedent kann also noch immer aus dem Grundstück Befriedigung fordern, aber nur an der Stelle des vorweg befriedigten Cessionars; bis in diese Stelle muß er zurückgehen, beschränkt durch alle die Pfandrechte, die das Recht seines Cessionars beschränkten, namentlich also beschränkt durch die Pfandforderungen der durch die Abtretung nicht berührten dazwischen eingetragenen Gläubiger[18]).

Wie macht sich diese Rechtsstellung in dem jetzt in Kraft stehenden Zwangsversteigerungsverfahren bei der Regelung des geringsten Gebots geltend? Es fragt sich, ob und wieweit die Prioritätseinräumung bereits hier in Betracht zu ziehen, oder ob sie der Geltendmachung im Kaufgeldvertheilungstermin zu überlassen ist. Dies war zeitweilig streitig. In der die Rangordnung der Rechte und Forderungen betreffenden Bestimmung des Gesetzes über die Zwangsvollstreckung in das unbewegliche Vermögen wird

---

[18]) Wenn die Forderung, deren Gläubiger das Vorrecht abgetreten hat, als Gesammthypothek auf einem anderen Grundstück haftet, so treten besondere Fragen hervor. Das Reichsgericht hat in einem solchen Falle (R.G. B. 7 S. 307) angenommen: Dadurch, daß an Stelle des Prioritätscedenten dessen Cessionar bei dem einen Grundstück zur Hebung gelange, sei das Befriedigungsrecht des mit seinem Vorrecht zurücktretenden Gesammthypothekengläubigers ausgeübt, und die Gesammthypothek auch auf den mithaftenden Grundstücken erloschen. Die Probe zu dieser Rechtsauffassung liegt in der Frage: wie liegt die Sache, wenn demjenigen. dem die Priorität eingeräumt ist und der in Folge dessen Zahlung erhalten hat, ein zweites Grundstück als korrealverpfändet haftete? Hat er nicht aus dem verkauften Grundstück Befriedigung erhalten? und ist somit nicht seine Gesammthypothek auf dem zweiten Grundstück erloschen? Man kann doch nicht annehmen, daß sowohl der Prioritätscedent als der Cessionar aus dem Grundstück durch die eine Zahlung Befriedigung erhalten. Ausgeübt ist nur das Pfandrecht des posterior, das aufgehört hatte, in dem Pfandrecht des prior eine Schranke zu finden und das vor den Zwischengläubigern zur Hebung gelangte, weil diese nach wie vor durch das Pfandrecht des prior beschränkt wurden. Wie liegt die Sache aber, wenn hinter dem für ein Grundstück zurücktretenden Gläubiger einer Korrealhypothek auf den korrealhaftenden Grundstücken ein anderer Gläubiger eingetragen ist, dessen Hintermann auf dem einen Grundstück die Priorität cedirt wird, und wenn diesem Gläubiger die mehreren Grundstücke ebenfalls korreal verhaftet sind? Der zweite Korrealgläubiger konnte erwarten, nach einmaliger Zahlung der ersten Post aus dem Gesammterlös der Grundstücke befriedigt zu werden. Jetzt beansprucht bei dem einen Grundstück der Prioritätscessionar, bei dem andern der ursprüngliche Gläubiger vor ihm zur Hebung zu kommen; aus dem Gesammtkomplex müßte danach die vorangehende Post doppelt bezahlt werden. Wird man es nicht in solchem Falle als eine unzulässige Aenderung des Vorrechts der Zwischenpost zu bezeichnen haben, wenn solche Ansprüche erhoben werden, wird also nicht der Zwischengläubiger nach einmaliger Zahlung der Vorschuld bei den anderen Grundstücken vorweg Befriedigung fordern können? Das Reichsgericht hat in Entsch. B. 16 S. 244 den in B. 6 vertretenen Standpunkt aufgegeben. Vgl. auch R.G. Entsch. B. 12 S. 204, und gegen diese Entscheidung Fuchs, Das Wesen der Dinglichkeit S. 137 ff. Eine völlig befriedigende Lösung der Konflikte ist auf dem Boden des geltenden Rechts nicht zu finden. Darin, daß eine gesetzliche Lösung gesucht werden muß, wie Dernburg, Preuß. Hyp.-R. B. II. S. 187 ausführt, stimmt Herausgeber völlig mit Dernburg überein. Gerade die Erwägung solcher verwickelter Verhältnisse hat offenbar bei dem Entwurf des B.G.B. zu dem am Schlusse der Anm. 16 bezeichneten Standpunkt geführt.

der § 35 des Eigenthumserwerbsgesetzes ausdrücklich unter den maßgebenden Vorschriften angezogen: andererseits verweist das Gesetz für die Feststellung des geringsten Gebots zunächst auf den Inhalt des Grundbuchs[18a]). Hieraus ergab sich der Streit, den das Gesetz vom 30. Mai 1893 dahin geschlichtet hat, daß die eingetragene Prioritätseinräumung bei der Feststellung des geringsten Gebots zu berücksichtigen ist[18b]). Die Berücksichtigung der nicht eingetragenen Prioritätseinräumung bei Feststellung des geringsten Gebots ist hierdurch ausgeschlossen. Dagegen wirkt sie bei der Kaufgeldvertheilung, wo sie mit voller Wirkung gegen die Verpflichteten geltend gemacht werden kann. Dadurch ist eine dem praktischen Leben wohl nicht zuträgliche Dualität in das Recht hineingetragen, die bis zum Inkrafttreten des bürgerlichen Gesetzbuchs wird ertragen werden müssen[18c]).

Dem Grundstückseigenthümer gegenüber hat der eine wie der andere Hypothekengläubiger die Stellung eines Pfandgläubigers am ganzen Grundstück. Die dingliche Rechtsverfolgung gegen das Grundstück scheint durch die bedungene, selbst durch die eingetragene Vorrechtseinräumung der Forderung nicht wesentlich verändert zu werden; und die Praxis hat hieraus die Folgerung gezogen, daß er sich der Zahlung aus dem Grundstück nicht weigern darf, obgleich ihm durch Quittung oder Cession die Hypothek nicht mehr mit dem Vorrecht, mit dem sie eingeräumt ist, zurück übertragen werden kann. Er könne nicht verlangen, daß ihm gegen Zahlung der zur Fälligkeit gebrachten Hypothek die frühere Priorität gewährt werde[18d]). Diese in älteren Ausgaben dieses Buchs gebilligte Stellungnahme der Praxis ist von verschiedenen Seiten lebhaft angefochten worden[18e]). Der Ausführung in dem reichsgerichtlichen Urtheil, daß zwischen dem Eigenthümer und dem Hypothekengläubiger ein Rechtsverhältniß nicht bestehe, durch das er verpflichtet

---

18a) Immob.Vollstr.Ges. §§ 29. 55. Vgl. Gruchot B. 33 S. 409.

18b) Die Regierungsvorlage wollte die Berücksichtigung in jedem Fall. Das entsprach dem richtig verstandenen Recht vor dem Gesetz. Die eingetragene Vorrechtseinräumung unterschied sich von der nicht eingetragenen danach nur insofern, als sie von Amtswegen zu berücksichtigen war. Die nicht eingetragenen mußten angemeldet werden. Es kam darauf an, ob sie anerkannt wurde. Dann aber war sie in gleicher Weise zu berücksichtigen. Wurde sie nicht anerkannt, so blieb dem das Vorrecht beanspruchenden Gläubiger überlassen, dem Verkauf unter diesen Bedingungen zu widersprechen, eventuell die Einstellung des Verfahrens rechtzeitig herbeizuführen. Immob.-Vollstr.-Ges. § 40 Ziffer 9, § 71. Auch ohne Eintragung war das Recht, dem das Vorrecht eingeräumt ist, zum Nachtheil des betreibenden Gläubigers ein ihm vorgehendes Recht. Vgl. die Verf. des Justizministers von 19. Dez. 1888 (Gruchot B. 33 S. 406).

18c) Die Abweichung von der Regierungsvorlage (vgl. Anm. 18b) beruht auf Beschlüssen des Herrenhauses, des hier wie in anderen Fällen, geglaubt hat, der Einsicht Dernburgs folgen zu dürfen. Vgl. im Uebrigen Krech und Fischer zu §§ 53—56 des Imm.Vollstr.Gesetzes.

18d) Vgl. R.G. Entsch. B. 9 S. 250. Die sich hier ergebenden Schwierigkeiten haben dazu geführt, daß bei den Berathungen des Entwurfs des Bürgerlichen Gesetzbuchs die Nothwendigkeit der Zustimmung des Eigenthümers bei Vorrechtseinräumung bei Hypotheken und Grundschulden festgehalten ist.

18e) Vgl. Dungs bei Gruchot B. 33 S. 37, Fuchs, Wesen der Dinglichkeit S. 142, Dernburg, Preuß. Hypothekenrecht II. S. 65.

werde, bei Tilgung der hypothekarischen Belastung durch den Pfandschuldner diesem die Hypothek so, wie sie bei ihrer Begründung bestand, abzutreten, ist entgegen gehalten worden, daß nach Analogie der Obligation zwischen dem Pfandschuldner und dem Faustpfandgläubiger[18f]) eine Obligation des Hypothekengläubigers mit obigem Inhalt angenommen und daß daraus weiter hergeleitet werden müsse, daß wenigstens dann, wenn der dingliche Schuldner zugleich persönlicher Schuldner sei, er die persönliche und hypothekarische Klage durch eine exceptio doli ausschließen könne, die höchstens durch die Replik fehlender Schädigung beseitigt werden dürfe. Aber diese Argumentation widerlegt sich schon dadurch, daß nicht einmal beim Faustpfand die Zahlungspflicht des Schuldners durch Rückgabe des Faustpfands bedingt ist, vielmehr nur die Zwangsvollstreckung in anderes Vermögen durch Verweisung auf das Pfand abgewehrt werden kann[18g]), und daß aus der schuldhaften Verletzung der Obligation auf Rückgewährung des Pfands nur ein Schadensersatzanspruch entspringt, der höchstens zur Anrechnung auf die Schuld geltend gemacht werden kann[18h]), nicht aber eine die Klage auf Befriedigung aus dem Pfand ausschließende Einrede. Auch ist die behauptete Analogie zwischen der Pflicht zur Herausgabe der als Faustpfand gegebenen Sache und der Cession der Hypothek als Eigenthümerhypothek nicht zu begründen. Nichts desto weniger ist schon in der vorigen Auflage dieses Buchs betont, daß auch die Begründung des reichsgerichtlichen Urtheils nicht befriedigt, wenn in diesem jedes Rechtsverhältniß zwischen Eigenthümer und Hypothekengläubiger, das durch eine Prioritätscession verletzt werden könnte, in Abrede gestellt und ausgeführt wird, daß der Hypothekengläubiger auch im Verhältniß zum Eigenthümer nach § 35 des Eigenthumserwerbgesetzes die freie Befugniß habe, die Priorität zum Vortheil eines anderen aufzugeben. Die angezogene Gesetzesvorschrift ist nicht dazu bestimmt, eine solche Befugniß gegenüber dem Eigenthümer festzustellen, sondern sie spricht von der Rechtsstellung anderen Gläubigern gegenüber und erkennt eine Macht des Gläubigers zur Aenderung des Vorrechts an, ohne auszuschließen, daß der Gläubiger durch deren ungehörige Anwendung sich gegen den Eigenthümer verantwortlich macht. Seit der Ausbildung der Eigenthümerhypothek im preußischen Recht muß man davon ausgehen, daß das dingliche Rechtsverhältniß der Hypothek mit der Gebundenheit des Eigenthümers zugleich dessen Recht erzeugt, durch Tilgung der Hypothek in die Rechtsstellung des Berechtigten bei der Eigenthümerhypothek zu treten. Dieses Recht entsteht nicht erst mit dem Tilgungsakt, wenngleich erst dieser

---

[18f]) I. 20 § 159, §§ 187. 188. Vgl. oben § 196 Anm. 28f.

[18g]) Vgl. oben § 194a, Anm. 21 und Gruchot B. 36 S. 642. — Ganz anders liegen die als Parallele herangezogenen Fälle, wenn der persönliche Schuldner dem Gläubiger, um sich daraus bezahlt zu machen, einen Wechsel oder eine Grundschuld hingegeben hat. Hier wird das materielle Schuldverhältniß dahin ausgestaltet, daß der Gläubiger, der ohne Rückgabe dieser zahlungshalber erhaltenen Obligationen die Schuld geltend macht, den Schuldner dolos benachtheiligt. B. I. §§ 99 a. E.

[18h]) I. 20 §§ 189. 190.

das Recht auf löschungsfähige Quittung oder Cession hervorbringt; sondern in jeder Hypothek liegt bereits, daß sie sich bei erfolgreicher Geltendmachung gegen den Eigenthümer in eine Eigenthümerhypothek umzuwandeln hat. Daraus ist zu folgern, daß der Hypothekengläubiger, der die Priorität der ihm eingeräumten Hypothek willkürlich aufgiebt, etwas thut, wozu er zwar die Macht, aber gegenüber dem derzeitigen Eigenthümer nicht die Befugniß hatte. Er wird deshalb dem Eigenthümer für allen Vermögensnachtheil verantwortlich, der diesem daraus erwächst, daß er bei Einlösung der Hypothek ein verändertes Recht erhält, ohne deshalb gegen die hypothekarische Klage auf Zahlung aus dem Grundstück eine Einrede erheben zu können. Wird die persönliche Klage gegen den persönlich haftenden Eigenthümer erhoben, so hat auch dieser keine exceptio doli; er kann vielmehr nur die Zwangsvollstreckung zunächst auf das als Pfand haftende Grundstück verweisen[18i]), und wenn sich dabei seine Benachtheiligung durch die Prioritätscession herausstellt, etwa in der Weise, daß die auf Grund der Prioritätscession vortretende Hypothek, für die er nicht persönlich haftete, befriedigt worden, die Hypothek aber ausgefallen ist, so kann er nur die hieraus für ihn zu begründende Schadensersatzforderung geltend machen.

Eine Prioritätscession liegt nicht vor, sondern es wird eine Belastung anderen wirklich vorgeschoben oder es wird in der eingetragenen Prioritätsfolge eine Aenderung vorgenommen in einigen besonders im Gesetz geregelten Fällen. Das Erstere tritt ein bei Belastung eines Grundstücks mit einer Landeskulturrente, die mit dem Vorrecht vor bereits begründeten Grundstücksbelastungen in das Grundbuch einzutragen ist[18k]), und sowohl das Eine wie das Andere kann das Ergebniß der Verhandlungen im Fall einer Zwangsversteigerung sein. Wenn nämlich eine Post, die wegen der Unterlassung rechtzeitiger Anmeldung bei Feststellung des geringsten Gebots nicht berücksichtigt werden konnte und die deshalb hinter den ihr nachstehenden berücksichtigten Posten zurückzustehen und regelmäßig nur aus dem baaren Kaufgeld Befriedigung zu suchen hat, dennoch im Grundbuch belassen werden muß, weil entweder der Ersteher sie nach Einigung mit dem Gläubiger in Anrechnung auf das Kaufgeld übernommen hat, oder weil sie aus dem Baarerlös nicht zur Hebung kommt, aber bedingt zum Ersatz für eine im geringsten Gebot berücksichtigte Forderung zu übernehmen ist, so muß im Grundbuch die bessere Berechtigung der nachstehenden als Theil des geringsten Gebots zu übernehmenden Forderungen eingetragen werden[18l]). Das ist ein wirklicher Locuswechsel. Aehnliches gilt, soweit eine Baarzahlung (als Theil des ge-

---

[18i]) Vgl. oben Anm. 18g und über die Stellung des persönlichen Schuldners, der aufgehört hat, Eigenthümer des verpfändeten Grundstückes zu sein, oben § 192 a. E. S. auch Rothenberg bei Gruchot B. 38 S. 786.

[18k]) Landeskulturrentengesetz vom 13. Mai 1879. Vgl. oben § 188 Anm. 56.

[18l]) Immob.Vollstr.Ges. vom 13. Juli 1883 § 124 Abs. 1 Ziffer 3 in Verbindung mit §§ 58. 59. 115. 116.

ringsten Gebots) auf eine vor eingetragene, zu übernehmenden Forderungen bevorrechtigte Forderung zu leisten war, das baar zu zahlende Kaufgeld aber nicht gezahlt und nun nach Theilüberweisung an den Gläubiger, dem jene bevorrechtigte Forderung zusteht, in das Grundbuch eingetragen wird. Hier ist bei den übernommenen Posten zu vermerken, daß sie diesem Theil des eingetragenen Kaufgelds nachstehen[18m]). Auch dieses ist ein wirklicher Locuswechsel.

III. Die Hypothek kann in eine Grundschuld umgewandelt werden[19]). Dies setzt nicht allein die Einigung des hypothekarischen Gläubigers mit dem Eigenthümer, also des Letzteren Bewilligung beim Grundbuch voraus, sondern erfordert auch die Genehmigung der gleich- und nacheingetragenen Berechtigten, die vor dem 1. Oktober 1872 bereits eingetragen waren. Der Genehmigung später eingetragener Gläubiger bedarf es nicht. Die Umwandlung bewirkt, daß die Hypothek nunmehr ganz die Natur der Grundschuld erhält, von ihrer Obligation losgelöst wird; sie ersetzt eine neue Eintragung der Grundschuld an der Stelle der Hypothek.

Die gemeine Meinung nimmt an, daß auch eine Kautionshypothek jederzeit in eine wirkliche Hypothek umgeschrieben und sogar in eine Grundschuld verwandelt werden könne, sofern der Betrag der Hypothek oder Grundschuld nur innerhalb des eingetragenen Maximalbetrages bleibe, ohne daß es der Zustimmung der nach dem 1. October 1872 gleich- oder nacheingetragenen Berechtigten bedürfe, und das Reichsgericht hat sogar entschieden, daß im Falle der Umschreibung in eine den Maximalbetrag erreichende Hypothek, diese letztere trotz des festen Maximalbetrags der ursprünglichen Kautionshypothek als eine zu fünf Prozent verzinsliche eingetragen werden könne[20]).

---

18m) Immob.Vollstr.Ges. § 124 Abs. 3.

19) Ges. über den Eigenthumserwerb v. 5. Mai 1872 § 29. Vgl. B.G.B. § 1198.

20) Vgl. Strieth. B. 91 S. 289. R.G. Entsch. B. 5 S. 234. Von Schriftstellern scheint nur Regelsberger, das Bayerische Hypothekenrecht § 43, der im Text bekämpften Ansicht nicht zuzustimmen. Innerhalb der bekämpften Ansicht besteht noch die Abweichung, daß ein Theil der Gegner, wie Turnau, wenigstens die Zustimmung des von dem Schuldner verschiedenen Eigenthümers fordert, andere wie Achilles konsequent den Eigenthümer und den Nachhypothekar gleichstellen. — Vom Standpunkt der Gegner muß die Bestimmung des § 67 des E.E.Ges. alle Bedeutung verlieren, jedenfalls können danach die §§ 63—66 durch willkürliche Umwandlung der Kautionshypothek in eine Hypothek anwendbar gemacht werden. Dernburg I. § 332 Anm. 11 sagt freilich, die hier geltend gemachten Einwendungen erledigen sich dadurch, daß „natürlich" eine willkürliche Umwandlung der Kautionshypothek in eine Hypothek nicht stattfinden kann. Natürlich nicht! Was heißt das? Gläubiger und Eigenthümer sind einverstanden, daß eine Kautionshypothek für Ansprüche aus einer längst aufgegebenen Geschäftsverbindung, die keine Ansprüche zurückgelassen hat, zur Maximalhöhe in eine Hypothek umgeschrieben werde. Der Eigenthümer hat bei einem Gläubiger, dem bekannt war, daß die Kautionshypothek nicht validire, gegen eine nacheingetragene Hypothek Kredit gefunden. Jetzt wird der nacheingetragene Gläubiger nicht gehört. Die Umschreibung erfolgt. Dann wird der nacheingetragene Gläubiger wohl noch, so lange die umgewandelte Hypothek in derselben Hand ist, die Nichtigkeit der Umwandlung geltend machen können, aber bei Abtretung an einen gutgläubigen Dritten ist er rettungslos geschädigt. Freilich will ihm Dernburg das Recht der Anfechtung geben, wenn er ohne Rechtsgrund durch

Dieser Auffassung muß entgegengetreten werden. Sie wäre als begründet nur dann anzuerkennen, wenn die Eintragung einer Kautionshypothek die Bedeutung hätte, daß jetzt durch die freie Willkür desjenigen, dessen Verbindlichkeit durch die Kaution gesichert werden sollte, oder auch des Eigenthümers, dessen Grundstück mit einer der Höhe nach unbestimmten Schuld als Kautionshypothek belastet ist, irgend eine von ihnen anerkannte Schuld als durch die Kautionshypothek gesichert bezeichnet werden könnte. Aber die Rechtslage ist doch anders. Die Kautionshypothek kann nur dadurch Bedeutung erlangen, daß gerade die Schuld, wegen der Kaution geleistet ist, Kraft erlangt. Wenn also z. B. für die etwaigen Schadensansprüche, die bei einer Verwaltung dem Prinzipal aus Versehen des Verwalters erwachsen möchten, in Höhe von 10000 Mark auf einem Grundstück eine Kautionshypothek eingetragen ist, so kann diese Hypothek gewiß nicht zur Sicherung eines vom Prinzipal dem Verwalter gegebenen Darlehns benutzt werden, und wenn der Verwalter das objektiv unrichtige Anerkenntniß einer schuldhaften Beschädigung und eines daraus erwachsenen Entschädigungsanspruchs von bestimmter Höhe abgeben sollte, so wird trotz dieses Anerkenntnisses der von dem Verwalter verschiedene Eigenthümer des belasteten Grundstücks und im Falle einer Zwangsversteigerung jeder von der Konkurrenz dieser Schuld berührte Realberechtigte die rechtliche Entstehung des Entschädigungsanspruchs und damit die Geltung der Kautionshypothek in bestimmter Höhe bestreiten können. Gerade nur unter der condicio juris, daß der bestimmte Entschädigungsanspruch entsteht, geht dem nacheingetragenen Gläubiger eine Hypothek vor; tritt diese Voraussetzung nicht ein, so haftet ihm das Grundstück, ohne daß diese Haftung durch die inhaltsleere Kautionshypothek beschränkt wird. In dieser wohlbegründeten Rechtsstellung kann der Nachhypothekar ebensowenig wie der Dritteigenthümer des Grundstücks durch ein Anerkenntniß des persönlichen Schuldners, der Nachhypothekar auch nicht durch ein Anerkenntniß des Eigenthümers, das erst nach Begründung der Nachhypothek abgegeben ist, beeinträchtigt werden. Zur Umschreibung oder Umwandlung der Kautionshypothek ist deshalb die Zustimmung aller Betheiligten unter Vermerkung der Umwandlung auf ihren Hypotheken- oder Grundschuldbriefen zu erfordern. Der Cessionar einer nacheingetragenen Grundschuld insbesondere, auf dessen Grundschuldbrief die Umwandlung nicht vermerkt ist, wird, selbst wenn sein Cedent der Umwandlung zugestimmt hat, berechtigt sein, ihre Rechtsbeständigkeit um deshalb, weil derjenige Anspruch, für den Kaution geleistet worden, nicht oder nicht in dieser Höhe erwachsen sei, zu bestreiten.

die Hypothek verkürzt ist. Aber ohne die Umschreibung darf er erwarten, daß gegen ihn das rechtmäßige Entstehen der Forderung dargelegt wird. Soll er das jetzt auch noch verlangen können, — dann hat eine Umwandlung nicht stattgefunden. Kann er es nicht mehr verlangen, muß er darlegen daß die Umwandlung willkürlich, ohne zwingende Nothwendigkeit, bewilligt ist, dann ist er verkürzt. Der Entwurf des B.G.B. schloß in erster Lesung § 1134 die Umwandlung einer Sicherungshypothek in eine einfache Hypothek bei mangelnder Zustimmung der gleich- oder nachstehenden Berechtigten aus, in zweiter Lesung (§ 1095) ist diese Zustimmung für entbehrlich erklärt, so ist der Entwurf in § 1186 des B.G.B. zum Gesetz geworden.

**Der Umwandlung einer Grundschuld in eine Hypothek, die vom Gesetz nicht besonders erwähnt wird, und die auch praktisch kaum in Frage kommen möchte, kann ein theoretisches Bedenken kaum entgegengestellt werden. Es bedarf nur der Zustimmung des Berechtigten und des Grundstückseigenthümers.**

## § 199b. Die Klage des Hypothekengläubigers und des Grundschuldgläubigers.

Von den aus dem Pfandrecht entspringenden Klagerechten ist im Allgemeinen bereits im § 194a. die Rede gewesen. Die Klage des Hypotheken- und Grundschuld-Gläubigers auf Zahlung aus dem Grundstück hat jedoch noch einige Besonderheiten. Bezüglich der Einwendungen gelten diese Besonderheiten auch, falls als Beklagter ein anderer Interessent da steht, der dem Hypothekengläubiger die Befriedigung aus dem Ergebniß einer Zwangsvollstreckung in das Grundstück weigert.

Die regelmäßig sich gegen den Eigenthümer des Grundstücks[1]) richtende Klage gründet sich materiell auf den rechtlichen Erwerb des Hypotheken- oder Grundschuldrechts seitens des Klägers. Bei der selbständigen Natur der von ihrer causa gelösten Grundschuld kann hiernach nur die Entstehung des dinglichen Rechts und die an Begebung (Aushändigung) des Grundschuldbriefs geknüpften Legitimation des Gläubigers in Betracht kommen, bei der Klage aus dem accessorischen Recht des Hypothekengläubigers aber würde nach allgemeinen Grundsätzen zu der Darlegung der Entstehung der dinglichen Verhaftung die Darlegung der rechtlichen Entstehung der durch die Hypothek gesicherten Obligation hinzukommen müssen. Das Gesetz bestimmt aber ganz gleichmäßig für Hypothek und Grundschuld, daß die dingliche Klage für den Gläubiger durch die Eintragung begründet werde[1a]). Hiernach bedarf es

---

[1]) Vgl. § 194a Anm. 12 über die Möglichkeit dieser Klage gegen den bloßen Besitzer. Nach dem Eigenthumserwerbsgesetz vom 5. Mai 1872 § 7 Abs. 1 ist der eingetragene Eigenthümer verpflichtet, sich auf die gegen ihn als Eigenthümer angestellte Klage einzulassen. Er kann also selbst seine Legitimation zur Sache regelmäßig nicht mit Erfolg bestreiten. Das Gesetz giebt aber dem gegen ihn erstrittenen Urtheil nicht unbedingte Kraft gegen den wahren Eigenthümer. In dem Umfang, in dem dieser rechtsgeschäftliche Belastungen des Eigenthums durch den eingetragenen Eigenthümer anfechten kann, ist er auch befugt, die Vollstreckung des Urtheils in das Grundstück abzuwehren. — Die Bestimmung kann aber doch auch nicht jedes Bestreiten der Legitimation ausschließen. Nach ihrem Zusammenhang kann sie nur sagen, daß der Erwerb des Eigenthums, wie für den Beklagten, so auch gegen ihn durch die Eintragung als Eigenthümer festgestellt ist; wenn Beklagter aber anführen kann, daß er das Eigenthum in einer die Eintragung in das Grnndbuch nicht erfordernden Weise verloren hat, wird er die Passivlegitimation mit Recht bestreiten. Vgl. oben § 180, hinter Anm. 21b. Ebenso hört seine Legitimation auf, wenn die irrige Eintragung im Lauf des Rechtsstreits beseitigt wird, ohne daß dann der wirkliche, nun eingetragene Eigenthümer durch den Prozeß berührt wäre. — Darüber ob die Vorschrift auch von dem verstanden werden kann, auf dessen Namen nach den Gesetzen vor 1872 der Besitztitel berechtigt ist, vgl. § 180 Anm. 21f.

[1a]) Gesetz über den Eigenthumserwerb. § 37. Die Bestimmung dieses § und die Erörterungen des Textes beziehen sich zunächst nur auf die Klage auf Zahlung aus dem

regelmäßig zur Begründung der Hypothekenklage jener Darlegung nicht. Bei der Kautionshypothek ergiebt indessen die Eintragung nicht den wirklichen Betrag der Haftung des Grundstücks, sondern nur deren Maximalbetrag: die Klage muß deshalb nach dem zuerst bezeichneten allgemeinen Satze begründet werden[2]). Auch eine nur vorgemerkte Hypothek oder Grundschuld kann durch sich selbst eine Klage nicht begründen. Kann dargelegt werden, daß die Umschreibung der Vormerkung begründet ist, so kann auf diese Darlegung zugleich der fällige dingliche Anspruch gestützt werden[2a]). Ergiebt der eingetragene Vermerk bezüglich der Hypothek oder Grundschuld nicht, daß der Anspruch ein fälliger ist, so muß die Klage die Fälligkeit des dinglichen Anspruchs besonders darlegen[2b]). Es würde übrigens eine mißverständliche

Grundstück gegen den Eigenthümer: wenn aber mit diesem Recht auf Zahlung (bei der Zwangsversteigerung oder Zwangsverwaltung) ein Anderer, insbesondere ein das Recht auf Hebung bestreitender Realinteressent in Kollision kommt, so regelt sich die Beurtheilung der Klage des Gläubigers nach denselben Grundsätzen. Entsch. B. 83 S. 70. — Die noch vorhandene validirende Eintragung begründet die Legitimation, nicht die Thatsache, daß einmal in der Vergangenheit eingetragen worden ist. — Das B.G.B. behandelt abweichend die „Sicherungshypothek". §§ 1184—1190.

2) In § 35 des Regierungsentwurfs war dies ausdrücklich gesagt; es folgt nach Streichung dieses § aus § 24 des Gesetzes. Es macht hier keinen Unterschied, ob der ursprüngliche Gläubiger oder ein Cessionar klagt. Vgl. oben § 192 Anm. 15. S. unten Anm. 18b. —

2a) Eig.Erw.Ges. § 22. Das Recht, die Umschreibung in das dingliche Recht zu verlangen, ist ein persönliches. Auch wenn die Klage daraus vom Cessionar desjenigen angestellt wird, für den die Vormerkung eingetragen worden, kann ihr jede gegen den letzteren zulässige Einrede entgegen gestellt werden. Der vorgemerkte Gläubiger muß aber durch den Nachweis des Rechts auf Umschreibung bei Fälligkeit seines Anspruchs zugleich die Zahlung aus dem Grundstück erstreiten können.

2b) In dieser Beziehung kommt bei kündbaren Forderungen die Frage in Betracht, an wen die Kündigung zu erfolgen hat. Bei der Grundschuld beantwortet sich die Frage einfach: an den Grundstückseigenthümer. Bei der accessorischen Hypothek (vgl. B. II. § 137 Anm. 114) nimmt die Praxis an, daß Kündigung an den Pfandschuldner zu erfolgen habe und ausreiche, ohne daß es darauf ankomme, daß die durch die Hypothek gesicherte kündbare persönliche Obligation zur Fälligkeit gebracht sei. Entsch. B. 39 S. 139. Dieser Praxis scheinen dieselben Bedenken entgegen gestellt werden zu können, welche B. II. § 144 Anm. 31 gegen eine ähnliche Praxis des Obertribunals und des Reichsgerichts bei der selbstschuldnerischen Bürgschaft erhoben sind; sie findet aber ihre Rechtfertigung in der zur Selbständigkeit neigenden Natur der dinglichen Belastung. Kann doch sogar, was bei der Bürgschaft ausgeschlossen ist, die Fälligkeit der Hypothek von vornherein anders bestimmt werden, als die der persönlichen Schuld. Der § 41 des E.Erw.Ges. spricht ausdrücklich von einer Kündigung der Hypothek an den neuen Eigenthümer des Grundstücks. Freilich ist dieser Nachweis aus dem Gesetz nicht ganz schlagend, weil der Eigenthümer im Fall des § 41 auch persönlicher Schuldner, wenn auch nur neben dem ursprünglichen Schuldner geworden ist. Im Einf.Ges. für Kassel vom 29. Mai 1873 § 19 ist ausdrücklich die Kündigung an den dinglichen Schuldner bezüglich der Hypothekenklage als Ersatz der Kündigung an den persönlichen Schuldner anerkannt. Vgl. B.G.B. § 1141. — Berechtigt zur Kündigung ist jedenfalls der Grundstückseigenthümer. Das ist ohne jede Unterscheidung für den Fall, daß der Inhaber der Forderung unbekannt ist, durch Grundbuchordnung § 106 anerkannt. Die von dem dinglichen Schuldner oder an ihn erfolgte Kündigung bindet auch seine Nachfolger, ohne daß im Grundbuch etwas zu vermerken ist. Entsch. B. 39 S. 138 (Rehbein III. 598). Für den Fall der Zwangsversteigerung ist jedoch zu beachten, daß die Kündigung den Ersteher nur dann bindet, wenn sie spätestens im Versteigerungstermin vor der Aufforderung zur Abgabe von Geboten von dem Gläubiger angemeldet worden ist. Immob.Vollstr.Ges. § 57. Abs. 5. — Ist die Fälligkeit in dem Eintragungsvermerk bestimmt, so findet die Klage nur gemäß der so bestimmten Fälligkeit statt. Entsch. B. 51 S. 203 (Rehbein III. S. 602).

Auffassung sein, wenn man aus der Bestimmung herleiten wollte, daß, wenn im Prozesse die rechtliche Entstehung der einer definitiven hypothekarischen Belastung zu Grunde liegenden Forderung streitig werde und dieser Streit nach den folgenden Erörterungen über das Einrederecht des Beklagten Erheblichkeit habe, der Kläger von dem Beweise der rechtlichen Entstehung der Forderung frei sei[3]). In ihrer Reinheit tritt aber die Frage, ob die Klage ohne weitere Darlegung der Richtigkeit der Forderung materiell begründet sei, an den Richter, wenn dieser ein Versäumnißurtheil erlassen soll.

Die Eintragung begründet die dingliche Klage des Gläubigers. Wer dieser ist, wird nur für den ursprünglich eingetragenen Gläubiger der Hypothek durch die Eintragung selbst festgestellt. Dem ursprünglich eingetragenen Grundschuldgläubiger muß auch noch der Grundschuldbrief ausgehändigt sein, wenn er als legitimirter dinglicher Gläubiger angesehen werden soll[4]). Ist die Grundschuld als Grundschuld des Eigenthümers eingetragen, so ist zunächst ein Klagerecht nicht denkbar, es fehlt an dem „Gläubiger", für den die Eintragung das Klagerecht begründen könnte; ebenso bei den im folgenden Paragraphen näher zu erörternden Fällen, in denen eine Hypothek oder Grundschuld sich in eine Eigenthümerhypothek oder Grundschuld umwandelt und deshalb das Gläubigerrecht ruht. Es müssen in diesen Fällen neue Umstände hinzugekommen sein, die dem Eigenthümer

[3]) Einreden im Sinne des § 38 des Eig.Erw.Gesetzes sind alle Vertheidigungseinwendungen des Beklagten, die einen anderen Inhalt haben, als den, die Giltigkeit oder Wirksamkeit der Eintragung oder die Fälligkeit der eingetragenen Forderung zu bestreiten. Es ist also in diesem Sinne eine Einrede, wenn der Beklagte die rechtliche Existenz der in der Eintragung der Hypothek bezeichneten Forderung bestreitet. Wenn aber dies gegen den ursprünglichen Gläubiger geschieht, so ist es Sache des Klägers, die Entstehung der Forderung darzulegen. Insofern diese — regelmäßig, wenn auch nicht immer — verbrieft sein wird, dient ihm das Dokument als Beweis, z. B. daß das Darlehn gegeben sei. Es ist aber nicht richtig, deshalb weil diese Beweisstücke zur Hand sind, von einer Umkehrung der Beweispflicht zu sprechen. Der Beklagte hat nicht einen Beweis der Nichtentstehung der Schuld zu führen, er wird den Beweismitteln Gegenbeweismittel entgegen stellen. Die Bestimmung des § 38 beschränkt sich auf Hypotheken, bei einer eingetragenen Rentenpflicht, die nach dem jetzt noch geltenden Recht Reallastnatur hat, ist es anders. Aber es darf nicht, wie R.G. Entsch. B. 28 S. 234, einer wiederkehrenden persönlichen Leistungspflicht, die durch Pfand gesichert werden sollte, weil es sich eben um wiederkehrende Leistungen handelte, die Natur der Hypothek abgesprochen werden. Auch Obligationen mit wiederkehrenden Leistungsterminen können durch Hypothek gesichert werden, Reallastnatur haben wiederkehrende Leistungen nur, wenn sie von vornherein als dingliche Last einem Grundstück mit der Wirkung auferlegt sind, den jedesmaligen Eigenthümer auf Grund der für ihn bestehenden Möglichkeit des Benutzens des belasteten Grundstücks für die in seine Besitzzeit fallenden Leistungen persönlich haftbar zu machen.

[4]) Eig.Erw.Ges. § 20. Ist der Eigenthümer zur Aushändigung des noch nicht ausgehändigten Grundschuldbriefs an den eingetragenen Gläubiger persönlich verpflichtet, so wird der Gläubiger mit der Klage auf Aushändigung die dingliche Klage kumuliren können: er hat diese aber in solchem Fall auf Darlegung jener persönlichen Pflicht zu gründen. — Hat der eingetragene Gläubiger den Grundschuldbrief, so kann daraus mit Grund gefolgert werden, daß er ihm (durch Willensakt des Eigenthümers oder mit seinem Willen) ausgehändigt ist. Wird aber dargelegt, daß er ohne den Willen des Eigenthümers in den Besitz des Grundschuldbriefs gelangt ist, und kann er nicht selbst darlegen, daß der Eigenthümer zur Aushändigung an ihn verpflichtet ist, so ist seine Legitimation als Grundschuldgläubiger zerstört.

einen selbständigen Berechtigten an der Grundschuld oder Hypothek gegenübergestellt haben [5]).

Wer die Hypothek oder Grundschuld von dem ursprünglichen Gläubiger erworben hat, muß zu seiner Legitimation den erfolgten Erwerb klar legen. Auch wenn er in Folge der durch den Grundbuchrichter vorgenommenen Prüfung als Erbe oder Cessionar in das Grundbuch eingetragen ist, erscheint der dingliche Schuldner nicht verpflichtet, ihn ohne seine ihm gegenüber erfolgte Legitimation als Gläubiger anzuerkennen [6]). Wer aber den Erwerb der Hypothek von einem eingetragenen Gläubiger dargethan hat, ist legitimirt, auch wenn diesem letzteren der gehörige Erwerb des Gläubigerrechts hätte bestritten werden können [7]). Das ältere Recht schloß ausdrücklich in diesem Fall Einwendungen aus mangelnder Berechtigung des Autors nur gegen den Erwerber auf den Glauben des Grundbuchs aus. Auch das geltende Recht muß trotz des scheinbar weitergehenden Wortlauts der gesetzlichen Bestimmung dahin aufgefaßt werden [7a]). War neben dem Recht des Autors eine Beschränkung dieses Rechts, nach der er nicht cediren konnte, in das Grundbuch eingetragen, so wird diese Einrede „gegen das Verfügungsrecht des Klägers aus der Person seines eingetragenen Rechtsurhebers" auch jetzt

[5]) Hier erhebt sich die Frage, ob ein Klagerecht desjenigen anzuerkennen ist, für den die Grundschuld (Hypothek) des Eigenthümers gepfändet ist, und der sie sich „zur Einziehung" hat überweisen lassen, C.P.O. § 736, oder dem sie von dem Eigenthümer unter Anweisung des Klagerechts verpfändet worden. Hätte ein solcher Gläubiger lediglich das Klagerecht des Vollstreckungsschuldners auszuüben, — so hätte er, so lange nicht das Eigenthum des Grundstücks an einen Andern kommt, kein Klagerecht. Während also die Ueberweisung „an Zahlungsstatt" wirksam erfolgen könnte, wäre ein Gläubiger, der sie nicht an Zahlungsstatt annehmen will, darauf beschränkt, eine anderweite „Verwerthung" des Activums nach § 743 Abs. 1 C.P.O. zu beantragen, oder abzuwarten, bis die Trennung des Forderungsrechts und des Grundeigenthums eingetreten ist. Indessen wird man davon auszugehen haben, daß das Klagerecht bei der Eigenthümerhypothek und Grundschuld wegen der Vereinigung nur ruht. In der rechtlichen Entstehung des Pfandrechts in Verbindung mit der Anweisung und Ueberweisung wird der ruhenden Klage ein von dem Grundeigenthümer verschiedener Kläger gegeben.

[6]) Eig.Erw.Ges. § 37 sagt nicht, daß die Klage des eingetragenen Gläubigers und gerade nur des eingetragenen Gläubigers durch die Eintragung begründet werde, sieht vielmehr ganz davon ab, wer als legitimirter Gläubiger eines solchen dinglichen Klagerechts anzusehen ist. Das Gesetz giebt ferner in § 49 dem Schuldner nur das Recht, den eingetragenen Erwerber der Post als berechtigt anzusehen, aber es stellt nirgend eine Pflicht dazu auf. Trotzdem erachtet die Praxis es nicht für erforderlich, daß der eingetragene Erbe oder Cessionar den Erwerb der Forderung besonders in der Klage darlege: aber in keinem Falle kann hierdurch die Befugniß des Schuldners beengt werden, eine Nachprüfung der Grundlagen dieser Eintragung vorzunehmen und die Legitimation des so eingetragenen Gläubigers zu bestreiten. Auf Grund der Cession eines Eigenthümers, der zwar löschungsfähige Quittung erhalten hatte, aber nicht auf Grund eines von ihm selbst vorgenommenen Tilgungsaktes, kann der Cessionar nicht als legitimirt erachtet werden. R.G. bei Gruchot B. 32 S. 1002.

[7]) Eig.Erw.Ges. § 38 Abs. 3. Vgl. über und gegen die Fassung desselben Paris, Collision der Hypothek mit dem Eigenthum 1875. S. auch B. I. § 99 Anm. 156b. Wegen des älteren Rechts s. § 15 Ges. v. 24. Mai 1853. Abgesehen von dem, was im Text folgt, wich das frühere Recht dadurch ab, daß es zur Begründung des guten Glaubens des Dritten außer der Eintragung auch Besitz des Dokuments für den eingetragenen Gläubiger forderte.

[7a]) R.G. Entsch. B. 30 S. 273.

als durchgreifend anerkannt werden müssen, und man wird die nicht eingetragene Beschränkung oder einen Mangel des Rechts des eingetragenen Autors, wenn die Beschränkung oder der Mangel dem Cessionar zur Zeit der Cession bekannt war, nicht anders behandeln können[8]). Es erscheint fast selbstverständlich, bedarf aber gegenüber der unglücklichen Fassung des Gesetzes doch der ausdrücklichen Hervorhebung, daß auch die Einrede, der eingetragene Autor sei zur Zeit der Cession willens- oder handlungsunfähig gewesen, nicht ausgeschlossen sein kann.

Wenn der Pfandschuldner die Grundschuld oder Hypothek durch Zahlung oder in anderer Weise tilgt, so hat er das Recht Quittung, Löschungsbewilligung oder Cession zu fordern, um demnächst über Löschung oder anderweitige Begebung der Post bei dem Grundbuch verfügen zu können[9]). Hierzu gehört aber auch, daß ihm der Hypotheken- oder Grundschuldbrief ausgehändigt werde[10]). Die durch das Urtheil erstrittene Verpflichtung zur Zahlung aus dem Grundstück ist also durch diese Leistungen des Klägers bedingt. Hieraus kann jedoch nicht etwa entnommen werden, daß in jeder Klage der Besitz der in Rede stehenden Dokumente als Theil der klägerischen Aktivlegitimation besonders behauptet werden müsse[10a]). Aber wenn der Beklagte vor dem Prozesse sich nur weigert, ohne Aushändigung der Dokumente zu zahlen, und Kläger solche nicht angeboten hat, so wird Beklagter, auch wenn Kläger im Laufe des Prozesses seine Fähigkeit, löschungsfähige Quittung zu ertheilen, darlegt, bei sofortiger Anerkennung seiner Verbindlichkeit gegen Quittung oder Cession und Herausgabe der Dokumente zu zahlen, die Verurtheilung des Klägers in die Prozeßkosten erreichen können[11]).

---

[8]) Eig.Erw.Ges. § 49 stellt Kenntniß des Mangels und Eintragung desselben ausdrücklich gleich. Nach A.L.R. I. 20 § 522 in Verbindung mit Hyp.Ordn. II. § 203 wurde der Cessionar des eingetragenen Gläubigers, sofern kein Hypothekendokument ausgefertigt und dem Cessionar ausgehändigt war, gegen die Einrede der Tilgung nicht geschützt. Da die Tilgung durch den Eigenthümer jetzt bei jeder Hypothek den Uebergang auf den tilgenden Eigenthümer begründet, und für die Kollision zwischen einem späteren Cessionar und dem Eigenthümer die Lösung nicht in § 38 zu suchen ist (vergl. unten Anm. 18), so ist nach dieser Richtung kein Grund die Stellung des Schuldners einer Hypothek, über die ein Hypothekenbrief nicht ausgefertigt ist, zu untersuchen. Von dieser ist bereits in § 199 Anm. 47b die Rede gewesen. Es fragt sich aber, ob der entgeltliche Cessionar einer solchen Hypothek, der von den dem Schuldner zustehenden Einreden gegen die Entstehung der persönlichen Verbindlichkeit bei der Cession keine Kenntniß hatte, gegen diese Einreden auf Grund des § 38 gesichert ist. In Entsch. B. 75 S. 94, Striethorst B. 94 S. 118 ist dies, da das Gesetz nicht unterscheidet, bejaht. Aber es ist dabei doch zu beachten: die Nichtausfertigung des Hypothekenbriefs ist etwas Ungewöhnliches und deutet darauf, daß die Circulation der Hypothek hat erschwert werden sollen, wenn nun der entgeltliche Erwerber jede Rückfrage bei dem Eigenthümer unterläßt, so kann das für ein Wissen von den Einreden als Indiz sehr wohl ins Gewicht fallen.

[9]) Eig.Erw.Ges. § 63.

[10]) Strieth. B. 98 S. 178.

[10a]) R.G. Entsch. B. 28 S. 434, bei Gruchot B. 38 S. 990. Bei der Briefhypothek des B.G.B. § 1160 kann der Schuldner der Geltendmachung ohne Vorlegung des Briefs widersprechen.

[11]) C.P.O. § 89. Daß der Cessionar, der nicht wenigstens im Laufe des Prozesses seine

Zu seiner Vertheidigung kann der Beklagte den oben dargelegten materiellen Grundlagen des Klagerechts gegenüber geltend machen, daß die Grundlagen der Eintragung der Hypothek oder Grundschuld mangelhafte seien, und daß deshalb die Eintragung selbst keine Kraft habe[12]), auch daß die Eintragung erloschen sei[13]). Daß zu den Gründen, aus denen die Eintragung eines Rechts angefochten werden kann, auch die Anfechtbarkeit des Eigenthumsübergangs auf den als Eigenthümer eingetragenen Konstituenten des Rechts gehört, daß aber diese Anfechtung gegenüber dem gutgläubigen entgeltlichen Erwerber des Rechts unstatthaft ist, hat bereits an anderer Stelle Erörterung gefunden[14]). Durch alle diese Vertheidigungsmittel wird rein negativ in Abrede gestellt, daß eine wirksame Eintragung vorhanden sei.

Ausdrücklich unterscheidet das Gesetz bezüglich der Einreden[15]) zwischen der hypothekarischen und der Grundschuldklage. Bei der ersteren kann die Vertheidigung des Beklagten auch aus dem persönlichen Schuldverhältniß entnommen werden, weil die Hypothek und soweit sie ein accessorisches Recht ist. Wenn also der Beklagte die rechtliche Entstehung der persönlichen Forderung bestreitet oder den Untergang der Kapitalsforderung in anderer Weise als durch einen vom Grundeigenthümer ausgehenden Tilgungsakt darlegt, so ist er der Regel nach damit zu hören[15a]). Ausgenommen ist jedoch der Fall, wenn der Kläger ein dritter entgeltlicher[15b]) Erwerber der Hypothek ist. Einem solchem Erwerber können nur solche Ausstellungen gegen den rechtlichen Bestand des der Hypothek zu Grunde liegenden persönlichen Schuldverhältnisses entgegen gestellt werden, die sich aus dem Grundbuch ergeben[15c]) oder

---

Fähigkeit, löschungsfähig, also mit Aushändigung des Dokuments zu quittiren darlegt, abgewiesen werden muß, darüber vgl. I. § 99 Anm. 203.

[12]) Z. B. daß die Eintragung ohne den Konsens des eingetragenen Eigenthümers und ohne einen diesen ersetzenden Akt erfolgt sei, oder daß der konsentirende Eigenthümer willensunfähig gewesen. Ist die Eintragung von einem Nichteigenthümer bewilligt, der später die Eintragung als Eigenthümer erlangt hat, und darauf hin erfolgt, so kommt in Frage, ob Konvalescenz anzunehmen ist. Vgl. oben § 193 Anm. 10.

[13]) Das ist der Fall, wenn die Korreal-Hypothek oder Grundschuld aus einem anderen haftenden Grundstück zur Befriedigung gelangt. (Eig.Erw.Ges. § 42 Abs. 2.) Sonst bedarf es der Löschung.

[14]) Vgl. oben § 178 bei Anm. 61.

[15]) Eig.Erw.Ges. § 38. Vgl. dazu Gerbaulet bei Gruchot B. 30 S. 795.

[15a]) Selbst wenn er beim Erwerb des Grundstücks die Hypothek als darauf lastend übernommen hat. Strieth. B. 80 S. 189 (Rehbein III. S. 611).

[15b]) Auch hier gilt der Pfandgläubiger an der Hypothek, auch der Pfändungspfandgläubiger, dem nur zur Einziehung überwiesen ist, als entgeltlicher Erwerber. Vgl. B. I. § 23a Anm. 16, B. III. § 178 Anm. 58. S. auch R.G. Entsch. B. 10 S. 251. Abw. B. 7 S. 238. Derjenige dem nach älterem Recht (ohne Pfändung) eine Hypothek zur Einziehung überwiesen war, galt rechtlich als mit dem eingetragenen Gläubiger identisch. Entsch. B. 30 S. 442 (Rehbein III. S. 615). Der Wortlaut des Gesetzes paßt nicht auf Einreden, die erst nach der Cession für den Eigenthümer entstanden sind (Gerbaulet bei Gruchot B. 30 S. 810); aber das Gesetz ist ausdehnend auf diesen Fall zu beziehen. R.G. bei Gruchot B. 31 S. 1160. Vgl. auch Dernburg, Preuß. Hyp.-Recht II. S. 248.

[15c]) Ergiebt sich eine Einrede gegen eine Hypothek aus dem Grundbuch, so ist es gleichgiltig, daß der Vermerk in den Hypothekenbrief nicht aufgenommen ist. Entsch. B. 75 S. 139 (Rehbein III. S. 638).

ihm vor oder bei dem Erwerb bekannt geworden sind[16]). Dies entspricht im Wesentlichen dem alten Recht[17]). Die Zahlung oder Tilgung der Kapitalforderung durch den Eigenthümer kommt als Einrede gegen das Bestehen

---

[16]) Insofern der Beklagte ein Einrederecht geltend machen will, liegt es ihm ob, darzulegen, daß die thatsächlichen Voraussetzungen vorhanden sind, unter denen das Einrederecht dem Kläger gegenüber durchgreifen kann, insbesondere also auch, daß der Erwerb nicht entgeltlich war. Entsch. B. 83 S. 233 (Rehbein III. S. 621). R.G. Entsch. B. 1 S. 382 und bei Gruchot B. 24 S. 886. Was in der Schuldurkunde steht, gilt mit Recht als bekannt. Präj. 2000 Präj.Sammell. I. S. 119. Ein entgeltlicher Erwerb liegt jedenfalls vor, wenn die Ueberweisung einer gepfändeten Forderung Zahlung halber erfolgt ist. R.G. Entsch. B. 7 S. 238. Ist die Cession ebenso wie die eingetragene Forderung simulirt, gerade um die Benutzung der Hypothek zum Ausschluß von Einreden möglich zu machen, so kann das der Klage des Cessionars entgegen gestellt werden. Strieth. B. 99 S. 341 (Rehbein III. S. 617). — Als bekannt kann eine Einrede nicht schon dann gelten, wenn der Cessionar nur wußte, daß einst in der Vergangenheit die Einrede begründet gewesen ist, sondern es muß ihm bei der Cession bekannt gewesen sein, daß die Einrede zu dieser Zeit bestand. Entsch. B. 13 S. 278, R.G. Entsch. B. 16 S. 198. Ist die Cession einer Grundschuld oder Hypothek durante processu an einen entgeltlichen Erwerber erfolgt, der von dem Einrederecht keine Kenntniß hat, so gilt das ergehende Urtheil gegen die Regel des § 235 C.P.O. nicht gegen den Cessionar, und der Schuldner kann nach § 237 C.P.O. den eingetretenen Mangel der Aktivlegitimation vorschützen. Thut er das nicht und wird er verurtheilt, so kommt das Urtheil nach den am Schlusse des § 99 dargelegten Grundsätzen dem Cessionar zu Gute. Ist die eingetragene Schuld eine Bürgschaftsschuld, so kann auch gegenüber dem Cessionar geltend gemacht werden, daß die Hauptforderung nicht besteht, und also die Bürgschaft gegenstandslos sei. Entsch. B. 34 S. 312 (Rehbein III. S. 607). — Das ältere Recht schützte den entgeltlichen Erwerber der Hypothek nur unter der Voraussetzung, daß über die Hypothek ein Dokument gebildet und ihm dies ausgehändigt war. Entsch. B. 20 S. 227. Das neue Recht macht keinen solchen Unterschied. Auch wenn kein Hypothekenbrief gebildet ist, wird der entgeltliche gutgläubige Erwerber geschützt. Entsch. B. 75 S. 295, B. 83 S. 233 (Rehbein III. S. 632, 628). Vgl. oben Anm. 8. — Das Obertribunal hatte daran keinen Zweifel, daß eine Vertheidigung, die gegenüber einem gutgläubigen entgeltlichen Cessionar ihre Kraft verloren hatte, nicht dadurch wieder aufleben könne, daß dieser Inhaber der einwandfrei wirksamen Hypothek sie an einem Dritten abtritt, der zur Zeit seines Erwerbs Kenntniß von den Umständen hat, die re adhuc integra jene Vertheidigung begründet hätten. Verwunderlicher Weise hat aber das Reichsgericht diesen Standpunkt eingenommen (vgl. das bei Turnau Grundbuchordnung I. S. 765 angezogene, nicht ausführlich publizirte Urtheil) und hat diese seine Ansicht trotz des berechtigten Einspruchs von Dernburg Hypothekenrecht II. S. 240 in R.G. Entsch. B. 32 S. 222 aufrecht erhalten. Vgl. auch oben § 180 Anm. 76 a. E. — Der Standpunkt des Reichsgerichts beruht auf einer Wortinterpretation, die Bedeutung und Ziel der hier anzuwendenden und anderer ähnlicher Vorschriften verkennt. Die Konsequenz ist, daß der dritte Erwerber auch dann den ihm beim Erwerb der Hypothek unbekannten Einreden ausgesetzt ist, die ursprünglich ihrer Wirksamkeit entgegenstanden, wenn er die Hypothek von einem Zwischeninhaber, gegen den sie nicht durchgriffen, geschenkt erhalten hat. Ja sie muß dahin führen, daß der Zwischencedent, der als für die Verität des Anspruchs haftend genöthigt ist, sich die Rückcession gefallen zu lassen, wenn er zu deren Zeit die ihm gegenüber früher wegen seiner Gutgläubigkeit ausgeschlossenen Einreden in Erfahrung gebracht hatte, jetzt den Einreden ausgesetzt ist. Es darf erwartet werden, daß das Reichsgericht von dem bedauerlicher Weise eingenommenen Standpunkt wieder abgeht.

[17]) A.L.R. I. 20 §§ 422—424. Anh. § 53 zu § 511 I. 20. Dagegen ist die Vorschrift der §§ 425. 426, insofern sie die innerhalb vier Wochen nach erfolgter Eintragung der Hypothek vermerkten Einreden auch gegen denjenigen redlichen Dritten wirken muß, der vor Ablauf dieser vier Wochen die Hypothek erworben hat, in das neue Recht nicht übergegangen. Darüber daß auch die 38tägige Frist aus § 738 I. 11 A.L.R. jetzt bedeutungslos ist, s. oben B. II. § 137 a. 55. Förster, Grundbuchrecht S. 201 fg. 175 f. Ueber die Vormerkung der Einreden s. unten.

des persönlichen Schuldverhältnisses für die Hypothek nicht in Betracht, da durch solche Akte die Hypothek als Eigenthümerhypothek von dem Eigenthümer erworben wird und ohne Rücksicht auf die persönliche Verbindlichkeit fortbesteht. Eine solche Zahlung oder Tilgung kann also nur die Legitimation des klagenden Gläubigers in Frage stellen[18]). Bezüglich eingeklagter Rückstände von Zinsen der Hypothek oder von sonstigen Jahresleistungen erklärt das Gesetz die Einrede der Tilgung für unbedingt zulässig. Sie steht also auch dem Cessionar, dem die Rückstände als solche abgetreten sind, entgegen[18a]). Im Uebrigen wird auf die Tragweite dieser Bestimmung am Schlusse des Paragraphen zurückgekommen werden. Auch bezüglich des Kapitals stehen alle Einreden gegen das Bestehen der persönlichen Schuld jedem Erwerber entgegen, sofern es sich um eine bloße Kautionshypothek[18b]) oder um eine nur vorgemerkte Hypothek[18c]) handelt.

Anders muß sich die Sache bei den Einreden gegen die Grundschuldklage stellen. Die Grundschuld ist nicht accessorisch; Einreden, die aus dem zu Grunde liegenden persönlichen Rechtsverhältniß, aus der etwa bestehenden Obligation, entnommen werden, können folgeweise nicht zugelassen werden. Der Regierungsentwurf sprach ausdrücklich aus: es sollten gegen die Grundschuld alle Einreden ausgeschlossen sein, die aus der ungiltigen Entstehung der persönlichen Schuld hergeleitet würden, weil die letztere nicht das Fundament der Grundschuldklage sei. Dieser Satz ist jedoch nicht in das Gesetz übergegangen[19]). Das Gesetz bestimmt: Jede Einrede ist zulässig, die dem Beklagten gegen den jedesmaligen Kläger unmittelbar zusteht, mag sie herstammen aus dem persönlichen Schuldverhältniß, zu dessen Sicherung die Grundschuld bestellt worden ist[20]), oder aus sonst irgend einem zwischen

---

[18]) Eig.Erw.Ges. § 63. Vgl. B. I. § 99. Anm. 189 a. S. oben Anm. 7. Deshalb wird hier erheblich ob die Tilgung unter Aushändigung des Hypothekenbriefs stattgefunden hat; dann steht sie dem späteren entgeltlichen Cessionar entgegen. Entsch. B. 23 S. 156 (Strieth. B. 23 S. 67, Rehbein III. S. 627). Vgl. auch unten § 200. Die Zahlung durch den vom Grundstückseigenthümer verschiedenen persönlichen Schuldner, die der Kläger oder mit dessen Wissen sein Vorgänger oder der Cedent aus Liberalität erhalten hat, ist eine das persönliche Schuldverhältniß betreffende Einrede und regelt sich nach § 38. Auf ihren Grund hin kann die Löschung, aber nicht Eintritt des Eigenthümers in das Hypothekenrecht gefordert werden. — Wie sich das Rechtsverhältniß bei Geltendmachung des cedirten persönlichen Forderungsrechts neben dem cedirten dinglichen Recht stellt, derüber vergl. Entsch. B. 30 S. 21 (Strieth. B. 16 S. 300, Rehbein III. S. 604).

[18a]) Eig.Erw.Ges. § 39 Abs. 1.

[18b]) Vgl. § 192 Anm. 15, § 198 Anm. 35, oben Anm. 2.

[18c]) Vgl. § 198 Anm. 36.

[19]) Förster polemisirte hiergegen. Aber es ist unbegründet, daß das Gesetz die Einrede der Arglist (exceptio doli generalis) über Art. 82 der deutschen Wechselordnung hinaus erweitere.

[20]) Aus dem persönlichen Schuldverhältniß. Man kann dies nicht mit Förster dahin erläutern: das letztere müsse giltig entstanden sein und nur dem daraus herzuleitenden Anspruch kann eine Einrede entgegengesetzt werden. Richtig ist nur: es genügt nicht zur Einrede, daß das persönliche Schuldverhältniß ungiltig entstanden ist, wenn aber aus der ungiltigen Entstehung der persönlichen Verbindlichkeit und damit des Rechts auf Einräumung der Grundschuld ein Recht auf Rückgabe gegen den Kläger herzuleiten ist, so greift die Einrede durch.

den Parteien bestehenden Rechtsverhältniß. Insoweit also der Beklagte einen persönlichen Anspruch (condictio) auf Rückgewährung der durch den Eintragungskonsens von ihm bestellten und so aus seinem Vermögen gekommenen Grundschuld geltend machen kann, wird er die Klage ebenso wie durch einen die Tilgung der Grundschuld bezweckenden Rechtsakt elidiren können[21]). Jede Einrede ferner ist zulässig, die dem Kläger bei dem Erwerb der Grundschuld bekannt gewesen ist, auch wenn sie dem Beklagten nicht unmittelbar gegen den Kläger, sondern gegen dessen Rechtsvorgänger zusteht; es schützt dann den Kläger nicht, daß die Einrede nicht aus dem Grundbuch oder dem Grundschuldbrief ersichtlich ist; er hat vermöge seiner Kenntniß der Thatsachen, auf denen die Einrede beruht, bei dem Erwerb der Grundschuld nicht den redlichen Glauben an die Richtigkeit des Grundbuchs gehabt. Ergiebt sich die Einrede aus dem Grundschuldbrief, so kommt es auf wirkliches Kennen der zu Grunde liegenden Thatsachen seitens des Klägers nicht an[22]).

Die wiedergegebenen Bestimmungen bezüglich der Grundschuld gehen aber weiter; sie beziehen sich nicht bloß auf das persönliche Recht des Einräumenden, die wirksam eingeräumte Grundschuld zu kondiziren, sondern sie umfassen auch die Vertheidigung auf Grund von Thatsachen, welche die Richtigkeit der Eintragung der Grundschuld klar stellen, oder die ergeben, daß gegenüber dem eingetragenen Gläubiger ein Recht auf Löschungsbewilligung ohne Tilgung der persönlichen Verbindlichkeit, also ohne Verwandlung der Grundschuld in eine Eigenthümergrundschuld entstanden ist, z. B. wegen seines Verzichts auf das dingliche Recht oder weil er das Grundstück aus der Haftung entlassen hat. Auch diese Vertheidigung soll dem gutgläubigen Dritterwerber der Grundschuld nicht entgegengesetzt werden können, soweit sie sich nicht aus dem Grundschuldbrief ergiebt. Es fragt sich, wie in entsprechenden Fällen der gutgläubige und insbesondere der gutgläubige entgeltliche Erwerber der Hypothek zu behandeln ist. Der Wortlaut des zweiten Absatzes des § 38 bezieht sich auf die erste Kategorie der Vertheidigungsmittel jedenfalls nicht, auch die Einrede der Entlassung aus der Pfandhaft kann nicht als eine Einrede aus dem persönlichen Schuldverhältniß bezeichnet werden; aber ein solcher Erlaß begründet doch eine persönliche Beziehung des Eigenthümers zum Gläubiger, kraft deren ersterer Löschungsbewilligung fordern kann; und deshalb wird sich eine analoge Erstreckung der gesetzlichen Bestimmung auf diesen Fall rechtfertigen. Die Praxis hat sich übrigens mit großer Entschiedenheit auf den

---

[21]) Der Tilgungsakt eines Voreigenthümers giebt ihm keine Kondiktion, sondern nur die Einrede, daß dem Kläger die Aktivlegitimation fehle.

[22]) Förster hob mit Recht hervor: „Dies ist nur eine Fiktion der Unredlichkeit, da trotz einer solchen Einrede die Eintragung der Grundschuld eine ganz richtige, mithin trotz der Kenntniß der Einrede dennoch der redliche Glaube an die Richtigkett des Grundbuchs vollkommen vorhanden sein kanu, jene Kenntniß diesen Glauben nicht ausschließt." Das Gesetz hält hier an dem älteren Begriff der Unredlichkeit fest, die das persönliche Recht, soweit es bekannt ist, zu berücksichtigen verpflichtet; das hiervon abweichende neue Princip hat, wie mehrfach erörtert worden, nur im Bereich der §§ 4 u. 15 des Eigenthumserwerbsgesetzes Anerkennung gefunden.

Standpunkt gestellt, den redlichen Erwerber auch bei der Hypothek gegen jede Anfechtung seines Rechts auf solcher Grundlage zu schützen[22a]).

Bezüglich der Zinsrückstände und ihrer Tilgung wird die Grundschuld wie die Hypothek behandelt, soweit nicht Zinsquittungsscheine ausgegeben sind, die als Inhaberpapiere gelten, so daß der Inhaber zur Forderung schlechthin berechtigt ist, und an ihn nur gegen Aushändigung mit Sicherheit gezahlt werden kann[22b]).

Die Unabhängigkeit der Grundschuld von der obligatorischen Grundlage führt noch zu einer weiteren Verschiedenheit bezüglich des Umfangs der zulässigen Einreden, wenn an die Stelle des Konstituenten der dinglichen Schuld ein anderer Eigenthümer als dinglicher Schuldner getreten ist. Da bei der Grundschuld nur die dem Beklagten unmittelbar gegen den Kläger zustehenden oder diesem beim Erwerb bekannten Einreden geltend zu machen sind, so kann er die Rechtsgründe, aus denen sein Vorgänger im Eigenthum des Grundstücks die von ihm ausgehende Bestellung der Grundschuld hätte kondiziren können, nicht geltend machen. Alle aus dem persönlichen Verhältniß des Bestellers der Grundschuld hervorgehenden Angriffe gegen die Belastung des Grundstücks durch die formell rechtsbeständig begründete Grundschuld haben aber diesen Rechtscharakter einer Kondiktion. Die Kondiktion ist durch Erwerb des Grundstücks nicht auf dessen Erwerber übertragen, und wenn er sie als Einrede geltend machen wollte, wäre das eine exceptio ex jure tertii[22c]). Im Gegensatz hierzu hat der Dritterwerber des mit einer

---

[22a]) Das Obertribunal hat in Entsch. B. 59 S. 139 (Rehbein III. S. 629) — vgl. auch Strieth. B. 56 S. 270 (Rehbein III. S. 644) — ohne Unterscheidung der beiden Kategorien der Bekämpfung des dinglichen Rechts angenommen, daß der gutgläubige Hypothekenverkehr den Schutz des Cessionars fordere. Auch das R.G. Entsch. B. 23 S. 271, R.G. bei Gruchot B. 37 S. 734 nimmt diesen Standpunkt ein. Man muß indessen festhalten, daß die Fiktion doch recht bedenklich ist, wenn z. B. auf Grund gefälschter Bewilligung oder weil der Richter die Folien verwechselte, oder weil er nicht bemerkte, daß der Bewilligende ein Unfähiger war, die Hypothek zu Unrecht eingetragen hat. Wenn solche Hypotheken zu Gunsten des gutgläubigen Dritten Kraft erhalten, so liegt darin eine solche Härte gegen den Grundstückseigenthümer, daß sie ohne gesetzlichen Anhalt, nur mit Rücksicht auf die keineswegs ganz analog liegenden Bestimmungen in § 9 Abs. 2 und 49 des Gesetzes, nicht als gesetzlich begründet angenommen werden kann. Indessen ist kaum anzunehmen, daß die Praxis aufhören wird, die Rücksicht auf die Bedürfnisse des Verkehrs für überwiegend zu erachten. — Vgl. auch B.G.B. §§ 891 ff. 1138 ff. 1192.

[22b]) Eig.Erw.Ges. § 39. Vgl. oben Anm. 18a.

[22c]) Vgl. Entsch. B. 83 (Strieth. B. 100 S. 356. Rehbein III. S. 594). Dernburg I. § 342 Anm. 10 erklärt die Behauptungen des Textes als „aus der Luft gegriffen und deshalb einer Widerlegung nicht fähig". Er stellt den Satz auf: die Einreden gegen die Grundschuld machten geltend, daß materiell „ein Gläubigerrecht" nicht bestehe, dieselben seien „daher", wie dies die Regel für Einreden sei, rei cohaerentes. Da ich nicht weiß, was ich mir unter „materiellem Gläubigerrecht" bei der Grundschuld denken soll, so muß ich es anderen überlassen, ob sie dazu im Stande sind, oder auch sonst mit Dernburg zu erkennen vermögen, daß § 38 Abs. 1 diesen Fall nicht treffen „will". Das Einrederecht gegen die formell zu Recht bestehende von der materiellen causa gelöste Grundschuld bedarf einer juristischen Konstruktion. Ob für Dernburg auch die Anfechtung der formalen Obligationen des gemeinen Rechts durch Kondiktion „in der Luft schwebt", weiß ich nicht. — Auch nach künftigem Reichsrecht kann das Recht des Bestellers einer Grundschuld, diese Bestellung zurück zu nehmen, bei Veräußerung des

Hypothek belasteten Grundstücks die Einrede seines Vorgängers gegen die Hypothek als dinglich Belasteter, weil seine dingliche Belastung nur existirt, sofern die Schuldverbindlichkeit, zu deren Sicherung die Hypothek dienen soll, nicht durch Einreden beseitigt werden kann.

Aus dem Glauben des Grundbuchs folgt endlich, daß Einreden, die das Grundbuch ergiebt, sowohl gegen die Grundschuldklage, wie gegen die hypothekarische Klage müssen geltend gemacht werden können. Bei der hypothekarischen Klage ist der Satz auch einfach in dieser Form anerkannt; gegen die Grundschuldklage sollen aber solche Einreden ausgeschlossen sein, wenn sie sich nicht aus dem Grundschuldbriefe ergeben. Die Verschiedenheit wird praktisch gewiß selten hervortreten und selten schädlich werden; denn wenn der Grundschuldbrief nicht mit dem Grundbuch in Einklang steht, so wird immer — abgesehen von den Fälschungen des Briefes, die ihn ungeeignet zur Grundlage der Klage machen, — ein Versehen des Grundbuchamts die Ursache sein, der beklagte Eigenthümer also, der seine Einrede verliert, gegen den Grundbuchbeamten und gegen den Staat einen Ersatzanspruch haben. Theoretisch aber ist das Gesetz kaum zu billigen; während der Hypothekengläubiger sich nur auf die Angaben des Grundbuchs verlassen darf, kann der Grundschuldgläubiger sich auf die Angaben des Grundschuldbriefs verlassen, obschon letzterer nur eine Abschrift des Grundbuchs (ein documentum referens) ist, und obschon die Grundschuld nur durch die Eintragung im Grundbuch begründet werden kann, also nur in dieser ihre Quelle hat. Die fehlerhafte Abschrift hat stärkeren Glauben, als die richtige Urschrift[23])!

---

Grundstücks nicht auf den Erwerber übergehen, wenn es ihm nicht besonders übertragen wird. Nach dem B.G.B. § 1192 findet zwar das Hypothekenrecht auf die Grundschuld entsprechende Anwendung, aber nicht, soweit sich Anderes daraus ergiebt, daß die Grundschuld eine Forderung nicht voraussetzt.

[23]) Förster fügte hinzu: „Man hat sich offenbar die Tragweite eines solchen Satzes und seine Konsequenzen nicht überlegt; wie er logisch unrichtig ist, so kann er auch durch die beliebte leere Redensart nicht begründet werden, daß der Grundschuldbrief der „Träger" der Grundschuldforderung sei, weil die Entstehung der Grundschuld nicht in der Ausfertigung des Briefes, sondern in der Eintragung im Grundbuch, also außerhalb des Briefes, liegt. Man könnte versucht werden, dem Gesetz eine engere Auslegung in dem Sinne zu geben, daß unter dem Ausdruck: „Einreden, die aus dem Grundschuldbrief sich ergeben" nur solche Einreden zu verstehen seien, die sich der Eigenthümer zum Zweck ihrer Erhaltung im Grundbuch hat vermerken lassen, so daß also nur solche verloren gehen, wenn sie nicht auch im Grundschuldbrief enthalten sind. Es behielte dann der Beklagte alle anderen Einreden, deren Material ihm das Grundbuch an die Hand giebt, auch wenn dieses Material dem Inhalt des Briefes widerspricht. Einer solchen restriktiven Auslegung steht aber entgegen, daß offenbar die Worte: „Einreden, die sich aus dem Grundschuldbrief ergeben", d. h. die aus ihm gefolgert werden können, ganz gleichbedeutend sind mit dem Ausdruck: „Einreden, die sich aus dem Grundbuch ergeben", daß der Grundschuldbrief dem Grundbuch substituirt ist. Wenn also eine Grundschuld auf 1000 Mark eingetragen ist und der Brief lautet auf 1000 Thaler, so ist, obschon auf 2000 Mark eine Grundschuld gar nicht eingetragen, mithin auch gar nicht begründet ist, der Eigenthümer doch gehindert, dies geltend zu machen, er muß 1000 Thaler zahlen und hat nur die Entschädigungsklage gegen die Grundbuchbeamten und den Staat. Dasselbe wird gelten müssen, wenn die Grundschuld theilweise bezahlt und insoweit im Grundbuch gelöscht, die Theillöschung aber auf dem Brief nicht vermerkt worden und letzterer redlich von einem Dritten erworben worden ist." Mit Recht hat für den ersten Fall Achilles S. 239 gegen

Da die Rechtsstellung des Grundstückseigenthümers nach dem Gesagten sowohl bei der Hypothek, wie bei der Grundschuld durch einen Wechsel in der Person des Gläubigers verändert werden kann, sofern nicht die ihm zustehenden Einreden aus dem Grundbuch hervorgehen, so liegt es im Interesse des Eigenthümers sein Widerspruchsrecht durch Vormerkung seiner Einrede im Grundbuch und auf dem Grundschuldbrief sichern zu lassen[24]). Die Eintragung erfolgt auf Ersuchen des Prozeßrichters in Ausführung einer einstweiligen Verfügung[25]).

Es ist oben bereits erwähnt worden, daß die Beschränkung des Einrederechts gegen die Klage des Dritterwerbers der Hypothek sich nicht auf den Fall der Einklagung von Zinsrückständen oder von anderen fälligen wiederkehrenden Leistungen erstreckt[26]). Hier ergiebt das Grundbuch nur die Verzinslichkeit; der einzelnen fälligen Rate steht der Schutz des guten Glaubens des Grundbuchs nicht zur Seite. Werden also Zinsrückstände cedirt, obwohl sie schon bezahlt sind, so kann die Einrede für den Schuldner nicht ausgeschlossen sein. Aber nur für cedirte Rückstände gilt diese Aus-

---

diese Ausführung Försters geltend gemacht, daß es sich nicht um eine Einrede handelt, auf welche § 38 Anwendung findet, sondern daß in solchem Fall das Klagefundament des § 37 geleugnet wird. Nur soweit die Grundschuld eingetragen ist gewährt sie ein Klagerecht. Ein Grundschuldbrief, der ohne die Grundlage einer eingetragenen Grnndschuld ausgefertigt wäre, würde eine Klage nicht begründen können, also kann es der für einen höheren Betrag als in das Grundbuch eingetragen, ausgefertigte Grundschuldbrief auch nicht für den höheren Betrag. Derselbe Grund muß aber auch für den zweiten Beispielsfall entscheiden. Hier wird aus einer nicht mehr eingetragenen, weil gelöschten, Grundschuld geklagt. Daß der Grundschuldbrief noch im Umlauf ist, läßt die untergegangene Grundschuld nicht wieder aufleben, und es macht keinen Unterschied, ob er, wie in dem gegebenen Falle, in Folge eines Fehlers des Grundbuchrichters noch im Umlauf ist, oder ob ohne solchen Fehler, z. B. wenn die Grundschuld zu Folge einer Zwangsversteigerung oder des Aufgebotsverfahrens gelöscht ist. Vergl. Colberg, Bedeutung des öffentlichen Glaubens, S. 157. Wenn in das Grundbuch ein Cessionar der Grundschuld eingetragen ist, der auf dem Grundschuldbrief nicht vermerkt worden ist, so hat dies nach dem, was oben bei Anm. 6 gesagt ist, zunächst noch keine den Schuldner verpflichtende Kraft; der Schuldner wird auf die Klage des Einen, wie des Andern, zur Prüfung der Legitimation berechtigt, er wird aber auch befugt sein, beiden gegenüber die Zahlung zu weigern, wenn nicht auf Grund ihrer Quittung u. s. w. für ihn die freie Verfügung über die Post beim Grundbuch ermöglicht wird. Abweichend Achilles S. 238. — Wenn die Angaben des Grundschuldbriefs über die Priorität falsch sind, so entscheidet für die Zwangsversteigerung doch nur der Inhalt des Grundbuchs. Immob.Vollstr.Ges. v. 13. Juli 1883 § 29. K.O. von 1855 § 53. Subh.Ordn. v. 15. März 1869 § 60. Der durch die falsche Ausfertigung getäuschte Erwerber des Grundschuldbriefs muß sich mit der Entschädigungsforderung begnügen.

[24]) Eig.Erw.Ges. § 70, vgl. I. 20 §§ 422. 423. — Die Vormerkung des Widerspruchs gegen anderweitige Verfügungen des zur Bewilligung einer Löschung verpflichteten Gläubigers (Eig.Erw.Ges. § 60) vgl. B. I. § 48 Anm. 26, der von Behrend in seiner Zeitschrift B. 7 S. 119 gegen ältere Ausführungen Försters die Bedeutung einer Vormerkung zum Schutz des in seiner Freiheit gefährdeten Eigenthums vindizirt ist, hat vielmehr die Bedeutung der Sicherung des Erwerbs der Eigenthümerhypothek. Daß aber alle möglichen persönlichen Einreden im Grundbuch vermerkt werden können, um gegen Dritterwerber wirksam zu werden, ergiebt außer § 70 der § 38 Abs. 2 des Eigenthumserwerbsgesetzes.

[25]) Ausf.Ges. z. d. C.P.O. v. 24. März 1879 § 18. Ueber das Maß, in dem die Einrede kenntlich zu bezeichnen ist, vgl. Entsch. B. 26 S. 324. Strieth. B. 11 S. 254.

[26]) Eig.Erw.Ges. § 39.

nahme. Der Eigenthümer, der zur Zeit der Cession der Hypothek eine die Zinsrückstände übersteigende Gegenforderung hat, kann mit dieser Forderung gegen die nach der Cession fällig werdenden Zinsen nicht kompensiren; und auch die Vorwegzahlung des Eigenthümers steht bezüglich der nach der Cession erwachsenden Zinsen, die also nicht als Rückstände cedirt sind, dem davon nicht unterrichteten entgeltlichen Cessionar nicht entgegen. Der Cessionar durfte auf den Glauben des Grundbuchs annehmen, daß er eine für die Zukunft verzinsliche Hypothek oder Grundschuld erwerbe. Das schließt indessen nicht aus, daß ihm entgegengestellt werden kann, daß nach der Cession, aber zu einer Zeit, als der dingliche Schuldner von der Cession noch nicht benachrichtigt war, Thatsachen eingetreten sind, wodurch die später fälligen Zinsen berührt sind[27]). Ist ein Zinsrückstand ohne das Kapital cedirt, so findet auch die Bildung eines Zweigdokuments nicht statt[28]), und die Cession ist wirksam. Der Cessionar, dem später die ganze Hypothek mit rückständigen Zinsen unter Aushändigung des Hypothekenbriefs cedirt ist, kann bezüglich der Zinsen ein den ersten ausschließendes Recht nicht geltend machen.

## § 200. Löschung der Hypothek und Grundschuld. Hypothek und Grundschuld des Eigenthümers.

Dem Satz daß eine Hypothek oder Grundschuld nur durch Eintragung erworben wird, kann man fast mit gleicher Unbedingtheit den andern gegenüberstellen, daß sie nur durch Löschung aufgehoben wird[1]). Eine Hypothek oder Grundschuld, die nur auf Zeit oder bedingungsweise übernommen ist, fällt allerdings mit dem Eintritt des Zeitpunkts oder der auflösenden Bedingung von selbst in sich zusammen, und die bloße Kautionshypothek belastet das Grundstück in Wahrheit nur, soweit die zu sichernde Forderung rechtlich entsteht und fortbesteht. Nach ausdrücklicher gesetzlicher Bestimmung hört endlich die eingetragene Gesammthypothek oder Gesammtgrundschuld, sobald aus einem der Grundstücke Befriedigung erlangt ist, auf, die anderen zu belasten, ohne daß es der Löschung bedarf[1a]). Was aber, abgesehen von diesen Ausnahmebestimmungen, ohne die an die Spitze gestellte Regel als Beendigungsgrund gelten würde, Verzicht auf das eingetragene Recht, Entlassung des Grundstücks aus der Pfandhaftung[2]), Zahlung und bei dem accessorischen Hypothekenrecht alles, was den Bestand der prinzipalen Verbind-

---

[27]) R.G. Entsch. B. 4 S. 344. Abweichend Oppenheim bei Gruchot B. 26 S. 636, Dernburg I. § 326 Anm. 8.

[28]) Entsch. B. 73 S. 233 (Rehbein III. S. 609).

[1]) Ges. über den Eigenthumserwerb v. 5. Mai 1872 § 57. — Vgl. I. 20 §§ 520 ff. Vgl. Entwurf des B.G.B. § 1091.

[1a]) Vgl. oben § 194 Anm. 74 f.

[2]) Eig.Erw.Ges. § 42 Abs. 2.

lichkeit zerstört, begründet das Recht des Eigenthümers die Löschung zu fordern. Sofern der Gläubiger dennoch das Recht als ihm zustehend geltend macht, hat der Eigenthümer ihm gegenüber eine Einrede; aber diese Einrede greift gegen den Dritten, der auf den Glauben des Grundbuchs und gegen Aushändigung des Hypotheken- oder Grundschuldbriefs durch Cession oder Verpfändung Rechte erworben hat, nicht durch. Im Fortgang dieses Paragraphen wird darzulegen sein, inwieweit die Möglichkeit besteht, daß der Eigenthümer, statt die Löschung herbeizuführen[3]), das dingliche Recht aufrecht erhält. Auch der nicht befriedigte Gläubiger verliert durch die erfolgte Löschung, durch Ausfall bei der Zwangsversteigerung, oder wenn bei der Abschreibung des Grundstücks die Post nicht übertragen worden ist und daraufhin ein neuer Rechtserwerb stattgefunden hat, sein dingliches Recht; aber er verliert nicht nothwendig seinen persönlichen Anspruch, der vielmehr unversichert fortbestehen kann[4]).

Regelmäßig erfolgt die Löschung der Hypothek oder Grundschuld nur auf Antrag des Eigenthümers, der durch Beibringung der Quittung oder Löschungsbewilligung des gehörig legitimirten Gläubigers oder durch ein diese Erklärungen ersetzendes rechtskräftiges Urtheil oder durch den Nachweis der eingetretenen Vereinung zu begründen ist, dem aber auch in dieser Begründung erst Folge gegeben werden kann, nachdem der Hypotheken- oder Grundschuldbrief beigebracht oder für kraftlos erklärt ist, sofern überhaupt eine solche Urkunde ausgehändigt worden war. Bei Grundschuldbriefen, für die Zinsquittungsscheine ausgefertigt waren, müssen auch die nicht verjährten — fälligen und künftig fällig werdenden — Zinsquittungsscheine beigebracht oder deren Betrag hinterlegt werden. Kann die hiernach erforderliche Quittung oder Löschungsbewilligung oder der Nachweis des Verfügungsrechts des bekannten Inhabers der Post nicht erbracht werden, so bedarf es eines Aufgebots der Post und der Beibringung des Ausschlußurtheils. Endlich begründet, sofern der Eigenthümer den Gläubiger nicht kennt, eine Bescheinigung des Prozeßrichters über ihm nachgewiesene Hinterlegung des Betrages der Hypothek oder Grundschuld mit Zinsen und über die fruchtlos erfolgte öffentliche Aufforderung des Gläubigers zur Quittung oder Löschungsbewilligung den Löschungsantrag. In den vom Gesetz vorgesehenen Fällen kann die Löschung auch ohne Antrag des Eigenthümers auf Ersuchen der zuständigen Behörde erfolgen[4a]).

---

[3]) Vgl. unten Anm. 50a.

[4]) I. 20 §§ 524. 525.

[4a]) Eig.Erw.Ges. § 58. G.B.O. §§ 92. 94. 95, §§ 103—107, § 110. Daß an Stelle des Eigenthümers jeder mit vollstreckbarem Titel ausgerüstete dingliche Gläubiger nach dem Imm.Vollstr.Ges. vom 13. Juli 1883 § 5 legitimirt ist, die Löschung voreingetragener Posten herbeizuführen, soweit nicht der Eigenthümer selbst in die getilgten Hypotheken- und Grundschuldrechte eingetreten ist, hat bereits Erwähnung gefunden. Ein solcher Gläubiger kann auch das Aufgebot getilgter Posten zum Zwecke der Löschung betreiben (G.B.O. §§ 103. 104) und auf Grund des Ausschlußurtheils die Löschung herbeiführen.

Wenn bei der Löschung der Grundbuchrichter die gesetzlichen Vorschriften beobachtet hat, so ist die Hypothek oder Grundschuld vernichtet, und es muß dabei selbst dann verbleiben, wenn der Gläubiger selbst nur irrthümlich die Löschung bewilligt hat, oder wenn die Erklärung des Gläubigers durch Betrug veranlaßt worden ist[5]). In derselben Weise wirkt für ein im Grundbuch abgeschriebenes Grundstück die Nichtübertragung einer Post. Hat aber der Richter gesetzliche Vorschriften unbeachtet gelassen, also aus Versehen gelöscht oder nicht übertragen, so soll der Inhalt des Grundbuchs dem Gläubiger nicht unbedingt das durch die Eintragung bedingte Recht entziehen[6]). Dasselbe muß gelten, wenngleich es im Gesetz nicht besonders ausgesprochen ist, wenn der Grundbuchrichter nicht gefehlt hat, sondern getäuscht worden ist, obgleich objektiv der Konsens des eingetragenen Gläubigers als Grund zur Löschung nicht vorhanden war[7]). Der Gläubiger soll trotz der Löschung die Grundschuld oder Hypothek in der Vorrechtsstellung, mit der sie eingetragen war, nicht verlieren, insoweit die Wiederherstellung im Grundbuch möglich ist, ohne Dritte zu schädigen, die inzwischen auf den Glauben des Grundbuchs Rechte erlangt haben[8]); denn der öffentliche Glaube des Buchs bringt es mit sich, daß die Veränderungen, die inzwischen darin eingetragen sind, berücksichtigt werden. Gläubiger, die zur Zeit der ungebührlichen Löschung schon eingetragen waren und scheinbar durch die Löschung aufgerückt sind, müssen sich die Wiedereintragung ohne Weiteres gefallen lassen. Sind aber inzwischen die Posten durch Cession oder Verpfändung an gutgläubige Dritte gediehen, oder sind nach der Löschung neue Posten eingetragen, so gehen diese der wiedereingetragenen Hypothek vor. Soweit der Gläubiger in Folge solcher Zurückstellung Schaden erleidet, wird ihm im Falle einer Schuld des Richters dieser und hinter ihm der Staat regreßpflichtig[9]).

Abweichend von dem allgemeinen Grundsatz, daß der bezahlte Gläubiger, der ja auf Verlangen des zahlenden Schuldners zu quittiren verpflichtet ist, auch die Kosten der Quittung zu tragen hat, fallen die Kosten der beglaubigten, die Löschung begründenden Quittung oder Löschungsbewilligung dem dinglichen Schuldner zur Last, wie dieser die Kosten der Löschung selbst zu

---

[5]) Präj. 324. Samml. I. 119. Reskript vom 30. Mai 1825 (Ergänz. zu §§ 524—526. Nr. 2).

[6]) Gr.B.O. § 118. R.G. Entsch. B. 19 S. 295.

[7]) Z. B. ein Unberechtigter hat statt des Gläubigers unter dessen Namen notariell quittirt. R.G. Entsch. B. 1 S. 168. Förster hielt eine durch unverschuldeten Irrthum oder Betrug des Richters herbeigeführte Löschung für irreparabel: es kann aber die Löschung nicht anders behandelt werden, wie die Eintragung. So gut die letztere, wenn sie auf dem Konsens eines Andern als des Berechtigten beruht, wieder zu beseitigen ist, muß dasselbe von der Löschung gelten. Vgl. über Fälle richterlichen Irrthums Entsch. B. 8 S. 88 (Rehbein III. S. 675). Strieth. B. 15 S. 38. B. 16 S. 183. Seuffert V. 260.

[8]) Der Richter kann auch von Amtswegen die ungebührlich gelöschte Hypothek wieder eintragen. Reskr. vom 24. Aug. 1838. Jahrb. B. 52 S. 217. — Fälle, in denen die Wiedereintragung erlangt ist, s. in R.G. Entsch. B. 5 S. 288 und bei Gruchot B. 26 S. 1130.

[9]) Gr.B.O. § 29. Vgl. R.G. Entsch. B. 4 S. 327.

tragen hat; aber der Gläubiger muß die Kosten der Herbeischaffung der eigenen Legitimation als Gläubiger, insbesondere die Kosten der Beglaubigung der hierzu erforderlichen Urkunden zahlen[10]).

Der Eigenthümer hat gegen den von ihm befriedigten Gläubiger eine Klage auf Quittung, Bewilligung der Löschung oder Cession; ebenso kann jeder Eigenthümer als solcher mit der Eigenthumfreiheitsklage von demjenigen, für den eine nicht rechtsbeständige oder erloschene Hypothek eingetragen ist, sofern die Löschung hier nicht ohne Zustimmung des eingetragenen Scheingläubigers erfolgen kann, die Löschungsbewilligung fordern und einklagen[11]). Er kann dabei zu seiner Sicherung eine einstweilige Verfügung des Prozeßrichters erwirken, daß sein Widerspruch gegen nachtheilige Verfügungen des Gläubigers über die Post im Grundbuch vorzumerken und die wirkliche Eintragung dieser Vormerkung herbeizuführen sei[11a]).

Alles dies gilt auch von der eingetragenen Kautionshypothek. Eine vorgemerkte Hypothek oder Grundschuld wird ebenfalls regelmäßig nur auf Antrag des Eigenthümers gelöscht[11b]). Eine ausreichende Grundlage dafür bildet die Bewilligung des Gläubigers, für den die Vormerkung gemacht oder auf den das vorgemerkte Recht in der zur Legitimation nothwendigen Form übertragen ist. War die Vormerkung in Ausführung einer einstweiligen Verfügung eingetragen, so wird die Löschung ferner durch Vorlegung des vollstreckbaren Urtheils oder Beschlusses, wodurch die einstweilige Verfügung aufgehoben ist, begründet. Hatte die Eintragung der Vormerkung einen nicht endgiltig vollstreckbaren Vollstreckungstitel zur Grundlage, so wird die Bewilligung des Gläubigers durch Vorlegung der Urkunde ersetzt, nach der die Zwangsvollstreckung mit der Wirkung der Aufhebung bereits erfolgter Vollstreckungsmaßregeln eingestellt ist[11c]).

Nach allgemeinen Grundsätzen würde in allen Fällen, in denen für den Grundstückseigenthümer das Recht auf Löschung der Hypothek oder Grundschuld besteht, von einem Fortbestehen des zu löschenden Rechts nicht die Rede sein können; insbesondere also auch dann nicht, wenn die der Hypothek zu Grunde liegende rechtsbeständig begründete persönliche Schuld durch Zahlung, Kompensation, Erlaß oder auf andere Weise seitens des Eigenthümers[12])

[10]) Gesetz über den Eigenthumserwerb § 61.

[11]) Ges. über den Eigenthumserwerb § 60. Auch der frühere Besitzer des verpfändeten Grundstücks ist zur Klage legitimirt, wenn er sich gegen seinen Käufer verpflichtet hat, das Grundstück von der Hypothek zu befreien. Striethorst B. 30 S. 68. Ueber die Verpflichtung desjenigen, der das Grundstück aus der Haftung entläßt, zu formeller Löschungsbewilligung vgl. R.G. bei Gruchot B. 27 S. 935.

[11a]) Vgl. § 199 Anm. 25.

[11b]) Eig.Erw.Ges. § 59 enthält keine von Gr.B.O. § 92 abweichende Vorschrift. Nur auf Ersuchen der die Eintragung der Vormerkung veranlassenden Behörde kann die Löschung ohne Antrag des Eigenthümers erfolgen. Solche Ersuchen sind aber zur Zeit für den Prozeßrichter beseitigt. Ausf.Ges. z. C.P.O. v. 24. März 1879 § 19.

[11c]) Vgl. Ausf.Ges. z. C.P.O. § 19. Immob.Vollstr.Ges. § 11.

[12]) Tilgt ein Anderer als der Grundstückseigenthümer, so ist zu unterscheiden: Bei Zahlung seitens eines dritten Nichtschuldners im eignen Namen kann es sich nur um Er-

getilgt ist, oder wenn der Hypothekengläubiger den persönlichen Schuldner, oder umgekehrt dieser jenen beerbt (Konfusion), oder wenn der Grundschuld- oder Hypothekengläubiger Eigenthümer des verpfändeten Grundstücks wird, oder der Eigenthümer die Grundschuld oder Hypothek erwirbt (Konsolidation). Dies alles gilt auch ohne Einschränkung für die rückständig gewordenen Zinsen und Jahresleistungen einer Hypothek[12a]). Aber für die Kapitalforderung selbst greifen andere Gesichtspunkte ein. Da nämlich in allen Fällen die Löschung der Hypothek und Grundschuld nur vom Schuldner und Eigenthümer des Grundstücks herbeigeführt werden kann, so entsteht die Möglichkeit, daß trotz Tilgung oder Konfusion der Schuld und trotz Konsolidation des Eigenthums die Hypothek oder Grundschuld formell fortbesteht, wenn deren Löschung nicht beantragt worden ist. Diesen Umstand hat die Gesetzgebung schon frühe benutzt, um unter bestimmten Voraussetzungen eine ungelöschte Hypothek dem Eigenthümer des Grundstücks zur ferneren Disposition zu überlassen. Die an den hier einschlagenden Anhangs-§ 52 und dessen Deklaration vom 3. April 1824 sich anknüpfende Kontroverse von der Hypothek des Eigenthümers ist, durch die Zahl der hervorgetretenen Meinungen und die Reichhaltigkeit der daraus in der Praxis hervorgegangenen Kasuistik wohl die umfangreichste und bedeutendste im Gebiete des preußischen Privatrechts[13]) gewesen, jetzt aber durch das Gesetz über den Eigenthumserwerb vom 5. Mai 1872 zu einem gewissen Abschluß gebracht[14]). Denn während der Anhangs-§ 52 mit seiner Deklaration nur für einen einzelnen Fall die s. g. Hypothek des Eigen-

werb des Rechts durch den Zahlenden handeln, und wo dieser ausgeschlossen ist, wird das Recht gegenstandslos; es kann also nicht mehr zur Hypothek oder Grundschuld des Eigenthümers werden. Das letztere gilt auch, wenn der einzige persönliche Schuldner einer Obligation, für die das Grundstück eines Andern als Hypothek haftet, die Schuld zahlt. Entsch. B. 36 S. 122. Haftet neben dem ursprünglichen Schuldner (zufolge Uebernahme der Schuld) ein Erwerber des Grundstücks, so geht durch die Zahlung des ursprünglichen Schuldners die Verbindlichkeit nicht ganz unter; er hat vielmehr durch die Zahlung das Recht gegen den anderen persönlichen Schuldner und auf Cessiou der Hypothek erworben.

12a) Entsch. B. 48 S. 127 (Rehbein III. S. 701). Zinsen für die Zeit, in der die Hypothek Hypothek des Eigenthümers gewesen ist, können nicht wirksam cedirt werden. Entsch. B. 76 S. 301 (Rehbein III. S. 703).

13) Von der Hagen, Hypothek des Eigenthümers, 1836. Derselbe in Ulrichs Archiv B. 5 S. 359. Pape ebenda B. 60 S. 629. Delbrück, Die Uebernahme fremder Schulden, 1853 S. 63fg. Prinz, Einfluß der Hypothekenbuch-Verf. auf das Sachenrecht S. 233f. Galli, Z. L. v. d. Hypothek des Eigenthümers, bei Gruchot B. 10 S. 513. Hoyer, das. B. 11 S. 23. Zenthöfer in der Anwalt-Zeit. 1864. S. 243. Göppert, das. 1864 S. 279f. Geck, das. 1865 S. 113. Silberschlag, das. 1866 S. 289. Hinschius, das. 1866 Nr. 44. 45. Bremer, Grundschuld und Hypothek. S. 46fg. Schollmeyer, Hypothek des Eigenthümers. Kindel bei Gruchot B. 20 S. 139. Buchta, Hypothek des Eigenthümers 1875. B. Roth, Die hyp. Succession und die Eigenthümerhypothek. G. Hartmann, Recht an eigener Sache. — Auch das österreichische G.B. § 1446 schließt die Aufhebung durch Vereinigung von Rechten und Verbindlichkeiten in Einer Person aus und läßt die Hypothek nur durch Löschung untergehen. Die sich in den früheren Auflagen anschließenden Verweise auf andere Gesetze hätten umfangreicher Ergänzung bedurft und sind deshalb weggelassen.

14) §§ 63—66 d. Ges.

thümers zuließ, brachte er in das hypothekarische System des A.L.R. einen Riß, den die Wissenschaft nicht zu heilen vermochte. Das Gesetz vom 5. Mai 1872 hat neben der Grundschuld des Eigenthümers[15]) auch die Hypothek des Eigenthümers als ein besonderes Rechtsinstitut in sein System aufgenommen.

Geschichtlich ist zu bemerken, daß der Anh.-§ seine Entstehung einem Gutachten der Gesetzkommission vom 10. Juli 1802 verdankt[16]), durch das die Frage entschieden werden sollte, „ob Schuldforderungen, welche im Hypothekenbuch eingetragen sind, für erloschen zu erachten, wenn sie durch Erbgangsrecht oder aus einem anderen Rechtsgrunde auf den Inhaber des verpfändeten Grundstücks transferirt werden; oder ob Letzterer seine Qualität als Eigenthümer oder Debitor unbeschadet dergleichen Ansprüche anderweit cediren dürfe?" Man wollte aus bloßen Zweckmäßigkeitsgründen dem Eigenthümer ein Dispositionsrecht über die in sein Eigenthum zurückgefallene Hypothek mit ihrer Priorität gewähren und, indem man davon ausging, daß ein solches Dispositionsrecht nicht schon aus seinem Eigenthum hervorgehe, weil nach dem Erlöschen der vorderen Hypothek die nachstehenden von selbst sich vorschieben, wollte man ihn selbst an seiner eigenen Sache zum creditor hypothecarius cum jure praelationis machen. Wurde ihm so gestattet, neben seiner Eigenschaft als Eigenthümer des Grundstücks die Eigenschaft eines hypothekarischen Gläubigers beizubehalten, so hatte er damit die Möglichkeit, die Hypothek wieder in den Verkehr zu bringen und sich dadurch einen Kredit zu verschaffen, der ihm versagt werden würde, wenn der neue Gläubiger der letzte werden müßte. Der Anh.-§ läßt es dahingestellt, wie die Vereinigung des Hypothekenrechts mit dem Eigenthum zu Stande gekommen ist, ob durch Erwerb des Grundstückseigenthums durch den Gläubiger, ob durch Erwerb der Forderung durch den Eigenthümer[17]). Zweifelhaft aber blieb es, ob die Bestimmung sich auch auf die Fälle beziehen konnte und sollte, wo der Eigenthümer des Grundstücks die durch die Hypothek gesicherte Forderung durch Zahlung oder durch einen anderen Akt, z. B. Kompensation, getilgt hatte; denn man konnte nicht wohl behaupten, daß der Schuldner, der seine Schuld bezahlt, die ihr entsprechende Forderung erwerbe, oder daß durch die Zahlung sich eine Konfusion von Forderung und Schuld in seiner Person vollziehe. Diese Zweifel sollte sodann die Deklaration beseitigen; der Eigenthümer erhielt auch die von ihm bezahlte Hypothekenforderung zu weiterer Disposition[18]).

---

[15]) S. oben § 198 Anm. 22 f.

[16]) Abgedruckt bei Amelung. N. Arch. der preuß. Gesetzgebung u. Rechtsgelehrs. B. 2 S. 457—473.

[17]) Es heißt in dem Gutachten S. 457: „wir werden bei der nachfolgenden Erörterung jede Art der Vereinigung des Eigenthums einer hypothekarisch versicherten Schuldforderung und des verpfändeten Grundstücks in Einer Person voraussetzen".

[18]) Der Deklaration vom 3. April 1824 (G.S. S. 77) liegt ein Gutachten des Staatsraths, Abtheil. für Justiz und Inneres, vom 22. Januar 1824 zu Grunde, abgedruckt

Daß diese Vorschriften eine Anomalie in dem System des landrechtlichen Hypothekenrechts und gegen die Natur der Obligationen sind, war nicht zu verkennen. Sie widersprechen der accessorischen Natur der Hypothek, wie sie das A.L.R. festhielt, sie widersprechen, auch wenn man der Hypothek eine selbständige Fortdauer nach dem Wegfall der Obligation einräumen wollte, doch dem von der älteren Theorie sonst festgehaltenen Grundsatz, daß dem Eigenthümer an seiner Sache nicht ein besonderes dingliches Recht zustehen kann: nur die formale Einwirkung des öffentlichen Hypothekenbuchs konnte hierfür eine Erklärung ermöglichen. Der Theorie erwuchs so die Aufgabe, für den durch das Gesetz geschaffenen anomalen Rechtssatz eine juristische Konstruktion zu finden, die möglichst in Einklang mit den feststehenden Prinzipien des Obligationen- und Pfandrechts blieb. Die Praxis hatte die fast noch schwerere Aufgabe, die Grenzen und Voraussetzungen seiner Anwendbarkeit im Einzelnen zu bestimmen. Es sind verschiedene Erklärungsversuche hervorgetreten, und wenn diese auch jetzt nur noch ein dogmengeschichtliches Interesse gewähren, so können sie doch hier nicht ganz übergangen werden, weil es von Werth ist, an ihnen den Gegensatz zu der Theorie des neuen Rechts zu zeigen. Zuerst traten die Auffassungen hervor, daß der Eigenthümer nur die Hypothekenstelle (den locus auf dem Folium) zur Disposition erhalte[19]), oder daß jedem späteren Gläubiger nicht die ganze Sache, sondern nur deren Werthrest verpfändet sei, mithin mit dem Wegfall eines vorderen Gläubigers der betreffende Werth der Sache wieder freies Eigenthum des Besitzers und diesem ungehindert zur Verfügung gestellt werde[20]). Gegen die erste spricht, daß die Stelle auf dem Folium keine juristische Existenz hat, nicht Gegenstand von Rechtsgeschäften sein kann[21]). Die zweite widerspricht dem Grundsatz, daß jedem Gläubiger die ganze Sache verpfändet ist, einem Grundsatz, der auch im preußischen Recht volle Anerkennung gefunden hat. Deshalb glaubte die Gesetzkommission, daß ein Dispositionsrecht des Grundeigenthümers über die Hypothek aus seinem Eigenthum allein sich

---

in Kamptz, Jahrb. B. 50 S. 177 fg. Das Gutachten ist auch von dem Germanisten Eichhorn und von Savigny unterzeichnet. Dazu noch S. 205 das. der Auszug aus dem Staatsrathsprotokoll vom 16. März 1824. Unter den damaligen Gerichten (s. Gutachten S. 191) hatten die O.L.Gerichte von Westpreußen und Pommern die Hypothek des Eigenthümers auch auf gezahlte Hypotheken angewendet, das Kammergericht, das O.L.G. Posen und das Trib. in Königsberg sich dagegen erklärt. Die begutachtenden Mitglieder des Staatsraths standen sich vier und vier gegenüber, endlich entschied für die Deklaration die Erwägung, „daß es auf die preußische Hypothekenverfassung ankomme, und daß den Grundbesitzern zu sehr die Gelegenheit erschwert werden würde, wenn sie über die gezahlte Hypothekenpost nicht anderweitig sollten verfügen können, gegenseitig aber nur den späteren Hypothekengläubigern ein Vortheil erwachsen würde, worauf sie weder Anspruch haben, noch auf welchen sie hätten rechnen können". S. 206.

[19]) In den Reskr. des Just.M. v. 25. März und 13. Mai 1831 vertreten. S. hierüber Bornemann IV. 248.

[20]) In der Schrift v. d. Hagen's, Die Hypothek des Eigenthümers, 1836, ausgeführt. Vgl. desselben Aufsatz im Arnsb. Arch. B. 5 S. 59.

[21]) Bornemann a. a. O. v. d. Hagen a. a. O. S. 80. Entsch. B. 5 S. 59.

nicht herleiten lasse[22]). — Delbrück[23]) fand die wissenschaftliche Erklärung in dem von ihm aufgestellten Unterschied von Obligation und Schuld; die Obligation gehe unter durch Konfusion, Zahlung u. s. w., aber die Schuld könne als Sache, als Verkehrsobjekt bestehen bleiben. Diese Ablösung der Schuld und Forderung von ihrem Grunde, dem persönlichen Verhältniß zwischen Schuldner und Gläubiger (der Obligation) ist aber unhaltbar, weil sie durch letztere allein ihre Existenz haben[24]). — Koch behauptete: die persönliche Verbindlichkeit geht zwar unter, aber das Hypothekenrecht als „dingliches Forderungsrecht“ gedacht, dauert fort, durch die hypothekenrechtliche Form aufrecht erhalten[25]). Diese Ansicht fällt damit, daß ein dingliches Forderungsrecht eine leere Wortzusammenstellung ist, die sich mit keinem denkbaren Inhalt in die älteren landrechtlichen Bestimmungen hineintragen läßt. — Dann ist Göppert[26]), insofern er sich die Belastung eines Grundstücks als successive Parzellirung seines Werthes denkt, der Theorie v. d. Hagens wieder nahe gekommen, und wenn er die Cession des Eigenthümers als eine neue Pfandbestellung mit der Priorität der alten Hypothek bezeichnet, so erinnert dies auch an die Theorie vom Lokus. Dabei blieb unerklärt, wie dem neuen Gläubiger, der dem Eigenthümer ein Darlehn gegeben oder Arbeitslohn von ihm zu fordern hat, eine Hypothek über einen Kaufgeldrückstand cedirt werden kann, während er doch nicht Gläubiger des Rückstandes werden soll. Ist die Cession des Eigenthümers eine neue Pfandbestellung nur mit alter Priorität, so muß eine neue Eintragung der Forderung des neuen Gläubigers, also eine Umschreibung der alten Hypothek auf den neuen Schuldgrund erfolgen[27]). Gegenüber diesen verschiedenen wissenschaftlichen Erklärungsversuchen hat die Praxis des Obertribunals in dem Plenarbeschluß vom 27. Mai 1839[28]) ausgesprochen und später fest daran gehalten, daß durch den Anh.-§ 52 und dessen Deklaration nicht bloß das Hypothekenrecht, sondern auch die Obligation erhalten werde, daß die Tilgung der letzteren nicht als Tilgung aufgefaßt werden soll, daß folgeweise auch eine Konsolidation des Eigenthums, eine Befreiung des Grundstücks von dem Pfandrecht nicht eintrete, und der Eigenthümer die Verfügung über die Forderung mit ihrer Hypothek erhalte. Es ist nun freilich leicht, hiergegen anzuführen, daß eine bezahlte, durch Erbgang auf den Schuldner übergegangene d. h. durch Konfusion erloschene, eine durch

---

22) S. hierüber Bornemann IV. 249f. Gutachten der Ges.-Komm. a. a. O. S. 468.

23) A. a. O. S. 65.

24) Vgl. auch oben B. I. § 102.

25) Koch, bes. in seinem Komm. zu Anh. § 52.

26) Anwaltzeitung 1864 S. 279. Seiner Auffassung nähert sich die von Hinschius das. 1866. Nr. 44. 45.

27) Dies wird auch für die Gesetzrevision von Göppert vorgeschlagen. Vgl. hierüber den Schluß dieses §.

28) Entsch. B. 5 S. 51fg. (Rehbein III. S. 685), Entsch. B. 11 S. 303 (Rehbein III. 692).

Kompensation berichtigte, eine erlassene Schuld unmöglich ungetilgt fortbestehen könne, daß es unmöglich sei, zu sagen, der Schuldner erwerbe die von ihm bezahlte oder sonst getilgte Schuld, und die so erworbene Schuld gehe nicht durch „Konfusion" unter. Man kann es auch leicht als unmöglich bezeichnen, daß der Schuldner durch Cession die Forderung an sich selbst erwerben soll, da doch Niemand sein eigener Schuldner oder Gläubiger, Niemand auch sein eigener Hypothekengläubiger sein kann. Der Fehler der Konstruktion des Dogmas liegt eben darin, daß man den Eigenthümer, an den eine Hypothek zurückgefallen war, als wirklichen Gläubiger der Forderung und der Hypothek auffaßte, ihn in diese Gläubigerrolle gewissermaßen hinein drängte. Dadurch wurde das ganze Institut eine Anomalie; der Rechtssatz blieb ein positiver, für den man nur allenfalls Zweckmäßigkeitsgründe anführen konnte[29]). Aber der Fehler lag nicht in der Theorie, sondern im Gesetz selbst, und es war hoffnungslos, ihn durch die Theorie zu überwinden.

Aus dem Gutachten der Gesetzeskommission geht mit Sicherheit hervor, daß die hypothekarische Schuldforderung erhalten bleiben sollte[30]), die eingetragene Forderung, also Obligation und Hypothek in ihrer Einheit, zwar gewiß nicht so, daß der Eigenthümer Obligation und Hypothek gegen sich selbst und für sich selbst geltend machen könne, aber doch so, daß für das persönliche und dingliche Recht ein den Untergang beider ausschließendes, ruhendes Verhältniß vermöge der Hypothekenbuchseinrichtung geschaffen werde[31]), die es ermögliche, daß der Eigenthümer über beides für Dritte disponiren, sich einem Dritten gegenüber wieder zum Schuldner dieser Schuld machen könne. Die Forderung und ihre Hypothek sollten trotz Konfusion oder Zahlung vermöge einer Fiktion erhalten bleiben, indem die Thatsache, daß der Schuldner die Post nicht hat löschen lassen, anzeigen soll, daß die Zahlung von ihm nicht in der Tilgungsabsicht (animo solvendi) geleistet worden[32]).

---

[29]) In dem Gutachten der Gesetz-Kommission (a. a. O. S. 468) ist als Motiv ausgesprochen, es solle dem Eigenthümer der Titel gewährt werden, um gegen nachstehende hypothekarische Gläubiger die freie Disposition über die in Rücksicht seiner allein vakante Hypothekenstelle behaupten zu können, damit er nöthigenfalls den Kredit finde, welchen er vielleicht nicht erlangen würde, wenn er nur den Theil des Werthes seines Grundstücks verpfänden dürfte, welchen die Forderungen der ihm als Kreditoren nachstehenden hypothekarischen Gläubiger übrig lassen.

[30]) Es wird in dem Gutachten immer von der eingetragenen, ungelöscht gebliebenen Schuldforderung gesprochen. Entsch. B. 5 S. 59.

[31]) Das Gutachten knüpft S. 458 an die Bestimmung der Hyp.-Ordn. II. § 241 an.

[32]) So faßt es insbes. das Gutachten v. 22. Jan. 1824 (a. a. O. S. 182fg.) auf, indem die Solution in diesem Sinne (d. h. wenn der zahlende Schuldner dabei die Absicht hat, über die Forderung weiter zu disponiren) nicht als wirkliche Solution angesehen werden könne. In dem Gutachten heißt es S. 181 a. a. O.: „es ist nicht der Eigenthümer des Grundstücks, sondern der hypothekarische Gläubiger, dessen Forderung im Hypothekenbuch noch ungelöscht steht, der das Recht, welches er daran hat, einem Andern cedirt. Dies ist wenigstens die Ansicht, welche die ehemalige Gesetz-Kommission in dem Gutachten v. 10. Juli 1802 aufgestellt hat." Darin zeigt sich, daß der cedirende Eigenthümer eigentlich nur eine Vermittlerrolle hat. So hat die Sache namentlich auch Savigny aufgefaßt, der nach Försters einem nachgeschriebenen Heft ent-

Das Gesetz vom 5. Mai 1872 vermeidet es, in seinen Bestimmungen eine bestimmte theoretische Auffassung auszusprechen. Die Vorschriften lauten wörtlich: § 63. „Wenn eine Hypothek oder Grundschuld von dem Eigenthümer bezahlt oder auf andere Weise getilgt worden ist, so ist der bisherige Gläubiger nach der Wahl des Eigenthümers verpflichtet, entweder Quittung oder Löschungsbewilligung zu ertheilen, oder die Post ohne Gewährleistung abzutreten." § 64. „Der eingetragene Eigenthümer ist berechtigt, auf Grund der Quittung oder Löschungsbewilligung die Post auf seinen Namen umschreiben zu lassen oder über sie zu verfügen." § 65. „Ein gleiches Recht hat der eingetragene Eigenthümer, welcher die Hypothek oder Grundschuld von Todeswegen erworben hat, auf Grund des Testaments, des Erbvertrags oder der Erbbescheinigung. Hat derselbe die Post als Vermächtnißnehmer erworben, so bedarf es zur Umschreibung der Einwilligung des Erben oder seiner rechtskräftigen Verurtheilung zu derselben." § 66. „Erwirbt der Gläubiger das verpfändete Grundstück, so kann er die Hypothek oder Grundschuld auf seinen Namen stehen lassen, oder über sie verfügen."

Zunächst fällt als erheblicher Unterschied gegen das alte Recht auf, daß das Gesetz nicht nur den einzelnen Fall der Zahlung regelt, sondern alle Fälle ordnet, in denen eine Tilgung durch den Eigenthümer oder die Vereinigung der Person des Gläubigers mit der Person des belasteten Eigenthümers eintritt: der Eigenthümer tilgt die auf seinem Grundstück eingetragene Grundschuld und Hypothek; der Eigenthümer erwirbt sie durch Erbgang, als Erbe oder Vermächtnißnehmer; der Gläubiger wird Eigenthümer des belasteten Grundstücks, sei es durch ein Geschäft unter Lebenden oder von Todeswegen. Ein anderer Fall ist nicht denkbar. Daß der Eigenthümer eine Grundschuld auf seinem Grundstück ursprünglich für sich selbst eintragen lassen kann, ist oben erwähnt; eine Hypothek kann er nicht für sich neu eintragen lassen[33]).

Sodann sagt das Gesetz nirgend ausdrücklich, daß der Eigenthümer, der eine getilgte oder erworbene Hypothek oder Grundschuld auf seinem Grundstück ungelöscht stehen läßt, dadurch in die rechtliche Lage eines Hypotheken- oder Grundschuldgläubigers komme. Noch kurz vorher hatte das Hypothekengesetz für Neuvorpommern und Rügen vom 21. März 1868 in § 81 ausgesprochen, daß der Eigenthümer „in das Verhältniß eines Hypothekengläubi-

nommener Mittheilung in seiner Vorlesung über das A.L.R. sagte: „z. B. ich habe sechs Kreditoren auf meinem Hause, nun findet sich Jemand, der dem ersten die Schuld abkaufen will; dies kann geschehen, und dieser B. tritt nun in die erste Stelle. Warum soll dies nun nicht durch Vermittlung des Schuldners geschehen? Ist dies aber erlaubt, warum soll er nicht auch im Voraus dies so einrichten können? Er zahlt dem A. ohne noch dem B. verpfändet zu haben, und hofft, daß dies später der Fall sein werde."

[33]) Oben § 498 Anm. 22. Festgehalten muß aber ferner werden, daß die eingetragene Hypothek rechtsbeständig gewesen sein, eine giltige Grundlage in einem wohl begründeten Obligationsverhältniß gehabt haben muß. Die Cession einer nichtigen Hypothek an den Eigenthümer überträgt diesem keine Rechte. Entsch. B. 77 S. 164.

gers trete". Es lag also nahe, dieselbe Auffassung in das Gesetz vom 5. Mai 1872 zu übertragen. Es ist nicht geschehen, es ist dem Eigenthümer ausdrücklich nur das Recht gegeben worden, über die Hypothek und Grundschuld zu verfügen d. h. dritten Personen die Post abzutreten und diese dadurch zu vollem Recht zu Gläubigern der Hypothek und Grundschuld zu machen, obgleich er selbst nicht ein solcher sei; die Cession des Eigenthümers bietet die Form für dieses Verfügungsrecht.

Die Motive des Regierungsentwurfs[34]) fahren, nachdem sie die Bestimmung des neuvorpommerschen Gesetzes erwähnt haben, in dessen Kritik fort: „Es fehlen dem Eigenthümer die wesentlichsten Rechte des Hypothekengläubigers; er kann nicht bloß keine Zinsen von sich selbst fordern, er kann auch nicht die Zahlung des Kapitals durch den Antrag auf Subhastation gegen sich erzwingen und etwa dadurch ein bequemes Mittel erlangen, sich von den dann ausfallenden Hypotheken zu befreien. Die Hypothek ruht, so lange sie sich in seinen Händen befindet, sie ist kein selbständiges Vermögensobjekt für ihn, und hat nur den negativen Werth, daß der Eigenthümer Kapital und Zinsen der Hypothek keinem Dritten schuldet. Nur ein Recht hat er, und nur dieses verlangt das praktische Bedürfniß, ihm zu geben: im Interesse seines Kredits muß ihm gestattet werden, die Hypothek zu veräußern und sich dadurch Kapital zu verschaffen, er muß über dieselbe verfügen können. In dem Moment, wo er die Hypothek veräußert und das Grundstück behält, wird er Hypothekenschuldner. Umgekehrt in dem Moment, wo er aufhört, Eigenthümer des Grundstücks zu sein und die Hypothek behält, wird er Hypothekengläubiger."

Dem entsprechend bezeichnete Förster das Recht des Eigenthümers als ein formales Recht. Wie er bei der Grundschuld des Eigenthümers erst nach der Trennung des Eigenthums vom Grundschuldrecht dem Berechtigten die Stellung eines Gläubigers zuwies, so trat er der Auffassung entgegen, bei der Hypothek des Eigenthümers sei dieser wirklich Berechtigter. Das Obertribunal und das Reichsgericht haben jedoch in der rechtlichen Konstruktion der Hypothek des Eigenthümers an der alten Auffassung festgehalten[35]). Ist der persönliche Schuldner ein Anderer als der tilgende oder durch Konsolidation in das Recht eintretende Grundstückseigenthümer, so erwirbt nach der Auffassung der Praxis der letztere durch gesetzliche Cession das Forderungsrecht an den persönlichen Schuldner. Die Anomalie besteht in diesem Fall nur darin, daß ihm als Pfand für dies Forderungsrecht das eigene Grundstück haftet. Ist der zahlende Eigenthümer selbst der persönliche Schuldner, so ist die Anomalie unzweifelhaft eine größere, und so lange das Gläubigerrecht

---

[34]) Die preuß. Gesetzentwürfe über Grundeigenthum und Hypothekenrecht nebst Motiven. Berlin 1869 S. 63.

[35]) Entsch. B. 81 S. 30 (Strieth. B. 98 S. 41 und 207, Rehbein III. S. 697). Ob.-Trib. bei Gruchot B. 22 S. 782. R.G. bei Gruchot B. 27 S. 1039. R.G. Entsch. B. 2 S. 206, B. 3 S. 266, B. 7 S. 218.

und das Grundstück in derselben Hand bleiben, kann das Gläubigerrecht keine Wirkung äußern. Es ist aber, da es wieder aufleben kann, nur im Zustand des Schlafs, in einem scheintodten Zustand[36]) und lebt bei jeder Trennung auf, mag diese durch den Willen des Gläubigers, durch Veräußerung des Grundstücks oder der Hypothek, oder gegen ihn, durch Zwangsverkauf des Grundstücks oder durch Pfändung oder Ueberweisung der Hypothek an Zahlungsstatt im Wege der Zwangsvollstreckung herbeigeführt werden. Die Bestimmung des § 27 Absatz 2 des Gesetzes vom 5. Mai 1872, wonach bei der Kaufgeldvertheilung in Folge einer gerichtlichen Zwangsversteigerung der (bisherige) Eigenthümer die Post für sich liquidiren kann, und die sich zunächst nur auf die Grundschuld bezieht, wurde auch in den Fällen der §§ 64 bis 66 zur Anwendung gebracht[37]).

Der Eigenthümer überträgt nach dieser Auffassung der Praxis die ihm heimgefallene Hypothek an den Dritten mit ihrer Forderung, ihrem Schuldgrund. Der Dritte erwirbt nicht bloß die Hypothek, sondern auch die persönliche Forderung. Wenn der Schuldgrund der Hypothek z. B. ein Kaufgeldrückstand ist, und ihr neuer Erwerber dem Eigenthümer als Cedenten der Eigenthümerhypothek nur ein Darlehn geben will, so haftet von nun an das Grundstück nicht accessorisch für das Darlehn, sondern die Darlehnssumme ist der Erwerbspreis für die Kaufgeldforderung, beide Forderungen werden ausgetauscht[38]).

Eine analoge juristische Konstruktion bietet das römische Recht in der mittelbaren hypothekarischen Succession dar, — aber auch nur eine analoge. Mit dieser hat nämlich die Hypotheken-Cession des Eigenthümers den Grundgedanken gemeinsam, daß der Nachfolger in die Rechte eines früheren Pfandgläubigers eintritt, ohne daß dessen Einwilligung nothwendig ist. Abgesehen von den anderen Fällen der hypothekarischen Succession (im Falle der s. g. Novation, des Eintrittsrechts), giebt das römische Recht demjenigen, der dem Eigenthümer Geld leihet, um einen Pfandgläubiger zu befriedigen, das Recht, sich dafür das Pfandrecht des abgefundenen Gläubigers übertragen zu lassen, und es gestattet demjenigen, der das verpfändete Grundstück kauft, um einen Pfandgläubiger abzufinden, die Befugniß, einem anderen Gläubiger die Pfandsicherheit eines abgefundenen zu gewähren[39]). Die Aehnlichkeit ist nicht zu verkennen[40]), aber auch nicht die Verschiedenheit. Im preußischen Recht vermittelt den Uebergang des Pfandrechts auf den neuen Gläubiger der Eigenthümer selbst, und um ihm diese Vermittelung möglich

---

36) Loebell, Studien z. Gr.B.O. S. 17.

37) Entsch. B. 12 S. 66. Strieth. B. 11 S. 1, B. 14 S. 142, B. 16 S. 64.

38) Der cedirende Grundstückseigenthümer wird durch seine Cession obligatorisch nur wie ein Cedent verpflichtet; er haftet selbst dann nur als solcher, wenn in Wahrheit keine persönliche Forderung mehr existirt. Vgl. R.G. Entsch. B. 5 S. 321.

39) l. 12 § 8 D. XX. 4, l. 3 D. XX. 3, l. 1 C. VIII. 19, l. 17 D. XX. 4, l. 3 C. VII. 19. Seuffert XIII. 310. Dernburg, Pfandrecht II. S. 491.

40) Sie ist auch in den beiden Gutachten, der Gesetz-Kommission und des Staatsraths,

zu machen, giebt ihm das Gesetz ein Verfügungsrecht über die Post, das er an sich nicht hätte. Auch wird hier nach der Auffassung der Praxis auf den neuen Gläubiger die Hypothek mit der alten Forderung, im römischen Rechte aber nur das Pfandrecht auf die neue Forderung übertragen[41]). Nach preußischem Recht sollte also der neue Gläubiger nicht bloß in das Pfandrecht, sondern auch in die Forderung succediren.

Im Anschluß an Förster ist in der ersten Darstellung des neuen Herausgebers dieses Buchs der Standpunkt der Praxis ohne Widerspruch gelassen, während Achilles und Dernburg demselben entgegen getreten sind und für die Hypothek des Eigenthümers wesentlich die Natur der Grundschuld einer trotz des Untergangs der persönlichen Forderung fortbestehenden selbständigen Belastung des Grundstücks mit einer daraus zu erfüllenden Geldzahlungspflicht in Anspruch nehmen[41a]). In der That bietet die gegenwärtige Lage der Gesetzgebung keinen Grund, dieser weit einfacheren Konstruktion des Verhältnisses die Zustimmung zu versagen. Dabei ist von dem oben erwähnten Fall der Eigenthümer-Hypothek abgesehen, in dem diese auf Konsolidation ohne gleichzeitige Konfusion beruht, von dem Falle also, wenn der persönliche Schuldner ein Anderer ist als der die Hypothek erwerbende Eigenthümer[41b]). Die gegenwärtige Lage der Gesetzgebung läßt es zu, daß die Hypothek trotz des Mangels einer nur scheinbar vorhanden gewesenen zu

---

hervorgehoben, und der in dem Anh. § 52 ausgedrückte Rechtssatz hat auch der damaligen gemeinrechtlichen Theorie nicht fern gelegen. Das Gutachten der Gesetz-Kommission beruft sich auf Cocceji j. civ. controv. c. 46 tit. 6. § VIII. und XI. fg. welcher ausführt, daß nach röm. R. die Verpflichtung des Schuldners und die damit verknüpften Pfandrechte durch die Konfusion nicht gänzlich, sondern nur in Ansehung der persönlichen Verbindlichkeit desjenigen, in dessen Person das Recht und die Pflicht zusammentreffen, ipso jure aufhören. Auch Heineccius, Elem. instit. §§ 351. 378. 951. Dernburg, Pfandr. II. S. 512 Note 8 citirt eine Schrift von Becmann, De successione hypothecaria, 1782, welche in § 14 f. ausführt, daß wenn der Schuldner dem Gläubiger zahle, das Pfandrecht aus dem Eigenthum des Gläubigers in das des Schuldners zurücktrete, und es nun dessen Willkür anheimgestellt sei, ob er das Pfandrecht mit seinem Eigenthum vereinigen oder einem Dritten verleihen wolle.

[41]) So ist die herrschende Ansicht. S. Arndts §§ 374. a. E. Sintenis I. 632 f. Vangerow I. § 378. Dagegen will Dernburg a. a. O. nachweisen, daß dem neuen Gläubiger ein neues Pfandrecht mit der Priorität des alten bestellt werde, er mithin nur in die Priorität, nicht in das alte Pfandrecht succedire. Vergl. Windscheid I. S. 611 Note 16. Seuffert XVI. 200. Heuser, kurhessische Annalen XIV. 498 fg. — Die oben bei Note 27 im Text erwähnte Ansicht von Göppert de lege ferenda knüpft an die römische hypothekarische Succession an.

[41a]) Achilles zu § 64. Eig.Erw.Ges. Dernburg I. § 337 Anm. 11. Vgl. auch Rothenberg bei Gruchot B. 38 S. 591. Aehnlich auch R.G. Entsch. B. 5 S. 321. In R.G. Entsch. B. 3 S. 266 ist die Eigenthümerhypothek in einem Fall geleugnet, in dem eine Hypothek als accessorisches Recht nie zur Existenz gekommen war. Das ist auch durchaus richtig, wenn der Eigenthümer, der persönlicher Schuldner werden sollte, es aber nicht geworden ist, die Hypothek durch Zahlung einlöst; denn er wußte oder mußte wissen, daß er durch die Zahlung eine validirende Hypothek nicht erwarb. War aber die der causa entbehrende Hypothek inzwischen an einen gutgläubigen Cessionar entgeltlich gelangt, und ist dieser vom Eigenthümer — der nunmehr realen Verbindlichkeit entsprechend — bezahlt, so erwirbt auch in solchem Fall der Eigenthümer die Eigenthümerhypothek.

[41b]) Vgl. B.G.B. § 1177.

sichernden Obligation oder nach Tilgung der zu sichernden Forderung in der Hand des gutgläubigen entgeltlichen Erwerbers ohne die Grundlage einer persönlichen Forderung besteht. Der gutgläubige dritte Erwerber ist in der Lage, auf den guten Glauben des Grundbuchs die Hypothek so geltend zu machen, als ob die nicht bestehende Forderung bestünde, ein persönliches Forderungsrecht hat er aber nicht erlangt. Hier ist also die Hypothek von ihrer Grundlage ohne allen Zweifel gelöst. Warum soll man sich bei der Eigenthümerhypothek vor der gleichen Annahme verschließen und in den Fesseln verbleiben, die sich aus der Annahme jener nothwendig accessorischen Natur der Hypothek ergeben? Auch im praktischen Leben denkt wohl der Cessionar, dem vom Eigenthümer eine Hypothek für eine alte Kaufgeldforderung cedirt wird, deren Schuldner der Cedent war, in keiner Weise daran, daß er dadurch die Rechte aus dem Kaufvertrag gegen die Person des Cedenten erlange.

Die Bestimmungen über die Umwandlung der ursprünglich für Andere begründeten Grundschuld und der Hypothek in Eigenthümer-Grundschulden und Hypotheken bedürfen noch der näheren Erläuterung:

1. Objektive Voraussetzungen. Es wird erfordert daß die Hypothek oder Grundschuld in ein vollständig eingerichtetes Grundbuch eingetragen war; eine Anwendung auf die s. g. Rekognitionen ist ausgeschlossen, und zwar aus dem entscheidenden Grunde, weil bei dem Rekognitionssystem die Garantie für die Rechtsgiltigkeit der Post noch fehlt, die Rekognition nur über eine ungeprüfte, provisorische Anmeldung ertheilt wird[42]). — Die Hypothek muß für eine schon in bestimmter Höhe begründete Geldforderung eingetragen sein[43]). Eine bloße Kautionshypothek geht durch Tilgung der zu sichernden Forderung unter[44]). Pfandbriefsdarlehne können nach dem maßgebenden landschaftlichen Reglement in der Weise begründet sein, daß sie von dem Besitzer nicht eingelöst werden können, sondern nur durch Amortisation allmählich abgetragen werden, aber so, daß aus der Zahlung nur eine persönliche Pflicht der Landschaft zur Abrechnung, nicht ohne Weiteres eine theilweise Tilgung der durch Hypothek gesicherten Forderung erwächst. In-

---

[42]) Entsch. B. 15. S. 232. A. M. Bornemann (2. A., in der 1. stimmte er noch überein) IV. 252fg.

[43]) Gutachten des O.-Trib. v. 11. März 1839. J.M.Bl. S. 175. Strieth. B. 47 S. 149. — Ist die noch nicht bestehende, aber demnächst entstandene Forderung als eine bestehende eingetragen, z. B. ein Darlehn, welches, wenn auch erst nach der Eintragung, gegeben ist, so genügt es, daß die Hypothek dadurch Kraft erlangt hat. Wird aber eine solche Hypothek, ohne Kraft erlangt zu haben, dem Eigenthümer cedirt, so erlangt sie auch in dessen als des Eigenthümers Hand keine Kraft. — Bei Eintragungen, die in die zweite Abtheilung des Grundbuchs gehören, ist von einem Eintritt des Eigenthümers nicht die Rede. Ebensowenig bei Hypotheken aus der Zeit vor der Gesetzgebung von 1872, welche eine andere als eine Geldforderung sichern sollen.

[44]) Ges. über den Eigenthumserwerb. § 67. Vgl. über älteres Recht Entsch. B. 26 S. 292. Vgl. oben § 199a. bei Anm. 20. Eine Geldforderung ist zwar in dem Fall der Kautionsbestellung eingetragen, indeß nicht als eine schon existirende Forderung, sondern nur als die Summenbegrenzung einer möglichen künftigen Forderung, die gar nicht existent wird, wenn die Forderung nicht zur Existenz kommt. Ueber die in eine wirkliche Hypothek umgeschriebene Kautionshypothek vgl. oben § 199a Anm. 20.

sofern aber die Theilzahlung wirklich die Hypothek theilweise tilgt, kann auch beim Pfandbriefdarlehn eine Eigenthümerhypothek entstehen[45]. Wenn eine Hypothek oder Grundschuld nur auf den Revenüen des Grundstücks haftet[46], soweit das zur Zeit noch möglich ist, kann auch die Revenüenhypothek sich in eine Eigenthümerhypothek verwandeln[47]. Aber eine giltige, rechtsbeständige Hypothek muß vorliegen. Eine Löschungsbewilligung, die wegen Unverbindlichkeit der Belastung oder weil die zu sichernde Forderung nicht zur Existenz gekommen ist, ertheilt wird, überträgt das Recht nicht[47a], und auch, wenn Zahlung oder sonstige Tilgung erfolgt ist, kann jeder andere Realinteressent dem Grundeigenthümer gegenüber die Richtigkeit der Belastung geltend machen. Dagegen schadet es nicht, daß die Post nur als Vormerkung zur Erhaltung des dinglichen Rechts und der Rangordnung eingetragen ist, sofern nur objektiv das Recht auf Umschreibung in eine wirkliche Hypothek begründet war[48]. Ebenso wenig kann die Begründung der Eigenthümerhypothek dadurch allein gehindert werden, daß bei der Post Einreden vorgemerkt sind. Aeltere Arrestvermerke bezüglich des Grundstücks gaben keine Hypothek, es wurde daher vom Eigenthümer, der den Grund des Arrestes beseitigt hat, nicht eine Eigenthümerhypothek erworben[49]. Wird die Hypothek nur theilweise getilgt, so tritt der Eigenthümer insoweit ein und kann Partialcession fordern; dagegen giebt die Zahlung der aus der Hypothekenforderung hervorgehenden Nebenrechte, der Zinsen, nicht das Recht, über die Hypothek des Zinsrechts weiter zu verfügen. Nur bezüglich des Kapitals selbst mit den dafür ferner erwachsenden Zinsen ist eine Eigenthümerhypothek denkbar[50].

Ist nicht ein tilgender Akt vom Eigenthümer vorgenommen, hat dieser vielmehr nur einen Verzicht auf das Pfandrecht, Freigabe des Grundstücks, Entlassung aus der Verbindlichkeit erlangt, so ist von einer Eigenthumhypothek oder Grundschuld nicht die Rede[50a]. Ebenso kann ein erwirktes Aus-

---

45) Rechtsf. B. 2 S. 116. Strieth. B. 55 S. 287. Reskr. v. 29. Septbr. 1832. Jahrb. B. 40 S. 164 v. 5. Juni 1833 u. 31. Mai 1834. Jahrb. B. 41 S. 542, B. 43 S. 587. Das Recht auf Theilnahme am Amortisationsfonds gilt als Gutszubehör. Vgl. Entsch. B. 23 S. 260. R.G. bei Gruchot B. 25 S. 742. R.G. Entsch. B. 1. S. 368. 398, B. 3 S. 223. Soweit nach den Reglements die Pfandbriefhypotheken nach der im Text angegebenen Richtung keine Besonderheit haben, ist die Anwendung des Anh. § 52 und der §§ 64ff. Eig.Erw.Ges. nicht ausgeschlossen. In der Praxis kommt besonders bei dem von Körperschaften und Pfandbriefinstituten gegebenen hypothekarischen Kredit die Abrede vor, daß der Eigenthümer durch Tilgung der Hypothekenforderung — oder durch nur theilweise Tilgung — das Recht der Eigenthümerhypothek nicht erlangen solle. Diese Abreden verstoßen gegen das gesetzlich geordnete Wesen der Hypothek und sind ohne Bedeutung. Nur für „Kreditinstitute" gilt die Ausnahme in § 47 der Grundbuchordnung. Ueber die gegen einen Andern übernommene Pflicht, die Eigenthümerhypothek zur Löschung zu bringen, vgl. B.G.B. § 1179.

46) Oben § 190 Anm. 33.

47) Entsch. B. 49 S. 112.

47a) R.G. Entsch. B. 32 S. 308.

48) Entsch. B. 13 S. 257. J.M.Bl. 1844 S. 270f. Dernburg I. § 338 Anm. 3.

49) J.M.Bl. 1844 S. 268fg. Vgl. B. I. § 48 unter 6, B. III. § 169 Anm. 14.

50) Entsch. B. 48 S. 127. Ueber die Theilzahlungen s. unten Anm. 56.

50a) Abweichend B.G.B. § 1168. — Einer nur noch scheinbar validirenden Hypothek wird

schlußerkenntniß den Eintritt des Eigenthümers nicht begründen, es kann darauf hin nur die Löschung beantragt werden[50b]). Tilgung im Wege der Zwangsvollstreckung in das Grundstück führt zur Löschung von Amtswegen. Auch hier ist ein Eintritt des Vollstreckungsschuldners in die Hypothek oder Grundschuld nicht möglich[50c]).

2. Der Eigenthümer des Grundstücks[50d]) soll das Dispositionsrecht erhalten, wenn ihm die Hypothek oder Grundschuld angefallen ist, oder er die Post getilgt hat[51]). Seine Legitimation zur Verfügung über die Post liegt in dem Nachweis, daß er entweder durch Erbgang die auf seinem Grundstück eingetragene Post oder das Grundstück, auf dem sie für ihn eingetragen ist, erworben, oder daß er sie auf irgend eine Weise getilgt hat. Die Tilgung muß er durch eine Quittung oder Löschungsbewilligung oder Cession auf sich nachweisen. Diese Legitimation kann er aber von dem befriedigten Gläubiger fordern. Sein Recht wird nicht durch die Quittung, Löschungsbewilligung oder Cession begründet, sondern durch die Tilgung. Erhält er Quittung oder Löschungsbewilligung, weil ein Anderer als er selbst Zahlung geleistet oder einen anderen Tilgungsakt vorgenommen hat, so ist er nur zum

---

bei der Zwangsversteigerung von den interessirten Realinteressenten mit Recht jede Berücksichtigung bestritten.

50b) Das Ausschlußerkenntniß legt weder Zahlung noch sonstige Tilgung der Forderung durch den Eigenthümer dar.

50c) Der Gläubiger hat hier sein Recht, insofern er aus dem Grundstück Zahlung erhält, erschöpft. Das Recht ist verbraucht und muß von Amtswegen zur Löschung gebracht werden. Die Zahlung ist bei der Zwangsversteigerung auch nicht aus dem Vermögen des Grundeigenthümers erfolgt, denn mit dem Zuschlag hat der Vollstreckungsschuldner das Grundstück verloren. Dieser letztere Gesichtspunkt fällt allerdings bei der Zahlung aus der Zwangsverwaltungsmasse fort.

50d) Ob der Eigenthümer eingetragen ist oder nicht, ist gleichgiltig; darauf, daß er eingetragen ist, kommt es erst an, wenn er weiter cediren will, ohne ausdrückliche Cession auf seinen Namen erlangt zu haben. Vgl. Anm. 55.

51) Der Eigenthümer selbst muß die Hypothek bezahlt haben, oder ein Dritter in seinem Auftrag oder in seinem Interesse. Entsch. B. 30 S. 439, B. 37 S. 91. Striethorst B. 35 S. 228. Zahlt der vom Eigenthümer verschiedene persönliche Schuldner und läßt er sich danach Cession der Rechte aus der Hypothek ertheilen, so steht ihm die dingliche Klage nicht zu, da das Recht durch seine Zahlung getilgt ist. Entsch. B. 36 S. 117 (Rehbein III. S. 708). Vgl. die abweichende Regelung im B.G.B. § 1164. — Der Adjudikatar kann nicht über solche Hypotheken durch Cession verfügen, die bei der Kaufgelderbelegung durch Zahlung getilgt worden, denn nicht er hat die Hypothek gezahlt, sondern der Subhastat aus dem von jenem erlegten Kaufgelde. Reskr. v. 12. Okt. 1839. J.M.Bl. S. 342. Koch, Uebergang der Ford.-Rechte S. 124. Der Adjudikatar erlangt auch nicht die Disposition über diejenigen Posten, die ausgefallen sind; diese sind vielmehr von Amtswegen zu löschen. Subh.-Ordn. vom 15. März 1869 § 79 Abs. 2. Immobiliar-Vollstr.-Gesetz § 124 Ziffer 2. Hypotheken, die der Adjudikatar in Anrechnung auf das Kaufgeld übernimmt und später bezahlt, sowie die Hypothek, die ihm selbst auf dem Grundstück zustand, fallen aber seiner Disposition anheim. Entsch. B. 47 S. 138. Striethorst B. 44 S. 257. — Darüber, daß das Recht der Eigenthümerhypothek nicht erst durch die dem Eigenthümer ertheilte Legitimation erworben wird, vgl. Striethorst B. 61 S. 86, B. 90 S. 190, B. 98 S. 276. R.G. Entsch. B. 5 S. 312. Nimmt der Gläubiger eine Theilzahlung auf das Kapital an, so geht die Hypothek in Höhe der Theilzahlung über. Bleiben nur Zinsen rückständig, so ist die ganze Post zu cediren oder zu quittiren unter Vorbehalt des persönlichen und dinglichen Zinsrechts. R.G. bei Gruchot B. 25 S. 999. B. 34 S. 144.

Löschungsantrag legitimirt, und hat nicht die Rechte der Eigenthümerhypothek oder Grundschuld. Disponirt er dann durch Cession, so erwirbt der Cessionar kein Recht[51a]).

Da das preußische Recht die Gesammtschuld und Gesammthypothek kennt, so ist zunächst die Möglichkeit gegeben, daß der Eigenthümer eine auf mehreren seiner Grundstücke eingetragene Hypothek oder Grundschuld bezahlt und dadurch als Eigenthümerhypothek oder Grundschuld an sich bringt. Ist er dann, wenn er die Post auf dem Blatt des einen hat löschen lassen, noch berechtigt, die auf dem andern Grundstück stehen gebliebene Post als validirend zu behandeln? Die Frage ist in der älteren Praxis zum Theil verneint worden[52]), weil dadurch die nachstehenden Gläubiger des letzteren Grundstücks insoweit zurückgedrängt würden, als die erleichternde Mithaftung des andern Grundstücks wegfalle, und Förster billigte diese Antwort als im Gesetz vom 5. Mai 1872 aufrecht erhalten. Dieser Ausführung ist aber die Praxis mit Recht entgegen getreten. So gut der ursprüngliche Gläubiger eines der ihm haftenden Grundstücke der Pfandhaft entlassen kann, ohne daß die nachstehenden Gläubiger des zweiten Grundstücks sich dadurch beschwert fühlen dürfen, so gut kann dies auch der Eigenthümer der mehreren Grundstücke, der durch Zahlung die Korrealhypothek erworben hat[53]). Auch wenn die mehreren Grundstücke verschiedenen Eigenthümern gehören, muß man annehmen, daß durch Zahlung seitens eines dieser Eigenthümer für ihn die Korrealhypothek — auf seinem Grundstück als Eigenthumshypothek — erworben werde[54]), und daß er durch Entlassung des eigenen Grundstücks aus der Pfandhaft das Hypothekenrecht an dem anderen Grundstück nicht verliert. Danach wird der Eigenthümer, dem eine Eigenthümerhypothek oder

---

[51a]) R.G. bei Gruchot B. 32 S. 996, B. 34 S. 144. Das Obertribunal war hier nicht immer auf einem völlig konsequenten und klaren Standpunkt. Vgl. Entsch. B. 6 S. 127 und andererseits Entsch. B. 30 S. 439, B. 37 S. 91. Ueber die Stellung des persönlich verpflichteten Voreigenthümers s. oben § 192 a. E.

[52]) Vergl. oben § 94 Anm. 74f. Koch, Uebergang S. 88. 124. Gesetzrevis. Pens. XIV. S. 159f. Reskript vom 6. Mai 1835. Jahrb. B. 45 S. 502. v. d. Hagen, Hypoth. des Eigenth. S. 98f. In dem Reskript vom 5. Febr. 1819. Jahrb. B. 13 S. 45 ist die entgegengesetzte Ansicht ausgeführt.

[53]) R.G. Entsch. B. 3 S. 260 u. bei Gruchot B. 26 S. 1129. Vgl. die Literaturnachweisungen zu § 42 des Eig.-Erw.-Ges. in den Kommentaren desselben. Vgl. die Regelung im B.G.B. §§ 1172—1175. 1181. 1182.

[54]) Er wird gut thun, sich Cession ertheilen zu lassen, aber da er auf diese als zahlender Eigenthümer ein Recht hat, so wird man die ihm ertheilte formelle Quittung als gleich legitimirend ansehen müssen. Vgl. übrigens Rintelen S. 166. Colberg, Bedeutung des öffentlichen Glaubens S. 105. 174. S. auch das für den Fall der Zahlung eines Miteigenthümers bezüglich des Erwerbs der Hypothek an den anderen Antheilen abweichende Urtheil des Obertribunals Entsch. B. 67 S. 302 (Rehbein III. S. 706). Das Reichsgericht hat wiederholt anerkannt, daß der zahlende Eigenthümer eines der verhafteten Grundstücke die Gesammthypothek als auf allen verpfändeten Grundstücken lastend erwirbt. R.G. bei Gruchot B. 27 S. 1039, B. 34 S. 143. Vgl. oben § 194 Anm. 80. Der Entwurf des B.G.B. läßt durch Tilgung einer Gesammthypothek durch den Eigenthümer eines der haftenden Grundstücke das Hypothekenrecht der ihm nicht gehörenden Grundstücke erlöschen, wenn nicht ein Regreßanspruch gegen den Eigenthümer dieses andern Grundstückes von einen Rechtsvorgänger desselben besteht.

Grundschuld zusteht, auch nicht gehindert sein, was Förster als unzulässig bezeichnete, bei Parzellirung des Grundstücks die freie Abschreibung einer Parzelle zu bewilligen, auch dann nicht, wenn nacheingetragene Gläubiger vorhanden sind. Man kann in allen diesen Fällen nicht davon reden, daß der Gläubiger aus einem der Grundstücke Befriedigung erhalten hat.

3. Als der Inhalt des dem Grundbesitzer verliehenen Rechts tritt die Dispositionsbefugniß des Eigenthümers über die Grundschuld oder Hypothek als solche hervor. Der Eigenthümer tritt die Grundschuld oder die Hypothek einem neuen Gläubiger ab, der, soweit die Hypothek ein accessorisches Recht geblieben ist, dadurch auch persönlicher Gläubiger wird. Dies Recht hat der Eigenthümer aber nur, wenn er sich von dem befriedigten Gläubiger hat formgerecht seine Rechte abtreten lassen, ohne Weiteres. Auf Grund der bloßen Quittung oder Löschungsbewilligung kann er nur dann über die Post verfügen, wenn er eingetragener Eigenthümer ist[55]). Er hat das Dispositionsrecht auch, wenn nur ein Theil der Forderung an ihn gefallen oder von ihm bezahlt worden — natürlich dann nur über diesen Theil[56]). Auch kann er, wenn ihm die ganze Forderung zur Disposition steht, einen Theil derselben abtreten[57]). Auch wenn er unentgeltlich abgetreten hat, steht ihm ein Einrederecht gegen die abgetretene Hypothek nicht zu[57a]).

Schon die frühere Praxis hat weiter gefolgert, daß der Eigenthümer auch noch nach der Veräußerung des Grundstücks zur Cession einer solchen Hypothek berechtigt sei. Der Satz ist durch Plenarbeschluß festgestellt[58]), und

---

55) Eig.-Erw.-Ges. § 64. Vgl. auch Anm. 41a. Bei der Abtretung kann übrigens auch der Zinsfuß in Gemäßheit des Eig.-Erw.-Ges. § 25 erhöht werden.

56) Wie in B. I. § 91 Anm. 70 ausgeführt worden, erfolgt der Eintritt des Eigenthümers in die Hypothek, falls der Hypothekengläubiger sich nicht das Vorrecht für den Rest vorbehalten hat, zu gleichem Rechte mit dem Rest der Forderung. Förster war unter Bezugnahme auf Entsch. B. 6 S. 127, Strieth. B. 64 S. 84 und Arnsb. Archiv B. 6 S. 27, jurist. Wochenschrift 1846 S. 246fg. Gruchot, Beiträge B. 2 S. 108, Strieth. B. 44 S. 1, B. 45 S. 70, anderer Meinung. Der Gläubiger kann die Annahme einer Theilzahlung weigern, es steht ihm aber nicht das Recht zu, die Theilzahlung unter der Bedingung der Löschung oder unter der Bedingung des Zurücktretens des Bezahlten anzunehmen. Ein solches Zurücktreten kann nur durch Einigung begründet werden. Vgl. auch R.G. Entsch. B. 2 S. 206. Steht aber der dem andern noch persönlich verpflichtete Eigenthümer als Inhaber der Theilhypothek gegenüber, so kann aus seiner persönlichen Verbindlichkeit die Pflicht hergeleitet werden, den konkurrirenden Theilgläubiger bei der Zwangsversteigerung vorweg zur Hebung zu gestatten. R.G. bei Gruchot B. 29 S. 684. R.G. Entsch. B. 27 S. 188. In der letztgedachten Entscheidung ist ausgesprochen, daß dies Recht auch gegenüber der Konkursmasse des Eigenthümers geltend zu machen ist. Es kann auch wirksam im Voraus verabredet werden, daß bei Partialtilgung der nicht getilgte Theil der Hypothek das Vorrecht vor dem getilgten haben solle. Deutsches B.G.B. §§ 1176. 1182.

57) Wenn nicht ein Anderes zwischen dem Eigenthümer und dem neuen Gläubiger verabredet worden, werden auch in diesem Fall beide Theile der Forderung von gleicher Priorität bleiben.

57a) Entsch. B. 62 S. 399 (Rehbein III. S. 711).

58) Entsch. B. 5 S. 51. Strieth. B. 8 S. 234, B. 30 S. 59, v. d. Hagen, Hypoth. des Eigenth. S. 140f. Bornemann IV. 257. Anheimgefallen sein muß aber die Hypothek dem Eigenthümer während seines Besitzes. Entsch. B. 36 S. 117. Strieth.

wenn er auch nach älterem Recht zweifelhaft erscheinen mag, so hat doch das neue Recht die Sachlage geändert: das für den Eigenthümer einmal begründete Recht besteht als etwas vom Eigenthum des Grundstücks Verschiedenes. Der Erwerber der Eigenthümerhypothek kann also nach der Veräußerung des Grundstücks als wirklicher Gläubiger der Hypothek oder Grundschuld sie wie jeder andere Gläubiger cediren.

4. Wird das Grundstück, solange die Eigenthümerhypothek eingetragen ist, Gegenstand einer Zwangsverwaltung oder Versteigerung, so wird die Eigenthümerhypothek wie die Hypothek eines fremden Gläubigers als validirende Belastung des Grundstücks berücksichtigt. Schon die ältere Praxis hatte ferner, und zwar ebenfalls durch Plenarbeschluß, angenommen, daß die Konkursgläubiger an die Stelle des gemeinschuldnerischen Eigenthümers treten [59]). Der Satz ist dahin anzuerkennen, daß nach eröffnetem Konkursverfahren der Verwalter das Verfügungsrecht des Eigenthümers, d. h. sein Recht zur Cession der ungelöscht gebliebenen Hypothek oder Grundschuld ausüben kann, und da das Gesetz den Eigenthümer berechtigt, bei der Subhastation seine Hypothek oder Grundschuld zu liquidiren, so muß im Falle des Konkursverfahrens dies Recht zu Gunsten der Gemeinmasse ausgeübt werden [60]). Auch können persönliche Gläubiger, die einen Titel zur Zwangsvollstreckung haben, das Recht, aus der Hypothek oder Grundschuld des Eigenthümers befriedigt zu werden, dadurch erlangen, daß diese für sie nach den Grundsätzen der Pfändung von Forderungen gepfändet und ihnen überwiesen wird. Die Uebereignung an Zahlungsstatt wirkt wie die Cession des Eigenthümers [61]).

---

B. 25 S. 344. — Entsch. B. 81 S. 30. R.G. Entsch. B. 5 S. 307, bei Gruchot B. 27 S. 469.

[59]) Entsch. B. 12 S. 66. Strieth. B. 11 S. 1, B. 14 S. 142. Koch, der in der 1. A. des Recht der Ford. I. 636 Note anderer Meinung gewesen, ist später dem O.-Trib. beigetreten.

[60]) S. oben § 198 Anm. 22.

[61]) Vgl. die zu dem Ges. v. 4. Juli 1822 ergangene Entsch. B. 22 S. 218. Strieth. B. 12 S. 39. Wie die Pfändung zu erfolgen hat, kann hier nicht zweifelhaft sein, da dieselbe Person berechtigt und verpflichtet ist; es kann daher dahin gestellt bleiben, ob die Zustellung des Pfändungsbeschlusses nach C.P.O. § 730 Abs. 3 oder, was richtiger, nach C.P.O. § 754 Abs. 2 wirksam ist. Darüber, daß auch die rechtliche Bedeutung einer Ueberweisung zur Einziehung dahin geht, daß der Gläubiger als Pfandgläubiger die Hypothek im eigenen Interesse geltend machen kann, um sich aus dem Erlös zu befriedigen, vgl. oben § 199b. Anm. 5.

FSC
www.fsc.org
MIX
Papier | Fördert gute Waldnutzung
FSC® C083411

Kolibri 360 GmbH
Ferdinand-Jühlke-Straße 7
99095 Erfurt, Deutschland
produktsicherheit@kolibri360.de